작문 교육 연구의 주제와 방법

번역

박영민 한국교원대학교 국어교육과
가은아 한국교육과정평가원
박종임 한국교육과정평가원
권태현 한국교육과정평가원
박찬흥 중원대학교 교양학부 글쓰기 센터
장은주 한국교원대학교 한국어문교육연구소

작문 교육 연구의 주제와 방법

초판 인쇄 2015년 10월 15일
초판 발행 2015년 10월 20일

편집자 Charles A. MacArthur, Steve Graham & Jill Fitzgerald
역자 박영민 · 가은아 · 박종임 · 권태현 · 박찬흥 · 장은주
펴낸이 박찬익 ┃ **편집장** 권이준 ┃ **책임편집** 김지은
펴낸곳 ㈜ 박이정 ┃ **주소** 서울시 동대문구 천호대로 16가길 4
전화 02) 922-1192~3 ┃ **팩스** 02) 928-4683 ┃ **홈페이지** www.pjbook.com
이메일 pijbook@naver.com ┃ **등록** 2014년 8월 22일 제305-2014-000028호

ISBN 979-11-5848-072-1 (93700)

* 책값은 뒤표지에 있습니다.

작문 교육 연구의 주제와 방법

Charles A. MacArthur, Steve Graham
& Jill Fitzgerald (Ed.)

박영민 · 가은아 · 박종임 · 권태현 · 박찬흥 · 장은주 옮김

(주)**박이정**

　드디어 마쳤다고 표현하는 것이 가장 정확할 듯하다. 이 책을 공부하며 읽고 번역하며 강의한 시간이 8년에 가깝기 때문이다. 언제 시간이 이렇게 흘렀는가 싶지만, 이러저러한 핑계를 앞세우며 미루어온 것이 발단이 되어 2015년에 이르고 말았다. 올해 2015년에 이르러 이 책 번역을 완료하고 번역서로 발간하게 되었지만, 미안한 점이 한두 가지가 아니다.

　우선, 이 책을 같이 읽으며 공부하고 번역해 온 사람들에게 미안한 마음이 든다. 이 책을 같이 읽으며 공부하고 번역한 사람들이 대학원을 졸업하며 연구실을 모두 떠났다. 물론 대학원을 졸업하고도 이 일에 대해 책무를 느끼며 번역의 막바지를 함께 해준 졸업생들이 있지만, 대학원에서 공부하며 이 책의 번역과 발간을 기다렸던 기대를 지켜주지 못했다는 점에서는 미안한 마음을 씻어내기가 어렵다.

　8년 세월을 붙잡고 있었던 만큼 이 책에 손때를 올리고 간 사람들이 매우 많다. 석사 과정에서 이 책으로 공부했던 선생님들, 근무 학교를 휴직한 채로 또는 근무 학교를 오가며 이 책을 번역하며 공부해 온 박사 과정 선생님들을 두 손으로 모두 꼽을 수조차 없다. 대학원에서 열심히 공부할 때, 이 책의 필요를 절박하게 느낄 때 번역서로 보답하지 못한 것을 매우 미안하게 생각한다.

　이 책을 8년 가까이 잡고 시간을 보내는 동안 성실한 연구자들인 이 책의 편집자 C. A. MacArthur, S. Graham & J. Fitzgerald는 2015년 올해 제2판을 발행할 예정이다. 장정(裝幀)까지 마친 것으로 보이니 값만 치르면 곧 제2판으로 편집된 책을 받아 볼 수도 있을 듯하다. 이 책, 그러니까 제1판이 발행된 것이 2006년이고 그로부터 10년 세월이 흘렀으니 제2판을 새로 묶는 것은 어쩌면 당연해 보인다. 미안한 점이 바로 여기에 있다. 시간을 흘려보낸 덕(?)에 제2판이 나오는 시점에 제1판의 번역본을 독자들에게 내보이게 되었으니 말이다.

　원서 제2판이 나오는 시점에 제1판 번역서를 내게 되었으니 제2판을 '제때에' 우리말로 옮겨서 지연 출간에 대한 미안함을 씻어야 하는 것은 아닌가 하는 의무감이 지금 이 순간 피어오른다. 제1판도 올바로 감당하지 못했던 터에 이러한 의무감을 느끼는 것이 온당한가 싶은 생각도 들지만, 원서의 편집자인 C. A. MacArthur, S. Graham & J. Fitzgerald의 성실함을 따라가기 위해서라도 다시 도전해 볼 필요가 있을 듯하다. 시도한다면 '제때' 할 것을 다짐해 두고자 한다.

　마지막으로, 이 책 번역을 미루면서 물심양면으로 손해를 끼친 도서출판 박이정의 박찬익 사장님과 편집부 관계자들께 미안할 따름이다. 약속을 여러 번 어겼다. 그로 인해 발간이 늦어졌고 원서를 발행한 회사에 물어준 비용도 적지 않다. 그럼에도 불구하고 다시 발간의 기회를 베풀어주셔서 감사하다. 그래서 미안한 마음이 더 크다. 시골에서 공부만 해 온 사람, 백면서생(白面書生)의 미욱함이라고 여기시고 양해해 주시면 좋겠다.

　사실, 노력을 안 한 것은 아니나 어려움이 많았다. 모든 장의 분량이 만만치 않았으며, 모든 장의 저자가 달라 단어, 문장 구조, 서술 방식이나 표현이 상이하여 번역하는 데 어려움이 컸다. 문체가 저자마다 다른 것도 속을 끓이는 원인이 되었다. 각각의 장을 쓴 저자라고 해서 비문을 하나도 쓰지 않거나 오류가 하나도 없을 턱이 없는데, 영어에 눌려 살아온 우리('우리'라고 했지만 정확하게는 '나'라고 해야 할 것이다)로서는 끝까지 그 문장을 이해해 보려고 노력했고 그것이 시간을 많이 끄는 원인이 되었다.

　우리말과 글로 된 것도 만연체는 내용을 따라가기가 벅찬데 영어로 된 만연체 문장이라니. 나는 개인적으로 쓰기 교육 연구를 인지적 관점에서 다루어 왔고 이것이 바탕이 되어야 한다는 신념을 가지고 있는 터라 사회·문화적 관점의 연구는 잘 접하지 않았다. 그런데 이 책을 번역하면서 이 분야의 연구에 대해 더 큰 두려움을 가지게 되었다. 비체계성, 비명료성 등등이 포스트모더니즘, 해체주의, 사회구성주의의 특징이라고는 하지만, 문장과 문장을 반복해서 읽어도 알 듯 말 듯 무슨 말을 하는 것인지 도대체 그 의미를 명료하게 파악하기 어려울 때가 많았다. 독자의 적극적인 가정과 추론이 의미 구성을 이끌어간다는 하향식 독서 모형도 소용이 없었다. 사회·문화적 관점의 논의는 본래 복잡하고 어렵다는 것을 익히 알고는 있었지만, 글의 내용과 의미를 명료하게 파악하기가 어려워 좌절하기 일쑤였다.

　분량이 적지 않다 보니 번역의 마무리를 이 책 번역자로 이름을 올린 사람들이 나누어 맡았다. 원서에서는 장마다 저자가 달라 단어와 표현이 차이가 있었지만, 번역서는 일관성 있게 하는 것이 좋겠다고 뜻을 모으고 그렇게 하기 위해 노력을 기울였다. 그러나 이를 온전히 충족하지는 못했다. 독자들 눈에도 이러한 부분이 곳곳에서 보일지 모르겠다. 독자들도 아시겠지만 이 책의 분량이 방대하고 각 장의 저자들마다 이론과 관점이 달라 용어를 일관성 있게 적용하는 것이 쉽지 않았다. 그러나 제2판 번역에 돌입하기 이전이라면 이 책의 번역을 좀 더 깔끔하고 이해할 만하며 일관성을 갖출 수 있도록 하기 위해 더 수정하고 보완할 것을 약속한다.

여러 가지 이유로 오역이 많지 않을까 하는 걱정이 앞선다. 번역자들이 중점적으로 검토한 장이 서로 다르지만, 최종적인 책임은 대표 번역자인 나에게 있다. 오역이 있다면, 발견하는 대로, 지적을 받는 대로 수정하고 보완하고자 한다. 독자들께서도 문제가 있다고 판단되는 부분을 지적해 주시면 감사한 마음으로 수용하고 반영하고자 한다.

대학원에서 이 책을 공부하고 번역한 사람들이 많았지만 이름을 모두 싣지 못한 것에 대해 양해와 용서를 구한다. 끝자락에 이 책의 번역본을 매만지며 다시 검토하고 재번역에 가깝게 노력해 준 몇몇의 박사 과정 졸업생들만을 번역자로 올렸다. 이미 지은 집을 다시 고쳐 짓는 것이 매우 어려운 일인데, 그 일을 기꺼이 맡아준 가은아 선생님, 박종임 선생님, 권태현 선생님, 박찬홍 선생님, 장은주 선생님에게 진심으로 감사를 표한다. 특히 병행하는 일이 많은 중에도 번역 원고 파일을 출판사로 보내는 이 순간의 막바지까지 나와 같이 번역을 다시 검토하고 보완하고 수정하는 데 애쓴 장은주 선생님의 수고가 컸다.

그리고 번역문을 모두 읽으며 문장과 표현의 오류를 수정하고 참고문헌을 정리하는 데 애써준 박사 과정의 이지원 선생님, 김민정 선생님, 국어교사 파견 연수 중인 석사 과정의 정분의 선생님, 장미 선생님에게도 감사의 마음을 전한다.

2015. 8.
쓰기 교육 연구에 이 번역서가 기여할 수 있기를 바라면서
한국교원대에서 번역자를 대표하여
박영민 씀.

제I부. 쓰기의 이론과 모형 | 25

제IV부. 특수한 환경에 있는 학생들과 쓰기 | 515

편집자 서문

Charles A. MacArthur, Steve Graham & Jill Fitzgerald

"펜은 칼보다 강하다."는 문구는 쓰기[1]의 힘을 분명하게 보여준다. 하지만 쓰기가 중요하다는 것을 알고 있는 많은 사람들조차 쓰기의 힘이 어디에서 오는 것인지에 대해서는 잘 알지 못한다. 아마도 분열할 때 엄청난 에너지를 쏟아내는 원자(原子)의 특징에 비추어 쓰기의 힘을 해석한 한 학생만이 분명하게 알고 있었던 것은 아닐까 싶다. 이 학생은 교사의 지시에 따라 글을 쓰면서 과학 시간에 배운 정보를 활용하여 우스갯소리로 이렇게 해석했다. "펜은 칼보다 강하다. 문장을 마무리하기 위해 찍은 마침표에는 아직 폭발하지 않은 원자가 무수히 많이 담겨 있으니까."[2]라고 말했다.

물론 쓰기가 실제로 이러한 폭발력을 가지고 있지는 않지만, 인류가 가지고 있는 가장 강력한 도구라는 점은 명백하다. 쓰기는 거리나 시간에 관계없이 다른 사람과 소통할 수 있게 해 주고, 가족, 친구, 동료들과의 인간관계를 유지시켜 주는 역할을 한다. 하지만 쓰기는 가까운 집단이나 사랑하는 사람과 교류하는 것보다 더 많은 연결을 가능하게 해 준다. 쓰기는 보다 넓은 집단 구성원들이 공유하고 있는 문화유산과 목표를 이해하고 보존할 수 있게 해 준다. 예를 들어, 캐나다의 하이다 인디언들은 최근에 자신의 역사를 보존하기 위해 구술로 전승되어 온 문화를 문자로 기록하였으며, <Uncle Tom's Cabin>과 같은 책은 19세기 미국의 노예 제도에 반대하는 신념의 기폭제가 되었다(Swedlow, 1999).

---

1) [역주] 이 책에서는 '쓰기'와 '작문'을 혼용하였다. 책의 제목에는 '작문'이라고 달았지만, 책의 내용에서는 '쓰기'라는 번역어를 더 많이 사용했다. 그러나 글의 흐름에 따라 '작문'이 적절할 때에는 '작문'으로, '쓰기'가 적절할 때에는 '쓰기'로 번역하였다.

2) [역주] 이 문장은 〈Linkletter, A.(1962). *Kids Sure Rite Funny! A Child's Garden of Misinformation*. NY: Random House.〉에 수록되어 있는데, 이 책은 어린 학생들이 쓴 재치 있는 글을 묶은 것이다.

또한 쓰기는 다른 사람을 설득할 수 있는 유연한 도구를 제공한다. 고대 아테네의 교육 기관에서는 기원전 5세기 경 공회당과 법정에서 활용할 수 있는 수사적 도구로 쓰기를 가르쳤다는 기록이 남아 있다(Havelock, 1982). 쓰기가 가지고 있는 설득의 힘은 Thoms Paine이 쓴 짧은 글 <Common Sense>3)이나 마오쩌뚱(毛澤東)의 <Little Red Book>4)같은 역사에 영향을 미친 책들을 통해서도 알 수 있다.

쓰기의 힘은 더 나아가 지식과 사상을 전달하는 역할에까지 미친다(Graham, 출간 중)5). 쓰기는 지식이나 사상을 모으고 보존하며 매우 세밀하고 정확하게 정보를 널리 전달할 수 있게 해 준다. 결과적으로 쓰기는 우리 사회의 모든 국면을 실질적으로 통합하고 있는 것이다. 질서는 성문법에 의해 유지된다. 거의 모든 사회적 집단과 정치 기구들은 메모, 전자우편, 성문화된 내규 등등에 의존하고 있다. 구직자들은 한 장 이상의 지원서를 작성해야 하고, 새롭게 직장에서 요구하는 기능을 습득하기 위해 새로운 문서를 접하고 익혀야 한다. 매일 하는 일이 전자레인지로 요리를 하고 계산을 하는 것일지라도 문자로 되어 있는 지시를 따라야 하는 것이다.

마지막으로 쓰기는 개인의 자기표현 방법으로도 중요한 의미를 지닌다. 사람들은 자신이 누구인지 탐색하고 외로움과 싸우며 자신의 경험을 기록하며 대안적인 현실감을 창조하기 위해 쓰기를 사용한다. 쓰기의 힘은 매우 강력하기 때문에 자신의 느낌과 감정에 대해 글로 쓰는 것은 우울증을 감소시키거나 혈압을 내려주며 면역 체계를 향상시킨다. 쓰기는 이러한 방식으로 심리학적 혹은 생리학적인 유익을 가져다 줄 수 있다(Swedlow, 1999; Smyth, 1998).

이러한 쓰기의 중요성에도 불구하고, 학령기 어린이와 청소년의 쓰기 능력에 대한 우려가 높다. 이러한 고민은 National Commission of Writing in America's Schools and Colleges에서 2003년에 발간한 보고서인 <The Neglected "R">에 반영되어 있다. 이 보고서에서는 미국 학생들의 쓰기가 "적정 수준에 도달하지 못했다(p.7)"라고 보고했다. 이러한 우려는 다른 곳에서도 쉽게 찾아볼 수 있다. National Assessment of Educational Progress의 자료들은 4, 8, 12학년 학생들이 해당 학년에서 도달해야 할 쓰기 능력과 지식 수준에 미치지 못한다는

---

3) [역주] Thomas Paine은 미국 독립과 프랑스 혁명의 사상적 토대를 제공한 인물로, 'Common Sense'는 미국이 왜 독립을 해야 하는지에 대한 이유를 합리적이고 논리적으로 설명하여 미국 독립 운동에 큰 영향을 미친 것으로 평가받고 있다.

4) [역주] '毛主席語錄'으로서 마오쩌뚱의 저서나 그가 했던 말 중에서 명언을 뽑아 주석을 달았으며, 문화 대혁명 기간 중에만 약 60억 부가 인쇄되어 중국 전역에 보급되었다.

5) [역주] 이 연구는 2006년 출간된 *Handbook of educational psychology*에 수록되었다(참고문헌 참조).

것을 보여주고 있다(Greenwald, Persky, Campbell, & Mazzeo, 1999). 위원회가 작성한 보고서는 쓰기와 쓰기 발달에 관심을 가지고 있는 사람들의 각성과 노력을 촉구했다.

우리는 교육의 질과 학교를 향상시키기 위해서는 쓰기를 가장 먼저 고려해야 한다는 위원회의 결론을 진심으로 지지한다. 만일 이러한 노력을 극대화하고자 한다면, 모든 학생들이 가지고 있는 쓰기와 쓰기 발달의 특성 및 효과적인 지도법을 찾아내야 할 것이다. 그리고 우리들은 이에 더하여 새로운 분석 도구와 연구 방법을 적용하여 각각의 영역을 탐구하고 그 노력의 결과를 검증하기 위해 노력해야 한다고 생각한다.

편집하여 묶은 이 책에서 우리가 지향하는 중요한 목적은 지난 15년간 쓰기 연구 및 쓰기 교육 연구 분야에서 얻어낸 중요한 이론적, 방법론적, 교수법적 진전을 비판적으로 검토함으로써 이 사회의 요구에 답하는 데 있다. 그리고 이를 통해 21세기에 쓰기와 쓰기 연구가 나아가야 할 길을 모색하는 것 역시 우리의 핵심적인 목표이다. 첫째 번 목표는 쓰기 발달과 쓰기 지도 분야에서 얻어낸 연구 성과를 포괄적으로 제시하고 후속 연구의 방향을 제안하는 것이다. 이번 판(제1판)에서는 대학생 혹은 성인 필자들에 비해 초중고 학생들의 쓰기에 보다 많은 관심을 기울였다. 비록 이 책에서 중요한 쓰기 연구들을 빠짐없이 담아낸 것은 아니지만, 우리는 이번 판이 인지적 관점과 사회·문화적 관점을 포함한 쓰기에 대한 연구의 주요 흐름을 광범위하게 제시하고 있다고 생각한다.

1970년대와 1980년대는, 쓰기 연구 분야를 기준으로 보자면 위대한 혁신의 시기였다고 할 수 있다. 우선 연구자들이 쓰기 과정에 대한 연구를 진행하면서 인지 심리학 이론과 방법론을 활용했다는 점을 들 수 있다. 그리고 이어서 쓰기가 가지고 있는 고유한 특성과 발달 양상이 어떻게 해서 사회 및 문화적 영향에 의해 결정되는지를 이해하기 위해, 연구자들이 사회·문화 이론을 사용하였다는 점도 주요 특징을 꼽을 수 있다. 지난 15년은 터를 닦고 넓혀가는 시간이었고, 한편으로는 매우 넓은 관점에서 연구를 통합하려는 시도도 존재했던 시기였다. 인지주의 관점에 서 있는 연구자들은 보다 정교한 쓰기 과정 모형을 확립하기 위해 이론을 확장하고 정돈하였다. 이를 위해 작업 기억, 자기 조절, 읽기 등이 포함된 다른 인지적 과정과 쓰기 과정을 관련지어 연구를 진행해 왔다. 사회·문화적 관점에 서 있는 연구자들 역시 자신들이 수립한 이론을 정밀하게 다듬어 왔다. 이들의 핵심적인 관심은 담화 공동체에서, 그리고 학교 내외의 다양한 맥락에서 어떻게 사회적 상호작용을 통해 쓰기가 발달하는가라는 문제였다. 다음 절에서는 독자들이 관심을 두고 있는 장을 찾는 데 도움을 주기 위해 이번 판의 내용을 간략하게 요약하여 제시하고자 한다.

쓰기 이론과 쓰기 모형

1부는 쓰기에 대해 이론적인 관점과 모형에 초점을 맞추고 있다. 1장에서 Martin Nystrand
는 역사적인 조망을 제공하면서, 인지적 과정 혹은 사회적 과정으로서의 쓰기에 대한 연구의
발달을 추적한다. 1970년, 즉 12학년 학생의 쓰기 과정에 대한 고전적인 연구인 Emig(1971)에
서 시작해 오늘날까지의 연구를 다루었다. Nystrand의 견해를 따르자면, 1970년대 인지주의
연구의 급격한 증가는 몇 가지 지적 경향에 의해 형성되었다. 우선, 인지 심리학과 이를
언어 사용 과정에 적용한 연구들의 성장이다. 이러한 연구들은 MIT, Harvard, Carnegie Mellon
대학 등의 연구소에서 수행되었다. 1966년 Dartmouth Seminar에서 제시된 쓰기 과정에 초점
을 맞춘 새로운 영어6) 교육 모형의 발달도 다른 지적 경향으로 꼽을 수 있다. 이에 더하여,
쓰기 연구는 다양한 사회적 요인의 영향을 받았다. 당시의 '문해 능력7)의 위기', 도시 지역
공립 대학의 자유로운 입학 허가, 교육 연구에 대한 연방 정부의 재정 지원 등이 그러한
것들이다. 이러한 지적 풍토는 1980년대 들어 변하기 시작했다. 언어나 문식 활동을 연구하는
연구자들이 언어의 인지주의 개념에 의문을 제기하면서, 쓰기를 이해하기 위해 사회적 상호
작용과 문화적 맥락이 중요하다는 점을 주장하기 시작한 것이다. '포스트모더니즘의 1990년
대'로 접어들면서, 이 분야의 연구는 학교 내적 상황과 학교 외적 상황에서 이루어지는 쓰기
맥락에 초점을 맞춘 사회·문화적인 연구들이 증가하기 시작했다.

2장에서 John R. Hayes는 미래에 특히 유망할 것으로 예상되는 세 가지 영역에 대해 논의했
다. 작업 기억의 역할에 대해 다루고 있는 첫째 번 영역은 쓰기의 인지 과정 모형에 대한
연구의 가장 큰 흐름을 차지하는 부분이기도 하다. Hayes는 특히 쓰기에서의 작업 기억 모형
을 다룬 Kellogg(1999)가 제시한 예측을 검증할 수 있는 연구를 설계하는 데 초점을 맞추었다.
둘째 번 영역은 '자유로운 글쓰기'의 영향에 대한 것으로, 이는 본래 Elbow(1973)에서 제안한
교수법에서 유래한 것이지만, 인지 과정에 대한 핵심적인 질문에 답을 제공해 주는 연구이기

---

6) [역주] 미국에서의 '영어'는 우리나라의 '국어'에 대응한다. 이 책에서 종종 등장하는 '영어 학습자', '제2 언어로서의
   영어', '외국어로서의 영어'에서도 동일하다.

7) [역주] 여기에서 쓴 '문해'은 영어의 'literacy'를 번역한 것이다. '구술성'에 대응하는 개념으로 사용할 때에는
   'literacy'를 '문식성'으로 번역하였으나, 그 외에는 글의 흐름에 따라 '문해, 문해 활동, 문식, 문식 활동' 등으로
   번역하였다. 우리나라 국어교육학계에서는 'literacy'를 모두 '문식성'으로 번역하는 경향이 있지만, 다른 학문
   분야에서는 '소양, 능력, 기본 능력' 등으로 번역하기도 한다. 예를 들어 'computer literacy'는 '컴퓨터 소양', 즉
   컴퓨터를 다룰 줄 아는 기본 능력으로 번역한다. 최근에는 'literacy'를 그대로 음역하여 '리터러시'라고 번역하는
   경우도 있다.

도 하다. 마지막으로, Hayes는 쓰기에서 맥락 요인을 이해하기 위한 틀로서 활동 이론(activity theory)이 가지고 있는 잠재성에 대해 주목하였다.

3장에서 Gert Rijlaarsdam & Huub van den Bergh는 자신들이 수행했던 과거 10년간의 연구를 요약했다. 이들은 쓰기 결과물에서 개인차가 발생하는 이유를 설명할 수 있는 인지 모형을 설계하는 것에 초점을 맞추고 있었다. 이들은 특히 인지 과정을 역동적으로 모형화하기 위해서는 '어떤' 단계(내용 생성이나 재고 등)가 일어나는지에 관심을 가져야 할 뿐만 아니라, '언제' 어떠한 순서로 그러한 과정이 발생하는지에 대해서도 관심을 가져야 한다고 주장했다. 이들은 통계적으로 분석해 낸 이러한 모형을 사용하여 쓰기 결과 측정을 통해 얻어낸 결과물의 질이 보이는 변량의 많은 부분을 예측할 수 있다고 주장했다.

4장에서 Paul Prior는 마르크스주의, 실용주의, 현상학에서의 사회·문화적 이론을 토대로 개요를 제시한 다음, 사회·문화적 틀에 기반을 두고 최근 쓰기 연구에 대해 논의하였다. 쓰기에 대한 사회·문화 이론은 활동 이론을 사용하고 있으며, 쓰기를 의사소통의 도구로 보기보다는 사회적 행동의 한 양식으로 바라보고 있다. Paul Prior는 쓰기에 대한 사회·문화적 연구의 세 가지 영역을 논하기 전에 다음과 같은 것들을 분석하였다. 구술성과 문식성 사이의 관계, 학교에서 습득한 문해 능력과 보다 넓은 사회·문화적 수행과의 관계, 교과 학습 쓰기와 대학 및 성인 세계에서의 쓰기에 대한 연구 등이 그것이다.

1부의 마지막 장에서 Mark Torrance & David Galbraith는 인간의 마음에 의한 처리 과정의 제약이 어떻게 쓰기에 요구되는 인지 과정의 복잡한 상황에 영향을 미치는지에 초점을 맞춘 이론과 연구를 개관하였다. 이들의 분석은 작업 기억에 대한 일반적인 용량 제한을 넘어선 수준을 다룸으로써 처리 과정의 병목 현상이나 단기 기억의 휘발성, 암기 전략과 기억 용량 사이의 상호작용 등과 같은 구체적인 제약에 대해 논의하였다. 또한 이들은 자동화 기능의 발달, 기억 전략의 학습, 전체 작업을 쉽게 다룰 수 있도록 부분으로 나누는 쓰기 전략의 사용 등을 통해 제약을 극복하는 방법에 대해서도 다루었다.

쓰기 발달

이 책의 2부에서는 쓰기 발달과 관련된 쟁점을 다루었다. 2부의 각 장에서는 초기 문해 능력의 출현, 인지 과정 모형에서의 지식과 기능의 발달, 두뇌 연구와 인지적 쓰기 연구 사이의 관련성, 동기 발달, 자기 효능감의 중요성, 구어-읽기-쓰기의 발달적 연계 등을 살펴보았다.

6장에서 Liliana Tolchinsky는 학교 교육이 이루어지기 이전의 쓰기 발달에 대한 연구를 개관했다. 어린이들은 3세 이전에 쓰기와 그리기의 분화를 보이며, 이는 알파벳 원리의 발달보다 훨씬 앞서는 것이다. 그리고 입학 전에 이미 어린이들은 단어처럼 보이는 문자열이 어떤 것인지, 각각의 장르가 어떤 전체적인 구성을 갖는지에 대해서도 구별할 수 있다. Tolchinsky는 쓰기에서 어린이들이 보이는 오류가 어떻게 해서 무지의 결과가 아니라 추론에 기반을 둔 이해의 발달로 보아야 하는지를 설명하면서, 이러한 내용이 쓰기에 대한 새로운 지식의 영역이 될 수 있다는 점을 보여주었다.

7장에서 Virginia W. Berninger & William D. Winn은 쓰기 기술(writing technology)이 쓰기 연구와 쓰기 발달에 일정한 함의를 갖는 것처럼, 두뇌 연구 분야의 발달도 그러한 역할을 할 수 있다는 점에 대해 논의하였다. 이들은 두뇌, 신경 영상학의 활용 등에 대한 입문서를 소개한 다음, 이러한 기술을 사용해서 쓰기의 무엇을 알게 되었는지에 대해 소개하였다. 이들은 이어서 기술의 다양한 활용 방안, 특히 쓰기 변형 기제로서의 개인 컴퓨터 사용이 가지고 있는 잠재성에 주목하였다. 끝으로 쓰기 발달 연구에서 중요한 역할을 담당하고 있는 세 가지 관점인 발달 신경 심리학적 관점, 사회·문화적 관점, 학습 과학 관점을 통합할 필요가 있다는 점을 강조하였다.

8장에서 Deborah McCutchen은 쓰기 학습에서 나타나는 인지 과정에 대한 경험적 연구를 개관함으로써 어린이[8]와 청소년의 쓰기 발달에 대한 검토 영역을 보다 확대하였다. 또한 복잡 미묘한 쓰기 과정 발달을 지원할 수도 있고, 때로는 방해할 수도 있는 사회적 맥락과 교수적 맥락을 고려하는 연구도 포함하여 다루었다. Deborah McCutchen은 쓰기와 쓰기 발달에서 나타나는 검토 대상으로 다음과 같은 것을 모두 다루어 상당히 넓은 분석 망을 보여주었다. 쓰기와 쓰기 발달에서 나타나는 계획하기와 다른 반성적 과정의 역할, 작업 기억과 장기 기억, 텍스트 산출(generation)과 텍스트 생산(production), 수정하기와 비판적 읽기 및 문제 해결 등이 그것이다. 8장 마지막에서는 미숙한 필자가 능숙한 필자보다 종종 유창하게 텍스트를 산출하는 역설적 상황에 대해서도 살펴보았다.

9장에서 Carol A. Donovan & Laura B. Smolkin은 학생들이 갖고 있는 장르 지식과, 이 지식이 어떻게 쓰기 발달과 관련을 맺고 있는지에 초점을 맞추었다. 이들은 장르 지식은

---

8) [역주] '어린이'는 각 장에서 글의 내용이나 흐름에 따라 '아동'으로 번역하기도 하였다. 의미는 동일하다.

관습적 쓰기 능력 이전에 발달한다는 신념을 기본 토대로 하여 논의를 전개했고, 학생들의 장르 지식에 대한 연구 틀이 되는 세 가지 이론을 제시하였다. 첫째는 수사학적 전통이고, 둘째는 사회적 전통이며, 셋째는 인지 심리적이면서 실험적인 전통이다. 이 장의 개관에 나오는 연구에서 사용된 방법론은 분류학에 따라 요약하였다. 연구자들은 학생들이 구체적인 학교 쓰기 장르에 대해 미시적인 수준과 거시적인 수준의 특성에 대한 지식을 가지고 있으며, 이것이 시간이 흐름에 따라 발달되어 가는 양상을 드러내어 보일 수 있다는 점을 논의하였다. 그리고 학생들의 장르 지식 발달을 도울 수 있는 가장 좋은 방법에 대해서는 알려진 것이 거의 없다는 점에 대해서도 밝혀두었다.

이어지는 두 장에서는 쓰기 발달의 쟁점을 다루고 있다. 10장에서 Suzanne Hidi & Pietro Boscolo는 흥미에 대한 이론적 연구를 소개하는 것으로 시작한 뒤, 동기와 쓰기에 대한 이론을 광범위하게 검토하였다. 이들은 동기에 관한 모형을 제시하면서 주제나 활동에 대한 상황적 흥미는 지속적으로 개인 흥미 경험을 통해서 발달한다고 설명하였다. Suzanne Hidi & Pietro Boscolo는 자기 효능감과 자기 조절에 대한 이론을 검토한 다음, 의미 있는 사회 활동으로서의 쓰기에 대한 사회 구성주의적 접근이 취하고 있는 동기적인 가정에 대해 논의하였다. 이들은 다양한 접근 방식을 통합하고자 하였고, 쓰기 동기의 인지, 정서, 사회적 측면을 결합한 연구가 보다 더 많이 이루어져야 한다는 점을 강조했다.

11장에서 Frank Pajares & Gio Valiante는 특히 자기 효능감을 집중하여 다루었다. 이들은 사회 인지 이론의 일부로서의 자기 효능감에 대해 간단히 요약하였고, 특히 쓰기 효능감 측정과 관련된 쟁점에 대한 명확한 논의를 전개했다. 이들은 자기효능감이 매우 많은 동기 및 인지 측정치들과 관련을 맺고 있다는 것을 보여주는 연구들을 개관하였으며, 쓰기 성취 정도와 관계없이 쓰기 질에 대한 명확한 변량(variance)을 예언하는 연구들에 대해서도 살펴보았다. 이들은 또한 자기 효능감을 증대시킬 수 있는 교육적 중재에 대한 연구들을 개관하고 교육적 활용 방안에 대해 논의하였다.

Timothy Shanahan은 12장에서 구어, 읽기, 쓰기 발달 사이의 관계에 대한 연구를 상당히 많이 다루었다. 이 장의 기본 주제는, 이제는 더 이상 타당하다고 지지받지 못하는, 구어 능력이 먼저 나타나고 문자 습득이 나중에 나타난다고 보는 네 가지 언어 시스템의 발달 모형에 대한 것이었다. 하지만 그보다 여기에서는 비록 쓰기가 언어를 학습해 나가면서 뒤늦게 나타나는 것이기는 하지만, 다른 양식에 영향을 줄 수도 있고 그 반대의 가능성도 가지고 있을 수 있다는 점에 대해 논의했다. Timothy Shanahan은 이론과 연구를 통찰력 있게 검토하였다. 여기에는 구어와 문어가 어떤 관련을 맺고 있는지, 읽기와 쓰기가 어떻게 내적으로 연결되는지, 교차 언어 관련성에 대한 실증적인 연구가 시간이 지나면서 어떻게 변화해 왔는지 등을 다룬 연구가 포함된다.

지도 모형과 지도 방안

이 책의 3부는 지도 모형과 지도 방안에 대한 장을 포함하고 있다. 각각의 장에서 연구자들은 지도 방안에 대한 이론적 토대에 대해 설명하고, 지도와 관련된 교육적 중재의 효과에 대한 증거를 검토하였다. 13장에서 Steve Graham은 계획 및 재고(혹은 편집)와 관련된 인지 전략 지도를 다룬 39편의 연구를 대상으로 메타 분석을 실시하였다. 분석 결과, 전체적인 효과 크기는 큰 것으로 나타났으며 시간이 지나도 지속되었다. 그리고 성취 수준, 학년 수준, 인지 과정의 유형, 장르 등에 상관없이 긍정적이었다. 이는 지도 방안이 연구자가 제안한 것이든, 교사가 제안한 것이든 동일했다.

Carol Sue Englert, Troy V. Mariage, & Kailonnie Dunsmore는 14장에서 쓰기 지도 연구의 사회·문화적 이론이 가지고 있는 의의에 대해 깊이 있게 설명하였다. 사회·문화적 이론은 사회적으로나 역사적으로 형성된 의미가 어떻게 구성되고 재구성되는지, 그리고 어떻게 사회적 중재를 통해 변화되는지 이해하는 데 도움을 준다. 연구자들은 세 가지 명확한 지도와 관련된 교의에 대해 자세히 설명하였다. 첫째, 인지적 도제 방식은 초보 필자에게 도움을 준다. 둘째, 문화적 도구와 절차적 촉진자는 독립적인 수행을 할 수 있을 것으로 기대되는 상급반 학생들에게 큰 도움을 줄 수 있다. 셋째, 수행 공동체는 지식 구성과 유포를 강조하는 데 매우 중요하다. 이들의 분석을 통해서 독자들은 연구 검토를 통한 결론으로부터 무엇을 얻어내는 대신, 세 가지 명확한 교의에 대한 논의의 얼개를 파악하고 기준점을 제공해 주는 구체적인 연구를 만나게 될 것이다.

15장에서 Richard Beach & Tom Friedrich는 학생들이 작성한 글에 대한 글로 된 반응과 구어로 된 반응에서 나타나는 상이한 전략을 살펴보았다. 이들은 연구 결과 분석을 바탕으로 하여 특정 반응 방식이 더 유익하다는 점을 찾아내었을 뿐만 아니라, 쓰기에 대한 반응이 가지고 있는 서로 다른 기능과 목적에 대해서도 검토하였다. 효과적인 피드백이 무엇인지는 매우 명확했다. 왜냐하면 그러한 피드백이 없는 경우, 많은 학생들이 의미 있는 자기 평가와 수정하기를 해 내지 못했기 때문이다. 연구자들은 이 논의에 이어 효과적인 피드백의 특성 윤곽을 제시하였다.

George E. Newell은 16장에서 학습을 위한 쓰기에 대한 경험적 연구와 이론적 연구의 전망과 도전에 대해 논의했다. George E. Newell은 특히 세 가지 일반적인 연구 영역에 주목하였다. 쓰기 과제가 어떻게 새로운 아이디어와 경험을 탐색하고 이를 다듬는 방식이 되는지, 학생들이 어떻게 해서 다양한 관습과 장르 전반을 깨우치게 되는지, 학습을 위한 쓰기에 대한 다양한 지도 방안이 보이는 교사 역할과 학생 역할의 차이는 무엇인지가 그것이다. George E. Newell은 지금까지 우리가 효과적인 교수와 학습에 대한 정의 때문에 연구 쟁점을 지나치게 협소하게 다루어 왔다고 주장하였다. 이에 대한 대안으로, 그는 학생들이 학습을 해 나가는 구체적인 사회적 맥락에서 교과 수업 대화가 어떻게, 그리고 왜 다른 방식으로 나타나는지에 질문을 제기할 필요가 있다는 점을 지적하였다.

17장에서 Charlse A. MacArthur는 쓰기와 쓰기를 위한 학습에서 새로운 기술이 가지고 있는 영향에 대한 연구를 살펴보았다. 그는 앞부분에서 전통적인 선형적 텍스트를 생산하는 데 기술이 어떤 효과를 가지고 있는지를 검토하였다. 여기에는 워드프로세서, 쓰기나 쓰기를 위한 학습에서 컴퓨터의 도움을 받는 것, 쓰기 부진 필자를 위한 보조적인 기술 등이 포함된다. 이어서 그는 하이퍼미디어와 하이퍼텍스트 작문에 대한 연구의 출현을 살펴보고, 쓰기를 할 때 컴퓨터를 매개로 하는 의사소통의 효과에 대해서 논의하였다. Charlse A. MacArthur는 쓰기 분야에서 기술의 변혁 효과에 대한 이론적 주장과 경험적 연구 사이의 간극을 언급하면서 이론적 주장을 검증하기 위한 연구가 필요하다고 역설하였다.

비록 문법 지도가 많은 쓰기 프로그램에서, 특히 상급학년에서는 일반적인 주요 항목이기는 하지만, 18장의 집필자인 Michael W. Smith, Julie Cheville, & George Hillocks, Jr.는 전통 학교 문법을 가르치는 것은 효과가 없다고 결론을 내렸다. 이들은 전통 학교 문법이 언어가 사용되는 방식을 적합하게 설명해 내지 못하고 있다는 점, 학생들이 학습하는 데 어려움을 겪는다는 점, 이를 가르치는 것이 학생들의 쓰기에 영향을 미치지 못한다는 점 등을 들어 이렇게 결론 지었다. 물론 문법을 가르치기 위한 대안적인 방법이 몇 가지 있지만, 이러한 방법이 어떤 효과를 가지고 있는지를 설명해주는 경험적 연구가 존재하지 않는다는 점도 지적하였다.

3부의 마지막 장인 19장에서, Ruie J. Pritchard & Ronald L. Honeycutt은 쓰기 지도에서

인기 있는 과정 중심 접근법의 효과에 대해 살펴보았다. 이들은 이러한 접근법이 가지고 있는 함의가 무엇인지에 대해서 놀랄 정도로 다양한 견해가 있다고 언급하면서 쓰기 지도에서 이러한 접근법이 어떠한 식으로 발전해 왔는지에 대해서 다루었다. 이어서 쓰기 수행과 성취를 위한 National Writing Project Professional Development Model의 효과를 살핀 뒤, 학생들의 쓰기에 대한 과정적 접근법이 가지고 있는 효과를 측정한 연구를 검토하였다.

특수한 환경에 있는 학생들

이 책 4부는 쓰기와 특수한 환경에 있는 학생들에 초점을 맞추고 있으며, 여기에는 문화적 다양성, 성별, 특수 교육, 이중 언어 학습자 등이 포함된다. 20장에서 Arnetha F. Ball은 문화적으로 다양한 배경을 가진 학생들의 쓰기에 대한 연구가 취하고 있는 범교과적 접근법을 긍정적으로 다루었다. 앞부분에서 문화적으로 다양한 학생들을 대상으로 한 쓰기 연구의 대부분이 토대를 두고 있는, 사회적 맥락을 강조하는 쓰기 이론에 대해 자세히 검토하였다. 이어서 다음과 같은 세 가지 일반적인 요인에 따라 연구를 살펴보았다. 첫째, 교사, 학습, 공동체 맥락의 영향. 둘째, 학생들의 문화 혹은 가정 담화의 영향. 셋째, 교수 전략의 효과. Arnetha F. Ball은 결론에서 교사와 후속 연구자들이 이를 다룰 수 있는 적용 방안에 대해서도 언급하였다.

성별 차이를 다룬 21장에서 Shelley Peterson은 쓰기와 성별 차이에 대한 연구 동기로 작용하는 두 가지 대조적인 관심사를 언급하였다. 첫째 번 관심은 여성적인 어조의 고요함과 남성적 쓰기 양식의 특권이며, 둘째 번 관심은 공식적인 쓰기 평가에서 남학생들이 저조한 수행을 보이는 것이 남성성을 반영한 결과라는 것이다. Shelley Peterson은 성격 묘사나 주제 등에서 나타나는 특징을 바탕으로 쓰기 결과물에서 나타나는 성별 차이를 다룬 연구와, 교사와 학생들이 가지고 있는 성 및 쓰기 수행에 대한 인식을 다룬 연구를 검토하였다. 이어서 여학생의 쓰기와 남학생의 쓰기를 형성해 내는 이데올로기가 어떻게 작용하는지를 살펴보았으며, 학생들로 하여금 쓰기를 할 때 전통적인 성 역할을 극복하도록 격려하는 시도를 소개하였다.

학습 장애를 갖고 있는 학생들은 특히 읽기와 쓰기를 숙달하는 데 어려움을 겪는다. 22장에서 Gary A. Troia는 쓰기 부진 학생들이 보이는 쓰기의 특성을 다룬 연구와 성공적인 교육적 중재에 대한 연구를 살펴보았다. 여기서는 부진 학생들이 계획, 수정, 글쓰기에서 겪는 어려움에 대해 자세히 설명하였고, 초인지와 동기 면에서 문제를 겪고 있는 학생들에게 자기 조절을 가르치는 것이 교육적 중재의 한 접근법이 될 수 있다는 것을 보여준 문헌을 개관하였다. Troia는 이어서 미숙한 필자들을 위한, 연구 결과에 기반을 둔 포괄적인 쓰기 프로그램을 설계할 수 있는 지침을 제시하였다.

23장에서 Jill Fitzgerald는 지난 15년 간 유치원에서 12학년에 이르는 다중 언어 쓰기를 대상으로 한 56편의 연구를 살펴보았다. Fitzgerald는 여러 연구에서 사용된 방법론의 특징을 설명하고 논평했으며, 이어서 연령대별로 제기되는 연구 문제에 따라 결과를 정리하였다. 마지막에서는 축적된 연구에서 내릴 수 있는, 신뢰할 만하고 중요한 결론이 적다는 점을 논의한 후, 후속 연구에서 중요하게 다루어야 할 사항을 제시하였다.

연구 방법론과 분석 도구

이 책의 마지막인 5부에서는 총 6개 장에 걸쳐 방법론과 분석 도구에 대한 연구를 다루었다. 24장에서 Katherine Schultz는 질적인 연구가 쓰기에 대한 비판적인 이해를 생산한다는 점에 대해 논의하였다. Schultz는 자신의 논의를 뒷받침하기 위해 쓰기 연구 분야에서 이루어 낸 주요 개념적 진전을 추적하고, 한편으로는 이러한 연구를 통해서 쓰기 연구 분야에서 얻어낸 결과를 담고 있는 핵심적인 연구를 제시하였다. 쓰기는 의미를 구성하는 구체적인 사회적 맥락에서 일어나는 만큼, 질적인 연구 방법은 비판적일 수밖에 없다. 왜냐하면 질적 연구 방법은 내부자의 시각, 사회적 맥락과 문화적 맥락의 중요성, 담화 분석을 위한 도구, 학교 외적 환경을 포함하는 주어진 조건을 바라보는 방법 등에 초점을 맞추기 때문이다. Schultz는 도시의 다민족 초등학교를 대상으로 이루어진 쓰기 연구에서 사용된 체계적인 프로그램, 멕시코계 미국인 공동체에서의 문해 활동, 영국에서 수행된 종단적인 대규모 프로젝트, 문식성과 정체성에 대한 연구, 그녀 자신이 현재 수행하고 있는 디지털 기술이 쓰기를 형성하는 방식에 대한 연구 등을 소개하는 방식으로 질적 연구가 어떠한 기여를 하는지를 자세히 설명하였다.

Robert D. Abbott, Dagmar Amtmann, & Jeff Munson는 25장에서 지도법에 대한 현장 실험과 종단적인 데이터를 포함하는 연구에서 사용되는 통계적인 절차에 대해 다루었다. 이들은 먼저 쓰기 연구에서 무선 표집 현장 연구가 어떠한 강점을 가지고 있는지에 대해 설명하고, 이러한 연구의 실험 참여자가 소규모이거나 여러 학교가 참여할 만큼 대규모일 때 통계적 검증력과 1종 오류 비율이 갖고 있는 통계적인 함의에 대해 설명하였다. 이어서 쓰기 발달을 확인하기 위한 종단적 연구에 포함되는 연구 설계와 통계 분석에 초점을 맞추었다. 이들은 종단적 데이터를 분석하기 위한 두 가지 방법에 주목하였다. 첫째는 측정이 연속적으로 이루어질 때 잠재 변수 성장 혼합 모형(latent transition analysis)의 변화이고, 둘째는 변화에 대한 측정이 단계적이거나 범주적인 경우, 변화에 대한 잠재 전이 분석(latent transition analysis)이다. 이러한 유형의 분석을 보다 구체적으로 제시하기 위해 이들은 자신들이 수행하고 있는 쓰기 연구에서 실제로 어떻게 적용하고 있는지를 보여주었다.

26장에서 Ted J. M. Sanders & Joost Schilperoord는 쓰기 결과물, 즉 텍스트 분석을 목적으로 발달해 온 구체적인 방법에 초점을 두고 논의하였다. 이들은 텍스트 구조에 대한 분석이 쓰기 결과물인 텍스트를 설명하고 이해하는 데에는 물론이고, 필자가 텍스트를 생산하는 데 사용하는 과정을 설명하고 이해하는 데에도 상당히 유용한 창을 제공해 준다는 점을 밝혔다. 이들은 한편으로 텍스트에 대한 분석이 텍스트를 구성하는 동안 사용되는 인지적 행동을 식별하여 추적할 수 있게 해 준다고 주장했다. 이들은 자신의 주장을 설득력 있게 제시하기 위해 자신들이 사용한 접근법(점진적인 구조 분석 절차)이 어떻게 적용될 수 있는지, 그리고 분석된 텍스트를 작성한 필자의 인지적 행동에 대해서는 무엇을 밝혀주는지에 대해 설명하였다.

학생의 쓰기에 대한 대규모 평가의 중요성이 증가하고 있는 상황을 고려해 보면, 이러한 평가의 신뢰도와 타당도뿐만 아니라 효율성을 증대시키는 방안을 모색해 보는 것이 매우 중요하다 할 수 있다. 27장에서 Mark D. Shermis, Jill Burstein, & Claudia Leacock은 자동화된 에세이 채점 평가, 혹은 컴퓨터에 의한 에세이 평가의 발달에 대한 연구를 검토하였다. 이들은 평가 체계가 어떻게 이루어져 있는지에 대해 기초적인 설명을 한 뒤, 신뢰도와 타당도에 대한 증거를 살펴보았다. 그리고 최근에 사용되고 있는 주요 체계에 대해 설명하였다. 이에 더하여 이들은 쓰기의 내용을 분석하고 쓰기의 구체적인 국면에 대해 학생들에게 적절히 평가된 피드백을 제공해 줄 수 있는 시스템에 대해 설명하였다.

28장에서 Brian Huot & Michael Neal은 대규모 쓰기 평가에서 사용되고 있는 최근의 기술에 대해 비평하였다. 여기에는 간접 평가, 채점 기준표에 의한 총체적 평가, 컴퓨터의 도움을 받는 채점 등이 포함된다. 이들은 이러한 쓰기 평가 방법을 개발한 사람들이 평가자 간 신뢰도에 지나치게 초점을 맞추는 바람에 측정의 구체적인 목적에 따른 타당도에는 충분한 관심을 기울이지 못했다는 점을 지적하였다.

　마지막인 29장에서 Kenneth R. Pugh, Stephen J. Frost, Rebecca Sandak, Margie Gills, Dina Moore, Annette R. Jenner, & W. Einar Mencl은 쓰기 영역에서 신경 영상 기술 사용의 가능성에 대해 살펴보았다. 이들은 만일 쓰기에 대한 연구에 신경 영상이 활용된다면 반드시 수반될 방법론적인 문제와 연구 설계와 관련된 문제에 대해 검토하고 논의하였다. 이들은 쓰기 연구에서 이러한 방법론이 보다 광범위하게 쓰이는 데 필요한 예비 가설을 개발하기 위해 구어와 읽기 연구에서 사용된 신경 영상학 기술을 살펴보았다. 왜냐하면 현재까지 쓰기 분야에서 신경 영상 연구는 거의 수행되지 않은 상황이기 때문이다.

참고문헌

Elbow, P. (1973). *Writing without teachers*. London: Oxford University Press.

Emig, J. (1971). *The composing processes of twelfth graders*. Urbana, IL: National Council of Teachers of English.

Graham, S. (in press). Writing. In P. Alexander & P. Winne (Eds.), *Handbook of educational psychology*. Mahwah, NJ: Erlbaum.

Greenwald, E. A., Persky, H. R., Campbell, J. R., & Mazzeo, J. (1999). NAEP 1998 Writing: Report card for the nation and states. Washington, DC: U.S. Department of Education.

Havelock, E. A. (1982). *The literate revolution in Greece and its cultural consequences. Princeton*, NJ: Princeton University Press.

Kellogg, R. T. (1999). Components of working memory in text production. In M. Torrance & G. C. Jeffery (Eds.), *The cognitive demands of writing: Processing capacity and working memory in text production* (pp. 42-61). Amsterdam: Amsterdam University Press.

National Commission on Writing in America's Schools & Colleges. The need for a writing revolution. (2003). *The neglected "R."*: New York: College Entrance Examination Board.

Smyth, J. (1998). Written emotional expression: Effect sizes, outcome types, and moderating variables. *Journal of Consulting and Clinical Psychology*, 66, 174-184.

Swedlow, J. (1999). The power of writing. *National Geographic*, 196, 110-132.

쓰기의 이론과 모형

제1장
쓰기 연구의 사회적 맥락과 역사적 맥락

Martin Nystrand

북미 지역에서 쓰기에 대한 경험 연구[1]가 시작된 것은 대략 1970년경으로, 특히 Emig의 <고등학교 3학년 학생들의 쓰기 과정(The Composing Processes of Twelfth Grader, 1971)>의 출판을 기준으로 삼는 것이 일반적이다(Nystrand, Greene, & Wiemelt, 1993). 그러나 그렇다고 해서 그 이전에 이러한 연구가 전혀 없었다고 할 수는 없다. 예를 들어 Braddock, Lloyd-Jones, & Schoer의 <쓰기 연구(Research in Written Composition, 1963)>에서도 '실험'과 '관찰'에 의한 쓰기 연구를 찾아볼 수 있기 때문이다. 그러나 이러한 연구들은 쓰기 전공의 박사과정 훈련이나 논문의 지도, 그러한 연구에 관심을 가지고 있는 전문적인 네트워크 및 지원 체제, 예를 들어 전문 학술지와 학회의 도움을 받지 않은 채 고립적으로 이루어진 것이다. 이러한 연구들이 누적되어 1980년대에 학문 분야이자 전문 연구 분야로서 '작문'과 '수사학'이 정립되었다.

나중에서야 알게 된 것이지만, 대체로 1970년대와 1980년대에 제출된 쓰기에 대한 아이디어들은 전혀 새로운 것이 아니었다. 예를 들어 과정으로서의 쓰기에 대한 논문은 '최근'의 것으로는 Young & Becker(1965)가 있고, '초기'의 것으로는 <영어 저널(English Journal)>에 1912년에 수록된 것이 있다(Town, 1988). 그러므로 Emig의 연구가 과정으로서의 쓰기를 처음으로 개념화한 것은 아니다.

---

1) [역주] 이 장에서 경험 연구(empirical research)라는 용어는 실험이나 관찰, 조사 연구를 통칭하는 의미로 사용하였다.

한편, 시카고대학의 영어과 교수인 Henry Sams는 1940년대에 '창안'(invention)에 대한 관심을 불러일으킨 바 있다. 하지만 이러한 선구자적인 노력은 그의 소속 학과가 추구해 온 형식주의(the formalist)의 문학적 경향 속에서 온데간데없이 사라졌다. 창안은 당시 영문학 분야에서는 일반적인 주제로 인식되었기 때문에 '대학 작문 및 의사소통 협의회'(Conference on College Composition and Communication, the 4Cs 또는 CCCC)에서 다시 조명을 받기까지 Sams 이후로 35년이 더 걸렸다. 그 이후 창안은 1970년대 및 1980년대에 카네기멜론대학(Carnegie Mellon Univ.)의 Richard Young에 의해 특히 주목받았는데, 이때는 인지 과학의 풍토에 따라 창안을 인지적 계획과 목표의 측면에서 다루었다.

Flower & Hayes의 연구로 예증할 수 있는, 인지 수사학 분야의 '카네기멜론 학파'의 영향은 궁극적으로는 1970년대 및 1980년대의 수용적인 맥락에서 형성된 흐름으로부터 도출되었다고 할 수 있다. 이 수용적인 맥락에는 CCCC, '미국영어교사협회'(the National Council of Teachers of English, NCTE), 영어과에 설치된 새로운 박사과정 프로그램, 연방 정부의 연구 지원, 특히 1985년에 설립된 쓰기 연구 센터 등이 포함된다.

이때 이루어진 많은 선도적인 연구는, 그 연구를 수행한 연구자처럼, 영어교육 프로그램에서 온 것이다. 영향력이 매우 컸던 초기의 쓰기 연구자들(예를 들어 영국의 James Britton과 Nancy Martin) 중 일부는 학부나 대학 행정 조직에 상관없이 영어와 언어를 가르치는 사람들이었고, 대학원에서 박사학위를 받은 사람은 거의 없었다. Britton과 Martin은 모두 런던대학 교육대학원(University of London's Institute of Education)의 영어과 교수진에 합류하였지만, 그 이전인 1930년대와 40년대에는 영국 해로우 윌드(United Kingdom's Harrow Weald)에서 영어를 가르쳤다. Britton은 런던대학 교육대학원에서 1954년부터 1969년까지 학과장으로 일했고, 이어서 Martin이 1970년부터 1976년까지 학과장으로 일했다.

쓰기에 대해 새로운 아이디어를 제시한 사람들 중 일부는 연구자가 아닌 경우도 있었다. 예를 들어, 새로운 논의로서 쓰기에 대한 인지적 관점을 탁월하게 보여준 James Moffett(1968)은, 이후에 하버드 대학, 캘리포니아 주립대학(버클리 소재), 샌디에이고 주립대학, 미들베리 대학 영어과에서 교수직을 역임하였으나, 그 당시에는 필립 엑스터 아카데미(Phillips Exeter Academy)의 영어 교사였다.

쓰기에 대한 새로운 논의는 학생들이 어떻게 글을 써야 한다거나 학생들이 쓴 글이 어떻게 보일지를 규정하는 것보다는 일반적인 학생들이 글을 어떻게 쓰는지를 밝히려고 하였다. 명백하게 밝히건대, 이러한 새로운 논의는 이론적인 것이지 교육적인 것은 아니었다. 새로운 논의에 따른 쓰기지도법은 전통적인 학교 수사학의 금과옥조에 기반을 둔 것이 아니라, 경험 연구 결과와 기초연구 결과에 바탕을 둔 것이었다. 쓰기에 대한 기초연구는 1970년대 후반에 시작된 미국교육협회(National Institute of Education, NIE)의 새로운 쓰기 연구 프로그램, 이후 1985년에 쓰기 연구 센터의 과제로 이루어진 것이었다.

글을 잘 쓰기 못하는 학생들은 관찰과 같은 임상적 방법으로 초보 필자로 분류되었다(Shaughnessy, 1977). 그리고 이들이 보이는 오류는 연습 문제나 훈련의 대상이 아니라, 학생들이 가지고 있는 쓰기 전략의 논리와 역사를 밝히기 위한 연구 문제로 다루어졌다. John Dewey(1884)와 William James(1890) 이래 모든 심리학자들이 반복해 온 대로, 새로운 쓰기 연구자들은 쓰기의 중요한 조직 원리로 '필자의 마음'을 가정하였다. 새로운 쓰기 연구자들은 사고와 주체를 글(텍스트)로 변형시키는 쓰기 과정의 인지 구조를 설명하려고 노력했다. 1980년대 초에는 쓰기는 본질적으로 역동적인 의미 구성 과정이라는 생각이 일반화되었다.

이 장에서는 중요하고 강력한 두 세력의 합류로 인해 1970년대와 1980년대에 나타난, 쓰기에 대한 경험 연구의 폭발적 증가에 대해 살펴볼 것이다. 중요하고 강력한 두 세력이란 새로운 사고와 방법을 고양하는 학문의 형성적 맥락(academic formative context)과, 대학이라는 울타리를 벗어나서, 떠올린 아이디어의 가치를 결정하고 굴절시키는 데 영향을 미치는 사회·문화적 관점의 수용적 맥락(sociocultural receptive context)을 일컫는다.

형성적 맥락

다트머스 세미나(Dartmouth Seminar)

1900년과 1970년 사이에 미국에서 형성된 쓰기에 대한 논의의 흐름은 모범적인 필자가 쓴 모범문의 규범적인 측면을 특히 강조하는 교수법이 주를 이루었다. 20세기 초·중반에 쓰기에 대한 아이디어는 대학 신입생들로부터 광범위하게 수집한 예시문(model texts)에 바탕을 두고 있었으며, 그러한 아이디어의 대부분은 설명문과 밀접하게 관련되어 있거나, 기술 문법 및 "현재의 전통인" 수사학이 반영된 쓰기와 밀접하게 관련되어 있었다(Young, 1978).

주제나 논거가 무엇이든 상관없이 세 가지 요점으로 구성된 다섯 문단짜리 글쓰기는 거의 모든 중·고등학교에서 행해지는 설명문 쓰기지도의 중심으로 자리를 잡아왔다. 중등 과정

이후, 즉 대학의 쓰기교육은 영어과에서 전담하였으며 인문학적 에세이 장르에 집중되었다. 이러한 쓰기교육의 경향은 주로 Lucas(1955), Strunk & White(1959), Warriner(1950) 등이 제안한 형식주의적 규범과 규칙을 반영하고 있다는 특징이 있다.

쓰기와 쓰기지도에 대한 이러한 전통적인 개념은 흔히 '다트머스 세미나'라고 불리는, 1966년 다트머스대학에서 열린 앵글로-아메리칸(Anglo-American) 영어교육협의회에서 날선 비판을 받았다. 대서양 양쪽에서 온 연구자들과 교사들 외에도 Britton과 Moffett, 그리고 영어, 언어학, 심리학, 교육 분야에 종사하는 여러 전문가들이 이 세미나에 참석했는데, 이들은 학교의 쓰기지도는 지나치게 정형화된 "연습"으로 구성되어 있다고 비판하고, "개인적 성장"을 강조하는 대안적인 지도 방안을 제안하였다(Dixon, 1967). 이 새로운 방안은 언어(쓰기와 말하기를 모두 포함)를 '기존의 요소들을 활용하여 새로운 관계로 나아가는' 방식으로, 일상생활의 경험을 형성하고 확장하는 인지적이며 표현적인 과정으로 보았다(Dixon, 1967, p.9). 철학(Ernst Cassirer, Suzanne Langer, Michael Polanyi)과 심리학(Jerome Bruner, George Kelly, Alexander Luria, Jean Piaget, Lev Vygotsky) 분야의 연구를 뒤이어서 Britton은 <언어와 학습 (Language and Learning)>이라는 책에서 언어 과정의 개념들에 대해 상세히 설명했다(Britton, 1970). Moffett은 뒤이어 출판한 <담론에 대한 지도(Teaching the Universe of Discourse, 1968)>에서 Piaget의 인지 발달 모형과 Basil Bernstein의 정밀어와 한정어(elaborated and restricted codes)의 개념을 차용하여 경험이 다루어지는 곳에서 추상성 수준의 증가에 기반을 둔, 유치원부터 중등과정까지의 쓰기발달의 교육학적 순서를 구체적으로 설명하였다. 추상성 수준은 "무엇이 일어나고 있는가?(기록), 무엇이 일어났는가?(보고), 어떻게 된 것인가?(일반화와 분석), 무엇이 일어날 것인가?(예측)"와 관련되어 있다. 그는 이 책에서 "마음속에 품고 있으면서 언어로 표현하려는 요소들은 근본적으로 삶에서 잘 다듬어지지 않은 원초적인 요소이지 언어 그 자체의 문제는 아니다."(p.114)라고 주장했다.

영어교육에 대한 이 새로운 접근은 교육과정과 교수법의 초점을 '문화유산'과 '기능'이라고 하는 전통적인 모형으로부터 분리시키기 위한 것이다. 이러한 입장에서, 개혁론자들은 개인의 학습과 사고과정에 대한 기초연구에 바탕을 둔 쓰기지도 방법을 대담하고도 근본적으로 재개념화해야 한다고 강력히 요구했다. Dixon(1967, p.10)에는 다음과 같이 나와 있다.

"영어란 무엇인가?"라는 질문은 "영어 수업시간에 우리가 가장 잘 할 수 있는 것은 무엇인가?"라는 질문과는 다른 형태의 대답을 이끌어낸다. 만일, 예를 들어, 우리가 쓰기 과정을 묘사하고자 한다면, 첫 번째 질문은 무질서한 경험들을 합하여 구성하는 활동보다는, 완성된 형태로서의 결과물을 요구하게 될 것이다. "…… 하는 것은 무엇인가?"라는 형태의 질문은 동사의 명사적 형태(예를 들면 bringing, composing)를 써야 하므로 활동을 마음에 새기는 데 도움을 준다.

다트머스 세미나의 참석자들은 효과적인 개혁이란 새로운 교육과정이나 교수법을 개발하는 데 있지 않고 영어교육의 본질을 근본적으로 재개념화하는 데 있다는 점을 깊이 있게 논의했다. 그들은 효과적인 쓰기지도와 읽기지도는 교수법보다는 언어 과정과 학습에 대한 근본적인 통찰을 갖추는 것이라는 신념을 가지고 있었다. Britton(1969)이 밝힌 것처럼, "우리는 가르치고 가르치며 학생들은 배우고 배운다. 만일 학생들이 배우지 않는다면 우리는 가르칠 수 없다."(p.81) 다트머스 세미나 참가자들은 쓰기와 읽기의 결과를 요구하는 "영어란 무엇인가"라는 질문을 거부하고, 대신에 쓰기 및 읽기와 관련된 생성적이고 역동적인 의미 구성 과정을 촉진하고자 노력했다.

인지 혁명

읽기나 학습 분야와 동일하게, 쓰기에 대한 새로운 담화의 다른 원천은 바로 MIT 및 하버드 대학의 '캠브리지 인지 혁명'(Cambridge Cognitive Revolution)에 있다. Chomsky가 언어를 규칙-지배적(rule-governed) 인지 과정으로 설명한 아이디어(Chomsky, 1957, 1966, 1968)는 언어학에 혁명을 가져왔다. Chomsky의 주장에 따르면, 언어수행(이를테면 구어 발화)은 기저 언어능력이 변형되어 나타난 것이다. 언어수행은 생득적이고 보편적이며 인지적이므로, 언어를 연구한다는 것은 곧 마음의 구조를 조사하는 것이며 언어학은 인지심리학의 하위분야가 되어야 한다는 것이 Chomsky의 생각이었다. 구조주의자에 대한 Chomsky의 비판적 논의는 인간의 마음을 과학연구의 정당한 대상으로 인정하는 것이므로 B. F. Skinner의 행동주의 패러다임 아래에서 고심하던 심리학자들에게 새로운 동력을 안겨주었다. 하버드와 MIT의 언어학자 및 인지심리학자들은 때로는 서로 연합하면서 "매사추세츠(Massachusetts)의 캠브리지(Cambridge)에 흐르는 의기양양한 심리언어학적 분위기(Smith, 1971)" 속에서, 그리고 심리언어학이라 불리는 분과학문 아래에서 새롭고도 다양한 연구 과제를 수행했다. 이들 각각은 언어를 비롯하여 인간행동을 구성하고 인간행동의 근원이 되는 문법 규칙들을 해독하고 서술하는 데 목적을 두었다.

언어와 인간행동에 대한 새로운 데카르트적 접근의 여러 가지 핵심 원리, 특히 심리적 표상(혹은 스키마)을 형성함으로써 인간이 경험을 체계화한다는 전제는 대학원에서 교육학이나 인문학을 전공하는 박사과정 학생들 모두, 특히 쓰기나 읽기 분야에서 지도 방법 및 언어발달 등을 주제로 박사 논문을 진행하고 있는 이들의 (1) 과거의 인식, 이해, 기억을 조직할 수 있게 해 주었으며 (2) 이들의 미래에 대한 기대에도 영향을 미쳤다. 하버드 대학의 학생들은 MIT의 Chomsky나 Jerry Fodor, Edward Klima 등 철학과 및 심리학과의 교수들의 강의를 들었다. 하버드 대학 학생들은 MIT의 교수들이 종종 사회관계학과(social relation department) 부설 Miller & Bruner 인지연구센터에서 주최했던 화요 콜로키움에도 참석했다.

이 시기에, 능력이 출중했던 여러 명의 대학원 학생들은 언젠가는 그 분야에서 매우 큰 영향력을 미치게 될 연구를 수행했다. 여기에는 하버드 대학 교육대학원 학생인 Janet Emig, John Mellon, Courtney Cazden이 포함되어 있었다. Cazden은 인지심리학자인 Roger Brown과 함께 인간발달을 공부하던 학생이었고 Charles Read는 언어학 박사과정 학생이었다. Frank Smith는 인지언어학자인 George Miller, Jerome Bruner, Roger Brown이 일하고 있는 사회관계학과 부설 인지연구센터에서 심리학을 전공하는 박사과정 학생이었다.[2]

다트머스 세미나의 참석자인 Moffett은 하버드 대학 교육대학원의 연구원이었다. Cazden(1972, 1988)은 아동 언어와 교실 담화 분야에서 잘 알려진 전문가가 되었다. 앞에서 언급한 Emig(1971)과 Moffett(1968)은 쓰기 과정의 인지 개념에까지 손을 뻗쳤다. Mellon(1969)은 "통사적 능력"(syntactic fluency)을 발전시킨 "변형 문장 결합"(transformational sentence-combining)이라 불리는, Chomsky의 문법에 기반을 둔 지도 방법을 고안하였다. Read(1971)는 초기 문해(emergent literacy) 분야의 후대 연구에 주춧돌이 된 취학 전 아동의 "창안적 글자 쓰기(invented spelling)"[3]에 대한 음성학적 논리를 조사하였다. 그리고 Smith(1971)는 읽기과정 분야에 폭넓게 영향을 미친 인지 모형을 개발했다.

매우 역설적인 일이지만, 위에서 언급한 학생 중 그 누구도 자신의 고유 연구 분야에서 체계적인 교육을 받지 못했다. Emig과 Mellon은 교육대학원 영어교육 전공과정에서 공부했다. 이 전공과정에는 쓰기 연구나 쓰기 학습에 대한 프로그램이 전혀 없었다. Read는 언어학자로서 교육을 받았고 Smith는 심리학과 학생이었으며, 이 둘 모두는 교육이나 읽기와 관련된

---

2) 10년 후에 Linda Flower와 쓰기 과정의 인지 모형에 대한 협동 연구(Flower & Hayes)를 수행하게 되는 John R. Hayes는 이 시기에 인지연구센터의 연구원이었다.

3) 어린이들은 글자를 깨치는 초기 문해 단계에서 자기 스스로 글자를 만들어 쓰곤 하는데, 이를 '창안적 글자'라고 부른다. 이는 초기 문해 발달 과정에서 나타는 주요 특징 중의 하나이다.

어떤 강의도 수강하지 않았다. 심지어 Moffett은, 앞에서 지적했던 것처럼 심지어 학생도 아니었다.

수용적 맥락

문해력의 위기

쓰기에 대한 경험 연구가 1960년대의 인지 혁명에 뿌리를 두고 있으며 그 시작은 1970년경 이라고 한다면, 그 영향은 최소한 1970년대 중반까지는 분명하게 나타나지 않았다고 볼 수 있다. 그 근거는 <그림 1.1>에서 찾을 수 있다. 이는 다른 연구자들이 1972년부터 2003년까지 Emig의 <고등학교 3학년 학생들의 쓰기 과정>을 얼마나 인용했는가를 알려주는 그림이다(사회과학인용지수에서 발췌). 이 연구의 인용은 1970년대 중반까지는 거의 나타나지 않는다. 하지만 1980년대에 와서 거의 두 배로 늘어났고 이후 더 급격히 상승했다.

이러한 인용 빈도의 상승은 이 시기 학계 안팎에서 이루어진 몇 가지의 발전적 국면이 반영되어 있다. 1970년대 중반에 큰 사회적 파장을 불러온 기사 두 개가 대중적인 간행물에 실렸다. 이 두 가지 기사는 미국 대학생들의 쓰기기능이 급격하게 내리막을 걷고 있음을 우려하면서 미국 학교에 들이닥친 문해력의 위기를 경고하는 것이었다. <타임(Time)>지에 실린 "얼간이 영어"(Bonehead English)라는 기사(Stone, 1974)는 대학학업능력이 부족한 학생들이 급격하게 증가한 상황에서 대학 신입생들을 대상으로 한 쓰기 교정 수업을 크게 늘리는데 기여했다. <뉴스위크(Newsweek)>지 1975년 12월 8일자에 특집으로 수록된 "조니는 왜 글을 쓰지 못하는가(Why Johnny Can't Write)."라는 기사(Sheils, 1975)는 "기초 학력 학생들"을 방치한 공립학교를 비판하면서 너무 많은 "열린" 교실에서 너무 많은 "창의적인" 방법과 "허용적인" 규범으로 인해 쓰기교육이 "순치 기능을 올바로 보여주지 못하고 있다는 점"을 지적했다. 대중들은 이 두 기사를 통해 SAT 점수가 급격하게 하락했다는 대학입학위원회의 발표를 확신하게 되었다. 유명한 비평가이면서 <뉴요커(New yorker)>에 장기간 서평을 써온 Clifton Fadiman은 "이 대학생들이 공교육을 받았던 60년대는 고삐가 풀린 시대였다."라고 비판했다(Fadiman & Howard, 1979, p.10).

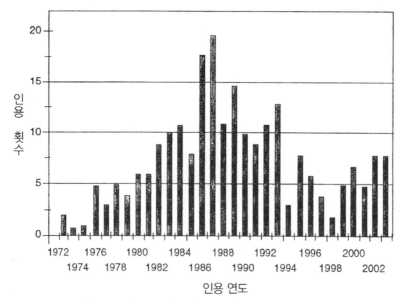

〈그림 1.1〉 Emig(1971)의 인용 : 1972~2003

이것은 미국에서 일어난 첫 번째 문해력의 위기도 아니고 마지막 위기도 아니다. 사실, 문해 능력에 대한 요구가 계속해서 변화하는 산업화된 나라에서는 쓰기와 읽기의 성취기준이 약해지고 능력이 떨어지는 것에 대한 불만이 주기적으로 끊이지 않고 제기되었다. 현재 글로벌화된 사회에서 인구학적으로나 경제학적으로 계층 변화를 겪는 시기에 이러한 불만이 제기되는 것은 일반적인 것이라고 할 수 있다.

예를 들어 보자. Miller(1997)는 18세기 영국에서 대학의 영어교육 프로그램이 문해력 상승에 따라 어떻게 달라졌는지를 조사한 바 있다. 문해력 상승은 중산층의 증가와 맞물려 있는데, 중산층은 충분한 여가시간, 취미, 새로운 값싼 인쇄물을 살 수 있는 돈, 사회적 지위를 끌어올리고자 하는 욕구 등을 두루 가지고 있다는 특징이 있다. Miller에 따르면, 대학 영어교육이 처음 시작된 것은 바로 증산층이 증가하던 이때였으며, 그것도 옥스퍼드 대학이나 캠브리지 대학 같은 엘리트 대학의 문학 강좌가 아니라, 지방대학의 쓰기수업에서 이루어졌다. 지방대학에서 이루어진 쓰기수업은 Joseph Priestly, Alexander Bain, Adam Smith 같은 수사학자들의 영향을 짙게 받았으며, 때로는 이들이 직접 지방대학의 쓰기수업을 지도하기도 했다.

Douglas(1976)는 1870년경에 이루어진 "하버드 대학의 글쓰기"를 분석하였다. 1870년 당시 하버드 대학의 새로운 총장 Charles William Eliot는 지주 계급 자녀들이 다니던 작은 단과대학에 불과했던 하버드를 인구학적으로 다양한, Eliot이 언급한 것처럼 "능력 중심주의(aristocracy of achievement)"로 세분화한 현대적인 종합대학으로 변모시켰다. 이렇게 새로워진 하버드 대학은 가난하지만 "능력과 품성"을 갖춘 학생들, "생활 조건으로 입학을 제한하지 않는, 모든 학생들"을 위한 대학이 되었다(Eliot, Douglas 1976에서 재인용, p.127). 하버드 대학의 목표는 성장하는 산업사회에서 요구되는 글쓰기의 정확성과 명확성, 그리고 산업화에 동반하여 증가하는 전문 경영 계급에게 요구되는 글쓰기의 정확성과 명확성을 충족하는 것이었다. 내용의 명확성 및 문법의 정확성, 바람직한 용법 등으로 이해되는 쓰기 기능은 사회적 교양으로 자리를 잡았다. 다시 말하면, 쓰기 기능은 산업화 시대에 사람들의 교육 수준과 계층 소속을 높이고, 상류층이 되고자 하는 열망을 자극하는 강력한 버튼이 되었다.

한 세기가 지난 후, 1970년대 미국의 대학들은 더욱 극적이고 강력한 인구학적 변화를 경험하게 되었다. 1964년의 '교육 기회 균등 법안'(The Educational Opportunity Act), Johnson 행정부의 '빈곤과의 전쟁'(War on Poverty), 1968년의 '고등 교육법'(the Higher Education Act)의 재공포(이때 진로 상담 프로그램, 적성 개발 프로그램, 특수교육 프로그램이 포함되었음)는 이민 1세대 대학생의 숫자를 급격히 증가시켰다. 대학입학위원회의 책임자인 William Angoff는 <타임(Time)>지와 <뉴스위크(Newsweek)>지에 보도된 SAT 점수의 하락이 "SAT 응시자들의 특성 변화" 때문이라고 보았다(Angoff, 1975, p.10).

대학 캠퍼스에 일었던 베트남전 반대 운동은 이러한 변화를 심화시켰다. Peter Hawked (1996)는 뉴욕 대학(City University of New York, CUNY) 브룩클린 칼리지(Brooklyn College)에서 있었던 쓰기지도의 급격한 변화가 어떻게 대학 안팎에서 일어난 일상적인 소요 사태, 즉 사회적, 정치적 변화에 따른 일상적 소요 사태에 대한 직접적인 대응이 될 수 있었는지를 논의하였다. 미국 전역에서 학생 집회, 파업, 대학 건물 점거, 연막탄 투척, 문화·예술 작품 파괴, 방화가 끊임없이 일어났고, 경찰의 무자비한 시위대 진압 역시 일상적이었다. 이 시위들은 주로 학생 징집 연기에 대한 것이었다.[4] 예를 들어, 1968년 브룩클린칼리지 학생 10,008명 중에 흑인 학생은 단지 119명뿐이었고 푸에르토리코 인은 42명뿐이었다(Kihss, 1968, p.48). 아프리카계 미국인이나 푸에르토리코인 중 학생 신분으로 징집을 연기할 수 있는 사람은 거의 없었다. 그렇기 때문에 그들 중 매우 많은 사람들이 강제 징집되었고, 베트남전에 참전했다가 죽음을 맞았다.

---

4) [역주] 당시 미국은 베트남전으로 인해 징병제를 실시하였으며, 대학생이나 대학원생은 징집을 연기하여 군복무를 피할 수 있었다. 당시 미국 흑인은 약 5%만이 대학을 다녔다. 부유층 자녀들은 대학생 신분으로 징집을 연기하고, 대학을 졸업 후 대학원에 진학하여 다시 징집을 연기했다. 그러나 흑인은 그렇게 할 수 있는 사람이 거의 없었다.

1970년 가을 미국 켄트 주에서 학생 4명이 주 방위군에 의해 사살되는 사건이 발생했다. 이 사건 후 6개월 뒤에 CUNY는 1975년에 적용하기로 했던 무시험 입학 제도를 5년 앞당겨 실시하기로 결정했다.5) 이 제도를 실시한 후 3년 동안 브루클린 칼리지의 입학생 수는 14,000명에서 34,000명으로 크게 늘어났다.6) 이때 영국의 낭만주의 문학을 가르치던 젊은 조교수인 Kenneth Bruffee가 이 신입생을 위한 새로운 쓰기 프로그램을 설계하고 감독했다. 그가 설계한 쓰기 프로그램은 급진적인 면이 있었는데, 그것은 새로운 쓰기 프로그램에 학생들이 작성한 글을 읽고 반응해 주는 소집단(response groups)을 도입했다는 점, 그리고 대학생들이 일하는 지하철 출구의 상점 앞에서 개인 지도를 받을 수 있도록 프로그램(tutoring program)을 도입했다는 점 때문이었다.

맨해튼의 CUNY 시티칼리지(City College of New York)에 근무하는, Bruffee의 동료 Mina Shaughnessy는 규범 문법으로 구성된 연습 문제 활동이 아니라, 효과적인 쓰기지도의 주요 전제 조건인, 학생들이 범하는 오류의 "논리와 역사"를 연구함으로써 쓰기 교육에 혁명을 일으켰다(Shaughnessy, 1977). Shaughnessy는 시티 칼리지에서 근무하고 있었지만, 영국의 Britton과 Martin처럼 쓰기 연구를 위한 대학원 교육은 받지 않았다. Shaughnessy는 노스웨스턴 대학(Northwestern University) 라디오/TV/영화학과에서 과학학사 학위를 취득했으며, 일리노이 주의 위튼 칼리지(Wheaton College)에서 신학을 더 공부했고, 이어서 콜롬비아 대학(Columbia University)에서 영문학 석사 학위를 받았다. 이것이 CUNY에서 빠르게 성장한 Shaughnessy의 학문적 경력이다.

1965년에 Shaughnessy는 CUNY에 입학한 소수 민족 학생들을 위해 설계된, 실험적 대학원 프로그램인 SEEK(Search for Education, Elevation, and Knowledge)의 책임자로 일했다. SEEK는 즉각적으로 무시험 입학 프로그램의 선구자가 되었고, 1970년 공식적인 무시험 입학 정책이 시행되면서 Shaughnessy는 기초 쓰기 프로그램의 책임자가 되었다. 1975년부터 사망한 1978년까지, Shaughnessy는 CUNY의 지도 자료 과장으로 일했다.7) Shaughnessy는 4,000명의

---

5) [역주] 1847년 Free Academy로 시작한 City College of New York은 1970년부터 시의 재정 빈곤으로 중단된 1975년까지 뉴욕시의 빈곤층, 노동자, 이민자들에게 무료로 높은 수준의 교육을 제공했다. 1차 세계대전 직후 유대인을 박해했던 아이비리그 대학과는 달리, 유대인 학자와 학생들이 많았으며, '프롤레타리아의 하버드'라고 불리기도 했다. 1970년의 학생 사살 사건은 1969년 흑인과 푸에르토리코인 학생들이 인종 차별 철폐를 요구하며 학교 건물을 점거했을 때 발생했다(위키피디아에서 검색한 내용을 정리. 검색어 CUNY).

6) Hawks(1996, p.3)에서 인용한 Brufee(1984)을 재인용.

7) Mina Shaughnessy에 대한 정보는 Norhtwestern University Archives의 보조 기록관인 Allen Strecker의 도움을 받았다.

대학 1학년 초보 필자들이 작성한 글(수록 단어는 약 2백만 단어)에서 오류를 체계적으로 검사하였는데, 이 연구는 William Lavov(1972)의 <비표준 영어의 논리(The Logic of Non-standard English)>에서 힌트를 얻은 것이었다. Shaughnessy의 연구는 쓰기 연구를 진전시키는 데 강력한 기폭제가 되었으며, 1970년대와 1980년대에 있었던 쓰기교육을 향상시키려는 노력의 핵심을 이루었다.

연방정부 기금에 의한 연구 개발(R&D)

1700년대 영국의 교육개혁, 남북전쟁 후의 하버드 대학에서의 교육개혁, 1970년대 미국 고등교육에서의 교육개혁은 쓰기교육을 거시 인구학적 변동과 계층 문화 변동에 대한 핵심적인 대응으로 만들었다. 교육 분야의 쇄신과 변혁은 쓰기를 어떻게 가르칠 것인지, 특히 왜 쓰기를 가르쳐야 하는지에 대한 생각을 명확하게 해 주었다. 그러나 1970년대 개혁에는 모든 교육 분야에 대한 기초적인 경험 연구와 개발이 뒤따랐는데, 연방정부에서는 이러한 연구 개발을 실질적이면서도 전례가 없는 방식으로 지원했다.

1960년대 초반 사회과학은 교육연구 분야에서 무시할 수 없는 영향력을 갖게 되었다. 실제로도 미국교육연구학회(American Education Research Association, AERA)에서 발간한 논문과 연구를 수행한 연구자들을 살펴보면 당시의 교육연구는 사회과학으로부터 완전히 벗어났다고 보기 어렵다.[8] 1963년에 하버드 대학 교육대학원 원장이었던 Francis Keppel은 미국 교육국장으로서 Kennedy 행정부에 참여하였고 그의 역할은 Johnson 행정부에도 계속 이어졌다. Keppel은 정교한 경험 연구 결과에 기반을 둔 교육 개혁을 주장했다. 그의 말에 따르자면, "교육은 너무나도 중요해서 오로지 교사들에게만 맡겨둘 수 없다(Dershimer, 1976, p.50)."

우리가 과거에 범했던 중요한 실패는 다음과 같은 것들이다. 첫째, 교육연구의 가장 일반적인 형태는 지금까지도 여전히 미시적이고 이해하기 어렵고 논란의 여지가 없는 주제에 초점을 두는 것이었다. 그런데 교사들이나 행정가들은 교육 연구에서 다루는 주제를 심각하

---

8) AERA는 1915년에 the National Association of Directors of Educational Research라는 이름으로 학교의 효율성 신장을 목적으로 하여 설립되었으며, 초기에는 8명의 위원으로 구성되었다. 1928년에 AERA로 이름을 바꾸었으며 1931년에는 329명의 회원이 가입하였다. 이후 30년간 회원은 1940년에 511명에서 1950년에는 703명으로, 다시 1960년에는 1,774명으로 증가했다. 60년대에 회원은 다음과 같은 급속한 증가를 보인다. 1962년 2,210명, 1964년 3,070명, 1965년 3,789명, 1966년 5,375명, 1968년 8,350명, 1970년 9,901명 등이다. 1980년에 AERA의 회원 수는 12,732에 이른다. www.aera.net/divisons/h 참조.

게 받아들이지 않는다. 둘째, 교육연구는 지금까지도 여전히 가능한 한 최고의 결과를 얻겠다는 마음가짐이 부족했다. 우리는 최고의 연구자가 없는 상태에서 의학, 과학, 농업, 산업 분야의 상대자를 대상으로 혁신적이고 창조적인 시합을 벌여야 한다(Keppel, Dershimer, 1976 재인용, p.60).

Keppel은 교육의 진보란 그가 "적"으로 간주하며 조롱했던 전문적 "교사쟁이"들로부터 독립적으로 수행되는 새로운 경험 연구에 전적으로 달려있다고 믿었다(Dershimer, 1976, p.61). 그는 현장의 교사들이 탁상 행정, 근시안적 교육과정 및 교육 방법으로 학교를 난장판으로 만들고 있다고 보았다.[9] 1950년대 후반과 1960년대 초반에 Keppel 및 다른 많은 사람들은 고등학교 물리 교육에 대한 국가과학재단(National Science Foundation, NSF)의 투자에 크게 감탄했는데, 이 재단은 1957년 소련의 스푸트니크 발사에 대응하기 위한 물리연구위원회(PSSC)로도 알려져 있다. 초창기에 국가과학재단은 총 445,000달러를 투자했고 1959년에는 1,800만 달러로 지원 금액을 크게 늘렸다.

이 계획의 책임자는 Jerrold Zacharias였다. 그는 1940년대 핵폭탄이 개발되던 시기에 Los Alamos의 연구실에서 MIT의 물리학자이자 과학자로 일했었다. 1960년대 Zacharias는 교육 서비스 주식회사(Education Service Inc., ESI)에서 교육개혁의 모든 국면에 관계된 교육연구 및 개발을 담당하였다. Zaccharias는 Keppel과 미국 교육 당국으로부터 교육 분야의 새로운 연구자들에게 필요한 "능력가의 전형"으로 받아들여졌다. 만일 "교육쟁이"가 과거의 평범한 교육을 대표한다면, Zaccharias와 같은 과학자나 학자들은 미래를 희망적으로 알리는 사람이었다.

1963년에 미국 교육국장에 임명된 Keppel은 교육 분야에 대한 연방정부의 역할을 확대하고 교육 분야의 연구 개발에 재정을 충분히 지원했다. Kennedy 대통령이 암살된 후, 교육 분야에 대한 연방정부의 투자는 Lyndon Johnson 행정부가 추진한 '빈곤과의 전쟁' 정책의 핵심적인 부분으로 간주되었다. 과거 텍사스 주의 전직 교사였던 Johnson 대통령에 따르면, 교육은 "우리 행정부가 추구하는 목표의 중심에 위치하며, 미국이라고 하는 위대한 사회에 대해 우리가 가지고 있는 모든 희망의 핵심이다."(Johnson, 백악관 교육위원회, 1965. 7. 21., Dershimer, 1976 재인용, p.69).

---

9) Keppel은 "주 교육부는 이류, 혹은 가장 낮은 수준의 최하위 집단이며, 교육적 무능과 관료적인 복지부동의 결합체인 교육자들로 구성되어" 있다고 보았다(Graham, 1984, p.63).

1965년 Keppel은 다음과 같이 말했다. "교육자는 삶의 질을 향상시키기 위한 미국 십자군의 대장이다. 도달할 수 없을 것이라고 생각했던 목표가 이제 실제가 되었고 손에 가까이 다가왔다(p.167)." 교육에 접근하는 새로운 방식은, 핵폭탄을 만들 수 있고 달까지 갈 수 있는 힘이 있는 유능한 국가는 빈곤을 끝내고 학교를 개선할 수 있다는 주장이었다.

1964년 미국 교육 당국은 하버드 대학[10], 오리곤 주립대학, 피츠버그 주립대학[11], 위스콘신 주립대학[12]에 새로운 4개의 연방 연구 개발 센터를 설립했다. 이 기관들은 대통령 교육대책위원회가 "원자력 에너지 위원회의 대형 국책 실험실"로 간주한 아르곤 연구소(Argonne Laboratories)와 브루크-해븐 연구소(Brook-haven Laboratory)를 모델로 한 것이다(대통령 교육특별위원회 보고서, p.34, Dershimer 재인용, 1976, p.65). 각 연구 개발 센터는 "교육 연구는 변화를 가져올 수 있다는 관점, 사회 문제의 해결을 위해 지식을 투입하면 그것을 개선할 수 있다는 관점"을 활동을 근거로 삼았다(Ralph Tyler, Dershimer, 1976 재인용, p.65). 이 기관들은 중요한 교육문제이자 신중하게 선정한 교육문제를 해결하기 위하여 장기간의 연구를 수행하는 데 연간 300,000달러에서 1,000,000달러의 예산을 사용했다.[13]

각각의 연구에는 경험 연구자와 연구보조자로 구성된 팀들이 참가했으며, 기초연구를 통해 교사가 바로 투입할 수 있는 교육과정, 교수 방법, 교수 학습 자료를 개발했다.[14] 각각의 연구는 매우 엄격한 과학적 기준에 따라 수행되었다. 과학적 기준이란 "엄밀성, 재현 가능성, 데이터 제시를 위한 헌신적인 노력과, 논쟁 판정을 위한 학회 구성의 요구를 고려하는 가운데 공공의 요구 및 정책 해결을 위한 노력, 그리고 당연히 연구 수행에 필요한 기금을 마련하기 위한 노력과 관련되어 있다(David Goslin, Kaestle, 1992 요약, p.57)." 1965년에 제정된 '초등 및 중등 교육법'(Elementary and Secondary Education Act)은 연구 개발 센터의 프로그램을

---

10) 'the Center for Study of the Individual and Cultural Differences in Education'을 말한다. Courtney Cazden은 이 새로운 센터의 연구 보조원이었다.

11) 'the Learning Research and Development Center'(LRDC)를 말하며 현재에도 운영되고 있다.

12) 'Wisconsin Center for Education Research'를 말하며 현재에도 운영되고 있다.

13) 1963년의 연구 개발 센터 프로그램에 관한 법률에 따르면, 이 센터는 "장기간에 걸쳐 교육 분야에서 발생하는 구체적인 문제에 대한 인적 자본에 집중한다. 이 센터의 목적은 문제 해결을 위한 교육적 수행에 기여하고, 이를 이해할 수 있게 하며, 향상시키는 것이다"(U.S. Deparment of Health, Education and Welfare, 1963, p.27).

14) 요구제안서에 따르면, "보다 구체적으로 말하면, 이 센터의 구성원들은 1) 실험실 및 현장 모두를 바탕으로 기초연구와 응용연구를 수행한다. 2) 연구 결과를 교재나 지도 절차로 체계화하여 재구성하고 완성한 결과를 현장에서 검증하는 등의 개발 활동을 수행한다. 3) 연구 개발 결과로 얻어낸 새로운 프로그램이나 지도 절차를 시범보이고 널리 알린다. 이러한 활동에는 자연적이거나 조작적인 환경에서의 시범, 영화, 테이프, 전시, 출판, 강의 등을 통한 발표, 심포지엄이나 회의의 참여 등이 포함될 수 있다. 4) 지정된 지역에 개발된 결과를 적용할 수 있도록 교사 연수 프로그램을 제공한다."(미국 건강교육복지부, 1963, p.27).

확장시켰고, 6개 기관이 더해져 총 10개의 센터가 설립되었다.

1960년대 후반에는 매우 많은 미국 학자들이 전문가 단체인 CCCC에서 과학적인 연구 방법을 도입하기 위해 노력했다. 쓰기에 대한 초기의 경험 연구들 중 일부는 이 시기에 수행되었다. Rohman & Wlecke(1964; Rohman, 1965)은 '쓰기 전 단계'(prewriting)를 쓰기 과정에서 분리하여 개념화한 첫 쓰기 연구자이다. Richard Young는 동료 연구자들과 함께 1965년부터 다양한 연구 결과를 제출하였는데 이때 과정에 기반을 둔 수사학의 문법소 이론(tagmemic theory)을 구체적으로 제시하였다(Young, 1968, 1969, 1978; Young & Becker, 1965; Young, Becker, & Pike, 1974). Rohman & Welke의 연구는 미국교육협동연구국의 지원을 받아 수행되었으며, Young의 연구는, 당시로서는 새로운, 미국 교육청이 재정을 지원한 미시간 대학의 언어와 언어행동 연구 센터의 도움을 받아 수행되었다.

1972년 Nixon 대통령과 제92대 국회는 협력 연구 과제를 미국교육연구원(National Institute of Education, NIE)으로 확장·변경하는 정책을 발의했다. 이 정책에 따라 지원이 이루어진 예로는 일리노이 주립대학교(샴페인-어바나 소재)의 읽기 연구 센터(the new Center for the Study of Reading, CSR)를 꼽을 수 있다. 이 센터는 1976년부터 1997년까지 이 정책에 따라 재정 지원을 받았는데, 이 센터에서는 읽기 기능의 저하를 반전시키기 위하여, 특히 도심지역 학교의 긴급한 요청에 따라 매우 강력하면서도 새로운 읽기과정의 인지 모형을 개발하였으며 혁신신적인 연구 방법을 도입하였다. 이 읽기 연구 센터는 750편의 전문적인 보고서를 작성했는데, 이 보고서 중에 Richard Anderson(1984)의 스키마 이론, Meyer & McConkie(1973)의 텍스트 구조 분석, Alan Collins & Tom Trabasso의 추론(Collins & Loftus, 1975; Trabasso & Van den Broek, 1985), Nancy Stein(1982)의 이야기 문법, Adams & Collins(1979)의 독해 모형(Pearson, 2001 참조) 등이 포함되어 있다.

1977년 미국교육연구원은 쓰기 연구 프로그램 출범을 준비하면서 캘리포니아 주의 로스 알라미토스에 있는 미국교육연구원 남서부 지부에서 1977년 6월에 쓰기를 주제로 열린 학술대회를 지원했다. 이 대회의 발표자들은 인류학, 심리언어학 및 사회언어학, 인지심리학, 영어 교육, 영문학, 수사학 등 쓰기 연구에 전문화된 대학 교수진과 프로그램을 구성하게 될 각 영역을 대표하는 연구자들이었다.

미국교육연구원이 지원한 첫 번째 쓰기 연구는 카네기멜론 대학의 Linda Flower와 John R, Hayes의 인지에 대한 연구였다. 카네기멜론 대학은 쓰기에 대한 새로운 경험 연구를 할 수 있는 시의적절한 환경을 갖추고 있었다. 영문학과에는 문법소와 내용 선택에 대한 경험 연구자인 Richard Young이 자리 잡고 있었다. Hayes는 하버드 대학의 연방연구개발센터에서 연구원으로 일하면서 노벨상 수상자인 심리학자 Herb Simon과 문제 해결에 관련된 인지를 연구했다(Hayes & Simon, 1975). Flower & Hayes(1980a, 1980b, 1981, 1984)는 쓰기 과정의 인지 모형을 개발하고 장기기억, 계획하기, 재고하기, 텍스트 작성하기의 구성 요소와 조직을 분석하였다. 그들은 사고구술이라는 연구 방법론을 Newell & Simon(1972)에서 빌려왔다.

몇 가지 점에서 볼 때 Flower & Hayes의 연구는 Emig(1971)을 기반으로 한 것으로 보인다. 둘 모두에게서 발견되는 공통점은, 쓰기/작문의 인지과정에 초점을 맞추고 있다는 것, 사고구술법을 사용하고 있다는 것이다. 그러나 Emig의 사례연구가 의미 구성 과정으로서의 쓰기 개념을 상세히 설명한 데 반하여, Flower & Hayes의 연구는 쓰기 과정의 구성 요인과 조직을 형식적인 모형으로 설명했다는 차이가 있다. 두 연구가 이룩한 학술적 선취권은 각각 서로 다른 데 있다고 할 수 있다. Emig의 연구는 방법론적으로나 개념적으로는 Flower & Hayes의 연구에 반영되지 않았지만, 그렇다 하더라도 문학을 중심으로 운영되던 영어과에 정교하고 엄격하게 수행된 Flower & Hayes의 경험 연구를 받아들일 수 있는 허용적인 분위기와 논의의 공간을 제공했다는 데 의의가 있다.

쓰기에 대한 다른 인지적 연구에는 1970년대와 1980년대 초반에 수행된 Applebee(1981)의 중등학교 쓰기 연구, Bissex(1980)가 자신의 아들을 대상으로 수행한 문어 발달 사례연구, Bracewell, Fredericksen, & Fredericksen(1982)의 쓰기와 읽기 연구, Daiute(1981)의 쓰기 과정에 대한 심리언어학적 연구, Faigley & Wittes(1981; Witte & Faigley, 1983)의 고쳐쓰기 연구, Kroll(1978)의 필자의 자기중심성과 예상독자 인식에 대한 연구, Bereiter & Scardamalia(1987; Scardamalia, Bereiter, & Goelman, 1982)의 쓰기 과정에 대한 연구 등이 있다.[15]. 1980년대 초반에 쓰기는 본질적으로 역동적인 의미 구성의 과정이라는 생각이 널리 수용되었다. 당시에 윈도가 탑재된 컴퓨터가 있었다면, 작문연구라는 폴더의 아이콘은 쓰기 과정의 위계적 구조를 보여주는 Flower & Hayes(1981)의 흐름도와 같았을 것이다(<그림 1.2> 참조).

---

15) 이 시기 쓰기의 인지 연구와 관련된 주요 문헌 중에는 Gregg & Steinberg(1981)이 있다. Humes(1983), Kucer (1987), Spivey(1990)를 살펴보면 인지적 관점의 쓰기 연구를 개관할 수 있다.

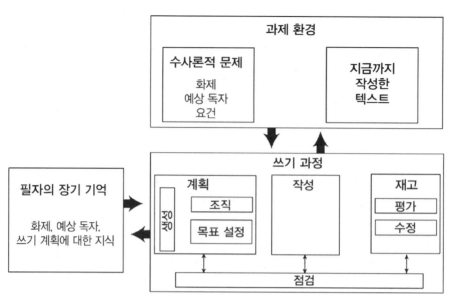

〈그림 1.2〉 쓰기 과정의 인지 과정 모형(Flower & Hayes, 1981)

사회적인 1980년대

앞에서 살펴본 것처럼, Emig(1971)은 하버드 대학 교수들을 대상으로 글을 쓰는 방식을 인터뷰하고, 시카고 북쪽 교외에 거주하는 중산층 자녀 중 고등학교 3학년 학생 몇 명을 조사하여 인지과정으로서의 쓰기를 연구한 바 있다. 이어서 Shaughnessy(1977)는 쓰기에 대한 새로운 분야로 쓰기 연구를 확장했다. Shaughnessy는 4,000여 명의 CUNY 시티칼리지에 재학하는 초보 필자 학생들이 글을 쓸 때 범하는 실수의 논리와 역사를 추적했는데, 그들 대부분은 이민 1세대 학생들이었다. Shaughnessy는 이러한 학생들에게 필요한 효과적인 지도법을 구안하기 위해서는 학생들이 담화 공동체에서 사용하는 언어의 공시적 양식과 특성을 이해해야 한다고 주장하였다. 이를 통해 Shaughnessy는 쓰기 연구에 사회적 관점을 도입하였으며 "쓰기는 사회적 행위"(p.83)라고 주장한 첫 쓰기 연구자가 되었다.

이러한 쓰기에 대한 새로운 관점은 대학교육을 받는 학생들의 다양성 증가에 비례하여 영향력이 커졌다. 대학교육을 받는 학생들의 다양성이 증가한 것은 1960년대 후반과 1970년대 초반에 시행된 무시험 입학제도 및 다른 새로운 제도에 따른 결과였다. 1960년대 후반에는 새로운 형태의 지역대학, 즉 커뮤니티 칼리지(community college)가 모든 주에 개설되었다

(Graham, 1984, p.223).

쓰기 연구자들은 혼자서 독자적으로 연구 영역을 개척한 것이 아니다. 1970년대에 언어학 분야에서는 언어에 대한 Chomsky의 인지적 관점, 언어 능력과 모어 화자에 대한 Chomsky의 개념에 도전하는 중요한 주장들이 제기되기 시작했다. Chomsky에 대응하여 Dell Hymes (1974)는 "의사소통의 민족지학적 접근"에서 "담화공동체"에서 의사소통하기 위해 화자가 이끌어 들이는 "관습적인 자원"으로서 통사 및 자율적 언어의 형식을 재정립하면서 "의사소통 능력"(communicative competence)이라는 개념을 제안했다.

의사소통 능력의 양상을 조사하기 위해 Sacks, Schegloff, & Jefferson(1974)은 (보편적인 것이 아니라) 상황 조건에 따른 대화 이동의 문법을 서술했다. Chomsky(1957)는 문법적 언어 를 "모어 화자"가 수용할 수 있는 통사적 구조로 규정했다. William Labov(1972)는 영어를 쓰는 미국인 모어 화자의 다양성을 강조하면서 흑인 영어 문법을 기술했는데, 이때 그가 제기한 질문은 "과연 누가 모어 화자란 말인가?"였다. 이러한 사회언어학적 연구들은 언어와 담화에 대한 학술적 논의에 사회적 관점을 더하는 계기가 되었다.

이 새로운 사회적 관점은 1980년대의 쓰기 연구에도 상당한 영향력을 발휘했다. Flower & Hayes(1981)가 제안한 쓰기 과정의 인지 모형에 대한 도전으로, Nystrand(1982)는 "문어의 기능(機能)을 정의하고 의미 있는 사용을 촉진하는 특수한 관계는 … 필자의 담화공동체에서 획득하는 체계적인 관계에 의해 전적으로 영향을 받는다."(p.17)고 주장했다. Bizzell(1982) 역시 Flower & Hayes의 인지 모형에 대한 반론으로 "지금 잃어버린 것은 사고와 언어의 변증법적 관계에 대한 인식으로부터 얻을 수 있는 사회적 맥락과의 관련성이며 … 경험적으로 언어가 만드는 것이 지식이라면 우리는 우리가 가지고 있는 단어 외에는 알 수 있는 것이 아무 것도 없다."(p.223)라고 주장했다. Hymes의 주장을 이어받아 Faigley(1985)는 "언어 공동체에서 사람들은 전문적인 집단에 참여할 수 있게 해 주는 전문적인 담화 능력을 습득한 다."(p.238)라고 주장했다.

다음 (1)~(5)에 제시된 연구에서는 1980년대의 쓰기에 대한 사회적 관점이 더 자세히 설명 되어 있다. (1) Sommer(1980)는 독자의 기대와 글 사이의 불일치에 대한 필자의 예측을 중심 으로 고쳐쓰기에 대해 연구했다. (2) Heath(1984), Scribner & Cole(1981), Smitherman(1986)은 학생이 다양한 담화 공동체에 참여하는 것이, 쓰기에 대한 그들의 지향성과, 일반적인 학교 쓰기과제의 요구를 충족하는 능력에 어떠한 영향을 미치는지를 연구했다. (3) Teale & Sulzby (1986)는 발생적 문해 단계에 대해 연구했고, Dyson(1983, 1984, 1988)은 아동의 쓰기에 대해 연구했다. (4) Gere & Stevens(1985)은 쓰기지도에서 글을 읽고 반응해 주는 집단의 영향에 대해 연구했다(이에 대한 비평은 DiPardo & Freedman(1988)을, 이에 대한 사회구성주의자의 철학적 기초의 서지학적 검토는 Bruffee(1984, 1986)를 참조하라). (5) Nystrand(1986, 1989)는 상호주의 이론과 쓰기의 사회적 상호작용 모형에 대해 다루었다.

쓰기의 사회적인 성격에 대한 관심이 나타난 것은 쓰기 과정 운동(the writing process movement)이 크게 성공한 데에서 비롯되었다. 쓰기 과정 운동은 영어과[16]를 넘어 다른 학과와 다른 교과로 퍼져나갔는데, 다른 학과와 다른 교과에서는 학생들을 지도할 때 쓰기를 통합하여 적용하는 일이 많았다. 학술적 쓰기에 관한 논의에서 대학 글쓰기는 곧 획일적 관점의 대학 신입생 에세이-Olson(1977)의 자율적인 텍스트(autonomous text)[17]-로 정의되어야 한다고 보았던 생각[18]은 범교과적으로 매우 다양한 장르의 학술적 쓰기로 대체하여 정의해야 한다는 생각으로 바뀌었다. 범교과 작문 운동의 결과로, 1970년대에 포괄적인 관점에서 쓰기 과정에 관심을 가지고 있던 쓰기 연구자들은 텍스트, 사회적 맥락, 장르의 문제를 보다 흥미롭고 중요한 것으로 다루게 되었다. Russell(1991)과 Ackerman(1993)은 쓰기의 사회적 특징에 대한 학계의 흥미가 범교과적 작문의 충격에서 비롯되었음을 자세히 논의하였다.

Williams(1991)는, Flower & Hayes(1980a)가 제시한 미숙한 필자와 능숙한 필자의 변별적 특징은 범주화할 수 있는 것이 아니라, 학생이 새로운 지식 분야에 들어설 때마다 달라지는 것이라고 주장했다. Williams의 논의에 따르면, 대학 1학년 때에는 글쓰기가 미숙하다가 에세이를 능숙하게 쓸 수 있는 4학년이 되겠지만, 그럼에도 불구하고 학생들은 그들이 진입하고자 하는 새로운 분야의 담화 모형에 익숙해지기 위해 반복적으로 노력할 필요가 있다. Odel & Goswami(1982)는 학습과 무관한 상황에서 이루어지는 글쓰기에서 발견되는, 이에 비교할 만한 현상을 보고했다.

1980년대의 연구들은 다음과 같은 것을 다루었다. (1) 쓰기에서 맥락의 역할(Brandt, 1986; Nystrand, 1983), (2) 쓰기와 읽기와의 관계(Bawerman, 1980; Bereiter & Scardamalia, 1984; Kucer, 1987; Nystrand, 1986; Tierney & LaZansky, 1980; Tierney, Leys, & Rogers, 1984),

---

16) [역주] 이 때 말하는 '영어과'는 우리나라의 '국어과'에 해당한다.

17) [역주] '자율적 텍스트'란 정치, 사회, 문화, 이념 등에서 자유로운 글을 말한다. 대학 신입생들은 대학 글쓰기 수업에서 글을 쓸 때 이러한 주제를 잘 다루지 않았는데, 이 용어는 이러한 경향을 반영하여 명명한 것이다.

18) [역주] 이러한 경향은 우리나라에서도 발견된다. 대학 글쓰기는 곧 대학 신입생들만 배우고, 대학 신입생들만 쓰는 글이라는 인식이 남아 있다. 우리나라의 많은 대학이 글쓰기 강의를 신입생 교양 과정으로 운영하고 있는 것이 그 예라고 할 수 있다.

(3) 담화공동체와 필자의 관련성(Bizzell, 1982; Brodkey, 1987; Bruffee, 1986; Faigley, 1985). 쓰기와 학문적 성격에 대한 연구는 1990년대까지 지속되었다(Berkenkotter & Huckin, 1995; Geisler, 1994; Brior, 1998).

쓰기의 인지 모형은 필자를 주로 자신의 생각과 씨름하는 외로운 개인으로 묘사했다. 예상 독자는 기껏해야 쓰기 과정의 부수적인 요인에 불과했다. 그러나 1980년대 쓰기 연구가 보다 사회적인 성격을 띠게 되자 필자와 독자의 관계는 중요한 연구문제로 떠오르게 되었다. Emig 은 독자를 거의 언급한 적이 없다. 실제로 Emig은 쓰기를 의사소통이나 수사적 행위라기보다 는 언어의 산물 중 하나라고 생각했다. Emig이 보았을 때, 글을 쓰는 학생에게 중요한 타자는 독자가 아니라 교사였다. 쓰기는 "자극"(즉, 학교에서 부여되는 쓰기과제)과 함께 시작되며, 학생은 글을 씀으로써 그것에 "반응하는" 것이다.

Flower & Hayes(1981)의 모형에서 예상독자는 "관련이 있는 제약"이기는 하지만 쓰기 과정의 핵심적인 요인은 아니었다. 1980년대에 영향을 미친 다른 연구로 David Olson(1977)은 화자와 달리 필자는 독자와 상호작용을 할 수 없으므로 필자가 작성한 글은 독자를 고려할 필요 없이 독립적으로 작동해야 한다고 주장했다. 쓰기의 완전발달이론(Kroll, 1981)은 쓰기 학습은 필자와 독자의 상호작용 없이 의미를 구축하는 "독립적인" 글을 쓸 수 있어야 한다는 전제를 바탕으로 삼았다.

1980년대에는 이러한 관점 중 많은 것이 비판을 받았다. 언어에 대한 관점이 그런 것처럼, 점점 쓰기의 특성은 본질적으로 사회적이고 상호작용적인 것으로 간주되었다. 쓰기 행위 각각은, 특정한 전제나 주제, 조건들로 대표되는 특정 학문공동체나 학문 영역 내에서 상호텍 스트성(Porter, 1986)을 이상적으로 보여주는 상호작용의 에피소드나 대화적인 발화로 생각되 었다(Voloshinov, 1973, p.82).

이제 쓰기 연구자들의 핵심적인 질문에는 다음과 같은 것이 포함되었다. 무엇이 필자가 다루고자 하는 쟁점을 결정하는가? 얼마나 많은 근거가 필요한가? 어떤 근거가 본질적인 것인가? 적절한 결론은 무엇인가? 필자의 목적에 부합하도록 이 질문에 대한 답을 결정하는 존재가 오직 필자 자신이라고 주장하는 것은 행동과 관련된 원칙을 충분하게 설명해주지 못한다. 쓰기 과정의 핵심 요인은 담화 조직에 대해 답하는 것 이상의 역할을 하므로 그 판단 과정을 파악하기 위하여 블랙박스 모니터와 같은 관찰 장치를 가정한다는 것도 쉬운 일은 아니다. 필자의 이러한 평가 행위와 관련된 준거는 무엇인가? 어떤 원칙이 필자의 담화 규제에 영향을 미칠까? 어떻게 작성된 글의 특징과 가능성이 필자의 선택에 영향을 미칠까?

어떠한 원칙이 담화 생산을 결정할까? 그러한 원칙을 어떻게 특징지을 수 있을까?

마지막으로, 1980년대에 작문 및 수사학 분야에서 박사학위 취득자가 극적으로 증가했다는 점을 밝혀둘 필요가 있다. 박사학위를 취득한 신진 학자들이 영어과의 울타리를 넘어서는 프로그램, 예를 들면 범교과적 작문, 집중적 쓰기 프로그램, 쓰기 개별 지도 센터, 쓰기 및 기술 도구(예, 워드프로세서)를 조사함으로써 사회적 과정으로서의 쓰기 연구를 활성화했다.

1969년부터 1979년 사이에 박사학위 과정은 7개에서 20개로 늘어났고, 1993년에는 72개가 되어 10배의 성장을 보였다(<그림 1.3>). 새로운 연구자들이 대학 작문에서 새로운 역할을 맡게 되었는데, 이들은 여러 대학들이 가지고 있는 다양하고 다원적인 특성에 따라 쓰기에 대한 자신들이 가지고 있던 생각을 조정하기 시작했다(Faigley, 1999).

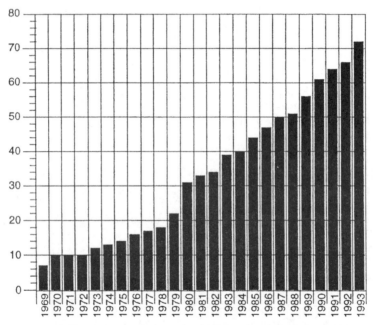

〈그림 1.3〉 쓰기 분야 및 수사학 분야 박사과정의 점증적인 증가
출처: Brown, Meyer, & Enos(1994, p.241)에서 인용

포스트모던의 1990년대

앞에서 살펴본 Britton, Emig, Shaughnessy 등등의 연구자들이 수행한 쓰기에 대한 경험

연구는 애초에 쓰기지도를 개선하기 위한 선행 조건으로서 쓰기의 본질을 이해하기 위해 수행되었다고 볼 수 있다. 때마침 "쓰기란 무엇인가."라는 매우 중요한 질문이 제기되기 시작했다. 심리학, 언어학, 인류학 등의 학문들도 쓰기에 대한 연구를 수행했다. 1984년에 쓰기와 관련된 새로운 학술지인 <작문과 의사소통(Written Communication)>이 계간지로 창간되었다. 여기에 수록되는 논문들에는 교육적인 함의나 적용이 필요하지 않았다. 이 시기에 CCCC는 투고된 원고를 익명의 동료 연구자들이 평가하는 표준화된 절차를 만들었다. 쓰기 연구에 관한 특별한 이익 단체가 CCCC나 미국교육연구연합위원회에 설립되었다.

하지만 1990년대에 '쓰기란 무엇인가.'라는 중요한 질문은 쓰기 연구가 보다 더 사회·문화적 성격을 띠게 되고[19] 특히 학교 이외의 모든 상황에서 쓰기에 대해 보다 더 광범위하게 관심을 갖게 되면서 독점적인 지위를 잃어갔다. 학교 이외의 상황에는 직장에서의 쓰기와 기술(Haas, 1996), 공동체 및 지역 문화 센터의 쓰기와 문화(Brandt, 2001; Farr, 2000; Farr & Guerra, 1995; Fleming(출간 중); Flower, 1994, 1996; Freedman, 1994), 쓰기와 산업에서의 의사소통(예를 들어 Barabas, 1990; Herndl, Fennell, & Miller, 1991), 학습과 무관한 상황에서의 쓰기 연구(Bracewell & Breuleux, 1992; Duin & Hansen, 1996; McNamee, 1992; Palmer, 1992; Schriver, 1992), 대중문학(Trimbur, 2001), 일상생활 속의 수사학(Nystrand & Duffy, 2003) 등이 포함된다.

이뿐만 아니라 북미를 넘어 유럽에서의 쓰기에 대한 경험 연구의 확산은, 물론 이런 연구가 사회·문화적이기보다는 인지적인 성격을 상당히 많이 가지고 있음에도 불구하고, 쓰기 연구의 사회·문화적 다양성을 더욱 확대하였다(Coppock, 1998). 이러한 예에는 핀란드의 Tynjälä (2001), 프랑스의 Allal(2000), Allal, Chanquoy & Largy(2004), Espéret & Piolat(1990), 이탈리아의 Boscolo(1989), Boscolo & Mason(2001), 노르웨이의 Berge(2002), Dysthe(2002), Evensen (2002), Ongstad(2002), Smidt(2002), 스웨덴의 Karlsson(2001) 등이 있다.

쓰기, 읽기, 문해에 대한 최근의 연구들은 점점 사회·문화, 역사, 정치 및 다양한 학문 분야, 제도, 일상 등의 환경, 특히 상황적이고 영역 특수적인 학습 상황을 넘어 물질세계의 환경에서 서로 교차한다. Andrea Lunsford(1990)가 밝혔듯이, 우리는 이전에 존재했던 모든 것보다 더욱 미묘한 관점의 차이에 따라 "포스트 모던한 학문, 포스트 모던한 직업"(p.77)을 갖게 되었다.

---

19) 2004년 7월 현재 'writing process'로 구글 검색을 해 보면 610,000개의 웹 페이지가 뜬다. 이들은 거의 대부분 교육과 관련된 것이며, 단순 인용은 제외한 숫자이다. 이들은 교사와 학생이 교과 학습과 관련된 글을 쓰는 데 도움을 제공하는 것을 목표로 하고 있다.

참고문헌

Ackerman, J. M. (1993). The promise of writing to learn. *Written Communication*, 10, 334-370.

Adams, M., & Collins, A. (1979). A schema-theoretic view of reading. In R. Freedle (Ed.), *Advances in Discourse Processes: Vol. 2. New directions in discourse processing* (pp. 1-22). Norwood, NJ: Ablex.

Allal, L. (2000). Metacognitive regulation of writing in the classroom. In A. Camps & M. Milian (Eds.), *Metalinguistic activity in learning to write* (pp. 145-166). Amsterdam: Amsterdam University Press.

Allal, L., Chanquoy, L., & Largy, P. (2004). *Studies in writing: Vol. 13. Revision: Cognitive and instructional processes*. New York: Kluwer.

Anderson, R. (1984). Role of the reader's schema in comprehension, learning, and memory. In R. C. Anderson, J. Osborne, and R. J. Tierney (Eds.), *Learning to read in American schools: Basal readers and content texts* (pp. 187-201). Hillsdale, NJ: Erlbaum.

Angoff, W. (1975). Why the SAT scores are going down. *English Journal*. 64, 10-11.

Applebee, A. N. (1981). *Writing in the secondary school* (NCTE Research Report No. 21). Urbana, IL: National Council of Teachers of English.

Barabas, C. (1990). Technical writing in a corporate culture: *A study of the nature of information*. Norwood, NJ: Ablex.

Bazerman, C. (1980). A relationship between reading and writing: The conversational model. *College English*, 41, 656-661.

Bereiter, C., & Scardamalia, M. (1984). Learning about writing from reading. *Written Communication*, 1, 163-188.

Bereiter, C., & Scardamalia, M. (1987). *The psychology of written composition*. Hillsdale, NJ: Erlbaum.

Berge, K. (2002). Hidden norms in assessment of students exam essays in Norwegian upper secondary schools. *Written Communication*, 19, 458-492.

Berkenkotter, C., & Huckin, T. (1995). *Genre knowledge in disciplinary communication: Cognition/culture/power*. Hillsdale, NJ: Erlbaum.

Bissex, G. (1980). *Gnys at wrk: A child learns to write and read*. Cambridge, MA: Harvard University Press.

Bizzell, P. (1982). Cognition, context, and certainty. *PRE/TEXT*, 3, 213-224.

Boscolo, P. (1989). When revising is restructuring: Strategies of text changing in elementary school children. In P. Boscolo (Ed.), Writing: *Trends in European research* (pp. 1-11). Padova, Italy: UPSEL Editore.

Boscolo, P., & Mason, L. (2001). Writing to learn. writing to transfer. In P. Tynjälä, L. Mason, & K. Lonka (Eds.), *Writing as a learning tool: Integrating theory and practice* (pp. 37-56). Dordrecht, The Netherlands: Kluwer.

Bracewell, R., & Breuleux, A. (1992, April). *Cognitive principles for the support of technical writing*. Paper presented at the 1992 Convention of the American Educational Research Association, San Francisco.

Bracewell, R., Fredericksen, C., & Fredericksen, J. (1982). Cognitive processes in composing and comprehending. *Educational Psychologist.* 17, 146-164.

Braddock, R., Lloyd-Jones, R., & Schoer, L. (1963). *Research in written composition.* Champaign, IL.: National Council of Teachers of English.

Brandt, D. (1986). Text and context: How writers come to mean. In B. Couture (Ed.), *Functional approaches to writing: Research perspectives* (pp. 93-107). Norwood, NJ: Ablex.

Brandt, D. (2001). *Literacy in American lives.* New York: Cambridge University Press.

Britton, J. (1969). Talking to learn. In D. Barnes, J. Britton. & H. Rosen (Eds.), *Language, the learner, and the school* (pp. 79-115). Harmondsworth, UK: Penguin.

Britton, J. (1970). *Language and learning.* London: Allen Lane/Penguin Press.

Brodkey, L. (1987). *Academic writing as social practice.* Philadelphia: Temple University Press.

Brown, S., Meyer, P., & Enos. T. (1994). Doctoral programs in rhetoric and composition: A catalog of the profession. *Rhetoric Review.* 12, 240-251.

Bruffee, K. (1984). Collaborative learning and 'the conversation of mankind.' *College English.* 46, 635-652.

Bruffee, K. (1986). Social construction, language, and the authority of knowledge. *College English.* 48. 773-790.

Cazden, C. (1972). *Functions of language in the classroom.* New York: Teachers College Press.

Cazden, C. (1988). *Classroom discourse: The language of teaching and learning.* Portsmouth, NH: Heinemann.

Chomsky, N. (1957). *Syntactic structures.* The Hague: Mouton.

Chomsky. N. (1966). *Cartesian linguistics: A chapter in the history of rationalist thought.* New York: Harper & Row.

Chomsky, N. (1968). *Language and mind.* New York: Harcourt, Brace & World.

Collins, A., & Loftus, E. (1975). A spreading activation theory of semantic processing. *Psychological Review,* 82, 407-428.

Coppock, P. (Ed). (1998). *The Semiotics of writing: Transdisciplinary perspectives ons the technology of writing.* Turnhout, Belgium: Brepols.

Daiute, C. (1981). Psycholinguistic foundations of the writing process. *Research in the Teaching of English,* 15, 5-22.

Dershimer, R. (1976). *The federal government and educational R&D.* Lexington, MA: Lexington Books.

Dewey, J. (1884). The new psychology. *Andover Review,* 2, 278-289.

DiPardo, A., & Freedman, S. (1988). Peer response groups in the writing classroom: Theoretical foundations and new directions. *Review of Educational Research,* 58, 119-149.

Dixon, J. (1967). *Growth through English.* Reading, UK: National Association for the Teaching of English.

Douglas, W. (1976). Rhetoric for the meritocracy: The creation of composition at Harvard. In R. Ohmann (Ed.), *English in America: A radical view of the profession* (pp. 97-132). New York: Oxford University Press.

Duin, A. H., & Hansen, C. J. (Eds.). (1996). *Nonacademic writing: Social theory and technology*. Mahwah, NJ: Erlbaum.

Dyson, A. H. (1983). The role of oral language in early writing processes. *Research in the Teaching of English*. 17, 1-30.

Dyson, A. H. (1984). Emerging alphabetic literacy in school contexts: Toward defining the gap between school curriculum and child mind. *Written Communication*, l, 5-55.

Dyson, A. H. (1988). *Negotiating among multiple worlds: The space/time dimensions of young children's composing* (Technical Report No. 15). Berkeley. CA: National Research Center of Writing and Literacy.

Dysthe, O. (2002). Models and positions in text based supervision: An interview study with master degree students and supervisors. *Written Communication*. 19, 493-544.

Emig, J. (1971). *The composing processes of twelfth graders*. Urbana. IL: National Council of Teachers of English.

Espéret, E., & Piolat, A. (1990). Production: Planning and control. In G. Denhière & J. Rossi(Eds.), *Texts and text processing* (pp. 317-333). Amsterdam: North-Holland.

Evensen, L. (2002). Conventions from below: Negotiating interaction and culture in argumentative writing. *Written Communication*, 19, 382-413.

Fadiman, C., Sc Howard, J. (1979). *Empty pages: A search for writing competence in school and society*. Belmont, CA: Fearon Pitman.

Faigley, L. (1985). Nonacademic writing: The social perspective. in L. Odell & D. Goswami (Eds.), *Writing in nonacademic settings* (pp. 231-248). New York: Guilford Press.

Faigley, L. (1999). Veterans' stories on the porch. In M. Rosner, B. Boehm, & D. Journet (Eds.), *History, reflection and narrative: The professionalization of composition*, 1963-1983 (pp. 22-37). Norwood, NJ: Ablex.

Faigley, L., & Witte, S. (1981). Analyzing revision. *College Composition and Communication*, 32, 400-414.

Farr, M. (2000). Literacy and religion: Reading, writing, and gender among Mexican women in Chicago. In P. Griffin, J. K. Peyton, W. Wolfram, & R. Fasold (Eds.), *Language in action: New studies of language in society*. Cresskill, NJ: Hampton Press.

Farr, M. *Rancheros in Chicagoacán: Ways of speaking and identity in a transnational Mexican community.*

Farr, M., & Guerra, J. (1995). Literacy in the community: A study of Mexicano families in Chicago(Discourse Processes Special issue). *Literacy Among Latinos*, 19, 7-19.

Fleming, D. (in press). *City of rhetoric: Making space for public life in American communities*. Albany, NY: SUNY Press.

Flower, L. (1994). *The construction of negotiated meaning A social cognitive theory of writing*. Carbondale: University of Southern Illinois Press.

Flower, L. (1996). Collaborative planning and community literacy: A window on the logic of learners. In L. Schauble & R. Glaser (Eds.), *Innovations in learning: New environments for education* (pp. 25-48).

Mahwah, NJ: Erlbaum.

Flower, L., & Hayes, J. R. (1977). Problem-solving strategies and the writing process. *College English*. 39, 449-461.

Flower, L., & Hayes, J. R. (1980a). Identifying the organization of writing processes. In L. Gregg & E. Steinberg (Eds), *Cognitive processes in writing* (pp. 3-30). Hillsdale, NJ: Erlbaum.

Flower, L., & Hayes, J. R. (1980b). The dynamics of composing: Making plans and juggling constraints. In L. Greg & E. Steinherg (Eds.), *Cognitive processes in writing* (pp. 31-50). Hillsdale, NJ: Erlbaum.

Flower, L., & Hayes, J. R. (1981). A cognitive process theory of writing. *College Composition and Communication*, 32, 365-387.

Flower, L., & Hayes, J. R. (1984. January). Images, plans, and prose: The representation of meaning in writing. *Written Communication*. 1, 120-160.

Freedman, S. (1994). *Exchanging writing, exchanging cultures: Lessons in school reform from the United States and Great Britain*. Cambridge, MA: Harvard University Press.

Geisler, C. (1991). Toward a sociocognitive perspective on literacy: A study of an academic "conversation." In C. Bazerman & J. Paradis (Eds.), *Textual dynamics of the professions: Historical and contemporary studies of writing in professional communities* (pp. 171-190). Madison: University of Wisconsin Press.

Gere, A., & Stevens, R. (1985). The language of writing groups: How oral response shapes revision. In S. Freedman (Ed.), *The acquisition of written language: Revision and response* (pp. 85-105). Norwood, NJ: Ablex.

Graham, H. (1984). *The uncertain triumph: Federal education policy in the Kennedy and Johnson years*. Chapel Hill: University of North Carolina Press.

Gregg, L., & Steinberg, E. (Eds.). (1981). *Cognitive processes in writing*. Hillsdale, NJ: Erlbaum.

Haas, C. (1996). *Writing technology: Studies on the materiality of literacy*. Mahwah, NJ: Erlbaum.

Hawkes, P. (1996, October). *Open admissions and Vietnam protests: Tracing the politics of Kenneth Bruffee's collaborative learning*. Paper presented at Thomas R. Watson Conference, University of Louisville, Louisville, KY.

Hayes, J., & Simon, H. (1975). Understanding tasks stated in natural language. In D. Reddy (Ed.), *Speech recognition* (pp. 428-454). New York: Academic Press.

Heath, S. (1984). *Ways with words: Language, life, and work in communities and classrooms*. New York: Cambridge University Press.

Herndl, C., Fennell, B., & Miller, C. (1991). Understanding failures in organizational discourse. In C. Bazerman & J. Paradis (Eds.), *Textual dynamics of the professions: Historical and contemporary studies of writing in professional communities* (pp. 279-305). Madison: University of Wisconsin Press.

Humes, A. (1983). Research on the composing process. *Review of Educational Research,* 153, 181-199.

Hymes, D. (1974). *Foundations in sociolinguistics*. Philadelphia: University of Philadelphia Press.

James, W. (1890). *Principles of psychology*. New York: Holt.

Kaestle, C. F. (1992). *Everybody's been to fourth grade: An oral history of federal R&D in education: A report to the National Research Council, Committee on the Federal Role in Education Research* (Research Report 92-1). Madison: Wisconsin Center for Education Research.

Karlsson, A. M. (2001). Analysing the multimodality of writing: A model and a method applied to personal homepages. In W. Vagle & K. Wikberg (Eds.), *New directions in Nordic text linguistics and discourse analysis: Methodological issues* (pp. 137-147). Proceedings from the NordText Symposium, University of Oslo, January 7-9, 2000. Oslo: Novus.

Keppel, F. (1965). The national commitment to education. *Phi Delta Kappan*, 47, 167-168.

Kihss, P. (1968, May 23). Brooklyn College defends actions. *New York Times*, p. 48.

Kroll, B. (1978). Cognitive egocentrism and the problem of audience awareness in written discourse. *Research in the Teaching of English*, 56, 269-281.

Kroll, B. (1981). Developmental relationships between speaking and writing. In B. Kroll & R. Vann (Eds.), *Exploring speaking—writing relationships: Connections and contrasts*. Urbana, IL: National Council of Teachers of English.

Kucer, S. (1987). The cognitive base of reading and writing. In J. R. Squire (Ed.), *The dynamics of language learning* (pp. 27-52). Urbana: National Conference on Research in English and ERIC Clearinghouse on Reading and Communication Skills.

Labov, W. (1972). The logic of nonstandard English. In W. Labov (Ed.), *Language in the inner city: Studies in the black English vernacular* (pp. 201-240). Philadelphia: University of Pennsylvania Press.

Lucas, F. (1955). *Style* (2nd ed.). London: Cassell.

Lunsford, A. (1990). Composing ourselves: Politics, commitment, and the teaching of writing. *College Composition and Communication*, 41, 77-86.

McNamce, G. D. (1992, April). *The voices of community change*. Paper presented at the Convention of the American Educational Research Association, San Francisco.

Mellon, J. C. (1969). *Transformational sentence-combining: A method for enhancing the development of syntactic fluency in English composition(NCTE Research Report No. 10)*. Champaign, IL: National Council of Teachers of English.

Meyer,. B. J. F., & McConkie, G. W. (1973). What is recalled after hearing a passage? *Journal of Educational Psychology*, 65, 109-117.

Miller, T. (1997). *The formation of college English: Rhetoric and belles lettres in the British cultural provinces*. Pittsburgh: University of Pittsburgh Press.

Moffett, J. (1968). *Teaching the universe of discourse*. Boston: Houghton Mifflin.

Newell, A., & Simon. H. (1972). *Human problem solving*. Englewood Cliffs, NJ: Prentice-Hall.

Nystrand, M. (1982). Rhetoric's audience and linguistics speech community: Implications for understanding writing. reading. and text. *In What writers know: The language, process. and structure of written discourse* (pp. 1-28). New York: Academic Press.

Nystrand, M. (1983). The role of context in written communication. *Nottingham Linguistic Circular*, 12, 55-65.

Nystrand, M. (1986). *The structure of written communication: Studies in reciprocity between writers and readers*. Orlando and London: Academic Press.

Nystrand, M. (1989). A social-interactive model of writing. *Written Communication*, 6, 66-85.

Nystrand, M., & Duffy, J. (2003). *Towards a rhetoric of everyday life: New directions in research on writing, text, and discourse*. Madison: University of Wisconsin Press.

Odell, L., & Goswami, D. (1982). Writing in a nonacademic setting. *Research in the Teaching of English*, 16, 201-223.

Olson, D. R. (1977). From utterance to text: The bias of language in speech and writing. *Harvard Educational Review*. 47, 257-281.

Ongstad, S. (2002). Triadic positioning(s) of early Norwegian research and development (R&D) on educational writing. *Written Communication*, 19, 345-381.

Palmer, J. (1992, April). *The rhetoric of negotiation: Professional writing at Apple Computer, Inc.* Paper presented at the Convention of the American Educational Research Association, San Francisco.

Pearson, P. D. (2001). *The Center for the Study of Reading's legacy.* Paper presented at the 2001 California Reading Conference. Available at www.ciera.org/library/presos/2001/pearson/01craper.pdf.

Porter, J. E. (1986). Intertextuality and the discourse community. *Rhetoric Review*, 5, 34-47.

Prior, P. (1998). *Writing/disciplinarity: A sociohistoric account of literate activity in the academy.* Mahwah, NJ: Erlbaum.

Read, C. (1971). *Children': categorization of speech: sounds in English*. Urbana, IL: National Council of Teachers of English.

Rohman, D. G. (1965). Pre-writing: The stage of discovery in the writing process. *College Composition and Communication*. 17, 2-11.

Rohman, D. G., & Wlecke, A. O. (1964). *Pre-writing: The construction and application of models for concept formation in writing* (U.S. Office of Education Cooperative Research Project, No. 2174). East Lansing: Michigan State University.

Russell, D. (1991). *Writing in the academic disciplines*. Carbondale: Southern Illinois University Press.

Sacks, H & Schlegloff, E. A., & Jefferson, G. (1974). A simplest systematics for the organization of turn-taking in conversation. *Language,* 50, 696-735.

Scardamalia, M., Bereiter, C., & Goelman, H. (1982). The role of production factors in writing ability. In M. Nystrand (Ed.) *What writers know: The language, process, and structure of writing discourse*. New York: Academic Press.

Schriver, K. (1992, April). *Collaboration in professional Writing: The cognition of a social process.* Paper presented at the Convention of the American Educational Research Association, San Francisco.

Scribner, S., & Cole, M. (1981). *The Psychology of literacy*. Cambridge, MA: Harvard University Press.

Shaughnessy, M. (1977). *Errors and expectations*. London: Oxford University Press.

Sheils, M. (1975, December 8). Why Johnny can't write. *Newsweek*, pp. 58-65.

Smidt, J. (2002). Composing oneself and the other: Changing positionings of teacher and students in secondary school writing. *Written Communication,* 19, 414-443.

Smith, F. (1971). *Understanding reading.* New York: Holt, Rinehart & Winston.

Smitherman, G. (1986). *Talkin' and testifyin': The language of black America.* Detroit: Wayne State University Press.

Sommers, N. (1980). Revision strategies of student writers and experience adult writers. *College Composition and Communication,* 31, 378-388.

Spivey, N. (1990). Transforming texts: Constructive processes in reading and writing. *Written Communication,* 7, 256-287.

Stein, N. (1981). The definition of story. *Journal of Pragmatics,* 6., 487-507.

Stone, M. (1974, November 11). Bonehead English. *Time,* p. 106.

Strunk, W., & White, E. B. (1959). *The elements of style.* New York: Macmillan.

Teale, W., & Sultzby, E. (Eds.). (1986). *Emergent literacy: Writing and reading.* Norwood, NJ: Ablex.

Tierney, R., & LaZansky, J. (1980). *The rights and responsibilities of readers and writers: A contractual agreement* (Education Report No. 15). Urbana: University of Illinois Center for the Study of Reading.

Tierney, R., Leys, M., & Rogers, T. (1984). *Comprehension. composition, and collaboration: Analysis of communicative influences in two classrooms.* Paper presented at the sixth annual Conference on Reading Research, Atlanta, GA.

Town, K. (1988). *The process approach: Early versions in the English Journal,* 1912-1960. Unpublished doctoral dissertation, Ohio State University, Columbus.

Trabasso, T., & Van den Broek. P. (1985). Causal thinking and the representation of narrative events. *Journal of Memory and Language,* 24, 612-630.

Trimbur, J. (2001). *Popular literacy: Studies in cultural practices and poetics.* Pittsburgh: University of Pittsburgh Press.

Tynjälä, P. (2001). Writing, learning and the development of expertise in higher education. In P. Tynjälä, L. Mason, & K. Lonka (Eds.), *Writing as a learning tool: Integrating theory and practice* (pp. 37-56). Dordrecht, The Netherlands: Kluwer.

U.S. Department of Health, Education and Welfare, Office of Education. (1963), *Cooperative research programs: Application instruction for research contracts.* Washington, DC: U.S. Government Printing Office.

Voloshinov, V. N. (1973). *Marxism and the philosophy of language* (L. Matejka & 1. R. Titunik, Trans.). New York: Seminar Press.

Warriner, J. (1950). *English grammar and composition: Complete course.* New York: Harcourt Brace Jovanovich.

Williams, J. (1991). Rhetoric and informal reasoning: Disentangling some confounded effects in good reasoning and good writing. In J. Voss, D. Perkins, & J. Segal (Eds.), *Informal reasoning and education* (pp. 225-246). Hillsdale, NJ: Erlbaum.

Williams, J. (1991). Rhetoric and informal reasoning: Disentangling some confounded effects in good reasoning and good writing. In j. Voss, D. Perkins, & J. Segal (Eds.), *Informal reasoning and education* (pp. 225-246). Hillsdale , NJ: Erlbaum. Williams, J. (1991). Rhetoric and informal reasoning: Disentangling some confounded effects in good reasoning and good writing. In J. Voss (Ed.), *Informal reasoning and education*. Hillsdale, NJ: Erlbaum.

Witte, S. P., & Faigley, L. (1983). *Evaluating college writing programs* (Studies in Writing and Rhetoric No. 1). Carbondale: Southern Illinois University Press.

Young, R. (1968, September). Discovery procedures in tagmemic rhetoric: An exercise in problem solving (Studies in Language and Language Behavior, Progress Report No. Ⅶ, U.S.O.E. Contract No. OEC-3-6-061784-0508). Ann Arbor: Center for Research on Language and Language Behavior, University of Michigan.

Young, R. (1969). Problems and the process of writing (*Studies in Language and Language Behavior*). Ann Arbor: Center for Research on Language and Language Behavior, University of Michigan. ERIC ED 029040.

Young, R. (1978). Paradigms and problems: Needed research in rhetorical invention. In C. Cooper & L. Odell (Eds.), *Research on composing: Points of departure* (pp. 29-47). Urbana, IL: National Council of Teachers of English, 1978.

Young, R., & Becker, A. (1965). Toward a modern theory of rhetoric: A tagmemic contribution. *Harvard Educational Review*, 35, 450-468.

Young, R., Becker, A., & Pike, K. (1974). *Rhetoric: Discovery and change*. New York: Harcourt, Brace & World.

제2장
쓰기 이론의 새로운 방향

John R. Hayes

지난 25년 동안 유럽과 미국의 쓰기 연구자들은 쓰기의 인지적 과정 또는 사회적 과정에 대한 이해를 심화하는 데 지속적인 성과를 보여 왔다. 이들이 제안한 새로운 이론은 경험연구를 자극하고 촉진했으며, 이렇게 이루어진 새로운 경험연구 결과는 다시 이론을 개선하고 재구성하는 데 기여했다.

이 장에서 나는 다소 차이는 있지만, 현재의 쓰기연구에 혁명을 일으킨 흥미로운 연구 주제 세 가지를 선별하여 설명하고자 한다. 이외의 연구 주제를 소개할 수도 있지만, 내가 보기에 이 세 가지가 가장 흥미로우므로 여기서는 이를 중심으로 하여 논의하려고 한다. 세 가지 연구는 다음과 같다.

- 쓰기에서 작업 기억의 역할에 관한 연구
- 자유롭게 쓰기의 효과에 관한 연구
- 쓰기를 이해하는 틀로서 활동 이론의 활용에 관한 연구

위의 세 가지 주제는 쓰기에 대한 이해의 폭을 넓힐 수 있는 가능성을 가지고 있다는 점에서 공통점이 있다. '작업 기억'은 쓰기의 인지과정에서 필수적인 요소이다. '자유롭게 쓰기'에 대한 연구는 쓰기 행위가 어떻게 사고를 더욱 확장시킬 수 있는지 보여줄 것이다. '활동 이론'은 쓰기에 영향을 미치는 사회 및 환경 요인의 복잡성을 이해하는 데 도움을

줄 것이다.

이들 주제는 각기 다른 영역에서, 서로 다른 연구자들에 의해 연구가 이루어졌다. 글을 쓸 때 작동하는 작업 기억에 관한 연구는 미국과 영국, 그리고 프랑스의 심리학자들에 의하여 이루어졌다. 미국의 영어과에서 시작된 자유롭게 쓰기에 관한 연구는 지금 영국의 심리학자들에 의해 지속적으로 이루어지고 있으며, 쓰기에 활동 이론을 적용한 연구는 북미의 영어과에서 활발하게 논의되고 있다. 이 글에서는 이들 세 가지 연구 경향이 지향해야 할 방향과 관련하여 몇 가지 제안을 하며 짤막하게 논의할 것이다.

쓰기에서 작업 기억의 역할에 관한 연구

머릿속으로 멋진 문장을 구성하고 나서 이를 종이에 미처 옮기기도 전에 그 문장 끝 부분이 기억에서 흐려진 경험이 있다면, 이는 누구나 가질 수 있는 기억력의 한계를 경험한 것이다. 여기에서는 쓰기에서 작업 기억이 가지는 다차원적인 역할을 다룬 연구에 대하여 논의하고자 한다.

심리학자들은 우리가 다양한 과제를 수행할 때 경험하는 기억력의 한계를 설명하기 위하여 작업 기억의 개념을 제안했다. 예를 들어, 메모하지 않은 채 10가지 이상의 항목을 기억해야 하거나 세 자리 숫자의 곱셈을 해야 할 때 우리는 기억력의 한계를 느낀다. 작업 기억에서 기억이 지속될 수 있는 양과 시간에는 한계가 있다. 동일한 용량의 작업 기억 내에서 서로 다른 쓰기 과정들이 어떤 식으로 진행되는가를 이해하는 것은 각 쓰기 과정들이 어떤 식으로 서로를 방해하는지를 이해 이해하는 데에도 도움을 준다. 예를 들어, Chenoweth & Hayes (2001, p.94)는 외국어 학습자들이 글을 쓰는 도중에 편집까지 겸하는 것보다 글을 다 쓰고 난 후에 편집할 때 더 잘한다는 것을 발견했다. 연구 결과에 따르면, 쓰기 과정 및 편집 과정에서는 기억 용량에 의해 방해 현상이 발생하는데, 이로 인해서 편집 기능의 차이가 나타났다.

Baddeley는 동료 연구자들과 함께 언어와 시각 자료를 저장하는, 분리된 저장 장치로서 작업 기억 모형을 제안했다(Baddeley & Hitch, 1974; Gathercle & Baddeley, 1993). 작업 기억 모형은 언어적 정보를 저장하기 위한 음운 고리(phonological loop)와 시각적 정보를 저장하기 위한 시공간 스케치패드(visuospatial sketchpad), 그리고 이 두 요소를 제어하는 중앙 집행 장치(central executive)로 구성되었다.

음운 고리는 다시 두 부분으로 구성되어 있다. 첫째, 음운 단기 저장소(phonological short-term store)이다. 음운 단기 저장소는 몇 초 내에 사라지는 음운 코드로 언어 자료를 표상한다. 둘째, 음성적 시연 과정(articulatory rehearsal process)이다. 음성적 시연은 성대를 울리지 않고 소리를 내는 방법의 일종인데, 단기 저장소의 언어 자료를 음성적으로 시연할 수 있게 해 준다. 음성적 시연은 다른 사람에게 말할 때 경험할 수 있다. 음성적 시연은 언어 자료가 단기 저장소에서 좀 더 오래 지속되도록 하는 데 도움을 준다. 예를 들어, 당신이 전화번호를 보고 다이얼을 돌리기 전까지 그것을 기억하고자 하는 상황을 생각해 보자. 당신은 그 전화번호를 마음속으로 계속 되새기면서 기억을 유지해야 한다. 바로 이것이 음성적 시연이다.

이러한 음성적 시연 과정은 적어도 두 가지 원인에 의해 방해를 받을 수 있다. 즉, 음성적 시연은 (1) 시연하는 사람이 아무 관련이 없는 내용의 음성(irrelevant speech)에 노출되거나, (2) 음성적 시연이 의도적으로 금지될 때(articulary suppression) 방해를 받을 수 있다. Salame & Baddeley(1982)는 실험 참여자들에게 숫자를 기억하게 하는 연구를 시행하여 음성적 시연을 방해하는 이러한 원인을 조사하였다. 이 연구에서 실험 참여자들은 TV 화면에 연속적으로 제시되는 9개의 숫자를 보고 재빨리 옮겨 쓰는 과제를 부여받았다. 관련 없는 내용의 말소리에 노출되는 조건은 참여자들이 숫자를 보고 있을 때 한 음절의 단어나 무의미한 단어를 큰 소리로 제시하는 상황으로 구성하였다. 참여자들에게는 이러한 말소리가 들리더라도 무시하고 오직 제시되는 숫자에만 집중하도록 지시했다. 음성적 시연을 금지하는 조건은 숫자가 제시되는 동안 참여자들에게 'the'를 계속해서 반복하여 말하게 하는 상황으로 구성하였다.

앞의 두 가지 조건 모두에서 참여자들의 기억력은 (말소리가 의미를 가진 단어이든 무의미하든 관련 없이) 크게 감소하였는데, 음성적 시연을 금지하는 조건에서는 관련 없는 내용의 음성이 제시되는 조건보다 기억력이 더 크게 감소하였다. 음성적 시연이 통제되는 조건과 관련 없는 내용의 말소리에 노출되는 조건이 동시에 주어질 때에도 기억력이 감소하는데, 이때 나타는 기억력 감소는 음성적 시연의 금지 조건에서 일어나는 기억력의 감소와 별반 차이가 없었다. 이러한 결과는 음성적 시연을 금지하는 조건이 기억력에 더 크게 영향을 미친다는 사실을 보여준다. 음성적 시연을 금지하면 약 50% 정도로 기억력이 감소한다 (Longoni, Richardson, & Aiello, 1993).

쓰기에서 작업 기억의 역할에 대한 학문적 관심을 높이는 데 가장 큰 기여를 한 연구자는 Ronald Kellogg(1988, 1990)일 것이다. 쓰기와 관련된 여러 가지 인지과정은 자연스럽게 인지 자원을 요구하게 되는데, Kellogg는 바로 이러한 인지 자원을 폭넓게 연구했다. 1996년에 Kellogg와 Hayes는 각각 작업 기억이 주요 요소로 포함된 쓰기 모형을 제안한 바 있다. 1999년에 약간 수정이 있었던 Kellogg의 모형은 <그림 2.1>에 제시되어 있고 Hayes의 모형은 <그림 2.2>에 제시되어 있다.

이 두 가지 모형 모두 작업 기억을 포함하고 있고, 작업 기억을 매우 중요한 요소로 다루고 있으며, Baddeley의 모형에서 제안된 작업 기억에 관한 설명을 수용하고 있다는 공통점이 있다. 그러나 이 두 모형은 작업 기억의 역할을 설명하는 데에서 차이가 있다. Hayes(1996)의 모형에서는 작업 기억이 모든 쓰기 과정에서 사용되며 모든 쓰기 과정에서 유용한 것으로 보았지만, Kellogg(1996, 1999)의 모형에서는 어떤 쓰기 과정만이 작업 기억의 일부 요소들과 관련될 뿐 모든 쓰기 과정이 그러한 것은 아니라고 보았다. 예를 들면, Kellogg의 1999년 모형에서 '작성하기'와 '읽기'는 언어적 작업 기억을 사용하지만, 공간적 작업 기억은 사용하지 않는다. '편집하기'와 '계획하기'는 공간적 작업 기억을 사용하지만 언어적 작업 기억은 사용하지 않으며, '조직하기'와 '실행하기'(executing motor movements, 이것은 동작 기능의

기본적 과정	작업 기억의 구성요소		
	공간적 (Spatial)	중앙 집행 장치 (Central executive)	언어적 (Verbal)
계획하기(Planning)	×	×	
작성하기(Translating)		×	×
조직하기(Programming)		×1)	
실행하기(Executing)			
읽기(Reading)		×	×
편집하기(Editing)	×		

〈그림 2.1〉 쓰기에서 작업 기억의 역할에 관한 Kellogg(1999) 모형

---

1) 이 과정이 고도로 숙련되어 자동화되어 있다면 이들 작업 기억에 대한 요구는 작다.

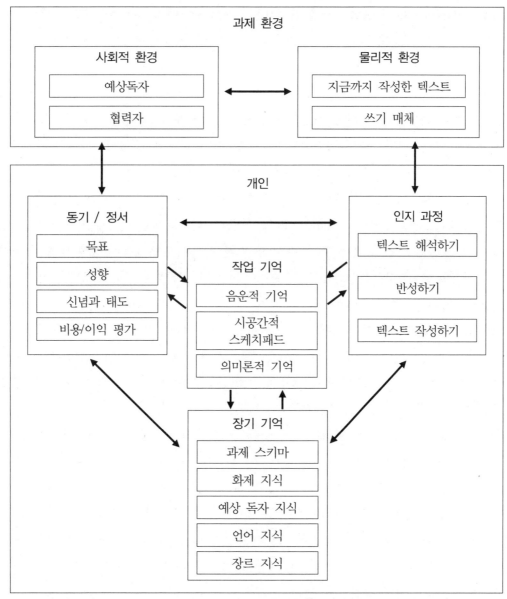

〈그림 2.2〉 쓰기에서 인지와 정서 요인의 이해를 위한 Hayes(1996) 모형

실행을 의미하며 타이핑을 하거나 손글씨를 쓸 때 작동한다)는 그 어떤 작업 기억도 사용하지 않는다.[2]

---

2) [역주] 이에 대한 설명은 〈그림 2.1〉을 보면 알 수 있는데, '조직하기'에 대해서는 설명이 필요하다. 원주 1)에서 밝힌 것처럼 능숙한 필자는 '조직하기'에서 작업 기억을 거의 사용하지 않으므로 그 어떤 작업 기억도 사용하지 않는다고 표현한 것이다. 능숙한 필자를 전제로 한 설명이라고 보면 좋다.

음운 고리(phonological loop)가 글을 작성하는 과정과 관련이 있다는 가설에는 매우 강력한 경험연구의 근거가 있다. Levy & Marek(1999)는 문장을 구성하게 한 쓰기 과제 실험에서 참여자들이 과제에 따라 문장을 쓰는 동안 관련 없는 내용의 음성을 듣게 했을 때, 문장을 구성하는 능력이 감소하는 것을 발견했다. Chenoweth & Hayes(2003)는 성인 필자들에게 그림만 있는 만화를 본 후 내용을 요약하여 문장을 구성하게 했을 때 음성적 시연을 못하게 하면 문장 구성 능력이 현저하게 떨어진다는 사실을 발견하였다. 또한 문장 구성 과정을 진행해 가는 양상도 변화한다는 것도 확인하였다.

일반적으로 필자는 문장을 부분 부분으로 구성하며 쓴다. 각각의 부분은 단어들이 묶인 짧은 연속체(a short sequence of words)라고 할 수 있다. 필자는 빠른 속도로 단어의 연속체를 만들어 내고, 그런 다음 잠깐 멈추고, 다시 또 다른 단어의 연속체를 구성해 내고, 멈추며, 이렇게 하기를 반복한다. 그런데 음성적 시연을 제한하면, 제한하지 않을 때보다 단어 연속체의 길이가 약 60% 정도 줄어든다.

Levy & Marek(1999)도 다른 측면에서 Kellogg가 제안한 1996년 모형의 타당성을 입증하는 경험 연구 결과를 보여준 바 있다. 이들은 여러 개의 쓰기 과제를 활용하여 실험연구를 수행했는데, 이러한 연구를 통해 관련 없는 내용의 말소리에 노출되는가의 여부에 따라 필자들의 쓰기 수행이 어떻게 다른지를 비교하였다.

Levy & Marek(1999)은 첫째 번 실험에서 글로 작성하는 과정이 음운 고리와 관련이 없다고 주장한 Kellogg(1996)의 가설을 검증하였다. 이 두 연구자들은 실험 참여자들에게 컴퓨터 화면에 제시된 글을 다른 컴퓨터로 옮겨 쓰도록 하였다. 그런 후, 참여자들이 관련 없는 내용의 음성에 노출된 조건과 그렇지 않은 조건에 따라 옮겨 적은 단어 수가 차이가 있는지 비교하였다. Salame & Baddeley(1982)에서는 관련 없는 내용의 말소리가 언어적 작업 기억의 용량을 떨어뜨리는 것으로 보고되었으나, Levy & Marek(1999)에서는 Kellogg의 가설과 동일하게 각 집단별 차이가 발견되지 않았다.

Levy & Marek(1999)은 둘째 번 실험에서 '편집하기'가 음운 고리를 사용하지 않는다는 Kellogg(1996)의 가설을 검증했다. 두 연구자는 참여자들에게 글에 있는 철자 오류나 문법 오류를 찾게 한 후, 관련 없는 내용의 말소리에 노출된 조건과 그렇지 않은 조건에 따라 오류를 발견하는 정도가 차이가 있는지를 비교하였다. 연구 결과, 두 조건에 따른 차이는 발견되지 않았다. 이러한 결과는 Chenoweth & Hayes(2003)와는 일치하는 않는 결과이다. Chenoweth & Hayes(2003)에서는 음성적 시연을 금지하면 실험 참여자들이 쓰는 글에서 오류가 많아지는 것으로 나타났으며, 이에 따라 음성적 시연을 금지하는 조건에서는 '수정하기'가 부정적인 영향을 받는다고 주장하였다.

Hayes & Chenoweth(발간 예정)는 최근 Levy & Marek(1999)과 유사한 연구를 수행하였다. 그러나 언어적 작업 기억을 방해하기 위하여 관련 없는 내용의 말소리가 아니라 음성적 시연을 금지하는 방법을 적용했다는 차이가 있다. 실험 참여자들은 Levy & Marek(1999)에서처럼 컴퓨터 화면에 제시된 글을 다른 컴퓨터로 옮기는 과제를 수행하였다. 실험집단의 조건은 참여자들이 글을 옮겨 쓸 때 "tap"이라는 단어를 메트로놈의 일정한 박자에 맞추어서 말하도록 함으로써 음성적 시연을 금지하는 것이었다.

이에 비해, 통제집단의 과제는 참여자들 모두가 각각 메트로놈의 박자에 맞추어 발을 두드리는 것이었다. 실험 결과, Levy & Marek(1999)의 결과와는 달리, 음성적 시연을 금지한 실험집단은 통제집단보다 타이핑하는 속도가 통계적으로 유의하게 떨어지는 모습을 보였다(통제집단=52.7단어/분, 실험집단=44.5단어/분). 그리고 옮겨 쓴 글에도 오류가 더 많이 나타났다(통제집단=4.24/100단어, 실험집단=6.12/100단어).

이 외에도 키 로그(keylog records)[3] 분석을 통하여 옮겨 적은 글의 표면에는 드러나지 않은, 실험 참여자들이 처음 입력한 후에 다시 수정한 오류를 파악하였다. 모든 오류의 총합(수정된 오류와 수정되지 않은 오류를 모두 포함하여)은 "tap"을 말하게 한 실험집단과 발을 두드리게 한 통제집단 사이에 큰 차이가 없었다(물론 "tap"을 말하게 한 실험집단이 미처 수정하지 못한 오류가 더 많았다). 이를 통해 보건대, 음성적 시연의 금지는 전체 오류 비율에는 큰 영향을 미치지 않았지만, 오류 수정에는 부정적인 영향을 미쳤다고 할 수 있다. 이러한 결과는 '편집하기'가 음운 고리를 사용하지 않는다고 한 Kellogg(1999)의 가설을 지지해 주지 못한다.

Levy & Marek(1999)와 Hayes & Chenoweth(출간 예정)의 연구 결과가 이렇게 차이가 나는 이유는 음성적 시연을 제한하는 방법의 차이 때문인 것으로 보인다. Salame & Baddeley(1982)에서도 음성적 시연을 제한하는 것이 관련 없는 말소리에 노출되도록 하는 것보다 더 영향력이 크다는 점을 지적한 바 있다.

---

3) [역쥐 '키 로그'는 '키 스트로크 로그'(key stroke log)를 줄여서 부르는 말이다. 키 로그는 컴퓨터 키보드의 키(글쇠)를 누른 기록을 뜻하는데, 이를 분석하면 어떤 글자를 어떻게 입력했는지를 구체적으로 파악할 수 있다. 최근에는 이를 분석하는 쓰기연구가 많이 이루어지고 있다.

사람들은 아마도 Hayes & Chenoweth(출간 예정)에서 실험집단의 타이핑 속도가 감소한 것은 실험집단 참여자들이 '편집하기'를 더 많이 했기 때문이라고 생각할지도 모르겠다. 그러나 음성적 시연을 제한하는 실험조건에서 참여자들은 통제집단에 비해 약 15% 정도 적게 수정한 것으로 나타났다. 이는 전체 타이핑 속도의 감소가 '편집하기'의 증가 때문이 아니라, 음성적 시연을 금지하는 조건이 문장 구성 과정에 직접적으로 영향을 미쳤음을 뜻한다. 이러한 결과는 Kellogg(1999)에서 글쓰기가 음운 고리에 의존하지 않는다고 한 가정과 상반된다.

만약 타이핑하는 행위 및 다른 쓰기 과정이 언어적 작업 기억을 사용하는 데 경쟁적인 관계에 있다면 다음과 같은 흥미로운 가설을 떠올려 볼 수 있다. 즉, 일반적으로 어떤 기능을 연습하면 작업 기억의 자원이 감소하므로, 학생들에게 타이핑을 연습하게 하면 다른 쓰기 기능을 더 쉽게 배울 수 있도록 만들 수 있다는 것이다.

Kellogg(1999)는 '편집하기'(editing)와 '글 작성'(text production)이 언어적 작업 기억에 의존하지 않는다고 했지만, 이를 다룬 경험연구는 일관성 있는 결과를 보여주지 않는다. 후속 연구에서는 이러한 가정에 대한 평가가 이루어질 필요가 있으며, '계획하기'와 '편집하기'가 공간적 작업 기억과 관련이 있다는 Kellogg의 흥미로운 주장도 검증할 필요가 있다. 어떠한 결과가 나오든지 Kellogg의 모형은 새로운 연구를 자극하는 데 매우 유용한 역할을 할 것이다.

자유롭게 쓰기의 영향에 대한 연구

글을 쓰는 가장 좋은 전략에 대한 논쟁이 계속되고 있다. 가장 친숙한 전략은 학생들이 글을 쓸 때 먼저 화제와 하위화제의 순서에 따라 개요를 작성하도록 하는 것이다. 개요를 짜는 작업이 끝나면 학생들은 이를 활용하여 문장을 구성하면서 글을 완성해 가야 한다. 나는 이러한 전략을 "개요 우선 작성" 전략(outline first strategy)으로 부른다. 물론 이 전략을 옹호하는 대부분의 교사들은 어느 정도의 융통성을 발휘한다. 만약 글을 쓰다가 어려움이 생긴다면, 그리고 새로운 내용이 떠오른다면 개요를 다시 수정할 수 있다. 그러나 이 전략의 핵심은 개요를 작성한 다음, 글을 쓰는 동안 그것을 따라가는 것이다.

그러나 Peter Elbow(1973)는 <글쓰기, 혼자서도 할 수 있다(Writing without Teachers)>라는 유명한 책에서 내가 주장하는 이러한 쓰기 전략을 다음과 같이 비판했다.

쓰기에 대한 이러한 아이디어는 후진적인 면이 있다. 그 이유는 이 아이디어에 문제가 많기 때문이다. 쓰기를, 의미에서 언어로 이어지는 두 단계의 활동으로 생각하지 말고, 글쓰기를 시작하는 바로 그 시점-당신이 글로 표현하려는 의미가 뚜렷해지기 이전-에서 쓰기를 유기적인 과정이자 발달적인 과정으로 생각하라. 그리고 당신의 글이 점진적으로 수정되고 발전될 수 있도록 격려하라. 마지막에 이르면 당신은 당신이 말하고자 했던 것이 무엇인지, 그리고 당신이 쓰고자 했던 글이 무엇인지를 알게 될 것이다(p.15).

Elbow는 이렇게 비판하면서 많은 필자들이 경험한 바를 기술하였다. 그러나 그 필자들에게 쓰기란 이미 가지고 있던 의미를 단순히 종이 위에 적어 내려가는 것이 아니다. 이는 쓰기 과정에서 의미, 즉 내용을 생성해가는 것과 관련 있는 것이다. 필자들의 경험에서 볼 때 쓰기는 발견 과정(Murray, 1978)이며, Galbraith(1999)가 지적한 것처럼 "지식 구성 과정"(p. 137)이다.

Elbow(1973)는 <글쓰기, 혼자서도 할 수 있다(Writing without Teachers)>에서 '개요 우선 작성' 전략에 대한 대안을 제안했는데, 그것은 내가 '상호작용' 전략(interactive strategy)이라고 부르는 것이다.

Elbow가 제안한 이 전략은, 글로 쓸 내용을 먼저 개요로 작성한 후 그것을 문장으로 써 내려가는 것이 아니라, 글을 쓰는 시작부터 바로 문장을 써내려 가는 것이다. 이 전략은 학생들이 어떤 내용으로 글을 써야 할지 확신하고 있지 않더라도 우선 문장을 써서 앞으로 나아가야 한다고 강조한다. 이 전략에 따르면, 글을 쓰는 동안에는 교정(editing)을 해서는 안 되며 마지막 단계로 미루어 두어야 한다. Elbow는 학생들이 교정 없이 글을 쓸 수 있도록 돕기 위해 10분 동안 일주일에 세 번 정도 자유롭게 쓰기를 연습할 것을 제안했다. 자유롭게 쓰기를 연습할 때 학생들은 떠오르는 모든 것을 적어 내려가면서 계속적으로 써야 하며, 교정을 하거나 이미 쓴 것을 다시 보지 않아야 한다. Elbow는 이를 다음과 같이 설명했다.

자유롭게 쓰기의 핵심은 바로 교정 없이 글을 쓴다는 것이다. 이는 필자가 단어를 생성하는 과정과 이를 종이 위에 적는 과정을 동시에 할 수 있도록 돕는 연습의 일종이다. 이를 규칙적으로 연습하면, 당신은 글을 쓰면서 동시에 교정하려고 하는 뿌리 깊은 습관을 고칠 수 있다. 자유롭게 쓰기는 당신이 글을 쓸 때 단어를 보다 쉽게 떠올릴 수 있도록 도와줌으로써 막힘 현상을 겪지 않게 해 줄 것이다(p.6).

Elbow는 쓰기의 막힘 현상을 줄이는 것 외에 자유롭게 쓰기가 두 가지 점에서 이점이 있다고 보았다. 첫째, 자유롭게 쓰기는 Elbow가 효과적인 쓰기에서 중요하다고 생각하는 것들, 이를테면 자신만의 표현, 자신만의 자연스러운 목소리 등에서 필자를 자유롭게 해준다. "강박적이며 조급하게 교정하는 습관은 단지 쓰기를 힘들게 할 뿐이다. 또한 이러한 습관은 글을 생동감이 없게 만들 뿐이다. 이러한 습관을 떨치지 못한다면, 의식과 종이 사이에서 발생하는 방해, 변질, 주저함 등으로 인하여 당신의 목소리는 묻혀 버리고 말 것이다"(p.6).

둘째, 이것은 내 생각에 가장 흥미로운 부분인데, Elbow에 따르면 자유롭게 쓰기는 학생들이 더욱 좋은 내용을 발견하는 데 기여한다.

> 자유롭게 쓰기는 통상적인 수준보다 더 우수한 글을 쓸 수 있게 해 주는 방법이다. 자유롭게 쓰기라고 해서 닥치는 대로 마구 쓰는 것이 아니라 더욱 통일성이 있고, 더욱 조직을 갖추어 써야 한다(p.8). …… 이는 아주 단순하게 요약할 수 있다. 만약 당신이 규칙적으로 자유롭게 쓰기를 적용한다면, 이렇게 쓴 글이 주의를 기울이고 수정하여 완성한 글보다 훨씬 못하지는 않을 것이다. 오히려 당신이 다른 방법을 적용하여 쓴 어떤 글보다도 더 나을 수도 있다(p.9).

Elbow는 글이 순환 과정을 그리며 완성되는 것으로 보았으며, 자유롭게 쓰기로 내용을 떠올리는 쓰기 활동이 이 과정을 주도해 가고 교정이 그 뒤를 따르는 것으로 생각했다. 교정의 기능은 현재까지 작성한 글에서 가장 좋은 것을 선별하고, 다음 번 글을 위한 새로운 출발점을 만드는 것이다. 글을 쓰는 학생이 이러한 순환을 계속 이어갈수록, 글의 의미는 더욱 발전적으로 변하여 간다. 이러한 방법의 실행에 대해 Elbow는 다음과 같이 말했다.

> 쓰기는 당신이 생각하는 것을 시작조차 할 수 없었던 어떤 것에 대해서 생각할 수 있게 해 주는 좋은 방법 중 하나이다. 쓰기란 사실 당신이 글과 벌이는 일종의 교류라고 할 수 있는데, 이를 통해서 당신은 지금 생각하고 느끼고 인식하는 것으로부터 자유로움을 느낄 수 있다. 글을 씀으로써 당신의 생각을 처음보다 좀 더 명확하게 만드는 데 성공했다면, 당신은 자신을 좀 더 나은 존재로 만들 수 있다(p.15).

만약 이러한 주장이 증명될 수만 있었다면 아마도 쓰기연구와 쓰기지도에 매우 중요한 시사점을 제공해 줄 수 있었을 것이다. 더 나은 내용을 자극하는 쓰기 전략은 글을 쓰는 사람이라면 누구에게나 중요하다. 그러나 Elbow가 이러한 주장을 했던 시기에는, 그 주장을 뒷받침하는 경험적인 증거라는 것이 주로 유명한 필자들이 자기 스스로 보고한 일화 자료였다(Murray, 1978). 자기 보고한 일화 자료가 폭넓게 제시되기는 했지만 그러한 주장을 뒷받침하는 경험적인 근거로 보기는 어렵다.

이 이후로 매우 세밀하게 설계된 쓰기연구가 이루어지면서 개요 우선 작성 전략, 상호작용 전략 및 다른 초고 작성 전략의 효과에 대한 검증이 이루어졌다. 이러한 연구의 초기 예로 Glynn, Britton, Muth, & Dogan(1982)을 꼽을 수 있는데, 이 연구에서는 네 가지의 초고 작성 전략을 비교하였다. 실험 참여자들은 (1) 완성된 형태의 세련된 문장(polished sentences), (2) 완성된 문장이지만 세련되지는 않은 문장(complete but unpolished sentences), (3) 조직화된 메모(organized notes), (4) 조직화되지 않은 메모(unorganized notes) 중 하나의 전략으로 초고를 작성했다. 그리고 참여자들은 글의 최종본을 완성하기 위해 초고를 교정했다. 연구 결과, 완성된 형태의 세련된 문장으로 글을 쓴 참여자들이 초고에 담아낸 내용의 양이 가장 적었고 조직화된 메모로 글을 쓴 참여자들이 가장 많았다.

Kellogg(1988, 1990)의 연구는 작성한 글의 특성뿐만 아니라 글을 쓰는 과정에 미치는 초고 쓰기 전략의 영향에 대해 좀 더 깊이 있는 정보를 제공해 준다. Kellogg(1988)의 실험1에서 참여자들은 두 가지 변인을 조합하여 구성한 네 가지의 조건에 따라 업무용 서신을 작성했다. 그 변인은 '초고의 질'(draft quality)과 '계획하기'(planning)였다. 초고의 질은 거칠거나 세련된 것 두 가지로 구분되었다. 거칠게 초고를 작성하는 조건에서는 참여자들에게 자신의 생각을 잘 표현할 수 있을까 하는 의심을 버리고 자유롭게 쓰게 했으며, 초고를 쓴 후에 수정하도록 하였다. 세련된 초고를 작성하는 조건에서는 참여자들에게 가능하면 시작 단계부터 내용을 주요 목적이나 의미가 잘 드러나는 세련된 형태로 작성하게 했다. 계획하기도 개요 작성 유무에 따라 두 가지로 구분되었다. 개요를 작성하는 조건에서는 참여자들에게 글의 요점 및 하위 요점을 5분에서 10분 정도 목록으로 작성하게 했으며, 개요를 작성하지 않는 조건에서는 참여자들에게 곧바로 글을 쓰게 했다.

참여자들이 글을 쓰는 동안 Kellogg는 중간 중간 빈번하게 개입하면서 참여자들에게 그 순간 진행하고 있는 쓰기 과정(계획, 작성, 수정 등)에 대해서 보고하도록 했다. 혁신적인 Kellogg(1988)의 연구방법은 네 가지의 실험조건이 쓰기 과정에 미치는 실제적인 영향을 파악할 수 있게 해 주었다.

Kellogg는 개요를 작성했던 참여자들이 개요를 작성하지 않았던 참여자보다 통계적으로 유의하게 긴 글을 썼을 뿐만 아니라, 글을 쓰는 데 더 많은 시간을 들이며(계획하기 시간은 제외), 내용 수준과 전체적인 질이 더 높은 글을 썼다는 것을 발견하였다. 계획하기 변인과는 달리, 초고의 질 변인에서는 주목할 만한 효과의 차이는 없었다. Kellogg(1988)의 실험2와 Kellogg(1990)에서도 개요 우선 작성 전략이 다른 전략에 비해서 탁월하게 우수한 효과가 있음을 보여주었다.

종합해 보면, Glynn et al.(1982)과 Kellogg(1988, 1990)는 개요 우선 작성 전략이 해결해야 하는 어떤 '문제'가 아니라, 학생들이 학교에서 수행해야 하는, 매우 유용한 '과제'라는 것을 보여준다. 그렇다고 해서 Elbow의 상호작용 전략이 유용하지 않다는 것을 의미하지는 않는다. Kellogg(1988)의 지적처럼, 상호작용 전략도 어떤 학생들에게는 효과가 있으며 어떤 종류의 글(예를 들어 문학적인 글)에서도 효과가 있다.

1990년대 초반에 Galbraith는 동료 연구자들과 함께 상호작용 전략의 효과를 더욱 심층적으로 조사했다(Galbraith, 1992, 1996, 1999; Galbraith & Torrance, 2004). 앞에서 언급했던 것처럼 당시 연구는 Elbow가 서술한 것과 같은 상호작용 전략의 효과를 경험적으로 뒷받침해 주지 못했는데, Galbraith 등은 첫 번째로 이에 대해 주목했다.

상호작용 전략에서 수정하기(revision)는 내용 생성과는 분리되어 있으며, 단순히 조직과 표현을 개선하기 위해서 초고를 바꾸는 것이 아니라, 재고의 기초를 마련하기 위해서 초고에서 핵심적인 내용을 골라내는 것이다. 그러나 Kellogg(1988)의 쓰기 과정 데이터를 볼 때, 실험 참여자들은 분명히 수정하기를 맨 마지막에 하지 않았다. 오히려 작성하기와 편집하기는 모든 조건에 분할되어 들어가 있었다. 더욱이 Kellogg의 데이터에서는 참여자들이 어떠한 종류의 수정하기를 했는지가 확실하지 않다. 따라서 Kellogg의 연구에서 개요를 작성하지 않는 조건의 참여자들은 아마도 상호작용 전략을 적용하지 않았던 것으로 보인다.

둘째, Galbraith(1999)는 쓰기가 어떻게 지식 발견을 촉진할 수 있는지를 설명하기 위해 신경 네트워크 모형을 제안하였다. 이 모형을 여기에서 모두 다 설명하기에는 안타깝게도 너무나 복잡하다. 여기에서는 글을 쓰는 행위가 어떻게 필자의 지식 네트워크에 영향을 미치는지, 그리고 어떻게 새로운 내용 생성을 위한 조건을 결정하는지에 대한 설명이 Galbraith(1999)에 언급되어 있다는 것만을 지적해 두기로 하자. 특히 이 연구에서는 신경 네트워크 모형이 왜 상호작용 전략 주의자가 강조한 비조직적인 초고와 관련이 있는지, 그리고 신경 네트워크 모형이 왜 개요 작성과 같은 명시적 조직화에 의해 억제되는지를 설명하고 있다.

셋째, Galbraith & Torrance(2004)에서는 경험연구를 통해 상호작용 전략의 효과를 검증했다. 이 연구는 이전에 수행된 Kellogg의 연구와 비슷하다. 그러나 이 두 연구는 세부 사항에서 차이가 있다. Galbraith & Torrance(2004)에서는 참여자들에게 초고를 작성하기 위한 시간을

20분 주었다. 그런 다음, 내용의 핵심 아이디어를 요약하라고 5분을 주었고, 최종적으로 초고를 수정하기 위한 시간 20분을 더 주었다. 이러한 실험조건에 따라 글 작성 단계와 수정 단계가 명확하게 분리되었다. 몇몇의 참여자들에게는 수정하는 동안 초고를 사용하게 했지만, 다른 참여자들은 사용하지 못하게 했다. 이러한 연구 방법은 글의 작성 단계와 수정 단계를 명확하게 분리하는 데 중점을 둔 것이며, 최종본을 작성하는 데 초고의 주요 아이디어를 사용하는 필자들에게 초점을 둔 것이다.

참여자들은 '초고의 특성'(quality)과 '형식'(mode)이라는 두 가지 변인에 의해 구성된 네 가지 실험조건에서 초고를 작성했다. '초고의 특성'은 비조직적인지, 아니면 조직적인지로 구분되었다. 비조직적인 초고 쓰기 조건에서는 참여자들에게 주제에 대하여 생각해 보게 한 다음, 그 생각을 자유롭게 쓰도록 했다. 이때 그 생각이 얼마나 잘 조직되고 잘 표현될 수 있을지는 염두에 두지 않도록 안내했다. 조직적인 초고 쓰기 조건에서도 참여자들에게 자신의 생각이 얼마나 잘 표현될 수 있을지는 염려하지 않도록 안내했으며, 다만 초고는 최종본의 구조를 반영하여 조직을 잘 갖추어 쓰게 하였다. 이와 같은 초고의 특성 변인은 Galbraith & Torrance가 조직에 중점을 둔 것을 제외하면 Kellogg(1988)에서 다룬 초고의 특성과 비슷하다. '형식' 변인은 문장 형식(sentence)과 메모 형식(note) 두 가지로 구분되었다. 완전한 문장으로 쓰는 조건에서는 참여자들에게 문장의 형태로 글을 쓰도록 안내했다. 메모 형태로 쓰는 조건에서는 참여자들에게 떠올린 내용을 세 글자나 네 글자의 단어로 메모하도록 안내했다.

앞에서 제시했던 연구와는 대조적으로, Galbraith & Torrance(2004)에서는 완전한 문장으로 초고를 쓰는 조건의 참여자들이 (조직적이든 그렇지 않든) 메모 수준으로 쓰는 조건의 참여자들보다 떠올린 내용이 더 많다는 사실을 발견하였다. 이러한 결과는 상호작용 전략(개요를 먼저 작성하는 것이 아니라 바로 문장으로 표현해 내는 전략)의 효과를 뒷받침한다.

그러나 Kellogg의 연구에서처럼, 수정하는 동안 초고를 사용할 수 있도록 했을 때에는 비조직적인 문장 조건보다는 조직적인 메모 조건의 참여자들이 높은 수준의 최종본을 작성하였지만, 초고를 사용할 수 없도록 했을 때에는 다른 결과가 나왔다. 연구자들은 이러한 결과를 다음과 같이 해석했다. 즉, 수정 과정에서 초고를 참조할 수 없을 때 필자들은 상호작용 전략에 좀 더 부합하는 방식으로 글을 수정했다는 것이다. 추측하건대, 초고가 없을 때에는 피상적으로 수정을 하는 것보다 상호작용 전략을 사용하는 것이 좋은 내용을 발견하는 데 더 유용한 것 같다.

이 짧은 요약에서 Galbraith가 동료들과 함께 수행한 연구의 일부분만을 언급할 수 없었음에도 불구하고 이들이 이론과 경험연구에 대한 논의의 경계를 확대했다는 점은 분명하게 알 수 있다. 그렇다면 이제 우리는 이러한 논의가 어느 방향으로 나아갈 것이라고 예측할 수 있을까? 나는 발전을 기대할 수 있는, 두 가지 주요한 논의의 방향이 있다고 생각한다.

첫째, Elbow는 상호작용 전략의 성공적인 사용을 위해 갖추어야 할 조건이 있다고 보았는데, 나는 앞으로 이러한 조건에 부합하는 새로운 연구가 이루어지게 될 것이라고 생각한다. 아마도 현재 이루어지고 있는 연구의 가장 큰 한계는 참여자들이 상호작용 전략에 훈련되어 있지 않았다는 점일 것이다. 분명히 해 둘 점이 있다. Elbow는 교정 없이 글을 쓰는 방법(다시 말해, 상호작용 전략)을 배우는 것은 어려운 일이며 연습이 요구된다는 점을 강조했다. 상호작용 전략의 효과를 좀 더 정교한 경험연구로 검증하려면 자유롭게 쓰기를 충분히 연습한 사람들이 실험에 참여해야 할 것이다.

둘째, 전문적인 필자들도 내용을 개선하기 위해 상호작용 전략을 쓰곤 하는데, 나는 쓰기 연구자들의 관심이 이러한 전문적 필자들의 상호작용 전략으로 옮겨가게 될 것이라고 생각한다. 나는 상호작용 전략을 사용하면 필자들이 더욱 좋은 내용을 떠올리는 데 도움을 얻을 수 있다는 Elbow의 주장에 큰 흥미를 느끼고 있다. 이러한 주장을 검증할 수 있는 곳은 아마도 새로운 내용을 떠올려야 하는 사람들, 가령 연구자, 과학자, 정치가들이 활동하는 영역일 것이다. 만약 상호작용 전략이 그들에게 유용하다면 이 전략이 가지는 사회적 효용은 매우 크다고 볼 수 있다.

만약 상호작용 전략이 지식 발견을 촉진한다는 것이 확인된다면 이제 그 다음 질문은 "어떻게?"가 될 것이다. 상호작용 전략은 물리적인 문장 작성과 연동되어 있는 것일까? 즉, 형식적 문장 작성에 대한 계획만 있으면 충분할까? 이는 Elbow가 <글쓰기, 혼자서도 할 수 있다(Writing without Teachers)>(p.51)에서 자기 자신에게 던진 질문이기도 하다. Galbraith (1999)의 모형이 암시하는 것처럼, 내용의 발견은 주제에 대한 필자의 잠재적 경향을 자극하는 데 달려 있는 것일까? 글을 읽을 독자의 반응을 예측하는 것에 달려 있는 것일까?(예를 들어, 독자의 반응을 "그들은 그것을 믿지 않을 것이다."라고 예측하면 다른 형태의 내용을 떠올리게 될 것이다) 아니면 둘 다일까? 나는 이러한 주제에 대해 좀 더 생생하고 유익한 논의가 있을 것이라고 기대한다.

쓰기를 이해하기 위한 틀로서 활동 이론의 이용

많은 연구자들은 쓰기가 이루어지는 환경에서 개별적인 쓰기 과정의 복잡한 관계를 이해하기 위한 도구로 활동 이론을 탐색해 왔다(Bazerman, 2003; Bracewell & Witte, 2003; Russell & Yanez, 2003 등). 활동 이론의 발전을 논의하기 전에, 통상 구조적 틀(frameworks)로 불러온 설명 체계의 특성에 대해 생각해 볼 필요가 있다. 다음에서 나는 구조적 틀에 대한 논의를 활동 이론에 대한 논의의 출발점으로 삼고자 한다.

구조적 틀 : 작동 중인 개념

구조적 틀(frameworks)은 우리가 복잡한 과정이나 상황에 대해 사고하는 것을 돕기 위해 고안된 표상의 체계라고 할 수 있다. 구조적 틀이 간단하다면 아마도 요소나 특성을 나열한 목록 정도로 구성될 수도 있다. 예를 들어 보자. 우리가 육류의 질을 판단할 때 최상등급, 우량등급, 극상품, 보통급, 최하급 등과 같은 판정 등급을 사용한다. 그러므로 육류의 질에 대한 판단과 관련된 구조적 틀은 이러한 판정 등급의 목록으로 구성된다.

부분적으로든 전체적으로든 어떤 요소들(elements) 간의 관계(relations)를 설명하려면 이보다는 좀 더 복잡한 틀이 필요하다. 어떤 경우에, 요소들 사이의 관계는 단순히 관련 여부로만 표현되기도 하고, 요소들을 연결하는 선에 의해 도식적으로 표현되기도 한다. 한편, 이러한 연결은 관계를 맺고 있는 방향을 나타내기 위해 화살표를 사용하기도 하고, 관련이 있는 유형을 더욱 자세하게 표시하기 위해 분류 표지를 사용하기도 한다. Toulmin, Rieke, & Janik(1979, p.78)의 논증 구조 도식(<그림 2.3>)은 각 요소들이 관계를 맺고 있는 방향을 잘 보여주는 구조적 틀의 예이다.

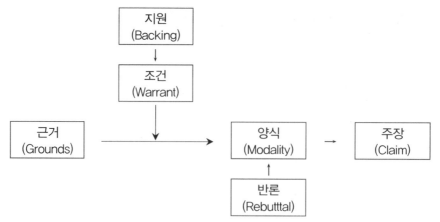

〈그림 2.3〉 Toulmin, Rieke, & Janik(1979)에서 제시한 논증 구조의 틀

여기에서 이루어질 논의를 위해 양적 이론(만약 좀 더 복잡하다면 질적 이론으로 부를 수도 있을 것이다)과 구조적 틀을 구분해 두는 것이 유용할 듯하다. 구조적 틀 내에서 요소들 사이의 관계는 그 요소의 존재 또는 부재, 방향, 유형 및 질적 특성들을 기술함으로써 질적으로 구체화된다. 이와 달리, 양적 이론에서는 요소들(부분이나 전체)과 요소들 간의 관계는 양적으로, 일반적으로는 방정식으로 표현된다.

구조적 틀이 우리가 복잡한 상황에 대해 사고할 수 있도록 돕는 방법은 많다. 나는 여기에서 그 다섯 가지를 서술하려고 한다. 물론, 독자들은 아마도 더 많은 방법을 생각할 수 있을 것이다.

구조적 틀은 기억을 돕는다.

구조적 틀은 우리가 복잡한 상황을 이해하는 데 필요한 요소와, 그 요소들 사이의 관계를 떠올릴 수 있게 해 준다. 예를 들어, 5W, 즉 누가(who), 어디서(where), 언제(when), 무엇을(what), 왜(why)는 기자들이 새로운 기사를 작성하거나 편집할 때 기억을 자극하는 틀을 구성한다.

구조적 틀은 공통 용어를 제공한다.

구조적 틀은 분류 표지를 제공함으로써 논의를 촉진하는 데 필요한 공통 용어(common

language)를 제공해 준다. 아마도 구조적 틀이 없다면 학계에서 통용되는 공통 용어를 마련할 수 없어 논의를 발전시키는 데 어려움이 따를 것이다. 예를 들어, 논증을 위한 Toulmin et al.(1979)의 틀은 논증을 논의하고 분석하는 데 필요한 공통 언어를 제공해 준다. Hayes & Flower(1980)의 모형(<그림 2.4>)[4]도 쓰기의 인지과정을 논의하는 데 필요한, 매우 유용한 공통 언어를 제공해 준다.

구조적 틀은 지식의 구성과 획득을 촉진한다.

만약 어떤 사람이 대학 1학년 학생이 작성한 논증적 에세이를 읽는다면, 그 학생들 중 상당수가 납득할 만하게 글을 쓰지 못한다는 사실을 알게 될 것이다. 그런데 Toulmin의 틀이 없다면 그 학생들이 작성한 글이 설득력이 떨어지는 이유가 바로 반박(rebuttals)이 부족하다는 데 있다는 것을 깨닫지 못할 수도 있다. 이처럼 구조적 틀은 환경 가운데 파묻혀 쉽게 알아볼 수 없는 일상적인 것(commonality)을 변별적으로 인식할 수 있게 해 준다. 구조적 틀은 이미 우리 기억에 저장되어 있는 지식 간의 관계를 인지할 수 있도록, 그래서 그 지식을 재조직할 수 있도록 도움을 준다.

구조적 틀은 경험적 예측을 가능하게 한다.

양적 이론은 정밀한 경험적 예측을 하는 데 사용되므로 많은 연구자들이 구조적 틀보다는 양적 이론에 더 높은 가치를 두는 경향이 있다. 사실 구조적 틀이 경험적 예측을 하는 데 기여한다는 것은 쉬운 일이 아니다. 그러나 우리가 기억해 두어야 할 것은 실제로는 우리가 접하는 대부분의 구조적 틀도 실증적 예측이 가능하다는 점이다. 구조적 틀에 포함된 요소들, 그리고 그 요소들 사이의 관계는 실증적 예측의 토대를 제공한다.

---

4) [역주] 이 책의 제1장에는 Hayes & Flower(1981)의 모형이 수록되어 있다. 제1장에는 1981년 모형이, 제2장에는 1980년 모형이 수록되어 있는 셈인데, 제1장의 모형은 제2장의 모형을 수정한, 상호작용 관점의 모형이다.

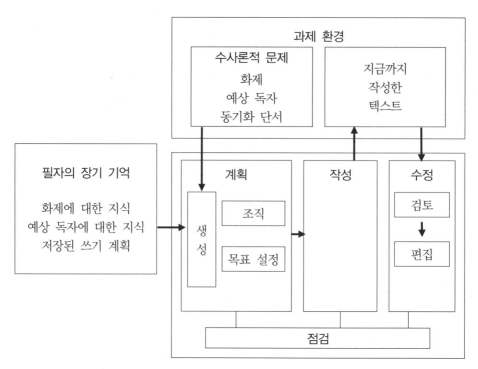

〈그림 2.4〉 Hayes & Flower(1980)의 쓰기 과정 모형

틀을 구성하려면 이를 구성하는 요소를 선택해야 하는데, 그 요소를 선택하는 순간 경험적인 결과가 어떻게 전개될지를 자동적으로 예측할 수 있게 된다. 다시 말하면, 요소의 선택은 경험적 예측을 자동적으로 포함하게 된다. 예를 들어보자. Hayes, Flower, Schriver, Stratman, & Carey(1987)는 과제 정의(task definition)를 주요 구성 요소로 포함하는 수정하기의 구조적 틀을 제안하였다. Wallace & Hayes(1991)는 이러한 틀을 바탕으로 하여 과제 정의 훈련이 대학 1학년 학생들의 수정하기를 통계적으로 유의하게 향상시킨다는 점을 '예측'하고 '검증' 했다.

만약 우리가 구성 요소들 사이에 어떤 관계는 존재하고 어떤 관계는 존재하지 않는다는 것을 명확하게 보여주는 틀을 제안할 수 있다면, 우리는 아마도 경험적으로 입증 가능한(혹은 불가능하다고 말할 수 있는) 예측을 제시할 수 있을 것이다. 어떤 구조적인 틀이 두 요소 사이의 관계를 반영하고 있다면, 우리는 한 요소의 변화가 결과적으로 다른 요소의 변화를 초래하게 될 것을 '예측'할 수 있다. 앞에서 살펴본 것처럼 Kellogg(1996)는 특정한 쓰기 과정과 작업 기억 자원 사이의 관계를 다루면서 어떤 관계는 존재하고 어떤 관계는 존재하지 않는다는 것을 가정하는 모형을 제안하였다. Kellogg(1996)의 모형은 매우 강력한 경험적 예측을 가능하게 해 주는, 구조적 틀의 좋은 예라고 할 수 있다.

구조적 틀은 쓰기연구의 토대를 제공한다.

연구자들은 틀을 구성하는 요소와 그 관계가 타당한가 하는 의문을 품으면서도 연구 주제를 다루는 데 중요한 역할을 하는 구조적 틀을 계획한다. 연구자들은 이러한 구조적 틀이 후속 연구를 위한 청사진이나 지침서로 사용되기를 바라는 의도를 가지고 있다. 당연히 후속 연구 결과는 그 틀을 수정하고 개선하는 데 사용될 것이다. Hayes & Flower(1980)의 모형과 Hayes(1996)의 모형은 구조적 틀이 함의하고 있는 이러한 의도를 매우 잘 보여준다. 두 연구에서 제안된 틀은 Kellogg(1996), Levelt(1989), Bereiter & Scardamalia(1987)의 모형만큼이나 쓰기 연구를 양적으로 성장시키는 데 기여했으며, 최초에 제시되었던 틀을 수정하고 확장하는 연구를 활성화하는 데에도 기여했다.

구조적 틀에 대한 지금까지의 논의를 요약하면, 구조적 틀이 우리에게 주는 이점을 다음과 같이 정리할 수 있다.

- ·구조적 틀은 사고를 조직화하는 데 도움을 준다.
  1. 의사소통에 필요한 공통 용어를 제공함으로써
  2. 기억에 필요한 단서를 제공함으로써
- ·구조적 틀은 새로운 지식을 얻는 데 도움을 준다.
  3. 일상적인 것을 변별적으로 인식할 수 있게 함으로써
  4. 경험적 예측을 가능하게 함으로써
  5. 쓰기연구의 토대를 공함으로써

쓰기연구에서 적용된 활동 이론

구조적 틀에 대한 앞의 서술은 활동 이론과 쓰기연구의 관계에 대한 논의의 서론적 성격을 지닌다. 활동 이론은 행동과 환경의 관계를 바탕으로 하여 개인이나 집단의 의도적인 행동(유목적적 행동, purposeful action)을 설명하려는 이론이다. '행동'과 그 행동이 일어나는 '환경'은 '행동 체계'(action system)라고 부른다.

이제 활동 이론과 쓰기의 관계에 대해 논의할 텐데, 이는 주로 Russell & Yanez(2003)의 연구 결과에 바탕을 둔 것이다. 이 연구는 미국 미드웨스턴 대학교(Midwestern Univ.)에서 아일랜드 역사학 강의(이 강의에는 쓰기활동이 포함되어 있음)를 수강하는 학생들이 겪은 갈등을 분석하는 데 활동 이론을 적용하였다.

<그림 2.5>는 행동 체계를 포괄적으로 표현한 구조적 틀이다. 이 틀은 서로 연결된 일곱 가지 요소로 구성되어 있다. '주체'(Subject)는 행동 체계 내에서 서로 관련되어 있는 사람들을 일컫는다. Russell & Yanez(2003)에서 '주체'는 그 강의에 참여하고 있는 교수와 학생이다. '도구'(Tools)는 교실, 종이와 연필, 워드프로세서 등을 말한다. '목표/동기'(Object/Motive)는 참여자들의 목적과 관련되며, '역할 분담'(Division of Labor)은 행동 체계에서 교수와 학생이 수행하는, 각기 다른 역할을 일컫는다. '공동체'(Community)는 교실 내에 존재하는 사회적 관계를 의미하며, 교실이 작동하는 범위 내에 존재하는 좀 더 확장된 공동체를 의미할 수도 있다.

'규칙/기준'(Rules/Norms)은 행동 체계에서 쓰기에 영향을 미치는 공식적, 비공식적인 관습(conventions)을 나타낸다. 마지막 구성 요소인 '결과'(Outcome)는 행동 체계가 산출해 내는 변화를 의미한다. 교실에서 중요한 결과에 해당하는 것은 바로 학습일 것이다.

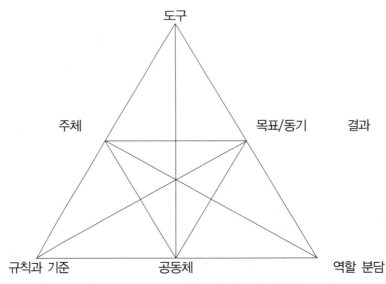

〈그림 2.5〉 Russell & Yanez(2003)의 포괄적 행동 체계

Russell & Yanez(2003)에 따르면 개개인은 일반적으로 동시에 몇 개의 행동 체계에 참여한다. 아일랜드 역사학 강의를 수강하는 학생 베스(Beth)를 예로 들 수 있는데, 베스는 수업과 관련이 있는 세 가지 행동 체계에 참여하고 있다. 첫째, 신문방송학 행동 체계이다. 베스는 신문방송학 전공생으로서 새로운 사건에 대해 기사를 작성하는 능력을 '기르기 위해' 아일랜드 역사학 강의를 수강하고 있다. 둘째, 베스가 고등학교 역사 수업 시간에 배웠던 행동 체계이다. 대학의 신문방송학 전공 강의와 고등학교 역사 수업은 모두 어떤 사건을 사실적으로 서술하는 능력을 학생들이 달성해야 할 '기준'으로 요구했다. 셋째, 대학 행동 체계이다. 베스의 '목적'은 좋은 성적으로 대학을 졸업하고 대학원에 진학하는 것이다.

베스와는 달리 교수가 참여하는 행동 체계는 학문으로서의 역사학(고등학교의 역사 수업에 반대되는 개념으로서)과 관련된 것 하나뿐이다. 학문적 관점에서 볼 때 어떤 사건을 사실로 믿는다는 것은 순진한 태도이다. 역사학자에게 요구되는 '기준'은 사실을 기록하는 것이 아니라, 여러 사건을 비판적으로 해석함으로써 믿을 만한 해석(사실이 아니라)에 도달하는 것이다.

역사학 교수와 베스는 이러한 행동 체계의 차이로 인해 갈등 상황에 빠지게 되었다. 베스는 고등학교에서 배웠던 역사 수업의 기준과 신문방송학 강의의 기준에 따라 사실적인 글을 짧게 작성했는데, 역사학 교수는, 비판적 해석을 담은, 긴 글을 지지하는 역사학의 학문적 기준에 따라 베스의 글을 혹평했기 때문이다. 베스는 좌절할 수밖에 없었다. 자신이 적절하다고 생각했던, 친숙한 행동 체계만을 따른 결과였다. 이제 베스는 대학 행동 체계에서 원했던 우수한 성적도 기대하기 어렵게 되었다. 한 학기 수업이 종료된 후에서야 베스는 역사학 교수의 도움을 통해서 학문으로서의 역사학이 요구하는 기준과 목적을 인식하는 것이 기사거리를 비판적으로 평가하는 데, 그리고 궁극적으로는 더 나은 기사문을 쓰는 데 도움이 된다는 점을 깨닫게 되었다. 이러한 Russell & Yanez(2003)의 분석은 쓰기가 이루어지는 맥락을 이해하는 데 활동 이론이 어떻게 활용될 수 있는가를 잘 보여준다.

따라서 활동 이론은 다음과 같은 기대(당신이 한다면 예측)를 가능하게 해 준다. 즉, 사람들과 함께 행동할 때 어떤 갈등을 겪는다면, 갈등을 초래한 행동 체계의 요소가 차이가 있는지 확인해 보아야 한다는 것이다. 베스의 경우, 쓰기의 기준과 목적에서 서로 차이가 있었다는 점이 확인되었다. 인터뷰를 통해서 갈등의 근저에 바로 이러한 차이가 놓여있었다는 것을 알 수 있었다. 베스가 두 행동 체계의 목적이 특별한 것이 아니라는 점을 인식하자 그 갈등은 점차 개선되었다.

물론 이러한 분석이 아주 깔끔하게 이루어지지 않을 수도 있다. 예를 들어보자. 베스는 대학의 역사 수업이 지니는 행동 체계에 적응해갔지만, 수업을 담당하는 역사학 교수를 몹시 싫어했다. 그 이유는 그 교수가 베스에게 아버지를 떠올리게 만들었기 때문이었다. 만약 이것을 분석의 대상으로 삼는다면, 여기에는 아마도 다른 구조적 틀, 가령 프로이트의 모형과 같은 틀이 좀 더 관련이 있는 분석을 제공할 수 있을 것이다.

활동 이론을 구조적 틀의 한 종류로 받아들인다면, 우리는 "구조적 틀을 검토하면서 언급했던, 사고에 관한 다섯 가지의 기여 사항을 활동 이론이 어떻게 제공할 수 있는가?"라는 질문을 던질 수 있다. 이 질문에 대한 답은 다음과 같다.

첫째, 물론 활동 이론도 기억에 도움을 제공한다. 활동 이론은 우리에게 "이봐, 당신은 지금 쓰기 도구마다 효과가 다르다는 것을 잊고 있어."라고 말을 걸어온다. 둘째, 활동 이론도 공통 용어를 제공해 준다. 활동 이론이 제공하는 용어가 그 순간 비록 혼란스럽다 하더라도 활동 이론이 공통 용어를 제공하는 것은 분명하다. Bracewell & Witte(2003), Spinuzzi(2003), 그리고 다른 여러 연구자들은 어떤 주제의 특수한 요구에 활동 이론이 적용될 수 있도록 구성 요소를 변경하고 집중할 것을 제안하였다. 그 이유는, 만약 특수한 요구가 계속되어 활동 이론의 적용이 어려워지면 공통 용어가 일반화되는 것이 힘들 것이라고 보았기 때문이다.

셋째, 활동 이론도 지식에 구조화된 스키마를 제공해 준다. Russell & Yanez(2003)에서(이 부분은 앞에서 언급하지 않았다) 연구자들은 아일랜드 역사학 강의에서 학생들의 반응을 비교하고 대조하는 데 활동 이론을 사용하였다. 이는 활동 이론이 지식에 구조화된 스키마를 더해준다는 것을 보여주는 예라고 할 수 있다.

넷째, 활동 이론도 경험적 예측을 가능하게 해 준다. 우리는 학생과 교수의 갈등이 어디에서 비롯되었는가를 분석한 Russell & Yanez(2003)에서 다소 비공식적으로 제시된 경험적 예측의 예를 발견할 수 있다. 이에 비해 Bracewell & Witte(2003)는 활동 이론의 예측력을 좀 더 공식적인 방법으로 검증하였다. 연구자들은 기술자와 근로자를 참여자로 선정하여 소집단을 구성한 후, 지방 자치의 구조 개선에 대한 건의문을 작성하기 위한 토론을 진행하였다. 연구자들은 이 모임의 토론을 옮겨 적은 다음, 이를 분석하였다.

연구자들은 토론의 목적과 관련된 화제를 제시하는 것이 그렇지 않은 화제를 제시하는 것보다 논의가 더 활발하게 이루어질 것이라고 예측했다. 이러한 예측은 목적이 행동을 이끈다고 보는 활동 이론을 바탕으로 삼은 것이다. 제시한 화제 세 개 모두가 목적과 관련되었을 때가, 단지 하나만 관련되고 나머지 두 개는 관련되지 않았을 때보다 훨씬 더 활발하게 논의가 이루어진 것으로 나타났다.

Russell & Yanez(2003), Bracewell & Witte(2003)는 활동 이론이 쓰기 연구에 유용한 예측을 제시할 수 있다는 데 대해 일정 부분 함의를 제공하기는 하지만 강력한 근거를 제공하지는 못한다. 이 두 연구에서 분석된 데이터가 너무 작고, 목표의 중요성을 강조하는 것은 활동 이론 외에 구조적인 틀에서도 많이 찾아볼 수 있기 때문이다. 비판론자들도 바로 이 점을 논거로 삼는다. 그러나 활동 이론은 쓰기연구에서 활동 이론이 유용하다는 것을 증명할 수 있을 만큼 충분히 연구가 이루어지지 못했다는 점을 고려해야 한다. 활동 이론이 쓰기연구에 도입된 지가 얼마 되지 않았다. 이제 곧 가까운 시점에 이러한 연구가 활발하게 이루어지게 될 것이다.

내 생각으로는, 활동 이론의 미래가 활동 이론이 제공하는 경험적 예측에 달려있다고 보지는 않는다. 적어도 우리가 여기서 다룬 활동 이론은 경험적 근거나 경험적 예측을 거의 가지고 있지 않은, 상당히 느슨한 형태의 구조적 틀에 가깝다. 내가 보기에, 활동 이론이 성공적이라면, 그 이유는 활동 이론이 경험적인 근거나 예측을 보장해 주기 때문이 아니라, 쓰기의 경험연구에 필요한 토대를 제공하기 때문이다. 활동 이론에 흥미를 가지고 있는 많은 연구자들을 생각해 보건대, 나는 활동 이론이 쓰기연구를 수행하는 데 필요한 편리한 틀을 제공해 줄 것이라고 믿는다. 특히 직장에서 이루어지는 쓰기 활동을 다루는 연구 수행에 대해서 말이다. 비록 영어 연구에 한정되어 있고 그 연구 기간도 짧지만, 활동 이론은 쓰기 및 읽기 연구에 지속적인 영향을 미치게 될 것이라고 생각한다.

지금까지의 논의를 요약해 보자. 내가 지금까지 소개한 세 가지의 선도적인 연구는 쓰기와 관련된 인지적 요인과 사회적 요인을 이해하려고 하는, 단지 아주 작은 노력에 불과하다. 그럼에도 불구하고 이 세 가지의 선도적인 연구는, 첫째, 현재 우리가 알고 있는 지식을 넘어서서 용감하게 이론적으로 추측해 보는 것의 중요성, 둘째, 세밀하게 수집한 경험적 근거를 토대로 이러한 추측을 비판적으로 평가하는 것의 중요성을 잘 보여주고 있다. 이론과 경험적 근거, 이 두 가지는 병행함으로써 쓰기에 대한 이해를 더욱 발전적으로 이끌어가게 될 것이다.

참고문헌

Baddeley, A. D., & Hitch, G. J. (1974). Working memory. In G. Bower (Ed.), *The psychology of learning and motivation* (Vol. 8, pp. 47-90). New York: Academic Press.

Bazerman, C. (2003). What is not institutionally visible does not count: The problem of making activity assessible, accountable, and plannable. In C. Bazerman & D. R. Russell (Eds.), *Writing selves/writing societies: Research from activity perspectives* (pp. 428-453). Retrieved May 20, 2004, from wac. colostate.edu/books/selves_societi es/.

Bereiter, C., & Scardamalia, M. (1987). *The psychology of written communication*. Hillsdale, NJ: Erlbaum.

Bracewell, R. J., & Witte, S. P. (2003). Tasks, ensembles, and activity. *Written Communication*, 20, 511-559.

Chenoweth, N. A., & Hayes, J. R. (2001). Fluency in writing: Generating text in L1 and L2. *Written Communication*, 18, 80-98.

Chenoweth, N. A., & Hayes, J. R. (2003). The inner voice in writing. *Written Communication*, 20, 99-118.

Elbow, P. (1973). *Writing without Teachers*. London: Oxford University Press.

Galbraith, D. (1992). Conditions for discovery through writing. *Instructional Science*, 21, 45-72.

Galbraith, D. (1996). Self-monitoring, discovery through writing and individual differences in drafting strategy. In G. Rijlaarsdam, H. van den Bergh, & M. Couzijn (Eds.), *Theories, models, and methodology in writing research* (pp. 121-141). Amsterdam: Amsterdam University Press.

Galbraith, D. (1999). Writing as a knowledge-constituting process. In M. Torrance & D. Galbraith (Eds.), *Studies in writing: Vol. 4. Knowing what to write: Conceptual processes in text production.* (pp. 137-157). Amsterdam: Amsterdam University Press.

Galbraith, D., & Torrance, M. (2004). Revision in the context of different drafting strategies. In L. Allal, L. Chanquoy, & P. Largy (Eds.), *Revision: Cognitive and instructional processes* (pp. 63-85). Dordrecht. The Netherlands: Kluwer.

Gathercole, S. E., & Baddeley, A. D. (1993). *Working memory and language*. Hove, UK: Erlbaum.

Glynn, S. M., Britton, B., Muth, D., & Dogan, N. (1982). Writing and revising persuasive documents: Cognitive demands. *Journal of Educational Psychology*, 74, 557-567.

Hayes, J. R. (1996). A new framework for understanding cognition and affect in writing. In C. M. Levy & S. Ransdell (Eds.), *The science of writing: Theories. methods, individual differences, and applications* (pp. 1-27). Mahwah, NJ: Erlbaum.

Hayes, J. R. & Chenoweth, N. A. (forthcoming). Verbal working memory limits in a simple transcription task.

Hayes, J. R., & Flower, L. S. (1980). Identifying the organization of writing processes. In L. Gregg & E. Steinberg (Eds.), *Cognitive processes in writing: An interdisciplinary approach* (pp. 3-30). Hillsdale, NJ: Erlbaum.

Hayes, J. R., Flower, L. Schriver, K. A., Stratman. J., & Carey, L. (1987). Cognitive processes in revision. In

S. Rosenberg (Ed.), *Advances in applied psycholinguistics: Vol. Ⅱ. Reading, writing and language processing* (pp. 176-240). New York: Cambridge University Press.

Kellogg, R. T. (1988). Attentional overload and writing performance: Effects of rough draft and outline strategies. *Journal of Experimental Psychology: Learning, Memory. and Cognition*, 14, 355-365.

Kellogg, R. T. (1990). Effectiveness of prewriting strategies as a function of task demands. *American Journal of Psychology,* 103, 327-342.

Kellogg, R. T. (1996). A model of working memory in writing. In C. M. Levy & S. Ransdell (Eds.), *The science of writing: Theories, methods. individual differences, and applications* (PP. 57-71). Mahwah, NJ: Erlbaum.

Kellogg, R. T. (1999). Components of working memory in text production. In M. Torrance & G. C. Jeffery (Eds.), *The cognitive demands of writing: Processing capacity and working memory in text production* (pp. 42-61). Amsterdam: Amsterdam University Press.

Levelt, W. J. M. (1989). *Speaking: From intention to articulation.* Cambridge, MA: MIT Press.

Levy, C. M., & Marek, P. (1999). Testing components of Kellogg's multicomponent model of working memory in writing: The role of the phonological loop. In M. Torrance & G. C. Jeffery (Eds.). *The cognitive demands of writing: Processing capacity and working memory in text production* (pp. 25-41). Amsterdam: Amsterdam University Press.

Longoni, A. M., Richardson, A. T. E., & Aiello, A. (1993). Articulatory rehearsal and phonological storage in working memory. *Memory & Cognition*, 21, 11—22.

Murray, D. M. (1978). Internal revision: A process of discovery. In C. R. Cooper & L. Odell (Eds.), *Research on composing: Points of departure* (pp. 85-103). Urbana, IL: National Council of Teachers of English.

Russell, D. R., & Yanez, A. (2003). "Big picture people rarely become historians": Genre systems and the contradictions of general education. In C. Bazerman & D. R. Russell (Eds.), *Writing selves/writing societies: Research from activity perspectives* (pp. 331-362). Retrieved May 20. 2004, from wac.colostate. edu/books/selves_societies/

Salame, P, & Baddeley, A. D. (1982). Disruption of memory by unattended speech: Implications for the structure of working memory. *Journal of Verbal Learning and Verbal Behavior,* 21, 150-164.

Spinuzzi, C. (2003). Compound mediation in software development: Using genre ecologies to study textual artifacts. In C. Bazerman & D. R. Russell (Eds.), *Writing selves/writing societies: Research from activity perspectives* (pp. 97-124). Retrieved May 20, 2004, from wac.colostate.edu/books/selves_societies/

Toulmin, S., Rieke, R., & Janik, A. (1979). *An introduction to reasoning.* New York: Macmillan.

Wallace, D., & Hayes, J. R. (1991). Redefining revision for freshmen. *Research in the Teaching of English.* 25(1), 54-66.

제3장

쓰기 과정 이론
쓰기 과정에 대한 기능적(機能的) 접근

Gert Rijlaarsdam & Huub van den Bergh

이 장에서 우리는 지난 10여 년간 경험연구를 통해 밝혀진 쓰기 과정 이론의 핵심 요소들을 제시하고자 한다. 이론적 틀은 인지심리학의 두 가지 패러다임에 근거를 두고 있다. 하나는 Flower & Hayes의 쓰기 과정 모형(1980; Hayes의 1996년 수정 모형 참조)인데, 이 장에서는 이 쓰기 과정 모형이 널리 알려진 것으로 보고 따로 제시하지는 않는다. 다른 하나는 병렬분산 처리 모형(Rumelhart, McClelland, & the PDP Research Group, 1999)이다. 우리는 이 두 가지 패러다임을 연결함으로써 쓰기 과정의 근본 구조로서 기능적(機能的)인 체계를 제안하고자 한다. 우리가 제시하는 경험적 데이터는 다음과 같은 세 가지 공통 특징을 가지고 있다.

1. 우리는 미숙한 필자 대 능숙한 필자의 패러다임을 채택했다. 쓰기 과정에 초점을 두고 있는 연구들은 대부분 대학생을 대상으로 하는 전문적 필자 패러다임에 따라 수행되어 왔다. 그런데 대학생들은 전공 영역이 다양하므로 전문적 필자는 다양한 방식으로 정의될 수 있다 (Torrance, 1996). 전문적 필자들은 전공 지식과(이나) 장르 지식이 많으므로 이와 관련된 분야의 글을 잘 쓴다. 그럼에도 불구하고 전문적 필자들이 어떻게 글을 잘 쓰게 되었는지, 전문적 필자들이 초보자와 어느 정도로 다른지에 대해서는 어떤 분석도 이루어지지 않았다. 사정이 이렇다 보니 이러한 극단적인 두 집단(전문가와 초보자)에서 나타나는 쓰기 과정의 차이가 무엇에서 비롯되었는지를 명확하게 설명하기가 어려운 실정이다. 이러한 문제를 해소

하기 위해서는 (상대적으로) 초보자이든 (어떤 한 분야에서) 전문가이든 어느 한 집단만을 선정해서 연구해야 한다. 우리가 수행한 연구에서는 약 15세 학생들의 쓰기 과정과, 그 학생들이 보이는 자연적인 변화를 분석하였다.

2. 우리는 학생들에게 또래의 독자를 대상으로 두 편의 논쟁적 에세이를 쓰도록 하였고 해당 주제에 대한 자료(신문과 잡지의 스크랩, 통계표와 구체적 수치 등)를 이용할 수 있도록 하였다. 글을 쓰는 시간은 60분에서 103분까지 다양하였다.

3. 학생들은 사고구술의 조건 하에서 글을 썼다. 사고구술로 얻은 프로토콜은 인지 활동(cognitive activities)에 따라 분석되었다. 심사위원단은 학생들이 작성한 글의 질적 수준을 평가하였다.

최종 지점(이 장의 마지막 부분)을 향해 가는 과정에서 우리는 쓰기 과정 이론의 발전을 이끌었던, 이정표와 같은 여섯 가지의 관찰 결과를 검토하고자 한다. 이러한 관찰 결과는 쓰기 과정 이론의 측정 지표와 같은 역할을 수행하게 될 것이다. 인용한 자료의 캡션에는 그 자료를 인용해 온 본래의 연구 정보를 밝혀두었다.

관찰 1: 쓰기 과정을 구성하는 것은 무엇인가?

쓰기 과정의 구성 요소를 결정하기 위해서는 그 과정을 관찰한 후, 인지 활동을 정의하고 유형화해야 할 것이다. 문제는 그러한 인지 활동을 어떻게 정의하고 선정하는가이다. 인지 활동을 구분해 내려면 어떻게 해야 할까? 연관성이 없는 것을 배제하려면 어떻게 해야 할까? 이러한 문제를 해결하기 위해 우리는 부분적으로는 기능적인 접근, 즉 쓰기 결과로서 글의 질적 수준에 영향을 미친다고 예측되는 모든 과정 요소를 고려하는 접근법을 취하면서, 한편으로는 우리가 Hayes의 구조화된 모형을 바탕으로 이 장을 시작했던 것처럼, 이론적인 접근법을 동시에 취했다. 그 결과, 다음과 같은 두 가지 사실을 발견할 수 있었다.

1. 11가지 인지 활동의 빈도는 완성된 글의 질적 수준에 대한 변량(진점수)의 76%를 설명할 수 있었다(Breetvelt, van den Bergh, & Rijlaarsdam, 1994, p.116). 11가지의 인지 활동은 Flower & Hayes의 모형에서 이끌어 온 것이다.

2. 이와 같은 결과는 시간 요소나 '쓰기 과정의 단계'를 예측할 수 있을 때 성립한다. 우리는 쓰기 과정을 세 단계[1]로 구분했는데, 어떤 인지 활동도 쓰기의 모든 과정에서 항상 효과적이지는 않다는 사실을 알 수 있었다. 어떤 인지 활동은 하나나 두 단계에서 같은 영향을 주었고 (긍정적이든 부정적이든) 어떤 인지 활동은 한 단계에서는 긍정적으로, 다른 단계에서는 부정적으로 영향을 미쳤다(<부록 3.1> 참조).

3. 우리는 인지 활동이 이루어지는 쓰기 과정의 단계를 고려할 수 있을 때에만 이러한 차이들이 명확해진다고 보았다. 만약 인지 활동이 작동하는 시기, 즉 쓰기 과정의 어떤 단계에서 인지 활동이 작동하였는지가 분석에서 누락된다면 인지 활동과 글의 질 사이에서는 연관성을 찾기 어려울 것이다. 그러므로 인지 활동이 작동한 시기는 매우 중요하다.

관찰 2: 역동적으로 변화하는 패턴

글이 작성되어감에 따라 쓰기과제의 환경이 변화한다. <그림 3.1>에서 보듯 글을 쓰는 필자들은 인지 활동을 수행함으로써 변화하는 쓰기 과정에 적응한다. 예를 들어보자. '과제 읽기'와 '내용 생성'이라는 두 가지 인지 활동은 쓰기 과정에서 서로 상반되는 패턴을 보인다. 시간이 흐름에 따라, 보다 정확하게는 글이 완성되어 감에 따라 '과제 읽기'가 일어날 가능성은 점점 줄어든다. '과제 읽기'는 쓰기 과정의 시작 단계에서 흔히 관찰되지만 뒤로 갈수록 점점 나타나지 않는다. 당연히 일반적인 필자라면 쓰기 과정의 전반부보다 '과제 읽기'를 더 많이 하는 경우는 없을 것이다.

이에 비해 '내용 생성'은 전혀 다른 패턴을 보인다. '내용 생성'의 인지 활동이 일어날

---

1) [역주] 이 장의 저자들은 쓰기 과정을 전반부, 중반부, 후반부의 세 단계로 구분하고 있다. 저자들은 쓰기 과정이 시간의 흐름에 따라 이 세 단계를 거치게 된다고 보고 쓰기 과정을 시간의 요소와 결부하여 설명하고 있다.

가능성은 처음에는 낮다가 점점 증가하여 최고조(20분)에 이르고 다시 매우 낮은 수준으로 감소한다. 필자들은 쓰기 과정의 전반부에서는 '내용 생성'을 자제하고 '과제 읽기'에 집중한다. 이러한 패턴은 15세 학생들뿐만 아니라 더 나이가 어린 학생들에게서도 동일하게 나타난다. van der Hoeven(1997)은 11세 학생들이 글을 쓸 때에도 이와 동일한 패턴이 나타난다는 것을 보고한 바 있다.

지금까지 이루어진 연구에 따르면 쓰기 과정에서 인지 활동이 이루어지는 시기는 변별적인 패턴이 있다. 각각의 인지 활동이 일어날 가능성은 쓰기 과정의 시기에 따라 높을 수도 있고 낮을 수도 있는데, 이것이 바로 중요한 발견이었다. 쓰기 과정의 각 단계에는 이에 대응하는 각기 특징적인 인지 활동이 나타난다.

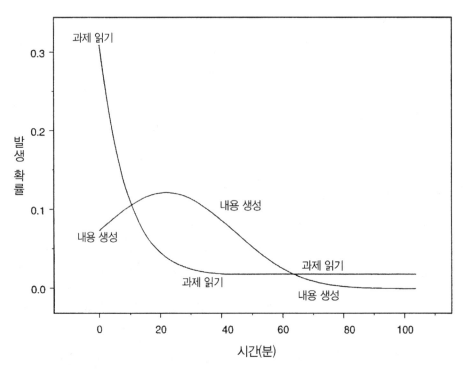

〈그림 3.1〉 쓰기 과정에서 '과제 읽기'와 '내용 생성' 발생 빈도의 평균 변화
출처: Breetvelt, van den Bergh, & Rijlaarsdam(1996)에서 데이터 인용

관찰 3: 역동적으로 변화하는 쓰기 과정과 글의 질 사이의 관계

<그림 3.2>는 쓰기 과정의 단계에서 두 인지 활동('과제 읽기'와 '내용 생성')의 빈도와 글의 질 사이의 상관관계를 보여준다. '과제 읽기'는 쓰기 과정의 전반부에서만 완성된 글의 질과 정적 상관을 보인다. 시간이 흐를수록 이 상관도는 감소하고 곧 부적 상관으로 변화한다. 이를 통해 보건대, 글을 쓰는 초기에 쓰기 과제를 자주 참조하는 학생들은 (다른 조건이 그대로라면) 더 높은 수준의 글을 쓸 가능성이 높다. 이에 비해 쓰기 과정 초기에 과제를 거의 참고하지 않는 학생들은 상대적으로 더 낮은 수준의 글을 쓰게 될 것이다. 쓰기 과정 후반부에서 쓰기 과제를 자주 참고하는 학생들은 질적 수준이 떨어지는 글을 쓰는 반면, 과제 읽기를 하지 않는 학생들은 질적 수준이 더 높은 글을 완성했다.

쓰기 과정에서 내용 생성과 완성된 글의 질 사이의 상관도 역시 변화한다. 그 상관도는 쓰기 과정의 전반부에서 서서히 상승하다가 중반부에서 최고점에 다다르고 후반부로 가면서 다시 감소하는 추이를 보인다.

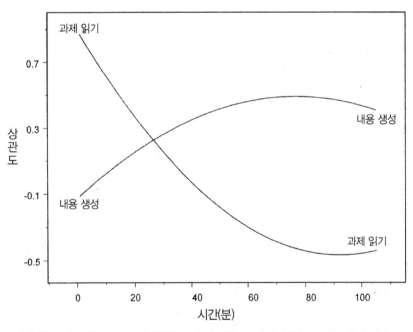

〈그림 3.2〉 시간 분포에 따른 두 인지 활동과 글의 질 사이의 상관도 : '과제 읽기'는 과제 읽기와 글의 질 사이의 상관을, '내용 생성'은 내용 생성과 글의 질 사이의 상관을 뜻함.
출처: Breetvelt, van den Bergh, & Rijlarrsdam(1996)에서 데이터 인용

관찰 4: 인지 활동 간의 기능적 연합

인지 활동의 형식과 기능(機能)은 구별되어야 한다. 쓰기가 회귀적 특성을 가지고 있다고 해서 하나의 인지 활동이 쓰기 과정 중 t지점에서 기능하는 바와 t_x지점에서 기능하는 바가 같다는 것을 의미하지 않는다. 예를 들어, 수정하기를 생각해 보자. 수정하기는 쓰기 과정의 각 단계마다 서로 다른 것으로 구별되어야 한다. 글을 시작하는 데 어려움을 겪는 필자는 계속해서 글을 수정하면서 다시 시작하지만, 글을 유창하게 쓰는 필자는 초고를 마친 후에 수정을 한다. 이러한 필자들은 각각 서로 다른 방식으로 글을 쓴다고 할 수 있는데, 여기에서 나타나는 두 가지 형태의 수정하기는 분명 다르게 기능하는 것이다.

인지 활동 간의 관계를 분석하기 위해 우리는 인지 활동을 그에 선행하는 활동과 연결하였다. 이러한 방법을 적용하여 우리는 생성 활동과 다른 몇 가지의 인지 활동의 기능적 관계에 대해 알아보았다(van den Bergh & Rijlaarsdam, 1999). 여기서 몇 가지 형태의 생성 활동을 구별해 낼 수 있었다(<표 3.1>). 우리의 유형 분류는, 만약 어떤 선행 활동이 내용 생성을 촉발하는 것이라면 인지 활동으로서 내용 생성이 생성 활동 그 자체보다 선행한다는 사실에 근거를 두고 있다.

〈표 3.1〉 인접한 인지 활동을 짝으로 묶은 생성 활동의 변별적인 유형의 예

출처: van den Bergh & Rijlaarsdam(1999)에서 데이터 인용

내용 생성 활동의 유형	프로토콜의 부분(이탤릭체는 인접한 인지 활동의 짝)
과제 중심 생성 (Assignment-driven generation)	(과제 다시 읽기) "… *이제 혼자 생활해야 하는 성인으로서 당신은 어려움을 겪게 될 것이다. 당신 혼자서 삶을 살아가야 한다. 사회적 관계는 오직 부모님과의 관계만 남았을 따름이다.*" (생각하기) "이제 더 이상 친구가 없음." (작성하기) "친구가 없음/적음." (생각하기) "음……"
다시 읽기 중심 생성 (Rereading-text-driven generation)	(생각하기) "…음…/ 이것은 인용한 것이고/ 한번 살펴봐야겠군./ X 교수의 인용 다음에는 … 어떤 내용이 적혀 있고 (작성한 부분 읽기) "*나는 다음과 같이 주장하고자 한다.*" (생각하기) "그 다음에 어떻게 된다는 거야? 나는 이 인용에 반대해도 되나? 좋아."

작성 중심 생성 (Translation- driven generation)	(글 자료 읽기) "사람이 혼자 지내는 것은 좋지 않다." (작성하기) "*나는……*" (생각하기) "나는 이 주장에 반대해. 내 생각에는, 아니, 나는 동의하지 않아. …… 하는 건 좋지 않아. 다른 것을 더 생각해 봐야 해.
생성 중심 생성 (Generation- driven generation)	(생각하기) "…… 생각을 계속해 봐야 하는 걸까? 에, 음……/ 처음으로 뭔가를 썼어. 무엇에 대해서? 에…… 사람들은 요즘 어떻게 살아가나?" "*나는 / 에……/ 요즘 / 맞아, 요즘 사람들이 ……하는 건 매우 보편적인 일이다./ 아니야. 요즘 사람들은 …과 다르다는 것을 찾아보기 어렵다.*" (작성하기) "요즘 사람들은 ……과 다른 점을 찾지 못한다./ ……"
멈춤 관련 생성 (Pause-related generation)	(최소한 0.5초간 침묵) *그래 맞아, 나는 이 주장에 동의해. 나는 요즘 사람들이 너무 이기적이라고 생각해.*

<그림 3.3>은 <표 3.1>에 제시된 내용 생성 활동의 다섯 가지 결합이 각기 다른 패턴의 분포를 갖는다는 점을 보여주고 있다.2) 이는 인지 활동의 결합이 기능적 관련성을 나타낸다는 것을 의미한다. 인지 활동의 결합이 다르면 서로 다른 방식으로 작동하기 때문이다. 만약 이러한 결합이 임의로 이루어졌다면 쓰기 과정에서 나타나는 분포는 겹쳐졌을 것이다. 그러므로 내용 생성 활동에 선행하는 맥락을 구별하는 것은 다음 두 가지 측면에서 서로 다른 쓰기 과정을 밝히는 것이라고 할 수 있다. 하나는 각각의 결합에 연결된 생성 활동 빈도의 평균이 차이가 있다는 점, 다른 하나는 쓰기 과정에서 그 결합의 분포가 다양하다는 점이다.

이 관찰을 통해 우리는 일반적으로 쓰기 과정의 어떤 시점에서 어떤 결합 활동이 나타날 확률은 다른 어떤 결합 활동이 나타날 확률보다 더 높다는 것을 예측할 수 있다. 이것은 각각의 결합 활동이 쓰기 과정에서 상이한 기능을 수행한다는 점을 뜻한다. 그러나 <그림 3.3>에 제시한 것은 보편적인 패턴이라는 점에 유의해야 한다. 사실, 개인차는 매우 크다(van den Bergh & Rijlaarsdam, 1999, pp.109-112). 그리고 이러한 개인차는 글의 질적 수준과 관련되어 있다.

---

2) [역주] 다섯 가지의 내용 생성 활동은 다음과 같다. 과제 중심 생성(ASDG, assignment-driven generation), 다시 읽기 중심 생성(REDG, rereading-text-driven generation), 작성 중심 생성(TRDG, translation-driven generation), 생성 중심 생성(GEDG, generation-driven generation), 멈춤 중심 생성(PARG, puse-related generation).

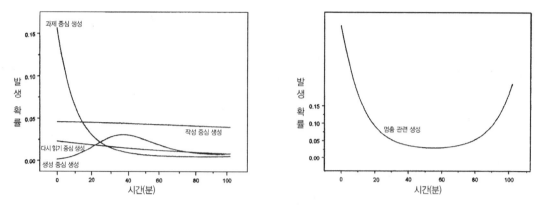

〈그림 3.3〉 과제 중심 생성, 다시 읽기 중심 생성, 작성 중심 생성, 생성 중심 생성,
멈춤 관련 생성의 발생 확률 평균의 변화

출처: van den Bergh & Rijlaarsdam(1999)에서 데이터 인용

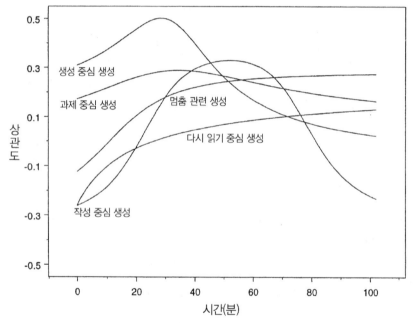

〈그림 3.4〉 글을 쓰는 동안(x축) 글의 질과 과제 중심, 다시 읽기 중심,
작성 중심, 멈춤 관련, 생성 중심 생성의 상관도(y축)

출처: van den Bergh & Rijlaarsdam(1999)에서 데이터 인용

기능적 결합 중에는 쓰기 과정 전반부에 효율적인 것이 있고 후반부에 효율적인 것이
있다(<그림 3.4>) 예를 들어, <그림 3.4>에서 '작성 중심의 내용 생성'(TRDG, translation-
driven generation)과 글의 질 사이의 상관은 시간 의존적이다. 그 상관은 1/4 지점까지는 통계

적으로 유의한 수준에서 부적이다가 약 25분부터 약 75분까지는 정적으로 변화하는 특성을 보인다. 그리고 약 85분 이후로는 다시 부적인 상관을 보인다. 쓰기 과정 막바지에 이 활동이 많이 쓰일수록 글의 질적 수준은 더 나빠진다.

인지 활동과 글의 질 사이의 상관이 변화하는 현상은 '작성 중심의 내용 생성'에만 국한된 것이 아니라는 점을 기억해 둘 필요가 있다. '작성 중심의 내용 생성'뿐만 아니라 모든 경우에서 글의 질과의 상관은 쓰기 과정의 시점에 결부되어 있다는 뜻이다.

이러한 관찰로 말미암아 쓰기 과정 이론 수립에 필요한 분석 단위를 다시 생각해 보게 되었다. 각 활동의 기능이 선행 활동, 즉 맥락에 따라 다양하게 변화하지만 인지 활동의 결합이 기능적으로 관련을 맺으며 작동한다면 하나의 개별적 활동보다는 활동의 결합이 분석 단위가 되어야 한다.

관찰 5: 인지 활동 간의 기능적 보완 관계

관찰 4를 통해서 인지 활동은 쓰기 과정의 맥락에 따라 상이한 기능을 수행한다고 추정할 수 있게 되었다. 이를 입증하는 좋은 예가 '지금까지 쓴 부분 다시 읽기'(rereading already written text)이다. 이미 작성한 부분을 다시 읽는 활동은 Flower & Hayes 모형의 검토하기 (reviewing) 요소처럼 기능한다. Hayes(1996)의 수정 모형에서는 읽기가 쓰기 과정에서 보다 더 중심적인 역할을 수행한다. Hayes(1996)는 쓰기 과정에서 수행되는 읽기를 몇 가지 기능으로 구별했다. "지금까지 자신이 작성한 부분을 평가하며 읽는 것(reading to evaluate) 외에도 다른 두 가지의 읽기가 쓰기 과정에서 중요한 기능을 한다. 자료 텍스트의 읽기(reading source texts)와 쓰기 과제 읽기(reading to define tasks)가 그것이다(p.118)."

관찰 4를 보면 '지금까지 쓴 부분 다시 읽기'와 '내용 생성'의 결합이 다소 드물기는 하지만 (<그림 3.3>) 쓰기 과정이 진행될수록 효과적이라는 점을 알 수 있다(<그림 3.4>). 새로운 내용을 추가하고자 할 때 자신이 써 내려온 부분을 다시 읽는 필자들이 적어도 없지는 않다. 이는 '지금까지 작성한 부분 다시 읽기'가 새로운 내용의 생성과 관련되어 있음을 명확하게 보여준다. 여기에서 우리는 선행 연구(Breetvelt, van den Bergh, & Rijlaarsdam, 1996)에서 보고한 데이터를 재분석함으로써 이러한 상관성을 따져 보고자 한다.

'내용 생성'(generating)은 대체로 좀 낮은 확률로 나타난다. '내용 생성'은 쓰기 과정이 시작된 뒤 20분경에 확률 약 0.12 정도로 최고점에 도달하고 그 뒤로는 서서히 감소한다. 쓰기 과정이 시작된 후 20분경에 내용 생성의 확률이 0.12에 도달한다는 것은 쓰기 과정의 20분경에 이루어지는 인지 활동이 100가지라면 그 중에서 12가지가 내용 생성의 인지 활동임을 의미한다(<그림 3.1>).

그러나 '다시 읽기'[3]의 패턴은 이것과는 명백히 다르다. '다시 읽기'가 일어날 확률은 쓰기 과정 초반 30분 동안에는 증가한 후, 다소 일정하게 유지되다가 확률이 0.30까지 상승한다. 쓰기 과정에서 나타나는 이러한 확률 분포를 글의 질적 수준과 비교해 보면 우리는 두 가지 명확한 사실을 알 수 있다(Breetvelt et al., 1996, p.17). 쓰기 과정 초기에 비교적 자주 내용 생성 활동을 수행한 필자는 질적 수준이 떨어지는 글을 썼지만, 내용 생성 활동이 점진적으로 증가한 필자는 질적 수준이 뛰어난 글을 썼다는 점이다.[4]

쓰기 결과로서의 글의 질과 '다시 읽기'의 상관도는 쓰기 과정이 진행되는 동안 계속 변화하지만 항상 정적 상관도를 유지하는 특성을 보인다. 이런 관찰 결과는 이들 두 활동이 서로 관련되지 않는다는 가정 하에 이루어졌다는 점에 유의해야 한다. 그러나 이미 쓴 부분을 다시 읽는 활동이 어떤 측면에서 내용 생성 활동을 보완하는 기능을 수행할 수도 있다는 가설은 매력적이다. 가령, 필자가 무엇인가를 써 내려가다가 자신이 작성해 온 글을 다시 읽어 보고 새로운 내용을 생성해 내는 일련의 순서를 생각해 보라. 확실히, '다시 읽기'를 고려한다면 글의 질과 생성 활동 사이의 상관도는 달라진다(<그림 3.5>).

만약 '다시 읽기'를 고려한다면 글의 질과 생성 활동 사이의 상관도는 극적으로 변화한다. 이는 '다시 읽기'가 내용 생성 활동의 작동과 밀접하게 연관되어 있음을 뜻한다. 반면(<그림 3.5>와는 달리), 내용 생성 활동을 계산에 넣는다 하더라도 글의 질과 '다시 읽기' 간의 상관도는 거의 변화가 없다. 이를 통해서 우리는 내용 생성 활동이 '다시 읽기'에 미치는 영향의 크기는 '다시 읽기'가 생성 활동에 영향을 끼치는 정도에 미치지 못한다는 것을 알 수 있다.

---

3) [역주] '다시 읽기'는 '지금까지 작성한 부분 다시 읽기'를 줄여서 표현한 것이다.
4) 우리 분석에서 시간 변인을 제외했더라면 상관도가 0이었을 수도 있다.

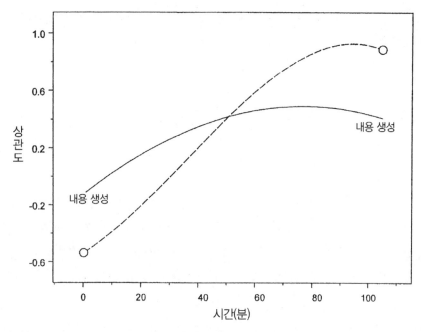

〈그림 3.5〉 두 조건 하에서 글의 질과 내용 생성의 상관도 변화. 실선은 원 데이터에 따른 상관도이고
점선은 다시 읽기를 위해 가공한 데이터에 따른 상관도임.
Breetvelt, van den Bergh, & Rijlaarsdam(1996)의 데이터를 재분석함

그러므로 어떤 필자들에게는 '다시 읽기'가 생성 활동으로 기능한다고 보는 것과, '다시
읽기'는 생성 활동의 기능뿐만 아니라 그 밖의 다른 기능도 수행한다고 보는 것이 타당하다고
할 수 있다. 결국 이러한 분석을 통해서 인지 활동 사이에 기능적 연관이 존재한다는 점을
추론해 낼 수 있다.

우리는 이러한 발견을 통해 다음과 같은 다소 중요한 사실을 깨달을 수 있다. 쓰기 과정에서
기능하는 인지 활동을 단일한 관점으로 바라보면 데이터의 해석을 제한할 뿐만 아니라, 쓰기
과정의 이론을 구축하는 데에도 부정적인 영향을 끼친다. 인지 활동을 단일하게 보는 관점은
인지 활동이 작동하는 쓰기 맥락을 도외시하게 만들고, 인지 활동 사이에 존재하는 상호
관련성을 도외시하게 만든다.

<표 3.5>에서 알 수 있듯이, 내용 생성 활동의 효과는 지금까지 작성한 부분을 다시 읽으며
교정할 때 더 커진다. 그러나 이러한 교정은 쓰기 과정의 전반부 혹은 후반부에 따라 각기
효과가 다르다. 우리는 이러한 관찰 결과를 다음과 같이 해석할 수 있다. 쓰기 과정 초기에
내용 생성 활동을 많이 하는 것은 비효율적이며, 쓰기 과정 초반에 내용 생성 활동을 많이

하는 필자가 쓴 글은, '다시 읽기'를 내용 생성을 위한 자극이라고 학습했음에도 불구하고 질적 수준이 낮았다.

그러나 쓰기 과정 후반부의 내용 생성 활동은 완성된 글의 질에 강력한 영향을 미쳤다. 이미 작성한 부분을 다시 읽어가며 내용을 생성한 필자는 다시 읽기를 수행하지 않은 필자에 비해 질적으로 더 뛰어난 글을 썼다. 그러므로 이러한 결합은 쓰기 과정 전반부에서는 억제되어야 하고 후반부에는 강화되어야 한다. 결국, 기능적 관계는 쓰기 과정의 진행에 따라 변화한다고 할 수 있다.

이러한 관찰은 필자들이 보이는 쓰기능력의 개인차는 기능적 결합 방식에 달려있음을 시사한다. 즉, 어떤 필자는 '다시 읽기'와 생성 활동의 결합을 비교적 많이 사용하고, 어떤 필자는 이러한 결합을 사용하지는 않는 것이다. 이런 상이한 쓰기 전략을 해석해 내는 것은 쉽지 않은 일이다. 한 가지 타당한 해석은, 내용 생성 능력이 약한 필자에게는 새로운 쓸 거리를 찾아내기 위하여 이미 작성한 부분을 다시 읽어보는 활동이 필요하다는 것이다. 이러한 해석은 필자의 생성 기능 숙달 여부에 대한 정보가 확보되어 있는 경우에만 가능하다.

그러나 다른 연구에서는, 이러한 쓰기 과정상의 차이는 그 과정에 관여하는 기능의 숙달 수준에 달려있음을 보여준다. van der Hoeven(1997)은 11세 학생을 대상으로 하여 쓰기 과정 중에서 특별하게 작동하는 '수정하기' 기능에 대해 연구하였다. 이 연구에서는 쓰기-구술 프로토콜(writing-aloud protocol) 분석을 통해 수정하기 기능이 구조화하기, 쓰기(글의 작성), 다시 읽기, 평가하기, 이미 쓴 글의 내용 변형하기 등 대부분의 인지 활동과 정적 상관을 맺고 있다는 점을 발견했다. 이미 작성한 부분에 대한 평가 기능이 숙달될수록, 다시 읽기, 평가하기, 변형하기의 인지 활동이 늘어났고 최종적으로 완성한 글의 질적 수준도 높아졌다. 흥미로운 점은 이미 작성한 부분에 대한 평가 기능이 글의 질과 부적 상관을 맺고 있다는 것이었다. 이 평가 기능은 오로지 수정하기 활동에 쓰일 때에만 부적 상관이 정적 상관으로 변화되었다. 이는 평가 기능 그 자체로는 충분치 않으므로 필자들은 글을 쓸 때 이 기능을 다른 인지 활동에 응용해야만 한다는 것을 의미한다.

van der Hoeven(1997)에서 수정하기 기능이 관련을 맺는 인지 활동의 수가 제한적이라는 사실 외에 중요한 결과가 하나 더 있다. 사실은 이 결과가 더 중요한데, 그것은 바로 수정하기 기능이 쓰기 과정의 진행시기에 따라 분포가 차이가 있다는 점이다. van der Hoeven(1997)에 따르면 수정하기 기능이 미숙한 학생들은 쓰기 과정 전반부에 그 기능이 능숙한 학생들보다 생성한 내용이 더 적었다. 그러나 시간이 흐름에 따라 수정하기 기능이 미숙한 학생들이 생성한 내용은 증가했지만 능숙한 학생들이 생성한 내용은 감소했다. 수정하기 기능이 능숙한 학생들은 쓰기 과정 전반부에서는 다시 읽기, 평가하기, 수정하기를 상대적으로 거의 하지 않았지만, 후반부로 갈수록 더 많이 수행했다. 이러한 결과는 수정하기 기능이 필자가 쓰기 과정을 조직하는 방식과 관련이 있다는 점, 따라서 수정하기 기능은 필자가 완성해 내는 글의 질적 수준에 영향을 미친다는 점을 뜻한다.

관찰 6: 개인차

지금까지 우리는 몇몇 인지 활동의 일반적인 패턴과, 완성된 글의 질에 대한 그러한 패턴의 관련성에 대해 살펴보았다. 여기에서 제시했던 인지 활동의 패턴은 개별적인 필자들의 데이터로부터 도출된 것이다. 우리는 지금부터 이 개별 필자들에게 눈을 돌려, 그들이 어떤 점에서 다르며 그 차이점들을 어떻게 규명할 수 있을지에 대해 살펴보고자 한다. 사실, <그림 3.5>에 제시한 두 가지 인지 활동의 시간적 분포는 가공의 필자들이 보인, 허구적인 자료를 바탕으로 삼은 것이다.

쓰기 과정을 이해하기 위해서는 개별 필자들을 주목해야 하며 그들이 수행하는 인지 활동을 연구해야 한다. 통계 자료는 인지 활동의 개인차를 감안한 것이다(van den Bergh & Rijlaarsdam, 1996). <그림 3.6>은 36명의 필자들이 보인 '과제 읽기'와 '내용 생성'의 발생 확률을 제시한 것이다. 각각의 선은 한 명의 필자가 보여주는 '과제 읽기'(오른쪽)와 '내용 생성'(왼쪽)의 인지 활동이다. 필자들 간의 차이는 비교적 크게 나타났다. 어떤 필자는 초반부에 과제를 자주 읽었고 후반부로 갈수록 그 빈도가 줄어드는 모습을 보였고, 어떤 필자는 '과제 읽기'가 후반부로 갈수록 상승하는 모습을 보였다. 그러나 어떤 필자들은 '과제 읽기'가 쓰기 과정 내내 거의 변화하지 않는 모습을 보이기도 했다.

내용 생성 활동의 시간적 분포를 보면, 대부분의 학생들에게서 쓰기 과정 초기에는 상승하다가 그 후로 감소하는 패턴을 발견할 수 있었다. 사실, 거의 모든 필자들이 이러한 평균적인 패턴을 따르는 것으로 보인다. 그러나 예외는 분명히 있다. 어떤 학생은 쓰기 과정의 전반부와 후반부에 생성 활동이 많고, 중반부에서는 감소하는 모습을 보이기도 했으며, 다른 학생들은 내용 생성 활동의 확률이 지속적으로 감소하는 모습을 보이기도 했다.

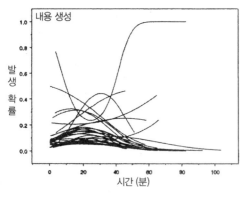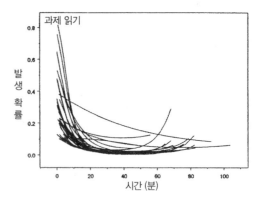

〈그림 3.6〉 쓰기 과정에서 개별 필자들의 인지 활동 발생 확률의 변화.
왼쪽은 '내용 생성', 오른쪽은 '과제 및 자료 읽기'
출처: Breetvelt, van den Bergh, & Rijlaarsdam(1996)에서 데이터 인용

또한 두 활동 간의 관련성은 필자마다 차이가 있다. 어떤 필자에게는 과제 읽기와 생성 활동이 정적 상관을 보이는 반면, 다른 필자에게는 부적 상관을 보인다. 실제로 쓰기 과정의 진행시기에 따른 두 인지 활동의 상관도는 -.90에서 .90까지 범위가 넓다. 우리는 두 인지 활동이 어떤 필자들에게는 부적 상관을 보이고 어떤 필자들에게는 강한 정적 상관을 보인다는 사실을 관찰한 바 있다(<그림 3.3> 참조). 따라서 어떤 필자들은 글로 쓸 새로운 내용을 생성하기 위해 쓰기 과제에 담긴 정보를 사용하지만, 어떤 필자들은 새로운 내용을 생성하는 데 쓰기 과제의 정보를 활용하지 않는다고 할 수 있다.

이러한 두 가지 인지 활동 사이에서 나타는 기능적 관계의 차이는 아마도 화제 지식의 차이로부터 비롯되는 것으로 보인다. 만약 필자가 화제 지식이 풍부하다면 내용을 생성하기 위해 굳이 쓰기 과제의 정보를 활용할 필요가 없을 것이다. 그러나 무엇을 써야 할지를 모른다면 쓰기 과제에 새로운 정보가 있는지를 살펴보는 것은 적절한 전략이 될 수 있다.

인지 활동 간의 관계가 필자들마다 크게 다르다는 점을 설명하기 위해 우리는 두 명의 필자를 선정하여 자료를 얻었다. <그림 3.7>은 선정된 두 필자가 사용한 과제 읽기와 내용 생성하기의 확률을 제시한 것이다. 우리는 지금까지 필자들의 인지 활동의 시간 조직[5]과 관련하여, 두 가지 중요한 차이를 살펴보았다. 첫째, 인지 활동은 쓰기 과정에서 시간 조직의 차이를 보이는데, 이러한 차이는 완성된 글의 질적 차이와 관련이 있다(<그림 3.2>를 참조).

---

5) [역주] 여기에서 말하는 '시간 조직'(temporal organization)은 쓰기 과정을 시간 흐름에 다라 전반부와 후반부 또는 초기, 중기, 후기로 구분할 때, 어떤 인지 활동이 수행되는지를 말한다. 이 장을 집필한 저자들은 쓰기 과정의 전반부나 후반부에 어떤 인지 활동이 수행되는지에 관심이 있는데 이를 '시간 조직'으로 표현한 것이다.

둘째, 하나의 인지 활동이 보이는 시간적 순서는 다른 활동의 시간적 순서와 관련이 있다. <그림 3.7>은 두 필자가 보이는 과제 읽기와 내용 생성하기의 확률을 제시한 것인데 이들의 시간 조직에는 큰 차이가 있다. 두 필자가 보이는 두 인지 활동의 상관은 서로 다르다. 필자1 (실선)의 쓰기 과정에서 두 인지 활동은 서로 부적 상관을 보이는('생성하기'가 감소함에 따라 '과제 읽기'가 증가한다) 반면, 필자2(점선)는 두 인지 활동의 관계가 정적 상관을 보인다 (적어도 쓰기 과정 초기에는 그렇다). 이러한 차이들은 일반적인 절차 지식(Alamargot & Chanquoy, 2001; van der Hoeven, 1997)과 관련이 있지만 특정 과제를 수행한 결과일 수도 있다. 왜냐하면 두 인지 활동이 쓰기 과정의 진행 여부를 결정하기 때문이다.

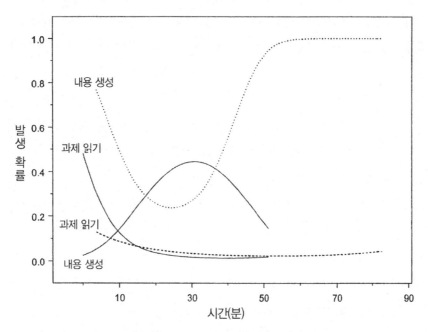

〈그림 3.7〉 쓰기 과정에서 '쓰기 제 읽기'와 '내용 생성'의 시간적 분포
Breetvelt, van den Bergh, & Rijlaarsdam(1996)에서 데이터 인용

쓰기 과정 모형의 경험적 근거와 관련된 쟁점들

이제 여기에서는 인지 활동의 조합과 시간 요소를 통해 글의 질적 수준을 얼마나 예측할 수 있는지를 살펴보고자 한다. 여기에서 관심을 두고 있는 인지 활동은 쓰기 과정을 구성하는

요소라고 할 수 있다. 쓰기 과정 모형을 통해 그러한 구성 요소들이 어떻게 조직되어 있는지, 개별적인 인지 활동이 어떻게 서로 변별적인 시간적 분포를 가지는지, 그리고 쓰기 과정의 진행에 따라 어떻게 그 기능적 관계가 변화하는지를 예측해 보고자 한다. 더불어 인지적 기능 및 언어적인 기능의 차이가 어떻게 다른 쓰기 과정을 야기하는지도 알아보고자 한다.

우리는 여러 연구에서 앞서 제시한 모형의 일부에 관한 경험적 증거(Braaksma, Rijlaarsdam, van den Bergh, & Hout-Wolters, 2004; Breetvelt et al., 1994, 1996; Rijlaarsdam & van den Bergh, 1996, 1997; van den Bergh, Rijaarsdam, & Breetvelt, 1992, 1993; van den Bergh & Rijlaarsdam, 2001)와, 후속적인 분석을 통해 통계학적 모형을 제시해 왔다(van den Bergh & Rijlaarsdam, 1996; 일반적인 것은 Goldstein, 1995의 제7장을 참조). 그럼에도 불구하고 아직 모형의 핵심과 관련하여 아직 풀리지 않은 몇 가지 쟁점이 남아 있다.

첫 번째 중요한 쟁점은 '통제 체계'(the controlling system)이다. 우리의 인지 체계는 어떻게 특정 활동 뒤에 어떤 활동이 뒤따라야 하는지를 아는 것일까? 그리고 어떤 인지 활동의 결합이 쓰기 과정의 특정 단계에서 더 빈번하게 필요한지를 아는 것일까? 우리는 어떻게 안내 및 통제 기제를 구체화할 수 있으며, 특정한 인지 활동의 채택 여부를 결정하는 기제를 구체화할 수 있을까?(Bruce, Collins, Rubin, & Genter, 1979; Fayol, 1994)

전통적으로 이러한 과제들은 '점검하기'(monitor)와 관련된 것으로 처리해 왔다. Hayes & Flower의 초기 모형에서 '점검하기'는 확인 및 균형 체계(a check and balance system)로 도입되었으며, 쓰기 과정의 청사진을 제공하는 기능을 맡았다(Hayes & Flower, 1980, p.20). Hayes는 초기 모형을 수정한 모형을 제시하면서 쓰기 과정을 안내하고 조정하는 '과제 스키마'(task schemas)라는 개념을 도입했다. 그러나 인지 활동의 조합에 대한 것은 아직 논란의 영역으로 남아있다(Alamargot & Chanquoy, 2001).

쓰기 과정을 진행하면서 필자는 끊임없이 다음에 어떤 활동을 수행할 것인지를 결정해야 한다. 필자가 새로운 내용을 생성하려고 할 때 활용 가능한 정보를 조직해야 할까, 아니면 지금까지 작성해 온 부분을 다시 읽어야 할까? 때때로 다음에 수행될 인지 활동은 이전 과정의 산출 결과와 뒤따르는 요소가 담보하는 활동이 서로 부합할 때 시작된다고 추정된다(Hayes, 1996 참조). 그러므로 이러한 통제 체계는 인지 자원의 측면에서 보자면 거의 비용이 들지 않는다고 할 수 있다.

그러나 사고 구술 프로토콜을 분석해 보면 필자들은 종종 자기 자신에게 지시를 내리는 자기 지도(self-instruction)의 인지 활동을 수행한다(Breetvelt et al., 1994). 분명히, 이러한 점검하기 활동, 즉 필요한 활동의 선정은 적어도 부분적으로는 의식적 통제 아래에서 이루어지며, 따라서 주의 집중이 요구된다. 이는 쓰기 과정에 일반 지식(화제 지식이나 절차적 지식)이 틈입한 것으로 볼 수 있다. 인지 활동의 순서는 부분적으로 규칙적인 절차를 따르며 자동적으로 이루어져서 의식적 주의를 요하지 않는다. 그러나 종종 지금까지 이루어진 결과에 대한 평가를 바탕으로 하여 다른 활동의 틈입이 이루어지기도 한다. 어떻게 이런 규칙적 작업이 가능한 것일까?

이러한 처리 절차 이론의 구축과 관련된, 흥미로운 관점이 바로 Rumelhart et al.(1999)이 제안하고 검증한 병렬 분산 처리 모형(parallel distributed processing model)이다. 그들은 확률적 체계를 제안하였다. 처리 과정의 경험을 통해서 구성 단위들 간의 연결 관계가 설정되며, 이 연결 강도의 확률적 체계는 시간에 따라 변화한다. 이 체계는 반드시 인출되어야 하는 저장된 과제 스키마가 아니다. 인지 활동의 패턴이나 연결 강도는 인지 단위 그 자체의 일부이다.

만약 글이 완성되어 감에 따라 변화하면 활성화된 인지적 마디(the activated cognitive nodes) 역시 변하는 것처럼 보인다. 바로 이런 변화를 통해 자동 확장 활성화와 같은 처리 작업들은 또 다른 인지 마디들을 활성화시킨다(Hinton & Anderson, 1981; Anderson, 1983; Rumelhart et al., 1999). 그러므로 글의 내적 표상은 과제 환경의 변화에 따라 변화하게 된다. 필자들은 그들이 사용하는 인지 활동의 측면에서 이러한 변화에 반응한다.

두 번째 쟁점은 '관찰의 단위'(the unit of observation)이다. 앞에서 제시했던 것처럼 우리는 인지 활동을 관찰 단위로 설정하였으며, 이러한 단위들은 개별적으로 기능하는 것이 아니라 기능적 쌍을 이루어 쓰기 과정의 특정 진행 시기에 특정 조합을 형성함으로써 글의 질에 영향을 미친다고 설명하였다. 우리는 적어도 둘 이상의 연관된 인지 활동으로 이루어진 기능 단위를 구분해야만 했다. 어디서 이러한 단위가 시작되고 끝나는지, 어떻게 선행 및 후행의 기능 단위와 연관되는지 파악해야 했다. <표 3.1>에서 우리는 특정 맥락에서 인접한 인지 활동의 쌍을 제시하였는데, 어떤 경우에는 이 인접 쌍은 더 큰 단위의 일부분이 된다. 예컨대 작성 중심 생성(translation-driven generation)은 필자가 이미 작성한 부분을 다시 읽는, 또 다른 활동 단위에 의해 이끌려 나타난다는 사실을 알 수 있다.

쓰기 과정 이론의 구성 요소인 인지 활동을 통해서 이제 우리는 인지 활동이 계층적으로 관련된 패턴을 설명할 수 있는 원리를 탐색해야 한다. 이뿐 아니라, 분석의 단위는 개별 필자에 따라 달라지므로 이를 설명할 수 있는 원리도 탐색할 필요가 있다.

널리 알려져 있다시피 분석 단위의 크기는 글을 쓰는 필자의 기능 숙달 여부에 달려있다. 그러므로 기능을 숙달한 능숙한 필자는 그렇지 못한 필자에 비해 더 큰 단위로 쓰기 과정을 처리할 수 있다. 능숙한 필자는 쓰기 과정에서 인지 활동의 패턴을 보여줄 수도 있다(가령, 능숙한 필자들은 생성하기, 조직하기, 작성하기의 패턴을 가지고 있다)(van den Bergh, Herrlitz, & Klein Gunnewiek, 1999; Dansac & Alamargot, 1999). 그러므로 미숙한 필자에 비해 능숙한 필자는 인지 활동을 단독적으로 사용하는 것이 아니라 특정 인지 활동의 조합을 하나의 단위로 활용한다고 볼 수 있다(Kunst, 1978)

세 번째 쟁점은 쓰기 과정과 결과로서 글의 질적 수준 사이에 추정되는 인과 관계(the presumed causal relation)이다. 인지 활동 요소의 분포와 글의 질적 수준 사이에 인과 관계가 존재한다는 연구 결과는 일찍이 보고된 바 있다. 이러한 결과는 지금까지는 명확한 것처럼 보이는데, 쓰기 과정 이론에서는 이러한 결과가 매우 중요하다. 이것은 쓰기 과정의 차이를 설명해 주며 인지 활동의 효율적인 패턴과 비효율적인 패턴을 정확하게 보여주기 때문이다.

그러나 방법론적인 관점에서 보자면 이러한 결론에 대해서는 논란의 여지가 있다. 사실, 시의적절한 때에 나타나는 우연의 일치가 관찰되기도 하기 때문이다. 비록 시간적 패턴이 이론적으로 잘 성립된다 하더라도, 그리고 그 패턴과 글의 질적 수준 사이의 관련성을 쉽게 해석할 수 있다 하더라도(<그림 3.2>를 보면 '과제 읽기'와 같은 활동은 쓰기 과정 초기에 정적 상관을 보인다는 점은 명확한 것처럼 보인다) 적절한 실험적 처치가 없다면 그 인과 관계는 증명될 수 없다.

네 번째 쟁점은 쓰기 과정의 선형성(linearization)과 관련된 것이다. 사고구술의 조건 하에서 필자는 한 번에 한 가지 인지 활동만을 표현할 수 있다. 그러므로 관찰 결과에 따르면 쓰기는 인지 활동이 시간적 순서에 따라 정돈된 선형적 과정이다. 쓰기에 관한 여러 연구와 이론에서 알 수 있듯이 쓰기를 선형적 과정으로 보는 데에는 의문의 여지가 없었다. 초기에는 우리노 그랬다. 그러나 어째서 쓰기 과정이 선형적인지에 대한 이유를 찾아내기 어려웠다. 원리적인 면에서 볼 때 점검 활동만이 바로 다음의 인지 활동을 기능하게 하는 것은 아니다. 예를 들어 거의 모든 인지 활동에 침습해 오는 여러 가지의 짧은 교정 활동을 생각해 보라.

한편, 인지 활동들은 서로 강하게 관련을 맺고 있는 것처럼 보인다. 예를 들어, 조직하기는 새로운 아이디어의 생성을 자극하여 이끌어낸다. 즉, 조직하기 활동이 이루어지는 동안 새로운 아이디어가 튀어 오르는 것이다. 사실, 이것이 우리에게 없어서는 안 될 병렬처리의 예인데, 이것은 그 동안 쓰기연구에서 거의 주목을 받지 못했다. 더욱 높은 수준에서 작동되는 단위들은 사실 여러 개의 하위 과정이 하나로 융합된 일종의 병렬처리에 속한다.

우리는 쓰기와 쓰기 과정에 대한 완전한 이론을 제시하지 못했다. 실제로 우리는 그런 이론을 갖고 있지 않다. 그럼에도 불구하고 우리는 이에 대한 우리의 생각을 묘사하기 위해 노력해왔으며 그러한 이론의 뼈대를 만들기 위해 노력해 왔다. 그러나 우리가 정확한 답을 모른다는 것은 분명한 사실이다. 어떤 면에서 우리는 이제 막 올바른 질문을 할 수 있게 된 것인지도 모른다.

〈부록 3.1〉 쓰기 과정 단계에 대한 회귀분석의 요약: 인지 활동과 글의 질적 수준과의 관계

인지 활동	쓰기 과정의 단계		
	1	2	3
쓰기 과제 및 자료 읽기	+	-	
자기지도(self-instruction)			+
목표 설정하기	-	+	+
내용 생성하기		+	
조직하기	-	+	
메타 논평		-	
멈춤		-	
쓰기/글의 작성			+
글 다시 읽기			+
글 평가하기	+	-	
글 수정하기	-	-	

<기호 설명> '+'는 정적인 관계를, '-'는 부적인 관계를 나타내며, 공란은 유의한 관계가 없음을 나타낸다. 출처: Breetvelt, van den Bergh, & Rijlaarsdam(1994)

참고문헌

Alamargot, D., & Chanquoy, L. (2001). *Through the models of writing*. Dordrecht, The Netherlands: Kluwer.

Anderson, J. R. (1983). A spreading activation theory of memory. *Journal of Verbal Learning and Verbal Behavior, 22*, 261-295.

Braaksma, M., Rijlaarsdam, G., van den Bergh, H., & Hout Wolters, B. A. M. (2004). Observational learning and its effects on the orchestration of the writing process. *Cognition and Instruction, 22*, 1-36.

Breetvelt, I., van den Bergh, H., & Rijlaarsdam, G. (1994). Relations between writing processes and text quality: When and how? *Cognition and Instruction, 12*(2), 103-123.

Breetvelt, I., van den Bergh, H., & Rijlaarsdam, G. (1996). Rereading and generating and their relation to text quality: An application of multi-level analysis on writing process data. In G. Rijlaarsdam, H. van den Bergh, & M. Couzijn (Eds.), *Studies in writing: Vol. 1. Theories, models and methodology in writing research* (pp. 10-21). Amsterdam: Amsterdam University Press.

Bruce, B., Collins, A. M., Rubin, A. D., & Center, D. (1979). A cognitive science approach to writing. In C. H. Fredericksen, M. F. Whiteman, & J. D. Dominic (Eds.), *Writing: The nature, development and teaching of written communication*. Hillsdale, NJ: Erlbaum.

Dansac, C., & Alamargot, D. (1999). Accessing referential information during text composition: When and why? In M. Torrance & D. Galbraith (Eds.), *Knowing what to write: Conceptual Processes in text production* (pp. 79-98). Amsterdam: Amsterdam University Press.

Fayol, M. (1994). From declarative and procedural knowledge to the management of declarative and procedural knowledge. *European Journal of Psychology of Education, 6*, 99-117.

Goldstein, H. (1995). *Multilevel statistical models* (2nd ed.). London: Arnold.

Hayes, J. R. (1996). A new framework for understanding cognition and affect in writing. In C. M. Levy & S. Ransdell (Eds.), *The science of writing: Theories, methods, individual differences and applications* (pp. 1-27). Mahwah, NJ: Erbaum.

Hayes, J. R., & Flower, L. (1980). Identifying the organization of writing processes. In L. W. Gregg & E. R. Steinberg (Eds.), *Cognitive processes in writing: An interdisciplinary approach* (pp. 3-30). Hillsdale, NJ: Erlbaum.

Hinton, G. E., & Anderson, J. A. (Eds.). (1981). *Parallel models of associative memory*. Hillsdale, NJ: Erlbaum.

Kunst, H. (1978). *Cognitie van semantische systemen: Strategieën en interpretaties bij een structure of intellect vaardigheid* [Cognition of semantic systems: Strategies and interpretation of a structure of intellect skill]. Dissertation, University of Amsterdam, Amsterdam, The Netherlands.

Rijlaarsdam, G., & van den Bergh, H. (1996). Essentials for writing process studies: Many questions and some answers. In C. M. Levy & S. Ransdell (Eds.). *The science of writing: Theories, methods, individual differences, and applications* (pp, 107-126). Mahwah. NJ: Erlbaum.

Rijlaarsdam, G., & van den Bergh. H. (1997). Cognitieve activiteiten tijdens het schrijfproces en hun relaties met tekstkwaliteit: Plannen en formuleren [Cognitive activities during the writing process and their relations with text quality: Planning and formulating]. In H. van den Bergh, D. janssen. N. Bertens, & M. Damen (Eds.). *Taalgebruik ontrafeld* (pp. 275-284). Dordrecht, The Netherlands: Foris.

Rumelhart, D. E., & McClelland, J. L, & the PDP Research Group. (1999). *Parallel distributed processing: Explorations in the microstructure of cognition* (Vol. 1). Cambridge, MA: MIT Press.

Torrance, M. (1996). Is writing expertise like other kinds of expertise? In G. Rijlaarsdam, H. van den Bergh, & M. Couzijn (Eds.), *Studies in writing: Vol. 1. Theories, models and methodology in writing research* (pp. 3-9). Amsterdam: Amsterdam University Press.

van den Bergh, H., & Rijlaarsdam, G. (1996). The dynamics of composing: Modeling writing process data. In C. M. Levy & S. Ransdell (Eds.). *The science of writing: Theories. methods, individual differences, and applications* (pp. 207-232). Mahwah, NJ: Erlbaum.

van den Bergh, H., & Rijlaarsdam, G. (1999). The dynamics of idea generation during writing: An online study. In M. Torrance & D. Galbraith (Eds.), *Studies in writing: Vol. 4. Knowing what to write: Cognitive perspectives on conceptual processes in text production* (pp. 99-120). Amsterdam: Amsterdam University Press.

van den Bergh, H., & Rijlaarsdam, G. (2001). Changes in cognitive activities during the writing process, and relations with text quality. *Educational Psychology*, 21, 373-385.

van den Bergh, H., Rijlaarsdam. G., & Breetvelt, I. (1992). Het stellen van doelen: Relaties met productkwaliteit [Formulating aims: Relations with text quality]. *Tijdschrift voor Taalbeheersing*, 14, 221-233.

van den Bergh, H., Rijlaarsdam, G., & Breetvelt, I. (1993). Revision processes and text quality: An empirical study. In G. Eigler & T. Jechle (Eds.), *Writing: Current trends in European research* (pp. 133-147). Freiburg: Hochschul Verlag.

van den Bergh, H., Herrlitz, W., & Klein Gunnewiek, L. (2000). Entwicklung von Fähigkeiten in einer Fremdsprache—vorsichtige Hypothesen. In G. Kischel & E. Gotsch (Eds.), *Wege zur Mehrsprachigkeit im Fernstudium* (pp. 115-438). Hagen: Fernuniversität.

van der Hoeven, J. (1997). *Children's composing: A study into the relationships between writing processes, text quality, and cognitive and linguistic skills*. Utrecht Studies in Language and Communication. Vol. 12. Amsterdam: Rodopi.

제4장
쓰기의 사회·문화 이론

Paul Prior

쓰기 연구와 쓰기 이론의 역사는 다양한 방식으로 기술될 수 있다. 어떤 연구에서는 고대 그리스 소피스트 수사학의 등장으로까지 거슬러 올라가기도 하고, 어떤 연구에서는 심리학적 방법론과 인류학적 방법론을 통해 쓰기를 조사하는, 비교적 최근의 발전적 성과를 언급하기도 한다. 영국의 중등학교 학생들(11~18세)의 글쓰기를 조사한 Britton, Burgess, Martin, McLeod, & Rosen(1975)(이 연구는 연구자의 관심사를 '사람들은 어떻게 써야 하는가.'와 같은 규범적인 쟁점으로부터 '쓰기를 어떻게 분류할 것인가'와 같은 기술적(記述的)인 질문으로 이동시켰다)과 함께, 고등학생들의 쓰기 과정을 다룬 Emig(1971)의 사례 연구는 신세대 연구자들에게 쓰기에 대한 새로운 연구 문제를 안겨주었다. 그것은 바로 활동의 한 형식으로서 쓰기가 안고 있는 문제였다.

미국에서 쓰기 과정에 대한 연구는 처음에는 인지 과정 이론(Flower & Hayes, 1981)이 주도하였다. 그러나 이 패러다임은 맥락에 대한 이해가 너무나 편협하다는 비판을 받았으며, 쓰기의 사회적, 역사적, 정치적 맥락에 관심을 기울이는 다른 방면의 연구가 이루어지면서 점차 쇠퇴하였다. 그 이후, 쓰기에 대한 경험 연구는 심리학, 인류학, 사회학, 언어학, 기호학이 등장하면서 사회·문화 이론과 방법의 등장으로 점차 변하여 왔다.

1970년대 이후, 쓰기에 대한 사회·문화 연구들은 매우 다양하게 전개되어 왔다. 여기에는 다음과 같은 연구들이 포함된다. 전형적인 인류학적 지역(예를 들면, 서구 세계가 아닌 지역, 산업 발전이 이루어지지 않은 지역, 소외된 지역 등)의 읽기와 쓰기에 대한 인류학적인 연구

(Besnier, 1995; Heath, 1983; Ochs, 1988; Scollon & Scollon, 1981), 읽기 및 쓰기의 인지 결과에 대한 교차 문화적 심리 연구(Scribner & Cole, 1981), 과학 분야 및 다른 직업 분야에서 이루어진 쓰기의 실천적 사례에 대한 연구(Bazerman, 1988; Beaufort, 1999; Latour, 1999; Myers, 1990; Suchman, 2000, Swales, 1998), 학교와 직업 분야에서 전자 매체와 관련된 쓰기를 다룬 연구(Geisler, 2003; Hawisher & Selfe, 1999; Heath & Luff, 2000; Nardi, 1995), 가정, 지역 사회 및 다른 환경에서 두루 이루어지는 쓰기 활동을 추적한 연구(Brandt, 2001; Moll & Greenberg, 1990; Sheridan-Rabideau, 2001; Taylor & Dorsey-Gaines, 1988), 유치원부터 대학원에 이르기까지 교실 쓰기에 대한 교육적 연구(예, Casanave, 2002; Dias, Freedman, Medway, & Pare, 1999; Dyson, 1997; Gutierrez, Rymes, & Larson, 1995; Larson, 1999; Ivanic, 1998; Kamberelis, 2001; Lunsford, 2002; Michaels, 1987; Prior, 1998)가 그것이다.

사회·문화 이론은 오늘날 쓰기 연구에서 지배적인 패러다임으로 자리를 잡았다. 이 장에서는 선행 연구에 대한 검토보다는 사회·문화 이론의 복잡한 학제 간 영역을 소개하고, 이 이론이 쓰기에 대한 우리의 재구성적인 이해를 돕는다는 것을 잘 보여주는 특정 연구를 분석하고자 한다. 그리고 마지막으로 쓰기의 사회·문화적 연구를 위한 미래의 방향과 도전을 모색해 보고자 한다.

사회·문화 이론의 핵심 원리

사회·문화 이론은 인간의 활동이 신플라토닉적(Neoplatonic) 규칙에 의해 통제된다는 생각을 받아들이지 않는다. 그 규칙이 영어의 언어적 규칙이든 담화 공동체의 의사소통 규칙이든 특정한 상황에서의 행동을 체계화하는 인지적 스크립트1)이든 말이다. 사회·문화 이론에 따르면 인간 활동은 기계, 제작된 사물, 기호학적 수단(예, 언어, 장르, 도상), 제도로부터 구조화된 환경, 길들인 동물, 식물, 우리 인간 자신에 이르기까지 역사적으로 구성되어 온 도구 및 실천에 의해 중재되는 구체적인 상호작용, 그러면서도 부분적으로는 자연스럽게

---

1) [역주] '스크립트'(script)는 어떤 일이나 사건을 빈번하게 경험함으로써 형성하게 된, 정형화된 스키마를 일컫는다. '스크립트'라는 방법적 개념은 Schank & Abelson의 1977년 연구에서 제안되었다. 학교에서 이루어지는 국어 수업을 떠올려 보면 국어 수업이 반복되면서 형성된 스크립트가 존재하는데, 수업에 참여하는 학생들은 이 스크립트를 통해서 수업의 특성이나 흐름 등을 효과적으로 예측하고 이해할 수 있다.

즉흥적으로 이루어지는 구체적인 상호작용에 자리를 잡고 있다.

중재된 행동(mediated activity)은 '외면화'(말하기, 쓰기, 사물이나 도구의 구성 밀 조작) 및 '협동 작업'(다른 사람들, 인공적 장치, 사회 물질 환경의 요소와 함께하는)뿐만 아니라, '내면화'(인지, 학습)와 관련되어 있다. 사물은 인간 활동의 결과를 반영하므로 인간 활동을 포함한다고 할 수 있다. 텍스트는 기록되고, 도구는 제작되며, 육지의 길은 낡아지고, 건물은 지어지고, 인간 이외의 다른 종은 길들여진다(유전적으로 변하고 있다). 인간의 활동은 인간의 계획을 구체화한 흔적을 남기면서 세계를 만들고, 그런 다음에는 이전보다 진화된 세계에 자리를 잡는다.

겉보기에 개인적 사고는 고립적인 것 같지만, 대부분은 다른 곳에서 다른 때에 다른 사람들에 의해 만들어진 인공 장치를 통해서 다른 사람과 협동하는 활동이다. 예를 들어, 나는 운전할 때 자동차와 도로를 완전히 내면화하지 못하며, 컴퓨터로 작업을 할 때 그 컴퓨터와 그래픽 프로그램을 완전히 내면화하지 못한다. 내가 대화할 때에도 대화하는 그 사람을 내면화하지 못한다. 이러한 예에서 보듯 행동과 인지는 분리되어 있으므로 나는 이 둘의 협동적 실행을 반드시 학습해야 한다. 활동, 인간, 인공 장치는 이질적(순수하거나 이상적이지 않은)이므로 분리된 활동은 사회적 경계와 역사적 경계를 불가피하게 넘나들 수밖에 없다. 그래서 활동은 공존하는 다양한 틀이나 영역, 전경 또는 배경에 둘러싸이게 된다(Goffman, 1974, 1981; Goodwin & Duranti, 1992; Prior, 1998; Prior & Shipka, 2003).

인간은 활동 중에 문화 자원을 전유할 때 (다른 이들과 협력함으로써) '사회화'되고, 특정한 전유가 특정한 개인을 구성하기 위해 역사적으로 축적될 때 '개별화'된다. Vygotsky(1987)는 "아동 발달의 핵심적인 경향은 외부에서 유래한 점진적인 사회화가 아니라, 아동의 내적 사회화의 기초 위에서 나타나는 점진적인 개별화"라고 주장한 바 있다(p.259). 어떠한 사회적 제도도 활동 속에서 구성되고 재구성되는데, 이는 부분적으로는 어떤 목적을 위해 실천적 행동에 참여하는 사람들의 구성을 통해서, 부분적으로는 제도가 자연스럽게 실행되고 구체화되는 세계의 구성을 통해서 이루어진다. 그러나 개인의 특정한 역사에 따라 형성된 태도, 가치, 실천은 다른 사람들에 의해 수용될 때, 그리고 문화 자원 속에 매우 다양한 범위로 자리를 잡을 때에는 사회적 세계도 개인화된다. 결국, 활동은 구체적이고 역사적이며 대화적인, 현재 사용 중인 기호(언어적 또는 비언어적)와 관련을 맺고 있으며, 근접한 자료로 구성되었으면서도 기호 사용의 역사적 연쇄의 관계 속에서 구성된 기호와 관련을 맺고 있다.

사회 · 문화 이론의 개요 : 세 가지 전통의 역사

사회 · 문화 이론은 복잡한 학제 간 영역과 다양한 전문 용어를 만들어낸 다층적인 역사를 가지고 있다. 사회 · 문화 이론의 핵심적인 인물 중 한 명은 바로 Lev Vygotsky인데, Vygotsky는 소비에트 연방에서 1934년 숨을 거두기 전 불과 몇 년 동안 활발하게 활동하면서 많은 연구와 이론, 방법 등을 고안해 냈다. Vygotsky(1978, 1987)는 인간 의식을 사회 · 역사적으로 구성된 것으로 이해해야 한다고 제안하였고, 학습 및 발달을 역사적 융합(계통 발생, 문화적 발생, 개체 생학)처럼 다루었으며, 아동기에 이루어지는 쓰기의 발생에 대한 연구뿐만 아니라, 쓰기가 문제 해결 및 기억을 중재하는 방식에 대한 연구를 개척하였다.

Vygotsky의 아이디어를 발전시킨 연구자들은 때때로 비고츠키주의자 또는 신비고츠키주의자로 불렸는데 이 중에는 James Wertsch(1991)가 있다. Vygotsky 이론에 대한 서방 세계의 지지를 주도해 온 Wertsch(1991)는 인간 발달에서 문화적 중재의 중요성을 강조하기 위해 '사회 · 문화적'이라는 용어를 사용했다. Vygotsky의 동료였던 A. N. Leont'ev(1981)는 구체적인 역사의 중요성, 즉 종(species)의 중요성, 문화 집단의 중요성, 심리 체계의 중요성을 강조하기 위해 '사회 · 역사적' 이론을 바탕으로 삼았다. Leont'ev(1981)는 이러한 노선에 대한 자신의 기여를 활동 이론(activity theory)이라고 명명하면서 사회적으로 동기화된 지속적 활동은 인간 의식에 대한 정서 및 동기 연구의 적절한 분석 단위라고 주장하였다. 인간의 의식은 Vygotsky가 남긴 마지막 저작, 즉 <사고와 언어(Thinking and Speech)>에서 근본적인 요소로 다루어진 바 있다.

현재 활동 이론가를 이끌고 있는 Yrjo Engestrom(1987, 1993), 그리고 Vygotsky와 Alexander Luria(Vygotsky의 가장 가까운 동료였음)가 수립한 연구 경향을 촉진하는 데 중심적인 역할을 해 온 Michael Cole(1996)은 활동 체계로서 분석의 단위를 명시하고 더 확대된 명칭으로서 문화 · 역사적 활동 이론(CHAT, cultural-historical activity theory)을 제안하였다.

Barbara Rogoff(1990)는 사고와 활동에 대한 아동의 인지적 도제를 사회 · 역사 이론에 따라 교차 문화 연구를 수행하면서 문화적 실천에서 다양한 경로(언어적이든 비언어적이든)로 이루어지는 안내된 활동 참여의 상호주관적 특성을 강조하였다. 이와 관련된 수많은 아이디어들은 인지와 활동의 중재적 특징을 강조한 분배된 인지(distributed cognition)(Salomon, 1993)나 기능 체계(functional systems)(Hutchins, 1995)로 다루어져 왔다. del Rio & Alvarez(1995)는 기능(機能) 체계를 정신과 주체를 위한 건축물로 문학적으로 비유하여 언급하기도 했다.

　다른 전통의 사회·문화 연구에서도 이와 유사한 강조와 명명의 사례를 발견할 수 있다. Voloshinov(1973, 1976)가 발전시키고, 이후 Bakhtin(1981, 1986)이 확장한, 언어에 대한 상황적, 대화적, 맥락적 관점이 이러한 예라고 할 수 있다. 언어에 대한 이러한 관점은 대화주의 또는 바흐친주의로 불린다. Lave & Wenger(1991)은 도제에 대한 인류학적 연구를 통해 실천 공동체에서 이루어지는 상황적 학습 이론(a theory of situated learning)을 제안하였다. Bourdieu(1977, 1990)는 사회적 삶의 구조적 즉흥성을 포착하기 위해 실천, 습관, 문화 자본과 같은 핵심 개념을 제안한 바 있다.

　연구자들 중에는 다양한 사회·문화적 전통과 특징을 이론적 토대로 삼는 경우도 있다. Hanks(1996)는 의사소통의 내재적 특징인 암묵적 지식을 표현하기 위해 고안한 담화 장르 (discourse genre)라는 개념을 발전시키면서 Silverstein(1985)의 대화 이론(의사소통의 기능(機能)적이고 메타 실용적 차원을 강조하였음)과 실천 및 습관에 대한 Bourdieu의 이론을 통합하였다. Holland, Lachicotte, Skinner, & Cain(1998)은 개성이 다양한 세상에서의 자아와 정체성을 탐구하면서 실천 이론(practice theory)을 바흐친주의자 및 비고츠키주의자들의 연구 성과와 통합하였다. 이 지점에서 독자들은 사회·문화 이론이라는 결과물이 실제로 있는지 궁금해할지도 모르겠다. 그러나 실제로 존재한다.

　사회·문화 이론은 매우 강력하게 상호작용하는 세 가지의 전통 속에서 나타났다. 세 가지 전통이란 마르크스주의(Marxism), 실용주의(pragmatics), 현상학(phenomenology)을 일컫는다. 이 각각의 이론들은 대립적인 두 영역, 즉 유물론 대 관념론, 자연성 대 인간성, 정신대 육체, 개인 대 집단을 두고 격론을 벌여왔다.

　Marx(Marx & Engels, 1976)의 <Feuerbach에 대한 테제들>에서는 "인간의 감각적 활동, 실천"(p.6)을 연구하기 위해 관념론과 유물론을 모두 거부하고, 인간은 물질적으로 생산될 뿐만 아니라 물질적으로 자신을 생산한다는 주장도 거부하였다. 이러한 기본적인 관점은 중요한 지점들, 예를 들면 Bourdieu(1977), Leont'ev(1981), Voloshinov(1976)에서 실천 중심 접근 전반에 걸쳐 나타났다. Marx는 사회를 구체적인 역사적 바탕 위에 만들어진 것으로 보았고, 과학으로 문화적 도그마를 대체하기 위해 노력했다.

　　사회 구조와 그 사회 구조의 상태는 개인의 삶의 과정에서 끊임없이 진화한다. 그러나
　그러한 진화는 개인이 자기 자신의 상상이나 다른 사람의 상상 속에 나타날 때가 아니라

'실제적으로' 존재할 때, 예를 들면 개인이 행동하고 물질적으로 생산함으로써, 결국 유한한 물질적 한계, 전제, 상황에 따라 개인의 의지와는 무관하게 일할 때 이루어진다(Marx & Engels, 1976, pp.35-36. 작은 따옴표의 강조 표시는 원문대로임).

교육에 대한 실용적 견해를 발전시킨 Dewey(1916)는 사회를 사람들이 일반적인 이해, 목표, 성향, 기능을 형성하여 구체적인 환경의 공동 활동 안에서 끊임없이 재조직되는 것으로 설명하였다. 이러한 재조직의 핵심은 인간 활동으로 재구성된 환경, 즉 "길들여진 모든 식물과 동물, 도구, 기구, 기기, 제조품, 미적 장식품, 예술품"과 같은 환경이다(p.37).

Dewey는 인공물로 이루어진 이 세상이 아동으로 하여금 인간다움을 발달시키는 데 걸리는 시간을 단축시켜 주었다는 점에 대해 논의하였다(p.37). Schutz(1967)의 현상학적인 사회학은 특히 실천 연구에 영향을 미쳤다. 이러한 경향을 보인 연구의 핵심에는 Garfinkel(1967)과 Goffman(1974)이 있다. Schutz(1967)에게 '지금 바로 여기'는 즉흥적인 성취일 뿐, 그것은 단독적으로 존재하지 않는다. 그것은 사회적으로 구조화되는 것이다. Schutz(1967)는 다층 영역으로 구성된 사회적 세계를 설명하였다. 이러한 세계는 상호주관적인 사회 현실을 경험한, 동시대 사람들의 세계, 전임자와 후임자의 세계를 말한다. 예를 들어, 동시대 사람들의 세계도 내가 지금 마주보며 상호작용하는 사람, 내가 만난 사람, 만나지는 않았지만 내가 아는 사람, 내가 추상적인 방법으로 아는 사람, 공동체(예, 국가), 의미의 외형(예, 영어의 문법), 인공물을 포함한 것과 같은 다양한 층이 있다(pp.180-181).

Vygotsky와 Dewey처럼, Schutz는 도구를 사회 역사의 운반 장치로 본다. "도구는 무엇인가를 하기 위한 물건이다. 도구는 목적 달성에 도움을 준다. 그러므로 도구는 목적을 위하여 만들어지는 것이라고 할 수 있다."(p.201). Schutz & Luckmann(1973)은 지식의 주관적인 요소들은 "매일 인생의 대상과 사건 속에서 주관적인 과정의 구체화", 즉 객관화에 의한 사회적 지식의 축적으로 여긴다고 설명하였다(p.204).

사회·문화 이론 중에서 가장 뚜렷한 노선은 1920년대의 Vygotsky(1978)와 Voloshinov (1973)로까지 거슬러 올라간다.[2] 이들은 심리학과 언어학을 마르크스주의의 관점으로 재개념화하여 심리학과 언어학의 대상은 사회 내 개인(person-in-societies)의 구체적인 역사적 활동이 되어야 한다는 점을 강조하였다. Vygotsky(1978)가 가졌던 기본적인 의문은 '매일 지역

---

[2] [역주] 이들은 1920년대에 중요한 업적을 남겼는데, 이들의 저작은 1970년대 이후에 서방 세계에 알려졌다. 그 결과, 활동 시기와 저작의 발행 시기가 다르게 표시되었다.

사회와 제도 안에서 문화적 실천에 참여함으로써 우리는 어떻게 인간이 되어가는가.'였다. 그는 문화적 실천에 참여함으로써 역사적으로 발전해 온 물질과 기호 자원을 다시 만든다고 주장하였다. 참여 과정에서 우리는 이러한 자원을 만나고, 선별적으로 이용하고, 다른 사람을 위해 사용한다.

Voloshinov(1973)는 Saussure처럼 실제적인 언어 수행을 제어하는 어떤 추상적인 체계(공유된 규칙과 공유된 어휘 목록)가 있다고 보는 언어 이론을 비판했다. 그는 그런 체계화가 살아 있는 언어를 죽이고, 사회적으로 열정적으로 이루어지는 담화의 역동적인 흐름을 추상적인 신호로 바꾸어 버리며, 고정적인 외연적 의미 이외에는 무의미하게 되고, 누가, 어디서, 언제 퍼뜨렸는지도 모르게 만든다고 주장했다. 언어는 "순수하게 역사적인 현상이다."(p.82)라는 Voloshinov(1973)의 결론은 그와 Bakhtin이 언어는 사전, 문법책으로 이루어진 신플라톤 영역에 존재하며, 사회적 예절(사회, 두뇌 또는 우리의 유전자 어딘가에 위치하는)로 안내한다는 비유를 왜 거부했는지를 분명하게 설명해 준다.

인류학과 사회학은 문화적 실천에 대한 이론과 연구에서 이러한 전통을 취해 왔다. Hanks(1996)는 인류학적 관점으로 수행된 언어학의 수많은 연구가 프라그 학파의 기초 현상학적 핵심 사항에 대한 이해가 바탕이 되었음을 지적하였다. Hanks(1996)에 따르면, 언어는 단지 의사소통을 위한 하나의 양식이고, 언어 사용은 역사적으로 특별한 것(일반적인 조직적 지식이나 규칙의 산물이 아니라)으로 이해되어야 하며, 의미는 언어적 그리고 비언어적 경험에 의지하는 사람들에 의해 상호주관적으로 합의를 해야 한다. 또한, 의사소통은 암묵적이고 조용하게 이루어진다는 점도 특징을 가지고 있다. Bourdieu(1977, 1990)는 활동, 일(형식적 및 비형식적)의 구조화, 객관화(즉, 물질, 사회, 문화 자본의 역사적 축적)에 관한 마르크스주의자의 관심을 드러내면서 현상학을 도입하여 개별 인식과 행동의 복합적이고도 즉흥적인 특징을 강조하여 설명하였다.

마르크스주의, 실용주의, 현상학은 핵심 사항에 집중해 왔다. 이 세 가지 경향의 이론은 매일매일 이루어지는 구체적인 실천/역사에 관심을 두고 인간 활동을 이해하기 위해 노력해 왔으며, 역사가 어떻게 인공물 안에 포함되어 상황에 개입하는지를 설명하기 위해 주의를 기울여 왔다. 이러한 이론은 기존의 사회 질서를 뒤집으면서 인간의 사고와 행동은 추상적인 일반 개념으로는 설명할 수 없다는 점, 위로부터 통제하는 방식으로도 설명할 수 없다는 점을 논의해 왔다. 이 세 가지 이론에 따르면, 일상적인 세상은 실제로 존재하고 일정한 세력을 갖추고 있는 물체의 희미한 그림자가 아니다. 그것은 오히려 풍부하게, 그리고 역사적으로 지속되어 온 인간 행동의 바탕이다. 이 세 가지 이론에서는 의식을 핵심 용어로 여기며, 인간의 실제적인 실천에 초점을 맞추고 인간이 인지, 사고, 행동의 문화적 패턴을 어떻게 사회화하는지에 대해 관심을 두고 있다. 이를 통해서 정치적이고 종교적인 도그마의 이데올로기적 모호함으로부터 명확한 이해를 얻기 위해 노력하고 있다.

사회·문화적 접근을 이렇게 세 가지의 경향으로 설명했지만, 이 세 가지 전통적 이론을 융합하는 관점의 연구가 점점 뚜렷해지고 있다(Bruner, 1996; Cole, 1996; Gee, 2000; Goodwin & Duranti, 1992; Hanks, 1996; Rogoff, 2003). 그러나 이 세 가지의 이론적 전통을 함께 조합하는 것을 절충주의로 이해할 필요는 없다. 오히려 이러한 전통의 핵심적인 이론들이 벌이는 강력한 역사적인 대화이자 깊이 있는 일관성의 반영으로 이해해야 한다.

쓰기의 사회·문화적 이론

쓰기에 대한 사회·문화적 접근은 쓰기를 생산, 표상, 수용, 분배의 연쇄로 보면서, 물질적 실체인 텍스트나 글자를 새기는 행위와 동일하게 보는 것을 거부한다. 쓰기는 내용 창안 중에 이루어지는 대화적 과정을 포함한다. 활동 내의 인공물인 텍스트와, 어떤 매체에서 언어적 기호로 쓰이는 글자는 조정되고 분할된 다양한 활동의 한 부분일 뿐이다. 겉보기에는 필자가 고립되어 있는 것처럼 보이지만, 그 필자는 사회·역사적으로 제공된 자원(언어, 장르, 지식, 동기, 새김과 분배의 기술)을 이용하고 있다. 이 자원은 글을 쓰는 상황 너머에까지 영향을 미치는 양식과 매체(읽기, 쓰기, 이야기하기, 시각적 표현, 물질의 객관화)를 넘나든다. 텍스트를 생산하고 글자를 쓰는 것은 강이 물보라를 만들어내는 것처럼 자동적으로 일어나는 일이 아니다. 오늘날에 이루어지는 문해 행위는 사회·역사적 기원에서 멀리 떨어진 하류 지점에서 일어나는 일이다.

쓰기를 분배와 중재의 관점으로 파악하면 모든 쓰기가 협력적이라는 사실을 깨달을 수 있다. 그런데 쓰기를 협력적으로 보는 관점에는 협력의 경계와 협력의 방식을 정하는 문제가 포함되어 있다. Schutz(1967)에 따르면(좀 더 일찍 논의된 사항임), 이러한 협력의 경제를 구분하는 문제는 참여자들이 직접 얼굴을 맞대고 공동 생산하는 것부터 작자가 누구인지를 알 수 없는 형태로 자원(예, 단어로 이루어진 텍스트)을 생산하는 것까지 관련되어 있다.

이때 중요한 것은 학생들의 글쓰기에서 교사는 공저자의 기능(쓰기를 결정하고, 마감일을 정하고, 양식과 화제를 적어주고, 쓰기 과정을 구조화하고, 구체적인 단어와 구절들을 제공하는 것)을 수행한다는 점이다(교사는 공저자를 넘어 종종 지배적인 저자가 되기도 한다). 그러므로 학생을 저자로 간주하는 것은 흥미로운 문화적 실천 행위라고 할 수 있다(학교에서 이루어지는 쓰기는 권력자와 피권력자의 관계를 바탕으로 하고 있으며, 저작권 및 이와 관련된 이데올로기의 수용을 권장하기 때문이다).

쓰기와 읽기의 원형적 이미지는 공간과 시간에서 분리된 개인 행위로 보는 것인데, 이와 달리 사회·문화적 연구는 직접 마주보면서 수행하는 글쓰기에 대해 관심을 두고 있다. 가령, 글의 공동 집필, 칠판에 이루어지는 판서, 낙서하기 등이 그러한 예이다. 이러한 쓰기는 아동기에서 발견할 수 있는 문해 활동이다. 그러므로 대화에 의해 중재된, 면대 면으로 이루어지는 쓰기와 읽기의 역할을 탐할 필요가 있다.

사회·문화적 이론은 쓰기를 단순한 의사소통의 수단이 아니라 사회적 행위의 한 양식으로 간주한다. 쓰기는 특정 유형의 인재, 제도, 문화를 만드는 데에 기여할 뿐만 아니라, 이를 알아보기 쉽도록 지표를 만드는 데에도 기여한다. 과학 보고서 장르의 역사적 토대가 되는 Bazerman(1988)과, 아동 글쓰기에서 장르의 개체 발생적 출현에 대해 다룬 Kamberelis(1999)은 북미 장르 이론(예, Bazerman & Prior, 2005)에 영향을 미쳤다. 북미 장르 이론에서는 이 두 연구가 바탕이 되어 쓰기의 상황적 의미와 사회적 행위에 초점을 맞추었다. Miller(1984)와 Bazerman(1988)은 인간 사회를 규정하는 데 장르가 어떻게 작동하는지를 탐구하였으며, Schutz(1967)의 대표적인 견해를 따라 장르가 인간과 사회를 어떻게 형성하는지, 어떤 사건에 대한 해석과 전망을 어떻게 이끌어내는지를 논의하였다. Bazerman(1988)는 발화 장르를 대화로 간주하는 Bakhtin(1986), 중재 수단(이 경우에는 장르를 말함)이 인간과 문화를 구성한다는 비고츠키주의자들의 관점을 논의의 바탕으로 삼았다.

다음 절에서는 쓰기를 사회·문화적 실천으로 다루면서 과거 30년 이상 성장해 온 연구 결과를 논의하고자 한다. 나는 이러한 연구를 세 가지 주제로 개관하고자 한다. 세 가지 주제란, 구술성과 문식성3)을 구분하는 관점의 수정, 학교 교육에 따른 문해 능력의 출현, 대학 및 대학 이후의 쓰기를 말한다. 이 세 가지 주제는 사회·문화 이론을 다루는 규칙도

---

3) [역주] 여기에서 쓴 '문식성'은 영어의 'literacy'를 번역한 것이다. 편집자 서문에서도 역주로 밝혔던 것처럼, '구술성'에 대응하는 개념으로 사용할 때에는 'literacy'를 '문식성'으로 번역하였으나, 그 외에는 글의 흐름에 따라 '문해, 문해 활동, 문식, 문식 활동' 등으로 표현하였다.

아니며, 서로 배타적이거나 어떤 하나가 다른 것을 포괄하지도 않는다. 사회·문화 이론이 쓰기를 어떻게 다루는지를 설명하기 위한 하나의 도구일 뿐이다. 그럼에도 불구하고 이렇게 세 가지로 구분하여 논의하는 이유는 사회·문화적 이론이 문해 활동을 연구 방법적으로 어떻게 다루는지, 그리고 이러한 연구로부터 형성된 쓰기의 모습은 어떠한지를 감각적으로 표현하기 위한 의도 때문이다.

구술성과 문식성의 구분에 대한 재검토

쓰기를 사회·문화 이론에 따라 연구했던 초기에 Luria와 Vygotsky는 쓰기가 출현하는 단계에서 그림에서 교차점 그리기, 갈겨쓰기, 쓰기의 차례로 발달한다고 하면서, 쓰기가 기억 및 문제 해결에 연관된 심리적 기제를 개선하는 역할을 한다는 점을 밝혔다. 플라톤을 따르는 서양 수사학은 쓰기가 인간 기억의 수사적 규범을 무시하는 이론적인 근거가 된다고 보았지만, 이와 달리 Vygotsky는 쓰기가 기억을 재구조화하는 데 핵심을 이룬다고 보았다. 그러면서 Vygotsky는 글은 중재 활동의 대표적 예인데, 중재 활동을 바탕으로 작성된 글은 인간의 기억을 외현화한 것이라고 보았다. 1930년대 우즈베키스탄에서 수행된 Luria(1976)는 문해 능력을 갖춘 사람들(교육을 받은 사람들)과 문해 능력을 갖추지 못한 사람들(교육을 받지 못한 사람들)의 문화 실천을 교차 문화 심리학적으로 연구하였다. 이러한 연구는 이후 몇 십 년 간 더 지속되었다.

Scribner & Cole(1981)은 1970년대 라이베리아에서 Vai라는 음절 문자 체계를 사용하는 사람들을 문화 기술적인 연구 방법을 적용하여 관찰하고 보고하였다. 이 연구에서는 문해 능력, 학교 교육, 사회적 배경, 다양한 과제의 인지 수행 등을 복합적으로 다루었는데, 그 중에서도 알파벳 문해 능력의 중요성에 대해 논의하였다. 이에 주목했던 이유는 알파벳 문해 능력이 Vai라고 하는 문화의 '자연적 실험실'과 깊이 관련되어 있기 때문이었다. 이 자연적 실험실 안에서 알파벳 문해 능력은 기록 체계와 연관되어 있는, 세 가지 지배적인 문해 능력의 형식, 즉 학습 및 지도의 서로 다른 양상, 문해 능력을 사용하는 서로 다른 패턴, 서로 다른 문화적 의미와 공존해 왔다.

Vai는 일상적 사회적 관계에서 지도와 학습이 이루어진, 토착적으로 발전해 온 음절 문자

체계이다. Vai는 문자 기록 및 보관, 문학 창작과 역사 서술, 종교적 실천 행위, 외국어 표현 등 다양한 목적으로 사용되었다. Vai는 사회적으로 매우 제한적으로 쓰였으며(Vai는 문자를 읽고 쓸 수 있는 성인 중 30% 미만만 사용하였음), 국가 통치를 위한 공적 의사소통의 수단으로도 이용되지도 않았다. 서양의 학교 교육을 받은 사람들도 종종 이 문자 체계를 배우기도 했다.

이와 달리 코란을 읽고 쓰는 것은 공식적(공식적이지만 서양 학교에서가 아닌)으로 학습되었으며 아라비아식(알파벳 형태의 외국어) 코란의 기계적 암기가 강조되었다. 어떤 사람들은 아라비아식 문해 능력을 여러 활동에 사용했지만, 아라비아식 문해 능력이 관습적으로 사용된 곳은 종교적인 영역이었다. 일반적으로 아라비아식 쓰기 체계는 코란 및 다른 중요한 아라비아식 텍스트에서 인쇄된 형태로 접하게 된다. 영어(알파벳 형태의 외국어)는 서양식 학교에서 배웠고, Vai가 쓰였던 유사한 범위에서 사용되었다. 그러나 영어는 국가 통치를 위한 의사소통에 이용되었으며 인쇄된 텍스트와 다양한 장르에 광범위하게 쓰였다.

그런데 이 지역 사람들 중 여러 문자를 읽고 쓸 줄 아는 사람들도 있었지만, 단지 하나의 문해 능력을 갖춘 사람도 있었고 문해 능력을 전혀 갖추지 못한 사람도 있었다. 서양식 학교나 코란 학교에 다니는 사람들에 비해 다니지 못하는 사람들이 그렇고, 일상적으로 현대 사회 및 도시에 사는 사람들에 비해 전통적인 사회 및 전원에서 사는 사람들이 그렇다. 이러한 다양한 문화적 풍경은 학교 교육, 현대 사회의 생활, 문해 능력에 대한 인지적, 행동적, 이데올로기적 쟁점을 해결하는 데 필요한 기회를 제공했다(일반적 또는 특별한 쓰기 양식의 형태로).

Scribner & Cole(1981; Scribner, 1997)은 문해 능력이 유일하면서도 일반적인 결과를 지니고 있지 않다는 것과, 특정한 어떤 문화적 실천(순환하는, 목표 중심의 활동 배열)은 특정한 결과와 관련이 있다는 것을 알게 되었다. 여기에는 다음과 같은 것들이 포함된다. 코란식 문해 능력은 특정한 암기(증가하는 특징이 있음), 영어 문해 능력은 삼단 논법 추론, Vai의 문해 능력은 특정 유형의 구어 통합과 관련이 있는 것이 그러한 예이다.

이 연구에 따르면, 적절한 분석의 단위는 문해 능력이 아니라 문해 활동이다. 여기에서 말하는 문해 활동은 "사회적으로 조직된 … 상징체계의 사용과, 그것을 생산하고 퍼뜨리는 기술"의 실천을 의미한다. 그리고 이 실천은 "어떤 문자를 단순히 읽고 쓰는 법만을 아는 것이 아니라, 특정 맥락에서 사용되는 구체적인 목적에 대한 지식을 활용하는 것"까지를 포함한다(p.236). Vygotsky와 Luria의 연구를 확장한 Scribner & Cole(1981)의 성과는 기본적인 사회·문화적 방법론(민족지학적 방법으로 알려진 과업과 혼합된 민속지, 질적 및 양적으로 분석된)을 드러냈다는 데 있다. 그래서 이 연구는 문해 능력을 상황적이며 중재된 사회·문화적 실천으로 보고, 사회적으로 조직되고 동기화된 활동으로 보는 관점의 대표 저작으로 남아 있다. 이 연구는 특정한 사회·문화적 배경을 바탕으로 한 다양한 문해 활동의 실천을 다룬, 이후 연구의 의제를 설정하는 데에도 기여했다.

Besnier(1995)는 폴리네시아인의 고향인 누쿨래래 산호섬에서 약 350명을 관찰하고 이들의 문해 활동을 보고하였다. 이들은 여러 언어를 사용하고 있었으며, 문해 능력은 평균에 가깝지만 꽤 우수했고, 학교 교육 이수 비율은 평균에 가깝지만 꽤 낮았다(이들 중 단지 5%만이 중등학교에 다녔다). 누쿨래래 사람들은 모어가 아닌 글자를 읽고 쓸 줄 알았는데, 그들이 사용하는 문자는 서양 선교사나 서양에서 교육받은 사모아 선교사들에 의해 소개된 것이었다. 누쿨래래 사람들은 대부분 문해 능력을 대인 관계적, 개인적, 가족적 목적을 위해 이용하였다. Besnier(1995)의 장르 목록에는 편지, 전보, 연회 초대장, 설교, 장부(특히 기록 유지용), 계보, 의사록, 노래 가사, 장식을 위해 매트에 짜 놓은 어떤 사물의 이름과 표어, 티셔츠 그림, 낙서까지 포함되어 있다. 이 연구에서는 심층적인 문해 활동의 의의를 살피기 위해서가 아니라, 초기 문해 능력을 살피기 위해 누쿨래래 사람들을 관찰하였다.

이 연구에서는 누쿨래래 사람들이 어떻게 문해 능력을 선택하는지, 어떻게 문해 능력에 익숙해지는지, 문해 능력이 어떻게 바뀌는지, 그리고 초창기의 구두 문자 및 비언어적 실천을 어떻게 수용하는지, 문해 능력과 구술성이 어떻게 강력하게 지속적으로 상호작용하는지 탐구했다. 예를 들어, Besnier(1995)는 이별의 사회·문화적 사실―다른 섬으로 여행을 떠나는 것과 같은 전통적인 행동―과 이에 대한 강력한 감정 표현이 문자 쓰기(배가 나타나기 전 그 날 밤 정서적으로 감정에 북받쳐 쓰는 행위와 문자로 나타난 표현 둘 다)에서 어떻게 개선되지를 분석했다. 이를 통해서 문어 장르가 구술 장르보다 더 감정적일 수 있는 이유를 알 수 있다. 오늘날 사회에서 주목을 끌기 시작한 문해 능력의 과정을 상세히 기록하는 것에 덧붙여, Besnier(1995)는 현재 활동에서 문화 자원(텍스트, 문해 활동의 실천, 동일성, 이데올로기 등)이 창조적으로 그리고 즉흥적으로 (재)작용할 때 문해 능력이 다양한 기호적 실천에 개입한다는 점을 폭넓게 지적했다.

Kalman(1999)은 더 복잡한 사례를 연구했다. Kalman(1999)은 멕시코시티에 있는 Plaza de Santa Domingo에서 대서사(代書士)와 의뢰인의 중재된 언어 실천을 연구했다. 이들의 중재된 언어 실천은 공동 작문의 형식을 보였는데, 대서사는 단순한 타자수의 역할만을 하는 경우도 있었고 의미를 구성하는 역할(의뢰인들의 목적에 맞는 언어와 형식으로 변환하는 역할)을 하는 경우도 있었다. 이러한 과정을 거치며 대서사는 문서(예, 계약서, 납세 신고서, 학교 과제, 연애편지, 탄원서, 지원서)를 작성하였다. 그리고 이 연구에서는 의뢰인의 사례를 상세히 기록했다. 의뢰인들 중에는 집을 구하기 위해 편지를 쓰는 남자도 있었고 기술적 도안을 넣어달라는 편지를 작성하는 회사 기술자도 있었다. Kalman(1999)은 텍스트, 장르, 정체성, 맥락, 글쓰기의 참여 형식에 이르는 복잡한 협상 과정을 탐구하였다. 이를 통해서 특정한 문화적 맥락에서 쓸 것을 말해 주는 구술과 그것을 받아 적는 쓰기가 어떻게 결합하는지, 담화나 이야기가 텍스트와 상호작용하는지, 사회적 신분과 문해 능력이 어떻게 쓰기 과정의 참여를 구체화하는지 탐구할 수 있었다. Kalman(1999)은 문자를 다루는 데 어려움을 겪는 의뢰인들이 문해 활동의 실천에 대해 상당한 정도의 친밀감을 보였다는 점, 의뢰인들이 개인적인 능력이 상당했음에도 불구하고 글을 쓰지 못해 문화적으로 존경을 받지 못하고 재정적으로도 안전을 보장받지 못한다는 점을 확인하였다.

구술성에서 문식성(개별적으로 나타난 것이든 사회·문화적으로 나타난 것이든)으로의 변화를 다룬 사회·문화 관점의 연구는 쓰기의 사회·문화적 성격을 탐구하는 핵심적인 영역으로 인식되어 왔다. 이러한 연구는 초안으로 글이 작성되고 협상과 대화를 통해 수용되는 다양한 방식, 대화(예를 들면 설교)가 쓰기를 통해 미리 만들어지는 다양한 방식을 다루면서 우리가 상상했던 것보다 더 복합적인 구술성과 문식성 사이의 관계를 조명했다. 그리고 학교 및 직장의 문해 활동보다 가정 및 지역 공동체에서의 문해 활동에 관심을 두어왔다. 요컨대 이 분야의 연구는 문해 실천을 사회적으로 구조화된 생산, 분배, 수용 활동으로 보고, 구체적인 맥락에서 구체적인 목적으로 묶인 텍스트의 사용으로 보는 Scribner & Cole(1981)의 설명을 확인하고 확장해 왔다.

학교 교육에 의한 문해 능력의 등장

현대 사회에서 학교는 문해 능력을 증진시키는 데 주도적이며 가시적인 역할을 해 왔다. 일반적으로 학교는 어린이가 읽고 쓰는 것을 배우는 곳으로 여겼으며, 교차 문화 연구에서도 강력한 기능을 하는 요인으로 다루어져 왔다(Rogoff, 1981;Scribner, 1997). 그러나 미국의 3군데 지역 사회의 문해 능력을 다룬 Heath(1983)에 따르면, 문해 활동의 실천은 가정과 지역 사회에서 처음 나타나며, 그러한 실천적 행동 중 어떤 특정 형식은 학교 교육을 통해 형성된 문해 능력과 상승 작용을 일으키거나 충돌 상쇄 작용을 일으킬 수 있다. 그런데 학교 교육을 다룬 사회·문화적 연구는 쓰기가 학교에서 어떻게 이용되고 배우게 되는지, 더 나아가 학교 쓰기가 사회·문화적 실천 중에서 현재 얼마나 더 크고 더 깊이 위치해 있는지 기술하려고 해 왔다.

Dyson(1997)은 초등학교의 쓰기를 연구하면서 Bakhtin과 Vygotsky의 이론을 끌어들여 어린이들이 놀이를 통해 상상한 세계를 형성할 때 자신의 목소리를 얼마나 사용하는지, 그리고 놀이와 전유(appropriation)가 어린이들의 주체성과 사회적 관계에 얼마나 중요한지 탐구하였다. 2학년 이상 학생(2~3학년)의 수업을 관찰한 Dyson(1997)은 어린이들을 "단순한 의미 구성자라기보다는 이용 가능한 단어들을 채택하고 거부하고 확장하는 협상가"(p.4)로 보았다. 그러면서 어린이들의 글쓰기는 이들이 접해왔던 사회적, 이데올로기적 '문제의 상황'(Voloshinov, 1973)을 변경하기 위해 작업을 하는 것이라고 보았다. 예를 들어 보자. Dyson(1997)은 지시에 따라 학급 친구와 함께 글이나 대본(극을 공연하기 위한 대본)을 쓰는 3학년 수업(예, 작가의 극장(Author's Theatre))이 안고 있는 문제 상황을 분석했다. 일상적으로 '작가의 극장'에서 다루는 글은 대개 인물과 그들이 펼치는 이야기를 다룬다.

Dyson(1997)은 남자 영웅(백인), 그리스 신과 여신(백인)을 다룬 글(이 글은 학생들에게 읽게 할 수도 있고 TV의 영상 자료로 보게 할 수도 있다)이 여자 어린이 Tina(아프리카계의 흑인 미국인, 여자)에 의해 재구성될 때 무슨 일이 일어나는지, 누가 새로운 영웅인 Venus Tina를 구성하는지를 분석했다. 글, 대화, 그림에서 영웅 Venus Tina는 공기를 통과하며 날아다니는 강하고 신비한 검은 색 암컷 말인데, 위기에 빠진 어린이를 위기에서 구해내고, 비열한 남자를 선량하고 용감한 남자로 바꾸며, 도시 공원을 안전하고 평화롭게 만든다. 그림 그리기, 대화하기, 쓰기, 다양한 단어들, 이미지들, 이야기가 모두는 이 글에서 통합된다. 여기서 쓰기는 동료 집단, 학교, 사회라는 세계에 참여하는 하나의 양식이다. 대중 매체가 어린이들의 초기 문해 활동을 어떻게 자극하는지에 주목하면서, Dyson(1997)은 어린이들을 단순한 문화적 존재가 아니라, 그들이 접하는 인공물과 문화적 도구를 비판적으로 사용하고 재구성하는, 문화적으로 생동하는 존재로 간주하면서 어린이들의 능동적인 주체성을 강조하였다.

Kamberelis(1999)는 세 가지 장르(서사, 과학 보고서, 시)에서 어린이들(K-2학년)이 이를 어떻게 전유(appropriation)하는지에 대해 양적이면서도 해석적인 방법으로 분석하였다. 이 연구에서는 장르별 텍스트 분석을 통해 어린들이 텍스트의 미시적 특징보다는 일반적 특징에 대해 더 잘 알고 있다는 것을 알아냈다. 이러한 경향은 모든 장르에서 동일했다. Kamberelis

(2001)는 또한 혼성성, 특히 과학과 정보적 장르의 탁월한 통합도 분석 대상으로 삼았다. 이 연구에서는 4학년 학생 2명이 올빼미 펠리트(owl pellet)를 해부하고 결과를 기록하고 보고서를 제출하는 동안 이루어진 학생들의 대화와 행동을 상세하게 분석하여 대화 실천의 혼성성을 분석하였다. Kamberelis(2001)는 장르, 조직 기반, 권력 관계를 분석하면서 목소리의 다양성, 특히 틀에 얽매이지 않은 직접적인 인용('메스', '나에게 보내줘, 스카티' 등)의 사용을 강조한다. 이 연구는 혼성성이 교사와 다른 학생들이 성공적으로 알아낸 사항을 보고서로 작성하는 것뿐만 아니라 교실의 체제들을 바꾸는 것을 잘 보여준다.

Moll & Greenberg(1990)는 비고츠키주의자들의 시각에서 이중 언어적이고 다문화적인 교육의 맥락과 사회 맥락의 대해 탐구해 왔다. 이 연구에서는 히스패닉계 학생들의 문화적 결손을 설명하면서 학생들의 가족과 지역 사회에서 이루어지는 다양한 지식의 축적을 확인하였다; 정원 가꾸기, 동물 보호, 자동차 수리, 음악, 건물 번호, 종교에 관한 지식 등등이 이러한 예에 속한다. Moll & Greenberg(1990)는 사회적으로 이러한 분배된 지식들이 가정생활과 직장 활동에 깊이 녹아 있으며 이것들은 구체적인 문해 능력과 실천 학습을 포함한다고 보았다.

Moll & Whitmore(1993)는 학생들의 지식 축적을 이해하기 위해 노력하고 그 특징에 적합한 교수 방법을 설계하기 위해 노력한 연구 결과(교사 및 연구자의 연구 결과)를 재조직함으로써 학교 교수 방법을 재조정하고 확장했다. 공적인 분위기에서는 중요 기호 체계의 결손이 드러나기 쉬운데 이 때 이중 언어에 대한 문해 능력을 갖추고 있으면 도움을 얻을 수 있다. Moll(2000)에서는 이중 언어의 문해 능력이 주는 이러한 이점을 논의한 바 있다. 한편, 이 연구에서는 "어린이들이 만든 가장 중요한 결과물, … 자기 자신의 개성 형성"(p.262)에 쓰기가 기여한다고 하면서 어린이들에게는 쓰기가 특별히 가치가 있다고 하였다.

Lunsford(2002)는 주요 대학에서 열린 고등학교 학생(주로 상급생으로 올라가는)들을 위한 여름 쓰기 프로그램을 대상으로 하여 교실 담화, 소집단 대화, 텍스트를 정밀하게 분석했다. 이 프로그램에서는 행정적 지원(강의와 소집단)과 함께 Toulmin(1985)의 논증 모형(주장, 근거, 이유, 수식 어구)과 명확하게 문장을 쓰는 데 필요한 문법(Williams, 1990)을 교육 내용으로 제공하여 학생들이 논증적인 글을 쓰는 데 필요한 여러 가지 전략을 배울 수 있도록 도왔다.

Lunsford(2002)는 교수법에 쓰인 지도 용어의 대화적 복합성을 분석하였다. 예를 들어 보자. 학생들은 이 프로그램에서 열심히 배운 두 가지 핵심 개념(텍스트 구조를 강조하는 것)뿐만 아니라, 영어 수업에서 접했던 다른 개념(화제 문장, 주제)을 Toulmin의 논증 모형에 대응시키기 위해 노력한다. 이러한 대화의 복합성을 다루는 것은 하찮은 문제가 아니다. Lunsford (2002)는 학생들이 작성한 글을 동료나 지도 교사가 읽을 때 이와 유사한 복합성이 나타난다는 것을 발견하였다. 그것은 아마도 일부분은 특정한 동료 반응뿐만 아니라 과제를 처리하는 특정한 방법 때문에 발생한다. 이러한 분석은 쓰기 지도가 복합적 성격을 지니고 있음을 보여준다. 또한 Lunsford(2002)는 이러한 사회·문화적 분석을 통해서 지도 과정이 의도한 학습을 촉진하거나 방해하는 것을 확인할 수 있다고 제안하였다.

학교에 대한 사회·문화 연구는 문해 활동 실천을 만드는 대화, 읽기, 쓰기, 관찰, 행동, 그리고 학교를 후원하는 협동 작업과 같은 교실 행동에 대해 상세하게 분석하였다. 사회적 상호작용의 내면화를 강조한 Vygotsky의 관점에서 이해하든, 아니면 습관의 암묵적 축적에 대한 Bourdieu의 관점에서 이해하든 학습이 어떻게 일어나는지(공식 교육과정에서 발생하는 학습 실패를 포함하여)를 이해하기 위해 관심을 두어야 할 것은 바로 교실에서 일어나는 상호작용의 특성과 의미이다.

쓰기 발달과 사용의 장소로서 이러한 견해를 따르는 학교는 자율적 영역이 아니라 강력한 영향력을 지닌 영역이다. 학교에서 이루어졌던 쓰기는 가정, 지역 사회, 직장으로 가면 더 확대된 문해 활동의 실천적 맥락에서 일어난다. 학교의 생활은 여러 겹의 층이 쌓인 하나의 제도로 간주되며, 학교의 생활에는 학생들이 일상적으로 경험하는 실제적인 생활 세계가 잘 반영되지 않는다. 그래서 이에 관심을 두는 사회·문화 연구자들은 각각의 특징을 밝히고 두 대상의 연결 지점을 찾기 위해 노력한다.

대학 및 대학 이후의 쓰기: 학문적 담화 실천과 직장에서의 담화 실천

대학 글쓰기의 사회·문화적 연구는 초등 및 중등학교에서 쓰기를 대상으로 한 사회·문화적 연구가 생산해낸 핵심 의제를 반복하여 보여준다. 여기에는 교실 실천에 관심을 가져야 한다는 생각, 교실 실천은 다를 수 없다는 생각이 동일하게 존재한다. 대학 특히 대학원 학생들의 쓰기는 내용 범위는 더 넓지만 예상독자는 안정적일 가능성이 크다. 그러나 대학 글쓰기의 주요 특징은 이러한 데 있다기보다는 학문의 역할을 드러난다는 점, 그리고 학교와 직장의 특징이 혼재한다는 점이다. 대학에서 이루어지는 쓰기는 학과와 직업을 결합한 특별한 쓰기 양식을 강조한다. 이 분야를 조명한 많은 연구는 학문적 텍스트의 표지로서 장르에 초점을 맞추어 왔다.

Russell(1997)은 대학 생물학에서 잘 구성된 활동 체계(Engestrom, 1993)와 서로 연결되는 장르 체계(Bazerman, 1994, 2004)를 논의하였다. 장르 체계에 대한 아이디어는 특정한 장르가 홀로 존재하는 것이 아니라 생산, 분배, 수용이라는 고리에 연결되어 있음을 강조한다. 교실은 교사에 의해 생산된 장르(강의, 토론, 학생들에게 보낸 전자우편 반응, 판서, 교수요목, 글로 된 과제, 학생의 글 위에 적어 놓은 피드백, 교육과정에 대한 메모, 메모해 놓은 점수 등), 학생들에 의해 생산된 장르(수업 때 상호작용하면서 적은 메모, 읽으면서 표시한 사항이나 메모, 교사 및 다른 동료 학생들과의 대면 또는 전자우편을 질문, 초고, 최종 원고 등등), 학과의 장르(학술지, 책, 웹사이트), 그리고 제도적 장르(대학 정책 코드, 학적 계원의 기록, 전공 분야에서 언급된 요구 사항 등등)를 포함하고 있다.

이러한 장르들은 상징과 대화의 연쇄 체계로 연합한다(예, 교사가 과제를 내면 학생은 글을 작성하여 제출하고, 교사는 이를 근거로 점수를 부여하여 학적 관리 직원에게 보내면 이를 컴퓨터로 관리하여 성적표를 작성하거나 열람하게 한다). 각 장르는 다른 환경에 놓인 어떤 장르와 관련을 맺는다. 생물학 수업에서 쓴 실험 보고서는 다른 과학 장르 및 다른 실험 보고서로 구성된 더 넓은 세상과 연결되어 있다. 장르의 연결 고리가 커짐에 따라, 다양한 활동 체계와 더 밀접하게 결합된다. Russell(1997)은 생물학 수업의 활동 체계는 대학의 활동 체계에 연결된다고 하면서 양쪽 모두 회사, 정부, 시민 단체와 같은 흥미로운 활동 체계의 네트워크와 번갈아 가며 연결된다고 설명하였다. Russell(1997)은 "교실 장르 체계의 경계를 바탕으로 하여 교육 장르 체계에 대한 학문적 장르 체계 또는 직업적 장르 체계의 관계를 탐구함으로써, 연구자, 개혁자 및 참여자가 교실 쓰기를 더 넓은 사회적 실천으로서의 쓰기와 연결되도록 하는 방법을 구축할 수 있다."(p.546)라고 결론을 내렸다.

나는 연구를 수행하면서 쓰기와 학문의 문화화, 특히 대학원 프로그램에 초점을 맞추어 왔다. 나는 쓰기 과제가 대학원 수업에 얼마나 할당되는지, 부여된 과제는 얼마나 완성되는지, 어떤 반응을 보이는지, 즉 어떤 점수를 받는지에 대한 기본적인 질문으로부터 연구를 시작했다(Prior, 1991). 그러나 정밀한 분석을 통해서 이 과정에 놀라운 정도의 복잡성과 이질성이 있다는 사실을 밝혀냈다. 쓰기 과제는 다양한 맥락에서 만들어지고 바뀌고 협의가 이루어졌다. 학생들은 이렇게 진화하는 일련의 과제 표상을 발전시켰을 뿐만 아니라, 이러한 과제를 자신의 목표 측면에서 활발하게 해결하였다. 작성한 글은 놀라울 정도로 매우 다양했다.

학생이 작성한 글은 교수가 모두 읽었는데, 이 때 학생이 작성한 글은 과제 번역본의 의미를 지니며, 교수는 학생에 대한 지식과 과거 학생과 함께한 경험에 근거하여 그 글을 해석하는 태도를 취하게 된다. 이러한 복잡성을 이해하기 위하여 나는 학습의 의사소통과 활동 이론에 대한 대화 이론을 탐구하였다.

이후 연구에서(Prior, 1998), 나는 대학원생이 작성한 학위 논문 계획서에 대한 반응으로서 수정 과정을 재연한 사회학 세미나에서 얼마나 이야기를 하는지, (같은 세미나에서) 두 가지 텍스트(참고 자료 용지와 예비 시험)에 대한 반응과 수정이 내적으로 설득적이고 권위적인 담화(Bakhtin, 1981)를 혼합한, 대학원생과 교수의 공동 집필 텍스트에 얼마나 연결되는지, American Studies 세미나를 위한 대학원생의 글이 다른 세미나의 글, 현장 연구, 가정과 지역 사회에서의 경험과 얼마나 연결되었는지를 규명하고자 하였다.

이러한 사례 분석은 학부생, 대학원생 및 다양한 배경에 분산된 사건의 연결 고리를 넘어 쓰기가 얼마나 생산되는지 탐구하는 협력적인 후속 연구를 자극한다. 예를 들어, Prior & Shipka(2003)는 필자들이 쓰기 시간과 장소를 선택하고 조정하며, 과제 해결을 위해 특별한 조율을 만들어내는 방법을 선택하고(예, 음악 듣기, 차나 커피 마시기, 편안한 장소 찾기), 어떤 사람은 피하고 어떤 사람(공적으로 과제에 포함된 사람들이 아니라 가족이나 친구들)과는 상호작용하는 방법을 찾아내고, 때때로 초기 경험과 텍스트를 선정하는 방법들을 분석하였다.

이 연구의 두 연구자들이 의식과 행동을 조절하는 세계를 형성하고 조정하고자 할 때 연구자들은 단지 습관적인 맥락에서가 아니라 "어떤 분위기와 느낌이 있는 생활 세계, 어떤 사람과 아이디어 덧붙이기, 어떤 리듬 조정하기"(pp.230-231)를 능동적으로 만들어낸다. 이러한 환경-선택과 구조화 실천은 개개인이 사회적 실천으로 내면화할 뿐만 아니라 그들 자신과 다른 사람들의 활동을 구체화하는 그것들을 만들도록 학습하는 방법을 강조한다.

과학적이고 사회·기술적인 직장에 대한 사회·문화적 연구는 복합적 상황에 맞는 문해 활동의 실천을 강조해 왔다. Latour & Woolgar(1986)는 인류학적, 실천 중심적, 실용주의적 시각으로 과학 실험실을 연구했다. 지식을 확인하기 위해 추상적인 인식론적 원칙 대신 과학 학술지에서 논쟁이 될 수 있는 과학적인 주장, 수용된 사실과 교환되는 물체로 진열된 실험실에서 연구자들은 모호한 현상(예, 미터기에 등록된 연속적인 못)을 과학적 대상으로 받아들일 때 나타나는 광범위하고 구체적인 실천과 인공적 결과물을 확인하였다. Latour & Woolgar (1986)는 특히 글의 대한 단계적인 연결 고리를 규명했다. 진열 노트, 측정표, 이름표, 출력 정보, 초고, 발행된 기사, 허가 신청서, 이력서 등이 그것이다.

초기 과학 기술 제품을 생산했던 회사를 연구한 Bazerman(1999)은 Menlo Park에서 일했던 Thomas Edison의 이질적인 상징 공학(heterogeneous symbolic engineering)을 조사하였다. 그가 전기로 빛을 만들어 내는 일은 수사적 상황과 전략을 가진, 다양한 활동 체계임을 보여준다. 예를 들어, 미국 정부로부터 특허를 확보하는 것은 전선을 깔기 위해 시 공무원의 허가를 확보하는 것, 발명 활동을 지원해 줄 투자자로부터 자금을 확보하는 것 등의 서로 다른 종류의 활동을 포함하고 있다. 특허는 상세한 정보, 마감일 준수, 증거가 되는 실험실 노트를 요구하고, 시청 허가는 값비싼 저녁, 자본금 증여, 가까운 시일 내에 성공에 대한 확신을 요구하는 자본가를 요구한다(그 짧은 기간이 에디슨으로 하여금 증거를 위조하게 만들었다). Bazerman(1999)은 Thomas Edison이 상상했던 발명품을 안정적인 생산으로 옮겨 가는 것과 관련된 수사적이고 실제적인 활동을 복합적인 관점에서 다루었다.

Heath & Luff(2000)는 직장인들이 멀티미디어 콘솔 옆에 나란히 앉아서 세계 네트워크가 제공하는 정보를 보고, 직접 마주보며 대화하고, 정보를 타이핑하고, 먼 곳에 있는 사람과 전화나 무전기로 대화하는 London Underground 운영 센터와 같은 새로운 사회 · 기술적 직장의 실천적 행동을 분석하였다. 이 연구자들은 이 연구에서 한편으로는 현상학적 분석을 통해 응시, 신체적 적응, 다른 사람의 조용한 발성(예, 한숨) — 우리 종의 진화적 과거에 깊은 뿌리를 두고 있는, 대등 관계를 위한 의사소통 체계 — 에 관한 관심을 조율하는 직장인들에게 초점을 맞추고, 다른 한편으로는 복잡한 컴퓨터를 매개하는 자료를 어떻게 읽고 반응하는가라는 질문에 초점을 맞추었다.

대학과 직장에서의 쓰기 연구는 오늘날 현대 사회에서 읽고 쓰는 활동의 복잡성, 새로운 장르, 텍스트적 실천을 계속해서 배우려는 필자의 요구를 명확하게 만든다. 이 연구는 유치원부터 대학까지 쓰기 지도에 관한 정보를 알려준다. 예를 들어, 새로운 장르를 분석하고 새로운 쓰기 연습에 익숙해지는 방법을 학습하지 않은 채 단지 5단락 에세이 형식만을 학습하는 것은 사회 · 역사적 궤적을 따를 때 개인에게 요구되는 사항을 하나도 배울 수 없게 된다.

결론

앞에서 논의한 점을 고려하건대 쓰기에 대한 상황적 연구를 시도할 때 적어도 어떤 사회 ·

문화적 이론에 대해 제스처를 취하지 않거나 자기 자신의 연구에 사회·문화의 이론과 방법을 끌어들인 많은 쓰기 연구자를 인용하지 않는다는 것은 어려운 일이다. 문화가 실천적 행동 안으로 어떻게 녹아드는지를 이해하면 일반적으로 사회·문화 이론에서는 역사·사회적 행동과 연관지어 상황적 행동의 체계화를 강조하는 현상학적 관점과, 중재적 도구, 인공물, 사람에 의한 생산을 강조하는 실용적 관점이 니트처럼 견고하게 얽혀있다는 것을 알 수 있다.

그러나 쓰기의 사회·문화적 이론은 쓰기에 대한 전통적 견해의 경계 내에서는 쉽게 살아남을 수 없다. 그래서 이러한 연구는 점점 더 풍부한 상징적 단위(나는 이 단위를 문해 활동으로 제안해 왔다)를 탐구하게 되었는데, 쓰기에 대한 관심은 연구의 방향을 쓰기와 읽기, 말하고 듣기, 관찰과 행동, 정서와 사고를 이끌게 된다.

이와 유사한 관점에서 관심, 제약, 행동 유도성이 지적인 쓰기 기술(writing technologies)을 만들어 냈음을 이해하는 것은 실천에 대한 분석이 신중해야 함을 뜻한다. 이러한 기술을 동반한 쓰기는 모두 인쇄보다는 영상 언어를 끌어들인 다매체의 실천으로 이행해간다 (Manovich, 2001). 사회·문화 이론은 쓰기 기술이 쓰기 공간(필자가 다락방에 있는 고립되어 있는 것도 아니고, 교실이나 직장도 고립되어 있는 것도 아니다)에서 문화적으로 쉽게 살아남을 수 없다는 것을 알았다. 쓰기는 광범위한 역사적 네트워크에서 나타나며 텍스트의 궤적은 무성한 사회·역사적 풍경을 통해 길을 추적해 간다.

마지막으로, 쓰기에 대한 사회·문화적 연구는 많은 쓰기 활동이 함축적이며 쓰기는 함축적으로 학습된다는 것을 명확하게 규정하였다. 만약 이러한 발견이 흥미롭다면, 그것은 또한 당황스럽다. 쓰기에 대한 연구는 방대한 시공간적 네트워크에 흩어져 있는 복합적인 기호적 현상과, 도구에 의해 중재된 복합적인 기호적 현상의 흔적을 좇고 이해해야 하는 요구에 직면해야 한다. 더욱이 쓰기는 현재의 우리 및 미래의 우리와 더 많이 연결되어야 할 현상이기도 하다. 사회·문화적 연구를 위한 도전은 하찮은 일이 아니라, 쓰기 기술과 실천이 형성되는 방법이자 쓰기 기술과 실천을 형성하는 방법을 더 잘 이해하기 위한 노력이라고 할 수 있다. 사람과 사회를 이해하는 것은 우리의 미래의 많은 활동을 조정하기 위한 하나의 과제이다.

참고문헌

Bakhtin, M. M. (1981). *The dialogic imagination: Four essays by M. M. Bakhtin* (C. Emerson & M. Holquist, Trans.; M. Holquist, Ed). Austin: University of Texas Press.

Bakhtin, M. (1986). *Speech genres and other late essays* (Vern W. McGee, Trans.). Austin: University of Texas Press.

Bazerman, C. (1988). *Shaping written knowledge: The genre and activity of the experimental article in science.* Madison: University of Wisconsin Press.

Bazerman, C. (1994). Systems of genres and the enactment of social intentions. In A. Freedman & P. Medway (Eds.), *Genre and the new rhetoric* (pp. 79-101). London: Taylor & Francis.

Bazerman, C. (1999). *The languages of Edison's light.* Cambridge, MA: MIT Press.

Bazerman, C. (2004). Speech acts, genres, and activity systems: How texts organize activity and people. In C. Bazerman & P. Prior (Eds.), *What writing does and how it does it: An introduction to analyzing texts and textual practices* (pp. 309-339). Mahwah, NJ: Erlbaum.

Bazerman, C., & Prior, P. (2005). Participating in emergent socio-literate worlds: Genre, disciplinarity, interdisciplinarity. In R. Beach, J. Green, M. Kamil, & T. Shanahan (Eds.), *Multidisciplinary perspectives on literacy research* (2nd ed.) Cresskill, NJ: Hampton Press.

Beaufort, A. (1999). *Writing in the real way, Making the transition from school to work.* New York: Teachers College Press.

Besnier, N. (1995). *Literacy, emotion, and authority: Reading and writing on a Polynesian atoll.* Cambridge, UK: Cambridge University Press.

Bourdieu, P. (1977). *Outline of a theory of practice* (R. Nice, Trans.). Cambridge, UK: Cambridge University Press.

Bourdieu, P. (1990). *The logic of practice* (R. Nice. Trans.). Stanford, CA: Stanford University Press.

Brandt, D. (2001). *Literacy in American lives.* Cambridge, UK: Cambridge University Press.

Britton, J. & Burgess, T., Martin, N., McLeod. A., & Rosen, H. (1975). *The development of Writing abilities* (11-18). London: Macmillan.

Bruner, J. (1996). *The culture of education.* Cambridge. MA: Harvard University Press.

Casanave, C.P. (2002). *Writing games.* Mahwah, NJ: Erlbaum.

Cole, M. (1996). *Cultural psychology.* Cambridge, MA: Harvard University Press.

del Rio P., & Alvarez, A. (1995). Tossing, praying, and reasoning: The changing architectures of mind and agency. In J. Wertsch, P. del Rio, & A. Alvarez (Eds.). *Sociocultural studies of mind* (pp. 215-247). Cambridge, UK: Cambridge University Press.

Dias, P., Freedman, A. Medway, P., & Pare, A. (1999). *Worlds apart: Acting and writing in academic and workplace contexts.* Mahwah, NJ: Erlbaum.

Dewey, J. (1916). *Democracy and education*. New York: Free Press.

Dyson, A. (1997). *Writing superheroes: Contemporary childhood. popular culture. and classroom literacy*. New York: Teachers College Press.

Emig, J. (1971). *The composing processes of twelfth graders*. Urbana, IL: National Council of Teachers of English.

Engestrom, Y. (1987). *Learning by expanding: An activity theoretical approach to developmental research*. Helsinki: Orienta-Konsultit.

Engestrom, Y. (1993). Developmental studies of work as a testbench of activity theory: The case of primary care medical practice. In S. Chaiklin & J. Lave (Eds), *Understanding practice* (pp. 64-103). Cambridge, UK: Cambridge University Press.

Flower, L. & Hayes, J. (1981). A cognitive process theory of writing. *College Composition and Communication*, 32, 365-387.

Garfinkel, H. (1967). *Studies in ethnomethodology*. Engelwood Cliffs, NJ: Prentice-Hall.

Gee, J. (2000). The new literacy studies: From "socially situated" to the work of the social. In D. Barton, M. Hamilton, & R. Ivanic (Eds.), *Situated literacies: Reading and writing in context* (pp. 180-196). London: Routledge.

Geisler, C. (2003). When management becomes personal: An activity-theoretic analysis of Palm technologies. In C. Bazerman B: D. Russell (Eds), *Writing selves. writing societies: Research from activity perspectives* (pp. 125-158). Fort Collins, CO: WAC Clearinghouse and Mind, Culture, and Activity. Available online at wac.colostate.edu/books/selves_societies/

Goffman, E. (1981). *Forms of talk*. Philadelphia: University of Pennsylvania Press.

Goffman, E. (1974). *Frame analysis: An essay on the organization of experience*. Boston: Northeastern University Press.

Goodwin, C., & Duranti, A. (1992). Rethinking context: An introduction. in A. Duranti & C. Goodwin (Eds), *Rethinking context: Language as an interactive phenomenon* (pp. 1-42). Cambridge, UK: Cambridge University Press.

Gutierrez, K., Rymes, B., & Larson, J. (1995). Script, counterscript, and underlife in the classroom: james Brown vs. Brown v. Board of Education, *Harvard Educational Review*, 65, 445-471.

Hanks, W. (1995). *Language and communicative practices*. Boulder, CO: Westview Press.

Hawisher, G,, & Selfe, C. (1999). *Passions, pedagogies, and 21st century technologies*. Logan, UT and Urbana. IL: Utah state University Press and National Council of Teachers of English.

Heath, S. B. (1983). *Ways with words: Language, life, and work in Communities and Classrooms*, Cambridge, UK: Cambridge University Press.

Heath, S. B. & Luff, P. (2000). *Technology in action*. Cambridge. UK: Cambridge University Press.

Holland, D.,& Lachicotte, W., Skinner. D., & Cain, C. (1998). *Identity and agency in cultural worlds*. Cambridge, MA: Harvard University Press.

Hutchins, E, (1995). *Cognition in the wild*. Cambridge, MA: MIT Press.

Ivanic, R. (1998). *Writing and identity: The discoursal construction of identity in academic writing*. Amsterdam: John Benjamins.

Kalman, J. (1999). *Writing on the plaza: Mediated literary practices among scribes and clients in Mexico City*. Cresskill. NJ: Hampton Press.

Kamberelis, G. (1999). Genre development and learning: Children writing stories, science reports, and poems. *Research in the Teaching of English*, 33, 403-460.

Kamberelis, G. (2001). Producing heteroglossic classroom (micro)cultures through hybrid discourse practice. *Linguistics and Education*, 12, 85-125.

Larson, J. (1999). Analyzing participation frameworks in kindergarten writing activity: The role of overhearers in learning to write. *Written Communication*, l6, 225-257.

Latour, B. (1999). *Pandora's hope: Essays on the reality of science studies*. Cambridge. MA: Harvard University Press.

Latour, B., & Woolgar, S. (1986). *Laboratory life*. Princeton, NJ: Princeton University Press.

Lave, J., & Wenger, E. (1991). *Situated learning*. Cambridge, UK: Cambridge University Press.

Leont'ev, A. N. (1981). *Problems of the development of mind*. Moscow: Progress.

Lunsford, K. (2002). Contextualizing Toulmin's model in the writing classroom: A case study. Written Communication, 19. 109-174.

Luria, A. R. (1976). *Cognitive development: Its cultural and social foundations* (M. Lopez-Morillas & L. Solotaroff, Trans.; M. Cole, Ed.). Cambridge, MA: Harvard University Press.

Manovich, L. (2001). *The language of new media*. Cambridge, MA: MIT Press.

Marx, K. & Engels, F. (1976). *Karl Marx and Frederick Engels: Collected works*. Volume 5, 1845-47. New York: International Publishers.

Michaels, S. (1987). Text and context: A new approach to the study of classroom writing. *Discourse Processes*, 10, 321-346.

Miller, C. (1984). Genre as social action. *Quarterly Journal of Speech*, 70. 191-167.

Moll, L. (2000). Inspired by Vygotsky: Ethnographic experiments in education. In C. Lee & P. Smagormsky (Eds.). *Vygotskyan perspectives on literacy research: Constructing meaning through collaborative inquiry* (pp. 256-268). Cambridge. UK: Cambridge University Press.

Moll, L., & Greenberg, J. (1990). Creating zones of possibilities: Combining social contexts for instruction. In L. Moll (Ed). *Vygotsky and education: Instructional implications and applications of sociohistorical psychology* (pp. 319-348). Cambridge. UK: Cambridge University Press.

Moll, L., & Whitmore, K. (1993). Vygotsky in classroom practice: Moving from individual transmission to social transaction. In E. Forman, N. Minick. & CA. Stone (Eds.). *Contexts for learning: Sociocultural dynamics in children's development (pp. 19-42)*. Oxford. UK: Oxford University Press.

Myers, G. (1990). *Writing biology: Texts in the social construction of scientific knowledge*. Madison:

University of Wisconsin Press.

Nardi, B. (Ed.).(1995). *Context and consciousness: Activity theory and human-computer interaction.* Cambridge. MA: MIT Press.

Ochs, E. (1988). *Culture and language development: Language acquisition and language socialization in a Samoan village.* Cambridge, UK: Cambridge University Press.

Prior, P. (1991) Contextualizing writing and response in a graduate seminar. *Written Communication*, 8, 267-310.

Prior, P. (1998). *Writing/disciplinarity: A sociohistoric account of literate activity in the academy.* Mahwah. NJ: Erlbaum.

Prior, P., & Shipka, J. (2003). Chronotopic lamination: Tracing the contours of literate activity. In C. Bazerman & D. Russell (Eds.), *Writing selves, writing societies: Research from activity perspective* (pp. 180-238). Fort Collins, CO: WAC Clearinghouse and Mind, Culture, and Activity. Available online at wac. colostate.edu/books/selves_societies/

Rogoff, B. (1981). Schooling and the development of cognitive skills. In H. C. Triandis & A. Heron (Eds.), *Handbook of cross-cultural psychology. Vol. 4: Developmental psychology* (pp. 233-294). Boston: Allyn & Bacon.

Rogoff, B. (1990). *Apprenticeship in thinking: Cognitive development in social context.* Oxford, UK: Oxford University Press.

Rogoff, B. (2003). *The cultural nature of human development.* Oxford, UK: Oxford University Press.

Russell, D. (1997). Rethinking genre in school and society: An activity theory analysis. *Written Communication*, 14, 504-554.

Salomon, G. (Eds.). (1993). *Distributed cognitions: Psychological and educational considerations.* Cambridge, UK: Cambridge University Press.

Schutz, A. (1967). *The phenomenology of the social world* (G. Walsh & F. Lehnert, Trans.) Evanston, IL: Northwestern University Press.

Schutz, A., & Luckmann, T. (1973). *The structures of the life-world* (R. M. Zaner & H. T. Engelhardt, Jr., Trans.). Evanston, IL: Northwestern University Press.

Scollon, R., & Scollon, S. (1981). *Narrative, literacy, and face in interethnic communication.* Norwood, NJ: Ablex.

Scribner, S. (1997). *Mind and social practice.* Cambridge, UK: Cambridge University Press

Scribner, S., & Cole, M. (1981). *The psychology of literacy.* Cambridge, MA: Harvard University Press.

Sheridan-Rabideau, M. (2001). The stuff that myths are made of: Myth building as social action. *Written Communication*, 18, 440-469.

Silverstein, M. (1985). The functional stratification of language and ontogenesis. In J. Wertsch (Ed), *Culture, communication, and cognition: Vygotskian perspectives* (pp. 205-235). Cambridge, UK: Cambridge University Press.

Suchman, L. (2000). Making a case: "Knowledge" and "routine" in document production. In P. Luff, J. Hindmarsh, & C. Heath (Eds.), *Workplace studies: Recovering work practice and informing system design* (pp. 29-45). Cambridge, UK: Cambridge University Press.

Swales, J. (1998). *Other floors, other voices: A textography of a small university building.* Mahwah, NJ: Erlbaum.

Taylor, D., & Dorsey-Gaines, C. (1988). *Growing up literate: Learning from inner-city families.* Portsmouth, NH: Heinemann.

Toulmin, S. (1958). *The uses of argument. Cambridge*, UK: Cambridge University Press.

Voloshinov, V. (1973). *Marxism and the philosophy of language* (L. Matejka & I. Titunik, Trans). Cambridge, MA: Harvard University Press.

Voloshinov, V. (1976). *Freudianism: A Marxist critique* (I. Titunik, Trans.; I. Titunik & N. Bruss, Eds.). New York: Academic Press.

Vygotsky, L. (1978). *Mind in society: The development of higher psychological processes* (M. Cole, V. John-Steiner, S. Scribner, & E. Souberman, Trans.). Cambridge, MA: Harvard University Press.

Vygotksy, L. (1987). *Problems of general psychology: The collected works of L. S. Vygotsky,* Volume 1 (N. Minick, Trans.). New York: Plenum Press.

Wertsch, J. V. (1991). *Voices of the mind: A social cultural approach to mediated action.* Cambridge, MA: Harvard University Press.

Williams, J. (1990). *Style: Toward clarity and grace.* Chicago: University of Chicago Press.

제5장
쓰기 과정에서의 인지적 요구

Mark Torrance & David Galbraith

나(Mark Torrance)는 당신이 지금 읽고 있는 이 글을 쓰기 위해 컴퓨터 응용 프로그램인 워드프로세서를 사용하고 있다. 이 워드프로세서는 내가 글을 쓸 때 범하는 철자 오류를 잡아내기 위해 내가 입력하는 글자를 점검하고 있다. 내가 요청할 수도 있다. 그러면 워드프로세서는 내가 작성한 글이 문법에 맞는지를(정확성은 다소 떨어지지만 워드프로세서에 미리 설정된 준거에 따라) 확인해 준다.

컴퓨터에는 워드프로세서 외에도 전사우편의 도착 여부를 점검해 주는 응용 프로그램이 실행되고 있으며, 내 지시에 따라 워드프로세서와 연동하여 작동하는 참고 문헌 관리 프로그램도 실행되고 있다. 이 프로그램들은 단지 내가 알고 있는 것만을 말한 것이다. 눈에 보이지 않는 밑바탕에는 이보다 더 많은 28개의 프로그램이 실행되고 있으며, 내 생각에 이들 중 최소한 몇몇 프로그램은 컴퓨터를 작동하는 데 필수적인 것들이다. 이러한 프로그램은 모두 정보를 처리하거나 정보 처리를 위해 항상 대기하고 있다.

각각의 프로그램은 정보 처리를 위해 컴퓨터의 중앙 처리 장치와 메모리를 다양한 수준으로 이용한다. 내가 사용하는 최신 컴퓨터는 메모리 용량이 크고 중앙 처리 장치 장치가 매우 빠른데, 그래서 여러 가지 프로그램을 동시에 실행하더라도 전혀 무리가 따르지 않는다. 이것은 내가 10년 전에 사용하던 컴퓨터와는 확실히 다르다. 그 컴퓨터는 한 번에 단지 두 개의 응용 프로그램을 돌리는 것만으로도 작동 속도가 크게 떨어졌다. 그 이상을 더 요구하면 작동이 아예 멈춰버리곤 했다.

물론 이 글을 쓰는 데에는 컴퓨터 응용 프로그램과는 다른 정보 처리 장치도 쓰였다. 다른 정보 처리 장치란 바로 내 '마음'(mind)이다. 글을 쓰는 동안 내 마음은 다음과 같은 기능(모두 또는 대부분)의 처리 과정에 동시에 참여하거나 처리 과정을 빠르게 변경했다. 그 기능에는 글의 통일성[1] 점검하기, 적절한 내용을 검색하거나 인출하기, 내용과 관련된 어휘 목록 찾기, 통사 구조에 맞게 표현하기, 단어의 필수적 형태를 고려하여 어미 변형하기, 글이 적절한지 점검하기, 의도를 가지고 작성한 새로운 글과 선행하는 다른 글과의 관련성 유지하기, 컴퓨터에 글을 입력하는 데 필요한 근육 운동 실행하기, 작성한 절이나 문장이 의도한 목표에 부합하도록 글로 확장하기, 새로 작성한 글의 관점을 고려하여 목표 수정하기 등이 포함된다.

10년 된 컴퓨터라면 이 처리 과정을 동시에 수행해서는 안 된다. 그렇게 한다면 컴퓨터에 과부하가 걸려 결국은 글을 쓸 수 없게 될 것이다. 그러므로 지금 내가 글을 쓰고 있다는 사실은 제한적인 자원을 가지고 수많은 처리 과정을 계획하고 조율하는 쓰기 시스템이 내 '마음'에 갖추어져 있음을 알려주는 증거라고 할 수 있다. 이를 통해서 우리는 아무리 사소한 글일지라도 그 글을 쓰는 데에는 놀랄 말한 쓰기 시스템이 작동하고 있음을 알 수 있다. 다음 인용에서 설명하고 있는 것처럼 말이다.

> 글을 쓸 때 제재 순서가 혼란스러우면 필자는 얼굴이 붉어지고 머리가 아파지며, 집중과 흥분, 특히 방해물에 대해 극도의 흥분이 반복되는 생리적인 증상을 겪는다. 제재의 순서를 잡는 일은 글의 주제를 다시 생각해 봐야 하는 문제와 관련되어 있고 … 제재의 순서를 정하는 데에서 문제를 겪으면 문장을 통일성 있게 쓸 수 없다. 마지막 과정을 잘 수행하는 것은 무척이나 어렵다(익명 필자의 글, Lowenthal & Wason, 1977, p.781).

Flower & Hayes(1980, p.33)도 이와 유사하게 말한 바 있다.

> 글을 쓰는 필자는 반드시 여러 가지 기능을 수행해야 하고 여러 가지 요구를 동시에 충족해야 한다. 역동적인 과정으로서 쓰기는 지적 부담이 큰 요구나 제한점을 동시에 처리하는 행위이다. 이러한 관점으로 보면 글을 쓰고 있는 필자는 글을 쓰는 내내 인지적으로 과부하가 걸린 상태에서 사고하는 존재라고 할 수 있다.

---

[1] [역주] 이 글에서는 'coherence, coherent'를 '통일성'으로 번역하였다. 이렇게 번역하는 것에 대해서 다소 논란이 있지만, 편의를 위해 국어 교육과정에서 사용하고 있는 용어를 따랐다.

쓰기의 복합적인 처리 과정은 조정이 이루어질 때 필자 마음의 구조적 특성이 한정하는 제약의 범위를 벗어날 수 없다. 이 장에서는 필자 마음의 구조적 특성에 따른 제약의 범위 내에서 그 과정이 어떻게 조정되는지를 탐색하고자 한다. 정보를 처리할 때 '필자의 마음'의 구조적 특성에 따른 제약은 피할 수 없다. 그러므로 이러한 제약은 쓰기를 설명하는 모든 이론에 내재되어 있다고 할 수 있다. 쓰기 연구자들도 처리 과정의 조정은 필자 마음의 구조적 특성에서 비롯된 제약으로부터 영향을 받는다는 사실을 인지하고 있었는데, 특히 최근에 작업 기억의 효과를 탐구하면서 이 문제를 명시적으로 다루어왔다(Chanquoy & Alamargot, 2002; McCutchen, 1994, 1996).

이 장에서는 이와 관련된 몇몇 연구를 선택하여 검토해 보고자 한다. 우리의 목적은 과정상의 제약이 어떻게 쓰기 체계의 기능(機能)에 영향을 미치는지에 대해 일반적인 수준에서 파악해 보는 데 있으며, 또한 후속 연구를 위한 가설적인 논의의 틀을 제안하는 데 있다.

먼저, 이 장 앞부분에서는 쓰기와 관련된 인지 자원의 요구가 다양하게 이루어지는 방식을 탐구할 것이다. 포괄적 관점에서 볼 때 "작업 기억의 제한적 용량"(limited capacity working memory)에 의한 것으로 간주되는 여러 가지 현상에는 우리가 주장하는 것처럼, 설명 가능한 몇 가지 원인이 있다. 이 원인에는 적어도 처리 과정의 병목 현상, 처리 결과의 교차 영향, 일시적이라는 단기 기억의 특징이 포함된다. 쓰기 체계의 복합성을 설명하는 이론은 쓰기 체계가 어떻게 제약을 고려하면서 작동하는지를 정교하게 설명할 수 있어야 한다. 이 장 뒷부분에서는 이러한 관점에서 쓰기의 인지적 요구가 과정상의 제약을 어떻게 극복하는지, 또는 어떻게 순응하는지를 확인해 보고자 한다.

과정상의 제약

정보를 처리하려면 필자의 마음에는 용량(the mind's capacity)이 갖추어져 있어야 한다. 그런데 앞에서도 언급한 것처럼 이 용량에는 일정한 제약이 따른다. 인지심리학자들은 마음의 용량에 존재하는 제약을 다양한 방식으로 설명해 왔다. 그러나 인지심리학자들의 설명은 상대적으로 변별되는 두 가지 경향으로 요약할 수 있다. 각각의 경향에 속하는 연구들은 이 제약을 서로 다르게 설명하지만 상보적으로 서로를 보완해 주기도 한다.

첫째 번 경향의 연구는 이중 과제의 간섭 현상을 탐구한 것이다(예, Pashler, 1994a). 실험 참여자에게 두 가지 과제를 동시에 수행하게 하면 보통 한 개 과제 또는 두 개 과제 모두에서 수행의 정도가 떨어진다. 첫째 번 경향의 연구는 이러한 간섭 현상을 관찰하고 해석한 것이다. 이러한 연구는 이중 과제 간섭이 일어나는 방식(아마도 간섭이 일어나는 여러 가지 방식)을 설명하고자 하였다.

둘째 번 경향의 연구는 단기 기억의 특성을 탐구한 것이다. 사람들은 일반적으로 어떤 정보를 유지하는 데 심각한 제약을 겪곤 하는데, 둘째 번 경향의 연구는 이러한 현상을 관찰한 것이다. 이러한 경향의 연구는 필자의 마음이 정보를 즉시적인 처리가 가능하도록 유지하는 심리적 기제에 초점을 맞추고 있다. 단어 목록을 기억할 때 "음운 고리"(phonological loop)가 어떤 역할을 하는지에 대한 Baddeley의 최근 논의가 이러한 경향에 속하는 연구의 특징을 잘 보여준다(예, Larsen & Baddeley, 2003).

위에서 설명한 두 가지 경향의 연구는 통제된 실험 조건에서 이루어진, 매우 간단한 과제 수행(소리에 맞춰 키 누르기, 짧은 단어 목록 기억하기)을 관찰한 것이다. 능숙한 필자가 통일성 있게 글을 쓸 수 있는 것은 정보 처리의 여러 국면이 복합적으로 구성되어 있기 때문이다. 쓰기 연구자들이 수행해야 할 도전적인 연구는 바로 정보 처리의 복합적인 국면에 따라 어떻게 기본적 과정들이 제한되고 관리되는지를 탐구하는 것이다.

이중 과제의 간섭

우리 마음이 두 가지 과제를 동시에 처리하려고 시도할 때, 둘 중 어느 한 개 과제에서 수행의 질이 떨어지기도 하지만 두 개 과제 모두에서 수행의 질이 떨어지기도 한다. 글을 읽으면서 동시에 대화하면 글을 잘 이해하지 못하거나 대화를 자연스럽게 이어가지 못한다. 어떤 경우에는 글을 잘 이해하지도 못하고 대화를 올바로 이어가지도 못한다.

쓰기의 관점에서 보면, 이러한 현상에 내재되어 있는 기제를 이해하는 것은 매우 중요하다. 왜냐하면 일반적으로 글을 쓰는 동안에는 한 번에 두 가지 과제를 동시에 처리하는 일이 항상 일어나기 때문이다. 쓰기 체계가 정상적으로 작동하는 상황이라면 항상 그렇다고 보아도 좋다. 그리고 쓰기 연구자들이 이중 과제의 효과를 밝히기 위해 사용해 온 실험 방법이 바로 이러한 기제를 적용했었다는 점에서도 중요하다.

이중 과제로 실험할 때에는 일반적으로 다음과 같이 설계한다. 실험 참가자들에게 1차 과제로 글을 쓰게 하고, 인지 부담이 따르는 2차 과제를 동시에 수행하게 한다. 실험에 적용되었던 2차 과제는 형태가 다양하다. 컴퓨터 스크린에 제시된 글자가 무엇인지를 찾거나 글자 모양이 어떠한지를 찾는 과제(Lea & Levy, 1999), 어떤 지시를 들려주고 그 지시에 따라 반응을 하게 하는 과제('그만'이라는 소리가 들리면 버튼을 누르세요, 예를 들어 Kellogg, 2001a), 1차 과제와 내용이 무관한 연설이나 음악을 듣고 기억하는 과제(Levy & Marek, 1999; Ransdell & Gilroy, 2001), 한 음절 단어를 빠르게 반복하여 말하게 하는 과제(Chenoweth & Hayes, 2003), 숫자를 기억하게 하는 과제(Ransdell, Arecco, & Levy, 2001), 단어를 기억하게 하는 과제(Bourdin & Fayol, 2002), 글자 모양을 기억하게 하는 과제(Kellogg, 1999) 등이 적용된 바 있다.

실험 참여자에게 2차 과제를 수행하게 했을 때 만약 1차 과제로 제시한 쓰기 수행이 저하된다면, 2차 과제를 수행할 때 동원된 인지 자원이 글을 쓰는 데에도 관련되어 있기 때문이라고 해석할 수 있다. 어떤 인지 자원이 2차 과제에도 중복되어 활용됨으로써 쓰기 수행의 질을 떨어뜨리는 것이다.

Chenoweth & Hayes(2003)를 예로 들어 보자. 이 연구에서는 실험 참여자들에게 글을 쓸 때(1차 과제) 한 음절 단어를 반복해서 말하게 했는데(2차 과제), 이 때 실험 참여자들이 문법 오류나 철자 오류를 더 많이 범한다면 한 음절 단어를 반복해서 말하는 과제가 단어 쓰기와 문장 쓰기를 이끌어가는 쓰기 체계의 자원을 공유하고 있다는 것을 의미한다. 만약 단어를 반복해서 말하는 과제를 수행할 때 동원되는 인지 자원이 무엇인지 밝힐 수 있다면 쓰기와 관련된 인지 기제를 좀 더 통찰력 있게 이해할 수 있을 것이다. 각각의 쓰기의 하위 과정을 수행하는 데 요구되는 인지 자원의 모습을 그려보면, 쓰기가 이루어지는 동안 각각의 하위 과정은 서로 인지 자원을 끌어 쓰기 위해 경합하고 있다는 결론을 내릴 수 있다.

2차 과제의 수행이 나빠지는 것도 비슷한 방식으로 해석할 수 있다. Kellogg(1988, 1990, 2001a), Olive & Kellogg(2002)는 실험 참여자들에게 글을 쓰는 중간에 행동 반응을 요구하는 소리를 들려주고 반응 시간이 얼마나 걸리는지를 측정했다. 이를 통해 쓰기 과정의 몇몇 지점에서 행동 반응을 하는 데 시간이 더 많이 걸린다는 사실을 발견하였다. 이 연구에서는 필자가 글을 쓰는 데 인지적으로 얼마나 몰두하는가에 따라 행동 반응 시간이 차이가 발생하는 것으로 해석했다.

인지 용량에 대한 설명

이러한 연구로부터 얻은 결과를 적절하게 해석하려면 하나의 수행이 다른 수행에 간섭하는 방식을 이해할 필요가 있다. 인지 용량(cognitive capacity)은 몇몇의 인지 과정 또는 모든 인지 과정이 공유하는 유연한 자원이라고 할 수 있다. 연습을 통해 숙련된 쓰기 체계의 어떤 요소－예를 들어 유능한 타자수가 어떻게 손을 움직이면서 키보드를 칠 것인가에 대한 계획－는 매우 적은 양의 인지 용량을 사용하더라도 성공적으로 수행할 수 있다. 그러나 쓰기 체계의 다른 요소－예를 들어 이 장 서론에서 인용했던 글에 언급된 '제재의 순서를 정하는 문제'－는 훨씬 더 많은 양의 인지 용량을 투입해야 작동이 올바르게 이루어진다.

어떤 과제를 수행할 때 요구되는 인지 용량의 총합이 이용 가능한 범위를 초과하지 않는 한 어떤 과제이든 막힘없이 수행할 수 있다. 그러나 요구 수준이 그 범위를 초과하면 과제 수행의 질적 수준은 당연히 떨어지게 된다. 우리가 서론에서 인용했던, 글을 잘 쓰는 데 실패했던 필자를 예로 들어보자. 그 필자는 글의 내용을 조직할 때 자신의 인지 용량을 초과하는 과부하 상태에 빠졌고, 그로 인해 문법적으로 옳은 문장을 쓸 수 없었다.

간단히 말하자면, 인지 용량이란 현재 작동하고 있는, 인지 부담을 요구하는 모든 인지 과정이 공유하는 하나의 단일 자원이라고 할 수 있다(Kahneman, 1973). 쓰기 연구자들은 이러한 인지 용량의 정의를 기본적인 가정으로 수용해 왔다(예, Fayol, 1999; Kellogg, 1987; McCuchen, 1996; Olive & Kellog, 2002; Swanson & Berninger, 1996b). 대안적 관점에 따르면, 인지 용량은 과제가 다루는 특정한 표상 코드의 바탕 위에서 다른 과제에 활용할 수 있는, 분리된 또 다른 자원의 원천으로 간주되기도 한다(예, Caplan & Waters, 1999; Navon & Gopher, 1979).

Baddley(1986)는 음운적 자원과 시공간적 자원을 구분함으로써 인지 용량에 대한 논의를 한층 더 발전시킨 바 있다. Baddley(1986)가 밝혔듯이, 글을 쓸 때 동원되는 인지 자원이 음운 차원과 시공간 차원으로 구분된다는 것은 여러 가지 근거가 뒷받침해 준다. 그 근거를 Kellogg & Catterton(1996, Kellogg, 1999에서 재인용)에서 찾아보자. Kellogg & Catterton(1996)은 실험 참여자들에게 글을 쓰는 동안 어떤 숫자를 기억하는 과제(음운 과제)나 어떤 형태를 기억하는 과제(시공간 과제)를 동시에 수행하게 했다. 실험 결과, 이러한 2차 과제가 없는 조건과 대조해 볼 때 문장 길이가 더 짧았고 문장을 완성하는 시간이 더 길었다. 어떤 형태를 기억하게 하는 시공간 과제보다 어떤 숫자를 기억하게 하는 음운 과제의 영향이 더 컸다.

이와 비슷한 결과는 Lea & Levy(1999)에서도 발견된다. 이 연구에서는 실험 참여자들에게 쓰기 과제와 점검 과제를 동시에 수행하게 했는데, 시공간적 점검 과제에 비해 음운적 점검 과제가 쓰기 유창성(분당 글자 수)에 더 부정적인 영향을 미친 것으로 나타났다.

만약 쓰기의 구성 요소에 대응하는 인지 자원이 서로 다르다면 그 요소가 달라질 때마다 적용되는 인지 자원도 달라질 것이다. Kellogg(1996, 1999)에 따르면, 작성 단계와 비교할 때 계획 단계─필자가 글의 내용과 구조를 결정하는 단계─는 음운 과제보다 시공간 과제의 성격을 띠는 것처럼 보인다. 아이디어를 문장으로 표현해 내는 작성 단계는 음운적 부호화와 관련이 있지만, 계획 단계는 부분적으로는 언어로 표현되지 않은 상태에서 머릿속에 떠올린 아이디어를 처리하는 것과 관련이 있기 때문이다. 필자들이 글의 초안을 계획하는 노트를 살펴보면 계획과 관련된 전(前)언어적 코드가 공간적 과제의 성격을 지닌다는 것을 파악할 수 있을 것이다. 가령 그 노트에는 여러 가지 형태의 사각형, 화살표, 표가 포함되어 있으며, 이밖에도 다른 공간적 특징을 담은 기호 장치가 담겨 있다. 노트에는 글을 공간적 비유로 표현한 필자의 메모가 담기기도 한다(예, "내 생각에는 이 부분은 저기에 두어야 할 것 같아.").

Galbraith, Ford, Walker, & Ford(발간 중)는 실험 참여자들에게 글쓰기를 계획하면서 공간적 자원(시각적 자원이 아니라)을 자극하도록 고안된 2차 과제를 동시에 수행하게 했는데, 이 2차 과제는 실험 참여자들이 글의 주제와 관련된 내용을 생성하는 데에는 부정적 영향을 미치지 않았다는 사실을 확인할 수 있었다. 관련이 있는 내용의 생성에는 영향이 없었지만, 떠올린 아이디어의 양이 감소하였으며, 그 뒤에 이어진 쓰기 수행에서 글의 질과 구조적 복합성[2]도 감소하는 결과를 보였다.

인지 용량에 대한 대안적 설명

이중 과제를 수행할 때 나타나는 간섭 현상을 각각의 과제가 공유하는 인지 자원의 차이로 설명하는 것은 매우 간단하면서도 모든 것을 포괄적으로 다룰 수 있다는 장점이 있다. 만약 이중 과제를 수행할 때 간섭 현상이 발견된다면 1차 과제와 2차 과제가 서로 동일한 인지 자원을 공유하고 있다는 뜻으로 해석할 수 있다. 반대로 간섭 현상이 나타나지 않는다면, 두 과제가 자원을 공유하지 않거나 두 가지 과제 중에서 어떤 하나가 자동화된 상태여서

---

2) [역주] 'complexity of the text'는 '텍스트 복잡도'로 번역하는 연구자도 있지만 이 책에서는 '글의 복합성'으로 번역하였다.

인지 자원을 요구하지 않는다는 뜻이 된다.

이렇게 인지 용량으로 설명하는 방식은 쓰기의 발달 효과를 설명하는 데에도 도움을 준다. 예를 들어 보자. 어린 학생들은 글을 쓸 때 단어의 철자를 정확하게 쓰는 데 요구되는 정자법의 기능적 과정과, 종이에 글자 모양을 적절하게 만들어내는 근육 운동의 기능적 과정에 인지 용량의 대부분을 투입한다. 이 두 가지 과정은 처리 수준이 낮음에도 불구하고 어린 학생들은 여기에 많은 인지 자원을 투입함으로써, 통사적으로 적절한 문장을 구성하고, 주제와 관련이 있는 내용을 생성하고, 수사적으로 적절한 내용을 구성하는 처리 수준이 높은 상위 차원의 과정에는 정작 인지 자원을 투입하지 못한다(예, Fayol, 1999). 그 결과, 미숙한 필자는 정자법적 과정과 근육 운동의 기능적 과정을 자동화한 능숙한 필자에 비해 길이가 더 짧고 구조도 더 단순한 글을 쓰게 된다.

과제 효과도 이와 비슷한 방법으로 설명할 수 있다. 손글씨로 서사문을 쓰면 워드프로세서로 논설문을 쓸 때보다 2차 과제의 간섭 현상이 더 적게 나타난다(Kellogg, 2001a). Kellogg(2001a)는 이러한 현상이 손글씨 쓰기(숙련된 근육 운동 기능)와 서사문 쓰기(친숙한 장르)가 키보드로 글쓰기(숙련되지 않은 근육 운동 기능)와 논설문 쓰기(친숙하지 않은 장르)보다 인지 자원이 적게 필요하기 때문에 발생한다고 보았다.

그러나 이러한 설명은 왜곡 가능성과 설명력에서 다소 문제가 있다. 인지 용량과 자동성으로 설명할 수 없는 데이터가 존재할 수 있기 때문이다. 설명력이 주는 이점은 다양한 인지 자원의 유형을 가정함으로써 얻을 수 있다. 설명력은 쓰기의 서로 다른 하위 처리 과정에 의해서 다루어지는 각각의 표상의 종류에 대한 이론을 요구한다. 이를 통해서 아마도 왜곡 가능성을 줄일 수 있다(Christiansen & MacDonald, 1999).

이중 과제 효과를 인지 용량으로 설명하더라도 우리가 인지 과정에 대해서 명확하게 알 수 있는 것은 아니다. 쓰기는 인지 기제가 복합적으로 관련되어 있어서 그렇게 간단하게 설명하기가 어렵다. 앞에서 인용한 연구에 따르면, 특히 논설문을 쓸 때 행동 반응 시간이 느려지는데, 이를 명확하게 이해하려면 논설문 쓰기와 관련된 인지 과정을 더 심층적으로 탐구해 볼 필요가 있다.

그러나 지금까지 인지 용량을 설명해 온 방식은 이와 같은 세부적인 연구의 필요성을 성급하게 무시해 버리는 경향이 있었다. 실험 참여자들이 보인 반응 행동을, 쓰기 과정을 독립적으로 작동하게 하는 보편적 구조의 관점에서 다루어 왔기 때문이다. Navon(1985)은 행동 수행을 인지 용량으로 설명하는 것은, 비유하자면 완벽한 스프는 야채, 고기, 허브, 소금,

후추 등등이 잘 어우러져야 가능함에도 불구하고 물만 넣으면 되는 마법의 재료를 파는 것과 같다고 주장하면서 이 문제를 중점적으로 다룬 바 있다. 이러한 전통적인 설명 방법을 넘어서서 이중 과제의 간섭 현상을 인지 용량의 경합으로 설명하지 않는 대안적인 설명을 마련해 볼 수 있다.

우선, 하나의 과제를 수행하고 얻은 결과의 내용이 나머지 다른 과제를 수행할 때 간섭을 일으킨다고 설명할 수 있는데, 이는 교차 영향으로 부를 수 있다(Navon & Miller, 1987). 실험 참여자의 주변 시야에 글자를 제시하고 그것이 무엇인지를 점검하게 하는 2차 과제를 제시하면 쓰기 수행이 느려지는데(Lea & Levy, 1999), 전통적인 관점에서는 이러한 현상이 쓰기 과제와 글자 점검 과제가 음운 처리와 관련된 인지 용량을 공유하기 때문에 발생하는 것으로 설명했다. 그러나 대안적 관점에서는 점검 과제—음운을 빈번하게 변경하게 하는 과제—의 수행 결과가 원치 않은 입력으로 작용하여 읽기처럼 음운 코드가 입력으로 작동하는 쓰기의 하위 과정에 간섭을 일으키는 것으로 설명한다.

다음으로, 간섭 현상은 인지 용량을 공유하기 때문이 아니라, 하나 이상의 특정한 기제(즉, "병목 현상")를 공유하기 때문에 발생한다고 설명할 수도 있다. 비유하자면 이것은 삽 한 자루를 공유하며 작업해야 하는 도로 작업자와 유사하다. 만약 두 작업자가 모두 같은 시간에 구덩이를 파야한다면 두 사람이 똑같이 일의 목표를 달성하기 어렵다. 동일한 시간에 각각 구덩이를 파야하는 상황인데, 한 사람이 평시처럼 구덩이를 판다면 다른 작업자는 그 사람이 일을 마칠 때까지 가만히 기다려야 한다. 글을 쓸 때 단어 점검 과제를 2차 과제로 부여하면 쓰기 수행이 감소한다. 그 이유는 하나 이상의 인지 기제가 단어 점검 과제 수행에 사용됨으로써 쓰기 하위 과정의 일부 요소가 정지되기 때문이다. 한 도로 작업자가 구덩이를 팔 때 다른 도로 작업자가 일을 할 수 없는 것처럼 말이다.

인지 용량, 병목 현상, 교차 영향과 같은 모형을 활용하면 우리가 이 장에서 논의하고 있는 대부분의 데이터를 효과적으로 설명해 낼 수 있다(Navon & Miller, 2002). 그런데 병목 현상이나 교차 영향의 모형으로 이중 과제의 간섭 현상을 설명할 때 얻을 수 있는 실질적인 장점은 이들 설명 모형이 후속 연구에 필요한 논의의 틀을 제공해 준다는 점이다. 예를 들어, 병목 현상으로 설명하면 1차 과제인 쓰기와 2차 과제 모두를 성공적으로 완료하는 데 요구되는 특정한 기제를 가정해야 하는데, 이것이 후속 연구에 필요한 논의의 틀이 될 수 있다. 병목 현상이나 교차 영향으로 설명하는 방법은 이러한 기제를 전제해야 하므로 그 기제가 확인되는가의 여부에 따라 존립이 결정된다. 이를 탐구하는 후속적인 연구는 글쓰기 체계가 어떻게 조직되는지를 더 깊이 이해할 수 있게 해 준다.

단기 기억

말하기 능력이 발달할 때 어린 학생들은 종종 다음과 같은 문제를 겪는다. 학생들은 중요한 아이디어를 표현하겠다는 의도를 가지고 말하기 시작하지만 말하는 도중에 흥분하기도 한다. 어떤 지점에서는 개념 표현에 필요한 단어를 생각해 내지 못하기도 한다. 단어는 떠올리지만 그 단어의 정확한 발음을 인출해 내는 데 어려움을 겪기도 한다. 이로 인해 학생들은 하려던 말을 완성할 때까지 여러 가지 실수와 지연을 경험하게 된다. 학생들은 말할 내용을 잊어버려서 말하기를 멈추기도 한다. 이때 학생은 얼굴에 그늘을 드리우며 괴로운 표정으로 소리를 지르기도 한다. "맙소사. 내가 말하려고 했던 걸 까먹었어."

일반적으로 글쓰기는 분리된 여러 처리 과정의 연쇄로 설명해 왔다. 분리된 각각의 과정에는 문장 구조 발전 과정의 단어 인출, 음운 및 정자법 발전 과정의 단어 인출뿐만 아니라, 근육 운동 계획과 실행까지 포함된다. 이러한 과정들, 즉 쓰기의 다양한 연속적 구성 요인들은 동시적인 작동이 가능하다. 그래서 사람들은 말할 때만이 아니라 글을 쓸 때에도 문장의 앞부분에 적절한 단어를 선택하여 표현하면서도 뒷부분에 넣을 단어를 동시에 떠올릴 수 있다. 이는 멈춤을 적게 겪게 하려는 과정상의 잠재적 장치이다. 이를 통해서 능숙한 성인은 상대적으로 쓰기 행동을 적게 멈추면서도 글을 완성할 수 있다. 그러나 만약 과정 중의 어떤 한 가지가 방해를 받으면, 과정에서 과정으로 이어지는 정보의 자연스러운 흐름이 끊긴다. 이로 인해 지연이 발생하면 필자(또는 화자)는 자신의 메시지—특정한 문장이 담고 있는 정확한 의사소통의 의도—를 순간적으로 잊게 된다.

단기 기억의 일시성으로부터 발생하는 문제는 쓰기 과제가 좀 더 넓은 범위의 글을 요구할 때 증가하는 것으로 보인다. 어떤 글이 통일성을 갖추고 있다면, 그 글에 담긴 각 문장들은 단순한 정보 다발로서 고립적인 상태에 있지 않다. 필자는 문장을 쓸 때 독자들이 이미 읽은 문장과 연관 지을 수 있게 해야 한다. 그래야 완성도가 높은 글을 성공적으로 쓸 수 있다.

글이 통일성을 갖추려면 다음 두 가지가 모두 필요하다. 첫째, 국지적 국면에서는 새로운 문장이 그 이전의 문장과 결속을 이루어야 하고, 둘째, 전체적인 국면에서는 새로운 문장이 글의 주제를 형성하는 데 기여해야 한다. 이를 위해서 필자는 표현 내용뿐만 아니라 앞 문장의 표면 구조 및 내용(일부의 내용)을 능숙하게 다룰 수 있어야 한다. 그리고 완성된 글의 수사적 구조에 반영된 상위 차원의 표상도 능숙하게 다룰 수 있어야 한다. 한편, 필자가 유창성을 유지하려면 이러한 정보는 빠르면서도 상대적으로 적은 노력으로 다룰 수 있어야 한다. 빠르면서도 적은 노력으로 처리해야 하는 것은 필자 마음의 단기 저장 능력에 부담을 끼치는 요구일 때에도 동일하다.

일시적 기억 효과의 평가

글을 쓸 때 단기 기억이 어떠한 방식으로 작동하며 영향을 미치는지는 대략 세 가지 방법으로 설명할 수 있다(예, Swanson & Berninger, 1996a). 첫째, 기본적으로 사람들의 단기 기억 용량은 수행되는 과제에 상관없이 다양할 수 있다. 단기 기억 용량이 뛰어나면 단지 쓰기 과제뿐만 아니라 단기 기억을 요구하는 모든 정보 처리 과제에서 좋은 결과를 얻을 수 있다.

둘째, 필자는 쓰기 경험에 비례하여 단기 기억을 더 효과적으로 쓸 수 있게 도와주는 영역 특수적 기억 관리 전략을 발전시킬 수 있다. 만약 이것이 옳다면 경험이 많은 필자는 글을 쓸 때 숫자를 기억하는 과제는 잘 수행하지 못하더라도 정보를 기억하는 과제는 잘 수행할 수 있을 것이다.

셋째, 쓰기 구성 요소가 단기 기억 기제를 활용하거나 간섭하는 정도가 필자마다 다를 수 있다. 예를 들어 보자. 필자가 이제 곧 언어로 표현하려는 단어는 일시적으로 음운 코드(필자가 내적인 목소리를 듣는 것)로 저장된다. 이러한 음운 표상을 종이에 옮기려면 그 단어를 구성하는 철자를 회상해 내야 한다. 능숙한 성인 필자는 음운 기제(내적 목소리를 내고 듣는 기제)의 자원이 없더라도 단어 철자의 대부분을 회상해 낼 수 있다(Chenoweth & Hayes, 2003; Witte, 1987). 그러나 표현하려는 단어가 익숙하지 않은 철자법을 포함하고 있을 때, 또는 필자가 철자법과 관련된 전략을 숙달하지 못해 어려움을 겪고 있을 때, 단어 철자를 회상해 내려고 애쓰다 보면 음운 코드로 저장해 둔 정보를 장황하게 나열하게 될 가능성이 매우 높다. 이 경우, 쓰려던 문장 자체를 잊어버리거나 어법에 맞지 않는 문장을 쓰게 될 수 있다. 필자는 문장으로 표현하려던 메시지의 핵심을 잊어버리면 그것을 다시 마련해야 한다. 그러므로 기본적인 쓰기 능력이 잘 갖추어져 있으면 단기 기억의 일시성은 크게 문제가 되지 않는다.

필자들은 일반적인 단기 기억 용량, 쓰기와 관련된 기억 관리 전략, 쓰기 과정 수행의 효율성이 서로 차이가 있다. 이들은 각각 쓰기 수행에 영향을 미치는데, 각각의 상대적 중요성이 어느 정도인지는 후속 연구에서 밝힐 필요가 있다.

단기 기억의 일반적 효과를 알아보는 한 가지 방법은 단기 기억 용량과 글의 질적 수준의 관계가 발달적인 변화를 보이는가를 확인해 보는 것이다. 만약 연습을 통해서 기억 관리를 더 잘하게 되었다거나 쓰기의 하위 과정을 더 자동적으로 처리할 수 있게 되었다면, 필자가 학년이 올라가거나 쓰기 경험이 많아질수록 단기 기억 용량으로 쓰기 수행을 예측할 수 없을 것이다.

4학년과 6학년 학생들을 대상으로 조사한 Swanson & Berninger(1996a)는 단기 기억 용량을 측정한 점수가 철자 쓰기 및 손글씨 쓰기 수행과 강하게 관련되어 있음을 발견했다. 그러나 철자 쓰기 및 손글씨 쓰기와 단기 기억 용량과의 관련성은 대체로 나이와 무관했다. 6학년 학생들이라고 해서 그 관련성이 더 낮았던 것은 아니다. 고등학교 전 학년을 대상으로 하여 문법적 오류를 조사한 몇몇 연구에서도 단기 기억 용량으로 글의 질적 수준을 예측할 수 없다는 사실을 확인할 수 있다. Daiute(1984)에 따르면, 중학교 2학년 학생들이 범한 문법 오류를 측정한 점수와 글자 그대로 문장을 기억하는지를 측정한 점수는 변량 40%가 관련이 있었으나, 고등학교 3학년 학생들을 동일하게 조사한 결과에서는 그 관련성이 단지 1% 포인트만 줄어들었다.

단기 기억의 '순수한' 효과를 알아보는 다른 방법은 단기 기억 용량을 단순 과제로 측정한 점수와 어떤 과제를 처리하는 동안 정보(숫자나 모양 등)를 얼마나 기억했는지를 측정한 점수를 대조해 보는 것이다(Daneman & Carpenter, 1980). (음운적) 단기 기억 용량을 단순 과제로 측정할 때에는 다음과 같은 방법을 사용한다. 소리 내어 발음할 수는 있지만 의미가 없는 단어 목록을 실험 참여자에게 점점 더 길게 제시한 후 곧바로 회상하도록 하고, 정확하게 회상해 낸 단어 목록 중에서 가장 긴 것을 측정 점수로 삼는 것이다.

이외에 기억-처리 과제(즉, 단기 기억 용량을 '폭'(span)으로 측정하기 위해 '기억'과 '처리'를 복합적으로 구성한 과제)처럼 복합 과제로 측정하는 방법도 있다(예, McCutchen, Covill, Hoyne, & Mildes, 1994; Ransdell & Levy, 1999; Swanson & Berninger, 1996a). 이 방법은 실험 참여자에게 길이가 다양한 단어 목록을 제시한 후, 목록에 포함된 각각의 단어를 회상하여 쓰고(기억 과제), 그 단어를 넣어 의미가 통하도록 새롭게 만든 문장을 하나씩 쓰게 하는 것이다(처리 과제). '쓰기 폭'(writing span)은 이러한 방식으로 참여자들이 만들어 낸 문장의 최대치이다. Ransdell & Levy(1996a)는 이러한 방식으로 실험했을 때 최대 문장 수가 4개를 초과하지 못한다는 사실을 밝혀냈다. 이와 같이 복합적인 과제로 잰 단기 기억 용량의 폭은 곧 특정한 처리 과정의 맥락에서 수행된 단기 기억 용량의 측정치가 된다.

단기 기억의 폭을 복합적으로 측정하기 위한 과제는 읽기 연구 및 맥락 연구에서 널리 적용되었다(Daneman & Merikle, 1996). 단순 과제로 측정하는 것보다 이해 예측이 더 나았기 때문이다. 그러나 쓰기 연구에서는 이러한 복합 과제를 적용하는 방법이 크게 주목을 끌지는 못했다. Ransdell & Levy(1999)는 대학생을 실험 참가자로 하여 쓰기 폭이 글의 질적 수준과는 .20~.30의 상관도를, 글을 쓴 비율과는 .39~.47의 상관도를 보인다는 사실을 밝혀냈다. 그러나 이 연구에서는 단순 측정치는 분석에 포함하지 않았다.

Hoskyn & Swanson(2003)은 청소년, 30대 성인, 노인을 대상으로 하여 단기 기억의 폭을 복합적인 언어 과제로 측정하는 것이 숫자를 기억하는 단순 과제로 폭을 측정하는 것보다 참여자들이 작성한 글의 구조적 복합성을 예측하는 데에 훨씬 더 낫다는 것을 입증하였다.

이보다 더 어린 4학년 및 6학년 학생을 대상으로 한 Berninger et al.(1994; Swanson & Berninger, 1996a)에서는 글의 질적 수준은 한 음절 단어를 기억하는 단순 과제에서도 .24의 상관을 보였고, 들려주는 문장을 듣고 그것을 받아쓰는 복합 과제에서도 .24의 상관을 보였다. 그러나 복합 과제로 측정하는 것이 단순 과제로 측정하는 것보다 쓰기 유창성(글에 포함된 단어 및 절의 개수로 측정한 유창성)을 재는 데 더 적절한 것으로 나타났다. 단기 기억 용량은 손글씨의 질과 철자 정확성을 잘 예측하게 해 주는 것으로 분석되었다.

사실 이러한 연구 결과를 해석하는 것은 간단치 않다. 그 이유는 쓰기 폭과 쓰기 수행을 작동시키는 방식이 다양하기 때문이다. 그러나 오히려 이를 통해서 글을 쓸 때 사용된 단기 기억의 요소가 쓰기 수행의 수준을 결정하는 데 중요하게 기능한다는 것을 알려주는 좋은 근거가 될 수도 있다. 더 나아가 쓰기 폭이 쓰기 수행을 변화시키는 유일한 원천처럼 보인다는 점, 언어 기능과 관련된 다른 요인이 통제될 때에도 쓰기 폭이 쓰기 수행에 영향을 미치는 현상이 발견된다는 점은, 이러한 현상이 단순히 쓰기 하위 과정 각각이 지닌 효율성의 차이에서 비롯되는 것은 아니라는 것으로 의미한다(Berninger et al., 1994).

이러한 문제를 좀 더 명확하게 밝히려면 쓰기 기능 발달이 이루어지는 것처럼 보이는 전 연령대를 대상으로 한 연구가 이루어질 필요가 있다. 그러나 지금까지 이루어진 연구로부터 알 수 있는 사실이 하나 있다. 그것은 바로 쓰기 발달은 부분적으로는 쓰기와 관련된 기억 관리 전략의 발달이 바탕이 된다는 것이다.

처리 과정의 제약과 필자

요약하자면 우리는 지금까지 쓰기를 서로 관련된 균형 잡힌 과정의 체계로 설명해 왔다. 쓰기 과정이 유창하면서도 간섭 없이 정보를 수용하고 처리하려면 각각의 쓰기 과정은 조심스럽게 계획이 이루어져야 한다. 이러한 계획이 실패하면 하나의 기제를 위해 두 가지의 처리 과정이 경쟁과 상호 간섭을 겪게 된다. 왜냐하면 상위 차원의 처리 결과는 일시적이므로 (그래서 그 흔적이 빨리 사라진다) 어떤 멈춤이든 쓰기 과정을 실제적으로 퇴보시킬 가능성이 크다. 이러한 부정적인 영향을 보완하기 위한 활동 — 예를 들면 의도한 메시지의 복원, 즉 특정한 구문 순서의 재구성 — 은 글쓰기에서 그 어떤 것보다도 핵심적인 특징이 될 것이다.

어떤 필자이든, 어떤 쓰기 과제이든 쓰기 과정의 자연스러운 흐름은 방해를 받는다. 예를 들어 보자. 앞 문단의 4째 번 문장과 5째 번 문장은 최소 2초에 한 번씩 모두 60번의 멈춤이 있었다(이것은 글을 쓸 때 키로그 프로그램으로 조사한 것이다).[3] 이 프로그램을 활용하면 "필자가 말하려는 내용을 미리 파악"할 수 있다. 여러분이 읽고 있는 이 글의 문장을 쓸 때(첫 번째 초고에서) 마지막 429째 번 글자를 쓰기 전까지 무려 그 2배 이상의 글을 쓰고 지웠다. 쓰기 과정을 강력한 집행 통제로 보는 Hayes & Flower(1980)의 견해에 따르면, 이러한 쓰기의 멈춤과 시작 행동은 필자가 의도적이면서도 전략적으로 계획, 작성, 재고 단계를 순환적으로 반복하는 데에서 비롯된다.

그러나 우리는 종이에 적을 아이디어를 얻기 위해 시시각각으로 수행하는 행동 대부분이 이러한 방식으로 작동하지는 않을 것이라고 생각한다. 인지 자원은 제한되어 있으므로 복잡한 정보를 처리하는 과정에서 반드시 문제가 발생한다. 필자가 경험하는 반복적인 멈춤과 삭제, 다시 쓰기는 적어도 부분적으로는 바로 이러한 문제를 해결하려는 데에서 직접적으로 비롯된 것이다. 쓰기 하위 과정이 필요할 때 사용하는 도구인 한 필자는 이들을 가만히 선택하지 않는다. McCutchen et al.(1994)이 설명한 바와 같이, 필자는 전화 교환원처럼 끊임없이, 그러면서도 때로는 정신없이 쓰기 과정의 입력과 출력을 조율하고 지휘하는 존재이다. 이것이 어떻게 이루어지는가가 이 장 나머지 부분에서 다루어야 할 핵심 내용이다.

---

3) [역주] '키로그 프로그램'은 키 스트로크 로깅 프로그램(key stroke logging program)을 줄여서 부른 것이다. 이 프로그램은 필자가 글을 쓸 때 글자판에서 어떤 글쇠(키)를 어떻게 누르는지를 추적하기 위한 것인데, 연구자들은 쓰기 과정을 탐구하기 위해 이를 분석한다. 쓰기 연구자들은 이 프로그램을 사용하여 특히 쓰기의 멈춤(pause)이 어디에서(위치), 얼마 동안(시간), 얼마나 자주(빈도) 나타나는지를 분석한다.

과정상의 제약 극복하기

쓰기 성숙도(writing maturity)를 개선하려면 글을 쓸 때 쓰기 과정을 조정하여 인지 자원이 요구되는 정도가 최소화되도록 해야 한다. 앞에서는 이를 달성하기 위한 방법 3가지를 중점적으로 다루었다. 간략히 요약하면 다음과 같다.

1. 전사 기능(손글씨 쓰기 또는 키보드로 입력하기) 및 정자법적 기능과 같은 쓰기의 하위 기능은 상위 차원의 기능을 자극하지 않고도 처리가 가능하도록 연습을 통해 충분히 숙달할 필요가 있다.
2. 필자는 단기 기억의 효율성을 최대화하는 데 요구되는 특정 기능을 숙달할 필요가 있다.
3. 필자는 글을 쓸 때 처리 부담을 줄여주는 쓰기 과정의 전략적 단계 — 미리 계획하기, 노트에 메모하기, 거칠게라도 초고를 완성하기 등등 — 가 있다는 것을 인식하고 활용할 필요가 있다.

이제부터 이에 대해 논의해 보기로 하자.

하위 요소의 자동성 신장

어떤 과정을 수행할 때 통제를 받지 않거나 다른 과정과 간섭을 보이지 않는다면 그 과정은 자동화되었다고 말한다. Pashler(1994b)는 연습을 통해 과제 수행을 효율화하고 병목 현상을 줄임으로써 자동성을 기를 수 있다는 사실을 발견했다. 예를 들어 보자. 필자가 장기 기억의 회상 기제를 자극하지 않고도 올바른 철자법을 떠올릴 수 있다면 — 만약 필자가 "necessary라는 단어에 c가 하나였나, 두 개였나?"라는 질문에 답하기 위해 쓰기를 멈출 필요가 없다면, 그리고 주술 호응이 적절한지를 따져보기 위해 쓰기를 멈출 필요가 없다면 — 필자는 이 회상 기제를 글 내용을 탐색하는 데 활용할 수 있도록 자유로운 상태로 놓아둘 수 있다(Fayol, Hupet, & Largy, 1999). 말할 때는 필요 없지만, 글을 쓸 때에는 반드시 필요한 철자법과 손글씨 쓰기, 이 두 가지 쓰기 하위 기능은 자동화 대상의 후보들이다.

Bourdin(1999), Bourdin & Fayol(1994, 1996, 2002)은 실험 참여자의 나이를 다르게 하여

말하기 과제 조건과 쓰기 과제 조건에 따라 회상이 어떤 차이가 있는지를 조사했다. 연구 결과, 쓰기는 연습을 통해 숙달되어 있지 않으면 회상 기제에 간섭 현상을 일으키는 것으로 나타났다. 단순하게 설계된 단어 기억 과제에서 실험에 참여한 2학년 및 4학년 학생들 모두가 말할 때보다 글을 쓸 때 회상한 내용 항목이 훨씬 더 적었다(Bourdin & Fayol, 1994). 그러나 성인 참여자들은 이러한 현상을 보이지 않았으며, 심지어 반대되는 현상, 즉 쓰기 과제 조건에서 회상 수준이 약간 더 나은 모습을 보였다.

당연한 결과이겠지만, 단어를 회상한 후 그 단어를 포함하여 새롭게 문장을 만들어 내게 함으로써("문장 폭" 과제) 쓰기의 인지적 요구를 증가시켰더니 어린 학생들은 말하기 과제 조건보다 회상하는 정도가 떨어지는 현상을 보였다. 성인 참여자들은 이러한 현상을 보이지 않았다(Bourdin & Fayol, 1996). 그러나 문장을 더 구성하여 넣도록 요구하거나("글 폭" 과제), 통일성에 부합하지 않는 단어를 제시한 후 그것을 추가하여 글을 수정하도록 요구하면, 성인 참여자도 쓰기 과제 조건의 수행 수준이 떨어졌다. 이러한 결과는 철자법과 손글씨 쓰기를 아주 잘 연습했더라도 여전히 쓰기의 상위 과정과 경쟁적인 관계에 있음을 뜻한다.

위에서 인용한 선행 연구 결과는 철자법의 영향과 손글씨의 영향이 혼재되어 있다. 그러나 다른 선행 연구에 따르면, 상위 차원에 속하는 쓰기 과정일 때에도 철자법 및 손글씨 쓰기와 간섭 현상을 보일 가능성이 있다(Fayol, 1999). 예를 들어, 기억 과제와 쓰기 과제를 동시에 제시하면 어린 학생도 철자법 오류(특히 프랑스어에서 나타나는 주술 호응 오류)가 증가하는 현상을 보였고(Totereau, Thevenin, & Fayol, 1997), 성인도 철자법 오류가 증가하는 현상을 보였다(Fayol, Largy, & Lemaire, 1994).

좀 더 자연스러운 쓰기 상황에서 조사해 보면, 단어의 철자를 바르게 쓰는 데 어려움을 겪는 필자는 사용하는 단어의 범위가 좁아지는 현상을 보인다. Wengelin(2005)은 난독증이 있는 성인들이 글을 쓰는 모습을 관찰했는데, 이들은 단어의 정확한 철자를 떠올리지 못해 단어를 쓰는 중간에 멈추는 현상을 보였다. 이들이 완성한 글은 난독증이 없는 성인들이 작성한 글보다 어휘의 다양성이 떨어졌다.

이러한 두 가지 현상은 서로 관련이 있는 것으로 보인다. 글에 쓰인 단어가 얼마나 다양한지는 필자가 단어를 쓰는 도중에 멈추는 정도와, 필자가 글을 수정하고 교정하는 활동에 참여하는 정도에 의해 상당 부분 예측할 수 있기 때문이다. 이러한 결과는 아마도 철자 회상이 단어 회상 과정에 간섭을 일으키는 것을 의미한다고 볼 수 있다. 또한 이러한 결과는 단어를 쓰는 도중에 멈춤으로써 단어와 관련된 요소, 즉 보편적이지 않아 활성화 정도가 낮은 단어 관련 요소를 잊어버린다는 것을 의미한다고도 볼 수 있다.

전사 기능과 관련된 도해 처리와 상위 차원의 쓰기 과정 간에도 간섭의 가능성이 있는 것으로 보인다. 물론 이를 명확하게 보여주는 직접적인 근거는 충분하지 않다. Bourdin & Fayol(2000)에서는 2학년 학생들에게 단어 목록을 회상하여 말할 때 단순한 도해 패턴을 파악하게 했는데, 그 도해 패턴이 아무리 단순하더라도 단어 목록을 회상하는 정도가 30% 포인트 감소하는 결과가 나타났다. 이는 손을 움직여 글씨를 쓰는, 가장 낮은 차원의 근육 운동이 장기 기억의 회상 기제에 간섭 현상을 일으킬 수 있음을 뜻한다. 그러므로 Bourdin & Fayol(2000)이 제안한 것처럼, 어린 학생들에게 손글씨 쓰기를 집중적으로 연습하게 하면 손글씨를 깔끔하게 작성하는 데에도 도움을 얻을 수 있을 뿐만 아니라, 글쓰기의 다른 국면을 능숙하게 처리하는 데에도 도움을 얻을 수 있다. 쓰기 유창성의 관점에서 볼 때 이것은 분명히 옳은 제안이라고 할 수 있다(Berninger et al., 1997).

이제 앞에서 인용한 연구 결과를 바탕으로 하여 제안을 요약해 보자. 하위 차원의 쓰기 과정(철자 쓰기 및 손글씨 쓰기)과 내용을 생성하고 조직하는 상위 차원의 쓰기 과정은 경합 관계에 있으며, 하위 과정에 속하는 기능을 연습을 통해 숙달하면 그 경합의 정도를 줄일 수 있다.

효과적인 기억 관리

능숙한 필자가 되려면 다음 두 가지 중 하나를 갖추고 있어야 한다. 첫째, 글을 쓰는 상태에서 중요한 정보에 주의를 집중할 수 있는 방법, 둘째, 제약이 따를 수밖에 없는 단기 기억의 용량을 최대화하기 위한 방법이 그것이다. 지금까지 이 분야를 다루어 온 선행 연구에서 이 두 가지 방법을 모두 지적하기는 했지만, 이를 직접적으로 집중하여 다룬 연구는 없었다.

몇몇 선행 연구에 따르면 실험 참여자들이 현재의 중요한 정보에 얼마나 주의를 기울일 수 있는지, 그리고 간섭 가능성이 있는 정보를 얼마나 억제할 수 있는지를 통해서 복합적 단기 기억 폭 과제의 수행 정도를 가장 잘 예측할 수 있다(예, Kane & Engle, 2003). 예를 들어 보자. 현재 작성하고 있는 글의 내용과 무관한 아이디어가 떠올랐을 때 이를 억제할 수 있는 필자, 완성도가 떨어지는 구문을 일시적으로 무시할 수 있는 필자는 의도했던 메시지가 사라지기 전에 그것을 문장으로 적절하게 표현해 낼 수 있다.

Ransdell & Levy(1999)는 글 이해 능력이 뛰어난 필자가, Ransdell, Arecco, & Levy(2001)는

다중 언어를 구사하는 필자가 글의 통일성을 해치는 정보를 통제하는 데 능숙하다고 주장한 바 있다. Ransdell & Levy(1999)에 따르면, 능숙한 독자는 그들의 용어로 '인지 자원의 유연성'(resource flexibility)—과제의 요구가 서로 경합할 때 주의를 의도적으로 조정할 수 있는 능력—을 가지고 있다. 이 연구에서는 실험 참여자들에게 문장 폭 과제를 수행하면서 기억을 잘 하는 데에 집중하거나 문장을 적절하게 작성하는 데에 집중하게 했다. 능숙한 독자들은 기억을 잘 하도록 지시했을 때에는 기억 내용을 더 잘 회상하는 모습을 보여주었으며, 문장을 적절하게 작성하도록 지시했을 때에는 길이가 더 긴 문장을 쓰는 모습을 보여주었다. 이는 능숙한 독자가 정보 처리의 우선순위를 전략적으로 조정하고 변경할 수 있는 능력이 있음을 뜻한다. 그러나 미숙한 독자는 이러한 모습을 보이지 않았다.

기억 관리의 다른 방법은 단기 기억에서 유지해야 할 정보의 양을 줄이는 것이다. 앞에서 논의했던 것과 같이, 필자는 현재 작성하고 있는 문장의 메시지와 관련된 국지적 표상뿐만 아니라, 현재 작성하는 내용을 글의 전체적인 맥락에 통합되도록 하는 상위 차원의 전체적 표상을 동시에 다룰 수 있어야 한다. 글을 쓸 때 필자가 이러한 정보를 빠르게 다룰수록 간섭으로 인한 기억의 방해는 더 적게 일어날 것이다.

신속한 회상을 가능하게 하는 기제 중 하나는 장기 기억에서 이루어지는 중요한 정보의 구성과 관련이 있다. 이러한 중요한 정보는 Ericsson & Kintsch(1995)가 장기 작업 기억(long-term working memory)으로 설명했던 작동 방식, 즉 단기 기억의 특정 단서에 반응하는 방식으로 회상된다. 몇몇 선행 연구에 따르면, 장기 작업 기억은 쓰기 과정에서 중요한 역할을 한다(예, Chanquoy & Alamargot, 2002; McCutchen, 2000). 장기 작업 기억의 개념을 활용하면 다중 언어를 구사하는 필자들(Ransdell et al., 2001)이나 어떤 영역의 전문 지식을 지닌 필자들(Kellogg, 2001b)이 2차 과제의 간섭을 잘 받지 않는 이유도 합리적으로 설명할 수 있다.

장기 작업 기억은 쓰기에서 요구되는 기억 관리 전략으로서 직관적인 호소력이 있다. 필자가 현재 작성하는 문장을 글 전체 수준에서 맥락화하는 데 필요한 모든 정보를 단기 기억에 활성화 상태로 유지하는 것은 불가능하다. 그러므로 필자는 문장을 쓸 때 이러한 정보를 장기 기억에서 특별한 노력 없이 빠르게 인출해 낼 수 있어야 한다. 장기 작업 기억이 이러한 기능을 수행하려면 필자는 자신이 표현하려는 정보를 의미 단위로 구분하고, 분류하고, 저장하고, 회상하도록 돕는 스키마를 개발할 필요가 있다. 글의 구조를 표상하는 스키마는 이러한 종류의 기억 구조화 기능(機能)에 기여할 수 있을 것이다(Carey & Flower, 1989; Klein, 1999). 그러나 글을 쓸 때 장기 작업 기억이 어떠한 역할을 하는지는 아직까지 거의 알려진 것이 없다.

과정상의 요구에 대한 쓰기 전략의 효과

필자들이 쓰기 과제를 세부 과제로 나누기 위해 어떻게 선택하는지, 그리고 세부 과제를 어떻게 순서화하는지—이것은 필자들의 "쓰기 전략"이기도 하다.—는 아마도 처리 과정의 제약 내에서 쓰기를 가능하게 하는 데 중요한 영향을 미치게 될 것이다. 예를 들어, 내용 결정이 문장 구성과 무관하게 이루어진다면, 그리고 문장 구성이 머릿속에 떠올린 의미의 전사와 무관하게 이루어진다면, 쓰기 과정 사이에서 발생하는 경합 현상은 사라질 것이다.

개요 작성(구조화된 형태로 노트를 작성하는 것)과 초안 작성(글 전체를 작성했지만 수사적 요소가 온전하지 못한 상태)은 통일성과 구조가 잘 갖추어진 글을 쓰는 데 필요한 인지적 요구를 누그러뜨리기 위한, 글의 내용을 계획하는 전략이다. 개요 작성이 글을 쓰는 데 도움을 준다는 연구 결과는 일관성 있게 보고되고 있으며(예, Kellogg, 1988, 1990), 간단한 형태의 초안 작성도 쓰기에 유익하다는 연구도 소소하게 찾아볼 수 있다(Galbraith & Torrance, 2004).

그러나 이러한 전략이 어떻게 쓰기 과정상에서 발생하는 제약을 감소시키는지는 아직 불분명하다. 개요 작성이 어떻게 쓰기 수행에 긍정적 효과를 주는지에 대해서는 두 가지의 가설적인 설명이 있는데, Kellogg(1988)는 몇 가지 실험을 통해 이 설명이 타당하고 적절한지를 논의하였다.

첫째, 개요를 작성하여 필자의 계획을 외부에 저장함으로써 다른 과정을 처리할 수 있도록 작업 기억에 여유를 준다는 것이다. 그러나 Kellogg(1988)에 따르면, 개요 작성을 머릿속으로만 하든, 노트에 외적으로 기록을 하든 관계없이 글을 작성하는 데 효과적이다. 다른 연구에서는 노트처럼 외부에 기록해 두는 방식이 효과적인 것으로 나타났지만(예, Benton, Kiewra, Whitfill, & Dennison, 1993), Kellogg(1988)의 결과는 이러한 설명을 뒷받침해 주지 않는다.

둘째, 글의 작성 단계와 내용 계획 단계를 분리하면 각각의 쓰기 과정에 더 많은 인지적 노력을 투입할 수 있다는 것이다. Kellogg(1988)는 실험 참여자들에게 글을 쓰는 동안 2차 과제를 수행하게 하고 그 반응 시간을 조사하여 이러한 설명이 타당한지를 분석했다. 이 연구에서는 개요를 작성하는 조건에서 작성 단계에 더 많은 인지적 노력(2차 과제에 더 긴 반응 시간을 보이는 것으로 인지적 노력을 측정)을 투입할 것으로 예상했다. 연구 결과, 실험 조건 사이에서 의미 있는 차이가 발견되지 않았다. 이것은 곧 개요 작성을 하는 조건이든 그렇지 않은 조건이든 작성 단계에 비슷한 정도의 노력을 투입한다는 것으로 의미한다.

이러한 결과를 통해 판단하건대, 개요 작성이 주는 유익한 효과는 각 과정의 처리와 관련된, 활용 가능한 인지 자원이 많기 때문에 나타난 것이 아니라고 할 수 있다. 그래서 Kellogg(1988)는 이렇게 결론을 내렸다. 개요 작성이 주는 중요한 효과는 계획 단계와 작성 단계를 분리함으로써 필자가 글을 쓰기 전에 자신의 생각을 좀 더 효과적으로 구조화할 수 있게 한다는 점, 그리고 필자가 글을 쓰는 동안 아이디어를 단어로 표현해 내는 데에만 집중적으로 주의를 기울일 수 있게 한다는 점에 있다. 그러므로 개요 작성이 주는 긍정적인 영향은 제한적인 자원의 경합을 줄인 데 따른 것이 아니라, 과제 변경에서 기인하거나 각 과정 간의 경합에서 기인한 쓰기 과정 간의 간섭을 줄인 데 따른 것이라고 할 수 있다.

미리 써보는 전략인 초안 작성은 연구 성과가 충분하지 못 할뿐더러 이 전략이 유익하다는 결과를 찾아보기도 어렵다(예, Kellogg, 1988). 그러나 내용 생성 전략으로서 초안 작성 방법이 주는 이점을 활용했던 필자들이 있다(예, Green & Wason, 1982). 초안 작성이 주는 이점은 내용 계획 단계와 작성 단계를 분리했다는 데에서 비롯된 것이 아니라, 필자의 화제 지식을 탐색하는 과정과, 글의 수사적 목적을 달성하게 하는 과정 사이에 존재하는 간섭을 줄이는 데에서 비롯된 것이다.

빈번하게 활용되지 않았던 초안 작성 전략을 더 많이 활용되도록 하는 한 가지 방안은 떠올린 아이디어를 손으로 써 내려가던 전사를 음성 언어로 대체하는 것이다. 앞에서 논의한 것처럼, 전사 기능(근육 운동 기능 및 철자 쓰기)이 숙달되지 않으면 글의 내용을 마련하고 결정하는 과정에 간섭 현상을 일으키게 된다. 전사 기능을 숙달하지 못했을 때 학생들에게 구술로 전사 기능을 대체하게 하면 철자 쓰기의 정확성도 높아지고 글의 질적 수준도 높아진다. 이것은 사실인 듯하다. 학생들, 특히 학습 장애가 있는 학생들은 손으로 쓸 때보다 구술로 전사를 대체했을 대 글을 훨씬 더 잘 완성해 낸다(De La Paz & Graham, 1997; Quinlan, 2004).

그러나 전사 기능을 숙달한 숙련된 필자가 동일한 방식으로 효과를 볼 수 있을지는 불분명하다(Williams, Hartley, & Pittard, 2005). Torrance & Baker(1998)는 소규모의 성인 필자들을 손으로, 키보드로, 그리고 말하기로(음성 언어 조건에서는 말하는 내용을 완벽하게 받아 칠 수 있는 타자수를 활용함) 전사하는 조건에 할당한 후, 2차 과제에 반응하는 시간이 조건에 따라 어떤 차이가 있는지를 조사했다. 기대와 달리, 손으로 전사하는 조건과 키보드로 전사하는 조건보다도 말하기로 전사하는 조건일 때 2차 과제와의 간섭이 더 심했다.

이러한 결과는 음성 언어로 전사를 대신하는 방법이 친숙하지 못할 뿐만 아니라, 작문 과정이 지나치게 빠른 속도로 진행되었기 때문인 것으로 설명할 수 있다. 만약 동시에 진행되는 쓰기 과정이 균형 있게 구성되었다면 말하기에 따른 전사 속도의 변화는 이러한 균형을 깨뜨렸을 것이다. 적어도 필자가 변화된 새로운 속도에 적응할 때까지는 이러한 현상이 반복되었을 가능성이 크다. Chanqouy, Foulin & Fayol(1990)은 8세 미만의 어린 학생, 그러나 쓰기 경험이 있는 어린 학생도 개념이 복잡한 자료를 처리하기 위해 절과 절 사이에서는 멈추는 시간을 늘리고, 절 내에서는 전사 행동을 줄이면서 쓰기 과정의 진행 속도를 조절할 수 있다는 사실을 확인한 바 있다. 이는 쓰기 과정의 속도 조절이 장기 기억의 회상 기제 관리에 특별히 중요하다는 것을 알려준다.

이러한 주장을 지지하는 몇 가지 증거들이 있다. 앞에서도 지적한 것처럼, 어린 학생들은 글을 쓸 때보다 말할 때 회상을 더 잘하지만 성인은 반대되는 결과를 보이기도 한다(Bourdin & Fayol, 1994). Grabowski(2005)는 잘 설계된 실험 연구 결과를 토대로 복제 연구를 수행했는데, 쓰기를 통한 회상이 주는 장점은 아마도 쓰기가 회상 처리를 더디게 만든다는 사실에서 비롯되는 것으로 보인다고 결론을 내렸다.

쓰기 전략의 효과는 복잡하며, 특정한 전략이 보이는 효율성은 필자가 글을 쓰는 동안 그 전략이 과정 처리의 용량을 얼마나 자유롭게 만들어주는가에 달려 있는 것처럼 보인다. 이러한 설명은 방금 작성한 글을 되돌아가서 읽는 것이 쓰기 과정에 어떤 영향을 미치는지를 탐구한 연구로부터 구할 수 있다.

글을 쓰는 동안 필자는 빈번하게 멈추고 방금 전에 쓴 문장 한두 개를 반복해서 읽는다. 이렇게 부분을 재검토하는 것으로는 글 전체에 변화가 일어나지 않는다. 오히려 계획의 한 방편으로 자신이 쓴 글을 읽는 것은 방금 선행한 문장의 언어 형태와 내용에 대한 정보를 되살려내는 데 도움을 준다. 그러므로 글의 일부분을 다시 읽고 정보를 되살려 냄으로써 단기 기억에 끼치는 부담을 줄일 수 있다. 그 정보를 단기 기억에서 유지하고 있을 필요가 없기 때문이다. 이러한 해석은 쓰기 폭이 넓은 필자보다 쓰기 폭이 좁은 필자가 글을 쓰는 도중에 현재까지 작성한 부분을 더 빈번하게 읽는다는 최근의 눈동자 추적 연구의 결과와도 부합한다(Alamargot, Dansac, Ross, & Chuy, 발간 중).

Olive & Piolat(2002)은 실험 참여자들이 논설문을 쓸 때 현재까지 작성한 글을 되돌아가서 읽지 못하도록 하면 글의 질적 수준도 좋아지지 않고 쓰기 유창성도 좋아지지 않는다는 것을 발견했다. 그리고 참여자들에게 현재까지 작성한 글을 읽지 못하게 하면 전사할 때 함께 제시한 2차 과제에 반응하는 속도가 더 빨라졌다는 것도 발견했다. 이것은 막 작성한 문장의 정보를 되살려내는 것과, 이러한 정보를 단기 기억에서 유지하는 것이 다음 문장 작성에 간섭 현상을 일으킨다는 사실을 보여준다.

결론

쓰기가 다양한 인지 과정의 조화를 요구하는 복잡한 활동이라는 생각과, 쓰기 과정에 얹힌 인지적 과부하가 쓰기의 근본적인 문제라는 생각은 쓰기를 인지적으로 연구한 초기부터 핵심적인 사항으로 자리를 잡아 왔다(예, Flower & Hayes, 1980). 초기 모형에서는 상위 차원의 쓰기 과정을 특징으로 삼아 설명했다. 그러나 후속 연구에서는 용량 모형을 채택하여 상위 차원의 쓰기 과정이 인지 자원을 두고 어떻게 경합하는지를 설명했다.

이번 장에서 우리는 전략적 특성이 다소 떨어지는 모형을 채택하여 서로 다른 과정이 어떻게 조율될 수 있는지를 논의하였다. 물론 이 장에서는 쓰기 과정의 역동적인 모형에 대해서도 논의하였으며, 쓰기 과정과 단기 기억의 상호작용에 대해서도 논의하였다. 이 장에서 논의한 결과는 다음 네 가지로 요약할 수 있을 듯하다.

첫째, 우리[4]는 쓰기와 관련된 좀 더 암시적이고 접근 불가능한 과정(문제 해결과 관련된, 상대적으로 명시적이고 접근 가능한 과정에 반대되는)에 일단 초점이 맞춰지고 나면 관련된 쓰기 과정의 범위가 매우 크게 확장된다는 것을 논의하였다. 마치 이러한 쓰기 과정의 상호작용 방식의 수가 그러한 것처럼. 이것은 우리가 쓰기를 개념화하는 방식을 바꾸는 데 영향을 미쳤다. 우리는 쓰기 연구가 이러한 복잡성뿐만 아니라, 작업 기억을 설명하는 주요 모형 사이의 논쟁적인 특성을 고려할 필요가 있다는 점을 논의하였다.

둘째, 우리는 비록 쓰기 과정상의 경합을 일반적인 인지 자원의 경합에서 비롯되었다고 설명했지만, 다른 설명 방법도 설득력이 있다는 점을 밝히기 위해 노력했다. 또 다른 대안적 접근에서는 공유된 인지 기제(아마도 병목 현상으로 널리 알려진 장기 기억에서의 회상)를 위한 쓰기 과정상의 경합이라는 관점의 설명, 서로 다른 과정 산출물 사이의 간섭, 그리고 다른 속도로 작동되는 과정을 조율하는 것과 관련된 문제가 포함된다.

---

4) [역주] 이 장의 저자인 Mark Torrance와 David Galbraith을 말한다. 이 장에 쓰인 '우리'는 모두 동일하다.

셋째, 우리는 작업 기억 용량이 개인의 고정적인 특징이 아니라, 과제 특수적인 기억 관리 기능 및 영역 특수적인 기억 관리 기능에 의존한다고 보는 것이 가장 적절하다고 보았다.

마지막으로, 우리는 비록 쓰기 과정의 몇몇 측면이 전략적으로 통제되더라도 관련 없는 정보를 억제하려는 요구나, 단기 기억을 새롭게 하려는 요구는 하나의 선에 연결되어 있는 것처럼 과정 순환의 결과로 발생한다. 이러한 맥락에서, 필자는 가능한 한 유연하게 적응하는 것밖에는 다른 선택이 없다. 쓰기 과정을 관리하는 우리가 얼마나 숙달되어 있든지 간에 과정상의 잠재적 갈등은 줄어들지 않는다. 그러므로 쓰기의 핵심은 항상 경쟁적인 요구를 조정하는 데 있다고 할 수 있다. 만약 쓰기 과제를 마치고 싶다면―동기적인 관점에서 볼 때―필자는 이것을 받아들여야 한다.

참고문헌

Alamargot, D., Dansac, C., Ros, C., & Chuy, M. (in press). Rédiger un texte procédural à partir desources: Relations entre l'empan de production écrite et l'activité oculaire du scripteur [Composing a procedural text from sources: The relationship between written production span and the writer's eye movements]. In D. Alamargot, P. Terrier, & J. M. Cellier (Eds.), *Production, compréhension et usage des écrits techniques au travail* [Production, comprehension, and uses of technical writing in the work place]. Poitiers, France: Publications Octarés.

Baddeley, A. D. (1986). *Working memory*. Oxford, UK: Oxford University Press.

Benton, S. L., Kiewra, K. A., Whitfill, J. M., & Dennison, R. (1993). Encoding and external-storage effects on writing processes. *Journal of Educational Psychology*, 85(2), 267-280.

Berninger, V. W., Cartwright, A. C., Yates, C. M., Swanson, H. L., & Abbott, R. D. (1994). Developmental skills related to writing and reading acquisition in the intermediate grades—shared and unique functional-systems. *Reading and Writing*, 6(2), 161-196.

Berninger, V. W., Vaughan, K. B., Graham, S., Abbott, R. D., Abbott. S. P., Rogan, L. W., et al. (1997). Treatment of handwriting problems In beginning writers: Transfer from handwriting to composition. *Journal of Educational Psychology*, 89(4), 652-666.

Bourdin, B. (1999). Working memory and language production: Comparison of oral and written production in adults and children. *Annee Psychologique*, 99(1), 123-148.

Bourdin, B., & Fayol, M. (1994). Is written language production more difficult than oral language production—A working-memory approach. *International Journal of Psychology*, 29(5), 591-620.

Bourdin, B., & Fayol, M. (1996). Mode effects in a sentence production span task. *Cahiers De Psychologie Cognitive*. 15(3), 245-264.

Bourdin, B., & Fayol, M. (2000). Is graphic activity cognitively costly?: A developmental approach. *Reading and Writing*, 13, 183-196.

Bourdin, B., & Fayol, M. (2002). Even in adults, written production is still more costly than oral production. *International Journal of Psychology*, 37(4), 219-227.

Caplan, D., & Waters, G. S. (1999). Verbal working memory and sentence comprehension. *Behavioral and Brain Sciences*, 22(1), 77-94.

Carey, L. J., & Flower, L. (1989). *Foundations for creativity in the writing process: Rhetorical representations of ill-defined problems* (Technical Report No. 32. june). Berkeley, CA: Center for the Study of Writing. University of California and Carnegie Mellon University.

Chanquoy, L, & Alarnargot, D. (2002). Working memory and writing: Evolution of models and assessment of research. *Annee Psychologique*. 102(2), 363-398.

Chanquoy, L, Foulin, J. -N., & Fayol, M. (1990). Temporal management of short text writing by children and adults. *Cahiers de Psychologie Cognitive*. 10(5), 513-540.

Chenoweth, N. A., & Hayes, J. R. (2003). The inner voice in writing. *Written Communication*, 20(1), 99-118.

Christiansen, M. H., & MacDonald, M. C. (1999). Fractionated working memory: Even in pebbles, it's still a soup stone. *Behavioral and Brain Sciences*. 22(1), 97-98.

Daiute, C. (1984). Performance limits on writers. In R. Beach & L. S. Bridwell (Eds.), *New directions in composition research* (pp. 205-224). New York: Guilford Press.

Daneman, M., & Carpenter, P. A. (1980). Individual differences in working memory and reading. *Journal of Verbal Learning and Verbal Behavior*, 19, 450-466.

Daneman, M., & Merikle, P. M. (1996). Working memory and language comprehension: A meta-analysis. *Psychonomic Bulletin and Review*, 3(4), 422-433.

De La Paz, S., & Graham, S. (1997). Effects of dictation and advanced planning instruction on the composing of students with writing and learning problems. *Journal of Educational Psychology*. 89(2), 203-222.

Ericsson, K. A., & Kintsch, W. (1995). Long-term working memory. *Psychological Review*, 102, 211-245.

Fayol, M. (1999). From on-line management problems to strategies in written composition. In M. Torrance & G. Jeffery (Eds.), *The cognitive demands of writing: Processing capacity and working memory effects in text production* (pp. 15-23). Amsterdam: Amsterdam University Press.

Fayol, M., Hupet, M., & Largy, P. (1999). The acquisition of subject-verb agreement in written French: From novices to experts' errors. *Reading and Writing*, 11(2), 153-174.

Fayol, M., Largy, P., & Lemaire, P. (1994). Cognitive overload and orthographic errors—when cognitive overload enhances subject-verb agreement errors: A study in French written language. *Quarterly Journal of Experimental Psychology A: Human Experimental Psychology*, 47, 437-464.

Flower, L. S., & Hayes, J. R. (1980). The dynamics of composing: Making plans and juggling constraints. In

L. W. Gregg & E. R. Steinberg (Eds.), *Cognitive processes in writing* (pp. 31-50). Hillsdale, NJ: Erlbaum.

Galbraith, D. (1999). Writing as a knowledge constituting process. In M. Torrance & D. Galbraith (Eds.), *Knowing what to write: Conceptual processes in text production* (pp. 139-160). Amsterdam: Amsterdam University Press.

Galbraith, D., Ford, S., Walker, G., & Ford, J. (in press). The contribution of different components of working memory to knowledge transformation during writing. *L1-Educational Studies in Language and Literature*.

Galbraith, D., & Torrance, M. (2004). Revision in the context of different drafting strategies. In L. Allal, L. Chanquoy, & P. Largy (Eds.), *Revision of written language: Cognitive and instructional processes* (pp. 63-86). Dordrecht, The Netherlands: Kluwer.

Grabowski, M. (2005). The writing superiority effect in the verbal recall of knowledge: Sources and determinants. In M. Torrance, D. Galbraith, & L. van Waes (Eds.), *Writing and cognition: Research and applications*. Manuscript submitted for publication.

Green, D. W., & Wason, P. C. (1982). Notes on the psychology of writing. *Human Relations*, 35, 47-56.

Hoskyn, M., & Swanson, H. (2003). The relationship between working memory and writing in younger and older adults. *Reading and Writing,* 16, 759-784.

Kahneman, D. (1973). *Attention and effort*. Englewood Cliffs, NJ: Prentice-Hall.

Kane, M. J., & Engle, R. W. (2003). Working-memory capacity and the control of attention: The contributions of goal neglect, response competition, and task set to Stroop interference. *Journal of Experimental Psychology: General,* 132(1), 47-70.

Kellogg, R. (1988). Attentional overload and writing performance: Effects of rough draft and outline strategies. *Journal of Experimental Psychology: Learning, Memory and Cognition*, 14(2), 355-365.

Kellogg, R. (1999). The components of working memory in text production. In M. Torrance & G. Jeffery (Eds.), *The cognitive demands of writing: Processing capacity and working memory effects in text production* (pp. 43-62). Amsterdam: Amsterdam University Press.

Kellogg, R. T. (1987). Writing performance: Effects of cognitive strategies. *Written Communication*, 4, 269-298.

Kellogg, R. T. (1990). Effectiveness of prewriting strategies as a function of task demands. *American Journal of Psychology*, 103(3), 327-342.

Kellogg, R. T. (1996). A model of working memory in writing. In C. M. Levy & S. Ransdell (Eds.), *The science of writing: Theories, methods, individual differences, and applications* (pp. 57-71). Mahwah, NJ: Erlbaum.

Kellogg, R. T. (2001a). Competition for working memory among writing processes. *American Journal of Psychology*, 114(2), 175-191.

Kellogg, R. T. (2001b). Long-term working memory in text production. *Memory and Cognition,* 29(1), 43-52.

Klein, P. D. (1999). Reopening inquiry into cognitive processes in writing-to-learn. *Educational Psychology*

Review, 11(3), 203-270.

Larsen, J., & Baddeley, A. (2003). Disruption of verbal STM by irrelevant speech, articulatory suppression, and manual tapping: Do they have a common source? *Quarterly Journal of Experimental Psychology A: Human Experimental Psychology*, 56(8), 1249-1268.

Lea, J., & Levy, C. M. (1999). Working memory as a resource in the writing process. In M. Torrance & G. Jeffery (Eds.), *The cognitive demands of writing: Processing capacity and working memory effects in text production* (pp. 63-82). Amsterdam: Amsterdam University Press.

Levy, C. M., & Marek, P. (1999). Testing components of Kellogg's multicomponent model of working memory in writing: The role of the phonological loop. In M. Torrance & G. Jeffery (Eds.). *The cognitive demands of writing: Processing capacity and working memory effects in text production* (pp. 25-41). Amsterdam: Amsterdam University Press.

Lowenthal, D., & Wason, P. C.(1977, June 24). Academics and their writing. *Times Literary Supplement.* p. 781.

McCutchen, D. (1994). The magical number three, plus or minus 2: Working memory in writing. In E. Butterfield (Ed.) *Advances in cognition and educational practice* (Vol. 2. pp. l-30). Greenwich, CT: JAI Press.

McCutchen, D. (1996). A capacity theory of writing: Working memory in composition. *Educational Psychology Review,* 8(3). 299-325.

McCutchen, D. (2000). Knowledge, processing, and working memory: Implications for a theory of writing. *Educational Psychologist,* 35(1). 13-23.

McCutchen, D., Covill, A., Hoyne, S. H., & Mildes, K. (1994). Individual-differences in writing: Implications of translating fluency. *Journal of Educational Psychology,* 86(2). 256-266.

Navon, D. (1985). Resources—a theoretical soup stone. *Psychological Review,* 91. 216-234.

Navon, D., & Gopher, D. (1979). On the economy of the human processing system. *Psychological Review,* 86, 254-284.

Navon, D., & Miller, J. (1987). Role of outcome conflict in dual-task interference. *Journal of Experimental Psychology: Human Perception and Performance*, 13(3), 435-448.

Navon, D., & Miller, J. (2002). Queuing or sharing?: A critical evaluation of the single-bottleneck notion. *Cognitive Psychology,* 44(3), 193-251.

Olive, T., & Kellogg, R. T. (2002). Concurrent activation of high- and low-level production processes in written composition. *Memory and Cognition*, 30(4), 594-600.

Olive, T., & Piolat, A. (2002). Suppressing visual feedback in written composition: Effects on processing demands and coordination of the writing processes. *International Journal of Psychology*, 37(4), 209-218.

Pashler, H. (1994a). Dual-task interference in simple tasks: Data and theory. *Psychological Bulletin,* 116(2), 220-244.

Pashler, H. (1994b). Graded capacity-sharing in dual-task interference? *Journal of Experimental Psychology:*

Human Perception and Performance, 20(2), 330-342.

Quinlan, T. (2004). Speech recognition technology and students with writing difficulties: Improving fluency. *Journal of Educational Psychology,* 96, 337-346.

Ransdell, S., Arecco, M. R., & Levy, C. M. (2001). Bilingual long-term working memory: The effects of working memory loads on writing quality and fluency. *Applied Psycholinguistics,* 22(1), 113-128.

Ransdell, S., & Levy, C. (1999). Writing reading and speaking memory spans and the importance of resource flexibility. In M. Torrance & G. Jeffery (Eds.), *The cognitive demands of writing: Processing capacity and working memory effects in text production.* Amsterdam: Amsterdam University Press.

Ransdell, S. E., & Gilroy, L. (2001). The effects of background music on word processed writing. *Computers in Human Behavior,* 17(2), 141-148.

Smith, M., & Wheeldon, L. (1999). High level processing scope in spoken sentence production. *Cognition,* 73(3). 205-246.

Swanson, H. L., & Berninger, V. W. (1996a). Individual differences in children's working memory and writing skill. *Journal of Experimental Child Psychology,* 63(2), 358-385.

Swanson, H. I., & Berninger, V. W. (1996b). Individual differences in children's writing: A function of working memory or reading or both processes? *Reading and Writing,* 8(4), 357-383.

Torrance, M., & Baker, A. (1998. July). *The processing demands of handwriting, word processing and speech-input word processing.* Paper presented at the European Writing Conference, Poitiers, France.

Totereau, C., Thevenin, M., & Fayol, M. (1997). The development of the understanding of number morphology in written French. In C. Perfetti, L. Rieben, & M. Fayol (Eds.), *Learning to spell* (pp. 97-114). Hillsdale, NJ: Erlbaum.

Wengelin, A. (2005). The word level focus in text production by adults with reading and writing difficulties. In D. Galbraith. M. Torrance, & L. van Waes (Eds.), *Writing and cognition: Research and applications.* Manuscript submitted for publication.

Williams, N., Hartley, P., & Pittard, V. (2005). Talking to write: Investigating the practical impact and theoretical implications of speech recognition (SR) software on academic writing tasks. In L. van Waes, M. Torrance & D. Galbraith (Eds.), *Writing and cognition: Research and applications.* Manuscript submitted for publication.

Witte, S. P. (1987). Pre-text and composing. *College Composition and Communication*, 38, 397-425.

제 **II** 부

쓰기 발달

제6장
쓰기의 등장

Liliana Tolchinsky

　'쓰기'는 여러 가지 의미를 지닌 다의어이다. 그것은 무엇인가를 필사(筆寫)하는 행위를 뜻할 수도 있고 '기록 체계(writing system)'라는 말에서 알 수 있듯이, 음성 언어를 기록하기 위한 문자 체계 자체(즉, 추상적 기호의 집합)를 의미할 수도 있다. 또한, 쓰기는 시나 소설, 과학적인 글이나 신문 기사 등 다양한 종류의 글을 쓰는 과정을 의미하기도 한다. "지금 뭐해?"라는 질문에 "글 써."라고 답한다면, 우리는 대답한 사람이 단순히 글자 목록을 적는 것이 아니라, 소설을 쓰고 있는 것으로 생각한다. 물론 글자 목록을 적든 소설을 쓰든 모두 쓰기에 해당한다고 볼 수 있지만 말이다. 한편, 쓰기라는 용어의 또 다른 의미는 글쓰기에서 요구되는 '언어'와 관련이 있다. 교사는 학생들에게 글을 쓰는 방법에 대해서 설명할 때 학생들이 글이 요구하는 구조나 어휘를 적절하게 사용하지 못한다는 점을 지적하곤 한다. 이 경우에는 쓰기를 글을 쓸 때 사용해야 하는 언어의 문제로 보는 것이다.

　이를 통해서 우리는 (1)기록 체계, (2)생산 양식(예를 들면, 담화 생산의 과정), (3)담화 유형, 보다 정확하게는 담화 유형이나 담화 장르의 집합이라는 쓰기의 세 가지 의미를 구별할 수 있다(Ravid & Tolchinsky, 2002). 쓰기가 지닌 이러한 의미는 모두 "발달적 관점"으로부터 얻은 것인데, 발달적 관점이란 어떻게 개인이 공동체 안에서 사용되는 기록 체계를 배우고 이를 활용하여 다양한 담화 유형을 산출하는 방법을 터득하게 되는지를 고려하는 것이라고 할 수 있다.

　쓰기에 대한 발달적 접근은 두 가지 중요한 가정에 근거를 두고 있다. 첫째, 어린이들은 자신의 환경에서 쓰기의 존재와 활용에 매우 민감하다. 둘째, 쓰기에 대해 어린이들이 만들어 가는 생각과 어떻게 글을 쓰는지에 대해 이해하게 되는 다양한 단계는 어린이들이 쓰기를 배우는 방식과 동일하다고 할 수 없다.

쓰기 역사에서 볼 때 "한 세대에서 다음 세대로 구조적으로 전파된 체계에 대해서 끊임없는 관심이 있었고, 문자에 대한 실질적 지식과 더불어 지도 방법도 널리 알려져 있다(Cooper, 1996, p.37)." 가령 우리 기록 체계의 초기 원형 중에서 사람들에게 글 쓰는 법을 가르치는 데 사용된 낱말 목록(어휘 리스트)을 정리한 "쓰기 매뉴얼"을 발견할 수 있다. 학교 교육과 쓰기는 함께 탄생했다고 해도 과언이 아니다(Halliday, 1987). 그러므로 포괄적으로는 문식성 (literacy)이, 구체적으로는 쓰기가 제도적으로 문화적 실천에 의해 지원을 받는다고 할 수 있다. 이에 대해서는 두 가지 관점을 수립할 수 있는데, 하나는 학습과 지도의 관계에 대해 의구심을 품는 것이다. 이와 다른 관점은 어린이들이 쓰기에 대해 알고 있는 것은 어린이들이 제도적으로 배운 것이라고 믿는 것이다. 지도에 의해 학습이 이루어진다고 믿는 사람들에게 발달적 접근은 의미가 없다.

문식성에 대한 이런 관점에 따라, 아직 정식으로 읽기와 쓰기를 배우지 않은 평범한 어린이 들에게 '읽기'나 '쓰기'를 시킨 뒤 행동을 관찰하고 분석하는 연구가 수행된 바 있다. 1930년 대 독일의 심리학자들은 이러한 연구를 통해 가능한 한 일찍 읽기 능력이나 쓰기 능력의 발달을 관찰하고자 하였다. 그리고 Luria와 Vygotsky는 비슷한 시기에 이러한 아이디어를 보다 더 광범위하게 적용하였다(Luria, 1929/1979). 1970년대부터 이러한 아이디어는 Ferreiro 가 동료와 수행한 연구를 통해 스페인어로 발전되었고(예, Ferreiro, 1986, 1988; Ferreiro & Teberosky, 1979) 나중에 다른 언어 및 다른 표기법에도 적용되었으며(예, 유대어로는 Levin & Korat, 1993, Sandbank, 2001; 이탈리아어로는 Pontecorvo & Zucchermaglio, 1988; 중국어로 는 Chan, 1998), 북아메리카와 오스트레일리아, 뉴질랜드에서도 유사한 연구들이 발표되었다. 여러 학자들이 보인 접근법과 동기는 매우 다양했지만, "문자 이전 어린이들의 문식성 개념 (preliterate children's conceptions on literacy)", 즉 Vygotsky가 말하는 "문자 언어 이전의 역사 (prehistory of written language)"를 이해하는 데에 공통적으로 크게 기여했다. 이 장에서는 이와 관련하여 쓰기 발달의 다양한 측면을 다룬 연구 결과를 검토해 보고자 한다. 이것이 이 장의 첫째 번 목표이다.

쓰기는 단지 지식 전달 도구에 불과한 것이 아니라 지식의 원천이다. 쓰기는 문제 공간일 뿐만 아니라 언어와 생각을 다루기 위한 자원이다. 이 점에 주목하여 이 장에서는 쓰기에 대한 연구가 마음의 창이자 인류 발달의 주요 쟁점을 통찰할 수 있는 중요한 자료가 될 수 있다는 점을 보여주고자 한다. 이것이 이 장의 둘째 번 목표이다. 쓰기에 대한 연구는 어린이들이 의사소통과 학습의 도구인 쓰기를 어떻게 습득하고 사용하는지 이해하는 데 도움을 준다. 더 나아가, 이런 연구는 우리의 정신 작용의 특징을 밝히고 이러한 작용에서 문화적 산물 역할을 입증할 수 있다.

생산 양식으로서의 쓰기

쓰기와 말하기, 수화, 읽기의 근본적 차이는 오로지 쓰기만이 눈에 보이는 자취를 남긴다는 사실이다. 그 자취를 눈으로 쫓으면 읽기가 이루어지고 원래의 담화가 재현된다. 이는 말하기의 순간적 속성과 대비되는 쓰기의 중요한 특질이라고 할 수 있다.

어린 아이들에게는 그림 그리기도 옹알이처럼 자발적으로 이루어진다. 18개월, 혹은 이보다 더 어리더라도 그릴 도구와 여백만 있으면 아이들은 그림을 그려낸다. 어린 아이들이 그와 같은 행동을 하는 것은 활동 그 자체를 위한 것도 아니며 단순히 연습을 하는 것도 아니다. 그들은 자취를 남기기 위해 그런 행동을 하는 것이다. 이러한 사실은 이미 오래 전에 15개월에서 38개월에 이르는 아이들을 대상으로 한 자유 놀이 활동 연구에서 입증되었다(Gibson & Levin, 1980). 이 연구에서는 한 집단 아이들에게는 판에 붙은 종이와 함께 흔적을 남길 수 있는 도구를 제공하고, 다른 집단 아이들에게는 흔적이 남지 않는 도구를 제공하는 조건으로 실험했다. 연구 결과, 주제가 어떤 것이든 흔적이 남지 않는 도구를 사용한 아이들의 그리기 활동이 현저히 감소하였다. 게다가 흔적을 남기지 않는 도구들은 손에 잡지도 않는 아이들도 있었다. 아이들은 나중에 자신이 한 낙서를 지목하거나 이름을 붙이기도 하였는데, 이런 행동도 흔적이 남아 있을 때만 가능했다.

이러한 조숙성은 읽기에서도 발견할 수 있다. 심지어 유아들도 읽기와 관련된 지적인 활동을 보이기도 한다. 어린이들은 보고, 가리키고, 검토하는 등의 읽기와 관련된 활동을 파악할 수 있을 뿐만 아니라, 그 책과 관련된 언어와도 친밀해진다(Bus, van Ijzendoorn, & Pellegrini, 1995; Snow & Ninio, 1986). 8개월에서 18개월 사이의 어린이들이 그림책을 읽는 모습을 살펴보면, 종이를 먹으려던 초기 행동은 점차 책을 보면서 구두 대화를 하는 활동으로 발전한다.

그러나 책 읽기라는 문화적 실천 행위는 민주적으로 분배되어 있지 않다. 어린이의 책 읽기는 읽을거리에 대한 공동체의 접근성과, 책을 읽도록 도와주는 성인에 의해 크게 좌우된다. 책 읽기 경험이 없는 고립된 환경에서 자란 어린이들은 읽기의 의미를 깨우치기 전에 쓰기의 표현 행위를 먼저 익힌다. 고립적인 환경에서 성장한 세 살짜리 아이에게 쓰기는 종이 위에 무엇인가를 표시하는 행위를 의미하지만, 읽기는 일정한 의미를 형성하지 못하며 쓰기와 종종 혼동되기도 한다(Ferreiro, 1986). 예를 들어, 방금 무엇인가를 종이에 쓴 아이에게 그것을 읽어보라고 요구하면 그 아이는 이미 읽은 것이라고 대답한다. 어떤 아이들은 읽으려면 연필이 필요하다고 말하기도 한다. 이런 현상을 전문적인 용어로 나타내기는 힘들다. 다만, 이러한 현상을 통해서 우리는 읽기와는 달리 쓰기가 대상을 눈에 보이도록 흔적을 남기는 행위라는 점을 이해할 수 있다.

그리기와 같은 다른 시각 활동도 흔적을 남긴다. 그래서 아이들이 그리기와 쓰기를 구별하는지를 알아보는 것은 매우 중요하다. Levin & Bus(2003)는 28개월에서 53개월 사이의 어린 아이들을 대상으로 자신의 이름과 더불어 여덟 개의 대상을 쓰고, 그림으로도 그리게 하였다. 이를 바탕으로 하여 쓰기와 그리기 활동을 분석했는데, 3살까지의 아이들은 그리기와 쓰기를 구별하지 못하였고 추상적 형태의 시각 기호만을 남겼다. 그러나 이 연구를 수행한 두 연구자가 아이들이 그리거나 쓴 결과물을 생산하는 과정을 관찰했을 때에 다른 점을 찾을 수 있었다. 어린 아이들이 생산한 결과물을 구분하기는 힘들다 하더라도, 3~4살 어린이들이 쓰기나 그리기에서 보인 운동 계획은 명확하게 구별이 가능했다.

Brenneman, Massey, Machado, & Gelman(1996)은 어린이들의 활동 과정이 담긴 비디오테이프 분석을 통해 쓰기와 그리기의 활동 계획이 서로 다르다는 점을 알아냈다. 그림을 그릴 때 어린이들은 크고 지속적이며 순환적인 움직임을 보였다. 이에 반해, 쓰기를 할 때 어린이들은 연필을 종이에서 떼고 글쓰기를 멈추는 행동을 자주 보였다. 외부 관찰자에게 비록 시각적 결과물이 쓰기처럼 보이지 않는다 하더라도 어린이들은 그리기나 쓰기를 할 때 다르게 행동한다는 점을 알 수 있다. 문제는 완성된 결과물을 '필자'와 '쓰기 과제'로부터 분리해 내면 그 흔적들이 "어떤 의미를 뜻하는지를 읽어낼 수 없다."는 데 있다. 이러한 연구 결과를 보건대, 두세 살 정도의 아이들은 비록 그 차이를 시각 기호로 구현하지 못한다 할지라도 쓰기와 그리기가 다른 활동이라는 점을 인지하고 있다는 것을 추측할 수 있다.

쓰기는 그 흔적을 남긴다는 점에서 매우 유효하고 적절한 연상 장치가 될 수 있다. 이러한 특징으로 인해 작성 과정에서 계획, 검토, 수정, 편집 등이 가능하다. 쓰기는 무엇을 표현하든 재검토 과정을 거쳐 보다 더 명확하고 발전된 내용으로 만들 수 있다.

어린 아이들은 기록하기와 같은 외부 기억 전략의 유용성에 대해 인식하고 있다. 만약 어린 아이에게 특정 행동을 기억하고자 할 때 어떤 전략을 사용할 수 있는지 답해 보라고 하면(Kreutzer, Leonard, & Flavell, 1975), 어린 아이들은 내부 기억 전략들(리허설, 회상하기 등)보다 외부 기억 전략(기록하기, 다른 이에게 상기시켜 주도록 부탁하기 등)을 선택하려 할 것이다. 그러나 어린 아이들은 특별한 지시가 없는 이상 연상 방법이나 계획, 편집 등을 위한 방법으로 쓰기를 지속적으로 활용하지 않는다.

취학 이전의 어린이들이 기억을 잘 하기 위해 자발적으로 쓰기를 활용한다는 연구는 거의 이루어진 바 없다. 그러나 Luria(1929/1978)에서는 선구적으로 이러한 문제를 다루었다. 이 연구에서는 3~5살 사이의 어린이들에게 기억 용량을 초과하는 많은 문장을 모두 외우도록 과제를 부여했다. 우선 어린이들에게 제시 문장을 모두 외우는 것은 어렵다는 사실을 깨닫게 한 후, 어린이들 각각에게 종이를 한 장 씩 나눠주고 "적거나", "쓰도록" 하였다. 그러나 "지시를 받은 모든 어린이들이 어리둥절해 했다."(p.149). 어린이들이 어리둥절해 한 데에는 두 가지 이유가 있었다. 어린이들은 어떻게 써야 하는지를 모르고 있었으며, 쓰기가 기억을 돕는 효과적인 방법이라는 점을 모르고 있었다.

그래서 Luria(1929/1978)에서는 "쓰기"가 어른들이 기억을 잘 하기 위해 흔히 사용하는 방법이라는 사실을 어린이들에게 지적해 주었다. 이러한 설명을 들은 후에야 비로소 어린이들은 기억 방법으로 쓰기를 활용하기 시작했다. 그러나 나이가 더 어린 어린이들은 문장을 떠올려 보라고 요구했을 때 써 둔 것을 "읽지" 않았다. 그들이 썼던 기호들은 그 문장들을 기억하는 데 어떤 실마리도 제공하지 못했으며 어린이들도 그 사실을 알고 있었다.

글을 수정하기에 앞서 어린이들은 자신이 쓴 것을 해석하는 일이 작성자의 의도나 의향이 아니라 시각 기호 그 자체의 특질에 달린 것이라는 점을 깨달아야 한다. 이러한 깨달음이 발달 과정을 이룬다. 어린이들에게 쓴 것을 읽어보라고 요구하면 실제로 종이에 적은 것과 그들이 적고자 한 것 사이에 상호작용이 일어난다. 미취학 어린이나 1학년 학생들에게 적어 놓은 단어나 문장을 읽어보라고 하면, 실제로 종이에 쓴 것과는 관계없이, 그들에게 써보라고 요구했던 내용(Tolchinsky Landsmann, 1993)이나 쓰고자 했던 내용(Sand-bank, 2001)을 축어 적으로 반복한다는 사실을 발견할 수 있다. 어린이들은 좀 더 나이가 들어야 글을 수정해 보려고 하며, 그들이 말한 것과 쓴 것 사이의 관련성을 살펴보려 한다.

어린이들에게 보다 분명하게 다시 말해 보라거나 글을 수정하도록 권유했을 경우에도 발달적 특징이 나타난다. Sandbank(2001)에서는 미취학 어린이와 1학년 학생들에게 책을 읽어주고 그것을 글로 쓰게 한 후, 그 글을 다시 읽고 원하는 방식으로 글을 고쳐보라고 요구했다. 미취학 어린이들은 글의 시각적 측면(글자 모양 등)에 더 관심을 기울였지만, 1학년 학생들은 문자와 음성의 연관성이나 철자법에 더 신경을 썼다.

그러나 글의 내용이나 구조와 같은 담화 수준의 수정은 두 집단 모두에서 이루어졌다. 예를 들어, 한 1학년 학생은 처음에는 거의 명사로만 이루어진 긴 단어 목록(Sweeties, Candies, Chocolates, on the roof was a chimney)을 작성했지만, 수정 단계에서 글 맨 앞에 도입 구문(in the house there were)을 추가했으며 마지막 명사와 구 사이에 접속어(and)를 넣어 글을 더 일관성[1] 있게 만들었다. 관습적인 글을 써보지 않은 어린이들도 담화 수준의 수정이 가능했으며, 어린 아이들에게 쓴 글을 읽고 수정해 보라고 했을 때 그들도 능숙한 필자처럼 자발적으로 글을 수정했다.

쓰기가 영속적인 흔적을 남긴다는 근본적 특징에 대한 인식은 자연스럽게 생겨난다. 그러나 이러한 특징에 대한 지각과 이를 이용한 연상 기호화, 계획하기, 편집하기 등의 작업이 가능하기까지는 보다 많은 시간과 문자 언어에 대한 경험이 필요할 것이다.

담화 양식으로서의 쓰기

말하기와 달리, 쓰기는 그 흔적이 영속적으로 남는다. 이러한 특징으로 인해 쓰기에서는 필자와 글의 시공간적인 분리가 가능해진다(Olsen, 1997; Tolchinsky, 2003). 우리는 문해력을 갖춤으로써 먼 지역에서 생산된 글이나 오래 전에 생산된 글을 다룰 수 있다. 이러한 글은 원고나 신문, 책, 편지 등의 형태로 표현되어 있다. 문자 공동체 내에서 성장하는 아이들은 문자 생산물인 글에 둘러싸여 있다. 아이들은 이러한 글이 담화의 매개체라는 것을 어느 정도까지 알고 있을까?

글은 담화를 지원하는 물리적 대상이다. 미취학 어린이들은 특정 유형의 담화에는 특정 유형의 물리적 지원이 필요하다는 점을 알고 있다. 그러므로 4~5살 정도의 어린이들에게

---

1) [역주] 원문의 cohesion, cohesive 등은 국어과 교육과정을 따라 '일관성'과 관련된 용어로 번역하였다.

이야기 책 속에 나오는 조리법이나 신문 기사에 나오는 동화를 읽어주면, 그 어린이들은 매우 놀라는 반응을 보이면서 그런 종류의 글이 그곳에 적혀 있다는 사실을 부정하려 든다 (Ferreiro & Teberosky, 1979).

또한 미취학 어린이들은 서로 다른 담화 유형의 글을 구별할 수 있다. 히브리어를 사용하는 5세 어린이들에게 동화 "Ami ve'tami(헨젤과 그레텔)"을 떠올리며 동화에 등장하는 초콜릿 집에 대해 묘사해 보라고 하였다. 이 어린이들이 쓴 히브리어 표기는 형편없었다. 어린이들 대부분은 히브리 글자를 그리면서도 그 음가를 정확히 모를 때가 많았다. 그런데 어린이들이 쓴 이야기와 묘사는 매우 상이했다. 이야기는 긴 줄로 쓰여 있었고, 글자 사이에는 빈 공간이 전혀 없었으며 오직 주인공의 이름에서만 가끔씩 앞뒤로 띄어쓰기가 되어 있었다. 반면 초콜릿 집에 대한 묘사는 외따로 열거된 단어들 같았다(Sandbank, 2001). 실제로 어린이들에게 쓴 것을 읽어보라고 했을 때, 어린이들은 그 긴 줄을 이야기의 한 부분으로 완전하게 표현해 냈다.

그러나 묘사에 대해 설명할 때는 "초콜릿, 캔디, 쿠키" 등 집을 구성하는 요소들을 하나씩 밝혔다. 미취학 어린이들의 장보기 목록이나 뉴스, 광고, 시에서도 이와 유사한 시각적 구분을 발견할 수 있었다(Pontecorvo & Zucchermaglio, 1988; Tolchinsky Landsmann, 1993). 오래 전에 쓰기 체계의 철자법적 지식을 습득했음에도 불구하고 어린이들의 글에 나타나는 시각적 배치는 각 장르의 특징을 모방하는 모습을 보여 주었다.

어린 아이들의 장르 활용에 대한 연구(Hudson & Shapiro, 1991; Pontecorvo & Morani, 1996; Sandbank, 2001)를 통해, 어린이들이 의사소통의 목적을 이루기 위해서 차이가 뚜렷한 형식을 활용한다는 점이 밝혀졌다. 어린이들도 제시된 장르에 맞게 해당 정보를 배치하는 방법을 매우 일찍 터득하는 것이다(Berman & Nir, 2004).

장르적 제약에 대한 어린이들의 민감성과 관련하여 한 가지 흥미로운 점은 이러한 민감성으로 인해 어린이들이 동어 반복과 바꿔 말하기를 구별하지 못한다는 사실이다. Lee, Torrence, & Olson(2001)은 어린이들에게 동어 반복과 살짝 바꾸어 쓴 표현을 구별해 보라고 하였다. 이야기 장르(형식보다 내용이 더 중시된다)일 때보다 짧은 전래 동요(외적 형식에 강조점이 있다)일 때 성공적으로 구별할 확률이 높았다. 나이가 많아질수록 이러한 장르의 영향력은 감소되고 어린이들은 모든 과제에 대해 일관된 구분을 해냈다. 연구자들은 이를 문식성의 결과로서, 글에 대해 생각해 볼 수 있는 힘과 관련이 있는 것으로 해석했다. 사실 어린이들의 이런 장르 민감성은 주목할 만하다. 어린이들은 이야기를 할 때는 바꿔 말하기가 가능하지만 시의 경우에는 그것이 부적절하다는 점을 깨닫고 있는 것으로 보인다.

일반적으로 쓰기 발달은 점차 진보한다고 가정한다. 여기서 말하는 진보란 글자와 소리의 대응을 알아채는 것에서 시작하여 단어의 형태, 문장을 거쳐 결국 담화의 수준에까지 이르는 것을 의미한다. 그러나 이 장에서 논의한 연구에 따르면, 실제로 쓰기는 여러 수준에서 동시에 발달한다. 이 발달을 통해 각 단계에서 얻은 지식은 다른 모든 수준에서의 학습을 제한한다. 어린이들은 작은 단위에서 큰 단위로 단일하게 움직이지 않는다. 대신 글에 대해 알게 된 사실이 글자와 단어에 대한 지식을 이끌 수도 있고 제약을 가할 수도 있으며, 글자와 소리의 대응 파악이 글 쓰는 방법을 안내할 수도 있고 제약을 가할 수도 있다.

표기법으로서의 쓰기

우리 문화에서는 담화를 표기할 때 알파벳을 사용한다. 그러므로 표기법으로서의 쓰기 발달이란 곧 어린이들이 알파벳의 원리를 파악하는 과정을 의미한다. 앞에서 언급했듯이, Luria(1929/1978)와 Vygotsky는 알파벳의 원리 파악에 노력을 기울인 초기의 심리학자들이었다. 이들은 소비에트 혁명이 있은 지 10년 후에 러시아 어린이들을 대상으로 하여 연구를 수행하였다. 이 시기는 문화적 도구의 획득이 인지 혁명을 이끈다는 것을 보여 주기에 적당한 때였다. 이 두 연구자들은 매우 단순하면서도 대담한 실험을 했다. 처음에 이들은 3, 4, 5세 어린이들에게 문장을 들려주었다. 어린이들이 들려준 문장을 기억해 내지 못할 때 그 문장을 적어 보면 더 잘 기억할 수 있다고 알려주었다. 그러자 어린이들은 들려준 문장을 더 잘 기억할 수 있었다.

이 연구자들의 요구는 매우 중요한 역할을 했는데, 어린이들이 기억하기 위해 문장을 글로 써야만 했기 때문이다. 나이가 어린 어린이들은 문장 종류에 상관없이 모든 단어를 "휘갈겨 쓴 낙서(scrawls)"로 표현해 냈다. 어린이들은 문장 기억에 이렇게 필기한 결과를 활용할 수 없었다. 그 이유는 단어를 휘갈겨 써서 그 어떤 연상 기능도 보여주지 못했기 때문이다. Luria는 이렇게 쓴 것을 가리켜 "구별되지 않고 도움도 되지 않는다."라고 기록했다.

Luria가 선구적인 실험을 한 지 50년 후, Vygotsky보다는 Piaget의 생각에 가까운 아르헨티나 심리학자들도 비슷한 발견을 하게 되었다(Ferreiro & Teberosky, 1979). 아르헨티나의 연구자들은 어린이들이 사회 공동체에 참여하여 관습적 지식(예, through language)을 습득할 때에도 어린이들은 스스로 그 지식을 만들고 자신의 언어로 재구성해야 한다고 생각했다. 이들은 어린이일지라도 무(無)로부터 얻는 지식은 없으며, 모든 지식은 그에 상응하는 발달적인 면모를 가지고 있다고 믿었다.

이 발달을 탐색하기 위해 많은 과제가 활용되었다. 아르헨티나 연구자들은 치료를 위해 면담하는 것과 같은 방법을 적용하여 어린이들에게 단어와 문장을 쓰게 하였다. 그러나 Luria의 연구와는 달리, 어떠한 기능적인 목적도 두지 않았다. 다시 말하면, 연상이나 의사소통의 목적을 위해 어린이들에게 문장이나 글을 쓰라고 요구하지 않았다. 스페인어를 모어로 구사하는 아르헨티나의 어린이들은 제시된 문장과 단어의 종류에 관계없이 "휘갈겨 쓴 낙서"처럼 써 내는 경우가 많았다. 이 연구를 이끌었던 Ferreiro도 이러한 결과물을 "구별되지 않는 글"이라고 불렀다(Ferrreiro & Teberosky, 1976), 문해력을 갖춘 어른도 식별하지 못했을 뿐만 아니라, 또래의 그 어떤 어린이도 그것을 식별해 내지 못했기 때문이다.

그럼에도 불구하고 어린이들의 쓰기에서는 거의 모든 언어에서 보이는 공통된 특징이 나타난다. 그것은 바로 선형성(linearity), 구별 가능한 단위의 존재(presence of distinguishable units), 공백의 규칙성(regularity of blank), 방향성(directionality)이다(Gibson & Levin, 1980). 4세 어린이가 쓴 글에는 이미 규칙적 간격을 지닌 일직선으로 배열된 줄이 나타난다. 이것은 영어뿐만 아니라 다양한 언어로 수행된 수많은 연구에서 공통적으로 나타나는 현상이다. 사회·문화적 지위나 미시 문화적 환경과도 관련이 없는 것으로 보인다(Bissex, 1980; Clay, 1982; Chan, 1998; Gibson & Levin, 1980; Goodman, 1982; Harste, Woodward, & Burke, 1984). 이러한 연구들은 쓰기의 시각적 패턴이 매우 이른 시기의 어린이들이 가지고 있는 정신 공간의 일부라는 점을 보여주었다. 어린이가 4세가 되면 쓰기는 선형적이고 비연속적이라는 점에서 그리기와는 구별되는, 구체적인 형식적 산출물을 생산하는 특별한 활동이라고 인식하게 된다.

"구별되지 않는 글" 단계에 있을 때 어린이들은 어떻게 자신이 쓴 단어를 해석하는 것일까? 어린이들은 글자의 특정한 형태적 특징보다는 그 문자 언어나 자신들이 위치한 장소가 해석을 결정하는 것처럼 행동한다. 예를 들어, 3~4세 정도의 어린이에게 그림과 그림에 대한 설명을 보여주면(예를 들어, '보트'라는 해설이 달린 보트 사진), 어린이는 스스로 짐작하거나 어른의 제안에 따라 '보트'라는 단어가 보트 그림 아래에 쓰여 있다고 인정한다. 그러나 "우연히" 그 단어를 다른 그림에 옮겨놓으면 그 단어를 읽는 방식도 달라진다(Bialystock, 1992;

Ferreiro, 1988). 그래서 '보트'라는 단어가 파이프 그림 밑에서는 "파이프"의 의미를 지닐 수도 있게 된다. 즉, 어린이들은 '보트'라는 문자 언어가 맥락의 변화, 지시 대상 및 결과물의 조건과 무관하게 '보트'를 표현하는 것으로 여기지 않았다.

"구별되지 않는 글" 단계에서 보이는 또 다른 전형적 특징은 스스로 쓴 글의 해석을 어린이들이 직접 결정한다고 믿는 것으로 보인다는 점이다. 어린이들에게 자신이 쓴 글을 읽어보라고 하면, 어린이들은 글자의 형태와는 관계없이 쓰라고 요구했던 단어를 그대로 말한다.

연구자 Ferreiro는 초기 쓰기와 관련된 형식적 작업을 알아내는 데 크게 공헌하였다. Ferreiro에 따르면, 쓰기 관습을 모르는 어린이들도 시각 기호는 변별적 특질이 있어야 읽을 수 있다는 점을 알고 있다. 글자와 유사한 형태로 작성된 어떤 행이 읽히려면 수량은 제한되어 있어야 하며 다양성은 충분해야 한다. 이 두 가지 제약은 어린이들의 쓰기를 규제하며, 모든 언어와 글에 유효한 것으로 밝혀졌다.

단어 쓰기의 발달 과정을 알아보기 위해 히브리어와 스페인어로 실시된 여러 연구를 통해서 이러한 사실을 확인할 수 있었다. 실험 참여자들은 미취학에서 2학년까지의 어린이들로 바르셀로나와 텔아비브에 거주하는 스페인어, 히브리어 사용자들이었다(Tolchinsky & Teberosky, 1998). 연구 결과, 스페인어와 히브리어 모두의 조건에서 미취학 어린이들의 쓰기에는 수량과 다양성이라는 똑같은 형식적 특징이 제약으로 작용한다는 사실을 발견할 수 있었다. 이러한 초기 쓰기에서 나타나는 유사성은 이후에 각 언어의 변별적 특징의 영향력이 커지면서 점점 나뉘게 된다. <그림 6.1>은 이러한 초기 쓰기의 유사성을 잘 보여주는 쓰기 결과물의 예이다.

<그림 6.1>에서 왼쪽은 Maya라는 이름의 이스라엘 소녀가 쓴 단어이고 오른쪽은 Christopher라는 같은 또래의 스페인 소년이 쓴 단어이다. 두 어린이들이 사용한 글자는 각각의 문자 체계에서 관습적으로 쓰이는 것들이다. 일반적으로 어린이들은 환경에 의해 제공된 글자를 사용할 뿐 새로운 형태의 글자를 고안해 내지 않는다. 그러나 서로 다른 문자를 사용함에도 불구하고 쓰기 결과에서 두 가지 형식적 특징을 찾아볼 수 있다. 첫째는 모든 행(단어)이 비슷한 수량의 글자를 포함하고 있다는 것이고, 둘째는 인접한 글자가 서로 같지 않다는 것이다. 가장 눈에 띄는 점은 어린이들이 이름에 사용한 글자를 다른 일반적인 글자의 보물창고처럼 사용한다는 사실이다. 이스라엘 소녀와 스페인 소년 모두 각각의 단어를 쓸 때 자신의 이름에 있는 글자를 활용했다. 서로 다른 두 문자 체계에서 찾아볼 수 있는 이러한 해법은 다소 놀라운 것이다.

<그림 6.1> 초기 쓰기 단계의 유사성을 보여주는 쓰기 결과의 예

　각기 다른 언어로 수행된 모든 연구에서, 어린이들에게 다른 단어나 문장과 함께 이름을 써보라고 하면, 그 이름은 고려해야 하는 어떤 특징 중에서도 언제나 가장 높은 발달 수준을 보여준다. 그 연구가 상위어적 특징에 관계된 것이라면 그 특징은 이름 표기에서 가장 먼저 부각되고, 만약 그 연구가 관습 문자와 관련된 것이라면 그것도 어린이들이 자신의 이름을 쓸 때 가장 먼저 부각된다(Chan, 1998; Ferreiro & Teberosky, 1979; Tolchinsky Landsmann & Levin 1985).

　분명히 이것은 우리가 자신의 이름에 부여하는 강한 정서적 의미와 관련이 있다. 어린이들에게 개인의 이름은 발음이 바뀌지 않는 첫 문자 텍스트이자 잊을 수도 없는 첫 문자 텍스트이다. 그래서 3~4세 무렵의 어린이에게 이름을 써서 제시해 주면, 다른 단어들과는 달리 자신의 이름을 쉽게 외우게 된다(Tolchinsky Landsmann, 1993).

　어린이들이 가지고 있는 수량과 다양성의 규칙은 단순한 발명품이 아니다. 그것은 실제로 작성한 글에서 발견되는 단어의 길이와 단어 내부의 다양성을 반영한 것이다. 영어의 철자법에서도 이와 같은 제약의 예를 발견할 수 있다. 가령 'egg'라는 단어에서 글자 g가 반복되는 이유는 명사, 동사, 형용사는 모두 최소한 세 글자 이상이 되어야 한다는 제약 때문이다. 영어와 달리 스페인어에서는 연이은 위치에 두 번 이상 동일한 글자가 반복되는 단어가 없다. 히브리어에서는 매우 드물기는 하지만 동일한 글자가 연이어 세 번 반복되는 단어도 존재한다. 그러나 이러한 일반적 제약의 사용은 사회적 학습의 직접적인 적용이라고 볼 수 없다. 오히려 그것은 능동적인 선택 작용이라고 할 수 있다. 왜냐하면 비록 한 글자로 된 단어가 매우 드물기는 하지만 그것은 거의 모든 글에서 가장 빈번하게 사용되기 때문이다.

어린이들이 쓰기의 특징을 탐구할 때 몇몇 변별적인 특징은 어린이들이 쓰기 자료를 조직하는 데 도움을 준다. 어린이들은 수량과 다양성의 제약으로 인해 새로운 글자를 창안하기보다는 같은 글자를 다른 형태로 조합하여 반복적으로 사용한다. 이는 철자법의 필요조건 중 하나이지만, 보다 중요한 것은 이것이 각 글자에 의미를 부여하는 데 도움을 준다는 점이다. 이 두 가지 제약이 적용되기 이전에는 쓰기가 불연속적이고 선형적인 패턴이었지만, 이 제약이 적용된 이후로는 변별이 가능하고 처리가 가능한 소수의 다양한 요소들로 구성된다.

어린이들이 쓰기의 형식적 특징을 탐구하는 행동을 살펴보면, 어린이들이 쓰기가 언어와 관련되어 있음을 인식하고 있다는 것을 알 수 있다. 3~4세 어린이들에게 자신이 쓴 것을 읽어보라고 하면, 그 어린이들은 자신들에게 쓰라고 지시되었던 글자를 그대로 읽는다. 이는 음성 언어 표현을 문자 표현과 연결하기 위한 것이다. 발화된 것(단어나 문장)은 곧 문자 패턴과 대응된다.

우리는 어린이들이 문자의 수량과 다양성이 이미 축소된 단계에 와 있다는 것을 상기해야 한다. 어린이들은 그들 앞에 놓인 문자를 축소된 수량으로 발음하게 된다. 그리고 표시 기호의 수량이 줄었으므로 발화 일부도 더 쉽게 문자 표현의 일부와 연결된다. 반대로 문자 표현의 일부도가 발화의 일부에 연결될 수도 있다.

어린이들이 문자에 의지하여 소리와의 대응을 통해 쓰기를 이끌어가려 하면 일반적인 모형에 의존하게 된다. 단어나 문장은 모두 음성적 측면을 지니고 있으므로 일반적인 모형은 쓰기 과제에 적합하다. 어린이들은 문자의 수량과 다양성이 단어의 음운론적 측면과 관련되어 있다는 사실을 깨닫는다. 그러나 어떻게 어린이들이 단어들을 분절하여 그 분절음들이 문자 기호와 대응하게끔 하는 것일까? 어떤 "단위"가 구성의 바탕이 되는 것일까?

음절 가설

Ferreiro(1988)에 따르면, 일단 어린이들이 쓰기가 소리의 표현이라는 점을 알게 되면, 처음에는 문자 기호가 대개 발화된 음절과 대응한다고 믿는다고 한다. 이러한 음절 가설은 Ferreiro가 동료 연구자들과 함께 오랜 시간 동안 아르헨티나와 멕시코의 어린이들을 대상으로 해 온 연구에서도 입증되었다. 그리고 이스라엘 어린이들을 대상으로 한 연구와 스페인어와 히브리어를 사용하는 어린이들에게 진행된 여타의 비교 연구에서도 동일한 결과를 얻은 바 있다(Tolchinsky & Teberosky, 1998).

관련성을 파악하는 첫 번째 단위가 음절이라는 것은 당연한 일이다. 1964년 Bruce가 수행한 연구 이래로, 어린이들에게 단어를 불러주고 이를 작은 단위로 분할하여 써 보라고 하면 음운으로 분할하기 이전에 먼저 음절로 분할하여 쓰는 경향이 있다는 것이 확증되어 있다. 음절은 음성학적 기질을 가지므로 자연스러운 분할 단위이지만, 음운은 언어학적인 구성단위일 뿐이다. 그러므로 어린이들이 단어를 분할하여 글자와 연결할 때 음절을 단위로 한다는 것은 납득할 만한 일이다.

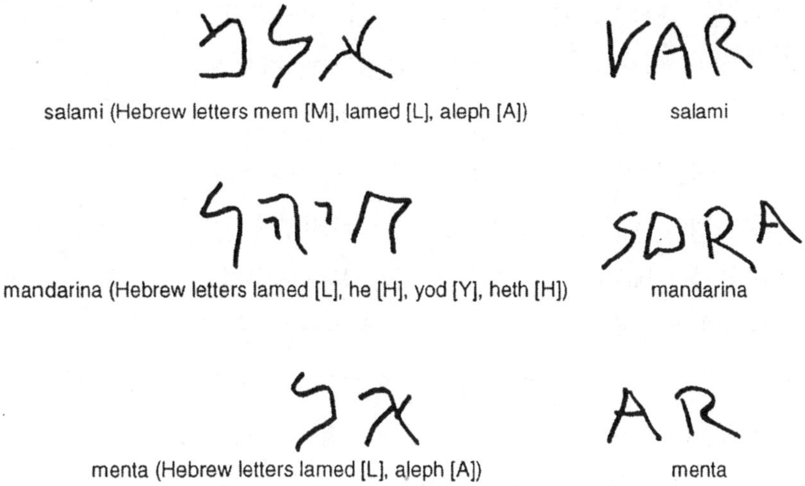

salami (Hebrew letters mem [M], lamed [L], aleph [A])   salami

mandarina (Hebrew letters lamed [L], he [H], yod [Y], heth [H])   mandarina

menta (Hebrew letters lamed [L], aleph [A])   menta

〈그림 6.2〉 '음절 시기'를 보여주는 쓰기의 예

<그림 6.2>는 각기 다른 문자 언어에서 "음절 시기"를 보여 주는 예이다. 이 시기는 쓰기 발달을 분명하게 보여준다. 각 어린이들에게 학교 밖의 생활과 연관된 단어 중에서 발음과 의미가 유사한 일반적 명사를 쓰게 하였다. 두 예는 같은 단어를 쓴 것으로 보인다. 왼쪽은 5세의 히브리어를 사용하는 소녀가 쓴 것이고, 오른쪽은 같은 나이의 스페인어를 사용하는 소년이 쓴 것이다. 소녀는 히브리 문자를, 소년은 로만 문자를 사용하였다. 그럼에도 불구하고 두 예는 규칙적인 음절의 연관성을 보여 준다.

이는 어린이들에게 쓰라고 요구한 단어를 반복하게 하고 그것을 음절로 분해하여 써 보라고 한 과정을 통해 입증된 것이다(예, sa-la-mi). <그림 6.2>을 통해서 글자의 수는 음절의 수와 연결되어 있음을 알 수 있다. 이 나이대의 어린이들이 보이는 주된 관심은 음절 수와

글자 수의 일치이다. 양적 일치에 주된 관심을 보이는 이 시기의 어린이들은 모든 글자가 음절과 관련된 역할을 한다고 생각한다. 이런 점에서 어린이들이 글자의 이름과 그들의 개별적인 음가(音價)를 구별할 수 있는 것은 중요하다.

이 작업이 수행되는 동안에 두 가지 과정이 개입된다고 볼 수 있다. 하나는 단어에 대한 분석이며, 다른 하나는 글자의 전형적인 음가에 대한 어린이들의 지식이다. 이런 점에서 글자의 이름과, 그 각각의 음가에 대한 어린이들의 지식은 중요한 역할을 한다. 어린이들은 어떤 음절(보통 첫째 번 음절)에서는 전형적인 글자(해당 음가에 맞는 글자)로 쓰는 데 반해, 어떤 음절에서는 해당 음가를 1개 이상의 글자로 쓰기도 한다. 1개 이상의 글자를 쓰는 이유는 어린이들이 단어에서 해당 음가가 지각될 때마다 비체계적으로 그 글자를 사용하기 때문이다.

예를 들어, <그림 6.2>의 스페인 소년의 쓰기를 보면 글자 A를 구별하고 있음을 알 수 있다. 그러나 이 소년은 모든 단어에 A를 사용했는데, 첫째 번과 둘째 번 단어('salami'와 'mandarina')에서는 2번 쓰는 대신 1번만 썼고, 셋째 번 단어(menta)에서는 적절한 위치가 아니었다. 어떤 단어는 아직 분석되지 않아 어떤 글자로도 표기되지 못했고, 또 어떤 단어는 부분적으로만 분석되어 몇몇 알고 있는 글자로 표기되었다. 아마도 우연히 이 소년이 모두 알고 있는 글자가 있어 정확하게 표기했을 수도 있다. 이렇게 여러 가지 가능성이 있을 수 있는데, 바로 이러한 가능성의 다양성은 과도기적 지식의 전형적인 모습이라고 할 수 있다. 이 소년의 쓰기에서도 단어 분석과 음가 지식이 모두 반영되어 있다고 할 수 있다. 이는 결국 쓰기에 각 음절의 전형적 음가를 나타내는 글자가 포함되어 있음을 보여주는 것이다.

쓰기를 배울 때 글자 이름에 대한 어린이들의 지식이 중요한 역할을 한다는 것은 널리 알려진 사실이다. 글자 이름에 대한 지식은 쓰기 발달에 영향을 끼치는 요소 중 하나이지만, 모든 언어나 문자에서 동일하게 작용하는 것은 아니다.

음절 가설은 지금까지 많은 도전을 받아왔다. 특히 영어로 수행된 많은 연구들(Kanmii, Long, Manning & Manning, 1993; Treiman, Ticcoff, & Richmond-Welty, 1996)이 음절 가설에 대해 여러 가지 문제를 제기해 왔다. 이러한 연구에 따르면, 어린이들은 입말과 글말의 관계를 파악하기 위해 대안적 방법을 사용한다고 한다. 영어로 수행된 연구에서 문제를 제기한 데에는 나름대로 이유가 있는 것으로 보인다. 그 이유 중의 하나로 음절 가설이 언어 의존적 가능성이 있다는 것을 꼽을 수 있다. 다시 말하면, 언어에 따라 이 가설이 유효할 수도 있고 그렇지 않을 수도 있다는 뜻이다. 스페인어, 이탈리아어, 중국어 등 음절 중심의 언어에서는 음절 가설이 유효했지만, 영어에서는 그렇지 않았다. 단어를 분할하는 전략이 해당 언어의 음운론적 구조로부터 영향을 받기 때문일 것이다. 이것은 추론적인 판단이기는 하지만 가능성이 매우 높다. 물론 이에 대해서는 더욱 많은 비교 언어학적 연구가 이루어져야 확실한 답을 얻을 수 있을 것이다.

알파벳의 원리

어린이들이 소리와 글자의 연결을 발견하고 나면 쓰기의 개념화를 이루는 전환점을 맞게 된다. 그것은 단어를 표현하는 데 유용한 안정적인 원칙을 발견했음을 의미하는 것이기 때문이다. 음절 대응 제약의 단계에서 문자(알파벳) 대응 제약의 단계로 급격하게 전환이 이루어지는 것은 아니다. 어린이들이 음절-문자 구조도를 생산하는 시기를 중간 단계로 볼 수 있다. 이는 어떤 문자는 완전히 표현되고 나머지는 그렇지 않은 상태이다. 예를 들어 'gato(Cat)'라는 단어를 'GAO'라고 표기했을 때, 첫째 번 음절은 완전히 표현되었으나(ga-written GA) 둘째 번 음절(to)은 그렇지 않다. 이런 이행은 단어에 따라 달라지는데, 어떤 단어는 다른 단어에 앞서 알파벳 대응에 의해 제약을 받는다. 이는 단어의 구조 및 요소가 가지는 발음의 곤란도, 철자법, 그 단어에 대한 배경 지식(즉, 이 단어가 유의미한 텍스트로서 어린이들의 어휘 목록 중 하나인지), 그 단어를 표현하는 데 사용된 글자들에 대한 배경 지식에 의해 결정된다.

알파벳의 원리를 발견하면 어린이들은 단어를 표현할 때 유용하게 쓸 수 있는, 안정적인 참조 틀을 얻게 된다. 그러나 알파벳 원리로 이행하는 데에는 개별 언어의 음운론적, 형태론적 특질이나 그러한 특질이 문자화되는 방식 등이 중요한 역할을 한다.

띄어쓰기 학습

발달적 국면을 다루는 연구는 어떻게 어린이들이 언어 직관을 통해 쓰기 체계의 관습을 파악하는지, 그리고 동시에 어떻게 쓰기 관습에 적합하도록 직관을 새로 만들어 내는지를 밝혀낼 수 있다. 어린이들이 쓰기 체계의 중요한 관습 중 하나인 띄어쓰기를 학습하는 과정을 보면 이러한 쓰기 체계와 학습자 사이의 상호작용을 파악할 수 있다. 만약 4~5세 어린이들에게 이야기 한 편(단순히 개별 단어가 아닌)을 적어보라고 하면, 글자 또는 글자 비슷한 요소들을 긴 줄로 적는다. 이렇게 쓴 이야기는 띄어쓰기가 거의 되어있지 않은 '이어 쓴 글(scriptio continua)'의 형태를 보인다.[2] 이는 영어나 히브리어에서도 볼 수 있다. 문제는 어린이들이 어떻게 이런 쓰기 단계에서 띄어쓰기를 하는 단계로 나아가느냐이다.

어떤 쓰기 체계이든 우리는 비교적 쉽게 단어를 구별할 수 있는데, 그것은 바로 글자와 글자 사이에 존재하는 공백을 통해서이다. 그러나 이렇게 시각적으로 표현하는 단어(graphic words)가 어떤 언어 단위와 의미 있게 대응하는지를 설명하는 것은 쉽지 않다. 붙여 쓰는가, 또는 띄어 쓰는가의 문제는 개별 언어마다 차이가 있기 때문이다. 예를 들어 보자. 다른 유럽 언어처럼 영어에서도 전치사와 관사는 띄어쓰기를 하여 별개의 단어로 표기한다(예, to the beach). 그러나 히브리어에서는 전치사와 정관사 중에서 많은 것을, 그리고 접속사 중에서 몇몇을 마치 접두사처럼 다음 단어에 붙여 쓴다(예, layam). 같은 로만어 계열에 속하는 스페인어와 이탈리아어가 차이를 보이기도 한다. 영어의 'to'와 'the'에 해당하는 단어를, 스페인어에서는 띄어 쓰고(스페인어로 'a la playa', 영어로는 'to the beach') 이탈리아어에서는 붙여 쓴다(이탈리아어로 'alla spiaggia').

이러한 특정 언어의 제한점을 벗어나 언어 요소와 표기한 단어 사이의 연관성을 확립하려고 해도 어려움이 따르기는 마찬가지이다. 그 이유는 시각적으로 표현하는 단어가 형태학적 단위를 다양하게 나타낼 수 있기 때문이다. 가령, 스페인어의 한 형태소는 영어에서 하나의 형태소를 나타낼 수도 있고(예, fin = end), 하나 이상의 형태소일 수도 있으며(예, cumpleanos = birthday), 심지어 전체 절을 표현할 수도 있다(예, damelo = give it to me). 특정 언어의 쓰기 체계 외부에 어떤 특수한 형태 어휘적 연관성이 있는 것은 아니다. 그래서 어떤 단어를 띄어쓰기 한다는 것이 무엇을 의미하는지 정확히 말하기 어렵다. 그리고 그것을 6세의 어린이에게 설명한다는 것은 더욱 어려운 일이다.

어린이들에게 사람들이 말하는 것을 주의 깊게 듣고 휴지가 있을 때 그 지점에서 띄어쓰기를 하라고 안내해 주는 방법도 생각해 볼 수 있다. 그러나 이 방법도 그리 효과적이지는 못하다. 사람들은 보통 말할 때 단어 사이를 띄우지 않기 때문이다. 오히려 말하는 동안 단어는 일반적으로 운율 단위나 억양구를 기준으로 삼아 모이며, 이렇게 모인 언어 단위는 문법적으로 말하는 '단어'와 거의 일치하지 않는다(Nesper & Vogel, 1986). 게다가 이것마저

---

2) [역주] 'scriptio continua'는 단어 사이에 띄어쓰기도 하지 않고 문장 부호(마침표, 반점, 따옴표 등)도 사용하지 않은 글을 일컫는다. 동아시아의 범용 문자로 쓰였던 한문이 이러한 예에 해당한다. 한문에는 띄어쓰기도 없고 문장 부호도 없다. 띄어쓰기를 하지 않는 일본에는 아직도 이러한 영향이 일부 남아 있다. 'scriptio continua'는 '스크립트 콘티누아'라고 음역하여 번역어로 쓰기도 하지만, 이 책에서는 의미를 살려 '이어 쓴 글'로 번역하였다.

언어마다 그 사정이 모두 다르다. 그러므로 어린이들에게 어떻게 단어를 띄어 써야 하는지를 알려주는 단순한 물리적 토대는 없다고 볼 수 있다(Tunmer, Bowey, & Grieve, 1983).

만약 어린이들이 '엄격한 행동주의자'였다면 이것은 심각한 문제를 불러일으켰을 것이다. 아마도 어린이들이 쓴 글에는 띄어쓰기 오류가 만연할 것이다. 언어 습득의 초기 단계에서 비록 띄어쓰기 오류가 일어나기는 하지만(Peters, 1983), 어린이들이 일단 문법적 변화나 폐쇄 유목의 어휘(새로운 학습이 거의 필요 없는 단어들, 예를 들어 전치사나 관사 등)를 보다 생산적으로 사용하게 되면 그 빈도가 줄어든다. 이는 곧 어린이들이 언어 습득의 초기 단계를 넘어서서, 내용 어휘(명사, 동사)와 기능 어휘(관사, 접속사)을 꾸준히 생산하며 단어를 표현한 것이라는 사실을 의미한다(Karmiloff-Smith, 1992).

그럼에도 불구하고 미취학 어린이들에게 단어라고 생각하는 것들을 구분해 보라고 하면 각각의 요소들을 올바로 단어 범주에 포함시키지 못한다. 어린이들에게 'table'이 단어냐고 물어보면 그렇다고 답한다. 그러나 'the'가 단어냐고 물어보면 대개 아니라고 답한다. 3세 어린이들도 'the'와 같은 단어를 올바로 인지하고 사용하고 결합하지만 문장에 쓰인 단어를 구분해 보라고 하면 이것을 단어로 나누는 데 실패한다.

단어 사이의 띄어쓰기에 관한 관습적 형태를 학습하는 것은 어린이들의 쓰기 발달에서 중요하다. 단어 사이를 띄어 쓰지 않은 글을 이해하는 것은 불가능하며, 반면 띄어쓰기가 되어 있으면 철자 쓰기에서 오류를 범했다고 해도 잘 읽어나갈 수 있다.

띄어쓰기 발달에 관한 연구(Clemente, 1984; Ferreiro, Pontecorvo, Ribeiro Moreira, & Garcia Hidalgo, 1996)를 통해서 어린이들에게는 단어의 종류가 어디서 띄어쓰기를 할 것인지를 결정하는 데 중요한 역할을 한다는 사실이 밝혀졌다. 대체로 어린이들은 고유 명사와 명사, 동사를 띄어 쓰는 경향이 있다. 그러나 관사와 명사, 동사와 조동사 사이는 띄우지 않은 채 '미분할(hyposegmentation)' 단위로 생각하여 붙여 쓰곤 한다. 사실 이것은 매우 합리적인 가정이기는 하다. 명사나 동사와 같은 내용 어휘들은 한정된 대상을 갖는 데 반해, 기능 어휘나 폐쇄 유목 어휘는 오직 그들과 함께 나타나는 단어들에 의해서만 한정되기 때문이다.

띄어쓰기의 발달을 관찰하기 위해 스페인어로 진행된 연구(Cintas, 2000; Tolchinsky & Cintas, 2001)에서는 어린이들이 말하기 과제 수행에서 내포된 지식을 적용하는지, 띄어쓰기를 위해 단어를 규정하는 명백한 개념을 적용하는지를 분석하였다. 연구 참여자들은 미취학에서 3학년까지의 5~8세 어린이였다. 이 연구에서는 참여 어린이들에게 두 단어로 된 표현 어구와 네 단어로 된 문장을 받아쓰게 하였고 짧은 동화를 읽어 주고 다시 쓰게 하였다.

연구 결과, 단어 분류가 체계적으로 통제될 때 어린이들은 해당 단어를 기능 어휘의 전체 범주 내에서 구별한다는 것을 알 수 있었다. 명사를 수식하는 데 사용되는 어휘(예, 한정사, 인칭 대명사)는 동사인 어휘보다 더 빨리 띄어쓰기가 되었다. 고유 명사는 관습적으로 가장 높은 빈도로 띄어쓰기가 이루어졌고 인칭 대명사, 형용사 등이 그 뒤를 이었다. 이들은 모두 명사 범주에 속하는 어휘이다. 반면, 동사 접어(verb clitics)는 가장 빈번하게 미분할로 처리되었다. 띄어 쓴 예가 매우 적었다. 부사는 명사와 동사의 중간 정도의 빈도를 보였다.

이러한 선택적 '미분할'을 이해하기 위해서 1학년 학생이 다시 쓴 동화의 인용문을 살펴보자(<그림 6.3>과 그 번역문). 이 동화는 두 명의 도적이 훔친 금괴와 이를 운반하는 노새의 이야기인데, 철자법이 조금 틀리긴 했으나 알아볼 수 없을 정도는 아니다. 밑줄 친 부분은 학생이 띄어 쓰는 대신 붙여 쓴 곳이다. 조동사는 본동사에 붙여 썼고 전치사는 다른 전치사나 명사, 동사에 붙여 썼으며 몇몇 접속사는 다음 관사에, 소유 대명사는 명사에 붙여 썼다. 즉, 내용 어휘에 비해 기능 어휘가 대부분 미분할되었다. 그러나 어린이들은 이런 단순한 두 가지 분류(open vs. closed)보다 더 훌륭한 구별을 하는 것처럼 보인다. 예를 들어, 'la'는 한정사로 쓰일 때에는 띄어쓰기를 했고(la otra = the other[one]), 간접 목적 대명사로 쓰일 때에는 붙여 썼다(la robaron = it to steal = to steal it, la queria = it wanted to defend it = wanted to defend it).

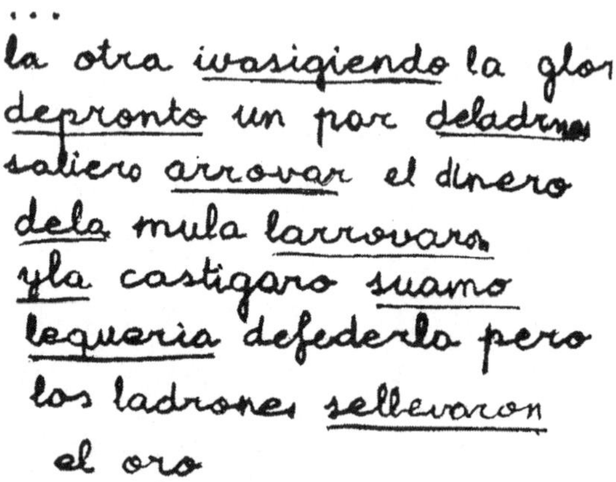

〈그림 6.3〉 띄어쓰기를 하지 않은 글의 예. 영어 번역은 다음과 같다.
"… the other *wasfollowing* the glory [=went after fame] *ofsudden* [suddenly] a pair *ofrobbers* went *tosteal* the money *ofthemule* (they) *robbedit* and *punishedit itsowner wantedit todefend* [=wanted to defent it] but the thieves *se+took* [=for themselves] the gold."

이것은 다양한 수준의 접근에 관한 지식을 잘 보여 주는 예이다. 말하기에서 어린이들은 모든 단어들을 나누거나 묶을 수 있으나 어린이가 지니고 있는 메타 언어적 지식은 다른 종류의 어휘를 다르게 처리하게 만든다. 이러한 메타 언어적 지식을 통해 어린이들은 글을 쓸 때 어디서 띄어쓰기를 해야 할지를 결정하는 것이다. 이 연구에서는 나아가 어린이들이 통사 범주와 관계를 구별할 뿐만 아니라 띄어쓰기가 단어들 간의 서로 다른 통사 관계를 반영한다고 추측하고 있음을 밝히고 있다.

다른 지식 분야와 마찬가지로 쓰기 분야에서도 어린이의 실수는 단순히 '무지'를 의미하는 것이 아니라, 어린이가 수행하는 다른 종류의 '추론'을 의미하는 것이다. 해당 쓰기 체계의 관습을 숙달하기 위해서 어린이들은 애초에 가지고 있던 가정을 재구성해야할 필요가 있다. 그렇다면 도대체 어떻게 어린이들이 그 언어학적인 띄어쓰기 모형을 재구성할 수 있는 것일까? 이는 분명히 길이와 구조가 다양한 글을 읽고 씀으로써 가능할 것이다. 그 글에는 서로 다른 통사 맥락을 가진 다양한 종류의 어휘가 들어 있다. 특정 문맥에서 의무적으로 이루어지는 띄어쓰기에 관한 명확한 추론을 통해 쓰기 체계의 관습을 파악하는 일은 불가능하다. 이런 종류의 지식은 오로지 실제적인 쓰기 경험을 통해서만 얻어지는 것이다.

맺음말

문식 환경에서 성장하는 어린이들은 쓰기의 특성을 분석하는 형식적 교육을 받기 이전에 이미 무엇인가를 터득해 간다. 쓰기의 시각적 패턴은 3세 이전의 어린이가 가진 매우 이른 시기의 정신 공간을 보여준다. 이런 초기 단계에서 쓰기 패턴의 의미는 그것이 가진 특성보다는 쓰기가 이루어지는 장소와 필자인 어린이의 의도에 의해 결정된다. 어린이들은 서서히 시각 패턴의 형태와 그 결합이 '읽혀지도록' 하는 선별적인 행동을 취하게 된다. 어린이들의 쓰기는 수량과 다양성에 의해 제약을 받는데, 이는 보통 어린이들이 단어나 구절의 길이와 실제로 그들이 종이에 적은 글자의 수 사이의 대응을 살피는 단계에서 일어난다. 처음에 이런 대응은 매우 포괄적으로 일어난다. 만약 읽기를 시도한다면, 어린이들은 자신이 쓴 글의 처음을 가리키며 문장 읽기를 시작하고 동시에 그 끝을 가리키며 문장 읽기를 마치려고 할 것이다. 그러나 어린이들은 천천히 발화의 부분과 쓰기 결과의 요소 간의 긴밀한 대응을 살피기 시작한다. 이 셋째 번 단계에서 어린이들은 단어를 표현하는 데에 유용한 안정적인 참조 틀을 발견하게 되며, 글자의 수와 다양성이 그 단어의 소리 패턴과 관련된다는 점을 깨닫게 된다. 마침내 네 번째 단계에 이르러 어린이들은 글자가 각각의 자음과 모음을 표현한다는 알파벳 원리를 발견하게 된다.

쓰기가 발달하는 동안 많은 상호작용의 기회와 그 능력이 더욱 더 발달하는 시기가 있다. 그러나 발달의 주요 원천은 쓰기 행위 그 자체이며, 어린이들에게 노출된 쓰기의 해석과 활용이다. 소리와 문자의 대응이나 띄어쓰기와 같은 쓰기 관습은 쓰기 체계 밖에서 습득되지 않는다. 특정 체계의 쓰기 관습을 습득하는 방법은 오로지 그 체계 내에서의 발견뿐이다.

참고문헌

Berman, R. A., & Nir, B. (2004). Linguistic indicators of inter-genre differentiation in later language development. *Journal of Child Language*, 31, 339-380.

Bialystok, E. (1992). Symbolic representation of letters and numbers. *Cognitive Development*, 7, 301-316.

Bissex, G. (1980). GNYS AT WRK: *A child learns to write and read.* Cambridge, MA: Harvard University Press.

Brennemann, K., Massey, C., Machado, S., & Gelman, R. (1996). Notating knowledge about words and objects: Preschoolers' plans differ for "writing" and "drawing." *Cognitive Development*, 11, 397-419.

Bus, A. G., & van IJzendoorn, M. H. (1988). Mother-child interactions, attachment, and emergent literacy: A cross-sectional study. *Child Development*, 59, 1262-1273.

Bus, A. G., & van IJzendoorn, M. H., & Pellegrini, A. D. (1995). Joint book reading makes for success in learning to read: A meta-analysis on intergenerational analysis of literacy. *Review of Educational Research*, 65, 1-21

Byrne, B., & Fielding-Barnsley, R. (1989). Phonemic awareness and letter knowledge in the child's acquisition of the alphabetic principle. *Journal of Educational Psychology*, 81, 313-321.

Chan, L. (1998). Children's understanding of the formal and functional characteristics of written Chinese. *Applied Psycholinguistics*, 19, 115-131.

Cintas, C. (2000). *La evolución de la separacion de palabras en el español escrito [The development of separation between words in written Spanish].* Unpublished dissertation, Universidad Autonoma de Madrid.

Clay, M. (1982). *What did I write: Beginning writing behaviour.* Exeter, NH: Heinemann.

Clemente, A. R. (1984). La segmentación de textos: El comportamiento evolutivo [Segmenting texts: The development behavior]. *Infancia y Aprendizaje, 26,* 77-86.

Cooper, J. (1996). Summerian and Akkadian. In P. Daniels & W, Bright (Eds.), *The world's writing systems* (pp. 37-40). New York: Oxford University Press.

Ferreiro, E. (1986). The interplay between information and assimilation in beginning literacy. In W. Teale & E. Sulzby (Eds.), *Emergent literacy: Writing and Reading* (pp. 15-49). Norwood, NJ: Ablex.

Ferreiro, E. (1988). L'écriture avant la lettre. In H. Sinclair (Ed.), *La production de notations chez le jeune enfant: Langage, nombre, rythmes et melodies [the production of notations in young children: language, number, rhythms, and melodies]* (pp.17-70). Paris: Presses Universitaires de France.

Ferreiro, E., Pontecorvo, C., Ribeiro Moreira, N., & Gracia Hidalgo, I. (1996). *Chapeuzino vermelho aprende a escrever [Little Red-hood learns how to write].* Sao Paulo: Atica.

Ferreiro, E., & Teberosky, A. (1979). *Los sistemas de escritura en el desarrollo del niño [Literacy before schooling].* Mexico: Siglo XXI. Exeter, NH: Heineman.

Gibson, E., & Levin, H. (1980). *The psychologly of reading.* Cambridge, MA: MIT Press.

Goodman, Y. (1982). El desarrollo de la escritura en niños muy pequeños [The development of writing in very small children]. In E. Ferreiro & M. Gómez Palacio (Eds.), *Nuevas perspectivas sobre los procesos de lectura y escritura [New perspectives on the process of reading and writing]* (pp.107-128). Mexico City, Mexico: Siglo XXI.

Halliday, M. A. K. (1987). Language and the order of nature. In N. Fabb, D. Attridge, A. Durant, & C. MacCabe (Eds.), *The linguistic of writing* (pp. 135-154). New York: Methuen.

Harste, J. C., WoodWard, V. A., & Burke, C. L. (1984). *Language stories and literacy lessons.* Porthmouth, NH: Heinemann.

Hildreth, G. (1936). Developmental sequences in name writing. *Child Development*, 7, 291-303.

Hudson, J. A., & Shapiro, L. R. (1991). From knowing to telling: Children's scripts, stories, and personal narratives. In A. McCabe & C. Peterson (Eds.), *Developing narrative structure* (pp. 89-136). Hillsdale, NJ: Erlbaum.

Kamii, C., Long, R., Manning, G., & Manning, M. (1993). Les conceptualisations du système alphabètique chez les jeunes enfants anglophones [The conceptualization of the alphabetic system in small English speaking children]. *Etudes de Lingüistique Appliquée*, 91, 34-47.

Karmiloff-Smith, A. (1992) *Beyond modularity.* Cambridge, MA: MIT Press.

Kreutzer, M. A., Leonard, C., & Flavell, J. H. (1975). An interview study of children's knowledge about memory. *Monographs for the Society for Research in Child Development,* 401(Serial No. 159), 1-58.

Lee, E., Torrance, N., & Olson, D. (2001). Young children and the say/mean distinction: Verbatim and paraphrasing recognition in narrative and nursery rhyme contexts. *Journal of Child Language 28,* 531-543.

Levin, I., & Bus, A. (2003). How is emergent writing based on drawing: Analyses of children's products and their sorting by children and mothers. *Developmental Psychology,* 39, 891-905.

Levin, I., & Korat, O. (1993). Sensitivity to phonological, morphological and semantic cues in early reading and writing in Hebrew. *Merrill-Palmer Quarterly,* 392, 233-251.

Liberman, I. Y., Shankweiler, D., & Liberman, A. M. (1992). The alphabetic principle and learning to read. In D. Shankweiler & I. Y. Liberman (Eds.), *Phonology and reading disability* (pp. 1-33). Ann Arbor: University of Michigan Press.

Luria, A. R. (1978). The development of writing in the child. In M. Cole (Ed.), *The selected writings of A. R. Luria.* New York: Sharpe. (Original work published 1929)

Nespor, M., & Vogel, I. (1986). *Prosodic phonology.* Dordrecht, The Netherlands: Foris.

Olson, D. R. (1996). Literate mentalities: Literacy consciousness of language, and modes of thought" In D. R. Olson (Ed.), *Modes of thought,* (pp.141-151). Cambridge, UK: Cambridge University Press.

Peters, A. M. (1983). *The unit of language acquisition.* Cambridge, UK: Cambridge University Press.

Pontecorvo, C., & Morani, R. M. (1996). Looking for stylistic features in children's composing stories: Products and processes. In C. Pontecorvo, M. Orsolini, & L. Resnick (Eds.), *Early text construction in children* (pp. 229-258). Hillsdale, NJ: Erlbaum.

Pontecorvo, C., & Zucchermaglio, C. (1988). Modes of differentiation in children's writing construction. *European Journal of the Psychology of Education,* 3(4), 371-384.

Ravid, D., & Tolchinsky, L. (2002). Developing linguistic literacy: A comprehensive model. *Journal of Child Language,* 29, 417-447.

Sandbank, A. (2001). On the interplay of genre and writing conventions in early text writing. In L. Tolchinsky (Ed.), *Developmental aspects in learning to write* (pp. 55-74). Dordrecht, The Netherlands: Kluwer.

Snow, C., & Ninio, A. (1986). The contracts of literacy: What children learn from learning to read books. In W. Teale & E. Silzby (Eds.), *Emergent literacy: Writing and reading* (pp. 116-139). Norwood, NJ: Ablex.

Tolchinsky, L. (2003). *The cradle of culture and what children know about writing and numbers before being taught.* Mahwah, NJ: Erlbaum.

Tolchinsky, L., & Cintas, C. (2001). The development of graphic words in written Spanish: What can be learnt from counterexamples? In L. Tolchinsky (Ed.), *Developmental aspects in learning to write* (pp. 77-97). Amsterdam: Kluwer.

Tolchinsky, L., & Teberosky, A. (1998). The development of word segmentation and writing in two scripts. *Cognitive development,* 13, 1-21.

Tolchinsky Landsmann, L. (1993). *El aprendizaje del lenguaje escrito [Learning written language].* Barcelona: Anthropos.

Tolchinsky Landsmann, L., & Levin, I. (1985). Writing in preschoolers: An age related analysis. *Applied Psycholinguistics,* 6, 319-339.

Treiman, R., Tincoff, R., & Richmind-Welty, D. (1996). Letter names help children connect print and speech. *Developmental Psychology,* 32, 505-514.

Tunmer, W. E., Bowey, J. A., & Grieve, R. (1983). The development of young children's awareness of the word as a unit of spoken language. *Journal of Psycholinguistic Research* 12, 567-594.

제7장

쓰기 발달, 쓰기 지도, 그리고 교육적 발전을 위한 두뇌 연구와 기술 발전에 대한 함의

Virginia W. Berninger & William D. Winn

20세기 말 2가지 측면에서의 발달은 연구자들이 쓰기를 연구하는 방법과 교사들이 쓰기를 가르치는 방식을 바꾸어 놓았다. 첫 번째는 뇌 영상 기술의 응용인데, 이 기술은 활성화 상태에 있는 인간의 뇌를 연구하기 위해 새롭게 개발된 것이다. 두 번째는 가격이 합리적이면서도 사용하기에 편리한 개인용 컴퓨터를 발명한 것이다. 뇌 영상은 보편적인 의학용 도구가 되었고, 개인용 컴퓨터는 대부분의 가정과 학교에 보급되었다. 결과적으로 이러한 문화적인 발전은 교육적인 발전을 이끌었다. 학교는 학생들이 떠오르고 있는 지식 기반의 세계 경제에 더 잘 대비할 수 있도록 교육의 방향을 전환했다.

우리는 먼저 쓰기에 대한 뇌 영상 연구로부터 알게 된 사실들을 살펴본 후, 신경심리학적인 관점, 사회 · 문화적인 관점, 그리고 학습 과학 관점을 통합하는 것이 어떻게 교육적 발전을 촉진할 수 있는지 논의하였다. 이러한 통합은 내적 환경과 외적 환경을 하나로 묶어 주기도 하지만, 필자의 내적인 뇌-마음(brain-mind)과 외적 환경이 상호작용을 하는 단일 체계임을 강조한다. 이러한 통합을 바탕으로 다음과 같이 내용을 체계화하여 살펴보았다.

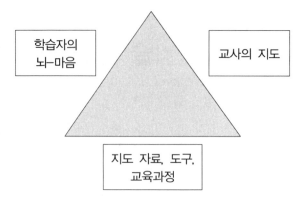

〈그림 7.1〉 학습의 삼각 구조: 개개인의 학습자와 쓰기 교사 그리고 쓰기를 위한
지도 자료, 도구, 교육과정과의 상호작용.
Berninger, Stage, Smith, & Hildebrand(2001)을 수정함

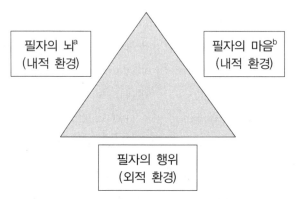

〈그림 7.2〉 뇌-마음-행위의 삼각 구조(Mesulam, 1990).
[a]미시적이고 거시적인 수준에서의 신경해부학적 구조, [b]뇌 영역 전체에서 작용하는 신경계

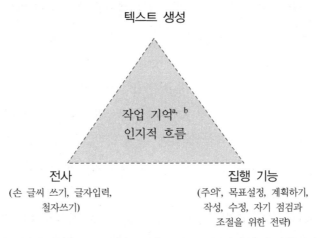

텍스트 생성

작업 기억[a, b]
인지적 흐름

전사
(손 글씨 쓰기, 글자입력,
철자쓰기)

집행 기능
(주의[c], 목표설정, 계획하기,
작성, 수정, 자기 점검과
조절을 위한 전략)

〈그림 7.3〉 필자의 마음에서 내적으로 작용하는 쓰기 체계의 다차원적인 삼각 구조.
Berninger & Amtmann(2003)의 단순한 쓰기 관점을 수정한 것.

[a]계획하기, 구성하기, 작성하기, 수정하기 동안 장기 기억을 활성화하고, 결과물을 검토하고 수정하는 동안 단기 기억을 활성화한다. [b]언어 정보를 위한 정자법(正字法)적, 음운론적, 형태론적 기억 장치의 단위들, 학습 단어에 관한 음운론적 고리, 작업 기억에서 활발하게 언어 정보를 유지하는 것, 그리고 언어적 작업 기억을 일반적 집행 체계(널리 분찰된 수많은 집행 기능의 네트워크)와 비언어적 작업 기억(시공간적 스케치 패드에 정보를 저장해 두는 것)을 이어주는 집행적 지원과 같은 요소들을 포함한다. [c]초점화된 관심을 조절하는 복잡한 체계-관련 없는 것을 억제하고 관련 있는 것을 선택하는 것, 정신적인 흐름 사이의 관심 변화, 관심 유지(과제에 머무르기), 의식적인 관심(메타 언어적 그리고 메타 인지적 인식), 인지적 실재, 인지적 몰입.

10년 동안 쓰기에 대한 뇌 연구의 기여

1980년대 기술의 발전으로 연구자들은 인지적인 과제를 수행하는 동안 일어나는 뇌의 현상을 관찰하기 위해 살아 있는 인간의 뇌를 처음으로 촬영할 수 있게 되었다. 미국 연방 정부는 '10년(1990~1999)의 뇌 연구' 기간 동안에 인간 뇌에 관한 기초 연구 수행을 위해 상당한 금액의 연방 지원금을 약속했다. 이 시기의 연구를 기반으로 폭발적으로 증가한 뇌에 관한 지식은 뇌의 발달과 학습에 대해 보다 깊은 이해를 이끌었다. 이전의 연구는 질병이나 사고로 어떤 특정한 뇌 기능을 상실한 사람을 해부하는 것에만 한정되었다. Berninger & Richard(2002)는 읽기 두뇌 및 쓰기 두뇌, 계산(수학) 두뇌에 관한 뇌 영상으로부터 발견된 현상을 검토하였고, 그 결과를 읽기, 쓰기 그리고 수학에 대한 발달 연구 및 교수법 연구와 관련지었다. 또한 신경계의 구조와 뇌의 기능, 뇌 발달, 그리고 뇌 영상 기술에 관한 기초적인 원리에 대해 소개하였다. 이는 교육학자들과 심리학자들이 급속히 발전하는 뇌 영상 관련 연구 문헌을 읽는 데 도움을 주었다.

이 장에서는 쓰기 과정과 관련된 뇌 촬영 기술의 연구에 관한 최근 동향을 제공할 것이다. 뇌의 신경해부학적 용어들에 익숙하지 않은 독자들은 이 장에서 다루고 있는 뇌 위치의 특화된 영역들을 묘사해 주는 Berninger & Richards(2002)의 3장, 5장, 6장의 그림을 참조하여 살펴볼 수 있다. 교육 분야를 제외한 영역에 속한 많은 전문가들은, 예비 교사들이 정규 수업 과정에서 뇌와 학습에 관련된 기관에 대한 과목을 이수하지 않아도 된다는 사실에 꽤나 놀라워한다. 인간의 뇌에 관한 최근 지식들은 직접적이진 않지만 교사들에게 교수 학습에 영향을 미치는 뇌 기관의 복합성을 깨닫게 함으로써 교육적 발전에 기여할 것이다(<그림 7.1>과 Berninger & Richards, 2002).

뇌는 유기적 조직체가 다음과 같은 작용을 하게 하는 기관이다. 첫째, 감각적 입력 방식을 통해서 외부 환경의 정보를 받고 내부적으로 부호화하도록 한다. 둘째, 새롭게 들어온 감각 정보로부터 만들어진 새로운 인지 구조와 기존에 형성된 인지 구조, 내·외적으로 수행된 활동을 산출하도록 한다. 셋째, 자동 산출 시스템을 통해서 외부 환경에 따라 행동을 하도록 한다. 대뇌 피질의 주름진 곳에서 위로 부풀려 솟아나와 있는 부분을 이랑(gyrus)이라고 한다. 대뇌 피질은 후두엽, 측두엽, 두정엽, 전두엽으로 나뉘고, 이랑은 뇌의 좌측과 우측에 같은 이름으로 존재한다. 소엽(lobules)은 크기가 큰 이랑이다. 뇌 영상에 관한 연구 결과는 주로 뇌의 여러 영역과 비교했을 때 가장 활발하게 활성화되는 특정 이랑에 관한 것을 다루고 있다. 때때로 뇌의 고랑에 관한 연구가 나오기도 한다. 고랑은 이랑과는 반대로 대뇌 피질의 주름에서 아래쪽으로 움푹 파인 골짜기와 같은 부분으로, 이랑과 마찬가지로 뇌의 좌우측에 위치하고 있다. 각 뉴런의 구조(그리고 추정 가능한 산출적 특성)는 다양한 뇌 이랑과 뇌 고랑에 따라 각기 다르다. 각각의 이랑(고랑)은 특성화된 컴퓨터의 장치라고 볼 수 있다.

그러나 이와 같은 산출 장치들은 뇌가 단순히 디지털 컴퓨터라는 것을 의미하는 것이 아니며, 이 장치들은 서로 별개로 작동하는 것이 아니다. 많은 인지 기능은 연속적으로 또는 동시에 소통하는 컴퓨터 장치 간의 분산된 네트워크의 결과이다("Talking Computers of Mind", Berninger & Richards, 2000). 이를 통해 최첨단 뇌 영상 연구에서 뇌의 어떤 영역이 독특하게 활성화되고, 어떤 특정 영역이 기능적으로 연결되는지를 이해할 수 있다(Cordes et al., 2000; Pugh et al., 2000).

활성화된 뇌의 영역을 선명한 색깔로 보여주는 뇌 영상은 활동 영역을 즉시 포착하는 사진과는 다르다. 촬영된 영상들은 뇌 전체에서 일어나는 신경 잡음과 조절 과제와 관련하여 중요한 의미를 가지는 활동 영역을 증명하는 방대한 자료 분석의 결과이다. 실험 참여자들이 과제를 수행하는 동안 촬영된 뇌 영상은 공통된 처리 과정을 공유하지만, 주어진 과제에 따라 다르게 구분될 수 있는 독특한 과정을 거치는 과제에 대해서만 설명한다. 글을 쓰고 있을 때 뇌를 촬영하는 것은 방법론적인 문제를 제기한다. 예를 들어서, 오래된 자동차 유물에 방사능 물질을 주입하여 영상을 촬영하는 것은 문제가 되지 않지만, 체내에 흡수되는 방사능 물질을 어린이에게 사용하는 것은 안전성에서 문제가 될 수 있다.

실제 세계에서 글을 쓰는 행위는 많은 처리 과정을 통해 이루어지지만, 촬영하여 영상화하는 것은 선택된 처리 과정을 비교하여 도출된 반응들을 해석할 수 있도록 설계되어야만 한다. 글을 쓰는 동안 촬영된 뇌의 영상들은 대부분 영어, 일본어, 이탈리아어, 독일어, 핀란드어를 사용하는 표준 성인들을 대상으로 한 것들이었다. 하지만 더 많은 연구를 통해 그 결과가 어른들뿐만 아니라 아이들에게도 일반화될 수 있는지, 일반적인 필자와 마찬가지로 특정 쓰기 능력에 장애가 있는 아이들에게도 적용될 수 있는지, 혹은 모든 언어권에서 동일한 것인지를 검토할 필요가 있다. 대부분은 글로 옮기는 과정을 연구하였지만, 몇몇 연구들은 간단한 글 생성 과정, 즉 문맥상 제약의 유무에 따른 단어 생성 과정에 질문을 던지고 있다 (<그림 7.3> 참조).

쓰기 중추

살아 있는 인간의 뇌를 영상화하는 연구가 진행되기 전에는 쓰기와 연관된 특정 뇌 영역이 세 부분으로 구성되어 있다고 여겨졌다. 1881년에 Exner는 왼쪽 전두엽에 위치한 중전두 이랑(middle frontal gyrus)의 뒤쪽 부분이 쓰기 기능과 관련 있다는 것을 발견하였다. 100년이 지난 후에 Anderson, Damasio, & Damasio(1990)는 현재 쓰기 기능의 제1 중추로 명명되는 Exner의 영역이 글자를 생성하는 데 필요한 연속적인 움직임을 동시에 활성화시키는 역할을 할 수 있다고 주장했다. 제2 쓰기 중추는 좌측 두정엽의 상두정 소엽이라고 밝혀졌다(Basso, Taborelli, & Vignolo, 1978). 글자에 대한 내재적인 부호는 좌측 두정엽에서 형성되는 데 반해서, 외부 환경에 글자를 쓰는 것에 대한 근육운동(graphomotor) 부호는 좌측 두정엽의 전운동영역(premotor region)에서 담당하는데(Brain, 1967), 이것이 제3 쓰기 중추이다. 글을 쓸 때 요구되는 근육운동 부호는 2가지 부호의 통합을 필요로 하는데, 글자 형성을 위한 철자법과 손으로 쓰는 근육운동 부호가 그것이다. 수많은 인지 과정은 이러한 교차 부호의 통합에 의해 이루어진다.

운동 부호(Motor Codes)

분석의 한 단계에서, 쓰기와 관련된 뇌는 근육 운동 체계(손)를 통해서 내적 언어 코드를 외부 세계로 표현한다. 외부 세계에서 개인의 내적 인지를 표현하기 위해 손을 사용하는 것은 그림과 관련된 뇌도 마찬가지이다. 운동 체계는 운동 행위의 수행뿐만 아니라 수행의 계획까지도 조절한다. 근육 운동 계획과 관련한 연구에 사용되는 과제 중 하나로 엄지손가락과 다른 각 손가락을 연속하여 서로 두드리는 것이 있다. 이 과제는 감각운동피질과 소뇌, 보조 운동영역을 작동하게 한다(Roberts, Dishrow, Roverts, & Rowley, 2000; Tegeler, Strother, Anderson, & Kim, 1999). 보조 운동영역은 앞으로 해야 할 운동 순서를 조직하기 위해 정확한 시간 계획을 제공하는 데 비해서, 소뇌는 분리된 각각의 과정을 일시적으로 결합하게 하는 역할을 한다.

철자법 부호(Orthographic Codes)

Garrett et al.(2000) 연구에서는 개별 글자, 글자열, 글자로 적힌 단어 형태에 대한 인식에서 측두엽과 후두엽 뒤쪽 영역에서 낮은 활성화를 보였다. 단지 글자를 시각적으로 인지하는 과제보다 이 글자들에 관해서 무언가를 생각하고 있을 때, 신경 신호(뇌 움직임의 패턴)가 변화했다. 단어 외형 판단 과제와 문장 판단 과제의 비교에서는 후두엽(양쪽 모두), 측두엽(오른쪽), 두정엽(양쪽), 전두엽(양쪽), 그리고 피질 아래 구역(시상의 양쪽)에 위치한 네트워크 간에 활발한 작용을 보여주었다. 이러한 과제가 단지 글자를 받아쓰는 과제보다는 글자 형태에서 공통성을 판단(결정)하는 과제였을 때, 서로 다른 신경 네트워크(아마도 서로 다른 신경 계산(computation))를 수반하는 서로 다른 신경 활성화 패턴들이 포함되었다.

교차된 부호의 통합(Cross-Code Integration)

뇌의 여러 기능은 내적 부호를 통합하는 역할을 한다. 한 연구는 음운 체계상에서의 기록

가능 여부에 따른 철자법 기호 베껴 쓰기를 비교하기 위해 일본어 철자법의 특질을 이용했다[1] (Matsuo, Kato, Tanaka, et al., 2001). 음운 체계상에서 부호화되는 철자법 기호를 베껴 쓰는 것은 독특하게 단 한 영역, 즉 좌측 전두엽에 위치한 전운동영역만 활성화시켰다. 이에 비해서 음운론적으로 기록 불가능한 철자법 기호를 베껴 쓰는 경우에는 좌측 전운동영역과 좌측 두정엽(앞서 논의한 제2 쓰기 중추)을 포함하여, 후두엽(좌측), 그리고 뒤쪽의 방추상회(양쪽), 네 영역을 활성화시켰다. 이와 같은 결과는 교차 부호 통합이 가능할 때 뇌의 처리 과정이 더 효율적(필요한 최소한의 영역을 활성화시켜서 더 적은 에너지를 사용함으로써)으로 이루어진다는 것을 시사한다.

　　다른 연구에서도 동일한 결론을 제시하였다. 음운 체계상에서 기록될 수 없는 표의 문자로 이루어진 단어는 음운론적으로 표기 가능한 음절 문자(syllable character)에 비해서 더 많은 곳을 활성화시켰다. 문자가 음운 체계상에서 부호화될 수 없을 때, Exner의 영역(앞서 논의한 제1 쓰기 중추)과 방추 이랑(방추상회) 그리고 뒤쪽 두정엽 속 고랑이 활성화되었다(Matsuo, Kato, Ozawa, et al., 2001). 다른 연구는 쓰기(손가락 움직임과 언어 부호 그리고 운동 행위를 수반하는)와 손가락 움직임(운동 행위는 수반하지만 언어 부호가 없는[문자들])을 비교하였다. 단지 운동 행위만 하는 것보다 언어 부호의 처리 과정이 동반된 쓰기 과제에서 제1 쓰기 중추인 Exner의 영역과 제2 쓰기 중추인 좌측 위 두정소엽이 활성화되었다. 덧붙여서 후두엽(양쪽)과 혀 이랑, 양쪽 방추 이랑, 아래 관자 이랑(양쪽), 그리고 위쪽 소뇌도 활성화되었다(Katanoda, Yoshikawa, & Sugishita, 2001 참조).

운동 학습에서 자동적 과정 대 비자동적 과정

　　운동 프로그램은 특정 근육의 움직임을 지시하기 위한 특정 근육 표상과 추상적인 운동 계획 모두를 포함한다(Graham & Weintraub, 1996). 미로나 사각형 패턴을 따라 펜을 움직이는 실험에서 실험 전과 후에 뇌 활성화를 비교했는데, 학습이 전두엽과 피질 하부 좌측 소뇌의 보조운동영역이 활성화되는 패턴을 변화시켰고, 학습 후보다 학습 중에 소뇌에서 더 활발한 순환 활동이 일어났다(Van Mier, Temple Perlmutter, Raichle, & Petersen, 1998). 소뇌는 운동 학습 중에 활성화되지만 대뇌의 기저핵은 운동 전략이 자동화된 다음에야 활성화된다

---

1) [역주] 다른 나라의 모든 언어는 한 종류의 문자로 표기되는데, 일본어는 표의 문자인 한자와 표음 문자인 히라가나 및 가타카나가 사용되기 때문에 위의 실험에 아주 유용했던 것이다.

(Mazziotta, Grafton, & Woods, 1991). 학습이 시각적인 운동을 포함할 때, 초기 학습에서는 전두엽이 더 활성화되고, 두정엽 부분은 후기 활동에서 더 활성화된다(Sakai et al., 1998). Matsuo, Kato, Tanaka, et al.(2001) 연구 역시 철자법 기호 베껴 쓰기에서의 비자동적 과정(전략적)과 자동적 과정을 비교해 보았다. 비자동적인 베껴 쓰기는 왼쪽 위 두정소엽제(앞서 논의한 제2 쓰기 중추인)과 왼쪽 아래의 전두엽영역, 그리고 후두엽(양쪽)에 있는 1차 시각영역을 특히 활성화하였다. 이에 비해서, 자동적인 베껴 쓰기는 좌측 전운동영역(앞서 논의한 제3 쓰기 중추)과 아래 두정소엽, 좌측 후두엽, 그리고 뒤의 방추 이랑(양쪽)을 활성화하였다. 철자법 부호의 비자동적 베껴 쓰기와 자동적 베껴 쓰기 과제에서 모두 사용된 유일한 부분은 좌측 후두엽이었다. 이러한 서로 다른 활성화 양상은 서로 다르게 분포된 일련의 신경 과정이 손으로 쓰기 산출물에 대한 철자법 부호와 운동 부호의 비자동적 통합(학습 중) 그리고 자동적 통합(학습 후)과 관련되어 있음을 보여주었다.

철자 쓰기(Spelling)

뇌 영상에 관한 연구들은 철자 쓰기에 관여하는 음운론적, 철자법적, 형태론적 단어 형태를 처리하는 뇌의 영역들을 구분한다. 말하기 처리 과정의 속도는 정상적인 철자 쓰기와 관계가 있다(Poldrack et al., 2001). 읽기는 물론 철자 쓰기 장애라고 할 수 있는 난독증[2]은 비언어적인 자극에서 청각 기관의 판단 이상이 아니라 음운론적 단어 형태의 처리 과정에서 나타나는 문제와 관련이 있다(예, Corina et al., 2001; Richards et al., 2000). 철자법적 단어 형태는 각 글자의 시각적 특징보다는 글자 유형에 민감하다(Cohen et al., 2002; Polk et al., 2002). 철자법적 단어 형태를 처리하는 영역인(예, Dehaene, Le Clec'H, Poline, Bihan, & Cohen, 2002) 방추 이랑은 글자의 형태에는 반응을 하지만 숫자에는 반응을 보이지 않는다(Polk et al., 2002). 즉, 이 영역은 단어의 의미보다는 형태론적인 단어 형태에 활성화되는 것이다(Aylward et al., 2003; Richards, Aylward, et al., 출판 중; Richards, Berninger, et al., 2005). 형태론적, 음운론적, 그리고 철자법적 단어 형태는 일반적(활성화된 영역의 유형)일 뿐 아니라 독특한 신경 신호를 가지고 있다(Aylward et al., 2003, 2004; Crosson et al., 1999; Richards, Aylward, et al., 출판 중; Richards, Berninger & Richards, 2005). 3가지의 단어 형태 인식과

---

2) [역주] 지능은 정상이지만 글자를 읽거나 쓰는 데 어려움이 있는 증세를 말한다. 이 증세를 가진 대다수 환자들은 낱말에서 말의 최소 단위인 음소를 구분하지 못한다.

연결 짓기(mapping) 이론(예, Berninger, Abbott, Billingsley, & Nagy, 2001; Berninger & Richards, 2002, 8장)에 따르면, 철자(그리고 읽기)를 배우기 위해서는 단어의 각 형태들, 즉 음운적, 형태적, 철자법적 형태를 알 필요가 있고, 이를 통해서 뇌는 이들 사이의 연결 관계를 계산할 수 있다. 철자 쓰기 발달 초기에는 음소(음운론적 단어 형태에서 단어 부분)와 글자 한두 개의 철자 조합(철자법적 단어 형태에서 단어 부분) 간 관계의 구조를 보여주는 것이 가장 중요한데, 굴절 접미사들(형태론적인 시제, 수, 그리고 비교급 표지)도 중요하다(Nagy, Osborn, Winsor, & O'Flahavan, 1994 참조). 철자 쓰기 발달의 후기에서는 음소와 형태소(특히 파생어의 접미사가 만드는 부분, 즉, 문법 기능) 간의 연결 관계와 철자 조합들이 중요하게 된다(Nagy et al., 1994 참조). 비록 읽기와 철자 쓰기가 똑같이 세 단어로 된 형태를 가지더라도, 읽기와 철자 쓰기의 연결 과정은 서로 반대일 것이다(Read, 1981).

Menon & Desmond(2001)는 일반적인 철자 쓰기를 연구했는데, 짧은 문장(익숙한 속담)을 스피커를 통해 청각적으로 제시하여 양쪽 귀로 듣게 했다. 그리고 참가자들은 10cm×10cm 크기의 종이를 오른쪽 무릎 위에 놓고 소문자로 문장을 받아 적었다. 철자 쓰기는 고정(초점을 둔 대상에 시각적 주의 집중만을 요구하는 수단)과 비교될 수 있다. 철자 쓰기는 대개 좌측 앞쪽의 두정소엽(앞서 논의한 제2 쓰기 중추)에서의 활성화와 관련이 있고, 이보다 덜 활성화되기는 하지만 좌측 뒤쪽 아래의 두정엽 피질, 좌측 전운동 피질(제3 쓰기 중추)과 감각운동피질, 그리고 보조운동 피질과도 관련이 있다.

다음의 두 연구는 세 글자 문자열(쉽게 예측 가능한 단어의 어근)이 제시된 단어 완성표를 활용하여 실제로 사용하는 단어를 만드는 것이었다. 우선, Ojemann et al.(1998)은 좌측 앞쪽과 보조운동영역, 오른쪽 소뇌의 활성화가 증가했고 오른쪽 마루엽 부분과 오른쪽 섬 부분의 활성화는 감소했다고 보고했다. 그리고 Dhond, Buckner, Dale, Marinkovic, & Halgren(2001)은 일반적인 철자 쓰기 연구에서 뇌의 앞쪽에서 뒤쪽에 이르기까지 연속되는 과정에서 드러난 신경계의 작용을 시간적인 단계로 나누어 규명하였다. 철자법적 형태들은 초기에는 시각 관련 영역에서 처리되지만, 다중복합 부호화(연결 짓기)는 좌측 측두부에 위치한 베르니케(Wernicke) 영역에서 일어난다. 최종적으로는 좌측 앞쪽 부위에 위치한 브로카(Broca) 영역에서 완성된다.

단어 생성

언어 유창성 과제는 문장 구조의 제약 없이 단어 생성을 연구하는 데에 사용되어 왔다. 일단 명사 단어 한 개가 청각적으로 제시되고 피험자가 수행해야 하는 과제는 그 명사와 관련된 동사를 생성해 내는 것인데, 이는 발화에 포함되는 단어의 일부분을 변환하는 것을 의미한다. 단어 생성을 운동 기능 조절(청각 자극에 대한 반응으로 각 손가락을 엄지손가락에 차례로 두드리는 것)과 비교했을 때, 베르니케 영역(좌측 측두엽에 있는)과 브로카 영역(좌측 전두엽에 있는) 띠 이랑(cingulate gyrus), 좌측 배외측 전전두 피질(dorsolateral prefrontal cortex) 등에서 독특한 활성화가 일어나게 된다(Holland et al., 2001)[3]. 언어 유창성에 대한 다른 연구에서는 좌측 하부 전전두 피질이 장기 기억에서 의미론적 정보(semantic information)를 목표 지향적으로 검색하고, 작업 기억 안에 있는 의미론적 정보를 사용하는 역할을 한다는 것을 보여주었다(Wagner, Paré-Blagoev, Clark, & Poldrack, 2001). 시간 순서에 민감한 영상 기법을 통해 언어 유창성 과제의 수행 과정에서 좌측 하부 전두부는 앞부분 30초와 관련 있지만(Holland et al., 2001), 제1 쓰기 중추를 포함하는 좌측 중간 전두부의 경우에는 동일한 과제의 뒤의 30초와 연관되어 있음을 알 수 있다(Wood, Saling, Abbott, & Jackson, 2001).

문장 맥락의 제약이 있는 상태에서의 단어 생성을 연구하기 위해 사용된 단어 생성 과제에서는, 일곱 단어로 된 문장 어간(stem)을 완성하기 위해서 마지막 자리에는 제약이 없는 개방형 형태로 단어를 생성할 것을 요구했다. 특정 문장 맥락에서 단어 생성과 관련된 과정을 2가지 통제 조건으로 나누어 비교하였다. 2가지 통제 조건은 두 개의 단어 중 어떤 것이 문장 어간을 완성하는지 결정하거나 문장 어간의 마지막 자리에서 단어를 소리 내어 읽는 것이었다(Kircher, Brammer, Andreu, Williams, & McGuire, 2001). 2가지 통제 조건 모두 단어 생성 과정에서 좌측 중전두 이랑(앞서 논의한 제1 쓰기 중추) 및 대뇌 전두(갈등 관리에 관여하는 전두 집중 체계의 일부분), 쐐기앞소엽(뇌의 정중앙선 근처 후피질(occipital cortex) 위에 있는), 우측 측두 피질(temporal cortex)에서 독특한 활성화가 일어났다.

결정 통제 조건과 비교했을 때, 가장 큰 활성화의 변화는 쐐기앞소엽, 대뇌 전두, 뇌섬엽(insula), 혀 이랑(lingual gyrus), 방추 이랑 등 우측의 몇 몇 영역과, 두뇌의 양 쪽에 위치한

---

3) [역주] 이 두 영역은 '실어증(aphasia)'과도 관련이 깊다. 브로카 영역에 문제가 생기는 장애는 '운동성 실어증'으로 말을 듣기만 하고 하지는 못한다. 이에 비해서 베르니케 영역에 장애가 생기면 알아듣지 못하지만 말을 할 수는 있다. 그러나 이는 의사소통이 되지 않는 비논리적인 말에 불과하다.

중간 및 상부 측두 이랑(middle and superior temporal gyri)에서 발견되었다. 읽기 통제 조건과 비교하면 활성화의 가장 큰 변화는 상부 측두 이랑(우측), 대뇌 전두, 쐐기앞소엽(좌측), 좌측 소뇌 후엽(posterior cerebellum), 좌측 중간 전두 이랑(제1 쓰기 중추), 하부 두정 소엽(좌측), 전두 덮개(우측)에서 일어났다. 단어 생성 과제를 수행하는 동안 전반적으로 좌측에 비해 우측에서 더 큰 활성화가 있었다. 연구자들은 좌측 신경 회로는 제한된 의미론적 영역에서 수행된 언어 처리 과정을 지원하고, 반면에 우측 신경 회로는 개방형의 언어적 맥락(복합적인 단어의 의미와 복합적인 문장 해석)을 가진 언어 처리 과정을 지원한다고 결론지었다.

작업 기억, 비선형적이고 다차원적인 시간에서 교차된 시간의 사건들과 자동화 과정

중간 전두 이랑과 상부 두정영역은 아이들이 단어 관련 부분을 처리하고 그에 대한 언어적 판단을 하는 동안, 음운론적 그리고 철자법적 단어 형식을 작업 기억 속에 저장하는 언어 과제를 수행할 때 활성화된다(Aylward et al. 2002). 따라서 두뇌 영상 기술을 활용하기 전에 확인된 첫 번째 두 개의 쓰기 중추(좌측 중간 전두 이랑과 좌측 상부 두정영역)는 작업 기억 기능과 관련 있다. 필자의 두뇌/마음(<그림 7.2> 참조)의 내적 환경에 있는 작업 기억(<그림 7.3>의 삼각형 내부)은 텍스트 생성의 쓰기 과정에 관여한다(<그림 7.3>의 제일 위에 있는 삼각형 꼭짓점). 비록 전통적인 작업 기억 모형들은 작업 기억의 공간적(수용량이나 폭) 영역을 강조했지만(예, McCutchen, 1996; Swanson & Berninger, 1996), 최근에는 시간적(temporal) 영역이 작업 기억의 기능에서 더 기초가 된다는 인식이 커지고 있다(Berninger, 1999; Fuster, 1997; Towse, 1998). 동물의 뇌를 대상으로 한 Fuster(1997)의 선구적인 연구를 보면, 전전두 피질(구조적으로는 중간 전두 회랑으로 정의된 부분과 겹치지만 기능적으로 별도로 정의되는 영역)은 여러 기능들을 조정하기 위해 수많은 피질층과 피질 하부 영역의 시간적 조직을 제어한다. 전전두 피질이 조정하는 기능은 외부 환경으로부터 들어오는 정보를 단기 기억에 저장하는 기능, 정확한 시간에 맞게 회상하는 장기 기억 기능, 목표를 성취하기 위해 유기체가 외부 환경에 따라 행동하도록 앞으로의 시간을 포함하는 메커니즘을 통해 준비하는 마음가짐(예감)이다.

두정 연합 피질(parietal association cortex)과 긴밀하게 연결되어 있고, 계획을 세우고 실행하는 역할을 하는 배외측전전두엽(背外側前前頭葉, lateral dorsal prefrontal cortex)은 시간을 조정하는 데 핵심적인 역할을 한다. 시간적 조정은 다음 2가지 복잡하고, 교차된 시간적 사건

(cross-temporal contigencies) 사이에서 일어난다. 하나는 뇌 뒷부분의 후측 주요 감각 피질 (posterior primary sensory cortex)로, 이는 외부 세계로부터 들어오는 정보와의 직접적인 접촉을 관리하는 신경 연결성의 상향식 시간 흐름을 갖는다. 또 하나는 뇌 앞부분의 전측 주요 운동 피질(anterior primary motor cortex)로, 이는 외부 세계에서 작동하기 위해 분리된 행동 영역(특정 감각 지각과 운동 행위에 대한 각각의 피드백과 피드포워드[4] 기제를 가지고 있는)들을 관리하는 신경 연결성의 하향식 시간 흐름을 갖는다. 계획하기에 포함된 앞선 시간적 사건이 일어나는 동안에 활성화하는 대뇌 전두는 이 복잡한 시간적 결합 구조(temporal geometry)에서의 충돌을 관리한다. 중간 전두 이랑에 있는 배외측전전두엽과 작업 기억 회로는 쓰기와 같은 목표 지향적 행동을 위해 과거(시간 속의 과거로 이동함), 미래(미래 시간으로 이동함), 현재(환경과 관련된 최신 정보 및 최근의 목표)를 조화시켜 주는 뇌의 시간 메커니즘을 제공한다(Berninger, 2004a 참조).

그뿐만 아니라 Fuster(1997)의 모형에서 전두엽은 내적 혹은 외적 방해로부터 활동하고 있는 뇌를 보호하기 위한 억제 메커니즘(inhibitory mechanism)을 가지고 있다. 자동화될 때까지 충분히 반복된 행동은 전두엽에 저장되지 않는다. 따라서 자동적 행동은 내적 혹은 외적의 방해로부터 보호받을 수 있다. 이는 무의식적 행동이 전두엽이 아닌 다른 곳에 저장되어 있기 때문일 수 있고, 혹은 관련 없는 정보를 제한하는 전두의 억제 과정의 필요를 거의 불러일으키지 않기 때문이다. 전전두 피질은 절차적 지식(행동의 새로운 구조)의 초기 학습에는 관여하지만, 반복된 수행이나 무의식화된 행동(행동의 자동적 구조)과는 관계가 없다. Seitz et al.(1997)에서는 글을 쓸 때의 근육 운동 자극의 전략적 처리와 동일한 처리와 동일한 자극에서 자주 반복되는 행동은 신경 구조에서 각기 다른 부분에 보관된다는 것을 보여준다. 이와 같은 자동화의 점진적인 이점은 활동하고 있는 뇌의 복잡한 시간 교차 사태(Fuster, 1997)의 체계적인 관리와 작업 기억의 시간적 제약을 줄여준다는 데 있다(Luria, 1973). 자동화가 된 낮은 수준의 손 글씨 쓰기는 실제 세부 처리 과정이 생략됨으로써 시간적인 제약이 감소되는데, 이것이 높은 수준의 작문을 하는 과정에서 사용하는 작업 기억에서 자유로울 수 있는 이유이다(Berninger, 1999).

---

4) [역주] '피드포워드'는 feedforward로서 '피드백(feedback)'의 반대 개념이다.

쓰기 관련 뇌 영상 연구에 토대한 결론

살아 있는 사람이 쓰기를 하거나 혹은 쓰기와 관련된 과제를 수행하는 동안 촬영된 뇌 영상을 통해 뇌에는 좌측 중간 전두 이랑, 좌측 상부 두정 소엽, 좌측 운동전영역으로 구성된 3가지 쓰기 중추가 있다는 해부학적 연구 결과를 재확인하였다. 그러나 동시에 연구에서 주어진 과제에 따라 분포된 산출적 네트워크에서 추가적인 활성화가 일어난다는 것을 밝힘으로써 앞선 연구 결과들을 확장시켰다.

성장하고 있는 뇌 영상 연구는 단어보다는 더 크게 언어의 구성단위에 연구 초점을 맞추고 있지만(Berninger, 2004a; Berninger & Hooper, 출판 중; Berninger & Richards, 2002), 담화 수준에서 작문하는 과정에 대한 연구는 최근까지 발표되지 않고 있다. 뇌 영상에 대한 연구는 필자의 두뇌와 마음에 대한 우리의 이해를 넓히기 위해 지속될 것이다(<그림 7.1, 7.2, 7.3>).

컴퓨터를 매개로 한 문화적 변화와 쓰기

새로운 기술의 도입은 문화와 우리가 생각하는 방식을 바꿀 수 있는 잠재력을 가지고 있다. 예를 들어, 인쇄술의 발명은 구어의 전통에서는 위상이 높았던 수사학적 기능을 대신하여 분석적인 기능의 발달을 촉진시켰다(Olson, 1991). 이 개혁은 토착어로 출판된 성경이 없었다면 성공하지 못했을 것이다. 지역 방언으로 인쇄된 성경의 출판은 평범한(문해력을 갖춘) 시민들이 성직자들이 성서를 중개하고 해석한 것 없이도 성경에 직접 접근할 수 있게 하였다. 르네상스 시대와 그 이후에 있었던 과학적 지식의 확산이나 18세기 계몽주의 시대에 여행기나 백과사전을 통해 일반 대중들에게 기술적인 정보를 보급할 수 있었던 것도 인쇄된 책이 없었다면 불가능했을 것이다.

컴퓨터의 등장 역시 문해력 문화에 변화를 가져왔다. Olson(1985)은 컴퓨터는 명료하게 입력된 것을 '이해'만 할 수 있기 때문에, 학생들에게 컴퓨터와 상호작용하는 법을 가르치는 것은 학생들의 의사소통의 정확성을 더욱 향상시키는 결과를 초래한다는 사례를 만들었다. Salomon(1988)은 컴퓨터의 상징체계와 도구들이 '인지될' 수 있다고 주장하였다. 다시 말하면, 다른 인지 과정이 그러한 것처럼 컴퓨터의 상징체계와 도구들이 학생들에 의해 내면화될 수 있고, 사고하는 데 사용될 수 있다는 것이다. Zellermayer, Salomon, Globerson, &

Givon(1991)에서는 학생들이 작문을 하는 동안 실시간으로 교정 관련 정보를 제공하는 지능적인 워드프로세서를 사용한 후, 메타 인지적 쓰기 활동에서 상당한 향상이 나타났다. Ong(1982)은 새로운 구전의 형태를 제공하는 새로운 의사소통 기술이 "제2의 구어 정체성(second orality)"이라고 여긴다. 전자 우편이나 온라인 채팅에서 사용되는 언어의 형태나 용법, 효과, 문맥이 문어보다는 구어에 더 가깝다.

10년간의 개인용 컴퓨터 시대

1990년대는 컴퓨터의 시대라고 불리기도 한다. 개인용 컴퓨터가 널리 활용되었고, 이 시기나 그 후에 태어난 학생들은 개인용 컴퓨터(읽기, 쓰기 그리고 읽기와 쓰기의 연결을 위해 필요한 도구)가 없는 세상을 상상조차 하지 못할 것이다. 개인용 컴퓨터(모니터와 키보드)를 통한 접근은 문어(그리고 다른 목적)를 처리하고 생성하기 위한 목적으로 컴퓨터를 사용하는 기능적인 두뇌 체계의 유형을 바꾸었을지 모른다. 기능적인 두뇌 체계는 특정 목표를 이루기 위해 조직된 일련의 구성 요소 처리 과정의 집합이다(Luria, 1973). Liberman(1999)은 언어는 말초 기관이 없기 때문에 감각 체계(귀와 눈) 및 운동 체계(입과 손)가 팀을 이루어 외부 세계와 소통한다고 보았다. 이에 대해 Washington 대학의 Literacy Trek Project에서 정한 연구 주제는 다음과 같다. 첫째, 학교에 다니는 동안에 귀에 의한 언어(듣기), 입에 의한 언어(말하기), 눈에 의한 언어(읽기), 손에 의한 언어(쓰기)의 기능적 체계가 어떻게 발달하는가(Berninger, 2000), 둘째, 이러한 기능적 언어 체계가 어떤 점에서 유사하고 어떤 점에서 차이를 보이는가, 셋째, 기능적 언어 체계가 어떻게 같이 작용하는가, 넷째, 손을 통한 언어 발달은 말초 기관이 키보드인지, 펜인지에 따라 어떤 차이를 보이는가, 다섯째, 손에 의한 인지(외적인 시각적 표상)와 손에 의한 언어는 어떻게 개별적이면서도 협력하여 일어나는가. 초기의 연구들에 따르면, 듣기, 말하기, 읽기, 쓰기에 관한 기능적인 체계들은 각각 구별되지만 적당하게 밀접한 연관을 맺고 있으며, 쓰기 시작 단계에서의 기능적인 체계는 연필을 쓰느냐, 키보드를 쓰느냐에 따라 다르게 발달할 수 있다(Berninger et al., 출판 중).

쓰기 기능이 가르쳐지고 연습되는 연령에 영향을 미치는 문화적인 발전

"과정 중심 쓰기(process writing)" 운동은 쓰기를 가르치는 방법뿐만 아니라, 쓰기 지도를 시작해야 하는 연령에 변화를 가져왔다. 1980년대 이전에는 중학교와 고등학교에서만 쓰기 지도가 강조되는 경향이 있었다(Hillocks, 1986). 과정 중심 쓰기에 대한 Graves(1983)의 선구적인 연구와 읽기-쓰기의 통합에 관한 Clay(1982)의 연구는 쓰기 지도가 초등학교 1학년 수업에 도입되는 데 지대한 공헌을 했다. 초등학교 1학년을 시작으로 유치원 과정에서도 쓰기가 포함되었고, 20년 후에는 쓰기가 대부분의 초등학교 수업에서 필수가 되었다. 기술적인 발전은 집과 유치원에서 쓰기 경험을 보다 일찍 시작할 수 있도록 이끌었다. 개인용 컴퓨터는 마우스로 손쉽게 조작할 수 있으므로 알파벳을 숙지하지 못한 학생이라도 상호작용적이고 의미 있는 방식으로 컴퓨터를 사용할 수 있다. 미국의 중산층 가정에서 2세 혹은 그 이상의 어린이가 마우스로 대화식의 컴퓨터 프로그램을 일상적으로 사용하는 것은 흔한 일이다.

CD 역시 영유아들의 출생에서부터 언어와 인지 발달을 촉진하는 부모와 아이의 상호작용 방식을 변화시키고 있다. 부모들은 CD에서 제공하는 쇼나 콘서트를 통해 자신의 아이와 소통하는 것이 가능해졌다. 아기 아인슈타인의 도서관 CD(Baby Einstein Company, 2002)는 우뇌 기능에 자극을 줄 수 있는 풍부한 시청각적 요소(음악, 실제 사물, 시각적 모양, 색깔, 시)를 포함하고 있다. 이러한 종류의 자극은 우측과 뒤쪽의 뇌 구조가 좌측과 앞쪽 구조보다 더 빨리 수초(髓鞘, myelin)[5]를 형성하게 하기 때문에 발달적으로 적합하다. 수초화(myelination)는 보다 효율적인 신경 전달을 가능하도록 돕는다(Berninger & Richards, 2002, 4장 참조). 최근에 확산되고 있는 이와 같은 새로운 기술의 도입은 어느 시점에서 쓰기 기능이 생겨나는지, 성인이 도와주거나 기술을 안내하는 방식으로 비계가 마련되는지, 실행되는지에 대한 발달 시점을 바꾸어 놓을 수 있다. 비록 전사 기능(손글씨 쓰기와 철자법)이 미래의 쓰기 문제를 예방할 수 있는 비결이라 하더라도(Berninger & Amtmann, 2003), 키보드를 사용하는 것은 21세기에 펜으로 쓰는 것만큼이나 필수적이다.

내적 환경과 외적 환경 사이의 상호작용 본질의 변화와 관련된 발전

문해 활동을 지도할 때 도구로 사용되는 컴퓨터의 효율성은 다른 곳에서도 많이 다루어졌

---

5) [역주] 수초(myelin)는 뉴런을 구성하는 축색의 겉을 여러 겹으로 싸고 있는 인지질 성분의 막으로 미엘린 수초라고도 한다. 전선의 플라스틱 피복과 마찬가지로 신경세포를 둘러싸는 백색 지방질 물질로 뉴런을 통해 전달되는 전기 신호가 누출되거나 흩어지지 않게 보호한다. 자의적인 운동 능력을 갖추기 위해서는 먼저 뇌의 근육에 정확한 명령을 내려야 하는데 그러기 위해서는 축색이 수초로 싸여져야 한다. 아기의 모든 신경이 완전히 미엘린으로 싸여지는 데는 2년 정도가 걸린다고 한다. 즉, 생후 2년간 미엘린의 자극은 아주 중요한 것이다.

다. 우리는 효율성보다는 오히려 필자의 내적 정신세계가 외적인 쓰기 환경과 상호작용하면서, 어떻게 기술 도구들이 쓰기 과정을 변화시켰는지 초점을 맞추었다. 예를 들어, 워드프로세서는 쓰기 준비 단계인 계획하기와 조직하기 등과 같은 중요한 내적인 메타인지적 과정에 주의를 기울이지 않고, 외적인 기술 환경에 지나치게 많은 주의를 기울인다(Goldfine, 2001).

어린 학생들은 컴퓨터로 글을 쓰는 동안 내적 환경과 외적 환경 사이의 상호작용에 대해 주의를 관리하는 특별한 도움이 필요하다. 철자법 오류나 문법적 오류를 알려주는 컴퓨터 소프트웨어의 메시지만으로는 충분하지 않다. 자기 점검과 수정 관련 운영 규칙에 대한 현시적 지도 전략도 필요하다(<그림 7.3> 참조). 전략은 장르 중심 쓰기에 적용될 필요가 있다. 마이크로소프트의 워드프로세서인 Word에 있는 문법 점검 장치는 비즈니스 영어를 사용하는 필자들을 위해 개발된 것이기 때문에, 학생들에게 일반적인 쓰기를 가르치는 데에는 적합하지 않을 수도 있다(McGee & Ericsson, 2002). 몇몇 도구들은 아이디어 생성하기와 수정하기를 제한하기도 한다. 학교에서 쓰기를 할 때 사용하도록 종종 권장되는 마이크로소프트의 프리젠테이션 프로그램인 Power Point는 말할 수 있는 것을 지나치게 제한하고, 내용보다는 외형을 강조한다는 점에서 종종 비판을 받기도 한다(Tufte, 2003).

언어적 표상(글)뿐만 아니라 많은 비언어적 표상(사진, 그림 도표 등)을 가지고 있는 웹 페이지 형식은 마음이 외적 환경과 상호작용하는 방식을 변화시킬 수 있다. 비언어적인 방법과 언어적 방법이 혼합된 다른 종류의 처리 방식은, 분명한 비언어적 표상이 없는 길고 복잡한 텍스트를 읽을 때보다 웹페이지를 읽을 때 더 필요한 것이다. 웹을 읽기 위한 이러한 유형의 처리 방식은 지나치게 언어적 표상에 편중되어 있는 전통적인 학교 교육에 반드시 필요한 교정 요소를 제공해 줄 것이다. 웹상에서 검색 엔진을 통해 정보를 구축하는 방식은 또한 내적인 인지가 조직되는 방식에도 변화를 가져올 것이다. 웹이 등장하기 이전의 도서관 검색은 텍스트 수준에서 선형적이고 순차적인 외적 문어의 속성에 지나치게 편향되어 있었다. 하지만 검색 엔진은 병렬적인 의미적-개념적 구조에 토대를 두어 접근하고 있으며, 이는 학교 쓰기 과제에서 요구하는 선형적이고 순차적인 텍스트를 권장하지 않는다.

급진적 '구성주의'와 Piaget의 '구성주의'

급진적 구성주의는 유럽의 포스트모더니즘 연구자들의 견해를 받아들이고(Yeaman,

Hlynka, Anderson, Damarin, & Muffoletto, 1996; Hlynka, 2004), 사회 생물학적 관점(유전적인 영향)과 행동 분석적 이론(학습과 발달에 대하여 환경 결정적인 입장)을 모두 거부하는 입장이다(Von Glasersfeld, 1984). 그럼에도 불구하고 교육 연구와 교육 실행에 대한 급진적 구성주의의 영향은 유전-환경(nature-nurture) 논의의 방향을 '환경' 쪽으로 기울도록 하고 있다. 환경에 대한 중요성을 인식하였지만, 이것은 주어진 환경에서 교사 중심 지도의 중요성을 의미하는 것은 아니다. 교육적 담론 내에서는 급진적 구성주의가 사람들 개개인이 자신의 지능 이력에 축적한 이전 경험에서 만든 메커니즘을 통해 세상에 대한 이해를 구조화한다는 견해를 견지하고 있다는 것을 안다(Maturana & Verela, 1992). 지식의 구조화 과정은 개인이 외부 환경과 소통하여 환경에 적응함으로 더욱 활발히 이루어진다. 그러나 개인의 환경 적응은 각기 다른 이력을 남기기 때문에, 모든 개인의 세상에 대한 이해는 각기 다르게 구성된다. 급진적 구성주의에서는 객관적인 어떤 방법으로도 세상을 이해할 수 없기 때문에, 사람들이 배울 수 있는 객관적인 현실은 없다고 주장한다(Cunningham, 1992). 또한 급진적 구성주의는 교육이나 그 외의 어떤 분야에 대한 과학적 의문이나, 명백한 사고, 그리고 이성적인 행동을 적대시하는 무질서한 관점을 가지고 있다(Dawkins, 1997; Sokal & Bricmont, 1998). 하지만 과학적으로 실험되지 않은 교육 정책과 교육 활동을 "정치적으로 바로잡는 것"에는 호의적이다.

그러나 학습자와 외부 환경 간의 활발한 상호작용을 강조하는 Piaget의 구성주의는 진지하게 생각해 볼 필요가 있다6)(Harel & Papert, 1991). 이들의 목표는 학생들이 세계에 대한 이해를 구조화하는 데 도움을 주고자 한다는 점에서 급진적인 구성주의와 동일하지만, Piaget의 구성주의에서는 이를 위한 알맞은 안내가 함께 수반되어야 한다고 본다. 이해를 구조화하는 중간 단계로써, 학생들은 이제 물질적인 대상이 될 수 있는 인공물이나(Resnick, 1996), 컴퓨터 프로그램(Papert, 1983), 혹은 자연적 과정의 컴퓨터 모형을 구성한다(Barab et al., 2000). 물체와 상호작용적인 컴퓨터 프로그램은 학생들이 학습하게 될(내적으로 표상된) 개념의 외적 표상을 가지고 실험하는 것을 좀 더 용이하게 해주기 위해서 외부 환경(단지 내적 정신 모형이 아닌)에 존재한다. 이러한 논의를 쓰기 영역으로 확장시킬 수 있는데, 쓰기는 인지의 표면화를 통해서 인지된 사실을 깊이 생각하고 내적 기억 속에 더 정확하게 묘사하는

---

6) [역주] Piaget나 Papert와 같이 외부의 지식이 아이들에 의해서 활발하게 구성된다고 본다면, 교육은 이러한 구성 과정을 활발하게 할 수 있는 다양한 창조적 활동에 기회를 제공하는 것이다. Papert는 "보다 나은 학습은 교사가 보다 잘 가르칠 수 있는 방법을 발견하는 데 있지 않고 학습자가 지식을 보다 잘 구성할 수 있는 기회를 제공하는 데 있다."라고 하였다.

것을 수월하게 만들었다. '구성주의'를 소개한 Piaget(1970)에 따르면, 인지는 신생아의 신경계에서 미리 형성될 수 없다. 뇌는 사고와 능력을 끌어낼 수 있는 알맞은 환경적 경험이 있을 때까지 기다리는 수동적인 기관이 아니다. 오히려 성장하는 아이의 뇌(내적 정신세계)에 있는 신경이 외부 환경과 상호작용하고 작동을 하면서 사고가 발달한다. 처음에는 이러한 상호작용이 외부 세계에 있는 구체적인 대상과 이루어진다(그러므로 발달 단계에서 구체적 조작기). 그러나 최종적으로 형식적 조작기에 이르러 추상적인 상징처럼 대상이 내재화된 묘사와 상호작용을 한다. 발달 단계 전반에 걸쳐서, 내적 환경에 있는 새로운 정신적 세계는 아이가 외부 환경과 상호작용하는 대로 구성된다. 즉, 인간의 발달에서 생물학적(본성), 그리고 환경적(양육) 요인 모두가 발달의 결과에 영향을 미친다. 이것이 쓰기 발달, 쓰기 교육, 그리고 쓰기 지도에 대한 교사 준비의 사고에 영향을 끼친 당시의 교육 이론에서 대수롭지 않게 여겼던 생물학적 요인과 환경적 요인의 상호작용이다.

교사는 직접적으로 학생들의 뇌를 구조화할 수 없지만, 교사가 시범을 보이거나 단서를 주는 행동은 쓰기 발달의 용이성과 질의 향상에 영향을 줄 수 있다. '작가 협의회나 작가 발표회에서 교사나 동료가(가르칠 수 있는 순간이 왔을 때) 가끔씩 피드백을 주는 것이 충분한가?' 또는 '쓰기 과정에 대해 체계적이고 현시적 지도를 하는 것이 더 높은 쓰기 성취를 가져올까?', '만약 체계적이고 현시적 쓰기 지도가 제공된다면 이것이 충분한 의미가 있거나 아이들이 실제 의사소통을 목적으로 하는 의미 있는 글을 구성할 것 같은가?'와 같은 물음에 답을 찾아야 한다. 현시적 쓰기 지도는 기계적인 반복 학습처럼 이루어져서는 안 된다(Berninger et al., 2003 참조), 몇 가지 원리가 수반되어야 한다.

현시적 쓰기 지도에 수반되어야 할 원리는 첫째, 정해진 시간과 공간에서 자극들을 짝짓기(알파벳의 원리를 가르치기 위해 사용하는 것으로 우선 단어의 문맥을 떠나서 철자를 위해 소리에서 문자로 빠르게 연결 짓는 것), 둘째, 교사의 시범(단어 문맥에 음소와 철자 사이의 반사적 관련성이 있는 철자법을 가르치는 데 사용), 셋째, 언어적 혹은 비언어적인 단서나 전략을 제공하는 것(개별 작문 활동을 하는 동안에 자기 조절적인 철자쓰기를 가르치는 것), 넷째, 시간적인 한계가 있는 작동 기억에 효율성을 높이기 위해서 앞 단계들을 한꺼번에 정해진 시간 안에 가르치는 것(모든 쓰기 지도에서 사용되는 것으로, Berninger & Abbott, 2003 참조), 다섯째, 컴퓨터와 연필 모두를 사용해서(Graham & MacArthur, 1988) 필자의 자기 조절 능력을 발달시키기 위한 전략 지도(Harris & Graham, 1996; Graham & Harris, 2003)이다.

창의적인 교육 개혁에서의 세 가지 관점의 통합

Piaget의 구성주의는 이번 장에서 첫 번째로 논의했던 발달상의 신경정신학적인 관점을 바탕으로 한다. 그러나 학생들이 21세기에 맞는 문해력을 갖출 수 있도록 교육 개혁을 촉진하기 위해서는 사회·문화적·학습 과학적인 관점을 신경정신학적 관점과 전통적인 인지적 관점과 통합할 필요가 있다(예, Alamargot & Chanquoy, 2001).

발달론적인 신경정신학적 관점

일반적인 차이

교실에서 학생들은 생물학적 다양성에 기인하는 상당한 정도의 개인적 차이를 보여준다(Berninger & Richards, 2002). 교육이 다문화적인 다양성을 찬양하기 시작했지만(Banks & Banks, 1994, 1997, 1999), 모든 문화 집단 내에서는 개인과 사회가 유전적으로 물려받은 성향을 다룰 건설적인 방법을 우선적으로 개발해야 하는 거대한 과제가 놓여 있다.

평가와 학습 지도에 대한 체계적인 접근

성취 평가를 계속 시행하기 위해서는 기능적인 체제(쓰기와 같이 특정 목적을 위해서 조정되는 과정들의 세트)들이 연령에 적합한 방식으로 개발되고 있는지를 확인할 필요가 있다. 만약 그렇지 않다면, 학습자 마음에 있는 어떤 과정이 특정 기능 체제의 정상적인 발달을 방해하고 있는지를 정확히 찾아내기 위한 진단 평가가 필요하다. 그리고 평가 결과는 학습 지도 측면에 반영되어 조정되어야 한다(Berninger, 2004; Berninger, Dunn, & Alper, 2004). 마치 한 수업에서 정해진 시간 안에 모든 학습 내용을 가르치는 것처럼 최대한 학습 지도의 세부 구성 요소들을 조정하면서, 실제 시간 안에서 각 구성 요소들을 하나로 묶어야만, 시간적인 제한이 있는 작업 기억의 한계를 극복할 수 있다(예, Berninger & Abbott, 2003; Berninger & Richards, 2002).

유전-환경 상호작용

유전적 요인(예, Chapman et al., 2004)과 뇌의 영향(Berninger & Richards, 2002)은 읽기 능력과 철자 쓰기 발달을 제한한다. 그러나 뇌는 읽기(Aylward et al., 2003; 2004; Richards et al., 2000, 2002)와 철자 쓰기(Richards, Aylward et al., 출판 중)에 대한 교사의 학습 지도에 반응하여 정상화된다. 기능적 자기 공명 영상(fMRI)을 통한 연구는 철자법에 능숙한 학생은 선천적으로 타고 난 것이 아니라, 학습을 통해 개발된 것임을 보여준다(Richards, Berninger, et al., 2005). 뇌-마음의 내적 정신 환경과 학습 지도가 행해지는 외적 환경은 쌍방향으로 영향을 공유한다. 뇌는 독립 변수이면서 종속 변수이다(Richards et al., 2000, 2002). 외부의 영향을 잘 흡수하는 뇌는 교사의 지도에 반응을 한다.

모든 학생들의 학습과 수행을 최대화하기

인간의 지능, 학습 그리고 행동이 어느 정도는 유전자나 뇌의 영향을 받을 것이라는 견해는 지난 25년간 주류를 이루던 교육과 심리학 연구에서 금기시 되어 왔다. 최근에는 교육 및 인지 심리학 분야의 연구자들이 이러한 불균형을 바로잡기 시작했다(Pinker, 2002; Winn, 2003a, 2003b). Pinker는 인간 본성에 관한 최근에 인기 있는 신념 중에 우리가 "백지 상태(blank slates)"로 태어난다는 견해에 이의를 제기하면서, 인간 본성이 환경적인 영향뿐만 아니라 환경과 우리의 부모로부터 물려받은 고유한 특성 간의 상호작용에 의한 것임을 과학적 연구를 통해서 주장한다. Pinker(2002)도 Ryle(1949)처럼 마음은 뇌로부터 분리되어 있고 뇌 없이도 존재할 수 있다고 생각하는 "the ghost in machine"이라는 신화에 도전했다. 모든 학생들의 쓰기를 최적화하기 위해서, 다음 3가지를 고려한 복합 개념적 삼각형 구조가 필요하다. 첫 번째는 학습자의 차이(유전적인 영향과 환경적인 영향에 의한 것), 쓰기 지도, 교육용 자료(<그림 7.1>)이다. 두 번째는 쓰기 과정, 쓰기 과정에 대한 연산 처리적인 메커니즘, 그리고 관찰 가능한 쓰기 행위와 관련이 있는 뇌 구조(<그림 7.2>)이며, 세 번째는 필자의 뇌에 있는 내적인 기능적 쓰기 체제의 모든 구성 요소(<그림 7.3>)이다.

사회 · 문화적인 관점

인지는 성인과 아동 사이의 사회적인 상호작용을 통해서 발달하는데, 이러한 발달은 교사의 지도가 아동의 근접발달영역을 자극할 때 극대화된다. 근접발달영역은 지적인 확장이 요구되는 인지적 도전이 있으면서도, 학습을 통해 도달할 수 있는 영역을 의미한다(Vygotsky, 1978). 사회·문화적 성향을 가진 교사는 학습 과정을 도와준다(현시적으로 안내한다)(Wong, 1998 참조). Englert는 동료 연구자들과 함께 쓰기 연구 분야에 위와 같은 주요 관점을 도입했고, 현시적 교수법이 중요하다는 시각을 견지했다(예, Englert, 1992; Englert, Raphael, Fear, & Anderson, 1988).

학습 과학의 관점

언어적 그리고 비언어적 상징체계

기술은 쓰기의 비언어적인 측면을 가르치기 위한 도구를 제공한다. Paivio의 이중 부호화(dual coding)이론[7](Paivia, 1971; Clark & Paivio, 1991)은 인간은 언어적 기억 체계와 도식적 기억 체계 모두 가지고 있는데, 그림은 2가지 체계를 모두 이용하여 한 번은 아이콘 이미지로, 또 한 번은 언어 기호로 각각 부호화되지만, 글자는 언어적 체계에서 한 번만 부호화된다고 주장한다. 지난 20년 동안의 실증적 증거들이 비언어적 정보의 이중 부호화를 뒷받침하였다. 그러나 시각적 체계와 언어적 체계가 언어 학습과 쓰기 향상을 위해 어떻게 상호작용하는지를 설명해 주는 구조가 완전히 이해되는 것은 아니다. 기존의 발견들은 문제 해결에서 그래픽 표상을 활용하는 것이 보다 적은 인지적 산출 과정을 수반하고, 작업 기억의 부담을 덜어준다고 보았다(Winn, Li. & Schill, 1991).

학습 환경에서 인지를 외면화하기

학생들은 그들의 내적 인지 모형을 만들기 위해서 글을 쓰고 그림을 그린다(Scaife & Rogers, 1996). 학생들은 그들의 아이디어가 구체적인 대상으로 표현된 것을 볼 수만 있다면, 그것을 새로운 방식으로 읽고 재해석하고 생각할 것이다. 그 다음에 학생들은 필요하다면

---

7) [역주] 이중 부호화 이론에 의하면, 인간은 2가지 인지적 부호화 기능을 가지고 있다. 즉, 시각 정보는 공간적으로 부호화되고, 언어 정보는 계열적으로 부호화된다. 우리가 정보를 시각적 형태와 언어적 형태로 저장할 때, 이들은 각기 분리된 인지 체제에 저장된다고 가정할 수 있다. 이 모형을 통해 단어와 그림으로 기억된 정보가 단어만으로 기억된 정보보다 우월하게 재생되는 현상을 보면 이중 부호화 이론의 기본 가정이 쉽게 설명될 수 있다고 주장한다(Clark & Craig, 1992). 즉, 학습에서 단일 매체보다 멀티미디어가 효과적임을 지적하고 있다.

그것들을 수정하고, 수정된 것을 다시 자신의 인지 모형으로 내면화할 수 있을 것이다. 이러한 과정은 필자가 자신의 그림이나 텍스트와 소통하는 것이기 때문에 상호적이다. 예를 들어, 수업용으로 만들어진 소프트웨어는 학생들이 스케치한 과정을 재연 가능하도록 마우스의 움직임(그리고 다른 사건들)을 기록하는 간단한 스케치 도구를 포함하고 있다. 이 기능을 통해 최종 완성 그림에서는 발견할 수 없는 과정상의 실수나 변화를 볼 수 있다(Tanimoto, Winn, & Akers, 2002). 실험 결과, 학생들은 자신의 생각이 시각화되었을 때, 내적으로 할 수 없었던 방식으로 외부 환경에서 시도하기 시작했다. 게다가 내적 작업 기억의 시공간적인 용량이 초과했을 때, 쓰기(언어)나 시각적인 도식, 또는 그림(비언어적 정보 또는 언어적 정보와 비언어적 정보의 결합된 형식)을 통해서 인지를 외현화하는 것은 목표를 달성할 때까지 지속되는 문제 해결을 촉진하는 방식으로 내적 작업 기억을 지원할 수 있다.

환경과의 상호작용을 통한 학습

학생들이 자신의 사고를 외면화할 때 만든 텍스트와 그림은 학습 환경을 변화시켰다. 다른 사람과 공유하고 함께 논의할 수 있는 인공 산출물도 학습 환경의 일부가 되었다. 학습 과학 분야 연구자들은 학생들이 어떻게 학습하는지를 이해하기 위하여 완전한 학습 환경의 중요성을 점점 더 깨닫고 있다. 학생들은 자신의 생각을 외면화하면서 문제를 해결하기 때문에 학생들이 학습 과정에서 수행하는 공적 행동이 특히 중요하다. 최근의 연구는 학습하는 동안에 주어진 행동 내의 역할과 외부 환경과의 상호작용에 관한 2가지의 새로운 아이디어를 제안했다(Barab, Evans, & Baeck, 2004; Jonassen, 2000; Leont'ev, 1978).

첫 번째는, 인지가 단지 정신 활동이 아니라, 환경과 상호 작용하는 마음을 포함한다는 것이다. 두 번째는, 만약 인지의 범위가 확장되어 환경에 있는 신체를 포함한다면, 더 이상 아이디어가 환경에서 왔는지, 학생에게서 왔는지, 아니면 그들의 상호작용에서 왔는지를 분명히 말하는 것이 불가능하다는 주장이다. 이러한 견해를 설명하기 위해서, Clark(1997, p.163)는 한 쌍의 집게를 가지고서 햄스터를 잡는 장면을 상상해 보라고 한다. 햄스터들이 잡히는 것을 피하려고 하는 시도가 우리로 하여금 집게를 휘두르게 하는 것인지, 아니면 우리가 집게를 휘두름으로써 그들의 행동을 유발하는 것인지는 설명할 수가 없다는 것이다. 우리는 환경과 아주 밀접하게 연결되어 있으므로 하나의 행동이 또 다른 행동을 뒤따르거나 일으킨다는 생각은 더 이상 받아들여질 수 없다. 결국, 학생과 학습 환경은 상호작용을 하는 두 개의 체계가 아니라 함께 구성하는 하나의 단일 체계인 것이다(Beer, 1995).

우리는 쓰기 과정이 필자의 내적 뇌-마음이 기술 도구를 포함한 외부 환경(기술적 도구를 포함하는)과 상호작용하는 하나의 단일 체계에 의해 만들어진다고 생각한다. 두뇌 장착형 시각 디스플레이와 몸의 움직임에 기초한 다양한 입력 장치를 사용하여, 학생들이 컴퓨터가 창조한 환경에 완전히 몰두할 수 있도록 하는 가상현실 기술을 이용한 연구가 이러한 주장을 실증적으로 뒷받침해 준다(Winn, 2003b). 학생들은 머리, 손, 그리고 때로는 다른 신체 일부의 위치와 방향을 추적하고, 가상 세계에서 무엇을 보고, 듣고, 그리고 느끼는지 즉각적으로 업데이트한 정보를 사용하는 하드웨어를 통해 환경과 밀접한 관계를 이룬다. 학생들이 하는 경험은 컴퓨터와의 상호작용이라기보다는 한 장소에 함께 존재하는 것이다. 가상 환경은 다양한 내용 영역에서 학생들의 학습을 도울 때 효과적이고, 때로는 컴퓨터 시뮬레이션보다 우수하다는 것이 입증되었다(예, Barab et al., 2000; Dede, Salzman, Loftkin, & Ash, 1997; Hay et al., 2000; Winn, Windschitl, Fruland, & Lee, 2002). 필자는 자신이 만든 정신세계에 들어갈 수 있기 때문에, 이러한 정신세계는 학생들의 쓰기를 지원하는 데 효과적으로 사용될 수 있다. 이들 정신세계(가상 환경)는 장기 기억 저장소와는 다르다. 가상 환경에 있는 학생들은 '존재함'이라는 고조된 감각을 즐기는데(Witmer & Singer, 1998; Zeltzer, 1991), 여기서 말하는 '존재함'은 머리에 헬멧을 쓴 채 실험실이나 교실에 있는 것이 아니라, 정말로 가상 세계에 있다는 믿음으로 정의한다. 존재한다는 것은 즐거움, 참여, 학습량과 분명히 연관성이 있으며(Winn & Winschitl, 2001; Winn et al., 2002), Csikszentmihalyi(1990)가 쓰기와 같은 과제에 온전히 참여하는 '몰입(flow)'의 경험에서 기인한 여러 특성들을 보인다. Kellogg(1994)는 전문 필자들이 시간과 외부 환경의 흔적을 잊어버리는 "몰입"을 하는 동안에 작성한 자기 보고서에 대해 설명했다. 가상 세계에서 경험의 현실성과 결합한 이 강력한 영향력을 지닌 경험은 학생들이 글을 쓸 때 스스로 글의 윤곽과 뼈대를 만들 수 있도록 잘 도와줄 것이다.

쓰기 발달과 지도 그리고 교육 개혁에 대한 함의

쓰기 발달에 관한 신뢰할 수 있는 광범위한 연구들이 진행되었음에도 불구하고(Berninger & Abbott, 2001; Berninger & Rkchards, 2002), 쓰기처럼 복잡한 과정을 이해하는 데 초보자와 숙련자의 단순 비교를 기반으로 한다는 것은 오해의 소지가 있다. 능숙하게 글을 쓰기까지의 과정 중에는 주요한 발달상의 변화 및 발전과 함께 시작 단계에서의 실패, 정체기, 퇴보 등을 포함한다. 쓰기 발달에 기여하는 그 과정은 단계적인 반응(중첩)이고 발달의 불연속성을 보여준다. 이러한 단계적인 반응과 불연속적인 과정에 기여하는 것은 필자 뇌의 내적 구조 및 기능, 외적인 학습 지도, 외적인 쓰기 도구 그리고 외적인 쓰기 산출물 사이의 상호작용이다. 향후 연구에서는 작업 기억의 내적 작용에만 집중적으로 초점을 두기보다는, 내적 작업 기억과 외적 기억 표상 간의 상호작용을 다룰 것이다. 교수 전략들은 쓰기 과정의 윤곽을 잡는 데 사용되는 외적 환경과 함께, 학생들의 내적인 정신 환경과 외적 환경 모두에 대해 학생들의 주의를 끄는 방식으로 설계될 수 있다. 또한 교수 전략은 내적 작업 기억의 시간 및 기타 한계들을 극복하기 위해 인지를 외현화하는 데 쓰이는 쓰기의 가치를 강조해야 한다.

유전과 환경의 상호작용(구성주의 관점에서)에 관한 더 넓은 이해를 바탕으로 한 쓰기 지도는 쓰기 지도에서 현시적 교수법의 가치와 효과를 과소평가하는 급진적 구성주의의 잘못된 전제를 극복할 것이다. 쓰기와 관련된 뇌 구조와 기능에 대한 교사들의 지식을 개선하는 것은 교사들이 쓰기 학습에 수반되는 과정의 복잡성을 더 폭넓게 이해하는 데 도움이 될 것이다. 교사들이 일반적인 차이(생물학에서는 자명한)에 대해 더 잘 이해하게 되면 다양성의 생물학적인 근원들(학습자들 뇌의 개별적인 차이)을 더 잘 용인하고 기꺼이 개개인에 맞는 학습 지도를 제공할 것이다. 인지 발달의 사회적 요인들의 역할에 관해 연구한 Vygotsky는 그의 제자인 Luria(1973)에게 인지적 기능의 생물학적 요인들에 관한 연구를 하도록 장려했다. 쓰기에 관한 후속 연구에서는 사회적 다양성인 다문화와 생물적 다양성인 개인 간의 차이를 만든 다양한 근본 원인들을 인정하고 탐구해야 한다.

최근에는 하나의 기준이 인구 전체에 적용되는 고부담 기준(high-stakes standards) 및 심리적 경향(a mind-set)에 대한 관심이 고조되고 있다. 이러한 심리적 경향은 학생의 신체와 사회의 요구에 대한 생물학적 다양성에 대해 우리가 알고 있는 것과는 상충된다(Berninger & Richards, 2002, 12장 참조). 학생들이 쓰기를 어려워하는 이유는 다양하다. 쓰기와 관련된 뇌의 과정에 대한 지식이 빠르게 확장되면서 쓰기의 뇌 기반 임상 평가라는 새로운 접근이 시도되었다(Berninger, 2004b; Berninger et al., 2004). 만약 교육자들이 모든 학생들의 성취를 극대화하고자 한다면, 평가에 대한 몇 가지 기준들을 충족하는 연구 기반 접근이 필요하다. 우선, 발달론적 차이와 개인차를 모두 고려해야 한다. 또한, 모든 학생들의 강점과 약점을 포함한 개별 프로파일을 작성해야 한다. 그리고 증거 기반 평가 결과와 증거 기반의 효과적인 지도[8]를 연결해야 한다(Berninger et al., 2004). 그러나 효과적인 학습 지도는 필자의 뇌뿐만 아니라 사회적인 맥락(사회·문화적인 관점)과 내적 환경 및 외적 환경 사이의 상호작용(학습

과학의 관점)에 달려 있다.

결론

기술의 발전은 뇌에 관한 지식의 확장과 쓰기를 가르칠 때 유용한 도구의 급속한 발달을 가져왔다. 이러한 기술로부터 생긴 변화들은, 특히 쓰기와 관련하여 교육자들이 어떻게 연구하고 교육을 어떻게 시행해야 하는지에 지대한 영향을 미칠 것이다. 미래의 쓰기 교사들을 훈련하는 이들은 쓰기를 배우는 학생 개개인에게 미치는 생물학적 영향이나 쓰기 교육에서 현시적 지도의 중요성을 영원히 무시해서는 안 된다.

참고문헌

Alamargot, D., & Chanquoy, L. (2001). *Through the models of writing.* Dordrecht, The Netherlands: Kluwer.

Anderson, S., Damasio, A., & Damasio, H. (1990). Troubled letters but numbers: Domain specific cognitive impairments following focal damage in frontal cortex. *Brain,* 113, 749-760.

Aylward, E., Richards, W., Richards, T., Berninger, V., & Eden, E. (2004, February). *Genetic, neurological, and instructional influences in the reading brain.* Symposium presented at the meeting of the American Association for the Advancement of Science, Seattle, WA.

Aylward, E., Richards, T., Berninger, V., Nagy, W., Field, K., Grimme, A., et al. (2003). Instructional treatment associated with changes in brain activation in children with dyslexia. *Neurology,* 61, 212-219.

Aylward, E., Raskinds, T., Berninger, V., Perrin, M., Field, K., Amie, B., et al. (2002). *Reliability of functional MRI activation over time.* Unpublished manuscript, University of Washington, Seattle.

Baby Einstein Company (2002). *Baby Shakespeare.* Lone Tree, CO: Author. (copyrighted Buena Vista Home Entertainment, Inc. at www.babyeinstein.com)

Banks, J., & Banks, C. (1994). *Cultural diversitly and education: Foundations, Curriculum, and teaching*

---

8) [역주] 이때 말하는 '증거'는 실험 연구와 같은 실증 연구의 결과를 일컫는다. 그러므로 '증거 기반의 평가'나 '증거 기반의 지도'는 연구 결과에 바탕을 둔 평가 및 지도로 볼 수 있다. '증거'는 연구자에 따라 '근거'로 번역하기도 한다.

(4th ed.). Boston: Allyn &Bacon.

Banks, J., & Banks, C. (1997). *Teaching strategies for ethnic studies* (6th ed.). Boston: Allyn & Bacon.

Banks, J., & Banks, C. (1999). *An introduction to multicultural education* (2nd ed.). Boston: Allyn & Bacon.

Barab, S., Evans, M. A., & Baek, E.-O. (2004). Activity theory. In D. Jonassen (Ed.), *Handbook of research on educational communication and technology* (2nd ed., pp. 199-214). Mahwah, NJ: Erlbaum.

Barab, S., Hay, K. E., Squire, K., Barnett, M., Schmidt, R., Karrigan, K., et el. (2000). The virtual solar system: Learning through a technologyrich, inquiry-based, participatory learning environment. *Journal of Science Education and Technology,* 9(1). 7-25.

Basso, A., Taborelli, A., & Vignolo, L. (1978). Dissociated disorders of speaking and writing in aphasia. *Journal of Neurology, Neurosurgery, and Psychiatry,* 41, 556-563.

Beer, R. D. (1995). Computation and dynamical languages for autonomous agents. In R. F. Port & T. Van Gelder (Eds.), *Mind as motion: Explorations in the dynamics of cognition* (pp. 121-147). Cambridge MA: MIT Press.

Berninger, V. (1999). Coordinating transcription and text generation in working memory during composing: Automatized and constructive processes. *Learning Disability Quarterly*, 22, 99-112.

Berninger, V. (2000). Development of language by hand and its connections to language by ear, mouth, and eye. *Topics in Language Disorders,* 20, 65-84.

Berninger, V. (2004a). The reading brain in children and youth: A systems approach. In B. Wong (Ed.), *Learning about learning disabilities* (3rd ed., pp. 90-119). San Diego: Academic Press.

Berninger, V. (2004b). Understanding the graphia in dysgraphia. In D. Dewey & D. Tupper (Eds.), *Developmental motor disorders*: A neuropsychological perspective. pp. 328-350 New York: Guilford Press.

Berninger, V., & Abbott, R. (2001). Developmental and individual variability in reading and writing acquistion: A developmental neuropsychological perspective. In D. Molfese & U. Kirk (Eds.), *Developmental variability in language and learning* (pp. 275-308). Hillsdale, NJ: Erlbaum.

Berninger, V., & Abbott, S. (2003). *PAL research supported reading and writing lessons.* San Antonio, TX: Psychological Corporation.

Berninger, V., & Abbott, R., Billingsley, F., & Nagy, W. (2001). Processes underlying timing and fluency: Efficiency, automaticity, coordination, and morphological awareness. In M. Wolf (Ed.), *Dyslexia, fluency, and the brain* (pp. 383-414). Extraordinary Brain Series. Baltimore: York Press.

Berninger, V., & Abbott, R., Jones, J., Gould, L., Anderson-Youngstrom, M., Wolf, B., et al. (in press). Early development of language by hand: Composing, reading, listening, and speaking connections, three letter writing modes, and fast mapping in spelling. *Developmental neuropsychology.*

Berninger, V. & Amtmann, D. (2003). Preventing written expression disabilities though early and continuing assesment and intervention for handwriting and/or spelling problems: Research into practice. In H. L. Swanson, K. R. Harris, & S. Graham (Eds.), *Handbook of learning disabilities* (pp. 345-363). New York:

Guilford Press.

Berninger, V., Dunn, A., & Alper, T. (2004). Integrated models of assessment for branching, instructional, and profile assesment. In A. Prifitera, D. Saklofske, L. Weiss, & E. Rolfhus (Eds.), *WISC-IV Clinical use and interpretation* (pp.151-185). San Diego: Academic Press.

Berninger, V., & Hooper, S. (in press). A developmental neuropsychological perspective on writing disabilities in children and youth. In D. Molfese & V. Molfese (Eds.), *Handbook of child neuropsychological.* Mahwah, NJ: Erlbum.

Berninger, V., Nagy, W., Carlisle, J., Thomson, J., Hoffer, D., Abbott, S., et al. (2003). Effective treatment for dyslexics in grades 4 to 6. In B. Foorman (Ed.), *Preventing and Remediating Reading Difficulties: Bringing Science to Scale* (pp. 382-417). Timonium, MD: York Press.

Berninger, V., & Richards, T. (2002). *Brain literacy for educators and psychologists.* New York: Academic Press.

Brain, L. (1967). *Speech disorders: Aphasia, apraxia, and agnosia.* London: Butterworth.

Chapman, N., Igo, R., Thomson, J., Matsushita, M., Brkanac, Z., Hotzman, T., et al. (2004). Linkage analyses of four regions previously implicated in dyslexia: Confirmation of a locus on chromosome 15q. *American Journal of Medical Genetics/Neuropsychiatric Genetics, 131B,* 67-75, and American Journal of Medical Genetics (Suppl. 03174) 9999:1.

Clark, A. (1997). Being there: Putting brain, body and world together again. Cambridge, MA: MIT Press.

Clark, J. M., & Paivio, A. (1991). Dual coding theory and education. *Educational Psychology Review,* 3, 149-210.

Clay, M. (1982). Research update: Learning and teaching writing: A developmental perspective. *Language Arts,* 59, 65-70.

Cohen, L., Lehéricy, S., Chhochon, F., Lemer, C., Rivaud, S., & Dehaene, S. (2002). Language-specific tuning of visual cortex?: Functional properties of the Visual Word Form area. *Brain,* 125, 1054-1069.

Cordes, D., Haughton, V., Arfanakis, K., Wendt, G., Turski, P., Moritz, C., et al. (2000). Mapping functionally related regions of brain with functional connectivity MRI (fcMRI). *American Journal of Neuroradiology,* 21, 1636-1644.

Corina, D., Richards, T., Serafini, S., Richards, A., Steury, K., Abbott, R., et al. (2001). fMRI auditory language differences between dyslexic and able reading children. *NeuroReport,* 12, 1195-1201.

Crosson, B., Rao, S., Woodley, S., Rosen, A., Bobholz, J., Mayer, A., et al.(1999). Mapping of semantic, phonological, and orthographic verbal working memory in normal adults with functional magnetic resonance imaging. *Neuropsycology,* 13, 171-187.

Csikszentmihalyi, M. (1990). *Flow: The psychology of optimal performance.* New York: Harper & Row.

Cunningham, D. (1992). Assessing constructions and constructing assessments: A dialog. In T. M. Duffy & D. H. Jonassen (Eds.), *Constructivism and the technology of instruction: A conversation* (pp. 35-44). Hillsdale NJ: Erlbaum.

Dawkins, R. (1997). *Unweaving the rainbow: Science, delusion and the appetite for wonder.* Boston: Houghton Mifflin.

Dede, C., Salzman, M., Loftin, R. B., & Ash, K. (1997). Using virtual reality technology to conveyabstract scientific concepts. In M. J. Jacobson & R. B. Kozma (Eds.), *Learning the sciences of the 21st century: research, design and implementing advanced technology learning environments* (pp. 361-413). MahWah, NJ: Erlbaum.

Dehaene, S., Le Clec'H, G., Poline, J.-B., Bihan, D., &Cohen, L. (2002). The visual word form area: A prelexical representation of visual words in the fusiform gyrus. *Brain Imaging,* 13, 321-325.

Dhond, R., Buckner, R., Dale, A., Marinkovic, K., & Halgren, E. (2001). Spatiotemporal maps of brain activity underlying word generation and their modification during repetition priming. *Journal of Neuroscience,* 21, 3564-3571.

Englert, C. S. (1992). Writing instruction from a sociocultural perspective: The holistic, dialogue, and social enterprise of writing. *Journal of Learning Disabilities,* 25, 153-172.

Englert, S., Raphael, T., Fear, K., & Anderson, L. (1988). Student' metacognitive knowledge about how to write informational tests. *Learning Disability Quarterly,* 11, 18-46.

Exner, S. (1881). *Untersuchungen über die Lokalisation der Funktionen in der Grossshirnrinde des Menschen.* Vienna: Wilhelm Braumuller.

Fuster, J. (1997). *The prefrontal cortex: Anatomy, physiology, and neuropsychology of the frontal lobe* (3rd ed.). New York: Raven Press.

Garrett, A., Flowers, D. L., Absher, J., Fashey, R., Gage, H., Keyes, J., et al. (2000). Cortical activity related to accuracy of letter recognition. N*euro-Image,* 11, 111-123.

Goldfine, R. (2001). Making word processing more effective in the composition classroom. *Teaching English in the Two-Year College*, 28, 307-315.

Goldman-Rakic, P., Scalaidhe, S., & Chafee, M. (2000). Domain specificity in cognitive systems. In M. S. Gazzaniga (Ed.), *The new cognitive Neurosciences* (pp. 733-742). Cambridge, MA: MIT Press.

Graham, S., & Harris, K. R. (2003). Students with learning disabilities and the process of writing: A meta-analysis of SRSD studies. In H. L. Swanson, K. R. Harris, & S. Graham (Eds.), *Handbook of learning disabilities* (pp. 323-344). New York: Guilford Press.

Graham, S., & MacArthur, C. (1988). Improving learning disabled students' skills at revising essays produced on a word processor: Self-instructional strategy training. *Journal of Special Education,* 22, 133-152.

Graham, S., & Weintraub, N. (1996). A review of handwriting research: Progress and prospects from 1980 to 1994. *Educational Psychololgy Review,* 8, 7-87.

Graves, D. (1983). Writing: *Teachers and children at work.* Exeter, NH: Heinemann.

Harel, I., & Papert, S. (1991). *Constructionism.* Norwood, NJ: Ablex.

Harris, K., & Graham, S. (1996). *Making the writing process work: Strategies for composition and self-regulation.* Cambridge, MA: Brookline.

Hay, K. E., Crozier, J., Barnett, M., Allison, D., Bashaw, M., Hoos, B., & Perkins, L. (2000, April). Virtual gorilla modeling project: Middle school students constructing virtual models for learning. In B. Fishman & S. O'Connor-DivelBliss (Eds.) *Proceedings of the Fourth International Conference on the Learning Sciences* (pp. 212-213). Mahwah, NJ: Erlbaum.

Hillocks, G. (1986). *Research on written composition: New direction for teaching.* Urbana, IL: National Conference on Research on English.

Hlynka, D. (2004). Postmodernism in educational technology: Update: 1996-present. In D. Jonassen (Ed.), *Handbook of research on educational communication and technology* (2nd ed., pp. 243-246). Mahwah, NJ: Erlbaum.

Holland, S., Plante, E., Byars, A., Strawsburg, R., Schmithorst, V., & Ball, W. (2001). Normal fMRI brain activation patterns in children performing a verb generation task. *NeuroImage, 14,* 837-843.

Jonassen, D. H. (2000). Revising activity theory as a framework for designing student-centered learning environments. In D. Jonassen & S. Land (Eds.), *Theoretical foundations of learning environments* (pp. 89-122) Mahwah, NJ: Erlbaum.

Katanoda, K., Yashikawa, K., & Sugishita, M. (2001). A functional MRI study on the neural substrates for writing. *Human Brain Mapping, 13,* 34-42.

Kellogg, R. (1994). *The psychology of writing.* New York: Oxford University Press.

Kircher, T., Brammer, M., Andreu, N., Williams, S., & McGuire, P. (2001). Engagement of right temporal cortex during processing of linguistic context. *Neuropsychologia, 39,* 798-809.

Liberman, A. (1999). The reading researcher and the reading teacher need the right theory of speech. *Scientific Studies of Reading, 3,* 95-111.

Leont'ev, A. N. (1978). *Activity, consciousness and personality.* Englewood Cliffs, NJ: Prentice-Hall.

Luria, A. R. (1973). *The working brain.* New York: Basic Books.

Matsuo, K., Kato, C., Ozawa, F., Takehara, Y., Isoda, H., Isogai, S., et al. (2001). Ideographic characters call for extra processing to correspond with phonemes. *NeuroReport, 12,* 2227-2230.

Matsuo, K., Kato, C., Tanaka, S., Sugio, T., Matsuzawa, M., Inui, T., et al. (2001). Visual language and handwriting movement: Functional magnetic resonance imaging at 3 tesla during generation of ideographic characters. Brain Research Bulletin, 55, 549-554.

Maturana, H., & Varela, F. (1992). *The tree of Knowledge: The biologocal roots of human understanding* (rev. ed.). Boston: Shambhala.

Mawwiotta, J., Grafton, S., & Woods, R. (1991). The human motor system studied with PET measurements of cerebral blood flow: Topography and motor learning. In N. Lassen, D. Ingvar, M. Raichle, & L. Friberg (Eds.), *Brain work and mental activity: Alfred Benzon Symposium, 31,* 280-290.

McCutchen, D. (1996). A capacity theory of writing: Working memory in composition. *Educational Psychology Review*, 8, 299-325.

McGee, T., & Ericsson, P. (2002). The politics of the program: MS WORD as the invisible grammarian.

Computers and Composition, 19, 453-470.

Menon, V., & Desomond, J. (2001). Left superior parietal cortex involvement in writing: Integrating fMRI with lesion evidence. *Cognitive Brain Research,* 12, 337-340.

Mesulam, M. (1990). Large-scale neurocognitive networks and distributed processing for attention, language, and memory. *Annals of Neurology,* 28, 597-613.

Nagy, W., Osborn, J., Winsor, P., & O'Flahavan, J. (1994). Structural analysis: Some guidelines for instruction. In F. Lehr, & J. Osburn (EDs.), Reading, language, and literacy (pp, 45-58). Hillsdale, NJ: Erlbaum.

Ojemann, J., Buckner, R., Akbudak, E., Snyder, A., Olinger, J., McKinstry, R., et al. (1998). Functional MRI studies of word-stem completion: Reliablity across laboratories and comparison to blood flow imaging with PET. *Human Brain Mapping,* 6, 203-215.

Olson, D. (1985). Computers as tools of the intellect. *Educational Researcher,* 14(5), 5-8.

Olson, D. (1991). Literacy and objectivity: The rise of modern science. In D. Olson & N. Torrance (Eds.), *Literacy and orality* (pp. 149-164). New York: Cambridge University Press.

Ong, W. (1982). Orality and literacy: *The technologizing of the word.* London: Methuen.

Papert, S. (1983). *Mindstorm: Children, computers and powerful ideas.* New York: Basic Books.

Paivio, A. (1971). Imagery and verbal processes. New York: Holt, Rinehart & Winston.

Piaget, J. (1970). Piaget's theory. In P. H. Mussen (Ed.), *Carmichael's manual of child psychology* (Vol. 1, 3rd ed., pp. 703-732). New York: Wiley.

Pinker, S. (2002). *The blank slate: The modern denial of human nature.* New York: Viking.

Poldrack, R., Temple, E., Protopapas, A., Nagarajan, S., Tallal, P., Merzenich, M., et al. (2001). Relations between the neural bases of dynamic auditory processing and phonological processing: Evidence from fMRI. *Journal of Cognitive Neuroscience,* 13, 687-697.

Polk, T., Stallup, M., Aguirre, G., Alsop, D., Esposito, M., Detre, J., et al. (2002). Neural specialization for letter recognition. *Journal of Cognitive Neuroscience,* 14, 145-159.

Pugh, K., Mencl, W., Shaywitz, B., Shaywitz, S., Fullbright, R, Constable, R., et al. (2000). The angular gyrus in developmental dyslexia: Task specific differences in functional connectivity within posterior cortex. *Psychological Science,* 11, 51-56.

Read, C. (1981). Writing is not the inverse of reading for young children. In C. Frederickson & J. Dommimick (Eds.), *Writing: The nature, development, and teaching of written communication* (Vol. 2, pp. 105-117). Hillsdale, NJ: Erlbaum.

Resnick, M. (1996). Beyond the centralized mindset. *Journal of the Learning science,* 5, 1-22.

Richards, T., Aylward, E., Raskind, W., Abbott, R., Field, K., Parsons, A., et al. (in press). Converging evidence for triple word form theory in child dyslexics. *Developmental Neuropsychology.*

Richards, T., Berninger, V., Nagy, W., Parsons, A., Field, K., & Richards, A. (2005). Brain activation during language task contrasts in children with and without dyslexia: Inferring mapping processes and assessing response to spelling instruction. *Educational and Child Psychology,* 22(2), 62-80.

Richards, T., Berninger, V., Alward, E., Richards, A. Thomson, J., Nagy, W., et al. (2002). Reproducibility of proton MR spectroscopic imaging: Comparison of dyslexic and normal reading children and effects of treatment on brain lactate levels during language tasks. *American Journal of Neuroradiology.* 23, 1678-1685.

Richards, T., Corina, D., Serafini, S., Steury, K., Dager, S., Marro, K., et al. (2000). Effects of phonologically-driven treatment for dyslexia on lactate levels as measured by proton MRSI. *American Journal of Radiology,* 21, 916-922.

Roberts, T., Disbrow, E., Roberts, H., & Rowley, H. (2000). Quantification and reproducibility of tracking cortical extent of activation by use of functional MR imaging and magnetoencephalography. *American Journal of Neuroradiology.* 21, 1377-1387.

Ryle, G. (1949). *The concept of mind.* London: Hutchinson.

Sakai, K., Hikosaka, O., Miyauchi, S., Takino, R., Sasaki, Y., & Putz, B. (1998). Transition of brain activations from frontal to parietal areas in visuomotor sequence learning. *Journal of Neuroscience.* 18, 1827-1840.

Salomon, G. (1988). Artifical intelligence in reverse: Computer tools that become cognitive. *Journal of Educational Computing Research.* 4, 123-140.

Scaife, M., & Rogers, Y. (1996). External cognition: How do graphical representations work? *International Journal of Human-Computer Studies,* 45, 185-213.

Seitz, R., Canavan, A., Yaguez, L., Herzog, H., Tellman, L., Knorr, U., et al. (1997). Representations of graphomotor trajetories in the human parietal cortex: Evidence for controlled processing and automatic performance. *European Journal of Neuroscience.* 9, 378-389.

Sokal, A., & Bricmont, J. (1998). *Fashionable nonsense: Postmodern intellectuals' abuse of science.* New York: Picador.

Swanson, H. L., & Berninger, V. (1996). Individual differences in children's working memory and writing skills. *Journal of Experimental Child Psychology,* 63, 358-385.

Tanimoto, S., Winn, W.D., & Akers, D. (2002). A system that supports using student-drawn diagrams to assess comprehension of mathematical formulas. *Lecture Notes in Computer Science,* 2317, 100-102.

Tegeler, C., Strother, S., Anderson, J., & Kim, S.-G. (1999). Reproducibility of BOLD-based functional MRI obtained at 4 T. *Human Brain Mapping.* 7, 267-283.

Towse, J. (1998). On random generation and the central executive of working memory. *British Journal of Psychology,* 89, 77-101.

Tufte, E. (2003). *The cognitive style of PowerPoint.* Cheshire, CT: Graphics Press.

Van Mier, H., Temple, L., Perlmutter, J., Raichle, M., & Petersen, S. (1998). Changes in brain activity during motor learning measured with PET: Effects of hand performance and practice. *Journal of Neurophysiology,* 80, 2177-2199.

Von Glasersfled, E. (1984). An introduction to radical constructivism. In P. Watzlawick (Ed.), *The invented reality.* New York: Norton. (Originally published in P. Watzlawick (Ed.), *Die Erfundene Wirklichkeit.*

Munich: Piper [Author's translation]. Also available at www.umass.edu/srri/vonglasersfeld/onlinepapers/

Vygotsky, L. (1978). *Mind and society.* Cambridge, MA: Harvard University Press.

Wagner, Q., Paré-Blagoev, E. J., Clark, J., & Poldrack, R. (2001). Recovering meaning: Left prefrontal cortex guides controlled semantic retrieval. *Neuron,* 31, 329-338.

Winn, W. D. (2003a). Beyond constructivism: A return to science based research and practice in educational technology. *Educational Technology,* 43(6), 5-14.

Winn, W. D. (2003b). Learning in artificial environments: Embodiment, embeddedness and dynamic adaptation. *Technology, Instruction, Cognition and Learning,* 1, 87-114.

Winn, W. D., Li, T.-Z., & Schill, D. E. (1991). Diagrams as aids to problem solving: Their role in facilitating search and computation. *Educational Technology Research and Development,* 39, 17-29.

Winn, W. D., & Windschitl, M. (2001). Learning in artificial environments. *Cybernetics and Human Knowing,* 8(3), 5-23.

Winn, W. D., & Windschitl, M., Fruland, R., & Lee, Y. L. (2002). When does immersion in a virtual environment help students construct understanding? In P. Bell, R. Stevens, & T. Satwitz (Eds.) *Keeping learning complex: The proceedings of the fifth International Conference of the Learning Sciences*(ICLS). Mawah, NJ: Erlbaum.

Witmer, B. G., & Singer, M. J. (1998). Measuring presence in virtual environments: A presence questionnaire. *Presence: Teleoperators and Virtual Environments,* 7, 225-240.

Wong, B. Y. L. (1998). Analyses of instrinsic and extrinsic problems in use of the scaffolding metaphor in learning disabilities intervention research: An introduction. *Journal of learning Disabilities,* 31, 340-343.

Wood, A., Saling, M., Abbott, D., & Jackson, G. (2001). A neurocognitive account of frontal lobe involvement I orthographic lexical retrieval: An fMRI study. *NeuroImage,* 14, 162-169.

Yeaman, A., Hlynka, D., Anderson, J. H., Damarin, S., & Muffoletto, R. (1996). Postmodern and poststructural theory. In D. Jonassen (Ed.), *Handbook of research on educational communication and technology* (pp. 253-295). Mahwah, NJ: Erlbaum.

Zellermayer, M., Salomon, G., Globerson, T., & Givon, H. (1991). Enhancing writing-related cognitions through a computerized writing partner. *American Educational Research Journal,* 28, 373-391.

Zeltzer, D. (1991). Autonomy, interaction and presence. *presence: Teleoperators and Virtual Environments,* 1, 127-132.

제8장
아동 작문의 인지적 요소

Deborah McCutchen

　의사소통 행위로서 쓰기는 필자와 독자 간의 명백한 사회적 행위이다. 또 쓰기는 자신의 상상, 지식, 경험에 따라 독자를 상정하여 이루어지는 인지 행위이기도 하다. 인지 심리학자로서 쓰기 발달에 대한 나의 이러한 관점은 인지적 패러다임에 근거를 두고 있다. 그러나 아동 작문에 대한 연구는 하나의 패러다임을 넘어선다(이 책의 다른 장을 참고할 것). 이 장에서는 어린이의 쓰기 발달에 관련된 인지 과정과, 복잡한 쓰기 과정의 발달을 촉진하거나 방해하는 사회적, 교육적 맥락에 대한 몇몇 논의를 다룬 경험적 연구를 중심으로 살펴볼 것이다.

쓰기 과정의 중심 모형

　쓰기에서 보다 확장된 맥락의 중요성에 대한 인식은 Hayes & Flower(1980)의 모형으로부터 25년이 지난 후 Hayes(1996)의 수정 모형에서부터 반영되기 시작했다. 수정 모형에서 Hayes(1996)는 맥락, 동기, 정서, 기억 등에 관한 보다 확장된 논의를 통해 인지 과정에 대한 설명을 보강했다. Hayes & Flower(1980)가 애초부터 설명했던 3가지 주요 인지 과정, 즉 계획, 작성, 수정은 Hayes(1996)의 모형까지 계속 유지되었으나, 상당한 수준으로 수정되었다.[1]

　우선 계획하기는 반성(reflection)이라는 더 넓은 개념에 포함되었다. 그리고 이러한 반성은

(계획을 포함하는)문제 해결, 의사 결정, 추론을 아우른다. 작성하기는 텍스트 생산(text production)이라는 이름으로 수정되었으며, Chenoweth & Hayes(2001)에서 더 정교하게 다듬었다. 수정하기 과정은 반성과 텍스트 생산을 내포하게 되었을 뿐만 아니라, 텍스트 해석(text interpretation)을 포함하는 것으로 확장되었으며, 이 모두는 수정과 관련된 과제 스키마(Hayes, 2004 참고)의 통제 아래에 놓여있는 것으로 설명되었다.

이러한 정교화된 인지 과정은 정서적 요소(목표, 경향성, 신념)나 장기 기억 지식(주제나 장르, 독자 관련 지식), 그리고 작업 기억과 같은 개인적 속성에서 기인한다. Hayes(1996)에 따르면, 사회적, 물리적 환경을 구성하는 과제 환경은 개인 외적인 것이다. 사회적 환경은 독자, 공동 저자, 그리고 필자가 학생일 경우에는 교수 맥락을 포함한다. 물리적 환경은 작성해 온 텍스트와 쓰기 매체를 포함한다.

Hayes(1996)에 의해 제안된 수정 모형은 숙련된 필자의 쓰기를 설명하도록 설계되었지만 아동의 작문 과정은 숙련된 작문의 모든 구성요소를 전형적으로 반영하지 않는다. 이 때문에 Bereiter & Scardamalia(1987)의 대안적 모형이 아동 작문 연구에 중대한 영향을 끼쳐왔다. Bereiter & Scardamalia는 아동의 글쓰기를 전문가 글쓰기에 대한 부족한 수준의 글쓰기로 모형화하는 대신, Hayes에 의해 기술된 많은 정교화된 전략 없이, (아동이나 성인 필자에 의해) 작문이 어떻게 이루어지는지 설명하기 위한 대안적 모형을 내놓았다. Bereiter & Scardamalia는 이러한 글쓰기를 '지식 서술(Knowledge telling)'[2]로 설명하였다. 텍스트를 산출하기 위해, 필자는 작문 과제의 주제(예를 들어 "내가 축구에 대해 알고 있는 것은…")나 장르(예를 들어 "옛날 옛적에…")에서 유추한 단서로 기억을 탐색한다. 그리고 관련 지식들을 기억 체계에서 찾아내면서 텍스트의 내용을 떠올리게 된다.

비록 지식 서술 모형이 아동의 작문 모형으로서 자주 언급되기는 하지만 Bereiter & Scardamalia(1987)에 따르면 지식 서술 모형은 텍스트 질의 측면에서 보다 전략적인 쓰기 과정과 반드시 구분될 수 있는 것은 아니라고 주장한다. 능숙한 필자 역시 지식 서술하기에 참여할 수 있으며 이를 통해 여전히 양질의 텍스트를 생산한다(예를 들어, 잘 연습된 맥락에서 친숙한 소재에 대해서 작문할 때. Torrance, 1996 참고)고 주장한다. 전문가와 초보자는 쓰기과제라든지, 때때로 엉성한 글이 되어가는 쓰기 결과와 씨름한다는 점에서는 비슷하다고 말한

---

1) [역주] 이 장에서 설명하는 모형에 대해서는 이 책 2장에서 이미 다룬 바 있다.

2) [역주] Bereiter & Scardamalia(1987)는 쓰기 과정을 지식 서술 모형(knowledge telling model)과 지식 변형 모형(knowledge transforming model)으로 구별하여 논의하였다.

다. 나는 이전에 지식서술이란, 초보 필자가 글을 쓰는 과정에서 겪는 과중한 인지 처리 요구에 대한 잠재적인 적응 반응이라고 그 특성을 정의한 바 있다(McCutchen, 2000). 물론 이 글에서도 유사한 주장을 펼칠 것이다. 그러나 다른 견해도 존재한다. Goldman(1995)에 따르면, 지식서술은 아동들이 그들 자신을 둘러싼 교육적·사회적 맥락에 대해 보이는 적응 기제에 해당한다. 많은 교실에서, 학생들은 자주 교사라는 한 명의 독자를 위해, 교사에 의해 한정된 주제에 대해, 또 교사에 의해 명시된 이유를 위해 작문을 한다. 그런 상황에서 아동들은 자신의 지식을 보고하는 것 이외에 어떤 다른 것을 쓰기 어렵고, 자기 스스로의 목표를 발전시킬 기회도 거의 갖지 못한다. 이와 유사한 상황에서 전문필자는 종종 글쓰기를 중단하게 된다. 더 지원적이고 진정한 쓰기 상황에서 아동은 더욱 세련된 기능을 보여줄 수 있다(Cammeron & Moshenko, 1996; Cameron, Hunt, & Linton, 1996; Graves, 1983; Scardamalia, Bereiter, & Lamon, 1994).

계획하기와 그 밖의 반성적 과정

계획하기는 Hayes & Flower(1980; Flower & Hayes, 1981, 1984)의 초기 모형에서 두드러지게 나타났다. Hayes & Flower(1980)에 따르면 계획하기는 목표 설정하기, 내용 생성하기, 텍스트 발전의 측면에서 내용 조직하기를 수반한다. 계획은 전체적일 수도 있고 좀 더 지엽적일 수도 있으며, 쓰기 전에 이루어질 수도 있고, 쓰는 중에 진행될 수도 있다(Galbraith, 1996; Gould, 1980). 계획하기의 위상은 Hayes의 모형(1996)에 와서 상당히 격하되었다. 계획하기와 관련한 연구를 검토한 Hayes & Nash(1996)는 많은 연구에서 지적되었듯이 계획하기가 쓰기 전문가에게 필수적으로 나타나는 과정이 아니라는 결론을 내렸다. 비록 능숙한 필자가 덜 능숙한 필자보다 일반적으로 계획하기에 더 많은 시간을 쓰는 것이 사실이라 해도(Bereiter & Scardamalia, 1987; Flower & Hayes, 1981), 능숙한 필자는 텍스트 산출과 수정하기에도 역시 많은 시간을 쓴다. 따라서 Hayes & Nash(1996)는 전문가와 초보자를 구분하는 것은 계획하는 데 보내는 작문 시간의 비율이 아니라 쓰기 전체에 소요되는 시간이라고 주장한다. 계획하기는 전문가들이 초보자보다 더 많이 하는 것들 중 한 가지에 불과하다.

아동을 포함한 모든 필자는 분명히 어떠한 종류의 계획하기를 한다. 대부분의 아동과 전문가 사이의 중요한 차이점은 계획하기의 속성에 있다. 특히 계획하기가 내용 생성이나 다른 종류의 목표 구현하기에 도움을 주는가 하는 점이 중요하다. 전문필자는 그들의 계획하기의 다양한 측면에 대해 명확히 조리 있게 설명할 수 있다. 전문가는 그들의 텍스트를 위해 목표를 만들어 내고(예를 들어, 정해진 독자에게 다가가는 것, 특정한 인물을 표현하는 것), 그러한 목표를 달성하기 위해 계획을 발전시킨다(예를 들어, 특정한 장르나 수사적 태도 선정하기, 특정 어휘를 사용하거나 회피하는 것). 예를 들어, 스포츠 분야의 전문 작가가 그의 주간지 칼럼에 대한 독자의 편지의 답변을 준비할 때의 프로토콜을 살펴보자(McCutchen, 1988).

나는 독자들의 편지를 읽고 유쾌한 방식으로 대응하려 노력했다. 또한 쟁점과 관련되었다고 느끼지 않는다면 심각하게 반응하지 않을 것이다. 그리고 나는 되도록 전문 용어를 사용하지 않고 독자가 답변을 이해할 때 전문적인 지식을 필요로 하지 않게 하려고 노력한다. 왜냐하면 나는 이것이 종전까지 스포츠 섹션을 읽지 않았던 많은 사람들로 하여금 이 글을 읽도록 하는 상당히 좋은 방법이라고 믿기 때문이다. 그래서 나는 독자들이 많은 것을 알고 있을 것이라 미리 가정하고, 독자들에게 지식을 요구하는 방식으로 글을 써서 독자들을 소외시키기를 원치 않는다(p.309).

이러한 계획(수사적 태도나 독자, 어조를 포함한)을 구체화한 후에 필자는 이 계획을 뒤에 있을 쓰기 과정에서 특정 단어들을 선택하는 것까지를 포함하여 자신의 쓰기를 조정하는 데 사용했다.

이와 반대로, 어린이들의 프로토콜은 특히 쓰기 전 과정의 계획하기 개념이 확고하지 못하다는 것이 전형적으로 드러난다. 쓰기 전 휴지(pauses)의 분석은 아이들이 대부분 쓰기 과제를 받은 즉시 쓰기를 시작하며, 아이들은 어떤 필자가 쓰기 전에 15분이나 그 이상을 보낸다고 말하면 대부분 쉽게 믿지 않는다는 것을 보여준다(Bereiter & Scardamalia, 1987). Cameron & Moshenko(1996)의 6학년 필자를 대상으로 한 연구에서, 평균적으로 학생들이 글쓰기를 시작하기 전에 계획하기에 2분 약간 넘게 시간을 쓰는 것으로 보고되었다. 그러나 학생들의 쓰기 전 계획하기 양상은 매우 다양해서 약 1분 30초를 초과하는 표준편차 상의 변동이 있다.

전문필자는 쓰기 과제를 받고, 자기 스스로 계획을 수립하는 데 반해서(예를 들어, Flower & Hayes, 1980; Freedman, 1984) 아이들은 빈번하게 쓰기 과제 자체를 계획으로 사용하는 듯 보인다. 이때의 계획하기는 기억에서 관련 내용을 상기하는 것을 중심으로 이루어진다.

아동 필자의 프로토콜은 그들이 쓰고 있는 단어를 크게 말하는 것으로 구성된다(Bereiter & Scardamalia, 1987; McCutchen, 1988). 그러나 문제는 항상 아동들이 계획을 할 수 없는 것인가, 아니면 단순히 그들의 계획을 설명하지 못하는 것인가에 있다.

사실, 맥락이 의미화되어 있을 때는 매우 어린 아동들도 글을 쓰는 과정에서 물리적으로 존재하거나 존재하지 않는(Cameron & Wanf, 1999; Littleton, 1998), 또는 다양하거나 정해진 연령의(Lee, Karmiloff-Smith, Cameron, & Dodsworth, 1998) 특정한 독자를 고려하여 계획하기를 한다는 표지를 보여준다.

그러나 아동들의 프로토콜에서는 전형적으로 내용생성의 양상이 두드러진다. 그럼에도 불구하고, 우리는 롤러스케이팅에 대한 자신의 글을 자연스럽게 편집하고 있는 10살 아이의 프로토콜이 나타난 아래의 인용처럼 내용생성 과정에서 가끔씩 독자와 텍스트 일관성에 대한 관심을 나타내는 것을 얼핏 알 수 있다.

> 잠깐, 안 돼, "*the* wheels." 그냥 "wheels"가 아니라 "*the* wheels"를 넣어야겠어. 그들은 'wheels'가 어디인지 모를 테니까–그래, "*the* wheels." (p.315; 원문에서 강조)

비록 스포츠 칼럼니스트처럼 분명하지는 않더라도, 이 어린 필자는 '그들', 즉, 독자들이 자신이 묘사한 'wheels'를 알 수 있을지 의아해하며 분명히 자신의 독자를 생각하고 있다. 스포츠 칼럼니스트와 다르게 이 어린 필자의 독자에 대한 계획은 그녀가 미리 설정해 놓은 독립된 목표가 아니었다. 오히려 독자의 문제는 그녀가 내용과 씨름하면서 잠깐 표면화되었다. Bereiter & Scardamalia(1987)는 10, 12, 16, 18살 아이들의 프로토콜을 분석했으며, 가장 어린 두 집단이 생성한 진술의 거의 90%가 (1) 내용 생성이나 (2) 명백한 받아쓰기나 다시 읽기 중 하나를 포함했다고 보고했다. 내용생성은 모든 연령대를 통틀어 주류를 이루는 계획하기 양식이었다(Langer, 1986 참고). 그리고 가장 나이든 학생 집단에서조차 내용생성은 프로토콜의 거의 절반을 차지하고 있었다(Bereiter & Scardamalia, 1987). 나이가 들면서 아이들은 쓰기 전에 좀 더 계획을 하고, 그들의 쓰기 활동에 개념화된 계획하기를 포함하려는 경향을 보인다. 이러한 두 변수는 쓰기 결과의 성숙을 이루는 요점과 관련되어 있다(Bereiter, Burstis & Scardamalia, 1988).

심지어 미리 계획하기를 명백하게 요구받더라도 어린 아이들은 계획하기를 쓰기에서 분리 시키는 데 종종 어려움을 겪는다(그러나 Cameron & Moshenko, 1996 참고). Bereiter &

Scardamalia(1987)에 의하면, 쓰기 전에 기록을 하도록 요구받으면, 좀 더 나이 든 아이들(12살, 14살)이 자신들이 나중에 텍스트에 확장할 아이디어를 생산하는 데 비해서, 10세 아이들은 일반적으로 작문 그 자체의 초고(draft)가 되게 썼다. 아이들의 '초고'와 '텍스트'를 비교해 보면 10살 아동들이 생산한 초고의 1/3은 텍스트로 바뀔 때 단지 적은 변화만을 보여주는 반면, 12, 14살 아동은 실제 그들의 초고에 상당한 변화를 만들었다. 계획하기에 있어서 이와 유사한 발달 차이는 Langer(1986)에 의해서도 보고되었다. 덧붙여, 텍스트의 요점을 평가할 때, 나이든 아동들은 더 어린 아동들에 비해 그들의 원래 취지, 즉 계획을 참고하는 경향이 많았다(Bereiter et al., 1988).

Bereiter & Scardamalia(1987)에 의하면, 아이들은 내용을 넘어서는 계획하기에 어려움을 느낄 뿐 아니라, 다른 것들과 계획하기 활동을 구별하는 것 역시 어려움을 느끼는 것으로 관찰되었다. 필자가 계획하기를 큰소리로 말하는 비디오테이프를 보고 난 후, 성인들은 계획하기와 관련된 특징(예를 들어 일반적 목표, 독자, 내용, 조직)을 알 수 있었는데 아이들은 이러한 특징을 알아내는 데 성공적이지 못했다(Bereiter & Scardamalia, 1987). 나아가, 계획하기 활동을 변별하는 발달적 경향은 아동이 스스로 계획하기를 할 수 있는 능력의 발달적 경향을 반영한다. 10세 아동은 12살이나 14살 아동들의 계획하기 활동보다 훨씬 못한다는 것을 정확히 드러낸다. 따라서 어린 아동의 계획하기는 내용 산출이 주류를 이루며, 계획하기와 텍스트 산출이 강하게 한데 얽혀 있다. 12살쯤 되면 아이들은 계획과 텍스트를 구분하기 시작할 수 있으나, 그들의 계획은 여전히 내용 생성이 주류를 이루고 있다. 개념화된 계획하기는 심지어 청소년기 후기에도 비교적 드물게 나타나며, 상당한 교수적 지원(예를 들어, Cameron & Moshenko, 1996; De La Paz & Graham, 2002; Page-Voth & Graham, 1999)이 수반되지 않으면 아동의 개념화된 계획하기를 증가시켜 텍스트를 향상시키려는 교육적 시도는 성공하기 어렵다(예를 들어, Bereiter & Scardamalia, 1987).

텍스트 생산

Chenoweth & Hayes(2001)는 과제 스키마가 인지 과정을 이끄는 세부적인 문어 산출 모형을 제안함으로써, Hayes & Flower(1980; Kaufer, Hayes & Flower, 1986)에 의해 서술된 내용 작성하기 요인을 구체화했다. 이러한 인지과정은 언어 이전의 아이디어를 생산하고, 생산된 아이디어를 언어로 환언(translate)하고(숙고된 수정을 통해), 언어를 문자 형식으로 전사한다. 다른 작문 연구자들도 텍스트 산출과 전사하기 사이의 유사한 구분을 하였다(Berninger & Swanson, 1994). 텍스트 산출은 구어 산출과 내용선택, 어휘 검색, 문장 구성 등과 같은 많은 인지 요소를 공유하는 것으로 알려져 있다(예를 들어, de Beaugrande, 1984; McCutchen, Covill, Hoyne, & Mildes, 1994). 대조적으로, 전사(transcription)는 텍스트 진술과 관련된(구어와 대비되는) 문자 표현의 인지적·물리적 행동을 수반한다.

비록 과정 요소가 개념적으로 구분되기는 하지만, 숙련된 필자의 프로토콜을 살펴보면 텍스트 생산 과정들 사이에 상당한 상호작용이 자주 일어난다는 것을 알 수 있다. 언어 이전의 아이디어는 적당한 언어를 찾기 어려우면 버려질 수도 있으며(McCutchen, 1988), 텍스트 산출 행위 도중에 새로운 아이디어가 생각날 수도 있다(Galbraith, 1996). 심지어 훈련된 필자들은 아이디어를 언어로 환언하는 과정에서 어휘 선택, 문법적 구조 수정을 자주 한다(Chenoweth & Hayes, 2001; Kaufer et al., 1986; McCutchen, 1988). 덧붙여, 텍스트 생산은 장기 기억과 작업 기억의 자원을 사용한다. 아동의 텍스트 생산은, 과제 스키마에서 인지적 과정까지, 다양한 수준의 모형 발달과 기억 자원에 영향을 받는다.

과제 스키마

Bereiter & Scardamalia(1987)에 따르면, 아동들은 전문 필자와 상이한 과제 스키마로 쓰기 과제에 접근하는데, 이는 텍스트 산출을 감독하는 다른 종류의 조정 과정을 낳는다. 아동의 초기 담화 경험은 대부분 대화적이기 때문에 텍스트 산출을 위한 아동의 스키마는 구어 스키마에 의해 형성될 수 있다. 대화적 스키마에서 가장 두드러지는 것은 순서 규칙이다(즉, 대화 상대에게 양보하고 대화의 실마리 얻기). 대조적으로 작문 과정의 텍스트 산출은 대화 상대와의 즉각적 상호작용 없이 진행되는 경우가 많다. Bereiter & Scardamalia(1987)는 아동들이 구술적·대화적 스키마를 문어 텍스트로 바꿀 때 종종 한 번의 대화 순서에 해당하는 분량을 씀으로써 텍스트가 짧아지고 불완전해지는 결과를 초래한다고 보았다. 이러한 가설은 글을 쓰는 동안 "대화 상대"를 제공받거나 심지어 더 많이 이야기하도록 자극하기만 해도 아동들이 더 길고, 양질의 텍스트를 생성하는 것을 보여주는 연구들로부터 경험적 지원을 얻고 있다(Daiute, 1986; Daiute & Dalton, 1993). 실제 아동들에게 효과적인 작문 교수는 빈번하게 활동적 협력과 동료 반응을 포함시킴으로써(Boscolo & Ascorti, 2004; Calkings, 1986;

Cameron et al., 1996; Graves, 1983), 필자와 독자 간의 암묵적 대화를 강조하는 것이다.

인지적 과정

철자법

Chenoweth & Hayes(2001)에 의해 제안된 텍스트 생산 모형은 전사하기의 다른 측면으로부터 철자법을 구별하지 않고 있으나, 아동들에게 철자법은 상당한 도전을 의미한다(Berninger et al., 1997, 2002). 부족한 철자법 기능과 관련된 손실은 텍스트를 읽는 능력에까지 영향을 미친다. 유창하지 못한 단어 회상 과정이 제한된 자원의 다른 쓰기 과정과 경쟁하기 때문이다. 쓰기 과정들 사이에 그러한 경쟁이 존재한다는 증거는 Graham, Harris, & Chorzempa(2002)의 연구로부터 나왔는데, 이 연구에서는 철자법 교육이 아주 짧은 기간만으로도 아동의 쓰기 유창성을 향상시켰음을 입증했다.

아동뿐만 아니라 성인들도 영어의 철자법을 어려워한다. 단 26개의 영어 알파벳 철자에 40음소 이상이 다양하게 대응되기 때문이다. 철자 대응의 문제가 영어나 로마 철자만의 특성은 아니지만(예를 들어, Harris & Hatano, 1999), 영어의 정서법 규칙은 복잡하다(Venezky, 1970). 많은 연구자들이 아동의 철자법 발달의 양상을 관찰하였고(예를 들어, Bissex, 1980; Chomsky, 1970; Henderson & Beers, 1980; Read, 1981; Treiman, 1993; Varnhagen, 1995), 이는 철자법의 다양한 발달 단계 모형으로 발전했다.

Gentry(1982)의 잘 알려진 아동의 영어 철자법 단계 모형(Ehri, 1992도 참고)은 초등학교 저학년 철자법의 5단계를 기술했다. 철자법의 최초 단계는 '전(前)의사사통 단계'로서, 언어를 표현하기 위한 아동들의 최초의 알파벳 기호 사용을 포함한다. 단계 명칭이 암시하듯이, 전(前)의사소통 단계에서 철자는 자주 독해가 불가능한데, 이는 해당 기호가 단어들의 소리와 거의 연관성이 없기 때문이다. 아동들은 아직 개별 철자를 소리에 대응시키지 못하기 때문에, 그들은 한 단어 내의 문자 개수와 지시 대상의 정량 가능한 측면(예를 들어 크기와 숫자, 더 큰 대상을 표현하기 위한 긴 문자열)을 혼동한다. 이러한 참조 전략은 다양한 언어의 아동 철자법에서 관찰되어 왔다(Ferreiro & Toberosky, 1982; Share & Levin, 1999). 음운론적 전략은 '반(半)표음적 단계'에서 시작하는데, 이 시기 아동들은 단어 내의 소리들(모두는 아니지만)을 글자로 나타내기 시작한다. 반표음적 단계에서 아이들은 "Are you deaf?"를 나타내기 위해 RUDF를 사용하는 Bissex(1980)의 고전적인 예처럼 전체 단어를 표현하기 위해 철자의 이름을 사용할 수 있다. 단어 내의 개별적 소리를 나타내려고 시도할 때, 아동들은 단어 속의 자음과 모음의 분포에 유달리 민감한 듯 보인다. 영어를 배우는 아동들은 단어 속 다른 소리보다 첫 번째와 마지막 자음을 나타내는 철자들을 포함하는 경향이 있고(Ehri, 1986), 모음 철자 쓰기는 일반적으로 더 어려워한다(Treiman, 1993; Varnhagen, Boechler & Steffler, 1999). 모음보다 자음을 더 많이 표현하는 경향은 아동들의 히브리어 철자법을 배우는 과정에서도 유사하게 관찰되었다. 그러나 스페인어, 이탈리아어에서는 반대 현상이 보고된 바 있다(Ferreiro & Teberosky, 1982; Pontecovo & Zucchermaglio, 1990). 좀 더 완성된 단어의 음운 구조 표현은 '표음적 단계'에서 나타난다. 그러나 이 시기에도 아동들은 종종 비관습적인 철자법을 보인다(예를 들어, 'eagle'을 나타내기 위해 'EGL' 사용). 아동들은 '과도기 단계'와 최종적으로 '관습적 철자법 단계'로 이동하면서 관습적 정서법을 보다 준수하게 된다.

음운이 철자와 투명하게 대응하지 않는 영어와 같은 언어에서(Venezky, 1970), 철자법 발달의 마지막 단계는 아동의 철자법 인식의 성장(Varnhagen, 1995)과 어떻게 그것이 소리뿐 아니라 단어의 의미를 반영하는가(Ehri, 1992; Carlisle, 1988)와 관련되어 있다. 영어(Griffith, 1991; Treiman, 1993), 히브리어(Share & Levin, 1999), 프랑스어(Pacton & Fayol, 2003), 그리스어(Bryant, Nunes & Aidinis, 1999)에 대한 연구는 아동이 철자법의 형태적 측면 전에 음운적 측면을 자각한다는 것을 보여준다. 게다가 아동의 문어 서술은 그들이 일반적으로 영어의 어형 변화 철자법을 대부분의 파생 형태소 철자법보다 더 먼저 조절할 수 있게 된다는 것을 입증한다(Carlisle, 1996; Green et al., 2003).

특정 단계와 전략에 대한 논쟁에도 불구하고, 아동의 철자법 연구로부터 전반적인 양상을 도출할 수 있다. 철자와 유사한 기호들을 가지고 "노는" 최초의 시기가 지난 후, 아동의 철자법 시도는 그들의 음운론적 정보의 인식으로부터 지원을 받고 점차 음운론, 정서법, 형태론 간의 관계에 대한 복합적 인식에 다다르게 된다.

손글씨 쓰기

Berninger & Swanson(1994)에서 묘사되었듯이, 철자법은 인지적이며 근육 운동적인 요구가 포함된 손글씨 쓰기와 함께 전사하기 과정을 이룬다. 철자법 기능처럼 손글씨 쓰기의 조절 역시 나이가 들면서 발달한다(Berninger & Graham, 1998; Berninger & Swanson, 1994). 확실히 손글씨 쓰기의 근육 운동적·인지적 측면은 매우 어린 아동들의 노력을 요구하며, 많은 연구를 통해 이러한 노력이 다른 쓰기 측면에 영향을 미친다는 점이 밝혀졌다. 작업 기억의 제한된 자원을 고려할 때(Baddeley, 1998), 좀 더 높은 수준의 쓰기 과정이 전개되고 하위 기능이 잘 수행되기 위해서는 능숙한 전사 기능이 중요하다(Dellerman, Corier & Marchand, 1996; McCutchen, 2000). 텍스트 생산의 두 핵심 과정인 전사하기와 텍스트 산출이 어떻게 인지적 자원을 경쟁해 왔느냐는 아동의 쓰기 기능 발달에서 중요한 문제였다. 전사하기는 텍스트 산출이나 다른 쓰기 과정을 간섭하는 것처럼 보여왔다. Bereiter, Fine, & Gartshore(1979; Bereiter & Scardamaila, 1987에서 인용)은, 아동들의 쓰기를 주기적으로 중단시키는 방식으로 아동들이 말한 것과 실제로 쓴 것을 비교해 볼 수 있다. Bereiter et al.은 아동들이 작성한 10개의 구문 중 하나의 내용이 아마도 전사에 의해 부담된 자원 손실로 소실된다고 추정하였다.

Berninger & Swanson(1994)는 전사하기와 관련된 과정(즉 기억 속에서 글자를 회상하여 글로 옮겨 쓰는)이 이제 막 쓰기를 배운 아동들에게 있어 특히 쓰기의 질을 예측하는 강력한 지표가 될 수 있다는 점을 발견하였으나, 쓰기와 관련된 다른 요소들만큼 그 중요성을 인정하지는 않았다. Berninger & Swanson은 넓은 범위의 과정 요소를 검증하면서, 초등학교 고학년이나 중학생의 글과 비교해 볼 때, 전사 기능은 초등학교 저학년의 쓰기 질을 예측하는 보다 중요한 변수가 된다는 점을 발견했다. 게다가 어린 아동의 손글씨 쓰기 기능을 개선시키는 것이 텍스트 산출 유창성의 전반적 향상을 이끌었다(Berninger et al., 1997, 2002; Graham, Harris & Fink, 2000).

다른 연구자들은 텍스트 쓰기와 텍스트 구술하기의 비교를 통해 전사의 부담을 조사했다. 이러한 비교의 근저에는 만약 수사적 제약이 일정하게 유지되면 문어와 구어 텍스트 사이의 어떤 차이는 글을 쓰는 동안 전사하기의 부담에서 기인할 것이라는 논리가 자리 잡고 있다. 수사적 제약으로부터 산출의 요구를 명확히 분리시키는 것(텍스트 산출과 쓰기의 다른 측면으로부터 전사를 분리시키는 것도 마찬가지)은 항상 간단한 것은 아니다. 그러나 몇몇 발견들이 구어와 문어 생산의 비교로부터 지속적으로 발견되고 있다.

아동들의 문자 텍스트는 전형적으로 그들의 구술 텍스트보다 짧지만(Bereiter & Scardamalia, 1987; Hidi & Hildyard, 1983; McCutchen, 1987), 이러한 차이는 성인들에게는 일관되게 나타나지 않는다(Gould, 1980; Grabowski, Vorwerg & Rummer, 1994; Reece & Cumming, 1996). 아동의 쓰기와 구술 간의 차이에는 다양한 원인이 있을 것이고, Bereiter & Scardamalia(1987)는 이러한 경쟁적 설명(특히 시간이나 간섭)을 해결하기 위해 설계된 연구를 보고했다. 그들은 아동에게 (1) 쓰기, (2) 일반적 구술하기, (3) 천천히 구술하기(구술 속도를 아동의 쓰기 속도에 맞춤)와 같은 세 가지 조건에서 글을 쓰도록 했다. 비록 구술 상황에서 더욱 긴 텍스트를 생산했지만, 질적 측면에서 조건 간 차이가 거의 없었다. 그러나 단순히 더 많이 쓰도록 지시하면 아동의 문자 텍스트는 다른 두 조건의 구술 텍스트보다 질적으로 더 높게 평가되었다. Bereiter & Scardamalia는 아동의 문자 텍스트가 지닌 간결함은 아동들이 대부분 쓰기보다 말하기를 더 잘한다는 인식에 공헌하는 주요한 요소라고 결론지었다. 그들은 10세 아동(그들 연구의 가장 어린 피험자 집단)까지는 전사와 관련된 처리 부담을 쓰기에 대한 행동유도(지원)를 통해 대체로 상쇄할 수 있다고 주장했다. 그러나 더 어린 필자들에게는 사실이 아닐 수도 있다(King & Rentad, 1981).

Reece & Cumming(1996)은 전사 기능이 일단 최소한의 유창성 수준에 도달하면, 관습적 구술을 넘어서는 쓰기의 이점 중 일부는 가시적이고 발전적인 텍스트의 활용 가능성에 기인한다고 주장하였다. Bereiter & Scardamalia(1987)처럼, Reece & Cumming(1996)은 10~12살 아동들에 의해 쓰인 텍스트가 관습적 방식으로 구술된 텍스트보다 짧지만 질적으로 우수하다는 점을 발견했다. 그러나 아동들로 하여금 텍스트를 구술하도록 하고 음성 인식 프로그램을 통해 그 결과를 동시에 컴퓨터 스크린을 통해 보여주자 쓰기의 질이 손글씨 쓰기에 비해 높았음을 확인하였다. 즉, 쓰기와 전통적인 방식의 구술하기 간의 비교 연구는 가시적 텍스트의 부재로 인해 그 결과가 혼란스러웠다고 주장하였다.

전사의 인지적 요구는 연속적인 회상 과제에서 말하기 대 쓰기의 반응 양식을 달리한 Bourdin & Fayol(1994)의 일련의 실험을 통해 검증되었다. Bourdin & Fayol은 아동들이 성인과 달리 쓰기 조건에서 회상 능력이 더욱 부족함을 발견하였다. 그들은 아동의 전사 과정이 여전히 상대적으로 미숙하고, 회상 과제에 쓰일 수 있는 자원을 전사 과정에 끌어 사용함으로써 그렇게 된 것이라고 추론했다. Bourdin & Fayol은 성인의 숙달된 전사 과정을 필기체 대문자 쓰기를 지시하여 방해했더니, 말할 때보다 글로 쓸 때 회상이 빈약하다는 결과를 보여주었다. 이와 유사한 실험에서는 연속 회상[3] 과제를 텍스트 회상(Bourdin, Fayol & Darciaux, 1996)과 텍스트 산출(Olive & Kellogg, 2002) 과제로 바꾸자 성인보다 아동들이 전사하는 데 더 높은 인지적 부담을 갖는다는 점이 일관되게 발견되었다. 따라서 아주 어린 필자들에게 전사 과정의 부담은 상대적으로 높지만, 손글씨 쓰기 과정이 능숙해지면서, 텍스트 산출과 다른 쓰기 과정이 전사에 의해 덜 제한받게 된다.

그러나 쓰기부진 아동들에게 전사의 요구는 지속적인 문제가 될 수 있다. Graham(1990)은

---

3) [역주] 연속 회상(serial recall): 정보들을 원래 학습할 때 있었던 순서대로 인출함

Bereiter & Scardamalia(1987)의 실험을 학습부진아를 대상으로 실시하여 아주 다른 결과를 발견했다. 학습부진아들은 전사로 인한 인지적 부담 때문에 심지어 더 많이 말하도록 조치한 후에도 구술 조건보다 더 짧고 더 낮은 수준의 글을 작성했다. Quinlan(2004)은 언어 기능이 유창하거나 유창하지 못한(모두가 학습부진 진단을 받은 것은 아닌) 청소년들 간에 이야기를 쓰는 데 질적인 차이가 있음을 발견했으나, 음성 인식 소프트웨어를 사용해 작문을 할 때 그러한 차이가 상당히 감소하였음을 보고했다.

따라서 쓰기 습득 초기의 일반 학생들(일반적으로 3학년 이하)과 학습부진 아동들은 전사 과정이 유능하지 않을 수 있고, 이 때문에 텍스트 산출이 제한된다. 4학년 이상 아동들은 대부분 전사 과정을 충분히 숙달하여 작업 기억의 부담도 줄어든다. 그러나 전사는 아무런 인지적 자원을 필요로 하지 않을 만큼 자동화되기 어렵다. 실제로 전사(철자법과 손글씨 쓰기)는 초등학교에서 중학교에 걸쳐 쓰기 기술에 중요한 부분을 구성하며(Berninger & Swanson, 1994; Graham, Berninger, Abbott, Abbott & Whitaker, 1997), 작성하기 과정(전사 + 텍스트 산출)은 성인들에게도 여전히 인지적 부담을 준다.

텍스트 산출

Berninger & Swanson(1994)과 Chenoweth & Hayes(2001)에 따르면 텍스트 산출은 언어적 메시지의 정신적 산출물이고, 그 메시지를 문자화된 텍스트로 전사하는 것과는 구분된다. 말하기처럼, 텍스트 산출은 작업 기억 내에서 아이디어를 단어와 문장, 더 큰 담화 단위로 전환하는 것을 포함한다. 말하기에서와 마찬가지로 쓰는 동안 언어 산출의 연속 중 멈춤은 텍스트 장르뿐만 아니라(Matsuhashi, 1981) 단락, 문장, 절 경계와 같은 문법적 연결(Chanquoy, Foulin & Fayol, 1996)에 의해서도 영향을 받는다. 아이디어를 언어로 환언하는 것은 아이디어 자체의 부호화된 표현이나 대상 언어의 측면에 따라 다소 어려워질 수 있다. 만약, 아이디어가 비구어적 방식으로 부호화되거나(Flower & Hayes, 1984), 아이디어가 필자의 모어가 아닌 언어로 부호화되면, 텍스트 산출은 보다 어려워질 수 있다.

아동의 텍스트 산출 유창성에 관한 발달적, 개인적 차이를 다루는 몇몇 계통의 연구들이 있다. 텍스트 길이가 산출 유창성을 측정하는 지표로 자주 사용되는데 나이 든 아동은 어린 아동보다 대부분 더 긴 텍스트를 쓴다(예를 들어, Berninger & Swanson, 1994; Loban, 1996). 이와 유사하게, 학습부진아들이 쓴 텍스트는 그렇지 않은 동료들이 쓴 것보다 더 짧다(Grahan,

1990). McCutchen et al.(1994)은 어린 아동들보다 나이가 더 많은 아동들이 개별적 문장을 더 유창하게 생산한다는 것을 발견했으나, 모든 학년에서 능숙한 필자는 능숙하지 못한 필자보다 더욱 유창하다는 점을 발견했다. 덧붙여, 능숙한 필자는 심지어 개별적 단어에도 더욱 빠르게 접근하는데, 심지어 고등학생들에게도 언어를 효과적으로 산출하는 능력은 쓰기 질을 예견할 수 있는 핵심 지표가 된다(Dellerman et al., 1996).

텍스트의 일관성은 또 다른 텍스트 생산의 지표로 쓰기 기능 발달 연구에 자주 사용되어 왔다. Halliday & Hasan(1996)은 텍스트의 전반적 일관성뿐만 아니라 텍스트 안의 언어적 연결(예를 들어, 어휘적 반복, 지시대상의 결합)까지 고찰하는 연구를 수행하였다. 이러한 연구를 통해서 나이 든 아동은 어린 아동보다 더 일관성 있는 텍스트를 쓴다는 사실이 밝혀졌다(Cox, Shanahan & Tinzmann, 1991; McCutchen, 1986, 1987; Wright & Rosenberg, 1993).

작업 기억 자원

텍스트 생산의 유창성이 중요한 이유는 쓰기와 같은 복잡한 과제를 수행하는 동안 인지 과정들이 작업 기억 내의 제한된 자원을 두고 서로 경쟁하기 때문이다. 한 수준에서 비효율적인 과정은 계획하거나 수정하기처럼 더 높은 수준의 과정에 사용될 수 있는 인지 자원을 소비할 수 있다(Marchand, Coirier & Dellerman, 1996; McCutchen, 2000). 작업 기억은 수많은 과제에서 텍스트 산출과 관련되어 왔다. Bereiter & Scardamalia(1987)는 많은 관련 정보를 아동들에게 제시한 후 아동들이 한 문장에서 조직한 정보의 수가 그들이 설명문 쓰기 과제에서 논지를 변호하는 능력과 관계된다는 점을 발견했다. Bereiter & Scardamalia는 이러한 관련성을 아동이 두 가지 쓰기 산출 과제를 수행하는 동안 사용할 수 있는 작업 기억의 자원에 기인한다고 보았다. Dellerman et al.(1996)은 유사한 조직 과제가 고등학생들의 쓰기 기술도 예견할 수 있음을 발견했다. 유사한 맥락에서 Tetroe(1984; Bereiter & Scardamalia, 1987에서 보고됨)는 담화 수준에서 작업 기억과 텍스트 산출을 연결시켰다. Tetroe는 아동에게 특정 문장으로 끝나는 이야기를 쓰도록 하고, 마지막 문장에 의해 부과되는 제약의 수를 변화시켰다. Tetroe는 아동의 작업 기억의 용량을 독립적으로 평가했는데, 아동의 작업 기억 용량을 초과하는 제약의 수가 많아질수록 아동이 마지막 문장의 제약을 지키는 능력이 눈에 띄게 감소한다는 점을 발견했다. 따라서 아동의 텍스트 산출은 문장과 담화 수준 모두에서 이용 가능한 작업 기억의 자원에 의해 제약을 받는다.

작업 기억의 제약은 필자들이 어떠한 문법적 오류를 피하는 것을 어렵게 할 수도 있다. 예를 들어 주어-동사 호응과 어떤 문장 구조의 구성은 문장의 주요 성분 사이에 끼어든 단어가 많을수록 조정하기 어려워진다. Daiute(1984)는 단기기억 능력과 학생이 쓴 글에 있는 오류의 빈도 사이의 부적 상관을 발견했다. 덧붙여, Fayol, Largy, & Lemair(1994)는 필자의 기억 부담을 늘림으로써 일치의 오류를 이끌어냈다. 따라서 텍스트 생산 유창성은 그 자체로서만 아니라 작업 기억 자원에 관한 함의 때문에도 중요하다. 텍스트 생산 과정(전사와 텍스트 산출)에서의 작업 기억 자원의 요구는 쓰기 습득의 초기에 있는 어린 아동들의 쓰기에서 계획하기와 수정하기를 어렵게 만들 수 있으며 지식 서술과 같은 전략에 대한 의존을 가중시킨다.

장기기억 자원

모든 필자에게 장기기억에 저장된 지식은 쓰기를 하는 동안 매우 중요하다. 지식서술 전략에 의존하는 대부분의 아동들은 화제 및 장르 관련 지식에 많은 도움을 받는다. 지식서술을 하는 동안, 화제와 장르적 단서는 기억을 탐색하는 데 도움을 주며, 어린 필자들이 친숙한 화제에 대해 더 나은 텍스트를 생산할 수 있게 해준다. 왜냐하면 탐색에 의해 접근된 기억망이 좀 더 상호 연관되어 있기 때문이다. 동일한 맥락에서 어린 필자는 장르에 익숙할수록 더 나은 텍스트를 생산할 것이다. 왜냐하면 기억의 탐색이 더욱 체계적으로 이루어질 수 있기 때문이다. 친숙한 화제(De Groff, 1987; Langer, 1984; McCutchen, 1986)와 익숙한 담화 장르 (Cox et al., 1991; Hidi & Hildyard, 1983)와 같은 지식이 증가함에 따라 텍스트의 질적 차이가 나타난다. 그러나 서술상의 이점은 더욱 어린 아동들에게서 유리하며(Langer, 1985), 문어 산출과 대립되는 구어 산출에서 나타난다(McCutchen, 1987). 심지어 지식 서술은 풍부하고 잘 구조화된 지식 기반 하에서 관련된 검색 과정이 운영될 때나 특정 장르에 대한 학습된 스키마가 제공될 때 상당히 논리적인 텍스트를 생산할 수 있다.

따라서 더 최근의 작문 연구는 Hayes & Flower(1980; Kaufer et al., 1986)의 '작성하기'라는 기존 관점에서 텍스트 산출로부터 구분된 전사하기, 과제 스키마 개념의 추가 등으로 확대되어 왔다. 전사 과정의 유창성이 다소 이른 시기(대부분 10세 정도)에 습득되기 때문에 전사하기가 Hayes & Flower의 전문 필자의 쓰기 모형에 포함되지 않은 것은 이해할만 하다. 그러나 쓰기 습득의 발달적·개별적 차이를 모두 설명하기 위해서는 전사와 텍스트 산출이 모두 고려되어야 한다(Berninger & Swanson, 1994; Chenoweth & Hayes, 2001; Graham, 1990). 비록 미숙한 전사 과정이 인지 자원에 부담을 준다 해도, 다른 쓰기 측면으로부터 분리하여 철자법과 손글씨 쓰기를 가르치는 것은 추천하기 어렵다. 적절한 과제 스키마는 확장된 텍스트 작문 맥락에서만 발달할 수 있기 때문에 의미 있는 작문과제는 매우 중요하다(예를 들어, De La Paz & Graham, 2002).

수정하기

Hayes(1996, 2004)는 Hayes & Flower(1980)에 의해 제안된 수정하기 과정에 대한 설명을 정교화 했다. 그는 언어 산출처럼 수정하기 역시 전반적인 과제 스키마에 의해 안내되고, 작업 기억과 장기기억 자원에 의해 영향을 받는 것으로 제안했다. 과제 스키마는 비판적 읽기, 문제 처리하기, 텍스트 생산을 포함하는 다중 인지 과정을 이끈다. 따라서 수정하기는 스키마에 의한 읽기, 텍스트 평가, 다시 쓰기를 포함한다. 아동의 수정하기는 Hayes의 정교화 모형의 각 측면과의 관계 속에서 파악될 수 있다.

과제 스키마

Wallace와 Hayes(1991; Wallace et al., 1996)는 '수정하기 과제 스키마'의 존재를 뒷받침하는 증거를 내놓았다. 대부분 필자는(아동뿐 아니라 성인도) 개념적 수준보다는 텍스트의 표면적 특성에 초점을 둔 수정하기 스키마 아래에서 작업하는 듯하다. 이 때문에 대부분의 수정하기는 텍스트의 표면적 특성에 초점을 두게 된다(예를 들어, Butterfield, Hacker & Plumb, 1994; Chanquoy, 2001; Faigley & Witte, 1981; Fitzgerald, 1987; McCutchen, Francis & Kerr,1997). Wallace & Hayes(1991; Wallace et al., 1996)은 매우 간단한 교수를 통해 대학생 필자들로 하여금 의미적 수정을 하도록 유도했다. 그들의 교수는 매우 간략해서(8분), Wallace와 동료들은 매초마다 학생들에게 수정하기 과정 자체를 가르칠 수는 없었다고 주장했다. 오히려 텍스트의 관습적 특성을 넘어 텍스트 의미로 학생들의 주의를 돌림으로써 간단하게 학생들의 수정하기 스키마를 바꾸었다고 주장했다(Graham, MacArthur & Schwartz, 1995 참고).

비판적 읽기 과정

학년이 올라가고 쓰기 기능이 발달하면 필자들은 의미를 중심으로 글을 수정하려는 경향이 더 많이 나타난다(Butterfield et al., 1994; Faigley & Witte, 1981). McCutchen et al.(1997)은 이것이 텍스트를 비판적으로 읽는 필자의 능력과 연관되어 있다고 보았다. 이 연구에 따르면, 논리적으로 모순이 있는 글을 중학생들에게 협동적으로 수정하게 했을 때 쓰기가 능숙한 학생과 미숙한 학생이 사용하는 읽기 전략이 현저하게 달랐다.

쓰기가 능숙한 학생은 글을 수정할 때 글의 거시 구조를 발전시키고(Kintsch, 1998 참고) 수정하는 글의 전체적인 의미를 고려한 반면, 미숙한 학생은 그렇지 않았다. 예를 들어, 글을 잘 쓰는 학생은 글을 처음 읽을 때조차도 위치가 잘못된 문장을 손쉽게 인식하고 적절히 수정했다. 아래 두 학생의 대화는 크리스토퍼 콜럼버스의 항해를 설명하는 글을 수정할 때 보이는 능숙한 학생의 쓰기 전략을 잘 보여준다.

> 학생1: 잠깐, 저건 맨 위에 와야 해. (읽으며) 아마도 뒤에 "그러나 콜럼버스는 세계가 둥글다고 믿었다. 많은 사람들이 이런 생각을 비웃었다. 그들은 세계가 평평하다고 생각했다." (삽입하고 읽는다) "콜럼버스는 그의 가설을 증명하길 원했다. 그래서 그는 동쪽에 닿기 위해 서쪽으로 항해할 것이다."
>
> 학생2: 그래. 그건 그러면 되겠다. 그걸 위로 넣어.

이와 달리 쓰기가 미숙한 학생은 글 전체 의미를 고려하는 데에 기여하지 못하는 좀 더 미시적인 전략, 예를 들면 문장을 하나씩 대조하면서 의미를 파악하는 문장 대 문장 전략(sentence by sentence strategy)을 사용했다. 아래의 예는 동일한 콜럼버스의 글을 수정하는 미숙한 학생의 모습을 묘사하고 있는데, 이 학생은 철자법 오류에 집중하면서 각 문장을 개별적으로 검증하고 있으나, 선원들을 위협했던 폭동에 대한 모순된 언급은 완전히 놓치고 있다 (McCutchen et al., 1997).

> 학생3: (읽는다) "크리스토퍼 콜럼버스는 동인도로 가는 모든 항로를 찾기로 결심했다." 좋아. (읽는다) "이를 발견하는 것은 그에게 부와 명성을 가져다 줄 것이다. 그러나 콜럼버스는 또한 세계가 둥글다고 믿었다." 좋아 (읽는다) "많은 사람들은"- 어머나! (철자를 고치고 다시 읽는다) "그 생각을 비웃었다. 그들은 세계가 평평하다고 생각했다." 다음, 좋아(읽는다) "그러나 여전히 선원들은 떠맡기를 두려워했고, 돌

아갔다." 좋아. (p.673)

우리는 Hayes(1996, 2004)가 주장했던 것처럼, 정교한 수정은 아마 정교한 읽기 전략에 달려있다고 결론 내렸다(Beal, 1996 참고). 추가적 증거는 지도 연구에서도 발견되었다. 예를 들어, 9살 어린이를 대상으로 글을 수정할 때 그 글을 어떤 방법으로 이해하는 것이 좋은가를 지도했을 때 글 수정이 훨씬 더 효과적으로 이루어졌다(Beal, Gorrod & Bonitatibus, 1990; Englert, Hievert & Stewart, 1988도 참고).

문제 해결

텍스트에 존재하는 문제를 해결하기 위해, 필자는 반드시 문제를 인식하고, 그를 바로 잡을 적절한 단계를 밟아야 한다. 그러한 문제 해결은 실제 텍스트의 표현과 의도된 텍스트의 표현 비교하기, 불일치를 찾고 실제 텍스트를 의도된 텍스트와 동일하게 바꾸는 과정을 포함한다(Bereiter & Scardamalia, 1987; Flower, Hayes, Carey, Shriver & Stratman, 1986). 이러한 문제 해결의 몇몇 과정들은 어린 아동들에게 어려울 수 있다. 상술했다시피 더 어린 아동들은 계획하기를 자주 하지 않기 때문에 구체화된 의도를 갖기 어렵고 의도된 텍스트에 대한 그들의 기억 표상은 종종 막연하다(Bereiter et al., 1988).

둘째로, 어린 아동은 그들의 해석을 실제 텍스트로부터 구분해내는 데 어려움을 겪을 수 있다. 나이가 더 든 아동들은 어린 아동들보다 확실한 텍스트 정보로부터의 추론을 보다 잘 구별하고(Beal, 1990a, 1990b, 1996)와 필요한 추론을 지원하는 정보를 추가하여 문제의 소지가 있는 텍스트 수정하기를 더 잘한다(Beal, 1990b). 따라서 아동들이 텍스트의 정확한 표현을 형성하는 데 겪는 어려움은 수정하기를 능률적으로 할 수 있는 그들의 능력을 제약할 수 있다.

셋째, 아동은 문제를 발견했더라도, 이를 해결하기 위해 대안적 언어를 산출하는 것에 어려움을 겪을 수 있다. Beal(1990a)은 어린 아동들이 나이든 아동들보다 심지어 문제를 지적받았을 때에도, 텍스트의 문제를 진단하고 고치는 데 더 어려움을 겪었다고 보고했다. Bereiter & Scardamalia(1987)는 텍스트에서 문제를 찾고, 그러한 문제의 원인을 정확하게 진단하는 아동들의 능력의 유사한 발달적 경향을 보고하였다. 더구나 그들은 아이들이 문제를 적절하게 진단하고 고치려고 하기보다 텍스트 문제를 확인하려고 하는 경향이 있다는 것을 관찰했다.

만약 과제 스키마의 역할이 단순히 인지 과정을 안내하는 것이라면, 과제 스키마의 교체는 수정과 관련된 인지 과정의 적절한 작동 없이는 거의 효과가 없을 것이다. 실제로 Wallace et al.(1996)은 쓰기에 어려움을 겪는 대학생 필자들을 대상으로 간단한 스키마 안내 지도가 의미기반 수정을 증가시키지 못한다는 것을 발견했다. 즉, 모든 수준의 작문 과정 요소들은 효과적인 쓰기 결과를 위해 협력적으로 운용될 필요가 있다.

기억 자원

화제 지식

적어도 몇몇 아동들이 수정하기에서 느끼는 어려움은 그들이 수정하기 과제에 동원하는(또는 동원하지 못하는) 지식이나 전략에서 기인할 수 있다. McCutchen et al.(1997)은 학생의 기억 자원이 그들의 수정하기 성공에 어떻게 영향을 끼치는지 검증했다. 그 연구에서, 우리는 학생들에게 두 개의 텍스트를 수정하도록 했는데 하나는 크리스토퍼 콜럼버스에 대한 것(친숙한 화제)이었고, 다른 하나는 마가렛 미드에 대한 것(친숙하지 않은 화제)이었다. 우리는 성인 뿐 아니라 아동들이 마가렛 미드에 관한 텍스트보다 콜럼버스 텍스트에서 의미와 관련된 문제를 보다 잘 바로잡는 경향이 있음을 발견했다. 따라서 화제지식은 필자가 수정하기를 수행할 때, 실제 텍스트와 의도된 텍스트 간 불일치를 인식하고 해결하도록 돕는다(Butterfield et al., 1994; DeGroff, 1987).

작업 기억

수정하기 과정의 다양한 측면은 사용가능한 작업 기억 자원에 의해 제약될 수 있다. Piolat, Roussey, Olive & Amada(2004)는 대학생들 중 더 큰 작업 기억 용량을 가진 학생이 더 작은 기억 용량을 가진 학생보다 철자 오류 수정에 성공적인 것을 발견했다. 또한, 이중과제 패러다임의 변형을 사용하여, 수정하기와 관련된 비판적 읽기가 단순히 이해하기 위해 읽는 것보다 더욱 힘들다는 점을 보고하였다.

독자 인식

아동의 수정하기에 영향을 줄 수 있는 다른 기억 자원은 독자에 대한 지식이다. 비록 텍스트 산출 과정에서 아동들이 가끔 내재적 독자 인식을 하기도 하지만(Cameron et al., 1996, Cameron & Wang, 1999; Lee et al., 1998; Littleton, 1998), 아동들은 종종 자기 자신의 텍스트에 비판적 독자가 되는 것에 어려움을 느끼고, 다른 사람들은 즉시 발견할 수 있는 텍스트 속 오류들을 자주 놓친다(Bartlett, 1982). 그러나 독자(심지어 다른 어린이라도)와 대면해서 작업을 할 때, 어린 필자들은 더욱 효과적으로 수정하기를 한다는 점이 밝혀졌다(Boscolo & Ascorti, 2004; Daiute, 1986; Daiute & Dalton, 1993). 그래서 아동에게 독자 표상을 내면화시키려는 시도는 도움이 될 수 있다.

Holliway & McCutchen(2004)은 어린 필자들에게 독자들이 그들의 텍스트에서 겪을 수 있는 잠재적 어려움을 직접 체험해 보도록 했다. 우리는 아이들에게 추상적인 형상을 묘사하게 한 뒤, 개별적 독자들이 유사한 형상들 중에서 묘사된 형상을 고르도록 했다. 우리는 독자들이 형상을 찾아내는데 얼마나 성공적으로 그들의 텍스트를 활용했는지를 단순히 알려 주는 것은 아무 효과가 없다는 것을 알게 되었다. 그러나 아동들이 직접 독자의 역할을 맡아 스스로 텍스트 묘사와 형상을 연결시켜 본 후에 더욱 효과적으로 수정하기를 수행했다.

이와 같이 아동은 Hayes(1996, 2004)가 묘사한 모든 수준의 수정하기 과정에서 어려움을 겪을 수 있다. 많은 필자들처럼 아동들 역시 텍스트 의미보다는 텍스트의 표면과 어법적 수정에 초점을 맞춘 수정하기 스키마를 사용하는 듯하다. 그리고 그러한 경향은 아이들이 부적절한 주제 지식을 갖고 있을 때 더 강해질 수 있다. 아이들은 극히 적은 계획하기, 정교하지 못한 읽기 전략으로 인한 실제 텍스트의 문제적 표현 때문에 의도된 텍스트의 부적절한 표현을 전개할 수 있다. 그 결과, 그들은 독자를 내면화하는 어려움뿐만 아니라 의도된 텍스트로부터 실제 텍스트를 구분하는 추가적 문제를 겪을 수 있다. 가장 효과적인 방법은 쓰기 지도 과정에서 수정하기 과정의 다양한 측면을 언급하는 것이다(MacArthur, Graham & Harris, 2004).

쓰기 기능 발달의 역설

이 장과 다른 지면(McCutchen, 2000)을 통해, 나는 좀 더 유창한 텍스트 생산 과정을 통해 작업 기억 자원의 부담을 없앰으로써 필자들은 지식서술 단계를 넘어서 계획하기, 검토하기와 같은 더 높은 수준의 과정에 참여하게 된다는 일반적인 논의를 전개했다. 쓰기 기능이 발전할수록 유창성이 증가한다는 이러한 관점은 우리가 작업하는 필자들을 고찰할 때, 우리를 어떤 모순으로 이끈다. 덜 훈련된 필자가 때로는 훈련된 필자보다 더 유창하게 텍스트를 생산한다. 아동들의 프로토콜은 기본적으로 종이에 적으면서 그들이 말하는 단어들로 이루어져 있는데(Bereiter & Scardamalia, 1987), 훈련된 필자는 자주 표현에 어려움을 겪는다(Chenoweth & Hayes, 2001; McCutchen, 1988, 2000).

이러한 명백한 모순에 대한 해결책은 필자에게 스스로 과제를 정하게 하면 명백해진다. 많은 어린 필자들에게는 텍스트 산출이 주요한 과제였던 반면에, 이 장 앞부분에 인용됐던 (전문 필자인) 스포츠 칼럼니스트는 그의 쓰기과제에서 장르, 독자, 문체, 화제 등 그의 쓰기 과제를 복잡하게 만드는 여러 가지 과제의 제약에 주의를 기울였다. 그러나 이러한 복잡성은 그의 작업 기억 용량을 초과하지 않는다. 왜냐하면 그는 쓰기 전문성의 두 가지 핵심적인 요소-유창한 텍스트 생산 과정(텍스트 산출과 전사)과 광범위한 쓰기 관련 지식-를 가지고 있기 때문이다. 그러므로 전문 필자는 일반적으로 규정된(Baddeley, 1998) 작업 기억의 제약을 넘어서 장기기억 자원을 이용할 수 있다(Kintsch, 1998 참고). 그 결과 전문가는 높은 수준의 텍스트를 산출하는 효과적인 과정을 거치게 된다.

이러한 유창한 쓰기 과정과 광범위한 관련 지식이 없는 초보필자는 작업 기억 이용에 제약을 받고, 그 과정에서 지식 서술과 같은 쓰기 전략이 적응 기능으로 작동할 것이다. 쓰기 지도에 대한 최근의 많은 모형은(함축적이든, 명시적이든) 학생들이 쓰기 자원 요구를 조정하고 지식 서술 단계를 넘어서도록 돕는 방향으로 나아가고 있다. 효과적인 지도는 쓰기 과정 요소에 대해 명확한 비계를 제공하거나(예를 들어, De La Paz & Graham, 2002; MacArthur et al., 2004) 쓰기 과제 요소를 시간적으로 배열하거나, 학급 구성원들 간의 과제를 분배함으로써(예를 들어, Boscolo & Ascorti, 2004; Calkins, 1986; Graves, 1983), 작업 기억의 부담을 감소시킬 수 있다. 그러나 그러한 외부의 지원이 없으면, 초보필자는 그저 자원 요구를 처리하기 위해서 지식서술에만 의지하고, 최적이 아닌 쓰기 과정을 고수할 수도 있다. 쓰기 습득의 완성된 모형을 만들기 위해, 연구자들은 성장하는 필자들이 기억 자원 뿐 아니라 쓰기 과정 요소를 어떻게 이용하는지에 더 많은 관심을 가져야 할 것이다.

참고문헌

Baddleley, A. D. (1998). *Human memory: Theory and practices.* New York: Allyn & Bacon.

Bartlett, E. J. (1982). Learning to revise: Some component processes. In M. Nystrand (Ed.), *What writers know: The language, process, and structure of written texts* (pp. 345-363). New York: Academic Press.

Beal, C. R. (1990a). Development of knowledge about the role of inference in text comprehension. *Child Development,* 61, 247-258.

Beal, C. R. (1990b). Development of text evaluation and revision skills. *Child Development,* 61, 1011-1023.

Beal, C. R. (1996). The role of comprehension monitoring in children's revision. *Educational Psychology Review,* 8, 219-238.

Beal, C. R., Garrod, A. C., & Bonitatibus, G J. (1990). Fostering children's revision skills through training in comprehension monitoring. *Journal of Educational Psychology,* 82, 275-280.

Bereiter, C., Burtis, B. J., & Scardamalia, M. (1988). Cognitive operations in constructing main points in written composition. *Journal of Memory and Language,* 27, 261-278.

Bereiter, C., Fine, J., & Gartshore, S. (1979, April). *An exploratory study of micro-planning in writing.* Paper presented at the meeting of the American Educational Research Association, San Francisco, CA.

Bereiter, C., & Scardamalia, M. (1987). *The psychology of written composition.* Hillsdale, NJ: Erlbaum.

Berninger, V., & Graham, S. (1998). Language by hand: A synthesis of a decade of research on handwriting. *Handwriting Review,* 12, 11-25.

Berninger, V. W., & Swanson, H. L. (1994). Modifying Hayes and Flower's model of skilled writing to explain beginning and developing writing. In J. S. Carlson (Series Ed.) & E. C. Butterfield (Vol. Ed.), *Advances in cognition and educational practice: Vol. 2. Children's writing: Toward a process theory of the development of skilled writing* (pp. 57-81). Greenwich, CT: JAI Press.

Berninger, V. W., Vaughan, K. B. Abbott, R. D., Abbott, S. P., Rogan, L. W., Brooks, A., et al. (1997). Treatment of handwriting problems in beginning writers: Transfer from handwriting to composition. *Journal of Educational Psychology,* 89, 652-666.

Berninger, V. W., Vaughan, K. B. Abbott, R. D., Begay, K., Coleman, K. B., Curtin, G., et al. (2002). Teaching spelling and composition alone and together: Implications for the simple view of writing. *Journal of Educational Psychology,* 94, 291-304.

Bissex, G. L. (1980). GNYS AT WRK: A Child learns to read and write. Cambridge, MA: Harvard University Press.

Boscolo, P., Ascorti, K. (2004). Effects of collaborative revision on children's ability to write understandable narrative texts. In L. Allal, L. Chanquoy, & P. Largy (Eds.), *Studies in writing: Vol. 13. Revision: Cognitive and instructional processes* (pp. 157-172). Norwell, MA: Kluwer.

Bourdin, B., & Fayol, M. (1994). Is written language production more difficult than oral language production:

A working memory approach. *International Journal of Psychology*, 29, 591-620.

Bourdin, B., & Fayol, M., & Darciaux, S. (1996). The comparison of oral and written modes on adults' and children's narrative recall. In G. Rijlaarsdam, H. van den Bergh, & M. Couzijn (Eds.), *Theories, models, and methodology in writing research* (pp. 159-169). Amsterdam: Amsterdam University Press.

Bryant, P., Nunes, T., & Aidinis, A. (1999). Different morphemes, same spelling problems: Cross-lin-guistic developmental studies. In M. Harris & G. Hatano (Eds.), *Learning to read and write: A cross-Linguistic perspective* (pp. 112-133). New York: Cambridge University Press.

Butterfield, E. C., Hacker, D. J., & Plumb, C. (1994). Topic knowledge, linguistic knowledge, and revision skill as determinants of text revision. In J. S. Carlson (Series Ed.) & E. C. Butterfield (Vol. Ed.), *Advances in cognition and educational practice: Vol. 2. Children's writing: Toward a process theory of the development of skilled writing* (pp. 83-141). Greenwich, CT: JAI Press.

Calkins, L. M. (1986). *The art of teaching writing.* Portsmouth. NH: Heinemann.

Cameron, C. A., Hunt, A, K., & Linton, M. (1996). Written expression in the primary classroom: Children write in social time. *Educational Psychology Review*, 8, 125-150.

Cameron, C. A., & Moshenko, B. (1996). Elicitation of Knowledge transformational reports while children write narratives. *Canadian Journal of Behavioural Science,* 28, 271-280.

Cameron, C. A., & Wang, M. (1999). Frog, where are you?: Children's narrative expression over the phone. *Discourse Processes,* 28, 217-236.

Carlisle, J. F. (1988). Knowledge of derivational morphology and spelling ability in fourth, sixth, and eighth graders. *Applied Psycholinguistics,* 9, 247-266.

Carlisle, J. F. (1996). An exploratory study of morphological errors in children's written stories. Reading and Writing: An Interdisciplinary Journal, 8, 61-72.

Chanquoy, L. (2001). How to make it easier for children to revise their writing: A study of text revision from 3rd to 5th grades. British Journal of Educational Psychology, 71, 15-41.

Chanquoy, L., Foulin, J N., & Fayol, M. (1996). Writing in adults: A real-time approach. In G. Rijlaarsdam, H. van den Bergh, & M. Couzijn (Eds.), *Theories, models, and methodology in writing research* (pp. 36-43). Amsterdam: Amsterdam University Press.

Chenoweth, N, A., & Hayes, J. R. (2001). Fluency in writing: Generating text in L1 and L2. *Written Communication,* 18, 80-98.

Chomsky, C. (1970). Reading, Writing, and phonology. *Harvard Educational Review,* 40, 287-309.

Cox, B. E., Shanahan, T., & Tinzmann, M. B. (1991). Children's knowledge of organization, cohesion, and voice in written exposition. *Research in the Teaching of English,* 25, 179-218.

Daiute, C. A. (1984). Performance limits on writers. In R. Beach & L. S. Bridwell (Eds.), *New Directions in composition research* (pp. 205-224). New York: Guilford Press.

Daiute, C. A. (1986). Do 1 and 1 make 2?: Patterns of influence by collaborative authors. *Written Communication,* 3, 382-408.

Daiute, C., & Dalton, B. (1993). Collaboration between children learning to write: Can novices be masters? *Cognition and Instruction,* 10, 281-333.

de Beaugrande, R. (1984). Text production: Toward a science of composition. Norwood, NJ: Ablex.

De La Paz, S., & Graham, S. (2002). Explicitly teaching strategies, skills, and knowledge: Writing instruction in mddle school classrooms. *Journal of Educational Psychology,* 94, 687-698.

DeGroff, L. C. (1987). The influence of prior knowledge on writing, conferencing, and revising. *Elementary School Journal,* 88, 105-116.

Dellerman, P. Coirier, P., & Marchard, E. (1996). Planning and expertise in argumentative composition. In G. Rijlaarsdam, H. van den Bergh, & M. Couzijn (Eds.), *Theories, models, and methodology in writing research* (pp. 182-195). Amsterdam: Amsterdam University Press.

Ehri, L. C. (1986). Sources of difficulty in learning to spell and read. In M. L. Wolrach & D. Routh (Eds.), *Advances in developmental and behavioral pediatrics* (Vol. 7, &, pp. 121-195). Greenwich, CT: JAI Press.

Ehri, L. C. (1992). Review and commentary: Stages of spelling development. In S. Templeton & D. R. Bear (Eds.), *Development of orthographic Knowledge and the foundations of literacy: A memorial festschrift for Edmund H. Henderson* (pp. 307-332). Hillsdale, NJ: Erlbaum.

Englert, C. S., Hiebert, E. H., & Stewart, S. R. (1988). Detecting and correcting inconsistencies in the monitoring of expository prose. *Journal of Educational Research,* 81, 221-227.

Faigley, L., & Witte, S. (1981). Analyzing revision. *College Composition and Communication,* 32, 400-414.

Fayol, M., Largy, P., & Lemaire, P. (1994). Cognitive overload and orthographic errors: When cognitive overload enhances subject-verb agreement errors, a study in French written language. *Quarterly Journal of Experimental Psychology,* 47, 437-464.

Ferreiro, E., & Teberosky, A. (1982). *Literacy before schooling.* Exeter, NH: Heinemann.

Fitzgerald, J. (1987). Research on revision in writing. *Review of Educational Research,* 57, 481-506.

Flower, L., & Hayes, J. R. (1980). The dynamics of composing: Making Plans and Juggling constraints. In L. W. Gregg & E. R. Steninberg (Eds.), *Cognitive processes in writing* (pp. 31-50). Hillsdale, NJ: Erlbaum.

Flower, L., & Hayes, J. R. (1981). The pregnant pause: An inquiry into the nature of planning. *Research in the Teaching of English,* 15, 229-248.

Flower, L., & Hayes, J. R. (1984). Images, plans, and prose: The representation of meaning in writing. *Written Communication,* 1, 120-160.

Flower, L., & Hayes, J. R., Carey, L. J., Shriver, K., & Stratman, J. (1986). Detection, diagnosis, and the strategies of revision. *College Composition and Communication,* 37, 16-55.

Freedman, S W. (1984). The registers of student and professional expository writing: Influences on teacher responses. In R. Beach & L. S. Bridwell (Eds.), *New directions in composition research* (pp. 334-347). New York: Guilford Press.

Galbraith, D. (1996). Self-monitoring, discovery through writing and individual differences in drafting strategy. In G. Rijlaarsdam, H. van den Bergh, & M. Couzijn (Eds.), *Theories, models, and methodology in writing research* (pp. 121-141). Amsterdam: Amsterdam University Press.

Gentry, J. R. (1982). An analysis of developmental spelling in GNYS AT WRK. *Reading Teacher,* 36, 192-200.

Goldman, S. R. (1995). Writing as a tool for thinking and reasoning. *Issues in Education: Contributions from Educational Psychology,* 1, 199-204.

Gould, J. D. (1980). Experiments on composing letters: Some facts, some myths, and some observations. In L. W. Gregg & E. R. Steinberg (Eds.), *Cognitive processes in writing* (pp. 97-127). Hillsdale, NJ: Erlbaum.

Grabowski, J., Vorwerg, C., & Rummer, R. (1994). Writing as a tool for control of episodic representation. In G. Eigler & T. Jechle (Eds.), *Writing: Current trends in European research* (pp. 55-68). Freburg, Germany: HochschulVerlag.

Graham, S. (1990). The role of production factors in learning disabled students' compositions. *Journal of Educational Psychology,* 82, 781-791.

Graham, S., Berninger, V., Abbott, R., Abbott, S., & Whitaker, D. (1977). The role of mechanics in composing of elementary school students: A new methodological approach. *Journal of Educational Psychology,* 89, 170-182.

Graham, S., Harris, K. R., & Fink, B. (2000). Is handwriting causally related to learning to write?: Treatment of handwriting problems in beginning writers. *Journal of Educational Psychology,* 92, 620-633.

Graham, S., Harris, K. R., & Chorzempa, B. F. (2002). Contribution of spelling instruction to the spelling, writing, and reading of poor readers. *Journal of Educational Psychology,* 94, 669-686.

Graham, S., MacArthur, C., & Schwartz, S. (1995). Effects of goal setting and procedural facilitation on the revising behavior and writing performance of students with writing and learning problems. *Journal of Educational Psychology,* 87, 230-240.

Graves, D. H. (1983). *Writing: Teachers and Children at work.* Exeter, NH: Heinemann.

Green, L. B., McCutchen, D., Schwiebert, C., Quinlan, T., Eva-Wood, A., & Juelis, J. (2003). Morphological development in children's writing. *Journal of Educational Psychology,* 95, 752-761.

Griffith, P. L. (1991). Phonemic awareness helps first graders invent spellings and third graders remember correct spellings. *Journal of Reading Behavior,* 23, 215-233.

Halliday, M. A. K., & Hasan, R. (1976). *Cohesion in English,* London: Longman.

Harris, M., & Hatano, G. (1999). Learning to read and write: A cross-linguistic perspective. New York: Cambridge University Press.

Hayes, J. R. (1996). A new framework for understanding cognition and affect in writing. In M. C. Levy & S. Ransdell (Eds.), *The science of writing (pp. 1-27).* Mahwah, NJ: Erlbaum.

Hayes, J. R. (2004). What triggers revision? In L. Allal, L. Chanquoy, & P. Largy (Eds.), *Studies in writing*: Vol. 13. *Revision: Cognitive and instructional processes* (pp. 9-20). Norwell, MA: Kluwer.

Hayes, J. R., & Flower, L. S. (1980). Identifying the organization of writing processes. In L. W. Gregg & E. R. Steinberg (Eds.), *Cognitive processes in writing* (pp. 3-30). Hillsdale, NJ: Erlbaum.

Hayes, J. R., & Nash, J. G. (1996). On the nature of planning in writing. In M. C. Levy & S. Randsdell (Eds.),

The science of writing (pp. 29-55). Mahwah, NJ: Erlbaum.

Henderson, E. H., & Beers, J. W. (Eds.). (1980). *Developmental and cognitive aspects of learning to spell: A reflection of word Knowledge.* Newark, DE: International Reading Association.

Hidi, S., & Hildyard, A. (1983). The comparison of oral and written productions of two discourse types. Discourse Processes, 6, 91-105.

Holliway, D. R., & McCutchen, D. (2004). Audience perspective in young writer's composing and revising: Reading as the reader. In L. Allal, L. Chanquoy, & P. Largy (Eds.) *Studies in writing*: Vol. 13. *Revision: Cognitive and instructional processes* (pp. 87-101). Norwell, MA: Kluwer.

Kaufer, D. S., Hayes, J. R., & Flower, L. (1986). Composing written sentence. *Research in the Teaching of English*, 20, 121-140.

Kellogg, R. T. (2001). Long-term working memory in text production. *Memory and Cognition,* 29, 43-52.

King, M., & Rental, V. (1981). Research update: Conveying meaning in written texts. *Language Arts,* 58, 721-728.

Kintsch, W. (1998). *Comprehension: A paradigm for cognition.* New York: Cambridge University Press.

Langer, J. A. (1984). The effects of available information on responses to school writing tasks. *Research in the Teaching of English*, 18, 27-44.

Langer, J. A. (1985). Children's sense of genre: A study of performance on parallel reading and writing tasks. *Written Communication,* 2, 157-187.

Langer, J. A. (1986). *Children reading and writing: structures and strategies.* Norwood, NJ: Ablex.

Lee, K., Karmiloff-Smith, A., Cameron, C. A., & Dodsworth, P. (1998). Notational adaptation in children. *Canadian Journal of Behavioural Science*, 30, 159-171.

Littleton, E. B. (1998). Emerging cognitive skills for writing: Sensitivity to audience presence in five-through nine-year-olds' speech. *Cognition and Instruction,* 16, 399-430.

Loban, W. (1976). *Language development: Kindergarten through grade twelve* (Research Report No. 18). Urbana, IL: National Council of Reachers of English.

MacArthur, C. A., Graham, S., & Harris, K. R. (2004). Insights from instructional research on revision with struggling writers. In L. Allal, L. Chanquoy, & P. Largy (Eds.), *Studies in writing: Vol. 13. Revision: Cognitive and instructional processes* (pp. 125-137). Norwell, MA: Kluwer.

Marchand, E., Coirier, P., & Dellerman, P. (1996). Textualization and polyphony in argumentative composition. In G. Rijlaarsdam, H. van den Bergh, & M. Couzijn (Eds.), *Theories, models, and methodology in writing research* (pp. 366-380). Amsterdam: Amsterdam University Press.

Matsuhashi, A. (1981). Pausing and planning: The tempo of written discourse production. *Research in the Teaching of English,* 15, 113-134.

McCutchen, D. (1986). Domain knowledge and linguistic knowledge in the development of writing ability. *Journal of Memory and Language*, 25, 431-444.

McCutchen, D. (1987). Children's discourse skill: Form and modality requirements of schooled writing.

Discourse Processes, 10, 267-286.

McCutchen, D. (1988). "Functional automaticity" in children's writing: A problem of metacognitive control. *Written Communication,* 5, 306-324.

McCutchen, D. (2000). Knowledge acquisition, processing efficiency, and working memory: Implications for a theory of writing. *Educational Psychology,* 35, 13-23.

McCutchen, D., Covill, A., Hoyne, S. H., & Mides, K. (1994). Individual differences in writing: Implications of translating fluency. *Journal of Educational Psychology,* 86, 256-266.

McCutchen, D., Francis, M., & Kerr, S. (1997). Revising for meaning: Effects of knowledge and strategy. *Journal of Educational Psychology,* 89, 667-676.

Olive, T., & Kellogg, R. T. (2002). Concurrent activation of high- and low-level production processing in written composition. *Memory and Cognition,* 30, 594-600.

Pacton, S., & Fayol, M. (2003). How do French children use morphosyntactic information when they spell adverbs and present participles? *Scientific studies of Reading,* 7, 273-287.

Page-Voth, V., & Graham, S. (1999). Effects of goal setting and strategy use on the writing performance of and self-efficacy of students with writing and learning problems. *Journal of Educational Psychology,* 91, 230-240.

Piolat, A., Roussey, J-Y., Olive, T., & Amada, M. (2004). Processing time and cognitive effort in revision: Effects of error type and of working memory capacity. In L. Allal, L. Chanquoy, & P. Largy (Eds.), *Studies in writing: Vol. 13. Revision: Cognitive and instructional processes* (pp. 21-38). Norwell, MA: Kluwer.

Pontecovo, C., & Zucchermaglio, C. (1990). A passage to literacy: Learning in a social cintext. In Y. M. Goodman (Ed.), *How children construct literacy* (pp. 50-98). Newark, DE: International Reading Association.

Quinlan, T. (2004). Speech recognition technology and students with writing difficulties: Improving fluency. *Journal of Educational Psychology,* 96, 337-346.

Read, C. (1981). Writing is not the inverse of reading for young children. In C. H. Frederiksen & J. F. Dominic (Eds.) *Writing: The nature, development, and teaching of written communication* (pp. 105-118). Hillsdale, NJ: Erlbaum.

Reece, J. E., & Cumming, G. (1996). Evaluating speech-based composition methods: Planning, dictation, and the listening word processor. In M. C. Levy & S. Randsell (Eds.) *The science of writing* (pp. 361-380). Mahwah, NJ: Erlbaum.

Scardamalia, M., Bereiter, C., & Lamon, M. (1994). The CSILE Project: Trying to bring the classroom into World 3. In K. McGilly (Ed.), *Classroom lessons: Integrating cognitive theory and classroom practice* (pp. 201-228). Cambridge, MA: Bradford/ MIT Press.

Share, D., & Levin, I. (1999). Learning to read and write in Hebrew. In M. Harris & G. Hatano (Eds.), *Learning to read and write: A cross-linguistic perspective* (pp. 89-111). New York: Cambridge University Press.

Tetroe, J. (1984, April). *Information processing demand of plot construction in story writing.* Paper presented at the meeting of the American Educational Research Association, New Orleans, LA.

Torrance, M. (1996). strategies for familiar writing tasks: Case studies of undergraduates writing essays. In G. Rijlaarsdam, H. van den Bergh, & M. Couzijn (Eds.), *Theories, models, and methodology in writing research* (pp. 283-298). Amsterdam: Amsterdam University Press.

Treiman, R. (1993). *Beginning to spell.* New York: Oxford University Press.

Varnhagen, C. K. (1995). Children's spelling strategies. In V. W. Berninger (Ed.), *The varieties of orthographic Knowledge: II. Relations to phonology, reading, and writing* (pp. 251-290). Dordrecht, The Netherlands: Kluwer.

Varnhagen, C. K., Boechler, P. M., & Steffler, D. J. (1999). Phonological and orthographic influences on children's vowel spelling. Scientific Studies of Reading, 3, 363-379.

Venezky, R. (1970). *The structure of English orthography.* The Hague: Mouton.

Wallace, D. L., & Hayes, J. R. (1991). Redefining revision for freshmen. *Research in the Teaching of English*, 25, 54-66.

Wallace, D. L., Hayes, J. R., Hatch, J. A., Miller, W., Moser, G., & Silk, C. M. (1996). Better revision in 8 minutes? Prompting first-year college writers to revise more globally. *Journal of Educational Psychology,* 88, 682-688.

Wright, R. E., & Rosenberg, S. (1993). Knowledge of text coherence and expository writing: A developmental study. *Journal of Educational Psychology,* 85, 152-158.

제9장
아동의 장르 이해와 쓰기 발달

Carol A. Donovan & Laura B. Smolkin

아동들도 어른들처럼 다양한 목적을 위해 글을 쓴다(Bissex, 1980; Chapman, 1994, 1995; Dyson, 1999, Graves, 1975; Newkirk, 1987, 1989; Zecker, 1999). 아동들이 '학교에서 하는 일' 중 가장 중요한 것은 가장 빈번하게 나타나는 포괄적 형식을 익히는 것이다(Cope & Kalantzis 1993; Martin, 1989; Martin & Rothery, 1986). 일상적인 학교생활에서 아동들이 가장 자주 접하게 되는 글은 바로 이야기와 정보 전달 텍스트이다(Kress, 1982; 다른 관점의 연구로는 Dixon(1987)을 참고). 이야기는 취학 전에 접하는 유명한 전래 동화부터 초등학교 고학년 학생들이 읽는 수준 높은 판타지 및 공상 과학 소설로까지 포함된다. 정보 전달 텍스트 에는 그림으로 정보를 전달하는 개념 책(concept book)[1]에서 과학, 사회 교재(이와 더불어 교사가 때때로 수업 중 사용하는 자료와 잡지 기사)까지 포함된다.

이 장에서는 쓰기 발달과 관련하여 아동의 장르 이해를 다룬 문헌들을 포괄적으로 개관하 고자 한다. 우리는 장르 지식이 관습적인 쓰기 능력에 앞서 발달한다고 믿는다. 그래서 아동의 장르 지식과 쓰기 능력 발달에 관한 폭넓은 이해를 제공하기 위해 초기 쓰기 단계에서 아동들 의 '어림 읽기(pretend readings)', '구술', '음독'에 관한 연구들을 고찰하였다. 우선 앞부분에 서는 이 분야의 이론적 모형을 검토한 후, 그 뒤에는 데이터를 수집하고 분석하기 위한 방법론 들을 살펴볼 것이다. 그 다음에는 그 동안 제기되었던 주요 논점들과 이 연구 분야에서 나타나 는 주요 연구결과를 제시하고자 한다. 마지막으로 쓰기 교수에 대한 함의와 앞으로 수행되어

---

1) [역주] 개념 책(concept book)은 주로 그림을 통해 아이디어나 개념을 알려주기 위한 유아용 책을 의미한다.

야 할 연구 과제를 살펴볼 것이다.

아동의 장르 지식을 탐색한 연구의 개관 및 이론적 틀

아동의 장르 지식과 쓰기 발달의 연구의 이론적 틀은 세 가지 주요한 전통에 의해 영향을 받은 것으로 보인다. 수사학적 전통은 서술 모형을 제공하기 위해 언어의 구조를 탐색한다. 사회적 전통은 공유되어 있는 언어 구조를 인정하며, 언어는 절대로 독립적인 수행이 아님을 반복적으로 강조한다. 인지 심리학적 전통은 개인이나 집단이 그들의 다양한 언어적 접촉을 이해하는 방법을 배우는 실질적인 체험을 규명하는 데 중점을 둔다. 일반적으로 이 세 가지 전통으로부터 도출된 연구들은 하나의 이론적 틀보다는 관련 연구의 검토를 근거로 한다. 우리는 적용된 전통을 구분하는 방식으로 글을 구성했고, 장르 지식 발달 연구자들에 의해 인용된 이들 전통의 중요 특징을 제시하고자 하였다.

수사학적 전통

수사학적 연구는 오랜 역사를 가지고 있다. 어떠한 의미에서 이는 비극, 코미디, 주신(酒神) 찬가, 남근 숭배 노래의 특징과 기능에 관한 아리스토텔레스의 고찰로부터 시작된다고 볼 수 있다. Britton, Burgess, Martin, McLeod, & Rosen(1975)에 의하면 이러한 분류 작업은 1776년에 Campbell의 4가지 연설의 목적으로 다시 나타났고, 1800년대 중반에 Bain이 5개의 범주(묘사, 서사, 설명, 웅변, 시가)를 구분하면서 현재의 분류 체계에 보다 가까워졌다. 이보다 더 현대적인 연구는 하나의 객관적인 대상으로 텍스트를 바라보는 관점이다. 다양한 분파에 속한 여러 구조주의자들은 텍스트의 유형을 탐색해 왔다. King & Rental(1984)은 Propp, Favat, Todorov, Levi-Strauss를 참고하여 텍스트 유형에 관한 이론적 틀을 구성한 바 있다.

텍스트의 구조적 요소가 강조되는 만큼, 구조가 지니는 사회적 속성을 고려하여 시드니 학파의 연구를 포함하는 것도 가능하다. Papas(1991, 1993), Duke & Kays(1998), Kamberelis (1998, 1999), Kamberelis & Bovino(1999), Donovan(2001), Donovan & Smolkin(2002) 등의 연구는 Hasan(1984)이나 Martin & Rothery(1980, 1981)가 밝힌 텍스트의 특성에 기대고 있으

며, 이 두 연구를 바탕으로 하여 구조주의적 이론을 통합하고자 했다.

사회적 전통

소비에트 시절에 처음으로 텍스트의 사회적인 측면에 대한 관심이 나타났다. 특히 Bahktin의 연구는 Chapman(1994, 1995), Kamberelis(1999), Elster & Hanauer(2002)를 포함한 많은 장르 발달 연구의 근간을 이루었다. 텍스트의 사회적 측면을 강조하는 이러한 관점은 Rosenblatt(1938)의 독자의 텍스트 수용에 대한 이론에서도 동일하게 나타난다. 우리는 여러 기능주의 언어학자의 연구도 살폈는데, 이러한 경향의 연구는 맥락에서 텍스트를 탐색하고 의미를 가능하게 하는 체계 사이의 관계를 서술하고자 하였다. 그래서 King & Rentel(1984), Langer(1986), Papas(1991)가 의미 생성 학습에 대한 Halliday의 연구를 인용하면서 텍스트의 사회적인 측면을 강조하였다. Schnoor(2004)도 Rosenblatt의 반응에 대한 연구를 고찰하면서 사회적 속성을 강조해 온 전통을 고려하여 자신이 수행하는 연구의 틀을 구조화했다.

앞에서 언급한 이론 연구보다도 더 많은 자료에 기반을 두기도 하였지만, 여기서 우리는 특정한 사회 언어학자들의 연구를 함께 다루고자 한다. 구비 서사의 구조를 다룬 Labov & Waletzky(1967)의 연구는 Bakhtin의 주요 구술 장르의 개념과 연관되어 있다. 이 연구는 Martin & Rother(1980), Hasan(1984), Stein & Glenn(1979), Langer(1986)와 같이 장르 지식에 대하여 글을 써 온 많은 연구자들에게 이야기 구조를 강조하는 효과를 가져왔다.

이러한 전통에 바탕을 둔 많은 연구가 Berkenkotter & Huckin(1993)의 이론적 원리를 다루었는데, 이러한 연구에서는 장르와 장르 지식을 역동적이며 상황적인 것으로 보았으며, 형식 및 내용의 인식과 구조의 이중성 및 공동체 참여자로서의 주체 의식의 인식을 강조하였다. Dyson의 연구(예, 1833, 1999)는 특히 이러한 전통을 따르는 모습을 보이고 있다.

인지 심리학적/경험적 전통

여러 의미에서, 이 전통에 속한 장르 관련 연구들은 실질적으로 Bartlett(1932)의 연구에서 시작된다고 볼 수 있다. Bartlett은 기억 실험을 통해 처음으로 이야기 구조의 심리적 실체를 규명하였다. Stein이 동료 연구자들과 함께 수행한 연구(예, Stein & Albro, 1997; Stein & Glenn, 1979; Stein & Policastro, 1984)는 모두 다양한 인지 과제를 완수하는 개인과 그 능력에 관한 이러한 인지적 전통으로부터 비롯된다. Piaget의 다양한 개념을 활용한 Britton et al.(1975)의 이론적 틀도 이 전통을 따른다. 자신의 연구 첫머리에 Bereiter & Scardamalia, Flavell, Markman의 연구를 상기시킨 Langer(1986)도 인지 심리학적 연구에 크게 의지한다. Hidi & Hildyard에 대한 언급으로 시작하는 Duke & Kays(1998) 역시 그들의 연구를 이 전통 속에서 진행하였다.

아동의 장르 지식 연구에 활용된 방법

자료 수집 방법

문헌 검토를 통해 우리는 특수 교육 학생을 대상으로 한 예외적인 연구(예, Graham & Harris, 1993; Troia & Graham, 2002)를 제외하면 통제 집단과 결과치를 포함한 준실험연구가 거의 없었다는 점을 확인할 수 있었다. 연구 대부분이 사실상 서술적 연구, 즉 질적인 연구였다. 이런 점을 고려하여 우리는 제시된 과제의 특성에 초점을 맞추었다. 과제는 쓰기의 목적을 알게 해 주고 교사나 연구자 또는 그 글이 작성된 조건에 따라 제공된 비계의 특성을 알 수 있게 해 주므로 중요하다. 여기서 우리는 장르 지식 발달 연구에 이용된 자료 수집 방법을 소개하기 위하여, 비계가 제시된 과제의 분류법(Donovan & Smolkin, 2002)을 활용하였다.

알려지지 않은 비계를 사용한 연구 방법

이 범주의 연구들에서는 아동들이 글을 쓴 조건이 명확하게 드러나 있지 않다. 장르와 담화 관련 쟁점은 교실 담화나(예, Cazen, 1988; Heath, 1983), 쓰기 과정(예, Calkins, 1986; Graves, 1975), 초기의 쓰기(예, Clay, 1975; Dyson, 1983, 1999; King & Resntel, 1984; Kroll, 1991)를 조사한 연구자들이 언급해 왔다.

장르 지식 발달에 대한 다른 연구들은 교수의 일부로서 교실에서 작성한 학생 글에 대한 조사 연구에 기반을 두고 있다. 예를 들어, Britton et al.(1975)은 영국 중등학교의 학생 글을 수집하면서 교사들에게 쓰기 과제가 무엇이었는지를 알려주도록 요청했다. Sowers(1985), Newkir(1987), Chapman(1994, 1995), Rothery(1984)는 초등학교 학생들의 글을 조사하였다.

과제의 내력이나 글을 쓴 동기를 알지 못해도 쓰기가 어떤 역할을 수행하는지를 추론할 수 있지만(Chapman, 1994), 학생들에게 제공된 지식이 무엇인지는 잘 드러나 있지 않다.

비계가 없는 과제를 활용하는 방법

학생들의 자기 발생적(self-generated), 자기 선택적(self-selected) 쓰기에 관한 연구(예, Bissex, 1980; Kroll, 1991)가 이 범주에 해당한다. Bissex(1980)는 아들 Paul이 5세부터 7세까지 작성한 자기 발생적인 글의 형식과 기능을 조사했다. 그러나 Paul이 글을 쓸 때 가족들이 Paul에게 어떠한 방식의 비계를 제공했는지를 일반화하기 위한 정보를 충분하게 제공하지는 않았다.

다양한 수준의 비계 과제를 사용하는 방법

특정 쓰기 과제가 학생들의 장르 지식에 관한 정보를 모으기 위해 사용되면 글을 쓰는 목적을 묻는 질문은 제기되지 않는다. 서로 다른 여러 가지 쓰기 과제를 제시하여 장르 지식을 드러내 보이도록 할 수 있다. 그 장르 지식이 많든 적든. 이러한 쓰기 과제는 학생들의 장르 지식을 탐색하기 위해 사용되며, 아래에 제시할 지원의 연속체로 배열될 수 있다.

특정 장르의 과제를 제시한다. 가장 낮은 수준의 지원은 아동들에게 특정한 장르를 생산하도록 하는 과제이다. 몇몇 연구에서는 아동들에게 텍스트를 구성하도록 하고 Applebee(1978)의 '나에게 이야기해줘(tell me a story)'처럼 구술(King & Rentel, 1984)을 통해, 또는 글로 작성하도록 했다(예, Donovan, 2001; Harste, Woodward, & Burke, 1984; Kamberelis, 1999; King & Rentel, 1984; Langer, 1985, 1986; Sulzby, Barnhart, & Hieshema, 1989).

교수적 지원과 함께 특정 장르의 과제를 제시한다. 많은 비계는 아동이 모든 아이디어를 생성하거나 형식화할 필요는 없으나, 글을 쓰는 동안 여전히 그것들을 기억하고 있어야 할 때 제공된다. 여기에는 과거 경험을 이야기하기(예, Purcell-Gates, 1988), 친숙한 것에 대해 회상하거나 쓰기(Kamberelis & Bovino, 1999), Stein & Albro(1997)의 '옛날에 여우가 살고 있었다.'처럼 큰 줄기를 따라 이야기 완성하기를 포함한다. 그러한 자극은 정형화된 도입부와 일반적인 반동 인물(antagonist)을 알려주는 방식으로 아동의 이야기 스키마를 활성화시킨다.

순환하는(recurring) 텍스트의 생산을 지도한다. 학습일지나 일기처럼 고도로 맥락화되고 일상적으로 생산되는 텍스트는 더 많은 비계를 제공한다(예, Wollman-Bonilla, 2000). 아동들은 특정 시간에 특정 텍스트를 생산하면서 형성·제공되어 온 장기적인 맥락의 지원을 갖게 된다.

시각적 지원을 사용하여 알지 못하는 텍스트 생산을 지도한다. 이 수준에서의 과제는 과제 완수와 관련된 시각적이거나 텍스트적인 지원을 제공한다. 시각적이거나 텍스트적인 지원을 받는다는 것은 비록 친숙치 않을지라도 과제 완수를 위한 부가적이고 지속적인 지원을 제공받는 것을 의미한다. 그러한 과제는 친숙하지 않고 글자가 없거나 때때로는 글자가 가려진 책을 어림잡아 읽는 활동(Bamberg, 1985; Berman & Solbin, 1994; Duke & Kays, 1988; Purcell-Gates, 1988), 설명적 텍스트를 구성하는 활동(Boscolo, 1996), 토론에서 이용할 수 있는 자기가 쓴 텍스트 인터뷰하는 활동(Donovan & Smolkin, 2002; Kamberelis & Bovino, 1999) 등이 포함된다.

알고 있는 텍스트의 재생산을 지도한다. 비계는 아동들에게 알고 있는 텍스트를 재생산하도록 요구함으로써 한 번 더 증가된다. 시각적이고 익숙한 그림의 지원은 이 수준에서 과제 내내 제공된다. 이 수준에서의 과제는 바로 전에 큰 소리로 읽은 책을 어림잡아 읽는 활동으로 전환하기(King & Rentel, 1984; Papas, 1991, 1993; Papas & Brown, 1987), 친숙한 이야기책을 어림잡아 읽는 활동(예, Sulzby, 1985) 등을 포함한다.

교수 제공을 통해 텍스트 생산을 지도한다. 글에 대한 가장 높은 수준의 지원은 수정하기를 통한 직접적인 지도이다. 이 범주에는 이야기 문법(예, Baumann & Bergeron, 1993; Fitzgerald & Teasley, 1986; Gordon & Braun, 1985)이나 설명 텍스트 구조(예, Gordon, 1990; Raphael & Kirschner, 1985; Wray & Lewis, 1995)를 가르치는 것과 같은 텍스트 구조 지원 활용을 포함한다. 또한 다른 장르의 글쓰기에도 적용되는 일반적인 계획 전략을 가르치는 것도 포함된다(예, Troia & Graham, 2002). 가장 높은 수준의 쓰기 과제 관련 비계는 Englert et al.(1991)의 연구에서 제시되었다. 이들은 2가지 특정 장르에서 계획, 조직, 초고 작성, 편집 및 교정의 전략을 모형화하고 지원했다.

다양한 수준의 비계와 다수의 과제를 활용하는 방법

어떤 연구들은 아동의 장르 지식에 대한 복합적 관점을 얻기 위해 다수의 과제들을 사용해 왔다(예, Cox & Sulzby, 1984; Donovan & Smolkin, 2002; Harste et al., 1984; Kamberelis & Bovino, 1999; King & Rentel, 1984; Langer, 1985, 1986; Purcell-Gates, 1998; Sulzbyet et al., 1989). 예를 들어 Kamberlis & Bovino(1999)는 유치원, 1학년, 2학년 아동들에게 해당 장르에서 친숙한 책을 바탕으로 이야기나 정보 텍스트를 생산하도록 하는 한편 독자적인 이야기나 정보 텍스트도 함께 쓰도록 했다.

자료 분석 방법

아동의 장르 지식에 관한 많은 연구는 특정한 장르나 특성이 서로 다른 장르(Boscolo, 1996; Cox, 1991; Hicks, 1990; Kamberelis, 1999; Pappas, 1991, 1993; Papas & Brown, 1987; Purcell-gates, 1988; Schnoor, 2004)의 언어적 특징(가령 어법의 세부 사항, 어휘, 시제, 응집성 등)과 같은 미시적인 면에 초점을 맞추고 있다. 이외에 보다 거시적인 수준의 특성들, 장르 '문법'을 형성하는 특정 요소에도 초점을 둔 연구도 있다(예, Englert, Stewart, & Hiebert, 1988; Fitzgerald & Teasley, 1986; Gordon, 1990; Hasan, 1984; Papas, Keifer, & Levstick, 1999; Stein & Glenn, 1979; Troia & Graham, 2002).

한편, 연구자들은 내용 관계의 전체 구조를 활용했으며, 일반적으로 시각적인 도표를 사용하여 제시했으며, 어떻게 텍스트가 구조화되는지에 대한 Meyer(1975)의 연구를 토대로 삼았다(Chapman, 1994; Donovan, 2001; Donovan & Smolkin, 2002; Langer, 1985, 1986; Newkirk, 1987). 그리고 어떤 연구자들은 쓰기의 질과 창의성과 같은 부가적인 요인들을 고려하기 위해 분석적인 척도를 적용하였다(예, Fitzgerald & Teasley, 1986).

미시적 특성 분석

Holliday의 체계 기능 언어학(Systemic Functional Linguistic)에 가까운 연구자들(Christie, 1986; Cox, 1991; Kamberelis, 1999; Martin, 1984; Martin & Rothery, 1986; Papas, 1991, 1993; Papas & Brown, 1987; Papas et al., 1999; Rothery, 1984, 1989)은 이야기와 정보 전달 장르에서 아동의 언어적 특징과 어휘문법(lexicogrammar)[2)]의 이해를 다루어 왔다. 이러한 경향의 연구

자들은 다른 경향의 연구(구두 스토리텔링, 어림잡아 읽기, 쓰기 형성 단계의 읽기3), 초기의 쓰기, 초등학교 쓰기)과 마찬가지로 아동들이 이야기(예, Applebee, 1978; Kamberelis, 1999; Papas & Brown, 1987; Purcell-Gates, 1988; Stein & Glenn, 1979; Sulzby, 1985)와 정보 전달의 장르(Cox, 1991; Duke & Kays, 1998; Kamberelis, 1999; Newkirk, 1987; Papas, 1991; Wollman-Bonilla, 2000)의 미시적 수준의 특성에 대해 알고 있는 것들을 조사했다.

거시적 특성 분석

우리는 꽤 긴 시간에 걸쳐 이야기의 거시적 수준의 구조에 대해서 많은 것을 알게 되었다 (Bartlett, 1932; Hasan, 1984; Labov & Waletsky, 1967; Mandler & Johnson, 1977; Propp, 1968; Rumelhart, 1975; Stein & Glenn, 1979). 정보 전달 텍스트의 구조(예, Martin, 1989; Meyer, 1975)는 상대적으로 연구가 적게 이루어졌으며 현재에도 연구가 계속되고 있다. Hasan(1984)에 의하면, 텍스트의 일반적인 특징은 특정 장르의 전체적인 구조(전국적 요소에 해당함), 즉 문법을 가지고 있다. 이러한 문법과 장르 요소는 중요하다. 왜냐하면 그것은 학교나 가정에서 학생들이 가장 흔히 접할 수 있는, 아동을 겨냥하고 있는 이야기 텍스트(Hasan, 1984)와 정보 전달 텍스트(Pappas et al., 1999)에 대해 유용한 정보를 제공하기 때문이다. 이야기 및 정보 전달 장르의 텍스트적 특징 이외에도 과학 장르의 구체적인 요소들(Martin & Veel, 1995; Unsworth, 1998, 2001), 예를 들면 시각적 요소(Kress van Leeuwen, 1996; van Leeuwen, 2000) 및 과학 관련 장르의 특정 요소(Wollman-Bonilla, 2000)도 동시에 고려해야 한다.

부가적 특성의 분석

어떤 연구들은 아이들이 쓴 이야기(예를 들면, Fitzgerald & Teasley, 1986; Troia & Graham, 2002)와 정보 전달적인 글(예를 들면, Troia & Graham, 2002)을 평가하기 위한 분석적 척도를 사용했다. 예를 들어, Troia & Graham은 4학년과 5학년이 쓴 이야기와 에세이의 길이와 전반

---

2) [역주] 어휘문법(lexicogrammar)은 전통적으로 문법과 어휘를 나누어 보던 것을 하나로 보는 관점이다. 문법과 어휘는 하나의 연속체(continuum) 위의 양 극단에 위치해 있고, 제반 언어현상은 이 연속체 상의 어디에선가 일어난다고 보는 입장이다, 어휘와 문법이 별도로 존재한다기보다는 긴밀하게 연결되어 있다고 본다.

3) [역주] 취학 전의 어린 아동은 주변 사람들이 글을 쓰는 것을 보고 글을 읽는 것보다 글을 쓰는 것이 더 쉽다고 생각하는 경향이 있다. 쓰기 형성 단계의 쓰기는 'emergent writing'을 말하며, 이후의 관습적인 쓰기(conventional writing)로 이어진다.

적인 질적 수준을 고찰했다. 이야기의 질은 이야기 요소의 조직과 문체 요소가 주는 매력의 총합 점수였다. 에세이의 질은 길이와 전체적인 질로 결정되었는데, 전체적 질은 거시적 수준의 구조와 명료성의 총합 점수로 평가했다. 이와 유사한 방법으로, Fitzgerald & Teasley(1986)는 4학년을 대상으로 이야기 글을 평가했다. 그러나 이들은 이야기 글의 질을 판단하고 부가적인 특성을 분석하기 위해 통일성, 시간 관계와 인과 관계, 그리고 창의성을 기준으로 삼았다.

장르와 쓰기 능력 발달에서의 주요 논점

이 절에서는 아동의 장르에 대한 이해, 그리고 그것과 쓰기 발달 사이의 관계를 다룬 선행 연구들에서 언급된 3개의 주요 연구 문제를 제시하고자 한다. 비록 장르와 관련된 쟁점은 아동의 작문을 다룬 다른 연구에서도 논의되어 왔지만(예, Dyson, 1999; Graves, 1975; Leung, 2001), 우리는 특히 아동의 장르 지식에 관한 연구들에서 제기된 논점으로 논의를 초점화하고 자 한다.

아동의 장르 지식 및 장르적 특성에 대한 이해 발달의 본질은 무엇인가?

아동의 장르 지식 분야에서 가장 흔하게 제기되어 온 질문은 "아동의 장르 지식과 장르 특성에 대한 그들의 발전하는 이해/통제의 본질은 무엇인가?"이다. 이야기 지식에 관한 이 질문은 많은 학문 분야에서 많은 연구자들에 의해 제기되었다(예, Applebee, 1978; Chapman, 1994, 1995; Donovan, 2001; Donovan & Smolkin, 2002; Kamberelis, 1999; Kamberelis & Bovino, 1999; King & Rentel, 1984; Langer, 1986; Pappas, 1993; Pappas & Brown, 1987; Stein & Albro, 1997; Stein & Glenn, 1979; Stein & Policastro, 1984; Sulzby, 1985). 정보 전달 장르에 관한 이 질문은 더 적게 제기되어 왔으나 Chapman(1994, 1995), Donovan(2001), Donovan & Smolkin(2002), Duke & Kays(1998), Kamberelis(1999), Kamberelis & Bovino (1999), Langer(1985, 1986), Newkirk(1987), Pappas(1991, 1993), Tower(2002, 2003)를 포함하 여 연구자들의 수가 증가하는 추세이다. 그리고 이 질문이 일반적으로 체계 기능 언어학자들

로부터 영향을 받은 사람들에 의해 탐색된 장르에서는 나타나지 않았지만, 소수의 연구들은 아동의 시(詩) 이해 발달을 고찰해 왔다(예, Kamberelis, 1999; Schnoor, 2004).

서로 다른 과제들과 다른 방법론적 선택으로 아동의 장르 지식의 차이를 드러낼 수 있는가?

서로 다른 과제들은 서로 다른 수준의 인지적 능력을 요구한다는 가정 하에, 우리의 두 번째 질문은 아동의 장르 지식을 밝히기 위한 연구 과제의 역할과 관련된다. Englert et al.(1988)에서 제안했다시피 "상이한 텍스트 구조에 대한 촉진 효과는 상이한 과제, 표현 형태, 반응 형태 등으로는 추정할 수 없다."(p.144). Troia & Graham(2002)에서는 이러한 점을 보충하였는데, 이 연구에 따르면 이야기 쓰기에서 설득적인 에세이 쓰기로 전이가 일어나지 않음을 발견하였다. 따라서 유사하거나 상이한 과제를 활용한 연구들로부터 정보를 축적하는 것은 장르 지식 발달에 관한 이론을 만드는 데 매우 중요하다. 주지했다시피, 일부 연구에서는 아동의 지식에 관한 복합적인 인식을 얻기 위하여 다수의 과제를 활용했다(예, Cox & Sulzby, 1984; Donovan & Smolkin, 2002; Harste et al., 1984; Kamberelis & Bovino, 1999; King & Rentel, 1984; Langer, 1985, 1986; Purcell-Gates, 1988; Sulzby et al., 1989). 복수의 과제 사용은 어느 정도 단단하게 확립된 아동의 장르 개념에 관한 통찰을 제공했다. 그리고 어떤 의미에서 이 복수의 과제들은 기능 요소들이 서로 연결되어 있다기보다 분리되어 있다고 보는 위험한 시각을 피할 수 있게 해 주었다(Smagorinsky, 1995).

또한 방법론적 선택의 일부는 아동이 생산할 수 있는 것(암묵적 지식)과 분명하게 표현할 수 있는 것(명시적 지식)을 연결할 것인가와 관련된다. 여기서 검토된 대다수의 연구들이 아동의 암묵적 지식에 초점을 맞추고 있다. 반면 다양한 수준의 명시적인 통제가 요구되는 여러 과제에서 수집된 정보들을 살펴보면, 초등학생들이 학업에서의 성공을 거두기 위해 긴요하게 요구되는 두 가지 장르에 대한 명시적이고 암묵적인 지식에 대한 통찰을 얻을 수 있으며 가능한 교수적 지원에 대한 실마리 역시 찾을 수 있다. 이러한 암묵적인 지식과 명시적인 지식의 관계는 지금까지 소수의 연구들(Donovan & Smolkin, 2002; Kamberelis, 1999; Smolkin & Donovan, 2004)에서 다루어져 왔으며 이들 연구자들은 장르 특징에 관한 명시적 설명을 요구하는 것을 비롯하여 다양한 연구 방법을 활용했다.

어떻게 해야 각 장르에서 아동의 장르 지식과 쓰기 발달을 위한 최상의 지원을 할 수 있는가?

중요하지만 비슷하게 잘 드러나지 않은 분야가 아동의 장르 지식 발달을 최상으로 지원하는 방법을 탐색하는 연구이다. 상대적으로 더 적게 발표된 데이터 기반 연구들은 초등학생들의 경험이나 특정 장르에 대한 현시적 교수법을 제공하는 문제에 대해 언급해 왔다(Duke & Kays, 1998; Fitzgerald & Teasley, 1986). 보다 적은 연구들은 여전히 서로 다른 장르로 글을 쓰기 위한 실질적인 교수 지원을 언급하고 있다(예, Gordon, 1990; Lewis, Wray, & Rospigliosi, 1994; Troia & Graham, 2002).

아동의 장르 지식과 쓰기 발달 연구에서 얻어진 주요 결과

아동의 장르 지식 그리고 장르 특성 인식의 발달

아동은 여러 장르에 대해 서로 다른 경험을 가지고 있으며 서로 다르게 노출되어 있다.

많은 연구에서는 가정에서 아동들이 갖는 서로 다른 장르에 대한 읽기와 쓰기의 노출과 경험에 대해 서술하고 있다(예, Pellegrini, 1991; Purcell-Gates, 1996; Taylor & Dorsey-Gaines, 1988; Teale, 1986). 다른 연구들은 학교에서의 장르 경험을 살펴왔고(Caswell & Duke, 1998; Chapman, 1994, 1995; Duke, 2000; Pappas, 1993; Smolkin & Donovan, 2001; Smolkin, Donovan, & Lomax, 2000), 정보전달 텍스트에 대한 아이들의 선호에 있어 복합적 장르 경험의 영향력에 대해 고찰하였으며(Caswell & Duke, 1998; Horowitz & Freeman, 1995; Smolkin et al., 2000), 장르 지식을 조사했다(Duke & Kays, 1998; Pappas, 1991). 본고에서는 인과관계에 따른 주장을 인정하는 방식을 취하지는 않으나, 특정 장르에 대한 빈번한 노출은 장르 지식의 증가와 관련이 있을 것이라고 볼 수 있다.

갑자기 발생하는 장르 지식

아주 어린 아이들일지라도 서로 다른 목적으로 구어를 사용한다(예, Halliday, 1975). 어린 아이들에게 서로 다른 문어 장르에 대한 인식이 생겨나는 것을 입증되기도 하였다(Chrisyie, 1984; Kroll, 1991; Newkirk, 1989; Pappas, 1991, 1993; Pappas & Brown, 1987; Pontecorvo, 1997; Purcell-Gates, 1988; Zecker, 1999). 그리고 아이들은 작문 목적에 따라 적절한 문어 장르에 가깝게 글을 쓴다(Bissex, 1980; Chapman, 1994; Harste et al., 1984). 또한 많은 아동들은 유치원 시기에 이미 장르 지식이 확립된다는 점이 알려졌는데, 이는 낙서 등 비관습적으로 쓴 글과 축약된 텍스트를 통해 확인할 수 있다(예, Donovan, 2001; Donovan & Smolkin, 2002; Kamberelis, 1999; Kamberelis & Bovino, 1999; Newkirk, 1987; Pappas, 1993; Sulzby, 1985). 이 연구들은 이야기 책(Pappas, 1991, 1993; Pappas & Brown, 1987; Purcell-Gates, 1988; Sulzby, 1985)이나 정보를 전달하는 책(Duke & Kays, 1998; Pappas, 1991, 1993)을 읽는 과정에서 유치원 아동들과 더 어린 아이들이 적절한 언어 사용역(registers)을 활용한다는 점을 보여줌으로써 어림 읽기 연구를 보완했다. 이는 쓰기 발달은 필수적으로 장르 지식을 요구한다는 Kress(1994)의 관점에 부합한다. 왜냐하면 쓰기의 특정한 목적들은 특정한 언어 구조로 이루어져야 하기 때문이다. 따라서 그는 아동의 장르 지식이 철자와 구두법 관습의 통제만큼이나 중요하다고 본다.

아동의 장르 지식과 쓰기의 미시적 특징

Halliday의 체계 기능 언어학적 전통을 따르는 연구자들(Christie, 1986; Kamberelis, 1999; Martin, 1984; Martin & Rothery, 1986; Pappas, 1991, 1993; Pappas & Brown, 1987; Pappas et al., 1999; Rothery, 1984, 1989)은 이야기와 정보전달 장르에서 언어 특성과 어휘문법에 관한 아동의 이해에 대한 통찰을 제공해 왔다. 이와 같은 전통과 다른 것(구두 스토리텔링, 어림 읽기, 쓰기 형성 단계에서의 읽기, 초기 쓰기)의 연구자들은 아동들이 이야기(Donovan, 1997; Kamberelis, 1999; Pappas, 1993; Pappas & Brown, 1987; Purcell-Gates, 1988; Sulzby, 1985)와 정보전달 장르(Cox, 1991; Duke & Kays, 1998; Kamberelis & Bovino, 1999; Newkirk, 1987; Pappas, 1991, 1993; Wollman-Bonilla, 2000)의 미시적 특성을 알고 있음을 증명해 왔다. 그들은 또한 다양한 쓰기 장르의 미시적 지식은 이른 시기에 발달하고 나이가 들수록 복잡해진다(예, Applebee, 1978; Kamberelis, 1999; Langer, 1986; Stein & Albro, 1997)는 것과 특정 장르에서 늘어난 경험에 대해 기술하였다(Duke & Kays, 1998; Pappas, 1993). 지식의 양이 늘어남에 따라, 초등학교 단계에서 다양한 장르 사용의 필요성에 대한 인식이 커졌지만, 이러한 미시적 연구는 지금까지 교사들에게 학생들의 쓰기 발달 지도와 관련한 구체적 정보를

거의 제공하지 못했다.

아동의 장르 지식과 쓰기에서 거시적 특징

아동은 그들이 구두로 생산한 이야기(예, Hasan, 1984; Stein & Albro, 1997; Stein & Glenn, 1979)와 정보전달 장르에 대한 어림읽기 관련 연구(Pappas, 1991, 1993)나, 그들의 문어 텍스트(Chapman, 1994; Donovan, 2001; Donovan & Smolkin, 2002; Kamberelis & Bovino, 1999; Langer, 1986; Newkirk, 1987; Wollman-Bonilla, 2000)를 통해 거시적 특성의 지식을 지니고 있음을 보여주었다. 문해와 관련된 다양한 영역에서 거시 수준의 특성과 관련하여 증대된 능력이 많은 연구에서 증명되어 왔다(Grabe, 2002 참조).

중간 형식을 지나서 보다 원숙한 형식으로 나아가는 아동의 접근

많은 연구자들이 적절한 교수법을 진단하기 위해 교사가 학생의 현재 능력을 측정할 수 있는 장치를 개발하기 위해 노력해 왔다. 연구자들은 이러한 목적을 위해 Newkirk(1987)가 명명한 쓰기의 시작과 성숙한 형식 사이에 존재하는 중간 형식, 단계, 수준을 구체적으로 설명하고자 했다. 예를 들어, Rothery(1984)는 동료인 Martin과 함께 만든 발달적 장르 유형 분류 체계(developmental genre typology)에 관해 기술했다. Britton et al.(1975)에서와 같이, Rothery와 Martin은 쓰기를 시작점으로부터의 발생(emerging)으로 서술했는데, 이는 설명과 서사로 나뉘는 관찰 논평(observation comment)에 해당한다. 그들은 모형이 제공된다면, 설명적인 글쓰기로 나아가는 것이 서사적 글쓰기보다 어렵지 않다고 주장하였다. 발달의 일반적 속성에 대한 성찰의 기회를 제공하기는 했지만, 여전히 발달적 장르 유형 분류 체계나 Britton et al.(1975)는 과도기 형식에 대한 지도를 안내할 만큼 충분하고 세부적인 정보를 제공해 주지 못했다.

Langer(1986)는 3, 6, 9학년 학생들의 이야기와 보고서에 대한 읽기와 쓰기의 연구에서, Meyer(1975)의 산문 분석 체계 방식을 활용한 3학년 시기에 이미 아동들은 이야기 구조와 보고서 구조 모두에 대한 이해가 충분히 발달했음을 발견했다. 그러나 이 연구의 아동들이 이야기와 정보 전달 텍스트 생산의 훌륭한 토대를 갖추고 있다고 하더라도(이야기에 관한 지식이 더 많았다), 3학년과 9학년 사이에 받은 교수는 두 장르 모두에서 복합적인 글쓰기의 실질적 성장을 위해 필요한 지원을 제공하지 못한 것으로 보인다. 이 연구로부터, Langer

(1992)는 '간단한 설명'에서 시작해 궁극적으로 '변호(defence)의 관점'을 구성하는 아동의 보고서 쓰기 과정을 창안했다. Langer(1992)는 이야기 쓰기 과정을 만들지는 않았다.

Newkirk(1987), Chapman(1994, 1995), Donovan(2001), Donovan & Smolkin(2002)은 텍스트 조직의 거시적 수준에 대한 Langer(1986, 1992)의 연구를 따랐고, 이야기와 정보 전달 텍스트의 내용 간 관계를 보여 주기 위하여 시각 도표를 활용하였다. 초등학교 학생들이 비서사적 텍스트를 쓸 수 있다(Chapman, 1994; Donovan, 2001; Donovan & Smolkin, 2002)는 많은 증거를 제시하는 것 외에, 이들 연구들은 아동의 비서사적 텍스트에 대한 풍부한 설명을 제공했다. 뿐만 아니라 서로 다른 장르의 과도기적(transitional) 형식 발달에 관한 통찰을 부가적으로 제공해 주었다.

방법론적 선택이 결과에 강한 영향을 준다.

일반적으로 복합적인 방식을 활용한 연구들은, 아이들이 보다 많은 지원이 제공되는 과제를 수행할 때 보다 많은 능력을 보여준다는 사실을 발견했다(Donovan & Smolkin, 2002; Harste et al., 1984; Kamberelis & Bovino, 1999; King & Rentel, 1984). King & Rentel(1984)은 1학년과 2학년을 대상으로 구술하거나 글로 쓴 창작 이야기와 바로 전에 소리내어 읽은 동화에 대한 어림 읽기를 조사하였다. 이 과제들은 문어 산출 과제의 어려움을 증명하였다. 왜냐하면 어림 읽기 이야기는 구술된 이야기보다 복합적이었고, 구술된 이야기는 글로 쓴 이야기보다 복합적이었기 때문이다. Kamberelis & Bovino(1999)는, 약간의 예외를 제외하고는, 아동들이 보다 낮은 비계를 제공하는 과제(새로운 텍스트 쓰기)일 때보다 보다 높은 비계를 제공하는 과제(친숙한 텍스트 쓰기)가 주어질 때, 좀 더 복합적인 이야기와 정보전달 텍스트를 작성한다는 사실을 발견했다. 이러한 결과를 토대로, 그들은 "비계로서 문화적 산물에 의지하는 것은 비록 아동이 그러한 지식을 분석하거나, 말로 표현하거나, 비평할 수는 없을지라도, 아동이 지닌 특정 담론 영역에서 텍스트적, 상호 텍스트적, 맥락적 지식을 나타내고 활성화하는 것처럼 보인다."(p.163)라고 제안한다.

우리가 복합적인 과제를 사용한 연구를 하며 발견한 것은 다음과 같다(Donovan & Smolkin, 2002). 첫째, 비계는 좀 더 정교한 산출물을 돕고 가능하게 했다. 둘째, 비계는 능력 실제로 학생의 글쓰기를 제한하는 것처럼 보인다. 셋째, 아동은 자신에게 맞는 비계의 형식을 요구한다. 아동은 더 낮은 비계가 제공된 과제에서보다 어림 읽기와 같은 보다 높은 비계가 제공된 과제에서 조직적으로 좀 더 정교한 이야기 텍스트를 작성할 수 있었다. 아동들은 상호텍스트적 관련성을 활용하여 그들이 이미 알고 있는 텍스트를 쓰는 과정에서 지원을 발견했으며(예, Cairney, 1990), 이는 Kamberelis & Bovino(1999)의 학생들에게 좀 더 복잡한 텍스트 작성을 가능하게 했다. 그러나 정보를 전달하는 책을 "어림 읽기"를 하는 과제에서 우리가 선정한 텍스트는 지나치게 단순화된 형식이어서 초등학교 고학년 학생들은 그들의 어림읽기 역시 매우 단순하게 수행했다. 결국 더 낮은 수준의 비계를 제공하는 과제에서보다 더 낮은 장르 지식을 보여 주었다. 그렇다면 확실히 과제는 능력의 발현을 제약할 수도 있다.

아동의 장르 지식 발달에 대한 지원과 서로 다른 장르에서의 쓰기 능력 발달

Fitzgerald & Teasley(1986)는 서사 글쓰기 교수의 효과에 대한 연구가 거의 없다는 것에 주목하였다. 약 18년이 흐른 지금도 상황은 별로 바뀌지 않았다. 서로 다른 장르들에 대한 아동의 쓰기 능력과 지식에 관한 질적이고 기술적인 연구는 급격하게 수가 늘었지만, 다양한 장르에서 초등학생들의 글쓰기에 미치는 장르 교수의 영향력에 관해서 발표된 준실험연구나 실험연구(통제집단과 사전-사후 검사가 있는)는 현재까지 매우 적다. 우리는 그에 관해 단 하나의 연구(Troia & Graham, 2002)를 찾았는데, 이는 다른 연구들과 달리 특정 장르에서 아동의 발달을 지원하기 위한 교수적 접근을 취하고 있다. 이러한 점을 고려하여 우리는 교수, 쓰기, 그리고 장르 지식에 대하여 배울 수 있었던 점을 제시하고자 한다.

특정 장르에 대한 반복적인 노출을 포함하는 연구

이 연구에 따르면 특정한 책을 세 번 반복해 읽는 것만으로도 특정한 이야기(Pappas & Brown, 1987; Pappas, 1993)와 정보전달(Pappas, 1991, 1993) 장르 특성의 활용을 지원해 줄 수 있으며 여러 달에 걸친 끊임없는 노출은 장르 지식을 증가시키는 데 기여한다(Duke & Kays, 1998)는 점을 지적했다.

교수를 포함하는 연구

장르 특성의 명시적 지도가 초등학생들의 쓰기 능력에 미치는 영향을 고찰한 소수의 연구들은 주로 이야기(예, Fitzgerald & Teasley, 1986), 설명문(Englert et al., 1988; Lewis et al.,

1994), 시의 텍스트 구조를 학생들에게 지도하는 데 초점을 맞추어 왔다(Schnoor, 2004). 다른 연구들에서는 작문 과정의 서로 다른 구성 요소들을 위해 전략에 대한 현시적 교수를 제공함으로써 작문의 절차적 지식에 주목해 왔고(예, Englert et al., 1991; Gordon, 1990; Troia & Graham, 2002) 그리고 그러한 교수법이 다양한 장르에 대한 아동의 작문 능력에 미치는 영향을 규명했다.

이 연구들의 결과는 서사적 이야기 구조, 설명 텍스트 구조, 그리고 시에 대한 직접적 지도가 이들 장르에 대한 아동의 이해와 능력을 이끌어 낸다는 점을 보여준다. 예를 들어 Schnoor(2004)는 교사들로 하여금 3~4세의 미취학 아동들에게 시의 다양한 하위 장르를 제시하게끔 했다. Schnoor는 시를 회상하고 시의 장르적 요소에 대해 논의하는 능력이 나이에 따라 차이가 있음을 발견했다. 또한 서로 다른 유형의 텍스트를 작성 과정에서 전략의 현시적 교수법을 다룬 연구를 통해 교육을 받은 학생들이 그렇지 않은 학생들보다 기량이 뛰어남을 발견했다.

장르 지식 발달 및 여러 장르의 쓰기 발달에 대한 실천과 후속 연구를 위한 함의

우리는 장르 지식이 발생한다는 것과 특정 장르에서 늘어나는 경험이 그 장르에 대한 아동의 지식과 연결될 가능성이 있다는 것을 알고 있다. 우리는 전형적인 학교 장르의 미시적이고 거시적인 특성과 아동의 발전적 장르 개념의 중간형에 대해 알게 되었다. 우리는 방법론적 선택이 이 분야의 연구 결과에 영향을 미친다는 것도 이해하였다. 결국 우리는 다양한 장르에서 아동의 장르 지식과 쓰기 발달을 지원할 수 있는 최상의 방법을 더욱 배워야 한다는 것을 알게 되었다. 다음으로 우리는 후속 연구와 교실 실천을 검토한 연구의 함의를 고찰해 보고자 한다.

다양한 장르에 노출

이 장에서 살펴본 연구들은 여러 장르에 대한 어렸을 때부터의 지속적인 경험은 다양한 장르를 읽고, 쓰고, 논의하는 과정에서 아동이 활용하는 장르 지식의 토대를 제공한다는 것을 암시한다. 가장 이른 시기의 학교 경험에서 초등학교 기간 내내 다양한 중요 장르를 읽고 쓰는 의미 있는 경험에 더 많이 노출되는 것이 유익하다는 것은 매우 타당한 결론이다. 하지만 특정 장르가 소개되는 시기는 언제가 가장 좋은지, 얼마나 많이 노출하는 것이 적절한지, 그리고 가장 의미 있는 경험은 무엇인지를 판단하는 후속 연구가 요구된다. 장르 지식 발달에 대한 더 많은 연구는 이러한 문제에 관한 이해를 도울 수 있을 것이다.

장르 지식의 발달

몇몇 발달적 연속체(continua)를 고려하면 학생들의 이야기는 보고서 쓰기에 교수적 도움을 주고자 하는 교사들에게 도움이 된다(Chapman, 1994; Donovan, 2001; Langer, 1999; Newkirk, 1987). 중간 형식을 강조하는 이들 연속체는, 학생 글쓰기에 대한 비계의 기반이 될 가능성이 있다. 그러나 우리는 다양한 환경에서의 아동의 장르 지식 및 쓰기 발달, 학생들이 갖게 되는 다양한 수준의 문해 활동 경험에 대해 더욱 많이 알아야 한다. 이러한 발달적 진행의 시작에 대한 질문에 답하기 위해서는 다양한 사회·문화적 배경에서 나이가 매우 어린 아동의 장르 지식/쓰기 발달을 장기간 조사할 필요가 있다. 이것은 복잡한 장르 형식에 관한 더 나은 능력을 이끌어내는 지원의 유형에 대해 보다 깊은 이해를 제공할 것이라는 점에서 중요 하다.

교실에서 장르 지식 발달 지원하기

연구 결과는 특정한 책을 다시 몇 번 읽음으로써 아동이 장르 특성을 활용하게 됨을 보여주고 있다(예, Pappas, 1991). 또한 특정 장르에 대한 지속적 노출은 그러한 요소와 관련된 보다 큰 능력을 이끌어낼 수도 있다(Duke & Kays, 1998). 그러나 장르 지식을 지원하기 위해 설계된 교수적 실천에 대한 연구는 많지 않다. 후속 연구에서는 다양한 장르에서 쓰기 지도를 위한 교사의 접근 방식을 상세히 기술하는 것뿐만 아니라 아동의 성장을 명확하게 보고하기 위한 측정을 포함할 필요가 있다.

교사가 갖추어야 하는 지식의 중요성

수많은 연구가 아동이 장르에 대해 알고, 장르에 대해 경험하는 것이 필요하다는 것을 지적해 왔다. 이에 따라 교사들에게는 학생들의 주의를 집중시켜야 하는 장르적 특성을 아는 것이 더욱 중요해졌다. 장르에 대한 지식은 읽기와 쓰기를 위한 학생들의 장르 발달을 어떻게 지원할 것인가를 결정할 때 가장 중요한 변수이다. 그렇지만 교사의 장르 지식과, 학생의 장르 지식 발달을 돕는 교사의 능력을 연결하여 다룬 연구는 아직 수행되지 못했다. 아동에게 비계와 적절한 경험을 제공하는 교사의 교수 능력에 대한 전문적 발달의 효과를 조사하는 연구가 요구된다.

이 분야의 연구가 진행됨에 따라 우리는 장르 유형에 관한 이른 시기의 개인차, 상이한 장르에 대한 노출의 속성, 성공적인 문어 의사소통과 관련한 아동의 성장을 위한 교수적 지원 방안에 대해 알게 될 것이다. 우리는 이 확장된 지식이 기초가 되기를 기대한다.

참고문헌

Applebee, A. (1978). *The Child's concept of story: Ages 2 to 17.* Chicago: University of Chicago Press.

Bamberg, M. (1985). *Form and function in the construction of narratives: Developmental perspectives.* Unpublished doctoral dissertation, University of California, Berkeley.

Bartlett, F. (1932). Remembering: *A study in experimental and social psychology.* New York: Cambridge University Press.

Baumann, J. F., & Bergeron, B. S. (1993). Story map instruction using children's literature: Effects on first grader's comprehension of central narrative elements. *Journal of Reading Behavior, 25,* 407-437.

Berman, R. A., & Slobin, D. I. (1994). *Relating events in narrative: A crosslinguistic developmental study.* Hillsdale, NJ: Erlbaum.

Berkenkotter, C., & Huckin, T. (1993). Rethinking genre from a sociocognitive perspective. *Written Communication, 10,* 475-509.

Bissex, G. L. (1980). GNYS AT WRK: *A child learns to write and read.* Cambridge University Press.

Boscolo, P. (1996). The use of information in expository text writing. In C. Pontecorvo, M. Orsolini, B. Burge, & L. B. Resnick (Eds.), *Children's early text construction* (pp. 209-227). Mahwah, NJ: Erlbaum.

Britton, J., Burgess, T., Martin, N., McLeod, A., & Rosen, H. (1975). *The development of writing abilities*

(11-18). London: Macmillan.

Cairney, T. H. (1990). Intertextuality: Infectious echoes from the past. *Reading Teacher,* 43, 478-485.

Calkins, L. M. (1986). *The art of teaching writing.* Portsmouth, NH: Heinemann.

Caswell, L. J., & Duke, N. K. (1998). Non-narrative as a catalyst for literacy development. *Languages Arts,* 75, 108-117.

Cazden, C. (1998). *Classroom discourse: The language of teaching and learning.* Portsmouth, NH: Heine-mann.

Chapman, M. L. (1994). The emergence of genres: Some findings from an examination of first grade writing. *Written Communication,* 11, 348-380.

Chapman, M. L. (1995). The sociocognitive construction of written genres in first grade. *Research in the Teaching of English,* 29, 164-192.

Christie, F. (1984). Varieties of written discourses. *In Children writing: Reader* (pp. 11-51). Geelong, Australia: Deakin University Press.

Christie, F. (1986). Writing in schools: Generic structure as ways of meaning. In B. Couture (Ed.), *Functional appoaches to writing: Research perspectives* (pp. 221-240). Norwood, NJ: Ablex.

Clay, M. M. (1975). *What did I write?: Beginning writing behavior.* Portsmouth, NH: Heinemann.

Cope, B., & Kalantzis, M. (1993). *The powers of literacy: A genre approach to teaching writing.* Pittsburgh: University of Pittsburgh Press.

Cox, B., & Sulzby, E. (1984). Children's use of reference in told, dictated, and handwritten stories. *Research in the Teaching of English,* 18, 345-366.

Cox, B. E. (1991). Children's Knowledge of organization, cohesion, and voice in written exposition. *Research in the Teaching of English,* 25, 179-218.

Dixon, J. (1987). The question of genres. In I. Reid (Ed.), *The place of genres in learning: Current debates* (pp. 9-21). Geelong, Australia: Deakin University Press.

Donovan, C. A. (2001). Children's development and control of written story and informational genres: Insights from one elementary school. *Research in the Teaching of English,* 35, 452-497.

Donovan, C. A., & Smolkin, L. B. (2002). Children's genre Knowledge: An examination of K-5 students' performance on multiple tasks providing differing levels of scaffolding. *Reading Research Quarterly,* 37, 428-465.

Duke, N. K. (2000). 3.6 minutes per day: The scarcity of informational texts in first grade. *Reading Research Quarterly,* 35, 202-224.

Duke, N. K., & Kays, J. (1998). "Can I say 'once upon a time'?": Kindergarten children developing Knowledge of information book language. *Early Childhood Research Quarterly,* 13, 295-318.

Dyson, A. H. (1983). The role of oral language in early writing processes. *Research in the Teaching of English,* 17, 1-30.

Dyson, A. H. (1999). Coach Bombay's kids learn to write: Children's appropriation of media material for school literacy. *Research in the Teaching of English,* 33, 367-402.

Elster, C. A., & Hanauer, D. I. (2002). Voicing texts, voices around texts: Reading poems in elementary school classrooms. *Research in the Teaching of English,* 37, 89-134.

Englert, C. S., Raphael, T., Anderson, L., Anthony, H., Stevens, D., & Fear, K. (1991). Making strategies and self-talk visible: Cognitive strategy instruction in writing in regular and special education classrooms. *American Educational Research Journal,* 28, 337-373.

Englert, C. S., Stewart, S. R., & Hiebert, E. H. (1988). Young writers' use of text structure in expository text generation. *Journal of Educational Psychology,* 80, 143-151.

Fitzgerald, J., & Teasley, A. B. (1986). Enhancing children's writing through instruction in narrative structure. *Journal of Educational Psychology,* 78, 424-432.

Gordon, C. J. (1990). A study of students' text structure revisions. *English Quarterly,* 23, 7-30.

Gordon, C. J., & Braun, C. (1985). Metacognitive processes: Reading and writing narrative discourse. In D. L. Forrest-Pressley, G. E. MacKinnon, & G. Waller (Eds.), *Metacogntion, cognition, and human performance* (pp. 1-75). New York: Academic Press.

Grabe, W. (2002). Narrative and expository macrogenres. In A. M. Johns (Ed.), Genre in the classroom: Multiple perspectives (pp. 249-267). Mahwah, NJ: Erlbaum.

Graham, S., & Harris, K. R. (1993). Self- regulated strategy development: Helping students with learning problems develop as writers. *Elementary School Journal,* 94, 169-182.

Graves, D. H. (1975). An examination of the writing processes of seven year old children. *Research in the Teaching of English,* 9, 227-241.

Halliday, M. A. K. (1975). *Learning how to mean: Explorations in functions of language.* London: Edward Arnold.

Harste, J. C., Woodward, V. A., & Burke, C. L. (1984). *Language stories and literacy lessons.* Portsmouth, NH: Heinemann.

Hasan, R. (1984). The nursery tale as a genre. *Nottingham Linguistic Circular,* 13, 71-102.

Heath, S. B. (1983). *Ways with words: Language, life, and work in communities and classrooms.* New York: Cambridge University Press.

Hicks, D. (1990). Narrative skills and genre knowledge: Ways of telling in the primary grades. *Applied Phycholinguistics,* 11, 83-104.

Horowitz, R., & Freeman, S (1995). Robots versus spaceships: The role of discussion in kindergartners' and second graders' preferences for science text. *Reading Teacher,* 49(1), 30-40.

Kamberelis, G. (1998). Relationships between children's literacy diets and genre development: You write what you read. *Literacy Teaching and Learning,* 3, 7-53.

Kamberelis, G. (1999). Genre development and learning: Children writing stories, science reports, and poems. *Research in the Teaching of English,* 33, 403-463.

Kamberelis, G., & Bovino, T. D. (1999). Cultural artifacts as scaffolds for genre development. *Reading*

Research Quarterly, 34, 138-170.

King, M., & Rentel, V. (1984). Transition to writing. In F. Christie (Ed.), *Children writing: Reader* (pp. 57-64). Geelong, Australia: Deakin University Press.

Kress, G. (1982). *Learning to write.* New York: Routledge.

Kress, G. (1994). *Learning to write*(2nd ed.). New York: Routledge.

Kress, G., & van Leeuwen, T. (1996). *Reading Images: The grammar of visual design.* London: Routledge.

Kroll, L. R. (1991, August). *Meaning making: Longitudinal aspects of learning to write.* Paper presented at the Annual Meeting of the American Psychological Association, San Francisco, CA. (ERIC Document Reproduction Service No. ED 340 043)

Labov, W., & Waletzky, J. (1967). Narrative analysis. In J. Helm (Ed.), *Essays on the verbal and visual arts* (pp.12-44). Seattle: University of Washington Press.

Langer, J. A. (1985). Children's sense of genre: A study of performance on parallel reading and writing tasks. *Written Communication,* 2 157-187.

Langer, J. A. (1986). *Children reading and writing: Structures and strategies.* Norwood, NJ: Ablex.

Langer, J. A. (1992). Reading, writing, and genre development: Making connections. In M.A. Doyle & J. Irwin (Eds.), *reading and writing connections* (pp. 32-54), Newark, DE: International Reading Association.

Leung, C. (2001). A cognitive anthropological perspective on first-graders' classifications of picture storybooks. *Reading Psychology*, 22, 17-40.

Lewis, M., Wray, D., & Rospigliosi, P. (1994).... And I want it in your own words. *Reading Teacher,* 47, 528-536.

Mandler, J. M., & Johnson, N. S. (1977). Remembrance of things parsed: Story structure and recall. *Cognitive Psychology,* 9, 111-151.

Martin, J., & Rothery. J. (1980). *Writing Project Report* No. 1. Sydney: Department of Linguistics, University of Sydney.

Mandler, J., & Rothery. J. (1981). *Writing Project Report* No. 2. sydney, Australia: Department of Linguistics, University of Sydney.

Martin, J. R. (1984). Language, register and genre. In F. Christie (Ed.), *Children writing: Reader* (pp. 21-30). Geelong, Australia: Deakin University Press.

Martin, J. R. (1989). *Factual writing: Exploring and challenging social reality.* Oxford, UK: Oxford University Press.

Martin, J. R. & Rothery, J. (1986). What a functional approach to the writing task can show reachers about "good writing." In B. Couture (Ed.), *Functional approaches to writing: Research perspectives* (pp. 241-265). Norwood, NJ: Ablex.

Martin, J. R. & Veel. R. (Eds.). (1995). *Reading science.* London: Routledge.

Meyer. B. J. F. (1975). *The organization of prose and its effects on memory.* Amsterdam: North-Holland.

Newkirk, T. (1987). The non-narrative writing of young children. *Research in the Teaching of English*, 21,

121-44.

Newkirk, T. (1989). *More than stories: The range of children's writing.* Portsmouth, NH: Heinemann.

Pappas, C. C. (1991). Young children's strategies in learning the "book language" of information books. *Discourse Processes.* 14, 203-222.

Pappas, C. C. (1993). Is narrative "primary"?: Some insights from kindergartners' pretend readings of stories and information books. *Journal of Reading Behavior,* 24, 97-129.

Pappas, C. C., & Brown, A. (1987). Young children learning story discourse: Three case studies. *Elementary School Journal,* 87, 455-466.

Pappas, C. C., Keifer, B. Z., & Levstick, L. S. (1999). *An integrated language perspective in the elementary School* (2nd ed.). New York: Longman.

Pellegrini, A. D. (1991). A critique of the concept of at risk as applied to emergent literacy. *Language Arts,* 68, 380-385.

Pontecorvo, C. (Ed.). (1997). *Writing development: An interdisciplinary view.* Philadelphia: John Benjamin.

Propp, V. (1968). *Morphology of the folktale* (L. Scott, Trans.) Austin: University of Texas Press.

Purcell-Gates, V. (1988). Lexical and syntactic knowledge of written narrative held by well-read-to kindergartners and second graders. *Research in the Teaching of English,* 22, 128-160.

Purcell-Gates, V. (1996). stories, coupons, and the TV guide: Relationships between home literacy experiences and emergent literacy knowledge. *Reading Research Quarterly,* 31, 406-428.

Raphael, T. E., & Kirschner, B. W. (1985). *The effects of instruction in comparison/contrast text structure on sixth-grade students' reading comprehension and writing products* (Research Series No. 161). East Lansing: Michigan State University, Institute for Research on Teaching.

Rosenblatt, L. (1938). Literature as exploration. New York: Appleton-Century.

Rothery, J. (1984). The development of genres: Primary to junior secondary school. In F. Christie (Ed.), *Children writing: Reader* (pp. 67-114). Geelong, Austalia: Deakin University Press.

Rothery, J. (1989). Learning about language. In R. Hasan & J, R. Martin (Eds.), *Language development: Learning language, learning culture* (pp. 199-256). Norwood, NJ: Ablex.

Rumelhart, D. (1975). Notes on a schema for stories. In D. Bobrow & A. Collins (Eds.), *Representation and understandings* (pp. 211-236). New York: Academic Press.

Schnoor, D. J. (2004). *"Sing it, um, say it, um, read it again!": Poetry and preschool children's meaning making responses.* Unpublished doctoral dissertation, University of Virginia, Charlottesville.

Smagorinsky, P. (1995). The social construction of data: Methodological problems of investigating learning in the zone of proximal development. *Review of Educational Research,* 65, 191-212.

Smolkin, L. B., & Donovan, C. A. (2001). Comprehension acquisition and information book read alouds in a first grade classroom. *Elementary School Journal,* 102, 97-122.

Smolkin, L. B., & Donovan, C. A. (2004). Developing a conscious understanding of genre: The relationship between implicit and explicit knowledge during the five-to-seven shift. *National Reading Conference*

Yearbook, 53, 385-399.

Smolkin, L. B., Donovan, C. A., & Lomax, R. G. (2000). Is narrative primary?: Well, it depends....National Reading Conference Yearbook, 49, 511-520.

Sowers, S. (1985). The story and the all-about book. In J. Hansen, T. Newkirk, & D. Graves (Eds.), Breaking ground (pp. 73-82). Portsmouth, NH: Heinemann.

Stein, N. L., & Albro, E. R. (1997). Building complexity and coherence: Children's use of goal-structured knowledge in telling stories. In M. Bamberg (Ed.), Narrative development: Six approaches (pp. 5-44). Mahwah, NJ: Erlbaum.

Stein, N. L., & Glenn, C. G. (1979). An analysis of story comprehension in elementary children. In R. Freedle (Eds.), New directions in discourse processing (pp. 53-120). Hillsdale, NJ: Erlbaum.

Stein, N. L., & Policastro, M. (1984). The concept of a story: A comparison between children's and teachers's perspectives. In H. Mandle, N. L. Stein, & T. Trabasso (Eds.), Learning and comprehension of text (pp. 113-155). Hillsdale, NJ: Erlbaum.

Sulzby, E. (1985). Children's emergent reading of favorite storybooks: A developmental study. Reading Research Quarterly, 20, 458-481.

Sulzby, E., Barnhart, J., & Hieshima, J. (1989). Forms of writing and rereading: A preliminary report. In J. Mason (Ed.), Reading and writing connections (pp. 31-61). Needham Heights, MA: Allyn & Bacon.

Taylor, D., & Dorsey-Gainnes, C. (1988). Growing up literate: Learning from inner-city families. Portsmouth, NH: Heinemann.

Teale, W. H. (1986). Home background and young Children's literacy development. In W. H. Teale & E. Sulzby (Eds.), Emergent literacy: Writing and reading (pp. 173-206). Norwood: Ablex.

Tower, C. (2002). "It's a snake, you guys!": The power of text characteristics on children's responses to information books. Research in the Teaching English, 37, 55-88.

Tower, C. (2003). Genre development and elementary students' informational writing: A review of the literature. Reading Research and Instruction, 42(4), 14-39.

Troia, G. A., & Graham, S. (2002). The effectiveness of a highly explicit, teacher-directed strategy instruction routine: Changing the writing performance of students with learning disabilities. Journal of Learning Disabilities, 35, 290-305.

Unsworth, L. (1998). "Sound" explanations in school science: A functional linguistic perspective on effective apprenticing texts. Linguistics and Education, 9, 199-226.

Unsworth, L. (2001). Teaching multiliteracies across the curriculum: Changing contexts of text and image in classroom practice. Philadelphia: Open University Press.

van Leeuwen, T. (2000). It was just like magic: A multimodal analysis of children's writing. Linguistics and Education, 10, 273- 305.

Wollman-Bonilla, J. (2000). Teaching science writing to first graders: Genre learning and recontextualization. Research in the Teaching English, 35, 35-65.

Wray, D., & Lewis, M. (1995). Extending interactions with nonfiction texts: An EXIT into understanding. *Reading,* 29(1), 2-9.

Zecker, L. B. (1999). Different texts, different emergent writing forms. Language Arts, 76, 483-90.

제10장
동기와 쓰기

Suzanne Hidi & Pietro Boscolo

쓰기 동기에 대한 심리학적 개념화는 비교적 최근에 발전되었고, 지난 25년간 발전해 온 쓰기에 대한 이론적 관점과 다양한 동기 이론의 영향 아래 계속해서 변화해 왔다. 이 장에서는 연대순으로 이러한 발전을 소개하고 이를 심도 있게 서술해 보고자 한다.

쓰기에 관한 심리학적 연구는 공식적으로 1970년대 후반부터 시작되었는데, 이때는 일부 인지주의 학자들이 쓰기, 특히 설명적 쓰기를 정보 처리와 문제 해결 전략의 관점에서 하나의 능력으로 '규명한' 시기이다. 흥미롭게도 여기에는 쓰기의 동기적 측면인 쓰기 불안에 관한 몇몇 초기 심리학 연구들이 포함되어 있다(Daly & Miller, 1975a, 1975b). 쓰기의 인지적 측면에 대한 관심이 증가함에 따라 쓰기 불안 연구가 상대적으로 제약을 받았는데, 그럼에도 불구하고 쓰기 불안 연구는 1980년대에 독자적인 노선으로 성장하면서 지속적으로 수행되어 왔다.

쓰기의 주된 연구가 인지에 초점을 맞추어 왔으므로 1980년대 쓰기 연구자들은 쓰기의 동기적 측면 내지 정의적인 측면을 외면하거나 무시했다(예를 들어, Boscolo, 1995; Hayes, 1996; Hidi, 1990). 쓰기 과정 모형 중에서 널리 알려진 Hayes & Flower(1980)의 모형에는 핵심적인 요인으로 자리를 잡지 못하고 '동기화 단서'처럼 동기가 단지 쓰기 과제 환경의 구성 요소 중 하나로 포함되어 있을 뿐이다. 여기에서 말하는 '동기화 단서'는 학생들이 쓰기 과제를 진지하게 받아들이도록 교사가 사용하는 엄숙한 표현과 같은 것을 뜻한다.

쓰기 발달 연구 역시 쓰기의 인지적 측면에 주목해 왔다. 예를 들면, Bereiter &

Scardamalia(1987)에서는 쓰기 동기를 전혀 언급하지 않았다. 1980년대에 필자의 요구, 태도, 신념, 그리고 의도에 대한 고려가 필요하다고 주장하는 연구자도 있었다(예를 들어, Beach & Bridwell, 1984). 그러나 쓰기를 인지주의 관점으로 다루는 것이 주된 경향이었고, 이러한 경향은 쓰기의 동기적 측면 내지 정의적 측면에 대해서는 단지 암묵적으로만 기여하였을 뿐이다.

쓰기의 초인지적 측면과 쓰기 과정의 복합성에 주목함으로써 인지주의 연구자들은 쓰기에서의 자기 효능감과 자기 조절을 다루는 연구 방법을 모색하였다. 1980년대 동기 연구의 눈부신 발전은 쓰기 연구에 영향을 주었다. 이 때는 쓰기 흥미에 관심을 둔 연구자들과 자기 효능감에 관심을 둔 연구자들이 쓰기는 인지적 과정이자 초인지적 과정일 뿐만 아니라, 정서적인 요소들을 수반하는 복합적 활동이라는 것을 증명한 시기였다. 쓰기의 초인지적 측면과 정서적 측면의 통합은 자기 조절 및 자기 조절의 동기적인 의미에 대한 연구에서 심도 있게 탐구되었다. 이러한 발전적 성과가 Hayes(1996)의 모형에 반영되면서 쓰기 과정의 재개념화가 이루어졌으며 동기의 다양한 변인들도 더욱 중요한 역할을 갖게 되었다.

1980년대에 문해 및 문해 학습에 대한 사회 구성주의자들의 접근은 Vygotsky의 학풍과 언어와 인지에 관한 문화적 연구의 영향 아래에서 발전하였다. 이러한 접근에서는 쓰기를 인지 능력이라기보다는 문화적 활동으로 보았다. 따라서 이러한 접근은 쓰기 동기의 전통적인 연구와는 상당히 다른 관점을 제시하였다. 그러나 뒤에서 살펴보겠지만, 자연스러운 환경에서 쓰기에 대한 강조, 협동적 쓰기, 의사소통으로서 쓰기의 대화적 측면 등과 같은 몇 가지 사회 구성주의의 특징들은 높은 동기적 가능성을 가지고 있다. 이 접근에 따르면, 쓰기 동기는 학교나 심리학 연구에서 학생들에게 부여되는 쓰기 과제의 한 '변인'이 아니라, 쓰기가 의미 있고 진정한 활동이라는 상황 맥락에 깊이 뿌리를 내리고 있는 것이다.

최근에, Bruning & Horn(2000)은 쓰기에 대한 학생들의 긍정적인 신념 기르기, 진정한 쓰기 목표와 상황 맥락 신장하기, 학생들에게 쓰기를 지원하는 상황 맥락 제공하기, 그리고 긍정적인 정서의 교실 환경 창출하기가 학생들의 쓰기 동기를 결정하는 조건이라고 주장하였다. 이는 쓰기에 대한 학생들의 신념이 교육 요인 및 환경 요인과 상호작용한다고 보는 통합적 관점이다. 우리 역시 이러한 조건에 관심이 있다. 우리는 이 장의 제목을 '쓰기에 대한 동기'가 아니라 '동기와 쓰기'라고 붙였다. 왜냐하면 우리의 목적은 쓰기에 대한 학생들의 동기를 발달시키는 데에 기여하는 조건을 규명하는 것뿐만 아니라, 한편으로는 쓰기 연구와 동기 연구 사이의 관계를 포함하여 이 주제에 대한 최신 이론을 제공하려는 것이기 때문이다.

동기 문제로서의 쓰기

쓰기 동기와 관련된 특별한 문제가 주어졌을 때(Hidi, Berndorff, & Ainley, 2002), 상대적으로 이를 다룬 연구가 거의 이루어지지 않았다는 점이 관심을 불러일으켰다. Nolen(2003)이 언급했듯이, 독자와 달리 필자는 텍스트를 소비하는 것이 아니라 텍스트를 생산하거나 창조한다. 독자는 텍스트에 의해 읽기가 지속될 수 있도록 동기화하는 것이 가능하다. 독자는 텍스트와의 관련성을 만들어 냄으로써 정보를 저장할 수 있으며, 이미 저장된 정보와 연결하기 위해서 글쓴이가 제공하는 아이디어를 선택할 수 있다. 이와 비슷하게 과학과 수학 문제들도 학생들과 상호작용할 수 있는 정보를 제공한다.

이에 비해 필자는 최소한의 쓰기 환경 및 교과 과정의 투입만으로 글을 써야 한다. 예를 들어, 화제가 주어졌을 때 생성된 아이디어와 텍스트는 지식을 필요로 하는데, 이 지식은 필자가 끌어올 수 있는 인지 자원에 기반을 둔 것이어야 한다. 쓰기의 전제 조건이 되는 지식 요인뿐만 아니라, 과제가 복잡하다는 점, 즉각적인 피드백이 없는 단독 활동이라는 점, 과제가 완수될 때까지 지속적인 노력이 요구된다는 점도 쓰기 동기에 불리하게 작용할 수 있다(Zimmerman & Risemberg, 1997). 연구자들은 흥미, 자기 효능감, 자기 조절, 그리고 쓰기의 사회적, 문화적 특성의 이론적 관점에서 이러한 동기 문제를 이해하는 데에 주목해 왔다. 이 장에서는 이러한 사항을 차례로 살펴보고자 한다.

흥미와 쓰기

흥미는 사람과 그들의 환경 간에 상호작용을 하는 동안 발생하는 심리적 상태일 뿐만 아니라, 동기적 변인으로 정의되며 강화된 관심, 집중, 그리고 정서에 의해 특성화된다. 또한 흥미라는 용어는 대상, 사건, 그리고 생각과 같은 특정 내용에 몰두하는 비교적 지속적인 경향성을 가리킨다. 인지주의 동기 이론들과는 대조적으로, 흥미 이론에서 흥미는 언제나 정의적이고 인지적인 요소를 모두 가지는 것으로 간주되었다. 정서가 흥미의 본래적인 구성 요인이라는 가정과 생물학적인 기반을 바탕으로 한다는 점은 흥미가 동기의 다른 구성 요인들과 구별되는 중요한 특성이다(Hidi, 2003). 따라서 흥미를 경험하는 것은 인지와 결합하거나 통합된다고 가정할 수 있는 경험이 시작되는 순간부터 긍정적인 정서를 수반한다(Hidi & Renninger, 2004; Krapp, 2000, 2003; Renninger, 2003). 흥미의 다른 일반적인 특성은 흥미의 내용 혹은 대상 특수성이다. 사람들은 전체적으로 흥미 있는 것보다는 특정 활동, 대상, 주제, 과제, 혹은 텍스트의 일부에 흥미를 가진다(Alexander & Murphy, 1998).

선행 연구는 흥미가 개인의 인지적 수행과 정서적 경험에 강력하고 긍정적인 효과를 가진 동기 변인 중 하나라는 것을 증명했다(Hidi, Renninger, & Krapp, 2004; Hoffman, Krapp, Renninger, & Baumert, 1998; Renninger, Hidi, & Krapp, 1992; Schiefele, 1998). 비록 학습 작문에 대한 흥미의 긍정적인 영향이 개인 차원과 지식 차원에서 충분히 밝혀졌지만, 선행 연구는 흥미가 쓰기 수행을 향상시키는 데 어떻게 효과적으로 이용될 수 있는지는 밝혀내지 못했다. 밝혀내지 못했던 이유는 연구자들이 흥미 발달의 다양한 형태와 단계를 구분 짓지 못했기 때문이다(Hidi & Renninger, 발간 중[1]).

학습에서 흥미가 기능하는 2가지 구별되는 방식이 있다는 점이 밝혀지면서, Hidi는 동료 연구자들과 함께(예를 들어, Hidi, 1990; Hidi & Anderson, 1992; Hidi & Baird, 1988) 이 2가지 범주는 흥미라는 심리 상태가 사람들에게 일어날 수 있는 2가지 다른 방식에 대한 반응이라고 주장했다. 첫째, 상황적 흥미(situational interest)는 개인의 지식과 가치 체계에 대해 오랜 기간 영향을 미치거나 혹은 미치지 않는 정서적인 반응을 나타내며, 주의 집중에 초점을 맞춘 환경적인 어떤 것에 의해 다소 급작스럽게 발생한다(Murphy & Alexander, 2000 참고). 두 번째 범주인, 개인적인 흥미(individual interest)는 이중적 의미를 가지고 있다. 그것은 사건과 대상에 참여하려는 심리적 상태와 상대적으로 지속하려는 성향을 의미하며, 활동에 재참여 하는 것도 동시에 의미한다(Krapp, 2000; Renninger, 2000). 이러한 성향은 느리게 발달하고, 오랫동안 지속되는 경향이 있으며, 강화된 지식 및 가치와 결합되는 경향을 보인다(Renninger, 1992, 2000).

일찍이 연구자들은 상황적 흥미와 개인적 흥미 사이에 차이점이 있음을 인식했음에도 불구하고, 현상을 두 갈래로 구분 짓지 않았다. 연구자들은 이 2가지가 여러 영역에서 겹친다고 보았다(Hidi & Harackiewicz, 2000; Hidi, 2000, 2001). 더욱이 연구자들은 흥미라는 심리적인 상태를 만들어 내는, 환경적으로 유발된 흥미 있는 참여의 경험들과, 성향과 같은 개인적인 흥미의 발달 사이에 발달적인 연결 고리가 있다고 보았다(Hidi & Anderson, 1992; Hidi &

---

1) [역주] 이후 출판되었으며 서지 사항은 다음과 같다. Hidi, S., & Renninger, K. A. (2006). The four-phase model of interest development. Educational psychologist, 41(2), 111-127.

Renninger 2006; Krapp, 2002; Renninger, 2000; Silvia, 2001). 특히 Hidi & Renninger(2006)는 흥미 발달이 4단계로 구성된다고 주장하였다. 이 모형에 따르면, 첫 번째 단계는 특정 내용에서 유발되는 상황적인 흥미이다. 두 번째 단계로, 유발된 상황적 흥미가 유지될 경우, 이를 지속적인 상황적 흥미라고 말하며 이는 서서히 발전한다. 세 번째 단계의 흥미는 서서히 개인적인 흥미로 전환되고, 흥미 있는 내용에 대한 개인의 '호기심 어린 질문들'에 힘입어 지식이 축적된다(Renninger, 2000). 나아가 이러한 흥미는 흥미 있는 내용을 확인하고 자기 조절하려는 노력을 증가시킨다(Hannover, 1998; Krapp, 2000, 2003; Todt & Schreiber, 1998). 네 번째 단계는, 잘 발달된 개인적인 흥미라고 말할 수 있는데, 개인은 향상된 자기 조절 능력을 갖게 되고 배경 지식을 확장하며 내용에 대한 높은 가치를 갖게 된다. 이러한 쓰기에 대한 네 가지 발달 단계의 관련성은 다음과 같이 더 깊이 있게 논의된다.

상황적이고 개인적인 흥미에 더하여 몇몇 연구에서 연구자들은 학문적인 수행에서의 화제 흥미(topic interest)의 영향에 주목하였다. 화제 흥미의 정의는 명확하지 않다. 초창기 연구에서 일부 연구자들은(예를 들어, Hidi & McLaren, 1991) 화제 흥미를 상황적 흥미의 한 형태로 간주하였다. 후속 연구에서 화제 흥미는 개인적 흥미의 하나로 인식되었다(예를 들어, Benton, Corkill, Sharp, Downey, & Khramtsova, 1995; Schiefele, 1996; Schiefele & Krapp, 1996). 최근에 연구자들은 화제 흥미가 어떤 경우에는 개인적인 흥미와 밀접하게 연결되며, 다른 경우에는 상황적인 흥미와 연결된다고 지적하였다(Hidi, 2001). 그리고 Ainley, Hidi, & Berndorff(2002)는 상황적인 흥미와 개인적인 흥미가 모두 화제 흥미에 기여할 수 있다는 것을 실증적으로 증명하였다.

화제에 대해 필자가 느끼는 흥미의 역할에 대한 평가는 화제 흥미가 개념화되는 다양한 방법과 그것이 어떻게 측정되었는가에 의해 복잡하게 얽혀있다. 쓰기 수행에서 화제의 영향력을 조사한 첫 번째 연구에서, Hidi & McLaren(1991)은 6학년 학생들을 대상으로 높고 낮은 흥미 수준을 보이는 화제들로 글을 쓰게 하였다. 이러한 선택은 다양한 화제의 흥미에 대한 필자들의 선행 평가에 기초한 것이다. 결과 데이터는 흥미로운 화제가 주어졌을 때 학생들의 쓰기 동기가 향상된다는 것을 보여주었지만, 이 쓰기 동기가 필연적으로 쓰기 수행을 개선시키는 결과를 가져오지는 않았다. 이 데이터에 대한 분석은 지식 요인이 학생들이 생산한 글의 질에 중요한 역할을 한다는 것을 보여주었다(Boscolo & Mason, 2000; Tobias, 1994). 예를 들면, 어린 아동은 우주여행이라는 화제에 흥미를 보인다. 그러나 화제에 대해 축적된 지식이 없다면 적절하게 글을 쓸 수 없다.

연구자들은 아무리 흥미로운 화제일지라도 개인이 충분한 내용 지식을 갖추고 있지 않다면 쓰기에서 어려움을 겪을 수 있다고 결론지었다. 한편으로, Renninger, Ewen, & Lasher(2002)는 개인적인 흥미가 있는 것으로 확인된 화제(예를 들어, 개인의 지식과 가치를 증가시키는 화제)가 글에 포함되면, 11세 아동은 떠올린 내용을 더 길게 재구성하며 글을 쓰려는 경향이 있고, 글의 의미에 더 많은 정성을 들이게 된다. Hidi & McLaren(1991) 이전에 이루어진 연구에서는 발생하고(혹은 발생하거나) 유지된 상황적인 흥미만이 관심을 끌었지만, Renninger et al.(2002)에서는 발생하고(혹은 발생하거나) 잘 발달된 개인적 흥미에도 관심을 두게 되었다.

흥미, 지식, 서사적인 글쓰기에 대한 Benton et al.(1995)의 연구에서는 흥미 측정을 위해 다른 형태를 사용하였다. Renninger et al.(2002)이 저장된 지식을 개인적인 흥미의 한 구성 요소로 간주하는 반면에, Benton et al.(1995)은 흥미와 지식을 분리된 방식으로 다루었다. 이 연구에서는 9학년 학생들과 대학생들에게 야구에 관한 이야기를 쓰게 하였다. 학생들이 글쓰기를 마친 후, 화제에 대한 지식과 흥미 정도를 측정하였다. 흥미 측정은 야구에 대한 학생들의 흥미를 묻는 7점 평가 척도와, 야구 경기를 직접 하거나 시청한 경험을 묻는 5가지 질문으로 구성되었다. 흥미 측정 결과를 바탕으로 하여 참가자들은 흥미가 높은 집단과 낮은 집단으로 배치되었다.

연구 결과는 지식과 흥미가 분명히 관련이 있더라도, 그것이 쓰기 수행에 영향을 주는 방식은 다르다는 것을 보여주었다. 예를 들면, 개인적인 흥미와 화제 지식이 둘 다 계획하기 과정에 영향을 준다고 해도, 오직 지식만이 생산된 텍스트의 흥미로움을 예측할 수 있었다. 어떤 개인이 특정 화제에 대해 높고 낮은 수준의 개인적 흥미를 가진다는 것을 입증하기 위해 이 연구의 연구자들이 한 가지 화제(야구)만 주고서 개인적인 흥미를 평가하였다는 점에 주목해 보자. 이러한 평가의 유형은 상황적인 흥미나 새롭게 생성된 개인적인 흥미를 유지하는 학생들과 잘 발달된 개인적인 흥미를 가진 학생들을 구별하지 않는다. Renninger et al.(2002)의 연구에서는 개인적 흥미의 상이한 수준을 규명하기 위해 더욱 상대적인 측정을 실시하였다. 이 연구의 참가자들은 해당 연령대의 학생들에게 흥미로울 것으로 판단된 40가지 활동에 대한 지식과 느낌, 그리고 실제 활동을 묻는 설문지를 작성했다.

Albin, Benton, & Khramtsova(1996)는 두 화제(야구와 축구)에 대한 대학생들의 흥미의 개인차가 서사적인 글쓰기와 어떻게 관련되는지를 조사하였다. 연구 결과는 화제 관련 아이디어가 성(性), 담화, 화제 지식을 통제하는 것과 같이, 야구에 대한 흥미가 쓰기의 측정과 유의한 상관을 가진다는 점을 보여주었다. 게다가 학생들은 상대적으로 흥미가 낮은 화제(축구)보다, 흥미가 높은 화제(야구)에 대해 더 많은 화제 관련 정보를 썼다.

지금까지 우리는 필자의 쓰기 내용에 대한 흥미 수준이 생산되는 글의 질에 미치는 영향에 대해 검토해 보았다. 그러나 쓰기 흥미가 개인 간에 다양하다는 점에서 또 다른 방법이 있다. 최근 몇 년 간 많은 학자들이 흥미로운 활동으로서 쓰기의 중요성에 주목하였다(Boscolo & Cisotto, 1997; Lipstein & Renninger, 발간 중[2]); Nolen, 2003, 출간 중[3]). Boscolo & Cisotto(1997)는 화제에 대한 흥미가 쓰기를 유도하고 활력을 불어 넣기는 하지만, 화제 흥미가 활동으로서의 쓰기에 대한 흥미를 보장하는 것은 아니라고 주장한다. 따라서 화제 흥미는 쓰기 흥미를 위한 필요조건은 될지 몰라도 충분조건은 아니라는 것이다. 이와 비슷하게, Nolen(2003, 2007)은 쓰기 동기는 주제에 대한 개인적인 흥미에서 기인하거나 생각과 느낌을 상호작용할 수 있는 성취감과 같은 긍정적인 감정을 동반하는 창조적인 노력의 경험과 관련된다고 하였다. Nolen은 자신의 연구가 읽기와 쓰기 활동을 단순히 목표를 위한 수단(즉, 학습 활동에 유용한 도구로서)으로 여기지 않았음을 강조하였다. 오히려 읽기와 쓰기가 학생들에게 어떻게 흥미로운 활동이 될 수 있을지에 관심을 가졌다. 쓰기에 대한 이러한 관점은 문해 습득(학습)에 대한 사회 구성주의적 접근으로 볼 수 있으며, 이 장의 후반부에 언급하고자 한다.

질적 방법을 사용하는 종단적 연구에서, Nolen(2003)은 상황적인 흥미에서 개인적인 흥미를 이끌어 내는 쓰기와 읽기의 발달 경로를 실험하였다. 1~3학년 학생들과 교사들을 그들의 교실에서 정기적으로 관찰하였으며, 읽기와 쓰기에 관해 매년 인터뷰를 실시했다. 뿐만 아니라, 문해 활동에 관한 현장 관찰 기록은 교실 상황과 학생 발달에 대한 부가적인 정보를 제공해 주었다. 연구의 결과는 읽기와 쓰기 모두의 경우에 상황적 흥미에서부터 더 긴 기간의 개인적인 흥미에 이르기까지 발달적인 향상이 있었다는 것을 보여주었다.

Lipstein & Renninger(2007)는 12~15세 학생들의 쓰기 흥미를 조사하고, 학생들의 흥미와 능력, 노력, 자기 효능감, 목표 간의 관계를 조사하였다. 이들은 학생들이 효과적으로 쓸 수 있도록 돕기 위한 요구 상황을 제안하였다. 이 연구에서는 설문지와 인터뷰에 대한 학생들의

---

2) [역주] 이후 출판되었으며 서지 사항은 다음과 같다. Lipstein, R., & Renninger, K. A.(2006). Putting things into words": The development of 12-15-year-old students' interest for writing. Motivation and writing: Research and school practice, 113-140.

3) [역주] 이후 출판되었으며 서지 사항은 다음과 같다. Nolen, S. B.(2007). The role of literate communities in the development of children's interest in writing. Writing and motivation, 241-255.

응답을 설명하는 과정에서 흥미 발달의 4단계 모델(Hidi & Renninger, 2006)을 이용하였다. 연구자들은 흥미 단계에 상관없이 모든 학생들이 쓰기가 수반하는 감정을 발달시키며 자기표현의 중요성을 깨닫는다는 것을 발견하였다.

그러나 연구 결과는 흥미 발달의 다양한 단계에 있는 학생들 간의 차이를 보여주었다. 예를 들면, 학생의 목표, 쓰기 과제가 요구하는 노력에 대한 인식, 쓰기를 긍정적인 경험으로 만들 수 있는 상황 등은 흥미 발달의 각기 다른 단계들 전체에서 다양했다. 쓰기에 대해 낮은 수준의 흥미를 가진 학생들은 과제를 완수하는 데 목적을 둔다(예를 들어, 과제를 가능한 빨리 끝내는 것). 쓰기에 대한 상황 흥미를 가진 학생들은 교사에 의해 규정된 어떤 것을 더 잘하는 데에, 그리고 좋은 점수를 얻는 데에 흥미를 나타낸다. 쓰기에 대해 개인적 흥미를 가지고 있는 학생들 역시 글을 잘 쓰고 싶어 하지만, 그들의 기준은 자신의 글에 대해 좋은 느낌을 갖는 것처럼 보다 더 자기 규정적인 특성을 지닌다.

쓰기 과제에 노력을 쏟으려는 학생들의 자발성은 흥미 발달의 모든 단계에서 비슷한 정도로 다양했다. 흥미롭게도 쓰기에 대해 흥미가 낮은 학생과 개인적인 흥미를 가진 학생 모두 쓰기 과제에 대해 많은 양의 노력을 쏟는 것으로 나타났지만 그 이유는 서로 달랐다. 흥미가 낮은 상태는 절차적 지식의 부족과 담화 지식의 부족과 동시에 일어나는 것으로 보인다. 쓰기에 대해 개인적인 흥미를 가진 학생들의 경우, 연구자들은 이러한 유형의 필자들이 명확한 계획을 세우지 않고 글쓰기에 착수하며, 그 결과 풍부한 아이디어를 구조화하고 조직하는 데 더 많은 시간을 필요로 한다고 추측했다. 이에 대한 다른 대안적 해석은 개인적 쓰기 흥미를 가진 학생은 쓰기와 관련된 담화 지식과 절차 지식을 넓히고, 타인을 위해 글을 발전시키기 위해 상당한 노력을 기꺼이 기울인다는 것이다. 지속적인 상황 흥미를 가진 학생들은 자신이 쓰기에 커다란 노력을 쏟고 있다는 점을 느끼지 못하였다.

흥미 발달의 다양한 단계의 학생들은 얼마나 쓰기를 좋아하는지와 자기 효능감을 느끼는지가 달랐다. 쓰기에 대한 낮은 흥미는 쓰기를 지루하고 고통스럽게 여기는 것과 상응하였다. 쓰기에 대한 개인적인 흥미를 가진 학생들은 그들이 얼마나 쓰기를 좋아하며 '정말 재미있는 일'이라고 느끼는지에 대해 말하였다. 이러한 두 집단의 학생들은 각각 강한 부정적인 감정과 긍정적인 감정을 보여준다. 이와는 대조적으로, 지속적인 상황적 흥미를 가진 학생들은 강한 감정을 표현하지 않는다. 이제부터 다룰 주제인 자기 효능감에 대한 서술은 흥미 발달과 정적인 관련이 있다.

자기 효능감과 쓰기

자기 효능감은 어떤 수준으로 수행할 수 있는 능력에 대한 개인의 신념과 판단을 나타내는 인지적 구인이며 활동의 선택, 노력, 수행에 영향을 준다(Bandura, 1986, 1997; Pajare, 1996; Schunk & Swartz, 1993; Zimmerman, 1989, 2000a). 자기 효능적인 개인은 참여하고자 하는 의욕이 더 높고, 열심히 하며, 어려움에 직면했을 때 자신의 능력을 의심하기보다는 부정적인 반응을 적게 하며 과제를 더 오래 지속시키고자 한다. 자기 효능감은 학생들이 수행하려고 선택한 학업 과제에 대한 도전 수준(예를 들어, Bandura & Schunk, 1981) 및 학생들의 수행과 소비되는 에너지로 측정되는 학생들의 노력(예를 들어, Multon, Brown, & Lent, 1991)을 예측하는 것으로 밝혀졌다. 인지에 기반을 둔 다른 동기 이론들처럼, 자기 효능감 이론은 정서를 인지 과정의 결과라고 여겼다(Meyer & Turner, 2002). 예를 들어, 향상된 자기 효능감은 스트레스와 불안감을 떨어뜨리는 결과를 보였다.

쓰기에 대한 자기 효능감은 특정 텍스트 유형을 생산하는 능력에 대한 개개인의 인식을 말한다(Pajares & Johnson, 1994; Pajares & Valiante, 1997; Schunk & Swartz, 1993; Zimmerman & Bandura, 1994). 쓰기 효능감과 쓰기 성과의 분명한 연관성은 지난 20년에 걸쳐 많은 연구에서 증명되어 왔다. 예를 들면, Schunk & Swartz(1993)은 4학년과 5학년 학생들의 쓰기 효능감과 쓰기 기능의 관계를 조사하였는데, 쓰기 효능감이 쓰기 기능과 전략 사용을 모두 높게 예측한다고 보고하였다. 그들은 연구 결과를 아래와 같이 정리하고 요약하였다. "쓰기에 대해 능숙하다고 느끼는 학생들은 자신의 가능성을 의심하는 학생들보다 쓰기를 더 선택하고, 쓰기에 더 노력을 들이고 쓰기 과제를 더 지속하려고 한다."(p.338).

이 연구의 부가적인 결과는 과정 목표와 학생들에게 주어진 진행 중인 피드백이 쓰기 전략 사용, 기능, 자기 효능감의 전이를 강화시켰다는 점이다. 다른 연구자들은 고학년 학생들의 쓰기 효능감이 쓰기에 대한 내적 동기를 예측할 수 있고, 쓰기 능력이 높거나 중간 수준인 경우에 자기 조절 과정을 예측할 수 있으며(Zimmerman & Risemberg, 1997), 성인들의 쓰기 효능감은 그들의 쓰기 수행을 예측할 수 있음을 증명하였다(McCarthy, Meier, & Rinderer, 1985; Pajares & Johnson, 1996; Shell, Murphy, & Bruning, 1989).

자기 효능감 정보는 다른 사람들의 피드백에서뿐만 아니라, 심리적 지표들을 포함하는 개인 스스로의 수행으로부터도 얻을 수 있다. 하나의 중요한 쟁점은 학생들이 자신의 자기 효능감을 얼마나 정확하게 판단하고 평가할 수 있는가 하는 점이다. Graham & Harris(1989)는 학습 장애 학생들이 창의적인 글쓰기를 할 수 있는지에 대해 비현실적으로 높은 자기 효능감 판단을 내렸다고 보고하였다. 학습 장애 학생들은 자기 효능감을 정확하게 평가하고 판단할 수 없음을 암시한다. 이 연구자들은 5학년과 6학년 학습 장애 학생들에 대한 자기 지도 전략 훈련이 쓰기 기능에서 유의미하고 지속적인 향상을 보인다는 점, 그리고 자기 효능감을 유의미하게 향상시킨다는 점을 증명하였다. Graham & Harris(1989)는 자신의 능력을 정확하게 평가하는 것은 중요한 초인지 기능이며, 어린 아동이나 학습에 문제가 있는 학생들은 자신의 문제와 수행을 평가하는 데 어려움을 겪는다는 결론에 도달하였다.

자기 효능감과 흥미

일부 연구자들이 향상된 자기 효능감이 흥미 향상을 가져온다고 주장하면서 이 둘의 연관성을 강조했음에도 불구하고, 흥미와 자기 효능감에 관한 연구는 각각 독립적으로 발전해 왔다(예를 들어 Bandura & Scuhnk, 1981; Zimmerman & Kitsantas, 1999). Hidi et al.(2002)에서는 흥미가 단순히 자기 효능감의 결과는 아니지만 두 변인은 밀접하게 관련되어 서로의 발달에 상호적으로 영향을 준다고 주장했다. 이론적인 수준에서, 흥미와 자기 효능감은 둘 다 내용 특수적이며 영역 특수적이다(Bandura, 1986; Krapp, Hidi, & Renninger, 1992; Pajares & Johnson, 1994; Renninger, 2002). 그러므로 어떤 영역에서도 두 가지 변인은 같은 배경 지식과 관련되며 발달 간에도 관련성이 있다.

경험적인 수준에서 Hidi et al.(2002)은 흥미와 자기 효능감 사이에 밀접한 관련이 있음을 증명하였다. 이들은 180명의 6학년 학생들을 대상으로 쓰기를 관찰하였으며 쓰기 효능감과 쓰기 선호가 일반적인지 아니면 장르 특수적인지, 이러한 변인이 쓰기에서의 일반적인 흥미와 관련이 있는지에 대해 조사하였다. 결과는 쓰기에 대한 학생들의 선호와 자기 효능감이 장르 특수적인 것으로 나타났다. 예를 들면, 학생들의 이야기 쓰기에 대한 선호와 자기 효능감은 요약문 쓰기의 그것과는 다르게 나타났다. 더욱이 쓰기에 대한 장르 특수적인 선호 및 자기 효능감과 일반적인 흥미 사이에는 정적 상관이 있었다.

발달적인 관점에서 흥미와 자기 효능감은 상호 관련이 있다. 한편, 자기 효능감 이론은 개인이 다른 사람이나 그들 자신의 활동으로부터 피드백을 받을 때, 이러한 정보는 그들이 유능하며 학습을 계속할 수 있다는 것을 보여줄 수 있기 때문에 자기 효능감을 강화시킨다고 주장한다(Bandura, 1986). 흥미로운 활동에 몰두하고 지속적으로 참여하는 것은 자기 효능감을 향상시키는 데 기여할 수 있는 부가적인 정보를 제공한다. 연구 결과는 학생들이 흥미를 가지고 활동에 참여할 때, 집중하고, 노력하고, 지속하며, 긍정적인 감정을 경험하는 경향이 있다는 것을 입증하였다(Ainley et al., 2002; Renninger, 2000). 이러한 참여로, 향상된 수행과 이에 상응하는 자기 효능감의 향상을 기대할 수 있는 것이다. 한편, 이 연구에 따르면, 자기 효능감이 높은 개인은 과제를 다룰 수 있는 능력이 있다고 스스로를 인식하며, 그 과제에 몰두하도록 스스로 동기화한다. 이러한 개인은 향상된 노력, 지속, 긍정적인 감정 반응을 보인다(Bandura, 1997; Zimmerman, 2000a). 따라서 개인이 과제에 대해 자기 효능감을 가질 때 애초에는 따분하게 여긴 과제일지라도 흥미에 긍정적인 영향을 준다.

쓰기의 자기 조절

쓰기는 다양한 인지적, 초인지적, 언어적 과정이 통합되어야 하기 때문에 특히 큰 노력을 요구하는 활동이다. 쓰기 과제를 부여받은 학생은 무엇을 어떻게 써야 할지뿐만 아니라, 시간 사용, 정보를 얻기 위한 출처 선택, 사용할 전략 등에 대한 결정을 내려야 한다. 요컨대 쓰기는 자기 조절을 필요로 한다. 이 장 초반에 인용한 인지적 모형들은, Hayes & Flower(1980) 모형의 계획 단계와 점검 기능, 그리고 Hayes(1996)의 수정 모형에서 텍스트 해석과 반성 같은 초인지적이고 수행 통제적인 요소를 포함한다.

그러나 자기 조절은 오직 인지적이고 초인지적인 문제인 것만은 결코 아니다. 비록 여러 이론의 관점에 따라 자기 조절이 다양하게 규정되지만(Zimmerman, 2000b; Zimmerman & Schunk, 2001), 자기 조절적인 학생들은 초인지적, 행동적인 면에서 활성화되어 있을 뿐만 아니라, 학습 목표를 이루는 데에 동기적으로 활성화되어 있다. 쓰기와 관련하여, 자기 조절은 쓰기 기능 향상과 그들이 생성한 텍스트 질 제고를 포함한 다양한 문식적 목표를 획득하기 위해 필자가 사용하는 자기 주도적인 사고, 감정, 행동과 관련이 있다(Zimmerman & Riseberg, 1997). 자기 조절적인 필자는 쓰기의 복합성을 성공적으로 잘 다룰 수 있는 사람이다. 전략을 사용하는 능력이 높은 필자는 더 높은 수준의 효능감을 느끼는 경향이 있다.

또한 높은 자기 효능감은 필자의 자기만족을 촉진하고 일반적으로 쓰기 과제와 쓰기에 대한 필자의 흥미를 자극한다(Graham & Harris, 2000). 1990년대에 Graham과 Harris은 다른 동료 연구자들과 함께(Graham, Harris, & Troia, 2000; Harris & Graham, 1996; Harris, Graham, Mason, & Saddler, 2002) 자기 조절 전략 발달(SRSD)이라는 쓰기 지도 프로그램을 구안했는데, 이 프로그램은 특히 쓰기에 미숙한 학생들을 돕는 데에 목적을 두었으며, 자기 조절적인 필자는 또한 쓰기를 '원하는' 필자라는 가정 하에 학생이 자기 조절적이고 목표 지향적인 필자가 되도록 하는 데에 목표를 두었다.

자기 조절은 동기 연구에서 중요한 영역임에도 불구하고 특정 영역에서의 자기 조절 전략 사용과 다른 동기 요인 사이의 관계를 다룬 실험 연구는 많지 않다. Zimmerman은 동료 연구자들과 함께(Zimmerman & Kitsantas, 1999, 2002; Zimmerman & Risemberg, 1997) Bandura(1986)의 사회 인지 모형에 따라 쓰기에서의 자기 조절을 분석했다. 핵심적인 개념으로, 이 연구자들은 자기 조절이 사람, 행동, 환경의 세 가지 요소들을 포함하는 것으로 보았다. 행동적인 자기 조절은 자신의 행동에 대한 관찰과, 목표에 도달하거나 성취기준에 도달하기 위해 그 행동을 수정하는 것을 의미한다. 환경적인 자기 조절은 환경으로부터 개인에게 돌아오는 피드백을 고려한다. 마지막으로, 내적인 자기 조절은 정서 상태(예를 들어, 불안 조절)와 인지적 과정(예를 들어, 기억 전략 사용)에 대한 개인적 활용과 관련된다.

이러한 전통적인 관점에 의거하여 Zimmerman & Risemberg(1997)는 유명한 작가들의 경험을 토대로 쓰기에서의 자기 조절 활동을 10가지로 유형화하였다. 이 활동은 앞서 목록으로 제시된 세 가지 요소에 따라 구분된 것이다. 필자는 적절한 쓰기 환경(예를 들어, 조용한 장소)을 선택, 적응, 수정함으로써 자신의 환경을 조절하고, 행동을 조절(예를 들어, 일정한 시간에 얼마나 많이 쓸 것인지 고려하거나 아이디어 생성을 돕기 위해 언어를 사용함으로써)하며, 쓰기 활동을 하는 동안 내적인 조절(예를 들어, 쓰기를 위한 시간을 할당하거나 쓰기 과제를 위해 특정한 목표를 설정함으로써)을 한다.

자기 조절적인 필자의 전략은, 쓰기의 회귀적 모형의 틀에서 동기와 정서적인 면에 대한 강조를 통해 설명될 수 있다(Zimmerman & Kitsantas, 1999, 2007). Hayes & Flower(1980)가 그러한 모형을 제시했다. 이들은 쓰기 과정의 회귀적 3단계를 계획(planning), 작성(transla-tion), 수정(revision)으로 분류했다. 이와 유사한 Rohman(1965)의 모형은 사전 계획(fore-thought), 수행(performance), 자기반성(self-reflection)의 단계로 구성된다. 쓰기 과정에서 상정된 이와 같은 단계들은 자기 조절 전략과 그와 관련되는 정서적인 상태와 동기적 과정을 설명할 수 있는 틀을 제공한다. 예를 들어, 쓰기에서 사전 계획 혹은 계획 단계에서, 무엇을 어떻게 쓸지에 대한 필자의 숙고와 관련된 인지적, 초인지적 과정은 필자의 동기 및 목표와도 관련되어 있다.

좀 더 구체적으로 살펴보면, 이 단계에서 필자는 자신의 자기 효능감(내가 이 쓰기 과제를 잘 해낼 수 있을까?), 결과에 대한 기대(나는 좋은 글을 쓸 수 있을까?), 흥미(나는 이 쓰기 과제를 하는 것을 좋아하는가? 이것은 나에게 쓰기 흥미를 유발하는가?), 숙달 목표(쓰기를 통해 나는 화제와 관련된 내 생각을 정교화한다)와 수행 목표(나는 우리 반에서 가장 훌륭한 글을 쓰고 싶다)를 처리할 수 있다.

또한, Zimmerman & Kitsantas(1999)의 분석은 자기 조절 전략에 대한 설명적 분류를 넘어, 쓰기에서 자기 조절의 발달적 순서에 초점을 맞추고 있다. 여기에는 네 가지의 진행 수준이 있다. 조절의 첫 번째 수준은 관찰(observation)이다. 이 수준에서 학습자는 모델을 관찰함으로써 정보를 얻는다. 예를 들어 교사가 몇 개의 단문을 복문으로 만드는 방법을 보여주고 학습자는 이를 관찰한다. 조절의 두 번째 수준은 모방(emulation)이다. 학생은 모델(예를 들어, 교사)의 수행을 시연하도록 배운다. 바꿔 말하면 이 수준에서 학생은 자동적으로 모델의 수행을 기초로 문장을 만들어 내려고 노력한다. 조절의 세 번째 수준은 자기 통제(self-control)이다. 이 수준에서 학생은 계획한 대로 특정한 전략을 사용하고 그 과정을 스스로 점검할 수 있다. 이 과정에서 동기의 주요 원천은 모델과 대등해지거나 능가할 수 있다는 의식을 기반으로 한 학생의 자기만족적인 반응이다. 네 번째 수준은 자기 조절(self-regulation)이다. 여기서 학생들은 다양한 내외적 조건에 그들의 수행을 적응시키는 것을 배운다. 자기 조절 수준에서의 동기의 주요 원천은 쓰기에 대한 높은 자기 효능감과 흥미이다. 자기 조절의 기본적인 측면은 과정(기능이 능숙한 수준에 도달하기 위해 거치는 단계인)에서 성취 목표 즉 필자가 성취하기를 원하는 목표(예를 들어, 정해진 단어 수를 초과하지 않게 요약문 쓰기)로 바꾸는 능력이다.

미숙한 필자는 숙달할 수 있을 때까지 하나의 전략을 사용한다. 이러한 학생(과 그들의 지도교사)의 목표는 하나의 과정(과정 목표)을 잘 배우는 것이다. 그러나 쓰기 과정이 자동화되면, 학생은 다른 종류의 목표(즉, 결과 목표)를 갖고 수행의 질을 스스로 검토할 수 있게 된다. 미숙한 필자에게는 과정 목표가 성취 목표보다 우선적이다. 왜냐하면 아직 미숙하므로 그들은 지도를 통해 배워야 하며 자기의 실수를 통해 배울 수는 없기 때문이다. 게다가 실수는 미숙한 학생들에게 좌절감을 느끼게 하고, 이는 처음 학습하는 단계에서는 특히 악영향을 미친다.

자기 통제 및 자기 조절 수준과 이들에게 미치는 동기 요인 간의 관계는 수정하기 기능의 획득에 관한 연구에서 분석되었다(Zimmerman & Kitsantas, 2002). 여고생들은 일련의 단문들을 하나의 깔끔한 복문으로 만드는 쓰기 과제를 부여받았다. 실험 참여자들은 과정 목표, 결과 목표, 전환 목표라는 세 가지 조건에 따라 집단으로 나뉘었다. 결과 목표 조건의 여학생들은 단문을 최소한의 단어를 사용하여 하나의 완전한 복문으로 고쳐야 했다. 즉, 초점이 과정에 있는 것이 아니라 목표(target)에 있었다. 과정 목표 조건의 여학생들은 과제를 수행하기 위해 따라야 하는 적절한 과정에 집중해야 했다. 전환 목표 조건의 학생들은 과정에 집중해야 했지만, 15분 후에 그 과정이 자동화될 때, 최소한의 단어를 사용해서 문장을 고쳐야 했다. 실험 결과에 따르면, 쓰기 과제를 가장 훌륭하게 수행한 학생들은 과정 목표에서 결과 목표로(자기 통제에서 자기 조절 수준으로) 전환한 학생들이었다. 이 조건에 놓인 학생들은 자기 효능감 신념이 가장 높았고, 자기만족의 수준도 매우 높았으며, 쓰기 과제에도 흥미를 느낀 것으로 보고되었다. 이와는 대조적으로, 결과에 초점을 맞추고 과정을 소홀히 한 참여자들은 실수의 원인을 자신의 낮은 능력에 돌리려는 경향이 있었으며, 수행에 대해 낮은 만족감을 보였다. 쓰기에 대한 이러한 부정적인 태도는 더욱 낮은 자기 효능감이 반영된 것이며, 쓰기 기능 습득에 대한 흥미를 감소시켰다.

후속 연구에서, Zimmerman & Kitsantas(2002)는 첫 번째(관찰)와 두 번째(모방) 수준 간의 관계, 즉 쓰기 수정하기 기능 습득에 미치는 모델링과 사회적 피드백의 영향에 관해 조사하였다. 이 연구는 두 수준 간의 상관성을 증명하는 것을 목적으로 하였으며, 특히 관찰 학습의 유형이 이후 학습과 모방 연습 중의 쓰기 기능에 대한 태도에 어떤 영향을 미치는지 주목하였다. 1999년 연구에서처럼, 동일한 쓰기 수정 과제가 적용되었다. 대학생들은 모델링과 사회적 피드백에 따라 나뉜, 여섯 가지 조건 중 하나를 부여 받았다. 우선 숙련 모델링, 대응 모델링, 모델링 없음으로 조건을 나누고, 이들은 각각 사회적 피드백의 유무로 분리되었다. 숙련 모델링 조건의 학생들은 실험자가 수정 전략을 (관찰 수준) 아무런 실수도 없이 어떻게 사용하는지를 관찰하였다. 반면에 대응 모델링 조건의 학생들은 점차 실수를 줄여나가는 것뿐만 아니라, 실수를 하고 고치는 것을 포함하는 전략을 시범 보인 실험자들을 관찰하였다. 모델링이 없는 조건의 학생들에게 OHP 스크린을 통해 연습(훈련) 문제들이 소개되었으며, 이어지는 유사한 과제를 위해 그것들을 학습할 것을 지시받았다. 관찰 단계 후에, 모든 학생들은 12개의 연습 문제들(모방 수준)을 풀어야 했다. 사회적 피드백 조건에서, 학생들은 그들의 수행 능력에 대해 실험자들로부터 긍정적인 피드백을 받았다. 반면에 사회적인 피드백이 없는 조건에서 학생들은 아무런 피드백도 받지 못했다. 연습 단계 이전에, 모든 참여자들에게 문제 해결에 대한 자기 효능감의 인식을 표현하도록 요구했다. 연습 단계 이후에, 그들은 자기 효능감, 쓰기 기능의 귀인, 자기만족, 그리고 흥미에 대한 사후 검사를 받았다.

대응 모델링 집단 학생들의 쓰기 기능은 숙련 모델링 집단에 비해 뛰어났고, 이들의 쓰기 기능은 모델링 없는 통제 집단보다 뛰어났다. 뜻밖에도 모든 모델링 집단들이 높은 수준의 자기 효능감을 보여준다는 점에서, 모방 단계 이전의 학생들의 자기 효능감 신념에는 유의미한 차이점이 없었다. 그러나 연습 중에 자기 효능감 신념은 결과에 따라 수정되었다. 대응 모델링 조건의 학생들은 숙련 모델링 집단 학생들에 비해 사후 검사 동안 자기 효능감이 더 적게 감소했음을 보여주었으며, 두 집단 모두 모델링 없는 집단보다 더 적게 감소한 것으로 나타났다. 대응 모델링 집단 학생들은 자기만족과 흥미에서 숙련 모델링 집단에 비해 높은 수준을 보여주었다.

Zimmerman & Kitsantas(1999, 2002)의 연구는 동기와 쓰기에 대한 연구에 중요한 기여를 하였다. 그들은 학생들에게 자기 조절 전략을 가르치는 것이, 심지어 자기 조절 발달의 초기 단계에서도, 학생들의 쓰기 수행 능력뿐만 아니라 자기 효능감을 포함해 그들의 쓰기 태도까지도 개선하는 데 공헌할 수 있다는 것을 증명하였다.

유의미한 활동으로서의 쓰기

쓰기에 대한 인지주의 경향의 연구들은, 계획하기에서 수정하기에 이르기까지 쓰기의 복잡한 과정에 참여하는 개인으로서 필자의 능동적인 역할을 강조해 왔다. 능동적인 처리자로서의 필자에 대한 강조는 내재적이긴 하지만 강한 동기적인 의미를 가진다. 전략적인 필자들, 다시 말해 쓰기의 어려움에 유능하게 대처할 수 있는 필자들은 긍정적인 자기 효능감 신념을 가지며, 자신들의 쓰기 수행에 만족하고, 기꺼이 새로운 과제에 참여하려고 한다. 이와는 대조적으로, 미숙한 필자들은 쓰기와 관련하여 낮은 자기 효능감 신념을 가지며, 불안감이나 두려움을 느낀다.

본질적으로 다소 독립적인 인지과정들과 언어 사용에 초점 맞춘 쓰기에 대한 관점은, 지난

20년 간 문해와 문해 학습에 대한 사회 구성주의적 접근의 발달과 대조를 이루었다. 사회 구성주의 접근은 사람들이 문해 활동 즉, 읽기, 쓰기, 읽고 쓴 것에 대한 비평이나 토의와 같은 구어 활동을 실천할 때 그 활동들이 각각의 의미와 기능을 갖는다는 맥락에서 이루어짐을 강조한다. 이러한 체제에서는, 읽기와 쓰기의 보편적인 능력은 없다. 단지 학교, 직장, 그리고 일상생활에서와 같이 그들이 수행하는 사회적이고 문화적인 맥락과 관련된 다양한 읽기와 쓰기가 있을 뿐이다. 따라서 문해(literacy) 활동은 의미 생성과 언어 사용의 개인적 행위보다 더 자주 발생한다. 만들어지고 사용되는 의미와 언어는 문해 활동이 행해지는 개인적이고 사회적인 맥락에서의 사회적인 정체성에 의해 형성된다(Kucer, 2001). 동일한 관점에서, 문해 학습은 단순히 읽고 쓰는 것을 배우는 것이 아니라, 학생들이 의미를 구성하는 연습의 한 양식이다.

일반적으로 사회 구성주의적인 접근은 교실 담화의 과정이 의미 생성 과정이라는 점에서 동기화된다고 가정한다(예를 들어, Englert, 1992; Gambrell & Morrow, 1996; Hiebert, 1994; Nelson & Calfee, 1998). 학생들은 교실 활동에 참여하면서, 읽기, 쓰기 및 다른 문해 활동의 기능을 배우며 읽고 쓸 수 있는 것이 무엇을 의미하는지를 이해하게 된다. 교사들에 의해 "외부적으로" 자극된 동기에 대해 비판해 온 Oldfather & Dahl(1994)은, 문해 활동의 내재적인 가치로부터 발생된 것으로서 동기의 개념을 제안하였다. 그것은 즉, 아동들이 의미의 사회적 구성에서 경험하는 사회 인지적이고 정서적인 과정으로부터 생겨난 것이다.

이 접근에 따르면, 읽기와 쓰기는 상당히 연관성 있는 수행이며, 동기적인 측면은 대개 문해 학습과 관련된 것으로 보인다. 그러나 지난 20년 간, 쓰기가 하나의 과정이라기보다는 유의미한 활동이라는 사회 구성주의적 생각은 쓰기 동기에 대한 개념화에서 여러 연구자들에 의해 받아들여졌다. 이에 반해 인지주의적 접근에서, 쓰기에 대한 동기는 필자의 인지적 자원에 의해 길러지고 지속되는 것이라고 보았고, 사회 구성주의적 접근에서는 쓰기가 스스로의 동기를 제공하는 유의미한 활동이라고 보았다. 쓰기는 교실 활동 및 개인 경험과 관련된 사고와 감정을 표현하고 나누는 것에 목적을 둘 때, 학생들에게 유의미하다. 쓰기의 이러한 다양한 기능들은 학습자와 필자의 공동체에서 협력과 관련된 인지적 장점들뿐만 아니라 정서를 나타내는 사회적 활동으로서의 쓰기에 대한 관점으로 통합된다. 교실 협동은 학생들이 학습자로서 그들의 정체성을 발견할 수 있는 담화 훈련의 공동체를 생성하기 위한 조건이다(예를 들어, Daiute, 1989; Higgins, Flower, & Petraglia, 1992; McLane, 1990; Morrow & Sharkey, 1993; Oldfather & Dahl, 1994).

그러나 유의미함은 쓰기를 요구하고 정당화화는 활동과의 관련성뿐만 아니라, 쓰기와 다른 학교 활동 및 교과 간의 밀접한 관련성에 달려있다. 비록 학교에서의 쓰기 상황이 언어 기능을 가르치는 것과 밀접하게 관련된 경향을 보일지라도, 쓰기는 과학, 사회 교과, 그리고 수학과 같이, 다시 말해 범교과적으로 다양한 주제들에서 여러 목적으로 사용될 수 있다(Petraglia, 1995). 지난 20년 동안, 바흐친주의자들의 장르 개념은 사회문화적으로 해석되는 상황에 대한 전형적 반응으로서, 쓰기 교육을 위한 고정되고 "일반적인" 모델로서 텍스트 유형의 아이디어와 대조를 이루어 왔다(Bakhtin, 1986; Berkenkotter & Huckin, 1993; Freedman, 1995; Dias, Freedman, Medway, & Parè, 1999). 이러한 관점에 따르면 학교 안팎의 반복적 상황만큼이나 많은 "유형"의 텍스트들이 존재하게 된다. 이러한 반복적 상황에서는 감정과 생각, 정보와 사건, 규칙과 지도를 표현하고, 정교화하고, 교류하기 위해 쓰기가 요구된다.

쓰기와 다른 교과 간의 밀접한 연결은 학습을 위한 쓰기(writing-to-learn)에 관한 몇몇 최근 연구에서 강조되어 왔는데, 이는 다양한 학교 과목을 학습하기 위한 도구로서 쓰기의 역할에 관한 것이다. 이러한 연구 주제는 일반적으로 쓰기의 동기적인 측면들이 도외시되어 왔음에도 불구하고 지난 20년 간 철저히 연구되어 왔다(Klein, 1999; Tynjälä, Mason, & Lonka, 2001). Mason & Boscolo(2000)는 초등학생들을 대상으로 과학 교과에서 개념적 변화를 창출하는 데에 목적을 둔 중재 연구를 수행하였다. 이 연구의 가설들 중 하나는 학생들이 과학을 학습하는 동안 쓰기에 상당히 몰두한다는 것인데, 이는 과학 수업에서의 쓰기는 쓰기에 대한 학생들의 태도 변화를 가져 올 수 있다는 것이다. 다시 말하면, 다양한 쓰기 활동(노트 필기, 실험에 대한 평가, 의문 표현, 종합하기 등)에 참여하는 학습자는 특정 텍스트 유형을 쓰는 데에 대한 흥미와 쓰기 유용성에 대한 인식 모두를 또한 증가시킬 것이다. 그 결과들은 쓰기의 유용함을 인식한 학생들에게 긍정적인 영향을 주고 쓰기가 개념적 변화를 가져오도록 돕는다는 것을 보여 주었다. 그러나 이 연구에서 제시한 특정 텍스트 유형을 쓰는 것에 대한 흥미에 관해서는 차이가 전혀 없었다.

9학년 학생들의 문학 수업에 관한 또 다른 중재 연구에서, Boscolo & Carotti(2003)는 문학 작품에 대한 학생들의 이해와 반응 측면에서는 쓰기 유용성의 긍정적인 효과를 발견하였지만, 동기 측면에서는 부분적인 효과만을 발견하였다. 이 연구에서, 쓰기는 또한 학생들이 문학을 심도 있게 이해하고 문학에 대한 그들의 감정과 느낌을 표현하도록 돕는 도구로 널리 이용되었다. 쓰기 활동의 유용성에 대한 학생들의 인식은 향상된 반면에, 쓰기 활동에 대한 그들의 흥미는 중재 이후에 유의미한 향상을 보이지 않았다.

이러한 결과에는 두 가지 해석이 가능할 것으로 보인다. 첫 번째는, 이 장에서 논의한 바와 같이 학교 쓰기 경험은 종종 학생들의 흥미를 끌지 못한다. 학생들은 쓰기를 어려운 학문적 활동이나 교사의 평가가 수반되는 두려운 활동으로 생각하게 되기 때문이다. 만약 그렇다면, 쓰기 활동에 대한 학생들의 흥미를 자극시키는 것에 목적을 둔 중재는, 학생들이 쓰기를 더욱 유용한 것으로 인식하게 만들지는 몰라도, 태도 면에서 변화를 가져오기에는 충분하지 않을 것이다. 이와 같이 유용성에 대한 지각은 동기적 변화의 한 측면일 수 있으며, 개인적인 흥미 발달의 앞선 단계이거나 혹은, 독립적인 것일 수 있다. 흥미에 대한 중재에 있어서 기대된 영향이 부족한 결과에 대한 가능성 있는 두 번째 이유는 측정과 관련된다. 쓰기에 대한 흥미가 자기 보고 질문지를 통해 측정될 때 어떤 효과도 나타나지 않는 반면, 중재의 끝 무렵에 학생들이 자유롭게 쓴 논평에 대한 분석은 다른 결과를 가져왔다. 논평 쓰기 조건에서 학생들은 다양한 주제의 학습에서 쓰기 경험에 대한 만족감을 표현했다. 이러한 결과들은 이 장에서 앞서 언급했듯이, 학교 활동에서의 흥미 연구가 갖는 중대한 문제는 평가 타당성의 문제에 해당하며, 이는 보통 제한된 자기 보고에서 기인할 것이라는 점을 짐작케 한다.

결론

이 장에서 우리는 동기와 쓰기라는 주제에 관한 최신의 연구를 살펴보았다. 동기에 관해서, 우리의 분석을 통해 밝혀낸 가장 중요한 연구 결과는 쓰기와 관련되는 결정적인 동기 변인들이 종전에 인식된 것보다 더 높은 상호 관련성을 갖는다는 것이다. 흥미, 자기 효능감, 자기 조절에 관한 연구의 결과들은 이러한 동기적 변인들의 활력성과 자기 표상적 측면들 사이에 밀접한 관련이 있음을 보여주었다. 대개, 흥미를 가진 필자는 또한 자기 효능감이 있으며 자기 조절적인 필자이다. 반면 능숙한 필자를 특징짓는 인지적 언어적 도구에 대한 숙련은 쓰기에 대한 필자의 긍정적인 동기적 태도를 향상시키거나 유지시키려는 경향이 있다. 그러나 이러한 변인들이 어떻게 발달하는지에 대한 더 깊은 후속 연구가 필요할 것이다. 예를 들면, 쓰기에 대한 인지적이고 정의적인 측면 간의 관계는 흥미 연구자와 자기 효능감 연구자에 의해 다르게 설명되며, 이 두 관점 간의 통합은 그 분야에서 유용할 것이다. 왜냐하면 흥미 연구자들은 흥미를 가진 필자들이 경험하는 긍정적인 정서에 주목하고, 자기 효능감 연구자들은 자기 효능감이 높은 필자들이 경험하는 불안과 스트레스의 감소에 주목하는 경향이 있으므로, 쓰기의 긍정적 및 부정적인 정의적 구성요인에 대해서도 다시 논의해 볼 필요가 있다.

쓰기 연구의 관점에서 볼 때, 문해 학습자 공동체에서 유의미한 활동으로서 쓰기에 대한 관점은 쓰기 흥미의 연구에 타당한 기여를 해왔지만, 이러한 접근과 관련된 몇 가지 질문들은 후속 연구를 필요로 한다. 한 가지 질문은 사회 구성주의적 접근에 따른 문해 활동의 실천으로 특징지어진 사회적 의미 구성의 동기 요인(흥미, 자기 효능감, 자기 조절)과 특히, 쓰기의 유의미성을 경험하는 상황이 실제로 학생들을 동기화할 수 있는가 하는 것이다. 또 다른 질문은 쓰기의 사회적인 측면에 대한 강조와, 이와 다소 모순적인 관점으로서 쓰기를 독자적인 노력으로 보는 관점 간의 관계이다. 쓰기 연구자들은 대부분의 학교 상황에서 필자가 일반적으로 그 자신 외에는 의존할 수 있는 자료가 거의 없다는 점에 유념해야 한다. 결론적으로, 통합의 특정 수준이 동기와 쓰기 연구의 일부 영역에서 이루어졌을지라도, 쓰기의 인지적 요인과 정의적 요인, 교수적 맥락에서 '동기를 유발하는' 특성들 사이의 관계에 관해 더욱 많은 연구가 이루어져야 한다.

참고문헌

Ainley, M., Hidi, D., & Berndorff, D. (2002). Interest, learning, and the psychological processes that mediate their relationship. *journal of educational psychology*, 94, 1-17.

Albin, M. L., Benton, S. L., & Khramtsova, I. (1996). Individual differences in interest and narrative writing. *Contemporary Educational Psychology*, 21 305-324.

Alexander, P. A., & Murphy, P. K. (1998). Profiling the differences in students' knowledge, interest, and strategic processing. *Journal of educational Psychology*, 90, 435-447.

Bakhtin, M. M. (1986). *Speech genres and other late essays*. Austin: University of Texas Press.

Bandura, A. (1986). *Social foundations of thought and action: A social-cognitive theory*. Englewood Cliffs, NJ: Prentice-Hall.

Bandura, A. (1997). Self-efficacy: The exercise of control. New York: Freeman.

Bandura, A., & Schunk, D.H.(1981). Cultivating competence, self-efficacy, and intrinsic interest through proximal self-motivation. *Journal of personality and social psychology*, 41, 586-598.

Beach, R., & Bridwell, L. S. (Eds.). (1984). *New directions in composition research.* New York:Guilford Press.

Benton, S. L., Corkill, A. J., Sharp, J. M., Downey, R. G., & Khramtsova, I. (1995), Knowledge, interest and narrative writing. *Journal of Educational Psychology*, 87, 66-79.

Bereiter, C., & Scardamalia, M. (1987). *The psychology of written composition.* Hillsdale, Nj: Er-baum.

Berkenkotter, C., & Huckin, T. N. (1993). Rethinking genre from a socio-cognitive perspective. *Written Communication,* 10, 475-509.

Boscolo, P. (1995). The cognitive approach to writing and writing instruction: A contribution to a critical appraisal. *Cahiers de psychologie Cognitive,* 14, 343-366.

Boscolo, P., & Carotti, L. (2003). Does writing contribute to improving high school students' approch to Literature? L1-*Educational studies in Language and Literature,* 3, 197-224.

Boscolo, P., & Cisotto, L. (1997, August). *Making writing interesting in elementary school.*

Paper presented at the seventh biannual meeting of the European Association for Research on Learning and Instruction, Athens, Greece.

Boscolo, P., & Mason, L. (2000, September). *Free recall writing: The role of prior knowledge and interest.* Paper presented at the Writing Conference 2000, Verona, Italy.

Bruning, R., & Horn, C. (2000). *Developing motivation to write. Educational Psychologist*, 35, 25-37.

Daiute, C. (1989). Play as thought: Thinking strategies of young writers. *Harvard Educational Review*, 59, 1-23.

Daly, J. A., & Miller, M. D. (1975a). The development of a measure of writing apprehension. *Research in the Teaching of English*, 9, 242-249.

Daly, J. A., & Miller, M. D. (1975b). Further studies in writing apprehension: SAT scores, success expectations, willingness to take advanced courses and se differences. *Research in the Teaching of English*, 9, 250-256.

Dias, P., Freedman, A., Medway, P., & Paré, A. (1999). *Worlds apart: Acting and writing in academic workplaces contexts.* Mahwah, NJ: Erlbaum.

Englert, C. S. (1992). Writing instruction from a sociocultural perspective: The holistic, dialogic, and social enterprise of writing. *Journal of Learning Disabilities*, 25, 153-172.

Freedman, A. (1995). The what, where, when, why, and how of classroom genres. in J. Petraglia (Ed.), *Reconceiving writing, rethinking writing instruction* (pp. 121-144). Mahwah, Nj: Erlbaum.

Gambrell, L. B., & Morrow, L. M. (1996). Creating motivating contexts for literacy learning. in L.Baker, P. Afflerbach, & D. Reinking (Eds.), Developing engaged readers in school and home communities (pp. 115-136). Mahwah, NJ: Erlbaum.

Graham, S., & Harris, K. R. (1989). Improving learning disabled students' skills at composing essays: Self-instructional strategy training. *Exceptional children*, 56, 201-214.

Graham, S., & Harris, K. R. (2000). The role of self-regulation and transcription skills in writing and writing development. *Educational psychologist*, 35, 3-12.

Graham, S., & Harris, K. R., & Troia, G. A. (2000). Self-regulated strategy development revisited: Teaching writing strategies to struggling writers. *Topics in Language Disorders*, 20, 1-14.

Hannover, B. (1998). The development of self-concepts and interests. In L. Hoffman, A. Krapp, K. A. Renninger, & J. Baumert (Eds.), *Interest and learning* (pp. 105-125). Kiel, Germany: IPN.

Harris, K. R., & Graham, S. (1996). *Making the writing process work: strategies for composition and self-regulation*. Cambridge, MA: Brookline.

Harris, K. R., Graham, S., Mason, L. H., & Saddler, B. (2002). Developing self-regulated writers. *Theory into practice*, 41, 110-115.

Hayes, J. R. (1996). A new framework for understanding cognition and affect in writing. In C. M. Levy & S. Ransdell (Eds.), The science of writing (pp. 1-27). Mahwah, NJ: Erlbaum.

Hayes, J. R., & Flower, L. S. (1980). Identifying the organization of writing processes. In L. Gregg & E. R. Steinberg (Eds.), *Cognitive processes in writing* (pp. 3-30). Hillsdale, NJ: Erlbaum.

Hidi, S. (1990). Interest and its contribution as a mental resource for learning. *Review of Educational Research*, 60, 549-571.

Hidi, S. (2000). An interest researcher's perspective: The effects of extrinsic and intrinsic factors on motivation. In C. Sansone & J. M. Harackiewicz(Eds.), *Intrinsic and extrinsic motivation* (pp. 309-339). San Diego: Academic press.

Hidi, S. (2001). Interest, reading, and learning: The-oretical and practical considerations. *Educational psychology Review*, 13, 191-208.

Hidi, S. (2003, August). *Interest: A motivational variable with a difference*. Presentation at the 10th biannual meeting of the European Association for Research in Learning and Instruction, Padua, Italy.

Hidi, S., & Anderson, V. (1992). Situational interest and its impact on reading and expository writing. In K. A. Renninger, S. Hidi, & A. Krapp (Eds.), *The role of interest in learning and development* (pp. 215-238). Hillsdale, NJ: Erlbaum.

Hidi, S., & Baird, W. (1988). Strategies for increasing text-based interest and students' recall of expository texts. *Reading Research Quarterly*, 23, 465-483.

Hidi, S., Berndorff, D., & Ainley, M. (2002). Children's argument writing, interest and selfefficacy: An intervention study. *Learning and instruction*, 12, 429-446.

Hidi, S., Harackiewicz, J. (2000). Motivating the academically unmotivated: A critical issue for the 21th century. *Review of Educational Research,* 70, 151-179.

Hidi, S., & McLaren, J. (1991). Motivational factors in writing: The role of topic interestingness. *European Journal of Psychology of Education*, 6, 187-197.

Hidi, S., & Renninger, K. A. (in press). The fourphase model of interest development. *Educational psychologist*.

Hidi, S., Renninger, K. A., & Krapp, A. (2004). Interest, a motivational variable that combines affective and cognitive functioning. In D. Y. Dai & R. J. Sternberg (Eds.), *Motivation, emotion, and cognition: Integrative perspectives on intellectual functioning and development* (pp. 89-115). Mahwah, NJ: Erlbaum.

Hiebert, E. H. (1994). Becoming literate through authentic tasks: Evidence and adptations. In R. B. Ruddell, M. R. Ruddell, & H. Singer (Eds.), *Theoretical models and processes of reading* (4th ed., pp. 391-413). Newark, DE: International Reading Association.

Higgins, L., Flower, L., & Petraglia, J. (1992). Planning text together. *Written Communication*, 9, 48-84.

Hoffman, L., Krapp, A., Renninger, K. A., & Baumert, J. (Eds.). (1998). *Interest and learning*. Kiel, Germany: IPN.

Klein, P. D. (1999). Re-opening inquiry into cognitive processes in writing-to-learn. *Educational Psychology Review*, 11, 203-270.

Krapp, A. (2000). Interest and human development during adolescence: An educational-psychological approach. In J. Heckhausen (Ed.), *Motivational psychology of human development* (pp. 109-128). London: Elsevier.

Krapp, A. (2002). Structural and dynamics aspects of interest development: Theoretical considerations from an ontogenetic perspective. *Learning and Instruction*, 12, 383-409.

Krapp, A. (2003). Interest and human development: An educational-psychological perspective. In L. Smith, C. Rogers, & P. Tomlinson (Eds.), *Development and motivation: Joint perspectives* (pp.57-84). *British Journal of Educational psychology Monographs*, 2 (Series Ⅱ).

Krapp, A., Hidi. S., & Renninger, K. A. (1992). Interest, learning and development. In K. A. Renninger, S. Hidi, & A. Krapp (Eds.), *The role of interest in learning and development* (pp. 3-25). Hillsdale, NJ: Erlbaum.

Kucer, S. B. (2001). *Dimensions of literacy*. Mahwah, NJ: Erlbaum.

Lipstein, R., & Renninger, K. A. (in press). "Putting things into words": 12-15 year-old students' interest for writing. In S. Hidi & P. Boscolo (Eds.), *Motivation and writing: Research and school practice*. Oxford, UK: Elsevier.

McCarthy, P., Meier, S., & Rinderer, R. (1985). Self-efficacy and writing: A different view of self-evaluation. *College Composition and Communication*, 36, 465-471.

McLane, J. B. (1990). Writing as a social process. In L. C. Moll (Ed.), *Vygotsky and education* (pp.304-318). Cambridge, Uk: Cambridge University Press.

Mason, L., & Boscolo, P. (2000). Writing and conceptual change: What changes? Instructional Science, 28, 199-226.

Meyer, D. K., & Turner, J. C. (2002). Discovering emotion in classroom motivation research. *Educational Psychologist*, 37, 107-114.

Morrow, L. M., & Sharkey, E. A. (1993). Motivating independent reading and writing in the primary grades through social cooperative literacy experiences. *Reading Teacher*, 47, 162-165.

Multon, K. D., Brown, S. D., & Lent, R. W. (1991). Relation of self-efficacy beliefs to academic outcomes: A meta-analytic investigation. *Journal of Counseling psychology*, 18, 30-38.

Murphy, P. K., & Alexander, P. A. (2000). A motivated exploration of motivation terminology. *Contemporary Educational psychology*, 25, 3-53.

Nelson, N., & Calfee, R. C. (1998). The reading writing connection viewed historically. In N. Nelson & R. C. Calfee (Eds.), *The reading-writing connection: The Ninety-seventh yearbook of the National society for the Study of Education, Part2* (pp.1-51). Chicago: University of Chicago Press.

Nolen, S. B. (2001). Constructing literacy in the kindergarten: Task structure, collaboration and motivation. *Cognition and Instruction*, 19, 95-142.

Nolen, S. B. (2003, August). *The development of interest and motivation to read and write.* Paper presented at the 10th biannual meeting of the European Association for Research in Learning and Instruction, Padova, Italy.

Nolen, S. B. (in press). The role of literate communities in the development of children's interest in writing. In S. Hidi & P, Boscolo (Eds.), *Motivation and writing: Research and school practice.* Oxford, UK: Elsevier.

Oldfather, P., & Dahl, K, (1994). Toward a social constructivist reconceptualization of intrinsic motivation for literacy learning. *Journal of Reading Behavior*, 26, 139-158.

Pajares, F. (1996). Self-efficacy beliefs in academic settings. *Review of Educational Research*, 66, 543-578.

Pajares, F., & Johnson, M. J. (1994). Confidence and competence in writing: The role of writing self-efficacy, outcome expectancy, and apprehension. *Research in the Teaching of English*, 28, 313-331.

Pajares, F., & Valiante, G. (1997). The predictive and mediational role of the writing self-efficacy beliefs of upper elementary students. *Journal of Educational Research*, 90, 353-360.

Petraglia, J. (Ed). (1995). *Reconceiving writing, rethinking writing instruction.* Mahwah, NJ: Erlbaum.

Renninger, K. A. (1992). Individual interest and development: Implications for theory and practice. In K. A. Renninger, S. Hidi, & A. Krapp (Eds.), *The role of interest in learning and development* (pp. 361-395). Hillsdale, NJ: Erlbaum.

Renninger, K. A. (2000). Individual interest and its implications for understanding intrinsic motivation. In C. Sansone & J. M. Harackiewicz (Eds.), *Intrinsic and extrinsic motivation* (pp. 373-404). San Diego: Academic Press.

Renninger, K. A. (2003). Effort and interest. In J. Guthrie (Gen.Ed.), *The encyclopedia of education* (2nd ed., pp. 704-709). New York: Macmillan.

Renninger, K. A., Ewen, L., & Lasher, A. K. (2002). Individual interest as context in expository text and mathematical word problems. *Learning and Instruction*, 12, 467-491.

Renninger, K. A., Hidi, S., & Krapp, A. (1992). *The role of interest in learning and development.* Hillsdale, NJ: Erlbaum.

Rohman, G. (1965). Pre-writing: The stage of discovery in the writing process. *College Composition and communication*, 16, 106-112.

Schiefele, U. (1996). Topic interest, text representation, and quality of experience. *Contemporary Educational Psychology*, 12, 3-18.

Schiefele, U. (1998). Individual interest and learning – what we know and what we don't know. In L. Hoffman, A. Krapp, K. A. Renninger, & J. Baumert (Eds.), *Interest and learning* (pp. 91-104). Kiel, Germany: IPN.

Schiefele, U., & Krapp, A. (1996). Topic interest and free recall of expository text. *Learning and Individual Differences*, 8, 141-160.

Schunk, D. H., & Swartz, C. W. (1993). Goals and progress feedback: Effects on self-efficacy and writing achievement. *Contemporary Educational Psychology*, 18, 337-354.

Shell, D. F., Murphy, C. C., & Bruning, R. H. (1989). Self-efficacy and outcome expectancy mechanisms in reading and writing achievement. *Journal of Educational Psychology*, 81, 91-100.

Silvia, P. J. (2001). Interest and interests: The psychology of constructive capriciousness. *Review of General Psychology*, 5, 270-290.

Tobias S. (1994). Interest, prior knowledge, and learning. *Review of Educational Research*, 64, 37-54.

Todt, E., & Schreiber, S. (1998). Development of interests. In L. Hoffman, A. Krapp, K. A. Renninger, & J. Baumert (Eds.), *Interest and learning* (pp.25-40). Kiel, Germany: IPN.

Tynjälä, P., Mason, L., & Lonka, K. (2001). *Writing as a learning tool*. Dordrecht, The Netherlands: Kluwer.

Zimmerman, B. J. (1989). A social-cognitive view of self-regulated academic learning. *Journal of Educational Psychology*, 81, 329-339.

Zimmerman, B. J. (2000a). Self-efficacy: An essential motive to learn. *Comtemporary Educational Psychology*, 25, 82-91.

Zimmerman, B. J. (2000b). Attainment of self-regulation: A social cognitive perspective. In M. Boekaerts, P. pintrich, & M. Zeidner (Eds.), *self-regulation: Theory, research, and applications*(pp. 13-39). Orlando, FL: Academic Press.

Zimmerman, B. J., & Bandura, A. (1994). Impact of self-regulatory influences on writing couse attainment. *American Educational Research Journal*, 31, 845-862.

Zimmerman, B. J., & Kitsantas, A. (1999). Acquiring writing revision skill: shifting from process to outcome self-regulatory goals. *Journal of Educational Psychology*, 91, 1-10.

Zimmerman, B. J., & Kitsantas, A. (2002). Acquiring writing revision proficiency through observation and emulation. *Journal of Educational Psychology*, 94, 660-668.

Zimmerman, B. J., & Kitsantas, A. (in press). A writer's discipline: The development of self-regulatory skill. In S. Hidi & P. Boscolo (Eds.), *Motivation and writing: Research and school practice*. Oxford, UK: Elsevier.

Zimmerman, B. J., & Risemberg, R. (1997). Become a self-regulated writer: A social cognitive perspective. *Contemporary Educational Psychology*, 22, 73-101.

Zimmerman, B. J., & Schunk, D. H. (Eds.) (2001). *Self-regulated learning and academic achievement*. Theoretical perspectives. Mahwah, Nj: Erlbaum.

제 11 장
쓰기 발달에서 자기 효능감과 동기

Frank Pajares & Gio Valiante

 쓰기 분야를 탐구해 온 연구자들은 지금까지 학생들이 글을 잘 쓸 수 있도록 돕는 기능과 능력이 무엇인지에 대해 주목해 왔다. 또한 학생들의 쓰기 능력을 촉진하고 쓰기 기능 향상을 돕기 위해 교사들이 사용하는 교수 활동이 무엇인지에 대해서도 주목해 왔다. 이러한 노력은 학생이 글을 쓸 때 작동하는 사고과정을 이해하는 것을 주요 목표로 삼았다. 그러나 Hull & Rose(1989)가 지적한 것처럼, 학생들의 인지 능력과 학생들이 글쓰기에 참여한 방식에 대한 관계를 더 많이 알면 알수록 그 관계는 더욱 복잡해지는 듯하다. 이러한 복잡한 문제를 다루기 위해 연구자들은 학생들의 동기에 잠재된, 쓰기에 대한 자기신념에 초점을 두었다. 이를 조사함으로써 연구자들은 글쓰기 과정과 능력에 대한 학생들의 신념이 필자로서의 성공에 도움이 된다는 점을 밝힐 수 있게 되었다.

 작가 Erica Jong은 "내가 쓰는 것을 보지 않고 내가 생각하는 것이 무엇인지 어떻게 알 수 있겠는가?"라는 통찰력 있는 명언을 남긴 바 있다. 쓰기는 의미를 구성하는 과정일 뿐만 아니라 개인이 자기를 이해해가는 활동이기도 하다. 따라서 쓰기 분야의 연구자들은 학생들의 자기(이해)과정을 탐구하는 데에도 많은 노력을 기울이고 있다. 진실로 의미는 자기성찰과 자기반성을 통해서 구성된다. 자기인식이 인간의 능력과 연결되어 있다는 가정은 현재 매우 당연한 것으로 받아들여지고 있으며 인간의 인지, 동기, 행동에 대한 대부분의 현대적 이론과 관점의 주요 신조로 다루어지고 있다. 이와 유사하게 학생들의 자기신념이 학업적인 성공을 이루는 데 중요한 역할을 한다는 생각이 널리 받아들여짐으로써, 자기구성은 모든 영역에서 학업 능력 연구의 보편적인 주제로 자리를 잡았다. 학업 동기의 주요 구성요인으로서 학생들의 자기신념에 대한 이러한 관심은 학생들이 자기 자신을 창조하고 발달시키고 진실이라고 여기는 신념이 학교생활의 성공과 실패에 매우 크게 영향을 미친다는 당연한 가정에 기반을 두고 있다.

이 장에서 우리는 쓰기 동기와 자기신념에 관한 연구가 학습 상황을 배경으로 한 쓰기 연구에 어떠한 기여점이 있는지를 검토하고자 한다. 우리는 학생들 스스로가 쓰기 능력에 대해 가지고 있는 자기인식, 즉 쓰기 효능감에 초점을 맞출 것이다. 첫 번째로, 사회인지이론의 자기 효능감 구성 요인에 대해 간략하게 개관하고, 자기 효능감이 일반적으로 운용되고 평가되는 방식에 대해 설명하고자 한다. 그 다음, 학습 상황에서 학생이 쓴 글과 쓰기 효능감 및 쓰기의 다른 동기 구성요소와의 관계를 다룬 연구 결과를 종합하고자 한다. 이러한 연구 결과는 쓰기 능력에 대한 학생들의 자신감이 자신의 쓰기 동기뿐만 아니라 학교에서 작성하는 다양한 형태의 글쓰기에도 영향을 미친다는 것을 뒷받침한다. 우리는 쓰기 동기 분야에서 후속 연구를 이끄는 데 도움이 될 수 있는 몇 가지 학문적 함의와 전략을 제공하면서 글을 맺고자 한다.

자기 효능감의 개관

Bandura(1986)가 인간의 기능화(機能化)에 관한 사회인지이론을 제안함으로써, 교육자들은 이 이론을 통해서 학생들이 학습에 주도적으로 참여하는 것으로 간주되는 교과 학습에서의 발달적 관점을 발견하였다. 이러한 관점의 핵심은 학생들이 학습의 주체로서 생각하고 믿고 느끼는 것이 학업적 성공과 실패에 강력하게 영향을 준다는 점이다.

사회인지이론의 핵심에 있는 것은 자기 효능감이다. 그것은 학교교육의 맥락에서 "지정된 유형의 수행을 달성하는 데 필요한 행동을 조직하고 실행하는 자신의 능력"에 대한 학생들의 판단으로 정의된다(Bandura, 1986, p.391). 이러한 사회인지 관점에서, 자기 효능감은 학문적 동기와 성공적인 성취를 위한 토대를 제공한다. 왜냐하면 학생들이 행동을 통해 자신이 바라는 결과를 성취할 수 있고 믿을 때 어려움을 인내하고 극복하고 행동하는 동기를 형성하기 때문이다.

Bandura(1997)에 의하면, 학생들의 학업적 성취는 이전에 이루었던 성취, 지식이나 기능보다는 자기 효능감에 의해서 더 잘 예측된다. 물론 필수적인 지식과 기능이 없다면 아무리 자신감이 많아도 성공할 수 없다는 점은 말할 필요도 없다. 그러나 우선 자기 효능감은 그 자체가 지식과 기능이 얼마나 잘 습득되는가에 대한 주요 결정 요인이라는 점에 주목할 필요가 있다. 자기 효능감이 인간 기능에서 중요한 요소라는 주장은 신념의 강력한 정서적, 평가적, 일화적인 특성이 그러한 신념 자체를 새로운 현상으로 해석하는 거름 장치로 만든다고 주장해 온 많은 이론가들과 철학자들의 관점과 일치한다.

학생들이 자신의 능력에 대해 갖는 자기인식은 학생들이 추구하는 선택과 행동에 영향을 미친다. 학생들은 자신이 감당할 수 있고 자신 있다고 느끼는 과제와 활동을 선택하는 경향이 있으며, 그렇지 않은 과제와 활동은 피하는 경향이 있다. 그 이유는 학생들은 자신의 행동이 원하는 결과를 가져올 것이라고 믿지 못한다면 그러한 활동에 참여하려는 동기를 거의 가지지 못하기 때문이다. 필자로서 가망이 없다고 느끼는 학생들이 자료를 모으고 기사를 쓰는 일에 얼마나 흥미를 가질 수 있을까? 행동에 영향을 미치는 요인이 무엇이든지 간에, 이 요인들은 인간이 행동을 성취할 수 있는 능력을 가지고 있다는 강력한 믿음에 기반을 두고 있다.

또한, 자기 효능감은 학생들이 활동에 얼마나 많은 노력을 기울일 것인지, 학생들이 장애물을 만났을 때 얼마나 오래 견딜 것인지, 그리고 역경 앞에서 얼마나 유연할 것인지 결정하는 것을 돕는다. 그러므로 학생들은 자기 효능감이 높을수록 노력, 인내심, 유연성이 커진다. 학업 과제에 대해 자신감이 강한 학생들은 어려운 과제를 피해야 하는 위험이 아니라 달성할 수 있는 도전이라 여기고 접근한다. 자신감이 강한 학생들은 더 큰 내재적 흥미를 가지고 활동에 깊이 몰두하며, 스스로 도전적인 목표를 설정하고, 그 목표에 대해 강한 책임을 유지하고, 실패에 직면했을 때 더 많이 노력하며 그 노력을 지속한다. 이뿐만 아니라 그러한 학생들은 실패나 좌절을 하더라도 더 빨리 효능감을 회복하고, 실패의 원인을 불충분한 노력이나 부족한 지식 및 기능(그러나 나중에 습득할 수 있는) 탓으로 돌린다.

마지막으로, 자기 효능감은 사고양식과 감정적인 반응에도 영향을 미친다. 자기 효능감이 낮은 학생들은 어떤 일들이 실제보다 더 힘들다고 생각한다. 그런 믿음은 불안과 스트레스를 주며, 문제 해결의 방법을 편협하게 보는 태도를 조성한다. 이를 통해 이러한 정서적 반응이 궁극적으로 성취하려는 성과에 얼마나 강력하게 영향을 미치는지 잘 이해할 수 있다. 자기 효능감은 또한 성취할 수 있다고 믿는 것을 성취하도록 만드는 자기 충족적 예언을 만들어낼 수도 있다. 즉, 높은 자기 효능감과 관련된 인내심은 더욱 향상된 행동 수행으로 이어질 가능성이 있고, 그것은 다시 효능감과 정신력을 높인다. 반대로, 낮은 자기 효능감과 연관된 좌절은 자신감과 사기를 더욱 떨어뜨리는 실패만을 가져온다.

학생들은 주로 4가지 원천의 정보 해석을 통해 자기 효능감을 형성한다. 첫째, 가장 영향력이 큰 원천은 이전의 수행에 대해 해석한 결과, 즉 성공의 경험이다. 학생들은 활동에 참여하고, 행동의 결과를 해석하고, 뒤따르는 과업이나 활동에 참여하는 능력에 대한 신념을 발달시키는 데에 이러한 해석을 사용한다. 그리고 생성된 신념에 일치하도록 행동한다. 일반적으로, 성공적이라고 해석된 결과는 자기 효능감을 높이며 실패라고 해석된 결과는 자기 효능감을 떨어뜨린다.

둘째, 학생들은 다른 사람들의 과업 수행을 관찰하는 대리 경험을 통해서 자기 효능감을 형성한다. 이러한 정보의 원천(대리 경험)은, 자기 효능감을 형성하도록 돕는 면은 성공 경험보다 약하지만, 학생들이 자신의 능력에 대해 확신하지 못하거나 (학생들이 가진) 이전 경험이 제한적일 때는 학생들에게 더욱 더 민감하게 작용한다. 그러므로 학생들의 삶의 진로와 방향에 영향을 미칠 자기신념을 서서히 형성하도록 도울 수 있어야 한다.

셋째, 학생들은 다른 사람들로부터 받는 사회적 설득의 결과로서 자기 효능감을 형성하고 발달시킨다. 이러한 설득은 다른 사람들이 제공하는 언어적 판단과 관련이 있다. 당연히 교사들은 학생의 자기신념 발달에 중요한 역할을 한다. 효과적인 설득자는 학생들이 자신의 능력에 대한 신념을 기르도록 해 주어야 하며, 동시에 학생들이 마음속으로 생각했던 성공을 달성할 수 있다는 확신을 가지도록 해 주어야 한다. 긍정적인 설득이 학생들을 격려하고 사기를 부여하는 것처럼, 부정적인 설득은 학생들을 좌절시키고 자기 효능감을 약화시킬 수도 있다. 사실, 긍정적인 격려를 통해서 자기 효능감을 강화하는 것보다는 부정적인 평가를 통해서 자기 효능감을 약화시키는 것이 일반적으로 훨씬 더 쉽다.

마지막으로, 불안, 스트레스, 흥분, 기분 등과 같은 육체적, 감정적 상태도 효능감 형성의 정보원으로 작용한다. 학생들이 가지고 있는 자신감은 행동할 때 경험하는 감정 상태로 그 정도를 측정할 수 있다. 학업 과제에 대한 강한 감정적인 반응은 결과에 대해 기대하는 성공이나 실패의 단서를 제공한다. 학생들이 자신의 능력에 대해서 부정적인 생각을 하거나 두려움을 느낄 때, 그러한 정서적인 반응은 자기 효능감을 더 떨어뜨리며 학생들이 두려워하는 수행 실패를 확신하게 하는 부가적인 스트레스와 불안을 유발한다.

자기 효능감은 교육 분야에서 많은 연구가 이루어졌다. 일반적으로 연구자들은 학생들의 자기 효능감이 여러 영역에 걸쳐 학업 결과에 대해 높은 예측력을 가지고 있다는 것을 입증해 왔다. 이러한 예는 Graham & Weiner(1996)가 자기 효능감이 다른 자기신념보다 학업적, 행동적 수행에 강력한 예언자라는 결론을 내린 데에서도 확인할 수 있다. 사실, "효능감은 특수성(specificity)의 수준에서 볼 때 새로운 기능 습득과도 관련이 있고 이전에 학습한 기능의 수행과도 관련이 있는데, 이는 기대 구인(expectancy construct)을 포함하여 다른 어떤 동기 개념에서도 볼 수 없었던 특징이다."(p.75). 로마 시인 Virgil은 "그들이 능력이 있는 것은 바로 그들이 능력이 있다고 생각하기 때문이다."라고 노래함으로써 자기 효능감의 예측력을 뒷받침한 바 있다. 프랑스 소설가 Alexandre Dumas는, 사람들은 자기 자신을 의심하면서 실패할 것이라고 확신하는 첫 번째 사람이 됨으로써 스스로 자신의 실패를 분명하게 만든다고 썼다. 이제 Virgil과 Dumas의 의견이 전적으로 옳다는 것을 입증할 수 있는 근거들이 충분하다. 쓰기 영역에서 이루어진 최근 연구는 자기 효능감이 쓰기 결과에 미치는 영향에 대해 조명하고 있다.

쓰기 효능감 측정

자기 효능감은 수준, 강도, 보편성이 다양하므로 쓰기 영역에서 자기 효능감을 측정하려는 연구자들은 쓰기 효능감 검사 도구를 제작할 때 각각의 측면을 잘 고려하지 않으면 안 된다(Bandura, 2001). 예를 들어, 연구자가 에세이 쓰기에 대한 학생들의 자기 효능감을 측정하고자 한다고 가정해 보자. 첫 번째로 고려해야 할 것은 과제 요구 수준의 다양성이다. 과제 요구는 구두점을 사용하여 간단한 문장을 쓰는 낮은 수준에서부터 문장으로 문단을 구성하여 아이디어를 명확하게 표현하는 좀 더 높은 수준에 이르기까지 다양하다. 효능감 측정을 위해 연구자는 학생들에게 과제 수행 능력에 대한 신념의 강도를 평가하도록 요구할 터인데, 그 강도는 과제 요구 수준에 따라 달라질 수 있다. 그러므로 자기 효능감 검사 도구는 일반적으로 특정 학업 수준에서 에세이 쓰기 영역을 전체적으로 평가할 수 있는 복합적인 문항으로 구성된다. 검사 문항들은 미세하게 구체적인 쓰기 특성(예를 들면, 편지 글에 대한 자신감)보다는 에세이 쓰기의 본질적인 특성을 측정할 수 있도록 작성해야 한다. 그리고 검사 문항들은 의도를 나타내는 '할 것이다(will)'보다는, 능력을 나타내는 '할 수 있다(can)'로 작성해야 한다(예를 들면, "당신은 주제 문장이나 중심 아이디어가 있는 문단을 잘 쓸 수 있다고 얼마나 확신합니까?"). 자기 효능감의 측정은 비교할 결과물(즉, 글)보다 항상 먼저 시행하거나 가능한 한 근접한 시간에 시행해야 한다.

또한, 쓰기 효능감은 쓰기 전체 범위의 일반성에서 서로 차이가 있다. 학생들은 일반적으로 모든 유형의 언어활동이나 글쓰기에 대해 자신이 능력이 있다고 판단하지는 않는다. 학생들의 자기신념은 자기신념과 일치하는 수행을 가장 잘 예측할 것이므로 측정하는 신념과 결과는 대응이 잘 이루어지도록 해야 한다. 학생들에게 설명적 에세이 쓰기에 대한 효능감을 판단하도록 요구한다면, 이러한 판단 결과는 이에 해당하는 에세이 유형의 쓰기 능력 점수와 비교해야 한다. 시나 짧은 서사문 쓰기를 예측하기 위해서, 혹은 쓰기와 부분적으로만 관련이 있거나 아예 관련 없는 활동에 대한 점수를 예측하기 위해서 이러한 판단 결과를 사용하는 것은 부적절하다. 에세이를 채점하기 위한 기준표는 학생들에게 제시한 효능감 측정 도구의 검사 문항의 내용과 관련이 있어야 한다.

쓰기 효능감 측정에서는 세 가지 방법이 우위를 차지해 왔다. 첫 번째 방법은 학생들 자신이 특정한 쓰기 기능을 가지고 있다고 확신하는 정도를 측정하는 것이다. 어떤 검사 도구에서는 학생들이 한 페이지로 쓴 글에서 구두점을 정확하게 사용할 수 있다거나, 주제를 명확하게 표현하기 위해서 문장들을 문단으로 조직하는 것과 관련된 문법, 어법, 구성, 기법적인 쓰기 기능을 성공적으로 수행할 수 있다는 자신감을 측정한다(McCarthy, Meier, & Rinderer, 1985; Meier, McCarthy, Schmeck, 1984; Pajares & Johnson, 1994, 1996; Shell, Colvin, & Bruning, 1995; Shell, Murphy, & Bruning, 1989). 또한 이야기 쓰기와 관련된 기능, 즉 주인공의 감정이나 배경에 대해 말하는 능력에 대해 자신감을 측정하기도 한다(Graham & Harris, 1989a). 어떤 검사 도구에서는, 언어 과목을 가르치는 교사가 학생들의 쓰기 수준에 적합하다고 판단한 기능을 측정하기도 한다(Pajares, Miller, & Johnson, 1999; Pajares & Valiante, 1997, 1999, 2001).

쓰기 효능감을 측정하는 두 번째 방법은, 기말 보고서를 작성하거나 짧은 소설을 쓰거나 친구에게 편지를 쓰는 것과 같은 쓰기 과제를 완성해야만 하는 학생들이 지니고 있는 자신감을 조사하는 것이다(Pajares & Johnson, 1994; Shell et al., 1989, 1995). 이러한 검사 도구의 신뢰도는 초등학생들을 대상으로 한 연구에서는 .85, 고학년 학생들을 대상으로 한 연구에서는 .95의 분포를 보였다.

연구 문제는 항상 자기 효능감과 수행 평가의 일치를 강조한다는 관점에서 제시되어야 한다는 점을 다시 한번 강조해 두고자 한다. 왜냐하면 신념과 수행의 관계는 측정된 자기 효능감이 흥미 있는 결과와 연결될 때 더 강해질 것이기 때문이다. Pajares & Johnson(1994)에서는 학생들에게 두 가지 유형의 효능감에 대해 판단해 보라고 요청했는데, 하나는 에세이를 쓰는 데 필요한 기능에 대한 자신감이고, 다른 하나는 다양한 쓰기 관련 과제를 수행하는 것에 대한 자신감이었다. 쓰기 기능에 대한 자기 효능감 검사 도구는 학생들의 에세이 쓰기 기능을 예측했지만, 쓰기 과제에 대한 자기 효능감 검사 도구는 그렇지 못했다. 물론, 신뢰성 있는 다요인 자기 효능감 검사 도구로 측정한 복합적 점수는 교사나 학업상담사에게 학생들의 일반적인 쓰기 자신감에 대한 정보를 제공할 수 있고, 그 결과는 신념과 결과 사이의 일치를 확신할 수 없는 복합적 쓰기 결과에 대한 연구에 유용하게 활용될 수 있다.

자기 효능감 검사 도구로 측정할 때 학생들은 리커트 척도의 연속 점수에 표시를 하거나 0에서부터 100까지의 어떤 숫자로 각각의 기능이나 과제에 대한 자신의 효능감을 판단하게 된다. 0에서부터 100까지로 판단하도록 작성된 자기 효능감 검사 도구는 전통적인 리커트 척도보다 측정학적으로 더 탁월하다(Pajares, Hartley, & Valiante, 2001). "반응의 폭이 너무 좁은 검사 도구는 학생들의 판단을 변별하는 데 실패하기도 하는데, 그 이유는 동일한 반응을 선택한 사람이라도 그 사이에 중간 단계들이 있었다면 결과는 달라질 수 있기 때문이다."(p.44)라는 Bandura(1997)의 지적도 0~100을 척도로 하는 검사 도구의 장점을 뒷받침한다. 리커트 척도로 작성된 검사 도구나 0~100 척도로 작성된 검사 도구는 다른 검사 도구보다 더 어렵거나 길지 않으므로 예측력이 높은 형식을 사용하는 것이 타당할 것이다.

일부 연구에 따르면 흥미로운 점은 쓰기 결과가 특정 쓰기 과제 점수보다는 언어 기능 수업에서 학생들이 받은 등급과 관련이 있다는 점이다. 이를 통해 알 수 있는 것과 같이, 학생들의 자기 효능감을 측정하는 세 번째 방법은 학생들에게 언어 기능 수업에서 A, B, C, D 가운데 자신이 받을 수 있는 등급에 대한 자신감을 평가하도록 요구하는 검사 문항을 활용하는 것이다. 이러한 자신감 판단은 실제로 받은 등급과 비교가 이루어진다(Pajares, Britner, & Valiante, 2000). 신뢰도는 중학교 학생들을 대상으로 했을 때 .86부터 .89까지 분포했다.

자기 효능감 측정의 적합성과 적절성을 위해서, 연구자들은 그 영역에서 요구하는 능력의 유형과 이러한 능력이 적용되는 상황에 대한 이해뿐만 아니라, 그 영역 아래에 있는 연구 및 다양한 특성에 대한 이해를 반영하여 이론적으로 정련되고 실험적으로 타당한 판단을 할 수 있어야만 한다. 이러한 이해는 자기 효능감 측정 문항의 구체성 수준, 그것이 포함하는 과제 요구의 범위, 활용된 신념과 측정된 결과 사이의 일치성 여부로 효능감 측정을 평가하는 데 사용될 수 있다.

쓰기 효능감과 쓰기 결과

연구자들은 쓰기 효능감이 그 신념과 일치하는 쓰기수행 결과와 관련되어 있다는 점을 지속적으로 보고해 왔다. 초기의 자기 효능감 연구는 대학생을 대상으로 이루어졌다. 일반적으로 수행 평가는 총체적 평가에 숙달된 영어과 교수나 연구자들이 제공한 에세이 점수로 구성되었다. 이런 에세이 점수로 예측한 자기 효능감 회귀분석에서 베타계수는 .32에서 .42까지 분포하였다(McCarthy et al., 1985; Meier et al., 1984; Shell et al., 1989). 또한 쓰기 효능감은 쓰기 불안, 등급 목표, 처리의 복잡성, 기대되는 결과와 같은 변인들과 관련이 있었다. 그러나 쓰기 불안은 자기 효능감을 포함한 회귀 모형에서 쓰기수행을 예측하지 못했는데, 이는 여러 연구에서 일관성 있게 확인된다.

최근의 연구는 이러한 결과를 뒷받침한다(Pajares et al., 1999; Pajares & Johnson, 1996; Pajares & Valiante, 1999; Rankin, Bruning, & Timme, 1994; Schunk & Swartz, 1993; Shell et al., 1995; Wachholz & Etheridge, 1996; Zimmerman & Bandura, 1994; Bruning & Horn, 2000). 회귀분석에는 수행에 대한 신념의 직접적, 간접적인 효과와 관련된 정보를 제공하는 경로 분석이 동시에 수행되었다. 일반적으로, 분석 결과는 쓰기 효능감이 쓰기 결과 예측에 독립적으로 기여하는 것으로 나타났다. 심지어 이러한 경향은 쓰기 적성이나 이전의 쓰기수행과 같은 강력한 공변량이 포함되어 있을 때에도 동일하게 발견되었다. 이전의 수행 평가를 통제한 모형에서 쓰기 효능감과 쓰기 결과 사이의 효과크기는 0.19~0.40의 범위였다. 쓰기 효능감은 쓰기 불안, 쓰기에 대해 인식한 가치, 자기조절 효능감, 쓰기 자아개념, 쓰기에서의 성취 목표 지향성 등과 같은 동기 변인과도 관련이 있으며, 쓰기수행에 대한 성별 효과와 사전 수행 효과를 중재한다(Graham & Harris, 1989a, 1989b; Pajares et al., 1999; Pajares & Valiante, 1997; Schunk, 2003; Zimmerman & Bandura, 1994).

쓰기 효능감과 쓰기 동기

자기 효능감 이외에도 동기 구성 요인들이 쓰기연구에서 관심을 끌어 왔다. 쓰기 불안이라는 말은 Daly & Miller(1975)에서 SAT 말하기 시험 점수, 인식된 쓰기의 성공 가능성, 쓰기 과목을 수강하는 자발성과 관련이 있는 불안을 서술하기 위해 처음 사용되었다. 최근에 연구자들은 쓰기 불안이 일반적으로 쓰기수행과 부정적으로 관련되어 있다 하더라도, 자기 효능감이 통제된다면, 쓰기수행과 불안의 관계는 크게 감소하고 심지어는 완전 소거될 것이라고 보았다(Pajares et al., 1999; Pajares & Valiante, 1997, 1999).

이러한 연구 결과는 불안이 자기 효능감에 의하여 중재된다는 사회인지이론가들의 주장과 일치한다. 다시 말해 쓰기 불안은 대체로 학생들이 쓰기 과제나 쓰기 활동에 접근하면서 갖게 되는 자신감의 결과이다. 수학 수업에서 불안이 어떠한 영향을 미치는지를 탐구한 연구에서도 이와 비슷한 결과가 보고되었다(Hackett & Betz, 1989). 자기 효능감이 쓰기 불안과 같은 생리적 반응의 원인이라면, 불안을 감소시킴으로써 쓰기 발달을 이루도록 설계된 교육적 중재는 쓰기 능력에 대한 학생들의 자신감을 증가시키는 데 유용할 것으로 예상된다.

학생들이 쓰기에 속한다고 인식하는 가치도 쓰기 연구에서 주목을 끌어 왔다. 연구 결과에 따르면 쓰기 불안이 그렇듯이, 통계 분석에 자기 효능감이 포함될 때, 쓰기 결과에 대해 인식된 가치의 영향은 없어지는 것으로 나타났다(Pajares et al., 1999; Pajares & Valiante, 1997, 1999; Shell et al., 1989). 기대 가치(expectancy value) 이론가들은 자기 효능감과 기대된 결과가 학생들이 참여할 과제와 학생들이 경험하게 될 성공을 함께 결정한다고 주장해 왔다(Wigfield & Eccles, 1992). 그러나 기대 가치 이론가들은 가치 신념이 능력 평가로부터 잘 발달될 수 있다고 주장하기도 하였다(Linnenbrink & Pintrich, 2003).

자기 효능감 이론가들에 따르면, 자기 효능감 평가는 사람들이 과제와 활동에 두는 가치를 결정한다. 학업 활동에서 성공을 기대하는 학생들은 그 활동을 가치 있게 여기는 경향이 있다. 사실 이러한 과정에서 발달적 요인이 영향을 미치기도 한다. 그래서 가치와 자기 효능감은 어린 아이와는 관련되지 않지만, 학생들이 나이가 들어감에 따라, 학생들이 잘 하는 분야에서 해당 기능과 활동이 가치 있다고 여기게 됨에 따라 더욱 밀접한 관련이 나타나기도 한다(Wigfield, 1994).

학생들의 자기조절에 대한 자기 효능감, 즉 자기조절 학습 전략을 사용하는 자신감도 역시 쓰기 능력과 관련이 있다(Harris & Graham, 1992; Schunk & Zimmerman, 1994; Zimmerman,

Bandura, & Martinez-Pons, 1992; Zimmerman & Martinez-Pons, 1990; Zimmerman & Risemberg, 1997). 자기조절 학습 전략은 쓰기 과제 계획하기와 조직하기, 시의적절한 방식으로 쓰기 과제 완성하기, 쓰기 과제에 필요한 정보 수집을 위해 도서관 이용하기 등을 포함한다. 학생들이 자기조절 전략을 얼마나 성공적으로 인지하는지에 대한 결과로서 학업 능력에 대한 신념이 발달한다(Bandura & Schunk, 1981). 결과적으로, 학생들의 지각된 자기조절 기능은 그들이 학업 과제를 대하는 자신감을 예측할 수 있게 해 준다. 자기조절 전략에 대한 자신감은 더 많은 전략의 사용, 더 높은 내재적 동기, 더 적응력 있는 속성과도 관련되어 왔다(Pintrich & De Groot, 1990; Schunk & Zimmerman, 1994; Zimmerman & Kitsantas, 1999).

학생들은 과정 목표(예, 쓰기 향상을 위해 사용할 수 있는 구체적인 전략)를 제공받을 때뿐만 아니라 그러한 전략들을 사용하는 방법에 대해 정기적인 피드백을 제공받을 때 자기 효능감과 쓰기 능력이 높아진다(Graham & MacArthur, 1988; Graham, MacArthur, Schwartz, & Page-Voth, 1992; Schunk & Swartz, 1993). 과정 목표가 피드백과 연결될 때, 쓰기 능력은 훨씬 더 향상되며 전략 사용도 증가한다(Schunk & Swartz, 1993). 자기조절 전략에 대한 지도는 쓰기 기능과 자기 효능감을 모두 증가시킨다. 예를 들면, 학습장애 학생이 이야기나 에세이를 쓰기 위해 자기지도 전략을 배울 때, 그 학생들의 쓰기 기능, 수정 기능 및 쓰기 효능감이 증가한다. 이러한 전략들은 목표 설정, 자기기록 과정, 기억에 도움이 되는 전략 사용, 수정 전략 학습, 전략 추출을 위한 자기지도 사용, 그리고 자기평가 과정을 포함한다.

학업적 자아개념은 여러 영역에 걸쳐 학업 결과에 영향을 미치는 것으로 널리 알려져 있다(Pajares & Schunk, 2005; Skaalvik, 1997). 자아개념 신념은 자기 효능감과는 다르다. 학업 동기 연구에 따르면, 자아개념은 일반적으로 영역 특수적인 측면에서 측정된 반면, 자기 효능감은 더욱 일반적으로 기능 특수적인 측면이나 과제 특수적인 측면에서 측정되었다. 자아개념은 또한 자기 존중에 대한 판단을 포함한다. "쓰기는 내가 무력하다고 느끼게 한다." 와 같은 쓰기 자아개념 문항은 "한 페이지 분량의 이야기 혹은 에세이를 쓸 때, 모든 단어의 철자를 정확하게 쓸 수 있다는 것을 얼마나 확신하십니까?"라고 묻는 자기 효능감 문항과는 어조와 내용이 다르다. 두 구성요소가 서로 관련되어 있을 필요는 없다. 어떤 학생들은 자신의 쓰기에 대해 자신감을 느낄 수도 있지만, 자아 존중에 대해서는 그와 일치하지 않는, 부정적인 느낌을 가질 수도 있다. 그것은 부분적으로 학생들이 쓰기 성취에 대해 자긍심을 가지지 못하기 때문이다(Pajares, 1996, 1997; Pajares & Schunk, 2001, 2005). 쓰기 자아개념, 즉 필자로서의 자기인식과 결합된 자기가치에 대한 판단은, 동기 연구에서는 두드러지지 않지만 언어적 자아 개념은 많은 연구에서 관심의 초점이 되어 왔다. 연구자들은 언어적 자아개념과 독서와 같은 학업 결과 사이의 중요한 관계를 보고해 왔다(Skaalvik, 1997). 또한 언어적 자아 개념에서 그리 큰 정도는 아니지만 여학생들이 유의한 수준에서 우월하다는 성별 차이를 보고해 왔고(Marsh, 1989), 이런 차이는 매우 어린 나이의 학생들에게도 존재할 수 있다는 점을 보고해 왔다(Crain, 1996). 기능 특수적 쓰기수행(에세이를 쓰는 데 요구되는 기능과 같은)의 예측변수로서 자아 개념과 기능 특수 쓰기 효능감이 포함된 연구들은 쓰기 효능감이 의미 있는 예측변수인 반면 쓰기 자아 개념은 그렇지 않다는 것을 밝힌 바 있다(Pajares et al., 1999).

학생들이 학업을 하는 이유와 관련된 성취 목표 지향성은 학업 동기 연구에서 매우 많이 관심을 끌어온 주제이다. 연구자들은 이런 목표를 과제 지향적, 수행-접근 또는 수행-회피 지향적 관점에서 서술하고 있다. 과제 목표는 과제 내용을 숙달하고 그것 자체를 목적으로 학습하는 학생들의 관심을 나타낸다. 수행-접근 목표는 학생들이 자신의 능력을 보여주기 위해서 잘하기를 원하는 것을 나타내며, 수행-회피 목표는 학생들이 자신의 능력 부족을 보이지 않기 위해 잘하기를 원하는 것을 나타낸다. 쓰기에서 과제 목표를 갖는 것은 쓰기 효능감과 정적으로 관련되어 있는 반면, 수행-회피 목표를 갖는 것은 부적으로 관련되어 있다(Pajares et al., 2000). 수행-접근 목표는 남학생들의 쓰기 효능감과 정적으로 관련되어 있는 것처럼 보이지만 여학생들과는 정적인 관련이 없다.

쓰기 능력 연구에 이러한 몇 가지 구성 요인들이 포함될 때, 그 연구 결과는 자기 효능감의 예언적 역할에 대한 사회인지이론의 주장을 뒷받침하는 경향이 있다. 예를 들면, Shell et al.(1989)은 학생들의 쓰기 기능 효능감과 에세이에 대한 총체적 점수 사이에 유의한 상관성을 보고했지만, 인식된 쓰기 가치와 에세이 점수 사이에서는 유의한 상관성을 발견하지 못했다. 여러 연구에 따르면 자기 효능감, 자아개념, 인식된 가치, 불안, 자기조절 효능감, 이전의 쓰기수행은 초등학교부터 대학교에 이르기까지 학생들의 쓰기 능력과 서로 관련이 있지만, 다중 회귀 분석과 경로분석에서는 오직 자기 효능감과 쓰기 적성 같은 사전 수행 평가만이 중요한 예측변수인 것으로 밝혀졌다(Pajares et al., 1999, 2000; Pajares & Johnson, 1996; Pajares & Valiante, 1997, 1999, 2001).

성(gender)의 역할

학생들의 쓰기수행, 동기, 자기 효능감은 성별에 따라 차이가 있다. 연구자들은 중학교에 다니는 동안에는 일반적으로 여학생들이 남학생들보다 쓰기 능력에 대해 더 강한 자신감을 보인다는 점을 발견했다(Eccles et al., 1989; Pajares et al., 1999; Pajares & Valiante, 1997, 2001; Pajares, Valiante, & Cheong, 출판 중[1]); Wigfield, Eccles, MacIver, Reuman, & Midgley, 1991). 이러한 차이는 어린 나이에 시작될 수 있으나(Crain, 1996; Eccles, Wigfield, Harold, & Blumenfeld, 1993) 학생들이 학년이 올라감에 따라 그 차이가 감소하거나 역전되기도 한다.

Pajares & Johnson(1996)은 중학교 3학년 남학생들이 여학생보다 더 강한 쓰기 효능감을 가지고 있다고 보고한 바 있다. 여러 연구자들이 여학생들은 고등학교에 들어가면서 학업 동기와 능력에 대한 자기인식이 약해진다는 사실을 지적해 온 것을 감안하면(Bruning & Horn, 2000; Phillips & Zimmerman, 1990) 이러한 역전은 그리 이상한 것은 아니다. 이러한 현상은 아마도 여학생들이 남성적인 담화 형식을 강조하는 교실 구조를 접하면서 나타나는 것으로 보인다(Cleary, 1996). 글쓰기에서 이전의 성공 경험은 쓰기 효능감의 성별 차이에 부분적으로만 영향을 미치는 것으로 보인다. 여학생들에게 유리한 차이일지라도 이전의 성공경험을 통제하면 유의하지 않은 것으로 분석되었기 때문이다(Pajares et al., 1999; Pajares & Valiante, 1999).

일반적으로 여학생들은 남학생들보다 쓰기수행에서 더 좋은 점수를 받고 교사들에게 더 나은 필자로 평가받지만, 쓰기 능력과 일치하는 더 강한 자신감을 보여주지는 않는다. 이런 현상은 남학생과 여학생이 자기 효능감을 보고하는 방식에서 비롯된 것인지도 모른다. 통상 자기 효능감은 학생들에게 다양한 쓰기 기능에 대한 자신감, 쓰기 과제를 완성할 수 있다는 자신감, 쓰기 과제나 수업에서 특정 점수를 받을 수 있다는 자신감의 정도를 스스로 판단하도록 요청해서 측정한다는 점을 상기해 보라. Wigfield, Eccles, & Pintrich(1996)에 의하면 남학생들은 이런 종류의 검사 도구에 대해 좀 더 자기만족적인 반응을 보이며, 여학생들은 보다 더 겸손한 반응을 보이는 경향이 있다. Noddings(1996)는 자신감 판단을 물을 때 남학생과 여학생에게 서로 다른 "측정 기준"을 사용하는 것이 좋다고 주장한 바 있다. 그러면서 이러한

---

1) [역주] 이후 출판되었으며 서지 사항은 다음과 같다. Pajares, F., Valiante, G. & Cheong. Y. F.(2007). Writing self-efficacy and its relation to gender, writing motivation, and writing competence: a developmental perspective. In S. Hidi & P. Boscolo. (Eds.), Writing and Motivation, pp.141-159, Oxford: Elsevier.

측정 방법은 남학생보다 여학생에게 더 유리할 수 있다고 주장하였다. 이것이 사실이라면, 자신감에 대한 실제적인 차이는 이와 같은 편향된 반응에 의해 감추어지거나 두드러질 수도 있다.

동료와의 비교는 자기 효능감의 수준을 결정하는 중요 요인이다(Bandura, 1997; Schunk, 1995). 이를 확인하기 위해서 Pajares & Valiante(1999)는 남녀 중학생들에게 전통적인 방식(특정한 쓰기 기능을 가지고 있다는 자신감)으로 쓰기 효능감을 판단하게 하였으며, 자신의 쓰기 능력은 다른 남녀 학생의 능력과 비교할 때 어떠한지를 판단하라고 요청하였다. 연구 목적은 쓰기 효능감의 성별 차이가 능력의 성별 차이와 일치하는지를 밝히는 것이었다. 이전의 연구처럼 결과는 여학생이 남학생보다 쓰기를 더 잘했지만 자기 효능감 수준은 동일하게 보고하는 것으로 나타났다.

그러나 학생들에게 자신이 다른 동료보다 더 글을 잘 쓰는지를 물었을 때, 여학생들은 같은 학급이나 학교의 다른 남학생들보다는 더 글을 잘 쓴다고 답했다. 이런 연구 결과는 초·중학교가 동일했다(Pajares et al., 1999; Pajares & Valiante, 1999). 남녀 학생들이 보이는 쓰기 효능감 측정 반응과는 상관없이 여학생들은 자신이 남학생들보다는 더 글을 잘 쓴다고 생각했다. 과제와 관련된 능력을 측정할 때 남학생들은 자기 효능감이 높은 수준이라고 보고 했다. 그러나 다른 사람과 비교하여 능력을 측정할 때는 남녀학생 모두 여학생이 더 글을 잘 쓴다는 점에 동의했다. 만약 연구자들이 자기신념에 대한 성별 차이를 계속 탐색한다면, 그들은 이런 종류의 통찰력을 제공하는 질문들에 대한 문제를 다룰 필요가 있을 것이다 (Schwarz, 1999).

사회적, 개인적, 학업적 변인에서 발견되는 성별 차이는, 성별 그 자체라기보다는 성 지향성의 기능, 즉 학생들이 성에 대해 가지고 있는 고정관념에서 비롯된 것이라는 점이 밝혀지고 있다(Eisenberg, Martin, & Fabes, 1996; Hackett, 1985; Harter, Waters, & Whitesell, 1997). 예를 들면, 성별에 대한 고정관념이 통제되었을 때, 도덕적 태도나 공감의 성별 차이는 나타나지 않는다(Harter et al., 1997). Eccles(1987)의 교육적, 직업적 선택 모형은 학생들의 성 역할에 대한 고정관념과 같은 문화적 환경 요인은 교과목과 직업 선택, 과제 및 활동에 대한 자신감과 인식된 가치의 차이를 초래하는 데 어느 정도 원인이 있다고 가정한다. 이러한 가설과 관련된 대부분의 연구는 수학과 과학 분야에서 실시되어 왔으며, 연구자들은 여학생이 수학을 남성의 영역으로 구분하기 때문에 수학, 과학 수업의 수강 신청을 적게 한다고 보고하였다.

쓰기 동기와 성취의 성별 차이가 성별 그 자체보다는 성별에 대한 고정관념에서 비롯된 것인지를 밝히기 위해서 Pajares & Valiante(2001, 2002)에서는 중학생들에게 그들이 미국사회에서 남성 혹은 여성과 결합된 특성들을 얼마나 강하게 고정관념으로 인정하고 있는지 보고하게 했다. 결과는 성 지향성이 통제되었을 때 쓰기 효능감, 쓰기 자아개념, 자기조절 효능감, 쓰기에서의 과업 목표 지향성, 인식된 쓰기의 가치, 쓰기 성취에서 확인된 성별 차이는 모두 통계적으로 유의하지 않은 것으로 나타났다. 반면 여성성은 쓰기 효능감과 관련이 있는 것으로 나타났다. 이러한 결과는 4학년에서 11학년까지의 각 학년에서 동일했다(Pajares et al., 출판 중).

사회인지이론이 성별이나 성별에 대한 자기신념에 동기의 속성을 부여하는 것은 아니지만, 학생들은 수학, 과학, 기능 분야를 일반적으로 남성 지배적인 영역으로 여긴다(Eisenberg et al., 1996). 이 분야에서 남성 지향성은 자신감 및 성취감과 결합되어 있는데, 이는 학생들이 이런 분야에서 성공을 이루는 것은 남자로서 마땅히 해야 할 일이라는 생각을 가지고 있기 때문이다(Eccles, 1987; Hackett, 1985). 학교에서 언어 과목은 일반적으로 여성 지향성과 부분적으로 관련이 있다. 많은 학생들, 특히 어린 학생들은 글쓰기를 여성적인 활동으로 여긴다. 그 결과, 여성 지향성은 성공적인 글쓰기에 관련된 동기 신념과 결합되어 있다. 언어 과목 교사들 앞에 놓인 도전적 과제 중의 하나는 쓰기가 남녀 학생 모두와 관련이 있으며 가치 있는 활동이라고 인식하도록 쓰기에 대한 학생들의 관점을 바꾸는 것이다. 더 나아가 모든 교사들과 우리 사회에 부여된 도전적 과제는 바로 성별에 대한 자기신념을 상세히 설명하고 모형화하는 것을 지속하는 것이다. 성별에 대한 자기신념은 균형 있는 자기관점 형성에 중요한 역할을 하는 여성적 표현과 남성적 수단을 모두 포함한다.

쓰기 효능감에 대한 발달적 영향

일부 연구자들은 특히 초등학교 1학년부터 10학년까지 쓰기 효능감의 발달을 조사해왔다. Shell et al.(1995)에 따르면 쓰기 과제 완수에 대한 자기 효능감은 학생들이 4학년에서 10학년으로 진급함에 따라 증가하는 것으로 나타났다. 그런데 이러한 결과는 직관에 가깝다고 할 수 있다. 일반적으로 학년이 높은 학생들은 학년이 낮은 학생들에 비해 쓰기 과제를 보다 잘 성취할 수 있기 때문이다. 그러나 실제적으로 밝혀진, 문법, 어법, 쓰기 기능에 대한 자신감은 4, 7, 10학년 학생들 간에 차이가 없었다. 더욱이 학년이 높은 학생들은 더 우수한 쓰기 기능을 가지고 있음에도 불구하고 그에 대한 자신감이 같은 비율로 증가하지 않았다. 그 이유는 아직 명확하지 않다.

이러한 현상은 Pajares & Valiante(1999)에서도 발견되었다. 중학교 2, 3학년 학생들이 더 우수한 쓰기 능력을 가지고 있음에도 불구하고 오히려 중학교 1학년 학생들이 쓰기 기능에 대해 더 높은 자신감을 보이는 것으로 나타났다. 언어 과목에서 자신감이 감소하는 이러한 현상은 학생들의 영어 능력에 대한 자아개념이 6학년 초부터 7학년 말까지 감소한다고 보고한 기대 가치 연구자들의 연구 결과와 일치한다(Wigfield et al., 1991).

학생들의 쓰기 동기와 자기 효능감의 발달적 관점을 제공하기 위한 노력으로서 Pajares et al.(출판 중)은 4학년부터 11학년까지의 1,266명(각 학년을 대표하는 표집)의 코호트2)에서 얻은 데이터를 사용하였다. 연구자들은 학생들이 초등학교에서 고등학교로 진급함에 따라서 자기 효능감의 강도가 변화하는지 측정하고, 학교 급별 쓰기 효능감의 변화가 쓰기에서 주요 능력의 기능과 동기 지수로서 달라지는지 분석하였다. 쓰기 효능감은 학생들이 초등학교에서 중학교로 진급함에 따라 감소했고, 고등학교를 다니는 동안에는 그 수준에 머물러 있었다. 연구자들은 학년이 올라감에 따라 쓰기 기능이 발달하고 있음에도 불구하고 그에 대한 자신 감은 잘 신장되지 않을 수 있다고 결론을 내렸다(Cleary, 1996; Phillips & Zimmerman, 1990). 이것이 정말로 사실이라면 정말 불행한 일이다. 왜냐하면 대다수의 학생들은 그들이 쓸 수 있다고 믿으면서 진정한 학교생활을 시작하기 때문이다(Calkins, 1983). 여러 연구자들이 입증해 왔듯이 중학교는 학업 동기가 감소하는 결정적 시기인 듯하다.

학생들이 학년을 올라감에 따라 그 수준이 떨어지는 동기 신념은 자기 효능감만 있는 것이 아니다. Pajares & Cheong(2003)은 학생들이 초등학교에서 고등학교로 진급함에 따라 과업 목표 지향성도 감소한다는 점을 밝혀냈다. 그러나 높은 수준의 쓰기 효능감, 쓰기 자아개 념, 자기조절 효능감, 인식된 쓰기 가치, 쓰기 적성을 가진 학생들은 각 학교급에서 더 높은 수준의 과제 목표를 가지고 있었다.

---

2) [역주] 코호트 : 동일한 통계 인자를 가진 집단을 말한다. 동일 연령 집단, 동일 수업 집단 등이 그 예이다.

교육적 함의

Bandura(1977)가 자기 효능감의 구성 요인을 처음 소개한 지 25년이 되었다. 그때 이후로 자기 효능감은 학업 동기와 성취 연구의 주요 주제가 되어왔다. 자기 효능감이 학업 기능에 미치는 영향을 조사해 온 지난 20년 간의 연구는 자기 효능감이 학생들의 선택, 노력과 인내심, 성공 수준에 영향을 준다는 Bandura의 주장을 입증해 주었다. 이러한 연구에서 얻을 수 있는 중요한 교육적 함의는, 이들 신념이 유익하거나 유해한 영향력을 가질 수 있으므로 교사들은 학생들의 자기 효능감을 신장시키기 위해 진지하게 교사로서의 책임을 잘 감당해야 한다는 것이다. 부모, 교사, 학교뿐만 아니라 학생의 삶에 영향을 주는 모든 사람들은 학생들이 학년이 올라갈수록 능력과 자신감을 발달시키도록 도울 책임이 있다.

학생들이 자신의 주변상황을 통제하려고 노력할 때 그 노력은 보통 성인에 의해서 중재되는데, 바로 그 성인이 중재 과정에서 학생들의 자기신념을 높이거나 떨어뜨린다. 학생들은 자기평가가 능숙하지 않다. 그러므로 자신감과 자기가치를 판단하기 위해서는 다른 사람의 판단에 의지해야만 한다. 성취 가능한 도전적인 과제와 의미 있는 활동을 제공하고, 지지와 격려로 이러한 노력을 이끌어주며, 학생들을 믿어주고 또한 그 믿음을 전해주는 교사는 학생들이 굳건한 자신감을 발달시키는 데 큰 도움을 줄 수 있다(Mills & Clyde, 1991).

Walker(2003)는 교사가 학생들이 쓰기 효능감을 키우도록 돕는 여러 가지 방법을 제안한 바 있다. 그 중 한 가지 방법은 학생들에게 쓰기 선택 및 목적 설정에 더 많은 자율성을 부여함으로써 학생들이 자기지도를 할 수 있도록 하는 것이다. 학생들이 스스로 쓰기 주제와 과제를 선택할 때 흥미가 높아지고 투입하는 노력이 많아진다. 협동적 쓰기 집단과 토론도 자기 효능감과 동기를 촉진한다. 또한 학생들에게 자기점검을 향상하도록 이끄는 자기조절 학습 전략을 지도할 필요가 있다(Schunk, 2003; Zimmerman, 2002). 자기 효능감과 자기조절은 밀접한 관계를 가지고 있으며, 다른 한 쪽이 없이는 쉽게 발달이 이루어지지 않는다. 학생들이 학습을 조절하는 적절한 방법을 익힐 때, 이러한 상위인지적 기능들은 학생들이 자신의 이해를 점검하고, 강점과 약점에 대해 자기평가를 하며, 자기수정 행동에 참여하고, 적절한 선택을 하도록 돕는다.

교실 구조가 개별화되고 수업이 학생들의 학업 능력에 맞추어진다면 학생들은 다른 학급 동료의 발달 정도와 비교하기보다는 학생 자기 자신의 기준에 따라 학업 발달의 정도를 판단하게 될 것이다. 이는 비교를 중시하는 사회적 분위기를 누그러뜨리는 데에도 기여할 수 있다. 그러나 교사가 비교를 최소화하거나 반대하더라도 어느 정도까지 학생들은 불가피하게 학급 동료와 자기 자신을 비교하여 평가할 것이다. 물론 개별화된 학습 상황에서 학생들은 자신과 비교할 동료를 더 쉽게 선택할 수도 있다. 하지만 교실과 학교의 경쟁 지향성을 낮추는 개별화된 구조는 전통적 경쟁 구조보다 자기 효능감과 학업 동기를 향상시키는 데 기여한다(Schunk, 1995).

교육 분야 및 심리학 분야에서 논쟁의 여지가 없는 한 가지 연구 결과를 찾는다면 그것은 바로 학생들이 역할 모델의 행동을 통해 배운다는 점이다. Schunk(2003)에서는 서로 다른 모델링 활동이 학생들의 자기신념에 서로 다르게 영향을 준다는 것을 입증하였다. 예를 들면, 동료 모델 학생이 실수를 하고, 대항하는 행동을 하고, 낮은 자신감과 성취감을 보이는 감정 상태를 말했을 때, 성취도가 낮은 학생들은 그 모델 학생을 자기 자신과 더욱 비슷하게 인식했으며 더 큰 성취감과 자기 효능감을 경험했다. 물론 교사들은 효과적인 모델링 활동에 참여하고 교실 모델을 위한 학생을 신중하게 선택함으로써 학생들이 자신의 학습 능력을 모델과 비교할 만하다고 여기도록 만드는 것이 중요하다. 탁월한 (역할) 모델이 되는 학생은 학급의 다른 학생들에게 그들도 그런 탁월성을 성취할 수 있다는 믿음을 불어넣어줄 수 있다.

자기 효능감과 여러 가지 동기 신념들은 어떤 행동 습관과 유사한 사고의 습관이라고 할 수 있다. 교사들은 학생들이 살아가는 동안 자신에게 도움이 될 자기신념 습관을 발달시키도록 도와주어야 한다. 그러나 교사들이 더 노력해야 할 점은 우선 학생들이 부정적인 자아개념을 고착하지 않도록 해야 한다는 것이다. 학생들이 경험하는 학업 실패를 고려한다면 이것은 쉬운 일이 아니다. 학생들은 다시 시도하는 데 동인이나 동기를 잃지 않고 어려움이나 실패에 맞설 수 있어야 한다. 학생들이 자신의 능력에 대해 자신감이 거의 없을 때, 비관주의와 "부정적인 사고"가 싹트고 이것이 학업적 노력에 악영향을 미칠 수 있다(Scheier & Carver, 1993). 강한 자신감에서 나오는 긍정적 기대감을 가진 학생들은 낙관적인 태도로 과제에 접근하고 어려움 앞에서도 노력하지만, 자신감이 낮고 성공에 대한 기대감이 거의 없는 학생들은 노력을 중단하고 목표를 포기하기가 쉽다.

어떤 자기 효능감 연구자들은 교사들이 학생들의 실제적 능력에 대한 관심뿐만 아니라 학생들의 자기능력 인식에 대해서도 관심을 가져야 한다고 주장한 바 있는데, 이유는 그 인식이 학생들의 동기와 미래의 학업적 선택을 보다 정확하게 예측한다고 보았기 때문이다(Hackett & Betz, 1989). 학생들의 자기 효능감을 평가하는 것은 교사들에게 중요한 통찰력을 제공해 줄 수 있다. 예를 들어 Hackett(1995)에 따르면 자기 효능감은 대학생의 전공 선택과 직업 결정에 강하게 영향을 미치는 것으로 나타났다. 많은 경우에, 부적응적 학업 행동, 교과목과 직업의 회피, 학교에 대한 흥미와 성취감의 감소는 능력 부족이 아니라 부적절하게 낮은 자신감에 원인이 있다. 교사나 부모들은 학생들이 학업적 성공을 달성하지 못하는 이유가 기초 지식이 약하거나 기능이 불충분한 데 있다기보다는 부정확한 자기신념에 있다는 사실을 쉽게 깨닫게 될 것이다. 이럴 때에는 자신의 능력에 대한 부정확한 판단을 확인하고 도전하고 바꾸는 것이 학업적 성공과 적응적 기능을 달성할 수 있는 필수적인 방법이다.

전문적 지식 발달을 돕고 이에 따르는 자기신념을 지지해주는 데 초점을 맞춘 협동적 방법들도 있다. 글쓰기 워크숍과 같은 쓰기 프로그램은 자신감이 쓰기 기능 향상에 필수적이라는 믿음을 바탕으로 학생들의 쓰기 효능감 발달을 위해 노력한다(Atwell, 1987; Calkins, 1994). 학생의 자기 효능감은 이러한 프로그램을 시행하기 위한 교사교육의 핵심적인 사항으로 자리를 잡았으며, 예비교사들은 이 프로그램을 적용할 때 쓰기 평가의 부분으로서 능력 및 이에 따른 신념을 평가하도록 교육을 받고 있다. 이에 더하여 학생의 자기평가도 같이 이루어지는데, 학생의 자기평가는 쓰기의 필수적 부분으로서 정서적, 동기적 자기신념의 이해와 연결되어 있는 자기반성을 포함한다.

McLeod(1987)는 쓰기가 인지적 활동인 것만큼 감정적 활동이기도 하므로 정서적인 구성요소는 쓰기 과정의 모든 단계에 강하게 영향을 준다는 것을 지적한 바 있다. McLeod(1987)에서는 이러한 정서적인 과정들이 학생들의 쓰기에 어떻게 기여하는지 이해하는 것을 돕기 위해서, 열린 시각으로 "정서 이론"을 발전시키는 쪽으로 정서적 측정을 탐색해 보아야 한다고 강조했다. 이러한 이론에서 학생들의 쓰기 효능감이 주목할 만한 역할을 한다는 것은 명백해 보인다.

참고문헌

Atwell, N. (1987). *In the middle*. Portsmouth, NH: Boynton/Cook-Heinemann.

Bandura, A. (1977). Self-efficacy: Toward a unifying theory of behavioral change. *Psychological Review*, 84, 191-215.

Bandura, A. (1986). *Social foundations of thought and action: A social cognitive theory*. Englewood Cliffs, NJ: Prentice-Hall.

Bandura, A. (1997). *Self-efficacy: The exercise of control*. New York: Freeman.

Bandura, A. (2001). *Guide for constructing self-efficacy scales-revised*. Available from Frank Pajares, Division of Educational Studies, Emory University, Atlanta, GA, 30322.

Bandurea, A., & Schunk, D. H. (1981). Cultivating competence, self-efficacy, and intrinsic interest through proximal self-motivation. *Journal of personality and Social Psychology*, 41, 586-598.

Bruning, R., & Horn, C. (2000). Developing motivation to write. *Educational Psychologist*, 35, 25-38.

Calkins, L. (1983). Lessons from a child: On the teaching and learning of writing. Exeter, NH: Heinmann.

Calkins, L. (1994). *The art of teaching writing*. Portsmouth, NH: Heinemann.

Cleary, L. M. (1996). I think I know what my teachers want now: Gender and writing motivation. *English Journal*, 85(1), 50-57.

Crain, R. M. (1996). The influence of age, race, and gender on child and adolescent multidimensional self-concept: In B. A. Bracken (Eds.), Handbook of self-concept: *Development, social, and clinical considerations* (pp. 395-420). New York: Wiley.

Daly, J. A., & Miller, M. D. (1975). The empirical development of an instrument to measure writing apprehension. *Research in the Teaching of english*, 9, 272-289.

Eccles, J. S. (1987). Gender roles and women's achievement-related decisions. *Psychology of Women Quarterly*, 11, 135-172.

Eccles, J. S., Wigfield, A., Flanagan C., Miller, C., Reuman, D., & Yee, D. (1989). Self-concepts, domain values, and self-esteem: Relations and changes at early adolescence. *Journal of personality*, 57, 283-310.

Eccles, J. S., Wigfield, A., Harold, R. D., & Blumenfeld, P. B. (1993). Age and gender differences in children's achievement self-perceptions during the elementary school years. *Child Development*, 64, 830-847.

Eisenberg, N., Martin, C. L., & Fabes, R. A. (1996). Gender development and gender effects. In D. C. Berlinet & R. C. Calfee (Eds.), *Handbook of educational psychology* (pp. 358-396). New York: Simon & Schuster / Macmillan.

Gersten, R., & Baker, S. (2001). Teaching expressive writing to students with learning disabilities: A meta-analysis. *Elementary School Journal,* 101, 251-272.

Graham, S., & Harris, K. R. (1989a). Components analysis of cognitive strategy instruction: Effects on learning disabled students' compositions and self-efficacy. *Journal of Educational Psychology*, 81, 353-361.

Graham, S., & Harris, K. R. (1989b). Improving learning disabled students' skills at composing essays: Self-instructional strategy training. *Exceptional Children*, 56, 201-214.

Graham, S., & MacArthur, C. (1988). Improving learning disabled students' skills at revising essays produced on a word processor: Self-instructional strategy training. *Journal of Special Education*, 22, 133-152.

Graham, S., & MacArthur, C., Schwartz. S., & PageVoth, V. (1992). Improving the compositions of students with learning disabilities using a strategy involving product and process goal setting. *Exceptional Children*, 58, 322-334.

Graham, S., & Weiner, B. (1996). Theories and principles of motivation. In D. C. Berliner & R. C. Calfee(Eds.),

Handbook of educational psychology (pp. 63-84). New York: Simon & Schuster/Macmillan.

Hackett, G. (1985). The role of mathematics self-efficacy in the choice of math-related majors of college women and men: A path analysis. *Journal of Counseling Psychology*, 32, 47-56.

Hackett, G. (1995). Self-efficacy in career choice and development. In A. Banduar(Ed.), *Self-efficacy in Changing societies* (pp. 232-258). New York: Cambridge University Press.

Hackett, G., & Betz, N. E. (1989). An exploration of the mathematics self-efficacy/mathematics performance correspondence. *Journal for Research in Mathematics Education*, 20, 261-273.

Harris, K., & Graham, S. (1992). Self-regulated strategy development: A part of the writing process. In M. Pressley, K. Harris, & J. Guthrie (Eds.), *Promoting academic competence and literacy in school* (pp. 277-309). San Diego: Academic Press.

Harter, S., Waters, P., & Whitesell, N. (1997). Lack of voice as a manifestation of false self-behavior among adolescents: The school setting as a stage upon which the drama of authenticity is enacted. *Educational Psychologist*, 32, 153-173.

Hull, G., & Rose, M. (1989). Rethinking remediation: Toward a social-cognitive understanding of problematic reading and writing. *Written Communication*, 6, 139-154.

Linnenbrink, E. A., & Pintrich, P. R. (2003). The role of self-efficacy beliefs in student engagement and learning in the classroom. *Reading and Writing Quarterly*, 19, 119-137.

Marsh, H. W. (1989). Age and sex effects in multiple dimensions of self-concept: Preadolescence to adulthood. *Journal of Educational Psychology*, 81, 417-430.

McCarthy, P., Meier, S., & Rinderer, R. (1985). Self-efficacy and writing. *College Composition and Communication*, 36, 465-471.

McLeod, S. (1987). Some thoughts about feelings: The affective domain and the writing process. *College Composition and Communication*, 38, 426-435.

Meirer, S., MaCarthy, P. R., & Schmeck, R. R. (1984). Validity of self-efficacy as a predictor of writing performance. *Cognitive Therapy and Research*, 8, 107-120.

Mills, H., & Clyde, J. A. (1991). Children's success as readers and writers: It's the teacher's beliefs that make the difference. *Young Children*, 46(2), 54-49.

Noddings, N. (1996, April). *Current directions in self research: Self-concept, self-efficacy, and possible selves*. Symposium presented at the meeting of the American Educational Research Association, New York, NY.

Pajares, F. (1996). Self-efficacy beliefs in academic settings. *Review of Educational Research*, 66, 543-578.

Pajares, F. (1997). Currents directions in self-efficacy research. In M. Maehr & P. P. Printrich (Eds.), A*dvances in motivation and achievement* (Vol. 10, pp. 1-49). Greenwich, CT: JAI Press.

Pajares, F., Britner, S. L., & Valiante, G. (2000). Writing and science achievement goals of middle school students. Contemporary Educational Psychology, 25, 406-422.

Pajares, F., & Cheong, Y. F. (2003). Achievement goal orientations in writing: A developmental perspective.

International Journal of Educational Research, 39, 437-455.

Pajares. F., & Johnson, M. J. (1994). Confidence and competence in writing: The role of writing self-efficacy, outcome expectancy, and apprehension. *Research in the Teaching of English*, 28, 313-331.

Pajares, F., & Johnson, M, J.(1996). Self-efficacy beliefs in the writing of high school students: A path analysis. *Psychology in the schools*, 33, 163-175.

Pajares. F., Hartley, J., & Valiante, G. (2001). Response format in writing self-efficacy assessment: Greater discrimination increases prediction. *Measurement and Evaluation in Counseling and Development*, 33, 214-221.

Pajares, F., Miller, M. D., & Johnson, M. J. (1999). Gender differences in writing self-beliefs of elementary school students. *Journal of Educational Psychology*, 91, 50-61.

Pajares, F., & Schunk. D. H. (2001). Self-beliefs and school success: Self-efficacy, self-concept, and school achievement. In R. J. Riding & S. G. Rayner (Eds.), *International perspectives on individual differences: Vol 2. Self-perception* (pp.239-266). London Alblex.

Pajares, F., & Schunk, D. H. (2005). Self-efficacy and self-concept beliefs: Jointly contributing to the quality of human life. In H. Marsh, R. Craven, & D. McInerney(Eds.), *International advances in self research* (Vol.2, pp.95-121). Greenwich, CT: Information Age.

Pajares, F., & Valiante, G. (1997). Influence of writing self-efficacy beliefs on the writing performance of upper elementary students. *Journal of Educational Research,* 90, 353-360.

Pajares, F., & Valiante, G. (1999). Grade level and gender differences in the writing self-beliefs of middle school students. *Contemporary Educational Psychology*, 24, 390-405.

Pajares, F., & Valiante, G. (2001). Gender differences in writing motivation and achievement of middle school students: A function of gender orientation? *Contemporary Educational Psychology*, 20, 366-381.

Pajares, F. & Valiante, G. (2002). Students' confidence in their self-regulated learning strategies: A developmental perspective. *Psychologia*, 45, 211-221.

Pajares, F., Valiante, G., & Cheong, Y. F. (in press). Writing self-efficacy and its relation to gender, writing motivation, and writing competence: A developmental perspective. In S. Hidi & P. Boscolo (Eds.), *Motivation and writing: Research and school practice*. Dordrecht, The Netherlands: Kluwer.

Phillips, D. A., & Zimmerman, B. J. (1990). The developmental course of perceived competence and incompetence among competent children. In R. J. Sternberg & J. Kolligian (Eds.), *Competence considered* (pp. 41-67). New Haven, CT: Yale University Press.

Pintrich, P. R., & De Groot, E. V. (1990). Motivational and self-regulated learning components of classroom academic performance. *Journal of Educational Psychology*, 82, 33-40.

Rankin, J. L., Bruning, R. H., & Timme, V. L.(1994). The development of beliefs about spelling and their relationship to spelling performance. *Applied Cognitive Psychology*, 8, 213-232.

Scheier, M. F., & Carver, C. S. (1993). On the power of positive thinking: The benefits of being optimistic. *Current Directions in Psychological Science*, 2, 26-39.

Schunk, D. H. (1995). Self-efficacy and education and instruction. In J. E. Maddux (Ed.), *Self-efficacy, adaptation, and adjustment: Theory, research, and applications* (pp. 281-303). New York: Plenum Press.

Schumk, D. H (2003). Self-efficacy for reading and writing: Influence of modeling, goal setting, and self-evaluation. *Reading and Writing Quarterly*, 19, 159-172.

Schunk, D. H., & Swartz, C. W. (1993). Goals and progress feedback: Effects on self-efficacy and writing achievement. *Contemporary Educational Psychology*, 18, 337- 354.

Schunk, D. H., & Zimmerman, B. (Eds.). (1994). *Self-regulation of learning and performance: Issues and educational applications*. Hillsdale, NJ: Erlbaum.

Schwarz, N. (1999). Self-reports: How the questions shape the answers. *American Psychologist*, 54, 93-105.

Shell, D. F., Colvin, C., & Bruning, R. H. (1995). Self-efficacy, attributions, and outcome expectancy mechanisms in reading and writing achievement: Grade-level and achievement-level differences. *Journal of Educational Psychology*, 87, 386-398.

Shell, D. F., Murphy, C. C., & Bruning, R. H. (1989). Self-efficacy and outcome expectancy mechanisms in reading and writing achievement. *Journal of Educational Psychology*, 81, 91-100.

Skaalvik, E. (1997). Issues in research on self-concept. In M. Maehr & P. R. Pintrich (Eds.), *Advances in motivation and achievement* (Vol. 10, pp. 51-97). Greenwich, CT: JAI Press.

Wachholz, P. B., & Etheridge, C. P. (1996). Writing self-efficacy beliefs of high- and low-apprehensive writers. *Journal of Developmental Education*, 19, 16-24.

Walker, B. J. (2003). The cultivation of student self-efficacy in reading and writing. *Reading and Writing Quarterly*, 19, 173-187.

Wigfield, A. (1994). The role of children's achievement values in the self-regulation of their learning outcomes. In D. H. Schunk & B. J. Zimmerman(Eds.), *Self-regulation of learning and performance: Issues and educational applications* (pp. 101-124). Hillsdale, NJ: Erlbaum.

Wigfield, A., & Eccles, J. (1992). The development of achievement task values: A theoretical analysis. *Developmental Review*, 12, 265-310.

Wigfield, A., Eccles, J. S., & Printrich, P. R. (1996). Development between the ages of 11 and 25. In D. C. Berliner & R. C. Calfee (Eds.), *Handbook of educational psychology* (pp. 148-185). New York: Simon & Schuster/Macmillan.

Wigfield, A., Eccles, J., MacIver, D., Reuman, D., & Midgley, C. (1991). Transitions at early adolescence: Changes in children's domain-specific self-perceptions and general self-esteem across the transition to junior high school. *Developmental Psychology*, 27, 552-565.

Zimmerman, B. J. (2002). Becoming a self-regulated learner: An overview. *Theory into practice*, 41, 64-70.

Zimmerman, B. J., & Bandura, A. (1994). Impact of self-regulatory influences on writing course attainment. *American Education Research Journal*, 31, 845-862.

Zimmerman, B. J., Bandura, A., & Martinez-Pons, M. (1992). Self-motivation for academic attainments: The role of self-efficacy beliefs and personal goal setting. *American Educational Research Journal*, 29,

663-676.

Zimmerman, B. J., & Kitsantas, A. (1999). Acquiring writing revision skill: Shifting from process to outcome self-regulatory goals. *Journal of Educational Psychology*, 91, 241-250.

Zimmerman, B. J., & Martinez-Pons, M. (1990). Student differences in self-regulated learning: Relating grade, sex, and giftedness to self-efficacy and strategy use. *Journal of Educational Psychology*, 82, 51-59.

Zimmerman, B. J, & Risemberg, R. (1997). Becoming a self-regulated writer: A social cognitive perspective. *Contemporary Educational Psychology*, 22, 73-101.

제12장
구어, 읽기, 쓰기 발달 간의 관계

Timothy Shanahan

　역사적으로 읽기와 쓰기라는 문해 활동은 1차적인 구어의 형식(듣기와 말하기)에 크게 의존적인 2차적인 형식으로 간주되어왔다(Berninger, 2000). 이러한 견해는 언어의 발생론적 관점에서는 타당하다(Hauser, 1996). 왜냐하면 어떤 사회이든 문해력이 발달하지 않았더라도 구어는 불가피하게 항상 쓰이고 있기 때문이다. 어떤 사회에서는 읽기가 광범위하게 쓰이면서도 쓰기는 읽기에 비해 훨씬 제한적인 경우도 있다(Snufford, 1979). 고고학 자료에 따르면, 인류사에서 문어는 구어보다 늦게 발달했다는 것을 추측할 수 있다(Schmant-Besserat, 1993). 그리고 일반적으로 개인의 발달에서도 이러한 양상은 동일하게 나타난다. 대부분의 아이들은 12~18개월 즈음에 말을 하기 시작하지만, 36개월 이전에는 문자 언어를 거의 사용할 수 없고, 60~80개월 즈음에서야 읽기를 시작한다(Wood, 1981).

　이러한 일반적인 구조에서 듣기(듣기는 말하기보다)와 읽기(읽기는 쓰기보다)가 비교적 일찍 시작될 뿐만 아니라 전체적인 언어 학습 발달에서 더 중요한 역할을 한다는 점을 고려한다면, 수용적인 언어(듣기와 읽기)는 생산적인 언어(말하기와 쓰기)보다 더 근본적인 것으로 간주할 수 있다. 이러한 조형성(造形性)은 언어가 사회적 행위라는 사실에 근거를 두고 있다. 따라서 언어 학습을 창의성의 형태로 특징화할 수 있다 하더라도(Read, 1975), 이는 엄밀하게 정확한 표현은 아니다. 왜냐하면 언어 학습은 '공유되고 실재하는' 언어의 체계에 대한 숙달을 수반하기 때문이다. 이것은 언어 학습 과정의 어떤 측면이 인간의 인지에 '내장되어' 있을 것이라는 생각(Lenneberg, 1967)과 배치되는 것은 아니다. 왜냐하면 그 이론에서도 언어 입력은 언어 학습의 메커니즘을 작동하는 원천이 되기 때문이다. 이것이 프랑스 아동이 프랑스어를 배우고 중국 아동이 중국어를 학습하는 이유이다(그들의 부모에게는 천만다행이다).

네 가지 언어 체계(말하기, 듣기, 읽기, 쓰기)는 분리되고 순차적으로 발달하기보다는 서로 중첩하고 병행하여 발달한다(Berninger, 2000, p.66). 이는 비록 쓰기가 언어 학습에서 가장 늦게 시작되고, 완전한 발달을 위해 다른 언어 체계보다 더 긴 시간이 걸리지만, 구어와 읽기에 의해 잠재적으로 영향을 받는다는 것을 의미한다. 그리고 비록 쓰기는 구어와 읽기의 영향을 받는 것만큼은 아니더라도, 구어와 읽기의 발달에 영향을 줄 수도 있다. 다른 언어체계가 서로 어떤 관계에 있는지를 이해하면 구어와 읽기의 발달이 쓰기 발달에 어느 정도 영향을 미치는지를 밝힐 수 있으며, 학생들이 쓰기를 잘 하게 될 것인지와 필자가 특정한 방식으로 틀리는 이유 또한 알 수 있다. 이 논문에서는 구어 활동(말하기와 듣기)이 문해 활동(읽기, 쓰기 및 철자 능력)과 어떤 관계가 있는지, 그리고 문해력의 구성 요소, 특히 읽기와 쓰기가 어떻게 상호 연결되어 있는지에 대한 이론과 실험적인 연구를 검토하고자 한다. 또한 언어 간 관계에 대한 실험 연구의 변화하는 특성에 대해 살펴볼 것이다.

쓰기는 구어 발달과 어떤 관계가 있는가

표시하기와 같은 어떤 쓰기 행위는 꽤 일찍 시작할 수 있고(Hildreth, 1936), 실질적인 쓰기의 초기 형태는 학교 교육 이전에 시작하기도 하지만(Bissex, 1980; Harste, Woodward, & Burke, 1984) 쓰기 교육은 학생들이 학교에 가기 전인 대략 5세까지는 이루어지지지 않는다. 그러나 초기의 쓰기가 언제 발생하든지 간에 구어의 발달은 쓰기 형태보다 이미 훨씬 앞서 있다.

이러한 점에서, 구어 발달은 쓰기에 대한 가치 있는 토대가 될 수 있을 듯하다. 나이가 어린 필자들은 음운론적 인식, 어휘, 형태소, 통사 구조, 담화 조직이나 구조, 화용론을 포함한 다양한 언어적 측면의 구어 지식에 의존하는 것 같다. 쓰기에서 그러한 형태에 대한 의존은 이론적으로는 쓰기 발달을 더 효과적으로 만들고, 구어가 뛰어나게 발달한 아동에게는 일정 부분에서 더 빠른 진전을 이루도록 해 준다.

쓰기와 구어가 어떻게 연관되어 있을까? 언어의 구성 요소 간의 관계에 대한 대다수의 연구는 대개 언어의 한 가지 이상의 측면에서 중대한 결함이 있는, 이례적인 학생에 대한 연구에서 시작되었다. 언어 학습에 부진을 겪는 아동에 대한 사례 연구에서(Scott & Windsor, 2000), 연구자들은 다양한 언어 과제 수행을 표본 추출하여 다음과 같이 결론지었다.

이 연구에서처럼 평균 수준의 언어 학습 장애(LLD, language learning disabilities)를 보이는 아동들은 학급의 기본적인 언어적 요구사항을 충족시키기 어렵고 분명히 교사와 부모의 주의를 끌 것이다. 언어 학습 장애 아동은 대개 말하기 또는 쓰기 과제에서 동급생이 사용하는 언어의 40~60%만 생산한다. 동급생과 비교하였을 때 쓰기에서, 특히 설명적 장르의 글을 쓸 때 그들은 문법적으로 덜 복잡한 문장을 쓴다. 이러한 아동은 아마도 말을 할 때도 드러나지만, 글을 쓸 때는 더 확실하게 드러나는 문법적인 오류를 범하며, 특히 설명문을 쓸 때는 명백하게 오류가 드러난다(p.336).

이와 같은 자세한 설명은 구어와 문어 사이의 상호 관련성을 드러낸다.

구어와 문어의 관계를 다루는 또 다른 방법은 IQ 또는 IQ의 언어 부분과 쓰기와의 관계를 보는 것이다. 왜냐하면 이것은 쓰기가 얼마나 일반적인 언어능력에 의존하는지를 암시하기 때문이다. 문어와 구어 사이의 상관관계는 흔히 상관 정도의 적절한 추정으로 이루어지는 다양한 측정으로 탐색된다. 예를 들면, 언어 IQ는 4학년과 5학년 학생(서사문 쓰기에서 0.35, 설명문 쓰기에서 0.42)의 작문의 질과 관련되어 있다. 하지만 작문의 길이와 관련해서는 상관이 발견되지 않았다(Berninger, Cart-wright, Yates, Swanson, & Abbott, 1994). 다른 연구에 따르면, 구어와 쓰기에서의 유창성은 쓰기와 구어 모두에서 다변성(wordiness)의 점차적인 증가와 관련이 있다(McCarthy, 1954; Harrell, 1957; O'Donnell, Griffin, & Norris, 1967). 일반적으로 단어의 수는 문어보다 구어에 더 많다. 그러나 그 차이는 시간이 지남에 따라 줄어들고 마침내는 문어가 구어를 따라 잡는다. 이와 유사하게, 구어 발달이 쓰기를 이끄는 과정에서, 긴밀성 측면에서 문법 또는 통사적 성숙은 말하기나 쓰기에 사용되는 내포(embedding)와 유의한 상관이 있다. 그러나 이 차이는 초등학교 기간 동안 꾸준히 감소한다(Hunt, 1965; Loban, 1963; O'Donnell et al., 1967).

쓰기는 일반적인 언어 처리와 관련이 있다. 하지만 이 관계의 본질은 확실하지 않다. 예를 들면, 이 연결과 관련된 하나의 개념은 구어와 문어가 동일한 인지 능력에 의존하고 있다는 점이다. 따라서 구어에 약한 사람은 쓰기에도 약하다. 하지만 결핍의 확인과 진단을 위해 문어와 구어를 동등하게 다루어야 한다는 점을 제외하면 이것을 인지하는 것에 기능적인 가치는 없다. 하지만 구어에 대한 문어의 의존은 이보다 직접적이고 복잡해 보인다. 예를 들면, 초기의 구어 문제가 마침내 극복되었을 때라도 문어는 계속 어려운 것으로 보인다 (Naucler & Magnusson, 2002). 이것은 쓰기 숙달이 진행되기 전에 반드시 달성되어야 하는 구어 수행의 한계 수준은 없다는 것을 의미한다.

다른 연구는 언어의 구성요소 또는 기저 능력들 사이의 관계를 탐구함으로써 구어 숙달과 쓰기 간의 관계를 해석하거나 설명하려는 시도를 해 왔다. 예를 들면, 효과적인 쓰기는 언어적 작업 기억에 의존하는 것으로 나타났다(McCutchen, 1996; Swanson & Berninger, 1996). 만약 구어 능력이 덜 발달되었다면, 학생들은 잘 구성된 작문을 하는데 어려움을 겪었을 것이다. 초보 필자들, 특히 어린 초보 필자들은 언어를 손으로 유창하게 부호화하는 데(예컨대, 전사, 부호화해서 쓰기, 텍스트 생성)에 자신의 능력을 제한하는 경향이 있다. 그것은 많은 정보를 기억하려는 능력에 과부하를 일으킬 수 있고, 그들의 쓰기를 통일성이 없도록 만들고, 어떤 종류의 문법적 오류(예를 들어, 문장의 끝이나 T-units에서의 오류. Tetroe, 1984)를 야기한다. 아동들이 쓰기에 비해 구어 작문 또는 받아쓰기에 더 우수하다는 것은 놀랄 만한 일이 아니다. 하지만 언어 기억의 용량이 증가함에 따라(그리고 손글씨 쓰기와 같은 하위 과정이 자동화됨에 따라) 이러한 차이는 줄어든다(Bereiter & Scardamalia, 1987; Cox, Shananhan, & Tinzman, 1991; McCutchen, 1987). 이러한 연구는 언어 기억의 용량은 쓰기의 양뿐만 아니라 질에도 영향을 준다는 것을 보여준다. 게다가 주제를 선정하고 이에 대해 언어를 구성하는 것과 같이 초기 구어와 작문의 전략 사이에는 유사점이 있다.

응집성(cohesion)의 영역에서 여러 언어 양식의 연구도 이루어졌다. 이 연구는 화자 또는 필자가 그들이 의사소통하는 아이디어 간의 일관성(coherence)에 어떻게 영향을 끼치는지를 살폈다. Pappas(1985)는 1학년은 쓰기보다 구술에서 더 응집성 있는 조화를 이루었지만, 그 두 가지는 관련성 있는 수행이라는 점을 밝혔다. 또한, Fink(1986)는 언어 장애를 가진 아동은 이야기하기와 서사문 쓰기 모두에서 응집력이 약한 양상을 보인 반면, 언어 장애가 없는 학습 장애 아동들은 이러한 문제를 겪지 않는다고 보고했다. 다른 연구는 구어에서 일찍 발달한 응집성이 어떻게 이후 아동들의 쓰기로 번져 나가는지를 보여준다(Cox, Shanahan, & Sulzby, 1990; Rentel, 1998).

형태론은 구어와 쓰기의 연관성 측면에서 주목되는 또 다른 다른 영역이다. 아동은 쓰기보다 구어 형태론에서 더 일찍 성장한다고 입증되었다(Carlisle, 1994). 어떻게 아동들이 유의미한 언어 단위를 구성하는 음소의 조합을 배우는지를 탐구하는 형태론적 발달에 대한 대부분의 연구는 구어 학습에 초점을 맞추고 있다(Berko, 1958; Brown, 1973). 이들 연구는 학교 입학에서부터 4학년 사이에, 아동들이 어형 변화 학습에서 형태소의 어원 학습으로 전환한다는 점을 보여준다. 그러한 구어적 변화를 Carlisle(1996)은 아동의 쓰기를 포함한 초기 문어 경험에 의해 설명할 수 있다고 추측하였다. 구어 작문과 문어 작문에 사용되는 형태소를 조사하는 연구에서 Carlisle(1996)은 구어 오류가 문어에서 발생하는 많은(전부는 아닌) 형태소 오류를 설명할 수 있음을 발견하였다. 말하기에서 형태론적 표지의 특징은 학생들이 그들의 쓰기에서 얼마나 어형 변화를 잘 나타내는지를 보여주는 중요한 결정 요인이었다. 다른 연구는 초기 학령에서 형태상의 발달과 관련된 구어와 작문 수행의 밀접한 연관을 입증하였다(Green et al., 2003). 이와 유사한 양상은 다섯 명의 성인 L2(제2 언어) 학습자에 대한 연구에서도 나타났는데, 이들은 구어에서보다 쓰기에서 새로운 형태론적(그리고 통사론적) 형식을 시도하였다(Weissberg, 2000).

구어와 쓰기는 일반적으로 밀접하게 관련되어 있다. 잘 발달된 구어를 구사할 줄 아는 아동은 쓰기를 더 잘 한다. 특히, 쓰기는 응집성의 발달과 같은 측면에서 구어에 의존하는 것으로 보인다. 그러나 쓰기 역시 구어에 영향을 주는 것으로 밝혀졌다. 형태소와 같이 적어도 나중에 발달하는 형식에서, 쓰기는 학생에게 더욱 중요한 특정한 언어적 특성을 만들 수 있다.

구어와 쓰기의 관련성에 대한 더 이상의 검토는 필요치 않아 보인다. 이 논문은 종합적 논의보다는 관심을 유발하고자 하는 목적을 갖고 있다. 구어 향상에 목적을 둔 프로그램이 쓰기 향상에 영향을 끼치는지에 대한 질문에 답변을 하는 것은 불가능하다. 또는 장기적으로 발달의 어느 측면이 서로 연관을 갖는지를 추적하는 것도 불가능하다. 교수적 의문(예를 들어 학생들의 쓰기에서, 읽기 기능에서 비롯된 것이 분명해 보이는 문제를 극복하기 위해 구어 발달을 사용할 수 있는지)에 관한 관심이 부족한 상태에서 쓰기와 구어의 관련성에 관한 연구의 양은 매우 제한적이었다.

이러한 부주의 가운데 일부는 쓰기 교육에 역사적으로 소홀했던 사실과 결부된 것으로, 공식적인 구어 발달에 대한 학교 교육의 무관심에서 비롯된 것으로 보인다(Clifford, 1989). 학교생활에서 말하기와 듣기 교육에 집중할 수 있는 시간은 많지 않다. 그래서 이러한 문제에 주목할 이유가 매우 적은 것이다. 유사하게, 취학 전 구어에 대한 커다란 관심에도 불구하고, 조기 언어 성장과 이후 쓰기와의 상관관계는 분명하지 않다. 연구에 따르면 취학 전 언어 발달과 1학년 읽기의 상관관계는 낮다. 하지만 이 관계는 향후 증가한다(Strickland &

Shanahan, 2004). 구어 기능은 초기 문해력 발달에 중요한 단어 인지 및 산출 과제와 거의 관련이 없어 보이지만, 향후 문해력 성장에 많은 함의를 갖고 있다. 쓰기의 어떤 측면(예를 들어 통사론적 형식)은 구두 작문을 강조하는 교수법을 통해 더욱 빠르게 발달할 가능성이 있으나, 쓰기가 이들 구어 형식의 성장에서 수행하는 역할을 경시해서는 안 된다. 이러한 문제에 대한 추가적인 연구가 필요하다.

쓰기는 읽기와 어떻게 관련되는가

쓰기와 읽기의 관계에 대한 연구는 오랫동안 광범위하게 이루어졌고, 반복적으로 고찰되어 왔다(Berninger, Abbott, Graham, & Richards, 2002; Berninger et al., 1994; Fitzgerald & Shanahan, 2000; Nelson & Calfee, 1998; Stotsky, 1983; Shanahan & Tierney, 1990; Tierney & Shanahan, 1996). 연구자들이 구어와 쓰기 사이의 관계보다 읽고 쓰는 활동 사이의 관계에 더 관심을 갖는 이유는 문어의 특성을 강조하는 이론과 관련이 있다. 구어는 단기적, 일시적인 것이며 실시간으로 발생한다. 반면, 읽고 쓰는 것은 숙고될 수 있고 성찰될 수 있으며 영원한 기록으로 남는다. 구어는 단편적이고 사교적인 반면 쓰기는 필자가 교정할 수 있는 기회가 있기 때문에 보다 완벽할 뿐만 아니라 사교적 거리가 있다. 구어와 문어 사이에는 어휘, 문법적 구조, 담화 결합에서 분명한 차이가 있고, 구어에는 비언어적 특질과 억양 형태와 같은 범주들이 더 많이 포함되어 있다(Chafe, 1985; Garton & Pratt, 1998; Olson, 1994). 문어와 구어 능력 사이의 이러한 큰 간격 때문에, 연구자들은 가장 유사해 보이는 부분들 사이의 관련성을 강조하는 경향이 있다. 여기에는 표면적 특성과 사회적 활용이 모두 포함된다.

과거의 연구들을 모두 재구성하기 보다는 연구사에 대한 정확한 서술을 위해 주요 논점을 요약하고 갱신하며, 읽기와 쓰기의 관계와 관련하여 축적된 새로운 실험적 연구의 일부를 종합하는 것이 더 가치 있을 것이다.

연구 문헌에서 반복적으로 드러난 한 가지 기본적인 생각은, 읽기와 쓰기는 공통된 능력의 인지적 층위(즉, 시각적, 음소적, 의미의 체계 또는 장단기 기억)에 의존하며, 그리고 이러한 능력을 향상시키는 것은 읽기와 쓰기 발달 모두에 대해 의미를 갖는다는 것이다(Berninger & Swanson, 1994; Ellis, 1985, 1987; Just & Daneman, 1992; McCutchen, 2000; Swanson &

Berninger, 1996). 마찬가지로 지식의 공통적 기저에 대해 쓰기와 읽기 모두 의존하는 것으로 언급된다(Fitzgerald, 1990, 1992). 이러한 공통성에 따르면, 읽기와 쓰기가 서로 관련이 있다는 것은 놀라운 것이 아니다. 실제로, 초기 문해력 학습 연구에서 유치원생의 쓰기 행위는—심지어 IQ의 영향을 통제했을 때에도—이후 1학년 시기의 읽기 성취를 예측하는 것으로 나타났다(Shatil, Share & Levin, 2000).

Fitzgerald & Shanahan(2000)에 따르면 독자와 필자는 4개의 공통 지식 기반에 의존한다. 이 가운데 가장 명확한 영역 지식 혹은 내용 지식은 읽기와 쓰기의 관계에 관심을 두는 연구자들로부터 가장 주목을 받지 못하고 있다. 지식에 대한 요구는 특히 쓰기에서는 분명하다(Flower & Hayes, 1984; Hillocks, 1986). 쓰기는 어떤 주제에 대한 것이어야 하기 때문이다. 관련 연구는 대개 작문에서 특정 영역 지식의 역할을 탐색하지 않으며, 이를 탐색하더라도, 측정된 관계는 다소 약하다(Langer, 1984). 독자에 의해 어떻게 특정영역 지식이 사용되는지에 대한 이해는 더욱 많은 주목을 받는다. 그리고 정보를 기억하고, 구성하고, 추론하는 능력을 뒷받침하는 영역 지식과 함께 배경 지식이 읽기 이해에 강한 영향을 준다는 것은 분명하다(Spivey, 1997). 인지는 읽기와 쓰기를 포함하여 다양한 기능적 목적을 위해 활용될 수 있는 실질적인 내용 지식의 단일한 세계에 의존하는 것으로 보인다. 기억의 기본적인 처리 과정과 마찬가지로, 영역 지식은 읽기와 쓰기 모두에 활용할 수 있는, 일종의 일반화 가능한 기층으로서의 역할을 수행한다.

내용 학습이나 영역 지식 습득에서 읽기의 역할은 자명하다. 사실, 새로운 정보를 배우는 것은 종종 읽기의 기본적인 목적 중 하나로 간주된다. 내용 지식의 발달에서 쓰기의 역할은 덜 확고하다. 쓰기가 내용 지식을 증가시킬 수 있다는 생각은 광범위하게 논의되고 있고(Shanahan, 2004), 실험적인 연구는 이러한 접근을 어느 정도 뒷받침하고 있다. 학습을 위한 쓰기 연구 48편에 대한 메타분석에서, 연구자들은 쓰기는 학교 학습의 다양한 성과 측정에 작지만 긍정적인 영향을 끼친다는 결론을 내렸다(Bangert-Drowns, Hurley, & Wilkineson, 2004).

읽기와 쓰기를 연결할 가능성이 있는 두 번째 지식의 토대는 화용론을 포함한 문어에 대한 메타지식이다. "메타지식은 읽기와 쓰기의 기능과 목적을 아는 것, 독자와 필자가 상호 작용하는 것을 아는 것, 스스로 의미를 구성하는 것을 점검하는 것을 포함하는 지식의 몇몇 하위 범주와 관련이 있다(Fitzgerald & Shanahan, 2000)." Tierney & Shanahan(1996)은 어떻게 필자가 읽기의 과정에 영향을 끼칠 수 있는지에 관해(독자에게 필자의 의도에 관한 통찰력을 제공하는 방식으로), 그리고 독자 되어보기를 통해 어떤 방식으로 필자가 혼동과 의사소통 상의 오류를 예측하고, 이를 통해 더 잘 쓰게 되는지에 관해 연구하였다. 읽기 이해를 향상시키기 위해, 독자들 사이에 필자 의식을 촉진하는 것은 합리적일 것이다. 반대로 쓰기를 향상시키기 위해 예상 독자에 대한 인식을 심어주는 것도 유용하다(Shanahan, 1992). 그러나 읽기와 쓰기의 어떤 문화적 분리는 이러한 메타지식적 연결을 제한한다는 것을 보여준다. Brandt (1994)는 읽기와 쓰기가 학습되고 사용될 수 있는 상황과 읽기와 쓰기를 하기 시작했을 때의 느낌은 극적으로 다를 수 있음을 보여 주었다. "사람들은 전형적으로 그들의 첫 번째 읽기 경험이 어른들에 의해 이루어진 것이 아니라면 기분 좋은 사건으로 기억한다. 반면 많은 조기 쓰기 경험은… 어른들의 감독 없이 이루어진 것으로 외로움, 비밀, 저항의 감정으로 기억된다."(p.461)

세 번째 연구영역은 읽기와 쓰기의 기저를 이룰 수 있는 문어의 구성 요소나 구체적 특질에 관한 지식 분야이다. 이러한 연구들은 음소론적, 정자법적, 형태론적, 어휘적, 통사론적, 담화적 특질을 포함하는 읽기와 쓰기의 언어적 특질 사이의 실질적 상관관계를 보여주고 있다(Berninger, 2000; Shanahan, 1984; Shanahan & Lomax, 1986, 1988). 음운론 및 정자법에 관한 지식은 독자와 필자의 발달과 밀접하게 관련되어 있다(Abbott & Berninger, 1993; Shanahan, 1984). 그리고 손글씨 쓰기는 철자 쓰기 능력(spelling ability)과 관련되어 있지만(Abbott & Berninger, 1993), 이것은 오직 어린 아동들에게만 해당된다(Berninger et al., 1994). 단어 인식 기능은 모든 초등학교 수준의 철자법과 쓰기 능력에 대해 일관되고 견고한 예측을 제공한다(Abbott & Berninger, 1993; Berninger et al., 1998; Berninger, Vaughan, et al., 1998). 그리고 철자법은 모든 초등학교 수준에서 쓰기의 유창성과 관련된다(Graham, Berninger, Abbott, Abbott, & Whittaker, 1997). 어휘와 응집성 및 구성을 포함한 쓰기의 담화의 특질이 그런 것처럼(Cox et al., 1990, 1991; Shanahan, 1984), 철자법 또한 읽기 이해에 영향을 끼친다(Berninger et al., 2002; Shanahan, 1984). "어린이와 어른들 모두에서 단어 인식과 단어 수준의 전사 요인 간 상관은 높으며, 텍스트 수준의 읽기 이해와 작문 요인 사이의 상관도 높다"(Berninger et al., 2002, p.48).

일반적으로 읽기와 쓰기에 공유되는 언어적 변량은 50%를 넘지 못한다(Fitzgerald & Shanahan, 2000). 그러나 각각의 언어적 특질에 대해 다중 측정한 최근 연구에서는, 단어 요인에 대해 공유된 변량은 72~85%, 텍스트 요인에 대해서는 약 65% 정도까지 높게 추정된다(Berninger et al., 2002). 이러한 최적의 경우에서조차 읽기와 쓰기 사이에는 공유된 것보다 개별적인 측면이 있다는 것은 분명하다. 텍스트 수준 변인과는 대조적으로, 보다 높게 측정 가능한 단어 수준 간의 관계는 다양한 모집단과 연구에서 일관된 유형을 보여주며(Juel, 1988; Shanahan, 1984), 연령과는 약하게 연결되어 있는 것으로 보인다(Berninger et al., 2002; Shanahan, 1984). 하지만 몇몇 연구들은 읽기 수준의 측면에서, 정상적인 발달 수준의 아동에 비해 성인 수준의 문해력을 가진 학생들의 경우에 이러한 양상에서 차이를 보인다고 보고해 왔다. 단어 인식과 철자쓰기는 정상적으로 발달하는 아동들에게 더 밀접하게 연관되어 있는 것으로 보이며 문해력 수준이 낮은 성인들은 음운 전략(특히 철자법)을 훨씬 덜 사용하는 것으로 나타났다(Greenberg, Ehri, & Perrin, 2002).

읽기와 쓰기를 연결하는 이러한 언어적 특질의 관계는 양방향인 것처럼 보인다(Berninger et al., 2002; Shanahan & Lomax, 1986, 1988). 이것은 읽기의 단어 인식 능력이 작문의 철자법 (또한 유창성)에 영향을 줄 뿐만 아니라 철자법 학습은 아동의 단어 인식에 영향을 끼친다는 것을 의미한다. 이와 유사한 성장의 양방향성은 다른 언어적 특질에서도 분명하다.

읽기와 쓰기 행위에 많은 언어 지식들이 기저를 이루고 있으며, 한 영역에서 그러한 지식을 사용하는 것이 다른 영역의 언어 수행을 촉진시킨다고 해서 이들의 관계가 대칭적이라고 말하기는 어렵다. 읽기와 쓰기는 공통된 언어적 특질을 활용하지만, 특정 영역의 지식을 공유 하는 것처럼 단순해 보이지는 않는다. 예를 들면, 식당에 대한 정보를 갖고서 그것에 대해 읽고 쓰는 학생들은 읽기 또는 쓰기에서 이 지식을 활용하는 그들의 능력에서 차이가 있을 것이다(읽기에서 필자는 독자가 배경지식을 활용하도록 자극할 것이고, 쓰기에서 필자는 반 드시 이러한 기억들을 스스로 자극해야하기 때문이다). 그러나 실제 식당에 대한 서술적 지식이 읽기와 쓰기를 통해 많이 변할 것이라고 상상하기는 어렵다. 이는 최소한 음소와 철자 체계와 같은 언어 특질의 지식의 측면에서도 유효하다. 유사한 소리로부터 문자로, 또 문자에서 소리로 가는 다양한 경로의 수와 형태가 있다. 예를 들면, 독자가 'sure'라는 단어를 대할 때, 잠재적인 첫 번째 문자의 음소 표현은 특정한 소리 없는 묵음뿐만 아니라 /s/, /z/, /sh/ 같은 것을 포함한다. 그러나 소리에서 문자로 이행하는 필자가 'sure'를 쓰려고 할 때, 필자는 단지 s, sh 또는 ch 방식을 선택할 수 있다. 이러한 방식은 대칭적이지 않고 읽기와 쓰기는 서로에 대해 반대의 과정이 될 수 없다(Cronnell, 1970; Ehri, 1997; Reed, 1981).

마지막으로 읽기와 쓰기 근저의 공유된 지식은 절차적 지식을 포함한다. 절차적 지식은 읽기와 쓰기를 하는 동안 어떻게 정보에 접근하고 사용하고 생성할 것인지를 아는 것을 말한 다. 이것은 예측, 질문, 요약 같은 의도적인 전략의 인식을 포함한다. Langer(1986)는 유사한 읽기와 쓰기 행위 중에 나타나는 이러한 종류의 절차적 행동 사이의 관련성을 분석하였다. 그리고 언어 지식 연구에서와 비슷한 수준의 상관을 발견하였다. 이 연구에서는 다양한 읽기와 쓰기 활동 중과 후에 학생들에게 사고 구술을 수행하도록 하였다. 언어지식으로서 대칭성의 부족은 읽기와 쓰기의 절차적 행위에서 명확하였다. 지식 사용에서 이러한 차이가 발생하는 이유는 읽기와 쓰기의 다른 목적과 출발점의 차이에 의한 것이다. 필자는 단지 빈 페이지로 시작할 뿐이며 거의 제약을 갖지 않는 반면, 독자는 필자를 해석해야 한다는 제약을 따르고, 그 안에 머물려 노력해야하기 때문이다.

분명한 점은 지금까지의 실험 연구가 구어와 읽기 사이보다는 읽기와 쓰기 사이의 관련성에 대한 더욱 풍부한 이해를 제공하고 있다는 것이다. 구어 연구의 경우와는 달리 읽기-쓰기 관계에서는, 읽기 교육이 쓰기를 향상시킬 수 있고 쓰기 교육이 읽기 향상에 긍정적인 영향을 줄 수 있다는 것을 보여주는 실험적인 연구들이 존재한다(Tierney & Shanahan, 1996). 예를 들어 읽기-쓰기 관계에 관한 교수 연구에서, 교수적 접근은 읽기에 영향을 끼친다고 보고되고 있다(전통적 교수 접근은 과정이나 총제적 언어 접근법보다 더 큰 영향을 미치는 것으로 보고되었다). 그러나 쓰기 수행에서의 변동은 교수에 의해서가 아니라 읽기 성취 단독에 의해서 설명될 수 있다(Stahl, Pagnucco, & Suttles, 1996). 그러나 이러한 종류의 교차 영역적 언어 향상은 일관되게 발견되는 것은 아니며, 교수가 직접적으로 이루어지는 언어 영역에서만 그러한 교수의 영향력이 발표된 예가 있다(Shanahan, 1988).

선행연구에서 공통적으로 나타난 점은, 쓰기를 위한 읽기, 읽기를 위한 쓰기를 가르치는 것은 가능하지만, 단일 영역의 기능 습득을 목표로 하는 지도가 가장 효율적인 것으로 나타났다는 것이다. 예를 들면, 손글씨 쓰기 교육이 단어 인식 기능에 긍정적인 영향을 끼치기는 하지만 단어 인식 기능을 직접적으로 교육하는 것보다 더 효과적이지는 않다(Berninger et al., 1997). 이것은 앞서 살펴본 상관적 데이터 및 신경적 수준에서 읽기와 쓰기가 중첩되지만 독자적 특성이 있음을 드러내는 다양한 증거들(Beaton, Guest, & Ved, 1997; Berninger et al., 2002; Boget & Marcos, 1997; Chan, 1992; Frith, 1980; Dejerine, 1891; Niemi, Poskiparta, Vaurus, & Maeki, 1998)과 함께, 쓰기와 읽기를 교육적으로 결합시키는 것의 복잡성과 효율성을 위해 실험 설계가 필요함을 암시한다. 읽기와 쓰기 교육은 유용하게 결합될 수 있지만, 잘 읽고 쓰는 학생을 만드는 것이 목표라면 둘 중 하나에 대한 교육으로 다른 하나를 적절하게 대체하기는 쉽지 않을 것이다.

읽기와 쓰기를 교육적으로 조합하는 것이 왜 이롭거나 더 효과적인지에 대해 두 가지의 기본적인 설명이 있다. 하나는 읽기와 쓰기에 요구되는 공유된 지식 또는 기능과 이러한 문해 행위를 통해 나타나는 교차 영역적 언어 실행과 관련된 것이다. 예를 들면, 필자들은 종종 그들이 쓴 것을 읽고 또 읽는다. 그리고 독자와 필자는 방대한 정보의 활용, 언어적 특질과 과정을 실행하고 있는 것이 확실하다. 비록 앞서 언급했듯이 이 실행의 특성 차이는 궁극적인 언어 영역 간 전이의 잠재력을 감소시킬지라도 말이다. 그러나 두 번째 이점은 읽기와 쓰기 사이의 차이에서 발생한다. 한 학습 이론에 따르면 학습은 다양한 인지 관점으로 정보를 검토하고, 재검토해 보는 것을 통해 도달된다고 한다(McGinley & Tierney, 1989). 이 이론에 의하면, 정보에 대한 이해는 반복(즉 기억의 문제)을 통해서가 아니라, 새로운 방식으로 정보에 대해 생각함으로써 깊어진다. 다양한 연구에서 밝혀졌듯이, 읽기와 쓰기는 다소 다른 인지적 궤적을 가지고 있기 때문에, 읽기와 쓰기는 학습을 위해 각기 다른 이점을 제공해 줄 수 있다. 실제로 이 연구는 개인은 다양한 과제를 위해 서로 다른 방식으로 읽기와 쓰기를 결합하며, 이러한 읽기와 쓰기 간의 상호작용은 적어도 내용 정보 및 메타 지식과 관련해서는 이론의 예측대로 작동한다는 점을 암시한다(Tierney, Soter, O'Flahavan, & McGinley, 1989).

소리 내어 읽기나 선다형 평가와는 달리 학생들이 쓰기를 통해 자신들의 읽기 이해를 드러내도록 요구받았을 때, 읽기와 쓰기의 분리성과 독자성은 평가 설계 및 해석에 있어서 중요한 문제이다. 국가 교육 성취 평가(National Assessment of Educational Progress)와 같은 대규모 평가에서는 갈수록 학생들로 하여금 그들이 읽었던 기사 또는 이야기에 대한 짧은 에세이를 쓰도록 하는 구조적 반응 문항을 사용한다. 심지어 주 단위 평가(state accountability test)에서조차도 그러한 대규모 방식을 사용하다. 이것은 잠재적으로 문제가 있다. 왜냐하면 읽기와 쓰기 모두를 잘 할 가능성은 둘 중 하나를 잘 할 가능성 보다 낮기 때문이다. 이것은 학생들이 다른 시험 조건에서보다 잘 읽지 못할 수도 있음을 암시한다. 왜냐하면, 쓰기는 이 문제를 악화시킬 수도 있기 때문이다. 읽기와 쓰기가 독자적 특성을 가지고 있다면, 읽기 결과는 쓰기를 요구하는 평가에 의해 부정적 영향을 받을 수 있다. 사실 이것이 정확히 연구들이 보여주고 있는 것이다(Jenkins, Johnson, & Hileman, 2004; McCormick, 1992).

단어 확인과 듣기를 통제하자 쓰기 능력은 선다형의 읽기 점수의 변동을 설명하지 못했다. 이와 대조적으로, 쓰기 능력은 단어 인식과 듣기 기능에 대한 통제 이후에도 읽기 능력의 독자적 변동을 설명했으며, 구조적 반응형의 읽기 점수에서 단어 인식이나 듣기 기능보다 더 큰 변동을 설명했다(Jenkins et al., 2004, p.125).

쓰기와의 관계를 고려하는 새로운 방향

확실히 과거 10~15년 동안의 가장 중요한 발전 중 하나는, 읽기 학습에 문제가 있는 아동과 성인을 대상으로 읽기와 쓰기의 관계의 본질을 다룬 연구가 확대되어 온 것이다. 역사적으로 대부분의 읽기와 쓰기의 관련성에 대한 연구는 정규 학급에서 추출된 자료에 기반을 두고 수행되었고, 일반적으로 정상적인 모집단의 모든 수행을 포함하였다. 지난 10년에 걸쳐 Virginia W. Berninger와 동료들이 수행한 양질의 연구들은 이 불균형을 어느 정도까지 바로잡는 데 도움을 주었다. 그들의 연구는 학습 장애 모집단을 조사하였다. 이러한 집단에서는 일반적으로 제한된 변량의 문제가 발생하는데(제한된 변량은 더 낮은 상관을 낳는 경향이 있다), 이들은 연구 대상인 크고 다양한 모집단에 대한 주의 깊은 검증과 다중 측정에 기반을 둔 모수 추정을 통해 이 문제를 극복하였다. 이 연구의 가장 중요하고 탁월한 성과 중 하나는 읽기-쓰기 관계 양상이 더 넓은 범위의 모집단에서 확인되는 것과 크게 다르지 않음을 발견한 것이다.

물론, 읽기-쓰기 관계에서 특수 학생을 소홀히 한 것은 쓰기 장애(writing disability) 또는 유사한 주제와 관련된 연구의 부족에 기인한다. 다양한 유형의 읽기 문제에 대한 인과 관계, 증명 및 치료를 다룬 많은 선행 연구가 있지만, 쓰기 영역에서는 어떤 범위에서도 이러한 연구가 이루어 진 적이 없다. 만약 학생들이 읽기 수업에서 어려움을 겪는다면 보충 수업을 받을 것이다. 그러나 쓰기에 대해서는 유사한 교육적인 처치가 아직 정착되지 않고 있다.

읽기-쓰기 관계 연구에서 또 다른 비교적 최근의 발전은 제2 외국어 학습자들에 대한 고려이다. 이러한 연구 중 하나는(Ball, 2003) 3~6학년 아동의 읽기와 쓰기의 관계에 대해 조사하였다. 일련의 통계적인 분석은 문해 발달의 양상이나 읽기와 쓰기의 관계에서 모어가 영어인 학생과 영어를 제2 언어로 하는 학생 사이에 큰 차이가 거의 없다는 점을 밝혔다. 그러나 이 연구에서는 두 집단의 구어 수행에서는 상당한 차이를 나타냈다. 이는 중요한 발견이라고 볼 수 있는데 구어 수행의 측정은 높은 수준의 읽기 이해 및 이야기 구성과 밀접하게 관련되어 있기 때문이다. 이를 통해 제2 언어 학생들이 더 높은 수준의 문해 학습에서 성공적으로 발전하기 위해서는 보다 많은 구어의 발달이 필요함을 추측해 볼 수 있다. 그러나 읽기와 쓰기가 결합되고 교수되는 방법은 모어 학습자의 일반적인 방식과 크게 다를 필요는 없다. 이 발견은 앞서 문어와 구어 사이보다 읽기와 쓰기 사이의 더 밀접한 관계를 상정한 이론에 모순된다. 더구나 이 연구에서 인지능력에 대한 혼합 측정은 이들 집단의 차이를 드러내지 못했으며, 제1 언어 학습자와 마찬가지로 철자 쓰기와 언어 인지 측정 모두에서 비슷한 수준의 수행을 예측했다.

읽기와 쓰기의 관계를 다룬 또 다른 연구에서 작문의 질과 독해 능력의 관계를 살폈는데, 다양한 제1 언어(L1)를 사용하는 L2 영어 학습자에게서 명확한 관련성이 나타났다(Carell & Connor, 1991). 이와 다소 다른 양상은 세 번째 영어 학습자 연구에서 제시되었는데 (Hedgcock & Atkinson, 1993), 여기서는 즐거움을 위한 읽기와 교과서 읽기가 얼마나 관련되는지와 같은 L2 학습자의 읽기 환경 변인이 L1과 L2 학습자의 쓰기 성취에서도 일어나는지를 파악하고자 했다. 읽기 측정은 모어에서 읽기와 쓰기 수행을 예측한다. 하지만 제2 언어 수행과는 연결되지 않았다. 연구자들은 제2 언어의 문해력을 습득하는 것은 이러한 특별한 관계에서 제1 언어의 문해력을 습득하는 것과는 다르며, 많은 인쇄물에 노출되는 것만으로는 제2 언어 쓰기 기능을 향상시키는 데 충분하지 않다고 결론지었다.

요약과 결론

쓰기와 구어의 관계에 대한 연구들은 구어 지능과 쓰기 사이의 명확하고 일관된 관련성을 증명했으며, 언어의 이러한 두 형식이 작동 기억과 언어적 일관성, 형태론적 지식을 포함하는 공통된 일련의 인지 능력을 활용함을 암시하는 충분한 증거를 제공했다. 비록 이른 시기의 구어 장애가 극복된다 하더라도, 이러한 초기의 언어 문제가 향후의 쓰기 문제의 전조가 되는 것은 분명하다.

불행히도, 구어 발달과 문해력 사이의 관계에 대한 연구, 특히 더 나은 읽기와 쓰기 기능을 위해 구어를 어떻게 사용해야 하는지 또는 쓰기 능력에 긍정적으로 영향을 끼치기 위해 어떤 방식으로 언어 발달을 지원할 것인지에 대한 연구는 여전히 부족하다. 비록 문해력을 이해하거나 향상시키는 데 구어와 쓰기의 관련성이 어떤 잠재력을 가지고 있는지에 관한 많은 연구가 이루어지기는 했지만, 쓰기에서 구어의 역할이 정확히 무엇인지, 필자가 구어적 특질에 의존함으로써 쓰기 수행을 방해하는 읽기 기능의 결핍을 어떤 방식으로 해소하는지, 또는 구어 교육이 어떻게 쓰기를 향상시키는지와 관련된 충분한 연구는 아직 이루어지지 않았다.

이러한 쟁점에 대해 관심이 부족한 이유는 여러 가지가 있다. 그중 하나는 이후의 문해 기능에서 초기 어휘 발달(종종 구어 숙달의 척도로 활용되는)이 수행하는 독특한 역할 때문이라고 할 수 있다. 이러한 구어 측정과 초기의 읽기 및 쓰기 기능 사이의 관련성은 매우 미미하다. 그리고 이러한 낮은 상관은 구어 발달을 위한 조기 교육의 강조가 문해 학습의 측면에서는 시간 낭비일 수도 있음을 암시한다. 그러나 단어 인식 및 산출과는 대조적으로, 텍스트 읽기와 쓰기로 관심이 옮겨가면서 읽기와 쓰기에 대한 이 초기 어휘적 변인의 중요성은 증가하고 있다. 메시지는 명확한 것 같다. 구어 발달에 대한 이른 시기의 지속적 관심은 초기 문해력의 성장을 위해서는 필요하지 않을 수도 있지만, 향후 학교생활에서 그 성장을 유지하기 위해서는 필수적일 수 있다. 문해 학습에서 구어와 그 역할에 대한 추가적인 연구는 반드시 필요하다.

대조적으로 읽기와 쓰기의 관계를 조사하는 실험적인 연구 기반은 풍부하다. 이러한 연구들은 읽기와 쓰기가 공통된 인지 과정과 지식에 의존한다는 것을 보여준다. 특히 우리는 어떤 종류의 언어적 지식이 읽기와 쓰기 사이에 공유되는지, 이 지식 공유의 양상이 발달과 함께 어떻게 변하는지, 그리고 읽기와 쓰기가 어떻게 상호 영향을 끼치는지에 대해 풍부하게 이해하고 있다. 이러한 연구는 이전에 발견한 것보다 읽기와 쓰기 사이의 더 밀접한 관계를 보이고 있고, 이러한 관계(예를 들면, 읽기와 쓰기 사이의 지식 공유는 읽기부터 쓰기로 또는 쓰기부터 읽기의 방향으로 이루어질 수 있다)의 양방향성뿐만 아니라 비대칭성에 대한 우리의 이해를 확장시킨다. 최근의 연구가 읽기, 쓰기, 철자법과 손글씨 쓰기 간의 잠재적 공유에 대한 우리의 생각을 확장시키고 있는 반면, 인류학과 신경학적 연구는 읽기와 쓰기의 궁극적인 분리성에 대한 인식을 지속적으로 확장시키고 있다. 즉, 쓰는 방법을 모른 채 읽는 것이 가능하며, 그 반대도 가능하다.

많은 연구들이 쓰기를 향상시키기 위해 읽기를 가르치고 읽기를 향상시키기 위해 쓰기를 가르치는 것이 가능하다는 것을 보여주었다. 하지만 우리는 그 구체적 방법을 정확히 알지 못한다. 비록 연구들은 언어 간 향상이 가능하다는 것을 분명하게 보여주고 있지만, 다양한 읽기 또는 쓰기 경험이 어떻게 다른 것에 이로울 수 있는지에 대한 이해는 아직 부족하다. 그러나 읽기와 쓰기에서 학습 성취는 언어 영역 간 교수보다는 해당 영역 내에서의 직접 교수에 의해 더 강력한 영향을 받는 경향이 있다. 다시 말해서, 언어 영역 간 교육보다는 읽기 교육은 읽기 성취에, 쓰기 교육은 쓰기 성취에 더욱 크게 작용한다. 예외적으로 초기 문해력 시기에는 읽기 발달이 직접적인 쓰기 교육보다 쓰기 성취에 더욱 실제적으로 작용할 수 있다(Stahl et al., 1996). 학습부진아와 제2 언어 학습자에 대한 연구의 증가 추세는 이러한 문제를 정리하는 데 특별히 유용한 것이다. 비록 이러한 연구들이 여러 학습자 유형에서 유사한 성취의 양상을 보여주지만 약간의 차이도 있다. 예를 들면, 텍스트 수준에서 제2 언어 학습자의 이해나 작문의 질은 읽기와 쓰기 관계보다는 구어 기능과 더욱 관련되는 것 같다(단어 수준이나 제1 언어에서는 그렇지 않을 수 있다). 이러한 특수 모집단 간 또는 모집단 내 관계의 본질에 대한 이론 개발과 체계적인 연구가 필요하다. 왜냐하면 이러한 노력은 읽기와 쓰기의 효과적 결합에 관한 중요한 통찰력을 제시할 수 있기 때문이다.

참고문헌

Abbott, R. D., & Berninger, V. W. (1993). Structural equation modeling of relationships among developmental skills and writing skills in primary and intermediate grade writers. *Journal of Educational Psychology*, 85, 478-508.

Ball, S. E. (2003). *The relation between reading and writing development in English and ESL students*. Unpublished doctoral dissertation, University of Toronto, Toronto, Canada.

Bangert-Drowns, R. L., Hurley, M. M., & Wilkinson, B. (2004). The effects of school-based writing-to-learn interventions on academic achievement: A meta-analysis. *Review of Educational Research,* 74, 29-58.

Beaton, A., Guest, J., & Ved, R. (1997). Semantic errors of naming, reading, writing, and drawing following left-hemisphere infarction. *Cognitive Neuropsychology*, 14, 459-478.

Bereiter, C., & Scardamalia, M. (1987). *The psychology of written composition*. Hillsdale, NJ: Erlbaum.

Berko, J. (1958). The child's learning of English morphology. *Word*, 14, 150-177.

Berninger, V. W. (2000). Development of language by hand and its connections with language by ear, mouth, and eye. *Topics in Language Disorders*, 20(4), 65-84.

Berninger, V. W., Abbott, R. D., Abbott, S. P., Graham, S., & Richards, T. (2002). Writing and reading: Connections between language by hand and language by eye. *Journal of Learning Disabilities*, 35, 39-56.

Berninger, V. W., Abbott, R. D., Rogan, L., Reed, E., Abbott, R., Brooks, A., et al. (1998). Teaching spelling to children with specific learning disabilities: The mind's ear and eye beats the computer or pencil. *Learning Disability Quarterly*, 21, 106-122.

Berninger, V. W., Cartwright, A. C., Yates, C. M., Swanson, H. L., & Abbott, R. D. (1994). Developmental skills related to writing and reading acquisition in the intermediate grades. *Reading and Writing: An Interdisciplinary Journal*, 6, 161-196.

Berninger, V. W., Fuller, F., & Whittaker, D. (1996). A process approach to writing development across the life span. *Educational Psychology Review*, 8, 193-218.

Berninger, V. W., & Swanson, H. L (1994). Modifying Hayes and Flowers' model of skilled writing to explain beginning and developing writing. In E. Butterfield (Ed.), *Children's writing: Toward a process theory of development of skilled writing* (pp. 57-81). Greenwich, CT: JAI Press.

Berninger, V. W., Vaughan, K., Abbott, R. D., Brooks, A., Abbott, S., Reed, E., et al. (1998).

Early intervention for spelling problems: Teaching spelling units of varying size with a multiple connection framework. *Journal of Educational Psychology*, 90, 587-605.

Berninger, V. W., Vaughan, K., Abbott, R. D., Brooks, A., Abbott, S., Rogan, L., et al. (1997).

Treatment of handwriting fluency problems in beginning writing: Transfer from handwriting to composition. *Journal of Educational Psychology*, 89, 652-666.

Bissex, G. L. (1980). GNYS AT WRK: *A child learns to read and write*. Cambridge, MA: Harvard University Press.

Boget, T., & Marcos, T. (1997). Reading and writing impairments and rehabilitation. In J. LeonCarrion (Ed.), *Neuropsychological rehabilitation: Fundamentals, innovations and directions* (pp.333-352). Delray Beach, FL: St. Lucie Press.

Brandt, D. (1994). Remembering writing, remembering reading. *College Composition and Communication*, 45, 459-479.

Brown, R. (1973). *A first language: The early stages*. Cambridge, MA: Harvard University Press.

Carlisle, J. F. (1996). An exploratory study of morphological errors in children's written stories. *Reading and Writing: An Interdisciplinary Journal*, 8, 61-72.

Carrell, P. L., & Connor, U. (1991). Reading and writing descriptive and persuasive texts. *Modern Language Journal*, 75, 314-324.

Chafe, W. L. (1985). Linguistic differences produced by differences between speaking and writing. In D. R. Olson, N. Torrance, & A. Hildyard (Eds.), *Literacy, Language, and learning: The nature and consequences of reading and writing* (pp. 105-123). Cambridge, UK: Cambridge University Press.

Chan, J. L. (1992). Alexia and agraphia in four Chinese stroke patients with review of the literature: A proposal for a universal mechanism model for reading and writing. *Journal of Neurolinguistics*, 7, 171-185.

Clifford, G. J. (1989). A Sisyphean task: Historical perspectives on writing and reading instruction. In A. H. Dyson (Ed.), *Collaboration through writing and reading* (pp. 25-83). Urbana, IL: National Council of Teachers of English.

Cox, B. E., Shanahan, T., & sulzby, E. (1990). Good and poor elementary readers' use of cohesion in writing. *Reading Research Quarterly*, 25, 47-65.

Cox, B. E., Shanahan, T., & Tinzman, M. (1991). Children's knowledge of organization, cohesion, and voice. *Research in the Teaching of English*, 25, 179-218.

Cronnell, B. A. (1970). *Spelling-to-sound correspondences for reading vs. sound-to-spelling correspondences* (Technical Note No. 2-7-15). Los Alomitos, CA: Southwest Regional Laboratory.

Dejerine, J. (1891). Sur un cas de cecite verbale avec agraphie, suivi d'autopsie [On a case of word blindness with agraphia, follow-up autopsy]. *Memoires de la Societe Biologique*, 3, 197-201.

Ehri, L. (1997). Learning to read and having to spell are one and the same, almost. In C. A. Perfetti & L. Rieten (Eds.), *Learning to spell: Research, theory, and practice* (pp. 237-269). Mahwah, NJ: Erlbaum.

Ellis, A. (1985). The cognitive neuropsychology of developmental (and acquired) dyslexia: A critical survey. *Cognitive Neuropsychology*, 2, 169-205.

Ellis, A. (1987). Review on problems in developing cognitively transmitted cognitive modules. *Mind and Language*, 2, 242-251.

Fink, R. J. (1986). *A comparison of text characteristics in the narrative discourse of normal and learning disabled children.* Unpublished doctoral dissertation, University of Colorado, Boulder.

Fitzgerald, J. (1990). Reading and writing as "mind meeting." In T. Shanahan (Ed.), *Reading and writing together: New perspectives for the classroom* (pp. 81-97). Norwood, MA: Chrisopher-Gordon.

Fitzgerald, J. (1992). Towards knowledge in writing: *Illustrations from revision studies.* New York: Springer-Verlag.

Fitzgerald, J., & Shanahan, T. (2000). Reading and Writing relations and their development. *Educational Psychologist*, 35, 39-50.

Flower, L., & hayes, J. R. (1984). Images, Plays, and prose: The representation of meaning in writing. *Written Communication*, 1, 120-160.

Frith, U. (1980). Unexpected spelling problems. In *Processes in spelling* (pp. 495-515). London: Academic Press.

Garton, A., & Pratt, C. (1998). *Learning to be literate: The development of spoken and written language* (2nd ed.). London: Blackwell.

Graham, S., Berninger, V. W., Abbott, R. D., Abbott, S., & Whittaker, D. (1997). The role of mechanics in composing of elementary school students: A new methodological approach. *Journal of Educational Psychology*, 89, 170-182.

Green, L., McCutchen, D., Schwiebert, C., Quinlan, T., Eva-Wood, A., & juelis, J. (2003). Morphological development in children'a writing. *Journal of Educational Psychology*, 95, 752-761.

Greenberg, D., Ehri, L. C., & Perrin, D. (2002). Do adult literacy students make the same spelling errors as children matched for word-reading age? *Scientific studies of Reading*, 6, 221-244.

Harrell, L. E., Jr. (1957). A comparison of oral and written language in school-age children. *Monographs of the Society for Research in Child Development*, 22(3).

Harste, J. C., Woodward, V. A., & Burke, C. L. (1984). *Language stories and literacy lessons.* Portsmouth, NH: Heinemann.

Hauser, M. D. (1996). *The evolution of communication.* Cambridge, MA: MIT Press.

Hedgcock, J., & Atkinson, D. (1993). Differing reading-writing relationships in L1 and L2 literacy development? *TESOL Quarterly*, 2, 329-333.

Hildreth, G. (1936). Developmental sequences in name writing. *Child Development*, 7, 291-303.

Hillocks, G., Jr. (1986). The writer's knowledge: Theory, research, and implications for practice. In A. R. Petrosky & D. Bartholomae (Eds.), *The teaching of writing: 85th yearbook of the National Society for the study of Education* (pp. 71-94). Chicago: National Society for the Study of Education.

Hunt, K. W. (1965). *Grammatical structures written at three grade levels* (Research Report No. 3). Urbana, IL: National Council of Teachers of English.

Jenkins, J. R., Johnson, E., & Hileman, J. (2004). When is reading also writing: Sources of individual differences on the new reading performance assessments. *Scientific Studies of Reading*, 8, 125-151.

Juel, C. (1988). Learning to read and write: A longitudinal study of 54 children from first through fourth grades. *Journal of Educational Psychology*, 80, 437-447.

Just, M., & Daneman, J. (1992). A capacity theory of comprehension: Individual differences in working memory. *Psychological Review*, 99, 122-149.

Langer, J. A (1984). The effects of available information on responses to school writing tasks. *Research in the Teaching of English*, 18, 31-32.

Langer. J. A. (1986). *children reading and writing: Structures and strategies*. Norwood, NJ: Ablex.

Lenneberg, E. H. (1967). *Biological foundations of language*. New York: Wiley.

Loban, W. D. (1963). *The language of elementary school children* (Research Peport No. 1). Urbana, IL: National Council of Teachers of English.

McCarthy, D. A. (1954). Language development in children. In L. Carmichael (Ed.), *Manual of child psychology* (2nd ed., pp. 492-630). New York: Wiley.

McCormick, S. (1992). Disabled readers' erroneous reponses to inferential comprehension questions: Description and analysis. *Reading Research Quarterly*, 27, 54-77.

McCutchen, D. (1987). Children's discourse skill: Form and modality requirements of school writing. *Discourse Processes*, 10, 267-286.

McCutchen, D. (1996). A capacity theory of writing: Working memory in composition. *Educational Psychology Review*, 8, 299-325.

McCutchen, D. (2000). Knowledge, processing, and working memory: Implications for a theory of writing. *Educational Psychologist*, 35, 13-24.

McGinley, W., & Tierney, R. J. (1989). Traversing the topical landscape: Reading and writing as ways of knowing. *Written Communication*, 6, 243-269.

Naucler, K., & Magnusson, E. (2002). How do preschool language problems affect language abilities in adolescence? In F. Windsor & M. L. Kelly (Eds.), *Investigations in clinical phonetics and linguistics* (pp. 99-114). Mahwah, NJ: Erlbaum.

Nelson, N., & Calfee, R. C. (Eds). (1998). *The reading-writing connection. 97th yearbook of the National Society for the Study of Education* (pp. 1-52). Chicago: National Society for the Study of Education.

Niemi, P., Poskiparta, E., Vaurus, M., & Maeki, H. (1998). Reading and writing difficulties do not always occur as the researcher expects. *Scandinavian Journal of Psychology*, 39, 159-161.

O'Donnell, R. C., Griffin, W. J., & Norris, R. C. (1967). *Syntax of Kindergarten and elementary school children: A transformational analysis*. Urbana, IL: National Council of Teachers of English.

Olson, D. R. (1994). *The World on paper*. Cambridge UK: Cambridge University Press.

Pappas, C. C. (1985). The cohesive harmony and cohesive density of children's oral and written stories. In J. D. Benson & W. S. Greaves (Eds.), *Systemic perspectives on discourse* (Vol. 2, pp. 169-186). Norwood, NJ: Ablex.

Read, C. (1975). *Children's categorization of speech sounds* (Technical Peport No. 197). Urbana, IL: National Council of Teachers of English.

Reed, C. (1981). Writing is not the inverse for reading for young children. In C. H. Frederickson & J. Dominick (Eds.), *Writing: the nature, development, and teaching of written communication* (Vol. 2, pp. 105-117). Hillsdale, NJ: Earlbaum.

Rentel, V. M. (1988). Conhesive harmony in children's written narratives: A secondary analysis. In J. L. Green & J. O. Harker (Eds.), *Multiple perspective analyses of classroom discourse* (pp. 281-307). Norwood, NJ: Ablex.

Schmant-Besserat, D. (1993). Before writing. *Science*, 260, 1670-1671.

Scott, C. M., & Windsor, J. (2000). General language performance measures in spoken and written narrative and expository discourse of schoolage children with language learning disabilities. *Journal of Speech, Language, and Hearing Research*, 43, 324-339.

Shanahan, T. (1984). Nature of the reading-writing relation: An exploratory multivariate analysis. *Journal of Educational Psychology*, 76, 466-477.

Shanahan, T. (1988). The reading-writing relationship: seven instructional principles. *Reading Teacher*, 41, 636-647.

Shanahan, T. (1992). Reading comprehension as a conversation with an author. In M. Pressley, K. R. Harris, & J. T. Guthrie (Eds.), *Promoting academic competence and literacy in school* (pp. 129-148). San Diego: Academic Press.

Shanahan, T. (2004). Overcoming the dominance of communication: Writing to think and to learn. In T. L. Jetton & J. A. Dole (Eds.), *Adolescent literacy research and practice* (pp. 59-74). New York: Guilford Press.

Shanahan, T., & Lomax, R. G. (1986). An analysis and comparison of theoretical models of the reading-writing relationship. *Journal of Educational Psychology*, 78, 116-123.

Shanahan, T., & Lomax, R. G. (1988). A developmental comparison of three theoretical models of reading-writing relationship. *Research in the Teaching of English*, 22, 196-212.

Shanahan, T., & Tierney, R. J. (1990). Reading-writing connections: The relations among three perspectives. In J. Zutell & S. McCormick (Eds.), *Literacy theory and research: Analyses from multiple paradigms*: 39th Yearbook of the National Reading Conference (pp. 13-34). Chicago: National Reading Conference.

Shatil, E., share, D. C., & Levin, I. (2000). On the contribution of kindergarten writing to grade one literacy: A longitudinal study in Hebrew. Applied *Psycholinguistics*, 21,, 1-21.

Spivey, N. N. (1997). *The constructivist metaphor: Reading, writing, and the making of meaning.* San diego: Academic Press.

Spufford, M. (1979). First steps in literacy: The reading and writing experiences of the humblest seventeenth-century spiritual autobiographers. *Social History*, 4, 407-435.

Stahl, S. A., Pagnucoo, J. R., & Suttles, C. W. (1996). First graders' reading and writing instruction in traditional and process-oriented classes. *Journal of Educational Research*, 89, 131-144.

Stotsky, S. (1983). Research of reading/writing relationships: A synthesis and suggested directions. *Language Arts*, 60, 568-580.

Stirickland, D., & Shanahan, T. (2004). Laying the groundwork. *Educational Leadership*, 61, 74-77.

Swanson, H. L., & Berninger, V. (1996). Individual differences in children's working memory and writing skills. *Journal of Experimental child Psychology*, 63, 358-385.

Tetroe, J. (1984, April). *Information processing demand of plot construction in story writing.* Paper presented at the meeting of the American Educational Research Association, New Orleans, LA.

Tierney, R. J., Soter, A., O'Flahavan, J. F., & McGinley, W. (1989). The effects of reading and writing upon thinking critically. *Reading Research Quarterly*, 24, 134-173.

Tierney, R. J., & Shanahan, T. (1996). Research on the reading-writing relationship: Interactions, transactions, and outcomes. In R. Barr, M. L. Kamil, P. Mosenthal, & P. D. Pearson (Eds.),

Handbook of reading research (Vol. 2, pp. 246-280). Mahwah, NJ: Erlbaum,

Vygotsky, L. S. (1978). *Mind in society: The development of higher psychological processes.* Cambridge, MA: Harvard University Press.

Weissberg, B. (2000). Developmental relationships in the acquisition of English syntax: Writing vs. speech. *Learning and Instruction*, 10, 37-53.

Wood, B. S. (1981). *Children and communication: Verbal and nonverbal language development* (2nd ed.). Englewood Cliffs, NJ: Prentice-Hall.

제 **III** 부

지도 모형과 방법

제 13 장
전략 교수와 쓰기 지도

Steve Graham

어떤 역사학자들은 현대 인지 심리학이 언제 시작되었는지(1956년 9월 11일)를 정확하게 말할 수 있다고 주장한다. 그렇지만 인지 과학에서 출발한 개념적, 방법론적 진보가 언제 처음으로 쓰기 분야에 적용되었는지를 정확하게 확인하기는 어렵다. 하지만 1978년 카네기 멜론 대학에서 열린 학회는 매우 중요한 사건이라고 할 수 있다. 이 학회는 여러 학문 분야가 관련된 것으로, 쓰기에 관한 새로운 연구를 소개하고 선행 연구를 종합하기 위해 열렸다. 이 학회에서 나온 논문을 엮은 <Cognitive processes in writing>(Gregg & Steinberg, 1980)은 쓰기의 인지적인 특성에 대한 관심을 크게 불러일으켰다.

Gregg & Steinberg(1980)에 포함된 논문 중 특히 영향력이 컸던 것은 숙련된 필자의 쓰기 모형을 제시한 것이었는데, 이 모형은 성인들에게 글을 쓰는 동안에 '생각을 소리 내어 말하도록'하여 개발되었다(Hayes & Flower, 1980). 참여자의 사고 구술을 분석함으로써 연구자들은 쓰기의 인지 과정뿐만 아니라 그와 관련된 다른 요인들을 살펴볼 수 있었다. 이렇게 산출된 모형은 세 가지 기본 구성 요소를 포함했다. 그 중 한 가지는 필자와 외부적으로 관련되었지만 필자의 쓰기 과제에 영향을 미치는 요인이다. 여기에는 쓰기 과제와 같은 사회적인 요소와 지금까지 생산된 글과 같은 물리적인 요소가 포함되었다. 두 번째 요소는 쓰기에 수반되는 정신적인 작용에 대한 묘사인데, 여기에는 무엇을 어떻게 말할 것인지와 관련되는 계획하기(planning), 계획을 글로 작성하기(translating), 기존의 글을 향상시키기 위한 수정하기(reviewing)가 포함된다. 계획하기는 다시 세 가지 과정, 즉 목표 설정하기, 아이디어 생성하기,

쓰기 계획에 맞게 아이디어 조직하기를 포함한다. 반면, 수정하기는 텍스트 읽기와 편집하기를 포함한다. 세 번째 요소는 다양한 쓰기 과제를 수행하기 위한 주제, 예상독자, 일반적인 계획이나 형식에 대한 필자의 지식을 포함한다.

이 모형이 쓰기 분야에 강력한 영향력을 가지는 이유는 필자의 작문 과정에서 개인차를 설명할 수 있는 성공적인 방법을 제공하기 때문이다. Hayes & Flower(1980)는 쓰기와 관련되는 정신 작용을 목록화하는 것 외에도, 이러한 인지 과정의 실행이 필자의 직접적인 통제 하에 놓여있다는 것과 사실상 어떤 하위 과정이 다른 하위 과정을 방해하거나 통합할 수 있음을 제안했다. 만약 필자가 초고를 생산하는 동안 추가적인 쓰기 목표를 확인한다면, 계획하기가 작성하기를 방해할 수 있다. 이와 반대로, 또 다른 필자는 한 단락을 생성한 다음 이를 수정하고, 다시 다음 단락을 생성하고 수정하는 방식으로 작성하기와 수정하기를 결합할 수 있다. 그러므로 비교적 적은 수의 인지 과정들로 작문 과정에서의 다양한 조합의 정신 작용을 설명할 수 있었다.

이 모형은 쓰기의 인지적 특성에 관한 후속 연구를 자극했는데, 결과적으로 Hayes(1996, 2004)는 본래의 틀의 수정하였을 뿐만 아니라 쓰기 지도에 대한 인지 중심 접근 방법의 효과성을 조사하는 연구도 이루어졌다. 그러한 지도의 목적은 글을 쓸 때 필자가 더욱 정교한 작문 과정에 참여하도록 도움으로써 필자의 작문 방식을 변화시키려는 것이다. 이러한 목적을 달성하기 위한 여러 가지 가능한 방법이 있다. 예를 들면, 환경을 주의 깊게 구성함으로써 (과정 쓰기 접근법에서 하는 것처럼) 보다 지속적이고 사려 깊은 쓰기 행동을 유도할 수 있다. 그렇게 함으로써 쓰기는 즐겁고 지원적이며 협동적인 활동이 될 수 있고, 쓰기 과제는 실제적 목적을 가질 수 있다. 또한, 학생들은 쓰기 활동을 서로 공유할 수 있게 되고 선택과 주도성이 강조되며, 교실의 일과 중에 학생들이 자신들의 글을 계획하고 수정하며 편집할 수 있게 된다(Graham & Harris, 1996). 또한 목표 설정을 통해서 더 많은 전략적 행동이 촉진될 수 있다. 왜냐하면, 목표는 해야 할 필요가 있는 것에 관심을 두게 하며, 노력을 동원하고 지속해 나갈 동기를 부여하기 때문이다(Locke, Shaw, Saari, & Latham, 1981).

나아가 교사들은 절차적 촉진을 제공함으로써 학생들이 더욱 정교한 작문 과정을 수행하도록 더 잘 도울 수 있다(Scardamalia & Bereiter, 1986). 이 과정에서 학생들은 하나 이상의 인지 과정의 실행을 촉진하기 위해서 설계된 일종의 도움을 받는다(예를 들어, 숙고를 유도하는 계획하기 과정에서 학생들에게 단서 카드 제공하기). 또한, 교사는 학생들이 독립적으로 더욱 정교한 쓰기 전략을 사용하도록 직접적이고 현시적으로 지도할 수 있다(예를 들어,

쓰기에 앞서 계획하기를 수행하지 않는 학생들은 초고를 시작하기 전에 가능성 있는 아이디어들을 브레인스토밍하고 조직하는 방법을 지도 받을 수 있다). 이 접근법을 일반적으로 전략 교수라고 부른다.

이 장에서는 이들 접근법, 이른바 전략 교수의 효과를 검토해 보고자 한다. 쓰기 지도에 관한 과정 접근의 관점에서 환경 구조화의 효과는 이 책의 19장에서 Princhard & Honeycutt에 의해 검토되었다. 이 연구의 실용적 함의가 현재로서는 제한적이기 때문에, 우리는 절차적 촉진의 유효성을 살피지는 않았다. 이 영역의 많은 연구들이 교실이나 학교 교육과정과는 거의 관계없이, 매우 짧은 기간의 처치를 포함한 이론적 쟁점(Graham, 1997; Scardamalia & Bereiter, 1983 참고)을 검토하기 위해 실시되었다. 결론적으로, 목표 설정하기나, 자기 평가와 같은 자기 조절적 절차의 효과성을 검토한 연구들은 포함되지 않았는데, 이는 이들 각 분야의 연구물이 매우 적기 때문이다.

이 장에서는 학생들의 쓰기 수행에 대한 전략 교수의 전반적인 영향(지도 직후와 지속적인)을 검토하기 위해 메타 분석을 실시하였으며, 다양한 장르와 개인 및 환경에 따른 일반화가능도 역시 검토하였다. 이 연구의 내용은 다음과 같다. 첫째, 쓰기 수행에 대한 사후검사, 지속성, 일반화 측정에 대한 전략 교수의 효과의 특성을 밝히고자 하였다. 둘째, 연구 특성과 연구 결과 간의 관계를 탐색하고자 하였다. 이는 연구 결과가 학생 유형(학습 장애, 미숙한 필자, 평균적인 필자, 또는 능숙한 필자), 학년(초등 또는 중등), 장르(서사 또는 설명), 인지 과정(계획하기나 수정과 편집, 또는 둘 다), 교수자(연구 보조원이나 연구자 또는 교사), 그리고 지도 유형(자기 조절 전략 개발(SRSD) 또는 다른 교수법) 등과 관련이 있는지를 탐색하는 것이다.

검토 방법

연구의 출처 및 선정

이 검토의 목적과 관련해서, 쓰기에서 전략 지도 연구란 학령기 학생들(1~12학년)에게 계획하기(계획을 글로 옮기는 것을 포함하여), 수정하기, 편집하기를 위해 한 가지 이상의 전략을 지도하는 실험적 연구라고 정의된다. 이것은 Hayes & Flower(1980)가 개발한 모형에 포함된 세 가지 인지 과정 – 계획하기, 작성하기, 그리고 수정하기 – 을 포함한다. 전략 지도의 주된 목적이 목표 전략을 주의 깊게 독립적으로 사용하는 것이기 때문에, 이 검토에 포함된 연구도 충족해야 하는 조건이 있다. 우선, 학생들에게 전략 사용 방법을 안내해 주어야 한다 (즉, 시범보이기). 그리고 적어도 3일 이상 지도해야 한다. 마지막으로 학생이 독립적으로 전략을 사용하는 방향으로 지도를 진행해야 한다.

검토에서는 단일 대상 설계 연구뿐만 아니라 집단 비교(전략 지도 집단 대 통제 집단)를 포함하는 실험 연구도 포함된다. 집단 연구는 순수 실험(무선 배치)과 통제 조건을 포함한 준 실험(무선 배치가 이루어지지 않음) 둘 다를 포함한다. 단일 집단 설계 연구는 중다 기초선 설계[1](Kratochwill & Levin, 1992) 연구로 제한하였다. 이 설계 유형에서 처치는 체계적이고 연속적으로 각 학생 집단에게 소개된다(한 집단은 학생 한 명 이상이 될 수 있다). 실험 처치에 앞서 일반적 수행의 기초선을 확인하기 위해 각 학생들의 쓰기가 시간을 두고 측정된다. 만약 처치 도입 이후 수행이 향상되고 지도받지 않은 학생의 수행이 중재 이전 수준 혹은 근처에 머무른다면, 처치(즉, 전략 지도)와 그 종속적인 측정에 해당하는 학생 능력의 향상 간의 기능적 관련성이 성립된다. 이 연구에서는 반전 설계[2]를 수반하는 단일 집단 연구를 포함하지 않았는데, 이는 전략 지도의 효과가 처치를 끝냄으로써 제거될 수 없기 때문이다. 효과 크기는 집단 실험 연구과 단일 집단 연구에 대해 각각 분석되었다.

연구 선정 과정에서는 복합 검색 절차를 활용하였다. ERIC과 PsychInfo에서 '쓰기'와 '전략 지도'라는 검색어를 사용하여 검색하였다. 또한 *British Journal of Educational Psychology, British Journal of Educational Research, Exceptional Children, Journal of Educational Psychology, Journal of Educational Research, Journal of Experimental Education, Journal of Learning Disabilities, Journal of Literacy Research, Journal of Research in Reading, Journal of Special Education, Learning Disabilities Quarterly, Learning Disabilities Research & Practice, National Reading Conference Yearbook, Reading Horizons, Reading Research & Instruction, Reading Research Quarterly, Remedial & Special Education, Research in the Teaching of English, Scientific Studies of Reading, Written Communication*와 같은 학술지의 1980년호부터 2004년 봄호까지를 수작업으로 검색하였다. 검색된 논문에 포함된 참고 문헌 목록 역시 추가적인 자료를 위해 검색되었다. 또한 학회에서 발표되었지만 출간되지 않은 논문을 검토에

---

1) [역주] 중다 기초선 설계(multiple baseline design)는 여러 가지의 기초선을 측정하여 순차적으로 처치를 적용하고 그 이외의 조건은 동일하게 통제함으로써 목표 행동의 변화가 오직 처치에 의한 것임을 입증하는 연구 방법이다.

2) [역주] 반전 설계(reversal design)는 실험 기간 중에 처치하던 중재를 제거하여 목표 행동에 어떤 영향을 미치는지 알아보는 연구 방법이다. 연구자에 따라 중재 철회 설계(withdrawal design)라고도 부르기도 한다.

포함하였다. 끝으로, 추가적인 내용을 확인하기 위해 전략 교수에 대한 책이나 다른 검토(예, Graham & Harris, 2003)를 참고하였다.

39개의 연구들이 이 검토에 포함되기에 적절한 것으로 밝혀졌다. 즉, 앞서 언급한 기준을 충족하였다. 이들 중 20개가 비교 집단 연구였으며 나머지 19개는 단일 집단 설계 연구였다. 여기에 포함되지 않은 연구들은 통제 조건이 없는 전략 지도 처지의 성분 분석(예, Graham & Harris, 1989a), 쓰기 수행의 결과 측정이 시행되지 않은 전략 교수 연구(예, Englert, Raphael, & Anderson, 1992), 전략 지도가 광범위한 교수 처치의 한 부분이면서 그 영향력이 분리되지 않은 조사(예, MacArthur, Schwartz, & Schafer, 1995), 전략 지도의 사례 연구(예, MacArthur, Schwartz, Graham, Molloy, & Harris, 1996), 표준 편차가 보고되지 않은 조사(예, Sovik, Heggbergert, & Samuelstuen, 1996), 3일 이하의 중재를 활용한 연구(예, Beal, Garrod, & Bonitatibus, 1993), 통제 조건이 없는 집단 연구(예, Wong, Butler, Ficzere, & Kuperis, 1997), 전략 사용의 모형화가 제공되지 않은 조사(예, Jampole, Mathews, & Konopak, 1994) 등이다. 비록 Englert et al.(1991)은 표준 편차를 제시하지 않았지만, 저자들과의 접촉을 통해 그들이 측정한 것 대부분의 표준 편차를 얻을 수 있었다.

이들 연구에서 활용된 계획하기 전략의 가장 일반적 유형은 글을 쓰기에 앞서 브레인스토밍과 기본적인 조직(예를 들어 설득적 글쓰기라면 일반적으로 근거, 반론, 예시, 정교화를 위한 가능한 아이디어를 생성하는 것을 포함한다)을 통해 글을 쓰기 위한 계획을 세우고 그 계획을 수정하거나 개선하는 방식이다(예, De La Paz, 2001; Sawyer, Graham, & Harris, 1992). 가장 일반적인 수정하기 전략은 글을 평가하는 구체적 기준의 사용이었다(예, Englert et al., 1991; Graham & MacArthur, 1988).

연구 특성의 코딩

검토에 포함된 연구들이 모두 쓰기 수행에서의 전략 지도의 효과를 조사했을지라도, 이들 사이에는 상당한 차이가 존재했다. 즉, 연구에 포함된 학생들은 2학년부터 12학년에 걸쳐 있었으며 학습 장애를 가진 아동뿐만 아니라 미숙한 필자, 평균적인 필자, 능숙한 필자도 있었다. 지도된 전략은 학생들의 계획하기(원자료의 분석과 계획을 글로 옮기는 것을 포함), 수정하기, 편집하기 또는 이 과정들의 조합을 향상시키기 위해 설계되었다. 학생들은 이들 전략을 이야기, 개인적 서사, 설득, 비교와 대조, 해명(explanation), 열거, 순서, 문단쓰기를 포함하는 다양한 유형의 글쓰기에 사용하도록 지도되었다. 또한 이들 전략은 연구보조원, 연구자 또는 교사에 의해 지도되었으며 전략 지도를 위한 접근 방식은 다양했다(대부분의 일반적인 교수 접근은 Harris & Graham(1996)에 의해 개발된 SRSD 지도 모형이었다). 이와 같이 다양한 연구의 특징은 <표 13.1>과 <표 13.2>에 정리하였다.

연구 특징을 코딩함으로써 연구 결과의 변이를 설명하는 요인에 관한 메타 분석을 하고자 하였다. 여기서는 Graham & Harris(2003)에서 활용된 7가지 변인에 따라 연구들을 코딩했다. 즉, 설계(비교집단 및 단일 집단 설계), 학생 유형(학습 장애, 미숙한 필자, 평균적 필자, 능숙한 필자), 학년(초등과 중등), 장르(서사와 설명), 인지 과정(계획하기, 수정하기, 또는 둘 다), 교수자(연구보조원 혹은 연구자, 교사), 지도 모형(SRSD 또는 다른 지도 방법). 학년으로는, 초등은 1~5, 6학년까지이며 중등은 6~12학년(중학교와 고등학교)에 해당한다. 만약 연구가 5, 6학년을 포함한다면 초등에 속하며, 반면 6학년만이 연구 대상이거나 혹은 그 이상을 포함한다면 중등으로 코딩하였다. 장르 측면에서, 서사는 이야기(허구적 서사)와 개인적 서사를 포함하며, 설명(expository)은 설득, 비교와 대조, 해명, 열거, 연쇄, 문단 쓰기(서사와 관련된 문단 쓰기는 제외)를 포함한다. 인지 과정 측면에서, 계획하기는 목표 정하기, 내용 생성·분석·조직하기, 작성하기(translating)와 쓰는 동안 계획 확장하기 등을 포함한다. 수정하기는 핵심 내용 수정하기뿐만 아니라 편집하기도 포함된다. 계획하기와 수정하기 둘 다 계획하기 지도와 수정하기 전략 지도가 수반된다.

효과 크기에 대한 계산

집단 비교가 수반되는 전략 지도 연구에서, 효과 크기는 전략 지도 집단의 사후 검사 평균에서 통제 집단의 사후 검사 평균을 빼고 이를 통제 집단의 표준 편차로 나눔으로써 계산된다. 효과 크기는 일반적으로 0.20은 작은 것으로, 0.50은 중간, 0.80은 큰 것으로 간주한다. 단일 집단 설계 연구에서, 효과 크기는 Scruggs & Mastropieri(2001)가 권장한 중복 데이터 비율(PND)을 사용하여 계산하였는데, 이것은 '기초선(baseline) 조건의 극값을 초과하는 처치 조건에서의 데이터 점수의 비율'이다(p.230). 90% 이상의 PND 점수는 매우 효과적인 처치를 나타낸다. 70%와 90% 사이의 점수는 효과적인 처치이며 50%에서 70% 사이의 처치는 그 효과가 의심스러운 것이다. 그리고 50% 이하의 점수는 효과가 없는 것이다. PND 측정을 사용하였기 때문에, 단일 집단 설계 연구에서 수집된 모든 변수에 대한 효과 크기 계산은 불가능했다. PND는 각 평가의 점수가 제공되었을 때에만 계산이 가능하다. 단일 집단에 대한 다중 측정이 실시되었을 때, 데이터는 (일반적으로 하나 이상 그래프 형식으로) 대개 가장 핵심적인 변수만이 제공된다. 여기서 검토된 단일 집단 설계 연구의 대부분의 경우가 이렇다.

〈표 13.1〉 대단위 연구에서 쓰기 전략 지도에 대한 효과 크기

연구	갈래 (지도 과정)	학년	학생	교수자	사후 검사	효과 크기	보수검사	효과 크기	일반화검사	효과 크기
Harris, Graham, & Mason (출판 중[3])*	이야기 (계획하기)	2	부진 필자	대학원 조교			(8~10주)		(서사문)	
					길이	1.45	길이	1.18	길이	0.52
					요소	3.86	요소	2.11	요소	2.65
					질	1.01	질	1.20	질	0.20
	설득 (계획하기)	2	부진 필자	대학원 조교					(정보)	
					길이	1.53			길이	3.34
					요소	4.64				
					질	3.18			질(교실-설득)	1.67
									길이	0.55
									요소	2.80
									질	1.88
Harris, Graham, & Alkins(2005)*	이야기 (계획하기)	2	부진 필자	교사			(8~10주)		(서사문)	
					길이	0.36	길이	0.35	길이	0.94
					요소	1.30	요소	1.23	요소	1.23
					질	0.83	질	1.27	질	1.17
Harris, Graham, & Mason(2005)*	이야기 (계획하기)	3	부진 필자	대학원 조교			(8~10주)		(서사문)	
					길이	2.21	길이	0.49	길이	0.27
					요소	1.76	요소	1.16	요소	1.23
					질	1.90	질	0.82	질	0.56
	설득 (계획하기)	3	부진 필자	대학원 조교					(정보)	
					길이	1.83			길이	1.58
					요소	1.07				
					질	2.14			질	1.15
Glaser(2004)*	이야기 (계획하기)	4	보통 필자	대학원 조교			(6주)		(재진술)	
					요소	2.30	요소	2.58	아이디어	0.44
					질	1.24	질	1.64		
Gambrell & Chasen(1991)	이야기 (계획하기)	4~5	부진 필자	연구자	이야기 복잡도	1.55				
					요소	0.90				

연구	갈래 (지도 과정)	학년	학생	교수자	사후 검사	효과 크기	보수검사	효과 크기	일반화검사	효과 크기
Englert et al. (1991)	비교-대조 (계획하기와 수정하기)	4~5	우수	교사	비교의 수	-0.34				
					주요 특성	0.56				
					질	0.29				
					독자 민감도	5.41				
	비교-대조 (계획하기와 수정하기)	4~5	부진	교사	비교의 수	0.21				
					주요 특성	0.18				
					질	0.11				
					독자 민감도	0.45				
	비교-대조 (계획하기와 수정하기)	4~5	학습 장애	교사	비교의 수	0.32				
					주요 특성	0.81				
					질	0.37				
					독자 민감도	-				
	해명 (계획하기와 수정하기)	4~5		교사	아이디어의 수	0.30				
					주요 특성	0.64				
					질	0.57				
					독자 민감도	1.45				
	해명 (계획하기와 수정하기)	4~5	우수	교사	아이디어의 수	0.09				
					주요 특성	0.79				
					질	0.49				
					독자 민감도	1.58				
	해명 (계획하기와 수정하기)	4~5	부진	교사	아이디어의 수	0.29				
					주요 특성	0.49				
					질	0.41				
					독자 민감도	0.35				
Troia & Graham(2002)	이야기 (계획하기)	4~5	학습 장애	대학원 조교			(4주)		(설득)	
					길이	0.07	길이	4.82	길이	1.08
					질	0.24	질	1.58	질	-0.29
MacArthur, Schwartz, & Graham(1991)*	서사문 (수정하기)	4~6	학습 장애	교사	수정하기 총계	1.29				
					표면적 수정	1.41				
					비표면적 수정	0.64				
					철자	0.54				
					구두점	0.33				
					대문자	0.14				
					질	1.19				

---

3) [역주] 이후 출판되었으며 서지 사항은 다음과 같다. Graham, S., Harris, K. R., & Mason, L. (2005). Improving the writing performance, knowledge, and self-efficacy of struggling young writers: The effects of self-regulated

연구	갈래 (지도 과정)	학년	학생	교수자	사후 검사	효과 크기	보수검사	효과 크기	일반화검사	효과 크기
Sawyer, Graham, & Harris(1992)*	이야기 (계획하기)	5~6	학습 장애	대학원 조교	이야기 문법 질	3.52 1.47				
Fitzgerald & Markham (1987)	서사문 (수정하기)	6	보통 필자	대학원 조교	수정하기 총계 표면적 수정 의미 변화 수정 철자 구두점 대문자 질	1.02 0.90 0.59 0.84 0.98 0.46 0.30				
Welch(1992)	단락	6	학습 장애	교사	요소	2.46				
Welch & Jensen(1990)	단락 (계획하기)	6~8	부진	교사	요소	0.59				
Reynolds, Hill, Swassing, & Ward(1988)	단락 (문장 수준에서 편집하기와 수정하기)	6~8	학습 장애	교사	질 맞춤법	0.11 1.11				
Yeh(1998)	설득 (계획하기)	7	보통 필자	교사	관습 목소리 전개	-0.14 0.46 -0.10				
De La Paz & Graham(1997a)*	설득 (계획하기)	7~8	학습 장애	대학원 조교	(과제-쓰기) 길이 요소 통일성 질 (과제받아쓰기) 길이 요소 통일성 질	0.32 0.55 1.10 0.48 5.18 3.74 0.44 1.43	(2주) (과제-쓰기) 길이 요소 통일성 질 (과제받아쓰기) 길이 요소 통일성 질	0.58 1.53 1.19 0.48 1.38 2.11 0.40 0.90		
De La Paz & Graham(2002)*	해명 (계획하기와 수정하기)	7~8	보통 필자	교사	길이 어휘 질	0.82 1.13 1.71	(4주) 길이 어휘 질	1.07 0.94 0.74		

연구	갈래 (지도 과정)	학년	학생	교수자	사후 검사	효과 크기	보수검사	효과 크기	일반화검사	효과 크기
De La Paz & Graham(2005)*	설득 (제재 분석하기와 계획하기)	8	보통 필자	교사	길이	1.23				
					요소	1.37				
					질	2.12				
					역사	0.59				
Simon et al. (1994)	이야기 (계획하기와 수정하기)	8	우수	교사	관습	0.52				
					아이디어	0.46				
					조직	0.30				
					양식	0.67				
					요소	0.60				
	이야기 (계획하기와 수정하기)	8	평균	교사	관습	0.26				
					아이디어	0.26				
					양식	0.38				
					요소	0.40				
	이야기 (계획하기와 수정하기)	8	부진	교사	관습	0.04				
					아이디어	0.67				
					조직	0.38				
					양식	0.15				
					요소	0.51				
Wong, Wong, Butler, Ficzere, & Kuperis(1996)	논설 (계획하기와 수정하기)	8~9	학습 장애/ 부진	교사	명료함	9.05				
					타당성	7.38				
Bryson & Scardamalia (1996)	논설 (계획하기와 수정하기)	10	보통 필자	연구자	길이	0.30				
					철자 오류	0.00				
					질	0.74				
					논증 수준	1.54				
					반성성	1.15				
			학습 장애		길이	0.89				
					철자 오류	-0.22				
					질	2.41				
					논증 수준	1.77				
					반성성	1.50				

별표(*)가 붙은 문헌은 자기조절전략발달 연구임. 효과 크기는 전략 조건의 평균에서 통제집단의 평균을 빼고 통제집단의 표준편차를 나누어 산출됨.

---

strategy development. Contemporary Educational Psychology, 30(2), 207-241.

〈표 13.2〉 단일 피험자 설계 연구에서 쓰기 전략 교수의 효과 크기

연구	갈래 (지도 과정)	학년	학생	교수자	사후검사	효과 크기	보수검사	효과 크기	일반화 검사	효과 크기
Saddler, Moran, Graham, & Harris(2004)*	이야기 (계획하기)	2	부진 필자	대학원 조교	요소	100%	(2~4주) 요소	86%	(서사문) 요소	83%
Cole(1992)	단락 (계획하기)	3~5	학습 장애	대학원 조교	길이	100%	(1달까지) 길이	100%	(대조 환경) 길이	100%
					질	100%	질	100%	질	100%
Danoff, Harris, & Graham(1993)*	이야기 (계획하기)	4~5	학습 장애	교사	요소	100%	(2~4주) 요소	100%	(대조 교사) 요소	100%
					이야기 문법	100%	이야기 문법	100%	이야기 문법	100%
		4~5	보통 필자	교사	요소	100%	요소	100%	요소	100%
					이야기 문법	100%	이야기 문법	100%	이야기 문법	100%
Troia, Graham, & Harris(1999)*	이야기 (계획하기)	5	학습 장애	연구자	요소	100%	(3주)		(에세이)	
					이야기 문법	100%	이야기 문법	67%	요소	75%
De La Paz & Graham (1997b)*	설득 (계획하기)	5	학습장애/학습장애 영재/경도 정신지체	연구자	요소	100%	(6~8주) 요소	100%		
Graham, MacArthur, Schwartz, & PageVoth (1992)*	설득 (계획하기)	5	학습 장애	대학원 조교	(워드프로세싱) 요소	100%	(4~15주) (워드프로세싱) 요소	100%	(이야기) (워드프로세싱) 요소	88%
Sexton, Harris, & Graham(1998)*	설득 (계획하기)	5~6	학습 장애	연구자	요소	70%	(3~8주) 요소	33%	(대조 교사) 요소	100%
Graham & MacArthur (1988)*	설득 (수정하기)	5~6	학습 장애	대학원 조교	(워드프로세싱) 수정하기 총계	60%	(4~9주) (워드프로세싱) 수정하기 총계	75%	(설득) (워드프로세싱) 수정하기 총계	67%
					의미 변화 수정	100%	의미 변화 수정	100%	의미 변화 수정	100%
					의미 유지 수정	30%	의미 유지 수정	50%	의미 유지 수정	33%
Graham & Harris(1989b)*	설득 (계획하기)	6	학습 장애	대학원 조교	요소	100%	(3~12주) 요소	75%	(교실) 요소	(이야기) 100%

연구	갈래 (지도 과정)	학년	학생	교수자	사후검사	효과 크기	보수검사	효과 크기	일반화 검사	효과 크기
Albertson & Billingsley (2001)*	이야기 (계획하기)	6	영재	연구자	(가정 환경)					
					길이	71%				
					이야기 문법	100%				
					문장	100%				
					수정하기 시간	100%				
Harris & Graham(1985)*	이야기 (계획하기)	6	학습 장애	대학원 조교			(2~14주)		(교실)	
					행동 동사	100%	행동 동사	50%	행동 동사	75%
					형용사	100%	형용사	100%	형용사	100%
					부사	88%	부사	75%	부사	100%
Vallecorsa & deBettencourt (1997)	이야기 (계획하기)	7	학습 장애	교사	요소	88%				
De La Paz(1999)*	해명 (계획하기)	7~8	학습 장애	교사			(4주)			
					길이	89%	길이	100%		
					요소	89%	요소	100%		
					질	100%	질	100%		
			부진 필자		길이	100%	길이	100%		
					요소	100%	요소	100%		
					질	100%	질	100%		
			평균 필자		길이	100%	길이	100%		
					요소	67%	요소	100%		
					질	100%	질	100%		
			우수 한 필자		길이	50%	길이	100%		
					요소	83%	요소	100%		
					질	100%	질	100%		
De La Paz(2001)*	해명 (계획하기)	7~8	학습 장애/학습 장애 영재/경도 정신 지체	교사	요소	100%	(4주) 요소	100%		

연구	갈래 (지도 과정)	학년	학생	교수자	사후검사	효과 크기	보수검사	효과 크기	일반화 검사	효과 크기
Moran, Schumaker, & Vetter(1981)	열거 단락 (계획하기)	7~8	학습 장애	교사	요소	100%			(일반 교실) 요소	100%
	연속 단락 (계획하기)	7~8	학습 장애	교사	요소	100%			(일반 교실) 요소	100%
	비교/대조 단락 (계획하기)	7~8	학습 장애	교사	요소	100%			(일반 교실) 요소	100%
Stoddard & MacArthur (1993)*	서사문 (수정하기)	7~8	학습 장애	연구자	(워드프로세싱) 비표면적 수정 의미비표면적 수정 표면적 수정	100% 100% 75%	(4~9주) (워드프로세싱) 비표면적 수정 100% 의미비표면적 수정 100% 표면적 수정 83%		(지필) 비표면적 수정 의미비표면적 수정 표면적 수정	100% 83% 67%
Wallace & Bott(1989)	단락 (계획하기)	8	학습 장애	교사	요소	100%			(대조 환경) 요소	100%
Schumaker et al.(1982)	단락 (계획하기)	고등 학생	학습 장애	교사	(읽기 수준별로 다른 글 편집) 탐색된 오류 수정된 오류 (학년별 다른 글 편집) 탐색된 오류 수정된 오류 (자신의 글 편집) 탐색된 오류 수정된 오류	100% 100% 100% 100% 100% 100%				
Tanhouser (1994)	설득 (계획하기)	12	학습 장애	연구자	(워드프로세싱) 길이 T-단위 질	69% 46% 46%			(대조 교실) (워드프로세싱) 길이 T-단위 질	50% 60% 40%

별표(*)가 붙은 문헌은 자기 조절 전략 발달 연구임. 효과 크기는 전략 조건의 평균에서 통제 집단의 평균을 빼고 통제 집단의 표준편차로 나누어 산출하였음.

<표 13.1>과 <표 13.2>에서 볼 수 있듯이, 연구자들은 글을 평가하기 위해 다양한 기준을 사용했다. 가장 일반적인 기준은 글의 길이, 구성 요소, 질이었다. 길이는 글에 나타난 단어의

수이다. 구성 요소는 기본적인 장르 요소나 부분의 평가 여부로 평가되었다. 이야기와 서사의 구성 요소로는 주요 인물, 장소, 시간 구조, 인물 목표, 행동, 감정 표현, 결말 등이 있다. 이야기 문법의 기준(<표 13.2> 참조)은 이들 구성 요소의 포함 여부와 질적 측면 모두를 평가하도록 수정한 것이다. 설득적 쓰기에서 표로 작성된 구성 요소는 필자의 전제, 반대 전제, 뒷받침 논거, 반론에 대한 반박, 구체적 서술 그리고 결론을 포함한다. 질은 학생의 글에 대한 전반적인 영향이나 가치를 측정했다.

분석을 위해 5개의 영역이 생성되었다. 먼저 **글의 질(Quality)**은 작문에 대한 일반적인 가치와 관련된다. 여기에는 글의 특성, 이야기 복잡성, 주요 특성, 독자에 대한 고려, 개성, 전개, 통일성, 역사적 정확성, 조직, 양식, 명확성, 타당성, 논의 수준, 그리고 반영도 (reflectivity)(<표 13.1>과 <표 13.2> 참조)와 같은 기준이 포함되었다. **구성 요소(Elements)**는 구체적인 장르 특성을 포함하는 것에 중점을 두었으며, 구성 요소와 이야기 문법의 기준을 포함했다. **길이(Length)**는 글의 양에 초점을 맞추었으며 길이, 아이디어, 아이디어의 수, 그리고 비유적 표현의 수에 대한 측정을 포함했다. **수정(Revision)**은 글에서의 변화를 평가하는데 전체 수정, 표면적 수준의 수정, 표면적이지 않은 수준의 수정, 의미 변화가 수반된 수정, 표면적이지 않은 수준에서 의미 수정, 의미를 유지하는 수정, 수정하기에 소요된 시간, 첨가, 삭제, 대체, 오류 탐색, 오류 교정에 대한 측정을 포함했다. **맞춤법(Mechanics)**은 언어를 글로 옮기는 데에 수반되는 기능을 포괄하며 철자, 철자 오류, 구두점, 대문자 사용, 관습에 대한 측정을 포함한다. 어휘(어휘, 행위동사, 형용사, 부사)와 통사(T-단위)에 대한 효과 크기는 이들 5영역에 포함되지 않았다.

분석

비교집단 및 단일 집단 설계 연구 각각에서 사후 검사, 지속성, 일반화(모든 장르와 개인적인 환경에서)에 대한 모든 효과 크기의 평균이 계산되었을 때, 이 연구의 분석 과정에서는 전략 지도에 대한 평균 효과 크기를 제시한다. 평균과 표준편차는 네 유형의 학생(학습 장애 아동, 미숙한 학생 필자, 평균적인 학생 필자, 능숙한 학생 필자)의 사후검사, 지속성, 일반화에 대한 5가지 작문 변인(예를 들어, 수정하기) 각각에 대해서도 계산되었다. 이를 통해 우리는 학생 쓰기에 대한 전략 지도의 영향을 더욱 구체적이면서도 일반적으로 나타낼 수 있었다.

집단 비교 연구에서 연구 특징과 쓰기 결과 간의 관계를 조사하기 위하여 일련의 변량 분석(ANOVAs)을 수행하였고, 이러한 분석에서 연구의 특징은 독립적인 변인으로 다루어졌다. 그리고 종속 변인은 검사 시간(사후 검사나 지속성 모두)에서 계산된 모든 효과 크기였다. PND 측정 기준이 백분율을 포함하기 때문에, 비모수 Mann-Whitney U 검증은 단일 집단 설계 연구를 비교하는 데 사용되었다. 검사 시간의 모든 효과 크기를 결합해 보아도, 표본의 수는 연구 특징과 일반화 간의 관계 또는 일부 연구에서 연구 특징과 지속성 간의 관계(독립 변인의 셀이 9보다 작은 경우, 통계적인 분석은 실행되지 않았다)를 살피기에 너무 작았다.

결과

전략 지도의 전반적인 영향력

집단 연구

전략 지도는 20개의 비교집단 연구에서 학생들의 쓰기에 대해 큰 효과를 산출했다. 모든 효과 크기(ESs)를 사후 검사에서 합산했을 때, 평균은 1.15(n=110)그리고 표준 편차는 1.44였다. 비록 지속성은 비교집단 연구의 35%에서 평가되었을 뿐이지만(이들 모두는 SRSD 모형을 적용한 연구였다), 평균 효과 크기는 여전히 컸다. 모든 효과의 평균은 1.32(n=24), 표준 편차는 .93이었다. 일반화(연구의 20%이며, 모두 SRSD가 적용됨)가 평가되었을 때 역시 효과 크기가 컸다. 장르 전반에서의 일반화에 대한 모든 효과의 평균은 1.74(n=15), 표준 편차는 1.13이었다. 반면 개인 환경에서의 일반화에 대한 모든 효과의 평균은 1.15(n=3), 표준 편차는 .93이었다.

<표 13.3>은 앞서 설명된 다섯 가지 작문 변인 각각에 대한, 네 가지 다른 학생 유형(미숙한 학생 필자, 평균적인 학생 필자, 능숙한 학생 필자, 학습 장애를 가진 아동(LDs))의 평균을 나타낸다. 각 평균 효과 크기 다음에 나오는 괄호 안의 수는 n, 즉, 평균을 계산하는 데 사용된 효과 크기의 수를 나타낸다. 모든 학생 집단에서 글의 질에 대한 전략 지도의 영향력은 컸다. 점수를 산출하였을 때, 평균 효과 크기가 사후 검사와 지속성 그리고 일반화에서 .80을 넘었기 때문이다. 한 가지를 제외하고, 구성 요소에 대해서도 유사한 효과가 분명히 나타났다. 능숙한 필자에게 효과 크기는 중간 정도(0.60)였다. 길이에 대한 전략 지도의 영향력은 더욱 다양했다. 학습 장애 학생들에게는 큰 효과 크기(모든 평균 ES > 0.97), 미숙한 필자에게는 다소

큰 효과 크기(모든 평균 ES > 0.54), 평균적인 필자에게는 다소 큰 효과 크기(모든 평균 ES > 0.78)를 나타냈으며, 능숙한 필자에게는 영향이 거의 없었다(ES = -0.002). 비록 수정하기에서 전략 지도의 영향력은 학습 장애 아동과 평균적인 필자들에 대한 사후 검사에서만 유의했지만, 평균 효과 크기는 컸다(0.80을 넘음). 끝으로 학습 장애 아동에 대한 맞춤법 전략 지도의 영향력은 사후 검사에서 중간 정도(평균 ESs = 0.47)인 반면, 이 처치는 맞춤법에 대한 평균적인 필자의 사후 검사에 대해서는 거의 영향을 주지 못했다(평균 ESs = 0.03). 미숙한 필자와 능숙한 필자의 맞춤법과 관련해서는 오직 1개의 효과 크기만 유효했다. 이처럼 비교집단 연구에서 전략 지도는 다양한 유형의 학생들에게서 쓰기의 질, 도식 구조(즉, 구성 요소), 수정하기에서 지속적으로 큰 향상을 가져왔다. 길이와 맞춤법에 대한 지도의 영향력은 보다 다양했으며 일반적으로 그렇게 강하지 않았다.

〈표 13.3〉 학습 장애 정도에 따른 학생 유형별 전략 지도에 대한 질, 요소, 길이, 수정하기, 맞춤법의 평균 효과 크기 요약

측정치	학습 장애				부진 필자				평균 필자			우수한 필자		전체 학생
	사후 검사	보수 검사	다른 장르에 대한 일반화	개인이나 환경에 대한 일반화	사후 검사	보수 검사	다른 장르에 대한 일반화	개인이나 환경에 대한 일반화	사후 검사	보수 검사	개인이나 환경에 대한 일반화	사후 검사	보수 검사	
단일 피험자 설계 연구의 질	1.09(19) 78%(4)	0.09(6) 100%(2)	— —	0.47(3) 70%(2)	1.88(14) 100%(1)	1.24(2) 100%(1)	1.01(3) —	1.88(1) —	0.82(13) 100%(1)	1.19(2) 100%(1)	— —	1.15(9) 100%(1)	— 100%(1)	1.16(72) 90%(13)
단일 피험자 설계 연구의 요소	2.09(7) 96%(14)	1.60(3) 86%(9)	1.23(1) 84%(3)	— 100%(8)	1.67(2) 93%(2)	1.67(2) 93%(2)	1.94(2) 83%(1)	2.80(1) —	1.36(3) 89%(3)	2.58(1) 100%(3)	— 100%(2)	0.60(1) 92%(2)	— 100%(1)	1.88(26) 92%(50)
단일 피험자 설계 연구의 길이	1.39(8) 86%(3)	1.82(4) 100%(2)	0.98(3) —	— 75%(2)	0.77(2) 100%(1)	0.77(2) 100%(1)	1.60(3) —	0.55(1) —	0.78(3) 100%(1)	1.07(1) 100%(1)	— —	-0.02(2) 61%(2)	— 100%(1)	1.10(32) 88%(14)
단일 피험자 설계 연구의 수정하기	1.11(3) 88%(11)	— 85%(6)	— —	— —	— —	— —	— —	— —	0.80(6) —	— —	— —	— 100%(1)	— —	0.90(9) 87%(18)
단일 피험자 설계 연구의 맞춤법	0.47(5) —	— —	— —	— —	0.04(1) —	— —	— —	— —	0.03(3) —	— —	— —	0.52(1) —	— —	0.30(10) —

효과크기 다음 괄호 안에 있는 숫자는 평균 효과크기가 산출된 것의 개수임.

단일 집단 설계 연구

19개의 단일 집단 설계 연구에서 전략 지도의 전반적 영향력은 일반적으로 집단 비교 연구의 결과와 유사하다. 모든 효과 크기가 사후 검사에서 합산되었을 때, 평균 PND는 89%(n=58)이었고 표준 편차는 19%였다. 90% 이상의 평균 PND는 처치가 매우 효과적이라는 것을 나타낸다. 비교집단 연구와 대조적으로, 지속성은 전체 단일 집단 연구의 74%에서 측정되었으며 모든 효과크기의 평균 PND는 93%(n=35)였으며, 16%의 표준 편차를 나타냈다. 다양한 개인-환경에 대한 일반화 측정(전체 연구의 42%)에서, 평균 PND는 90%(n=18)로 매우 효과적이었으며, 표준 편차는 20%였다. 그러나 장르에 대한 일반화는 오직 16%의 연구에서만 평가되었고, 효과적인 처치의 범위 내에 존재했다. 모든 효과에 대한 평균 PND는 84%(n=4)였고 표준 편차는 6%였다.

학생 유형에 따른 비교집단 연구의 평균을 제시함과 아울러, <표 13.3>에는 단일 집단 설계 연구의 평균 PND를 제시하였다. 평균 PND를 계산할 수 있는 가장 일반적 변인은 구성 요소(elements)였다(이 변인은 연구의 74%에서 측정되었다). 두 개의 예외를 제외하면, 사후 검사, 지속성, 장르 및 개인-환경에 대한 일반화 측면에서 네 학생 집단 전체의 평균 PND는 매우 효과적인 범위에 속했다. 두 개의 예외는 평균적 필자의 사후검사 수행과 학습 장애 학생의 지속성 수행에 해당한다. 두 경우 모두에서 평균 PND는 효과적인 범위 내에 속했다. 장르에 대한 일반화는 오직 미숙한 필자와 학습 장애 학생에게서만 측정되었으며, 평균 PND는 구성 요소 측면에서 효과적인 범위 내에 속했다. 질, 길이, 수정하기는 각각 16%, 19%, 19%의 단일 집단 설계 연구에서 측정되었다. 길이 측면에서 능숙한 필자의 사후 검사에 대한 예외(효과가 의심되는 범위에 있는)를 제외하면, 네 유형의 학생들에 대한 모든 평균 PNDs(즉, 사후 검사, 지속성, 개인-환경의 일반화)는 매우 효과적이었다. 따라서 단일 집단 설계 연구에서 전략 지도는 사후 검사, 지속성, 그리고 두 유형의 일반화에서 모든 학생 글의 도식 구조를 향상시키는 데 매우 효과가 있었다. 이와 대조적으로 질, 길이, 수정하기에서 전략 지도의 영향력에 대한 어떤 실질적 결론을 이끌어내기는 어렵다. 왜냐하면, 연구자들이 일반적으로 이러한 유형의 데이터를 제시하지 않았기 때문이다.

연구 특성과 쓰기 결과 간의 관계

연구 설계의 유형(단일 집단 설계와 비교 집단 설계)에 따른 연구의 여섯 가지 특성에 대한 사후 검사와 지속성에서의 평균, 표준 편차, 효과 크기의 수는 <표 13.4>에 제시되었다. 평균은 계산된 효과 크기를 모두 이용해서 계산되었다. 사후 검사에서 여섯 가지 연구 특성 모두에 대해 통계 분석이 수행되었지만(단일대상설계 연구에서 학생 유형은 예외), 지속성에서는 가능한 비교 중 절반에 대해서만 수행되었다(독립 변인의 하나 또는 그 이상의 셀 안에 있는 작은 n값 때문이다).

〈표 13.4〉 사후 검사와 지속성에서의 학생 유형, 학교급, 장르, 과정, 지도, 지도 유형의 평균 효과 크기

측정치	집단 연구						단일 피험자 설계 연구					
	사후검사			지속성			사후검사			지속성		
	M	SD	n	M	SD	n	M	SD	n	M	SD	n
학생 유형												
학습 장애	1.20	1.10	42	1.34	1.16	13	88%	20%	42	91%	19%	23
미숙한 필자	1.63	2.32	25	1.22	0.56	6	100%	0%	4	97%	7%	4
평균적인 필자	0.78	0.62	30	1.39	0.74	5	93%	15%	5	100%	0%	5
능숙한 필자	0.88	1.42	13	-	-	-	86%	20%	7	100%	0%	3
학년												
초등	1.09	1.14	52	1.57	1.15	13	86%	24%	17	90%	20%	18
중등	1.19	1.66	58	1.03	0.51	11	90%	16%	41	98%	7%	17
장르												
서사	0.91	0.82	47	1.57	1.15	13	86%	24%	17	93%	12%	9
설명	1.35	1.77	61	1.03	0.51	11	84%	22%	33	94%	17%	26
과정												
계획하기	1.53	1.27	41	1.38	.99	21	91%	16%	43	95%	15%	26
수정하기	0.74	0.42	16	-	-	-	83%	25%	15	90%	18%	9
계획하기-수정하기 결합	0.98	1.68	53	0.92	0.17	3	-	-	-	-	-	-
교수자												
대학원 보조원/연구자	1.45	1.21	46	1.45	1.04	18	83%	22%	30	87%	20%	18
교사	0.93	1.55	64	0.93	0.35	6	95%	12%	28	100%	0%	17
지도												
SRSD	1.57	1.19	42	1.15	0.58	22	88%	19%	42	93%	16%	33
기타	0.89	1.52	68	3.20	2.29	2	91%	19%	16	100%	0%	2

참고: M은 평균, SD는 표준편차, n는 표본 크기를 나타냄.

학생 유형

메타 분석에 포함된 39개의 연구에서는 쓰기 부진 학생들을 가장 빈번하게 지도의 초점적인 대상으로 삼았다(연구의 64%와 23%가 각각 학습 장애를 가진 학생과 미숙한 필자와 관련된다). 평균적인 필자는 연구의 23%과 관련된 반면 능숙한 필자는 연구의 단 10%에만 참여했다.

비교집단 연구의 사후 검사에 대해서는 학생 유형과 쓰기 결과물 간의 관계만이 탐색 가능했다. 4개의 다른 학생 집단의 평균 효과 크기($p=.15$)간에는 어떤 통계적인 차이도 없었다.

학년

비교집단과 단일 집단 설계 연구 모두에서, 사후 검사와 지속성에서 초등학생 대 중학생 관련 연구 간에는 통계적으로 유의미한 차이가 없었다(모든 p값 $>.16$). 요컨대 전략 지도의 효과는 저학년과 고학년에서 비슷하게 나타났다.

장르

비교집단 연구와 단일 집단 설계 연구 모두 지도의 초점을 서사 쓰기에 두었을 때와 설명적 쓰기에 두었을 때를 비교하면, 사후 검사와 지속성에서(모든 p값 $>.25$) 통계적으로 유의미한 차이는 없었다. 결과적으로 전략 지도는 이 두 장르에서 학생들의 쓰기에 유사한 영향력을 미쳤다.

과정

비교집단 연구의 사후 검사 그리고 단일 집단 연구의 사후 검사와 지속성에 있어서 계획하기와 수정하기 전략을 가르치는 데에 초점 맞춘 연구들 간에는 통계적으로 유의한 차이가 없었다(또는 비교집단 연구의 경우에 계획하기와 수정하기를 모두 가르치는 경우)(모든 p값 $>.08$). 계획하기-수정하기의 결합과 수정하기에 대해 계산된 효과 크기가 작았기 때문에 인지 과정과 비교집단 연구에 대한 지속성에서의 쓰기 결과 간의 관련성을 탐색하는 것은 불가능했다.

교수자

비교집단 연구의 55%에서, 교사들이 처치를 시행했다. 즉, 이것은 단일 집단 설계 연구의 37%에서 발생했다. 전략 지도가 교사 대 대학원 보조원/연구자($p=.06$)에 의해 지도된 비교집단 연구에서는 사후 검사에서 통계적으로 유의미한 차이는 없었지만, 단일 집단 설계 연구에서 평균 PNDs는 교사가 시행한 연구의 경우 사후 검사와 지속성에서 통계적으로 다른 경우에 비해 효과가 컸다(p값 <.05). 교사 연구에 대해 계산된 효과 크기의 값이 작았기 때문에 비교집단 연구에 대한 지속성에서 교수자와 쓰기 결과 간의 관련성은 관찰되지 않았다.

지도

SRSD 모형은 비교집단 연구의 45%에서 그리고 단일 집단 연구의 68%에서 쓰기 전략을 가르치는 데에 사용되었다. SRSD가 쓰기 전략을 가르치는 데 가장 자주 사용되는 지도 모형이기 때문에, 전략 지도 과정에서 이 모형을 사용한 연구와 메타 분석에 포함된 나머지 연구들 간에 통계적으로 유의한 차이가 있는지도 관찰하였다.

SRSD 모형(Harris & Graham, 1996, 1999)은 다음과 같은 5단계로 이루어진다. 배경지식 형성하기(학생들은 전략을 성공적으로 사용하는 데에 필요한 배경지식을 배우게 된다), 설명하기(전략과 전략의 목적 및 장점이 설명되고 논의된다. 전략의 단계를 기억하기 위한 연상기호가 소개될 수도 있다), 시범보이기(교사는 전략을 사용하는 방법을 시범 보인다), 암기하기(학생들은 전략의 단계와 그에 따른 연상기호를 암기한다), 지원하기(교사는 학생들이 전략을 달성하도록 돕거나 비계를 제공한다), 독립적으로 사용하기(학생들은 도움을 거의 받지 않거나 도움 없이 전략을 사용한다). SRSD 지도는 현시적 지도, 개별화된 지도, 시간기반 학습과 대조되는 기준기반 학습으로 특징지어진다. 학생들은 학습의 과정에서 능동적인 협력자로 대우받는다. 결국, 학생들은 전략, 쓰기 과정, 그리고 그들의 행동을 관리하는 것을 돕기 위해 설계된 다양한 자기조절 기능(목표정하기, 자기 점검, 자기 지도, 그리고 자기 강화를 포함하는)을 지도받는다.

SRSD가 아닌 연구에서 지도 프로그램들은 앞서 설명한 다섯 개의 지도 단계 포함 여부, 개별화 정도, 상호작용 학습에서 다양했으나, 이들은 기준에 기반을 두지 않았고 자기 조절 기능에 대한 지도를 강조하지도 않았다. 결과적으로 SRSD 연구가 SRSD가 아닌 연구보다 더 큰 효과 크기를 산출한다고 예측할 수 있다.

비록 SRSD가 적용된 단일 집단 설계 연구와 다른 모든 연구에 대한 사후검사에서 통계적으로 유의한 차이는 없었지만(p > .38), SRSD를 사용한 비교집단 조사에 대한 평균 효과 크기는 사후 검사에서 통계적으로 더 컸다(p < .02). SRSD 연구의 평균 효과 크기는 나머지 다른 연구의 거의 두 배였다. SRSD가 아닌 연구에서 지속성 데이터가 좀처럼 수집되지 않았기 때문에, 지속성에서 지도와 쓰기 결과 간의 관련성을 탐색하는 것은 가능하지 않았다.

결론

이 메타 분석으로부터 나온 중요한 결과는 전략 지도가 학생들의 쓰기 수행을 향상시키는 데에 효과적이라는 것이다. 모든 측정이 합산되었을 때, 20개의 비교집단 연구에서 전략 지도 직후의 평균 효과 크기는 1.15였다. 쓰기 질, 구성요소, 길이, 수정하기와 같은 핵심 측정이 독립적으로 고려되었을 때, 이들에 대한 사후 검사에서 효과 크기가 각각 1.21, 1.89, 0.95, 0.90이었기 때문에, 효과 크기 영향력은 여전히 컸다. 이러한 지도의 대부분은 수정하기-편집하기 전략 지도 연구에서 측정되었으나, 쓰기 맞춤법에 대한 전략 지도의 영향력은 상대적으로 약했다(사후 검사에서 평균 ES = 0.30). 쓰기 지도의 다양한 방법에 대한 Hillocks(1984)의 메타 분석에서 가장 성공적인 중재인 환경 구조화는 0.44의 평균 효과 크기를 보였다.

19개의 단일 집단 설계 연구로부터 나온 결과물은 비교집단 연구의 결과를 뒷받침한다. 모든 변인이 표 안에 포함되었을 때, 지도 직후의 평균 PND가 89%이었다(90% 또는 그 이상의 처치가 매우 효과적임을 보여준다). 가장 빈번하게 도식화된 구성 요소 측정에서 사후검사 PND는 95%였고, 쓰기 질과 수정하기 모두에 대해서 89%였다.

전략 지도 연구에서 중요한 논쟁은 시간이 지나도 효과가 계속 지속되는지와 새로운 과제와 상황에 일반화 될 수 있는 것인지에 대한 것이다(Graham, Harris, MacArthur, & Schwartz, 1991). 지속성은 검토된 연구의 54%에서만 측정되었고 일반화(장르 또는 개인/환경에 대한)는 단 38%에서 측정되었기 때문에 이 분석에서 나온 결과들이 비록 잠정적인 것으로 평가된다 해도, 평균 효과크기는 일반적으로 기준선의 효과 크기에 필적하거나 이를 초과한다. 예를 들어, 지속성, 장르에서의 일반화, 환경-개인에서의 일반화에 대한 비교집단 연구에서 전반적인 효과는 각각 1.32, 1.13, 0.93이었다. 단일 집단 설계 연구에서, 지속성과 개인-환경에 대한 일반화에 있어서의 평균 PND는 매우 효과적인 범위였다(90% 이상). 따라서 전략 지도는 지도 직후 학생들의 쓰기에 강한 영향력을 가질 뿐만 아니라, 이러한 효과는 또한 시간이 흘러도 지속되고 일반화 된다.

학생의 글쓰기에서의 영향력은 지도를 받은 학생의 유형, 그들이 속한 학년 수준, 지도받은 인지 과정이나 전략의 유형, 또는 교수에서 초점화 된 장르와 관련되지 않았기 때문에, 전략 지도의 영향력은 상당히 확고한 것으로 나타났다. 그러나 비교집단 연구에서 효과 크기와 쓰기 전략이 지도된 방법 간에는 관련이 있었다. SRSD 모형을 사용한 연구(Harris & Graham, 1996, 1999)는 이 접근법을 사용하지 않은 연구자들이 얻은 평균 효과 크기의 거의 두 배를 사후검사에서 얻었다. 하지만 이와 같은 관련성은 단일 집단 설계 연구에서 반복되지 않았다. 그럼에도 불구하고, SRSD, SRSD가 아닌 집단, 그리고 단일 집단 설계 연구 모두에 있어서 평균 효과 크기가 컸다는 점에 주목해야 한다.

단일 집단 설계 연구에서 효과 크기와 누가 지도했는지(교사 대 연구보조원/연구자) 간의 관련성도 있었다. 교사가 지도했을 때, PND는 사후 검사와 지속성에서 더 컸다. 하지만 이 결과는 조심스럽게 해석되어야 하는데, PND를 계산하는 데에 포함된 변인들이 연구자들에 의해 도표화된 변수들에 한정되기 때문이며 PND는 향상의 정도를 측정하지 않기 때문이다 (처치 후 관찰의 백분율이 기준치의 최대점을 넘어서는 것을 측정할 뿐이다). 그뿐 아니라, 비록 비교집단 연구에서 지도의 유형에 대해 통계적으로 유의미한 차이가 없었다 해도 (p=.06), 대학원 보조원/연구자들에 대한 평균 효과 크기는 사후 검사에서 교사에 비해 표준편차가 0.5 컸다(지속성에서도 유사한 차이가 명백했지만 교사에 대한 효과 크기의 수는 통계적인 비교가 어려울 정도로 작았다). 또한 쓰기 전략 지도는 그것을 누가 지도하든지 간에 효과가 있었다는 점에 주목해야 한다.

학생의 글쓰기에 대한 전략 지도의 긍정적인 영향력에도 불구하고, 그것은 수업에서 쓰기에 대한 과정 접근법과 같은 다른 방법들만큼 널리 이용되지 않는다. 그러나 여러 연구에서 증명되었듯이(예, Danoff, Harris, & Graham, 1993; MacArthur, Schwartz, & Graham, 1991), 쓰기 전략 지도는 더욱 효과적인 쓰기 프로그램을 만들어내기 위해서 다른 지도 형식과 통합될 수 있다. 끝으로, 전략 지도의 효과를 더욱 광범위하게 조사하기 위한 추가 연구가 요구된다. 이를 통해 새로운 전략을 개발하여 시험하고, 전략 지도 연구를 1학년에까지 확대하고, 평균적이고 능숙한 필자에 대한 영향력을 보다 충분하게 탐색하고, 학생들의 쓰기 수행을 최대화하기 위해서 다른 쓰기 지도법과 쓰기 전략 지도를 어떻게 결합할 것인지를 탐색해 볼 필요가 있다.

참고문헌

(별표(*)가 있는 것은 메타 분석이 포함된 연구임.)

Albertson, L. R., & Billingsley, F. F. (2001). Using strategy instruction and self-regulation to improve gifted students' creative writing. *Journal of Secondary Gifted Education,* 12, 90-101.*

Beal, C., Garrod, A., & Bonitatibus, G. (1993). Fostering Children's revision skills through training in comprehension monitoring. *Journal of Educational Psychology*, 82, 275-280.

Bryson, M., & Scardamalia, M. (1996). Fostering reflectivity in the argumentative thinking of students with different learning histories. *Reading and Writing Quarterly: Overcoming Learning Difficulties*, 12, 351-384.

Cole, K. (1992). *Efficacy and generalization of instruction in sequential expository writing for students with learning disabilities.* Unpublished doctoral dissertation, Northern Illinois University, DeKalb, IL.*

Danoff, B., Harris, K. R., & Graham, S. (1993). Incorporating strategy instruction within the writing process in the regular classroom: Effects on the writing of students with and without learning disabilities. *Journal of Reading Behavior,* 25, 295-319.*

De La Paz, S. (1999). Self-regulated strategy instruction in regular education settings: Improving outcomes for students with and without learning disabilities. *Learning Disabilities Research & Practice,* 14, 92-106.

De La Paz, S. (2001). Teaching writing to students with attention deficit disorders and specific language impairments. *Journal of Educational Research,* 95, 37-47.*

De La Paz, S. (2005). Teaching historical reasoning and argumentative writing in culturally and academically diverse middle school classrooms. Journal of Educational Psychology, 97, 139-158.*

De La Paz, S., & Graham, S. (1997a). Effects of dictation and advanced planning instruction on the composing of students with writing and learning problems. *Journal of Educational Psychology,* 89, 203-222.*

De La Paz, S., & Graham, S. (1997b). Strategy instruction in planning: Effects on the writing performance and behavior of students with learning disabilities. *Exceptional Children,* 63, 167-181.*

De La Paz, S., & Graham, S. (2002). Explicitly teaching strategies, skills, and knowledge: Writing instruction in middle school classrooms. *Journal of Educational Psychology,* 89, 203-222.*

Englert, C., Raphael, T., & Anderson, L. (1992). Socially meditated instruction: Improving students' knowledge and talk about writing. *Elementary School Journal*, 92. 411-445.

Englert, C., Raphael, T., & Anderson, L., Anthony, H., Steven, D., & Fear, K. (1991). Making writing and selt-talk visible: Cognitive Strategy instruction writing in regular and special education classrooms. *American Educational Research Journal*, 28. 337-373.*

Fitzgerald, J., & Markham, L. (1987). Teaching children about revision in writing. Cognition and Instruction, 4, 3-24.*

Gambrell, L., & Chasen, S. (1991). Explicit story structure instruction and the narrative writing of Fourth- and Fifth-grade below-average readers. *Reading Research and Instruction*, 31, 54-61.*

Glaser, C. (2004). *Improving the Fourth-grade students' composition skills: Effects of strategy instruction and self-regulatory procedures.* Unpublished doctoral dissertation, University of Pottsburg, Germany.*

Graham, S. (1997). Executive control in the revising of students with learning and writing difficulties. *Journal of Educational Psychology*, 89, 223-234.

Graham, S., Harris, K. R. (1989a). A component analysis of cognitive strategy instruction: Effects on learning disabled students' composition and self-efficacy. *Journal of Educational Psychology*, 81, 353-361.

Graham, S., & Harris, K. R. (1989b). Improving learning disabled students' skills at composing essays: Self-instructional strategy training. *Exceptional Children*, 56, 201-214.*

Graham, S.,& Harris, K. (1996). Self-regulation and strategy instruction for students who find writing and learning challenging. In M. Levy & S. Ransdell (Eds.), *The science of writing: Theories, method, individual differences, and applications* (pp. 347-360). Mahwah, NJ: Erbaum.

Graham, S., Harris, K.R. (2003). Students with learning disabilities and the process of writing: A meta-analysis of SRSD studies. In H. L. Swanson, K. R. Harris, & S. Graham (Eds.), *Handbook of learning disabilities* (pp. 323-344). New York: Guilford Press.

Graham, S., Harris, K. R., MacArthur, C., & Schwartz, S. (1991). Writing and writing instruction with students with learning disabilities: A review of a program of research. *Learning Disability Quarterly*, 41, 89-114.

Graham, S. Harris, K. R. Mason, L. (2005). Improving the writing performance, knowledge, and motivation of struggling young writers: The effects of Self-Regulated Strategy Development. *Contemporary Educational Psychology*, 30, 207-241.*

Graham, S. & Macarthur, C. (1988). Improving learning disabled students' skill at revising essays produced on a word processor: Self-instructional training. *Journal of Special Education*, 22, 133-152.*

Gregg, L. & Steinberg, E. (1980). *Cognitive processes in writing.* Hillsdale, NV: Erlbaum.

Harris, K. R. & Graham, S. (1996). *Making the writing process work: Strategies for composition and self-regulation. Cambridge*, MA: Brookline.

Harris, K. R., & Graham, S. (1985). Improving learning disabled students' composition skills: Self-control strategy training. *Learning Disabilities Quarterly*, 8, 27-36.*

Harris, K. R., Graham, S. (1999). Programmatic intervention of self-regulated strategy development. *Learning Disability Quarterly*, 22, 251-262.

Harris, K. R., Graham, S., & Adkins, M. (in press). Classroom-based Self-Regulated Strategy Development instruction: Improving the writing performance and motivation of young struggling writer. *American Educational Research Journal.*

Harris, K, R., Graham, S., & Mason, L. (in press). Improving the writing performance, knowledge, and motivation of young struggling writers in second grade. *American Educational Research Journal.*

Hayes, J. (1996). A new framework for understanding cognition and affect in writing. In M. Levy & S. Ransdell (Eds), *The science of writing: Theories, method, individual differences, and applications* (pp. 1-27). Mahwah, NJ: Erbaum.

Hayes, J. (2004). What triggers revision? In L. Allal, L. Chanquoy, & P. Largy (Eds), *Revision: Cognitive and instructional processes* (pp. 9-20). Boston: Kluwer.

Hayes, J., & Flowers, L. (1980). Identifying the organization of writing processes. In L. Gregg & E. Steinberg (Eds.), *Cognitive processes in writing* (pp. 3-30). Hillsdale, NJ: Erlbaum.

Hillocks, G. (1984). *Research on written composition: New directions for teaching.* Urbana IL: ERIC Clearinghouse on Reading and Communications Skills.

Jampole, E., Mathews, N., & Konopak, B. (1994). Academically gifted students' use of imagery for creative writing. *Journal of Creative Behavior*, 28, 1-15.

Kratochwill, T., &Levin, J. (1992). *Single-care research design and analysis: New directions for psychology and education.* Hillsdale, NJ: Erlbaum.

Locke, E. Shaw, K., Saari, L., & Latham, G. (1981). Goal setting and task performance: 1969-1980. *Psychological Bulletin,* 90, 125-152.

MacArthur, C., Graham, S., Schwartz, S., & Schafer, W. (1995). Evaluation of a writing instruction model that integrated a process approach, strategy instruction, and word processing. *Learning Disability Quarterly*, 18, 276-291

Macarthur, C., Schwartz, S., & Graham, S. (1991). Effects of a reciprocal peer revision strategy in special education classrooms. *Learning Disability Research and Practice,* 6, 201-210.*

Macarthur, C., Schwartz, S., & Graham, S., Molloy, D., & Harris, K. R. (1996). Integration of strategy instruction into a whole language classroom: A case study. *Learning Disabilities Research and Practice*, 11, 168-176.

Moran, M., Schumaker, J., & Vetter, A. (1981). *Teaching a paragraph organization strategy to learning disabled adolescents* (Research Report No. 54). Lawrence: University of Kansas Institute for Research in Learning Disabilities.*

Reynold, C., Hill, D., Swassing, R., & Ward, M. (1988). The effects of revision strategy instruction on the writing performance of students with learning disabilities. *Journal of Learning Disabilities,* 21, 540-545.*

Saddler, B., Moran, S., Graham, S., & Harris, K. R. (2004). Preventing writing difficulties: The effects of planning strategy instruction on the writing performance of struggling writers. *Exceptionality,* 12, 3-18.*

Sawyer, R., Graham, S., & Harris, K. R. (1992). Direct teaching, strategy instruction, and strategy instruction with explicit self-regulation: Effects on the composition skills and self-efficacy of students with learning disabilities. *Journal of Educational Psychology,* 84, 340-352.*

Scardamalia, M., Bereiter, C. (1983). The development of evaluative, diagnostic, and remedial capabilities in children's composing. In M. Martlew (Ed.), *The psychology of written language: Development and educational perspectives* (pp. 67-95). London: Wiley.

Scardamalia, M., Bereiter, C. (1986). Written Composition. In M. Wittrock (Ed.), *Handbook of research on teaching* (3rd ed., pp. 778-803). New York: Macmillan.

Schumaker, J., Deshler, D., Alley, G., Warner, M., Clark, F., & Nolan, S. (1982). Error monitoring: A learning strategy for improving adolescent performance. In W. Cruickshank & J. Lerner (Eds.), *Best of ACLD* (Vol. 3, pp. 170-183). Syracuse, NY: Syracuse University Press.*

Scruggs, T., Mastriopieri, M. (2001). How to summarize single-participant research: Idea and applications. *Exceptionality, 9,* 227-244.

Sexton, R. J., Harris, K. R., & Graham, S. (1998). The effects of self-regulated strategy development on essay writing and attributions of students with learning disabilities in a process writing setting. *Exceptional Children, 64,* 295-311.*

Simmons, D., Kame'enui, E., Dickson, S., Chard, D., Gunn, B., & Baker, S. (1994). Integrating narrative reading comprehension and writing instruction for all learners. In C. Kinzer & D. Leu (Eds.), *Multidimensional aspects of literacy research, theory, and practice* Chicago, IL: National Reading Conference.*

Sovik, N., Heggberget, M., & Samuelstuen, M, (1996). Strategy-training related to children's text production. British Journal of Educational Psychology, 66, 169-180.

Stoddard, B, & MacArthur, C. (1993). A peer editor strategy: Guiding learning disabled students in response and revision. *Research in the Teaching of English, 27,* 76-103.*

Tanhouser, S. (1994). *Function over form: The relative efficacy of self-instructional strategy training alone and with procedural facilitation for adolescents with learning disabilities.* Unpublished doctoral dissertation, Johns Hopkins University, Baltimore, MD.*

Troia, G., & Graham, S. (2002). The effectiveness of a highly explicit, teacher-directed strategy instruction routine: Changing the writing performance of students with learning disabilities. *Journal of Learning Disabilities, 35,* 290-305.*

Troia, G. A., Graham, S., & Harris, K. R. (1999). Teaching students with learning disabilities to mindfully plan when writing. *Exceptional Children, 65,* 215-252.*

Vallecorsa, A., & deBettencourt, L. (1997). Using a mapping procedure to teach reading and writing skills to middle grade students with learning disabilities. *Education and Treatment of Children, 20,* 173-188.*

Wallace, G., & Bott, D. (1989). Statement-pie: A strategy to improve the paragraph writing skills of adolescents with learning disabilities. *Journal of Learning Disabilities, 22,* 541-553.*

Welch, M. (1992). The PLEASE strategy: A meta cognitive learning strategy for improving the paragraph writing of students with mild disabilities. *Learning Disability Quarterly, 15,* 119-128.*

Welch, M., & Jensen, J. (1990). Write, P.L.E.A.S.E.: A video-assisted strategic intervention to improve written expression of inefficient learners. *Remedial and Special Education, 12,* 37-47.*

Wong, B. Y. L., Butler, D. L., Ficzere, S. A., & Kuperis, S. (1996). Teaching low achievers and student with learning disabilities to plan, write, and revise opinion essay. *Journal of Learning Disabilities,* 29, 133-145.*

Wong, B. Y. L., Butler, D. L., Ficzere, S. A., & Kuperis, S. (1997). Teaching adolescents with learning disabilities and low achievers to plan, write, and revise compare-and-contrast essays. *Learning Disabilities Research and Practice,* 12, 2-15.

Yeh, S. (1998). Empowering education: Teaching argumentative writing to cultural minority middle school students. *Research in the Teaching of English,* 33, 49-83.*

제14장
쓰기 지도 연구에서 사회 · 문화 이론의 원리

Carol Sue Englert, Troy V. Mariage & Kailonnie Dunsmore

사회 · 문화 이론에서는 문화적, 역사적으로 자리 잡게 된 의미가 사회적 중재를 통해서 어떻게 구성되고 재구성되며 변화되는지를 이해하려고 노력한다(Moll & Greenberg, 1990; Vygotsky, 1978; Wertsch, 1985, 1998). 이에 대해서는 이 책의 제4장 사회 · 문화 이론에 관한 논의를 참조하기 바란다. 기호학적 도구들(예를 들어, 구어, 문어, 도형, 기억을 돕는 연상 기호, 그림)을 사용하는 환경에서 일어나는 사회적인 중재는 심리학적 발달의 기원을 이해하기 위한 분석의 기본적인 틀을 제공한다. 사회 · 문화적 이론에서는 지식이나 의미가 개인의 머릿속에 들어있다고 보거나 외부 세계에 별도로 존재한다고 보는 것이 아니라, 개인, 문화, 행동의 교차점에서 협상에 의해 형성되는 존재로 간주한다.

쓰기나 읽기와 같은 고등 사고 과정은 그 기원이 사회적 과정에 있다. 사회적 과정은 개인과 개인 사이의 심리적 국면에서 발생하며, 언어 기호, 상징, 행동, 목적 등을 통해 중재된다(Vygotsky, 1978). 활동 상황의 맥락에 부합하는 이러한 외부의 기호적 중재자는 시간이 지남에 따라 행동에 영향을 미칠 수 있도록 내면화되고 변형된다(Bahktin, 1986). 이러한 의미에서 개인은 자신이 수행하는 행동의 주체로 변화하지만, 고등 사고 과정에는 여전히 사회적 특성이 존재한다. 이 중재된 행동을 통해 언어는 의식적 자각 아래 행동을 안내하기 위한 인지적 도구이자 문화적 이해의 중재자로서 심리학적 발달에서 특별한 역할을 수행한다(Bahktin, 1986; Gee, 1996).

이 장에서는 쓰기 지도를 사회 · 문화적 접근 방법으로 다룬 선행 연구를 포괄적으로 검토하기보다는 오히려 사회·문화적 관점과 관련된 특정한 주제의 구체적인 연구를 살펴보고자 한다. 많은 연구가 사회·문화적 이론의 원리에 힘을 실어주기는 하지만, 쓰기 지도에 대한 연구 중에서 사회·문화적 접근의 전통을 고수하는 연구는 실제 몇 편 되지 않는다. 다시 말해서, 많은 연구자들이 사회·문화적 이론을 실천 공동체에서의 의미 구성을 이해하는 방식으로 활용하기도 하고, 자료를 분석하고 논의하는 해석의 관점으로 사용하기도 했지만, 학습 환경이나 활동 상황을 다룬 연구에 사회·문화적 이론을 활용하려는 체계적인 노력은 상대적으로 부족했다. 이 장의 논의는 사회·문화적 이론을 해석적 관점으로 활용하려는 연구와, 사회·문화적 이론의 몇몇 기본 원리를 뒷받침하는, 과학적 연구 결과에 기반을 둔 쓰기 지도를 다루는 연구를 토대로 삼고자 한다.

3가지 주요 원리

사회·문화적 이론의 3가지 주요 원리는 (1) 쓰기에서의 사회인지적 도제, (2) 절차적 촉진 자와 도구, (3) 실천 공동체의 참여로 정리할 수 있는데, 이를 중심으로 하여 선행 연구를 검토하고자 한다.

쓰기에서의 사회인지적 도제

첫 번째 교육적 원리는 교과 활동에 참여하는 학생들에게 인지적 도제를 제공하는 것이다. 교과 활동에는 담화, 도구, 행동의 학습이 포함된다. 쓰기 지도에 대한 담화는 개인이 문화적 관습과 사회적 실천을 쉽게 이해할 수 있도록 하는 주요한 방법이다. Vygotsky의 연구에 따르면, 효율적인 교사는 쓰기 과정의 일부인 담화, 사고, 행동, 의사 결정, 어려움, 숙고 등을 가시화하는 사고구술을 통해 암묵적 지식을 인식 가능한 것으로 만든다. Rogoff(1990)는 인지적 도제를 강조하면서 이러한 견해를 확장하였고, John-Steiner(2000)는 전문 지식의 발달 과 교육적 중재에 사고 공동체가 기여하는 역할을 강조한 바 있다. 쓰기 지도에 대한 담화의 몇 가지 측면은 교수 학습 맥락의 설계에서 중심을 이룬다.

사회·문화 이론에는 지도, 설명, 시범보이기, 사고구술을 통해 전략과 도구에 접근할 수 있도록 해 주는 성인, 전문가, 주체의 역할과 관련된 사항들이 포함되어 있다(Baker, Gersten, & Graham, 2003; Daniels, 2001; Sefbner, 1997; Wells, 1999). 이러한 연구는 교수 학습 과정에서 전문적인 지식을 학생들과 공유할 때 드러나는 교사 주체적인 역할을 강조하지만 학생들은 전문가들이 쓰고 생각하는 방식에 대한 통찰을 얻지 못한다(Daniels, 2001). 예를 들어 Gersten은 공동연구자들과 함께 쓰기 실험연구들을 메타분석으로 조사했는데, 여기에서 그들은 쓰기 과정의 핵심적 단계에 대한 현시적 지도가 쓰기 수행에 매우 큰 영향력을 미친다는 점을 밝혀냈다(Baker et al 2003; Gersten & Baker, 2001; Vaughn, Gersten, & Chard, 2000).

Hillocks(1984)의 메타분석에 따르면, 학생들이 쓰기 담화의 목적, 내용, 형식을 이해할 수 있도록 하는 활동에 결합된 현시적 지도가 가장 효과적인 지도 방식인 것으로 나타났다. 비록 쓰기가 여기에 해당하는 유일한 예는 아니지만, 기본적으로 쓰기 능력은 학생들의 생각, 단어, 고민, 행동 등을 시각적인 방식으로 표현해 주는 교사와의 사회적 상호작용을 통해 발달한다. 효과적인 교사는 학생들이 글을 구성할 때 폭넓은 기호학적 도구와 담화를 이용할 수 있도록 돕는다. 교사는 특정한 생각, 단어, 행동 간의 구체적인 관련성을 구축함으로써, "아는 것과 하는 것" 사이의 관계를 보다 역동적인 차원으로 만들어 학생 개인의 내면화를 돕는다(Shotler, 1995).

사회·문화적 설명에 따르면, 쓰기 능력의 발달은 효과적인 교육 방법을 통해 맥락화된 쓰기 지도 담화의 여러 국면들과 밀접하게 관련되어 있다. 사회·문화 이론가들은 활동 환경의 중요한 특징으로 공동 참여와 안내된 수행의 제공을 매우 강조한다. 이러한 환경에서 전문적인 지식은 공동의 산출물 혹은 결과물을 만들어 내기 위하여 분배되고 연습되고 형성된다. 진정한 쓰기 활동(authentic writing activities)은 교사 중심 담화로 시작하지만 상호작용적이고 협력적인 담화로 이어진다. 이 때 이루어지는 심리적 작용은 교사와 학생 참여자 간에 분배되고 공유된다.

Vygotsky(1978)에 따르면, 인지적 과정은 전문가와 초심자가 이를 수행하기 위해 정신적 자원을 결합함으로써 상호 심리적 혹은 사회적 측면에서 습득된다. 전문가와 초심자는 서로에 대해 관계적 위치를 점유한다. 초심자는 자신이 할 수 있는 쓰기 수행에 대해 책임을 증가시키는 반면, 전문가는 초심자의 독립적 성취를 위한 행동과 과정을 단계적으로 지도하고 수행하고 지원함으로써 학생들의 참여를 돕는다. 결국, 담화와 협력적 행동이 초심자의 쓰기 수행을 지원할 때, 안내된 수행의 사회적 측면을 바탕으로 한 수행은 그 초심자의 심리 내적 (즉, 개인적) 국면에서 일어난다.

인지적 도제에 참여하는 데 필요한 쓰기 지도의 환경을 준비하려면 교수 활동을 체계적으로 조직해야 한다. Englert & Dunsmore(2002)에서는 자신이 담당하고 있는 학생들을 숙련된 필자의 담화 및 수행으로 능숙하게 이끌어내는 교사의 담화 방식에 대하여 보고한 바 있다. 협력적인 글쓰기 과제에서 교사들이 매 순간 지도 행동을 어떻게 했는지를 분석했는데, 교사들은 "개입하기(step-in)"와 "물러서기(step-back)"를 결합하여 적용한 것으로 나타났다. 도제 관계에서는 교사에게 부여되는 관계적 역할이 있는데 '개입하기'와 '물러서기'가 관계적 역할에 부합하는 교수 활동이라고 할 수 있다.

Dalton & Tharp(2002)에 따르면 협력적으로 글을 쓰는 활동에서 교사는 학생들이 필수적인 지식이나 전략을 갖추지 못했을 때 시범을 보이고 촉진시키고 지도하거나 사고를 구술하며 개입하였다. 한편, 이와 반대로 학생들에게 구체적인 언어나 쓰기 활동의 문제 해결 방법을 제시하도록 요구하면서 학생들에게 활동 관리를 이양하고 물러서기도 하였다(예를 들어, 학생들에게 "그 문장을 어떻게 읽었니?", "우리는 무엇을 해야 할까?", "우리는 그것을 어떻게 할 수 있을까?"라고 질문하는 것이다). 이러한 물러서기를 통해서 교사는 학생들이 전문가의 위치에 설 수 있도록 했으며, 학생들에게 글에 대해 설명하고 문제를 해결하고 사고를 구술하고 결정을 내리도록 하였다. 이렇게 학생들은 전문적인 필자들의 담화, 전략, 수행, 기능 등을 연습해 볼 수 있는 담화 공간을 얻을 수 있다. 이와 동시에 학생들은 동료와 교사들이 가지고 있는 전문 지식도 얻을 수 있다.

이러한 지도 활동의 편성은 다음 몇 가지 교육적 기능들을 성취할 수 있도록 세심하게 설계되어야 한다. 교육적 기능이란 학생들의 지식 평가하기, 학생들의 자기 조절 및 담화 관리 이양하기, 쓰기에 대한 상위인지 정보 제공하기, 설명과 전략에 접근하게 하기, 지도하고 설명하고 촉진하고 시범 보이는 과정을 통하여 학생들 지원하기 등이다.

학교는 학생들이 단계적으로 쓰기를 익힐 수 있도록 돕는 인지적 도제를 쉽게 적용하기 어렵다(Brophy, 2002; Wells, 1999). 그럼에도 불구하고 인지적 도제를 도입하는 것은 교사와 학생 모두에게 이익이 된다. 학생의 성취는 학생의 발달 수준을 고려하여 평가하고 그 결과에 교육적 처치를 일치시키는 교사의 능력에 달려있다(Stone, 1998, 2002). 교사는 학생들에게 단일 차시보다는 더 긴 시간 동안 글을 작성하고 상호작용하게 하면서 더 정교한 수준으로 상위인지와 쓰기 수행을 촉진해야 한다. 예를 들어 Mariage(2001)와 Mariage, Englert, & Garmon(2002)는 학생들에게 글에 기반을 둔 쓰기 과정의 특정 국면을 제공하고 변화하는 문해 요구에 대해 안내하는 동안, 교사가 학생들에게 의미 구성 과정의 관리를 현시적으로 이양함으로써 참여 촉진 방법을 어떻게 활용하였는지를 탐구하였다. 교사와 함께 하는 협동적 활동에서 높은 수준의 사회적 담화에 참여한 학생은 글에서 문제를 찾아 해결하라는 쓰기 검사에서도 가장 높은 성과를 보였다. 이를 통해 보건대 상황 조건이 제시된 활동에 성인과 함께 공동으로 참여하는 것은 학생의 수행 수준 발달을 돕는 데 기여한다(Dalton & Tharp, 2002; Schaeffer, 1996).

효과적인 쓰기 도제 교육에서 상호작용적 대화가 교사와 학생 사이에서만 이루어지는 것은 아니다. 학생과 학생 사이에서도 이러한 대화가 나타난다. 몇몇 연구에서는, 처음에는 교사의 (사고구술을 통한) 시범 보이기에서 시작하여 교사와 학생이 협력적으로 수행하는 계획하기 및 수정하기, 독립적인 쓰기로 이어지는 지도 과정에 기반을 둔 상호작용적인 대화를 다룬 바 있다(Englert, Berry, & Dunsmor, 2001; Englert & Dunsmor, 2002, 2004; Wong, Butler, Ficzere & Kuperis, 1997). 동료들과 협력적으로 수행하는 활동은 상호작용을 하면서 학생들이 상호작용의 수행자와 다른 참여자들에게 과정을 명료하게 해 줌으로써 감춰져 있던 과정을 표면화하도록 돕는다.

Wong et al.(1997)은 비교·대조로 글을 작성할 때 학생들의 참여와 수행을 지원하는 상호작용적인 담화의 형식을 분석하였다. 학생들은 4단계에 걸쳐 동료 및 교사들과 함께 상호작용적인 대화에 참여하였다. 이 4단계는 텍스트 분석, 쓰기 과정에 대한 교사의 시범 보이기, 동료와 함께 안내된 활동이나 협동적인 활동 수행하기, 독립적인 쓰기였다. Wong et al.(1997)에서는 협력적인 단계에서 동료와 함께 활동을 수행하는 것이 정교한 대화의 발달을 지원한다고 보았다.

다른 연구에서도 협력적이고 상호작용적인 대화에 참여하는 것이 학생들의 연습 및 반성 활동 참여를 촉진하며, 이러한 활동을 통해 학생들은 문제 해결을 요구하는 대화와 글쓰기에서 창의적인 대안을 효과적으로 마련하는 것으로 보고되었다. 그러므로 이렇게 하면 학생은 혼자 작성할 때보다 훨씬 더 높은 수준의 글을 작성할 수 있다(Daiute & Dalton, 1993; Englert et al, 2001; Hillocks, 1995).

중요한 것은 소집단 동료 토의에서 학생들이 말하는 비중이 교사가 이끄는 토의보다 훨씬 많다는 점이다. 이는 소집단 동료 토의가 학생들이 담화를 연습하고 숙달하며, 문제에 대해 적절하게 반성하고 추론하며, 창조적인 반응을 할 수 있도록 더 많은 기회를 제공하는 잠재력이 있음을 보여준다(Englert & Dunsmore, 2002; Hillocks, 1995; Hillocks et al., 1984).

이상의 내용을 종합해보면, 쓰기 지도 담화에 대한 연구는 교사들이 사회·문화적 관점에서 쓰기 도제를 실제로 실현하는 수행에 참여해야 한다는 것을 강조하고 있음을 알 수 있다. 교사가 실현해야 할 수행에는 다음 4가지가 포함된다.

(1) 학생들과 공동으로 글을 구성할 때, 글을 명확하고 구체적인 언어로 표현하도록 하기 위해 다양한 형태의 상호작용적, 협력적 쓰기 기회와, 다양한 형태의 안내된 쓰기 기회를 제공한다. (2) 새로운 쓰기 관습을 시범 보일 때, 그리고 현시적 지도가 필요할 때에는 "개입하기" 행동을 적용하고, 문제 해결 활동의 주도권을 점차 학생들에게 이양해야 할 때에는 교사와 학생의 역할을 교체하는 "물러서기" 행동을 적용하는 것이 인지적 도제의 핵심이라는 점을 이해하고 이것이 잘 유지되는지 점검한다. (3) 학생들에게 과제와 관련된 대화, 도구, 전략 및 배치에 접근할 수 있도록 함으로써 학생들의 요구에 반응하고 학생들의 발달 수준을 점검한다. (4) 학생들이 도제가 될 수 있는 다양한 응용 방법과, 다양한 사회 환경(교실 전체, 짝 또는 개인)에서 다른 사람들과 글을 구성할 때 쓰기 전략과 쓰기 과정 숙달에 필요한 다양한 응용 방법을 제공한다.

이러한 지도 과정을 통해 살펴보면, 쓰기 발달의 핵심은 교사와 학생이 함께 협력하고 정보를 나누고 질문하고 사고를 구술하고 스스로 수정하고 도전하고 의미를 구성하는 대화에 있다(Gould, 1996). 학생들은 고립적인 상황에서 글을 쓸 때보다는 다른 사람들과 상호작용을 하면서 쓰기 지식을 습득하고, 다른 사람들과의 대화를 통해서 쓰기 수행에 대한 깊은 이해를 얻는다. 학생들이 상호작용적 담화에서 어떠한 위치를 차지하고 지원을 받는지는 학생들의 전유(專有) 및 응용, 내면화의 수준에 영향을 미치며, 지식, 담화 및 수행의 변환에도 영향을 미친다. 결국, 학습 과정에 영향을 미치는 것은 안내를 통해 이루어진 발달의 본질, 활용 가능한 중재의 수단, 참여자들 간의 관계의 특성, 협동 작업의 의미와 같은 사회적 맥락의 질이다. 후속 연구에서는 미래에 내면화, 전이, 적용의 결과로 나타나게 될 쓰기의 사회 맥락과 담화 맥락의 특성에 대한 검토가 이루어져야 할 것이다.

절차적 촉진자와 도구

두 번째 교육적 원리는 학생의 독립적 수행에 앞서 인지적 수행을 지원해 주는 것과 관련되어 있다. 이러한 인지적 지원은 학생들에게 문화적인 도구를 제공함으로써(Stetsenko, 1999; Wertsch, 1998), 그리고 학생들의 인지적 도구 및 전략의 사용을 촉진하기 위한 절차적 촉진자를 제공함으로써 가능해진다. 절차적 촉진자는 학생들이 자신의 글을 스스로 계획하고 점검하고 수정할 수 있게 하는 고등 사고 전략이나, 절차적 단계, 관점, 도구를 떠올리게 함으로써 학생의 쓰기 수행을 돕는다(Baker, Gersten, & Scanlon, 2002).

학생들의 수행을 높이기 위한 도구에는 다양한 정신적, 언어적, 물리적 장치가 포함된다. 이러한 장치에는 기호 체계, 쓰기 상징, 기구, 도표, 도해 조직자, 글 구조, 연상 기호, 글쓰기를 위한 도구 및 절차, 경험 법칙, 문법과 철자 점검 장치, 변환과 구성 과정에 사용된 모든 도구가 있다(Daniel, 2001; Kozulin, 2003; Pea, 1993; Wertsch, 1998; Wertsch & Toma, 1995). 이러한 도구는 학생이 심리적 추론을 구성할 수 있도록 도와줌으로써, 그리고 사고나 기능의 비가시적 속성을 도구에 의탁하여 활동 요소를 가시적이고 접근 가능하고 도달 가능한 것으로 만들어 줌으로써 학생의 인지적 수행을 지원한다(Pea, 1993; Roth, 1998). 멋진 빌딩을 짓기 위해 공학자들이 다양한 도구를 사용하는 것처럼, 전문적인 필자들은 글을 잘 구성하기 위해 다양한 도구를 사용한다. 학생들도 이러한 도구를 활용할 필요가 있다.

쓰기 능력이 초보적인 학생들이 안고 있는 문제 중 하나는 그들 중 상당수가 자신이 처한 쓰기 상황에서 활용할 수 있는 도구가 어떤 것인지, 혹은 어떻게 사용하는지에 대해서 알지 못한다는 점이다. 절차적 촉진자는 학생들에게 특정한 쓰기 과정이나 자기조절 과정을 수행할 수 있게 해 주는 단서를 제공함으로써, 이를 수행하는 데 필요한 전략적 도구를 제공해 주고, 쓰기 및 자기조절의 비가시적인 과정을 현시적인 것으로 만들어 준다.

Bereiter & Scardamalia(1987)에서는 초등학생들의 쓰기 수행을 돕기 위해 절차적 촉진자를 사용한 바 있다. 이 연구에서 학생들은 다양한 관점에서 자신의 글쓰기 과정과 수정하기 과정을 계획하고 점검할 수 있게 해 주는 단서 카드를 받았다. 연구 결과, 실험에 참여한 학생들은 예상독자에 대한 깊은 인식을 갖고 자신의 글을 점검하고 분석하는 능력의 향상을 보여주었다. 절차적 촉진자로 제공된 중재 도구를 활용한 학생들은 그렇지 않은 학생들이 달성할 수 있는 수준에 비해 훨씬 더 높은 수준의 수행을 보였다. 절차적 촉진자는 학생들이 독립적인 수행 숙달에 도달하기 전에, 학생들이 좀 더 향상된 수준에서 수행할 수 있도록 돕는 사회적(상호 심리적이고 상징적인)인 장치의 한 유형이다.

몇몇 프로그램 연구에서는 쓰기 수행을 돕는 절차적 촉진자와 상징적인 중재자를 탐구한 바 있다. 쓰기의 인지 전략 지도(CSIW, cognitive strategy instruction in writing)(Englert, Raphael, Anderson, Stevens, Fear, 1991)는 절차적 촉진자를 채택하는 지도 활동 설계와, 사회·문화 관점의 연구에서 중시해 온 수많은 원리를 통합하는 지도 활동 설계를 강조하는 쓰기 지도 프로그램이다. 이 프로그램을 적용한 구체적인 연구에는 다음과 같은 것이 있다.

첫째, 이 프로그램에서 교사들은 학생들의 수행에 대한 언어적 중재 장치나 상징적 중재 장치를 제시하기 위해 쓰기 과정(계획, 조직, 작성, 편집 및 수정)과 관련된 사고구술, 전략 시범, 내적 대화를 강조한다. 이러한 외현적인 시연을 통해 교사들은 학생들이 고립된 맥락에서 전략을 배우는 것이 아니라, 글을 점검하고 작성하는 과정에서 필자들이 겪는 아이디어의 병목 현상, 잘못된 시작, 딜레마, 행동, 사고, 수정 등을 실제적으로 목격하도록 만든다(Englert & Mariage, 2003).

둘째, 교사는 학생들의 수행을 평가하고, 순간순간마다 지도, 촉진, 시범에 기반을 둔 인지적 안내와 피드백을 제공하면서 전략의 통제 권한을 학생들에게 이양하기 위해 글 작성에 학생들을 참여시키고 학생들과 대화한다(Englert et al., 1991).

셋째, 교사들은 학생들에게 쓰기 활동의 내적 측면(심리적)과 외적 측면(물리적)을 지원하고 이에 대한 단서를 제공하기 위하여 언어적 도구와 상징체계를 제시한다. 교사들은 학생들이 쓰기 과정을 떠올리고 여러 가지 전략을 결합할 수 있도록 돕기 위해 절차적 촉진자의 한 유형인 연상기호 POWER[1]를 제시한 바 있다(Englert et al., 1991).

넷째, 교사는 학생들이 글을 계획하고, 조직하고, 작성하고, 편집할 때, 전략적인 관점에서 학생들에게 시범으로 제시했던 자기 대화, 전략, 핵심 용어의 현시화를 돕기 위해 절차적 촉진자의 둘째 번 유형으로서 "사고 기록지(think-sheet)"를 제공하였다(Englert et al., 1991).

다섯째, 교사는 학생들이 글을 조직하는 것을 돕기 위해 셋째 번 절차적 촉진자로 글 구조의 조직을 보여주는 도해 조직자를 제공하였다(Graham & Harris, 1989a, 1989b). 그런 다음 교사는 계획, 조직, 편집 과정의 부분으로서 글의 각 장르(예를 들어 비교-대조, 설명)에 대한 관습을 현시적으로 지도하였다. 앞에서 진술한 모든 지도 전략은 고등 사고 전략과 언어를 가시적이고 접근 가능하게 만들어 주는 사회적 중재 장치와 조직적인 중재 장치를 제공하였다(Vaughn et al., 2000).

CSIW에 참여한 학생들은 통제 집단의 학생들보다 더 요구에 일치하고 더 잘 조직된 글을 작성하는 능력이 월등히 뛰어났다. 흥미롭게도 가장 크게 향상을 이룬 학생들은 사회·문화적 모형의 원리가 가장 잘 드러나는 구성적 활동 환경에서 수업을 했던 교사들이 가르친 학생들이었다(Anderson, Raphael, Englert, & Stevens, 1991). 상징체계나 의사소통 체계의 일부로서 교사들의 실제적인 역할은 거의 강조하지 않은 채 구조와 전략의 기계적인 적용에만 초점을

---

1) [역주] POWER는 pland(계획), organize(조직), write(작성), edit(편집), revise(수정하기)의 앞머리글자를 모은 것이다.

둔 교사들보다는, 의사소통과 사회적 행동을 위한 도구로서 담화와 중재 장치의 역할을 강조한 교사들이 더 좋은 결과를 얻었다.

비록 CSIW에서 적용한 사고 기록지나 인공적인 장치들이 글의 도구, 담화, 역할, 의미를 구체화하고 있을지라도, 이러한 사회적 도구들의 의미, 역할, 자기 조절적 및 의사소통적 측면과 학생의 상호작용은 이루어지지 않은 채 단순히 학생들에게 연습하고 적용하게만 한다면 그러한 사회적 도구들은 효과를 내기 어렵다. 쓰기 발달은 필자와 독자의 의사소통에서 의미를 얻는 쓰기의 담화 및 도구의 습득과 관련되어 있다.

De La Paz(1999)와 De La Paz & Graham(2002)은 중학생을 대상으로 쓰기를 지도하면서 계획, 쓰기 전략, 기호적 도구 및 글 구성을 위한 몇 가지 절차적 촉진자가 구현된 지도 모형을 적용하였다. 수행을 돕고 뒷받침하기 위해 학생들에게는 서론 단락(논제를 제시하고 독자의 집중 이끌어내기), 두 세 개의 본론 단락(예, 내용을 연결하기 위한 접속어), 결론 단락 같은 글의 거시 구조를 어떻게 구성할 것인지를 떠올리도록 하는 단서 카드가 제공되었다.

또한, 학생들은 쓰기 과정에 참여하기 위한 구체적인 전략을 지도받았는데, 여기에는 PLAN[2] 전략(상기시키는 말에 집중하기, 주요 생각을 목록화하기, 뒷받침하는 생각 추가하기, 생각에 번호 매기기)과 WRITE[3] 전략(예를 들어, 학생들이 자신의 계획을 잘 조직된 글로 작성하도록 할 뿐만 아니라 쓰는 동안 자신들의 계획을 활용하게 한다)이 포함되었다.

이 연구가 이루어지는 동안, 교사는 학생들의 독립적인 수행에 앞서 학생들의 능력을 향상시키기 위해 몇 가지 기호학적 도구를 사용했다. 이 때 사용된 기호학적 도구에는 전략 사용에 대한 단서를 주는 (앞머리글자로 작성된) 연상 기호, 계획하기 및 쓰기 과정에서 학생들을 돕는 전략, 능숙한 필자의 행동과 대화를 안내하기 위한 자기지도 및 언어 모형을 제공하는 단서 카드가 포함되었다.

학생들이 수립한 쓰기 계획은 학생들이 다른 쓰기 과정(작성, 검토, 수정)에 참여하는 동안 아이디어를 다른 곳으로 넘기거나 저장함으로써 쓰기 수행을 돕는다. 첫 번째 초고 쓰기를 마칠 때, 학생들은 글 개선에 필요한 피드백을 얻기 위해 다른 동료들을 만났다. 중학생

---

2) [역주] 이것은 다음과 같은 활동의 앞머리글자를 모은 것이다. Pay attention to the prompt, List the main ideas, Add supporting ideas, Number your ideas.

3) [역주] 이것은 다음과 같은 활동의 앞머리글자를 모은 것이다. Work from your plan to develop a thesis statement, Remember your goal, Include transition words for each paragraph, Try to use different kinds of sentences, Exciting, interesting million-dollar words.

30명에게 시행된 교육적 중재와 28명의 학생들에게 시행된 전통적 조건을 대조하였는데, 분석 결과 쓰기 수행에서 교육적 중재는 통계적으로 유의한 효과가 있었으며, 이야기가 더 길었고 더 완성도가 높았을 뿐만 아니라 질적으로도 더 우수했다. 학생들이 글을 계획하고 초고를 작성하는 데 필요한 전략과 도구에 초점을 둔 지도는 쓰기 결과에 통계적으로 유의하게 영향을 미치는 것으로 나타났다.

이 연구는 교사가 학생을 돕기 위해 쓰기 과정을 조직하는 다양한 기호적 체계를 어떻게 사용하는지를 보여주는 좋은 예이다. 이 기호적 체계는, 나이 어린 학생들이 직면하는 '인지적 어려움'(예를 들어, 상위인지의 계발, 아이디어를 저장하고 조직하는 것을 돕는 전략과 도구의 적용, 사고와 행동을 중재하는 언어 사용), 유능한 타자(예를 들어, 동료의 검토, 지도 시범, 사고구술)에 접근하게 해 주는 '사회적 환경', 집중과 인내에 영향을 주는 '동기적 측면'(예를 들어, 목표 설정, 긍정적인 자기대화)을 다루기 위해 주의 깊게 설계되었다. 상당한 양의 교육 연구가 사고 기록지, 도해 조직자, 행동 계획, 학생들의 쓰기와 학습을 돕는 학습지나 단서 등과 같은 절차적 촉진자의 중요성을 강조하고 있다(Graham, 1997, Graham & Harris, 2003; Harris & Graham, 1996; MacArthur, Schwarz, & Graham, 1991; Wong, Harris, Graham, & Butler, 2003).

Vygotsky의 주장과 부합하는 절차적 촉진자는 교사들이 특정한 글의 특성을 가시화할 수 있게 하는 '기호학적 도구', 글의 구성과 수정에 기초가 되는 '전략과 절차', 학생들이 쓰기 목표를 인식 가능하게 하는 '담화 구조와 언어 수행'을 제공한다. 이러한 표상적 체계와 협력하면서 학생들은 보다 폭 넓은 사회·문화적 공동체에서 능숙한 언어사용자로서 그들의 참여와 사회적 위치를 심화시키는 쓰기의 행동과 과정에 접근하게 된다(Coe, 2002). 절차적 촉진자는 쓰기 기법과 과정에 대해서뿐만 아니라, 글의 내용과 질에 대해서 다른 사람과 대화적 상호작용을 할 때 특히 효과적이다(Backer et al., 2003).

마지막으로, 지금까지 우리가 다루어온 도구와 절차적 촉진자에 대한 논의는 쓰기에 대한 인지적 영향의 두 측면을 주목해야만 충분하게 완성될 수 있다. 인지 전략에 대한 선행 연구가 사회·문화적 관점의 선행 연구와 분리되어 있지만, Vygotsky(1978)는 심리적 행위 조절에서 기호적 중재 장치 또는 상징적 중재 장치의 역할을 암묵적으로 강조함으로써 학생의 관점에서 개념적 연결을 만들어냈다. 의심할 것도 없이 쓰기 전략은 학생들이 독립적인 수행을 하기 전에 미리 돕는 언어적 중재 장치와 심리적 중재 장치를 제공함으로써 절차적 촉진자의 가장 우선적인 형식으로 작동한다.

많은 절차적 촉진자가 그런 것처럼, 시간이 경과함에 따라 내적 발화의 내면화된 형식을 통해 학생의 외적 행동과 심리적 활동을 조정하면서 심리적 도구나 전략도 내면화되며 심리적 기능(機能)의 흐름을 바꾸게 된다. 이 때 작동하는 내적 발화는 학생들이 가시적 수행과 비가시적 수행을 이끌어가기 위해 활용하는 것이다(Wells, 1999).

그러나 내면화된 뒤에도 전략적 도구와 절차적 촉진자는 사회적 구성 요소를 항상 유지한다. 이러한 사회적 구성 요소는 학생과 전문가가 서로 공유한 계획이나, 혹은 개인 내부(개인 내의 심리적 기능(機能))의 현상에 대한 도구(개인 간의 심리적 기능(機能))에서 발전된 인지의 분배 형태에 부합한다는 사회적 기원과 사실을 반영한다. 쓰기 과정의 수행과 자기 조절을 돕는 절차적 촉진자와 결합된 전략들은 지도의 가시성, 효과, 영향력을 확장하는 사회적 중재의 핵심적인 수단을 제공한다.

교사의 관점에서, 절차적 촉진자와 도구에 대한 강조는 쓰기 수행을 용이하게 하는 또 하나의 통로를 제공해 준다. 이론적으로 볼 때, 도구 제공은 개인적으로 홀로 성취할 수 있는 것-Vygotsky가 근접발달영역(ZPD)으로 언급한 수행의 간극-을 넘어서는, 더 상위 수준에서의 수행을 활성화시킨다. 근접발달영역은 학생들이 중재 도구를 활용하거나 유능한 타자들과 상호작용하여 성취한 글의 수준과, 중재 도구나 유능한 타자의 도움 없이 혼자 도달한 글의 수준의 차이를 반영한다. 근접발달영역은 교육적 관점에서 볼 때 어떠한 지식의 향상이 이루어질 수 있는 가장 중요한 영역이다.

근접발달영역에서 협력 활동에 기반을 둔 쓰기 지도 방법에 대해서는 다음과 같은 3가지 교수 전략의 함의를 찾을 수 있다(Wertsch, 1991, 1998; Gee, 1992).

첫째, 교사는 학생들이 혼자 성취할 수 있는 수준보다 더 높은 수준을 지도함으로써, 그리고 문제 해결과 적절한 도구 사용을 요구하는 도전적인 자료를 제시함으로써 학생의 인지적 발달을 이끌어야 한다. 이 방법은 매우 효과적이다.

둘째, 교사는 학생들이 이전의 독립적이고 고립된 쓰기 방식에서는 도달하지 못했던 수준의 수행을 돕기 위해 사회적 도구나 유능한 타자를 제공해야 할 뿐만 아니라, 심리적, 물리적, 절차적 촉진자를 제공해야 한다. 물론 이 방법은 학생들의 근접발달영역 안에서 이루어져야 한다.

셋째, 사회·문화 이론은 독립적인 상황이나 도움을 받지 못하는 상황에서 학생들의 쓰기를 평가하는 것이 아니라, 도구를 사용할 수 있는 조건과 상황에서 학생들의 수행을 평가하는 것을 강조한다.

이러한 관점에서 볼 때, 학생 평가는 쓰기 도구가 제공되는 정도, 실천적 공동체의 진정한 쓰기 활동(authentic writing activities)에서 사용된 도구의 유형, 쓰기 수행의 증가에 대한 도구 사용의 효과를 평가하는 데까지 확대되어야 한다.

실천 공동체

세 번째 교육적 원리는 지식 구성과 지식 전파를 강조하는 실천의 공동체를 세우는 것이다. 학생들은 문해 공동체가 진행하는 사회적 실천에 참여함으로써 공동체의 관습, 기준, 장르, 가치를 공유하게 된다(Roth, 1998). 공동체에 참여하는 핵심적인 이유는 글을 작성하면서 다른 사람들과 상호작용하는 기회를 통해, 그리고 교사와 동료 학생들로부터 글에 피드백을 받는 기회를 통해 말하기, 읽기, 쓰기의 능력을 획득하는 데 있다(Dalton & Tharp, 2002).

이러한 맥락에서 학생들은 그들의 지식을 전달하고, 불확실성을 표현하며, 혼란을 드러내고, 지식이 많은 다른 사람들에게 정보나 설명을 요구하는 적절한 근거를 경험할 수 있다(Mercer, 2002). 그러한 교실에서 학생들은 정교화된 지식을 생성하기 위하여 확장하거나 질문할 수 있는 사고 장치로서 글과 아이디어의 사용 방법을 배운다. Alvermann(2002)도 학생들이 학습에 활동적으로 참여하고 글을 사고와 반성의 도구로 다루는 참여적 접근법은 고등 사고와 비판적 문해 능력을 증진시키는 데 도움이 될 수 있을 것이라고 보았다.

쓰기가 실천 공동체에 깊이 자리하고 있다는 많은 조사 연구의 사례들이 있는데, 논점의 핵심은 문해 도구를 사용하는 학생들의 능력이 교과 영역의 전문 지식과 함께 발달한다는 점이다. 사회 · 문화적 관점에서 이루어진 학생 지도 연구의 한 흐름은 과학과 같은 교과에서 학습 및 의사소통 체계의 일부로서 쓰기를 강조하거나 글로 된 표상 체계를 강조하는 것으로 특징지을 수 있다. 예를 들어, Scardamalia & Bereiter(1994)는 의도된 학습, 분배된 전문 지식 및 담화 중심의 지도를 학생의 지식 구성 공동체 구성에 통합하는 컴퓨터 기반의 의도적 학습 환경(CSILE, computer-supported intentional environment)을 설계한 바 있다. 학생들은 지식 구성 공동체에서 특정한 문제와 질문을 탐구하고 연구한 다음, 동료 검토를 위해 자신이 수행한 연구 문제의 이론을 발전시켜간다. CSILE에서 학생들은 컴퓨터 지원 공동체의 지식 공간에서 자신이 수행한 탐구에 기반을 둔 기록, 질문, 동료 논평, 도해 표상들을 구성하고 공유한다.

이 프로그램에서는 노트 생성을 통해서, 그리고 노트가 전시되고 연결되는 방식을 통해서 지식 구성을 지원하며, 글의 목적을 후속 작업이나 후속 연구의 자료로 삼는다. 학생들의 노트와 글에서 수정, 정교화, 재구성은 시간이 지남에 따라 소집단이 달성한 체계적 향상에 대한 기록을 제공할 뿐만 아니라 소집단의 지식을 객관화한다. 모든 학생들은, 글을 구성하고 전달할 때, 전문 지식을 공유할 때, 그리고 학생들의 설명이나 글에서 부적절한 것에 대해 의문을 제기하거나 지적할 때 필자 및 독자와 같은 역할을 한다.

CSILE나 지식 포럼(Knowledge Forum)과 같은 프로그램에서는 글쓰기에서 전문 지식을 촉진하기 위하여 절차적 촉진자에 비계를 추가하였다. 이러한 프로그램은 이론을 정련하고 건설적인 비판을 하듯, 쓰기 과정에서 역할을 정의하는 비계, 언어적 지원을 제공하는 비계를 포함한다. 두 프로그램 중 CSILE의 상호협력적인 환경은 사회적이고 협력적인 활동으로서 지식 구성 과정을 예시하고 있는데, 이는 학문 분야에서 전문성에 접근하는 것과 크게 다르지 않다.

CSILE의 효과를 분석한 결과에 따르면, 학습 과정의 이해와 학습의 깊이를 측정했을 때 실험 집단 학생들이 통제 집단 학생들보다 통계적으로 유의하게 앞선 것으로 나타났다. 읽기, 언어, 그리고 단어에 대한 표준화 검사에서, CSILE에 참여한 학생은 통제 집단 학생들보다 더 나은 점수를 기록했다(Scardamalia & Bereiter, 1994). 연구의 한 부분으로서 Scardamalia & Bereiter는 지식 구성 공동체에서 글을 구성하는 최소한의 6가지 요인을 발견하였다. 그 요인은 다음과 같다. (1) 반성, 의사소통, 학문적 탐색을 위한 쓰기와 인지 도구, (2) 특정한 교과의 학문적 글쓰기에서 아이디어 점검과 병행하면서 평가, 반응, 수정을 촉진하는 발행 및 검토 과정, (3) 창안, 개선, 수정, 유지될 수 있는 공동체에 의해 생산된 누적적이고 점진적인 결과물이나 글, (4) 관점과 견해의 다양한 측면, (5) 실천 공동체에서 다른 사람들의 사고와 광범위한 분배된 전문 지식에 대한 접근, (6) 교실의 벽을 넘어서 먼 거리에 있는 다양한 독자로의 확대. 한 명의 교사가 피드백 제공에 주된 책임을 졌던 전통적인 교실 상황과 달리, CSILE에서는 학생들이 작성한 글의 저장과 분배를 통해서 문어적 의사소통의 특징과 실용적인 기능(機能)에 접근하고 이해할 수 있는 새로운 가능성을 열었다.

연구 공동체에서 글쓰기와 표상 체계를 다룬 연구들은 학생들의 쓰기 수행과 학업 수행에 대해 유익한 효과를 보고해 왔다. 여기에는 과학 교과의 연구도 포함한다(Brown et al., 1993; Guthrie, Wigfield, & Perencevich, 2004; Palincsar, Magnusson, Marano, Ford, & Brown, 1998; Roth, 1998; Wells, 1999). 이러한 연구에 따르면, 사회·문화적 소집단(개인 간의 심리적 측면)에서 이루어지는 협동적 활동과 개인적인(개인 내의 심리적 측면) 활동 사이에는 긴밀한 관계가 존재하며, 아울러 역동적이고 변형적인 관계도 존재한다(Mercer, 2002). 이러한 공동체에 참여하고 의사소통하는 것이 곧 학생들이 학습하는 것은 아니다. 오히려 그것은 학생들이 어떻게 학습하는지, 그리고 쓰기에 대한 의미를 어떻게 구성하는지와 관련되어 있다(Lemke, 2002).

Roth(1998)는 교과 맥락에서 효과적인 지식 구성 공동체의 특질에 대해 구체적으로 설명한 바 있다. 그 특질이란 보통 다음 6가지를 강조하는 것과 관련되어 있다. (1) 교육과정 설계의 중심으로서 학생들의 지식 상태에 대한 평가, (2) 자료, 도구, 글의 구성에 대한 협동적 생산, 기획 및 반성, (3) 설계 기반의 의사소통과 문제해결을 요구하는 불분명한 문제 제시, (4) 문제해결과 학습을 위한 진정하고 타당한 근거로서 글의 모호성 또는 학생들의 모호성에 대한 인식, (5) 자원, 도구, 전략의 개방적인 분배와 공유, (6) 다른 사람들(공동체 안팎의 동료, 교사, 개인)의 전문 지식 구축, 인식, 보급.

실천 공동체의 특징을 지닌 관련 작업의 두 번째 틀은 언어 사용자의 사회·문화적 공동체에서 필자와 독자 사이의 관계에 초점을 둔다. 이러한 필자에 대한 대화적인 관점은 Bakhtin(1986)에 기반을 두고 있다. Bakhtin(1986)은 각각의 발화(구어 또는 문어)는 화자(필자)와 청자(독자)의 이전 대화 및 발화뿐만 아니라, 이후에 나올 것으로 예측되는 응답과 발언에 의해 형성되고 영향을 받는다고 보았다. 문어로 작성된 글에는 대화적 함축으로 가득한데, 그 이유는 필자가 예상독자와 대화하기 위하여 아이디어와 글을 "사고 장치(thinking devices)"로 사용하기 때문이다. 필자와 독자의 반응을 표현하는 단어를 구축해 가면 내적 대화의 경계를 글로 변환할 수 있다(Wells, 1999). 이처럼, 글은 필자와 독자 사이에서 이루어지는 분배와 협상에 의해 구성되므로 쓰기는 본질적으로 사회적인 활동이자 다성적인 활동(multivoiced activity)이라고 할 수 있다. 대화적이고 상징적인 상호작용을 통해 얻은 단어로 필자는 자신이 쓰는 노트의 페이지를 채워가게 된다.

이 글은 쓰기 지도에 대한 몇 가지 함의를 가지고 있다.

첫째, Flower(2002), Flower & Hayes(1981)에 따르면, 학생들은 쓰기 활동에 참여하고 반성적으로 사고할 때 의미를 표상하는 지식의 종류나 다중적인 "목소리"를 지닌 구성적이고 상위인지적인 과정에 접근하도록 해 주어야 한다. 학생들은 글을 쓰는 동안 (명시적으로든 비명시적으로든) 다양한 목소리를 지닌 상호작용에 관심을 기울이는 법을 배워야 한다. 그 이유는 학생이 글을 쓴다는 것은 곧 필자로서 다른 참여자들과 의미를 협상하는 과정에 들어서는 것이기 때문이다. 그 결과, 학생은 잠정적인 해결책, 때로는 재구성된 이해와 재구성된 글을 얻게 된다(Flower, 2003). 대화는 필자와 독자 각각과 글 사이에서 다양한 형태로 전개되므로, 학생들에게 의도한 의미와 실현된 의미, 글과 문맥, 도구와 결과, 관습과 창안 사이의 연계에 대해 생각하도록 도움을 제공해야 하며, 의사소통의 문제와 단절을 회복하기 위하여 다각적인 반응과 창의적인 반응을 하도록 도움을 제공해야 한다.

둘째, 텍스트를 대상으로 한 설계 기반 대화에 참여한 학생들은 글을 '사고 장치'로 다루는 방법을 배울 수 있을 뿐만 아니라 자신이 작성하는 글을 좀 더 효과적으로 개선할 수 있다(Roth, 1998; Wells, 1999). 이러한 대화는 구조와 조직이 갖추어진 문어 그 자체에 관심을 갖게 만든다(Wells, 1999).

셋째, 다른 필자 및 독자와 자주 상호작용하는 학생들은 텍스트의 생산, 변형, 수정을 돕는 대화 기능의 발달을 위한 토대를 마련함으로써 예상독자의 관점을 더 잘 이해하고 내면화할 수 있다.

넷째, 협동 작업에서 필자와 독자는 대화, 해석, 반응 행동을 통해서 모순과 모호성을 이해하고 해결하기 위한 맥락을 제공하여 서로를 위한 근접발달영역을 형성한다(Mahn & John-Steiner, 2002).

다섯째, 텍스트의 모순적인 맥락에서 필자는 지식과 수행을 확대할 수 있고, 때때로 근본적으로 변형할 수도 있으며, 순차적으로 더 나아가 사회·문화적 공동체의 지식과 수행을 변형할 수도 있다(Russell, 1997). 도전적인 텍스트와 문제에 대한 작업은 필자에게 도구와 실천의 심화된 활용을 요구하고 심지어는 새로운 것을 창안해 내도록 요구한다(Wells, 1999).

마지막으로, 도제 교육의 개념은 도제가 소집단의 문화적 자원에 추가되어야 할 새로운 자료와 도구를 독립적으로 창안하도록 할 때 순환을 이루며 완성된다(Wells, 1999). 교사가 창안해야 할 것은 도전적 활동에서 창의적인 반응의 발달을 지원하는 공동체이며, 실천 공동체의 문화적 자산을 풍부하게 하는 자원의 상호 분배와 공유를 돕는 공동체이다.

후속 연구의 방향

이 장은 사회·문화적 관점에서 쓰기 지도를 이해하기 위해 질적 연구와 양적 연구를 검토하였다. 이 장에서 살펴본 연구들은 사회·문화적 이론의 특정한 측면만을 반영하며, 연구 설계 혹은 평가에 사회·문화적 이론의 모든 측면을 명시적으로 통합한 연구는 거의 없다. 따라서 사회·문화 이론 및 이 이론과 관련이 있는 이론, 예를 들면 활동 이론(Engestrom, Miettinen, & Punamaki, 1999)과 담화 이론(Gee, 1996; Halliday, 1998)은 쓰기 발달의 이해를 돕는 데에는 인지 이론보다 기여점이 적을 수밖에 없다.

쓰기가 본질적으로 사회적인 속성을 가지고 있다는 견해가 일반적으로 수용되고 있음에도 불구하고 쓰기 연구에서는 아직 사회·문화 이론을 조사하고 있는 중이다. 사회·문화 이론은 다른 이론의 관점, 방법의 도구 및 연구의 수행을 활발하게 하는 이론으로서 후속 연구에 가장 크게 영향을 미칠 수 있다. 여기에서는 후속 연구의 소소한 예를 제시하고자 한다.

첫째, 학령기 아동을 대상으로 한 쓰기 연구에서 가장 필요한 것은 양적 연구 방법과 질적 연구 방법을 모두 적용한 연구이다. 이러한 방법으로 쓰기가 교실에서 어떻게 사회적으로 구성되고 재구성되는지를 풍부하게 다룬 연구는 교사 및 교육자들에게 지도를 통해 이루어지는 쓰기 발달에 대해 깊은 통찰을 제공하게 될 것이다. 또한, 이러한 연구에서는 쓰기가 어떻게 단순히 글의 생산 이상이 되는지, 쓰기가 어떻게 특정 장르의 특성에 얽매이는 것 이상이 되는지를 검토해야 한다. 이뿐만 아니라, 쓰기가 의미 있는 목표를 성취하는 도구로서 범교과적으로 사용되는 방식, 쓰기와 학습에 대한 학생들의 성향에 미치는 영향에 대해서도 검토해야 한다.

둘째, 이러한 연구는 교사가 새로운 참여 구조, 역할, 규칙, 협동을 지원하기 위해 쓰기 맥락을 어떻게 창조하는지 조사해야 한다. 학교에서 활동 환경이 쓰기, 학습, 정체성 향상에 얼마나 중요한지를 다루고 연구하는 것은 앞으로의 연구에 특히 필요한 영역이다(Putney, Green, Dixon, Durain, & Yeager, 2000; Santa Barbara Discourse Group, 1992).

셋째, 본질적으로 쓰기의 사회적이고 역사적인 근원을 살펴보면, 쓰기를 문화적, 사회적, 개인적, 개인 간 맥락과 관련지어 지속적으로 연구할 필요가 있음을 확증할 수 있다. 새로운 활동, 기술, 담화들이 쓰기 활동에 영향을 미치는 것처럼 필자, 장르, 사회적 환경들도 지속적으로 쓰기 활동에 영향을 미칠 것이다(Bereiter, 2002; Scardamalia & Bereiter, 1994, 1999). 현대사회에서는 첨단 기기와 미디어를 통해 정보 접근이 이루어지므로 현대사회를 살아가는 학생들 개개인은 이제 새로운 형태의 문해 능력을 갖추어야 한다. 문화, 공동체, 활동, 개인은 서로서로 영향을 주고받을 뿐만 아니라, 문해 능력의 특성에 대응하는 요인들에도 영향을 미치므로, '매우 중요한 것'으로서 문해의 정의는 끊임없이 변화를 요구받게 될 것이다.

넷째, 학생 쓰기 능력의 미시적인 발달에 대해서 관심을 둔 연구들이 소수 있지만, 더 상위수준의 사회적인 체제들이 집단적 발달 및 개인적 발달에 미치는 영향을 다룬 연구는 매우 적다. 학교는 그 자체가 실천 공동체이지만, 부모나 행정가, 학교 운영 위원회, 주 교육과정 기준, 쓰기 지도에 관한 연방 정부의 지시 등 사회적인 외부의 영향을 받는 대상이기도 하다. 사회·문화적 관점과 활동 이론적 관점의 연구는 이러한 사회적 체제의 영향이 교실에서 이루어지는 의미 구성에 어떻게 작동하는지를 설명할 수 있어야 한다.

이를 고려하여 사회 체제와 부합하는 방식으로 학교 안팎의 활동 환경들을 조직하면 한 명의 교사가 자기 교실에서 성취하는 것을 넘어 더 넓게 영향을 미치는 지도 형태와 쓰기 문화 형태를 창출해 낼 수 있다. 쓰기 지도는 지식을 익히고 가치를 깨닫는 어떤 특정한 방식에 특권을 부여하는 활동 환경의 체계로 간주되는데, 활동 환경(중심부 및 말단부 모두)의 체계적인 구성이 이러한 쓰기 지도에 어떻게 영향을 미치는지를 연구함으로써 학교가 체계적인 개혁에 대하여 생각하는 방식에 영향을 미칠 수 있다(Flower, 2002; Moje, 2002).

다섯째, 쓰기를 사회·문화적 관점으로 바라보는 연구에서는 문화의 영향력에 대해서 설명하고 이해하려고 해야 할 뿐만 아니라, 문화가 어떻게 다양한 형태의 문화적 집단을 관습화하는지, 그리고 반대로 다양한 형태의 문화적 집단은 문화를 어떻게 변화시키는지를 설명하고 이해하려고 해야 한다. 쓰기는 가치중립적인 것이 아니다. 그러므로 쓰기에 대한 앞으로의 연구는 쓰기가 문화적 집단에 속한 구성원들의 사회적 지위와 불평등에 작용하는 역할을 염두에 둘 필요가 있다(Bell, 1997). 이렇게 교육을 문화적 관점으로 바라보고 쓰기가 교수와 학습에 서로 다른 방식으로 작용하는 것을 수용함으로써 개인의 목표와 공동체의 목표가 순환하며 발전하는 데에 쓰기가 어떻게 쓰이는가를 설명하는 데 도움을 줄 수 있다.

마지막으로, 최근 교육 경향의 핵심적인 사항은 평가의 역할과 책무성의 중요성이 학교교육에서 증대되고 있다는 점이다. Vygotsky는 학습이 발달을 이끈다는 점, 역동적인 평가가 학습을 촉진하는 주요 요소라는 점을 강조하였는데, 이러한 Vygotsky의 견해는 지속적으로 연구해야 할 도전적인 분야를 제공해 준다(Campione & Brown, 1987; Minick, 1987).

이때 말하는 도전적인 분야란, 특히 탈맥락화된 고부담 시험 환경에서 특정한 장르의 글쓰기를 측정해야 한다는 현재의 강박관념에 균형 의식을 심어주는 연구와 관련된다. 특정한 장르에서의 쓰기 수행과 효과적인 쓰기를 동일시하는 것은 "중요한 것"으로서의 쓰기, 문해, 정체성에 인위적으로 편협한 영향을 미칠 수 있다. 그러므로 (학습은 발달을 이끄는 데에도 불구하고) 학습을 가볍게 다루어온 탈맥락적 평가를 보완하기 위해서 고안된, 수행평가 및 포트폴리오 평가와 같은 대안적 평가는(Valencia, 1998; Gearhart & Wolf, 1997) 지속적으로 쓰기, 문해, 정체성과 관련을 맺어야 하며, 또한 이들이 쓰기 지식, 수행 및 성향에 어떻게 영향을 주는지에 대해서도 추적해야 한다. 이러한 연구는 교사와 학생들이 '중요한 것'으로서 쓰기를 구성하는 데 기여하는 평가의 역할을 설명하는 데에도 도움을 준다. 국가 수준의 쓰기 평가 및 성취기준은 이를 추진하는 정책이 학구, 학교, 교사 및 학생 수준에서 이루어지는 국지적 의미 구성에 어떻게 영향을 주는지를 깊이 있게 이해하는 데 도움을 준다.

결론

사회적 맥락에서 교수 학습과 쓰기 발달을 이해하는 것은 쓰기에 영향을 미치는 상호텍스트적, 상호맥락적, 상호기호적 측면들을 반영할 수 있는 이론적 경향을 요구한다(Lemke, 2003; Paxton-Buursma, 2004; Putney et al., 2000). 사회·문화적 이론은 사회·역사적으로 4가지 발생론적 발달에 주의를 기울임으로써 쓰기가 어떻게 다양한 문화적 집단에서 사회적으로 구성되어 왔는지에 대해 설명하고자 한다. 이때 말하는 발생론적 발달이란, 인류의 진화와 관련된 계통발생론적인 것, 다양한 문화 집단의 진화와 관련된 발생학적인 것, 개인의 탄생과 관련된 개체발생적인 것, 개인이 활동 환경에서 다른 사람들과 매순간 상호작용하는 것과 같은 미시발생학적인 것을 말한다. 후속적인 연구에서는 각각의 발달뿐만 아니라 이들이 서로 어떻게 영향을 미치는지를 이해하려는 지속적인 노력이 이루어져야 한다.

사회·문화적 이론은 역동적인 긴장에서 끊임없이 구성 과정 중에 있는 많은 상호보완적인 관점들을 수반하는 것으로서 이해될 수 있다. 이 장에서 우리는 쓰기를 사회·문화적 이론의 요체를 명확히 이해하려고 노력하였다. 추측하건대 앞으로 사회·문화적 이론은 쓰기 발달 및 쓰기 교수 학습에 대한 우리의 이해에 매우 큰 영향력을 발휘하게 될 것이다.

참고문헌

Alvermann, D. E. (2002). Effective literacy instruction for adolescents. *Journal of literacy Research,* 34, 189-208.

Anderson, L. M., Raphael, T. E., Englert, C. S., & Stevens, D. D. (1991, April). *Teaching writing with a new instructional model: Variations in teachers' practices and student performance.* Paper presented at the annual meeting of the American Educational Research Association, Chicago, IL.

Backer, S., Gersten, R., & Graham, S. (2003). Teaching expressive writing to students with learning disabilities: Research-based applications and examples. *Journal of Learning Disabilities,* 36(2), 109-123.

Baker, S., Gerstern, R., & Scanlon, D. (2002). Procedural facilitators and cognitive strategies: Tool for unraveling the mysteries of comprehension and the writing process, and for providing meaningful access to the general curriculum. *Learning Disabilities: Research and Practice,* 17, 65-77.

Bakhtin, M. M. (1986). *Speech genre and other late essays* (V. W. McGee, Trans.). Austin: University of Texas Press.

Bell, L. A. (1997). Theoretical foundations for social justice in education. In M. Adams, L. A. Bell, & P. Griffin (Eds.), *Teaching for diversity and social justice: A sourcebook* (pp. 3-15). New York: Routledge.

Bereiter, C. (2002). *Education and mind in the knowledge age.* Mahwah, NJ: Erlbaum.

Bereiter, C., & Scardamalia, M. (1987). *The psychology of written composition.* Hillsdale, NJ: Erlbaum.

Brophy, J. (2002). Discussion. *In Social constructivist teaching: Affordances and constraints* (Vol.9, pp. 333-358). Amsterdam: JAI Press.

Brown, A. L., Ash, D., Rutherford, M., Nakagawa, K., Gordon, A., & Campione, J. C. (1993). *Distributed expertise in the classroom. In G. Salomon(Ed.), Distributed cognition: Psychological and educational considerations* (pp. 188-288). New York: Cambridge University Press.

Campione, J. C., & Brown, A. L. (1987). Linking dynamic assessment with school achievement. In C. S. Lidz (Ed.), *Dynamic assessment: An interactional approach to evaluating learning potential* (pp. 82-115). New York: Guilford Press.

Coe, R. M. (2002). The new rhetoric of genre: Writing Political briefs. In A. M. Johns (Ed.), *Genre in the classroom: Multiple perspectives* (pp. 197-210). Mahwah, NJ: Erlbaum.

Daiute, C., & Dalton, B. (1993). Collaboration between children learning to write: Can novices be masters? *Cognition and Instruction,* 10, 281-333.

Dalton, S. S., & Tharp, R. G. (2002). Standards for pedagogy: Research, theory and practice. In G. Wells & G. Claxton (Eds.) Learning for life in the 21st century: Sociocultural perspectives on the future of education (pp. 181-194). Malden, MA: Blackwell.

Daniels, H. (2001). *Vygotsky and pedagogy.* New York: Routledge.

De La Paz, S. (1999). Self-regulated strategy instruction in regular education settings: Improving outcomes for students with and without learning disabilities. *Learning Disabilities Research and Practice,* 14, 92-106.

De La Paz, S., Graham, S. (2002). Explicitly teaching strategies, skills, and knowledge: Writing instruction in middle school classroom. *Journal of Educational Psychology,* 94, 687-698.

Engestrom, Y., Miettinen, R., & Punamaki, R. (1999). *Perspectives on activity theory.* New York: Cambridge University Press.

Englert, C. S., Berry, R. A., & Dunsmore, K. L. (2001). A case study of the apprenticeship process: Another perspective on the apprentice and scaffolding metaphor. *Journal of Learning Disabilities*, 34, 152-171.

Englert, C. S., & Dunsmore, K. (2002). A diversity of teaching and learning paths: Teaching writing in situated activity. In J. Brophy (Ed.), *Social constructivist teaching: Affordances and constraints* (Vol. 9, pp. 81-130). Amsterdam: JAI Press.

Englert, C. S., & Dunsmore, K. (2004). The role of dialogue in constructing effective literacy settings for students with language and learning disabilities. In E. R. Silliman & L. C. Wilkinson (Eds.), *Language and literacy learning in schools* (pp. 201-238). New York: Guilford Press.

Englert, C. S., & Mariage, T. V. (2003). The sociocultural model in special education interventions: Appreticing students in higher-order thinking. In H.L. Swanson, K. R. Harris, & S. Graham (Eds.), *Handbook of learning disabilities* (pp. 450-470). New York: Guilford Press.

Englert, C. S., Raphal, T. E., Anderson, L., Stevens, D. D., & Fear, K. L. (1991). Making writing strategies and self-talk visible: cognitive strategy instruction in writing in regular and special education classrooms. *American Educational Research Journal*, 29, 337-372.

Flower, L. (2002). Intercultural knowledge building: The literate action of a community think tank. In C. Bazerman, & D. Russell (Eds.), *Writing selves/writing societies: Research from activity perspectives.* Fort Collins, CO: WAC Clearing house. Available online at wac.colostate.edu/book/selves_societies/

Flower, L. S. (2003). Talking across difference: Intercultural rhetoric and the research for situated knowledge. *College Composition and Communication,* 55, 38-68.

Flower, L., & Harris, J. R. (1981). A cognitive process theory of writing. *College Composition and Communication,* 32, 365-387.

Gearhart, M., & Wolf, S. A. (1997). Issues in portfolio assessment: Assessing writing processes from their products. *Educational Assessment,* 4, 65-296.

Gee, J. P. (Ed.). (1992). *The social mind: Language, ideology and social practice.* New York: Bergin & Garvey.

Gee, J. P. (1996). *Social linguistics and literacies: Ideology in discourses* (2nd ed.). London: Taylor & Francis.

Gersten, R., & Baker, S. (2001). Teaching expressive writing to students with learning disabilities: A meta-analysis. *Elementary School Journal,* 101, 251-272.

Gould, J. S. (1996). A constructivist perspective on teaching and learning in the language arts. In I. C. T. Fosnot (Ed.), *A constructivist perspective on teaching and learning in the language arts* (pp. 92-102) New York: Teaching College Press.

Graham, S. (1997). Executive control in the revising of students with learning and writing difficulties. *Journal of Educational Psychology,* 89, 781-791.

Graham, S., & Harris, K. R. (1989a). A components analysis of cognitive strategy instruction: Effects on learning disabled students' compositions and self-efficacy. *Journal of Educational Psychology,* 81, 353-361.

Graham, S., & Harris, K. R. (1989b). Improving learning disabled students' skills at composing essays:

Self-instructional strategy training. *Exceptional Children,* 56, 201-216.

Grahamm S., & Harris, K. R. (2003). Students with learning disabilities and process of writing: A meta- analysis of SRSD studies. In H. L. Swanson, K. R. Harris, & Graham, S. (Eds.), *Handbook of learning disabilities* (pp. 323-344). New York: Guilford Press.

Guthrie, J. T., Wigfield, A., & Perencevich, K. C. (2004). *Motivating reading comprehension: Concept-oriented reading instruction.* Mahwah, NJ: Erlbaum.

Halliday, M. A. K. (1989) Linguistics as metaphor. In A.-M. Simon-Vandenbergen, K. Davidse, & D. Noel (Eds.), *Reconnecting language: Morphology and syntax in functional perspectives* (pp. 3-27). Amsterdam: Benjamins.

Harris, K. R., & Graham, S. (1996). *Making the writing process work: Strategies for composition and self-regulation* (2nd ed.). Cambridge, MA: Brookline Books.

Hillocks, G. (1984). What works in teaching composition: A meta-analysis of experimental treatment studies. *American Journal of Education,* 93, 133-170.

Hillocks, G. (1995). *Teaching writing as reflective practice.* New York: Teachers College Press.

John-Steiner, V. (2000). *Creative collaboration.* New York: Oxford University Press.

Kamberelis, G. (1999). Genre development and learning: Children writing stories, science reports, and poems. *Research in the Teaching of English,* 33, 403-460.

Kamberrelis, G., & Bovino, T. D. (1999). Cultural artifacts as scaffolds for genre development. *Reading Research Quarterly,* 34(2), 138-170.

Kozulin, A. (2003). Psychological tools and mediated learning. In A. Kosulin, B. Gindis, V. S. Ageyev, & S. M. Miller, (Eds.), *Vygotsky's educational theory in cultural context* (pp. 15-38). New York: Cambridge University Press.

Lemke, J. L. (2002). Becoming the village: Education across lives. In G. Wells & G. Claxton (Eds.), *Learning for life in the 21st century: Sociocultural perspectives on the future of education* (pp. 34-45). Malden, MA: Blackwell.

Lemke, J. L. (2003, February). *Modeling change: The dynamics of place, time, and identity.* Paper presented at the 24th annual Ethnography in Education Forum, University of Pennsylvania, Philadelphia.

MacArthur, C. A., Schwartz, S. S., & Graham, S. (1991). A model for writing instruction: Integrating word processing and strategy instruction into a process approach to writing. *Learning Disabilities Research and Practice,* 6, 230-236.

Mahn, H., & John steiner, V. (2002). The gift of confidence: A Vygotskian view of emotions. In G. Wells & G. claxton (Eds.), *Learning for life in the 21st century: Sociocultural Perspectives on the future of education* (pp. 45-58). Malden, MA: Blackwell.

Mariage, T. V. (2001). Features of an interactive writing discourse: Conversational involvement, conventional knowledge, and internalization in "Morning Message." *Journal of Learning Disabilities,* 34(2), 172-196.

Mariage, T. V.; Englert, C. S., & Garmon, M. A. (2000). The Teacher as "more knowledgeable other" in assisting literacy learning with special needs students. *Reading and Writing Quarterly,* 16, 299-336.

Mercer, N. (2002). Developing dialogues. In G. Wells & G. Claxton (Eds.), *Learning for life in the 21st century: Sociocultural Perspectives on the future of education* (pp. 141-153). Malden, MA: Blackwell.

Minick, N. (1987). Implications of Vygotsky's theories of dynamic assessment. In C. S. Lidz (Ed.), *Dynamic assessment: A interactional approach to evaluating learning potential* (pp. 116-140). New York: Guilford Press.

Moje, E. B. (2002). But where are the youth: Integrating Youth culture into literacy theory. *Educational Theory,* 52, 97-120.

Moll, L. C., & Greenberg, L, B. (1990). Creating zones of possibilities: Combining social contexts for instruction. In L. C. Moll (Ed.), *Vygotsky and education: Instructional implications and applications of sociohistorical Psychology* (pp. 319-348). Cambridge, MA: Cambridge University Press.

Palincsar, A. S., Magnusson, S, J., Marano, N., Ford, D., Brown, N. (1998). Designing a community of practice: Principles and practices of the GIsML Community. *Teaching and Teacher Education,* 14(1), 5-19.

Paxton-Buursma, D. J. (2004). *An apprenticeship in attuned discourse: Opening literacy affordances through multiple semiotics.* Unpublished doctoral dissertation, Michigan State University, East Lansing, ML.

Pea, R. D. (1993). Practices of distributed intelligence and designs for education. In G. Salomon (Ed.), *Distributed cognition: Psychological and educational considerations* (pp. 47-87). New York: Cambridge University Press.

Putney, L. G., Green, J., Dixon, C., Duran, R., & Yeager, B. (2000). Consequential progressions: Exploring collective-individual development in a bilingual classroom. In C. D. Lee & P. Smagorinsky (Eds.), *Vygotskian perspectives on literacy research: Constructing meaning through collaborative inquiry* (pp. 86-126). New York: Cambridge University Press.

Rogoff, B. (1990). *Apprenticeship in thinking: Cognitive development in social context.* New York: Oxford University Press.

Roth, W. M. (Ed.), (1998). *Designing communities.* Boston: Kluwer.

Russell, D. R. (1997). Rethinking genre in school and society: An activity theory analysis. *Written Communication,* 14, 504-554.

Santa Barbara Classroom Discourse Group. (1992). Constructing literacy in classrooms: Literate action as social accomplishment. In H. Marshall (Ed.), *Redefining student learning: Roots of educational change* (pp.119-150). Norwood, NJ: Ablex.

Scardamalia, M., & Bereiter, C. (1994). Computer support for knowledge-building communities. *Journal of the Learning Sciences,* 3(3). 265-283.

Scardamalia, M., & Bereiter, C. (1999). Schools as knowledge building organizations. In D. Keating & C. Hertzman (Eds.), *Developmental health and the wealth of nations: Social, biological, and educational dynamics* (pp. 274-289). New York: Guilford Press.

Schaffer, H. R. (1996). Joint involvement episodes as context for development. In H. Daniels (Ed.), *An *introduction to Vygotsky* (pp. 251-259). New York: Routledge.

Scribner, S. (1997). The cognitive consequences of literacy. In E. Tobach, R. J. Falmagne, M. B. Parlee, L. M. W. Martin, & A. S. Kapelman (Eds.), *Mind and social practice: Selected writings of Sylvia Scribner* (pp. 160-189). New York: Cambridge University Press.

Shotter, J. (1995). In Dialogue: Social constructionism and radical constructivism. In L. P. Steffe & J. Gale (Eds.), *Constructivism in education* (pp. 41056). Hillsdale, NJ: Erlbaum.

Stetsenko, A. (1999). Social Interaction, Cultural Tools and the Zone of Proximal Development: In search of a asynthesis. In S. C. M. Hedegaard, S. Boedker, & U. J. Jensen (Eds.), *Activity theory and social practice: Cultural-historial approaches* (pp. 235-253) Aarhus, Denmark: Aarhus University Press.

Stone, C. A. (1998). Should we salvage the scaffolding metaphor? *Journal of Learning Disabilities,* 2, 409-413.

Stone, C. A. (2002). Promises and pitfalls of scaffolded instruction for students with language learning disabilities. In K. G. Butler & E. R. Silliman (Eds.), *Speaking, reading, and Writing in children with language learning disabilities: New paradigms in research and practice* (pp.175-198). Mahwah NJ: Erlbaum.

Toulmin, S. (1999). Knowledge as shared procedures. In Y. Engestrom, R. Miettinen, & R. Punamaki (Eds.), Perspectives on activity theory (pp. 53-64) New York: Cambridge University Press.

Valencia, S. W. (1998). *Literacy portfolios in action.* Orlando: Harcourt & Brace.

Vaughn, S., Gersten, R., & Chard, D. (2000). The underlying message in LD intervention research: Finding from research syntheses. *Exceptional Children,* 67(1), 99-114.

Vygotsky, L. S. (1978). Mind in society: The development of higher psychological processes (M. Cole, V. John-Steiner, S. Scribner, & E. Souberman (Eds.). Cambridge, MA: Harvard University Press.

Wells, G. (ED.). (1999). *Dialogic inquiry: Toward a sociocultural practice and theory of education.* New York: Cambridge University Press.

Wertsch, J. (1985). *Vygotsky and the social formation of mind.* Cambridge, MA: Harvard University Press.

Wertsch, J. (1991). Voices of the mind: *A sociocultural approach to mediated action.* Cambridge, MA: Harvard University Press.

Wertsch, J. V. (ed.). (1998). *Mind as action.* New York: Oxford University Press.

Wertsch, J. V., & Toma, C. (1995). Discourse and learning in the classroom: A sociocultural approach. In L. P. Steffe & J. Gale (Eds.), *Constructivism in education* (pp. 159-174). Hillsdale, NJ: Erlbaum.

Wong, B. Y. L., Butler, D. L., Ficzere, S. A., & Kuperis, S. (1997. Teaching adoloescents with learning disabilities and low-achievers to plan, write and revise compare-contrast essays. *Learning Disabilities Research and Practice*, 12, 2-15.

Wong, B. Y. L., Harris, K. R., Graham, S., & Butler, D. L. (2003). Cognitive strategies instruction research in learning disabilities. In H. L. Swanson, K. R. Harris, & S. Graham (Eds.), *Handbook of learning disabilities* (pp. 383-402). New York: Guilford Press.

제15장
학생 글에 대한 반응

Richard Beach & Tom Friedrich

    이 장에서 우리는 학생들의 글쓰기 향상을 돕기 위한 목적으로 학생 글에 대해 글로 쓴 반응이나 구두 반응들에 대한 다양한 전략을 조사하고자 한다. 우리는 글에 대한 반응의 다양한 기능과 목적을 검토할 것이다. 뿐만 아니라 실질적인 수정, 비판적 자기 평가, 글의 질을 향상시키기 위한 주요한 과정들을 이끌어 내는 글에 대한 반응으로, 특정한 방법을 활용하는 효과에 대한 연구 결과도 살펴보고자 한다. 학생들은 제한적으로 글쓰기에 참여할 뿐만 아니라 폭넓은 수정하기를 거의 하지 않는다(National Writing Project, 2003). 복합적인 초고 수정하기와 동료 피드백에 대한 강조에도 불구하고, 고등 작문 수업 12학년 학생들에 대한 분석에서 수정하기의 81.7%는 단지 표면적이고 문체적인 변화만을 나타냈다(Yagelski, 1995). 교사들은 또한 오직 텍스트를 구체화하는 데 집중해야 하는 일부 학생들에게 수정하기가 여전히 어려운 과제임을 발견할지도 모른다(Schneider, 2003).

    이 장에서 검토한 연구는 초등, 중등, 그리고 대학 수준의 학생 필자와 교사들의 연구를 포함하고 있다. 이러한 여러 학년에 걸쳐 이루어지는 학생의 발달 수준은 그 자체로 수정하기와 자기 평가에 대한 능력을 형성하는 요인이 될 수 있으므로 우리는 특정 연구에서 학생의 학년 수준을 확인해 왔다. 방법론적으로 일부 실험 연구들이 서로 다른 교사 반응 유형의 효과를 비교할지라도, 우리가 검토한 연구 대부분은 학생 초고에 대해 교사가 글로 썼거나 말로 한 반응에 대한 질적 분석 및 해석적 분석을 포함하고 있다.

학생 글에 대한 반응의 목적과 기능

학생 글에 반응하는 주요한 목적은 학생들이 글을 더 잘 쓰도록 돕는 것이다. 글쓰기 지도에 대한 전통적인 관점은 마지막 초고에서 학생들이 나타낸 오류를 '교정'하는 것을 통해 학생들이 자신들의 글을 향상시킨다고 여겼다. 그러나 마지막 초고의 오류에 초점을 맞추는 것은 학생들에게 단지 문장 구조와 맞춤법의 문제에만 주의하도록 조장한다(Sommers, 1982). 그리고 형식주의의 개요-초고 쓰기-편집하기 지도 모형의 사용은 내용/아이디어를 발견하기 위해 쓰기를 활용하는 것과는 대조적으로 글쓰기 전에 학생들이 처음부터 내용의 조직을 한정하도록 조장한다(Hillocks, 1986). 그 결과 학생들은 자신의 글에 대한 재고하기와 관련된 실질적인 수정하기에 거의 참여하지 못한다.

그러면 어떻게 교사들이 실질적인 수정하기를 촉진할 수 있을까? 작문 수정하기에 관한 연구를 검토한 Fitzgerald(1992)는 글쓰기의 인식론적 관념이 수정하기의 수준과 정도의 차이를 이해하는 데 중요하다는 것을 발견했다. 1950년대와 1960년대에 일반적이었던 형식주의 쓰기 지도 모형의 주된 초점은 개요, 초고, 편집의 교과서적 모형에 기반을 둔 형식/양식(forms/templates)을 가르치는 데 있었다. 그래서 1970년대와 1980년대 수정하기 과정에 대한 연구들은 학생들이 자주 표면적 문제에 주목한 결과, 실질적인 수정하기를 거의 하지 않는다는 것을 보여주었다(Beach, 1976; Sommers, 1982). 게다가 쓰기의 인지적 과정 연구는 많은 초보 필자들이 어려움을 겪는, 명확하게 표현하는 문제를 해결하기 위하여 학생들이 특정 수사학적 목적에 따라서 수정한다는 것을 입증했다(Flower, Hayes, Carey, Schriver, & Stratman, 1986). '과정' 모형에 부합하고 더욱이 이에 찬성하여, 교사들은 단순히 편집에 대한 피드백을 주는 것에서 학생들의 아이디어와 초고의 발전에 대해 반응하는 것으로 변화하였다(Hillocks, 1986).

하지만 1980년대 연구자들은 학생들이 사회적 목적이나 가치에 대한 이해 없이 오로지 과정에 주목할 경우 쓰기 과정을 단순히 '시늉만 한다.'는 것을 발견했다(Faigley & Witte, 1981). Marshall(1987)이 연구한 고등학생들은 사회적인 목적이 있는 과제의 필요성을 제안하면서, 수정하기나 표현하기 과정에서 어떤 것을 선택하기 위한 수사학적 목적에 대한 인식 없이 글을 썼다. 또한, 중산층 환경에서 학생들이 습득하는 언어와 장르 지식 자원이 결여되어 있는 환경에 처한 소수 민족 학생들과 ELL 학생들(English language learner students)[1]이 어떻게 쓰기 과정을 진행해 가는지에 대한 관심이 커지고 있다(Delpit, 1995).

쓰기 과정에서 교사 피드백의 특성과 질은 학생들이 수정하기를 하는지 하지 않는지에 결정적이라는 것이 명확해졌다. 단순히 초고를 수정하는 것만으로는 이들 초고의 질적인 향상을 담보할 수 없다. 5학년과 6학년 학생들의 수정하기에 대한 연구에서 단순히 수정하는 것이 학생들의 글쓰기를 향상시키지 않는다는 것이 밝혀졌다(Van Gelderen, 1997). 만약 고등학생들이 단지 마지막 초고에만 피드백을 받는다면 학생들은 서툰 초고를 고치지 않는다(Yagelski, 1995). 한 연구에서 어느 대학생은 교사가 형식과 관련된 논평을 하거나 표면적인 문제에 초점을 맞추었을 때보다 내용과 관련된 개방적인 논평을 제공하는 것으로 변화했을 때, 더욱 실질적인 수정을 했다(Mlynarczyk, 1996).

보다 최근의 연구는 학생들이 그들 초고에 대한 자기 평가를 위해 피드백을 활용하는 것을 배우도록 도와야 할 추가적인 필요성을 지적해 준다. 64명의 중학교 학생들의 초고 수정에 대한 11명의 교사 피드백 분석은 대부분의 교사 피드백이 편집적인 문제에 초점을 맞추고 있다는 것을 보여주었다(Matsumura, Patthey-Chavez, & Valdes, 2002). 이러한 요청에 따라 학생들은 수정하기 중 58%는 표면적인 수준의 수정을 하였고, 단지 34%만이 정보를 삭제하기, 조직하기, 추가하기, 또는 교사 물음에 반응하기를 포함하는 '내용' 수준의 수정을 했다. 내용에 기반을 둔 피드백은 더 많은 정보만을 요구했기 때문에 단지 글의 길이를 증가시켰을 뿐 초고의 질을 향상시키지 못했다. 정보를 추가하는 것은 학생들의 글의 질을 반드시 향상시키지는 않는다. 글의 질을 향상시키는 실질적인 수정을 한 몇몇 학생들은 주장을 뒷받침하는 근거의 사용을 평가하는 방법이나 간략한 결론을 구체화하는 것에 관한 지도를 받았다.

학생들이 구체적인 사회 맥락의 수사학적 요구를 충족하는 피드백을 사용하도록 돕는 것은, 형식주의와 전통적 과정 접근보다 더 많은 쓰기 성취를 돕는다는 Hillocks(1986)의 쓰기 연구에 대한 메타 분석에서 보인 '환경적' 접근의 가치를 의미한다. 이 접근의 기본은 지식은 고정되어 있거나 '머릿속에' 놓여 있는 것이 아니고, 오히려 경쟁적 관점의 사회 교류를 통해 계속적으로 재정의되는 것으로서 지식에 대한 사회·문화적 구성주의 개념이다. 수정하기는 단순한 텍스트적 변화 그 이상의 것이다. 그것은 또한 대안적 관점들을 고려하는 것과 일시적

---

1) [역주] 'ELL'에 이미 '학생'이라는 의미가 포함되어 있지만, 'ELL'이 관습적으로 한 단어처럼 쓰이고 있으며 원문에서도 'students'를 포함하고 있다는 점을 고려하여 '학생'을 부가하여 넣었다. ELL 학생은 모어가 영어가 아니어서 영어를 따로 학습해야 하는 학생들인데, 영어 능력의 부족으로 인해 학습 결손이나 학습 부진을 겪는 경우가 많다. 학교의 학습 언어는 모두 영어가 기본으로 쓰이고 있기 때문이다. 이러한 이유에서 ELL은 학습 부진 학생을 대표하는 개념처럼 쓰이기도 한다.

인 '지나가는 이론들'이나 세상에 대한 가설들을 시험해 보는 것도 포함한다(Harris, 2003; Kent, 1993). 아이디어와 신념에 대한 대안적 관점들을 반영하는 교사와 학생 피드백 활용법을 학생들에게 설명하는 것은 다른 사람들의 신념, 관점, 수정하기에 필수적인 인식 방법을 재구상하도록 이끈다(Lee, 2000). 이러한 접근에서, 교사들은 '이러한 부진함에서 벗어나기 위하여 노력하는 그들을 돕기 위해' 학생들이 수정하기에 적극적으로 참여할 수 있도록 격려한다(Lensmire, 2002, p.84).

교사와 학생이 경쟁적 관점을 즐기는 교실의 사회적 역동성의 중요성에 대한 이러한 관점은 다양한 역할을 받아들이는 것과 관련이 있다. Larson & Maier(2000)에서 따르면, 어느 교사는 1학년 학생들과 함께 활동하며 글을 쓰는 저자로서 자신의 쓰기 과정을 시범보이며 교사, 저자, 공동저자, 엿듣는 사람(overhearer)의 역할을 맡았다. 그 교사의 학생들은 저작 공동체에 도움을 주는 구성원들로서 다른 사람들과 텍스트를 공유하는 것을 통해 비슷한 역할을 받아들이는 것으로 보답했다.

대안적 관점에 대한 학생의 탐구를 돕기 위해, 교사들이 예측가능한 방향이나 장르 전개에 이의를 제기하고 혼란을 주는 '측면 그림자' 논평을 제공함으로써, 단순히 초고를 발전시키기 위한 방법을 지시하는 '전조(foreshadowing)'와 같은 논평만 하는 것을 방지할 수 있다. (Welch, 1997). Welch는 예정된 의도대로 이행하는 것을 토대로 단순히 수정하기를 촉진하는 것보다는, 교사들이 대안적 관점과 대화의 긴장을 강조함으로써 종결과 확실성(certainty)에 대한 학생들의 요구를 물어볼 필요가 있다고 주장한다.

또한 교사의 사회적 역할은 학생들의 쓰기에 어떻게 반응하는가에 의해 제시될 수 있다. 학생이 쓴 초고에 대한 반응에서, 교사들은 학생 글에 투영된 인물에 대한 해석을 기초로 하여 학생들의 정체성을 해석한다(Taylor, 2002). 교사들이 학생의 정체성을 인식하면, 교사들은 그들 자신의 정체성을 학생의 페르소나에 대한 해석에 투영한다. 미국에서는 통과의례와도 같은 운전면허 취득에 관한 대학생들의 에세이에 대한 반응에서, 인도 출신의 한 여교사는 주로 남성적 경험으로 묘사된 것에 관련하여 매우 어려움을 겪었다. 그것은 그 교사로 하여금 학생 글에 대해 매우 회의적이고 비판적인 태도를 취하도록 했고, 교사 자신의 정체성을 글에 묘사된 정체성과 견주어 보게 하는 것이었다(Taylor, 2002). 학생들은 자신의 글에서 인물을 구성할 때, 그 인물에 대한 교사의 공감을 요청하거나 피한다. 이것은 교사들이 학생들의 인물 구성 방법, 학생들이 교사 피드백을 통해 교사의 정체성-그들의 신념, 태도, 계획을 받아들이는 방법을 반영할 필요가 있다는 것을 제안한다. 학생들은 교사의 피드백을 필자로서 자신에 대한 부정적인 인식을 반영하는 것으로서 해석할 수도 있다. 학생 정체성에 대한 부정적, 상투적인 해석은 피드백의 역효과를 내면서 학생들의 글에 대한 교사의 인식을 편향되게 할 수도 있다(Hyland, 1998).

교사들은 또한 독자들과의 사회적 관계를 형성하기 위해 장르 수단(genre tools)을 사용하는 학생들의 능력에 대해 반응한다(Chapman, 1999; Schneider, 2003). 성인인 자원봉사자와 3학년 학생이 과학 교과에 대해 이메일로 주고받은 내용에서, 학생 자신들과 어른들의 사회적 관계와 권력 관계를 분명히 나타내려는 학생들의 창조적이고 틀에 박히지 않은 수수께끼의 활용은 어른 독자와의 긍정적인 관계를 형성하기 위하여 수수께끼를 활용하는 것 또한 수반했다(Britsch, 2004).

장르는 대안적이고 경쟁적인 관점을 촉진할 뿐만 아니라 협력적인 합의를 이끄는 공유되고 일반적인 기준으로 기능한다. 예를 들어, 학교 폐쇄를 반대하기 위해, 8주에 걸쳐 7학년 학생들은 지역 학교 위원회에 전달될 연설문을 협력적으로 작성했다(Sheehy, 2003). 수정하기 과정에 대한 분석에 대해 Bakhtin(1981)을 기반으로 하여, Margaret Sheehy(2003)는 작업에서 경쟁하는 2가지의 힘에 대해 연구했다. 그것은 표준화에 대한 중앙집권적이고 단일화시키는 힘과, 다양한 관점에 따라 표준화에 대해 대안적이고 일탈적으로 접근하는 원심적인 힘이다.

표준화 힘은 형식주의 모형과 장르 관습에 대한 교사들의 직접 지도와 서로 경쟁하는 대안적인 아이디어를 응집성 있는 텍스트로 끌어내기 위해 학생들이 이 모형과 관습을 활용하게 한다. 동시에 학생들은 학생이라는 신분으로 인해 지역 사회에서 주체성을 거의 갖지 못하므로 학교 위원회가 그들의 탄원을 단순히 무시할 수 있을 것이라는 생각을 포함하는 여러 가지 대안적인 관점도 지니고 있었다. 학생들은 글의 수사법적인 힘을 강화하기 위해서 초보적이고 비형식적인 구어를 형식적 및 문어적 장르 관습에 일치하는 산문으로 고쳐 썼다. 학생들이 활동할 때 교사는 수정하기를 이끄는 다양한 대안적인 관점을 모두 반영하도록 학생들을 격려했으며, 위원회 구성원들의 지식과 요구에 아이디어를 초점화하고 조직하여 연설문을 작성하도록 학생들을 이끌었다. 이것은 대안적인 관점과 이들 관점을 통합하는 방법을 격려하는 것이 교사들에게 필요하다는 것을 알려준다.

이 연구는 사회적 맥락에서 작용하는 독자들의 지식과 신념에 대한 학생들의 인식의 중요성을 기술한다. 이 경우에 사회적 맥락은 학교 위원회를 말한다. 독자의 사전 지식의 수준을 아는 것은 학생들이 필요한 정보의 양을 판단하도록 돕고, 글에 어떤 내용을 추가하거나 삭제할지, 글을 명료하게 수정할지를 결정하도록 돕는다(Beach, 1989). 어떤 문제나 사안에 대한 그들의 신념에 독자들이 동의하지 않는다는 것을 아는 것은 문제나 사안에 대한 대안적인 관점들에 대해 '경쟁하는' 가설의 형태로 그들을 참여하도록 하거나(Flower, Long, & Higgins, 2001) 반론을 펴도도록 만든다(Leitao, 2003).

또한 교사들은 수정하기를 촉진하는 대안적 관점들을 갖게 하는 매력 있는 과제를 체계화할 필요가 있다. 한 연구에 따르면, 인지적으로 더 도전적인 과제인가의 여부로 초등학생들의 수정하기와 마지막 초고의 내용의 질을 예측할 수 있었다(Matsumura, Patthey-Chavez, & Valdes, 2002). 또한 효과적인 과제는 교사의 기대를 정확하게 나타내고(Wallace & Hayes, 1992), 그러한 기대를 학생들이 오해하는 것을 예방하거나 피할 수 있도록 돕는다(Sperling & Freedman, 1987).

교사들은 학생들의 쓰기 능력의 개인차를 수용하기 위하여 과제와 피드백을 다양하게 할 필요가 있다. 초등 교사 153명에 대한 조사에서 42%의 교사들이 미숙한 필자들의 요구에 맞추어서 적용하는 것을 거의 혹은 전혀 하지 않은 반면, 대부분의(85%) 교사는 다른 학생들보다 미숙한 학생들과 더욱 자주 협의한다고 하였다(Graham, Harris, FinkChorzempa, & MacArthur, 2003). 교사들은 모어 화자가 아닌 사람들이 겪는 언어 사용의 문제들을 인식할 필요가 있다. 학생들은 일반적으로 내용과 관련된 논평을 선호하는 반면(Storch & Tapper, 2000), ELL 학생들은 내용과 언어 문제에 대한 피드백을 선호할 수 있다(Ferris, 1995, 1997).

교사들은 또한 피드백을 그 과제의 수사학적 요구를 구성하는 특별한 기준이나 평가 기준으로 참고하여 사용해야 한다. 특별한 교실 맥락과 관련성이 거의 없는 포괄적인 기준을 가져오는 것보다, 교사들은 의식 속에 구체적인 맥락과 함께 기준을 설계해야만 한다(Broad, 2003). 그리고 학생들은 이러한 기준이나 평가 기준을 적용하는 방법을 훈련할 필요가 있다. 한 연구에서, 중학교 학생들은 실험 집단과 통제 집단 모두 자기 평가 기준을 완성했다. 실험 집단 학생들은 그들의 초고에 평가 기준을 적용하는 것과 관련하여 지도 수업을 40분씩 2번 받았다(Andrade & Boulay, 2003). 유의한 처치 효과는 없었지만, 이 연구에서 제공한 최소한의 훈련을 넘어서는 보다 광범위한 자기 평가 지도의 필요성을 제안한다.

피드백 제공 기술

대부분의 연구는 교사들이 학생들의 글에 글로 논평을 하여 반응한다는 것을 발견한다. 불행하게도 글로 하는 논평은 종종 너무 모호하고 형식적이고 포괄적이거나 모순된다(Smith, 1997; Straub, 1996). 한 연구에서 고등학교 학생들은 개방된 질문과 논평을 상세히 설명하기 위해 지원하는 협의의 활용을 포함하는 피드백에 대한 설명이 제공되는 구체적인 논평을 선호했다(Bardine, Bardine, & Deegan, 2000). 초고에 대한 피드백에서 표면적인 특징에 대한 교사들의 관심을 보고한 초기의 결과와는 대조적으로, 이제 교사들은 학생들의 아이디어와 조직에 더욱 주목하여 글로 된 논평을 활용하고 있다(Conrad & Goldstein, 1999; Ferris, 1997). 글로 하는 피드백의 한계에도 불구하고, ELL 학생들은 여전히 동료나 협의에서 제공된 피드백보다 교사가 글로 쓴 피드백을 선호한다(Zhang, 1995). 수정하기 수준과 ELL 대학생에게 제공된 글로 쓴 논평 유형 사이의 관련성에 대한 분석은 보조적인 논평에 대한 요청과 실질적인 수정을 이끄는 문법에 대한 논평을 제안했다(Ferris, 1997).

연구자들은 보조적인 논평 대 최종적인 글로 쓴 논평의 유효성을 조사해 왔다. 일반적인 틀에 박힌 최종적 총평, 상투적인 언어나 "어색함"과 같은 보조적인 논평은 학생들에게 유용하게 받아들여지지 않았다(Smith, 1997).

교사들은 또한 카세트나 디지털 테이프에 녹음하여 피드백을 제공할 수 있다(Anson, 1997). 그렇게 함으로써, 그들은 같은 시기에 글로 쓰는 논평보다 꽤 많은 정보를 소통할 수 있었고, 논평을 전달하는 어려움이 더 적었으며, 논평에 대해 상세한 설명을 할 수 있었다(Anson, 1997). Huang(2000)은 ELL 대학 교수들로부터 글로 쓴 논평과 녹음한 논평을 결합하는 것이 글로 쓴 피드백만을 사용하는 것보다 더 많은 양의 피드백을 한다는 것을 발견했다. 또 다른 연구에서, 연구자들은 녹음된 반응은 대학 교수들에게 안전한 거리에서 비판적 반응을 명확하게 나타낼 수 있도록 해준다는 것을 발견했다(Mellen & Sommers, 2003).

독자 기반 피드백 제공하기

판단적인 피드백을 제공하는 것과 반대로, 교사들은 독자로서 그들이 어떻게 학생의 글에 반응하는지 또는 학생의 글을 어떻게 처리하는지를 설명하는 "독자 기반" 피드백을 제공할 수 있다(Elbow, 1981; Johnston, 1983). 그렇게 함으로써, 교사들은 초고를 읽는 과정에 대한 설명을 필자들에게 제공한다.

- 몰입한, 넋을 잃은, 감동적인, 열중하는, 어지러운, 좋은 인상을 받은, 호기심이 있는, 어리둥절한 등등("이것을 읽으면서, 나는 걱정이 되었다, 흥분되었다, 혼란스러웠다, 당황했다.")
- 압도됨, 정신을 잃음, 쇄도함, 너무 많은 정보와 설명 또는 다양한 아이디어/관점 등에 빠짐
- 감동받지 않음, 무언가 부족함, 정보나 설명의 부족으로 더 많은 것을 원함
- 예상하는 사건들, 기대하는 지원이나 근거 등과 결합되어 이어지는 텍스트 전개를 예측하거나 기대하기("의견을 접했을 때, 나는 종종 그러한 의견을 지원하는 근거들을 기대하는데, 이 초고에서는 찾을 수 없다.").

교사들은 또한 칭찬이 종종 너무 일반적이고 긍정적인 논평에 대한 설명이 부족할지라도 설명적인 칭찬이나 추천을 제공한다(Straub, 1997).

이러한 보다 간접적이며 촉진적인 '독자 기반' 피드백은 학생들이 자기 평가하는 것과 자신의 글에 수정하기를 체계적으로 하는 것을 배우도록 이끈다(Beach, 1976; Ferris, 1997; Johnston, 1983). 교사들은 특히 저널 쓰기에 반응할 때 보다 보존적인 분위기를 적용함으로써 간접적인 태도를 취하기 쉽다(Anson & Beach, 1997). 8학년 학생들의 편지글에 대한 반응에서, Atwell(1998)은 학생들이 주제에 대해 탐구하거나 상세화하는 방식의 내면화를 돕기 위해 문답식 발견 학습 모형에 대한 질문을 제기하면서 답장으로 반응을 했다. 학생들은 자신들이 작성한 저널 쓰기에서 구체적인 면에 주목하고 긍정적인 교사와 학생의 관계를 구축하는 대화적 피드백을 선호했다(Todd, Mills, Palard, & Khamcharoen, 2001).

그렇지만 이러한 간접적인 방식은 교사들이 직접적인 비평이나 질문 태도를 완화할 때 문제가 될 수 있다. 이렇게 될 때, 교사들의 의도가 모호해질 수 있으며 학생들이 혼란스러워질 수 있는 문제가 있다(Hyland & Hyland, 2001). 중국어 사용 학생들과 스페인어 사용 학생들의 동료 반응의 인식에 대한 연구는 학생들이 초고에서 구체적인 문제를 확인하는 부정적인 논평을 더 좋아한다는 것을 밝혔다(Nelson & Carson, 1998). 직접적으로 어디를 어떻게 바꾸어야 하는지를 들은 학생들과(연역적인 접근) 질문을 받은 학생들(귀납적인 접근) 간의 비교

가 이루어진 대학생 두 집단에서 전자가 쓰기 질을 향상시킬 가능성이 가장 높다(Sweeney, 1999).

직접적인 태도 대 간접적인 태도를 적용하는 것 이상으로 근본적인 의도를 조사하는 것 역시 중요하다. 동일한 초고에 대해 교사 5명의 논평 분석은 교사들이 학생들의 자율성을 존중하면서 직접적인 논평을 사용하는 경우에 매우 다양한 전략들을 사용한다는 것을 발견했다(Straub, 1996). Straub(1996, 1997)은 직접적인 접근과 간접적인 접근 사이의 구별은 잘못된 이분법일 수 있다고 주장한다. 왜냐하면 교사들은 학생들의 수정하기를 촉진하는 것과 관련하여 서로 다른 이유 때문에 서로 다른 태도를 취할 수 있기 때문이다.

피드백의 특성과 질을 고려하지 않고 학생들은 종종 좋은 점수를 받기 위해서 교사가 원한다고 인식하는 것을 단순히 따른다. 심지어 쓰기를 향상시키는 데 도움이 되지 않는 교사의 제안일지라도 그렇다(Sperling & Freedman, 1987; Straub, 1996). 그리하여, 직접적인 것 또는 촉진적인 것의 구별은 만약 학생들이 "단지 무엇을 해야 할지 나에게 말해 달라."라는 태도를 취하고 간접적인 촉진적 피드백을 직접적인 피드백처럼 인식한다면 유용하지 않을 수 있다. 그러므로 교사는 그들 자신이 원하는 학생들의 초고를 예견하거나 예시하는 것을 피하고 대신에 수정의 방향을 이끄는 학생들의 의도를 받아들일 필요가 있다(Welch, 1997). Edward White(1999)의 진술처럼, "우리는 학생들에게 책임감과 조정이 그들에게 남는다는 것과 그들이 우리의 논평에 단순하게 반응하는 것 이상을 할 필요가 있다는 것을 전달해야 한다."(p.130).

자기 평가 시범보이기

피드백을 제공할 때, 교사들은 또한 학생들이 사용하는 수사학적 전략들이 '확인하기, 지지하는 증거 제공하기, 설명하기' 등이라는 사실을 설명하기 위해 초인지적인 용어에 대해 시범보인다(Beach, 1989). 자기 평가 시범보이기에서 간단하게 수정하기를 설명하는 것보다 문제를 극복하기 위한 전략을 시범보이는 것이 더 유용할 수 있다(Zimmerman & Kitsantas, 2002). 그리고 수정하기를 이끄는 자기 평가 시범보이기에서, 교사들은 학생들의 반응과 자기 평가로써 수반된 수정하기에 의해 학생들이 수정할 수 있는지를 판단함으로써 학생들의 근접 발달영역(ZPD)에 적합하도록 사용하는 언어를 조정할 필요가 있다(Ferris, 2003). 만약 어떤 학생에게 상정된 수정을 수행할 능력이 전혀 없다면, 학생들이 다룰 수 없는 문제에 대해 피드백을 제공하는 것은 의미를 갖기 어렵다. 이것은 학생들이 근접 발달 영역에서 다룰 수 있는 문제와는 대조적이다.

어떤 경우에 교사들은 학생들에게 다양한 어려움과 관련된 광범위한 피드백을 제공한다. 그러나 너무 많은 논평은 학생들을 질리게 할 수 있으므로 교사들은 학생들의 근접 발달 영역과 언어 숙달에서 가장 문제가 될 수 있거나 가장 주목할 만하다고 인식되는 텍스트의 측면에 선택적으로 반응함으로써 그들의 논평에 우선순위를 매길 필요성이 있다(Ferris, 2003). 피드백에 대한 초기의 연구들은 최초의 초고에 반응할 때 교사들이 내용과 조직의 문제에 주목해야 한다고 가정된 지도 모형과 일치하며 편집 단계까지 조급하게 편집에 초점을 맞추는 것을 지연시킨다(Sommers, 1982). 조급하게 형식, 편집 또는 오류 교정의 문제에 초점을 맞추는 것은 ELL 대학생들이 내용, 조직과 관련된 보다 실질적인 수정하기를 하지 않도록 만들었다(Truscott, 1996).

그렇지만 한 연구에서는 ELL 학생들에게 내용 초점 피드백을 한 것이 오류 교정 코멘트보다 초고의 질에서 더 많은 향상을 가져온(Kepner, 1991) 반면, 다른 연구에서는 ELL 대학생들에게 형식 피드백을 지연한 것이 초고의 질에 영향을 미치지 못했던 것으로 나타났다(Ashwell, 2000). 사실, 이러한 종류의 분리된 피드백은 필수적인 것이 아니다. 또 다른 연구에서 ELL 학생들에게 제공된 내용과 형식 피드백 및 편집 피드백을 동시에 포함하는 피드백은 내용과 형식 피드백을 분리하여 제공하는 것과 똑같이 효과적이었음을 입증하였다(Fathman & Whalley, 1990). 결국 언제 특정한 종류의 피드백이 제공되는가는 학생들이 왜 특정한 유형의 피드백을 받는지 이해하는 것보다 덜 중요하다(Ferris, 1997, 2003).

교사들과 동료들은 또한 각각의 학생들의 특정한 요구와 어려움을 판단함으로써 그들의 논평을 다양화할 필요가 있다(Ferris, 2003). 또한 여러 가지 글에 걸쳐 나타나는 어려움의 일관된 형태에 주목하는 것 이외에도, 교사들은 학생들에게 글쓰기에서 직면한 문제가 무엇인지 알게 하고 그 문제들을 처리하기 위해 노력해야 한다(Bauer & Garcia, 2002). 어떤 학생은 서사를 전개하는 방법은 알지만 상세한 세부 사항들을 이용하여 배경이나 인물을 묘사하는 것을 어려워할 수도 있다는 점을 주목해야 한다. 학생들의 어려움을 확인함으로써 교사들은 그러한 어려움을 다루기 위해 지도를 학생들에게 맞출 수 있다.

학생들이 선호하는 교사 논평

학생들은 두 가지 유형의 논평이 가장 도움이 된다고 생각한다. 첫째, 학생들은 글을 향상시키는 방법을 제안하는 논평에 호의적이다(Ferris, 2003). 둘째, 학생들은 자신들이 쓴 글에서 어떤 점이 좋은지 혹은 나쁜지 이유를 설명하는 논평을 선호한다(Beach, 1989). 172 명의 대학교 1학년 학생들을 대상으로, 초고에 대한 실제 논평을 통해 얻은 교사 논평에 대한 선호 조사 연구는 이러한 주장을 뒷받침한다(Straub, 1997). 결과는 포괄적이고 모호한 진술, 또는 글에 '그저 일반적이다.'이나 '좀 더 강화하라.'와 같은 논평보다는 수정하기의 명확한 방향을 제공하는 구체적이거나 상세한 논평을 학생들이 더 좋아한다는 것을 보여주었다. 그러한 구체적인 논평은 학생 글에 대해 교사가 꼼꼼하게 읽는다는 증거가 되었고, 학생들 역시 이를 선호하였다.

Straub(1997)가 연구한 학생들 또한 포괄적인 문제(아이디어, 전개 등)와 세부적인 문제(단어, 문장 구조 등) 모두에 초점을 맞춘 논평을 선호했다. 그러나 자신의 아이디어를 판단하거나 의심하는 논평은 선호하지 않았다. 왜냐하면 그러한 논평은 글을 개선하려는 마음을 꺾어 버리는, 가혹한 논평이라고 생각하기 때문이다. 이에 비해 도움을 주는 것으로 인식한 논평은 효과적인 것으로 나타났다. 이것은 학생들의 아이디어에 대해 비판적인 피드백을 제공하는 것을 반드시 배제해야 한다는 것은 아니다. 그러한 피드백은 가혹한 분위기와는 대조적으로 발전적으로 제공될 필요가 있다.

학생들의 선호는 그러한 논평에서 언급된 수사학적 전략을 토대로 특정한 유형의 수정을 하기 위해 교사의 논평을 사용할 수 있는 그들의 능력과도 관련된다. 학생들은 그들의 아이디어나 주장에 이의를 제기하는 질문에 대한 반응으로써 수정하는 것보다는 더 많은 정보나 구체적인 변화를 요청하는 데 대한 반응으로써 수정하는 것에서 더 성공적이다(Conrad & Goldstein, 1999; Ferris, 2002). 이 모든 것은 글로 쓴 피드백이 특히 세부 내용/예시 추가하기, 일관성 향상시키기, 또는 편집하기 문제를 다루기와 같은 특정한 종류의 수정하기를 촉진하는 데 효과적일 수 있다는 것을 제안한다. 왜냐하면 글로 된 피드백은 초고의 구체적인 측면에 초점을 맞출 수 있기 때문이다(Conrad & Goldstein, 1999). 학생들의 아이디어나 주장과 같은 더 큰 사안에는 글로 쓴 논평을 사용하는 것보다 그들의 아이디어나 주장에 대한 논의에 학생들을 참여시키는 협의 피드백을 활용하는 것이 보다 유용할 수 있다.

교사 협의 전략

많은 교사들이 수업에 대한 교사 협의를 중요하게 인식하면서 학생들과 함께 하는 교사 협의가 지난 30년간 극적으로 증가해 왔다(Black, 1998). 협의는 특히 협의에서 자신의 생각을 교사에게 언어화하여 표현함으로써 언어 전사 문제를 다루어야 하는 요구를 받은 ELL 학생들에게 가치가 있다(Ferris, 2003).

쓰기 협의에서, 교사들은 논평에 대한 설명을 제공하거나 학생들에게 그들의 관점에 대해 질문하는 방식으로 피드백을 제공하는 것에 대한 그들의 의도를 설명할 수 있다(Frank, 2001). 동시에 학생들은 그들의 목적에 대해 말할 수 있고, 자기 평가를 연습할 수 있으며 대안적인 수정하기를 할 수 있다. 만약 학생들이 자기평가에 어려움을 갖는다면 교사들은 학생들이 자기평가를 수행할 때 협의하기를 활용하도록 과정에 대해 시범을 보이는 역할을 할 수 있다 (Beach, 1989).

교사들은 학생이 직면하는 구체적인 문제에 대한 협의 피드백에 초점을 맞출 수도 있다. '쓰기 전' 협의에서, 교사들은 아이디어를 탐색하거나 수사학적 맥락을 구성하기 위한 발견적 교수 전략을 사용할 수 있다. '초고쓰기' 협의에서, 그들은 아이디어 조직하기와 전개하기 문제에 초점을 맞출 수 있다. '편집하기' 협의에서, 그들은 가독성과 명확성의 측면에 초점을 맞출 수 있다; 비록 구어적 접근이 보다 능숙한 독자들에게만 효과적일지라도 학생들에게 초고를 큰 소리로 읽게 하여 자기 편집하기를 촉진할 수 있다(Moran, 1997).

교사들은 또한 학생들의 서로 다른 자기 평가 능력에 맞는 다양한 협의 유형과 전략이 필요하다. 자기 평가를 쉽게 할 수 있는 학생들을 위해서 교사들은 간단하게 학생들에게 '활동한 것'과 '활동에 필요한 것'을 질문함으로써 매우 촉진적인 개방형 방식을 적용할 수 있다(Glasswell, 2001). 자기 평가에 대해 어려움을 갖는 학생들을 위해서 교사는 더 직접적으로 학생들의 글에서 구체적인 문제점을 언급하는 방식을 적용할 수 있고, 여러 가지 문제에 대해 숙고하는 방법을 시범보일 수 있으며, 수사적 맥락에 대한 학생들의 인식과 아이디어에 대한 논의를 유도할 수도 있다. 대학 수준의 교사-학생 협의에 대한 한 연구에서 교사들은 능숙한 필자들에게는 학생들이 협의를 총괄하고 의견을 표현하도록 하는, 간접적인 방식을 적용한 반면, 미숙한 필자들에게는 더 직접적인 방식을 취하였다(Patthey-Chavez & Ferris, 1997). 교사와 학생이 수정하기 계획에 대해 협의를 하는 것은 학생들이 연속해서 글을 수정하기 위한 중요한 방향을 제시할 수 있는데, 특히 학생들이 수정하기를 더 할 필요가 없다고 여길 때도 교사와 학생의 협상은 수정하기를 계속하도록 한다(Black, 1998). 예를 들어, 초등학생들이 자신이 쓴 이야기가 완벽하다고 여긴다면, 수정하기를 돕기 위한 교사 협의 피드백은 거의 효과가 없었다(Nickel, 2001).

　최근에는 교사들은 온라인 협의하기 활용과 관련된 온라인 구두 논평을 사용한 연구도 있다(Blair, 2003). 온라인 협의와 면대면 협의를 비교하는 연구는 온라인 협의가 면대면 협의에서 발견되는 무언의 반응에 대한 걱정이 없이 학생들을 반응하게 한다고 제안한다. 동시에 실제의 사회적·민족적 정체성에서보다는 글 자체에서 필자의 페르소나를 확립하는 데 보다 주목할 것을 요구한다고 주장한다(Carabajal, LaPointe, & Gunawardena, 2003). 온라인 피드백은 특히 학생들이 자신들의 초고를 수정할 때 나중에 참고하기 위해 저장할 수 있기 때문에 자기 평가에 지원적일 수 있다(Hewett, 2000). ELL 대학생들의 온라인 연구는 온라인 피드백이 전통적인 피드백보다 더 많은 논평과 차후의 수정을 가져온다는 것을 발견했다(Liu & Sadler, 2003).

　이메일이나 메시지 게시판을 이용하면 비동시적인 온라인 피드백은 채팅방 데이터베이스에 저장된 논평을 숙고하고 발전시키는 데 더 많은 시간을 쓸 수 있다(Blair, 2003). 다른 한편으로, 동시적인 상호작용은 글쓰기 문제나 잠재적인 수정하기에 대해 실시간 채팅 논의를 가능하게 한다(Crank, 2002). ELL 교사들은 또한 문법적인 오류를 바로잡기 위해서 온라인 피드백을 사용한다(Melby-Mauer, 2003). 교사들이 구어 피드백과 단어 예측 소프트웨어를 사용하여 피드백을 제공한 결과, 7학년 학습 장애 학생들의 저널은 전체적으로 더 길어지고 수준이 높아졌다(Williams, 2002).

　교사들은 목적의 명확함, 요구된 질문의 질, 교사 대 학생의 발화 비율, 침묵의 사용, 학생들의 자기평가를 돕기 위한 비계 사용에 대한 반응과 반영한 것을 녹음해서 그들의 협의를 반영할 수 있다(Power & Hubbard, 2001). 학생들은 또한 그들의 수정과 교사가 초고에 반응할 때 무엇에 주목했는지를 확인하기 위해 초고에 붙이는 '수정하기 메모'(Flash, 2002)나 편지(Ferris, 1997, 2003)를 쓰고 글을 수정할 때 반영할 수 있다.

동료 협의 피드백

　교사들은 학생 개개인과 폭넓은 협의하기에 전념하기 위한 시간을 자주 가질 수 없다.

따라서 교사들은 짝이나 소집단 협의, 온라인 협의 또는 학생들 책상에 글(papers)을 올려놓고 다른 학생들은 반응지에 논평을 쓰는 "돌려 읽기"에서 그들의 협의를 보충하기 위해서 훈련된 동료들에 의지할 필요가 있다(Christian, 2000). 한 연구에서, 동료 협의하기에 참여한 고등학교 학생들은 그들의 포트폴리오에 대한 쓰기 질에서 단지 교사 코멘트를 받은 학생들보다 높은 점수를 받았다(Simmons, 2003).

동료들은 도움이 풍부한 피드백을 제공할 수 있다. 그러나 그들은 구체적이고 설명적인 피드백을 제공하기 위한 전략들과 동료들과 협력적으로 작업하기 위한 집단 과정 기능에 대한 훈련이 필요하다(Dahl & Farnan, 1998; Fitzgerald & Stamm, 1990; Patthey-Chavez & Ferris, 1997). 훈련을 받지 않은 학생들은 단지 매우 판단적이거나 부정적인 피드백을 주거나, 그들의 사회적 관계를 위태롭게 할 수 있다는 걱정에서 단지 칭찬만을 제공할 수 있다. 훈련받은 학생들은 실질적인 수정하기를 이끄는 발전적인 피드백을 더 잘 제공할 수 있다 (Berg, 1999; Straub, 1997). 대학 수준, 외국인, 영어 모어 화자로 구성된 반응 집단에 대한 한 연구는 그러한 훈련의 효과를 기술한다. 글에 대한 구두 논의를 하는 동안 외국인 참여자가 영어 모어 화자보다 발화 횟수가 적었고 더 적은 언어 기능들을 산출했지만, 훈련 덕분에 두 집단 모두 전체적인 논평의 양은 같았다(Zhu, 2001). 이러한 훈련은 교사들이 전 학년에 걸쳐 지속적으로 피드백 전략을 시범보이고 비계화하는 장기간의 노력을 요구한다(Simmons, 2003).

다른 한편으로, 동료 논평은 교사 논평과 같은 영향력을 발휘하지 못할 수도 있다. 일부 제2 언어 학생 필자들은 교사를 주요한 권위자로 인식하는 문화권 출신이어서 동료를 유용한 피드백을 제공하는 권위자로 인식하지 않는다(Nelson & Murphy, 1993). 결과적으로 그들은 수정하기를 할 때 동료 논평을 덜 활용할 수 있다(Zhang, 1995). 그렇지만 학생들은 여전히 교사 피드백을 받는 것 못지않게 유용한 선택으로 동료 피드백을 인식할 수 있다(Jacobs, Curtis, Braine, & Huang, 1998). Tsui & Ng(2000)에 따르면, 교사와 동료에게 논평을 받은 중등 ELL 학생들은 교사의 논평을 더 선호한 반면, 그들은 예상독자에 대한 명확한 의식, 그들의 장점과 약점에 대한 이해, 협력 학습의 가치, 그들의 글에 대한 주인의식을 제공하는 동료 논평을 가치 있게 여겼다.

학생들은 또한 피드백 제공에 대해 광범위한 훈련을 받은 교사들이 있는 학교나 대학 글쓰기 센터에서 피드백을 받을 수도 있다(Boquet, 2002; Thanus, 2001). 글쓰기 센터 피드백 효과의 핵심은 학생들, 특히 작문 수업에서 도움을 받지 못할 수 있는 ELL 학생들의 능력과 요구의 차이를 조정하는 교사들의 능력이다(Carino, 2003). 광범위한 교사 훈련은 고등학교 (Tipper, 1999)와 대학 수준(Friedrich, 2003)에서 학생들에 대한 그들의 피드백 질을 강화할 수 있다.

편집하기 피드백 제공하기

교사들은 또한 가독성과 명확성을 위해 마지막 초고를 편집할 때 학생들을 돕기 위해 그들의 문법, 어법, 맞춤법에 대해 반응한다. 그러한 반응은 학생들이 아이디어를 생성하거나 그들의 초고를 조직하려고 시도할 때가 아니라 주로 편집 단계에서 일어난다는 것은 매우 중요하다(Sommers, 1982). 협의에서 효과적인 편집하기 피드백은 특히 영어 통사와 어휘에 어려움을 겪는 제2 언어 학생들을 돕는 데 중요하다(Connor, 1996; Ferris, 2003; Harklau, Losey, & Siegal, 1999). 다른 한편으로, 주로 학생의 오류에 초점을 맞추는 것은 특히, 미숙한 필자이거나 제2 언어 필자들의 경우 오류를 범하는 데 대한 두려움 때문에 쓰기에 대하여 의식 과잉이 되어 역효과를 낳을 수 있다(Connors & Lunsford, 1988; Hull, 1985).

학생들의 오류에 반응할 때 직면하는 작문 교사들의 어려움 중의 하나는 그들 스스로 "오류"를 뒷받침하는 확실한 문법과 언어 관습의 타당성이 모호하다는 것이다(Anson, 2000; Ferris, 2003). 교사들은 그들이 중요한 오류라고 인식하는 것에 관하여 광범위한 차이를 보인다. 그러한 인식은 주로 교사들의 개인적인 판단을 반영한다(Connors & Lunsford, 1988). 교사들은 종종 오류의 양을 증가시키는 결과를 가져오는 낯설고 대안적인 장르나 사고의 방법을 지닌 학생들의 실험과 관련하여 오류의 일관된 형태에 대한 근거를 판단하는 데 실패하여, 부주의나 불완전성의 반영으로 오류를 만들 수 있다(Briggs & Pailliotet, 1997; Weaver, 1996).

교사들은 또한 구체적인 수사학적 맥락 내에서 언어, 사투리, 언어 사용역의 특별한 사용을 반영함으로써 학생들의 오류에 반응할 필요가 있다(Hull, 1985). 교사들은 필자-독자의 관계에 대한 가정뿐만 아니라, 오류가 종종 독단적으로 정의된 사회 관습에 기반을 둔다는 사실에 초점을 맞춤으로써 언어 사용역의 문제에 대한 그들의 반응을 형성할 수 있다(Horner, 1992; Newman, 1996).

교사를 위한 핵심적인 질문은 그들이 학생들의 오류나 단순한 표시 오류를 고쳐야 하는지 아니면 학생들에게 교정하도록 해야 하는지에 관한 것이다. 프랑스어를 사용하는 5학년 학생들에게 교정과 논평 둘 다를 제공한 것과는 대조적으로 교정하기 대 상세한 논평만 하기를 비교한 한 연구는 교정하기의 정확성에 대한 이들 처지의 효과 차이가 없음을 발견했다(Fazio, 2001). 어떤 연구자들은 ELL 학생들이 만약 그들이 교사에 의해 그들의 오류를 교정 받는 것보다 그들 자신이 오류를 확인하고 교정하는 것을 배운다면 오류를 더 적게 범한다는 것을 발견했다(Ferris, 2002, 2003; Truscott, 1996). ELL 대학생들의 수정하기에 관하여 교사가 오류를 교정하기 대 학생의 자기 교정을 위한 오류 표시하기 대 오류 유형 설명하기를 비교한 한 연구에서, 밑줄을 쳤을지라도 오류의 유형을 설명한 것보다도 교사가 교정한 것과 오류에 간단히 밑줄 친 것이 오류의 사용을 줄이는 데에 더 효과가 있었다(Chandler, 2003). 교사 교정은 가장 정확한 수정하기를 가져왔고 그것의 효율성 때문에 학생들에 의해 선호되었다. 그러나 학생들은 교사가 오류에 대해 밑줄 친 것을 바탕으로 하는 자기 교정으로부터 더 많은 것을 배웠다고 말했으며, 이는 교사들의 시간도 더 적게 요구했다. 다른 연구에서 밑줄 쳐진 오류를 갖는 ELL 대학생들은 오류의 다섯 가지 유형을 코드화하여 연결된 밑줄 쳐진 오류를 갖는 동료들에 비해 자기 편집하기를 훨씬 잘했다(Ferris & Roberts, 2001).

이 연구는 교사들에 의해 확인된 오류를 학생들이 자기 교정하도록 배우게 하는 것의 가치에 대해 지적한다. 하지만, 이것은 학생들이 실제로 적절한 교정을 한다는 것을 필수적으로 의미하지는 않는다. 오류에 대한 교사의 교정은 정확한 편집하기 수정을 하게 할 가능성이 높고, 효율적이기 때문에 학생들은 교사의 교정을 선호한다(Ferris, 2003). 만약 학생들이 그들의 교정된 오류를 볼 수 있다면, 그들은 정확한 수정이 되는 것을 더 잘 이해할 수 있고 그들 자신의 교정이 정확한지 배우기 위해 기다릴 필요가 없다. 다른 한편으로, 학생들은 결국 자신의 글에 대해 자기 교정하는 것을 배우는 것이 필요하다(Chandler, 2003; Truscott, 1996). 교사들은 특히 더 넓은 "상호언어적 관점(interlanguage perspective)"-특히 특정한 방법으로 문장을 구성하기 위한 근거의 관점에서, 문장과 텍스트를 조직하고 정돈하기 위해 언어를 사용하는 능력-에 대한 요구를 필요로 하는 문장 수준에서의 오류를 잘못 분류할 수 있다(Yates & Kenkel, 2002). 이것은 ELL 학생들에게 대화에 작용하는 사회적 기준, 예를 들어 대화와 관련된 요구에 대해 그들이 이미 알고 있는 것을 끌어내도록 하는 것을 포함한다(Grice, 1989). 이는 글에서 관련 없는 자료를 삭제하기 위해서 정보의 적합성을 판단하는 것과 관련되기 때문이다.

요약

 학생 글에 대한 교사 반응 연구는 효과적인 피드백이 없다면 학생들이 글을 개선하는 방법을 익히는 데 필수적인 자기 평가 및 수정에 참여하지 않는 것을 보여주었다. 효과적인 교사 피드백은 구체적이고 상세하고 비판단적이며, 학생들의 발달 단계 및 발달 수준, 근접발달영역, 언어 기능, 지각된 페르소나, 자기 평가의 능력에 따라 다양하다. 글로 쓴 논평이 초고의 구체적인 양상에 대한 반응의 기록을 제공하는 반면, 교사 면대면 혹은 온라인 협의는 아이디어의 논의와 자기 평가 활동을 하도록 한다. 편집 피드백은 학생들에게 자기 수정을 배우도록 촉진하기에 필요하지만, 교사들 또한 수정을 제공할 필요가 있다. 이러한 피드백의 효과성은 기준을 포함하는 과제와 이러한 기준을 사용하는 것에 대한 훈련뿐만 아니라 훈련된 동료 협의의 활용과 쓰기 센터의 도움에 의해 강화된다. 이 모든 것은 학생 글에 대해 반응하기의 효과적인 방법을 교사들에게 훈련시키는 것의 중요성을 암시한다.

참고문헌

Andrade, H. G., & Boulay, B. A. (2003). Role of rubric-referenced self-assessment in learning to write. *Journal of Educational Research,* 97(1), 21-36.

Anson, C. M. (1997). In our own voices: Using recorded commentary to respond to writing. In P. Elbow & M. D. Sorcinelli (Eds.), *Learning to write: Strategies for assigning and responding to writing across the curriculum* (pp. 105-115). San Francisco: Jossey-Bass.

Anson, C. M. (2000). Response and the social construction of error. *Assessing Writing,* 7, 5-21.

Anson, C. M., & Beach, R. (1997) *Writing to learn: Using journal in the classroom.* Norwood, MA: Christopher Gordon.

Ashwell, T. (2000). Patterns of teacher response to student writing in a multiple-draft composition classroom: Is content feedback followed by form feedback the best method? *Journal of Second Language Writing,* 9(3). 227-257.

Atwell, N. (1998). *In the middle: New understanding about writing, reading, and learning* (2nd ed.). Portsmouth, NH: Heinemann.

Bakhtin, M. (1981). The dialogic imagination (C. Emerson & M. Holquist, Trans.). Austin: University of Texas Press.

Bardine, B., Bardine, M., & Deegan, E. (2000). Beyond the red pen: Clarifying our role in the response process. English Journal, 90(1), 94-101.

Bauer, E. B., & Garcia, G. E. (2002). Lessons From a classroom teacher's use of alternative literacy assessment. *Research in the Teaching of English*, 36(4), 462-494.

Beach, R. (1976). Self-evaluation strategies of extensive revisers and non-revisers. *College Composition and Communication*, 27, 160-164.

Beach, R. (1989). Showing students how to assess: Demonstrating techniques for response in writing conferences. In C. Anson (Ed.), *Writing and response: Theory, practice, and research* (pp. 127-148). Urbana, IL: National Council of Teachers of English.

Berg, E. C. (1999). The effects of trained peer response on ESL students' revision types and writing quality. *Journal of Second Language Writing*, 8(3), 215-241.

Black, L. J. (1998). Between talk and teaching: Reconsidering the writing conference. Logan: Utah State University Press.

Blair, L. (2003). Teaching composition online: NO longer the second-best choice. *Kairos*, 8(2). Available online at english.ttu.edu/kairos/8.2/binder.html?praxis/blair/index.html

Boquet, E. (2002). *Noise from the writing center*. Logan: Utah University Press.

Briggs, L., & Pailliotet, A. W. (1997). A story about grammar and power. *Journal of Basic Writing*, 16(2), 46-61

Britsch, S. J. (2004). "Riddle me this, riddle me that": Genre as counterscript and the multiple spaces of dialogue. *Language Arts*, 81(3), 214-222.

Broad, B. (2003). What we really valve: Beyond rubrics in teaching and assessing writing. Logan: Utah State University Press.

Carabajal, K., LaPointe, D., & Gunawardena, C. (2003). Group development in online learning communities. In M. G. Moore & W. G. Anderson (Eds.). *Handbook of distance education* (pp. 224-238). Mahwah, NJ: Erlbaum.

Carino, P. (2003). Power and authority in peer tutoring. In M. Pemberton & J. Kinkead (Eds.), *The center will hold: Critical perspectives on writing center scholarship* (pp. 96-113). Logan: Utah State University Press.

Chandler, J. (2003). The efficacy of various kinds of error feedback for improvement in the accuracy and fluency of L2 student writing. *Journal of Second Language Writing*, 12(3), 267-296.

Chapman, M. L. (1999). Situated, social, active: Rewriting genre in the elementary classroom. *Written Communication*, 16(4), 469-490.

Christian, B. (2000). The read-around alternative to peer groups, *Teaching English in the Two-Year College*, 27(3), 308-311.

Connor, U. (1996). Contrastive rhetoric: *Cross-cultural aspects of second-language writing*. New York: Cambridge University Press.

Connors, R. J., & Lunsford, A. (1988). Frequency of formal errors in current college writing, or Ma and Pa Kettle do research. College Composition and Communication, 39(4), 395-409.

Conrad, S. M., & Goldstein, L. M. (1999). ESL student revision after teacher-written comments: Text, contexts, and individuals. *Journal of Second Language Writing,* 8(3), 257-276.

Crank, V. (2002). Asynchronous electronic peer response in a hybrid basic writing classroom. *Teaching English in the Two-year College,* 30(2), 145-155.

Dahl, K., & Farnan, N. (1998). *Children's writing: Perspectives from research.* Newark, DE: International Reading Association.

Delpit, L. (1995). *Other people's children: Cultural conflicts in the classroom.* New York: New Press.

Elbow, P. (1981). Writing with power. New York: Oxford University Press.

Faigley, L., & Witte, S. (1981). Analyzing revision. *College Composition and Communication,* 32, 400-414.

Fathman, A., & Whalley, E., (1990). Teacher response to student writing: Focus on form versus content. In B. Kroll (Ed.), Second language writing: Research insights for the classroom (pp. 178-190). New York: Cambridge University Press.

Fazio, L. L. (2001). The effect of corrections and commentaries on the journal writing accuracy of minority- and majority-language students. *Journal of second Language Writing,* 10(4). 235-249.

Ferris, D. R. (1995). Student reaction to teacher response in multiple-draft composition classrooms. *TESOL Quarterly,* 29, 33-53.

Ferris, D. R. (1997). The influence of teacher commentary on student revision. *TESOL Quarterly,* 31, 315-339.

Ferris, D. R. (2002). *Treatment of error in second language student writing.* Ann Arbor: University of Michigan Press.

Ferris, D. R. (2003). *Response to student writing: Implications for second language students.* Mahwah, NJ: Erlbaum.

Ferris, D. R., & Roberts, B. (2011). Error feedback in L2 writing classes: How explicit does it need to be? *Journal of second Language Writing,* 10(3), 161-184.

Fitzgerald, J. (1992). *Towards knowledge in writing: Illustrations from revision studies.* New York: Springer-Verlag.

Fitzgerale, J., & Stamm, C. (1990). Effects of group conferences on first graders' revision in writing. *Written Communication,* 7(1), 96-135.

Flash, P. (2002). Responding to students' writing. Minneapolis: University of Minnesota Center for the Study of Writing. Available online at cisw.cla.umn.edu/faculty/responding/index.htm

Flower, L. S., Hayes, J. R., Carey, L., Schriver, K.,& Stratman, J. (1986). Detection, diagnosis, and the strategies of revision. *College, Composition, and Communication,* 37(1), 16-55.

Flower, L. S., Long, E., & Higgins, L. (2000). Learning to rival: *A literate practice for intercultural inquiry.* Mahwah, NJ: Erlbaum.

Frank, C. R. (2001). What new things these words can do for you: A focus on one writing-project teacher and writing instruction. *Journal of Literacy Research,* 33(3), 467-506.

Friedrich, T. (2003, March). Tutors authoring transformation: Comparing peer tutors' responses to two self-evaluative projects as a means for charting shifts in subjectivity. Paper presented at the Conference on College Composition and Communication, New York, NY.

Glasswell, K. (2011). Matthew effects in writing: The patterning of difference in classrooms K-8. *Reading Research Quarterly,* 36, 348-349.

Graham, S., Harris, K., Fink-Chorzempa, B., & MacArthur, C. (2003). Primary grade teachers' instructional adaptations for struggling writers: A national survey. *Journal of Educational Psychology,* 95(2), 279-292.

Grice, H. P. (1989). *Studies in the way of words.* Cambridge, MA: Harvard University Press.

Harris, J. (2003). Opinion: Revision as a critical practice. *College English,* 65(6), 577-592.

Harklau, L., Losey, K., & Siegal, M. (1999). *Generation 1.5 meets college composition: Issues in the teaching of writing to U.S. -educated learners of ESL.* MahWah, NJ: Erlbaum.

Hewett, B. L. (2000). Characteristics of interactive oral and computer-mediated peer group talk and its influence on revision. *Computers and Composition,* 17(3), 265-288.

Hillocks, G. (1996). *Research on written composition.* Urbana, IL: National Council of Teachers of English.

Horner, B. (1992). Rethinking the "sociality" of error: Teaching editing as negotiation. *Rhetoric Review,* 11(1), 172-199.

Huang, J. (2000). A quantitative analysis of audio taped and written feedback produced for students' writing and students' perceptions of the two feedback methods. *Tunghai Journal,* 41, 199-232.

Hull, G. (1985). Research on error and correction. In B. McClelland & T. R. Donovan (Eds.) *Perspectives on research and scholarship in composition* (pp.162-184). New York: Modern Language Association.

Hyland, F. (1998). The impact of teacher written feedback on individual writers. *Journal of Second Language Writing,* 7, 255-287.

Jacobs, G. M., Curtis, A., Braine, G., & Huang, S. (1998). Feedback on student writing: Taking the middle path. *Journal of Second Language Writing,* 7(3), 307-317.

Johnston, B. (1983). *Assessing Writing.* Urbana, IL: National Council of Teachers of English.

Kepner, C. G. (1991). An experiment in the relation ship of types of written feedback to the development of second-language writing skills. *Modern Language Journal,* 75(3), 305-313.

Kent, T. (1993). *Paralogic rhetoric.* London: Associated University Press.

Larson, J., & Maier, M. (2000). Co-authoring classroom texts: Shifting participant roles in writing activity. *Research in the Teaching of English,* 34(4), 468-497.

Lee, A. (200). *Composing critical pedagogies*: Teaching writing as revision. Urbana, IL: National Council of Teachers of English.

Leitão, S. (2003). Evaluating and selecting counter arguments: Studies of children's rhetorical awareness. *Written Communication,* 20(3), 269-306.

Lensmire, T. (2002). *Powerful writing, responsible teaching.* New York: Teachers College Press.

Liu, J., & Sadler, R. W. (2003). The effect and affect of peer review in electronic versus traditional modes on

L2 writing. *Journal of English for Academic Purposes,* 2(3), 193-227.

Marshall, J. (1987). The effects of writing on students's understanding of literary texts. *Research in the Teaching of English,* 21(1), 30-63.

Melby-Mauer, J. (2003). Using e-mail assignments and online correction in ESL instruction. TESOL Journal, 12(2), 37-38.

Mellen, C., Sommers, J. (2003). Audiotaped response and the two −year-campus writing classroom: The two-sided desk, the "guy with the ax," and the chirping birds. *Teaching English in the Two-Year College,* 31(1), 25-39.

Milynarczyk, R. W. (1996). Finding grandma's words: A case study in the art of revising. Journal of basic Writing, 15(1), 3-22.

Matsumura, L. C., Patthey-Chavez, G. G., & Valdes, R. (2002). Teacher feedback, Writing assignment quality, and third-grade students' revision in lower- and higher-achieving urban schools, *Elementary School Journal,* 103(1), 3-25.

Moran, M. (1997). Connections between reading and successful revision. *Journal of basic Writing,* 16(2), 76-89.

National Writing Project. (2003). *Because writing matter: Improving student writing in our schools.* San Francisco: Jossey-Bass.

Nelson, G. L., & Carson, J. (1998). ESL students's perceptions of effective peer response groups. *Journal of second Language Writing,* 7(2), 113-131.

Nelson, G. L., & Murphy, J. M. (1993). Peer response groups: Do L2 writers use peer comments in revising their drafts? *TESOL Quarterly,* 27(1), 135-142.

Newman, M. (1996). Correctness and its conceptions: The meaning of language form for basic writers. *Journal of Basic Writing,* 15(1), 23-38.

Nickel, J. (2001). When writing conferences don't work: Students' retreat from teacher agenda. *Language Arts,* 79(2), 136-147.

Patthey-Chavez, G. G., & Ferris, D. (1997). Writing conferences and the weaving of multi-voices texts in college composition. *Research in the Teaching of English,* 31(1), 51-90.

Power, B., & Hubbard, R. (1999). Becoming teacher researchers one moment at a time. *Language Arts,* 77(1), 34-39.

Schneider, J. J. (2003). Contexts, genre, and imagination: An examination of the idiosyncratic writing performances of three elementary children within multiple contexts of writing instruction. *Research in the Teaching of English,* 37(3), 329-379.

Sheehy, M. (2003). The social life of an essay: Standardizing forces in writing. *Written Communication,* 20(3), 333-385.

Simmons, J. (2003). Responders are taught, not born. *Journal of Adolescent and Adult Literacy,* 46(8), 684-693.

Smith, S. (1997). The genre of the end comment: Conventions in teacher responses to student writing. *College Composition and Communication,* 48(2), 249-268.

Sommers, N. (1982). Responding to student writing. *College Composition and Communication,* 33(2), 148-156.

Sperling, M., & Freeman, S. W. (1987). A good girl writes like a good girl: Written responses to student writing. *Written Communication,* 9(9), 342-369.

Storch, N., & Tapper, J. (2000). The focus of teacher and student concerns in discipline-specific writing by university students. *Higher Education Research and Development,* 19(3), 337-355.

Straub, R. (1996). The concept of control in teacher response: Defining the varieties of "directive" and "facilitative" commentary. *College Composition and Communication,* 47(2), 223-251.

Straub, R. (1997). Students's reactions to teacher comments: An exploratory study. *Research in the Teaching of English,* 31(1), 91-119.

Sweeney, M. (1999). Relating revision skills to teacher commentary. *Teaching English in the Two-Year College.* 27(2), 213-218.

Taylor, R. (2002). "Reading what students have written": A case study from the basic writing course. *READER,* 46, 32-49.

Thanus, T. (2001). Triangulation in the writing center: Tutor, Tutee, and instructor perceptions of the tutor's role. *Writing center Journal,* 22(1), 59-82.

Tipper, M. (1999). Real men don't do writing centers. *Writing Center Journal.* 19(2), 33-40.

Todd. R., Mills, N., Palard, C., & Khamcharoen, P. (2001). Giving feedback on journals. *ELT Journal,* 55(4), 354-359.

Truscott, J. (1996). The case against grammar correction in L2 writing classes. *Language Learning,* 46(2), 327-369.

Tsui, A. B. M., & Ng, M. (2000). Do secondary L2 writers benefit from peer comments? *Journal of second Language Writing,* 9(2), 147-170.

Vygotsky, L. (1978). *Mind in society.* Cambridge, MA: Harvard University Press.

Van Geldren, A. (1997). Elementary students' skills in revising: Integrating quantitative and qualitative analysis. *Written Communication,* 14(3), 360-397.

Wallace, D. l., & Hayes, J. R. (1992). Redefining revision for freshman. In J. R. Hayes (ED.), Reading Empirical research studies: The rhetoric of research (pp. 349-370). Hillsdale, NJ: Erlbaum.

Weaver, C. (1996). *Teaching grammar in context.* Portsmouth, NH: Boynton/Cook.

Welch, N. (1997). *Getting restless: Rethinking revision in writing instruction.* Portsmouth, NH: Boynton/Cook.

White, E. (1999). *Assigning, responding, evaluating: A writing teacher's guide* (3rd ed.). Boston: Bedford/St. Martin's

William, S. C. (2002). How speech-feedback and word-prediction software can help students write. *Teaching*

Exceptional Children, 34(3), 72-78.

Yagelski, R. (1995). The role of classroom context in the revision strategies of student writers. *Research in the Teaching of English.* 29, 216-338.

Yates, R., & Kenkel, J. (2002). Responding to sentence-level errors in writing. *Journal of second Language Writing,* 11(1), 29-47.

Zhang, S. (1995). Re-examining the affective advantage of peer feedback in the ESL writing class. *Journal of Second Language Writing,* 4(3), 209-222.

Zhu, W. (2001). Interaction and feedback in mixed peer response groups. *Journal of Second Language Writing,* 10(4), 251-276.

Zimmerman, B. & Kitsantas, A. (2002). Acquiring writing revision and self -regulatory skill through observation and emulation. *Journal of Educational Psychology,* 94(4), 660-668.

제16장

학습을 위한 쓰기
학교 쓰기에 대한 대안적인 이론은 학생들의 쓰기 수행을 어떻게 설명하는가

George E. Newell

　심리적 기능이 문화적, 제도적, 학문적 맥락에 의해 어떻게 중재되는지 밝혀보려는 최근의 노력에 비추어 봤을 때, 학습을 위한 쓰기[1]에 대한 실험적이고 이론적인 연구의 전망과 도전은 무엇인가(Wertsch, 1998)? 이 장은 세 개의 일반적인 연구 영역을 중점적으로 다룰 것이다. 이 영역들은 학교 맥락에서 쓰기와 학습 사이의 관계에 대한 질문과 관련되어 있다. 첫째, 쓰기 과제는 내용을 얼마나 잘 이해했는지를 평가할 수 있는 효과적인 방법이라기보다는, 새로운 아이디어와 경험들을 이해하고 살피는 데 효과적인 방안이 될 수 있다(Langer & Applebee, 1987; Marshall, 1987; Newell, 1984; Newell & Winograd, 1995). 둘째, 모든 내용 교과에서 쓰기를 가르치기 위한 노력을 하면 할수록 학생들은 다양한 맥락, 특히 다양한 교과목의 담화 공동체에서 사용된 장르와 관습에 대해서 더 잘 알게 될 것이다(Langer, 1992; Rose, 1989; Sheeran & Barnes, 1991). 셋째, 지도를 위한 학습 작문 접근법은 교사와 학생들에게 다른 역할을 요구하며, 내용 교과의 지식 역시 변해야 할 대상으로 바라본다. 교사의 경우는 평가자에서 협력자로의 변화이며, 학생의 경우는 암기하는 존재에서 의미를 구성하는 존재로의 변화이다. 내용 교과 지식의 경우, 다양한 학문적 전통에 대한 연구를 통해 우리

---

1) [역주] '학습을 위한 쓰기'는 '학습 작문'으로 번역하기도 한다. 이 장에서는 문맥에 따라 이 두 가지 표현을 혼용하였다.

제 III 부 　제16장 ▶ 학습을 위한 쓰기　413

스스로와 우리의 문화 공동체를 이해하는 방식에 포함되어야 할 사실로 바라볼 것을 요구한다(Applebee, 1996; Moje & O'Brien, 2001; Jones, Turner, & Street, 1999).

이론적 모형

상식적인 배경 몇 가지: 구성주의자들의 교수와 학습에 대한 개념

교과 학습에서 쓰기의 가치에 대한 설득력 있는 주장에도 불구하고 두 개의 상호 연관을 맺고 있는 쟁점은 학습을 위한 쓰기를 개선하는 데 방해가 되었다. 첫째, 학습 작문의 초기 개념들은 "무엇이 학습을 구성하는가?"라는 근본적인 쟁점은 소홀히 한 채, 새로운 활동과 순서의 개발에 초점이 맞추어진 과정 중심의 쓰기 지도에 기반을 두고 있었다. 따라서 기억과 암기를 강조하는 교수와 학습에 대한 "전달적" 관점은 Janet Emig, James Britton, Donald Graves, Nancy Martin 등과 같은 이론가들이 주장한 쓰기에 대한, 보다 학습자 중심적인 견해를 받아들이게 되었다. 둘째, 학습 작문에 대한 연구법이 학습을 위한 도구로서의 쓰기가 갖는 역할에 대한 통찰을 제공해 주었음에도 불구하고, 다양한 교과에서 활용되어야 할 독특한 방법 중 일부일 뿐이라고 주로 무시되어 왔다. 이러한 점을 통해 두 가지를 가정해 볼 수 있다. 첫째, 쓰기는 국어 교사의 주된 관심이 되어야 한다. 여기서 국어 교사는 쓰기에 대한 일반적인 전략과 형식에 대해 가르칠 책임이 있는 존재이다. 둘째, 쓰기는 다른 내용 교과의 지도와 실제적인 관련을 맺고 있지 않다. 따라서 어떠한 개선 방안이든 학생들이 교과목에서 알기와 수행하기를 위해 사용하는 방식을 어떻게 이해하는지에 대해 관심을 가져야 할 뿐 아니라, 근본적인 변화를 지향함에 따라 종종 나타나게 되는 학교 교육의 현실(예를 들어, 시험과 같은)에 대해서도 고려해야 한다. 이러한 도전은 과정 지향적이고 학습자 중심적인 접근법을 개념적으로 강력하게 지원해 주는 교수와 학습에 대한 일관된 관점을 발달시키며, 이것은 또한 교사들에게 내용 교과에서 교수와 학습에 관한 쟁점을 다루는 중요한 사고의 틀을 제공해 준다.

교수와 학습 모형을 개념화하는 새로운 방식을 제공하기 위해 많은 교육자와 연구자들이 언어와 학습에 대한 구성주의자들의 이론을 활용했다. 심리학, 언어학, 사회학, 과학사, 철학 등과 같은 다양한 분야에 기반을 두고 있는 구성주의적인 방법은 비록 몇 가지 방법들은 개인들의 구성에 초점을 맞추고 있고, 다른 방법들은 집단 혹은 보다 큰 공동체의 구성에 초점을 맞추고 있기는 하지만, 역동적인 구성으로서의 지식에 대한 관점을 공유한다. 이러한 전체적인 틀에서 가장 핵심적인 원칙은, 구성주의자들은 교과목과 학생들의 학습을 별개의 영역으로 간주하지 않고 맥락 속에서 학습을 바라본다는 점이다. 예를 들면 다른 사람이 제시한 주제나 논점에 대해 어떤 입장을 취해야 할 때처럼 학생들이 역동적으로 참여하는, 특정한 교육적 맥락 안에서 학생들이 어떻게 지식을 발달시키는가 하는 점과 같은 것이다. 교수와 학습에 대한 이러한 관점은 과정 중심 쓰기 지도에 내재되어 있는 동기 중 일부와 양립할 수 있으며 원칙적인 면에서 효과적인 교수와 학습에 대한 설명을 제공해 준다.

그렇다면 중등학교에서의 학습 작문의 역할에 대해 고려할 때 구성주의에서 가장 중요하게 생각하는 점은 무엇일까? 비록 구성주의가 다양한 관점에서 논의되고 연구되어 왔지만, 쓰기와 학습에 대한 이론과 연구에서 가장 많이 활용된 관점은 James Britton(1970)의 학습에서의 언어의 역할에 대한 논의와 Douglas Barnes(1992)의 학습에 대한 "해석(interpretation)"의 관점에 대한 개념에 기반을 두고 있다. 이 둘은 모두 지식을 알게 되는 과정에서의 의사소통 행위를 통합하고 있다. Britton(1970)은 형식에 대한 요구가 강하지 않으며 예상독자의 판단을 보류하는 표현적인 언어 사용(자유롭게 쓰기, 저널 쓰기 등)에 대해 논의했다. 표현적인 언어 사용은 한 번에 일정한 구조가 만들어지는 것은 아니며, 개방적인 결말로 끝을 맺게 되고, 필자 자신의 생각을 드러내며, 필자와 독자가 공유하고 있는 맥락의 범위 내에서 의사소통을 할 수 있게 해준다. 해석적인 지도(interpretive teaching)가 어떻게 학생들의 능동적인 의미 구성을 이끌어내는지에 대한 사례로, Barnes(1992)에서는 "설명적 대화(exploratory talk)"의 가치에 대해 설명한다. Barnes의 성공적인 소집단 토론 활동에 대한 분석에서는, 특정한 맥락에서 학생들이 사용하는 언어는 "빈번한 망설임, 다시 말하기, 잘못된 발화의 시작과 방향 수정"의 경향이 있으며, 이는 "다시 말해, 이러한 설명적 대화는 새로운 지식이 이전의 지식에 동화되거나 조정된다는 것을 의미한다"는 것을 보여준다(p.28).

'언어와 설명적인 대화'를 표현적으로 사용하는 것은 '언어와 학습'의 오래된 전통의 일부분이기는 하다. 하지만 이들은 문해 지도에 중요한 요인으로 나타나게 되었고 종종 "과정 중심적 접근"의 일부분으로 받아들여지기도 했다. 이러한 교수와 학습에 대한 관점은 학습에 대한 구성주의적 접근에 뿌리를 두고 있다. 구성주의적 접근은 학습이 선형적으로 일어나거나 연속적으로 이어진다고 보지 않는다. 대신 시작 단계에서의 실수와 불확실한 실험 등을 포함한다고 가정한다. 이해는 학습이 진행되면서 성장하고 변하는 것이다. 너무 이른 시기에 평가가 이루어진다면 이 과정은 짧아지고 위험 부담은 가중된다.

미국 초·중등학교와 대학 교육의 맥락에서, Barnes & Britton의 연구는 Applebee(1996)에서 "맥락 밖에서의 지식(knowledge out of context)"과 "기억과 기계적 학습에 대한 강조(emphasis on memorization and rote learning)"로 설명한 전달적 접근(transmission approaches)을 반박하는 데 주요한 역할을 했다고 볼 수 있다. 반면에, 교수와 학습에 대한 보다 구성주의적인 지향은 "행위 안에서의 지식(knowledge in action)"으로 설명될 수 있다. 이것은 과거와 현재의 사고, 관심, 토의 등을 총체적으로 이해하는 방식을 말한다. "행위 안에서의 지식은 과거에 대한 해석만큼이나 미래에 대한 우리의 기대를 구체화해 준다."(Applebee, 1996, pp.16-17).

교육과정과 지도에 대한 이러한 관점은 이 장의 뒷부분에 보다 상세히 설명할 예정이다. 지금 당장 필자가 주장하고자 하는 바는 쓰기가 인식과 행동의 새로운 방식을 제공해 주는 특성화된 장르로 구성될 때, "문해적 사고(literate thinking)"의 역할이 확장되고 깊어질 수 있다는 점이다. 여기에는 내용의 학습과 비판적인 분석 과정이 모두 포함된다. 그러나 교수와 학습에 대한 전달적 관점(transmission views)이 여전히 학교와 학교를 포함하는 보다 상위의 문화에서 보편적인 것이라는 점을 감안하면, 학습 작문을 개혁하기 위해서는 John Mayher(1990)에서 "비범한 감각(uncommon sense)"이라고 부른 구성주의를 지향하는 교수와 학습에 대해 안내하는 새로운 관점이 필요하다. 사실 작문은 해야 할 과업이 매우 많은 활동이다. 이러한 점에서 학습 작문에 대한 개념은 내용 교과 전반에 걸친 효과적인 지도의 일반적인 원리에 대한 것이라기보다는 자유롭게 쓰기나 대화저널 같은, 보다 선호하는 활동에 기반을 둔다.

지금까지 필자가 연구해 온 것처럼 학습 작문의 구성주의적 개념에 대한 논의에서 가정하고 있는 것은, 쓰기는 주로 사회적인 환경에서 일어나는 심리학적인 사건이라는 점이다. 하지만 사회 구성주의적 관점은 쓰기를 단순히 심리적인 과정이나 사회적인 요인들에 의해 중재되는 일련의 공유된 인지적 구인의 집합이라기보다는(단지 사회적인 맥락에 위치해 있기만한 것이 아닌) 사회적인 사건이라고 간주한다.

사람들이 읽기와 쓰기 활동에 참여하면서 다른 사람들과 상호작용을 할 때, 그들은 세상에 영향을 주며 실질적이고 역사적으로 행동한다. 이것은 그들의 상호작용과 행동의 본질이 언어일 때 더욱 그러하다. 이는 읽기와 쓰기는 항상 사회문화적 이데올로기를 포함하므로 사회적 상호작용이 실질적이고 역사적이기 때문이다(Bloome, 2001, p.291).

사회적 과정으로서의 쓰기와 학습에 대한 개념은 어떻게 쓰기라는 사건이 구성되며 쓰기의 결과가 모든 학생들에게 어떤 중요성을 갖는지에 대해 설명해 준다. 특히 사회적으로나 문화적으로 혹은 정치적으로 가장 낮은 계층에 처해 있는 학생들이 스스로를 찾아 나아가는 데 있어서 더욱 그러하다. 미국 학교들이 관용, 다양성, 비파벌주의, 포괄성 등에 기반을 두고 설립되었으며, 그들의 학문적인 목표가 종종 사려 깊음, 반성적 사고, 창조성 등으로 정의된다는 점을 고려해 보면, 쓰기와 학습에 대한 어떠한 의제라도 그러한 가치를 반영할 수밖에 없다는 것을 알 수 있다.

기능주의적 접근: "쓰지 않는 쓰기는 쓰기가 아니다(Writing Is Not Writing Is Not Writing)"

Langer & Applebee(1987)의 연구에서 언급한 학교 쓰기 과제에 대한 위와 같은 경고문은 다양한 쓰기 과제가 촉진할 것으로 기대되는 학습을 구체적으로 명시하지 않을 경우 학습으로서의 쓰기가 길을 잃을 수 있음을 지적하는 것이다. 따라서 이 절에서는 Britton & Applebee의 학교 쓰기 과제에 대한 이론에 대한 간략한 개관을 통해 학습 작문 이론에 대한 논의를 계속해 나갈 것이다. 그리고 나서 몇 편의 핵심적인 연구들을 살펴볼 것이다. 이 연구들은 다양한 쓰기 과제에 의해 촉진되는 학습 유형들을 이해하기 위해 Britton의 쓰기 기능 체계로부터 개발된 쓰기 과제를 이용한다. 이 부분에서 논의가 생길 수 있는 부분은 모든 쓰기 과제가 동등하지 않다는 점과 학습 작문 활동을 언제, 어떻게, 왜 활용해야 하는지와 관련된 교사들의 교육적 결정이 그들의 학생들이 참여하기를 바라는 학습 유형에 의존해야만 한다는 점이다.

쓰기의 인지적 및 언어적 요구들을 이해하기 위한 담화 스키마 개발을 연구하는 사람들 중, Britton Brugess, Martin, McLeod, & Rosen(1975)는 그들의 언어 기능에 대한 이론을 기반으로 한다. 이는 다시 말하면 일반적인 상황에서의 모든 가능한 언어사용 유형과 특정한 상황에서의 쓰기 언어의 모든 유형을 말한다. 쓰기를 가르치는 교사들은 아마도 담화의 전통적인 양식(이야기하기, 묘사, 설명, 토의, 시 등)에 보다 친숙할 것이다. 이러한 쓰기 과제의 범주들은 과제 자체의 특성이나 필자에게 어떠한 글을 쓰도록 요구하는 것보다는 주로 충분히 형성되어 있거나 미리 정해져 있는 구조에 의존한다. 그렇기 때문에 Britton은 학교 쓰기의 복잡성과 지적인 가치에 대해 연구하기 위해 언어의 기능과 의도에 대한 현존하는 이론들을 고려하였다. Britton에게 특정한 기능 안에서의 쓰기(예를 들어 이야기 말하기, 특정한 사건에 대해 보고하기)는 필자들로 하여금 의도와 언어 사용 위주로 의미를 구성할 수 있게 해 주는 것이었다.

정보 전달적 쓰기와 시적이거나 문학적인 쓰기 사이의 "대분류(great divide)"가 시작되자, Britton et al.(1975)의 체계는 세 가지 중요한 기능을 제안하였다. 교류적 기능, 표현적 기능, 문학적 기능이 그것이다. 교류적 기능은 설명적인 쓰기와 설득하는 쓰기를 포함한다. 그리고 보고하기, 요약하기, 분석하기, 이론화하기 등과 같은 추상적인 범위로 구성된 하위 범주를 갖는다. 표현적 기능은 사용 규칙이 엄격하지 않은 친구 사이의 비공식적인 대화로 대표된다. 문학적 기능은 본질적으로 필자의 경험을 표현하고 독자에게 가상적 경험을 제공해 주는 시, 허구적 이야기, 드라마 등과 같은 언어의 문학적 사용이다. Britton의 체계를 수용한 Applebee(1981, 1984a)에서는 이 세 범주를 각각 "정보 전달적", "개인적", "상상적"인 것으로 나누었다. 그는 개인적 쓰기와 상상적 쓰기의 하위 범주를 포함하는 체계를 정리하고 확장하였으며, 미국 학교에서 이루어지는 쓰기의 특징을 보다 정확하게 기술하기 위해 정보 전달적 쓰기의 하위 범주를 간략화하고 재개념화하였다. 이는 미국 학교에서 이루어지는 쓰기의 특징을 보다 명확하게 기술하는 것을 목적으로 한 것이었다. 그의 교실 관찰과 조사 연구는 상당히 많은 학교에서의 쓰기 활동이 의미 구성 중심의 쓰기를 요구하지 않는다는 것을 밝힌 것이다. 그리고 Applebee는 선택형 및 단답형 활동과 같은 쓰기의 "제한적인" 사용에 대한 범주를 추가하기도 하였다.

쓰기는 어떻게 사고와 학습을 형성하는가

이제까지 있었던 교과 학습에서의 쓰기의 역할에 대한 필자의 논의는 일반적인 혹은 포괄적인 쓰기의 영향력을 전제하고 있었다. 다시 말해 쓰기의 과정은 어떻게 해서든 필연적으로 텍스트 혹은 교사의 설명으로부터 수집된 정보를 보다 잘 이해할 수 있도록 해 줄 것이다. 그러나 쓰기를 가르치는 경험이 많은 교사들이 알고 있는 바와 같이, 다양한 쓰기 과제는 학생들에게 각기 다른 방식으로 생각, 정보, 경험을 활용할 것을 요구한다. 어떤 책 단원의 내용을 개괄하는 것은 비판적인 분석을 위해 동일한 단원에서 특정한 아이디어를 선택하는 것보다 대체로 요구하는 바가 적다. 따라서 쓰기 연구는 텍스트에 대한 쓰기를 통해 학생들이 무엇인가를 배울 수 있는 상황을 대상으로 하여 수행되었다. 그리고 여기에는 학생들이 읽은 정보를 이해하고 기억할 수 있도록 핵심 내용 생성과 재구체화를 수반한 추론 과정이 포함된다. 쓰기 기능의 효과에 대한 연구와 관련이 있는 이러한 종류의 이해는 개념적이다. 즉,

다양한 내용 교과의 읽기 자료로부터 얻은 개념들 간의 관계와 개념에 대한 지식이다. 이 간략한 검토는 중등학교에서의 사회적인 연구 문헌에 대한 쓰기에 한정되어 있고 단일 읽기 자료에 대한 쓰기를 포함하고 있다는 것에 유의하기 바란다(다른 연구에 대한 검토는 Acker-man, 1993; Bangert-Drowns, Hurley, & Wilkinson, 2004; Durst & Newell, 1989; McGinley & Tierney, 1989 참고).

유념할 점은 읽기 자료의 핵심적인 개념에 대한 학생들의 사전 이해에 대해 측정한 쓰기와 학습에 대한 연구 중에는, 학생들의 지식이 쓰기의 질에 영향을 미치는지와 학생들이 글을 잘 조직할 수 있도록 하는 데 영향을 주는지에 대해서 조사한 경우가 거의 없었다는 점이다 (Langer, 1984a; Langer & Applebee, 1987; Newell & Winograd, 1995). 예를 들어, 만일 읽기 자료에 들어 있는 핵심 개념에 대한 학생들의 지식이 잘 조직되었다면, 학생들은 관련된 아이디어들의 비교 및 대조와 같은 것보다도 더 복잡한 과제를 완수할 수 있을 것이다. 만일 학생들의 지식이 광범위하지만 덜 조직되었다면, 단지 주제를 지지하는 관련된 증거들을 보다 다루기 쉽게 나열하는 데 그칠 것이다. 다시 한 번 언급하지만, 쓰기에 대한 사전지식의 효과에 대한 연구는 교사들이 지도와 관련된 결정을 내릴 때 학생들이 수행한 과제에 대해 고려해야 한다는 것을 보여준다. 쓰기를 시작하기 전에 학생들이 새롭게 쓸 내용을 생성하는 데 도움을 주기 위한 노력은 주어진 주제가 학생들에게 얼마나 친숙한 것이냐에 따라 중요하게 작용할 수도 있고 쓸모없는 것이 되어버릴 수도 있다.

이 절에서는 Britton(후에 Applebee가 수정한)의 담화 이론에 의해 기술된 쓰기의 세 가지 유형에 대한 효과를 살펴보고자 한다. 여기서 세 가지 유형은 제한적인 쓰기(작문을 할 필요가 전혀 혹은 거의 없는 과제. 예를 들어 학습 문제에 답하는 것과 같은), 요약적 쓰기, 분석적 쓰기를 말한다. 이 세 가지 유형의 쓰기는 중등학교 학생들이 종종 수행해야 할 뿐 아니라 학생들이 다양한 내용 영역에서 읽도록 지시받은 것에 대해 생각하고 추론하게 하는 세 가지 방법들을 나타내기도 한다. 이 논의의 바탕에 깔려 있는 전제는 정보가 다루어지는 범위는 주제의 이해를 원활하게 해 줄 수 있는 요인이 된다는 점이다. 예를 들어 똑같은 읽기 자료를 읽고 나서 수행해야 하는 과제라고 해도, 쓰기를 수반하지 않는 과제에 비해(읽은 내용을 마음속으로 회상하는 것과 같은) 쓰기를 수반하는 과제는 완성을 하는 데 더 많은 시간이 걸리고 보다 많은 활동을 요구한다. 일반적으로 학생들의 활동은 쓰기 과제의 제약과 관련이 있다. 에세이 쓰기는 학습 문제에 답을 하거나 빈 칸을 채우는 활동에 비해 필자에게 더 많은 것을 요구한다. 그렇기 때문에 쓰기의 범위가 넓어져서 처리해야 하는 쓰기 과제가 더 많아지면 많아질수록 필자는 통일성을 살려주는 생각들 사이의 관계와 구조에 대해 초점을 맞추게 될 것이고, 이를 통해서 통일성 있는 주제에 대한 이해를 얻을 수 있을 것이다. 두 번째 가정은 각기 다른 과제들은 특별한 방식으로 필자의 흥미에 주목하고, 텍스트를 통한 학습을 하는 상황에서 쓰기의 영향력은 쓰기가 이루어지는 동안 표출되는 생각들을 통제한다는 것이다. 예를 들어 읽기 자료 요약하기는 표면적으로는 분석적인 쓰기와 비교했을 때 필자가 더 넓은 범위의 사고에 주목하는 듯하지만, 더욱 실질적인 방식에서는 더 좁은 사고의 범위에 주목한다.

학습 문제에 답을 할 경우(교사가 제시할 수도 있고 교과서에 제시되어 있을 수도 있음), 학생들은 글의 단락에서 구체적인 정보를 말하는 간단한 진술을 하도록 요구받는다. 아래의 인용은 학생들이 학습 문제에 답하는 동안 사고 구술한 내용을 전사한 것이다. 우리는 여기서 과제가 어떻게 읽기 자료에 대한 학생의 반응을 구체화하는지에 대해 살펴볼 수 있다.

세기 말에 미국의 중요한 제조업이 뭐였지? 음, 페이지 아래를 보면, 성장 요인. 아니 아래가 아니네. 다시 읽어보자. 모르겠는데… 특정 요인을 찾는다는, 으, 좋아 페이지 맨 아래에서 찾았다. 1900년의 예를 들어보면 주요 제조업은 고기 포장…(Langer & Applebee, 1987, p.97)

학생은 질문을 읽으면서 시작한다. 이어서 관련된 정보를 찾고 질문에 대한 답을 궁리한다. 그리고 주어진 문장 속에 답을 적는다. 이 과정이 주로 해석한 정보를 상술한다기보다는 떠오른 생각을 글로 옮기는 것이라는 점을 고려했을 때, 이러한 과제를 언제 부과하는 것이 교육적으로 유용할지에 대해 고민해 볼 필요가 있다. 쓰기를 통한 교수에 관한 필자의 연구(Newell, 1984; Newell & Winograd, 1995)에서는 학습 문제가 학생들에게 보다 복잡한 과제를 준비하거나 학급에서 토론을 하기 전에 기초가 되는 자료들을 살펴보는 데 유용한 도구가 될 수 있다는 점을 밝히고 있다. 학습 도구 그 자체로서, 학습 문제에 답하는 것은 개념적인 요구가 많은 과제를 준비하기 위해 사용되는 사실들을 단기간 기억하는 데 훨씬 적합하다.

요약하여 쓰기 역시 교실의 교사들에게 이전 학습 내용을 복습하거나 새로운 과제를 준비하도록 하는 도구로 제공될 수 있다. 하지만 요약하기를 할 때, 학생들은 학습 문제에 답변하는 데 요구되는 것과는 약간의 차이를 보이는 텍스트에 기반을 둔 정보에 대해 살펴보아야만 한다. 이 경우 두 가지 유형의 계획이 필요하다. 하나는 텍스트로부터 얻은 정보를 결합하고 통합하는 계획이고, 다른 하나는 간결한 방식으로 텍스트의 조직을 표현하는 계획이다. 요약하기에 대한 연구들은 요약하기 과제가 학생들에게 매 단락마다 정보를 정리하고 생각들 사이의 관계를 찾도록 하더라도 결과적으로는 내용에 대한 피상적인 이해만을 초래한다는 점을 밝혀낸 바 있다(Hidi & Anderson, 1986; Durst, 1987; Langer & Applebee, 1987). 요약해서 쓰기의 결과물들을 분석한 결과를 보면 왜 이런 상황이 발생하는지에 대해 이해할 수 있다. 요약하기는 생각들을 평가하거나 분석하기보다는 읽기 자료에서 논의되었던 사건이나 생각들에 대한 서술을 대부분 제거하고 보다 더 구체적인 정보를 제시한다. 비록 요약하기가 학생들로 하여금 정보를 이해하고 정보에 대해 조망하는 관점을 제공해 줄 수는 있지만, 이러한 과제들은 일시적인 상황(읽기 자료를 읽는 동안)에서만 중심 내용들을 나타내는 경향이 있고, 이러한 생각들을 단지 짧은 시간 동안만 보유하게 한다.

그렇다면 실질적으로 작문을 요구하지 않거나 읽은 자료에 대한 재진술 혹은 정리를 요구하는 과제에 대한 대안은 무엇일까? 예를 들어 교사들이 어떻게 하면 학생들이 읽은 것에 대해 자신의 언어로 구체적으로 표현하거나 확장하도록 촉진시킬 수 있을까? 이러한 종류의 학습은 단기간에 정보를 회상하는 것과 어떠한 차이가 있는 것일까? 중등학교에서의 형식적인 쓰기와 비형식적인 쓰기는 모두 "분석적"인 특징을 가지고 있다고 설명할 수 있다. 문학 수업에서라면 등장 인물들의 감정에 대해 설명하는 것을 부과할 수 있다. 역사 교사는 학생에게 역사적인 사건의 중요성에 대해 설명하도록 시켜볼 수 있다. 과학 수업에서라면 학생들은 취약한 환경 정책이 어떤 영향을 가져올지에 대해 탐구해 볼 수 있다. 각각의 상황에서, 학생들은 선택한 정보를 전사하거나 진술을 요약하는 것 이상을 요구받는다. 즉, 사람들이 어떤 행동을 취한 이유, 혹은 어떤 아이디어가 설득력이 있는지 없는지에 대한 이유를 설명하는 것과 같은 보다 구체적이고 집중된 설명을 요구받는 것이다.

분석적인 쓰기를 하게 되면 학생들은 새로운 아이디어와 정보에 대해 이해하기 위해 다른 방법에 접근하게 된다. 이는 아이디어와 사건 사이의 관련성에 대해 집중적으로 탐구하는 것을 말한다. Britton의 담화 이론(Durst, 1987; Greene, 1993; Langer & Applebee, 1987; Marshall, 1987; Newell, 1984; Newell & Winograd, 1995)에 기반을 둔 일련의 연구들을 종합해 보면, 거기에는 일정한 경향이 나타난다. 이 경향은 분석적인 쓰기에 의해 촉진되는 생각하기와 추론하기의 유형이다. 이는 논의를 배열하고 이를 표현하기 위해 언어를 선택한 결과로서의 복잡한 아이디어 처리를 의미한다. 비록 학습 문제에 답하기나 요약하기 같은 과제와 비교했을 때, 분석적인 쓰기가 초점을 맞추고 있는 부분은 읽기 자료가 다루고 있는 좁은 범위의 내용 교과이지만, 보다 지속적으로 이러한 내용들에 대한 지적인 표현이 아이디어들의 통합과 재구조화를 통해 발전되는 것으로 보인다.

다양한 쓰기 과제의 효과에 대한 이러한 연구 결과들은 Peter Winograd & Newell(1995)이 일반적인 쓰기 수업(track class)과 교과 쓰기 수업에서 미국 역사 교사의 쓰기에 대한 교육적 활용을 연구했을 때 분명하게 언급했던 중요한 쟁점을 제기하고 있다. 역사 교사인 그녀는 교사가 가르치는 일반적인 쓰기 수업에서 분석적인 쓰기를 하는 학생들이 주기적으로 많은 복습과 요약 과제를 제시했을 때보다 더 적은 정보를 복습할 것이라고 염려했다. 그녀의 교과 쓰기 수업 학생들이 미국 역사에 대한 분석적인 글을 쓰기 전에 보다 많은 정보를 찾아본다는 사실은 그녀의 염려를 더욱 악화시켰다. "정보와 쓰기가 관련이 있다는 것을 알게 되었지만, 나는 학생들이 필요한 것들을 확실히 알고 있다는 점을 확신하려고 하며, 만일 학생들이 그렇지 않다면 학생들이 그것들을 알도록 해야 한다는 부담으로 인해 여전히 염려스럽다(p.160)." 교사의 딜레마는 학생들에게 어떤 쓰기 과제를 부과할 것인가 뿐만 아니라 학생들의 내용 이해를 위한 노력과 내용의 적용 범위의 균형을 어떻게 유지할 것인지를 결정할 때 발생한다. 이것은 교수가 내용의 범위나 내용에 대한 학습, 혹은 정보의 흡수 등으로 진술되었을 때 매우 실제적이면서도 중요한 실질적인 문제가 된다. 그리고 교육과정과 지도법에 대한 개념을 구성하고 전달하는 개념으로서의 유산으로 받아들여지게 된다(Langer, 1984b).

이 논의는 특정한 교사를 비판하려는 의도가 있는 것이 아니다. 오히려 이 논의는 Applebee (1996)가 "치명적"이라고 생각하는 교육과정의 전통이 어떻게 교사의 교육적 결정을 형성하는지 기술하기 위한 것이다. 이 경우, 교사는 어느 면으로 보나 생각하는 사람으로서 학생의 독립성을 염려하게 된다. Winograd와 필자는 중등학교에서 요구되는 학생들의 이해를 새롭게 만들고 확장시키기 위해 학생들에게 요구하는 분석적인 쓰기 과제와 교육과정의 많은 문제들이 해결되어야 한다는 결론에 도달했다. 단지 더 많은 쓰기 혹은 읽기와 쓰기의 연결을 요구하기보다, 우리는 각각의 과목 영역에서 무엇을 필수적으로 알고, 할 수 있어야 하는지에 대해 보다 넓은 분석을 제안했다. 그리고 어떻게 그러한 지식이 학년 수준과 학령 전체에 걸쳐서 일관되게 나타나는지에 대해서도 설명했다. 그렇게 하는 것은 학교 상황에서 배우고 가르치는 것이 무엇인지에 대한 새로운 견해와 일련의 새로운 가능성을 의미한다.

25년간에 걸쳐 이루어진 학습 작문에 대한 이론, 연구, 수행의 발달에 대해 읽고 분석한 후에, John Ackerman(1993)은 비록 학습 작문에 대한 많은 기대와 견해들이 제안되었지만 논의를 지속해야 한다는 결론을 내렸다. Ackerman & Applebee(1984b)에서는 "강력한 텍스트"(Brandt, 1990; Street, 1984; Heath, 1983)로 쓰기를 바라보는 견해가 모든 쓰기는 학습이며 학습 작문은 특정한 맥락과 관련된 조건 하에서만 일어난다고 지나치게 단순하게 가정하고 있다고 비판했다.

Ackerman & Applebee(1984b)에서는 쓰기가 "강력한 텍스트"(Brandt, 1990; Street, 1984; Heath, 1983)로 바라보는 견해가 모든 쓰기는 학습이고 쓰기가 특정한 맥락과 관련된 조건 하에서만 일어난다고 지나치게 단순하게 가정하고 있다는 점에 대해 경고하였다. 일련의 맥락 안에서 일어나는 학습에서의 쓰기가 가지고 있는 효과에 대한 최근의 메타 분석 연구들은 교실 수업에서 단순히 더 많은 쓰기를 부과하는 것이 자동적으로 학습을 이끄는 것은 아니라는 점에 대한 더 많은 증거들을 제공해 준다. 그리고 어떤 연구들은 심지어 쓰기가 부정적인 효과를 가져온다는 점에 대해 보고하기도 한다. 특히 초·중·고등학교 학생들과 대학에서 수학, 문학, 사회 탐구, 사회학, 지구 과학, 화학, 생물학, 역사학, 기타 다양한 학문을 전공하는 학생들을 대상으로 48편의 연구 결과를 검토한 연구가 있다(Bangert-Drowns et al., 2004). 여기서의 분석은 정보 전달적인 쓰기가 "학업 성취의 전통적인 측정"에서 낮은 수준의 긍정적인 효과가 있었다는 점을 보여주었다. 48편의 연구 중 36편에서 쓰기의 긍정적인 영향이 나타난 것이다. 오랫동안 지속된 신념에 비추어 보았을 때 아마도 가장 흥미로운 부분은 학습 작문에 대한 British Model(Russell, 1991)에서 유래했을 것이다. 여기서는 쓰기로부터의 학습이 다음과 같이 일어난다고 보고 있다.

> 최소한 어느 정도는, 학생들이 (글의) 내용과 학생들의 개인적인 경험들 사이에서 연결점을 찾도록 도와주는 것보다는 상위인지 과정에 대한 비계를 제공해 주는 것이, 짐작컨대 학습 전략의 자기조절을 발달시키는 데 더 도움이 된다고 볼 수 있다. 일반적으로 학생들에게 최근에 있었던 그들의 이해, 혼란, 학습 과정 등을 반영하라고 요구하는 쓰기 중재는 보다 긍정적인 결과를 가져온다(pp.51-52).

이러한 견해는 학생들에게 자신이 쓰고 있는 주제에 대해 무엇을 어떻게 이해하고 있고, 무엇을 혼동하고 있으며, 무엇을 배웠는지를 반영하라고 요구하는 것이 긍정적인 결과를 가져온다는 점에서, 학습에서의 쓰기가 가지고 있는 효과에 대해 보다 간결한 설명을 제공해 준다. 따라서 교사들이 다양한 내용 교과에서의 쓰기를 위해, 그리고 장기간에 걸쳐 "상위인지적 비계 제공"을 통해 학생들을 지원하고자 하는 교사들의 관심에서 비롯된 지도 맥락은 이러한 쓰기와 학습에 대한 메타 분석에서의 중요한 뜻을 내포하고 있다. 추가적으로, 이 논문의 저자들은 쓰기와 학습 사이의 관계가 맥락 요인에 대한 지속적인 관심에 의해 보다 잘 이해될 수 있다고 주장한다. "질적 연구 설계는 교사들과 학생들이 쓰기에서 가져오는 의미를 이해하는 데 도움이 된다. 또한 학습 작문 맥락에서 의미가 어떻게 이동하는지, 학습에서의 쓰기가 학생들 서로의 관계, 교사와의 관계, 학습 내용과의 관계를 어떻게 변하게 하는지에 대해 이해하는 데에도 도움이 된다."(52쪽).

교과적 사고(disciplinary thought)의 구조를 배우는 방식으로서의 쓰기

앞에서 살펴본 연구들은 쓰기의 다양한 목적에 대해서 초점을 맞추고 있으며 기능주의자들의 관점이 특정한 과제는 특정한 유형의 지식을 요구하며 동시에 특정한 유형의 지식을 키워 준다는 점을 옹호한다는 것이 명백하다. 하지만 비록 어떤 사람이 쓰기의 다양한 기능을 학습할 필요를 받아들인다고 해도, 학교 학습에서 쓰기의 역할에 대해 상상할 수 있는 다른 방식이 존재한다. 그것은 다양한 맥락과 공동체에 소속되어 있는 필자들이 유사한 구조의 텍스트를 생산하지만, 특정 공동체의 요구와 관습으로 인해 텍스트를 생산하는 방식은 전혀 다르다는 점에서 잘 드러난다(Bizzell, 1992). Langer & Applebee(1987)에서는 교사들은 자신들이 가르치는 과목의 구성 요소에 대해서 알 필요가 있다는 점을 주장했다. 2년 간에 걸친 일련의 내용 교과들에서의 중등학교 교사들을 대상으로 한 연구를 마친 뒤, 그들은 국어를 가르치는 교사들보다는 다른 과목을 가르치는 교사들이 자신들이 가르치는 과목에 한정된 쓰기의 특징에 대해 이해할 필요가 있다는 점을 결론으로 제시했다(쓰기가 특정 과목에 한정된 사고와 추론의 발달을 위한 심리적 도구로서의 특권이 있다는 견해에 대한 비판은 Smagorinsky, 1995를 참조). 따라서 이 절에서 필자는 특히 중등학교의 교육과정 전체에 걸쳐 쓰기를 가르치고 배우는 것의 복잡성에 초점을 맞춘 이론적이고 실험적인 연구를 검토하고자 한다. 현재 미국 교육이 가지고 있는 다양한 문제들은 교과 학습의 특징을 비현실적으로 좁게 개념화한 데서 발생했다는 것이 여기서의 가정이다. 여기에는 특정 과목의 고유한 추론 방식의 독특함을 살리는 데 실패했다는 점이 포함된다.

두 명의 영국 연구자인 Yanina Sheeran & Douglas Barnes(1991)는 노동 계층 학생들과 중산 계층 학생들 사이에서 나타나는 학교 성공에서의 차이를 설명하는 한 가지 방식에 대해서 논의했다. 그것은 후자의 학생들이 교과에서의 성공으로 받아들여지는 기본 원칙(ground rules)에 접근해 있다고 보는 것이다. Sheeran & Barnes는 기본 원칙의 서로 다른 유형에 대해 논의했다. 학교 교육 전체에 적용(예를 들어, 시간 엄수)되거나, 특정한 교사에게 적용(예를 들어 항상 종이에 타이핑을 하는 것)되거나, 장르 관습(예를 들어, 화학 실험 보고서)과 같은 특정 과목 영역이나 학문에 적용되는 일반적인 규칙들이 이에 속한다. 비록 이러한 기본 원칙들이 학교의 많은 평범한 학생들을 위한 것일지라도, 이 학생들이 상류 계급 혹은 중산 계급 출신이 아니라면 상황이 달라진다. 대부분의 사람들이 일반적으로 친숙한 문화적 환경에서 자신의 행동을 구성한다는 점을 고려하면(Grice, 1975), 암묵적인 기본 원칙은 친숙하지 않은 것 혹은 문제적인 것이 될 수도 있다. 그러나 공식적 평가와 비공식적 평가가 모두 실행되고, 보상이 매우 높은 학교 교육 맥락에서, 학생들은 종종 다음과 같은 의문을 제기한다. "선생님이 정말로 원하는 게 뭐지?" 그리고 이에 대한 교사들의 대답이 항상 도움이 되는 것은 아닐 것이다. 미국 학교에서의 교과 학습의 특징에 대한 개념화는 특정 교과의 독특한 추론과 쓰기 방식을 제대로 고려하지 않는다는 점에서 일반적으로 개념화되지 않는다(Langer & Applebee, 1987). 비록 교사들이 특정 내용 지식이 전체 내용 교과와 어떻게 다른지에 대해 완벽하게 깨닫고 있다 하더라도, 이들이 특정 과목의 학습과 이해에 적절하고 필요한 추론 방식에 대해서 항상 알고 있는 것은 아니다(Langer, 1991).

비록 Langer(1992)에서는 "기본 원칙"을 성공적인 쓰기나 교과에서 가르치는 지식을 아는 것과 관련이 있다고 보지 않았다. 그렇지만 Langer의 연구는 쓰기와 지식이 생물, 역사, 문학 등 교과의 이론적 문헌에 어떻게 제시되는가, 교육 논문에서 그러한 점이 어떻게 강조되는가, 교사들이 교과에서의 앎에 대한 기본 원칙의 교수를 어떻게 개념화하는가의 관점에서 실행되어야 할 중요한 노력으로 해석될 수 있다. 이러한 세 관점으로 교과 개념에 대해 비판적으로 살펴본 결과, Langer는 "이러한 결론에 비추어 보면, 학생들이 다양한 교과목에서 비판적으로 생각할 수 있는 능력이 없다는 점을 발견한 이전의 연구 결과들이 놀랄만한 것이 아니다. 교사들이 자신들이 무엇에 관심을 두고 있는지 표현하지 않는 상황에서 학생들이 증거를 모으고 효과적인 논의를 전개해 나갈 수 있는 방법을 배울 가능성은 거의 없다."라는 결론에 도달했다(1992, p.84).

후속 연구인 Langer, Confer, & Sawyer(1993)는 교과 과정 학습(academic course work, 미국 문학, 미국 역사, 생물학, 물리학)에서 지식을 알게 되고 추론하는 방식과 교사의 일반적인 목표가 특정 교과에서 사용하는 교육적 전략에 구현되는 방식에 대해 조사했다. 사례 연구 방법을 사용하여, Langer와 그녀의 보조 연구자 및 8명의 고등학교 교사들은 협동 팀으로 만나 교사들의 목표와 활동이 가지고 있는 유사점과 차이점에 대해 탐구했다. 보조 연구자들 역시 교사들의 수업 수행을 철저하게 숙고하여 교사들을 관찰하고 면담했다. 이에 더하여 그들은 학생들의 추론을 둘러 싼 쟁점 및 각 교과 영역에서 생각하기(thinking)에 대해 규정하고 언급하는 방식에 주목했다. 연구 결과는 예상했던 것보다 긍정적이었다. 특정 과목에서의 추론이 학습되었던 것이다. 하지만 교사들은 이것이 명백하고 뚜렷하게 추론하기라는 것을 인식하지 못했다. 더구나, 교사들의 교과적인 고려(예를 들어, 생물학에서 증거를 고르는 것)는 "교육의 일부인 보다 일반적인 교육적 개념"과 경쟁했다(p.38). 그들의 결론에서, Langer 와 동료 연구자들은 특정 과목에서의 생각하기와 재형성하기 같은 것의 지속성에 대한 고려를 포함하는 교수와 학습에서의 보다 넓은 변화를 어떻게 하면 이끌어낼 수 있을 것인지에 대한 쟁점을 제기했다.

중등학교 수준에서의 범교과적 쓰기(One Writing Across the Curriculum, WAC) 운동은 국가적인 인식과 연방 정부의 자금 지원을 이끌어냈다. National Writing Project(NWP)가 그것이다. 1971년 캘리포니아 대학에서 Bay Area Writing Project(BAWP)로 시작되었으며, 대학의 교수들과 행정당국에서는 중등학교에서의 쓰기 지도를 향상시키는 방법으로 대학 신입생의 쓰기를 향상시킬 수 있는 프로그램을 개발하기 시작했다. 중등학교 교사에게 어떤 교사라도 사용할 수 있는 자료를 제공하거나 외부의 전문가가 사용하는 새로운 방법을 처방하는 것을 거부한 NWP가 가지고 있었던 성공의 핵심은 경험이 많고 성공적인 교사들에게 포럼을 제공하는 것이었다. 이는 교사들에게 대학의 분위기에 맞는 쓰기 지도에 대한 아이디어들을 서로 주고받을 수 있게 하기 위한 것이다. 이는 교사가 가지고 있는 학교에서의 실용적인 지식, 학생, 최신 작문 이론, 학교에서의 쓰기와 관련된 수행 등으로 이루어진 최적의 조합을 만들어 내기 위한 노력이었다고 볼 수 있다(Barr & Healy, 1988).

Gere(1985)의 <Roots in the Sawdust>는 이렇게 하기 위한 노력 중에서 성공적인 예라고 할 수 있다. <Roots in the Sawdust>에는 Puget Sound[2] 쓰기 프로그램을 이끌었던 교사들이 학습 작문 활동의 가능성에 대해서 쓴 글이 수록되었는데, 그 글은 반응 진술, 자유롭게 쓰기, 일기 쓰기처럼 비형식적인 형태로 작성되었다. 글도 짧았으며 어떤 평가가 이루어진 것도 아니다. 그러나 비판적인 독자나 비가시적인 독자를 대상으로 한 글처럼 형식적 요건에 주의를 기울인 것도 있었다. <Roots in the Sawdust>에 수록된 교사들의 글은 유능한 교사들의 교실과 마음으로 떠나는 의미 있는 여행이자 최고의 '반성적 실천'이라고 할 수 있다.

그러나 Gere(1985)의 서문과 각 교사가 쓴 글에서 간과한 요소가 하나 있다. 그것은 학습 작문 과제를 통해서 교사가 교실에서 고려하는 사회적 요소를 담아낼 수 있다는 점이다. 예를 들어 보자. 교사들이 작성한 글은 교실에 구성된 지적인 공동체의 가치를 가정하고

---

2) [역주] 미국 워싱턴주 북서부의 만

있다. 학생들은 이 공동체에 참여함으로써 아이디어를 탐색하고 경험을 확장하는 데 기여할 수 있다고 생각한다. 그러므로 학습 작문 과제의 이러한 맥락은 창의적인 쓰기 과제와 읽기 과제가 그런 것처럼 성공적인 교수와 학습에 꼭 필요한 것으로 보인다.

사회·문화적 전환: 교과 문해 실행으로서의 쓰기

이러한 점에서, 필자는 쓰기가 모든 사람이 처한 모든 맥락에서 생각하기와 이해하기를 발달시키는 중재 도구로서 유일하며 내재적인 잠재력을 지닌다는 생각을 조금 더 발전시켜보고자 했다. 사회문화적 변화가 일어나면서, Ackerman(1993)은 학습을 촉진하는 도구로서의 역할을 하는 것이 쓰기 안에 있을 수도 있고, 쓰기 그 자체일 수도 있으며, 한편으로는 그렇지 않을 수도 있다는 점을 지적했다. 비록 쓰기가 최소한 생각을 발달시킬 수 있는 역할을 제공할 수는 있겠지만, 그것은 단지 교사가 가지고 있는 학습에 대한 개념과 학교에서 추구하는 가치에 따라 재구성되는 복잡하고 풍부한 사회적 맥락 안에서만 가능한 것이다. Ackerman에게 학습 작문 활동 자체는 학습에 대한 과정 중심적 접근의 성공을 이끌어주는 사회적 상호작용에서 발생하는 일련의 복잡한 가치들 중 일부인 것이다.

이러한 점은 교과 학습(academic learning)에서 학습 작문에 대한 교육적 중재의 효과에 대한 메타 분석 연구인 Banert-Drowns et al.(2004)에서 그 증거를 확인할 수 있다. 상위인지 관련 연구에 대한 주장에 기원을 두고 연구자가 내린 결론은 다음과 같다.

> 어떤 사람은 다음과 같은 것을 기대할 것이다. 만일 학습 작문의 효과가 상위인지적 비계 제공의 결과라면, 자기 평가에 익숙해지도록 학생들에게 더 많은 시간을 주고 아마도 심지어는 자기 반성적 태도를 내면화하는 장기간의 처방이 향상된 결과 및 효과를 가져 올 수도 있을 것이라고. 실제로, 보다 긴 중재는 보다 긍정적인 효과를 가져 온다는 관점을 지지하는 몇 가지 증거가 실제로 존재한다(p.52).

아마도, 상위인지적 비계 제공은 숙련된 교사가 반성과 사려 깊음을 지원하는 교수 맥락과 공동체에 대한 인식을 심어줄 때에 가장 효과적일 것이라는, 학습의 진전에 대한 개별적인 학습 작문 활동을 통해 형성된 초기의 주장들은 무시되었던 것으로 보인다. 쓰기는 추론하기와 학습을 향상시켜 주기는 했지만 그것은 학습이 상황적으로 지원을 받을 수 있거나 가치가 있을 때에 한정되어 있었다(쓰기에 대한 포트폴리오 평가가 "학습이 일어나는 지점"이나 반성적인 사고를 어떻게 창조해내는지에 대한 깊이 있는 사례 연구 분석은 Clark, Chow-Hoy, Herter, & Moss, 2001 참고).

Elizabeth Moje(1996; Moje & O'Brien, 2001)에서는 다음과 같은 개념을 중심에 두고 일련의 연구를 수행했다. "문해는 읽기, 쓰기, 말하기, 듣기 그 이상이다. 문해는 그러한 과정들을 지닌 수행을 포함한다. 이러한 사회문화적 관점을 기반으로 하여, 나는 읽기, 쓰기, 말하기, 듣기를 사회적 수행에 참여하고 그것을 이해하는 도구로 정의한다."(Moje, 1996, p.175) 학습 작문이 특정 유형의 사회적 맥락 안에 위치하고 있다는 다소 일관된 몇몇의 연구 결과와 미국 학생들이 가지고 있는 언어학적 배경과 문화적 배경의 범위를 생각해 보면, 중등학교 내용 교과 안에 쓰기와 읽기 연구를 위한 문해의 수행적인 관점을 적용하는 것은 특히 학습 작문에 대한 논의와 밀접한 관련을 맺고 있는 것으로 보인다. 문해의 실행은 문해 사건에 참여하고 그로부터 의미를 만들어내는 방식을 형성해주며, 한편으로는 그 사건이 특정한 사회적, 문화적, 역사적 합의 안에서 어떻게 자리를 차지하고 있는지에 의존하기도 한다(Street, 1984; Bloome, 2001). 예를 들어, 어떤 교실에서는 학생들이 동료와의 밀접한 관계를 발달시키는 기회로서의 쓰기 워크숍 접근을 경험했을 수 있고(Atwell, 1998), 이와는 반대로 다른 워크숍 맥락에서는 학생들이 서로의 약점을 들추어내거나 비난받을 가능성으로 인해 침묵할 수도 있다(Lensmire, 2000). 학교 맥락 안에서 문해 실행을 연구하기 위해서는 문화기술적인 방법이 적절하다. 왜냐하면 Erickson(1984)에서 밝힌 바와 같이, 문화기술은 "사회적 관계가 관습에 의해 조절되는 상황에서 공동체를 형성하는 사회적인 연결망"에 대한 연구이기 때문이다(p.52). 따라서 Moje의 중등학교 쓰기를 대상으로 한 문화기술적 연구는 Swanson-Owens(1986)에서 교육과정의 변화를 "저항의 근원"으로 특징지은 이유를 이해할 수 있게 도와주는 가치있는 관점을 제공해 준다.

Moje(1996)의 연구 중 하나는 특히 중등학교 과목 영역 안에서 학습 작문의 사회적인 위치를 유용하게 탐색한 것이다. 2년간에 걸쳐 수집된 데이터를 바탕으로 하여, Moje는 화학 교사와 문해 활동에 참여한 동기화가 된 학생의 관계에 대해 논의했다. 그녀의 연구에는 읽기에서의 SQ3R과 요약하여 쓰기 같은 문해 전략들이 왜, 어떻게 고등학교 화학 수업 안에서 사용될 수 있는지 그 특별한 관련성에 대해 알고자 시도했다. Moje는 문해 실행을 그 자체로서 혹은 학습을 위한 도구로서의 가치를 매기기보다는 첫째, 시험 공부하기, 과제 빨리 하기와 같은 사회적인 요구와 실행에 얼마나 잘 맞는지, 둘째, 어떻게 교사가 학생들을 잘 보살피고 학생들로부터 존경을 받을 수 있게 해 주는지를 판단해야 한다고 주장했다.

대안적인 이론 틀: 교육과정 대화(curricular conversation)에 참여로서의 쓰기

비록 학습 작문을 개념화하는 방식에는 여러 가지가 있지만(Applebee, 1984b; Durst & Newell, 1989; Langer, 1992; Moje, 1996; Sheeran & Barnes, 1991), 이 장에서 필자는 쓰기가 학생들을 앎과 행함의 학문적인 전통으로 들어설 수 있게 하고, 아마도 기여까지 할 수 있게 하는 하나의 방식이 된다는 점을 전제로 논의를 진행하고자 한다. 따라서 필자가 제시한 이론은 교육과정 영역 안에서의 행동을 취하는 방식으로서의 쓰기를 바라보는 관점에서 싹튼 것이다. 예를 들어, 과학에 대해서 배우는 것에서 머무르지 않고 어떻게 과학이라는 학문을 하는지에 대해서 배우는 것까지 포함함을 말한다. 영역에 적합한 내용과 절차를 학습하기 위한 수단으로서의 쓰기에 대한 개념은 "대화로서의 교육과정"이라는 비유에서 잘 드러난다. "우리가 이러한 비유를 심각하게 받아들일 때, 교육과정 개발은 명확한 대화 영역의 개발이 되며, (쓰기) 지도는 그러한 영역 안에서의 대화에 학생들이 참여하는 법을 배우도록 돕는 것이 된다(Applebee, 1996, p.3)."

하지만 그러한 대화에 학생들을 진입하게 하고 참여토록 하는 데 있어서 쓰기가 수행하는 역할은 무엇인가? 만일 교육과정 영역에 진입하는 것이 교과 영역에서의 대화에 대한 대화 (conversations of conversation)를 아는 것을 조건으로 한다면, 다시 말해 무엇을, 어떻게, 왜 말해야 하는지에 대해 아는 것을 조건으로 한다면, 이러한 영역 안에서의 쓰기에 대해 학습하는 것이 핵심적인 역할을 해야만 한다. 물론, 참여자들은 지도 내용에 대한 대화를 구성하는 발표와 상호작용 시에는 어느 정도까지는 입으로만 말할 것이다. 하지만 수업 시간에 토론을 하는 동안 참여자들이 개별적으로 갖게 될 광범위한 기여를 할 수 있는 기회는 필연적으로 제한될 것이다. 이렇게 되면 쓰기는 아이디어들을 조직하고 표현하는 방식을 수행하는 우선적이고 필수적인 수단이 될 것이다. 아이디어를 조직하고 표현하는 것은 내용 교과 안의 특정한 대화적인 영역에 가장 적절한 것이다. 예를 들어 문해 연구 영역에 진입하기 위해, 학생들은 어떠한 설명 방식이 적절한 것인지, 자신의 주장을 지원하는 내용들을 어떻게 배열할 것인지 등과 같은 것들을 배워야 한다(Langer, 1995; Scholes, 1985).

"상황 인지(situated cognition)"에서의 최근의 발전은 중요한 문화적 대화에 학생들을 참여시키는 방식으로서의 지식의 실천에 대한 Applebee(1996)의 논의를 지원하는 것처럼 보인다. Lave & Wenger(1991)에서의 상황 학습과 Brown, Collins, & Duguid(1989)에서의 인지적 도제

개념은 진정성 있는 영역 활동에서 학생들이 어떻게 인지적인 도구들(예를 들어 쓰기와 읽기)을 습득하고 발전시키며 사용하는지에 대해 이해할 수 있는 틀을 마련해 주었다. Applebee(1996)에서와 같이, 이 연구자들은 교사들을 학술적인 전통 안에서의 학생들을 학습으로 안내하는 조절자로 보았다. 상황 학습과 실천적 지식 역시 다른 중요한 특징을 공유한다. 각각의 구인들은 개념적인 지식들이 사용을 통해서만 온전히 이해될 수 있는 수단으로 간주됨을 가정하고 있다. 특정 내용은 그 자체가 의미를 갖는 것이 아니라 그 내용을 둘러싼 더 넓은 학문적 전통의 맥락 속에서 의미를 갖는다.

중등학교 맥락에서의 학습 작문 연구는, 만일 새로운 쓰기 활동들이 어느 한 종류의 지식을 강조하지만 교사가 다른 유형의 수행을 학습이 일어난 증거로 받아들이게 되면, 새로운 쓰기 활동 접근 방식은 이전 것과 거의 차이를 보이지 않게 된다는 점을 지적하고 있다(Langer & Applebee, 1987; Newell & Winograd, 1995). 이러한 현상의 원인은 획일적인 데에서 오는 것일 수도 있고, 평가 시스템에 얽매여 있어서일 수도 있고, 학교 외부에서 어떤 기대를 하고 있기 때문에 일어나는 것일 수도 있으며, 지도가 일어나는 상황에 따라서 일어나는 것일 수도 있다(Hillocks, 2002; Langer & Applebee, 1987). 다른 것들은 보다 직접적으로 지도와 관련되어 있다. 이는 학생들이 무엇을 배우려고 하는지, 교사들이 학습이 일어난 증거로 예상하는 것에 대하여 배우는 것을 말한다(Langer et al., 1993).

교수와 연구에 대한 함의: 새로운 의제

쓰기 지도에 대한 과정 중심적 접근과 학습 작문의 가치에 대한 논의는 우리를 여기까지 끌고 왔다. 곧, 수업에서 유용한 것은 무엇인가, 혹은 어떤 활동이 학생 집단에게 효과적인가에 대한 개념화를 가능하게 한 것이다. 하지만 어떤 지식이 내용 교과에서 학습의 중심이 되어야 하는지, 혹은 반드시 포함되어야 하는지에 대한 점은 다루지 못했다.

우리는 더 이상 이론적인 논의를 통한 교수 학습의 재개념화와 쓰기와 학습을 개별적인 것으로 보는 연구를 기대할 수 없다. 이것은 효율적인 교사가 쓰기와 학습에 대해 아는 것을 연구하는 것의 가치를 부정하는 것이 아니다. 하지만 우리가 그동안 가지고 있었던 "강력한 텍스트"의 견해에 대한 원래의 가정에 대해서는 다시 생각해 볼 필요가 있다. 이 견해는 학습 작문 연구는 간략한 수준에서 수행되어도 무방하다는 생각을 전제로 하고 있다.

　학교에서 이루어지는 쓰기에 대한 최근의 연구들은 쓰기가 발생하고 전개되는 특정 교실의 사회적인 (미시적) 맥락에 대한 연구를 해 왔다. 곧, 이러한 연구들은 사회적으로 특정 상황에 놓인 학습 작문 연구 방법을 제안한 것이다. 이러한 맥락에서, 필자들은 그들이 소속되어 있는 많은 공동체에서 다양한 자원들 및 대립되는 요구와의 경쟁을 통해 그들의 위치를 협상해 왔다. 예를 들어 Dyson(1995)에서는 다음과 같은 점을 명백히 논의하고 있다. 즉, 아이들의 언어 사용 방식이 달라지는 것은 아이들이 속한 사회적 환경 안에서 차지하고 있는 각기 다른 위치와 직접적으로 연결되어 있다는 것이다. 연구자이면서 초등학교 교사인 Gallas(1994)는 아이들이 과학을 배우는 상황에서 물리적인 세상에 대한 개인적인 지식을 통합시키는 도구로서 말하기와 쓰기를 어떻게 사용하게 되는지에 대해 기술했다. 그들은 어떻게 "물체를 가시화 하는" 방법에 대해 배운 것이다. Moje(1996)와 동료 연구자들의 연구(Moje et al., 2004)에서는 "아이들이 중등학교에서 사용하거나 배우기를 원하는, 관계를 맺고 연결하는 방식과 Gee(1996)에서 담화(discoursed)라고 부른, 알고 읽고 쓰고 말하는 방식을 어떻게 형성하는지(p.38)"에 대해 연구하기 시작했다. 이 연구와 다른 연구들은 이 장에서 새로운 연구 의제를 제공한다는 내용으로 다루어졌다. 이들이 제공하는 새로운 연구 의제는 교과 학습에서 이루어지는 대화에 기여하기 위해 학생들이 어떻게 쓰기를 사용하는가에 하는 질문에 초점이 맞추어져 있다.

　이 장은 세 가지 질문으로 시작했다. 이 세 가지 질문들은 모두 중등학교에서 쓰기의 역할과 학교 개혁의 수단으로서 쓰기의 가능성에 대해 다루고 있다. 만일 쓰기가 모든 학생들의 지적 발달과 학술적 삶 및 모든 교사들의 수행에서 일정한 역할을 할 수 있다면, 쓰기는 교육과정 대화에서의 기능과 교실에서의 사회적인 삶 모두에서 특히 중요하다. 이러한 사실은 연구와 교수 의제를 형성하는 각기 다른 일련의 연구 문제들을 제기한다. 예를 들어, 만일 우리가 평가에서의 쟁점에 초점을 맞춘다면, 쓰기가 교육과정 영역 안에서 성장과 학습이 어떻게 평가되는지를 탐색하는 가치 있는 방법이 될 수 있다는 점이 명백해진다. 그러나 무엇이 쓰기 발달을 구성하는가에 대한 우리들의 최근의 개념은 유창성, 언어 사용의 적합성, 구조적인 지식, 전략적인 과정 등과 관련되어 있는 쓰기 기능에 대한 일반적인 개념에 의해 제한되었다(Applebee, 2000). 교육과정 전반에 걸쳐 있는 우리가 가지고 있는 학습에 대한 개념을 확장할 필요가 있는 것과 마찬가지로, 우리는 교육과정 전반에 걸쳐 있는 쓰기에 대한 우리의 개념을 확장해야 한다는 필요성에 직면하게 될 것이다. 곧, 평가는 교과에서 가치 있게 다루고 있는 것과 알고 수행하는 체계에 근거해야만 한다는 것이다. 이러한 점은 다음과 같은 질문으로 연결된다. "학습을 구성하는 것은 무엇이며, 교과목에서의 대화에 어떻게 참여하고 기여하는가?" 무엇이 사소한 것이고 무엇이 중요한 것인가? 그리고 학생이 그 차이에 대해 아는 법을 배우고 평가하는 데 쓰기가 어떤 도구가 될 수 있을까?

하지만 만일 우리가 학생들이 사용하는 언어나 문화적인 배경과 관계없이 모든 학생들의 아이디어와 목소리를 포함시키고 있다면, 우리는 학교를 떠난 학생들의 생활 속에서 교과목의 대화에 대한 상호작용을 연구할 필요가 있을 것이다. 우리의 학교들은 "암기와 암송만이 학습으로 간주되고, 교사들은 지식을 제공하며 학생들에게 그 지식을 복제할 것을 요구하는 상황(Applebee, 1996, p.21)"때문에 학습에 흥미가 없고 참여하지 않는 청소년들을 양산하고 있다. 따라서, 핵심적인 문제는 동기와 참여이다. 즉, 만일 우리가 모든 학생들이 참여하는 것을 바란다면, 교육과정 영역 안에서 인간의 주체성에 대한 새로운 개념을 적립할 필요도 있을 것이다. Clark et al.(2001)의 "학습이 이루어지는 곳"으로서의 포트폴리오 연구는 우리가 학습과 평가 모두를 어떻게 재개념화할 수 있을 것인지에 대한 강력한 출발점을 제공해 준다.

> 교실 안에서 포트폴리오 과정은 학생들이 자기 자신, 수행해야 할 과업, 일시적인 기분 사이에서의 관계 협상에 있어서 반드시 공유해야 하는 수행 요소 중 하나가 된다. 그렇기 때문에 학습은 학생들이 "필자("다양한 가능성이 있는 자아들" 사이에서)"가 되려고 노력하는 것과는 다른 목적을 갖게 되고, 따라서 포트폴리오 맥락 안에서 가치 있는 수행 공동체에 온전히 참여하는 구성원이 된다(p.232).

교육과정 대화에서 어떻게 하면 "증가하는 참여의 사용 가치"(Lave & Wenger, 1991, p.112)에 대해 연구할 수 있을까? 학생들이 교과목의 지식을 구성할 때, 어떻게 하면 학생들에게 대화를 익히기 위한 노력을 하게 만들 수 있을까?

문제점은 우리가 무엇이 효과적인 교수와 학습을 구성하는가와 같은 좁은 관심사 안에서의 연구 문제에 초점을 맞추고 있다는 것이다. 여기에는 보다 넓고 어려운 질문은 포함되어 있지 않다. 어려운 질문이란 이를테면 각기 다른 종류의 특정한 사회적 맥락 안에서 교육과정 대화들이 어떻게 그리고 왜 학생들의 학습을 형성하는가와 같은 것이다. 우리가 교육과정 및 교육과정 영역에서 행동을 취하는 학습을 할 때 쓰기가 가지고 있는 역할에 대해 다시 생각하는 것과 마찬가지로, 학습 작문을 문화적으로 중요한 넓게 열려 있는 대화로의 참여로 이해해야만 할 것이다. 이에 더하여, 우리는 아마도 그러한 대화들에서 어떠한 목적과 기대를 학생들이 깨닫도록 할 것인지를 고려해야 할 것이다. 적어도 어떠한 경험과 요인들이 교사들이 제안하는 쟁점과 아이디어에 학생들을 참여하게 하는지를 확인해야 한다는 말이다(Durst, 1999; Michie, 1999). 다시 말하면, 어떠한 중요한 문화적인 아이디어가 교육과정 대화의 일부가 될 것인가를 고려하는 것처럼, 우리가 누구를 가르치고 있는지에 대해서도 분명히 알아야만 한다는 말이다. 우리는 교육과정에서부터 출발하는 하향적 관점과, 교실 생활 및 실질적이고도 사회적으로 그곳에 살고 있는 교사와 학생에 대한 이해로부터 출발하는 상향적 관점에 대한 연구를 수행할 필요가 있다.

참고문헌

Ackerman, J. M. (1993). The promise of writing to learn. Written Communication, 10, 334-370.

Applebee, A. N. (1981). *Writing in the secondary school: English and the content areas* (Research Monograph No. 21). Urbana, IL: National Council of Teachers of English.

Applebee, A. N. (1984a). Contexts for learning to write: *Studies of secondary school instruction.* Norwood, NJ: Ablex.

Applebee, A. N. (1984b). Writing and reasoning. *Review of Educational Research.* 54, 577-596.

Applebee, A. N. (1996). Curriculum as conversation: *Transforming traditions of teaching and learning.* Chicago: University of Chicago Press.

Applebee, A. N. (2000). Alternative models of writing development. In R. Indrisano & J.R. Squire (Eds.), *Perspectives on writing: Research, Theory, and practice* (pp. 90-110). Newark, DE: International Reading Association.

Atwell, N. (1998). *In the middle: Writing, reading, and learning with adolescents* (2nd ed.). Upper Montclair, NJ: Boynton/Cook.

Bangert-Drowns, R, L., Hurley, M, M., & Wilkinson, B. (2004). The effects of school-based writing-to-learn interventions on academic achievement: A meta-analysis. *Review of Educational Research,* 74(1), 29-58.

Barnes, D. (1992). *From communication to curriculum (2nd ed.).* Portsmouth, NH: Boyton/Cook.

Barr, M. A., & Healy, M. K. (1998). School and university articulation: Different contexts for writing across the curriculum. In S. H. McLeod (Ed.), *Strengthening programs for writing across the curriculum* (pp. 43-53). San Francisco: Jossey Bass.

Bizzell, P. (1992). *What is a discourse community: Academic discourse and critical consciousness.* Pittsburgh: University of Pittsburgh Press.

Bloome, D. (2001). Boundaries on the construction of literacy in secondary classrooms: Envisioning reading and writing in a democratic and just society. In E. B. Moje, & D. G. O'Brien (Eds.), *Constructions of literacy: Studies of teaching and learning in and out of secondary school* (pp. 287-304). Mahwah, NJ: Erlbaum.

Brandt, D. (1990). *Literacy as involvement: The acts of writers, readers, and Texts.* Carbondale: Southern Illinois University Press.

Britton, J. (1970). *Language and learning.* New York: Penguin Books.

Britton, J. N., Burgess, T., Martin, N., McLeod, A., & Rosen, H. (1975). *The development of writing abilities (11-18).* London: Macmillan.

Brown, J. S., Collins, A., & Duguid, P. (1989). Situated cognition and culture of learning, *Educational Researcher,* 18, 32-42.

Clark, C., Chow-Hoy, T. K., Herter, R., & Moss, P. A. (2001). Portfolios as sites of learning: Reconceptualizing the connections to motivation and engagement. *Journal of Literacy Research,* 33(2), 211-241.

Durst, R. (1987). Cognitive and linguistic demands of analytic writing. *Research in the Teaching of English,* 21, 347-376.

Durst, R. K., & Newell, G. E. (1989). The uses of function: *James Britton's category system and research on writing. Review of Educational Research,* 59(4), 375-394.

Dyson, A. H. (1995). Writing children: Reinventing the development of childhood literacy. *Written Communication,* 12(1), 4-46.

Erickson, F. (1984). What makes school ethnography "ethnographic"? *Anthroplogy & Education Quarterly,* 15, 51-66.

Gallas, K. (1994). *The language of learning: How children talk, write, dance, draw, and sing their understanding of the world.* New York: Teachers College Press.

Gee, J. P. (1996). *Social linguistics and literacies: Ideology in discourse* (2nd ed.). London: Falmer Press.

Gere, A. (1985). *Root in the sawdust: Writing to learn across the disciplines.* Urbana, IL: national Council of Teachers of English.

Greene, S. (1993). The role of task in academic reading and writing in d college history course. *Research in the Teaching of English.* 27(1), 46-75.

Grice, H. P. (1975). Logic and conversation. In P. cole & J. L. Morgan (Eds.), *Syntax and semantics* (Vol.3, pp. 41-58). New York: Seminar Press.

Heath, S. B. (1983). *Ways with words: Language, life, and work in communities and classrooms.* Avon, UK: Cambridge University Press.

Hidi, S., & Anderson, V. (1986). Producing written summaries: Task demands, cognitive operations, and implications for instruction. Review of Educational Research, 56, 473-493.

Hillocks, G. (2002). *The testing trap: How state writing assessments control learning.* New York: Teachers College Press.

Jones, C., Turner, J., & Street, B. (1999). Students writing in the university: *Cultural and epistemological issues.* Philadelphia: Benjamin.

Langer,J. A. (1984a). The effects of available information on responses to school writing tasks. *Research in the Teaching of English,* 18, 27-44.

Langer, J. A. (1984b). Literacy instruction in American schools: Problem and perspective. *American Journal of Education,* 93, 107-132.

Langer, J. A. (1992). Speaking of knowing: Conceptions of understanding in academic disciplines. In A. Herrington & C. Moran (Eds.), *Writing, teaching, and learning in the disciplines* (pp. 69-85). New York: Modern Language Association of America.

Langer, J. (1995). *Envisioning literature: Literary understanding and literature instruction.* New York: Teachers College Press.

Langer, J. A., Confer, C., & Sawer, M. (1993). *Teaching disciplinary thinking in academic course work* (Report Series No. 2.19). Albany, NY: National Research Center on Literature Teaching And Learning.

Langer, J. A., & Applebee, A. N. (1987). *How writing shapes thinking.* Urbana, IL: National Council of Teachers of English.

Lave, J., & Wenger, E. (1991). *Situated learning: Legitimate peripheral participation.* Cambridge, UK: Cambridge University Press.

Lensmire, T. J. (2000). *Powerful writing, responsible teaching.* New York: Teachers College Press.

Marshall, J. D. (1987). The effects of writing on students' understanding of literary texts. *Research in the Teaching of English,* 21, 30-63.

Mayher, J. (1990). *Uncommon sense: Theoretical practice in language education.* Portsmouth, NH: Boynton/Cook.

McGinlely, W., & Tierney, R. (1989). Traversing the topical landscape: Reading and writing as ways of knowing. *Written Communication,* 6, 243-269.

Michie, G. (1999). Holler if you hear me: *The education of a teacher and his students.* New York: Teachers College Press.

Moje, E. B. (1996). "I teach students, not subjects": Teacher-student relationships as contexts for secondary literacy. *Reading Research Quarterly,* 31(2), 172-195.

Moje, E. B., & O'brien, D.G. (Eds.). (2001). Constructions of literacy: *Studies of teaching and learning in and out of secondary school.* Mahwah, NJ: Erlbaum.

Moje, E. B., Ciechanowski, K., Kramer, K., Ellis, L., Carrillo, R., & Collazo, T. (2004). Working toward third space in content area literacy: An examination of everyday funds of knowledge and discourse. *Reading Research Quarterly,* 39, 38-70.

Newell, G. E. (1984). Learning from writing in two content areas: A case study/protocol analysis. *Research in the Teaching of English,* 18, 365-387.

Newell, G. E, & Winograd, P. (1995). Writing about and learning from history texts: The effects of task and academic ability. *Research in the Teaching of English,* 29, 133-163.

Rose, M. (1989). *Lives on the boundary: The struggles and achievements of America's unprepared.* New York: Penguin Books.

Russell, D. (1991). Writing in the academic disciplines, 1870-1990: A curricular history. Carbondale: Southern Illinois University Press.

Scholes, R. (1985). *Textual power: Literary theory and the teaching of English.* New Haven, CT: Yale university Press.

Sheeran. Y., & Barnes, D. (1991). *School writing: Discovering the ground rules.* Philadelphia: Open University Press.

Smagorinsky, P. (1995). Constructing meaning in the disciplines: Reconceptualizing writing across the curriculum as composing across the curriculum. *American Journal of Education,* 103, 160-184.

Swanson-Owens, D. (1986). Identifying natural sources of resistance: A case study of implementing writing across the curriculum. *Research in the Teaching of English,* 20, 69-97.

Street, B. (1984). *Literacy in Theory and practice.* Cambridge, UK: Cambridge University Press.

Wertsch, J. (1998). *Mind as action.* New York: Oxford University Press.

제17장
쓰기와 쓰기 과정의 새로운 기술의 영향

Charles A. MacArthur

워싱턴포스트지(The Washington Post)의 최근 기사에서 Sennett(2004)는 한 여대생의 사연에 대해 논의한 적이 있다. 그 여대생은 격식이 필요없는 인스턴스 메시지[1]를 사용하는 것보다 전자우편을 사용하는 것이 상대방에게 더 많은 책임감을 부여하기 때문에 이성을 만날 가능성이 적어지는 것은 아닌가 하는 고민을 하고 있었다. 이 대학생은 친구들에게서 데이트와 같이 긴장감이 고조되는 일에서, 전자우편을 사용했던 것이 분명 문제였다는 내용의 전자우편을 받기도 하였다.

전자 기술은 사람들이 서로 의사소통하고 세상을 이해하는 형태를 변화시키고 있다. 기술의 변화는 계속해서 사회의 문해 실천 특성과 완전히 읽고 쓰기 위하여 필요한 인지적 기능과 사회적 기능을 변화시켰고 앞으로도 계속해서 변화를 야기할 것이다. 이러한 변화 과정은 컴퓨터로부터 시작된 것이 아니다. 라디오, 텔레비전, 영화는 급진적으로 우리가 뉴스를 받아보고 자기 자신을 즐겁게 하고, 물건을 구매하며, 영웅적 인물들을 선택하고, 지도자를 선출하고, 우리의 문화를 이해하는 방법을 바꾸어 놓았다. 널리 보급된 이들 매체는 학교 교육에 간접적으로는 영향을 주었는데, 직접적으로 영향을 미치는 데에는 한계가 있었다.

그러나 컴퓨터 기술은 두 가지 이유에서 학교 교육과 문해력에 더욱 직접적인 영향을 줄 수 있다. 첫째, 읽기와 쓰기처럼 중요한 과업에 대한 책임을 가진 학교가 텔레비전과

---

1) [역주] 인터넷상으로 서로 즉시 메시지 교환이 가능한 시스템으로, 채팅이나 전화처럼 실시간으로 의사소통이 가능하며 인터넷에서 메시지를 실시간으로 송수신할 수 있고 수신 여부를 즉시 확인할 수 있다.

영화를 무시하지 않았듯이, 하이퍼미디어와 인터넷에서 텍스트와 다른 매체의 통합도 무시할 수 없음을 의미한다. 텍스트를 그래픽, 비디오, 음향과 통합하는 것은 학교가 다양한 매체를 포함하여 문해력의 개념을 확장하는 데 영향을 미칠 것이다. 둘째, 전자 기술을 통해 학생들은 독자나 소비자로서만이 아니라 필자나 생산자로서도 소통하게 될 것이다. 교실 소식지 간행에서부터 하이퍼미디어 웹페이지를 위한 전자우편 프로젝트, 블로그와 동호회까지 컴퓨터는 학생들이 새로운 유형의 문서를 창조할 기회를 제공한다. 동시에 컴퓨터는 관습적인 텍스트가 생산되는 방식도 변화시킨다. 새로운 기술은 의사소통하고 쓰면서 탐구하고 배우기 위한 도구로서 학교에서 더욱 중요하게 사용될 것이다.

새로운 기술이 쓰기에 미치는 영향을 고려할 때, 먼저 인지적, 사회적 과정에 미치는 쓰기의 영향에 대한 최근의 학문 동향을 탐색하는 것이 도움이 된다. 쓰기는 그 자체가 하나의 기술로서, 언어의 영속적 표현을 가능케 하는 다양한 물리적 수단과 상징체계의 결합이다. Olson(1995)은 문어가 단어를 정확하게 포착하고 전달하여 산출 문맥으로부터 그 단어를 분리시킴으로써 보다 추상적이고 탈문맥적 방식으로 사고할 기회를 제공한다고 주장했다. 알파벳의 발명은 보다 많은 소수자들이 읽고 쓸 수 있게 했고, 인쇄기와 종이의 발명은 확장된 문해를 지원하였으며, 지식의 모든 영역에서 더욱 이성적인 접근의 발전을 지지하면서 사회에서 이루어지는 사고의 본질에 극적인 영향을 주었다. Scribner & Cole(1978)은 Olson의 이론에 반박하면서, 개인적 서한에 사용되는 비공식적이며 학교에서 학습되지 않는 문자 사용자에 대한 연구를 통하여 이성적이고 탈문맥적인 사고는 문해 발달의 불가피한 결과라기보다는 학교 교육의 결과라고 보았다. 그러므로 쓰기는 더욱 이성적인 사고의 발전 가능성을 제공하지만 인지적 과정의 실제적인 영향은 그것이 사용되는 사회적 문맥에 의존한다고 보았다. 이러한 일반적 원리는 새로운 기술에도 마찬가지로 적용된다. 쓰기의 새로운 기술적 형식은 인지적 기술과 사회적 상호작용의 발전 기회를 제공했지만, 기술의 실제적인 영향은 기술과 사회적 문맥, 그리고 개별 사용자들 간의 복잡한 상호작용에 의존한다.

문해력을 변화시킬 수 있는 기술의 영향력에 대한 이론적 연구가 부족한 것은 아니다. Bolter(1998)는 인터넷과 같은 하이퍼미디어가 두 가지 이유로 문해력에 혁명적인 영향력을 행사할 것이라고 논의했다. 우선 하이퍼텍스트의 다선형성은 쓰기 교수의 수사학적 원리(즉, 복합적인 관점의 제시를 유도하여 논증을 뒷받침하면서, 일관성 있는 관점을 보여주기)에 의문을 던진다. 그리고 하이퍼미디어는 언어적 텍스트보다 지식이 표현되는 방식과 지적으로 조작되는 방식에 극적인 영향을 미치게 될 시각적 이미지를 더 강조한다. Purves(1998)는 더 나아가서, 문해력에 대한 디지털 매체의 영향이 알파벳의 발명이나 인쇄의 발명과 동일한 역사적 중요성을 가질 것이라고 선언하였다. 그는 디지털 정보의 시각적이고 조직적인 형태가 단어 이상의 의미를 전달할 것이라고 주장했다. 특히, 시각적 심상에 대한 강조로 인하여 의미를 전달하는 언어의 중요성이 덜 강조될 것이고, 하이퍼텍스트 연결은 사람들로 하여금 계통적 방식이 아닌, 다방향적 사고를 가능하게 할 것이라고 논의했다.

이와 대조적으로 Bruce & Hogan(1998)은 사회적 맥락에서 기술이 어떤 식으로 활용되는가에 따라 기술이 꽤 다양한 영향을 가진다고 논의했다. 문해 기술들은 사회적 가치를 구현하는 또 하나의 목적을 위해 계획되고, 접근되며, 사용되고 해석되는 이데올로기적 도구들이다. 교실 환경에서 기술은 교사들의 교수 방법이고 학생들의 경험은 혁신적인 기술의 영향을 측정하는 방식으로 모두 상호작용할 것이다. 마찬가지로 Perkins(1985)는 다양한 매체와 기술이 사고의 다양성을 장려하고 요구하는 이유가 그들이 상호작용의 다양한 유형을 제공하며 다양한 기호 체계를 사용하기 때문이라고 논의했다. 어떤 기술을 지속적으로 사용하는 것은 의식하지 못하는 사이에 인지에 미묘한 영향을 미친다. 그러나 기술의 행동 유도성이 어떻게 실현되는지는 교육이나 전문 지식, 배경 지식, 도구 설계 등 조건에 달려있다.

방대하고 흥미로운 이론적 주장에도 불구하고, 쓰기에 대한 기술의 인지적·사회적 영향에 관한 실증적 연구는 많지 않으며 연구 결과도 혼재되었다. 이 글에서는 쓰기와 쓰기 학습에 대한 기술의 영향을 실증적으로 연구하고자 한다. 쓰기는 전통적인 선형적 텍스트만큼이나 하이퍼텍스트나 하이퍼미디어의 생산을 포함하여 넓게 정의되는데, 비디오나 영화 생산을 포함할 만큼은 아니다. 지금까지의 연구는 읽기나 지식 획득에 대한 기술의 영향 등이 아닌, 쓰기에만 집중되어 있었다. 학교 밖 쓰기와 대중 매체에 대한 논문이 증가하였지만 이를 제외하고, 교육적인 맥락에서만 연구가 이루어지다보니 초등학교와 중등학교 교육으로 제한되었다.

전통적인 선형적 글쓰기에 기술이 미치는 영향을 고찰하면서, 그것과 관련된 인지 과정, 기능의 발달, 그리고 교수 환경에서의 사회적 상호작용이 이 영향들을 어떻게 조정하는지도 함께 다룰 것이다. 각 절에서는 워드프로세서로 글쓰기, 쓰기에 대한 컴퓨터 지원과 쓰기 학습, 미숙한 필자를 보조하는 기술을 다룬 다음, 하이퍼미디어나 하이퍼텍스트 작문에 대한 최근의 연구를 살펴볼 것이다. 마지막으로 교실 쓰기에서의 문화 간 의사소통 프로젝트와 네트워크화 된 의사소통의 사용 등 쓰기에 영향을 미치는 컴퓨터 매개 의사소통의 효과를 검토해 볼 것이다.

워드프로세서

기술과 쓰기에 관련된 대규모 연구 분야 중 하나는 워드프로세서이다. 워드프로세서는 학교에서 가장 일찍 보편화된 컴퓨터 프로그램으로, 일반인들 사이에서도 가장 널리 사용되는 프로그램일 것이다. 이는 쓰기 행위를 계획하기, 초고 작성하기, 그리고 수정하기와 같은 회귀적인 순환과 관련한 인지적 과정으로 보는 현대의 쓰기 이론과 잘 맞는 것 같다. 게다가 워드프로세서는 출판 기회와 협력적인 쓰기 기회를 장려함으로서 사회적 과정을 지원한다. 워드프로세서에 대한 많은 연구들은 1980년대 후반부터 현재까지 느리지만 꾸준하게 지속되고 있다.

메타분석 연구인 Bangert-Drowns(1993)과 Goldberg, Russell, & Cook(2003)은 쓰기 지도에서 워드프로세서가 작문의 분량과 질에 중간 정도로 긍정적인 영향을 미친다고 보고하였다. Bangert-Drowns(1993)은 워드프로세서가 질(0.27)과 분량(0.36)에 미치는 효과 크기를 발견하였다[2]. 비록 초등학생과 중등학생, 대학생들의 연구가 포함되었지만 효과는 연령과 관련되지 않았다. 흥미롭게도 학생들이 워드프로세서를 사용한 쓰기 지도를 받다가 컴퓨터 없이 글을 쓰는 쓰기 지도로 옮겨가더라도 손글씨 쓰기 형태의 사후 검사에서 긍정적인 영향이 발견되었다. 1992년 이후에 이와 유사한 연구로, Goldberg, Russell, & Cook(2003)에서도 질(0.41)과 분량(0.50)에서 다소 큰 효과 크기가 검증되었다.

몇몇 근거들은 질에 대한 영향력이 평균적인 필자들보다 쓰기 부진 필자들에게 더 크게 나타남을 보여주었다. Bangert-Drowns(1993)이 보고한 질에 대한 작은 효과 크기는 쓰기 부진 필자들을 대상으로 하는 보충적 처치가 있는 9개 연구에 대한 평균적인 효과 크기(0.49)의 조합과 평균적인 필자에 대한 11편의 연구에서 유효하지 않은 효과 크기(0.06)가 좀 더 세부적으로 분석되었다. 아주 극소수의 연구는 학습 장애 학생들에 대한 교육에서의 워드프로세서의 긍정적인 영향을 보여주기도 한다(MacArthur, 2000 참조). 이들 문헌 고찰에 나타나는 극소수의 연구만이 기술의 영향을 효과적으로 분리하기 위하여 교육적 처치를 효과적으로 조정했음을 인식하는 것이 중요하다. 따라서 기술에 적합한 교육적 처치와 결합된 워드프로세서가 긍정적 효과를 가진다고 말하는 것이 아마도 보다 정확할 것이다.

최근 연구에서 다루어지는 중요하고도 실질적인 관심사는 워드프로세서의 영향이나 학업

---

2) 별다른 표시가 없다면, 여기서 보고된 모든 효과 크기(effect sizes)는 표준편차에 의해서 구분된 평균 차이의 일반적인 측정을 나타낸다.

성취도검사의 학생 수행에서 워드프로세서의 미사용에 관한 것이다. Wolfe, Bolton, Feltovich, & Niday(1996)는 고등학생을 대상으로 워드프로세서 이용 경험이 많음, 중간, 적음에 따라 손으로 쓴 글과 워드프로세서로 쓴 글을 비교하였다. 워드프로세서 이용 경험이 많거나 중간인 집단에서는 학생들이 쓴 글의 분량과 질에서 별다른 차이가 발견되지 않았지만, 워드프로세서 이용 경험이 적은 집단에서는 글의 질과 분량이 모두 부족했다. Russell(1999; Russell & Plati, 2001)은 고등학생들을 대상으로 선다형 문항과 단락 쓰기, 에세이 쓰기가 포함된 성취도 평가에서 컴퓨터로 반응하는 경우와 지필로 반응하는 경우를 비교했다. 선다형 문항에서는 차이가 없었지만, 워드프로세서에 익숙하고 타자에 능한 학생들은(분당 단어 20개 이상) 워드프로세서를 사용할 경우에 대체로 글을 더 잘 썼다(효과 크기 0.5~0.9). 학생들의 타자 능력을 측정하여 범위를 나눈 연구에서는(Russell, 1999), 평균 이하의 타자 점수를 가진 학생들이 워드프로세서에서도 쓰기 수행이 유의하게 낮았고(효과 크기=-0.4), 평균 이상의 타자 점수를 가진 학생들은 쓰기 수행이 유의하게 높았다(효과 크기=0.5). 워드프로세서로 글을 쓰곤 했던 학생들은 고부담 평가에서 워드프로세서를 사용하지 못하게 하면 실질적으로 불리할 것이다.

수정하기와 기타 쓰기 과정에 대한 워드프로세서의 영향에 관한 연구들은 혼재되어 있다. 초기의 연구에서 Cochran Smith(1993)은 초등학생을 대상으로 한 워드프로세서가 더욱 표면적인 수정 결과를 낳았다고 보고했다. 그러나 Hawisher(1987)와 Bangert-Drowns(1993)는 한 가지 결론에 이르기에는 결과가 너무 다양하다는 것을 발견하였다. 이렇게 혼란스러운 결과가 나오는 한 이유는 수정이 어떻게 측정되었는가에 따른 차이이다. 만약 수정이 초고 수준에서 측정되었다면, 워드프로세서를 사용하여 초고를 쓰는 동안 흔히 일어날 수 있는 다른 많은 수정들을 놓치게 되었을 것이다. 교육 연구에서 차이를 가져오는 또 다른 가능성은 수정하기와 관련한 별도의 교육 여부와 교육 방법의 차이에 있다. 학습 장애를 가진 중학생을 대상으로 교육적 처치 없이 손글씨 쓰기와 워드프로세서를 비교한 실험적 연구(MacArthur & Graham, 1987), 대학생을 대상으로 한 연구(Kellogg & Mueller, 1993), 전문 성인 필자를 대상으로 한 연구(Van Waes & Schellens, 2003)에서 일관되게 발견된 것은 워드프로세서를 사용하여 초고를 쓸 때, 더 많은 수정이 일어나고 이러한 수정은 의미 변화에는 별다른 영향을 주지 않는 사소한 수정이라는 것이다.

워드프로세서가 텍스트 생산에서 필자를 해방시키고 필자들이 더욱 높은 수준의 것에 집중하게 한다는 초기의 가설(Daiute, 1986)은 기각되었다. 사실, 수정하기에 대한 근거는 워드프로세서가 사소한 수정에 주의를 기울이게 함을 제시한다. 대체로 워드프로세서가 쓰기 과정 중에서도 특히 수정에 가장 많은 영향을 미치고 효과적인 교육과 통합되었을 때 학습의 기회를 제공한다는 점에서 융통성이 있는 쓰기 도구라는 연구 결과는 일치한다. 게다가 그 영향은 워드프로세서를 사용했던 환경에 크게 의존한다는 것에서도 일치한다.

계획하기 단계와 수정하기 단계에서의 컴퓨터 지원

워드프로세서 연구의 초기에 교육자들은 계획과 수정 과정을 직접 지원하여 워드프로세싱을 보충하는 소프트웨어를 설계하려고 노력했었다. 대부분의 노력은 작문 과정을 다룬 인지 모형(Hayes & Flower, 1980)과 Bereiter & Scardamalia(1987)의 절차적 촉진자, 또는 더욱 정교한 인지적 과정에서 발달 중인 필자를 안내하기 위한 일시적인 도움에 기반을 둔 것이었다.

가장 긍정적인 결과는 Zellermayer, Salomon Globerson, & Givon(1991)에서 발견되었다. 이들이 구성한 '쓰기 파트너(Writing Partner)' 프로그램은 계획하기, 개요 작성하기, 수정하기에 광범위한 초인지적 지원을 제공했다. 계획하기 도구는 학생들에게 수사적 목적(예를 들어, '당신은 설득하려고 하는 것입니까, 아니면 설명하려고 하는 것입니까?'), 주제, 예상독자(예를 들어, '당신의 독자는 이 화제에 대한 전문가입니까, 아니면 초보자입니까?'), 주요 아이디어, 그리고 주제어 등에 관한 질문에 응답하도록 했다. 학생들이 개요를 작성하는 동안, 초인지적인 질문이 무작위로 제공되었고, 이는 학생들로 하여금 의도, 조직, 그리고 퇴고 등을 고려하도록 자극했으며, 이들 질문 자극은 계획하기의 한 부분으로부터의 정보에 따른 것이었다(예를 들어, 설명적이거나 설득적인 의도). 수정하기 질문은 일반적인 수정하기뿐만 아니라 계획하기의 영향도 포함했다(예를 들어, 만약 의도가 설득적이라면 증거에 관하여 묻기).

실험에 참여한 고등학교 학생들은 세 집단 중 하나에 무작위로 배정되었다. 쓰기 파트너 프로그램의 비자발적 도움을 받는 집단(SG), 쓰기 파트너 프로그램의 자발적 도움이 제공되는 집단(USG), 일반적인 워드프로세싱 작업 집단 상황의 세 집단으로 제공되었다. 양쪽 실험 집단(SG, USG)은 동일한 계획하기와 수정하기를 지원받았는데, 이 두 실험 집단 사이의 차이는, SG 집단이 특정 키를 누름으로써 개요에 관한 질문에 직접 체크할 수 있었던 반면에,

USG 집단은 요청하지 않아도 일정하지 않은 간격으로 개요에 관한 지시문을 보도록 한 것이다. 사전검사와 사후검사 모두에서 개요 짜기가 끝난 후 초인지 지원이 내면화될 것이라는 이론을 검증하기 위하여 다른 도움 없이 직접 손으로 글을 쓰게 했다.

사전검사와 사후검사 모두에서, USG 집단의 학생들은 다른 두 집단의 학생들에 비해서 대체로 높은 질적 점수를 얻었고, 다른 두 집단의 점수는 별 차이가 없었다(사후검사 효과 크기 약 1.5). SG 집단과 USG 집단의 차이를 야기한 원인은 분명하지 않다. 계획하기와 수정하기 지원은 동일했고, 양쪽 집단은 글을 쓰는 동안 동일한 수의 지시문을 보았고, 사후검사에서 동일한 수의 지시문을 회상했다. 안타깝게도 이 도구를 재사용하거나 결과를 확장시키기 위한 더 이상의 연구가 실행되지 않았다.

Bonk & Reynolds(1992; Reynolds & Bonk, 1996)는 작문하는 동안 계획하기와 수정하기에서 초인지 지시문이 제공되는 유사한 프로그램의 두 연구를 실행했다. 학생들은 여덟 가지 종류의 지시문 목록을 가지고서 언제든 그 목록들을 볼 수 있었는데, 즉 이는 자발적인 안내자 상황은 아니었다. 첫 번째 연구에서(Bonk & Reynolds, 1992), 중학생들은 지원 도구를 사용하여 세 편의 글을 썼고, 사후검사에서는 일반적인 워드프로세서를 사용하였다. 통제 집단은 워드프로세서를 사용하여 세 편의 연습 글을 썼다. 실질적인 수정의 개수나 지원 도구를 사용하여 쓴 글의 질, 사후검사에서는 어떤 영향도 발견되지 않았다. 두 번째 연구에서 (Reynolds & Bonk, 1996), 작문 수업을 받는 대학교 1학년 학생들은 계획하기와 수정하기에 관한 9주 간의 교육에 참여하였는데, 그 학생들은 실험적이고 통제적인 상황 속에서 지원 도구나 워드프로세서를 사용하여 글을 썼다. 학생들이 지원 도구를 사용하였을 때에는 실질적인 수정을 더 많이 하고 글의 수준이 더 높게 나타났다. 그러나 수정의 빈도와 질 사이에는 어떤 상관성도 없었다. 지원 없이 글을 썼을 때, 전이[3]는 측정되지 않았다. 연령, 교육, 그리고 도출된 측정 결과 사이의 차이로 인해 두 연구의 다른 결과를 낳은 원인을 해석하는 것은 불가능하다.

Rowley(Rowley, Carsons, & Miller, 1998; Rowley & Meyer, 2003)는 쓰기의 세 가지 양상(아이디어 브레인스토밍, 목표 설정과 아이디어 조직, 수정하기)을 지원하는 지시문(prompt)을 제공하는 컴퓨터 프로그램에 관한 연구를 연속해서 보고하였다. 모든 네 차례의 연구는 중학교와 고등학교를 대상으로 하는 규모가 큰(500~1,200명) 준실험 연구였으나, 비교적 적은 기간 동안 프로그램을 적용하였고(한 학기나 일 년 동안 6~15시간에 걸친) 또한 충실도가

---

3) [역주] 앞에서 행한 학습이 나중 학습의 효과에 영향을 미치는 것

낮은 연구였다. 주요한 측정 결과는 지원이 없는 사후검사에서의 쓰기 질이었다. 앞선 세 연구(Rowley et al., 1998)는 한 반을 대상으로 한 분석보다 개별적인 학생 수준에서의 분석에서 통계적으로 유의한 효과를 산출했다. 컴퓨터에 접근하지 않도록 한 통제 집단에서의 연구를 제외하고는 효과 크기가 매우 작았다(보고된 변인의 대략 1%정도). 다섯 번째 연구는 아무런 유의한 효과를 발견하지 못했다.

전반적으로 쓰기 과정 동안에 필자에게 초인지 지시문을 제공하는 컴퓨터 프로그램 연구는 긍정적인 결과보다는 부정적인 결과를 보여주었지만, 어떤 확고한 결론을 내리기에는 연구의 수가 너무 적었다. Zellermayer et al.(1991)은 쓰기 질의 개선을 발견한 유일한 연구였다. 이 연구에서 적용한 글은 전학을 하거나 편입할 때 작성하는 에세이(transfer essay)였다. 그러나 이들의 연구에서도 응답형 안내(solicited guidance)를 받은 학생들에게서 예상하지도 못했을 뿐만 아니라 설명하기 어려운 부정적인 결과가 포함되어 있었다. Renolds & Bonk(1996; Bonk & Reynolds, 1992)는 대학교 학부생들의 도움을 받아서 쓴 글에서 수정하기와 쓰기 질의 증가를 발견하였다. 그러나 중학생들을 대상으로 한 전이 에세이나 도움을 받은 에세이에서는 어떠한 효과도 발견되지 않았다. Rowley et al.(1998)의 연구에서는 설계 결함이 있었고 아주 낮은 효과 크기가 산출되었다.

교육적인 의도에서 주어지는 지시문보다 더 일상적인 상황에서 아웃라이너(outliner)4)와 개념도(concept mapping) 프로그램이 계획하기를 지원하기 위한 설계로 갖추어졌다. 최근 교사들에게 이 소프트웨어가 널리 사용되고 있음에도 불구하고 쓰기에서 개념도 소프트웨어에 대해서는 오로지 한 연구에서만 그 효과가 발견되었다. Sturm & Rankin-Erickson(2002)은 학습 장애를 가진 청소년들이 글을 쓸 때, 개념도 소프트웨어와 손으로 개념 지도를 그리는 것, 그리고 개념 지도를 그리지 않는 상황에서 계획하기를 비교했다. 개념도를 그리지 않는 조건에 비해 개념 지도를 그리는 두 조건에서 글의 길이가 더 길고 질이 높았다.

Crinon & Legros(2002)는 초보 필자의 수정을 지원하기 위하여 새로운 접근을 채택하였다. 초보 필자들이 갖는 가장 중요한 문제는 좋은 글에 대한 지식의 부족이라고 주장하면서 그들은 학생들에게 내용이나 이야기를 시작하는 방법과 같은 일반적인 문제 해결 방법에 대한 아이디어를 제공하기 위한 예시문 데이터베이스에 접근하도록 지원했다. 이 데이터베이스는 학생들이 몇 줄에서부터 한 쪽 반 정도로 쓴 글들을 뽑아 놓은 250편 짜리 모음집이었다. 이들 텍스트는 주제(우정이나 싸움 등)나 등장인물과 장소, 또는 기법(이야기를 시작하는

---

4) [역주] 서류 작성을 도와주는 프로그램

방법, 독자를 웃게 하는 방법 등) 등을 중심으로 접근되었다.

이 연구에서는 8~10세 아동들이 첫 번째 회기에서 초고를 작성하였고, 두 번째 회기에서는 수정하기를 돕기 위해 데이터베이스를 사용하였다. 이 데이터베이스는 과제와 동일한 주제를 가진 8개의 인용문에 접근할 수 있는 자료 조건, 그리고 아무런 지원이 없는 조건과 비교되었다. 아동들은 컴퓨터를 이용하여 다시 쓰는 동안 더 많은 진술을 생산하였고, 특히, 더욱 초구조적인 진술을 생산했다. 추가 진술의 대부분은 텍스트를 그대로 인용하기보다는 새로운 창조였다. 질적 측정은 사용되지 않았고 지원 없는 쓰기로의 전이도 측정되지 않았다. 쓰기 교육에서 모범문의 모방을 사용한 연구는 단지 간략한 효과만을 보여주었다(Hillocks, 1986). 그러나 동료들과 협력적 쓰기를 한 학생들은 이후의 독립적 쓰기에서 동료들이 사용한 기능을 사용하는 것으로 나타났으며 시범보이기는 기본적인 학습 방법으로 확립되었다(Daiute & Dalto, 1993). 아마도 간략한 모범 데이터베이스는 쓰기 교수에서 일반적으로 사용하는 모형보다 더욱 효과적일 것이다. 그 이유는 전자의 경우가 쓰는 동안 필자에게 특정 문제를 해결하기 위한 아이디어와 도움을 주기 때문이다.

쓰기 발달을 위한 컴퓨터 지원의 새로운 방향은 학생들의 수정하기와 평가하기의 상호작용적인 순환에 피드백을 제공하기 위한 자동 에세이 채점 방식(AES)의 사용이다. 몇몇 AES 시스템은 인간 평가자와의 양호한 평가자간 신뢰도를 보여주었다(Shermis & Burstein, 27장 참조). 게다가 잠재적 의미 분석(LSA)에 기초한 시스템은 글의 잠재적 내용과 이 내용이 표준 텍스트에 얼마나 일치하는지도 평가할 수 있다(Landauer & Psotka, 2000). 이들 시스템은 글의 내용 범주나 양이 많은 텍스트 요약의 타당성을 평가하는 데 유용하다. 쓰기 지도의 일반적인 문제는 교사들이 많은 양의 학생 글에 대한 세부적 평가를 제공할 만한 충분한 시간을 갖지 못한다는 점이다. AES 시스템은 학생들의 쓰기에 수정을 통하여 반복적인 피드백을 제공할 수 있다.

Kintsch, Steinhart, Stahl, Matthews, & Lamb(2000)은 Summary Street 프로그램의 발달과 초기의 평가를 기술했는데, 이 프로그램은 학생들에게 어떻게 하면 텍스트의 각 부분을 아우르는 요약을 할 수 있는지, 길이는 어느 정도가 적절한지, 어떤 문장이 과다하거나 적절하지 않은지에 대하여 피드백을 제공했다. 초기의 연구에서, 6학년 학생들은 지원이 없는 경우보다 Summary Street를 지원하였을 때 더욱 요약을 잘 했으나, 이는 단지 더 어려운 화제가 제공될 때만 해당했다. Steinhardt(2001)는 50명의 6학년 학생들로 하여금 Summary Street을 사용한 요약하기와 길이 차원에서만 피드백을 주는 간략한 버전을 사용한 요약하기의 통제된 연구를 수행하였다. 학생들은 Summary Street를 사용할 때 요약하는 작업에 더 많은 시간을 들였고, 그 결과 내용과 질에서 더 높은 점수를 산출하였다. 지원이 없는 요약 쓰기를 위한 전환 실험과 읽기 이해력에 주는 영향력을 포함하여 조사되어야 할 더 많은 문제가 있다.

전반적으로 초인지 지원을 제공하거나 과정적인 도움을 제공하는 컴퓨터 프로그램에 관한 연구는 혼합된 결과를 산출하였다. 종이 기반의 과정적 조력자는 계획하기와 수정하기 과정에 영향을 주었고 어떤 연구에서는 쓰기의 질에도 영향을 주었다(Bereiter & Scardamalia, 1987; Ferretti & MacArthur, 2001; Graham, MacArthur, & Schwartz, 1995). 게다가 컴퓨터에 기반을 둔 버전도 학생들의 요구에 적절하게 설계되거나 맞춰진다면 역시 영향을 주는 것처럼 보인다. 이 분야의 더 많은 연구와 발달은 교육적 설계의 세부 사항들에 초점을 맞추어야 한다.

쓰기 지도에서의 그래픽 조직자와 개요의 빈번한 사용을 고려해 볼 때, 연구의 또 다른 중요한 분야는 컴퓨터 버전의 개요 작성하기와 개념도 소프트웨어가 결합된 쓰기 지도 설계이다. 쓰기 지도 지원을 위한 예시문 데이터베이스 사용에 관한 Crinon & Legros(2002)의 생각은 신선한 접근이었다. 최종적으로 쓰기 지도를 위한 AES의 적용은 특히 쓰기의 내용 부분에서의 개선을 위한 방향을 어느 정도 보여준다.

쓰기 부진 학생들을 위한 보조적 장치

앞서 언급된 워드프로세서는 학습 장애 필자들과 초보 필자들에게 특히 도움이 되었는데, 이는 그러한 필자들이 필요로 하는 동기, 맞춤법, 표현, 수정 등 모든 것에 대해서 지원을 제공하기 때문이다. 워드프로세서에 덧붙여서 철자 오류 표시기, 음성 합성기, 단어 예측, 그리고 음성 인식 등의 기타 컴퓨터 도구는 전사(transcription)에 어려움을 겪는 필자들에게 도움을 줄 수 있다.

철자 오류 표시기(Spelling Checkers)

기대되는 철자 오류 표시기는 학습 장애 학생들에게 오류를 지적해줄 수 있지만 큰 한계도 있다. 어떤 연구에서(MacArthur, Graham, Haynes, & De La Paz, 1996), 중간 정도에서 심각한 정도에 이르는 철자 문제를 가진 중학생들이 철자 오류 표시기를 제공하지 않았을 때(9%)에 비해서 제공했을 때 그들의 철자 오류를 더 많이(37%) 정정하였다. 그러나 심각한 한계는 철자 오류 표시기가 동음이의어를 포함하여('sad'와 'said'처럼) 나머지 오류의 37%를 지적하는데 실패했고, 오류의 25%는 올바른 단어를 제시하는 것에 실패했다. 학습 장애가 있는 고등학생들은 철자 오류 표시기의 한계를 다룰 수 있는 전략 사용을 가르쳤을 때, 더 많은 철자 오류를 수정할 수 있었다(McNaughton, Hughes, & Ofiesh, 1997).

음성 합성(Speech Synthesis)

음성 합성이나 글을 말로 바꿔주는 소프트웨어는 학생들의 수정하기를 도와줄 수 있는 도구이다. 그들이 쓴 텍스트를 말로 들음으로써 학생들은 그들이 텍스트를 읽을 때 놓치는 오류를 발견하고 정정하는데, 그들의 구술 언어 기술을 이용할 수 있다. 그러나 단지 초등학생과 중학생을 대상으로 한 하나의 연구에서만 이것의 유용함이 발견되었다. Borgh & Dickson (1992)은 초등학생을 대상으로 학생들에게 오류를 체크하도록 지시하는 특별한 워드프로세서를 사용하여 글을 쓰게 하였는데, 학생의 절반은 지시문에 따라 음성 합성을 활용하였다. 그러나 전반적인 수정하기 양이나 글의 양과 질에서는 특별한 차이가 없었다.

단어 예측기(Word Prediction)

단어 예측 소프트웨어는 신체적 장애가 있는 사람들의 타자를 도와주기 위하여 개발된 것이다. 그러나 이 소프트웨어는 심각한 철자 문제를 가진 학생들에게도 또한 도움이 된다. 단어 예측 소프트웨어는 첫 글자들에 기초하여 필자가 타이핑하고자 하는 단어를 예측하며, 정교한 소프트웨어는 통사와 단어 사용의 개인적 패턴까지 고려한다. 예를 들어, "I went to the s"를 입력하면 프로그램은 'store', 'show', 'same'이라는 단어를 포함한 예측 리스트를 제공할 것이다. 만약 내가 's' 뒤에 't'를 덧붙인다면 이 프로그램은 'st'로 시작하는 단어를 포함하여 목록을 업데이트할 것이다. 모든 단어 예측 시스템은 학생들이 단어 목록을 읽게 도와주는 음성 합성 프로그램도 제공한다.

MacArthur(1998, 1999)는 심각한 철자 장애를 가진 9~10세 학생을 대상으로 단어 예측기를 사용한 연구를 수행했는데, 개별적 학생에 대한 처치의 영향에 관한 임시적인 결론을 제공하는 단일 표본 설계(single subject designs)를 사용했다. 학생들은 손글씨와 워드프로세서, 그리고 단어 예측기를 사용하여 교사와 함께 대화 저널 쓰기를 했다. 이 세 가지 연구 모두에서, 8명 중 6명의 학생들이 단어 예측기를 사용했을 때, 쓰기와 철자에서 가독성이 높은 극적인 개선을 보여주었다. 보통 6명의 학생들은 55~85%의 가독성 있는 단어를, 42~75%의 정확한 철자를 보여주었다. 6명 모두 90~100%의 가독성 있고 정확한 단어를 보여주었다. 더 최근의 연구에서(H and ley-More, Deitz, Billingsley, & Coggins, 2003)는 앞의 연구와 유사한 학생들(심각한 철자 장애를 가진 10~11세의 학습 장애 학생)을 대상으로 유사한 결과를 얻었는데, 2/3에 해당하는 학생들이 가독성과 철자에서 개선을 보여주었다.

따라서 이들 유용한 연구는 심각한 철자 문제를 가진 학생들에게 단어 예측 소프트웨어의 사용을 지원한다. 연구들은 어휘의 길이, 쓰기 과제와 과제 설계의 일치, 인터페이스의 복잡성과 같은 설계 문제가 영향의 차이를 만들 것이라는 점도 밝혔다. 앞으로의 연구에서는 다른 집단과 어휘 사용의 영향을 조사하기 위한 발견의 반복과 확장이 요구된다.

음성 인식(Speech Recognition)

구술 쓰기를 위한 음성 인식 소프트웨어는 철자와 손글씨 쓰기, 또한 전반적인 유창성의 문제를 해결하기 위하여 잠재적으로 가장 완전한 해결책을 제시한다. 그러나 음성 인식 소프트웨어 질의 안정적인 개선에도 불구하고, 이는 여전히 인간의 구술 쓰기와 대조하여 큰 한계를 가진다(MacArthur & Cavalier, 2004). 첫째, 정밀도의 한계이다. 둘째, 사용자들이 반드시 분명하게 발음하는 것에 주의해야 하고, 구두점을 명령해야 하며, 외부의 음성을 통제해야 한다. 결국 사용자들은 새로운 유형의 오류를 편집하는 방법을 반드시 배워야 한다. 반면에 서기가 받아쓰는 일반적인 구술 작문을 넘어서는 음성 인식의 한 가지 이점은 필자들이 구술하는 텍스트를 직접 볼 수 있다는 점이다.

Reece & Cummings(1996)는 숨겨진 타이피스트와 보이는 컴퓨터 스크린을 사용한 가상 음성 인식 시스템을 활용한 연구의 시리즈에서 음성 인식의 잠재적 효과를 연구했다. 평범한 성취를 이루는 학생들과 쓰기 부진을 겪는 두 부류의 5학년과 6학년 학생을 대상으로 한 두 연구에서 손글씨 쓰기와 일반적인 구술 쓰기(테이프 녹음을 통한), 그리고 가상 음성 인식으로 쓴 글을 비교하였다. 일반적인 학생들에게서, 손으로 쓴 글과 일반적인 구술 쓰기 글은 질적으로 동등했다. 반면에 부진한 필자들은 일반적인 구술 쓰기에서 더 질이 좋았다. 두 그룹 모두 구술 쓰기나 손글씨 보다 가상 음성 인식 시스템을 활용할 때 글의 질이 더 우수했다. 그러나 일반적인 학생들에게 쓰기 전에 계획을 발전시키라고 지시한 다른 연구에서는, 일반적인 구술 쓰기에 비해 음성 인식기의 이점이 나타나지 않았다. 필자는 이러한 결과를 계획하기에서는 발전하는 텍스트의 모습을 볼 필요가 덜하기 때문으로 해석했다. 그러나 쓰기 문제를 가진 학생들에게 두 종류의 구술 쓰기는 확실히 손글씨 쓰기보다는 더 나은 방법이다.

부진 필자들을 대상으로 한 음성 인식기에 관한 몇몇 연구들이 보고된 적이 있다. 학습 장애가 있는 대학생들에게 초점이 맞춰진 연구이긴 하나, Higgings & Raskind(1995)의 연구는 초기 음성 인식과 전사에 의한 구술 쓰기, 또한 도움이 없는 쓰기(워드프로세서 또는 손글씨 쓰기로서 학생들로 하여금 선택하게 했다) 간의 실험적 비교 연구로서 언급할 만한 가치가 있다. 질적 점수는 도움이 없는 쓰기에 비하여 음성 인식에서 훨씬 높았다. Quinlan(2004)은 구어 점수에 비하여 문어 점수가 훨씬 낮은 중학생들(학습 장애 학생과 유사한)을 선별하고 이러한 불일치를 갖지 않는 보통 학생들과 비교하였다. 모든 학생들은 음성 인식기 사용을 배웠고 손글씨 쓰기와 음성 인식기를 사용하여 짧은 서사문을 작성했다. 쓰기 문제를 가지고 있으면서 평균적인 필자가 아닌 학생들은 음성 인식기를 이용하였을 때 더욱 긴 글을 작성했다. 그러나 부진 필자들과 평균 필자들에게서 각 쓰기 방식에 따른 질적으로 유의미한 차이는 발견되지 않았다.

MacArthur & Cavalier(2004)는 학습 장애 고등학교 학생들과 평범한 고등학교 학생들을 대상으로 음성 인식기와 눈에 보이는 스크린에서 전사를 하는 사람에 의한 구술 쓰기, 그리고 손글씨 쓰기의 효과를 비교했다. 모든 학생들은 6시간의 훈련을 받았고 음성 인식기의 사용과 설득적 글쓰기의 계획 과정에 대하여 연습했다. 그런 후에 세 가지 조건으로 글을 썼다. 모든 학생들은 음성 인식기를 사용할 수 있었고 글을 편집할 수 있었다. 학습 장애 학생들은 손글씨를 쓸 때보다 음성 인식기를 사용할 때 훨씬 적은 오류를 범했고, 아주 극소수의 단어만이 가독이 어려웠다. 음성 인식기를 활용하여 구술된 그들의 글은 손으로 쓴 글보다 질적으로 우수했다(ES=0.42). 그리고 사람에 의하여 구술 쓰기 된 글도 역시 더 우수했다(ES=1.31). 학습 장애가 없는 학생들에게서는 글을 쓰는 유형에 따른 어떠한 유의미한 차이도 발견되지 않았다.

조력 기술에 대한 연구가 방대하지 않음에도 불구하고, 이 연구들은 학습 장애 학생들과 기본적인 전사 과정에서의 문제를 가진 초보 필자들에게 그러한 문제를 상쇄시켜주는 어떤 유형의 기술사용 지원을 제공한다. 워드프로세싱과 철자 오류 표시기는 명백하게 도움이 되고 이미 사용가능하다. 단어 예측기는 심각한 철자 문제를 가진 학생들에게 도움이 된다. 음성 인식기는 이제 아직 한계가 있기는 하지만 그래도 유용하다. 한 가지 주의할 점은 모든 보조적인 기술 도구가 짐을 덜어주기는 하지만 새로운 짐을 부과하기도 한다는 것이다. 워드 프로세싱은 손글씨 쓰기의 부담을 덜어주지만 학생들은 반드시 타자를 치는 방법을 배워야 한다. 음성 인식기는 손글씨 쓰기와 타자, 그리고 철자와 관련한 부담을 덜어주지만, 학생들은 반드시 발음이 명확해야 하고 오류를 편집해야 한다. 새로운 도구가 쓰기의 전체적인 부담을 증가시키는지 혹은 감소시키는지는 개별 학생들의 용량, 훈련의 제공, 설정의 요구 등에 달려 있다. 따라서 앞으로는 어떤 학생들이 특정 도구를 통해 가장 많은 이점을 얻는지가 연구되어야 할 것이다.

하이퍼미디어

우리는 이제 관심을 필자를 지원하고 지도했던 컴퓨터에서, 글의 성격을 바꾸는 기술로 전환하려고 한다. 사용자들의 내용 학습을 향상시킬 수 있는 하이퍼미디어의 설계에 관해서는 많은 연구 문헌들이 있다(Dillon & Gabbard, 1998 참조). 이 장에서는 하이퍼미디어나 하이퍼텍스트 작문에 수반되는 인지 과정 그리고 그러한 작문의 학습 결과에 대한 연구들로 논의를 제한하고자 한다. '하이퍼미디어'라는 용어는 링크의 네트워크로 연결된 텍스트를 포함하여 멀티미디어와 관련한 연구에 사용되었다. "하이퍼텍스트"는 다른 매체와 결합되지 않은 링크된 텍스트에 초점을 맞추어 사용되었다.

하이퍼미디어를 작성하는 것과 선형적인 텍스트를 작성하는 것은 어떤 방법 차원에서는 차이가 있고 한편으로 비슷한 점도 있다. 둘 다 의사소통의 목적이 있는 작문의 과정이고, 독자 고려하기나 목표 설정, 내용과 수사적 목적에 주의하여 구성하기, 내용을 명확하게 표현하기, 그리고 평가하기와 수정하기 등에서는 비슷하다. 하이퍼미디어는 두 가지 주요한 측면에서 보통의 글과는 차이를 가지는데, 하나는 링크된 구조이고 다른 하나는 복합적인 매체의 포함이라는 점이다. 이들 두 가지 차이는 잠재적으로 작문의 모든 면에 영향을 미친다. 예를 들어, 독자들의 다차원적인 목적은 하이퍼미디어의 조직화된 구성의 계획을 고려하는 것을 요구한다(Bromme & Stahl, 2002). 내용 부분들 사이의 복합적 링크뿐만 아니라 문서 전체를 통하는 탐색 역시 고려되어야 한다. 개별적인 부분들의 내용은 영향을 받는데, 이는 필자가 앞부분을 이미 읽은 독자를 고려할 수 없기 때문이다. 복합적인 매체의 사용을 제공하기 위해서는 신중하게 살펴보아야 한다. 게다가 시각적인 설계 문제는 유용성에서 중요한 역할을 한다.

하이퍼미디어 작성의 영향에 관한 조사는 원래는 교실에서의 지도 사례 연구였다. 하이퍼미디어 작성의 영향에 관한 실험적인 연구는 설계하기가 힘든데, 그 이유는 다음 두 가지 때문이다. 첫째, 손글씨 쓰기와 워드프로세서 비교와 같은 매체 비교 연구는 하이퍼미디어와 텍스트 문서의 비교 가능성 부족으로 인하여 성립이 안 된다. 둘째, 하이퍼미디어 작문을 통한 내용 학습의 실험 비교는 동기적 요인은 말할 것도 없이 하이퍼미디어를 만드는 데 소요되는 많은 노력과 시간으로 인해 혼란스럽다. 그러나 많은 연구들이 하이퍼미디어의 작성과 작문, 설계, 과정에 대한 학생들의 이해에서의 변화, 또는 인지적이고 사회적인 과정에 대하여 조사했다.

Lehrer, Erickson, 그리고 그 동료들(Carver, Lehrer, Connell, & Erickson, 1992; Erickson & Lehrer, 1998, 2000)은 하이퍼미디어 작성에 기반을 둔 협동적 연구 프로젝트로서 많은 교실 연구를 수행하였다. 이 연구에서 학생들은 교실에서 화제에 대한 조사를 위하여 협동적으로 움직였고, 자신이 배운 것을 동료에게 알려주기 위하여 하이퍼미디어를 사용한 프리젠테이션 자료를 만들었다. 학생들은 하이퍼미디어 저작 도구에 대한 교육, 설계 과정에서의 현시적 지도와 안내를 받았다. 연구자들은 하이퍼미디어 작성에 요구되는 설계 기능의 이론적인 모형이나 인지적 과정 모형을 발달시켰다. 그리고 이들 설계 기능이 중요한 교육적 산출인지 논의했다. 그 모형은 조사 기능, 계획하기와 조정, 조직, 발표, 평가 그리고 수정에 이르는 넓은 범위의 인지적 기능에 대해 서술했다. 그들은 교육과정을 설계하기 위하여, 설계 기능을 가시화하기 위하여 문서를 작성하기 위하여, 설계 기능에 대한 학생들의 개념적 이해와 교실 프로젝트에서 학생들이 사용하는 설계 기능, 또한 새로운 과제를 위하여 학생들이 습득한 기능을 변환시키는 것을 평가하기 위하여, 그 모형을 사용하였다.

Carver et al.(1992)은 연구자들이 직접 지도한 9학년 학생들과 학교 교사들이 지도한 8학년 교실 3개를 대상으로 한 사례 연구를 보고했다. 두 집단 모두 10주간의 교육에 참여하였고 변화를 평가하기 위하여 4주간의 추적 프로젝트에 참여하였다. 학생 담화 분석, 자기 보고 측정, 그리고 전환된 과제에서의 설계 수행은 양쪽 학년에서의 설계 기능에 대한 결과를 증명하였다. 그러나 일반적인 교사들이 지도한 학생들은 설계 과정에서 현시적 지도를 잘 받지 못하였고, 설계, 특히 전반적인 연구 과정에서 낮은 개별적 발달을 보였다.

Erikson & Lehrer(1998)은 사회 연구에서의 하이퍼미디어 조사 프로젝트에 참여한 6학년과 7학년 학생을 대상으로 2년간의 장기 연구를 수행하였다. 그들은 무엇이 좋은 연구 질문을 구성하고 좋은 하이퍼미디어 설계는 어떠한 특성이 있는지에 대한 학생들의 이해 변화를 조사하였다. 연구 문제에 대한 이해는 단순한 사실적 질문에서 해석을 요구하는 진지한 질문들로 발전한다. 하이퍼미디어의 설계 기준도 표현 특성과 내용 정보에 초점을 두었다가 의사소통의 명료성과 독자에 대한 고려에 더욱 초점을 두는 방식으로 발전한다. 예를 들어, 학생들이 생성한 내용의 복합적인 표상, 목적과 링크의 조직에 더 많은 주의를 쏟았다. 분석은 또한 학생 이해에 대한 평가를 바탕으로 하여, 현시적 지도에 의존한 설계 지식에서의 학생 발달 범위를 나타냈다.

Erickson & Lehrer(2000)는 링크와 하이퍼미디어 공간에 대한 학생들의 발달적 이해에 대해 더욱 세밀하게 분석하였다. 그들의 분석은 Bereiter & Scardamalia(1987)의 지식 변형 쓰기 이론에 토대를 두었다. 지식 변형 쓰기란 필자들이 독자에게 아이디어를 명확하게 전달해야 하는 문제를 해결하려고 애쓰면서, 내용에 대한 이해를 수정하고 확장하는 내용 문제 공간과 수사적 문제 공간 사이의 상호작용에서 생겨난다. 1년 코스에 참여한 10명의 학생들의 발달의 세부적인 분석은 내용 연결의 배타적인 강조로부터 내용 중에서 특정 관련성을 나타내는 것을 사용함으로써 독자의 손쉬운 항해와 내용 조직이라는 더욱 큰 수사적 강조로의 변화를 보여주었다.

Liu(1998)와 동료들(Liu & Hasiao, 2002; Liu & Pederson, 1998)은 멀티미디어 설계 프로젝트에 참여중인 고등학생과 중학생, 초등학생을 대상으로 한 연구를 수행했다. 비록 그들이 Erickson & Lehrer(1998, 2000)의 연구와 유사한 이론적 설명을 사용하고, 설계 지식의 획득을 측정하기 위해 설계 설문지를 변형하여 사용하였으나, 프로젝트는 의사소통과 조사 과정에 대한 연구보다는 프리젠테이션에 초점을 둔, 전문적인 설계자에 의해 만들어지는 하이퍼미디어 설계라는 점에서 이전의 연구와는 다르다. 프리젠테이션 설계하기에 대한 이 한정된 강조는 설계 기능의 관련성과 중요성에 대한 Erickson & Lehrer의 논의를 제한한다. 게다가 이 연구는 처음에는 질적 데이터의 제한된 분석으로 이루어지는 단일 학급에 대한 사전-사후 연구였는데, 양적 측정에 의한 결과가 혼합되었다. 그들은 고등학교에서의 동기와 설계 지식의 증가를 발견하였다. 그러나 중학교와 초등학교에서는 양적 연구가 통합된 결과에서 증가가 발견되었다. 인터뷰와 관찰이라는 질적 분석은 학생들이 설계 지식과 관련되어 있고 발달하였음을 보여주었지만, 그들의 주장은 주의 깊게 해석되어야 했다.

하이퍼미디어를 사용한 교육적 프로젝트에서의 또 다른 사례 연구는 다른 접근을 시도하였다. Myers, Hammett, & McKillop(1998)은 비판적인 교육을 지원하는 하이퍼미디어의 사용에 대하여 논의하였다. 그들의 사례 연구에서, 고등학생들은 문학 작품에 비평적인 논평을 구성하기 위하여 하이퍼미디어를 사용하였다. 텍스트에 이미지와 논평을 링크하면서, 그들은 텍스트에 대한 재해석, 기본 가정에 대한 질문, 문화와 이데올로기에 대한 숙고를 포함하는 병렬적인 배치를 창조했다. Myers와 그녀의 동료들은 하이퍼미디어가 글을 비평할 기회를 제공한다고 생각했음에도 불구하고, 그들은 컴퓨터 기술의 영향은 교사와 학생들이 그것을 사용하는 방법에 의존한다는 점을 인정하였다.

Daiute & Morse(1994)는 글을 쓰기 싫어하는 집단을 대상으로 학생들이 개인적으로 의미가 있다는 이유에서 학교로 가져온 그림이나 음악에 기초한 단순한 멀티미디어 문서를 생산한 사례 연구를 보고했다. 그들은 이러한 멀티미디어 쓰기를 초등학생들이 일반적으로 하는 그림 그리기와 비교했다. 개별적 학생들에 대한 사례 연구는 높은 수준의 몰입과 텍스트 산출의 증가를 보여주었다.

Baker(2001; Baker & Kinzer, 1998; Baker, Rozendal, & Whitenack, 2000)는 학생 1명당 컴퓨터가 1대의 비율로 마련되어 있으며 다섯 개의 멀티미디어스테이션이 제공될 정도로 집중적인 기술 환경에서, 4학년 학생들을 대상으로 하여 일련의 문화기술적인 사례 연구를 보고하였다. 학생들은 과학과 사회 과목에서 종종 하이퍼미디어 프리젠테이션을 활용하는 협력적 프로젝트를 수행했고, 국어 시간에는 다양한 쓰기 활동에 참여했다. 이 연구에서 작문 과정은 브레인스토밍, 정보 검색하기, 작성하기(composing), 수정하기가 다양한 순서로 반복되는 순환적인 구조였다(Baker & Kinzer, 1998). 종종 학생들은 그들이 완성하여 이전에 발표한 멀티미디어 결과물을 수정하였다. 이러한 순환적 활동의 한 가지 분명한 원인은 컴퓨터 화면에서 이루어지는 글이 공개적이라는 특징 때문이다(Baker et al., 2000). 학생들은 종종 다른 학생들의 과제에 대해 의견을 말하거나 동료의 컴퓨터가 진행될 때에는 말하거나 멈추기도 하였다. 수업에서는 피드백과 프리젠테이션, 또한 다른 동료의 컴퓨터를 봄으로써, 종종 논평이 없어도 이를 통하여 동료 독자들과의 상호작용에 널리 영향을 미치는 기회를 제공하였다.

교사들은 쓰기의 공통된 특성에 대한 긍정적인 가치 및 학생들이 서로에게서 얻은 아이디어와 수정하기로부터 받은 많은 지원뿐만 아니라, 저널을 개인적으로 쓸 기회의 부족에 대해 잠재적으로 부정적인 암시를 보았다. 기술의 영향에 관련한 또 다른 논쟁은 출판과 프리젠테이션의 효과였다. 이 학급의 학생들은 그들 뜻대로 되는 발표 도구에 의하여 높게 동기화되었다. 그러나 교사는 발표 대상의 손상을 가져오는 프리젠테이션에 대한 지나친 강조에 대한 우려를 나타냈다. 협의된 공통 주제는 학생들의 보고서에 대하여 더 많은 내용을 찾을 수 있도록 그들을 격려하는 것이었다.

한 실험적 연구는 고등학교 학생을 대상으로 하이퍼미디어 작성과 관련된 인지적 과정을 조사하였다. Braaksma, Rijlaarsdam, Couzijn, & van den Bergh(2002)는 하이퍼텍스트 작문과 관련된 인지적 과정을 일반적인 줄글 텍스트 작문 과정과 비교하였다. 그들은 하이퍼텍스트의 위계성과 일반적인 텍스트의 선형성의 핵심 과정을 나타내기 위하여 설계된 인위적인 과제를 사용하였다. 이러한 하이퍼텍스트 과제는 학생들로 하여금 단락 길이의 논설문을 가지고서 논제와 주장, 그리고 하위 주장의 다이어그램을 그리도록 했다. 일차원적인 과제는 학생들로 하여금 계층적 다이어그램과 주장하는 짧은 문단을 쓰도록 요구했다. 사고 구술 데이터가 수집되었고 산출물의 질이 평가되었다. 각 학생들은 서로 다른 유형의 두 가지 과제를 하였는데 하나는 더 쉬웠고 다른 하나는 더 어려웠다. 사고 구술 진술의 전반적인 질은 하이퍼텍스트 과제보다 더 나았다. 비율적으로 일차원적인 과제가 쓰기와 다시 읽고 진술하기에서 더 많은 산출을 끌어낸 반면에, 하이퍼텍스트 과제는 더 많은 분석과 계획하기, 목표 설정하기, 그리고 메타 분석을 요구했다. 두 가지 모든 과제에서, 계획하기와 분석의 양은 산출물의 질과 정적으로 상관이 있었다. 연구자는 하이퍼텍스트와 작문에 수반되는 인지 과정의 일반적 유형이 매우 유사하다는 증거로서 이러한 결과를 해석했으며, 하이퍼텍스트 작문하기는 더 많은 계획하기와 분석하기를 장려함으로써 아마도 선형적인 쓰기 기술에 긍정적인 영향을 줄 것이라고 제안했다.

요약하자면, 하이퍼텍스트로 글쓰기의 영향에 관한 연구는 초기 단계에 있다. 사례 연구는 기술과 협력적 연구의 조합인 교육적 모형의 잠재성을 증명했고, 어떤 인지적 과정과 관련된 교육적 요인을 분석하였다. 그들은 산출물이 없는 매체와의 비교는 피했다. 무엇보다도, 기술의 사용이 없는 협력적 연구 모형에 대한 연구, 즉 집단 조사(Group Investigation, Shachar & Sharan, 1994)와 같은 연구는 학생들의 내용 학습과 조사 과정의 학습에 대한 긍정적인 영향을 보여주었다. 기술의 영향에 관한 질문에 대신하여 이들 사례 연구는 어떻게 하이퍼미디어를 효과적으로 사용하는지를 조사했다. 이 연구들은 하이퍼미디어 사용과 관련한 인지적 과정, 예를 들어 내용을 어떻게 단위로 나누고 독자들의 요구에 부응하여 연결시킬 수 있는지, 또는 어떻게 순간적인 표상을 만들기 보다는 효과적으로 의사소통하기 위한 복합적인 매체를 사용할 수 있는지에 관한 이해를 조명했다. 그들은 또한 동료와의 상호작용에서 기술과 공통적인 특성의 영향과 같은 주요한 사회적 고려를 지적했다. 결국 그들은 인지 과정과 학습 성취 모형에 의해 안내되는 교수의 중요성에 대한 중대한 결론을 이끌어냈다.

하이퍼텍스트로 글쓰기의 특정 양상에 대한 실험적 연구는 이제 시작 단계에 불과하다. 사례연구와 실험적 연구는 하이퍼미디어 작문이 높은 수준의 인지적 과정을 필요로 하고 이들 과정을 도와줄 수 있음을 보여주었다. 강조점에 차이가 있기는 하여도, 인지적 과정은 목표 설정, 예상 독자 고려하기, 내용 생성하고 조직하기, 평가하기, 그리고 수정하기와 관련한 쓰기 과정과 유사하다. 이들 인지적 과정을 더욱 세부적으로 이해하여 하이퍼미디어로 글쓰기를 포함한 교실 환경을 효과적으로 발달시키는 연구가 지속되어야 한다.

컴퓨터 매개 의사소통

"컴퓨터 매개 의사소통(computer-mediated communication, CMC)"이라는 용어는 다양한 범위의 활용 가능한 기술과 환경을 포함한다. 이 용어의 핵심 아이디어는, 때때로 다른 매체에 의해 보충되기도 하지만, 주로 쓰기를 매개로 이루어지는 인터넷이나 로컬 네트워크상의 상호작용적 의사소통이다. 온라인 원격 강의나 전통적 방식의 강의에서 이루어지는 온라인 토론, 협력적 과업 모임, 회의 등과 같은 전문적이고 교육적인 특수한 사용뿐만 아니라, 전자우편, 리스트서브[5], 인스턴트 메신저, 채팅과 같은 전문적이면서도 개인적인 일상적 사용도 포함한다. CMC 쓰기의 핵심적인 본질은 실제적이고 기술적이라는 데에 있지만, 이론적이고 실험적인 부분을 포함하기도 한다. 사회 심리학적 연구는 CMC에서의 상호작용 패턴을 설명한다(Eldred & Hawisher, 1995, 작문에 대한 관점의 개관을 참조). 온라인 교육 프로그램이나 원거리 교육에서 CMC를 동시적, 혹은 비동시적으로 사용함으로써, 상당한 정도의 사례와 실천 원리를 보여주었다(Berge & Collins, 1998, multiple-volume 참조). 언어학자들은 전자우

---

5) [역주] 등록한 특정 그룹 구성원 모두에게 전자우편을 자동으로 보내는 시스템을 말한다.

편과 인스턴트 메시지를 사용한 의사소통을 대상으로 통사론, 의미론, 화용론 측면에서의 연구를 수행하였다(예, Baron, 1998). CMC는 대학 작문 수업(역사적 검토를 위해서는 Palmquist, 2003을 참조; 광범위한 프로젝트 연구를 위해서는 Bruce, Peyton & Batson, 1993을 참조)에서도 널리 사용되었다.

CMC는 쓰기를 통한 의사소통이므로, CMC의 모든 것은 이 장과 어느 정도의 관련성이 있다. 그러나 이 장에서 다루는 내용은 쓰기 과정에서의 CMC의 영향과 쓰기 교수 상황에서의 글 산출에 대한 연구의 개관으로 제한하였다. 초등학교와 중학교 수준에서, 이 장은 서로 다른 문화나 지역의 학급을 대상으로 하는 원거리 프로젝트에 초점을 맞추었다.

인터넷을 활용한 문화 간 소통 프로젝트는 학생들의 쓰기 기능을 향상시키고 보다 큰 문화적 인식을 발달시키며, 확대되는 세계화에 학생들을 대비시키기 위한 방법으로서 제안되었다(Garner & Gillinghan, 1996; Fabos & Young, 1999). 프로젝트의 범위는 상황에 따라 단순히 편지를 주고받는 의사소통에서부터, 자료와 쓰기 결과물의 공유가 이루어지는 협력적 교육과정 프로젝트까지 다양했다. 이러한 프로젝트는 '진정한 목적'을 갖고 서로 다른 문화적 배경을 가진 또래와 쓰기로 의사소통할 수 있게 해 주는 실질적인 기회를 제공했다. 멀리 있는 또래와 의사소통하는 것은 학생들에게 예상 독자에 대해 좀 더 깊이 생각하도록 했을 것이고, 자신의 글을 좀 더 정확하게 정성을 들여서 쓰도록 했을 것이다. 쓰기의 실제성(authenticity)과 컴퓨터 기술은 아마도 쓰기에서 학생들을 더욱 동기화시켰을 것이다. 그러나 이러한 가능성을 실제로 검증한 연구는 소수에 머물렀다.

Cohen & Riel(1989)은 7학년 두 학급에 동일한 주제로 글을 쓰도록 하여 반복 측정 설계로 연구를 진행하였다. 두 학급의 학생들에게 한 번은 성적을 주제로 교사들에게 글을 쓰도록 했고, 또 한 번은 원거리에 있는 또래 독자에게 글을 쓰도록 했다. 이 학생들은 원거리에 사는 또래에게 전자우편을 보내거나 글을 쓴 사전 경험이 없었다. 원거리 독자를 대상으로 작성한 글은 다섯 가지 분석적 척도 모두에서 더 높게 평가되었고, 교사들에게도 높은 점수를 받았다. Gallini & Helman(1995)은 다문화 의사소통 프로젝트에 경험이 있는 5학년 학생들로부터 글을 수집했다. 학생들은 그들의 교사나 자신이 선택한 급우, 또는 멀리 떨어진 동료에게 글을 쓰도록 무작위로 지시받았다. 원거리의 동료를 위하여 쓴 글은 몇 가지 분석적 요소(조직, 정교화, 흥미)에서 다른 글보다 더 높은 점수를 받았다. 이 연구들은 멀리 떨어져 있는 예상 독자를 대상으로 한 쓰기가 갖고 있는 가치를 잘 보여준다. 하지만 두 연구 모두 규모가 작았고 단 한 편의 글을 수반한 것이었다.

한편으로는 문화 간 의사소통 프로젝트의 사례 연구가 보고되기도 하였다. 혁신적인 교사들에 의해 수행된 인터넷을 사용한 여섯 가지 사례 연구를 토대로, Garner & Gillingham(1996)은 문화 간 의사소통 프로젝트가 통합과 학생 연구를 지원함으로써 사회구성주의적 측면을 보다 더 고무시킨다는 점을 보여주었다. 이들 사례에서 교사들은 학생들의 흥미나 실세계에 대한 관심을 끌어내는 연구 방법에 노력을 기울임으로써 자신들의 교수법을 바꾸었다. 연구자들은 높은 수준의 쓰기 동기와 상당한 양의 글, 학생들이 서로 다른 문화를 이해하고 독자의 요구를 고려하기 위하여 노력한 증거 등을 발견하였다. 사례 연구는 또한 인터넷 의사소통 프로젝트의 성립은 제도적으로나 사회적으로 상당한 정도의 복잡성을 요구한다는 점을 보여준다. 예를 들어, Neilson(1998)은 지방 고등학교에서 이루어진 대규모 원거리 의사소통 프로젝트에 대해 다루었다. 다양한 제도적 장벽과 프로젝트 관리에 수반되는 어려움으로 인해 특별히 컴퓨터 기술에 관심이 있는 소수의 학생들만이 프로젝트 실행에 도달할 수 있었다.

Fabos & Young(1999)은 결과물에 대한 실증적 조사의 부족을 지적하면서 원거리 통신 프로젝트에 대해 매우 비판적인 의견을 제시하였다. 또한, 교육자들이 그러한 국제적 통신 프로젝트를 뒷받침하는 정치적이고 사회적인 세력을 비판적으로 살펴보아야 함을 촉구하였다. 사례 연구들은 다문화적인 통신 프로젝트의 잠재성에 대하여 증명해왔지만, 쓰기나 다른 유형의 학습에 대한 효과를 증명하고, 성공적인 프로젝트를 위하여 요구되는 요인에 대한 이해를 얻기 위해서는 더 많은 연구가 이루어질 필요가 있다.

결론

기술과 쓰기에 대한 연구 고찰을 위해서는 연구들을 둘로 분류하는 것이 보다 유용하다. 전통적인 쓰기 결과를 지원하는 기술의 사용에 관한 연구와 쓰기에 관한 새로운 형식과 환경에 관한 연구가 그것이다. 전통적인 쓰기 결과물에 대한 연구는 쓰기 과정이나 쓰기 결과물의 질과 분량이 워드프로세서나 상위 인지적 지시문, 조직적 도움, 자동화된 평가 피드백, 전사지원 등 쓰기를 지원하는 다른 프로그램의 사용에 의해 영향을 받는지를 탐구해왔다. 그에 대한 답은 '때에 따라 다르다.'는 것이다. 워드프로세서는 그 자체로는 쓰기 산출에 미세한 영향을 주었다. 하지만 교육적 중재와 결합할 경우, 학생들이 쓰기 기술을 더욱 발달시킬 수 있도록 도와주었다.

초인지 지시문이나 절차적 촉진을 제공하는 소프트웨어에 관한 연구는 엇갈리는 결과를 낳음으로써 교수 설계가 관건이라는 점을 시사했다. 유망한 영역의 연구, 예를 들어 피드백을 제공하기 위한 자동적인 평가 시스템의 사용은 이제 막 시작되었지만 피드백의 설계와 관련된 교육은 매우 중요한 것으로 보인다. 보조적인 기술은 어떤 조건 아래에서는 효과를 보여주었지만 교육적 지원만큼이나 학생 개인의 특성과 도구에 의존하는 영향을 보여준다는 중요한 한계가 있었다. 컴퓨터는 쓰기와 쓰기 교육에 강력하고 활용 범위가 넓은 도구이지만 그 영향력은 소프트웨어 설계와 컴퓨터의 능력을 이용하는 교수 방법에 의존한다.

하이퍼미디어와 같은 새로운 쓰기 유형이나 CMC와 같은 새로운 사회적 쓰기 환경이 주는 교육적 영향에 관한 질문은 분명한 답을 내리기가 더욱 어려워졌고 연구도 다소 제한되었다. 다문화 간 통신에 대한 소수의 연구만이 전통적인 쓰기 산출에 관한 영향에 대하여 질문하고 있다. CMC나 하이퍼미디어를 활용할 때, 교실에서 일어나는 인지적, 사회적 과정을 기술하기 위해서 질적 연구 방법을 사용하는 보다 일반적인 접근이 존재한다. 초등학교와 중학교에서의 CMC 연구는 초기에는 다문화 의사소통의 사례 연구로 제한되었다. 하이퍼미디어 사용 수업의 사례 연구는 사회적 상호작용에 대한 영향뿐만 아니라 하이퍼미디어를 생성하는 데 요구되는 인지 과정 중 일부에 대한 몇 가지 증거를 제공했다. 그들은 또한 인지 과정과 기대되는 학습 성취 모형에 의해 안내되는 교육의 중요성을 지적했다.

쓰기에 대한 기술의 영향 대부분은 학교에서의 직접적인 기술 사용을 통해서라기보다는 학생들의 변화된 학교 밖 경험들과 졸업 후 새롭게 요구되는 기술을 통해서 나타날 것이다. 위에서 논의한 교육적 중재에 관한 연구에 더하여, 이러한 광범위한 사회적 요인의 영향에 관한 연구가 요구된다.

참고문헌

Baker, E., & Kinzer, C. K. (1998). Effects of technology on process writing. Are they all good? In T. Shanahan & F. V. Rodriquez-Brown (Eds.), *47th yearbook of the National Reading Conference* (pp. 428-440). Chicago: National Reading Conference.

Baker, E. A. (2001). The nature of literacy in a technology-rich, Fourth-grade classroom. *Reading Research and*

Instruction, 40, 159-184.

Baker, E. A., Rozendal, M. S., & Whitenack, J. W. (2000). Audience awareness in a technology-rich elementary classroom. *Journal of Literacy Research*, 32, 395-419.

Bangert-Drowns, R. L. (1993). The word processor as an instructional tool: A meta-analysis of word processing in writing instruction. *Review of Educational Research,* 63(1), 69-93.

Baron, N. S. (1998). Letters by phone or speech by other means: The linguistics of email. *Language and Communication,* 18, 133-170.

Bereiter, C., & Scardamalia, M. (1987). *The psychology of written expression.* Hillsdale, NJ: Erlbaum.

Berge, Z. L., & Collins, M. P. E. (1998). Wired together: *The online classroom in K-12* (Vols. 1-4). Cresskill, NJ: Hampton Press.

Bolter, J. D. (1998). Hypertext and the question of visual literacy. In D. Reinking, M. C. Mckenna, L. D. Labbo, & R. D. Kieffer (Eds.), *Handbook of literacy and technology* (pp. 3-13). Mahwah, NJ: Erlbaum.

Bonk, C. J., & Reynolds, T. H. (1992). Early adolescent composing within a generative-evaluative computerized prompting framework. *Computers in Human Behavior*, 8, 39-62.

Borgh, K., & Dickson, W. P. (1992). The effects on children's writing of adding speech synthesis to a word processor. *Journal of Research on Computing in Education*, 24(4), 533-544.

Braaksma, M. A. H., Rijlaarsdam, G., Couzijn, M., & van den Bergh, H. (2002). Learning to compose hypertext and linear text: Transfer or interference? In R. Bromme & E. Stahl (Eds.), *Writing hypertext and learning: Conceptual and empirical approaches* (pp. 15-37). Oxford, UK: Elsevier Science.

Bromme, R., & Stahl, E. (2002). Learning by producing hypertext from reader perspectives: Cognitive flexibility theory reconsidered. In R. Bromme & E. Stahl (Eds.), *Writing hypertext and learning: Conceptual and empirical approaches* (pp. 63-72). Oxford, UK: Elsevier Science.

Bruce, B. C., & Hogan, M. P. (1998). The disappearance of technology: Toward an ecological model of literacy. In D. Reinking, M. C. Mckenna, L. D. Labbo, & R. D. Kieffer (Eds.), *Handbook of literacy and technology* (pp. 269-282). Mahwah, NJ: Erlbaum.

Bruce, B. C., Peyton, J. K., & Batson, T. (Eds.). (1993). Network-based classrooms: Promises and realities. New York: Cambridge University Press.

Carver, S., Lehrer, R., Connell, T., & Erikson, J. (1992). Learning by hypermedia design: Issues of assessment and implementation. *Educational Psychologist,* 27, 385-404.

Cochran-Smith, M. (1991). Word processing and writing in elementary classrooms: A critical review of related literature. *Review of Educational Research,* 61, 107-155.

Cohen, M., & Riel, M. (1989). The effect of distant audiences on students' writing. *American Educational Research Journal,* 26, 143-159.

Crinon, J., & Legros, D. (2002). The semantic effects of consulting a textual database rewriting. *Learning and Instruction,* 12, 605-626.

Daiute, C. A. (1986). Physical and cognitive factors in revising: Insights from studies in computers. *Research in the Teaching of English,* 20, 141- 159.

Daiute, C., & Dalton, B. (1993). Collaboration between children learning to write: Can novices be masters? *Cognition and Instruction,* 10, 281-330.

Daiute, C., & Morse, F. (1994). Access to knowledge and expression: Multimedia writing tools for students with diverse needs and strengths. *Journal of special Education Technology,* 12(3), 221-256.

Dillon, A., & Gabbard, R. (1998). Hypermedia as an educational technology. *Review of Educational Research,* 68, 322-349.

Eldred, J. C., & Hawisher, G. E. (1995). Researching electronic networks. *Written Communication,* 12, 330-359.

Erickson, J., & Lehrer, R. (1998). The evolution of critical standards as students design hypermedia documents. *Journal of the Learning Sciences,* 7, 351-386.

Erickson, J., & Lehrer, R. (2000). What's in a link?: Student conceptions of the rhetoric of association in hypermedia composition. In S. P. Lajoie (Ed.), *Computers as cognitive tools: No more walls* (Vol. 2, pp. 197-226), MahWah, NJ: Erlbaum.

Fabos, B., & Young, M. D. (1999). Telecommunications in the classroom: Rhetoric versus reality. *Review of Educational Research,* 69, 217-287.

Ferretti, R. P., & MacArthur, C. A. (2001). The effects of elaborated goals on the argumentative writing of students with learning disabilities and their normally achieving peers. *Journal of Educational Psychology,* 92, 694-702.

Garner, R., & Gillingham, M. G. (1996). *Internet communication in six classrooms: Conversations across time, space, and culture.* MahWah, NJ: Erlbaum.

Gallini, J. K., & Helman, N. (1995). Audience awareness in technology-mediated environments. *Journal of Educational Computing Research,* 13, 245-261.

Goldberg, A., Russell, M. & Cook, A. (2003). The effect of computers on student writing: A meta-analysis of studies from 1992 to 2002. Journal of Technology, Learning, and Assessment, 2(1), 151.

Graham, S., MacArthur, C. A., & Schwartz, S. S. (1995). The effects of goal setting and procedural facilitation on the revising behavior and writing performance of students with writing and learning problems. *Journal of Educational Psychology,* 87, 230-240.

Handley-More, D., Deitz, J., Billingsley, F. F., & Coggins, T. E. (2003). Facilitating written work using computer word processing and word prediction. *American Journal of Occupational Therapy,* 57, 139-151.

Hawisher, G. E. (1987). The effects of word processing on the revision strategies of college freshmen. *Research in the Teaching of English,* 21, 145-159.

Hayes, J. R., & Flower, L. S. (1980). Identifying the organization of writing processes. In L. W. Gregg & E. R. Steinberg (Eds.), Cognitive processes in writing (pp. 3-30). Hillsdale, NJ: Erlbaum.

Higgins, E. L., & Raskind, M. H. (1995). Compensatory effectiveness of speech recognition on the written composition performance of postsecondary students with learning disabilities. *Learning Disability*

Quarterly, 18, 159-174.

Hillocks, G. (1986). *Research on written composition: New directions for teaching.* Urbana, IL: ERIC Clearinghouse on Reading and Communication Skills.

Kellogg, R. T., & Mueller, S. (1993). Performance amplification and process restructuring in computer-based writing. *International Journal of Man-Machine Studies,* 39, 33-49.

Kintsch, E., Steinhart, D., Stahl, G., Matthews, C., & Lamb, R. (2000). Developing Summarization skills through the use of LSA-based feedback. *Interactive Learning Environments,* 8(2), 87-109.

Landauer, T. K., & Psotka, J. (2000). Simulating text understanding for educational applications with latent semantic analysis: Introduction to LSA. *Interactive Learning Environments,* 8(2), 73-86.

Liu, M. (1998). A study of engaging high-school students as multimedia designers in a cognitive apprenticeship-style learning environment. *Computers in Human Behavior,* 14, 1-29.

Liu, M., & Hsiao, Y. -P. (2002). Middle school students as multimedia designers: A project-based learning approach. *Journal of Interactive Learning Research,* 13, 311-337.

Liu, M., & Perdersen, S. (1998). The effect of being hypermedia designers on elementary school students' motivation and learning of design knowledge. *Journal of Interactive Learning Research,* 9, 155-182.

MacArthur, C. A. (2000). New tools for writing: Assistive technology for students with writing difficulties. *Topics in Language Disorders,* 20, 85-100.

MacArthur, C. A. (1998). Word processing with speech synthesis and word prediction: Effects on the dialogue journal writing of students with learning disabilities. *Learning Disability Quarterly,* 21, 1-16.

MacArthur, C. A. (1999). Word prediction for students with severe spelling problems. *Learning Disability Quarterly,* 22, 158-172.

MacArthur, C. A., & Cavalier, A. (2004). Dictation and speech recognition technology as accommodations in large-scale assessments for students with learning disabilities, *Exceptional Children,* 71, 43-58.

MacArthur, C., & Graham, S. (1987). Learning disabled students' composing under three methods of text production: Handwriting, word processing and dictation, Journal of Special Education, 21, 22-42.

MacArthur, C. A., Graham, D., Haynes, J. A., & De La Paz, S. (1996). Spelling checkers and students with learning disabilities: Performance comparisons and impact on spelling. *Journal of Special Education,* 30, 35-37.

McNaughton, D., Hughes, C., & Ofiesh, N. (1997). Proofreading for students with learning disabilities: Integrating computer use and strategy use. *Learning Disabilities Research and Practice,* 12(1), 16-28.

Myers, J., Hammett, R., & Mckillop, A. M. (1998). Opportunities for critical literacy and pedagogy in student-authored hypermedia. In D. Reinking, M. C. McKenna, L. D. Labbo, & R. D. Kieffer (Eds.), *Handbook of literacy and technology* (pp. 63-78). MahWah, NJ: Erlbaum.

Neilson, L. (1998). Coding the light: Rethinking generational authority in rural high school telecommunications project. In D. Reinking, M. C. McKenna, L. D. Labbo, & R. D. Kieffer (Eds.), *Handbook of literacy and technology* (pp. 129-144). MahWah, NJ: Erlbaum.

Olson, D. R. (1995). Conceptualizing the written word: An intellectual autobiography. *Written Communication,* 12(3), 277-297.

Palmquist, M. (2003). A brief history of computer support for writing centers and writing-across-the-curriculum programs. *Computers and Composition,* 20(4), 395-413.

Perkins, D. N. (1985). The fingertip effect: How information-processing technology shapes thinking. *Educational Researcher,* 14(7), 11-17.

Purves, A. (1998). Files in the web of hypertext. In D. Reinking, M. C. McKenna, L. D. Labbo, & R. D. Kieffer (Eds.), *Handbook of literacy and technology* (pp. 235-252). Mahwah, NJ: Erlbaum.

Quinlan, T. (2004). Speech recognition technology and students with writing difficulties: Improving fluency. *Journal of Educational Psychology,* 96, 337-346.

Reece, J. E., & Cummings, G. (1996). Evaluating speech-based composition methods: Planning, dictation, and the listening word processor. In C. M. Levy & S. Ransdell (Eds.), *The science of writing: Theories, methods, individual differences, and applications* (pp. 361-380). MahWah, NJ: Erlbaum.

Reynolds, T. H., & Bonk, C. J. (1996). Facilitating college writers' revisions within a generative-evaluative computerized prompting framework. *Computers and Composition,* 13(1), 93-108.

Rowley, K., Carsons, P., & Miller, T. (1998). A cognitive technology to teach composition skills: Four studies with the R-WISE writing tutor. *Journal of Educational Computing Research,* 18, 259-296.

Rowley, K., & Meyer, N. (2003). The effect of a computer tutor for writers on student writing achievement. *Journal of Educational Computing Research,* 29, 169-187.

Russell, M. (1999). Testing writing on computers: A follow-up study comparing performance on computer and on paper. Educational Policy Analysis Archives, 7(20). Available online at epaa.asu.edu/epaa/v7n20/

Russell, M., & Plati, T. (2001). Effects of computer versus paper administration of a state-mandated writing assessment. Teachers College Record online at www.tcrecord.org, ID No. 10709.

Scribner, S., & Cole, M. (1978). Literacy without schooling: Testing for intellectual effects. *Harvard Educational Review,* 48, 448-461.

Sennett, A. J. (2004, July 5). Romance at first click?: Ha. *The Washington Post,* p. B1.

Shachar, H., & Sharan, S. (1994). Talking, relating, and achieving: Effects of cooperative learning and whole-class instruction. *Cognition and Instruction,* 12(4), 313-353.

Steinhart, D. (2001). *Summary Street: An intelligent tutoring system for improving student writing through the use of latent semantic analysis.* Unpublished dissertation, Institute of Cognitive Science, University of Colorado, Boulder.

Sturm, J. M., & Rankin-Erickson, J. L. (2002). Effects of hand-drawn and computer-generated concept mapping on the expository writing of students with learning disabilities. *Learning Disabilities Research and Practice,* 17, 124-139.

Van Waes, L., & Schellens, P. J. (2003). Writing profiles: The effect of the writing mode on pausing and revision patterns of experienced writers [Special issue: Pragmatics of Writing], *Journal of Pragmatics,* 35(6),

829-853.

Wolfe, E. W., Bolton, S., Feltovich, R., & Niday, D. M. (1996). The influence of student experience with word processors on the quality of essays written for a direct writing assessment. *Assessing Writing,* 3, 123-147.

Zellermayer, M., SAlomon, G. Globerson, T., & Givon, H. (1991). Enhancing writing-related metacognitions through a computerized writing partner. *American Educational Research Journal,* 28, 373-391.

제 18 장
"말조심 해야겠네요"
문법과 언어 기능 교과 지도

Micheal W. Smith, Julie Cheville & George Hilocks. Jr

비행기에서 옆 사람과 이야기를 하게 되면, 자주 받는 질문이 "하시는 일이 무엇입니까?"이다. 이어서 "영어를 가르칩니다." 혹은 "영어 교사가 되려는 학생들을 가르치고 있습니다."라고 대답하면, 반드시 나오는 반응 중에 하나가 "아이쿠, 그럼 말조심 해야겠네요."이다. 이런 대화 속에는 문법을 가르치는 것과 영어를 가르치는 것 사이에 밀접한 연관성이 있을 것이라는 통념이 깔려 있다. 이러한 통념은 개별 과목으로 문법을 가르치는 것이 학생들의 언어 발달에 어떠한 효과도 없다는 한 세기 동안의 연구 결과에도 불구하고 지속적으로 유지되어 왔다. 이 장에서는 강력하게 비판받아온 이러한 관행을 해명할 수 있는 몇 가지 요인들에 대해 논의해 보고자 한다. 또한 그러한 비판이 제기된 연구들을 간단히 살펴보고 나아가 앞으로의 연구와 교수의 방향을 알려주는 연구 이론들을 고찰하고자 한다. 그에 앞서 몇 가지 개념 정립이 필요하다.

문법의 의미

"문법"에 관한 논의에서 문제가 되는 것 중 하나는 이 용어 자체가 너무 많은 의미를 함축하고 있다는 점이다. Francis(1954)의 중요한 논문을 토대로 Hartwell(1985)은 문법이라는 용어가 다양한 의미를 표현하는 데에 사용된다고 주장했다. 이 중에서 연구와 이론 사이의 간극을 이해하기 위한 특히 중요한 두 가지 의미가 있다. 첫째로, 문법은 언어의 공식적 패턴에 따른 체계적인 기술(description), 분석, 표현(articulation)으로 정의된다. 서로 다른 이론적 시각을 가진 현대 언어학자들은 각기 다른 방법으로 묘사 분석, 기술을 규정하려 하였다. 문법은 또한 말하기와 쓰기를 통제하는 일련의 규칙이라는 의미로 사용되기도 한다. 현대 문법이 이러한 종류의 규칙(또는 관습)을 피하려는 반면, 전통 학교 문법(TSG)은 문법에 규칙적인 설명 기능을 결합시켰다. 예를 들어 "품사"나 기타 다른 용어들은, 영어에서 어휘, 구, 절이 어떤 기능을 하는지를 나타낸다. 여기서 맞춤법과 사용 규칙(예를 들어, "부사 접속이란 세미콜론으로 독립절을 결합시키는 것이다."와 같은 것들)은 정확성에 대한 기준을 나타낸다.

교사가 직면하는 압력

규범적 기능을 갖는 문법이 고부담 평가에서는 교사들에게 매우 매력적이었으리라는 점을 쉽게 확인할 수 있다. 이러한 평가는 일반적으로 학생들의 글에 대한 수정하기 과제를 포함한다. 평가 설계자가 평가에 이러한 쓰기 예시를 포함함으로써 학생들의 문제 해결력, 추론, 비판적 사고력을 측정하는 데에 쓰기의 중요한 역할을 한다는 점을 인식하고 있는 것처럼 보일지라도, 이러한 평가에 사용된 진단적 방법은 표면적 수준의 특징에 초점을 맞추고 있는 것이 보통이다(Powers, Burstein, Chodorow, Fowles, & Kukich, 2002). 요컨대 현재의 평가는 TSG가 제안하는 정확성의 기준에 초점을 두고 있다.

Hillocks(2002)가 설명한 바와 같이, 학생의 글을 편의적으로 처리하려는 평가자의 바람으로 인해, 학생의 다채로운 쓰기 능력보다는 표면적인 실수나 특정 지시문의 단서들에 초점이 맞춰지곤 한다. 최근에는 평가의 신뢰성과 효율성을 높이기 위해 자동 채점 시스템이 개발되어 평가자의 역할을 대체하고 있는데 이러한 발전은 결국 텍스트의 표면적 특징을 강조하는 경향을 심화시킬 것으로 전망된다.

이러한 시스템 중 하나로, 교사들은 모든 학년 수준에 걸쳐서 서사적, 설명적, 설득적 유형의 글쓰기와 관련된 108개의 쓰기 지시문을 제공하는 온라인 도서관에 접속할 수도 있다. 이러한 주제별 기능 덕택에 교사들은 이미 검증된 지시문을 이용할 수 있다. 이러한 지시문들은 시험 상황에서 바로 활용할 수 있는 4점 혹은 6점 척도의 평가 기준과 그것들의 대표적인 평가 예시문을 포함한다. 그렇기 때문에 채점 장치는 학생들이 과제를 제출함과 동시에 즉각적이고 실시간적인 반응을 제공한다. 그 반응은 다음과 같은 영역에 초점을 두고 있다.

- 문법 : 미완성되거나 이해하기 어려운 문장들, 주어와 동사의 호응, 동사 형태의 오류, 대명사의 오류, 소유격 오류, 잘못되거나 누락된 단어들.
- 어법 : 관사 오류, 혼동된 단어들, 잘못된 단어 형태, 불완전한 비교, 비표준어.
- 맞춤법 : 철자법, 고유명사의 대문자 표기 오류, 문장의 첫 글자 대문자 오류, 물음표, 마침표, 소유격 기호, 쉼표, 줄표의 누락, 복합어, 합성어, 동어 반복.
- 문체 : 단어의 반복, 부적절한 단어나 구, 수동태의 문장, 긴 문장, 짧은 문장, 등위 접속사로 시작하는 문장.
- 조직과 전개 : 도입부, 논지 진술, 주제, 부수 내용, 결론, 연결 단어나 구(ETS Technologies, Inc. 2002).

학생들은 제출한 글 각각에 대한 전체 점수와 서술형 피드백을 받을 수 있다. 되돌아온 글에는 특정 오류가 나타나는 부분이 강조되어 표시되어 있고 그 강조된 부분을 클릭함으로써, 학생들은 추가적인 "진단 분석"을 얻을 수 있다. 예를 들어, 여러 개의 짧은 문장으로 이루어진 단락이 있다면 여기에는 문체적 오류의 가능성이 표시될 수 있으며 문장 결합을 통해 문장 구조를 보다 향상시킬 수 있다는 조언이 덧붙여질 수 있다(ETS Technologies, Inc., 2002). 내용 조직과 전개의 측면에 있어서 진단 분석은 다음과 같은 컴퓨터를 통한 추론에 바탕을 두고 신호를 보낸다. "첫째, 둘째, 셋째"와 같은 단어, "요약하자면, 결론적으로"와 같은 구절 등에 나타나는 주제와 관련된 어휘들이 내용의 전개와 통일성을 알려준다는 것이다. 도입부를 나타내는 말이 누락되었을 경우, "이것이 당신의 주제인가?"와 같은 조언이 첨부될 수 있다.

요컨대, 만약 고부담 평가가 위에서 제시한 영역 중 처음 세 범주와 관련된 수많은 종류의 오류에 초점을 맞추고 있는 것이 사실이라면, 교사들이 그러한 오류를 제거하기 위해 설계된 교수법에 초점을 두고 가르치는 이유를 쉽게 이해할 수 있다. 특히 그 방법이 나머지 두 범주와 관련하여 문제를 가진 학생들을 도울 수 있다는 보장이 있다면 더욱 더 이해하기 쉽다. 그러나 불행히도, TSG는 두 범주 모두에 있어서 그렇지 못했다는 점을 뒷받침하는 충분한 증거가 존재한다.

전통적인 학교 문법의 문제

TSG는 언어가 운용되는 방식을 부적절하게 기술한다.

우선, TSG가 단순하게 분류해 놓은 범주들은 도움이 되지 않는다. Fries(1952)는 TSG와 관련한 분석적 방법이 지나치게 제한적이어서 학생들로 하여금 의미에 필연적인 영향을 미치는 영어의 수많은 중요 특질들(예를 들어, 음운론, 형태론, 높낮이, 강세, 시제)을 놓치게 만든다고 주장하였다. 그는 또한 품사나 언어의 제한적 범주에 초점을 맞추는 일은 어쩔 수 없는 모호함을 낳는다고 설명했다. TSG가 제공하는 정의들은 그것을 사용하는 사람이 언어에 대한 보다 많은 정보를 갖고 있지 못할 경우에는 불충분한 경우가 많다. 예를 들어, TSG에 따르면 명사란 사람이나 장소, 사물의 이름이다(몇 가지가 더 추가될 수도 있다). 'blue', 'red', 'yellow'는 색깔의 이름이지만, 'the blue shirt'와 같은 구절에서 'blue'를 명사라고 보기는 어렵다. Fries는 그 정의들이 병렬적이지 않기 때문에 이러한 어려움이 생겨나는 것이라고 지적한다. 즉, 'blue'와 같은 단어는 색깔의 이름이기도 하지만 동시에 명사를 수식하기도 한다. 두 가지의 정의가 필요하다는 것이다.

품사의 문제적 성격은 Riley & Parker(1998)가 명사에 관해 논의한 내용을 보면 보다 명확해진다. 그들은 많은 단어들이 명사의 전통적 정의에 들어맞지 않는다는 사실을 알고 있었지만, shirt나 horse, Frank와 같은 단어들은 실재계의 독립적 사물을 지칭하고 있으므로 명사의 의미론적 정의와 부합한다는 점을 인정했다(p.72). 그렇다면 "shirt factory"나 "horsing around", "Frank Lloyd Wright Foundation"[1]("frank discussion"이나 "franking privilege"는 말할 것도 없다)와 같은 표현은 어떤가? 심지어 이렇게 전문가들이 문제의 소지가 없을 것이라고 선택한 단어들조차 많은 문제를 안고 있다.

---

1) [역주] Frank Lloyd Wright 라는 건축가가 설립한 재단. 여기서는 Frank는 재단을 수식하는 형용사적 기능을 하는 것으로 보는 듯함.

더욱이 TSG는 표준어를 포함한 언어 관습을 불가침의 대상으로 간주하고 있다. 토착 방언에서 나타나는 어휘나 통사적 요소들은 오류로 처리된다. 이런 태도는 교사와 학생들로 하여금 자신들이 근본적인 결점을 갖고 있다는 추론을 가능케 할 수 있다. 하지만 방언에 대한 그러한 추론이 학문적으로 유효하지 않다는 것은 중요한 사실이다. 흑인 영어의 경우(black English vernacular[BEV])를 예로 들자면, Labov(1972)는 방언이 종종 생각되는 것처럼 오류 덩어리가 아니라고 강하게 주장하였다. 반대로 그는 BEV가 전체 영어 문법 속에 구별되는 하위 구조로서 자체의 규칙적 관습과 발화 생산을 위해 몇 가지 뚜렷이 구별되는 법칙을 지니고 있다고 밝혔다(pp.63-64). BEV의 내적 규칙성을 설명함과 동시에 그는 BEV에 대한 이해를 포기함으로써 생기는 교육자들의 심각한 오류에 대해서도 밝혔다. 언어학자들은 또한 BEV 사용자들이 그들 자신의 언어 관습을 통해 잘 다듬어진 논리력과 설득력을 가지고 있음을 설명하였다(pp.201-240). 그리고 이런 작업을 토대로 연구자들은 교사들의 방언에 대한 관점이 언어 학습자의 자긍심을 어떻게 약화시키거나 어떻게 발전적으로 진보시키는지를 밝혔다(Fasold, 1984; Shuy & Fasold, 1973; Trudgill, 1975).

관습은 고착화되어 있으며 협상 불가한 것이라는 관점과는 달리, 사회 언어학자들은 명시적 학습과 언어 다양성에 대한 협상이 아동들의 언어 발달을 가능케 한다고 주장하였다. 개별 언어 공동체(Hymes, 1974)에 대한 묘사를 통해서, Heath(1983)는 언어, 문화, 사고 간의 상호의존성을 밝혔으며, 이는 담화에 대한 커다란 관심을 불러일으켰다(Cazden, 1988; Purcell-Gates, 1995). 1996년에 오클랜드 통합 교육위원회는 흑인 학생들에게 그들이 사용하는 주언어인 에보닉스(Ebonics)[2)]에 반대하는 교육을 승인하는 결의안을 통과시켰다. 그러한 조치와 의도가 갖고 있는 유감스러운 오해는 교육 과정의 개편으로까지 이어졌지만, 그럼에도 불구하고 유의미한 읽기 활동과 쓰기 과정의 맥락에서 다양한 방언의 교섭이 문해력의 발달을 어떻게 지원하는지를 밝히려는 연구까지 가로막지는 못했다(Delpit, 1988; Harris-Wright, 1999; Ladson-Billings, 1994; Wolfram, 1999; Wolfram & Creech, 1996).

학생들은 TSG의 학습을 힘겨워한다.

비록 TSG가 언어에 대한 훌륭한 설명이라 하더라도, 학생의 입장에서 학습의 곤란을 겪게

---

2) [역주] 특유의 통사적 구조와 어휘를 가지고 있으며 별도의 방언으로 인정되고 있는 흑인 영어를 지칭함.

만든다면 그것은 문제의 소지가 있다. Macauley(1947)는 이 주제와 관련한 가장 설득력 있는 연구를 수행했다. 이 연구의 피허자들은 다양한 수준의 스코틀랜드 학생들로서, 4년 동안 매일 30분씩 문법을 공부했다. Macauley는 이 학생들에게 몇 세트의 문장들을 제시하고 거기서 명사, 동사, 형용사, 부사를 구별해 보도록 하였다. 절반 이상을 맞혀야 하는 이 시험을 통과한 학생은 오직 한 명뿐이었다. 그는 동일한 시험을 스코틀랜드 중학교 졸업자 중 상위 20%만이 진학하는 고등학교 졸업자들을 대상으로 실시했다. 이들 학생들은 무려 9년 동안이나 문법을 공부한 엘리트였으나, 이들 중 오직 42%만이 절반을 넘게 맞춰 시험을 통과했다.

TSG는 학생들의 쓰기에 영향을 주지 않는다.

TSG가 교육적으로 효과적이라면, 그것을 반복하여 가르치는 것은 가치가 있는 일일 것이다. 그러나 그렇지 못하다는 증거가 명백하다. Braddock, Lloyd-Jones, & Schoer(1963)는 쓰기에 관한 연구를 검토하면서 다음과 같이 선언하였다. "형식문법은 가르치지 않아도 무방하다. 그것은 실제 쓰기에서 어떠한 지도나 연습으로도 대체 가능하며 심지어 쓰기 능력 향상에 부정적 영향을 미치기도 한다"(pp.37-38). Hillocks(1986) 역시 20년 후에 동일한 내용을 강하게 주장하였다.

> 학교 당국과 관리자, 교사들은 쓰기를 가르친다는 명목으로 오랜 기간 동안 전통적 학교 문법을 강요함으로써 결과적으로 학생들을 매우 힘들게 만든 것이다. 이는 좋은 글을 위한 효율적 쓰기 교육과 관련이 있는 그 누구에게도 용인받기 어려운 일이다(p.248).

문법 교수에 관한 또 다른 검토(예, Hillocks & Smith, 2003 참고)는 이러한 판단에 근거한 모든 연구들을 다루고 있다. 그 중 가장 주목할 만한 것은 Elley, Barham, Lamb & Wyllie(1976)이다. 그들은 3, 4, 5학년(9~11학년)으로 진급하는 뉴질랜드 고등학생들을 통시적으로 관찰했으며, 교수 1년 후에 후속 지도를 하였다. 표집은 대규모였으며(실험 초기에 248명, 3년 후에 166명) 신중하게 통제되었다. 학생들은 네 번의 시험 성적, 성, 민족, 학교에 대한 공헌, 과목 선택에 따라 8개의 집단으로 나누어졌다. 이 중 세 집단은 (변형) 생성 문법을 포함하는 Oregon 교육과정을 학습했다. 다른 세 집단은 같은 교육 과정을 학습하면서 변형 문법 대신 창의적 글쓰기와 문학을 추가로 학습했다(우리는 이 장의 후반부에 대안 문법에 대해 다룰 것이다). 마지막 두 집단은 TSG를 학습했다. 이들 집단에 대한 문학 수업은 6~8개의 유명한 소설을 공부하는 것이었다. 연구 기간 동안, 교사들은 매년 다른 과정을 지도했기 때문에 1년 이상 같은 교사가 똑같은 방법을 사용하지는 않았다. 연구자들은 매년 읽기, 듣기, 영어 어법, 철자법, 영문학, 문장 결합, 학생들이 작성한 글에 대한 준거 참조 평가, 태도 조사 등 다양한 측정 방법을 활용했다.

널리 알려져 있듯이, 연구 결과에서 이들 집단에서는 거의 차이점이 발견되지 않았다. 연구 첫 해가 끝났을 때 세 집단은 어떤 측정에서도 특별한 차이를 보이지 않았다. 두 번째 해가 끝났을 때, TSG를 학습한 집단의 쓰기 내용이 문법을 학습하지 않은 집단에 비해 유의하게 높았고, 생성 문법을 학습한 집단은 쓰기와 문학에 대한 태도 수준에 있어 다른 두 집단에 비해 유의하게 낮았다. 세 번째 해가 끝났을 때, 생성 문법을 학습한 집단과 문법을 학습하지 않은 집단은 문장 결합 검사에서 좋은 성적을 나타냈으며, 문법을 공부한 두 집단은 영어 어법 검사에서 유의한 성적 향상을 이루었다. 그러나 실제 학생의 쓰기 결과를 놓고 보면 유의한 차이는 없었다. 이들 세 집단의 차이가 미미하다는 사실은 명확했다. 사실 영어 어법 면에서 문법을 학습한 집단이 보여준 성취도 의심스럽다. 왜냐하면 그것은 명확하게 문장 구조와 관련되었다기보다는 기능적 관습이 광범위하게 흩어진 결과라고 보아야 하기 때문이다(Elley et al., 1976, p.15). 이러한 문법 지도의 장점은 물론 그것을 공부함으로써 학생들이 갖게 되는 언어에 대한 부정적 영향을 고려해서 받아들여야 할 것이다.

또 다른 연구자들은 문법 지도에 대한 학생들의 부정적 반응을 밝혔다. 예를 들어 Hillocks(1971)는 교외에 거주하는 주로 노동자 계층의 학생 3,000명을 대상으로 영어에 대한 태도를 조사하였다. 그 결과, 학생들은 영어 수업 중에서 TSG와 맞춤법에 대한 학습이 가장 흥미롭지 않다고 답하였다.

그렇다면 어떻게 해야 하는가?

TSG 지도가 언어 발달에 거의 도움이 되지 않는다는 유력한 근거에도 불구하고, 확대되는 고부담 평가의 환경 속에서 문법적 오류에 대한 강조가 증가하는 현실을 볼 때, 교사들이 활용할 수 있는 대안은 무엇인지를 살펴보는 것은 중요하다. 연구와 이론을 통해 제기된 가능한 해결책은 다음의 두 가지이다. 첫째, 대안 문법을 가르쳐야 한다. 둘째, TSG를 가르치되 그 장점을 극대화하고 단점을 최소화해야 한다.

대안 문법

이 장에서는 영어를 가르치는 데 영향을 끼쳐 온 세 가지 문법에 대해 살펴보고자 한다. 세 가지 문법은 구조 문법, 변형 생성 문법(TGG), 체계적 기능 언어학(SFL)이다.

구조 문법

구조 언어학자들은 모어 화자의 발화 표본을 모은 후 그것을 세 가지 수준에서 분석하였다. 세 가지 수준이란 음소론(의미 있는 소리와 철자), 형태론(구별되는 의미를 지닌 단어와 단어의 부분들), 통사론(문장 구조와 하위 구조 예를 들어 구나 절)이다. 그들은 구조적 특질을 통해 이들 세 가지 수준의 요소들을 찾아내고자 하였다. 예를 들어 음소적 수준에서 서로 다른 자음들은 다른 방식으로 발음된다는 점을 밝혔다.

비슷한 방법으로, 구조 언어학자들은 구조적 특질들을 통해 품사들을 분석하였다. 예를 들어 명사는 소유격에서 굴절한다는 특징이 있으며, '-er, -ism'이나 '-tion'과 같은 특정 어원적 접사를 가질 뿐 아니라 'One is here'와 같은 문장 구조에 적합하다. 영어 형태류에 대한 완전한 분석은 매우 복잡하다(예를 들어, Francis, 1958, pp.237-288 참조).

구조 언어학자들은 일반적으로 직접적인 성분 분석을 통해 통사 구조를 관찰하는데, 이러한 기술은 언어 구조가 통상적으로 개인적 어휘와 유의미한 언어 분절들로 양분된다는 생각을 바탕으로 한다. 이런 분석이 문장을 이루는 단어나 구들의 특정 관계를 보여주는 데 도움이 된다 하더라도 그런 분할이 이루어지는 규칙들은 명확하지가 않다. 구조 문법은 통사 구조에 대한 충분한 통찰을 제공하지 못한다.

구조 언어학자들의 몇몇 기본 가정들은 매우 강력한 비판에 직면해 있다. 그 중 하나는 언어 분석 기준으로서의 의미를 거부한다는 점이다. 어떤 비평가들은 구조주의적 방법 그 자체가 다음과 같은 믿음과 모순된다고 주장한다. 즉, 언어학자들이 언어의 의미를 모를 수 있다 하더라도, 모어 화자들이 대조되는 특질들을 인지할 수 있는 것은 그들이 가지고 있는 의미에 대한 지식 덕택이다. 그들의 묘사 과정에 내재된 두 번째 중요 가정인 언어란 발화자의 입을 통해 나오는 그 무엇이라는 철학적 관점 역시 공격받고 있다. 그것이 사실이라 가정하고 아무리 많은 양의 언어 표본을 모은다 하더라도 그것은 발화의 극히 일부분에 불과하다. 구조 문법은 어떻게 화자들이 한 번도 들어 본 적이 없는 문장을 문법적으로 수용 가능하게 발화하는지에 대해 설명하지 못한다.

현재까지는 구조 문법이 학교 교육과정에 그렇게 큰 영향을 발휘하고 있지는 못하지만, 몇몇 학교에서는 이미 수년 전부터 이를 TSG의 대안으로 활용하고 있다. 그러나 구조 문법 지도에 대한 연구는 그 효과에 대한 강력한 지지를 제시하지는 못하고 있다. 21개의 학교에서 수업을 진행한 Smith & Sustakowski(1968)는 구조 문법의 효과와 전통 문법의 효과를 비교했다. 그들은 구조 문법을 공부한 학생들이 현대 언어 태도 검사(MLAT)에서 좋은 성적을 얻었다고 발표했다. 이는 충분히 납득할 만한 결과인데, 왜냐하면 MLAT는 구조 문법이 중시하는 음운적, 형태적, 통사적 구조의 민감도를 측정하는 시험이기 때문이다. 그리고 전통 문법에서는 이것을 그렇게 중요하게 다루지 않는다. 그러나 영어 교사들이 TSG보다 구조 문법을 더 중요하게 여기는 상황 변화는 일어나지 않았다. 연구자들은 다양한 실험을 통해 양자 간의 유의한 차이를 찾지 못했다.

변형 생성 문법

학교 현장에 보다 많은 영향을 끼쳐 온 것은 변형 생성 문법(TGG)이다. TGG는 구조 문법이 생각지 못했던 근본적 의문에 대해 답을 찾고자 했다. 즉, 언어 경험이 유한한 화자가 "어떻게 무한대의 새로운 문장들을 생산하고 이해할 수 있는가?"하는 것이다(Chomsky, 1957, p.15).

TGG는 실제 관찰되는 발화를 통해 언어 전체의 모습을 파악할 수 있다고 보지 않는다. 변형 문법은 문법을 사용하는 화자의 직관력을 설명할 수 있는 명시적인 구(句)와 변형 규칙을 찾는 데 그 목적을 두었다(여기서 규칙이란 TSG에서 말하는 적절성과는 아무 관계가 없다는 점에 유의해야 한다). TGG에서 구 규칙은 문장의 표층 구조를 설명하며, 변형 규칙은 심층 구조와 의미의 관련성을 파악하려는 것이다. 결국, 문법을 공부하는 목적은 어떻게 심층 구조로부터 표층구조가 생성되었는지를 설명하고 그 규칙을 명시하기 위한 것이며, 그 규칙을 적용함으로써 광범위한 생성의 가능성을 파악하는 것이다(Hillocks, McCabe, & McCampbell, 1971, p.427).

구조 언어학이 성분 분석을 통해 발화를 구성하는 최소 문법 범주를 파악하려는 데 그 목적을 두었다면, TGG는 최소 구조(예, 분지도(分枝圖) 표시)를 상술하는 구문 구조를 넘어서서, 심층 구조의 변형이 어떻게 특정 최소 단위와 의미를 형성하는지에 대한 규칙을 찾아내고 자 하였다. 구조 문법이 언어의 생산성에 실증적으로 집중한 반면, TGG 언어학자들은 모든 언어에 공통되는 무한대의 생산성에 관심을 기울였으며, 그 언어들이 이루어내는 변형을 기록하려 했다.

TGG는 새로운 구조의 생성에 초점을 두었기 때문에 TGG에 대한 지식은 쓰기를 위하여 변환되는 것처럼 보인다. 실제로 Mellon(1969)은 변형 문법의 지식을 적용하여 학생들의 통사적 복잡성을 증가시키는 문장 결합(SC)의 문제를 구체화하였다. 그러나 O'Hare(1973)는 Mellon 실험의 결과는 그의 가설처럼 변형 문법의 지식보다는 문장 결합의 실행 자체라고 주장하였다. O'Hare의 발견은 상술했던 Elley와 그녀의 동료들의 연구(1976)와도 일치하는데, 여기서는 TGG의 원칙들에 대한 명확한 교수가 학생들의 쓰기에 도움이 되는지에 대한 비판적 의문을 제기하였다. 결과적으로, 연구자들은 변형 문법에 대한 지도로부터 변형적 용어를 배제한 문장 결합을 가르치는 쪽으로 연구의 방향을 수정하였다.

문장 결합(SC) 활동에서, 연구자들은 학생들에게 주어진 핵심 문장을 통사적으로 보다 복잡한 문장들로 변형해보라고 지시했다. Strong(1973)은 문장 결합 활동을 통해 지도 자료인 말뭉치(corpus)를 발전시키면서, 핵심 문장을 "문장의 근본 요소"로 정의했다. 그는 핵심을 확인하는 체계에 따라서 영어에는 4개에서 10개의 핵심 문장들이 있다고 설명하였는데, 다음의 세 문장을 통해 이를 상술했다.

> The writer is young.
> The writer is developing.
> The writer works with options.(p.4)

이들 핵심 문장들은 몇 가지 방법을 통해 보다 복잡한 문장들로 변형이 가능하다. "The young, developing writer works with options,"나 "The writer who is young and developing works with options."가 그 예이다.

SC 활용에 관한 연구 결과, SC는 학생들의 통사적 능숙도를 증대시키는데 효율적인 것으로 나타났다. 이 통사적 능숙도란 흔히 절 당 단어 수와 문장 당 절의 수를 통해 측정된다. Hillocks & Mavrogenes(1986)의 연구 결과에 따르면, "이들 연구에서 압도적인 다수가 긍정적 결과를 보였는데, 어리게는 2학년에서부터 성인 수준에 이르는 연구 대상 중 60%가 문장 결합 활동을 통해 통사적 능숙도에 있어 의미 있는 진보를 이루었다(유의 수준 p<.05) (pp.142-143).

그러나 이런 발견이 SC 활용에 대한 완전한 지지를 의미하는 것은 아니다. 무엇보다도 그들은 보다 긴 절(節)이 좋은 쓰기를 의미하는지에 관한 문제를 규명하지 못하였다. 사실 Hake & Williams(1979)는 처음에 무능한 것으로 판명된 필자가 유능한 필자가 되어갈 때, T-unit의 길이가 줄어든다고 하였다. 다른 연구(Nold & Freedman, 1977 참조) 또한 평균적인 절의 길이와 질적 평정 사이의 상관관계가 매우 낮다고 밝혔다. 덧붙여, 또 다른 연구 (Crowhurst & Piche, 1979 참조)에서는 통사적 복잡성이 특정 유형의 글을 집필하기 위한 필자의 목적에 따른 것이라는 점을 밝혔다. 이는 필자의 목적이 실험적으로 통제되지 않을 경우, 통사적 복잡성만으로는 쓰기 능력을 효과적으로 측정할 수 없다는 것이다.

설혹 통사적 복잡성이 가져다주는 장점을 인정한다 하더라도 그것이 계속 유지되는가는 의문이다. Strong(1986)은 Morenberg, Daiker & Kerek(1978)에 대해 "아마도 SC에 관해 지금 까지 가장 잘 계획되고, 가장 많은 자금이 동원되었으며 또한 가장 주의깊게 실행된 연구"라 고 칭하였다. Morenberg et al.(1978)는 SC를 학습한 실험 집단이 담화 양식에 초점을 두고 지도를 받은 통제 집단보다 총체적 측정과 분석적 측정에서 더 높은 점수를 받았다고 밝혔다. 그들은 또한 이러한 결과가 몇 달 동안 유지되었다고 보고했다. 그러나 지도로부터 28개월 후에 사후 실험을 실시한 결과, 실험 집단의 점수에는 변화가 없었던 반면, 통제 집단의 점수는 특별한 지도 없이도 의미 있게 상승하였다. 이런 결과는 통사적 유창성이 부분적으로 성숙의 결과가 아닌가 하는 추론을 가능케 하였다. 그들은 자연적인 발달을 촉진시키는 것이 갖고 있는 궁극적인 이점이 무엇인가라는 의문을 제기하였다.

이와 관련하여 실제로 SC를 통해 통사 구조를 다루는 학생들의 기술이 향상되는지, 아니면 단지 SC가 학생들에게 그들이 이미 갖고 있는 능력을 발휘하도록 실마리를 주는 것인지에 대한 의문이 제기되었다. Smith & Combs(1980)는 이 질문에 답하고자 노력했다. 그들은 대학 신입생들에게 세 가지 과제 조건을 각각 부여했다. 첫 번째 과제에서는 문장 구조에 대한 아무런 단서도 주지 않았다. 두 번째 과제에서는 예상 독자들이 길고 복잡한 문장을 선호한다 는 명시적인 단서를 주었다. 마지막 과제에서는 이틀 간 SC를 학습하게 하였고 이를 통해 긴 문장에 대한 암시적인 단서를 제공했다. 이들은 1주 이상 명시적 및 암시적인 단서를 제공받은 집단들이 한 학기 동안 SC를 학습한 다른 연구의 실험 참가자들과 비슷한 평균적 향상을 이루었음을 발견했다.

SC가 쓰기의 질에 미치는 영향을 밝히기 위하여 보다 직접적인 접근을 취한 연구도 있었다.

Hillock(1986)은 그의 쓰기 연구를 메타 분석하면서 쓰기의 질에 관여하는 4개의 SC 학습을 포함시켰다. 그리고 그것들이 표준 편차 0.35의 매우 균등한 효과 크기(ES)를 나타냄을 발견했다. 이러한 효과는 문법(-0.29), 자유 쓰기(0.16), 모형 학습(0.22)의 평균 효과보다 유의하게 더 높았다. SC의 평균 효과 크기는 평정 척도를 사용한 여러 처치들의 효과 크기와 대략적으로 유사했고 오직 집중 탐구(0.56)만이 SC보다 그 효과 크기가 유의하게 더 컸다.

만약 SC가 통사적 복합성을 증진하기 위해 설계된 것이고 그 통사적 복잡성이 쓰기의 질을 측정하는 최상의 지표라면, 무엇으로 이런 긍정적 영향을 증명할 수 있겠는가? Bereiter & Scardamalia(1982)는 이 물음에 대한 하나의 가설을 제시하고 있다. 그들은 아동들이 수정을 할 때 문장의 근본 계획은 바꾸지 않는다는 사실을 발견했다. 문장 오류에 대한 Shaughnessy(1977)의 분석에 따르면, 초보 필자 역시 그 같은 경향을 보였다. 아마도 학생들은 SC를 통해 보다 체계적인 통사적 선택의 목록을 얻고 이와 같은 종류의 오류를 피할 수 있었을 것이다. Crowhurst(1983)는 세 가지의 가설을 제시했다. 그녀는 문장 쓰기의 연습과 문장 형성의 향상된 능력, 그리고 문장 구조화 능력과 관련된 다른 측면들을 향한 관심의 증대 등을 통해 결국 쓰기의 질이 향상된다고 보았다. Strong(1986)은 Crowhurst의 세 번째 가설을 지지했다. 그는 "SC가 통사 구조의 자동화를 도와 정신적 에너지를 해방시켜주고 이를 통해 학습자는 계획하기와 의미 구성하기에 전념할 수 있다."라고 하였다(p.3). 또한 그는 수정하기와 편집하기는 SC 수행의 직접적 영향을 받는 기능들이라고 주장하였다. Freedman(1985)은 SC가 T-unit 수준에서 나타나는 관련성을 인지하는 기능을 향상시키고, 이러한 기능은 전체 텍스트 수준으로 전이된다고 믿었다. 그녀는 SC로 인해 학생들이 이런 관련성을 파악하고 그 사고 습관을 발전시켜 순차적으로 개념적 지식을 만들어간다고 보았다.

연구자들의 또 다른 관심 영역은 오류에 관한 SC의 효과이다. 여기서의 발견은 매우 다채롭다. 예를 들어, Schuster(1976, 1977)의 실험 집단은 어법과 맞춤법 모두에 대한 사후 실험 과제에서 보다 적은 오류를 발견했다. 반면, Maimon & Nodine(1978, 1979)의 구절 다시 쓰기 실험에서는 비록 자유롭게 쓰기 환경은 아니었지만 SC 연습을 통해 오히려 더욱 많은 오류가 생겨났다고 주장했다. 그리고 Hake & Williams(1979)는 T-unit의 길이가 늘어남과 동시에 보다 많은 오류가 발견됐다고 보고했다. 아마도 이러한 모순적 발견들은 예측되었을 것이다. 만약 지도의 결과 학생들이 보다 복잡한 구조를 경험했다면, 오류는 필연적인 결과이다. 반면 SC 연습이 특정 구조를 생산하고 그 구조를 끝맺는데 집중된 것이었다면 효과적인 것으로 입증되었을 것이다.

체계적 기능 언어학

체계적 기능 언어학(이하 SFL)은 M.A.K. Halliday와 그의 동료들에 의해 발전된 언어 분석 체계이다. 어떤 측면에서는 구조 문법과 닮아 있지만 SFL은 예전의 구조 문법이 탐구하지 못했던 분야로 그 연구 영역을 옮겼다. 구조 문법이 분석의 도구로서 의미를 거부한 반면, SFL에서 의미는 분석의 가장 중요한 도구 중 하나가 되었다. 의미에 대한 관심은 "기능적"이라는 용어가 무엇을 뜻하는가에 있다. 뿐만 아니라, 우리가 논의한 다른 문법들은 단어, 절, 문장 등을 분석의 단위로 삼은 반면 SFL은 절을 넘어서 어떻게 텍스트와 장르들이 의미를 만들어 내는지를 분석하고자 한다.

의미에 관한 SFL의 이러한 초점은 Halliday(1985)가 분석한 다음의 세 문장을 통해 잘 알 수 있다.

1. The duke gave my aunt this teapot. (p.32)
2. This teapot my aunt was given by the duke. (p.35)
3. My aunt was given this teapot by the duke. (p.35)

Halliday는 문장 1을 시작하는 "The duke(공작)"의 위치가 "나는 너에게 공작에 관해 무엇인가 말할 것이다. 그는 나의 아주머니에게 찻주전자를 주었다."라고 알리는 효과를 갖는다고 주장한다. 이러한 위치는 그가 "심리적인 주체 또는 주제"라고 부르는 것에 따른다. 여기서 심리적 주체란 교사가 "주체는 너에게 그 문장이 무엇에 관한 것인지 말해준다"고 설명할 때처럼, TSG에 포함되었던 개념이다.

또한 "duke"는 논의되는 행동의 실천자라는 의미에서 주체가 된다. Halliday(1985)는 이것을 논리적 주체 혹은 행위자(actor)라고 불렀다. 덧붙여, 문장 1은 duke에 대한 명제로, 이것이 생성하는 질문은 "Did the duke give my aunt this teapot?"이다. Halliday는 이러한 기능을 문법적 주체라고 불렀다. 문장 1에서 주체와 관련된 세 가지 전통적 개념의 의미는 하나의 용어로 만족된다. TSG에서 볼 수 있는 이러한 이상화된 문장은 대개 세 가지 기능을 충족한다. 그러나 이것이 필요조건인지에 대해서는 의문의 여지가 남는데, 문장 2는 그렇지 않다는 사실을 보여주고 있다.

2. This teapot my aunt was given by the duke. (p.35)

문장 2에서는 세 개의 단어가 세 가지 기능을 분담하여 맡고 있다. "this teapot"이 문장의 맨 앞으로 이동하면서 "지금부터 찻주전자에 대해 말하고자 한다."라는 의미를 형성한다. 문장은 또한 명사구의 음조 패턴에 따라서, 의미의 두 가지 가능성을 가진 배타적 아이디어를 나타냄으로써 새로운 의미적 차원을 덧붙인다. 주된 강세가 this에 있을 경우, 아주머니가 공작에게 받은 것은 다른 어떤 찻주전자가 아니라 바로 이 찻주전자임을 나타내게 된다. 만약 주된 강세가 teapot에 있다면 공작은 아주머니에게 다른 물건이 아니라 바로 teapot을 주었다는 점을 나타내게 된다. 반면, 문장 1에서는 공작이 teapot과 더불어 어떤 다른 물건을 아주머니에게 주었을 가능성도 배제할 수 없다.

요컨대 teapot이 문장에서 주체적 기능을 담당하며 duke는 행위자로 남고, 서술의 대상이 되는 aunt는 문법적 주체가 된다. 이를 통해 Halliday는 어떻게 SFL이 언어의 복합적 부호화를 설명할 수 있는지에 관해 논의를 확대했다.

Halliday(1985)는 또한 절(clause)이 메시지로 조직되는 원리를 보여주었다. 그는 절의 주제를 '주제(theme)'라고 칭하고 그 주제에 대한 언급을 '언급(rheme)'이라고 칭하였다. 예컨대 문장 2에서는 "this teapot"이 theme이며 문장의 나머지 부분이 rheme에 해당한다. Halliday에 따르면 이러한 절의 분석을 '메시지로서의 절'이라 일컫는다. 이러한 분석은 텍스트가 잘 개념화되고 조직되었는지를 관찰하는 중요한 도구이며, 더욱 명확한 문장 구조와 힘 있는 문단 전개를 가르치는데 광범위하게 사용될 수 있다(예, Williams, 1999).

아울러 Halliday(1985)는 절에 대해 다음과 같이 논했다.

"절은 경험의 패턴들을 표현하는 수단이다. 언어의 기본적인 특성은 그것이 인간의 주변에서 그리고 그들의 내면에서 일어나는 것에 대한 그들의 경험을 이해하기 위해, 현실의 정신적 그림을 구축할 수 있게 하는 것이다. 여기에서 다시 절은 가장 중요한 문법적 단위이다. 왜냐하면, 이 경우에 절이 과정의 표현으로서 작용했기 때문이다."

Halliday는 이 과정이 본래 세 가지 요소로 구성된다고 하였는데 그것들은 행위자(actor), 과정, 목적이다. Halliday에게 있어 절이란, "어떤 개체는 다른 어떤 개체에게 행해진 무엇인가를 행한다."와 같은 물리적 과정처럼 분석될 수 있다(p.103). 예를 들어, "Geoffery flew the kite"라는 절은 "What did Geoffery do?"나 "What did the kite do?"와 같은 질문에 대한 답이다.

그러나 다른 절들은 이와 같은 방법으로 분석되지 않는다. 예를 들어, "Geoffery liked the kite?"와 같은 절은 do나 happen에 대한 답이 될 수 없다. 우리는 Geoffery가 kite에 대해 어떤 행동을 취했는지 알 수가 없다. 이에 대한 설명으로 Halliday(1985)는 심리적 과정이라는 범주를 설정했다. 심리적 과정의 절에서는 언제나 인간이나 의식을 가진 어떤 하나의 존재가 등장한다. 심리적 과정이란 무엇인가가 일어나거나 행해지는 물리적 과정이 아니기 때문에, 행위자나 과정, 목적 등의 개념들이 적용되지 않는다. 대신 Halliday는 감지자(senser), 과정, 현상(사실이나 사물)을 심리적 과정의 주요 요소로 제시했다.

Halliday(1985)는 다음과 같은 네 가지 다른 과정의 유형을 분류하였다.

1. 관계적(Relational) 과정: 식별 및 속성(attribution)과 관련된 것으로 "He is the flyer"나 "The kite is red"와 같은 절이 그 예이다.
2. 행동적(Behavioral) 과정: 호흡, 기침 등 생리적이거나 심리적 행동과 관계된 것들이다.
3. 언어적(Verbal) 과정: 의미의 상징적 교환과 관계된 것들이다(예, 말하기).
4. 실존적(Existential) 과정: 무언가가 존재한다는 단언이다(예, "길에는 스컹크가 있다").

이들은 각각 그 나머지 것들과 구분되는 물리적, 정신적 과정을 나타내며 그 필요성과 기능에 따라 체계적으로 다르게 나타난다.

이러한 범주들과 그 확장 및 상술들로 인해 SFL 이론가들은 서로 다른 장르들을 어떻게 구분할지 분석했다. 예를 들어 Halliday(1993)는 이론가들이 물질적 과정과 심리적 과정의 절을 다른 물질적, 심리적, 관계적 절에서 주제로 이용될 수 있었던 명사화로 변형하기 위하여 영어에 내재한 언어적 자원을 어떻게 이용했는지를 설명했다. 이런 명사화를 통해 과학적 담론은 마치 다른 것들에 행해지는 것처럼 묘사될 수 있다. 덧붙여, 앞서 언급된 절들을 명목화시키는 일은 theme-rheme의 배치를 논리적으로 발전시키고 이를 통해 더욱 명확하고 논리적인 담화로 발전시킨다. Halliday는 다음과 같이 풀어 설명했다.

뉴턴과 그의 후계자들은 새로운 종류의 지식을 위해 새로운 영어를 창조해냈다. 그 새로운 지식은 실험을 통해 만들어진 것이며 그 지식의 일반적 원칙들은 이들 실험을 통한 추론과 더불어 수학적 도움을 통해 파생된 것들이다. 그리고 이들 원칙은 다른 실험을 통해 계속해서 검증된다. 담화는 단계적으로 진행되어야 하며 그 속에는 "지금까지 우리가 알아낸 것은 이것이다."에서 "다음에 오는 것은 이것이다."로 끊임없는 이동이 일어난다. 이들 각각의 두 부분은 "당연시"되는 부분과 신정보라고 할 수 있으며 논쟁을 통해 그 위상이 명확해지는 방식으로 표현되어야만 한다. 영어 문법에서 이를 표현하는 가장 효과적인 방법은 전체 과정을 하나의 절로 압축하는 것이다. 이 절은 두 부분으로 나뉘는데, 절의 처음과 끝에 위치한 명사들과 그 사이에 두 명사 간의 관계를 밝혀주는 동사가 그것이다(p.81).

Halliday를 지지하는 사람들은 학생 필자들이 얼마나 분명하게 장르를 활용하는지를 이해하기 위하여 그의 통찰력을 활용하기 시작했다. 예를 들어, Schleppegrell(1998)은 과학 시간에 학생들이 쓰는 글이 과학적 묘사가 요구하는 장르 특질을 어느 정도 충족하는지 조사하였다. 그녀는 기능적 접근을 통해 특정 과제를 수행하는 데 효율적인 특정 문법 구조들과 그런 구조들을 다루는 학생의 능력을 찾아낼 수 있다고 주장했다. Wollman-Bonilla(2000)는 가정통신문이 어린 아이의 과학에 관한 쓰기 관습과 그것의 활용 능력에 미치는 영향에 대해서 비슷한 종류의 분석을 시도했다. 이러한 연구들은 곧 교사들에게 그들이 목표로 한 구조를 확인하는 데 SFL이 매우 유용한 도구로 활용될 수 있음을 보여주는 것이다. 그러한 분석을 지지하는 사람들은 학생들이 특정 장르의 글을 쓰기 위해서 특정의 문장 구조를 학습해야 한다고 주장한다(Kamberelis, 1999 참조). 그러나 그들의 연구는 그것을 어떻게 학습해야 하는지에 대해서는 명확하게 제시하지 못하고 있다.

학교 문법을 향한 보다 혁신적 접근

TSG에 대한 보다 혁신적 접근은 문법적 직관을 활용하여 학생들로 하여금 목표로 한 구조를 생산하도록 돕는 방식이다. 이러한 접근은 기존의 TSG가 운용되던 방식처럼 분석 수단으로서의 문법을 강조하는 것이 아니라, 학생들이 문법적 지식을 보다 종합적 방식으로 활용할 수 있도록 돕는 것이다.

Noguchi(1991)에 따르면, 쓰기 맥락에서 수행되는 문법 지도는 TSG의 범위와 절차에 대해 제한해야 한다고 하였다. 학술 용어의 암기 및 쓰기 발달과 무관한 구성 요소의 확인을 배제함으로써 문법 지도는 쓰기 과정 중에 일어날 수 있다. Noguchi에 따르면, 그것은 최소 범주들을 조직하고 명확히 구분하는 것과 관련된 두 가지 문제들에 초점을 맞추어야 한다. 하나는 문장이고, 또 하나는 수식어, 주어 및 동사의 일부를 포함하지만 문장이 아닌 것이다(p.34). 학생들은 직관적으로 이러한 범주에 익숙하기 때문에 앞서 말한 지도는 필자에게 요구되는 작용적 지식을 이해 가능하게 한다. TGG로부터 채택된 문장 형성 전략을 제공함으로써, Noguchi는 학생들이 통사적 정확성과 성숙을 이루는 구조들을 인지하고 정확하게 다룰 수 있게 도와주는 특정 전략들을 확인할 수 있었다. Noguchi는 결론을 통해 다음과 같은 제한점을 인정했다. "문장의 통사 구조에 집중된 문법 지도를 통해 우리는 문장의 형태와 양식에 관해 많은 것을 이해할 수 있지만, 문장의 단위를 넘어서는 글의 내용과 조직에 관해서는 많은 것을 배울 수 없다. 보다 중요하게도, 실제적 글쓰기 능력을 향상시키는 것은 후자이다"(p.106).

언급했다시피, SC 활동과 관련된 하나의 가능한 문제는 절을 합성하는 과정에서 학생들이 의미와 통사적 유창성과 관련된 새로운 문제를 야기한다는 점이다. 그리고 Noguchi(1991)가 경고했듯이, 문장 수준의 조작을 통해 글 전체의 흐름을 이해하는 것을 도울 수는 없다. 이런 문제들에 대한 대안으로, Noden(1999)은 통사론과 수사 구조의 관계에 초점을 둔 대안적 TSG 접근을 제안했다. 필자를 예술가로 보는 작문의 표현주의 모형처럼, Noden의 접근은 서사나 서정 장르에서 문장 및 단락 쓰기와 수정하기 맥락과 관련된 필자의 모방하기와 수식어 생성하기, 혹은 "붓질"로 시작된다. 이 단계를 강조하는 것은 수식어들이 통사적 측면만이 아니라 의미적인 측면에서의 정교함을 위한 것이라는 점을 납득시키려는 의도이다. 예를 들어, 서사적 글쓰기에서 학생들은 하나 혹은 두 개의 단어들을 첨가함으로써 단순히 문장의 소리만이 달라지는 것이 아니라 하나의 주어, 동사로 암시된 이미지가 보다 정교화 된다는 점을 배우게 된다. 일단 학생들이 축소된 맥락에서 생각이나 이미지들을 정교화 시키는 수식어를 생성할 수 있게 되면, 그 다음에는 어떻게 이를 통해 글 전체의 수사적 구조를 발전시킬지 고민하게 된다. 다시 말해서, 이미지 문법은 단락 단위를 조정하는 보다 큰 구조적 문법에 기여하게 된다. 마지막 장에서 Noden은 초안의 수정에 대해 언급하면서, 수정 작업은 표면적인 문법 오류에 대한 것으로 제한되어야 한다고 주장하기도 했다.

TSG를 연구한 Weaver(1996, 1998)는 최소 범주에 대한 연구 영역을 화법의 일부와 표면적 수준의 통사론에 대한 훨씬 더 상세한 내용, 형태론, 맞춤법적 문제로까지 확대시켰다. 구성주의적인 접근을 통해 Weaver는 문법적 오류에 대한 기능과 본질을 재개념화했다. 정확성에 대한 두드러진 강조가 갖는 위험성을 경고하면서, Weaver는 오류란 텍스트에 나타난 필자의 추론과 방법들을 파악할 수 있는 기회라는 생각(Kroll & Schafer, 1978)에 동의했다. Weaver에 따르면 오류에 대한 학습과 협상 과정은 쓰기의 발달에 결정적인 것이다. 그리고 그녀는 쓰기 전반에 걸쳐 학생들이 자신들의 오류 패턴을 인지하게끔 하는 수업 계획과 전략을 제시했다.

TSG에 대한 대안적 접근이 학생들의 쓰기 발달에 기여한다는 실증적 증거는 아직 없다.

그것은 예정 중이거나, 혹은 부분적으로 최근에 들어 실행된 언어 수업에 반영되어 있다. 그럼에도 불구하고 지역 및 전국 학회에 보고된 교사들의 사례에 따르면, 최소한 과정적 지도의 맥락에서 문법 지도를 시행하려는 종합적 접근에 대한 주목할 만한 관심이 생겨나고 있다. 앞으로의 연구는 양적, 질적 도구를 활용하여 바로 이러한 접근들의 효과를 기록해야 할 것이다. 덧붙여, 연구자들은 웹상의 쓰기 프로그램에서 활용되고 있는 자동 채점 프로그램에 대해 숙고해보아야 하며, 오류에 대한 표면적 수준의 지도가 초등학교나 중등학교 컴퓨터 사용자들의 쓰기의 질과 인식에 어떤 영향을 끼칠지에 대해서도 주목해야 할 것이다.

참고문헌

Bereiter, C., & Scardamalia, M. (1982). From conversation to composition: The role of instruction in a developmental process. In R. Glaser (Ed.), *Advances in instructional psychology* (vol.2, pp. 1-64). Hillsdale, NJ: Erlbaum.

Berlin, J. (1988). Rhetoric and ideology in the writing class. *College English,* 50, 477-494.

Braddock, R., Lloyd-Jones, R., & Schoer, L. (1963). *Research in written composition.* Champaign, IL: National Council of Teacher of English.

Cazden, C. (1988). *Classroom discourse: The language of teaching and learning.* Portsmouth, NH: Heinemann.

Chomsky, N. (1957). *Syntactic structures.* The Hague: Mounton.

Chomsky, N. (1965). *Aspects of the theory of syntax.* Cambridge, MA: MIT Press.

Crowhurst. M. (1983). Sentence combining: Maintaining realistic expectations. *College Composition and Communication.* 34, 62-72.

Crowhurst, M., & Piche, G. L. (1979). Audience and mode of discourse effects on syntactic complexity in writing at two grade levels. *Research in the Teaching of English,* 13, 101-109.

Delpit, L. D. (1998). The silenced dialogue: Power and pedagogy in educating other people's children. *Harvard Educational Review,* 58, 280-298.

Elley, W. B., Braham, I. H., Lamb, H., & Wyllie, M. (1976). The role of grammar in secondary school English curriculum. *Research in the Teaching English,* 10, 5-21.

ETS Technologies, Inc. (2002). *Criterion: Online writing evaluation.* Princeton: Author.

Fasold, R. (1984). *The sociolinguistics of society.* Oxford, UK: Blackwell.

Francis, W. N. (1954). Revolution in grammar. *Quarterly Journal of Speech,* 4q, 299-312.

Francis, W. N. (1958). *The structure of American English.* New York: Ronald Press.

Freedman, A. (1985). Sentence combining: In A. Freedman (Ed.), *Carleton papers in applied language studies* (Vol. 2, pp. 17-32). (ERIC Document Reproduction Service No. ED 267 602)

Fries, C. C. (1952). *The structure of English.* New York: Harcourt, Brace & World.

Hake, R. L., & Williams, J. M. (1979). Sentence expanding: Not can, or how, but when. In D. A. Daiker, A. Kerek, & M. Morenberg (Eds.) Sentence combining and the teaching of writing (pp. 134-146). Conway: University of Akron and University of Central Arkansas.

Halliday, M. A. K. (1985). *An Introduction to functional grammar.* London: Edward Arnold.

Halliday, M. A. K. (1993). Some grammatical problems in scientific English. In M. A. K. Halliday & J. R. Martin (Eds.), *Writing science: Literacy and discoursive power* (pp. 69-85). Pittsburgh: University of Pittsburgh Press.

Harris-Writing, K. (1998). Enhancing bidialectalism in Urban African American students. In C. Adger, D. Christian, O. Tayler (Eds.), *Making the connection: Language and academic achievement among African students* (pp. 55-60). Arlington, VA: Center for Applied Linguistics.

Hartwell, P. (1985). Grammar, grammars, and the teaching of grammar. *College English,* 47, 105-127.

Heath, S. B. (1983). *Ways with words: Language, life, and work in communities and classrooms.* New York. Cambridge University Press.

Hillocks, G., Jr. (1971). *An evaluation of Project Apex, a nongraded phase-elective English program.* Trenton, MI: Trenton Public Schools.

Hillocks, G. Jr., (1986). *Research on written composition: New directions for teaching.* Urbana, IL: National Conference on Research in English and ERIC.

Hillocks, G., Jr. (2002). *The testing trap: How state writing assessments control learning.* New York: Teachers College Press.

Hillocks, G., Jr., & Mavrogenes, N. (1986). Sentence combining. In *Research on written composition: New directions for teaching* (pp. 142-146). Urbana, IL: National Conference on Research in English and ERIC.

Hillocks, G., Jr., McCabe, B. J., & McCampbell, J. F. (1971). *The dynamics of English instruction: Grade 7-12.* New York: Random House.

Hillocks, G., Jr., & Smith, M. W. (2003). Grammars and literacy learning. In J. Flood, J. Jensen, D. Lapp, & J. Squire (Eds.) *Handbook of research on teaching the English language arts* (2nd ed., pp. 721-737). MahWah, NJ: Erlbaum.

Hymes, D. (1974). *Foundations in sociolinguistics: An ethnographic approach.* Philadelphia: University of Pennsylvania Press.

Kamberelis, G. (1999). Genre development and learning: Children writing stories, science reports, and poems, *Research in the Teaching of English*, 33, 403-460.

Kerek. A., Daiker, D., & Morenberg, M. (1980). Sentence combining and college composition. *Perceptual and Motor Skills,* 51, 1059-1157.

Kroll, B. M., & Schafer, J. C. (1978). Error-analysis and the teaching of composition. *College Composition and Communication,* 29, 242-248.

Labov, W. (1972). *Language in the inner city: Studies in the black English vernacular.* Philadelphia: University of Pennsylvania Press.

Ladson-Billings, G. (1995). *The dreamkeepers: Successful teachers of African American children.* SanFranciso: Jossey-Bass.

Macauley, W. J. (1947). The difficulty of grammar. *British Journal of Educational Psychology,* 17, 153-162.

Maimon, E. P., & Nodine, B. F. (1978). Measuring syntactic growth: Errors and expectations in sentence-combining practice with college freshmen. *Research in the Teaching of English,* 12, 233-244.

Maimon, E. P., & Nodine, B. F. (1979). Words enough and time: Syntax and error one year after. In D. A. Daiker, A. Kerek, & M. Morenberg (Eds.), *Sentence combining and the teaching of writing* (pp. 101-108). Conway: University of Akron and University of Central Arkansas.

Mellon, J. C. (1969). Transformational sentence combining: A method for enhancing the development of syntactic fluency in English composition. Urbana, IL: National Council of Teachers of English.

Morenberg, M., Daiker, D., & Kerek, A. (1978). Sentence combining at the college level: An experimental study. *Research in the Teaching of English*, 12, 245-256.

Noden, H. (1999). *Image grammar: Using grammatical structures to teach writing.* Portsmouth, NH: Boyton/Cook.

Nold, E. W., & Freedman, S. W. (1977). An analysis of readers' responses to essays. *Research in the Teaching of English,* 11, 164-174.

Noguichi, R. R. (1991). *Grammar and the teaching of writing: Limits and possibilities.* Urbana, IL: National Council of Teachers of English.

O'Hare, F. (1973). *Sentence combining: Improving student writing without formal grammar instruction.* Urbana, IL: National Council oof Teachers of English.

Powers, D. E., Burstein, J. C., Chodorow, M. S., Fowles, M. E., & Kukich, K. (2002). Comparing the validity of automated and human scoring of essays. *Journal of Educational Computing Research,* 26, 407-425.

Purcell-Gates, V. (1995). Other people's words: The cycle of low literacy. Cambridge , MA.: Harvard University Press.

Riley, K., & Parker, F. (1998). English grammar: Prescriptive, Descriptive, generative, performance. Boston: Allyn & Bacon.

Schleppegrell, M. J. (1998). Grammar as a resource: Writing a description. *Research in the Teaching of English,* 32(2), 184-211.

Schuster, E. H. (1976, October). Forward to basics through sentence combining. Paper presented at the Annual Meeting of Pennsylvania Council of Teachers of English, Harrisburg. (ERIC Document Reproduction Service No. ED 133 774)

Schuster, E. H. (1977, November). *Using sentence combining to teach writing to inner-city students.* Paper presented at the Annual Meeting of National Council of Teachers of English, New York. (ERIC Document Reproduction Service No. ED 150 614)

Shaughnessy, M. P. (1977). Errors and expectations: A guide for the teacher of basic writing. New York: Oxford University Press.

Shuy, R. W., & Fasold, R. W. (Eds.). (1973). *Language attitudes: Current trends and prospects.* Washington, DC: Georgetown University Press.

Smith, H. L., Jr., & Sustakowski, H. J. (1968). *The application of descriptive linguistics to the teaching of English and a statistically-measured comparison of the relative effectiveness of the linguistically-oriented and traditional method of instruction.* Buffalo: State University of New York. (ERIC Document Reproduction Service No. ED 021 216)

Smith, W. L., & Combs, W. E. (1980). The effects of overt and covert cues on written syntax. *Research in the Teaching of English,* 14, 19-38.

Strong, W. (1973). *Sentence combining: A composing book,* New York: Random House.

Strong, W. (1986). *Creative approaches to sentence combining.* Urbana, IL: National Council of Teachers of English.

Trudgrill, P. (1975). *Accent, dialect and the school.* London: Edward Arnold.

Weaver, C. (1996). *Teaching grammar in context.* Portsmouth, NH: Boynton/Cook.

Weaver, C. (1998). *Lessons to share on teaching grammar in context.* Portsmouth, NH: Boynton/Cook.

Williams. J. M. (1981). The phenomenology of error. *College Composition and Communication,* 32, 152-168.

Wiliam, J. M. (1999). *Style: Ten lessons in clarity and grace* (6th ed.), New York: Addison Wesley.

Wolfram, W. (1999). Repercussions from the Oakland Ebonics controversy- the critical role of dialect awareness programs. In C. Adger, D. Christian, & O. Tayler (Eds.), *Making the connecting: Language and academic achievement among African American students* (pp. 61-80). Arlington, VA: Center for Applied Linguistics.

Wollman-Bonilla, J. E. (2000) Teaching science writing to first graders: Genre learning and recontextualization. *Research in the Teaching of English,* 35, 35-65.

제19장
쓰기 지도에 대한 과정 중심 접근
효과 검증

Ruie J. Pritchard & Ronald L. Honeycutt

이 장은 쓰기 과정에 대한 이론과 연구뿐만 아니라, NWP(National Writing Project)가 쓰기 과정에 관련된 교육적 원칙 개선과 교사 연수에 주는 영향에 대한 연구를 검토하는 것이 목적이다. 우선 쓰기 과정에 대하여 역사적인 개관을 제시할 것이다. 다음으로 쓰기를 가르치는 방법 및 유치원생부터 12학년 학생들에게 쓰기를 가르치는 방법의 영향 측면에서 쓰기 과정을 평가한 연구를 논평할 것이다. 이것은 전문적인 발달을 위한 NWP 모형에 대한 연구를 검토한 이후에 이어나갈 것이다. 마지막으로 앞으로 이루어질 필요가 있는 연구에 대한 제안을 하고자한다.

우리가 검토 대상으로 삼은 쓰기 과정에 대한 대부분의 논문과 보고서는 학술적 연구 보고서가 아니었다는 점을 먼저 언급할 필요가 있다. 많은 사람들은 경험적으로 답을 할 수 없는 의문들을 제기한다. 더구나 경험적으로 답을 할 수 있는 질문을 처리하고 쓰기 과정을 다룬, 수많은 연구물들은 질문에 답을 하는 데에 경험적 방법론을 사용하지 않았다. 이 장에서 우리는 쓰기 과정과 관련된 구체적인 질문에 대하여 경험적 정보를 획득하기 위한 시도를 기술한 전문적인 논문 중에서 학술적이라고 부를 수 있는 연구만을 포함할 것이다. 그리고 연구 과정이 명확하게 기술된 연구만을 언급하고자 한다. 연구 설계는 실험 연구, 준실험 연구, 비교 연구, 사전 및 사후 검사 연구, 설문 조사, 상관 연구, 사례 연구 등을 포함한다. 대부분의 자료는 전문 학술지에 발행된 학술적 연구 논문이다. 그러나 학위 논문과 편집본에 실린 연구까지도 검토했다. 우리는 심리학, 영어, 수사학, 정규 교육과 특수 교육, 영어 학습자의 교육(ELLs) 등과 같은 다양한 분야에서 가져온 기초 정보를 포함하고자 했다. 비록 작문에 대한 연구의 대부분이 대학생이나 성인에 대한 것이지만, 여기에서는 유치원생부터 고등학생까지를 대상으로 설명하는 연구들로 한정하여 다루었다.

쓰기 과정 지도 모형의 구성에 대한 이해는 그것이 교육적 접근으로 나타난 1970년대 이후부터 발달해 왔다. 초창기에는 교사들의 교육적 중재가 거의 없는 비지시적 지도 모형으로 여겨졌다. 1963년부터 1982년까지 Hillocks(1984)의 작문에 대한 연구 검토에서는 과정 중심 모형에서 교사의 역할이 일방적 지도를 제공하는 것보다 쓰기 과정을 촉진하는 것이라는 결론을 내렸다. 곧, 교사들은 "구체적인 과제를 만들지 않고, 학생들로 하여금 쓰기를 평가하기 위한 평가기준을 학습하도록 도와주지 않으며, 구체적인 목표에 기반을 둔 활동을 구조화하지 않고, … 구문을 다루는 연습을 제공하지 않고, 자료를 검토하는 식별 가능한 활동에 학생들을 참여시키는 활동을 설계하지 않는 것"으로 드러났다. Hillocks가 요약한 연구가 이러한 "자연스러운 과정 양식"의 결과로서 쓰기 결과물의 질에 최소한의 영향을 드러냈다는 점은 놀라운 일이 아니다.

초기의 과정 중심 모형은 주로 이야기 글에 적용하는 것으로 여겨졌고, 선형적이고 규범적이었고, 교정과 편집이 같은 것으로 여겨져 뒤섞여 있었고, 보통은 지시적 지도를 포함하지 않았다. 즉, 과정이 결과 이상의 가치를 지닌 것으로 여겨졌으며, 일종의 '무엇이든 허용되는' 모형이었다. 이 모형이 등장한 초기에는 교수법이 지극히 단순했다. 교사가 4단계를 설명한 뒤, 학생들은 그 단계를 회상하고 연습하며, 이야기를 만들어내기 위해 과정을 이용하고, 그들의 이야기를 공유하고 피드백을 얻기 위해 집단에 참여하는 방식이었다. 특수 교육의 선행 연구에서는 학생들이 계획하고, 구조화하고, 수행하는 것을 돕기 위한 이러한 지도를 "행동 계획" 지도라 일컫는다(Gersten & Baker, 2001). 이러한 계획들은 현재의 과정 중심 모형 중 절차적 과제의 일부로 구성된다.

오늘날 과정 중심 모형 연구자 대부분은 과정 중심 모형이 학생들이 학습하거나 이들에게 직접 가르칠 수 있는 절차적 지식과 여러 다양한 전략들 모두를 포함한다고 인정한다. 몇 가지 예를 들자면, 사전 지식에 접근하기 위해 배경 지식 활성화하기, 자기 조절 전략을 가르치기, 학생들이 장르 제약을 이해하도록 돕기, 학생들에게 표면적 오류를 수정하고 편집하도록 안내하기, 교사와 동료들이 구조화된 피드백을 제공하기, 예상독자 중심의 글과 필자 중심의 글 사이의 차이점 가르치기, 문체·내용·어조에 대한 예상독자의 영향과 예상독자

인식 발달시키기, 정서적인 장벽 다루기 등을 말한다. 일반적으로 과정 중심 모형을 과정에 더 많은 교사 지침을 포함한 것으로 보는 연구들은 학생들의 쓰기에 대한 질, 필자로서 학생들 스스로의 관점, 쓰기 과정에 대한 학생들의 이해 등에서 긍정적인 영향을 보인다. 예를 들어, 학습 장애를 가진 학생들을 대상으로 한 13개의 연구를 메타 분석한 결과, 특수 교육에서 효과적이고 포괄적인 쓰기 프로그램은 "쓰기 과정의 단계, 다른 쓰기 장르에 대한 비판적인 차원 … 뿐만 아니라 교사들이나 동료들로부터 학생들에게 그들의 쓰기 질에 대하여 광범위한 피드백을 주기 위한 구조"로 구성된 현시적 지도를 수반해야 한다는 것이다(p.251). 선행 연구에 관한 우리의 검토는 이러한 요소들이 또한 일반적인 교실 환경에서도 효과적인 쓰기 지도의 특징이 된다는 것을 드러낸다.

또한 오늘날의 연구자들은 필자가 다양한 장르의 글을 쓰기 위하여 전반적인 절차와 전략들을 내면화하고 충분히 연습하는 동안에, 이들이 자동화된다는 것을 안다. 글을 쓰기 위한 절차와 전략들은 순차적인 단계에서가 아니라, 전문적인 선행 연구에서 쓰기 과정을 "회귀적"이라고 언급했던 것처럼 쓰기 과정 전반에 더욱 효율적으로 작용한다. 게다가 오늘날 주 단위 쓰기 평가[1]의 기준에 대한 강조는 과정 중심 모형이 얼마나 실행되고 검증되는지에 영향을 미치고 있다. Schuster(2004)는 쓰기 과정을 적용하기 위하여 인위적인 평가 상황을 만든다는 문제를 제기하면서 주 단위 쓰기 평가는 현실적으로 "주 단위 초고 쓰기 평가"로 불러야 한다고 냉소적으로 말한 바 있다(p.378). 새로운 이론, 새로운 연구, 교육과정에서 쓰기의 위치 변화 등의 결과로 인해 과정 중심 모형은 발전해 왔다. 지금 과정 중심 모형으로 가르치려면 비계를 신중하게 마련하고 전체 과정을 아우르는 수업을 만들어야 한다. 즉, 모든 것을 포함한 과정 중심 모형을 연구하는 것은 다양한 연구 방법론을 요구하는 다층적인 과정이다. 우리가 쓰기 과정을 가르치고 배울 때 무엇이 수반되어야 하는가에 대해 더 많이 알아감에 따라 과정 중심 모형에 대한 정의와 교육은 변화할 것이다.

쓰기 과정에 관한 역사적인 개관

쓰기 과정의 핵심 아이디어와 기본적인 실천은 초기 그리스와 로마의 수사학 지도 모형으

---

1) [역주] 주 단위 쓰기 평가(state writing tests)는 국가에서 행하는 학업 성취도 수준의 고부담 평가에 포함된 쓰기 평가를 말한다.

로 거슬러 올라갈 수 있다(Bloodgood, 2002; Winterowd & Blum, 1994). Day(1947)가 7단계의 쓰기 과정을 논의하기 전까지는 쓰기 과정을 언급한 전문적인 선행 연구가 없었다. Mills (1953)는 "나의 판단으로, 우리의 가르침에 있어 근본적인 실패는 과정 측면에서 쓰기에 대해 생각할 능력이 없거나 그것을 주저한다는 점이다."라고 주장했다(p.19). 이후 Cowley(1958)에 의해 발행된 책의 서문에 제시된 16명의 출판 작가들과 인터뷰한 결과, 4단계 쓰기 과정에 대한 기술이 축적되었다.

이들 출판 작가들 대부분은 자신이 집필 중인 작품에 대해 다른 작가들과 정기적으로 공유하는 만남이 있음을 증명했다. 그렇지만 1970년대까지 학교에서는 이런 활동이 거의 이루어 지지 않았다. 실제 필자들이 쓰는 방법에 따른 계획하기 지도에 대한 아이디어는 Peter Elbow, Janet Emig, Donald Graves, Donald Murray, Mina Shaughnessy(Jensen, 2002; Smith, 2000a, 200b) 등이 제시한 중요한 의견에 따른다. 1970년대 샌프란시스코만 지역의 교사들은 그들 자신의 쓰기를 공유하기 시작했다. 그들의 비전통적인 교수 모형을 "과정 중심 접근"이라고 이름 붙이고는 학교에서 일반적으로 가르치는 쓰기 방법과 전문 필자들이 글을 쓰는 방법에 대한 모형을 비교했다(Gray, 2000; Wilson, 1994). 과정 중심 모형의 초기 지지자들은 쓰기 과정과 결과 사이의 지도에서 균형을 강조했다. 1980년대 이후, 쓰기 교수에 대한 과정 중심 접근법이 주요한 패러다임으로 크게 부각되었기 때문에 많은 주와 지역 학교 체계가 전체 학년 교실에서 가르치는 데 중요한 기준으로서 과정 중심의 쓰기 지도를 제시하였다(Patthey-Chaves, Matsumura, & Valdes, 2004). 교과서는 쓰기 과정을 규범적이고 선형적인 방식으로 나타낸다. 전문 필자는 수업을 하는 교사가 아니라 실제 예상독자를 위한 글을 쓰는데, 교과서에 제시된 방식은 전문 필자들이 하듯이 멈추었다가 다시 되돌아가서 시작하는 회귀적인 과정을 표현하지 못했다.

이후 30년이 지나고, 쓰기 과정의 정의와 요소들은 재해석되었다. 초기에 대부분의 연구자들은 3단계 쓰기 과정을 제안했다. Rohman(1965)의 미리쓰기, 쓰기, 다시 쓰기 모형은 쓰기 과정 설명에 가장 널리 이용되었다. 그러나 Brozick(1976)은 우수한 고등학생 4명의 작문 과정을 연구한 학위 논문에서, 쓰기 과정은 훨씬 더 역동적이며 목적, 예상독자, 쓰기 유형, 필자의 개성 유형과 같은 수많은 변인과 영향력이 관련되어 있다는 결론을 내렸다. Larsen (1983)은 쓰기 과정의 역사를 정리하면서 20세기 중엽까지 필자들은 회귀적으로 글을 쓰도록 권장되었다고 주장했다. 그러나 Flower & Hayes(1980, 1981), Bereiter & Scardamalia(1987) 등과 같은 인지주의자들의 연구 이후에야 대부분의 연구자들과 작문 교사들이 작문 과정에 대한 선형적이고 규범적인 견해에 의문을 가졌고 회귀적이고 더욱 복잡한 작문 과정을 받아들였다. 다수의 다른 쓰기 전문가들은 쓰기 과정은 개별적인 것이며 어떤 고정된 규칙 속에서 일어나지 않는다고 말했다(de Beaugrande, 1984; Bridwell, 1980; Witte, 1987). 이 책의 2장은 쓰기 발달에 대한 인지 이론에 중심을 두고 있다.

이 패러다임에 동의하는 연구자들은 쓰기 과정을 주로 일련의 문제 해결 과제로 여긴다(Braaksma, Rijlaarsdam, van den Bergh, & van Hout-Wolters, 2004; Bereiter & Scardamalia, 1987). 교육 발전을 위한 국가 학업 성취도 평가(NAEP)에 대한 요약 보고서의 저자들인 Goldstein & Carr(1996)는 필자들이 다양한 결정을 내리는 과정에 대해 다음과 같이 기술했다.

"과정 중심 쓰기"는 예상 독자 규정하기, 다양한 자원 이용하기, 쓰기 계획하기와 같은 쓰기 전 활동뿐만 아니라 초고 쓰기와 수정하기를 포함하는 다양한 전략들을 언급한다. 전체적으로 "과정 중심 지도"로 언급된 이러한 활동들은 쓰기를 문제 해결하기로 접근한다(p.1).

오늘날 대부분의 교육자들은 글을 생산한다는 것에 대해, 쓰기 과제를 완성하기 위한 절차적 전략들과 결합된 심리적 회귀 과정이라는 견해를 유지한다. 결과적으로 과정 중심 모형과 결합된 지도 전략은 꾸준히 변화해 왔다. 최근의 지도 전략은 자기-조절, 사전 지식 찾기, 목표 설정, 과정 지도 방법이 소개되었을 때 포함되지 않은 전략들 중에서 주로 현시적 지도를 포함한다.

연구 측면에서 각 절차나 단계에 대한 학생의 선언적 지식을 조사하는 것은 명확한 연구에 도움이 된다. 하지만 이것이 회귀적 과정 중심 모형의 모든 측면들을 설명해 주는 것은 아니며, 또한 우리가 현재 인식하는 회귀적 과정 중심 모형에 수반되는 교수법을 설명하지는 않는다. 또한, Lipson, Mosenthal, Daniels, & Woodside-Jiron(2000)이 밝혀낸 바에 따르면, 쓰기 과정이 회귀적이라는 정의에 동의하는 사람조차 그들의 수업에서 쓰기 과정을 어떻게 실행하느냐 하는 데에는 차이를 보인다. 그리고 이러한 다양성은 조사 연구를 수행하거나 연구들을 일반화할 때 과정 중심 접근이 어떠한 효과를 보이는지를 해석하는 것을 어렵게 만든다.

Jensen(1993)은 Colette Daiute의 말을 인용하여 "과거 30년 동안 쓰기를 이해하는 데에서 주요한 공헌은 쓰기가 읽기처럼 많은 요인의 영향을 받는, 복잡한 과정이라는 깨달음이었다."(p.292)고 하였다. 쓰기 영역에서의 과정 중심 접근은 1992년에 전국영어교사협의회

(NCTE)와 국제 독서 협회(IRA)가 인정했는데, 이때 그들은 유치원부터 12학년까지 영어 과목을 위한 내용 기준에서 다섯 번째 항목을 '학생들은 쓰기 과정 요소들을 전략적으로 사용해야 한다.'로 규정했다(De La Paz, 1999).[2]

쓰기 과정의 초기 연구

쓰기 과정에 대해 가장 잘 알려지고 인용된 연구는 12학년 필자들의 작문 과정에 대한 Janet Emig(1971)의 학위논문이다. Emig는 8명의 학생들이 쓰기 과제를 완성할 때 겪었던 과정을 기술하도록 면담하기 위해 사례 연구 방법론을 이용했다. Emig는 실험에 참여한 학생들에게 소리 내어 말하면서 제시된 쓰기 과제를 완성하게 하고, 이를 녹음했다. Emig는 필자들이 작문하는 동안 두 가지 독특한 양상을 드러낸다고 결론지었다. 즉, 메시지를 전달하기 위한 확장하기와, 자신의 감정을 살피기 위한 회상하기이다. 각각의 양상은 특징적인 과정을 보였다.

Donald Graves(1973)는 그의 연구에서 5번의 개별적인 회기를 진행하여 자료를 모았으며, 총 기간은 5개월이 넘게 걸렸다. 첫째로는 학생들의 주제 선택, 쓰기 빈도, 쓰기 유형을 살피기 위해 94명 학생들의 쓰기 결과물 모음집을 조사했다. 연구의 두 번째 단계에서는 14명의 다른 학생들이 작문 하는 동안 관찰을 실시했다. 연구의 세 번째 단계에서는 9명의 남학생과 8명의 여학생을 대상으로 쓰기에 대한 관점과 좋은 필자의 개념에 대해 면담하였다. 마지막으로는 7세 아동을 대표하는 남학생 6명과 여학생 2명에 대한 사례연구를 수행했다. 이 연구 및 이와 비슷한 이후의 여러 연구자들의 연구들을 통해서(예, Brozick, 1976; Gundlach, 1977), 필자들에게 잘 알려지지 않은 수많은 변인들이 쓰기 과정에 영향을 미친다는 결론이 내려졌다.

---

2) [역주] IRA와 NCTE는 학생들이 중등학교를 마쳤을 때 언어 측면에서 다음과 같은 것들을 알아야 하고 할 수 있어야 한다고 믿는다는 점을 분명히 했다. 이 작업은 3년 넘게 수행되었으며, 교사, 학부모, 행정 담당자, 연구자, 정책 분석가 등 수 천 명의 참여를 통해 이루어졌다(NCTE/IRA, 1996). 여기에는 총 12개의 성취기준이 선정되었는데, 그 중에서 본문의 내용과 관련 있는 것을 제시하면 다음과 같다. ① 학생들은 다양한 예상 독자들을 대상으로, 다양한 목적 아래에서 효과적으로 의사소통할 수 있어야 한다(성취기준 4). ② 학생들은 상이한 쓰기 과정 요소들을 전략적으로 사용할 수 있어야 한다(성취기준 5). ③ 학생들은 구조, 관습, 장르 등등을 포함하는 텍스트 생산 및 분석에 필요한 지식들을 활용할 줄 알아야 한다(성취기준 6).

연구자 자신이 대학에서 겪은 개인적인 쓰기 경험에 기반을 둔 Peter Elbow(1973)는 기본적으로 쓰기와 편집이라는 선형적인 2단계 과정으로 쓰기를 간주하는 쓰기 과정의 개념에 이의를 제기했다. 그는 우리가 글을 쓰기 전에 최종적인 글에 대한 완벽한 상을 갖는 것은 역효과를 낳는다는 것을 언급하면서, 자유로운 쓰기 전 단계를 주장하였다. Elbow는 쓰기 과정을 필자들이 주제에 대해 알고 있는 것과 느끼는 것을 발견하기 위해 거쳐 가는 일련의 문제 해결 단계로 보았다. 필자가 마음속에 있는 무언가를 쓰기 전에 반드시 자신의 의도를 모두 알아야 하는 것은 아니다. Elbow의 연구는 비록 미숙한 필자로서의 자신의 경험에 대한 반영이었으나 쓰기 실천에 강력한 영향을 미쳤지만, Graves(1973)의 연구처럼 실험 설계를 사용하지는 않았다.

이 시기의 쓰기 과정 연구에 대한 비판 중 한 가지는, 쓰기 과정 중심 모형이 전문적인 필자들이 사용하는 과정에 기반을 둔다는 것이었다. Smagorinsky(1987)는 "전문적 필자들"에 대한 정의가 주로 문학 작가들을 포함하는 좁은 의미임을 언급했다. 과정 중심 모형을 뒷받침하는 이론이 개인적인 경험에 대한 서사 장르에 의존하기 때문에 호주의 연구자들은 아동들이 장르 구조에 대해 선천적인 이해력을 가지고 있다는 미국형 모형의 잠재적 가정에 이의를 제기하였다(Cope & Kalantzis, 1993; Hicks, 1997). 또 다른 교육자들은 발달 단계가 다르며 주로 교실의 예상 독자를 대상으로 글을 쓰는 미숙한 필자들이 성인 필자와 같은 수준에서 과정 중심의 쓰기 원리를 적용할 수 있는 것은 중대한 교육적 비약이라는 비판을 제기하였다. 시간이 흘러, 과정 중심 모형에 대한 이해와 그 이후의 조사는 교육에 기반을 둔 더 많은 장르와 기타 다양한 관련 요인들을 포함하도록 성장하였다.

쓰기 과정의 효과성에 대한 조사 연구

1992년 NAEP 평가를 논하면서, 교육 관계자들은 "일반적으로 '쓰기 과정'으로 알려진 일련의 쓰기 방법에 대한 지도는 학생들의 더욱 높은 평균적인 쓰기 능숙성과 관련이 있다."라고 주장했다(Goldstein & Carr, 1996, p.1). 그들의 분석은 1,500개의 학교에서 29,500여 학생들이 작성한 자기 보고서에 기초한다. "거의 매일" 쓰기 과정 방법을 지도한 교사들이 가르친 학생들이 지속적으로 NAEP 쓰기 평가에서 가장 높은 평균의 쓰기 점수를 획득하는 것으로 나타난 것이다. 1998년 NAEP 쓰기 평가는 미국의 전지역에 걸친 4학년 교사 17,286명과 8학년 교사 14,435명이 매주 상당한 시간을 학생들이 쓰기 과정에 참여하도록 하고 있음을 밝혔다(Greenwald, Persky, Campbell, & Mazzeo, 1999). 쓰기 과정에 보내는 시간과 학생들의 성취를 관련시킨 1998년과 2002년의 NAEP 평가 자료는 여전히 이용할 수 없다. NAEP 평가를 제외하면, 과정 중심의 지도 방법과 쓰기 결과물의 관계에 대해 살펴보기 위해 특별히 설계된 대단위 연구는 거의 없으며 실험 집단과 통제 집단 설계를 이용한 연구는 더 찾아보기 어렵다.

심지어 NAEP 자료는 너무 광범위해서 어떤 종류의 지도가 "과정 중심의 쓰기"로 여겨지는가에 대한 명확한 증거를 우리에게 보여주지 못한다. Patthey-Chaves et al.(2004)는 "학생들은 그들이 쓰는 것을 명확하게 하려고 자신들의 쓰기를 개선하기보다는 쓰기를 표준화하라는 요구를 받을 때 그들이 받은 피드백의 유형에 따라 반응을 보인다."(pp.469-470)라고 결론지었다. 그래서 만약 교사들이 표준화된 쓰기 과정의 선형적 모형 또는 개방적 회귀 모형, 직접 지도 모형, 통합 모형, 문제 해결 모형으로서 쓰기를 받아들인다면, 학생들은 그에 맞게 반응할 것이다. 우리가 검토한 연구물(MacArthur, Schwartz, Graham, Molloy, & Harris, 1996) 중의 한 저자는 "교사들은 그들의 현재 신념 및 수행과 일치하지 않는 새로운 혁신을 거부할 것이다."(p.169)라는 Michael Fullan(1982)과 유사한 논평을 인용한다. 이 원칙은 교사들과 궁극적으로는 연구자들이 쓰기 과정을 어떻게 정의하며 결과를 어떻게 해석하는지와 관련이 있다.

연구들을 검토하면서, 우리는 연구자들이 놀랍게도 과정 중심 접근이 무엇을 수반하는가에 대해 다양한 견해를 가지고 있다는 것을 발견했다. 예를 들어, 어떤 사람들은 과정 중심 접근을 계획하기나 수정하기 혹은 다른 전략에 대한 현시적 지도 없이 느슨하게 조정되는 일련의 단계로, 진정한 쓰기 과제의 맥락에서 "자연스러운 과정"으로 여긴다(MacArthur et al., 1996). 이런 점에서 볼 때, "과정 중심 쓰기는 주로 지시적 지도 방법보다는 비지시적 지도 방법에 기반을 둔다."(Graham & Harris, 1997, p.252). 다른 한편으로, 어떤 사람들은 지시적 전략 교수와 안내된 활동을 쓰기 과정으로 통합하는 것을 과정 중심 접근의 정의에서 아주 중요한 것으로 여긴다(Applebee, 1986; Atwell, 1987; Calkins, 1986; Cramer, 2001; DeFoe, 2000; Honeycutt & Pritchard, 2005; Poindexter & Oliver, 1998/1999). Cramer(2001)는 쓰기 과정을 "쓰기가 완성될 때까지의 작용, 변화, 절차를 강조하는 일련의 이론, 절차, 활동"으로 본다. Applebee(1986)는 쓰기 과정을 "필자들이 특정한 목적을 위해 이용하는 전략으로,

어려운 과제를 수행하기 위해 필자들은 다양한 전략을 이용할 것이다. 그리고 어떤 과제에 있어서 이러한 전략은 단지 초고와 최종 완성한 글과 같은 일상적인 결과물만을 포함할 것이다."라고 설명한다(p.106). 그러므로 연구자들이 연구해 온 과정적 쓰기는 구체적인 전략 지도가 전혀 없는 일상적인 초고와 최종 원고이거나 전략과 기능 발달이 포함된 틀일 것이다.

설상가상으로 과정 중심 모형의 기본적인 정의는 이론적인 논의를 통해 발전해 왔기 때문에, 현시적 지도, 반성, 수정의 안내, 자기 평가 등이 과정 중심 모형과 관련되지 않았던 초창기의 과정 중심 모형은 지금 논의되는 과정 중심 모형과는 매우 다른 것으로 간주된다. 과정 중심 접근에 대한 이러한 다양한 견해는 쓰기 과정에 대한 연구자들의 패러다임과 정의에 의해 영향을 받은 잠재적인 편견을 의식해야 한다는 점을 보여준다.

쓰기 과정에 대한 학위 논문 초록의 ERIC(교육자료 정보센터)검색 뿐만 아니라 전자화된 교육 데이터베이스를 통한 연구들에 대한 검색은, 1970년대와 1980년대에 이루어진 연구가 쓰기 과정의 요소들이 통사적 복잡성(Moriarity, 1978)과 같은 특정 변인들과 어떻게 관련되는가에 주목했음을 밝히고 있다. 즉, 쓰기 과정을 위한 촉매(Schwartz, 1980), 쓰기 불안(Butler, 1980), 언어 능력 기능(Hayes, 1984), 저널 쓰기(Robinson-Metz, 1985), 사고와 정서(Miller, 1985), 사전 지식(DeGroff, 1985), 영어 학습자 교육(So, 1986; Watkins-Goffman, 1986), 구어적 기능(Robinson, 1986) 등이 그것이다. 이러한 모든 연구는 연구된 변인들과 쓰기 과정 사이에 존재하는 분명한 연관성을 보여준다. 그러나 연구 대상이 된 변인들이 항상 개선된 결과물들을 가져오는 것은 아니다.

1980년대 후반부터 2003년까지 쓰기 과정을 활용하여 가르친 학생들의 글에 대한 질을 측정하기 위해 설계된 연구가 증가하였다. Robinson(1986)은 하루 혹은 이틀 동안 수정에 대해 학습한 결과로 수정 횟수와 수준이 어떻게 달라지는지를 측정함으로써 과정 중심 쓰기 지도의 효과를 조사하기 위하여 5학년 학생 120명을 대상으로 실험 연구를 하였다. 이 연구에서 전통적인 작문의 방법을 사용하여 가르친 학생들보다 과정 중심 접근을 사용하여 가르친 학생들이 최종 쓰기 표본에서 더 높은 점수를 얻었으며, 2.5배 더 수정을 하였다. Croes(1990)는 1학년부터 5학년까지 학습장애 학생들 157명의 전반적인 쓰기 수행을 향상시키는 것을 목적으로 했을 때 쓰기 과정이 갖는 효율성을 연구하기 위해 동등하지 않은 통제 집단 설계를 이용하였다. Harris(1992)는 4개의 처치 집단 중 한 집단에 34명의 3학년 학생들을 임의로 할당하여 쓰기 질과 쓰기 태도의 상관성을 연구하였다. 뒤의 두 연구는 검토된 변인들에 대한 쓰기 과정의 긍정적인 효과를 나타낸다.

더 최근의 연구들로는 전통적인 수업과 과정 중심 접근의 수업에서 236명의 2학년 아이들의 쓰기 과정과 개인적인 편지 사용에 대한 연구(Hamilton, 1992), 영어가 모어가 아닌 학생 16명의 쓰기 능력 발달을 위한 맥락으로서의 쓰기 과정에 대한 연구(Chiang, 1992), 과정 중심 접근을 이용한 3명의 1학년 학생들을 대상으로 1년 이상에 걸쳐 이루어진 쓰기 기능 발달에 관한 사례 연구(Eitelgeorge, 1994), 2학년들의 이야기 다시 만들어 쓰기에 대한 전통적 접근과 과정 중심 접근의 효과 비교 연구(Boydston, 1994), 1학년 41명의 쓰기 태도와 쓰기 과정에 대한 성별에 따른 기술 연구(Billman, 1995), 7학년 15명의 쓰기 기능을 향상시키기 위해 쓰기 과정을 명시적으로 가르치는 것이 갖고 있는 효과 연구(Dean-Rumsey, 1998), 쓰기 과정 중 중학생들의 수행을 촉진하기 위한 쓰기 전략과 기능의 직접 교수에 대한 영향 연구(De La Paz & Graham, 2002) 등이 있다. 앞서 서술한 내용과 마찬가지로, 이러한 모든 연구들은 쓰기 과정을 이용하는 것이 쓰기 결과에 대한 다양한 정도의 긍정적인 결과를 가져왔다는 점을 보여준다.

유치원생부터 고등학생까지를 대상으로 이루어진 두 가지 질적 연구와 두 가지 실험 연구에 대한 다음의 검토 결과는 쓰기 과정 지도가 쓰기 결과물의 전반적인 질에 얼마나 영향을 미치는지 측정하기 위해 특별히 설계된 조사의 예가 된다.

Scannella(1982)는 평균 이상의 9학년과 10학년 학생 121명을 대상으로 과정 중심 쓰기 모형의 효과에 대하여 1년 넘게 실험 연구를 진행하였다. 실험 집단으로 배정된 학생들은 Emig의 조사에 기반을 둔 과정 중심 쓰기 지도를 받았다. 통제 집단은 그 시간에 작문을 가르치는 표준화된 방법을 사용한 지도를 받았다(교과서, 활동지, 문법만을 가르치는 것, 학생들에게 화제를 제공하는 것, 과제와 마감일을 주는 것 등으로 구성). Scannella는 통제 집단의 학생들보다 과정 중심 쓰기 지도로 배운 학생들이 전반적으로 설명적 쓰기에서 훨씬 향상되었지만 창의적 쓰기에서는 향상되지 않았음을 알아냈다. 게다가 실험 집단이 통계적으로 긍정적인 쓰기 태도에서 의미 있는 증가를 보인 반면, 통제 집단은 전반적으로 긍정적인 쓰기 태도에서 약간의 감소를 보였다.

3~5학년 654명을 대상으로 한 실험 연구에서, Bruno(1983)는 과정 중심 쓰기 방법을 사용하여 가르친 학생들과 교과서와 학습장을 사용하여 가르친 학생들의 쓰기 성취도를 비교했다. 사전 검사 및 사후 검사를 통해, Bruno는 과정 중심 쓰기를 사용하여 가르친 학생의 글이 전통적인 방법으로 가르친 학생보다 특히 전체적인 조직과 형식의 측면에서 더 뛰어난 평가를 받았다는 점을 알아냈다.

NIE(National Institute of Education)에 의해 조직된 연구팀(Graves, 1984)은 New Hampshire에 있는 학교 중 5개 초등 교실에서 16명 학생들의 쓰기 행위에 관한 26편의 논문을 썼다. 이러한 질적 연구에서 주목할만한 점은 작문을 하고 난 뒤 면담을 하거나 이미 완성된 결과물에 대한 회상적 분석을 하는 것보다, 글을 쓰는 동안 학생들을 관찰하는 조사 방법이었다. 이런 팀의 한 구성원인 Lucy Calkins는 학생들의 작문에 대한 직접적 관찰, 현장 기록, 학생들과 교사들 인터뷰 내용 기록, 모든 초고 수집, 글을 쓰고 의논하는 학생 녹화하기를 이용하였다. 쓰기 워크숍에서 나타나는 한 학생의 쓰기 발달에 대한 2년 동안의 장기적인 사례 연구에서, Calkins(1982, 1983)는 구두점, 손글씨쓰기, 철자, 화제, 구조, 전개, 가독성 등에서 나타난 변화에 대한 쓰기 샘플을 작성하였다. 수정 과정에 대한 아동의 점진적인 이해, 필자의 실행 기능에 대한 발달, 쓰기 및 수정 전략 내면화를 기록하면서, 그녀는 학생이 3학년이었을 때부터 4학년을 마칠 때까지 매일 학생의 쓰기 행동을 관찰하였다. Calkins의 결과는 학생이 과정 중심 쓰기 전략, 특히 수정 전략을 내면화함에 따라 작성한 글이 꾸준히 향상됨을 나타낸다. Calkins의 연구가 단지 한 학생의 과정에 대한 연구였기에 제한적임을 고려하더라도, 그녀의 연구는 과정 중심의 쓰기가 초등 단계에서 얼마나 효력을 발휘하는가에 대해 상당한 영향을 갖는다.

Graves & Calkins의 연구는 실천가(practitioner)의 관점으로부터 이론을 정립하는 데 많은 기여를 한 것으로 여겨지지만 표본이 작고 설계가 실험적이지 않기에 많은 비판을 받아왔다. 예를 들어, Smagorinsky(1987)는 Graves와 그의 동료들이 지지했던 사례 연구 방법론은 단지 "보고"일 뿐이라고 언급했다(p.333). 타당도와 관련해서는 적절했다. Graves & Calkins는 현재 요구하는 다양한 타당도의 유형을 특별히 다루지 않은 초기의 질적 연구를 적용하였다. 최근 질적 연구는 구조 타당도, 내적 타당도, 외적 타당도, 민주적 타당도, 과정과 결과 타당도, 촉매 타당도, 담화 타당도와 같은 여러 유형의 타당도를 더 엄격하게 처리한다(Anderson, Herr, & Nihlen, 1994; Bogdan & Bilken, 1998; Erlandson, Harris, Skipper, & Allen, 1993).

Honeycutt의 연구 설계는(2002; Honeycutt & Pritchard, 2005) 그가 정확성을 위해 피험자들을 관찰한 비디오와 오디오 기록을 전사하고, 나타날지도 모르는 어떤 연구자의 성향을 기록하기 위해 현장 메모를 하고, 자료를 삼각 측정하는 방법을 설명해 준다. 그의 목적은 인식할 수 없는 학습 장애나 행동 장애를 지니지 않은 미숙한 필자이면서 동시에 능숙한 독자들을 설명할 수 있는 현실적인 이론을 만들어내는 것이었다. 과정 중심 모형에 대한 그의 정의는 이야기 문법을 위한 스키마 전략과 사전 지식 검색뿐만 아니라 안내된 수행, 동료 집단 피드백, 교사와 학생의 협의, 초고를 생산해 내기 위한 일반적인 단계와 같은 현시적 전략 지도를 포함한다. 16주 동안의 지도 이후에 학생들의 글 향상에 대한 과정 중심 모형의 영향을 조사하기 위해 Honeycutt은 표준화 되고 교사가 개발한 사전·사후 검증, 쓰기 평가와 필자의 자기 인식 검사 도구(WSPS) (Bottomley, Henk, & Melnick, 1997/1998)와 같은 양적 자료뿐만 아니라, 교사의 수업 계획, 학생의 쓰기 포트폴리오, 학생들의 반성적 쓰기, 협의에 대한 교사의 기록, 11명의 5학년 학생 및 7명의 교사와 함께 한 개별 인터뷰 및 심층 집단 인터뷰로 이루어진 질적 자료 등을 이용했다. 세 유형의 절차가(Denzin, 1989) 자료를 확인하는 데 이용되었다. 첫째는 수집 방법(문서 분석, 쓰기 표본과 필자 자기 인식 검사 도구 점수, 개별 인터뷰, 심층 집단 인터뷰), 둘째는 자료 출처(학생들과 교사들), 셋째는 조사자(연구자 2명, 집단 심층 인터뷰에서 조사하는 공식적인 구성원, 개별 인터뷰에서 조사하는 비공식적 구성원)이다. 쓰기 워크숍 맥락에서, Honeycutt(2002)은 쓰기 과정 전략과 쓰기 과정의 다양한 단계에서 일어나는 부정적인 감정을 다루는 전략을 적용하는 방법에 대한 현시적인 지도와 수행의 효과를 조사했다. 사전 검증 및 사후 검증은 우선, 학생들이 쓰기 전 활동, 쓰기, 수정하기를 위한 특정한 전략을 내면화했을 때, 그리고 글의 전개를 점검하기 위해 자기 조절 전략들을 이용했을 때, 마지막으로, 작문 과정에서 일어나는 부정적인 감정을 다루는 전략을 활성화할 때 학생들의 글의 전반적인 질이 향상됨을 보여주었다.

Calkins(1982)가 연구했던 학생들처럼, Honeycutt(2002)에서 학생들은 작문하는 동안 여러 과정들이 자동화될 때까지 특정한 과정들을 수행했다. Honeycutt의 연구는 쓰기 과정의 하위 과정과 특정 지도 측면들이 학생들의 쓰기 성향과 학생들의 글에 가장 많은 영향력을 발휘하는 것에 대해 현실에 기반을 둔 이론을 소개했다. 특히, 과정 중심 접근을 실제로 이용하는 몇몇 실천가들은 과정 중심 접근이 명시적 지도를 포함하거나 정서적 문제를 처리하는 것으로 여기지 않는다는 인식을 고려하여 쓰기 과정 지도 관련 이론을 연구하고 상세히 서술할 필요가 있다고 보고 있다.

비록 대부분의 연구자들이 쓰기 과정에 포함된 전략들과 정신적 과정들이 회귀적이고 서로 연결되어 있다는 것에 동의할지라도, 한 번에 한 가지 요인을 연구하는 것이 엄청나게 복잡한 연구 과제를 더 다루기 쉽게 만든다는 것은 많은 연구자들이 알고 있는 부분이다. 그래서 지금까지 수행된 방대한 연구의 대부분은 쓰기 과정, 특히 미리 쓰기와 수정하기의 특정 구성 요인들을 조사하는 것이었다.

수업에서 쓰기 전 활동이 존재하며 여기에 시간을 할당하는 것은 과정 중심 접근이 가져온 주요 결과 중 하나이다. 과정 중심 모형이 출현할 때까지, 쓰기 전 활동은 보통 과제를 내주고 마감 기한을 제시하는 경우를 제외하고는 일반적으로 다루지 않았다. 이제 쓰기 전 활동은 학생들에게 본래 초점이었던 내용을 전개하기 위해서 뿐만 아니라, 구조와 조직을 만들기 위해 적용할 수 있는 개인화된 전략 발달을 이끌 목적으로 분명하게 다루어진다. 과정 중심 모형 초창기에, 쓰기 전 활동은 과정 중 한 단계로 고려되었다. 글을 쓰는 이들은 쓰기 전 활동을 한 이후에는 그것을 생략하였다. 이제 과정 중심 접근의 다른 단계와 마찬가지로 쓰기 전 활동은 회귀적인 것으로 간주된다. 예를 들어, 쓰기 전 활동 전략은 수정하기 단계에서 나타날 수 있다. 이외에도 쓰기 전 활동은 Hillocks(1986)가 쓰기 모형의 전통적인 사전 쓰기 활동보다 2.5배 더 효과적임을 알아낸 것처럼 조사 방법의 형식을 취할 수 있다. 비록 조사가 쓰기 과정 중 언제든지 일어날 수 있을지라도, 학생들이 조사를 하는 초점은 원 자료 (raw data)를 변형시키는 것에 있다는 점에서 효과적인 쓰기 전 활동 전략을 구성한다.

쓰기 전 활동처럼, 수정하기 지도도 과정 중심 접근 이전까지는 쓰기 수업에서 대체로 소홀히 다루어졌다. 과정 중심 접근 이전에 수정하기는 일반적으로 학생이 글을 완성하면 "글을 개선하라."는 지시사항이 주어졌고, 수정한 글은 교사에게 제출되었다. 그 결과들은 진정으로 그 글을 다시 살펴보는 것(re-visioning)이 아니라, Lee O'Dell & Joanne Cohick(1975) 의 "잉크로 다시 쓰란 말인가?(You Mean, Write It Over in Ink?)"라는 논문 제목에 언급되었듯이, 보통은 편집된 것(editing)이다. 오늘날 이와 대응되는 표현으로는 "철자를 점검하고 프린터로 인쇄하란 말인가?(You mean, run spell check and laser print it?)"를 생각해 볼 수 있겠다. 수많은 연구자들과 필자들은 수정을 작문 과정의 가장 중요한 부분으로 본다. 즉 쓰기 과정의 일부로 연구된 하위 과정인 것이다. 일반적으로, 수정은 저자가 오류를 고치는 단계로서가 아니라 말하고자 하는 바가 무엇인지 찾고 전달하고자 하는 내용의 명확함을 최대화하기 위해 텍스트를 고치는 과정으로 이해되어 왔다(Calkins, 1986; Elbow, 1973; Graves, 1983; Murray, 1985; Sommers, 1982).

이상의 논의를 종합해보면, 학생의 성취에 있어 과정 중심 접근 사용의 영향에 관한 연구들은 주로 긍정적인 효과를 보고하기는 했지만, 쓰기 과정의 실행은 그다지 균등하지 않았다고 할 수 있다. 과정 중심 쓰기에 대한 Dyson & Freedman(2003)의 연구 검토에서는, 비록 1998년 NAEP가 쓰기 과정의 적용과 높은 점수 사이의 강한 상관성을 발견했다고 하지만, 그럼에도 불구하고 "미국에서의 접근이 어느 정도로 학생들의 글을 전체적으로 향상시켰는지 평가하기는 어렵다"(p.976)라고 주장했다. 게다가 Dyson & Freedman은 쓰기 과정에 대한 연구가 쓰기의 본질에 대한 담화를 위해 용어를 제공해 줄 수 있지만 실행(practice)을 위한 어떤 단순한 처방도 제공해 주지 않는다고 주장하였다(p.974). Cramer(2001)는 과정 중심 접근이 과정 중심 모형을 버리려는 비판에 대해 충분한 고려를 하고 있는지 물었다. 논문에 대한 검토 결과, 우리는 다음과 같은 그의 말에 동의한다.

이러한 진실에는 직면하는 것이 최선이다. 쓰기 과정은 약점을 가지고 있다는 점이 그것이다. 많은 사례들은 충분한 효력을 보여주지 못한다. 그것은 만능해결책이 아니다. 그러나 그것은 전통적인 접근보다 쓰기 수행을 향상시키기 위한 더 나은 대안이다. (중략) 우리는 비평가들의 이야기에 주의를 기울여야 한다. 우리는 기꺼이 우리의 이론, 절차, 수행을 재고하고 조절해야 한다. 그러나 우리로 하여금 쓰기 과정을 버리도록 할 충분한 증거는 없다 (p.39).

NWP의 전문적 발달 모형의 영향에 대한 연구

1973년 Bay Area 쓰기 프로젝트에 뿌리를 둔 전형적인 전문적 발달 모형으로서, NWP는 "쓰기를 가르치기 위한 유일한 공식이 있다는 점을 인정하지 않는다"(Friedrich & LeMahieu, 2004, p.19). 그러나 "쓰기 과정은 교실에서 신중히, 체계적으로, 광범위하게 가르쳐질 필요가 있다"는 NWP의 기본적인 신념은 1980년대 10년 동안 모든 학년의 쓰기 지도에 깊은 영향을 미쳐왔다(Inverness Research Associates, 1997, p.19). 현재의 논문에 대한 우리의 검토는 과정 중심 교수법이 새로운 밀레니엄 시대에 쓰기 교수에 계속해서 영향을 미쳐왔음을 나타낸다.

NWP 여름 연구소는 과정 중심 접근을 가장 면밀하게 증명한 곳이다. Blau(1988)는 NWP 연구소의 두드러진 특징을 다음과 같이 기술하였다. "교사 고문 위원들은 과정으로서의 쓰기 지도를 강조했고, 유창함에서 정확함으로 나아가는 지도 절차에 대해서 이야기했고, 쓰기 반응 집단의 용법을 지도했으며, 학습의 도구로 이용될 수 있는 다양한 쓰기 방법들을 조사하였다"(p.30). 이미 언급했듯이, 과정 중심 모형이라 불리는 지도 방법은 종합적으로 연구되었을 뿐만 아니라 별도의 조사를 통한 지도 기법으로 연구되기도 하였다.

NWP는 무엇이 교사와 학교에 광범위하게 영향을 미치는지를 측정하는 통계적 자료들을 편찬해 왔다. 2003년 NWP 회의에서의 보고를 통해, Inverness Research Associates(st. John,

2003)는 이러한 특징들을 공유했다.

1. 끊임없이 성장하는 NWP 네트워크는 매년 모든 학문 분야에서 약 125,000명의 K-16 교사들(대충 미국 교사 40명 중의 1명)이 참여하며, 50개 주, 워싱턴 DC, 푸에르토리코, 미국 버진 아일랜드에 있는 175개 이상의 대학에 기반을 두고 구성된다.

2. 30년 넘는 기간 동안, NWP에는 오늘날 미국에 있는 교사의 전체 수와 거의 같은 약 3,500,000명의 교사들이 거쳐 갔다.

NWP에서 간행된 논문들에는, 쓰기를 가르치는 교사이면서 동시에 필자인 이들이 갖게 되는 교사로서의 태도와 확신에 NWP의 교사 교육 내용이 어떠한 긍정적인 영향을 보여주는 지를 증명하는 내용들로 가득하다. NWP가 학습에서 쓰기의 역할을 강조하고, 교사의 열정에 활기를 불러일으키고, 쓰기를 가르치는 교사들이 그들의 수업 목표에 관심을 갖게 하고, 리더, 교사 고문위원(TC), 연구자 등으로 교사를 전문화하는데 주력했다는 점에는 의심할 여지가 없다. 하지만 이러한 수많은 연구들은 이 장에서 다루지 않는다. 대신에, 학생 성취와 교사 수행에 관해 NWP가 어떠한 영향을 미쳤는지에 초점을 맞추고자 한다.

교사 수행과 학생 성취에 NWP 교육이 미친 영향에 대한 실험적 증거는 읽기와 비교해서는 부족한 편이다. 이는 대체로 교사 전문성 신장을 위한 프로그램 연구(Pritchard & Marshall, 2002a; Wilson & Berne, 1999)도 그렇거니와, 특히 쓰기가 "성가신 과정"이기 때문이다 (Daiute, 1993; De La Paz & Graham, 2002; van den Bergh & Rijlaarsdam, 2001). 최근 출간된 문헌(National Writing Project & Nagin, 2003)의 전체 장은 쓰기를 가르칠 때 교육자들이 직면하게 되는 다양한 어려움에 대하여 관심을 기울였다. 그리고 이에 대해, 우리는 쓰기 연구를 보탤 수 있다.

NWP 교사들은 연구소와 교육 지원 프로젝트(outreach projects)에서 배우고 수행한 쓰기 지도 전략들을 실제로 실행하는가? 훈련에 의해 가장 크게 영향을 받게 되는 NWP 참가자들이 보여주는 특정 방식의 수업 실행은, 이들의 지적 교양이 성숙하면서 서서히 발전한다. NWP 초창기에, 새로운 개념으로 제시된 것은 쓰기 전 활동이었다. 하지만 시간이 흐르면서 문장 결합, 평가 기준의 사용, 수정하기 전략, 포트폴리오, 읽기와 쓰기의 결합, 범교과적 쓰기 등도 새로운 개념이 되었다. 현재는 반성적 사고, 쓰기의 하위 과정, 표준화된 평가, 특별한 예상 독자를 가진 쓰기, 쓰기 수업에서 기술과 블로그의 역할 등이 여름 연구소에서 화제로 등장해 왔다. 학교와 지역사회가 발전함에 따라 NWP도 변화한다는 것이 NWP 네트워크가 갖고 있는 강점이다. 이는 한편으로는 통제된 실험 연구를 통해 NWP 영향에 대해 증거자료를 제공하는 것이 어려운 이유가 되기도 한다. 대부분의 연구들은 학생보다 오히려 교사들에게 미치는 영향에 초점을 두었다. 하지만 이 부분에서 중점적으로 다루고자 하는 것은 교사들의 태도, 창의성, 리더십 기술, 그들 자신에 대한 쓰기, 수많은 기술 보고서와 학위논문 등에서 자세하게 언급된 것들이 아니다. 그 보다는, 교사의 수행에 대한 NWP의 영향을 의미하는 "교사 영향력"에 대해 다루고자 한다.

Midwest의 쓰기 프로젝트 연구에서, Pritchard(1987)는 NWP 훈련을 받은 교사와 그렇지 않은 교사의 전략 교수를 비교하기 위해 NWP 훈련에 참가한 지 3년이 지난 교사와 참여한 적이 없는 교사들을 대상으로 설문 조사를 실시했다. 조사 결과, 약 22%만이 지도 전략에서 통계적으로 유의한 차이를 보였다. 설문지를 이용한 연구는 훈련 받은 교사들이 보다 더 다양한 활동을 이용하고(Pritchard & Marshall, 1994), 쓰기를 가르치는 방법, 특히 쓰기에 전념하는 시간의 양에서 현저한 변화를 보였음을 나타낸다(Bates, 1986; Carter, 1992; Fanscali, Nelsestuen & Weinbaum, 2001; Fischer, 1997; Hampton, 1990; Laub, 1996; Roberts, 2001; St. John, Dickey, Hirabayashi, & Stokes, 2001; Swenson, 1992; Tindall, 1990; Vaughan, 1992; Wilson, 1988, 1994). IRA(Inverness Research Associates, st. John, et al., 2001)에 의한 대단위 척도 연구들(St. John et al., 2001)은 교사들 중 95%가 NWP 훈련으로부터 새로운 교수 전략들을 배운다는 점을 보여준다. 이와 유사하게, 2년에 걸쳐 이루어진 6명의 교사들에 대한 심층 연구(Lieberman & Wood, 2003; Wood & Lieberman, 2000)는 전략 교수에 관한 NWP 훈련이 의미 있는 영향을 주었음을 확인한다.

Pritchard(1987)에서는 19명의 훈련받은 교사와 39명의 훈련받지 않은 교사들의 수업 실행에 대해 조사를 한 바 있다. 여기서 훈련 받은 교사들은 그렇지 않은 교사들보다 참고 문헌을 이용하거나 철자와 어휘를 가르치는 것과 같은, 더 많은 전통적인 활동에 시간을 덜 보내는 것으로 나타났다. 그보다는 쓰기 수업에 상당히 더 많은 시간을 보낸다는 것이 확인되었다. 이 연구로부터 얻을 수 있는 해석 중 한 가지는, 특정 수행의 부재가 특정 수행의 존재보다 오히려 쓰기 성장을 향상시킨다는 것이었다. 또한, Pritchard는 과정 중심 접근법이 생산 결과물에 대한 관심을 방해하지 않으며, Hillocks(1984)가 NWP에 속하는 것으로 생각하는 "환경적 양식"이 좀 더 전통적인 교실의 "표상적인" 양식을 대체하지 않는다고 결론지었다.

20여 년의 연구를 통해, 수행을 가르치는 것에 대한 NWP 훈련의 긍정적인 효과는 잘 입증되어 왔다. 그러나 NWP 훈련 이후 교사들의 새로운 수업 시행을 하게 된 결과, 학생들은 글을 더 잘 쓰게 되었는가? NWP 원리에는 학교와 교과서의 사례들이 넘쳐난다. 그렇기에 학생 성취에 NWP가 어떠한 영향을 미쳤는지를 확인하려는 실험 연구에 필요한, NWP의 영향을 받지 않은 통제 집단을 규정해 내는 것이 매우 어려운 일이 되었다. 정식으로 출판된 통계를 사용한 연구에 따르면, 모든 핵심 결과들이 전통적인 접근방식보다는 NWP 접근 방식이 더 적절하다는 점에 찬성한다(DiStephano & Olson, 1980; Haugen, 1982; Hawkins & Marshall, 1981; Marshall, 1983; Penfield, 1979; Pritchard, 1987; Pritchard & Marshall, 2002b; Roberts, 2001; Shook, 1981; Shortt, 1986; Zemelman & Wagner, 1982). 교사들이 훈련을 받고 나서 학생에게 미친 영향이 1년 후와 2년 후에 어떻게 나타나는지를 확인하기 위한 두 가지 연구가 설계 되었다. 조사자들은 1년 뒤 1,622명의 학생들에 대한 영향을 연구하기 위해 18,582편 이상의 글(Hawkins & Marshall, 1981; Marshall, 1983)과 2년 뒤의 영향 연구를 위하여 동일 학생 중 509명의 표본에서 4,000편 이상의 에세이를 수집하였다(Pritchard, 1987). 1980년대 이루어진 이 연구들의 장점은 하나의 사전 사후 표본을 사용한 것이 아니라, 연구자들이 각 학생들(첫 해에는 각 6편의 글, 다음해는 각 9편의 글)의 완료된 자료 세트를 조사했다는 점이다. 또한 훈련받은 교사들이 가르치는 학교의 학생들(파생 집단)에 대한 결정적 영향을 관찰했다는 점이다. 훈련 받은 교사들이 가르친 학생들은 가장 높은 평균 점수를 얻었으며, 그 다음은 훈련 받은 교사들이 가르친 학교의 다른 학생들인 것으로 나타났다. 훈련받지 않은 교사들이 재직하는 학교 학생들이 가장 마지막이었다. 이것은 NWP 지원 철학인 교사가 교사를 가르친다는 원칙을 입증한다.

또 다른 대규모 연구에서, Pritchard & Marshall(1994)은 학년 수준, 지역, 처치, 통제 집단 가운데 11개의 비교 분석을 이용하여 훈련을 받은 교사와 그렇지 않은 교사의 학생들이 작성한 7,838편의 글을 사전·사후 검증하여 평가하였다. 11개 분석 가운데 9개에서, 그리고 모든 학년에서 훈련 받은 교사와 그렇지 않은 교사가 가르친 학생 사이에 통계적으로 유의한 차이가 있었다. 모든 학년 중에서 중학교 학생들이 가장 높은 평균 점수를 얻었고, 다음으로 초등학생, 그 다음으로 고등학생 순이었다. NWP의 긍정적인 영향을 보여주는 또 다른 대규모 연구는 3년 간 5개주에서 1,900여 명의 학생들이 작성한 글을 대상으로 한 것이다(Fanscali & Silverstein, 2002).

NWP 확장 프로그램 제공이 유익한 결과와 그렇지 않은 결과를 보인 학교들을 대상으로 한 전문적 발달 수행 연구(Pritchard & Marshall, 2002a, 2002b, 2005)는, 대략 3,000여 편의 글이 미국 전역에 있는 18개의 임의적으로 선택된 지역에서, 임의적으로 선택된 학교, 임의적으로 선택된 교실의 학생들로부터 수집되었다. 쓰기를 통해 확인된 학생의 성취 결과는 전문적인 발달의 영향 측정 지표로 활용되었다. 유익함이 높은 것으로 평가되는 지역에 있는 학생들은 유익함이 낮은 것으로 평가되는 지역에 있는 학생들보다 쓰기 성취 결과에 있어 현저하게 높은 평균을 획득하였다. 이 연구는 NWP 훈련의 영향 또는 어떤 전문적인 발달 활동의 영향이 지역 수준을 뒷받침하는 문화와 높은 수준으로 연결되어 있다는 결론을 내렸다.

2004년에 NWP는 다음과 같은 기준을 이용하면서 여러 해에 걸친 연구 의제를 다루기 시작하였다. 그 연구 의제는 다음과 같다. 첫째, 모든 연구는 학생의 학습, 특히 학생 쓰기 수행에 초점을 맞추어야 한다. 둘째, 학생 쓰기 평가는 학생 쓰기에 대한 직접(간접적인 것과 반대되는) 평가를 포함해야 한다. 셋째, 각 연구는 연구 설계 논리가 관찰된 발견들을 위한 설명에 대하여 적어도 가장 일반적인 대안적 가설(영향에 대한 기여가 없는)을 기각토록 하는 "비교 참조" 양식을 포함해야 하며, 설계는 집단 비교, 또는 방법 혼합, 또는 준실험적 방법이어야 한다. 진행되고 있는 이 연구들은 특정 지역의 맥락이나 특징이 반영된 데이터뿐만 아니라 NWP가 미친 영향에 대한 국가적 청사진을 제공하는, 모든 지역에 걸친 영향을 평가하는 데에 활용될 수 있는 데이터를 제공해야 한다.

우리는 여기에서부터 어디로 가는가?

과정 중심 접근에 대한 비판은 글을 산출하는 과정에 대한 관심으로 인해 쓰기 결과가 부산물로 취급되었다고 주장한다. "과정은 어디에서나 일어나서 어떠한 의미라도 지닐 수 있다. 그렇기 때문에 더 정확하게 말한다면 과정은 아무 것도 아닌 것이다. 불행하게도 쓰기의 예술적 차원과 영혼은 '과정'에서 상실되었다"(Baines, Baines, Stanley, & Kunkel, 1999, p.72). 과정 중심 접근을 지지하는 사람들은, 학생들이 쓰기의 예술적 차원과 영혼을 찾게 하기 위해서는 오직 가치 있는 과정을 거치도록 해야 한다고 주장한다.

지금까지 발표된 연구들을 살펴본 결과, 대부분의 연구자들은 쓰기와 쓰기 과정을 매우 복잡한 현상으로 간주하는 것이 이들을 이해하는 데에 가장 도움이 된다고 간주하고 있었다.

여기서 말하는 복잡한 현상에는 글을 생산하기 위한 쓰기 과정을 통해 진행되는 절차적 전략 뿐만 아니라, 특정 배경 지식을 발달시키기 위한 다른 다양한 전략이 포함된다. 또한 필자로 하여금 쓰기 맥락을 이해하도록 돕는 전략, 일반적인 배경지식과 읽기 능력을 발달시키기 위한 전략, 문제 해결을 위한 인지 과정을 뚜렷하게 하는 전략, 쓰기에 대한 태도와 정서적 성향을 만들어 내는 전략, 조직, 관습, 응집성, 예상독자, 장르, 주제와 같은 거시적 수준의 이해뿐만 아니라 철자, 전사, 문장 구조와 같은 아주 작은 단위의 기능을 발달시키는 전략 등도 포함한다. 문제를 더 복잡하게 만드는 것은, 쓰기 과정의 다양한 하위 과정에 대한 보고들에서 나타나는 결론들이 서로 모순된다(van den Bergh & Rijlaarsdam, 2001)는 점이다. 이러한 전략들과 하위 과정들은 과정 중심 모형과 관련하여 탐구될 필요가 있다. 쓰기 유창성 이 발달적 과정으로 인식되고 있기 때문에, 특히 종단 연구가 필요하다.

초창기 수많은 연구의 결과들에 공통적으로 나타나는 점은, 다양한 요인들이 쓰기 과정에 영향을 미친다는 것이다. 예를 들어, 동료 집단 활용이 사회적 이점을 갖고 있다는 것을 들 수 있다. 다른 말로 하면 쓰기 교수에서 최선의 수행은 쓰기 결과물을 개선하는 것뿐만 아니라 긍정적인 성향, 사회적 행동, 문제 해결, 가치 있는 다른 기능을 발달시키는 것 등이 포함된다. 비록 과정 중심 접근이 갖고 있는 이러한 측면에 대한 효과를 다루는 것은 복잡한 연구 설계를 요구하지만, 이러한 문제들은 질적 및 양적 연구로 탐구되어야 한다.

너무나도 포괄적이고, 다층적이고, 겹쳐지는 부분이 많은 쓰기 과정 연구가 갖고 있는 복잡성으로 인해, 순수한 실험 연구는 거의 이루어지지 않았으며 대규모 연구 혹은 시간을 두고 동일 모집단을 대상으로 한 연구는 아직까지 존재하지 않는다. 심지어 변인들을 강력하게 통제하였음에도 불구하고, 쓰기 연구자들은 그들의 연구가 최종적인 글 생산에 영향을 미치는 모든 요인들을 설명할 수 없다는 것을 인정한다. 예를 들어, 어떤 연구는 과정 중심 접근이 이야기를 만들어 내는 데 가장 적절하다고 제안하지만 입증하지는 않았다. 이론가들은 과정 중심 쓰기가 발전하면서, 개인적 쓰기와 결합하게 되었고 이는 교사들과 연구자들이 주장해 온 과정 중심 모형에 대한 이해에 결점으로 작용하게 되었다고 추측해 왔다(Stotsky, 1995). 다양한 쓰기 장르를 가르치기 위해서는 과정 중심 접근의 상대적인 영향에 대한 연구가 필요하다. 또 다른 지속적인 오해는 과정 중심 모형이 직접적인 지도를 수반하지 않는다는 것이다. 처음에는 필자의 쓰기, 실제 예상독자 만들기, 다양한 피드백을 제공하여 필자의 자기 주도성을 발달시키기 등에 대한 전반적인 강조가 교육자들의 관심 대상이 되었다. 쓰기 의 하위 과정에 대한 연구들은 두드러지지 않았기 때문에, 여전히 쓰기 생산에 영향을 미치는 변인들로서 연구될 필요가 있다.

수사적 이론에 기반을 둔 전통적 방법이 도전을 받았던 그 때, 과정 중심 접근이 지도의 대안으로 등장한 이후로, 과정 중심 모형은 조사나 이론들을 통해 지지되었던 것보다 더 빠르게 수업 실행 측면에서 발전해 왔다. 많은 이론들은 쓰기를 연구하기 위해 Flower & Hayes(1981)의 인지 과정 이론, Peter Elbow(1973)와 Donald Murray(1985)의 자연스러운 과정 중심 모형(the natural process model), James Moffett(1981, 1992)의 정신적 성장 모형과 같은 것들을 이용해 왔다. 그러나 모든 것들이 연구에 의해 도출되거나 검증된 것은 아니다. 교사들은 여전히 확실한 연구 결과에 토대를 두고 있는 쓰기 지도 이론을 필요로 한다. 이제는 학생의 쓰기 수행 향상을 위한 최고의 실천적 방법이 무엇인지에 대해 전문가들이 분명한 토대를 제공해 주어야 한다.

참고문헌

Anderson, G. L., Herr, K., & Nihlen, A. S. (1994). *Studying your own school: An educator's guide to qualitative practitioner research.* Thousand Oaks, CA: Corwin Press.

Applebee, A. (1986). Problems in process approaches: Toward a reconceptualization of process instruction. In A. R. Petroxky & D. Bartholomae (Eds.), *The 85th yearbook of the National Society for the Study of Education.* Chicago: University of Chicago Press.

Atwell, N. (1987). *In the middle: Writers reading and learning with adolescents.* Portsmouth, NH: Boyton/ Cook.

Baine, L., Baine, C., Stanley, G. K., & Kunkel, A. (1999). Losing the product in the process. *English Journal,* 88(5), 67-72.

Bates, A. M. (1986). The short term effects of the Western Pennsylvania Writing Project on twelve teachers' attitudes and practices in teaching composition. *Dissertation Abstracts International,* 47(06A), 2126. (UMI No. AAI8620271)

Bereiter, C., & Scardamalia, M. (1987). The Psychology of written composition. Hillsdale, NJ: Erlbaum.

Billman, L. K. (1995). An exploration of the gender differences associated with 6 and 7 year old children's process writing activities in three classrooms at the first-grade level. Dissertation Abstracts International, 56(12A), 4654. (UMI No AAI9611399)

Blau, S. (1988). Teacher development and the revolution in teaching. *English Journal,* 77(4), 30-35.

Bloodgood, J. W. (2002). Quintillion: A classical educator speak to the writing process. *Reading Research and Instruction,* 42(1), 30-43.

Bogdan, R. C., & Bilken, S. K. (1998). Qualitative research in education: An introduction to theory and method (3rd ed.). Boston: Allyn & Bacon.

Bottomley, D. M., Henk, W. A., & Melnick, S. A. (1997/1998). Assessing children's view about themselves as writing using the Writer Self-Perception Scale. *Reading Teacher,* 51(4), 286-295.

Boydston, R. C. (1994). Written retelling of narratives as an instructional strategy in traditional and writing process second-grade classrooms. *Dissertation Abstracts International,* 55 (12A), 3736. (UMI No. AAI9512249)

Braaksma, M. A., Rijlaarsdam, G., van den Bergh, H., & van Hout-Wolters, B. (2004). Observational learning and its effects on the orchestration of writing processes. *Cognition and Instruction,* 22(1), 1-36.

Bridwell, L. (1980). Revising strategies in twelfth grade students' transactional writing. *Research in the Teaching of English,* 14(3), 197-222.

Brozick, J. R. (1976). An investigation into the composing processes of twelfth grade students: A case studies based on Jung's personality types, Freudian psychoanalytic ego psychology and cognitive functioning. *Dissertation Abstracts International,* 38(01A), 31. (UMI No. AAI7715206)

Bruno, D. D. (1983). The writing process method verses the traditional textbook-worksheet method in the teaching of composition skills to the third, fourth, and fifth grade students. *Dissertation Abstracts International,* 44(09A), 2663. (UMI No. AAI18400878)

Butler, D. A. (1980). A descriptive analysis of the relationship between writing apprehension and the composing process of selected secondary students. *Dissertation Abstracts International,* 49(09A), 3854. (UMI No. AAI8102603)

Calkins, L. M. (1982). Lessons from a child: A case study one child's growth in writing. Dissertation Abstracts International, 43(06A), 1828. (UMI No. AAI8226743)

Calkins, L. M. (1983). *Lessons from a child: On the teaching and learning of writing.* Portsmouth, NH: Heinemann.

Calkins, L. M. (1986). The art of teaching writing. Portsmouth, NH: Heinemann.

Carter, L. C. (1992). A descriptive study of a writing workshop modeled from the National Writing Project on Writing pedagogy. *Dissertation Abstracts International,* 53(04A), 1127. (UMI No. AA9225100)

Chiang, Y. S. (1992). The process-oriented writing workshop and " non-native" speakers of English: A teacher-researcher study. *Dissertation Abstracts International,* 53(09A), 3090. (UMI No. AAI9237657)

Cope, B., & Kalantzis, M. (Eds.). (1993). The powers of literacy: *A genre approach to teaching writing.* London: Falmer Press.

Cowley, M. (Ed.). (1958). *Writers at work: The Paris Review interviews.* New York: Viking.

Cramer, R. (2001). *Creative power: The nature and nurture of children's writing.* New York: Longman.

Croes, M. J. (1990). The efficacy of employing a writing process approach for the instruction of language arts with learning disabled elementary students. *Dissertation Abstracts International,* 51(12A), 4083. (UMI No. AAI9115193)

Day, A. G. (1947). Writer's magic. *American Association of University Professors Bulletin,* 33, 269-278.

Dean-Rumsey, T. A. (1998). Improving the writing skills of at-rick students through the use of writing across the curriculum and writing process instruction. *Dissertation Abstracts International,* 37(06A), 1598. (UMI No. AAI1395724)

de Beaugrande, R. (1984). *Advances in discourse processes: Vol. 11. Text production: Toward a science of composition.* Norwood, NJ: Ablex.

Defoe, M. C. (2000). *Using directed writing strategies to teach students writing skills in middle grades language arts.* (ERIC Document Reproduction Services No. ED444186)

Degroff, L. J. (1985). The relationship of prior knowledge to the content of text and peer conference comments in process approach lessons. *Dissertation Abstracts International,* 46(12A), 3595. (UMI No. AAI8603755)

De La Paz, S. (1999). Teaching writing strategies and self-regulation procedures to middle school students with learning disabilities. *Focus on Exceptional Children,* 31(5), 1-16.

De La Paz, S., & Graham, S. (2002). Explicitly teaching strategies, skills, and knowledge: Writing instruction in middle school classrooms. *Journal of Educational Psychology,* 94(4), 687-698.

Denzin, N. K. (1989). *The research act* (3rd ed.). Englewood Cliffs, NJ: Prentice-Hall.

Distefano, P., & Olson, M. C. (1980). Describing and testing the effectiveness of a contemporary model for in-service education in teaching composition. *English Education,* 12(2), 69-76.

Dyson, A. H., & Freeman, S. W. (2003). Writing. In J. Flood, D. Lapp, J. R. Squire, & J.M. Jensen (Eds.), *Handbook of research on teaching the English language arts* (2nd ed., pp. 967-992). MahWah, NJ: Erlbaum.

Elbow, P. (1973). *Writing without teachers.* New York: Oxford University Press.

Emig, J. (1971). *The composing processes of twelfth grander.* Urbana, IL: National Council of Teachers of English.

Eitelgeorge, J. W. (1994). Writing development: A longitudinal study of multiple continua of conceptual understandings within the writing process as displayed by first-graders. *Dissertation Abstracts International,* 55(03A), 494. (UMI No. AAI9420946)

Erlandson, D. A., Harris, E. L., Skipper, B. L., & Allen, F. D. (1993). *Doing naturalistic inquiry: A guide to methods.* Newbury Park, CA: Sage.

Fanscali, C., Nelsestuen, K., & Weinbaum, A. (2001). *National Writing Project: Year-two evaluation report.* New York: Academy for Educational Development.

Fanscali, C., & Silverstein, S. (2002). *National Writing Project: Final evaluation report.* New York: Academy for Educational Development.

Fischer, R. O. (1997). An investigation of the long term effects on teachers of participation in the 1991 summer institute of the Metropolitan Area Writing Project (NWP) on effective teaching. *Dissertation Abstracts International,* 58(06A), 2166. (UMI No. AAI9735262)

Flower, L., & Hayes, J. R. (1980). The cognition of discovery: Defining a rhetorical problem. *College Composition and Communication,* 31(1), 21-32.

Flower, L., & Hayer, J. R. (1981). A cognitive process theory of writing. *College Communication and Composition,* 32(4), 365-387.

Friedrich, L., & LeMahieu, P. (2004). New NWP study explores teachers' learning, leadership, and legacy, *The voice,* 9(1), 1. 19.

Fullan, M. (1982). *The meaning of educational change.* New York: Teachers College Press.

Gersten, R., & Baker, S. (2001). Teaching expressive writing to students with learning disabilities: A meta-analysis. *Elementary School Journal,* 101(3), 251-272.

Goldstein, A., & Carr., P. G. (1996, April). Can students benefit from process writing? NAEPfacts, 1(3), Washington, DC: National Center for Education Statistics. Retrieved March 12, 2004, from nces.gov/pubs96/web/96845.asp

Graham, S., & Harris, K. R. (1997). Whole language and process writing: Does one approach fit all? In J. W. Lioyd, E. J. Kameenui, & D. Chard (Eds.), Issues in educating students with disabilities (pp. 239-258). ManWah, NJ: Lawrence Erlbaum Associates.

Graves, D. H. (1973). Children's writing: Research hypotheses based on an examination of the writing processes of seven-year-old children. *Dissertation Abstracts International,* 34(6479A). 6255 (UMI No. AAI17408375)

Graves, D. H. (1983). *Writing teachers and children at work.* Portsmouth, NH: Heinemann.

Graves, D. H. (1984). *A researcher learns to write: Selected articles and monographs.* Exeter, NH: Heinemann.

Gray, J. (2000). *Teachers at the center: A memoir of the early years of the National Writing Project.* Berkeley, CA: National Writing Project.

Greenwald, E. A., Persky, H. R., Campbell, J. R., & Mazzeo, J. (1999). *The NAEP 1998 writing report card for the nation and the states* (NCES Report No. 19990462). Washington, DC: US Department of Education, Office of Educational Research and Improvement.

Gundlach, R. A. (1977). The composing process and the teaching of writing: A study of an idea and its uses. *Dissertation Abstracts International,* 38(11A), 6497A. (UMI No. AAI805271)

Hamilton, A. C. (1992). Performance assessment of personal correspondence on the development of written language use and functions in traditional and process writing second-grade classrooms. *Dissertation Abstracts International,* 53(07A), 2235. (UMI No. AAI9234729)

Hampton, S. B. (1990). Changing instructional practice: Principles of andragogy and the ongoing education of writing teachers. *Dissertation Abstracts International,* 52(02A), 393. (UMI No. AAI9118128)

Harris, E. A. (1992). The relationship of attitudes and writing abilities to computer writing and peers critique of writing. *Dissertation Abstracts International,* 53(06A), 1828. (UMI No. AAI9224268)

Haugen, N. (1982, March) *An investigation of the impact of the Wisconsin Writing Project on student composition.* Paper presented at the annual meeting of the American Educational Research Association, New York. (ERIC Document Reproduction Services No. ED214203)

Hawkins, M. L., & Marshall, J. C. (1981). *Evaluating writing grades 3-12.* Ferguson, MO: Ferguson-Florissant School District.

Hayes, B. L. (1984). The effects of implementing process writing into a seventh grade English curriculum. *Dissertation Abstracts International,* 45(09A), 2743. (UMI No. AAI8425249)

Hicks, D. (1997). Working through discourse genres in school. Research in the Teaching of English, 31(4), 459-485.

Hillocks, G. (1984). What works in teaching composition: A meta-analysis of experimental treatment studies. *American Journal of Education,* 93(1), 133-170.

Hillocks, G. (1986). Research on written composition: New directions for teaching. Urbana, IL: ERIC clearinghouse on reading and communication skills and the national conference on research in English.

Honeycutt, R. L. (2002). *Good reader/poor writers: An investigation of the strategies, understanding, and meaning that good readers who are poor writers ascribe to writing narrative text on-demand.* Unpublished doctoral dissertation, North Carolina State University, Raleigh.

Honeycutt, R. L., & Pritchard, R. J. (2005) Using a structured writing workshop to help good readers who are poor writers. In G. Rijlaarrsdan, H. van den Bergh, & M. Couzijin (Eds.), Studies in Writing, Vol.14. *Effective teaching and learning of writing* (2nd ed., pp. 141-150). Amsterdam: Kluwer.

Inverness Research Associates. (1997). *National Writing Project annual report,* 1996-97. Berkeley: University of California Press.

Jensen, J. M. (1993) What do we know about the teaching of writing of elementary school children? *Language Arts,* 70(4), 290-294.

Jensen, J. M. (2002). Teaching writing on the shoulders of giants. *Language Arts,* 79(4), 357-362.

Larsen, E. K. (1983). A history of the composing process. *Dissertation Abstracts International,* 45(05A), 1381. (UMI No. AAI8418240)

Laub, H. D. (1996). The effect of participation in a writing institute on selected teachers. *Dissertation Abstracts International,* 57(10A), 4332. (UMI No. AAI9708252)

Lieberman, A., & Wood, D. (2003). *Inside the National Writing Project.* New York: Teachers College Press.

Lipson, M. Y., Mosenthal, J., Daniels, P., & Woodside-Jiron, H. (2000). Process writing in the classrooms of eleven fifth-grade teachers with different orientations to teaching and learning. *Elementary School Journal,* 101(2), 209-231.

MacArthur, C., Schwartz, S., Graham, S., Molloy, D., & Harris, K. (1996). Integration of strategy instruction into a whole language classroom: A case study. *Learning Disabilities Research and Practice,* 11(3), 168-176.

Marshall, j. C. (1983, April). *Student achievement in the holistic teaching of writing: Project impact and diffusion.* Paper presented at the annual meeting of the American Educational Research Association. Montreal, Canada.

Miller, C. L. (1985). The experience of eleventh grade writers: The interaction of thought and emotion during the writing process. *Dissertation Abstracts International,* 46(12A), 3638. (UMI No. AAI8602622)

Mills, B. (1953). Writing as process. *College English,* 15(1), 19-56.

Moffett, J. (1981). *Active voice.* Montclair. NJ: Boyton/Cook.

Moffett, J. (1992). Detecting growth in language. Portsmouth, NH: Heinemann.

Moriarity, D. J. (1978). An investigation of the effect of instruction of five components of the writing process on the quality and syntactic complexity of student writing. *Dissertation Abstracts International,* 38(05A), 2727. (UMI No. AAI7819765)

Murray, D. (1985). *A writer teaches writing* (2nd ed). Boston: Houghton Mifflin.

National Writing Project, & Nagin, C. (2003). Because writing matters. San Francisco: Jossey-Bass.

Odell, L., & Cohick, J. (1975). You mean, Write it over in ink? *English Journal,* 64(9), 48-53.

Pattthey-Chavez, G. G. Matsumura, L. C., & Valdés, R. (2004). Investigating the process approach to writing instruction in urban middle schools. *Journal of Adolescent and Adult Literacy,* 47(6), 642-476.

Penfield, E. (1979). Faculty development and the teaching of writing: A local adaptation of the National Writing Project. Baton Rouge: Louisiana Writing Project. (ERIC Document Reproduction Service No. ED200960)

Poindexter, C. C., & Oliver, I. R. (1998/1999). Navigating the writing process: Strategies for young children. *Reading Teacher,* 52(4). 420-423.

Pritchard, R. J. (1987). Effects on student writing of teacher training in the National Writing Project model. *Written Communication,* 4(1), 51-67.

Pritchard, R. J., & Marshall, J. C. (1994). Evaluation of a tiered model for staff development in writing. *Research in the Teaching of English,* 28(3), 259-285.

Prithcard, R. J., & Marshall, J. C. (2002a). Professional development in "healthy" vs. "unhealthy" districts: Top 10 characteristics based on research. *School Leadership and Management.* 22(2), 113-141.

Pritchard, R. J., & Marshall, J. C. (2002b, Summer). Do NWP teachers make a difference?: Findings of research on district-led staff development. NWP Quarterly, 24(3), 32-38. Berkeley, CA: National Writing Project. Available online at www. writingproject.org

Pritchard, R. J., & Marchall, J. C. (2005). School and district culture as reflected in student voices and student achievement. School Effectiveness and School Improvement: An International Journal of Research, Policy and Practice, 16(2), 153-177.

Robbins, J. T. (1986). A study of the effect of the writing process on the development of verbal skills among elementary school children. *Dissertation Abstracts International,* 47(08A), 2930. (UMI No. AAI8627505)

Roberts, C. A. (2001). The influence of teachers' professional development at the Tampa Bay Area Writing Project on student writing performance. *Dissertation Abstracts International,* 63(05A), 1792. (UMI No. AAI3052666)

Robinson, M. E. (1986). The writing performance and revision behavior of fifth grade process and non-process writing students during one-day and two-day writing sessions. *Dissertation Abstracts International*, 49(09A), 2536. (UMI No. AAI8813469)

Robinson-Metzm, J. M. (1985). A case study of the journal writing process: Three 11th grade journal writers. *Dissertation Abstracts International*, 46(09A), 2604. (UMI No. AAI8521895)

Rohman, D. G. (1965). Pre-writing: The stage of discovery in the writing process. *College Composition and Communication*, 16(2), 106-122.

Scannella, A. M. (1982). A writing-as-process model as a means of improving composition and attitudes towards composition in high school. *Dissertation Abstracts International*, 43(08A), 2582. (UMI No. AAI8301605)

Schuster, E. H. (2004). National and state writing tests: The writing process Betrayed. Phi Delta Kappan, 85(5), 375-378.

Schwartz, M. (1980). Six journeys through the writing process. *Dissertation Abstracts International*, 41(04A), 1450. (UMI No. AAI8023624)

Shook, J. (1981). The Gateway Writing Project: An evaluation of teachers teaching teachers to write. *Research in the Teaching of English*, 15(1), 282-284.

Shortt, T. L. (1986). Teacher classroom behaviors and their effects on student achievement in secondary classrooms. *Dissertation Abstracts International*, 48(12A), 3087. (UMI No. AII8802908)

Smagorinsky, P. (1987). Graves revisited: A look at the methods and conclusions of the New Hampshire study. *Written Communication*, 4(4), 331-342.

Smith, C. B. (2000a). Writing instruction: Changing views over the years (ERIC Digest 155). Bloomington: Indiana University (ERIC Document Reproduction Service No. ED449337)

Smith, C. B. (2000b). Writing instruction: Current practices in the classroom (ERIC Digest 156). Bloomington: Indiana University (ERIC Document Reproduction Service No. ED446338)

So, W. Y. (1986). Integrating first language and second language approaches to writing. *Dissertation Abstracts International*, 47(04A), 1308. (UMI No. AAI8613337)

Sommers, N. (1982). Revision strategies of student writers and experienced adults. Washington, DC: National Institute of Education. (ERIC Document Reproduction Service No. ED220839)

St. John, M. (2003, November). *NWP update report.* Delivered to the annual meeting of the National Writing Project, San Francisco, CA.

St. John, M., Dickey, K., Hirabayashi, J., & Stokes, L. (2001, Dec.). *The National Writing Project: Client satisfaction and program impact: Results from a follow-up survey of participants at summer 2000 invitational institutes.* Inverness, CA: Inverness Research Associates.

Swenson, J. M. (1992). Changes in teaching practices related to the Colorado Writing Project, 1987-1991. *Dissertation Abstracts International*, 53(10A), 3438, (UMI No. AAI9304607)

Stotsky, S. (1995). The uses and limitations of personal or personalized writing in writing theory, research, and instruction. *Reading Research Quarterly*, 30(4), 758-776.

Tindall, M. E, (1990). Process-oriented writing instruction: The effect of training on instructional practice. *Dissertation Abstracts International,* 52(02A), 511, (UMI No. AAI9118946)

van den Bergh, H. & Rijlaarsdam, G. (2001). Changes in cognitive activities during the writing process and relationships with text quality. *Educational Psychology,* 21(4), 373-385.

Vaughan, S. C. (1992). Writing in the classroom: A study of Northwest Inland Writing Project teacher's beliefs and practices. *Dissertation Abstracts International,* 53(11A), 3876, (UMI No. AAI9309076)

Watkins-Goffman, L. F. (1986). A case study of the second language writing process of a sixth grade writing group. *Dissertation Abstracts International,* 47(08A), 2932. (UMI No. AAI8625662)

Wilson, D. E. (1988). Teacher change and the Iowa Writing Project. *Dissertation Abstracts International,* 50(04A), 926. (UMI No. AAI8913252)

Wilson, E. E. (1994). *Attempting change: Teachers moving from Writing Project to classroom practice.* Portsmouth, NH: Boynton/Cook.

Wilson, S., & Berne, J. (1999). Teacher learning and the acquisition of professional knowledge: An examination of research on contemporary professional development. In A. Iran-Nejaf & P. D. Pearson (Eds.), *Review of research in education* (Vol. 24, pp. 173-209). Washington, DC: American Educational Research Association.

Winterowd, W. R., & Blum, J. (1994). *A teacher's introduction to composition in the rhetorical tradition.* Urbana, IL: National Council of Teachers of English.

Witte, S. P. (1987). Pre-text and composing. *College Composition and Communication,* 38(4), 397-425.

Wood, D. R., & Lieberman, A. (2000). Teachers as authors: The National Writing Project's approach to professional development. *International Journal of Leadership in Education,* 3(3), 25-273.

Zemelman, S., & Wagner, B. J. (1982). Application for validation. Elmhurst, IL: Chicago Area Writing Project.

제IV부

특수한 환경에 있는
학생들과 쓰기

제 20 장
다문화 교실에서 쓰기 가르치기

Arnetha F. Ball

1987년에 Freedman & Dyson은 <쓰기 연구의 과거, 현재 그리고 미래(Research in Writing: Past, Present, and Future)>라는 보고서를 출간했다. 이 보고서에서 Freedman & Dyson은 "지난 20년 동안 쓰기 연구에서 극적인 변화가 있었다. 이 변화는 쓰기 연구 분야에서 제기된 질문과 그에 대한 답변, 그리고 교수와 학습에 활용되는 방안 모두에 걸쳐있다."(p.1)라고 적었다. 그들은 1970년대에는 얼마나 많은 연구들이 쓰기 결과를 중시했는지, 1970년대 말부터 어떻게 과정 중심 연구로 옮아갔는지, 1980년대에는 어떻게 맥락을 중시하는 연구로 옮아가게 되었는지를 구체적으로 설명했다. 연구자들은 어떻게 쓰기의 사용이 학습적이거나 학습적이지 않은지 보여주기 시작했으며, 어떻게 언어와 쓰기가 하부 문화 사이에서 다른지에도 많은 관심을 기울이기 시작했다. 미국의 학교들과 공동체들이 점점 더 문화적으로 다양해짐에 따라, 연구자들은 어떤 문화가 수업에 영향을 미치는 방식과 다양한 배경을 가지고 있는 학생들의 문화적 생활에 대해 더 많은 관심을 갖게 되었다. 1987년 보고서에서, Freedman & Dyson은 독자들로 하여금 주어진 연구의 패러다임이나 교육 체계에 대한 통찰을 넘어서는 미래 연구를 그려보고, 인지, 맥락, 언어의 강력한 영향력 간의 연관성에 주의를 기울이도록 했다. 그들은 그러한 작업이 쓰기 연구에 대해 교차학문적 접근으로 밝혀지는 광범위한 연구 주제를 필요로 할 것이라고 제안했다.

같은 해에, Delpit(1987)은 "진보적인 흑인 교육자들의 용량 그리고 다른 딜레마들"이라는 제목의 논문을 발간했다. 이 논문에서는 유창성에 초점을 맞춘 쓰기 프로그램을 검토하고,

그러한 쓰기 프로그램이 가난하고 소외된 학생들의 요구를 충족시키지 못한다고 하였다. Delpit은 소수자들의 발달을 위해 필요한 변화를 이끌어내려면, 소수자를 위한 쓰기 프로그램이 비판적 · 창의적 사고의 맥락 내의 기능 발달을 강조해야 한다는 점을 독자들이 고려하도록 했다. Freedman & Dyson(1987)과 Delpit(1987)이 발간된 지 20년이 지난 오늘날에도 다양한 문화의, 가난하고, 소외된 학생들에게 쓰기를 가르치는 것은 여전히 중요하다. 이런 학생들 중 다수가 쓰기 능력 측정이나 학업 능력 평가에서 공정하지 못한 대우를 받고 있기 때문이다. 1987년 이래로 다문화 학급에서 쓰기 가르치기에 대한 연구에 대해 검토한 결과, 이 연구들은 비판적 · 창의적 방법으로 다문화 배경의 학생들을 효과적으로 가르치도록 주장하고 있으며 여전히 교차학문적 접근으로 쓰기 연구를 하고 있다는 것을 알 수 있었다.

　미 교육부 통계청(NCES)의 미국 국가학업성취평가(NAEP) 보고서(NAEP, 1988, 2003) 중 도시 학교의 쓰기에 대한 부분에 따르면, 가난하고 지원이 부족한 지역 사회에 속한 학교에 다니는 많은 학생들은 기술이 발달한 사회에서 필요한 쓰기 기능에 여전히 숙달되지 못했다. 2002년에 LA와 콜롬비아 특별 지구와 같이 다문화 지역에 사는 8학년들의 쓰기 점수는 평균보다 상당히 낮았다(NAEP Trial Urban District Assessment[TUDA], 2003). 미 교육부 통계청은 1988년에 <학생들의 쓰기 수행의 장기적 경향(Long-Term Trends in Student Writing Performance)>을 출간했다. 이 보고서는 전통적으로 장기적인 관점에서 인종과 성에 의해 결정되는 하위 집단 간 수행의 차이에서 나타나는 변화를 논한다. 지난 10년간 이러한 경향들을 돌아본 후, NAEP는 이러한 하위 집단들의 쓰기 수행 능력이 전혀 향상되지 않았다는 결론을 내렸다. 과정 중심 쓰기, 기초적인 쓰기, 쓰기에 미치는 문화적 영향에 비해 쓰기 결과물에 대한 문헌이 과도하다는 점과 함께, 이러한 연구 결과는 강한 우려를 자아냈다. 오늘날 국제 사회의 의사소통적 요구와 직업 세계와 중등 과정 후의 학습 환경에서의 복잡한 요구들이 증가한다. 이러한 요구를 충족시키기 위해 학생들에게는 적절한 쓰기 능력이 필요하다는 점을 깨닫게 되었는데, 다문화 학생들에게 쓰기 기능을 촉진하기 위한 가장 좋은 방법이 무엇인지에 대한 문제가 많다는 점에는 의심의 여지가 없다. 이러한 문제를 설명하기 위해 연구자들은 많은 질문을 던지는데, 그 중 대표적인 질문은 다음과 같다.

1. 다문화 학생들에게 쓰기를 가르칠 때 교실이나 공동체 맥락에는 어떤 영향을 미치는가?
2. 학교의 안팎에서 학생의 쓰기 수행에 대해 학생의 문화와 가정의 담화는 어떤 영향을 미치는가?

3. 다문화 학생들의 쓰기와 평가에 대한 다양한 교수 전략이나 교육학적 접근들은 어떤 영향을 미치는가?

4. 교육자, 교육과정 개발자, 정책 입안자들은 다문화 학생들의 학습에 교두보를 놓아주고 다문화 학생들이 오늘날 직장과 학문 환경에서 의사소통상의 요구를 충족시키도록 돕기 위해, 고유의 문화가 강한 가정 환경에서 야기되는 문제들에 기반을 둔 활동과 정책을 어떻게 개발할 수 있는가?

이 질문들은 다문화 학급에서 쓰기 가르치기에 초점을 맞춘 연구자들의 관심 중 일부일 뿐이지만, 연구자의 탐구 영역을 네 가지로 나누어 보여준다.

Delpit(1987)과 Freedman & Dyson(1987) 이래로, 다문화 학생들의 쓰기에 대한 학업 능력은 우리의 연구 분야에서도 더욱 주목을 끌게 되어왔다. ERIC(Educational Resources Information Center) 데이터베이스에서는 1987년부터 2004년까지 쓰기 지도와 문화 같은 기술어를 사용한 항목이 938개가 생성되었다. 다문화 교실에서의 쓰기 지도와 관련된 다른 핵심어를 포함하여 기술어를 확장하면, 이 분야의 학업 능력을 범주화하기 위해 다양한 명명이 사용된다는 것을 발견할 수 있다. 검색 시기를 1987년 이후로 한정하고 '쓰기 지도'(teaching writing)와 '문화'(culture)에 4가지 용어를 추가한 교차 목록을 이용하여 검색하였다. 쓰기 지도, 문화, 다문화(multicutural)를 사용하면 137개 항목이, 쓰기 지도, 문화, 다양성(diversity)을 사용하면 123개 항목이, 쓰기 지도, 문화, 소수집단(minority)을 사용하면 105개 항목이, 쓰기 지도, 문화, 인종(ethnic groups)을 사용하면 71개 항목이 만들어진다. 이렇게 생성된 항목을 면밀히 관찰해보니, 대부분이 반복 연구였고, 일부는 제2 언어 학습자에 초점이 맞추어졌으며, 다른 일부는 문헌 논평, 입문서, 이론서도 있었다. 다음 절은 미국에서 소수 인종으로 간주되는 전체 학령기(K-12)의 학생들이나 다양한 학급을 구성하는 다문화 학생들에 초점을 맞춘 실험 연구에 기초한 출판물만을 살펴보고, 논의의 초점에 따라 선정된 50개 이상의 연구들을 바탕으로 하였다.

연구의 틀이 되는 주요 이론 모형

1980년대 후반 이래로, 몇몇 이론적인 모형들이 다문화 학생들에 대한 쓰기 지도 연구의 틀로 사용되어 왔다. 지난 20년 동안, 가장 일반적인 이론 모형들은 쓰기에 대한 사회적 맥락의 영향을 강조하는 다문화 학생들에 대한 쓰기 지도 연구에 기반을 두는 데 사용되곤 했다. 사회·문화적, 사회인지적, 사회구성주의적 틀이 그 문헌에서 우위를 점했다. 중요한 이론, 인지 모형, 다른 인식들은 이러한 연구를 안내하는 데 사용되곤 했지만 내가 살펴본 문헌에는 거의 나타나지 않았다. 쓰기 수행과 쓰기 발달에 대한 사회적인 영향을 강조하는 이론적 모형의 강세는 이 시대 동안 벌어졌던 사회적, 정치적인 사건들에 비추어 보면 놀라운 일이 아니다. 1960년대 빈곤전쟁[1] 이후에, 사회문화적 모형이 연구에 영향을 크게 미치기 시작했다. 1980년대와 1990년대 즈음에 그리고 새천년으로 들어서면서, 사회·문화적 이론이나 사회인지적인 이론과 같은 이론적 구조의 형태를 갖춘 문헌들이 다시 강세를 보였다. 이러한 이론적인 틀은 학생이, 무엇을 어떻게 배우는지에 대해 개인의 선행 경험, 가치, 믿음, 맥락의 영향을 인정하는 것이다.

그러한 이론적인 관점을 따르면, 다문화 학생들에 대한 쓰기 지도 연구는 일반적으로 세 가지 범주로 나뉜다. 첫째는 다문화 학생들에 대한 쓰기 지도에서 교사, 교실이나 공동체의 맥락의 역할, 둘째는 학생들의 문화 또는 쓰기에 대한 담화 형태의 영향, 셋째는 다문화 학생들의 쓰기와 평가에 관해 특정한 교수 전략이나 교육학적 접근의 영향이다. 이 글은 맥락, 문화, 교수와 평가를 위한 전략 등 정보를 조직화하는 세 가지 범주를 사용하여, 이러한 연구에서 자주 나타난 물음과 그 물음을 탐구하기 위해 사용된 연구 방법, 그리고 이러한 연구에서 알게 된 주요 연구 결과에 초점을 맞춘다. 이 장의 결론 부분에서는 다문화 교실에서 쓰기 지도를 위한 연구의 함의를 논하고, 후속 연구의 방향을 제시할 것이다.

맥락

다문화 학급에서의 쓰기 지도에 대한 연구의 주요한 분야 중 하나는 쓰기를 가르치고 배우는 맥락의 중요성에 초점을 맞춘다. 이 연구는 학급 내의 개인이 학생의 학습과 성취에 영향을 미치는 요인이 아니라는 점을 이해하는 데 도움을 준다. 학교의 특징, 학습 환경,

---

1) [역주] 1960년대 미국에서 빈곤이 많이 존재하고, 일부 지역에 집중되어 있다는 사실이 알려지면서 빈곤지역을 퇴치하기 위한 정책들이 시행되었는데, 이러한 활동을 '빈곤전쟁(war on poverty)'라고 부른다.

교실 활동, 부모의 지원, 지도상의 특성, 학생의 공상 세계 등의 요인들도 – 한정된 것은 아니지만 – 학생의 학습과 성취에 영향을 미친다는 사실을 뒷받침하는 연구들도 있다. 이러한 요인들은 모두 다문화 교실에서 학생들의 궁극적인 성취에서 중요한 역할을 한다. Dyson (1989, 1991)은 2년에 걸쳐 백인, 미국 흑인, 히스패닉, 백인계 아프리카인, 백인계 남미인의 유치원에서 3학년까지 아동들이 사회와 상상계에 대한 기술적이고 해석적인 연구를 수행했다. 이들을 연구 대상으로 삼은 것은 쓰기를 배울 때 아동의 상상계의 복합적 기능을 더 잘 이해하기 위해서였다. Dyson의 연구는 아동들이 구성한 상상계가 그들의 사회에 내재되어 있으며, 학생들의 쓰기 발달에서 핵심적인 역할을 한다는 점을 분명하게 밝혔다.

Schneider(2003)는 맥락, 장르, 상상력에 초점을 맞추면서 초등 교실에서 학생들의 쓰기에 대한 기술적이고 해석적인 연구도 수행했다. Schneider는 학생들의 쓰기 수행을 지원하기 위해 설계된, 서로 다른 지도 맥락 내의 수행으로서 미국 흑인 아동 1명과 유럽계 미국 아동 2명의 쓰기를 재구성하는 연구를 1년 동안 하면서 2, 3학년 학생들을 관찰했다. 이 연구는 학생들의 쓰기 수행에 대한 특이한 성질을 밝히면서, 교사들의 지도 전략과 학생들의 쓰기 전략 사이의 복잡한 상호작용을 검토했다. 학생들의 쓰기 맥락에 미치는 영향의 일부를 교사들이 이해하도록 돕기 위해서, Moore & O'Neill(2002)은 <맥락 내에서의 활동들: 쓰기 교사들의 연구 활동 자리매김(Practices in Context: Situating the Work of Writing Teachers)>를 출간해 냈는데, 거기에는 쓰기 교사들 자신이 쓴 에세이 모음도 포함된다. 이 책의 필자들은 이 책이 새로운 학생, 교육과정, 기관을 접하게 되고 새로운 경험을 하게 되는 신규 교사들의 필요를 충족시켜 줄 수 있도록 설계된 모음집이 될 것이라고 전망했다.

Speling & Woodlief(1997)는 도시의 다문화적인 환경과 교외의 백인 환경에 사는 미국 흑인, 유럽계 미국인 그리고 아시아계 미국인 학생들이 다니는 2개의 10학년 교실에 대한 연구를 수행했다. Speling & Woodlief은 도시의 다인종적인 환경과 교외의 환경에서 쓰기 공동체 내의 특성을 비교하기 위하여 담화 분석을 사용했다. 이들은 다인종 도시 학교에서는 학생들이 삶의 경험을 더 잘 탐구하고 이해하는 주요한 도구로서 글을 쓰는 반면, 교외 학교 교실에서는 학생들의 경험이 쓰기의 기반이 되더라도, 학생들이 이미 가지고 있는 경험을 사용하기보다는 과제를 목적으로 경험이 만들어진다는 결론을 얻었다. 도시의 다인종 학급에서는 교사와 학생 사이의 계층적인 경제를 해체하는 노력이 이루어지지만, 자서전 쓰기의 가치 있는 정보원으로서 학생들이 생생한 경험을 얻도록 하기 위해 학생들에게 일정한 공간이 제공된다. 이때에는 학생들을 전문가로 간주한다. 교외의 교실에서는 학생들 서로는 평등하지만 교사가 "전문가"의 역할로 남아 있어야 하는데, 학생들에게 다른 자원들을 이용하여 프로젝트를 마무리하고 인터뷰하는 것을 과제로 시행하도록 요청한다. 연구 결과는 복합적인 요소들이 학생들이 쓴 글에 영향을 미친다는 견해를 입증해 주기는 했지만, 연구 설계는 연구자들이 인과적인 결론을 내리는 데에는 적합하지 않았다.

　　Mavrogenes & Bezruczko(1993)는 위험에 처한 아이들에 대한 종단연구(Reynolds, Bezruczko, Hagemann, & Mavrogenes, 1991)의 자료를 사용했는데, 이 연구는 미국 흑인 학생 1,225명을 대상으로 학생들의 글, 교사의 보고서, 부모의 보고서 그리고 학생이 쓴 자기 보고서 사이의 상관성을 확인했다. Mavrogenes & Bezruczko는 학생들의 동기, 성숙도, 태도, 부모의 결혼 상황(결혼하지 않은 부모를 둔 아이들보다 결혼한 부모를 둔 아이들의 수행이 좋은 것) 모두가 학생들의 쓰기 발달에 중요한 영향을 미치는 것으로 보인다는 결론을 내렸다. 또한 교사와 학생의 보고서가 중요하지만, 부모 보고서도 학생의 쓰기 발달에 중요한 영향을 미친다고 하였다.

　　Needels & Knapp(1994)은 다양한 학교의 특성이 학생들의 쓰기에 어떻게 영향을 미치는지를 조사하기 위해 학생 1,123명에 대한 대규모 연구를 시행했다. 그들은 맥락에서 구성 요소를 가르치는 것에 강조를 두는 정도와 쓰기의 의미 있는 사용에 강조를 둔 정도, 쓰기와 학생들의 배경간의 연결 정도, 글을 쓰는 동안 학생들의 상호작용의 정도, 쓰기 과제에 포함되는 문제 해결 과정, 그리고 확장된 글을 쓸 기회의 빈도를 포함하게 하면서, 학생이 쓴 글과 미리 선정된 변인들 간의 상관관계를 가정했다. 그리고 이러한 6개의 교육 원리들이 쓰기 능력 점수에서는 변인의 44%를, 쓰기 맞춤법 점수에서는 변인의 21%를 설명할 수 있다는 점이 드러났다. Needels & Knapp은 이러한 6개의 변인들이 지원을 덜 받은 학생들에게 도움을 주는 쓰기 프로그램을 설계할 때 반드시 고려되어야 한다는 결론을 내렸다.

　　Langer(2001)는 25개의 중고등학교와 44명의 교사들 그리고 88개 학급에 등록된 다문화 학생들을 포함하는 연구를 시행했다. 이 연구는 다문화 학생들 사이에서 성공을 촉진하는 환경과 활동을 탐구하기 위하여 고안되었다. 이러한 25개의 중고등학교에서의 영어/언어학 프로그램에 대한 연구는 학생 수준이 비슷한 다른 학교들보다 표준화된 쓰기 평가에 강한 학생들이 있는 학교들 사이에서 분명한 차이점을 보였다. Langer는 쓰기 수행 점수가 높은 학교들의 특성을 다음과 같이 밝혔다. 그 학교들은 유목적적인 과제 내에서 기능 지도를 통합했고, 표준화 시험에 의해 요구되는 기능과 내용을 포함하기 위해 학교 문식성 교육과정을 수정했으며, 주제 전반에 그리고 학생들의 학교 밖 생활에 대해 교육 내용 간 연계를 만들었다. 그리고 교사들은 예상과 평가 절차가 분명하였고, 학습을 단순 기능을 습득하는 것에서 개념과 생각을 깊게 지속적으로 이해하는 활동으로 여겼다. 학생들은 서로의 생각에 반박하고 도전하는 집단에서 협동하도록 했다. Langer는 이들 여섯 가지 특성들이 협력적으로 일제히 작용하여 긍정적인 학습 맥락을 만들어낸다는 것을 발견했다. Langer는 또한 여섯 가지 특성들 중 한두 가지만 준비되어 있는 학교에서는 표준화된 고부담 쓰기 평가에서 평균 수준의 점수를 얻지 못한다는 것도 확인했다.

다문화 학생들에 대한 쓰기 지도에서 중요한 맥락으로 검색된 주요 연구들은 학교 안의 요소들에 초점을 맞춘 반면, Ball(1995), Mahiri(1998), Schultz(2002)의 연구는 다양한 학생들의 쓰기에 대한 학교 밖의 맥락과 공동체의 영향을 이해하는 데 도움을 준다. 그들은 다문화 학급에서 쓰기를 가르치는 것에 연계를 만들어냈다. 학교 밖 문식 활동에 대한 이해를 얻는 것은 학생들의 학문적인 쓰기를 강화하는 가교를 놓는 데 도움을 줄 수 있다. 세 공동체에 기반을 둔 조직에 대한 3년간의 민족지학적 연구에서, Ball(1995)은 공동체가 기반이 된 조직 안에서 미국 흑인 방언(AAVE)을 사용하는 다양한 구어와 문어 소통 활동을 발견했다. 이 연구에 포함된 세 조직 모두는 구어 과제와 문어 과제에 대해 협력적인 작업, 높은 성취기준, 교사와 학생에게는 중요한 구어와 문어 기능에 전념하는 책무를 강조했다.

이 연구의 결과를 다문화 학생들의 쓰기 발달을 지원하기 위한 교실 활동으로 전환하는 데에서, Ball은 교사들이 학생들에게 주류적인 방법으로 말하고 쓰는 기회뿐만 아니라 문화적인 배경을 반영하는 지역적 문식 능력을 사용하는 방식을 제공해야 한다고 주장했다. 이것은 많은 쓰기 교실에서 사용된 전통적인 교수 활동에서 더 벗어난 것이다. 이러한 공동체 기반의 조직에서 사용되는 구두 언어는 학생들이 성공적으로 글을 쓰는 데 중요한 요소가 된다는 사실이 밝혀졌다. 공동체 기반 조직에 속한 교사들은 학생들의 흥미를 끌기 위해서 그리고 성공적인 쓰기 활동의 선구자로서 구어를 사용했다. 이러한 접근은 교사들이 기꺼이 모험을 받아들이기를 요청했다. Ball은 학생의 쓰기 교사들은 교사와 학생 모두에게 협동적인 작업, 높은 기대에 대한 기준, 일반적이고 비판적인 사고에의 집중을 강조해야 한다는 점을 권장했다.

쓰기 기능의 발달을 통해 목소리를 내기 위하여 노력하는 학생들을 보면서 Mahiri(1998)는 교실과 공동체의 문제를 전면에 내세웠다. <Shooting for Excellence>에서 Mahiri는 두 명의 교사에 대해 설명했는데, 둘 다 미국 흑인이었고 같은 도심 지역의 고등학교 영어 교사였다. 한 교사의 학생들은 놀라우리만치 글을 잘 썼고, 다른 교사의 학생들은 자주 싸웠으며 심지어는 수업 시간에 잠들기도 했다. 일련의 글을 통하여 Mahiri는 그 차이의 원인을 깊이 탐구했고,

교육적 성공의 양상에서의 변화를 위해 미국 흑인 학생과 청년 문화가 무시되면 안 되는 이유를 입증했다. Mahiri는 교실과 학생들의 쓰기 발달에 영향을 미치는 언어 학습을 연구한, 공동체 기반의 연구들을 모두 한데 묶었다. 그리고 어떻게 미국 흑인의 청년 문화와 경험들이 학생들의 주인의식과 성취를 촉진시키는지 보여주었으며, 역사적으로 반대되는 특징을 설명하기 위하여 학생들의 문화에 대한 창조적, 사회적, 문화적 인식을 적용하는 것은 교사의 몫이라는 점을 제시했다. Mahiri는 쓰기를 통해 자신의 목소리를 내는 데 어려움을 겪는 학생들이 교사의 도움을 받는 모습을 살펴보면서, 교사들은 학습을 위한 의미 있는 문화를 창조하기 위해 (학생들의 공동체가 살아있는) "거리"와 학교 사이에 실행이 가능한 연계를 만들어내야 한다고 보았다.[2] 이러한 연계는 교실 담화, 문화, 교육과정의 다양성을 반영하는 방식에서의 변화를 이끌어 낼 수 있다. Mahiri는 새로운 세기의 학교에 대한 상상으로 글을 마무리했다. 그가 생각한 학교에서는 학생들의 문화적 다양성을 만들어 가면서도, 개인적인 목표뿐만 아니라 개인적으로 소중한 것을 찾을 가능성을 높이며, 인간의 상호작용을 억압하지 않도록 하는 지식, 기능, 가치를 학생들에게 가르치면서 문화적 변화를 돕는다.

Schultz(2002)는 도시 고등학교 3곳의 고학년을 대상으로 한 종적 연구이다. Schultz는 흑인들과 라틴 공동체의 입장에서, 그러니까 저소득층 학생들이 다니는 학교의 밖에서 다문화 학생들의 쓰기 활동을 관찰하였는데, 그 학생들 중 약 79%가 부양 필요 아동 가족 지원[3]을 받았다. Schultz는 학생들의 능력에 대해 종합적으로 이해하기 위해 학교 안팎에서 이루어지는 학생들의 쓰기 활동에 초점을 두어야 한다고 주장했다. Ball(1995)과 Mahiri(1998)처럼, Schultz(2002)는 비록 학생들이 학교에서 쓰기를 꺼려함에도 불구하고, 많은 학생들이 일반적으로 가정하는 것보다 더욱 학문적인 쓰기와 유사한 방식으로 학교 밖에서 글을 쓴다는 결론을 내렸다. 이들 연구를 포함한 몇몇 연구들은 글을 쓰는 맥락이 학생들의 쓰기 학습과 넓은 맥락에서 학생들이 쓰기를 전환적으로 사용하는 것에 어떻게 중요한 역할을 하는지를 이해하는 데 도움을 준다. 가장 중요한 것은 그 연구들이 다문화 학급 내의 학습 공동체가 학교 맥락과 학생의 성격, 부모의 참여, 교실 환경의 구성, 교사가 부여하는 과제의 특성, 학교 밖 경험, 학생의 상상계에 다양하게 의존할 수 있음을 이해하는 데 도움을 준다는 점이다. 그러나 이들은 단지 학생들이 학교를 경험하는 방법과 교실에서의 쓰기 기능의 발달을 형성

---

2) [역주] 학생들이 몰려다니는 '거리'는 삶이 살아 있는 공간이고 학습을 해야 하는 '학교'는 삶이 퇴색한 공간이므로 교사는 이 둘을 연계하는 방법을 모색해야 한다는 뜻이다.

3) [역주] 'Aid to Families Dependent Childen(AFDC)'는 미국의 보충 급여 프로그램이다 욕구 결핍 아동, 사회 문제 관련 아동 등 부양이 필요한 아동을 보호하는 가정을 지원한다.

하는 몇 안 되는 요인일 뿐이다.

이 절에 소개된 맥락에 대한 몇몇 연구들은 명시적인 교육과 기본적인 쓰기 기능을 자원이 부족한 곳에 있는 가난한 학생들에게 강조하는 것이 중요하다는 일부 교육자들의 믿음에 문제를 제기한다. 그 연구들에서는 연구원들과 활동가들이 다같이 쓰기 수업에서 공동체의 학습자들이 무엇을 보여 줄 수 있고, 어떻게 보여야 하는지에 대해 광범위하고 유연한 시각을 견지해야 한다고 제안한다. 뿐만 아니라 이러한 연구는 학교에서는 학생들에게 쓸 기회를 더 많이 제공해야 하고, 교사들은 다양한 학생들을 대상으로 한 쓰기 지도를 위한 연수를 받아야 하며, 학생들의 자신감이나 학교에서 써야 하는 쓰기의 유용성에 대한 인식 수준 등 학습에 영향을 미치는 다른 많은 요인들에 민감해야 한다고 주장한다.

문화

1979년에 디트로이트 연방 법원은 차별 없이 연방의 가이드라인을 충족시키기 위하여, 대부분의 중산층 미국인들이 사용하는 언어와 다르다 할지라도, 학교에서는 학생의 고유 문화에 대한 언어 훈련을 고려해야 한다는 판결을 내렸다. 이 판결의 영향력은 컸는데, 그 후 20여년이 지났어도 교사들에게는 교실에서 다양한 쓰기 활동을 하고, 다문화 사회의 모든 학생들에게 학습을 지원할 방법을 찾는 것은 여전히 어렵다. 그래서 교실과 인종에 상관없이 개개인의 학습 기회와 접근성이 균등한 교실 문화를 조성하기 위해서 오래 동안 관심을 기울여 왔다. 자신과 다른 문화적인 배경을 가진 학생들에게 쓰기를 가르칠 때 중압감을 느끼는 수많은 교사들은 이러한 문제를 해결하는 것이 어려울 수 있다. 그러나 Ann Arbor의 경우, 학교 구역과 교사들이 교사 자신의 인종적·민족적 배경과 관계없이 모든 학생들이 접근할 수 있는 학습을 만드는 방법으로 교육학과 교육과정을 다시 생각할 책임이 있다는 점을 분명하게 보여주었다.

대부분의 학교 교육과정과 쓰기 교수에 대한 연구들이 계속해서 중산층의 유럽계 미국인들의 관심사와 가치를 반영하고, 인종적·민족적·언어적으로 다양한 학생들의 문화적인 경험을 생략하는 반면에, 몇몇 연구자들은 학생들의 문화와 가정에서의 담화 형태가 학생들의 글에 미치는 영향력을 이해하는 데 기여할 수 있는 연구를 해 왔다. 예를 들어 Farr Whiteman(1981),

Heath(1987), Michael(1987), 그리고 Gilmore & Glatthorn(1982)과 같은 연구자들의 독창적인 연구는 다문화 학급에서 쓰기 교육이 이루어질 때, 문화가 고려되어야만 하고 고려될 수 있는 중요한 요소임을 확인했다. 1986년에 Farr & Daniels는 음운학적 수준, 통사론적 수준, 의미론적 수준, 화용론적 수준, 담화 수준에서 많은 미국 흑인 학생들의 쓰기에 문화적으로 관련하여 상충되는 예들을 제공했다. 지난 20년 동안 Staton et al.(1988), Ball(1992, 1996, 1999), Smitherman(1994), Stein, Dixson, & Isaacson(1994), Fecho(2000), 그리고 Rosaen(2003)은 다문화 학생들의 쓰기에서 문화의 중요성을 이해하는 데 도움이 될 만한 이러한 연구를 수행해 왔다. Moll(1987, 1990), Gutierrez(1992), Lee(1992), Nieto(1992), Redd(1992), Srole(1994), 그리고 Au(1993, 1997, 1998) 등 다른 연구자들은, 쓰기 교육을 계획하고 수행할 때 학생들의 삶의 경험과 이러한 자원들을 고려하는 것은 학생의 읽고 쓰는 능력의 원천이라고 보았다는 점에서 우리와 비슷한 관점을 유지하고 있다.

Staton et al.(1988)은 로스앤젤레스의 다문화 지역의 6학년 교실에서 사용되는 대화 저널을 연구했다. 이 교실의 학생들은 13개의 다른 문화권 출신이다. 17년 동안 대화 저널을 사용해 왔던 어떤 교사는 학생들에게 영어로 저널의 한 내용을 쓰라고 한 다음, 학생들이 쓴 글에 간단하게 논평을 적었다. 주된 학술 영어에서 문식 능력이 최소 한도인 학생들에게도 할 수 있는 한 최선을 다해서 매일 최소 3문장을 쓰라고 했다. 교사는 이 글을 평가하지 않은 대신, 일방적으로 말하기보다 두 사람 간의 자연스러운 의사소통 형태로 반응을 했다. 1년 동안 작성된 저널을 분석한 결과, 글의 분량, 학생이 제시한 주제의 정교화, 유창성, 교과 영어와 통사 구조 조절 능력 등 학생들의 쓰기 능력이 실질적으로 향상되었다는 것을 확인할 수 있었다. 또한 학생들은 처음 몇 시간 동안에, 학급의 맥락에서 그들 자신의 목적을 위하여 읽고 쓰는 것을 경험했다. 학생들은 자신이 쓴 내용에 대한 교사의 반응을 열심히 읽고, 풍부하게 적었다. 심지어 어떤 학생들은 1년 동안 가득 채워진 대화 저널이 대여섯 권에 이르기도 했다.

언어의 다양성과 쓰기에 대한 연구에 따르면, 다문화 학생들이 글을 쓸 때 사용하는 영어에서는 다양한 집단의 "모어"의 언어적 특성이 나타난다. 한 미국 흑인 고등학교 학생의 글을 면밀하게 분석한, Ball(1998)은 그 학생의 글에서 문화적인 영향을 받은 특징들이 보인다고 설명했으며, 다른 문화권 출신 학생들과 수화를 사용하는 청각 장애 학생들의 쓰기를 이해하기 위해 이러한 연구가 갖는 함의를 논의했다.

Smitherman(1994)에는 <'베리가 검으면 검을수록, 수액이 더 달다': 미국 흑인 학생 필자>

라는 말이 붙은 장이 있다. 이 연구에서 Smitherman는 미국 흑인의 언어적 전통이 한 세대를 넘어서 미국 흑인 학생들의 교실 쓰기 상황에서 존속하는 정도를 분석해냈다. 1984년과 1988/1989년 NAEP에서의 867개의 논문 전체는 주요한 특징과 전체주의적인 점수 분석을 따르고 있었으며, 글에서 발견된 미국 흑인 담화의 수준이라는 관점에서 평가되었다. 이러한 점수들은 NAEP 채점자들이 부여한 것과 비교되었고, 1969년과 1979년 NAEP의 점수와도 비교되었다. 결과는 다음과 같다. 첫째, 1969년과 1979년의 이전 연구 결과에서 지지되는 것처럼, 눈에 띄는 미국 흑인의 담화 형태와 흑인 영어(BEV) 구조 사이에 어떤 상관관계도 존재하지 않았다. 둘째, 미국 흑인의 담화가 구별될수록 주된 특성과 전체적인 점수가 높았고, 덜 구별될수록 주요 특성과 총점이 낮았다. 이는 선행 연구의 결과와 상반된다. 셋째, 흑인 학생들의 강력한 요청으로 상상적인/서사적인 글쓰기는 계속되었다. 연구 결과는 교실 쓰기 에서 흑인의 표현적인 담화 양식을 취한 학생들이 그렇지 않은 학생들보다 NAEP 점수가 높음을 보여주었다. Smitherman은 쓰기 교사가 아프리카계 미국 문화 담화의 강점을 이용하 도록 격려했는데, 이러한 방법은 장 의존적인 형태로 학생들을 고무하면서 강하고, 의미 있고, 더 좋게 평가받는 글을 쓸 수 있도록 했으나 흑인 영어 문법에 대한 관심을 떨어뜨렸다.

"학생의 쓰기에서 자국어의 역할 분석: 사회적인 문해 능력 접근"에서 Blackburn & Stern(2000)은 학생들이 모국의 문화적인 활동을 활용했으며, 고등학생들이 쓴 랩을 분석하기 위하여 사회적인 문해 능력의 관점을 사용했다. 연구자들은 학생들의 미국 흑인 방언과 "표준" 영어의 사용을 측정했고, 교사들과 연구원들이 교실을 풍성하게 하고, 의미 있고 사회적으로 옳은 연구를 수행하기 위하여 반드시 학생의 문해 능력에 몰두해야 한다는 결론을 내렸다. 이 연구는 모든 화자와 필자들에게 "표준" 영어를 가르치려고 노력하는 것의 효과와 지식에 대한 학문적인 논쟁을 계속할 필요가 있음을 강조하였고, 학생들이 지배적인 문해 능력에 능숙해지도록 돕는 데 사용되는 대안적 문해력을 타당화하는 새로운 방법이 제시되어 야 한다고 주장했다.

다문화 학급에서의 쓰기에 대하여 여기서 보고한 연구들의 대부분은 교육 활동, 교실 생활 그리고 쓰기 교수를 증진시키는 방법을 탐구하려는 연구자들의 바람을 다루고 있으며, 다문 화 학급에서의 학생들의 교육적인 실패를 줄이는 새로운 방법을 형성하는 것과 교실에 학생 들의 문화를 가져오는 것에 대한 교사들의 인식을 바꾸는 것을 지적한다. 연구자들은 언어란 문화의 주요한 대표이자 표현 중 하나라는 개념을 확인했으며, 문화가 그것을 쓰는 사람의 세계관, 신념, 가치 그리고 의식과 무의식에서의 기대에 영향을 미친다는 개념을 확인했다.

Michael(1987)의 연구는 1학년 학생과 교사 간 구어적 상호작용과, 5학년 학생과 교사 간의 문어적 상호작용을 조사했는데, Micheals는 문화적 기대에서 비롯된 교사와 학생 사이의 단절을 발견했다. 다른 연구자들은 말하기 양상과 형식에서 나타나는 문화적 변인이 학생의 쓰기에 어떤 영향을 미치는지를 밝히기 위한 연구를 설계했다. 1992년에 Ball은 5학년과 6학년 학생들이 표현적인 담화 양식을 특히 선호하지 않은 반면에 고등학생들은 표현적인 담화 양식을 특히 선호한다는 것을 발견했다. 이 연구에서 고등학생들은 완곡어법이나 서사적 산재, 방언 2개를 사용하여 선호를 분명하게 보였는데, 미국 흑인 학생들이 설명하는 글을 조직하곤 했던 양상에 문화적으로 기반을 두었다. 이 연구에서 나머지 고등학교 학생들 중 3/4 정도는 학문적인 환경에서 설명하는 글을 조직할 때, 주제망을 사용한 반면, 미국 흑인 고등학생 모두는 학문적 상황과 비학문적인 상황에서 문화적으로 근간이 되는 쓰기 형태를 선호했다. Ball은 모든 학생들의 선호에 대한 교육적 함의를 강조하였고, 교사의 평가와 관련하여 학술 기반 양상의 사용을 선호하는 편견을 설명했다(Ball, 1992, 1996).

1979년 Ann Arnor의 흑인 영어 사례 이래로, 학자들은 교사들이 학생이 쓴 글에서 아프리카계 미국 흑인 방언의 존재를 알아차려야한 한다고 교사들에게 경고해왔다. Ball(1999)은 몇몇 특징적인 미국 흑인 방언 특성들이 나타난, 학생 글의 예를 제시했다. Ball은 학생들의 쓰기와 학생들의 글에 있는 미국 흑인 방언의 존재에 대해 교사들은 학생들의 문화적 기초가 되는 영향을 이해하기 위해 그들의 글에 대한 면밀한 언어학적 분석을 함으로써 그 의미가 무엇인지 깨달을 수 있다고 말한다. 이 분석을 통해 Ball은 학생들의 글에 있는 통사적, 의미론적, 음운론적, 형식적 양상이 미국 흑인 방언의 발화 양상을 전형적으로 반영한다는 것을 발견했다. Ball은 다문화 학생들에게 쓰기를 가르치는 교사들에게 안내가 되는 몇 가지 원칙들을 제안했다.

Sperling(1995)은 교실 토론의 실험을 토대로 한 학생들의 담화와 쓰기를 조사하기 위하여 10학년의 미국 흑인, 백인, 중국계 미국인 5명에 대한 연구를 시행했다. Sperling은 토론을 하는 동안에 학생들이 지니는 다양한 역할들이(관찰자, 역사가, 예언자, 비평가 그리고 철학자) 넓은 사회에서 또는 그들 자신의 글에서 교실 공동체에서의 관계에 기초를 두고 있다는 결론을 내렸다. Sperling(1996)의 발표는 발화와 담화 형태에 중점을 둔 논의를 토대로 만들어졌으며, 쓰기와 말하기 사이의 정확한 연결을 더 잘 이해하는 데 도움이 되는 연구의 개관을 제공했다. 모든 개인들이 그들 문화의 규준에 따라서 말하는 것을 배우기 때문에, 말하기는 다양한 문화권 출신의 학생들에게 쓰기를 가르치는 데 의존할 풍부한 문화적 원천으로 바라보아야 한다. 다문화 학생들은 교실에서 기능 중심적인 교육을 받고 있다. 그러나 학생들이 이해하는 학문적 글쓰기는 그들이 태어난 공동체에서 이루어지고 있는 문해 관습과는 상당히 다르다. Sperling은 문화가 교실에서 학생들과 교사들의 의식적 또는 무의식적 상호작용과 기대에 영향을 미친다는 사실을 강조했다. 그리고 학생들의 쓰기 발달을 지원하기 위하여 교사들과 학생들 사이의 명확하고 넓은 대화를 추천했다.

1992년에 Heller는 아프리카계 미국 흑인 학생들이 자신이 누리는 문화를 어떻게 글로 쓰고 공유하는지를 밝히는 연구를 수행하였다. 다양한 학생들이 쓴, 다양한 양식의 글을 분석한 후 Heller는 언어는 문화의 주요 표상이자 표현 중 하나라는 결론을 내렸다. 그 뒤 Ball (1995)은 학업이 우수한 미국 흑인 학생 4명이 작성한 설명문을 분석하였으며, 이를 통해서 이 학생들이 아프리카계 미국 흑인 영어와 학습 언어로 쓰이는 주류 영어를 모두 능숙하게 다룰 줄 안다는 것을 밝혀냈다. 또한 이 학생들은 문화적으로 영향을 받은 문해 패턴을 설명문에 배치하여 자신의 교실 활동을 풍성하게 하는 모습을 보이기도 했다.

Green(1997)은 애팔래치아 지방 학생 두 명의 읽기와 쓰기 발달을 연구했다. Green은 두 학생이 가정 및 문화의 영향 요소로부터 유래하고, 우호적이고 구성주의적이며 전체 언어적인 교실로부터 유래한 문해 능력에 대한 독특한 형식과 접근법을 개발했다는 것을 발견했다. 연구자들은 학생들의 구어 사용과 쓰기 사이에 밀접한 관련이 있을 것이라고 확신했다. Fecho(2000)의 도시 교실에서의 언어에 대한 중요한 연구는 교사를 문화적 역할로 설정하였다(Freire, 1970). 교사가 수행하는 연구는 글을 통해 언어가 미국 흑인과 캐리비안 근해 출신 미국인 고등학생들의 삶에 어떠한 영향을 미치는지를 파악하는 데 도움을 주기 위해 해석적 연구 방법을 사용했다. Fecho는 조사자가 언어에 대하여 아는 만큼, 학생들이 자신에 대한 앎이 깊어지면, 동시다발적으로 언어에 대한 그들의 관점을 문제화하고, 사회에서 언어와 권력에 대하여 이론가가 된다고 하였다. Fecho는 교사들이 우리 사회에서 문화의 힘을 학생들에게 가르치는 동안에 교실에서 학생들의 고국의 삶과 언어를 칭찬하기 위한 방법을 찾도록 권고했다.

다문화 교실에서 쓰기와 쓰기 교육에 초점을 두고 있는 연구자들은 언어, 문화, 그리고 쓰기 간의 상호 연결 관계가 강하다는 사실을 확인했다. 이들의 결론은 문화가 학생들과 교사들의 교실 활동에 영향을 미칠 뿐만 아니라, 그들의 의식적, 무의식적 상호작용과 기대에도 영향을 미친다. 또한 이러한 연구는 학생들이 소속되어 있는 공동체에 기반을 두고 있는 담화 유형이 교사들로 하여금 어떻게 학생의 가정, 공동체, 학교 사이의 의사소통 수행과 요구를 연결할 수 있는 교육과정 상의 가교를 만드는 역할을 하도록 하는지를 이해하는 데 도움을 준다. 학생들의 경험을 교실로 이끌어 들이면 다음 두 가지의 장점을 얻을 수 있다. 첫째, 공동체의 삶과 학교생활을 연결할 수 있으며, 둘째, 교육과정을 강화하고 학생들의 학습 경험을 풍부하게 할 수 있다. 더 중요한 것은 교사들은 교육학적인 실행과 쓰기에서 학생들이 만들어낸 관계를 통하여 "교실 공동체"의 개념을 만들어 감으로써 학생들의 쓰기 성취에 막대한 영향을 미칠 수 있다는 점이다.

교수와 평가

연구자들은 교사들이 교실에 적용한 교육적인 접근법과 교수 전략들이 다문화 학생들의 쓰기 발달과 평가의 결과에 장기적인 영향을 미칠 수 있다고 확신한다. 다문화 교실에서의 쓰기 지도와 관련해 검토된 연구 문헌들 중에는 이러한 영역에 초점을 맞추고 있는 것들이 매우 많았다. Yeh & Stuart(1998)는 166명의 히스패닉 미국인, 아프리칸 미국인, 아시아계 미국인 그리고 유럽계 미국인인 중학교 학생들의 토론 수업을 조사했고, 논쟁 전략을 현시적으로 교육받은 학생들이 그 영역과 의견의 개진에서 통계적으로 상당한 성과를 보여주었다는 것을 알게 되었다. 또한 논증 형식과 논증 구조에 대한 현시적 지도는 주장하는 글의 조직에 대한 학생의 판단—특히 소수 집단의 학생들—을 날카롭게 하며 주장하는 글을 더 잘 쓰게 한다는 결론을 내렸다. 이 연구자들은 다문화 출신 학생들을 대상으로 한 현시적인 교육의 영향에 대해 통계학적으로 유의한 결론을 얻을 가능성을 높이기 위해 백인 학생들과 유색 인종들의 글을 더 많이, 안정적으로 비교하는 복제 연구가 이루어져야 한다고 주장했다.

Davis, Clarke, & Rhodes(1994)는 미국 서부에서 4학년과 5학년의 다문화 학생 39명에게 확장된 쓰기 기회의 영향을 조사했다. 이 연구에서 확장된 쓰기를 강조한 수업이 기능 지향적인 수업과 대비되었는데, 기능 지향적인 수업은 간단한 물음에 답하는 활동지를 중심으로 수업을 하는 경향이 있었다. 확장적인 글쓰기를 강조하는 수업을 받은 학생들은 내용과 관습 모두에서 유의하게 높은 점수를 받았고, 표준화 시험에서도 다소 높은 점수를 받은 것으로 나타났다. 이는 "기능 중심적인" 수업을 받은 학생들이 확장적인 글쓰기를 강조하는 수업을 받은 학생들보다 뛰어나다는 것을 가정했었는데, 기능 중심적인 교실의 활동들이 표준화

시험에서의 선다형 쓰기 과제와 흡사하기 때문이었다. 그러나 연구자들은 표준화 시험에서 두 집단 간에 통계적으로 유의한 차이를 발견하지 못했다. 연구자들은 학생들의 피부색에 상관없이 모든 학생들이 확장적 쓰기 기회를 제공하는 교실로부터 도움을 받을 수 있다는 결론을 내렸다.

Agee(1995)는 다문화 학생들이 그들의 개인적인 삶과 시(詩) 사이를 연결하는 데 도움이 되도록 사용했던 전략들을 논했다. 다문화적인 민요와 서사시를 포함하고 있는 이러한 전략들의 목적은 학생들이 시의 선행 개념을 넘어서는 데 도움을 주고, 시의 창조적인 측면을 표현하는 그들만의 방법을 탐구하는 것이다. 학생들은 교실에서 시에 대한 개인적인 반응들을 공유한다. 또한 자신의 겪은 인상적인 경험이나 이야기에 기초한 전통적인 노래나 서사시를 지어보기도 하고, 창작 과정에 대한 기록을 바탕으로 하여 간단한 글을 쓰기도 한다(Jocson, 2005 참고). Agee는 이것이 다문화 학생들에게 쓰기를 가르칠 때 효과적인 전략이 될 수 있다고 보았다.

Blake(1998)는 도시의 학교에서 다양한 독자들이 참여하도록 고안된 문화적인 글을 만들어 내기 위해 독자-반응 접근을 사용했다. Blake가 사용한 비평적인 반응 모형은 다양한 독자들이 문화적인 사안을 다룬 글을 읽고 반응을 촉진하도록 설계된 것이다. 이 모형은 어떤 이데올로기나 입장을 통하여, 성, 인종, 계층과 같은 영역에 대해 글이나 작가의 가정과 관점을 비판적으로 탐구할 수 있다는 아이디어를 바탕으로 한다. 학생들은 글을 쓰면서 자신의 삶과 경험을 이야기에 연결하고, 자신의 정체성을 형성하면서 글을 만들어간다. 연구자들은 이러한 텍스트에 반응하는 활동을 통해 학생들이 다른 사람, 시대, 딜레마들을 이해하도록 촉진하기를 의도했다. 또한 글뿐만 아니라, 학생 자신과 다른 사람들과의 연결을 만들기 위해 학생들 각자의 문화적 자원을 사용하는 방법을 익히는 데 도움이 될 것이라고 생각했다. 다른 학생들의 글에 반응하는 것은 편견을 극복하는 데 도움이 되고, 자신의 글에 비판적으로 반응하는 것은 다른 글을 비판적으로 보고 지배적인 사회적 담화를 극복 하는 방법을 익히는 데 도움이 된다(Appleman, 2000).

Carbonaro & Gamoran(2002)은 아시아계, 아프리계, 라틴계의 8학년에서 12학년 학생 8,157명을 대상으로 연구를 실시했다. 그들은 과제의 질, 교수의 일관성, 교육과정과 교육적 사안에 대한 학생의 목소리 등 교실에서 이루어지는 고급 문해 지도의 4가지 측면을 조사했다. 그 결과는 분석적인 쓰기에 대한 강조가 읽기 점수의 향상과 관련된다는 것을 보여주었다.

Kong & Fitch(2003)는 문화적 · 언어적으로 다양한, 4, 5학년 학생들이 책을 읽고, 글을 쓰고 이야기를 하는 북클럽을 이용하였다. 연구자들은 공유하기, 읽기, 개인적인 쓰기, 간이수업 등으로 구성되는 북클럽 프로그램을 만들었다. 교사들은 문해 요소에 대한 주제와 읽기 반응에 대해 현시적 지도를 하는 간이 수업을 하고, 학생들이 읽기 목표를 세우도록 돕는 쓰기 지시문(prompt)을 소개하였으며, 작문 전략에 대한 도움을 주었다. 연구자들은 이 프로그램이 성공적이라는 결론을 내렸는데, 교사는 높은 기대를 유지했고, 교실의 학습 공동체를 만들었으며, 학생들이 쓸 수 있는 시간과 공간을 제공했고, 현시적인 교수를 제공했으며, 학생들의 근접발달영역 내에서 학생들의 참여를 모형화하고 그것을 위한 발판을 만들었기 때문이다.

다문화 교실에서 교사들은 특히 다양한 인종, 민족, 그리고 언어적인 배경을 가진 학생들이 쓴 글을 평가하는 데 어려움을 겪는다. 다문화 학생들은 교사로부터 불분명한 메시지를 받곤 하는데, 그 이유는 교사들이 쓰기 교수·학습에서 문화의 영향을 인정하려고 노력하지 않고 알지도 못할 때가 많기 때문이다. 몇몇 교사들은 다문화 학생들이 교실로 가져오는 문화적 활동에 대한 지식이 부족하다. 그래서 일부 교사들은 참여에 대한 학생들의 규칙이나 힘의 문화(the culture of power)와 어떻게 다른지를, 사회는 물론 많은 수업에 참여해야 하는 학생들에게 분명하게 설명하지 못한다. 이러한 상황은 글을 통하여 그들의 지식을 설명하도록 요구하는 교실에서 학생들이 실패하는 데 영향을 미치곤 한다. 이러한 상황을 개선하는 것은 문화 간 소통을 개선하고 이해하는 것과 비주류적인 문화적 표현 사용에 부정적인 수많은 교사들의 태도를 바꾸는 것에 달려있다. 또한 모든 학생들의 쓰기 발달을 지원하는 지도 전략과 평가 방법을 개발하는 데 도움이 되는 정보를 교사들에게 제공하기 위한 우리의 노력에도 달려있다.

다문화 학생에 대한 쓰기 지도 연구를 관통하는 하나의 맥락은 평가에 초점을 맞추고 어떤 방법이 다문화 교실에서 쓰기를 가장 잘 평가하는 것인지를 고려한다. 연구 결과는 문화적 기대와 선호는 교사의 평가에 핵심적인 역할을 함을 보여준다. Ball(1997)은 다문화 집단의 교사들의 평가를 실증하고 쓰기 평가에 대한 논의에서 다문화 교사들의 목소리를 포함한 가치를 강조하는 연구를 발표했다. 이러한 견해를 포함시키는 것은 현재 실시되고 있는 평가, 연구의 우선순위, 그리고 평가에서 나타나는 문제를 해결하는 데 초점을 맞추는 정책 토론에 영향을 미칠 뿐만 아니라 새로운 국면을 개척하는 데에도 도움이 될 수 있다. 이는 특히 문화적 다양성을 지닌 사람들을 대상으로 하는 경우에 두드러진다. Ball(1997)의 두 번째 부분에서는 4명의 유럽계 미국인 교사들과 4명의 미국 흑인 교사들의 평가 방법을 비교하였는데, 그 교사들이 다양한 학생이 쓴 글을 평가할 때 서로 다른 관점을 어느 정도 일관되게 유지하는 것으로 나타났다. Ball은 유럽계 미국인 교사들은 일관되게, 유럽계 미국인 학생들의 글을 미국 흑인 학생들의 것보다 높은 점수 주는 데 반해, 미국 흑인 교사들은 유럽계 미국인 학생들의 글보다 미국 흑인 학생들의 글에 더 높은 점수를 주는 것을 발견했다. 두 집단의 교사들 모두 라틴계 학생들에게 최하점을 주었다. Ball은 총체적 쓰기 평가와 함께 이 연구에 참여한 미국 흑인 교사들의 관심사가 드러나는 교사 면담을 살펴보았다. 솔직하고도 반성적인 논평을 통해, 교사들은 깊이 느끼는 우려를 공유하고 쓰기 평가에 관한 생각을 구체적으로 제안하였다. 미국 흑인 교사들은 학생들의 쓰기 수준이 낮다는 점, 유색 인종 학생들이 받을 교수와 평가가 불안하다는 점, 유색 인종 학생들의 글을 더 잘 평가하도록 하는 연구가 자신들에게 도움을 줄 수 있는지가 불확실하다는 점을 지적했다. 그러나 이 교사들은 내용과 학생들의 생각이 평가에서 강조되어야 한다는 확신을 갖고 논의하였으며, 쓰기의 관습과 형식에 대한 초점이 안정적인 것과 마찬가지로 다문화 학생들에 대한 쓰기 지도를 설명하는 연구를 더 많이 필요로 하였다. Ball은 다문화 교사의 목소리를 포함하는 것은 문화적·언어적으로 다양한 학생들을 제외한 모든 학생들의 쓰기 평가를 재구성하는 데 대한 논의를 확장시키는 데 유용할 수 있다는 점을 강조했다. Ball(1999)은 미국 흑인 방언을 구사하는 학생들에 대한 쓰기 평가의 문제도 다루었으며, 음운론적 수준, 구문론적 수준, 의미론적 수준, 담화 수준, 오류 측면에서 학생들의 글에 나타나는 미국 흑인 방언의 특징을 구별하기를 강조하는 글을 제공했다.

주 전체적으로 표준화된 쓰기 평가에서, 인종은 학생의 성취에 뚜렷한 영향을 미치는 변인으로써 계속적으로 나타난다. Gabrielson, Gordon, & Englehard(1995)는 학생들의 관점으로부터 쓰기 평가에 대한 넓은 시야를 얻었다. 그들은 표준화된 평가에서 "과제 선택"의 효과를 분석하기 위하여 1993년 조지아 주 쓰기 평가에서 11학년들의 자료를 사용했다. 그 자료는 34,200명의 학생(여자 52%, 남자 48%, 유럽계 미국인 67%, 미국 흑인 33%)을 포함했다. 연구자들의 예상과 달리 표준화된 평가의 변인으로서 쓰기 과제의 선택 그 자체로는 쓰기 점수에 유의한 영향을 미치지 않는다는 결과가 나왔다. 그러나 과제 선택과 함께 성과 인종을 조합하면, 특히 내용, 조직, 형식과 반대로 쓰기 관습과 문장 형성 영역에서는 학생들의 점수에 영향을 미치는 것으로 나타났다. 남학생에 비해 여학생이, 유럽계 미국인 학생에 비해 미국 흑인 학생들이, 특히 흑인 여학생들은 쓰기 주제를 선택할 수 있을 때 더 잘 쓰는 경향이 나타났다. 그러나 이러한 조건에서의 차이는 적었고 통계적으로 유의하지도 않았다.

Ball(1992, 1997)의 미국 흑인 학생에 대한 연구에서, 교사들은 미국 흑인과 유럽계 미국인 학생들을 대상으로 한 평가 양상에서의 차이를 설명했다. 이 연구를 Gabrielson et al.(1995)의 결론과 관련지어 생각해 보면 학생들의 주제 선택과 학생들이 선호하는 아이디어 조직 방식은 평가에 중요한 영향을 미친다고 볼 수 있다. 이 연구는 특히 유색 인종 학생에 대한 몇 가지 중요한 함의를 지니며, 더불어 더 많은 연구가 이루어져야 함을 시사한다. 문화, 교수 전략, 쓰기 평가 간 관계 분석 등을 다루는 후속 연구에서는 교사나 학생의 표본을 확대해야 하며, 문화적 배경의 범위를 확대하여 교사의 역할과 인식을 살펴보아야 한다. 이러한 정보는 모든 학생을 위한 쓰기 평가를 개선하는 논의를 확장하는 데 도움이 될 수 있다.

교수와 미래 연구에 대한 함의

이번 장에서 논의한 연구들로부터 온 다문화 교실에서 쓰기 교수를 위한 중요한 의의들 몇 가지는 더 많은 연구를 위한 동기가 될 수 있다. Yeh & Stuart(1998)의 연구는 주장하는 글에 대한 현시적 지도의 가치에 대하여 말하고 있다. 이 연구에서 학생들이 받는 현시적 지도는 교실 토론을 통한 "몰입(immersion)"을 동반한다. Yeh & Stuart는 다문화 학생들의 쓰기에 대한 현시적 지도의 영향력에 대하여 통계적으로 중요한 결론을 얻기 위하여 더 넓은 범위의 그리고 더 많은 유색 인종과 백인 학생들의 글을 비교하는 후속 연구가 이루어져야 한다고 주장했다. Davis et al.(1994)에 따르면, 확장적인 글쓰기를 했던 학생들이 내용과 관습의 영역에서 더 높은 점수를 받았다. 이는 교사들이 학생들에게 확장적인 글을 쓰도록 많은 기회를 주어야 한다는 것을 의미한다. Davis et al.(1994)은 그러한 기회는 기능 중심이 된 교실에서는 일반적으로 간과되는 기회라고 서술했다. 이와 마찬가지로 Mavrogenes & Bezruczko (1993)는 학교의 교육과정이 학생들에게 글을 쓸 수 있는 더 많은 기회를 제공해야 한다고 주장했으며, 교사들은 작문 교수에 대한 연수를 받고, 학생의 자신감 수준과 같은 요소들에 민감하게 반응해야 한다고 주장했다.

반면, Needles & Knapp(1994)은 몇몇 교육자들이 제기한, 가난하고, 유색의 소외된 학생들에게 기본적인 쓰기 기능에 대한 명시적인 교육에 강조를 둘 필요가 있다는 주장에 대하여 의문을 제기했다. 그들은 연구에 초점이 된 분석적인 쓰기뿐만 아니라 학생들의 고등 사고 기능을 요청하는 다양한 종류의 쓰기를 조사하기 위해 연구가 더 많이 이루어져야 한다고 했다. 또한 미래 연구에 대한 설계와 해석에 정보를 제공하고, 다른 자료에 추가된 면담을 통해 학생들의 말을 들어보아야 한다고 주장했다.

Langer(2001)의 표준화된 쓰기 평가에서 불리함을 극복한 학교에 대한 연구는 다문화 교실에서 쓰기를 가르치는 사람들이 고려해야 하는 6가지 요소들을 제안했다. Langer는 6가지 요소 모두가 학생들이 고부담 시험에서 평균 이상을 수행할 수 있는 환경을 조성하는 데 함께 작용한다고 주장했다. 교육구에서는 교사와 학생들을 동시에 지원하기 위한, 교육구 수준에 맞는 6가지 특성 통합 방법을 사용함으로써 학생들의 학업 성취도를 향상시키는 데 핵심적인 역할을 할 수 있다. Langer는 수행 수준이 높은 학교에서 효과적으로 나타난 지도 중재를 수행 수준이 낮은 학교에 추가로 도입하는 실험 설계 연구를 수행할 것을 연구자들에게 제안했다.

Sperling & Woodlief(1997)는 연구자들과 교사들에게 쓰기 교실에서 학생들의 공동체에 대해 넓고 유연한 시각을 유지해야 한다는 점을 강조했다. 사회·문화적인 관점에서 볼 때, 사회적 이해와 교사들이 가치 있다고 여기는 이해가 일치하지 않을 수도 있다는 점을 학생들이 깨닫는다는 것을 인식해야 한다는 데에서도 의의가 있다. Sperling & Woodlief의 후속 연구에서는 학교 환경을 넘어서기 위해 학생이 준비해야 하는 것이 교실 환경에 어떤 영향을 미치는지에 대한 상을 더 구체적으로 보여주며, 이러한 이해의 복잡한 관점을 제공한다. Sperling(1995)의 의의는 쓰기 교사는 학생이 속한 고유문화의 공동체에서의 다양한 역할에 토대를 둘 수 있다는 점이다. 학생들이 글을 쓸 때 가공의 역할이나 예상독자를 만들어 내도록 하기보다는 실제적이고 의미 있는 쓰기를 위한 동기를 불러일으키기 위해 교사들이 이러한 역할들을 바탕으로 할 수 있다. 이런 방식으로, 학생들의 경험은 공동체의 삶과 학교의 삶을 연결하는 교실로 들어올 수 있게 된다.

쓰기 평가의 논쟁을 살펴보면, Ball(1997)은 문화와 쓰기 평가의 관계에 대하여 분석하였고, 쓰기 평가에 대한 정치적인 논쟁들, 학교, 주, 그리고 국가 수준의 평가에서 다양한 배경을 가진 교사들의 의견을 포함하는 중요성을 강조하였다. Gabrielson et al.(1995)은 조지아 고등학교 쓰기 시험에 대한 연구에서 학생들이 쓰기 과제를 선택하는 것이 학생들의 쓰기 점수에 중요한 영향을 미치지 않는다는 것을 보여주었다. 그러나 특히 여학생과 미국 흑인 학생들에게 초점을 맞추면, 과제 선택은 그들의 평가 점수에 긍정적인 영향을 미치는 경향이 있었다. Ball(1992, 1999)의 미국 흑인 청소년들의 구어와 문어 담화의 선호에 대한 실험은 교사들에게 학생들의 텍스트에 대한 세부적인 분석을 제공하였으며, 문화와 나이가 학생들의 선호하는 쓰기 양상에서 중요한 요소가 된다는 것을 시사했고, 학생들의 공동체에 대한 명확한 이해가 교사의 교육적인 평가에 정보를 제공할 수 있다는 점을 제시했다. 이러한 요소들에 대한 이해는 교사들이, 학생들의 고향, 공동체, 그리고 학교의 의사소통 연습과 요구 사이를 잇는 교육과정의 다리를 형성하는 것을 가능하게 할 것이다. Ball은 쓰기의 선호가 학생과 교사 간 의사소통의 가치 있는 원천으로써 받아들여져야 한다고 주장했으며, 그리하여 서로는 쓰기와 관련한 다른 사람의 기대를 더 잘 이해하고, 더 잘 충족시킬 수 있을 것이다.

이번 장에서 소개된 모든 연구에서 도출된 원리는 교사들이 가진 인종 민감성 (ethnosensitivity), 즉 "응집된 사회 집단의 구성원인 학생이 가진 문화적인 관점에서 사회적 주제와 실천들을 바라보는 것"(Baugh, 1988)이 필요함을 뒷받침한다. Ball은 교사들이 학생 구어의 특징적인 요소에 대하여 통찰과 이해를 습득하는 것이 중요하고, 그리하여 학생들의 쓰기에서 이러한 양상의 발생에 민감할 수 있게 된다고 하였다. Ball(1999)은 교사는 초보 필자들을 평가할 때, 관습을 강조해야 할 뿐만 아니라 평가를 시작할 때 핵심 목표가 되어야 하는 내용과 학생의 생각에도 관심을 기울여야 한다고 주장했다.

결론

지난 20여 년 동안 다문화 학생들에게 쓰기를 가르치는 것에 대한 연구를 개관함으로써 많은 연구들이 맥락, 문화 그리고 교육적인 평가 전략에 중점을 두고 있다는 사실을 알 수 있었다. 50개 이상의 연구들이 이러한 영역을 보여주는 반면에, 몇몇 다른 영역 연구들의 극히 드문 출현은 언급할 가치가 있다. 몇몇 연구들이 다른 영역에서 수행되는 것을 확신함에도 불구하고, 다문화 학생들이 성공적인 쓰기 기능의 발달에 중요한 이 영역에서의 심화 연구를 기대한다.

가장 연구가 필요한 분야 중 하나는 다문화 학생 중 학습 장애를 가지고 있는 부진한 필자와 교육적 지원이 부족한 학교에서 특수 교육 전문 교사들에게 교육받을 기회를 갖지 못한 다문화의 부진한 필자들에게 필요한 것을 구별하는 것이다. Fisher & Frey(2003)는 노력하는 청소년 독자들을 위한 쓰기 교육을 살펴보고, 교사들이 이렇게 노력하는 청소년들의 읽기와 쓰기 능력의 개발에 도움을 줄 수 있도록 이러한 학생들의 읽기와 쓰기 기능 모두에 초점을 두어야 한다는 결론을 내렸다. 2001년도의 아동낙오방지법(No Child Left Behind)과 같은 법안 발의는 교사들이 다문화 학급의 학생들의 읽기 능력에 초점을 두도록 강요한다. 그러나 이러한 학생들의 쓰기 요구는 종종 무시된다.

관심을 기울여야 할 두 번째 분야는 다문화 학생들이 쓰기에서 자신들의 목소리(발언권)를 내도록 하는 것이다. Brockman & Garfield(2000)는 학생들의 목소리가 확장된 쓰기를 가능하게 하며, 교사들은 학생들이 글을 통해 자신의 의견을 나타내도록 격려하는 데 노력을 기울여야 한다고 주장했다. 즉, 글쓰기는 문화적 갈등에 응답하게 하며 필자로서 자신에 대한 긍정적인 이미지를 형성하게 하기 때문이다. Blair(1991)는 자서전을 읽고 쓰는 것이 모어 화자 학생들과 소수 언어를 구사하는 학생들 모두가 유창한 서사적 목소리를 발달시키고 글을 더 잘 쓰는 데 도움을 줄 수 있다고 주장했다. Blair는 "미국 문학의 목소리(Voices in American Literature)"라는 단원에 대해 설명했는데, 학생들은 자서전을 읽고 쓰면서, 일기를 계속 읽고, 집단 토론에서 아이디어를 공유한다. 그녀는 이러한 종류의 연구들은 다문화 학생들을 가르치는 교사들에 의해 수행되어야 한다고 주장한다.

그리고 세 번째 분야는 과정 쓰기 대 기능 발달 사이에 교육적인 균형을 잡는 일이다. Delpit(1987) 이래로, 연구자들은 계속해서 쓰기 과정과 다문화 학생들에게 그것을 사용하는 것에 끊임없는 질문을 던져왔다(Delpit, 1995 참고). Carney(2000)는 더 많은 조사가 이루어져야 한다는 절충안으로, 중등학교에서 과정 쓰기를 논의했다. Gutierrez(1992)는 다문화 학생에 대한 연구를 할 때 현행 쓰기 과정의 교육과정을 확장시킬 필요가 있다고 했다. Patthey-Chavez et al.(2004)은 도시의 중학교에서 쓰기 지도에 대한 과정 접근을 조사했다. 이들은 과정 중심 쓰기 지도를 효과적으로 적용하려면 현재보다 교사 전문성을 더 높일 필요가 있다고 결론지었다. 가령, 적절한 교사의 준비, 교사의 효과적인 중재 활동, 다문화 학생들에게 유용한 피드백 제공의 중요성을 강조하는 교사 전문성을 더 신장할 필요가 있다는 것이다.

오늘날의 기능적으로 진보된 세계화 사회에서, 다문화 학생들을 위한 쓰기 수업에서 컴퓨터 기능의 사용에 더 많은 관심이 쏟아져야 한다는 것은 무척이나 중요하다. 1998년에 NCES는 "학생의 쓰기 수행 능력을 관찰할 때 고려하는 하나의 이슈는 교육에서 컴퓨터의 사용이다"라고 적었다(p.3). 그리고 2003년에 NCW(National Commission on Writing)는 민간 부문이 "쓰기에 대한 교수, 개발, 평정, 평가에 대한 최신 기술을 적용하는 교육과정 전문가, 평가 전문가, 주 교육청과 지역 교육청과 함께 연구를 해야 한다."(p.30)고 주장했다. 그러나 다문화 학생들에게 쓰기를 가르치는 것에 주안점을 둔 연구자들 중에서는 기능의 가능성은 완전히 탐구된 것도, 알게 된 것도, 극대화된 것도 아니며, 심지어 다문화 배경을 가진 학생들에게 완전히 접근할 수 있게 된 것조차 아니라는 점은 명확히 했다. Pinkard(1998)는 특별히 교사의 실행 분석과 학생들의 학습을 지원하기 위한 컴퓨터 기반의 시각화의 개발에 초점을 둔 몇 안 되는 연구자 중 하나이다. 또한 문화가 학습 환경의 설계와 사용에 어떻게 영향을 미치는지에 대한 이해를 높이는 데에 초점을 맞춘 연구자이기도 하다. "Say, Say Oh Playmate"는 읽기에 동기화가 안 된 미국 흑인 소녀들의 문해 능력을 향상시키고 가르치기 위해 Pinkard가 고안한 컴퓨터 기반의 도구 중 하나이다. Pinkard는 미국 흑인 아이들을 위한 교육 자료가 거의 없으며, 여학생들을 위한 컴퓨터 기반 학습 프로그램, 특히 미국 흑인 소녀들을 위한 것은 거의 없다는 사실을 발견했다. Pinkard는 "기능이 우리 아이들을 교육시키는 방법에 중요한 역할을 하고 있고, 중요한 역할을 할 것이기 때문에, 나는 과학 기능이 어떻게 모든 학생들, 특히 인종이 다른 학생들이 교육받을 수 있도록 하는 중요한 요소가 된다는 것을 확신한다(Pinkard, 2003)." Pinkard는 미국 흑인 학생들의 살아있는 경험들에 대한 소프트웨어 개발을 토대로 하여 다른 개발자들에게 좋은 전형을 제공하고 있고, 그리하여 그들은 스크린에서 캐릭터들을 동일시할 수 있다. Pinkard는 과학 기능이 이러한 학생들의 집중력을 유지시킬 수 있다면, 학생들은 더더욱 소재에 집중하기 위하여 기꺼이 앉아 있게 될 것이고, 읽기와 쓰기 능력을 발달시킬 것이라고 서술했다.

1997년에 Fairbanks는 사회적이고 문화적인 조사의 도구로서 쓰기에 대해 조사했다. 1990년에 Sinarta의 연구는 시각적인 능력, 글의 이해 그리고 다문화 학생들을 위한 쓰기를 통합하였다. Blue & Collins(1998)는 2년 동안 도시 학교 및 대학의 협력적 쓰기 프로그램을 다루었는데, 이 연구에서 5학년 학생들은 미국 역사 초기의 아프리카계 미국인과 아메리카 원주민의 상황을 대조적으로 다룬 대안적 학습 자료를 토대로 하여 사회 교과서의 주제를 검토하는 활동에 참여했다. 앞으로 더 관심이 필요한 분야는 Pinkard(1998), Fairbanks(1997), Sinatra(1990)의 연구와 Blue & Collins(1998)의 작업을 결합하는 것이다. 이는 컴퓨터 기반 기술, 그리고 과거에서 현대까지 다문화 학생들의 쓰기 능력을 증진하기 위한 핵심 요소로서 인종에 따른 학생들의 실제적인 경험을 재현한 시각 자료를 이용한 사회 문화적 조사의 도구로 쓰기를 활용하는 것이다.

더 많은 연구의 필요성이 있는 마지막 분야는 교사들이 교육과정과, 교수 실습 그리고 평가에 대한 접근을 변형할 급박한 소임에 마주쳐 있다는 깨달음에 중점을 둔다. 연구의 영역은 다문화 학생들을 위한, 기능, 태도, 기질, 그리고 훌륭한 교사가 되겠다는 열망이 있는 교사들의 개발에 초점이 맞추어져 있다. Rosaen(2003)은 점점 더 늘어나는 문화적 그리고 언어적으로 다양한 집단의 학습을 지원하기 위하여, 그리고 다양한 학급의 교사를 더 잘 준비시키기 위하여 교육과정, 교수 그리고 평가 실행을 개혁하는 교사-교육자(teacher-educator)로서의 노력을 하는 연구를 실행했다. Rosaen는 서로의 지식을 공유하기 위하여 그리고 의미 있는 학습에 도움이 되는 개인적인 삶과 글 사이의 연결고리를 찾아내기 위하여. 그들 자신의 문화의 양상을 탐구하는 교사 지원자들을 돕기 위하여 시를 사용했다(Jocson, 2005 참고). 게다가 Ball은 교사들에게 스스로의 전문적인 발전과 다문화 학생들을 가르치는 상황에서 쓰기를 사용하는 비평적인 생각과 긍정적인 태도를 불어넣도록 고안된 활동(법)의 결과를 보고했다. 그 연구는 100명 이상의 남아프리카와 미국 교사들이 포함되어 있었다. 담화 분석을 사용하여, Ball은 교사들의 저널 쓰기, 반성적인 에세이, 학급 읽기에 대한 반응, 학급 토론의 필사, 그리고 교사의 학급 교수의 관찰에 근거하여, 교사의 담화와 학급의 활동들에 대한 효과적인 과정을 기록했다. 이 책에는 가난한 학생들과 유생 인종 학생들을 가르칠 때, 남아프리카 교사들과 미국 교사들의 교실 활동에서의 변화-교육을 받는 동안과 그 이후-가 기록되어 있으며 교사 교육이 자신들을 얼마나 발전시켰는지에 관한 보고서도 실려 있다. 이 책은 미국과 남아프리카에 10년간의 연구 프로그램을 함께 서술했다. 그리고 교사 교육자로서 Ball이 교사들을 동기화하고 촉진하고, 변화를 기록하는 교육적 도구로 쓰기를 사용하도록 하고, 교사들로 하여금 다문화 학생들을 효과적으로 지도하도록 하기 위해 기울였던 노력을 보고하였다.

쓰기가 중학교 이후의 학습과 직장에서의 성공적인 생활에 가장 큰 영향을 미치는 요소라는 것을 알고는 있으며, 우리는 학생들이 중등에서 고등 교육기관으로 그리고 다시 직장으로 성공적으로 진입하는 데 쓰기가 가장 정확한 예견력을 가지고 있다는 것도 알고 있다. 반면에 우리는 성취수준이 낮은, 다문화의 저소득 청소년들이 학교에서 학술적인 쓰기를 배우는 데 비계로 작용할, 학교 밖에서 이루어지는 실제 일상에서의 쓰기 활동에 대해서는 거의 아는 바가 없다(단, Ball(1995), Hagemann(2001), Mahiri(1998), Schultz(2002) 이러한 것에 대해 말해 주고 있다). 지난 수십 년 간 국가적인 수준에서 매우 엄밀한 조사에 중점이 맞춰진 반면에, 최근에는 "무시되는 것들이 있다"(National Communication on Writing, 2003). College Board에 의하여 출간된 이 보고서는 다음과 같이 말한다.

교육의 두 번째 "R"인 쓰기는 미국의 학교 개혁에서 무시되어 왔다. …… 미국 교육은 쓰기 혁명이 학급의 적절한 위치에서 언어와 의사소통 능력을 형성할 때까지 가능성을 결코 깨닫지 못할 것이다. 비록 쓰기를 가르치는 효과적인 많은 모형들이 존재하지만, 쓰기의 교수와 학습 모두 학교와 대학생활에서 지속적으로 주목받지 못했다. …… 3가지의 R 중에서, 쓰기는 분명히 가장 많이 무시되어 왔다. …… 국가의 지도자들은 학교의 의사 결정의 중심에 공정하게 쓰기를 자리매김해야 하며, 주와 지방 수준의 정책 입안자들은 (나는 이제 여기에 국가를 추가할 것이지만) 반드시 쓰기를 증진하는 데 요청되는 원천들을 제공해야 한다.

비록 이러한 보고서가 이민자들과 제2 언어의 학습자들에 대해서는 말하고 있지 않지만, 그리고 국가적인 쓰기 의사 결정, 시간, 결과의 측정, 기술, 전문성 계발에 초점 맞추기를 권하지만, 다문화 학생들에 대한 쓰기 지도를 주장하는 데에는 많은 시간이 들지 않는다. 다문화 학생들에 대한 쓰기 지도 관련 보고서는 초등학교에 대한 것이었고, 가난하고, 성취수준이 낮은 다문화 배경을 가진 중고등학교 학생들에게 쓰기를 가르치는 것에 대해서는 정보가 거의 없었다. 다문화 교실에서 쓰기 지도를 개선하고 백인 학생과 유색 인종 학생의 성취 차이를 줄이고 미국에서 위대한 교육 민주화의 성과를 거두기 위해 국가 차원의 노력을 기울이려고 한다면(National commission on writing, 2003, p.9), 중등학교에서 다문화 학생들을 위한 쓰기 지도, 쓰기와 (과학) 기술의 연계, 내용교과의 쓰기, 제 2언어 사용자 및 방언 사용자의 쓰기 훈련, 다문화 학생들에게 쓰기를 가르치는 교사들의 준비, 빈곤하거나 미성취인 유색 인종 학생들의 쓰기 발달에 영향을 미치는 인지적·개념적인 기제 등에 관한 이해를 다루는 많은 연구들이 꼭 이루어져야 한다. 연구자들은 우리 활동의 작은 수준의 많은 연구들을 포함하는 넓은 범위의 다양한 연구들을 행하고 있다.

Sleeter(2001a, 2001b)가 지적했듯이, 연구자들은 자신의 연구와 비슷한 질문을 던진 다른 연구들을 연결하지 못한다. 연결되지 않은 작은 연구들은 집중력 있는 큰 그림을 그려내기가 어렵다. 우리는 사실상 상당한 차이를 야기하는 전략들을 이해하는 데 도움이 되고, 다문화 학급에서 쓰기의 효과적인 교수 방법을 이해하는 데 도움이 되는 더 많은 연구를 행할 필요가 있다. 즉, 우리는 그 연구에 따라서 가장 중요한 특징이 무엇인지 알 필요가 있다. 이 분야에 새로운 통찰을 가져오려면 다양하면서도 열정적인 연구 공동체의 관심이 필요하다. 그리고 주류 연구자들뿐만 아니라, 문화적으로나 언어적으로 다양한 배경을 가진 연구자들이 광범위한 연구나 장기적인 연구를 수행할 수 있도록 연구비를 더 확충할 필요가 있다.

참고문헌

Agee, J. (1995). Making connections with poetry: Multicultural voices in process. *Teaching English in the Two-Year College*, 22, 54-60.

Appleman, D. (2000). *Critical encounters in high school English: Teaching literacy theory to adolescents*. New York: Teachers College Press.

Au, K. (1993). *Literacy instruction in multicultural settings*. Forth Worth, TX: Harcourt Brace.

Au, K. (1997). Changing views of literacy instruction and teacher development. *Teacher Education and Special Education*, 20, 74-82.

Au, K. (1998). Social constructivism and the school literacy learning of students of diverse backgrounds. *Journal of Literacy Research*, 30, 297-319.

Ball, A. F. (1992). Cultural preferences and the expository writing of African American adolescents. *Written Communication*, 9, 510-532.

Ball, A. F. (1995). Text design patterns in the writing of urban African American students: Teaching to the cultural strengths of students in multicultural settings. *Urban Education*, 30(3), 253-289.

Ball, A. F. (1996). Expository writing patterns of African American students. *English Journal*, 85(1), 27-36.

Ball, A. F. (1997). Expanding the dialogue on culture as a critical component when assessing writing. *Assessing Writing*, 4, 169-202.

Ball, A. F. (1999). Evaluating the writing of culturally and linguistically diverse students: The case of the African American vernacular English speaker. In C. R. Cooper & L. Odell (Eds.), *Evaluating Writing* (pp.255-248). Urbana, IL: National Council of Teachers of English.

Ball, A. F. (2005). *Carriers of the torch: Addressing the global challenge of preparing teachers for diversity*. New York: Teachers College Press.

Baugh, J. (1998). Review of twice as less: Black English and the performance of Black students in mathematics and science by Eleanor Wilson Ort. *Harvard Educational Review*, 58, 395-403.

Blackburn, M. & Stern, D. (2000). Analyzing the role of the vernacular in student writing: A social literacies approach. *Working Papers in Educational Linguistics*, 61(1), 53-69.

Blair, L. (1991). Developing student voices with multicultural literature. *English Journal*, 80(8), 24-28.

Blake, B. (1998). "Critical" reader response in an urban classroom: creating cultural texts to engage diverse readers. *Theory into Practice*, 37(3), p. 238-243.

Blue, E., & Collins, J. (1998). Learning to co-construct critical learning processes in an urban school-university partnership. *Urban Education*, 32(5), 577-590.

Brockman, S., & Garfield, S. (2000). Students find their voices in writing. *Journal of Adolescent & Adult Literacy*, 43(5), 484-488.

Carbonaro, W., & Gamran, A. (2002). The production of achievement inequality in high school English.

American Educational Research Journal, 34(4), 801-827.

Carney, B. (2000). Process writing and the secondary school reality: A compromise. In R. Robinson, M. McKenna, C. Michael, & J. Wedman (Eds.), *Issues and trends in literacy education* (2nd ed.). Boston: Allyn & Bacon.

Davis, A., Clarke, M. A., & Rhodes, L. K. (1994). Extended text and the writing proficiency of students in urban elementary schools. *Journal of Educational Psychology*, 86, 556-566.

Delpit, L. (1987). Skills and other dilemmas of a progressive black educator. *Equity and Choice*, 3(2), 9-14.

Delpit, L. (1995). *Other people's children*. New York: Norton.

Dyson, A. (1989). *Multiple worlds of child writers: Friends learning to write*. New York: Teachers College Press.

Dyson, A. (1991). *The social worlds of children learning to write*. New York: Teachers College Press.

Fairbanks, C. (1997). Writing for our livers: Literacy through social and cultural inquiry. *Teacher Education and Practice*, 13(1), 52-63.

Farr, M., & Daniels, H. (1986). *Language diversity and writing instruction*. Urbana, IL: National Council of Teachers of English.

Farr Whiteman, M. (1981). Dialect influence in writing. In N. Farr Whiteman (Ed.). *Variations in writing: Functional and linguistic-cultural differences*. Hillsdale, NJ: Erlbaum.

Fecho, B. (2000). Critical inquiries into language in an urban classroom. *Research in the Teaching of English*, 34(3), 368-395.

Ficher, D., & Frey, N. (2003). Writing instruction for struggling adolescent readers: A gradual release model. *Journal of Adolescent and Adult Literacy*, 46(5), 396-406.

Freedman, S. W., & Dyson, A. H. (1987). *Research in writing: Past, present, and future* (technical report). Berkeley, CA: Center for the Study of Reading and Writing.

Freire, P. (1970). *Pedagogy of the oppressed*. New York: Continuum.

Gabrielson, S., Gordon, B., & Engelhard, G. (1995). The effects of task choice on the quality of writing obtained in a statewide assessment. *Applied Measurement in Education*, 8, 273-290.

Gilmore, P., & Glatthorn, A. (Eds.). (1982). *Children in and out of school: Ethnography and education*. Washington, DC: Center for Applied Linguistics.

Green, C. (1997). literacy development in an Appalachian kindergarten. *Reading Horizons*, 37(3), 215-232.

Gurierrez, K. (1992). A comparison of instructional contexts in Writing Process Classrooms with Latino children. *Education and Urban Society*, 24(2), 244-262.

Hagemann, J. (2001). A bridge from home to school: Helping working class students acquire school literacy. *English Journal*, 90(4), 74-81.

Heath, S. B. (1983). *Ways with words: Language, life and work in communities and classrooms*. Cambridge, UK: Cambridge University Press.

Heller, C. (1992). Written worlds: Students Share Culture through writing. *Teaching Tolerance*, 1(2), 36-43.

Jocson, K. (2005). "Taking it to the mike": Pedagogy of June Jordan's poetry for the people in partnership with and urban high school. *English Education*, 37(2), 44-60.

Kong, A., & Fitch, E. (2002). Using Book Club to engage culturally and linguistically diverse learners in reading, writing, and talking about books. *The Reading Teacher*, 56(4), 352-362.

Langer, J. A. (2001). Beating the odds: Teaching middle and high school students to rad and write well. *American Educational Research Journal*, 38, 837-880.

Lee, C. D. (1992). Literacy, cultural diversity, and instruction. *Education and Urban Society*, 24, 279-291.

Mahiri, J. (1998). *Shooting for excellence: African American and youth culture in new century schools.* New York: Teachers College Press.

Mavrogenes, N. A., & Bezruczko, N. (1993). Influences on writing development. *Journal of Educational Research*, 86, 237-245.

Micheels, S. (!987). "Sharing time": Children's narrative styles and differential access to literacy. *Language in Society*, 10. 423-442.

Moll, L. C. (1987). Change as the goal of educational research. *Anthropology and Education Quarterly*, 18(4), 300-311.

Moll, L. (Ed.). (1990). *Vygotsky and education: Instructional applications of sociohistorical psychology.* Cambridge, UK: Cambridge University Press.

Moore, C., & O'Neill, P. (Eds.). (2002). *Practice in context: Situating the work of writing teachers.* Urbana, IL: National Council of Teachers of English.

National Center for Educational Statistics, National Assessment of Educational Progress. (1998). *The nation's report card, NAEP Facts: Long-tern trends in student writing performance.* Washington, DC: U.S. Department of Education, Office of Educational Research and Improvement.

National Assessment of Educational Progress Trial Urban District Assessment. (2003). *The nation's report card, writing highlights 2002.* Washington, DC: U.S. Department of Education, Institute of Educational Sciences.

National Assessment of Educational Progress Trial Urban District Assessment. (2003). *The nation's report card.* Washington, DC: U.S. Department of Education, Office of Educational Research and Improvement.

National Commission on Writing in America's Schools and Colleges. (2003). *The neglected "R": The need for a writing revolution.* Washington, DC: College Board.

Needels, M. C., & Knapp, M. S. (1994). Teaching writing to children who are underserved. *Journal of Educational Psychology*, 86, 339-349.

Nieto, S. (1992). *Affirming diversity: The sociopolitical context of multicultural education.* New York: Longman.

Patthey-Chabez, G., Matsumura, L., & Baldés, R. (2004). Investigating the process approach to writing instruction in urban middle schools. *Journal of Adolescent Literacy*, 47(6), 462-477.

Pinkard, N. (1998). *Leveraging background knowledge: Using popular music lyrics to build beginning literacy skills*. Unpublished doctoral dissertations, Northwestern University, Evanston, IL.

Rddd, T. (1992, April). *Untapped resources: "styling" in black students' writing for black audiences.* Paper presented at the annual Meeting of the American Educational Research Association, San Francisco.

Rosaen, C. (2003). Preparing teachers for diverse classrooms: Creating public and private Spaces to Explore Culture Through Poetry Writing. *Teachers College Record*, 105(8), 1437-1485.

Reynolds, A. J., Bezruczko, N., Hanemann, M., & Mavrogenes, N. (1991). *Multiple influences on early school adjustment: Results from the Longitudinal Study of children at Risk.* Symposium presented at the annual meeting of the American Educational Research Association, Chicago.

Schneider, J. (2003). Context, genres, and imagination: An examination of the idiosyncratic writing performances of three elementary children within multiple context of writing instruction. *Research in the Teaching of English*, 37, 329-379.

Schultz, K. (2002). Looking across space and time: Reconceptualizing literacy learning in and out of school. *Research in the Teaching of English*, 36, 356-380.

Sinatra, Rl. (1990). Combining visual literacy, text understanding, and writing for culturally diverse students. *Journal of Reading*, 33(8), 612-617.

Sleeter, C. E. (2001a). Epistemological diversity in research on preservice teacher preparation for historically underserved children. *Review of Research in Education*, 25, 209-250.

Sleeter, C. E. (2001b). Preparing teachers for culturally diverse schools: Research and the overwhelming presence of whiteness. *Journal of Teacher Education*, 52(2), 94-106.

Smitherman, G. (1994). "The blacker the berry, the sweeter the juice": African American student writers. In A. H. Dyson & C. Genishi (Eds.), *The need for story: cultural diversity in classroom and community* (pp. 80-101.). Urbana, IL: National Council of Teachers of English.

Sperling, M. (1995). Uncovering the role of role in writing and learning to write. *Written Communication*, 12, 93-133.

Sperling, M. (1996). Revisiting the writing-speaking connection: Challenges for research on writing and writing instruction. *Review of Educational Research*, 66, 53-86.

Sperling, M., & Woodlief, L. (1997). Two classrooms, two writing communities: Urban and suburban tenth-graders learning to write. *Research in the Teaching of English*, 31, 205-239.

Srole, C. (1994). Pedagogical responses to student diversity: History and language. *History Teacher*, 28, 49-55.

Staton, J., Shuy, R., Kreeft Payton, J., & Reed, L. (1988). *Dialogue journal communication: Classroom, linguistic, social, and cognitive views*. Norwood, NJ. Ablex.

Stein, M., Dixon, R., & Isaacson, S. (1994). Effective writing instruction for diverse learners. *School Psychology Review*, 23(3), 392-405.

Yeh, S. S,. & Stuart, S. (1998). Empowering Education: Teaching argumentative writing to cultural minority middle-school students. *Research in the Teaching of English*, 33, 49-83.

제 21 장

성(性)[1]이 쓰기 발달에 미치는 영향

Shelley Peterson

    학생들의 쓰기에 성이 미치는 영향에 대한 연구는 대립적 관점을 바탕으로 발전되어 왔다. 몇몇 연구자들은 작문 수업에서 여성적 목소리가 사라지고, 남성적인 쓰기 양식이 동료와 교사의 피드백에서 특권을 누리는 것에 중점을 두었다. 이와는 반대로, 대규모 쓰기 평가 시험에서 여학생들이 훨씬 높은 점수를 받는다는 점에 관심을 갖는 다른 연구자들은, 학생들과 교사들이 권위에 대한 저항과 쓰기 능력 부족을 남성적인 정체성으로 형성한 방식을 강조해 왔다.

    위의 모든 경우에서 연구자들은 쓰기가 아이들이 자신이 속한 문화의 의미를 학습하는 방식 중 하나이며, 쓰기를 통해 개개인의 성 역할을 탐색하고 구성한다는 점을 분명히 인식하고 있다. 그러므로 이 연구자들은 성을 형성하고, 성에 의해 형성되는 사회적 수행으로서 쓰기를 바라본 것이다. 쓰기 발달에 대한 성의 영향력을 연구하기 위해, 많은 연구자들은 학생들이 글을 쓰는 지역적인 배경과 더 넓게는 사회·정치적 배경을 고려하였다. 이들은 수업 중 쓰기 활동에서 여학생들과 남학생들이 받아들인 성 구조에 대한 사회적 의미를 탐색했다. 또한 이들은 교실에서의 쓰기가 전형적인 성 이원성(gender dualities)에 어떻게 기여하였고 또 어떻게 도전해왔는지를 이해하려고 했다.

    성과 쓰기 발달 분야의 연구는 몇 가지 주제에 집중되어 왔는데, 이를 바탕으로 하여 이

---

1) [역주] 이 장에는 'gender'와 'sex'가 혼재되어 사용되나, 특별히 의미를 구별할 필요가 있다고 판단되는 부분을 제외하고는 '성(性)'으로 번역하였다.

장을 구성하였다. 많은 연구들이 학생들의 쓰기에서 나타나는 주제 및 언어적 특징, 성격 묘사 분석을 통해 발달 단계에 따른 성 유형을 강조하였다. 다른 연구들은 여학생들과 남학생들이 가지고 있는 상대적인 쓰기 능력에 대한 학생들의 자기 인식과 교사들의 견해에 대해 조사하였다. 또한 사회적인 목적을 위해 쓰기를 사용하는 측면에서는 여학생들과 남학생들의 쓰기 행위를 형성하는 이념에 대한 연구와 교실에서의 쓰기 상황에서 한 쪽 성(singula gender) 우위에 대한 사례의 연구도 있다. 마지막 부류의 연구들은 교사들이 학생들에게 전통적인 성 역할에 맞서서 쓰기를 할 수 있는 환경을 만들어주는 방식에 대해 탐색하였다. 이 장에서는 이 다섯 가지의 범주로 연구들을 분류하여 설명하였다. 그리고 마지막 장에서는 주요 연구 결과들을 요약하고, 실천과 후속 연구를 위한 함의점을 논의하였다.

연구 결과

학생들의 쓰기와 쓰기 과정에서 나타나는 발달적인 성 유형

성과 쓰기 분야에 대한 많은 연구들은 어린 시절부터 청소년기에 이르기까지 남학생과 여학생의 글에서 나타나는 차이점에 대해 조사하였다. 연구자들은 주로 양적 연구를 수행해 왔는데, 이는 선택된 글 속의 등장인물들 사이의 관계에서 이원적 성 특성이 존재하는지를 확인하기 위한 분류 체계를 만들어야 했기 때문이었다. Chodorow(1978)의 정체성 발달 이론에 근거한 이러한 분류 체계는 글을 쓸 때 관계성과 유대감으로 대표되는 여성적인 특징과 자율성과 독립으로 대표되는 남성적인 특징 사이의 차이를 구별했다.

많은 연구자들은 자신의 국가에서 시행된 쓰기 경연 대회에서 어린 필자들이 제출한 결과물을 평가했다. Tuck, Bayliss, & Bell(1985)은 5~6학년 학생 84명의 제출물을 분석하였고, Romatowski & Trepanier-Street(1987)은 1~6학년 학생 180명의 제출물을 대상으로 조사하였다. 또한 Many(1990)는 유치원에서 12학년 학생들에 이르기까지 102편의 표본을 수집하여 분석하였다. 이 모든 연구에서 아이들은 자신의 성과 동일하며, 전형적인 성 특징을 가지고 있는 등장인물을 창작하는 경향을 보였다. 이러한 전형성은 Tuck et al.(1985)의 연구에서 쓰기를 분석하는 데 사용한 특징들을 변형한 것이다. 남성 등장인물들은 영웅적이고 용감하며 독단적이고 경쟁적이며 독립적이었고, 여성 등장인물들은 양육적이며 의존적이고 민감하며 정서적으로 표현하며 자신의 외모에 관심을 가졌다. 학년에 관계없이 남학생이 쓴 글이나 여학생이 쓴 글에서 남성에게는 여성에 비해 더 많은 직업적 역할이 주어졌다(Many, 1990; Romatowski & Trepanier-Street, 1987). 두 연구에서 연구자들은 아이들이 자신과 성이 같은 등장인물에 대해 쓰는 경향을 설명하기 위해 Erickson(1963)의 초기 청소년의 자아 정체성 발견이라는 개념을 사용하였다. Many(1990)도 Condry(1984)의 연구에 의존하였는데, 여기서 는 학생들이 자신의 성(性)과 동일한 등장인물에 대한 쓰기를 통해 자신의 성과 관련된 다양한 역할을 학습하고 시도해 본다는 점을 설명하고자 하였다.

Many(1990)와 Romatowski & Trepanier-Street(1987)에서 발견한 성에 대한 발달적 효과는 여학생들의 글에서만 나타났다. 각각의 연구에서 여학생들은 학년이 높을수록 남성 등장인물 보다 여성 등장인물의 특징을 더 많이 제시했고, 학년이 낮은 여학생들에 비해 활동적이고 문제해결적인 여성 등장인물을 보다 빈번하게 등장시켰다. 한편으로 Many(1990)의 연구에서 는 고등학교 남학생들이 남성 등장인물의 특징을 더 많이 제시했지만, 더 어린 남학생들에 비해서는 여성 등장인물을 적게 등장시켰다. Burdick(1997)은 고등학교에 다니는 학생들의 자서전 쓰기를 대상으로 연구를 수행했는데, 여학생들은 그들이 작성한 서사와 논픽션 등장 인물의 성(sex)과 관련해 남학생들에 비해 더 많은 유연성과 넓은 선택의 폭을 보여주었다.

두 연구에서 연구자들은 학생들이 전형적이거나 혹은 비전형적인 유형의 성 역할에 남성과 여성 등장인물의 배역을 할당하는 방식에 대해 조사하기 위한 쓰기 과제를 구상했다 (Gray-Schlegel & Gray-Schlegel, 1995~1996; Trepanier-Street, Romatowski & McNair, 1990). 6학년 여학생과 남학생의 글에 나타나는 등장인물들은 3학년 학생의 글보다 긴장감이 높았 고, 공격적인 행동이 드러났다. 그리고 남성 등장인물은 여성 등장인물에 비해 보다 활동적이 고 폭력적인 경향이 있었다. 6학년 남학생들의 글은 가장 높은 수준의 공격적인 행동을 담고 있었다. 두 학년 모두 남학생들이 쓴 서사문의 주인공들은 통상 독립적으로 행동하며 문제해 결자로서의 역할을 수행하는 반면에, 여학생들이 쓴 서사문의 주인공들은 일반적으로 다른 사람과 함께 행동했다. 여학생들이 쓴 글의 주인공의 운명은 남학생들이 쓴 글에서보다 긍정 적이었고, 그 차이는 6학년 수준에서 가장 극명하게 드러났다.

네 편의 연구(Graves, 1973; Kamler, 1994; Kanaris, 1999; Rogers, 1996)에서는 성 특성을 성격 묘사 이상의 것으로 보았다. 캐나다 학생들을 대상으로 한 연구인 Rogers(1996)에서는 Chodorow(1978), Gilligan(1982), Belenky, Clinchy, Goldberger, & Tarule(1986)에서 제시한 성 발달 이론을 기반으로 하여, 여학생과 남학생의 쓰기에서 나타나는 성 차이에 대한 분류법

의 신뢰도를 평가하고자 하였다. 이 분류법의 두 내용적인 특징인 주제와 성격 묘사는 학생들이 쓴 글에 나타난 성을 강력하게 분별해 주었다. 이러한 두 요소들은 관계 지향적인 것과 독립된 행동 지향적인 것으로 나뉜다. Rogers는 쓰기의 구조적인 요소들을 분석한 결과, 초점(focus)과 세부 사항(details)의 측면에서 일관된 성 차이를 발견했다. 남학생들의 글은 외적 장면에 초점을 맞추는 경향이 있었던데 비해, 여학생들은 내적 경험에 초점을 맞추는 경향이 있었다. 남학생들의 글은 묘사적이고 시각적으로 세부 사항을 제시하였으나, 여학생들의 글은 이와는 다른 감각적 심상을 사용하여 세부 사항을 제시하였다. 마찬가지로 Graves(1973, 1975)는 처음 학교에 입학한 여학생들이 가정과 학교(1차 생활 영역)에서의 경험과 관련된 주제에 대해 쓰는 경향이 있다는 것을 밝혔다. 비록 Graves의 연구에 참여한 교사들이 1차 생활 영역과 관련된 쓰기 과제를 제시하기는 하였지만, 남학생들은 그러한 과제를 제시받는 것과는 상관없이 가정이나 학교를 넘어서는 곳(2차적이고 확장된 생활 영역)에 대한 주제를 다룬다는 것으로 나타났다. 그러나 보다 높은 발달 정도를 보이는 여학생들도 2차적이고 확장된 생활 영역을 담고 있는 주제에 대한 쓰기를 했다.

두 연구는 학생들의 글에 나타나는 언어적인 특징에서 성 차이가 나타난다는 점을 밝혔다 (Kamler, 1994; Kanaris, 1999). 이 연구들은 학생들이 언어를 배우고 사용하면서 성 역할을 학습한다고 제안하는 사회의미론적 관점(Halliday, 1978)을 기반으로 하였다. 학생들이 자신의 경험을 쓰기를 통해 재구성할 때 내리는 언어적인 결정은 스스로를 여성 혹은 남성의 위치에 놓으려는 시도를 반영한다는 것이다. Kamler(1994)는 두 명의 호주 아이(유치원에 다니다가 1학년으로 올라가게 되는 Peter와 유치원에서 2학년까지 올라가게 되는 Zoe)가 자유롭게 선택하여 쓴 글을 분석하기 위해서 Halliday(1985)의 체계적 기능 문법과 Martin(1986)의 장르와 언어 사용역 모형을 사용하였다. Kanaris(1999)는 호주의 3~4학년 학생들 중 여학생 29명과 남학생 25명을 대상으로 최근에 학교에서 있었던 수학여행에 대해 쓴 글을 연구한 바 있다.

두 연구 모두에서, 남학생들은 일반적으로 여학생들에 비해 일인칭 단수 대명사를 자주 사용하면서 사건의 행위자로서의 정체성을 형성하였고, 여학생들은 일반적으로 자신이 쓴 서사문에서 관찰자로 자리매김하기 위해 3인칭 시점을 사용하였다. 여학생들은 남학생들에 비해 거의 두 배 정도 많은 형용사를 사용하였고, 가장 빈번히 사용한 것은 소유형용사였다. 남학생들은 자신들이 쓴 텍스트를 "물리적 작용(material processes)"[2]의 방식으로 틀을 잡았

---

2) [역주] 물리적 작용은 Halliday(1985)의 타동성(transitibity) 모형에서 소개된 용어이다. 이때 타동성은 경험적

고, 여학생들은 세부 사항이나 묘사에 초점을 맞추었다. Kanaris(1999)의 연구에서는 추가적인 성 차이가 발견되었다. 여학생들의 텍스트는 T-unit[3] 당 단어의 수로 따져봤을 때 더 길고 보다 복잡했다. 하지만 성 사이의 유사성이 Kamler(1994)의 연구에서 발견되었다. Peter & Zoe는 1차 생활 영역 안의 주제에 대해 글을 썼으며, 두 경우에서 모두 관찰 장르(개인적인 경험을 재구성하거나 그 경험에 대한 평가를 표현하는 것)를 가장 빈번하게 사용한 것이다.

네 편의 연구들은 학생들의 글을 분석하면서 대중문화, 인종, 사회적 지위 등의 담화와 같은 독립 변인에 따라 종속 변인인 성 담화의 상호작용이 어떻게 나타나는지를 살펴보았다(Gilbert, 1993; MacGillivray & Martinez, 1998; Moss, 1993; Sumida, 2000). Sumida의 연구는 하와이 원주민 계통의 3학년 여학생이 쓴 글을 분석한 것이다. 예를 들어 Ka'iulani는 자신의 글에서 대중문화를 사용(예를 들어, 디즈니 만화의 인어공주가 남성 등장인물에 종속되어 있는 것)하거나, 고전적인 문학 장르를 사용(예를 들어, 호머의 오디세이와 비슷한 서사에서 남성 등장인물이 모험을 겪는 것)하여 전통적인 성 담화를 받아들이는 것을 보여주었다. 하지만 Ka'iulani는 남성 주인공이 홀로 아이를 키우는 여성과 결혼하는 모습을 보여줌으로써 가족에 대한 새로운 관점을 제시하였다.

MacGillivary & Martinez(1998)에서는 어느 1학년 여학생이 쓴 이야기 안에서 드러나는 성 구조(gender construction)의 복잡성에 대해 주목했다. 이 여학생의 부모는 대중 매체에서 드러나는 전형적인 성적 특성에 대해 비판적으로 바라볼 것을 강조하였다. MacGillivary & Martinez가 분석한 이야기는 무도회에 참석하기에 적당한 옷과 초청장이 없기 때문에 자살하려는 외로운 공주에 대한 이야기인데, 연구자들은 여기에서 남성적인 특징으로서의 폭력을 밝혀냈다. 이 이야기에는 남성 등장인물에 대한 내용이 포함되지 않았지만, 여성 등장인물은 희생자의 역할을 하였다.

부유한 교외 지역의 학교를 다니는 3~4학년 학생들의 글은 성 역할에 대한 기대뿐만 아니라 교실 안 사회적 지위의 제약에 의해서도 영향을 받는다는 점을 밝혀냈다(Anderson, 2002). 예를 들어, 교실 연극에 대한 쓰기를 할 때, 쓰기에 능숙하며 사회적 지위가 높은 여학생들은 성 영역을 넘나들었고 사회적 관계의 세부적인 내용을 다루는 주체로서의 역할을 즐겼다. 사회적 지위가 낮은 여학생들과 남학생들은 그들의 쓰기에서 다양한 주체로서의 느낌을 즐기

의미를 텍스트에 구현하는 핵심 어휘문법요소를 의미하는데, Halliday(1985)는 이를 물리적 작용, 정신적 작용, 언어적 작용, 행위적 작용, 존재적 작용, 관계적 작용으로 분류하였다. 물리적 작용은 행위자가 타자 또는 자신에게 어떤 행위를 가하는 것을 나타낸다.

3) [역주] T-unit : 가장 짧은 문법적으로 허용되는 문장, 혹은 최소 종결 단위

지 않았고, 동료들의 연극에서도 역할을 맡는 것을 즐기지 않았다.

학생들이 쓴 글에서 드러나는 성 구조에 대한 보다 복잡한 내용은 Moss(1993)가 영국에서 수행한 연구에서 나타났다. Moss의 학급에는 15세의 자메이카 출신 여학생 Angelique가 있었다. Angelique는 숙제로 로맨스 서사를 작성했는데, 그 이야기는 전통적인 로맨스 이야기 흐름에 대해 대안적인 성별 관계를 제시하였다. 이는 Angelique가 자신이 읽어온 로맨스 소설에 등장하는 주인공이 행동한 것처럼 행동하지 않을 것이라는 점을 이야기에 반영했기 때문이다(예를 들어 소녀는 소년을 거부하는데, 그 이유는 믿음직스럽지 못한 소년을 소녀가 용납할 수 없기 때문이다). Angelique는 백인 주인공을 등장시켰는데, 이것은 Angelique가 선생님이 쓰기 과제에서 자메이카 방언을 용인하지 않을 것이라고 생각했고, 로맨스 소설 장르의 주인공 모델들은 모두 백인이었기 때문이다.

남학생들의 쓰기에 초점을 맞춘 Gilbert(1993) 연구에서는 호주의 한 학교의 작가 워크숍 시간에 작성된 다섯 명의 10세 남학생들이 쓴 폭력적인 서사를 분석하였다. 그녀는 성 차이 (sex-difference) 관점(Tuck et al., 1985)과 후기구조주의 관점(Weedon, 1987)을 포함하여 다양한 관점에서 바라보았다. 성 차이 관점은 남성 등장인물과 관련하여 강렬한 행동, 폭력, 문제 해결 등을 강조하였고, 반대로 여성 등장인물과 관련 있는 것으로는 조용하면서 수동적이며 지혜가 부족하다는 점 등을 두드러지게 표현하였다. 하지만 여성 등장인물이 악당을 공격한 다거나, 남성 등장인물이 이야기 속의 희생자로 등장하는 것 등 성에 대한 새롭고 대안적인 관점이 제시되었다. Gillbert의 후기 구조주의적 이야기 분석에서는 여자 이름을 가지고 있거나 학급에서 인기가 없는 남학생의 이름을 가진 등장인물은 무력한 인물로 묘사되는 방식을 보여주었다. 남성 필자들은 여성스러움을 "경박하고, 어리석으며, 공상적인(Gilbert, 1993, p.29)" 성격을 갖고 있는 것으로 그렸다. 남성 필자들의 사회적 집단에 소속되지 못하는 남학생들은 여학생들과 어울리며 즐기는 활동에 참여함으로서 남성적인 문화에서 소외되었다(이러한 남학생들은 손이 묶인 채로 죽임을 당하거나, 사랑의 말을 속삭이거나, 결혼을 하였다).

요약하자면, 1학년에서 중간 학년까지의 남학생과 여학생이 쓴 글을 분석한 많은 연구에서 성에 따른 차이가 두드러지게 나타났다. 비록 몇 편의 연구들에서 언어적 특징 면에서의 성 차이가 발견되었지만, 서사적인 글에서의 성격 묘사와 주제가 성을 가장 잘 드러내는 지표였다. 여학생들은 1차 생활 영역과 관련된 주제에서 양육적이며 관계 지향적인 여성 등장인물에 대해 쓰는 경향을 보였다. 그리고 남학생들은 2차적인 생활 영역에서의 주제를 통해 영웅적이고 독립적인 남성 등장인물에 대해 쓰는 경향을 보였다. 자신의 성을 넘나드는 글을 쓰는 경우는 대부분 여학생이었다. 사회적인 지위, 인종, 대중문화는 여학생들이 글을 쓸 때 성의 대안적인 의미나 관계를 창조하는 데에 영향을 미쳤다.

남학생과 여학생의 쓰기 능력에 대한 학생들과 교사들의 인식

남학생과 여학생의 쓰기 능력에 대한 학생과 교사의 인식 연구는 종종 대단위 쓰기 평가에서 여학생들이 유리한 성 차이(gender disparity)를 이해하고자 하는 욕구에서 비롯되었다. 이러한 연구는 다양한 학년 수준에 걸친 넓은 집단의 학생들로부터 데이터를 수집하여 분석하는 양적 연구이다. 학생들의 자기 인식과 실제 수행 사이에 정적인 상관관계가 있다는 것을 보여주는 이론들(Pajares, 1997)은 학생들의 인식에 대한 연구의 기반이 되었다(Gambell & Hunter, 2000; Hansen, 2001; Pajares & Valiante, 2001; Peterson, 2000; Pottoroff, Phelps-Zientarski, & Skovera, 1996). 교사들의 기대와 학생들의 수행 사이에 정적인 상관관계를 보여주는 이론들(Rosenthal & Jacobson, 1968)은 교사들의 인식에 대한 연구의 토대가 되었다(Peterson, 1998; Peterson & Bainbridge, 1999; Roen, 1992).

6~8학년 학생들을 대상으로 조사한 Pajares & Valiante(2001)에서는 성(sex)과 상관없이 여성적인 성향을 가지고 있는 학생들이 쓰기 수업에서 더 높은 점수를 받는다는 점을 밝혀냈다. 그들은 스스로를 성공적인 필자라고 여기며, 자신의 성공은 학업 수준에 맞는 개인적인 용량 덕분으로 보는 경향이 있었다. 이와 비슷하게, Gambell & Hunter(2000)는 캐나다의 13세와 16세 학생들을 대상으로 문해 활동, 문해 활동 경향, 문해 활동 습관, 문해 활동 기호 등에 대해 조사한 자료를 통해, 여학생들이 남학생들에 비해 필자로서의 강한 자신감을 가지고 있다는 점을 발견했다. 여학생들은 남학생들에 비해 쓰기에 대한 형식적인 접근(사전 계획하기, 수정하고 편집하기, 사전 사용하기)을 보다 쉽게 받아들였으며, 특히 16세에서 이와 같은 특징이 가장 두드러졌다.

Pottoroff, Pheps-Zientarski, & Skovera(1996)에서 2, 4, 6, 8학년 학생들과 Peterson(2000)에서 4학년, 8학년 학생과 그들을 가르친 교사들은 남학생들에 비해 여학생들이 글을 쓰는 데 훨씬 능숙하고, 더 잘 쓴다는 것을 인식했다. 성 불균형은 두 연구에서 모두 8학년일 때 가장 크게 나타났다. Peterson의 연구에서 학생들은 여학생이 쓴 글의 강점은 쓰기 관습과 묘사를 사용하는 것에 있다고 보았다. 남학생들은 자신들의 글이 가진 강점이 독창성과 독자의 관심을 끄는 것이라고 느낀 반면에, 여학생들은 이러한 요인을 자신들이 쓰기에서 향상시켜야 할 부분이라고 생각했다. 쓰기 관습 범주에서도 발달적인 차이가 나타났다. 4학년 학생들은 철자법을 향상시킬 필요가 있다고 느꼈고, 8학년 학생들은 문법적인 요소를 향상시킬 필요가 있다고 보았다.

뉴질랜드 고등학생을 대상으로 한 Hansen(2001)에서 남학생들은 여학생들에 비해 쓰기를 불만족스럽게 여겼고, 쓰기의 가치에 대해 덜 긍정적으로 인식하였다. 이와는 반대로 미국 학생들을 대상으로 한 Cleary(1996)에서는 남자 고등학교 학생들이 여학생들에 비해 쓰기를 통해 더 많은 만족을 얻었고, 자기 결정권이나 자율성에 대한 인식 수준도 더 높았다. 여학생들은 더 높은 점수를 받기 위해 자신의 목적을 교사의 기대보다 경시하는 경향이 있는 반면에, 남학생들은 높은 점수를 얻기 위해 자신의 의사소통 목적과 교사의 기대 사이의 균형을 잡고자 했다.

4개의 초등학교 학급을 대상으로 수행된 학생들의 쓰기 과정에 대한 연구인 Graves(1973, 1975)의 연구에서는 남학생들이 보다 "반항적인" 반응을 하는 경향이 있다는 것을 발견했다. 곧, 이들은 일관되지 않은 문제 해결 전략을 보여주었으며, 작문을 수행하기 위해 명시적 언어를 사용했고, 그들은 글을 거의 검토하지 않았을 뿐만 아니라 단어 수준에서도 거의 수정하지 않았다. 그들의 자기 평가는 좀처럼 정의적인 영역을 벗어나지 않았다. 하지만 남학생들은 여학생 학급 동료들과 비교했을 때, 과제로 부과되지 않은 글을 더 많이 완성했다. 여학생들은 반성적인 필자로서의 경향을 보였다. 글을 쓸 때 명시적인 언어를 거의 사용하지 않았고, 단어나 구 수준에서 자신이 쓴 글을 자주 다시 읽고 수정했다. 그리고 자기 평가를 할 때는 정의적인 이유만큼이나 예시를 들어 근거를 제시했다. 고등학교에 다니는 47명의 여학생과 56명의 남학생의 쓰기 과정을 대상으로 2개월에 걸쳐 진행된 Burdick(1997)의 관찰 연구는 Graves(1973, 1975)에서의 발견된 사실과는 다른 점을 보여주었다. 남학생들은 자신들이 탐구 보고서를 완성하기 위해 독립적으로 무엇을 했는지를 드러내고 자신들이 쓴 글이 얼마나 독창적인 것인지에 대해 설명하는 일에 여학생들보다 수월하고 자세하게 수행했다. 비록 자신들의 쓰기 과정을 설명하는 데 대한 자신감과 전문성에 있어서는 대조적인 수준이었지만, 여학생과 남학생은 동등하게 자신의 보고서에 대한 초점을 명확하게 표현할 수 있었다.

교사들의 성 인식에 대한 연구는 캐나다와 미국에서의 연구에 초점이 있었다. Peterson & Bainbridge(1999)에서는 캐나다의 3, 6, 9학년 학생들을 가르치는 교사들을 인터뷰했고, 학생들이 쓴 다섯 편의 서사 글에 나타나는 필자의 성을 알려주는 표지(maker)에 대해 설명했다. 이 연구에서 교사들은 잠재적으로 형성된 성에 대한 편견이 학생의 글을 평가하는 데 영향을 미치지 않는다고 응답했다. 이는 점수 기준표에 나와 있는 객관적인 평가기준을 따르기 때문에 글의 내용과는 의식적으로 거리를 두기 때문이라는 것이다. 하지만 교사들이 글에 나타난 성 표지를 식별할 때는 여학생들의 글이 더 좋은 것이라고 판정했다. 교사들은 이에 대해 여학생들이 남학생들보다 묘사적인 단어나 구, 감정적인 언어, 세부 묘사, 다양한 어휘, 명확함, 정확한 맞춤법 등을 사용하기 때문이라고 설명했다. 실제로 다섯 편의 서사문을 평가한 결과, 교사들의 필자에 대한 성별 추측은 성 경계선에 걸쳐 있는 6학년 여학생이 쓴 글한 편에 대한 평가를 제외하고는 쓰기 점수에 영향을 미치지 않았다. 이 학생의 글이 남학생이쓴 글이라고 추측한 교사들은 여학생이라고 추측한 교사들에 비해 더 낮은 점수를 부여했다(Peterson, 1998).

미국에서 수행된 Roen(1992)의 연구는 교사의 성과 학생 필자의 성의 상호 작용에 대한것이다. 이 연구는 교사들이 자신과 같은 성에 대해 내리는 평가에 대해 살펴보았다. 교사들은자신과 같은 성의 학생들이 썼다고 판단되는 경우 설득하는 글쓰기에서 더 높은 점수를 부여하는 경향을 보였다. 또한 교사들은 답안지에 나타난 학생 필자의 이름이 자신과 같은 성일경우엔 필자의 의견, 사고력, 영감에 대한 자신감, 주제와 관련된 경험, 주제에 대해 쓰기위한 자격, 신뢰 등의 면에서 더 많은 기대를 보였다.

학생과 교사가 가지고 있는 성 인식에 대한 많은 연구들은 쓰기 결과물(예를 들어, 보다묘사적이라거나, 쓰기 관습을 잘 지킨다거나 하는 등), 쓰기 과정(예를 들어, 여학생들은 계획하기, 수정하기, 쓴 글 편집하기 등에서 보다 형식적이고 반성적인 접근을 보여줌), 쓰기를통해 얻게 되는 가치나 만족에 대한 시각, 필자로서의 자신감 등의 측면에서 남학생보다여학생이 더 나은 필자라는 기대를 보여주었다. 단지 고등학생들의 인식에 대한 연구 두편만이 남학생이 여학생에 비해 필자로서의 자기 결정권과 창조성을 더 강하게 느낀다는것을 밝혀냈다.

사회적인 목적을 위해 쓰기를 사용하는 학생들

페미니즘 이론(Belenky et al., 1986; Gilligan, 1982), 후기 구조주의 이론(Weedon, 1987), 대화주의 이론(Bakhtin, 1981)은 여학생들로 구성된 소집단에 초점을 맞춘 사례 연구의 토대를 제공하였다(Blair, 1998; Finders, 1997; Laidlaw, 1998; Phinney, 1994; Schultz, 1996). 자신만의 목소리와 정체성에 대한 개념은 학생들의 쓰기 및 쓰기와 연관된 수업 행동에 대한 연구자들의 분석에서 중심적인 역할을 차지했다. 연구자들은 학생들이 글쓰기를 할 때에 성뿐만 아니라 인종, 성별, 종교, 사회적 지위, 사회경제적 계급 등이 학생들의 정체성 형성과 자신만의 목소리를 표현하는 데 어떤 영향을 미치는지에 관심을 가졌다. 이러한 연구들은 남학생과 여학생이 학교 바깥에서 쓰기를 할 때뿐만 아니라, 학교에서 강제로 쓰기를 하도록 하는 상황이나 반대의 상황에서 쓰기를 선택하게 되는 사회적인 동기를 강조한 것이다.

유치원에서 이루어진 연구인 Phinney(1994)와 Laidlaw(1998)에서는 어린 여학생들이 높은 지위에 있는 학급 동료들과 관계를 맺고 유지하기 위한 방법으로 쓰기를 매우 잘 의식하고 있다는 것으로 나타났다. Phinney(1994)가 관찰한 다섯 명의 여자 어린이들은 동물 이야기, 사실적인 허구, 요정 이야기 등을 써서 학습 목표를 성취했다. 이 어린이들은 자신이 만든 이야기의 등장인물로 같은 반 친구의 이름을 붙여서 사회적인 목적을 달성하기도 했다. 각각의 이야기들은 동료 집단 내의 구성원이라는 것을 상징적으로 드러내는 요인들을 포함하고 있었다. 이와 비슷하게 캐나다에서 수행된 Laidlaw(1998)에서는 Jennifer라는 한 소녀가 사회적인 용인을 얻기 위한 중요한 도구로 쓰기를 사용했다. Jennifer는 혼혈이었고, 유럽계 소녀들과 친구로 지내고 싶었지만 그들에 비해 사회경제적인 계층이 낮았다. 그러나 Laidlaw는 Jennifer가 자신만의 목소리와 자신만의 정체성이 가지고 있는 가치를 표현하기 위해 글을 쓰지는 않는다는 점을 발견했다. Phinney의 연구에 나타난 다섯 명의 여자 어린이들과는 달리, Jennifer는 글에서 자신의 사회적 지위를 드러내려고 하지 않았다. 이 다섯 명의 여자 어린이들은 사회적 지위를 얻기 위해 자신들의 이름을 따서 이야기에 등장하는 "가장 작은" 등장인물들의 이름을 짓거나 혹은 동료들의 이야기에 등장하는 "가장 작은" 등장인물들에게 자신들의 이름을 따서 지을 수 있도록 하였다. 이 아이들은 "가장 작은" 등장인물이 되려고 하는 이유는 책임으로부터 벗어나거나 관심을 받을 수 있기 때문이라고 하였다.

사회적인 관계와 지위를 유지하기 위해 쓰기를 사용하는 방식은 미국의 7학년 학급 (Finders, 1997)과 캐나다의 8학년 학급(Blair, 1998)을 대상으로 한 연구에서도 비슷한 형태로 나타났다. 7학년 학급의 4명의 여학생들은 "원초적(underlife)"이고 학교 바깥에서 쓴 글이 학교에서 용인하는 글보다 더 잘 통용되고 사회에서 더 큰 힘을 가져다준다는 것을 깨달았다 (Finders, 1997). Finders가 "여왕들"이라고 부른 한 집단의 여학생들은 자신들의 집단과 다른 이들을 구별 짓고 사회적 지위를 겨루며 권위에 도전하기 위해 노트와 낙서 쓰기를 사용했다. 이와 유사하게, Blair(1998)의 연구에서는 16세의 여학생들 중 많은 수가 수업 시간에 동성 친구에게 사회적 집단 경계선을 만들기 위해 노트를 쓴다는 것을 밝혔다. 그들은 또한 서로에 대한 신의를 확인하기 위해서 자신들의 책상에 색상지를 대고 그 종이, 혹은 옷이나 바인더 등에 "넌 정말 괜찮은 애야." 등과 같이 서로에 대한 평판을 썼다.

사적인 쓰기는 Blair(1998)의 연구의 대상이 된 모든 여학생들에게 중요한 것이었다. 그들은 연구가 진행되는 동안 다이어리에 무언가를 적었거나 적고 있었다. 교실에서의 쓰기는 우정이나 로맨스 같은 개인적인 주제에 대한 것이기도 했고, 철학적인 주제이기도 했으며, 가정 폭력과 같은 사회적인 쟁점과 관련된 것이기도 했다. 여학생들은 다른 어떤 장르보다도 픽션을 많이 썼지만 시나 논픽션도 썼다. 그들은 자신의 여자 친구들을 대상으로 썼는데, 왜냐하면 남학생들이 그들의 글을 읽거나 듣는 것이 불편했기 때문이었다. 캐나다 원주민 여학생들은 비원주민 여학생들에 비해서 완성하여 제출한 글의 수가 적었다. 캐나다 원주민 여학생들은 자신들이 교실에서 쓴 글에서 문화를 드러내지도 않았고, 자신의 지식을 가치 있게 여기지도 않았다.

Finders(1997)에서는 사회적 계층이 두 여학생의 쓰기를 제한하는 역할을 한 것으로 나타났다. 고집이 센 두 여학생은 집안일을 하자 않고 놀기 위해 학교 밖에서 시와 서사문을 쓰곤 했다. 이 두 여학생에게 글을 쓰는 것은 개인적이고 혼자서도 끊임없이 노력할 수 있는 일이었다. 그들은 집단으로 작업하는 것을 거부했고 자신의 글을 다른 사람과 공유하는 것은 생산적이지 않다고 생각했다. 이 여학생들은 학교에서 시키는 쓰기에서는 교사의 기대를 충족시키기 위해 노력했고, 동료들로부터의 놀림을 피하기 위해 자신의 생각이나 감정을 고의로 숨겼다. 하지만 대조적으로 사회적으로 숙달된 학급 동료들인 "여왕들"은 학교에서 시키는 쓰기에 대해서는 사회적인 가치를 발견하지 못했고, 쓰기 과제의 질적인 면에서는 거의 신경을 쓰지 않고 끝내버렸다.

Schultz(1996)는 저소득층 가정 혹은 실직 가정에서 자란 도시의 고등학교 여학생들이 고등학교 졸업반과 고등학교 졸업 직후에 진학한 학교 혹은 취업한 직장에서 쓰기의 역할에 대한 문화기술 연구를 2년 간 수행했다. 아기를 갓 낳은 한 소녀는 자신의 경력을 쌓는 것에 중점을 두고, 여름학교의 보조 교사가 가르치는 학교 밖에서의 저널 쓰기를 하면서 자신의 목표를 이루기 위해 준비하고 있었다. 그녀는 장래에 그녀의 목표 달성에 유용한 다음과 같은 쓰기 수행 과제를 찾아냈다. 미국정부 수업(American government class)에서 작성한 의견 일지, 영어 수업 시간에 개인적 경험과 문학을 연결하여 쓰는 에세이, 학생들이 선택한 주제에 대한 연구 프로젝트 등이 그것이다. Shultz는 젊은 여성이 "미래를 상상하도록 도와주고 목표에 도달할 수 있는 계획을 세우게 하기 위해서(p.538)" 다양한 장르의 글을 사용하는 추가적인 사례를 더 제시하였다. 이는 젊은 사람들이 고등학교 이후의 삶에서 필요한 학교 문해력을 재개념화한 것으로, 학교 문해력은 특정한 일을 성취하는 데 요구되는 개별 능력을 넘어서야 한다는 그녀의 주장을 뒷받침하기 위한 것이다.

사회적 목표 달성을 위해 쓰기를 한 여학생들의 사례 연구에서는 소수 민족 출신이면서 낮은 사회경제적 지위에 있는 몇몇 여학생들이 자신의 생각과 감정을 학교에서 시키는 쓰기에서 감추는 모습을 보였다. 그들은 저널에 사적인 이야기를 쓰고, 다른 여학생들과 공유할 수 있는 글쓰기가 가치 있다고 여겼다. 하지만 이와는 대조적으로, 사회적으로 인기 있는 여학생들이 사회적 관계를 확립하고 유지하기 위해 사용하는 방식으로 1학년인 경우에는 학교에서 시키는 쓰기 속에서 등장인물에 친구의 이름을 인용하거나 낙서 쓰기에 참여하는 것이었고, 중학생 수준에서는 동료들과 함께 노트를 쓰는 것이었다.

교실에서 한 쪽 성 모델의 우세함

1학년(Henkin, 1995), 2학년(Fleming, 1995; Orellana, 1995), 4학년(Peterson, 2001), 8학년(Peterson, 2002) 학급과 두 사춘기 남학생들의 글(Newkirk, 2000)을 대상으로 하여 수행된 문화기술적 연구들은 학생들의 쓰기 선택을 제한하는 특정한 맥락 안에서 어떻게 한 쪽 성의 쓰기 양식이 유리할 수 있는지에 대해 보여준다. 이러한 연구에서는 후기 구조주의 이론(Davies & Banks, 1992; Gilbert, 1993)을 활용하여, 교실에서 쓰기를 통해 성을 드러내는 몇 가지 방식들 중 어떤 것은 인정하고 수용되며 보상받고 유지되고, 반면에 어떤 것은 의심받고 비난받으며 비웃음을 사고 제압당하며 힘이 약해지는지에 대해 이해하기 위해 시도했다. 주로 문화 기술적 연구들은 학생들의 글, 현장 관찰 노트, 학생 상호작용을 전사한 내용, 초점화 집단, 그리고 교사와 학생들의 인터뷰 분석을 자료로 사용하였다.

Henkin(1995)의 연구에서는 여학생들의 쓰기 주제 및 양식이 과소평가되는 현상이 관찰되었다. 1학년 남학생들은 여학생들이 남학생들의 주제를 이해하고 적절한 피드백을 제공해 주기에는 적합하지 않다고 생각하기 때문에 쓰기를 하는 동안 동성 집단끼리 작업을 했다. 여학생들 역시 남학생들의 글에 자신들이 기여하는 것에 대한 반대가 있음을 감지했고, 동성 집단끼리 모여 피드백을 하였다. Fleming(1995)의 연구에서 나타난 1학년 여학생들과 남학생들은 성별간의 양분화를 재생산했다. 여학생들은 1차적인 영역과 관련된 주제로 관계 지향적인 이야기를 썼다. 그리고 남학생들은 교사가 시킨 쓰기에서나 시키지 않은 쓰기에서 모두

2차적인 영역 혹은 확장된 영역 안에서 영웅적인 이야기에 대해 썼다. 동료와 교사는 남학생들의 글에서는 갈등의 해결 모델이 여학생들의 글의 묘사적이고 기념적인 모델보다 선호하는 반응을 보였다. 영웅적인 이야기를 피하고 협동적인 해결 방식이 나타나는 묘사적인 이야기를 한 남학생의 글과, 묘사적인 이야기 모델을 사용한 여학생들의 글은 발표되지 않았지만, 반면에 갈등적인 해결 모델을 따른 다른 학급 동료들의 글이 발표되었다.

Orellana(1995)에서는 스페인어와 영어를 이중으로 사용하는 초등학교 2개 학급을 연구 대상으로 삼았다. 학생 주도적인 교실에서의 학생의 대부분은 동성 동료 집단과 관련 작업을 할 것을 선택했다. 그리고 자신의 성 유형에 따라 전형적으로 성에 대한 고정관념을 재생산하는 주제를 다루었다. 하지만 보다 교사 주도적인 교실에서는 교사들이 혼성 쓰기 집단을 편성했고 학생들은 할당된 주제에 대한 쓰기를 진행했다. 남학생과 여학생은 유사한 글을 작성했는데, 이는 교사들의 기대는 "아마도 성 중립적인 기준"으로서 남성적인 쓰기 양식과 주제가 우월하다는 기준을 세웠기 때문이다(Orellana, 1995, p.697).

성 이원성이 교실 안의 사회생활에서 자연스러운 부분이라고 주장하는 것은, Peterson (2001, 2002)의 연구에 등장하는 학생들에게는 우스우며, 심지어 위험하기까지 한 것이다. 특히 상대방 성이나 동성애적인 주제, 화제, 쓰기 양식을 선호하는 남학생들에게는 더욱 그렇다. 이러한 쓰기는 동료들의 관점에서 남성 혹은 여성으로서의 필자의 정체성에 대한 의문을 불러일으킨다. 학생들은 통일된 한 목소리로 쓰기에 대한 제약을 규정했다. 여학생들이 스포츠, 폭력, 경쟁 등과 같은 남성적인 주제나 화제를 채택하는 것은 받아들일 수 있는 일이지만, 남학생들이 로맨스 같은 여성적인 주제나 화제를 택하는 것은 가능성의 영역을 넘어서는 것으로 보았다. 남학생들이 만일 여성적인 주제에 대해서 쓰겠다고 결정하면, 그것은 곧 힘 있는 위치를 포기하겠다는 것을 의미했다. 반면에 여학생들이 남성적인 주제를 선택한다면 보다 강력한 성 위치에서 가능한 정체성을 시험해 보는 것으로 여겨졌다. 이와 유사하게, Newkirk(2000)는 두 남학생이 쓴 글을 연구하였는데, 이 남학생들이 동료들에게 자신을 남성적으로 드러내려고 하다 보니 글의 주제나 화제가 제한되었음을 보여주었다. 그는 남학생들은 교사나 그들의 삶 속에 있는 어른들이 받아들일 수 있는 수준 안에서 부분적으로 권위에 반항하려하기 때문에, 폭력적인 글과 패러디를 남성적인 특징으로 여긴다고 설명했다.

학생들과 교사들이 교실에서 받아들일 수 있는 글이 무엇인지를 협상하는 방식을 조사하는 문화 기술적 연구는 엄격한 성 기대가 여학생과 남학생 모두의 쓰기 선택을 제한했다는 것을 보여주었다. 남학생들의 쓰기 주제와 갈등 해결 모델은 3개 초등학교 학급에서 가치 있는 것으로 받아들여졌다. 여학생들의 쓰기는 수업 중 읽기를 위한 자료집에 수록되지 못했고, 남학생들의 쓰기 양식과 주제는 모든 학생들이 지켜야 할 기준이 되었다. 중간 학년에서의 쓰기 기대에 대한 연구들은 남학생들의 쓰기가 여학생들의 쓰기에 비해 더 넓은 범위에서 제한된다는 점을 보여주었다. 왜냐하면 여학생들이 남성적인 양식을 받아들이는 것은 사회적으로 수용할만한 것이지만, 반대로 남학생들이 로맨스 같은 여성적인 화제나 주제를 택하는 것은 사회적으로 위험했기 때문이다.

전통적인 성 역할에 대항하여 글을 쓸 수 있는 환경 조성하기

후기 구조주의 이론(Davies & Harre, 1996; Walkerdine, 1990)과 사회문화적 이론(Bakhtin, 1981; Barton & Hamilton, 2000)들은 성 차이를 식별하는 수준을 넘어서 성 차이를 만드는 역할을 하는 사회적 수행을 이해하기 위한 연구의 기본 틀이 되었다(Blake, 1997; Egan-Robertson, 1998; Harper, 1998; Luce-Kapler, 1999; Peterson & Ladky, 2001). 이 연구들은 현장 관찰 노트를 활용한 학생들의 쓰기에 대한 분석과 학생 상호작용에 대한 전사, 교사와 학생에 대한 인터뷰 등 세 가지 방식을 사용한 문화 기술적 연구이다. 다섯 편의 연구 중 네 편에서 연구자들은 여학생들을 소집단으로 나누어 쓰기 집단 활동을 용이하게 지원했다. 가장 중요한 부분으로, 여학생들에게 "이해와 행동을 위한 다양한 가능성"이 열려있는 성 정체성을 형성할 수 있도록 안전한 장소를 제공했다(Luce-Kapler, 1999, p.267). 여학생들이 자신의 성 정체성을 구성하는 데서 사적인 쓰기와 공적인 쓰기의 상충되는 중요성이 관련 연구들의 핵심 주제였다.

5학년 여학생들은 여성 연구자과 일주일에 한 번 혹은 두 번 만나는 시간에 쓰기 활동뿐만 아니라 학급 동료들에게 편지와 반응 일지를 작성했다. 이것은 공동체에 대한 감각을 발달시키고, 자신의 목소리를 표현하고 개발하는 훈련을 위해 진행되었다(Blake, 1997). 이와 같은 보다 사적인 쓰기를 통해 여학생들은 이전에는 교실에서 토론할 수 없다고 느꼈던 가정과 가정생활, 성적 관심(sexuality) 등과 관련된 주제들에 대해 탐구했다. 이러한 일상생활 속의 쟁점과 사건들에 대한 쓰기와 대화를 통해 여학생들은 강력한 자신의 목소리를 갖게 되었고, 때로는 그들의 삶에서 폭력과 불의에 대한 해결책을 제시하는 사회 운동가적인 목소리도 낼 수 있게 되었다. Egan-Robertson(1998)의 연구에서도 쓰기를 통해 성과 인종 관련 쟁점을 논한 8학년 여학생들로 구성된 소집단 쓰기 클럽을 관찰했다. 이들은 십대 문화기술 연구자들의 업적에 대해 읽고 들었고, 자신만의 문화기술 연구를 구상했다. 이들의 연구 결과는 다양한 장르로 출판되었고, 장으로 나눠져서 편집되기도 했다. 이와 비슷하게 Luce-Kapler (1999)와 고등학교 영어 교사인 Sidonie는 캐나다 교외의 고등학교 여학생 아홉 명으로 구성된 쓰기 집단의 활동을 촉진하였다. 이 여학생들은 교사나 연구자가 제시한 자료에서 선정된 것을 통해 기억을 떠올려서 글을 쓰는 것과 같은 활동에 참여했다. 그리고 여학생들이 일반적으로 쓰는 소재를 넘어서 확장된 장르 및 주제에 대한 읽기와 쓰기 활동도 했다. 여기에 참여한 여학생들은 지역 카페에서 자신들의 작품을 대중에게 읽어주는 행사에 초대되기도 했다.

어떤 연구에서는 소규모 쓰기 집단의 젊은 여성들에게 전형적인 성 담화에서 통용되는 쓰기보다 강력한 성 정체성을 탐구하는 공적인 쓰기를 사용하도록 한 시도가 성공적이지 못했다. Harper(1998)는 자신이 진행하는 캐나다의 고등학교 영어 수업에서 일주일에 한 두 번씩 여섯 명의 17세 여학생들을 만났다. 학생들은 페미니즘 작품을 가지고 읽고 토론하고 쓰는 활동을 벌였다. 이 작품들은 관습에 얽매이지 않는 언어 사용과 문해력 형식, 동시대의 프랑스, 앵글로, 흑인, 원주민 캐나다 여성 관련 주제 등을 포함하고 있었다. 여학생들은 공적 쓰기의 모델로서 페미니즘 문학을 활용하는 것보다 사회나 정치적인 상황들과 결부되지 않은 개인적 감정을 표출하는 사적인 쓰기를 선호했다.

Peterson & Ladky(2001)는 8학년인 여학생 26명과 남학생 28명이 쓴 서사문에서 다양한 성의 경계를 넘어서는 많은 양상을 발견했다. 이 학생들이 쓴 글은 교사의 지도에 따라 작성된 것이지만 필수적인 것은 아니었다. 학생들은 개인적인 경험을 바탕으로 하여 글을 썼는데, 남학생들이 쓴 이야기 중 몇몇은 친구, 사촌, 같이 사는 가족 사이의 협동적인 관계에 기반을 두고 있었다. 많은 여학생들은 여성 등장인물이 강력한 역할을 하는 스포츠 이야기를 썼다. 한 여학생은 공공연하게 폭력적인 이야기를 썼는데, 이 글에서 가해자는 남성으로, 피해자는 여성 등장인물과 자신의 남동생으로 설정되었다. 성에 대한 고정관념도 나타났다. 왜냐하면 여학생의 글에서는 협동이 더 자주 나타나는 요소였고, 남학생들의 글에서 가장 빈번하게 드러나는 것은 경쟁이었기 때문이다.

혼성 집단에 대한 몇 편의 연구는 이들이 어떻게 덜 전형적인 방식으로 쓰기를 할 수 있는 기회를 만들었는지 보여준다(Anderson, 2002; Dyson, 1997; McAuliffe, 1994; Marsh, 1998; Simmons, 1997; Strough & Diriwaechter, 2000; White, 1990). 예를 들어 한 1학년 학급에서는 학생들이 결말이 열리는 작문 활동을 하였다. 학생들은 자신들이 작성한 서사문을 작가의 극장(Author's Theater)에서 종종 공연했고, 동료나 교사들과 함께 그 글에 대해 토론했다 (Dyson, 1997). 여학생 몇몇은 성이 섞여 있는 이야기를 만들어냈다. 이 이야기에는 초인적인 여성 등장인물이 나오는데, 이 인물은 이성애자로서의 애정 관계를 맺는다. 이 등장인물은 양육적인 모습을 보이기도 하지만 독립적이고 영웅적인 행동을 취하기도 한다. 공식적인 토론 집단에서 동료들의 쓰기에 대해 말을 할 때에 여학생들은 때때로 남학생들이 쓴 이야기 에서 여성 등장인물이 희생자가 되고 불필요할 정도로 폭력이 많이 등장하는 이유에 대해 질문했다. 남자 학급 동료들에게 어울리는 대중문화의 영웅인 남성들의 폭력과 액션이 가득 한 이야기를 쓰곤 했던 한 아프리카계 미국인 남학생은 수업에서 Rosa Parks라는 이름의 여성 영웅에 대한 이야기를 썼을 때 성의 경계를 무너뜨렸다. 그는 또한 교실에서 여학생들과 관계를 유지하는 방식을 발견하기도 했고, 그러면서도 남성 X-Men과 같은 수준의 강력함을 가지고 있는 여성 X-Men을 포함하는 방식으로 남학생들 사이에서 자신의 지위를 유지했다.

McAuliffe(1994)와 Simmons(1997)는 혼성 집단에서 큰 소리로 읽고, 학생들이 쓴 글에 대한 피드백을 요청함으로써 학생들의 쓰기에서의 성 특성이 변하는 방식을 탐구했다. 학생 들이 쓴 글을 둘러싸고 몇 달 간의 상호작용이 지속되자, 몇몇 남학생들과 여학생들에서 기존의 전형적인 성 특성을 묘사하던 글에서 양쪽의 특성을 모두 갖는 내용으로 변한 것이다. 이러한 성이 교차하는 이야기는 학급에서 좋은 반응을 얻었다.

Strough & Diriwächter(2000)의 연구에서는 104명의 6학년 학생들을 동성 혹은 혼성으로 짝을 지어 책의 삽화에 대해 쓴 서사 글을 평가했다. White(1990)와 Marsh(1998)는 영국 학급 에서 나이 많은 학생들이 동성이거나 이성인 나이 어린 학생들을 위해 쓴 글을 조사했다. 세 편의 연구에서, 이성을 위한 쓰기와 혼성 협동은 학생 글에서 성 고정관념의 재생산을 누그러뜨렸다. Strough & Diriwächter(2000)의 연구에서는 친사회적 아이디어들은 남학생들 로만 이루어진 짝보다는 혼성이나 여학생들로만 이루어진 짝에서 더 많이 나타났다. 분명하 고 언어적인 공격은 혼성 짝과 남학생 짝에서 주로 보여진 특징이다. White(1990)의 연구에서 는 어린 남학생들을 위해 글을 쓴 여학생들은 공상 과학이나 모험 이야기에 가정생활이나 도덕성과 관련된 주제를 집어넣었다. 남학생들은 어린 여학생들을 위해 쓴 글에서 말괄량이 로서 유쾌하고 위험한 위치에 있는 여성 인물을 등장시켰다. 이와 비슷하게, Marsh(1998)의 연구에 참여한 6세 여자 어린이와 남자 어린이는 남성 독자들을 위해서는 모험적인 주제를 골랐고, 여성 독자들을 위해서는 관계 지향적인 주제를 골랐다. 남학생들을 위해 쓴 여학생들 의 글은 감정적인 반응을 표현하는 것이었는데, 이는 남학생들이 다른 남학생들을 위해서 쓴 글에는 나타나지 않는 것이었다. 다른 여학생들을 위해 여학생들이 쓴 글에서와는 달리, 남학생들이 여학생들을 위해 쓴 글에서는 자기 충족적이고 독립적인 여성 주인공이 등장했다.

여러 연구들을 통해서 교실에서 이성과 함께 쓰기를 하는 경험은 학생들이 글을 쓸 때 성의 전형성에 대한 대안을 탐색할 수 있는 기회를 제공하는 것임이 드러났다. 작가의 극장이라는 환경에서, 혼성 협동 쓰기 집단과 어린 이성을 위해 쓴 글, 성의 경계를 넘어선 초등학교 학생들, 성 전형성을 조화시킨 경우 등이 그들의 쓰기에 나타난다. 다른 연구들은 여학생들을 위한 소집단 포럼을 만들어냈다. 이 포럼을 만든 이유는 여학생들로 하여금 전형적인 여성의 사적인 쓰기를 넘어서서, 출판된 책에서나 카페에서의 독서 등과 같은 보다 공공적인 영역에서 인종이나 성 정체성에 대해 강력한 자신만의 목소리로 글을 쓸 수 있게 하기 위한 것이었다.

요약과 함의

쓰기 발달에 대한 성의 영향을 조사한 연구들의 밑바탕에는 쓰기가 성의 의미를 형성하고, 성의 의미에 의해 형성되는 사회적인 수행이라는 관점이 깔려있다. 모든 연령대의 필자들은 글쓰기를 통해서 성 정체성을 확립했다. 이 분야의 초기 연구들 중 많은 부분이 학생의 쓰기, 쓰기 과정, 남학생과 여학생이 각각 가지고 있는 필자로서의 상대적인 유능감에 대한 인식에서 나타나는 성의 이원성을 분명히 보여주었다. 이러한 연구들은 다음의 두 가지 요인들을 대조적으로 설명하였다. 하나는 여성적인 양육, 협력과 관련된 주제, 교사가 가치 있다고 생각하는 방식으로 글을 쓰려는 경향이고, 다른 하나는 남성적인 경쟁, 독립적인 주제, 교사가 가지고 있는 좋은 쓰기에 대한 기대에 저항하려는 경향 등이다.

보다 최근의 연구들은 학생들의 글쓰기에 맥락을 제공하는 사회적 상호작용과 사회적 목적에 대해 조사하였다. 이러한 연구들에서, 사회적으로 인기 있는 여학생들은 교실에서 사회적 관계를 유지하기 위해서 학교에서 시켜서 하는 쓰기나 그렇지 않은 쓰기를 모두 사용하였다. 이러한 쓰기를 하는 사회적인 목적은 수업 중에 학급 동료들을 대상으로 글을 쓸 때 조용해지는 학급에서 소외된 여학생들에게서는 해당되지 않는다. 다른 연구들에서는 학생들의 쓰기가 교실에서의 좋은 쓰기에 대한 지배적인 모델에 의해 오히려 강요받는 현상이 나타났다. 몇몇의 사례에서는 지배적인 모델은 남학생들의 쓰기를 가치 있는 것으로 판단했고, 여학생들의 쓰기는 무시했다. 다른 사례에서는 지배적인 모델이 남학생들의 쓰기를 제한했는데, 왜냐하면 남학생들은 동료들이 자신을 여성적이라고 해석할 수 있는 양식, 화제, 등장인물, 장르 등을 회피함으로써 자신의 남성성을 드러내어 보일 필요가 있다고 느꼈기 때문이다.

가장 최근의 연구들은 학생들이 쓰기를 할 때에 성에 따른 전형적인 쓰기 양식을 벗어나서 새로운 대안을 취할 수 있도록 돕는 교사의 지도에 대해 학생들이 어떻게 반응하는지를 관찰하였다. 이성과 함께 글을 쓰거나 이성을 위해 글을 쓸 기회를 가진 초등학생들은 자신의 글이 이성에게 관심을 끌게 하기 위해서 이성의 쓰기 양식을 자신의 글에 받아들였다. 다른 연구들에서는 비전통적인 성 정체성에 대해 고찰한 여학생 소집단들은 사회적인 정의와 관련된 주제에 대해 대중을 상대로 글을 쓰면서 전형적인 여성적 쓰기 양식에 도전하였다.

성과 쓰기 발달에 대한 연구 문제와 접근 방법에서 확인할 수 있는 이러한 경향은 연구 결과에서 확인할 수 있는 유형과 마찬가지로, 후속 연구와 학습 지도에 대한 고민의 출발점을 제공했다.

후속 연구를 위한 함의

성과 쓰기 발달에 대한 연구는 학생들이 쓴 글에서 나타나는 이원적인 성 특성들을 조사하는 수준을 넘어서야 한다. 또한 학생들의 쓰기에 영향을 미치는 교실에서의 상호작용에 대한 연구를 통해 성을 구성하는 요인들에 대한 맥락과 관련지어야 한다. 이 연구는 성에 필연적이고 깊은 영향을 받는 사회적 실천으로서의 쓰기에 대한 현대의 관점을 지지한다. 이에 더하여, 새로운 연구는 Blake(1997), MacGillivray & Martinez(1998), Egan-Robertson(1998)과 같은 연구자들의 업적에서 한 발 더 나아가서, 학생들의 쓰기에서 나타나는 사회적 계층, 인종, 사회적 지위, 성적인 관심과 관련된 성의 상호작용에 대한 질문에도 관심을 가져야 한다. 주로 학생들의 성 이데올로기에 대해 분석한 연구의 양을 늘리는 것에서 넘어서서, 학생과 교사 모두의 성 이데올로기가 앞에서 언급한 연구들을 기반으로 탐색되어야 한다.

성, 문해력, 구어에 대해 조사한 Guzzetti, Young, Gritsavege, Fyfe, & Hardenbrook(2002) 연구에서는 특정 교실 환경에서 전통적인 성 이데올로기를 유지하는 방식과 또 다른 환경에서는 더 넓은 범위의 성 이데올로기를 형성하고 지지하는 방식에 대한 더 많은 연구가 필요함을 제안하였다. 이 장에서 인용한 연구를 기반으로 성 고정관념에 반하여 글을 쓰도록 조장하는 학생의 상호작용을 포함하여 교사들의 형식적인, 혹은 비형식적인 상호작용에 대해 탐구가 가능 할 것이다.

마지막으로, 학생들이 자신들의 목소리를 표현하고 발달시킬 수 있는 환경을 만드는 것과 관련된 많은 연구들은 여학생으로 구성된 집단에 대한 사례 연구와 행동 연구를 포함한다. 후속 연구는 여학생과 남학생을 대상으로 한 쓰기 지도에 초점이 맞추어져야 할 것이다. 이러한 쓰기 지도는 제한적인 성 이데올로기들을 탐구하고 극복하기 위해서 쓰기를 사용하는 남녀 학생들의 자신감 및 수행 능력을 향상시켜줄 수 있을 것이다.

실행을 위한 함의

남녀학생들에게 필자로서 성공할 수 있는 기회를 열어 주는 교실 환경을 조성하려는 노력으로 교사들이 자신의 성 이데올로기를 인식하고, 그러한 이데올로기들이 학생들의 쓰기에 대해 말과 글로 표현되는 반응을 통해 어떻게 소통되고 형성되는지에 대해 인식하는 것이 필요하다. 이와 같은 인식은 남녀 학생들의 쓰기 양식을 각각 존중하고, 남녀 학생들의 삶에서 쓰기의 가치 있는 역할을 알리는 학습 지도와 평가로 이어진다. 여학생들이 자신의 목소리를 표현하고 개발하는 기회를 제공하는 학습 지도를 하기 위해서는 Blake(1997)의 연구와 같이 여학생들의 삶과 관련된 쟁점들을 탐색하도록 권장하는 사적인 쓰기에 참여하는 여학생 집단을 포함할 필요가 있다. 또한 이러한 교사의 지도는 Egan-Robertson(1998)의 연구에서 여학생 집단이 문화 기술적 연구에 참여하고 그 결과물을 출판한 것이나 Luce-Kapler(1999)의 연구에서 여학생 집단이 자신들의 글을 지역 카페에서 낭독했던 것처럼 공적인 쓰기에서도 강력한 자신의 목소리를 표현하도록 여학생들을 도와줄 수 있다. 남학생들에게 성공적인 필자로서의 정체성을 형성하는 기회를 제공하는 지도를 위해서는 남학생들이 자신의 강인함을 밝힐 수 있는 창조성과 강력한 독자의 반응을 불러일으킬 수 있는 질적인 요인들이 포함되어 있는 평가 요소를 고려할 필요가 있다. 여기에는 또한 남학생들이 쓰기를 할 때 선호하는 장르(예를 들어, 패러디, 활동과 모험 이야기, 논픽션 등)와 주제(예를 들어 스포츠, 만화, 비디오 게임

등)가 포함되어야 한다(Newkirk, 2000).

교실에서 남녀 학생들이 쓰기를 가치 있는 것으로 여길 수 있게 하기 위해서는 교사는 어떤 학생도 소외되거나 배제되지 않는 한도 내에서 학생들이 사회적인 관계를 만들고 유지하는 하나의 방법으로 쓰기를 사용할 수 있도록 지도해야 한다. Anderson(2002)에서의 사회적으로 영향력 있는 여학생만이 아니라 누구나 글에서 성을 구성하는 데에서 주체 의식을 즐길 수 있게 하기 위해서, 교사들은 학생들의 글에 대한 기대치를 설정할 수 있다. Fairclough (1989)가 이데올로기의 작용이 가장 눈에 띄지 않을 때, 이데올로기는 가장 파괴적이라고 주장했던 것처럼, 학생들이 글을 쓸 때 성에 대한 정체성을 확장시키기 위한 교사들의 노력은 계속적인 도전일 것이다. 교사들은 성 이데올로기를 가시화하기 위해서 학생들과 교사들의 글이 포함된 다양한 텍스트들을 해체하는 데에 학생들을 참여시키고, 학생들의 질문, 도전, 반항에도 개방적인 태도를 취해야 한다.

앞선 다양한 연구들(Marsh, 1998; Strough & Diriwächter, 2000; White, 1990)이 그러했던 것처럼, 교사들은 학생들이 글을 쓸 때 대안적인 성 구성을 탐색할 수 있도록 혼성 협동 쓰기를 장려해야 한다. 학생들이 다양한 쓰기 형식(Luce-Kapler의 1999년 연구 참조)과 시각 예술, 드라마, 영화, 과학 기술 매체 등과 같은 다중 형태를 활용하는 것은 더 넓은 범위의 성 의미를 위한 공간을 만드는 것이다.

참고문헌

Anderson, D. D. (2002). Casting and recasting gender: Children constituting social identities through literacy practices. *Research in the Teaching of English*, 36(3), 391-428.

Bakhtin, M. M. (1981). Discourse in the novel. In C. Emerson & M. Holquist (Eds.), *The dialogic imagination: Four essays by M. Bakhtin* (pp. 259-422). Austin: University of Texas Press.

Barton, D., & Hamilton, M. (2000). Literacy practices. In D. Barton, M. Hamilton, & R. Ivanic (Eds.). *Situated literacies: Reading and writing in context* (pp.7-15.). New York: Routledge.

Bavies, B., & Harré, R. (1996). Positioning: The discursive production of selves. *Journal for the Theory of Social Behavior,* 20, 43-63.

Belenky, M. F., Clinchy, B. M., Goldberger, N. R., & Tarule, J. M. (1986). *Women's ways of knowing: The development of self, voice, and mind.* New York: Basic Books.

Blair, H. (1998). They left their genderprints: The voice of girls in text. *Language Arts*, 75(1), 11-18.

Blake, B. E. (1997). *She say, he say: Urban girls write their lives.* Albany: State University of New York Press.

Burdick, T. (1997, Fall). Snakes and snails and puppy dog tails: Girls and boys expressing voice in information research project. *Youth Services in Libraries*, pp. 28-35.

Chodorow, N. (1978). *The reproduction of mothering: Psychoanalysis and the sociology of gender.* Berkeley: University of California Press.

Cleary, L. M. (1996). I think I know that my teachers want now: Gender and writing motivation. *English Journal*, 85(1) 50-57.

Condry, J. (1984). Gender identity and social competence. Sex Roles, 11, 485-511.

Davices, B., & Banks, C. (1992). The gender trap: A feminist poststructuralist analysis of primary school children's talk about gender. *Journal of Curriculum Studies,* 24(1), 1-25.

Dyson, A. H. (1997). *Writing superheroes: Contemporary childhood, popular culture, and classroom literacy.* New York: Teachers College Press.

Egan-Robertson, A. (1998). Learning about culture, language and power: understanding relationships among personhood, literacy practices, and intertextuality. *Journal of Literacy Research*, 30(4), 449-487.

Erikson, E. (1963). *Childhood and society.* New York: Norton.

Fairclough, N. (1989). *Language and power.* London: Longman.

Finders, M. J. (1997). *Just girls.* New York: Teachers College Press.

Fleming, S. (1995). Whose stories are validated? *Language Arts*, 72(8), 590-596.

Gambell, T., Hunter, D. (2000). Surveying gender differences in Canadian school literacy. *Journal of Curriculum Studies*, 32(5), 689-719.

Gilber, P. (1993). *Gender stories and the language classroom.* Victoria, Australia: Deakin University Press.

Gilligan, C. (1982). *In a different voice: Psychological theory and women's development.* Cambridge, MA: Harvard University Press.

Graves, D. H. (1973). Sex differences in children's writing. *Elementary English*, 50(7), 1101-1106.

Graves, D. H. (1975). An examination of the writing processes of seven year old children. *Research in the Teaching of English*, 9(3), 227-241.

Gray-Schlegel, M., & Gray -Schlegel, T. (2995-1996). An investigation of gender stereotypes as revealed through children's creative writing. *Reading Research and Instruction*, 2(35), 160-170.

Guzzetti, B. J., Young, J. P., Grisavage, M. M., Fyfe, L. M., & Hardenbrook, M. (2002). *Reading, writing, and talking gender in literacy learning.* Newark, DE: International Reading Association and National Reading Council.

Halliday, M. A. K. (1978). *Language as social semiotic: The social interpretation of language and meaning.* London: Edward Arnold.

Halliday, M. A. K. (1985). *An introduction to functional grammar.* London: Edward Arnold.

Hansen, S. (2001, July). *Boys and writing: Reluctance? Reticence? Or rebellion?* Parer presented at the annual meeting of the Education Research Network, Spetses, Greece.

Harper, H. (1998). Dangerous Desires: Feminist literary criticism in a high school writing class. *Theory into Practice,* 37(3), 220-228.

Henkin, R. (1995). Insiders and outsiders in first grade writing workshops: Gender and equity issues. *Language Arts*, 72(6), 429-434.

Kamler, B. (1994). Gender and genre in early writing. *Linguistics and Education*, 6(2), 153-182.

Kanaris, A. (1999). Gendered journeys: Children's writing and the construction of gender. *Language and Education,* 13(4), 254-268.

Laidlaw, L. (1998). Finding "real" lives: Writing and identity. *Language Arts,* 75(2), 126-131.

Luce-Kapler, R. L. (1999). As if women writing. *Journal of Literacy Research,* 31(3), 267-291.

MacHillivray, L., & Martinez, A. M. (1998). Princesses who commit suicide: Primary children writing within and against gender stereotypes. *Journal of Literacy Research,* 30(1), 53-84.

Many, J. C. (1990). Sex roles from a child's pint of view: An analysis of children's writing. *Journal of Research in Childhood Education*, 5, 60-72.

Marsh, J. (1998). Gender and writing in the infant school: Writing for a gender-specific audience. *English in Education,* 32(1), 10-18.

Martin, J. R. (1986). *English text: system and structure. Unpublished manuscript, Department of Linguistics.* University of Sydney, Australia.

McAuliffe, S. (1994). Toward understanding one another: Second graders' use of gendered language and story styles. *Reading Teacher,* 47(4), 302-310.

Moss, G. (1993). The place for romance in young people's writing. In L. K. Chistian-Smith (Ed.), *Tests of desire: Essays in fiction, Femininity, and schooling* (pp. 106-125). Washington, DC: Falmer Press.

Newkirk, T. (2000). Misreading masculinity: Speculations on the great gender gap in writing. *Language Arts*, 77(4), 294-300.

Orellane, M. F. (1995). Literacy as a gendered social practice: Tasks, texts, talk and take-up. *Reading Research Quarterly*, 30(4), 674-708.

Pajares, F. (1997). Current directions in self-efficacy research. In M. Maehr & P. R. Pintrich (Eds.). *Advances in motivation and achievement* (Vol. 10, pp. 1-49.) Greenwich, CT: JAI Press.

Pajares, F., & Valiante, V. (2001). Gender differences in writing motivation and achievement of middle school students: A function of gender orientation? *Contemporary Educational Psychology*, 26, 366-381.

Peterson, S. (1998). Evaluation and teachers' perceptions of gender in sixth-grade student writing. *Research in the Teaching of English*, 33(2), 181-208.

Peterson, S. (2000). Grades four and eight students' and teachers' perceptional of girls' and boys' writing competencies. Reading Horizons, 40(4), 253-271.

Peterson, S. (2001). Gender identities and self-expression in classroom narrative writing. *Language Arts,* 78(5),

451-457.

Peterson, S. (2002). Gender meanings in grade eight students' talk about classroom writing. *Gender and Education*, 14(4), 351-366.

Peterson, S., & Bainbridge, J. (1999). Teachers' gendered expectations and their evaluation of student writing. *Reading Research and Instruction*, 38(3), 255-271.

Peterson, S., & Ladky, M. (2001). Collaboration, competition and violence in eighth-grade students' classroom writing. *Reading Research and Instruction*, 41(1), 1-18.

Phinney, M. Y. (1994). Gender, status, writing, and the resolution of kindergarten girls' social tensions. *Linguistics and Education*, 6, 311-330.

Pottoroff, D. D., Phelps-Zientarski, D., & Skovera, M. E. (1996). Gender perceptions of elementary and middle school students about literacy at school and home. *Journal of Research and Development in Education,* 29(4), 203-211.

Roen, D. H. (1992). Gender and teacher responses to student writing. In N. H. McCraken & B. Appleby (Eds.), *Gender issues in the teaching of English* (pp. 126-141). Portsmouth, NH: Boynton/Cook.

Rogers, J. M. (1996). *Two sides to a story: Gender difference in student narrative.* Winnipeg: Inkshed.

Romatowski, J. A., & Trepanier-Street, M. L. (1987). Gender perceptions: An analysis of children's creative writing. *Contemporary Education*, 59(1), 17-19.

Rosentahl, R. & Jacobson, L. (1968). *Pygmalion in the classroom: Teacher expectation and pupils' intellectual development.* New York: Holt, Rinehart & Winston.

Schultz, K. (1996). Between school and work: The literacies of urban adolescent females. *Anthropology and Education Quarterly*, 27(4), 517-544.

Simmons, J. (1997). Attack of the killer baby faces: Gender similarities in third-grade writing. *Language Arts*, 72(2), 116-123.

Strough, J., & Diriwächter, R. (2000). Dyad gender differences in preadolescents' creative stories. *Sex Roles*, 43(1/2), 34-60.

Sumida, A. Y. (2000). Reading a child' writing as a social text. *Language Arts*, 77(4), 309-315.

Trepanier-Street, M. L., Pomatowski, J. A., & McNair, S. (1990). Children's written responses to stereotypical and non-stereotypical story starters. *Journal of Research in Childhood Education*, 5(1), 60-72.

Tuck, D., Bayliss, V., & Bell, M. (1985). Analysis of sex stereotyping in character created by young authors. *Journal of Educational Research*, 78(4), 248-252.

Walkerdine, V. (1990). Schoolgirl fictions. London: Verso.

Weedon, C. (1987). *Feminist practice and post-structuralist theory.* Oxford, UK: Blackwell.

White, J. (1990). On literacy and gender. In R. Carter (Ed.), *Knowledge about languages and the curriculum* (pp. 181-196). London: Hodden & Stroughton.

제 22 장
학습 장애 학생을 위한 쓰기 지도

Gary A. Troia

　2002년 국가수준 학업성취도 평가(National Assessment of Educational Progress) 결과에 의하면, 4학년의 28%, 8학년의 31%, 12학년의 24%만이 쓰기에서 각 학년별 성취수준에 도달한 것으로 나타났다(Persky, Daane, & Jin, 2003). 많은 학생들의 작문 능력이 떨어지는 원인을 세 가지 측면에서 살펴볼 수 있다. 첫째, 작문은 작문 관습이나 예상독자, 작문 목적 등과 관련하여 정의적, 인지적, 언어적, 물리적 측면의 노력을 종합적으로 기울여야 하는 복잡하고도 어려운 도전을 요구하기 때문이다. 유명한 저자이자 편집자이며 저널리스트인 Gene Fowler는 "쓰기는 쉽다. 당신이 할 수 있는 것은 당신의 머리로부터 글자가 떨어질 때까지 백지 종이를 응시하는 것이다."라고 언급하면서 작문이 가진 본질적인 어려움을 잘 지적하였다.

　둘째, 최근 미국의 일반적인 교실은 극적인 변화를 겪고 있다. 오늘날 많은 학생들이 궁핍한 가정 환경에 처해있고, 영어가 모어가 아닌 제2 언어이며, 학습 장애를 가진 것으로 확인되었거나 의심받고 있다(Persky et al, 2003). 또한 이러한 학생들은 '성취기준 기반의 교육 운동(standards-based education movement)'과 학교 책무성 강화에 따른 고부담 시험 체제에서 어려움에 처해있다. 그 결과 높은 수준의 쓰기 능력과 내용 교과에서의 학습으로서의 쓰기에 대한 요구 또한 높아지고 있다. 동시에 교사들은 작문뿐만 아니라 기초적인 쓰기 기능에서도 부진을 겪고 있는 많은 학생들을 대면하게 되었다. 그러나 불행하게도 교사들은 이러한 어려움을 해결할 수 있는 준비가 부족하다고 느끼고 있다. 왜냐하면 그들은 가르치는 데에 요구되는 필수적인 지식과 가르치는 용량, 쓰기 지도를 지원할 수 있는 좋은 자원이 부족하다고 생각하기 때문이다. 또한 교사들의 쓰기 지도에 강력한 영향을 주는 쓰기 교육과정이 다른 교육과정에 제대로 반영되지 않았거나 다른 교과의 교육과정과 제대로 연결되지 못하는 경향이 있는 것도 원인이다(Troia & Maddox, 2004).

셋째, 학생들이 받는 수업의 질은 학생들의 쓰기 성취에 주요한 영향을 미친다(Graham & Harris, 2000a). 어떤 수업의 경우, 학생들에게 의미가 있고 실제적인 글을 쓰도록 하는 경우보다 손글씨 쓰기(handwriting)나 철자 쓰기(spelling)와 같이 단순히 글을 쓰는 기능에 초점을 두는 경우도 있다(예를 들어, Palinscar & Klenk, 1992). 이와 반대로 학생 개인과 직접적으로 관련되면서도 쓰기 과정에 따라서 글을 쓰게 하는 수업도 많이 있지만 이런 수업 중에는 중요한 쓰기 기능이나 전략을 제대로 지도하지 못하는 경우도 있다(예를 들어, Westby & Costlow, 1991). 또한 어떤 경우에는 쓰기 지도나 쓰기 활동 자체를 할 수 있는 시간이 보장되지 못한 경우도 있다(예를 들어, Christenson, Thurlow, Ysseldyke, & McVicar, 1989). 아마도 소수 학급의 학생들만이 미니레슨이나 지속된 글쓰기, 협의하기, 공유하기가 포함된 쓰기 워크숍과 같이 쓰기기능과 쓰기전략이 과정 중심 지도와 조화를 이루고 있는 지도를 받고 있을 것이다(예를 들어, Bridge, & Compton-Hall, & Cantrell, 1997; Troia, Lin, Cohen, & Monroe; Wray, Medwell, Fox, & Poulson, 2000). 또한 쓰기 부진을 겪고 있는 학습 장애 학생들에게는 이 보다도 더 특별한 지도가 필요할 것이다. 이러한 학생들에게 요구되는 것은 과제 요구, 반응 형식, 학생 지원, 교사 수행에 효과적으로 부합하는 쓰기 기능과 전략에 관한 더 집중적이고 개별적이며 현시적인 지도이다(Troia & Graham, 2003; Troia, Lin, Monroe, et al.). 학습 장애 학생들이 겪고 있는 쓰기 부진 문제는 쓰기 전반에 걸친 과정과 결과물, 그리고 상위인지 및 동기 측면과 관련하여 다음 절에서 설명하고자 한다. 이 장에서는 쓰기 부진을 겪고 있는 학생들에게 효과적인 지도 방법으로 도출된 연구 결과들을 살펴보는 데에 초점을 둘 것이나 이러한 정보는 쓰기 부진 학생뿐만 아니라, 학습장애를 겪고 있는 많은 학생들에게도 도움이 될 것이라고 기대한다.

쓰기 부진과 지도에 관한 선행 연구

쓰기 과정과 글에서 나타나는 학습 장애 학생들의 특징

쓰기 능력이 높은 학생들이 쓴 글과 비교할 때 학습 장애 학생들이 쓴 글은 더 짧고, 불완전하며, 구성이 체계적이지 못하여 전체적으로 부족한 면이 많다(예를 들어, Englert & Raphael, 1988; MacArthur & Graham, 1987; Nodine, Barenbaum, & Newcomer, 1985; Thomas, Englert, & Gregg, 1987). 더군다나 학습 장애 학생들이 쓴 글은 전형적으로 맞춤법과 문법 측면에서 많은 오류를 포함하고 있다(Graham, 1990; MacArthur & Graham, 1987; Thomas et al., 1987). 이러한 문제는 숙련된 글쓰기의 기반이라고 할 수 있는 쓰기 과정, 즉 계획하기, 내용 생성하기, 수정하기, 그리고 전사하기 기능(예를 들어, Grahm, Harris, & Troia, 1988)을 수행하고 조절하는 능력이 부족해서 발생할 수 있다. 이들 측면에 대해서는 다음에서 자세하게 살펴보고자 한다.

계획하기

계획하기 행동, 특히 계획하기에 할애하는 시간은 작문 과정의 중요한 부분이고, 쓴 글의 질에 많은 영향을 미친다(Bereiter & Scardamalia, 1987; Hayes & Flower, 1980). 계획하기는 세 가지의 하위 과정으로 이루어진다. 첫째 과정은 장르 관습과 예상 독자의 요구를 고려하여 작문의 목적을 설정하고, 목적의 우선순위를 정하며 이를 조절하는 것이다. 둘째는 아이디어를 생성하는 것이다. 그리고 셋째는 설정한 목적을 달성하기 위해서 적합한 아이디어를 선별하고 이를 조직하는 것이다(Hayes & Flower, 1980). 사실 많은 전문 필자들은 글을 쓰기 전보다, 글을 쓰는 동안에 계획하기에 열중한다. 그들이 글을 쓰는 데에 보내는 총 시간의 70% 이상을 고민하는 데에 사용하며 특히 글의 첫 부분을 쓰는 것에 사용한다(Hayes & Flower, 1980; Gould, 1980). 그러나 글을 쓰기 전에 계획을 잘 해 두면, 글을 쓰면서 내용과 조직을 모두 고려하기 위해서 투자해야 하는 부수적인 방해물을 피할 수 있도록 도와줄 것이다(Hayes & Flower, 1980; Kellogg, 1986). 그러나 이와 반대의 관점에서 필자가 어떤 아이디어를 글에 포함시킬 것인지를 완벽하게 정한 상황이 아니라면, 사전 계획하기가 오히려 글을 쓰는 동안에 떠오르는 아이디어에 제한을 가할 수도 있다(Elbow, 1981; Torrance, Thomas, & Robinson, 1991). 학습 장애 학생들은 계획하기의 질과 상관없이, 계획하기를 자발적으로 하는 경우가 거의 없고, 심지어는 계획하기를 하도록 유도할 때에도 거의 하지 않는다 (MacArthur & Graham, 1987).

쓰기 부진을 겪는 학생들은 어떤 이유에서 계획하기를 하지 않는 것일까? 선행 연구들에 의하면, 학습 장애 학생들은 많은 경우 글을 쓸 때, '지식 서술하기(knowledge-telling)' 방식에 의존하는 경향이 있었다(Bereiter & Scardamalia, 1987; Gould, 1980; Hayes & Flower, 1980; McCutchen, 1988, 1995). 쓰기 부진 학생들은 쓰기 과제가 주어지면 계획하기 단계 없이 즉각적으로 글을 쓰기 시작하고, 계획을 하더라도 첫 문장을 쓰기까지 대체로 1분 이하의 시간만 투자할 뿐이다. 그 결과, 이들이 쓴 글은 쓰기 과제에서 제시한 주제와 쓰기 장르가 요구하는 형식적인 측면만 고려한 것일 뿐, 더 넓은 측면에서 수사학적 목적이나 필자로서의 개인적인 목적은 반영되지 않은 것이다(Bereiter & Scardamalia, 1987; Graham, 1990; McCutchen, 1988). 이들은 본질적으로 두 가지 이유에서 이러한 글쓰기를 하게 된다.

첫째, 쓰기 부진 학생들은 생각을 텍스트로 전환하는 과정에서 많은 부담을 가진다 (Graham, 1990; Graham & Harris, 1997; Graham et al., 1998; McCutchen, 1988, 1996). 둘째, 별다른 계획하기 과정이 필요치 않는, 친숙한 장르이면서도 정해진 유형의 쓰기 과제가 제시 되기 때문이다. 미숙한 필자가 계획하기를 할 때, 그들은 전형적으로 아이디어를 탐색하고 정교화하는 과정을 가시화하지 않은 채, 글에 쓸 내용을 먼저 초고의 형태로 구현하는 경향이 있다. 그러나 숙련된 필자는 계획하기를 할 때 쓰기 과제의 요구와 독자의 요구, 필자로서의 목적 등을 고려하여 자신의 생각을 보다 다양한 측면에서 회귀적인 과정을 거쳐서 조직하고 발달시킨다(Bereiter & Scardamalia, 1987). 현시적인 쓰기 지도에서 많은 계획하기 전략들은 '단어와 생각 브레인스토밍 하기', '쓰기 전에 텍스트 구조 지시문을 통하여 내용을 생성하고 구성하기', '계획하기의 목표 설정하기'와 같은 지도 방법들과 함께 학습 장애 학생들이 쓴 글의 구조, 양과 질을 향상시키는 데에 긍정적인 영향을 주었다.

내용 생성

학습 장애를 가진 학생들은 글을 쓸 때, 같은 또래의 다른 학생들에 비하여 내용을 충분히 생산하지 못하거나 불필요한 자료를 글에 포함하는 경향이 있다(Graham, 1990; MacArthur & Graham, 1987; Thomas et al, 1987). 그 원인으로는 첫째, 글과 관련된 내용을 회상하는 과정에서 기억을 유지시키는 능력이 부족하거나(Englert & Raphael, 1988), 둘째, 화제 지식이 부족하거나(Graham & Harris, 1997), 셋째, 서사나 설득과 같은 특정 장르에서 요구하는 글의 구조에 대한 지식이 부족하기 때문이다(Englert & Raphael, 1988; Graham, 1990; Thomas et al., 1987). 예를 들어, Graham & Harris(1989)의 연구에서도 5~6학년 학습 장애 학생들은 서사문이나 논설문에서 요구하는 글의 구조 측면을 제대로 고려하지 않고 있음을 밝히고 있다. 또한 이들 학생은 이야기의 배경에 해당되는 부분이나 글을 이해하는 데에 필요한 전제와 같은 중요한 부분을 서술하지 않기도 하는데 이는 학생들이 예상독자의 입장을 고려하지 않고 예상독자들이 자신과 동일한 정보를 이미 공유하고 있다고 생각하기 때문이다. Nodine et al.(1985)은 초등학교 상급 학년의 학습 장애 아동들은 기본적인 플롯을 포함하는 서사문 쓰기에서 다른 학생들보다 낮은 성취를 보였는데 절반에 가까운 학생들이 그림으로 된 과제 지시문에 대한 설명만 한 정도였다.

학습 장애 학생들에게 단순히 글을 더 쓰라고 요청하거나, 학생들이 회상한 내용을 조직할 수 있도록 돕기 위한 텍스트 틀을 제공해줘도 글은 길이, 조직, 질이 향상되는 것을 보여주었다. Graham(1990)은 예를 들어, 학습 장애 학생들이 일반적으로 논증적인 글을 쓰는 데에 6~7분 정도를 할애하는데, 내용을 더 쓰라고 하면 학습 장애 학생들은 4배 이상 많은 내용을 생성하였고, 그렇게 생성한 내용의 절반 정도는 새롭고 유용한 내용이었다. 학습 장애 학생들에게 쓰기 지도를 할 때, 작성하는 글의 길이에 대해서 목표를 세우게 하거나 학생들 스스로 자기 점검(self-monitor)을 하도록 지도하는 것 또한 글의 양과 질을 향상시키는 데에 도움을 줄 수 있다(예를 들어, Harris, Graham, Reid, McElroy, & Hamby, 1994). 이들 연구를 통해서 쓰기 부진 학생들에게는 글에 포함시킬 수 있는 정보에 대한 접근성을 높여주는 것이 도움이 된다는 것을 알 수 있다(Englert & Raphael, 1988; Graham, 1990; Graham & Harris, 1989).

수정하기

글을 평가하고 수정하는 것 또한 학습 장애 학생들에게는 상당히 어려운 과제이다. 일반적으로 미숙한 필자는 수정하기를 거의 하지 않고 하더라도 단어나 구 수준에서의 편집이나 맞춤법 오류 정도의 지엽적인 것에 더욱더 초점을 두는 경향이 있다(Graham, 1997; MacArthur & Graham, 1987; McCutchen, 1995). 이러한 수준의 수정은 글의 질을 향상시키는 데에 거의 영향을 주지 못한다(예를 들어, Graham, MacArthur, & Schwartz, 1995; MacArthur & Graham, 1987). 그러므로 학습 장애 학생들이 하는 수정의 20% 이하 정도만이 실질적인 의미의 수정이라고 볼 수 있다(Graham, 1997; Graham et al., 1995; MacArthur & Graham, 1987).

미숙한 필자들이 수정하기에 숙련되지 않은 이유는(예를 들어, Graham, 1997) 그들이 의도한 것과 쓴 것 사이의 불일치를 발견하는 것에 실패하기 때문이다. 글을 수정할 때 미숙한 필자가 묵독을 하게 하는 것보다, 글을 소리 내어 읽게 하는 것은 그들이 문법적 오류를 발견하고 수정하는 데에 도움을 준다. 또한 글에 대한 동료 피드백 또한 학습 장애 학생들의 수정하기 행위를 효과적으로 변화시키듯이(MacArthur, Schwartz, & Graham, 1991; Stoddard & MacArthur, 1993), 학생들에게 자신의 글을 점검할 수 있는 질문지나 평가 기준을 제공하는 것 또한 도움이 될 수 있다(예를 들어, Stoddard & MacArthur, 1993). 학습 장애 학생들이 수정하기를 잘 못하는 또 다른 이유는, 미숙한 필자가 예상독자의 관점을 예측하는 능력에 한계가 있기 때문이다(Bereiter & Scardamalia, 1987). 학습 장애 학생들을 지도할 때 교사가 맞춤법 측면을 지나치게 강조하는 것 또한 이들 학생에게 글의 형식적인 부분만을 보게 하도록 편견을 심어줄 수 있다. 그래서 무엇이 좋은 글의 구성 요소가 되는지를 질문해 보면, 학습 장애 학생들은 글을 잘 쓰는 학생들에 비하여 내용보다 형식을 강조하는 경향이 있다 (Graham, Schwartz, & MacArthur, 1993; Lin, Monroe, & Troia, 출판 중[1]).

텍스트 전사

장애가 있는 학생들은 특히 자신의 생각을 글로 변환하여 표현하는 과정에서 어려움을 겪는다. 이를 뒷받침하는 한 가지 사례는 학습 장애 학생들이 쓴 글은 일반적인 학생들이 쓴 글에 비하여 철자, 대문자 사용, 구두점 측면에서 많은 오류를 가지고 있다는 것이다(예를 들어, Fulk & Stormont-Spurgin, 1995). 더욱이 학습 장애 학생들의 손글씨 쓰기(handwriting)는 느리고 불규칙하며(Graham & Weintraub, 1996), 그리고 그들이 쓴 손글씨는 일반 학생들이 쓴 글보다 알아보기가 어렵다(MacArthur & Graham, 1987). 학습 장애가 있는 학생들은 이러한 손글씨 쓰기와 같은 낮은 수준의 쓰기 기능이 계획하기나 수정하기와 같은 높은 수준의 작문 과정과 동시에 진행될 때 더욱 어려움을 느끼게 된다. 그러므로 쓰기 부진 학생들이 철자나 손글씨 쓰기와 같은 낮은 기능에 집중할 때 이들은 글의 내용이나 조직 등의 질적 측면에서는 거의 집중을 하지 못하는 것이다(McCutchen, 1996). 이처럼 쓰기 부진 학생들에게는 손글씨 쓰기나 철자 쓰기에 대한 부담이 글의 질과 유창성에 많은 영향을 미치게 된다는 것이 놀랍다(Graham, Berninger, Abbott, Abbott, & Whitaker, 1997).

---

1) [역주] 이후 출판되었으며 서지 사항은 다음과 같다. Cindy Lin, S. J., Monroe, B. W., & Troia, G. A.(2007). Development of writing knowledge in grades 2-8: A comparison of typically developing writers and their struggling peers. Reading & Writing Quarterly, 23(3), 207-230.

학습 장애 학생들의 상위인지와 동기의 특성

많은 학습장애 학생들은 상위인지 측면에서 낮은 인식을 나타내고 있다((Ellis, Lenz, & Sabornie, 1987; Graner, 1990; Troia, 2002)[2]. 이처럼 학습 장애 학생들의 상위인지 인식이 낮기 때문에 그들은 자신의 능력을 과대평가하는 경향이 있고, 전략에 노력을 기울일 필요성을 인식하지 못한다(Ellis, 1986; Paris & Winograd, 1990). 예를 들어, 학습 장애 학생들은 전략의 가치에 대해서 인식하지 못하거나(Ellis, 1986), 전략을 사용하는 것이 시간을 낭비하는 것이거나 아주 힘든 일이라고 생각하는 경향이 있다(Wong, 1985, 1988). 학습장애 학생들은 적절한 전략을 선택하고 적용하는 방법을 알더라도 전략을 효과적으로 사용하는 못하는 경우가 있는데, 그 이유는 학습 장애 학생들은 자신의 생각이나 정서, 행동들을 적절하게 조절하지 못하기 때문이다(Wong, 1985). 목표 설정, 자기 점검(self-monitoring), 자기 평가(self-evaluation), 자기 강화(self-reinforcement)와 같은 자기 관리(self-management) 능력을 가르치는 쓰기 지도는 학생들이 자신의 쓰기 능력을 반성하게 하고, 필요할 경우 자신의 전략을 수정할 수 있는 자율성을 길러줄 수 있다(Garner, 1990; Harris & Graham, 1992; Paris & Winograd, 1990). 학생들에게 과제 특수적인 전략과 연결하여 자기-조절(self-regulation) 방법을 지도하는 것이, 과제와 동떨어진 상황에서 전략을 지도하는 것보다 훨씬 효과적이라는 것이 나타났다(예를 들어, Sawyer et al., 1992).

한 예로, Sawyer et al.(1992)은 Harris & Graham(1992)이 제안한 '자기 조절 전략 발달 (Self-Regulated Strategy Development, 이하 SRSD)' 지도 모형을 현시적인 자기 조절 훈련의 여부에 따라 그 효과를 비교하였다. 자기 조절 훈련은 학습 장애를 겪고 있는 5학년, 6학년 학생들에게 학생들이 이야기의 기본적인 부분에 대한 일련의 질문에 응답하게 함으로써 글의 내용을 생성하고 조직하도록 유도하는 여러 단계의 계획하기 전략을 가르치는 것이다. 또한 SRSD 모형은 개별 학생들의 필요에 부합하는 여섯 가지의 개별적인 지도 단계에 따른 메타스크립트를 활용하는데, 이들 지도 단계는 상황에 따라서 재배열되거나 통합되거나 수정되기도 한다(Graham, Harris, & Troia, 2000). SRSD 모형은 학습 장애 여부와 상관없이 모든 학생들에게 계획하기와 수정하기 전략을 가르치는 지도 방법으로 사용되었는데 이는 브레인스토밍, 의미망(semantic webbing), 텍스트-구조 조직을 사용하는 내용 생성 및 조직하기(예를 들어

---

2) [역주] 상위인지 인식으로는 영역 특수적인 지식이나 기능, 전략에 대한 인식, 이들 지식이나 기능 및 전략을 언제, 어떻게 적용할 것인지에 대한 인식 등이 있다.

이야기 문법), 동료 피드백을 활용한 수정하기, 그리고 문법 및 내용 측면의 수정하기를 포함한다. 이 전략 지도는 학생들의 쓰기 수행에서 글의 질, 쓰기 지식, 쓰기에 대한 접근 방식, 쓰기 태도와 같은 네 가지 측면을 향상시키는 데에 도움이 된다(예를 들어, Graham & Harris, 2002b; Graham et al., 2000, 1993; Troia et al., 1999).

Sawyer와 그의 동료들(1992)의 연구에서는 세 가지 전략 지도 상황(예를 들어 완전한 SRSD 상황, 또는 목표 설정하기와 자기 점검 단계에서 현시적인 지도가 제외된 SRSD 상황, 자기 지도적 진술이나 현시적인 자기 조절 절차가 포함되지 않은 직접 교수 방법을 사용한 계획하기 전략 지도 상황)을 비교하였다. 그 결과 완전한 SRSD 지도가 가장 효과적이라는 결과가 나타났는데 다른 지도 상황에 놓였던 학생들보다 완전한 SRSD 상황에 놓였던 학생들이 이야기 구조 점수에서 높은 점수를 받았기 때문이다. 비록 2~4주 동안의 통제된 실험기간이 끝난 후에 이들 세 개 지도 집단 간에 이야기 문법 요소 획득 측면에서는 별 차이가 없었으나, 완전한 SRSD 지도를 받은 학생, 현시적인 자기 조절 지도가 제외된 SRSD 지도를 받은 학생들, 직접 교수 상황의 학생들 순으로 계획하기 전략을 더 많이 사용하는 것으로 나타났다.

또한 긍정적인 동기가 전략적 행동(Kuhl, 1985), 과제 지속성(Zimmerman & Ringle, 1981), 그리고 학업적 성취(Kuhl, 1985; Paris & Winograd, 1990)와 관련되어 있다는 것이 널리 알려져 있다. 그러나 불행하게도 학습 장애 학생들은 동기적 측면에서 빈번하게 문제를 보인다. 학습 장애 학생들은 쓰기와 같은 도전적인 과제를 해결하기 위한 의지와 노력이 부족하고, 특히 자신의 성공과 실패를 의지나 노력 부족, 의지 조절 문제가 아닌, 운이나 교사의 도움 부족, 자신의 능력 부족 탓으로 돌리는 경향이 있다. 그 결과 학습 장애 학생들은 부정적인 자기 효능감 신념을 가지게 되는 경향이 많다(예를 들어, Ellis et al., 1987). 학습 장애 학생들은 학업적 실패를 반복하기 때문에 학문적 과제의 가치를 제대로 인식하지 못하고, 자신이 가진 능력을 의심하며, 노력을 하지 않는다(Schunk, 1984). 그러므로 학습 장애 학생들은 '기능적으로 선택하기, 수정하기, 또는 전략 생성하기'와 같은 도전적인 과제를 회피하고, 이러한 회피가 순환적으로 반복되면서 결국 학습의 기회를 잃어버리게 된다(Garner, 1990; Paris & Winograd, 1990; Wong, 1988, 1994). 학습 장애 학생들은 학습 목표보다는 수행 목표를 추구하는 경향이 크고, 도전적인 과제를 완성하는 것보다는 자신의 능력을 외적으로 보여주는 것을 중요시한다. 이처럼 학습 장애 학생들은 수행 목표를 추구하기 때문에 이들은 실패가 예상되거나 자신의 능력이 부족하다는 것이 드러나는 과제를 회피하는 경향이 있다(Bandura, 1989).

다행히도 이러한 학습 장애 학생들의 동기 문제를 도와줄 수 있는 방법은 여러 가지가 있다. 첫째, 학습 장애 학생들이 성공에 대한 귀인을 자신의 노력이나 전략 사용으로 돌릴 수 있도록 지도한 다음, 긍정적인 귀인을 반영하는 자기 진술을 사용할 수 있도록 지도하는 것이다(예를 들어, "글을 잘 쓰는 것은 매우 어려운 작업이다."). 그리고 쓰기 과정과 결과물을 더욱 향상시키기 위해서 자신의 쓰기 행동과 쓰기 수행을 점검하는 전략을 사할 수 있도록 학생들을 설득시키는 방법이 있다. 둘째, 부진 필자들에게 흥미롭고 그들의 배경지식과 관련 있으면서도 화제에 대한 탐색을 더욱 장려할 수 있는 쓰기 과제를 제시하고, 이러한 쓰기 과제를 완성할 수 있는 기회를 제공해야 한다. 쓰기 부진 학생들은 교사가 제시한 과제보다는 자신이 스스로 선택한 화제와 같이 그들이 스스로 관여한 쓰기 과제에 대해서 더욱 동기화 되기 때문이다(예를 들어, Garner, 1990). 셋째, 너무 어려워서 실패가 명확한 과제가 아닌, 이유 있는 노력과 전략적 행위를 하기에 충분히 도전적인 것으로 인식할 수 있는 수준의 과제를 제시한다(Graham & Harris, 1994a). 넷째, 쓰기 부진 학생들이 사용한 전략을 점검하고 평가하는 권한을 점차적으로 이양하고, 학생들의 향상도를 그래프로 보여줌으로써 구체적인 전략 사용이 과제 수행을 향상시킬 수 있음을 현시적으로 보여주는 것이 좋다(Bandura, 1989). 효율적인 전략이 과제 수행에 영향을 주는 직접적인 증거를 통해서 학생들이 스스로 전략에 대한 효용성을 인식했을 때, 학생들은 지속적으로 노력과 전략 사용을 하기 때문이다(예를 들어, Wong, 1985). 반대로, 과제를 수행하는 데에 전략이 효과가 없었다는 데이터 또한 그 전략이 수정되거나 그만두거나 교체되어야만 한다는 것을 알려줄 수 있을 것이다. 다섯째, 숨겨진 중요한 정보를 학습 장애 학생들이 찾을 수 있도록 장려함으로써 구성주의 학습 원리 와 학생들의 호기심을 활용할 수 있다(예를 들어, Wong, 1994). Troia et al.(1999)의 연구에서 는 이러한 쓰기 전략을 활용하여 학생들의 동기를 향상시키는 방법을 사용하고 있다.

Troia et al.(1999)은 세 명의 학습 장애 학생들에게 SRSD 지도를 활용하여 이야기를 쓰도록 지도하면서 '목표 설정하기, 브레인스토밍, 그리고 내용 순서 정하기'와 같은 수정된 계획하기 전략을 가르쳤다. 또한 SRSD 모형에 기반을 둔 선행 연구와 달리 학생들로 하여금 직접 과제를 재구성하고 비교함으로써 전략이 가져야 하는 필수적인 특성, 전략을 써야 하는 근거, 전략의 가치 등을 학생이 직접 구성할 수 있도록 하였다. 이 수정된 SRSD 지도 방법에서 교사는 학생들이 전략에 대한 본질을 갖추지 못한 다양한 과제에서, 전략 사용에 대해 설계하고, 과제에 대한 비판적인 유사성과 차이점을 발견할 수 있는 의사소통적인 긴장 (communicative tension)을 만들어 내며, 각각을 위한 계획하기 전략을 만들어 낸다(추가적인 논의는 Troia, 2002; Wong, 1994 참고). 이러한 SRSD 모형은 이미 완성된 추가적인 과제에 계획하기 전략을 적용하기 위해서 학생이 스스로 숙제를 마련하는 것과 같은 방법으로도 변형되어 사용되었다.

교육적 중재 후에, 3명의 모든 학생들은 사후검사에서 사후지도 일반화 에세이를 제외하고는 모든 이야기 쓰기에서 보다 진전된 계획하기 전략을 사용하였다. 이 학생들이 쓴 이야기의 구조와 길이에서는 극적인 변화가 나타났으나 이야기의 질 측면에서는 약간의 향상만 나타났다. 쓰기 수행에서의 이러한 변화는 3주 후까지 유지되었다. 흥미롭게도, 3명의 모든 학생들에 의해 쓰인 이야기는 처치가 끝난 이 3주 동안에 질적 측면에서 가장 높은 점수를 받았다. 이와 유사한 변화가 기능적 에세이 요소 측면에서도 나타났다. 작문의 길이 측면에서의 향상은 지도를 받은 직후에 모든 3명의 학생에게서 나타났고, 2명의 학생은 지도를 받은 3주 후까지도 향상이 유지되었다. 비록 지도 뒤에 에세이이의 질적 측면에서는, 1명은 떨어지고, 또 다른 1명은 변화가 없고, 그리고 세 번째 학생은 약간 증가하였다. 그러나 이 중 두 명의 학생은 지도를 받은 후 3주 동안 질적 측면에서 가장 높은 점수를 받았다.

지금까지 살펴보았던 것처럼, 학습 장애 학생들은 쓰기 능력을 향상시키기 위해서 많은 장애물과 직면하게 된다. 학습 장애 학생들은 일반적인 학생들보다 글의 내용 측면에서 훨씬 적은 아이디어를 생산한다. 그 이유는 글의 아이디어에 단서를 주는 텍스트 조직 구성에 관한 인식이 부족하기 때문이거나, 글쓰기 과제에서 주어진 화제에 대한 지식이 부족하기 때문이다. 그들은 특별히 독자를 만족시킬만한 정보나 흥미로운 글을 생산하는 데에 필요한 쓰기 계획이 무엇인지에 대한 개념이 부족한 것은 아니다. 학습 장애 학생들은 오류에 대한 인식, 독자에 대한 지각, 그리고 내용과 형식 사이의 균형에 대한 요구에 부응하지 못하기 때문에 텍스트에 대한 피상적인 수정만을 하는 것이다. 쓰기의 기계적인 기능 측면, 그 중에서도 특히 철자쓰기와 손글씨 쓰기는 학습 장애 학생들에게는 더욱 어려운 부분이다. 마지막으로, 부진 필자(struggling writers)는 글쓰기에 동기화되지 않는다. 그들은 스스로 자신에 대해서 무력적 감정을 느끼고, 전략의 유용성에 대한 지식이 부족하므로 자신이 좋은 필자가 되지 못한다고 인식하고 있다.

연구자들은 우리가 이러한 학습 장애 학생들이 겪는 장애물을 이해하는 데에 도움을 주고, 학생들의 쓰기 능력을 향상시킬 수 있도록 도와준다. SRSD(Harris & Graham, 1992), 전략적 내용 학습(Strategic Content Learning, SCI; Butler, 1998), 그리고 쓰기 인지 전략 교수

(Cognitive Strategies Instruction in Writing, CISW; Englert & Mariage, 1991)와 같은 강력한 전략 중재 모형(Powerful strategy intervention models)은, 학생들이 지식과 기능을 발달시킬 수 있도록 도와주고, 의도적이고 효율적인 방법에서 계획하기와 수정하기를 할 수 있도록 한다. 학습 장애 학생들의 동기를 향상시키기 위해서는 무엇보다 재미있고, 학생들과 관련 있으며, 학생들에게 필요한 쓰기 과제가 주어져야 많은 학습 장애 학생들이 쓰기에서 중요한 것을 얻을 수 있다. 물론, 전략 지도는 단지 쓰기 프로그램을 이해하는 한 부분일 뿐이다. 그러므로 학습 장애 학생들이 가진 계획하기와 수정하기, 그리고 전사(transcription)에서의 만성적인 문제를 해결하기 위해서는, 쓰기 지도 프로그램이 포괄적이고, 잘 조직화되어야 하며, 학생들의 도전감을 불러일으키고, 학년 간에 지속되어야 하고, 개별 학생의 요구를 고려해야만 한다. 개념과 과정, 그리고 형식적 측면에서의 창의적이고 매력적인 균형이 형식적이거나 비형식적인 지도를 통해서 유지되어야 한다(Graham & Harris, 2002a; Graham, Harris, & Larsen, 2001). 비록 그러한 쓰기 프로그램을 개발하고 실행하는 것이 쉽지 않고, 모든 쓰기의 어려움을 해결하지 못할지라도, 이러한 쓰기 프로그램은 세 가지 측면에서 장점이 있다(Graham et al., 2001). 첫째, 각각 학생들의 쓰기 발달을 최적화시키도록 도와준다. 둘째, 부족한 쓰기 지도 때문에 쓰기 문제를 가지고 있는 학생들의 수를 감소시킬 수 있다. 셋째, 쓰기 장애 학생들이 겸험하는 심각한 쓰기의 어려움을 개선할 수 있도록 도와준다. 다음 장에서는 학습 장애 학생들의 요구를 고려한 포괄적인 쓰기 프로그램에 대해 설명하고자 한다.

미숙한 필자를 위한 포괄적인 쓰기 프로그램

다양한 능력을 지닌 학생들을 위한 강력한 쓰기 프로그램은 어떠한 특성을 지녀야 할까? 첫째, 쓰기에서 대부분의 부진한 필자들이 가장 힘들어하는 세 가지 측면인 텍스트 생산, 계획하기, 수정하기에 대해서는 쓰기 과정 내에서 구체적으로 지도되어야 한다. 그러나 이러한 지도는 개별 학생들의 요구를 고려하여 적용해야 한다. 왜냐하면 모든 부진 필자들이 같은 쓰기 문제점을 가지고 있는 것이 아니기 때문이다. 예를 들어, Juel(1988)은 미숙한 필자인 몇몇 학생들은 형식(예를 들어, 철자)과 절차(예를 들어, 내용 생성)의 두 가지 측면 모두에서 어려움을 겪는다는 것을 알아냈다. 반면 다른 학생들은 형식이나 절차 중 한 측면에서만 어려움을 가지고 있다. 이처럼 개별 학생들이 겪는 쓰기의 어려움에 차이가 있다는 것은 교사가 쓰기 부진 학생들이 가지고 있는 전반적인 문제에 대해서도 집중해야 하지만 개별 학생의 특성에 따라서 형식, 절차, 개념 측면의 지도를 조화롭게 적용해야 한다는 것에 함의를 제공한다(Graham & Harris, 1997). 이러한 개별화 지도는 교사-학생 협의회, 특별한 기능과 전략, 동료 간의 과제 지도, 그리고 학생들의 작업에 대한 개별 피드백과 같은 교사 주도적인 미니과제의 형식으로 지도될 수 있다.

둘째, 쓰기 과제는 의미 있고 다양하며, 그리고 도전적이어야 한다(Graham & Harris, 1994; Troia, 2002). 교장에게 학교 게시판에서 논쟁이 되고 있는 정책에 대해서 재고할 것을 요청하는 편지를 쓰는 과제, 중요한 사건이나 인물을 기념하는 시를 쓰는 과제, 학교 기금 담당자를 위한 광고문을 작성하는 과제, 이전의 소비에트 공화국에 민주 정권의 출현에 대한 보고서를 작성하는 과제와 같이 독자로 하여금 실질적인 목적을 가지고 쓰기에 참여할 수 있도록 하는 기회를 제공해야 한다. 이러한 실제적인 글쓰기 활동은 학생들이 쓰기의 힘과 영향력을 인식하고, 쓰기와 관련한 긍정적인 동기를 촉진하도록 도와준다(Atwell, 1987; Calkins, 1986). 학생들의 입장에서 중요하고 도전적인 과제가 무엇인지를 확인하기 위해서는, 내용 영역의 화제와, 쓰기 과제를 위한 자료로써 학급에서 읽기에 대한 아이들의 보고서를 사용하는 방법이 있다.

학생들의 흥미와 요구를 반영하지 못한 쓰기 과제는, 쓰기의 초고 작성, 쓰기 기능, 쓰기에 대한 동기, 그리고 쓰기 과정에 대한 자기 조절 능력에 대한 지식을 향상시키기 어렵다. 학습 장애를 가지고 있거나 없는 학생들 모두에게 매력적이지 못한 쓰기 과제가 주어지는 일이 빈번하다(예를 들어, 쉬운 개인 서사문 쓰기). 왜냐하면 이러한 간단한 개인 서사문 쓰기 과제는, 학생들에게 친숙한 장르이고, 일반적인 형식을 요구하며, 별다른 특별함이 없는 내용 생성만을 유도하기 때문이다(Bereiter & Scardamalia, 1987). 학생들은 논설문 뿐만 아니라 비교-대조와 같은 간단한 형식을 요구하는 설명문, 어디에서나 볼 수 있는 간단한 형식의 서사문과 같이 교실에서 전형적으로 사용되고 있는 쓰기 과제에서 충분한 능력을 발휘하지 못한다(예를 들어, Applebee, Langer, Mullis, Latham, & Gentile, 1994). 물론, 이러한 단순한 쓰기 과제가 어떤 프로그램이든 기본적으로 포함되어 있지만 학생들은 화제 지식을 엮는 데 있어서 보다 교묘함이 요구되는, 쓰기 형식에 관한 지식, 그리고 협의회, 그리고 일반적인 발견학습과 과제-특수적인 전략과 같은, 더욱더 복잡한 과제를 필요로 한다(Hillocks, 1986).

셋째, 계획하기, 수정하기, 편집하기와 같은 전형적인 쓰기 과정이 더욱 강화되어야 한다. 특히 이러한 쓰기 과정을 수행하기 위한 특별한 전략이 구체적으로 지도되어야 한다(Harris & Graham, 1999; Wong, 1997). 또한 이들 지도 전략은 개별 부진 필자의 요구를 고려하여 적용되어야 하는데 그 이유는 다음과 같다. 첫째, 쓰기 과제의 복잡성을 관리할 수 있는 인지적 절차를 학생들에게 지도할 수 있어야 하고, 둘째, 쓰기 부진 학생들로 하여금 자신의 쓰기에 있어서의 강점과 약점을 인식할 수 있도록 도와주어야 하며, 셋째, 목표 설정, 자기 점검, 자기 평가, 자기 강화, 전략 교수와 같은, 자기 조절 절차를 포함하여 결과적으로는 학생들의 사고와 정서, 수행이 정체되는 것을 조절하고, 그들이 필요할 때 전략을 잘 적용할 수 있도록 도와주어야 하기 때문이다(Harris & Graham, 1992 참고).

넷째, 학생들의 철자쓰기와 손글씨 쓰기의 정확성과 유창성을 향상시키기 위한 텍스트 전사 기능을 헌시적으로 가르치는 데에 많은 시간을 들여야 한다. Graham(1999)에 따르면, 효과적인 철자쓰기 지도는 다음과 같은 네 가지의 구성 요소를 포함한다. 첫째, 학생들이 글을 쓸 때 자신이 자주 사용하는 단어의 철자를 어떻게 적는지 학습할 수 있어야 한다. 둘째, 학생들은 모르는 단어에 대해서도 그와 유사한 철자를 생산해내는 방법을 학습할 수 있어야 한다. 이를 위해서 교사는 음운론적 지식, 글자-음운의 일치, 일반적인 철자 패턴, 매우 일반적인 철자 규칙, 사전적인 지식, 그리고 유추에 의한 철자와 같은 '철자 탐색(spelling detectives)'을 위한 전략들을 구체적으로 가르칠 수 있다(예를 들어, Cunningham & Hall, 1998; Englert, Hiebert, & Stewert, 1985). 셋째, 학생들은 자신이 범할 수 있는 많은 철자 오류를 체크하고 정확하게 고치는 방법에 대해서 학습할 필요가 있다. 이것은 철자 검사기의 사용, 사전이나 다른 사람들의 도움을 활용하는 방법, 그리고 잘못된 철자의 위치를 찾기 위한 방법으로 텍스트 크게 읽는 등과 같은 전략으로 지도될 수 있다. 넷째, 학생들은 철자를 정확하게 쓰는 것에 대한 내적 동기를 가질 수 있어야 한다. 이를 위해서 교사는 학생이 쓴 글을 다른 사람들에게 보여줄 수 있도록 전시나 공개 포럼과 같은 방법으로 학생들로 하여금 정확한 철자를 써야 한다는 동기를 촉진시킬 수 있다.

이와 유사하게 효과적인 손글씨 쓰기 지도는 네 가지의 구성요소를 포함하고 있다(Troia & Graham, 2003). 첫째, 글씨체와 단어 형식, 연필 잡는 법, 그리고 종이의 위치를 정확하게 설정하고, 연습하고, 다시 점검할 필요가 있다. 둘째, 학생들은 가독성이 있는 손글씨를 쓰기 위한 다양한 도움을 받아야 한다. 이를 위해서는 정확한 글씨를 쓰는 순서를 보여주는 것, 학생이 쓴 글을 읽어주는 것, 두 손을 번갈아 사용하게 하는 것, 학생들의 책상에 페이퍼의 위치를 표시하는 것, 연필을 제대로 잡을 수 있도록 도와주는 것, 줄이 쳐 있는 종이를 사용하게 하는 것 등 다양한 방법이 있다. 셋째, 학생들은 자신의 손글씨를 주도적으로 평가하고 개선할 수 있어야 한다. 이를 위해서 교사는 질적으로 최상의 손글씨 쓰기가 무엇인지를 보여주고, 학생들이 글을 쓰는 동안 그와 유사한 기준으로 자신의 글씨를 평가하라고 요구함으로써, 학생들의 손글씨 쓰기 발달을 지원할 수 있다. 또한 교사들은 학생들로 하여금 목표를 설정하게 하고, 자신의 손글씨를 수정할 수 있도록 격려할 수도 있다. 넷째, 학생들은 손글씨를 유창하게 쓸 수 있도록 지도를 받을 필요가 있다. 이를 위해서는 손으로 글을 쓸 수 있는 충분한 시간을 제공하고, 자신이 쓴 글을 5~10% 빠른 속도로 베껴 쓸 수 있도록 할 수 있다. 학생들이 기본적인 손글씨 쓰기 기능을 완성한 후에는, 학생들이 보다 효율적인 방법으로 글을 쓰는 자신만의 방법을 찾을 수 있도록 도와주어야 한다. 예를 들어 쓴 글에서 불필요하거나 소모적인 타자를 없애거나 수정하는 방법 또는 필사본이나 필기체를 활용하는 방법을 활용하여 자신의 글을 완성시키는 방법을 사용할 수 있다.

교실에서 이러한 효과적인 쓰기 지도가 완벽하게 이루어지더라도 일부 학습 장애 학생들은 여전히 쓰기에서 어려움을 겪는다. 그러므로 교사는 결국 개별 학생들을 위해서 지도 환경, 자신의 지도 방법, 자신이 사용하는 자료, 학생에 대한 기대 등을 조화롭게 조절하면서 가르쳐야 하는 것이다(Graham & Harris, 2002a). 다음으로는 이처럼 교사가 개별 학생의 요구를 고려하여 쓰기 지도를 적용하는 것에 대해서 논의하고자 한다.

학습 장애 학생들을 위한 교사들의 쓰기 지도 개별 적용

Graham, Harris, Fink, & MacArthur(2003)는 부진 필자를 위해 교사들이 다양한 방법으로 쓰기 지도를 개별적으로 적용하는 유형을 확인하기 위해서 전국적으로 주요 학년별 교사를 조사하였다. 교사들은 손글씨 쓰기, 철자를 위한 파닉스(Phonics)[3], 그리고 대문자 쓰기, 구두점 쓰기를 가르치는 데에 많은 시간을 보내고 있었다. 또한 대부분의 교사는 부진 필자들에게 쓰기 기능을 다시 가르치고, 그들의 요구에 적절한 미니레슨을 제공하며, 그들의 쓰기에 대해

---

3) [역주] 초보자 대상의, 발음을 중심으로 철자, 읽기를 가르치는 교수법을 의미한다. 정음법(正音法)으로 번역하기도 한다.

서 그들과 협의회를 가지고 있었다. 이 외에도 교사들은 학생이 모르는 철자를 찾아서 쓸 수 있도록 글자 리스트를 만들어서 활용하거나, 철자 오류를 바로잡아주는 기능이 있는 도구를 사용하거나, 컴퓨터 키보드를 활용하여 글을 쓸 수 있도록 함으로써 쓰기 부진 학생들의 텍스트 전사의 어려움을 해결할 수 있도록 하였다. 이와 마찬가지로, 교사는 부진 필자들이 글을 쓰기 전에 그들의 아이디어를 계획하거나 수정할 수 있도록 추가적인 지원을 제공하고, 아이디어 생성을 위해서 그래픽 조직자를 사용하도록 하며, 사건들을 회상하는 지시문을 (prompt) 그림으로 그리고, 교사와 동료, 또는 체크리스트의 도움을 받아서 함께 수정할 수 있도록 하였다. 또한 쓰기 화제를 선택할 수 있도록 하고, 짧고 쉬운 쓰기 과제를 제공하며, 소집단 지도를 활용하고, 추가적인 숙제를 활용하며, 문법이나 문장 쓰기 기능을 위한 추가 지도를 하고 있었다. 이러한 교사들의 다양한 적용 사례는 교사 실습에서 나타나고 있었다 (Dahl & Freepon, 1991; Troia, Lin, Cohen, et al.).

그러나 불행히도 약 20%의 교사들은 어떠한 적용도 활용하지 않았다고 보고되었다. 반면에 또 다른 24%는 단지 한 가지나 두 가지의 적용만 활용하고 있었다. 또한 교사들이 활용하고 있는 이들 적용 방식이 모두 적절한 것만은 아니었다. 예를 들어, 일반적인 학생들을 가르칠 때와 비교하여 부진 필자들에게는 동료와 쓰기를 공유하거나, 서로를 도와주거나, 학생이 스스로 화제를 선택하게 하거나, 스스로 과제를 완성하는 것 등이 나타나지 않았다.

연구 결과 교사들의 사용하는 이들 적용의 몇 가지는 만약 강력한 쓰기 도구와 연결하여 사용한다면 학습 장애를 가진 학생들의 쓰기를 더욱 효과적으로 개선시킬 수 있다. 쓰기 도구의 대부분은 주로 학습 장애 학생들이 어려워하는 텍스트 전사 기능을 지원하기 위한 것이다. 워드프로세서를 예로 들어보자. 워드프로세서를 사용하면 학생들이 자신이 쓴 글을 더 쉽게 수정할 수 있으므로 썼던 글을 처음부터 다시 써야 하는 불편함을 제거할 수 있다 (MacArthur, 1996; MacArthur & Graham, 1987). 그러나 워드프로세서를 활용하더라도 학생들이 수정하는 방법과 정확하고 빠르게 타이핑하는 방법을 알지 못한다면, 이 또한 학생들의 글의 질을 효과적으로 개선하기 어렵다(MacArthur, Ferretti, Okolo, & Cavalier, 2001 참고). 또한 철자 검색기(Spelling checkers)를 활용하면 학생들이 다른 사람의 도움 없이도 보다 많은 철자 오류를 확인하고 수정할 수 있을 것이다. 그러나 이 또한 동음이의어의 문제, 잘못 쓴 글 대신에 제시되는 여러 단어 중에서 가장 적합한 것을 구별하는 데에 한계가 있을 수 있다. 그리고 특히 철자 오류가 심한 경우 철자 검색기가 해당 글자가 무엇을 의도한 것인지를 파악할 수 없기 때문에 한계를 가지기도 한다(MacArthur, Graham, Haynes, & De

La Paz, 1996). 또 다른 방법으로는 단어 예측 소프트웨어(Word prediction software)가 있는데 이는 쓰기 과제 단위로 적절하게 맞추어져야 학습 장애 학생들에게 도움이 될 수 있다. 몇몇 학생들은 단어 예측 프로그램을 사용했을 때, 철자 쓰기 수행에서 상당한 향상을 보여주었다 (MacArthur et al., 2001의 요약 부분을 보라). 이 외에도 구어 인식기를 활용하면 쓰기 부진 학생들은 손글씨로 쓰거나 타이핑한 보고서보다 질이 높은 보고서를 쓰는 것으로 나타났다 (Graham, 1990; MacArhur & Cavalier, 2004; MacArthur & Graham, 1987; Quinlan, 2004와 비교해 보라). 그럼에도 불구하고 구어 인식기는 학생의 말을 정확하게 인식하여 해당 단어를 입력하는 것, 대문자와 구두점을 제대로 입력하는 것 등에서 상당한 한계를 가지고 있다. 정확하게 모든 사항이 입력되어야 정확하게 글로 산출되는 것이다(MacArthur & Cavalier, 2004). 끝으로 개요 짜기 소프트웨어나 의미망 그리기 소프트웨어, 온라인 컴퓨터 네트워크를 활용하는 협동적 쓰기 등의 방법을 추가로 활용할 수 있으나 이들 방법은 아직 연구자들에게 거의 연구된 바가 없다.

다음으로는 학습 장애 학생들을 위한 쓰기 지도 연구가 나아가야 할 발전 방향에 대해서 논의하고자 한다.

쓰기 지도 연구의 발전 방향

많은 쓰기 전략 지도의 연구에서 지도를 받은 학생들이 실제로 전략을 지속적으로 사용하는 경우는 절반도 안 되고, 사용하는 학생들의 상당수도 기간이 지날수록 사용하지 못하는 경향을 보인다. 더욱이 쓰기 행위와 쓰기 수행에서의 긍정적 변화가 지도 후에 한 달 이상 지속되는 경우에도 그 후에 사용하지 않는 학생들도 빈번하다. 또한 서로 다른 지도 환경에서도 지도의 효과성이 일반화되어 검증되었다고 하더라도, 특정 쓰기 지도가 다른 쓰기 과제에, 즉 다른 장르에서의 쓰기에서 쉽게 전이되기 어렵다. 끝으로 쓰기에 대한 학생들의 태도나 쓰기에 대한 효능감 신념에는 큰 영향을 미치지 못했다. 이러한 결과는 학습된 전략을 지속적으로 유지하고 일반화하는 것을 어렵게 한다(학습 장애 학생들의 쓰기 중재 연구의 메타분석 결과에 대해서는 Gersten & Baker, 2001를 참고). 학습장애를 가진 많은 학생들이 학습한 지식, 기능, 전략을 자발적이고 효과적으로 지속하기 위해서 요구되는 인지적 자원과 동기적 자원, 그리고 반성적 과정을 적용하는 것에 능숙한 것이 아님은 확실하다(Ellis, 1986; Garner 1990; Wong, 1988, 1994).

이처럼 쓰기 부진 필자가 학습한 전략을 유지하고 일반화시키기 못하는 이유에 대해서는 여러 측면을 고려할 필요가 있다. 첫째, 전략 지도 연구는 몇 주 또는 몇 달이라는 짧은 기간 동안 수행되는데 학습 장애를 가지고 있는 학생들을 위해서는 이러한 지도 시기가 보다 길어야 한다(Wong, 2000). 둘째, 많은 경우에서 쓰기 전략 지도는 일반적인 교실 내에서 수행되므로 학생들은 그들이 배운 것을 적용해볼 수 있는 기회가 제한된다. 이 때문에 학습된 전략이 관련 있는 맥락으로 전이되기 위한 충분한 경로가 제공되지 못하거나 학생들이 전략적 쓰기 행위에 열중할 수 있는 어떠한 기회도 제공되지 못한다. 결론적으로, 미래의 쓰기 지도 연구는 쓰기 전략 지도와, 특히 쓰기 전략과 수행이 지속되고 쓰기 과제를 통해 일반화되는 방법을 강조하는 강력한 쓰기 프로그램 간의 결합과 그 효과성에 대해 검증해야 한다. 셋째, 분절된 상황에서 쓰기 전략의 효과성을 검증하는 경향이 있다. 예를 들어 계획하기 전략은 쓰기 행위와 수행 과정에서 검증되어야 하고, 수정하기 또는 편집하기 전략과도 연결하여 효과가 검증되어야 한다. 넷째, 쓰기 전략의 효과는 일반적인 교육과정에서의 다양한 쓰기 활동과 내용 교과 영역과 유기적으로 연결되지 못하고 독립적인 쓰기 과제로 검증되는 경향이 있다. 학생들에게 보다 의미가 있는 쓰기 활동과 연결된 전략 지도가 이루어져야, 학생들로 하여금 전략 사용의 충실성, 지속성, 전이에서 다양한 효과적인 결과가 나타날 수 있다.

이 장에서는 학습 장애 학생들이 가지고 있는 계획하기의 부족, 내용 생성의 한계, 제한된 수정하기, 텍스트 전사에서의 어려움, 메타인지적 지식에서의 어려움, 낮은 동기 등에 대한 다양한 사례를 살펴보았다. 다행히도 교육자들은 기본적인 쓰기 기능 지도와 작문 전략 훈련, 쓰기 워크숍의 좋은 요소를 통합한 과정 중심 쓰기에 교사들만의 다양한 방법을 적용하는 것을 적절하게 활용하는 포괄적인 쓰기 프로그램을 통해서 이러한 쓰기 부진 학생들의 어려움을 도와줄 수 있다(예를 들어, Fletcher & Portalupi, 2001). 비록 쓰기 지도와 관련한 연구의 깊이와 폭이 읽기 지도 영역에서 이루어진 것과 같은 수준에는 못 미치더라도, 이 장에서 논의된 다양한 연구를 통해서 우리는 쓰기 부진 학생들을 지원할 수 있는 다양한 방법들을 살펴볼 수 있었다.

참고문헌

Applebee, A. N., Langer, J. A., Mullis, I. V., Latham, A., & Gentile, C. (1994). *NAEP 1992: Writing report card*. Washington, DC: U.S. Government Printing Office.

Atwell, N. (1987). *In the middle: Reading, writing, learning from adolescents*. Portsmouth, NH: Heinemann.

Banduran, A. (1989). Regulation of cognitive processes through perceived self-efficacy. *Developmental Psychology*, 25, 729-735.

Bereiter, C., & Scardamalia, M. (1987). *The psychology of written expression*. Hillsdal, NJ: Erlbaum.

Bridge, C. A., Compton-Hall, M., & Cantrell, S. C. (1997). Classroom writing practices revisited: The effects of statewide reform on writing instruction. *Elementary School Journal*, 98, 151-170.

Butler, D. L. (1998). The strategic content learning approach to promoting self-regulated learning. In D. H. Schunk & B. J. Zimmernman (Eds.), *Self-regulated learning: From teaching to self-reflective practice* (pp. 160-183). New York: Guilford Press.

Calkins, L. (1986). *The art of teaching writing.* Portsmouth, NH: Heinemann.

Christenson, S., Thurlow, M., Ysseldyke, J., & McVicar, R. (1989). Written language instruction for students with mild handicaps: Is there enough Quantity to ensure quality? *Learning Disability Quarterly*, 12, 219-229.

Cunningham, P. M., & Hall, D. P. (1998). The four blocks: A balanced framework for literacy in primary classrooms. In K. R. Harris, S. Graham, & D. Deshler (Eds.), *Teaching every child every day: Learning in diverse schools and classrooms* (pp. 32-76). Cambridge, MA: Brookline

Dahl, K., & Freepon, P. (1991). Literacy learning in whole language classrooms: An analysis of low socioeconomic urban children learning to read and write in kindergarten. In J. Zutell & S. McCormick (Eds.), *Learner factors/teacher factors: Issues in literacy research and instruction* (pp. 149-158.) Chicago: National Reading Conference.

De La Paz, S. (1999). Self-regulated strategy instruction in regular education setting: Improving outcomes for students with and without learning disabilities. *Learning Disabilities Research and Practice*, 14, 92-106.

Ed La Paz, S. & Graham, S. (1997). Strategy instruction in planning: Effects on the writing performance and behavior of students with learning difficulties. *Exceptional Children*, 63, 167-181.

Elbow, P. (1981). *Writing with power: Techniques for mastering the writing process*. Oxford, UK: Oxford University Press.

Ellis, E. S. (1986). The role of motivation and pedagogy on the generalization of cognitive training by the mildly handicapped. *Journal of Learning Disabilities*, 19, 66-70.

Ellis, E. S., Lenz, B. K., & Sabornie, E. J. (1987). Generalization and adaptation of learning strategies to natural environments: Part 1. Critical gents. *Remedial and Special Education*, 8(1), 6-20.

Englert, C. S., Hiebert, E. & Stewart, S. (1985). Spelling unfamiliar words by an analogy strategy. *Journal of*

Special Education, 19, 291-306.

Englert, C. S., 7 Mariage, T. V. (1991). Shared understandings: Structuring the writing experience through dialogue. *Journal of Learning Disabilities*, 24, 330-342.

Englert, C. S., & Raphael, T. (1988). Constructing well-formed prose: Process, structure and meta-cognitive knowledge. *Exceptional Children*, 54, 513-520.

Espin, C., & Sindelar, P. (1988). Auditory feedback and writing,: Learning disabled and nondisabled students. *Exceptional Children*, 55, 45-51.

Fletcher, R., & Portalupi, J. (2001). *Writing workshop: The essential guide*. Portsmouth, NH: Heinemann.

Fulk, B. M., & Stormont-Spurgin, M. (1995). Spelling interventions for students with disabilities: A review. *Journal of Special Education*, 28, 488-513.

Garner, R. (1990). When children and adults do not use learning strategies: Toward a theory of settings. *Review of Educational Research*, 60, 517-529.

Gersten, R. & Baker, S. (2001). Teaching expressive writing to students with learning disabilities: A meta-analysis. *Elementary School Journal*, 101, 251-272.

Gould, J. D. (1980). Experiments on composing letters: Some facts, some myths, and some observational. In L. W. Gregg & E. R. Steinberg (Eds.), *Cognitive processes in writing: An interdisciplinary approach* (pp. 97-127). Hillsdale, NJ: Erlbaum.

Graham, S. (1990). The role of production factors in learning disabled students' compositions. *Journal of Educational Psychology*, 82, 781-791.

Graham, S. (1997). Executive control in the revising of students with learning and writing difficulties. *Journal of Educational Psychology*, 89, 223-234.

Graham, S. (1999). Handwriting and spelling instruction for students with learning disabilities: A review. *Learning Disability Quarterly*, 22, 78-98.

Graham, S., Berninger, V. W., Abbott, R. D., Abbott, S. P., & Whitaker, D. (1997). The role of mechanics in composing of elementary school students: A new methodological approach. *Journal of Educational Psychology*, 89, 170-182.

Graham, S., & Harris, K. R. (1989). A components analysis of cognitive strategy training: Effects on learning disabled students' compositions and self-efficacy. *Journal of Educational Psychology*, 81, 353-361.

Graham, Sl., Harris, K. R. (1994a). The role and development of self-regulation in the writing process. In D. Schunk & B. Zimmerman (Eds.), *Self-regulation of learning and performance: Issues and educational applications* (pp. 203-228). Hillsdale, NJ: Erlbaum.

Graham, S. & Harris, K. R. (1994b). Implications of constructivism for teaching writing to students with special needs. *Journal of Special Education*, 28, 275-289.

Graham, S., Harris, K. R. (1997). It can be taught, but it does not develop naturally: Myths and realities in writing instruction. *School Psychology Review*, 26, 414-424.

Graham, S., & Harris, K. R. (2002a). Prevention and intervention for struggling writers. In M. Shimm, H.

Walker, & G. Stoner (Eds.), *Interventions for academic and behavior problems: II. Preventive and remedial techniques* (pp. 589-610.). Washington, DC: National Association of School Psychologists.

Graham, S., & Harris, K. R. (2002b). The road less traveled: Prevention and intervention in written language. In K. G. Butler & E. R. Silliman (Eds.), *Speaking, reading, and writing in children with language learning disabilities: New paradigms in research and practice* (pp. 119-217). Mahwah, NJ: Erlbaum.

Graham, Sl., Harris, K. R., Fink, B., & MacArthur, C. A. (2003). Primary grade teachers instructional adaptations for struggling writers: A national survey. *Journal of Educational Psychology*, 95, 279-292.

Graham, S., Harris, K. R., & Larsen, L. (2001). Prevention and intervention of writing difficulties for students with learning disabilities. Learning Disabilties. *Research and Practice*, 16, 74-84.

Graham, S. Harris, K. R., & Troia, G. A. (1998). Writing and self-regulation: Cases from the self-regulated strategy development model. In D. H. Schunk & B. J. Zimmerman (Eds.), *Self-regulated learning: From teaching to self-reflective practice* (pp. 20-41). New York: Guilford Press.

Graham, S., Harris, K. R., & Troia, G. A. (2000). Self-regulated strategy development revisited: Teaching writing strategies to struggling writers. *Topics in Language Disorders*, 20(4), 1-14.

Graham, S., MacArthur, C. A., & Schwartz, S. S. (1995). The effects of goal setting and procedural facilitation on the revising behavior and writing performance of students with writing and learning problems. *Journal of Educational Psychology*, 87, 230-240.

Graham, S., Schwartz, S. S., & MacArthur, C. A. (1993). Knowledge of writing and the composing process, attitude toward writing, and self-efficacy for students with and without learning disabilities. *Journal of Learning Disabilities*, 26, 237-249.

Graham, S., & Weintraub, N. (1996). A review of handwriting research: Progress and prospects from 1980 to 1994. *Educational Psychology Review*, 8, 7-87.

Harris, K. R., & Graham, S. (1992). Self-regulated strategy development: A part of the writing process. In M. Presley, K. R. Harris, & J. Guthrie (Eds.), *Promoting academic competence and literacy in school* (pp. 277-309). New York: Academic Press.

Harris, K. R., & Graham, S. (1999). Programmatic intervention research: Illustrations from the evolution of Self-Regulated Strategy Development. *Learning Disability Quarterly*, 22, 251-262.

Harris, K. R., & Graham, S., Reid, R., McElroy, K., & Hamby, R. (1994). Self-monitoring of attention versus self0monitoring of performance: Replication and cross-task comparison studies. *Learning Disability Quarterly*, 17, 121-139.

Hayes, J., & Flowe, L. (1980). Identifying the organization of writing processes. In L. Gregg & E. Steinberg (Eds.), *Cognitive processes in writing: An interdisciplinary approach* (pp. 3-30). Hillsdale, NJ: Erlbaum.

Hillocks, G. (1986). *Research on written composition: New directions for teaching*. Urbana, IL: National Conference on Research in English.

Juel, C. (1988). Learning to read and write: A longitudinal study of 54 children from first through fourth grade. *Journal of Educational Psychology*, 80, 437-447.

Kellogg, R. T. (1986). Writing method and productivity of science and engineering faculty. *Research in Higher Education*, 25, 147-163.

Kuhl, J. (1985). Volitional mediators of cognition-behavior consistency: Self-regulatory processes and action versus state orientation. In J. Kuhl & J. Beckmann (Eds.), *Action control: From cognition to behavior* (pp. 101-128). New York: Springer-Verlag.

Lin, S. C., Monroe, B. W., & Troia, G. A. (in press). Development of writing knowledge in grades 2-8: A comparison of typically developing writers and their struggling peers. *Reading and Writing Quarterly*.

MacArthur, C. A. (1996). Using technology to enhance the writing performance of students with learning disabilities. *Journal of learning Disabilities*, 29, 344-354.

MacArthur, C. A., & Cavalier, A. R. (2004). Dictation and speech recognition technology as accommodations in assessments for students with learning disabilities. *Exceptional Children*, 71, 43-58.

MacArthur, C. A., Ferretti, R. P., Okolo, C. M., & Cavalier, A. R. (2001). Technology applications for students with literacy problems: A critical review. *Elementary School Journal*, 101, 273-301.

MacArthur, C. A., Graham, S. (1987). Learning disabled students' composing with three methods: Handwriting, dictation, and word processing. *Journal of Special Education*, 21, 22-42.

MacArthur, C. A., Grahan, S., Haynes, J. A., & De La Paz, S., (1996). Spelling checkers and students with learning disabilities: Performance comparisons and impact on spelling. *Journal of Special Education*, 30, 35-57.

MacArthur, C. A., Schwartz, S. S., & Graham, S. (1991). Effects of a reciprocal peer revision strategy in special education classrooms. *Learning Disabilities Research and Practice*, 6, 201-210.

MacCutchen, D. (1988). "Functional automaticity" in children's writing. *Written Communication*, 5, 306-324.

McCutchen, D. (1995). Cognitive processes in children's writing: Developmental and individual differences. *Issues in Education: Contributions from Educational Psychology*, 1, 123-160.

McCutchen, D. (1996). A capacity theory of writing: Working memory in composition. *Educational Psychology Review*, 8, 299-325.

Nodine, B., barebaum, E., & Newcomer, P. (1985). Story composition by learning disabled, reading disabled, and normal children. *Learning Disability Quarterly*, 8, 167-181.

Page-Voth, B., & Graham, S. (1999). Effects of goal setting and strategy use on the writing performance and self-efficacy of students with writing and learning problems. *Journal of Educational Psychology*, 91, 230-240.

Palincsar, A. S., & Klenk, L. (1992). Fostering literacy learning in supportive contexts. *Journal of Learning Disabilities*, 25, 211-225.

Paris, S. G., & Winograd, P. (1990). Promoting meta-cognition and motivation of exceptional children. *Remedial and Special Education*, 11(6), 7-15.

Persky, H. R., Daane, M. C., & Jin, Y. (2003). *The Nation's Report Card: Writing* 2002. Washington, DC: National Center for Education Statistics.

Quinlan, T. (2004). Speech recognition technology and students with writing difficulties: Improving fluency. *Journal of Educational Psychology*, 96, 337-346.

Quotations Page. (n.d.). Retrieved March 14, 2005, from www.quotationspage.com/search.phps?author=gene+fowler&file=other

Sawyer, R., Graham, S., & Harris, K. R. (1992). Direct teaching, strategy instruction, and strategy instruction with explicit self-regulation: Effects on learning disabled students' composition skills and self-efficacy. *Journal of Educational Psychology*, 84, 340-352.

Schunk, D. H. (1984). The self-efficacy perspective on achievement behavior. *Educational Psychologist*, 19, 199-218.

Stoddard, B., & MacArthur, C. A. (1993). A peer editor strategy: Guiding Learning disabled students in response and revision. *Research in the Teaching of English*, 27, 76-103.

Thomans, C. C., Englert, C. S, & Gregg, S. (1987). An analysis of errors and strategies in the expository writing of learning disabled students. *Remedial and Special Education*, 8, 21-30.

Torrance, M., Thomas, G. V., & Robinson, E. J. (1991). Strategies for answering examination essay questions: Is it helpful to write a plan? *British Journal of Educational Psychology*, 61, 46-54.

Troia, G. A. (2002). Teaching writing strategies to children with disabilities: Setting generalization as the goal. *Exceptionality*, 10, 249-269.

Troia, G. A., & Graham, S. (2003). Effective writing instruction across the grades: What every educational consultant should know. *Journal of Educational and Psychological Consultation*, 14, 75-89.

Troia, G. A., Graham, S., Harris, K. R. (1999). Teaching students with learning disabilities to mindfully plan when writing. *Exceptional Children*, 65, 235-252.

Troia, G. A., Lin, S. C., Cohen, S., & Monroe, B. W. (in preparation). *Implementing a strong model of writing workshop at one elementary school: The confluence of district, school, and classroom variables.*

Troia, G. A., & Maddox, M. E., (2004). Writing instruction in middle schools: Special and general education teachers share their views and voice their concerns. *Exceptionality*, 12, 19-37.

Westby, C., & Costlow, L. (1991). Implementing a whole language program in a special education class. *Topics in Language Disorders*, 11, 69-84.

Wong, B. Y. L. (1985). Meta-cognition and learning disabilities. I. T. G. Waller, D. Forrest-Pressley, & G. E. MacKinnon (Eds.), *Meta-cognition, cognition, and human performance* (pp. 137-175). New York: Academic Press.

Wong, B. Y. L. (1988). An instructional model for intervention research in learning disabilities. *Learning Disabilities Research and Practice*, 4, 5-16.

Wong, B. Y. L. (1994). Instructional parameters promoting transfer of learned strategies in students with learning disabilities. *Learning Disability Quarterly*, 17, 110-120.

Wong, B. Y. L. (1997). Research on genre-specific strategies of enhancing writing in adolescents with learning disabilities. *Learning Disability Quarterly*, 20, 140-159.

Wong, B. Y. L. (2000). Writing strategies instruction for expository essays for adolescents with and without learning disabilities. *Topics in Language Disorders*, 20(4), 29-44.

Wong, B. Y. L., Butler, D. L., Ficzetre, S. A., & Kuperis, S. (1996). Teaching low achievers and students with learning disabilities to plan, write, and revise opinion essay. *Journal of Learning Disabilities*, 29, 197-212.

Wong, B. Y. L., Butler, D. L., Ficzere, S. A., & Kuperis, S. (1997). Teaching adolescents with learning disabilities and low achievers to plan, write, and revise compare-and-contrast essays. *Learning Disabilities Research and Practice,* 12, 2-15.

Wray, D., Medwell, J., Fox, R., & Poulson, L. (2000). The teaching practices of effective teachers of literacy. *Educational Review*, 52, 75-84.

Zimmerman, B. J., & Ringle, J. (1981). Effects of model persistence and statements of confidence on children's efficacy and problem solving. *Journal of Educational Psychology*, 73, 485-493.

제 23 장

유치원에서부터 12학년까지의 다중 언어 쓰기
지난 15년간의 연구

Jill Fitzgerald

　다중 언어 쓰기는 이중 언어 사용자와 외국인, 영어 학습자(ELL), 그리고 응용 언어학의 영역에서 최근에 "뜨거운" 주제이다. 관련 교재와 개념들이 넘쳐나고, 다중 언어 작문 과정의 이론들 역시 다양하게 제시되고 논의되었다. 다중 언어 쓰기에 관한 관심은 대학생과 성인 학습자를 대상으로 하여 주로 이루어졌다. 이러한 상황에서 볼 때 다음과 같은 질문을 충분히 제기해 볼 수 있다. 유치원과 초등학교, 중등학교 학생의 다중 언어 쓰기에 관해서는 무엇이 연구되었는가? 다중 언어 쓰기에 관해 어떤 쟁점들이 논의되어 왔는가? 다양한 논쟁적 관점과 학문적 관점은 충분한 근거를 마련하고 있는가?

　이 장에서 다룰 핵심적인 문제는 바로 이 질문과 관련이 있다. 나는 1988년에서 2003년 사이에 산출된, 유치원에서부터 12학년 학생을 대상으로 한 논문들을 면밀하게 검토하면서 이러한 질문에 대한 답을 찾아보고자 한다. 나는 쓰기 과정이나 결과에서 두 가지 이상의 언어로 글을 쓰는 능력을 "다중 언어 쓰기" 또는 "제2 언어 쓰기"로 규정하고자 한다(Buck-walter & Lo, 2002; Dworin, 1998).

　여기에서 소개하고자 하는 몇몇 연구들은 조사의 엄격성과 연구 주제의 광범위한 적용면에서 적절하지 못하였고, 협소한 관점에서 논의가 이루어지고 있기도 하다. 나는 다중 언어와 관련한 이들 연구를 일반적인 시각에서 통합적으로 제시하고자 하였지만, 결국 이 장은 다중 언어 연구에 대한 나의 개인적인 비평적 관점이 드러나는 성격을 가지고 있다.

선행 연구 탐색 방법

여기에서 소개되는 연구는 ERIC(출판된 연구만), PsychInfo, 그리고 Journal of Second Language Research(학술지의 특집 기사)가 제공한 목록에서 검색된 것이다. 또한 각 연구물이 포함하고 있는 참고 문헌의 목록들도 추가로 탐색하였다. 연구물 검색에 사용된 키워드로는 '외국어로서의 영어 쓰기', 'L2 작문', '2개 국어 쓰기', 'L2 쓰기, 외국어 쓰기', '외국어로서의 영어 작문', '2개 국어 작문', '외국어 작문', '라틴계 쓰기/작문', '라틴 아메리카계 쓰기/작문', '스페인계 쓰기/작문'이다.

이들 연구물을 포함할 것인지를 판단하기 위한 엄격한 기준은 없었다. 다만 연구 목적이나 연구 문제가 분명하게 드러나야 하고, 쓰기에 관한 데이터에 근거해야 하고, 실험 참여자들이 미취학 아동에서부터 12학년 사이에 포함되어야 한다는 기준만을 적용했다. 그리고 일정한 논문 심사를 통과한 것이어야 하고, 출판된 것으로 한정했다(전문 보고서와 ERIC문서는 제외되었다). 또한 앞서 내가 제시한 다중 언어 쓰기의 정의에 부합하는 연구로만 한정했다. 끝으로 영어로 작성되지 않아서 읽을 수 없는 두 개의 연구는 포함하지 못했다. 그 결과, 모두 56개의 연구물이 선별되었고, 질적 연구에서 사용되는 비교 분석 방법과 유사한 체계적인 해석적 절차를 통해서 이들 연구물을 분석하였다(Glaser, 1978). 독자들은 이 글에서 내가 제시한 방식의 신뢰도를 Moss(1994)가 제안한 기준을 사용하여 평가해 볼 수 있을 것이다.

결과

연구 요약

<표 23.1>은 56개 연구에 관한 선별된 요약 정보를 제공한다. 이들 표에서 새롭게 학습한 언어가 무엇인가에 따라, 참여자들이 새로운 문화로 이민을 간 이민자인가, 아니면 영어가 모어이면서 외국어를 배우는 학생들인가에 따라, 그리고 모어와 외국어에 대한 지식과 경험에 대한 지식의 범위에 따라 연구 결과에 차이가 나타날 수 있다. 그러나 동시에 이렇게 다양한 상황에서 이루어진 연구들을 전체적으로 살펴봄으로써 다중 언어 쓰기에 대해 더

많은 것을 파악할 수 있다는 장점이 있다. 결론적으로 나는 이렇게 다양한 상황에서 이루어진 연구들을 종합적으로 개관하면서도 연구 결과들이 서로 다른 연구 상황으로 인하여 결과를 해석할 때 유의해야 한다는 점을 잊지 않았다. 이 글을 읽는 독자들 또한 각 연구 결과를 제대로 해석하고 비교하기 위해서는 각 연구가 수행된 조건을 고려해야 한다. 이를 위해서 다음 <표 23.1>이 유용하게 사용될 수 있을 것이다.

이들 연구를 요약하면, 3개 연령 또는 3개 학년별 연구물의 수는 주로 18~20개로 유사하게 나타났다. 먼저 나라별로 분류하면 전체 연구 중에서는 27개의 연구가 미국과 홍콩(홍콩이나 영국)에서 이루어졌고, 8개는 영국(영국이나 호주), 4개는 피지/싱가폴, 5개는 캐나다, 독일과 프랑스가 각 2개씩, 덴마크와 아이슬란드, 케냐, 멕시코, 모로코, 뉴질랜드, 노르웨이, 스페인 이 각 1개씩이다. 대부분의 연구의 참여자들은 영어를 제2 언어로 배우는 사람이고(27개), 13개 연구는 영어를 외국어로 배우는 학습자, 또 다른 13개 연구는 다중 언어 학습자들, 끝으로 나머지 3개 연구는 프랑스어와 스페인어를 외국어로 배우는 학습자들로 분류되었다. 전체 연구에서 12개의 연구는 연구자가 단지 새로운 언어에 대한 쓰기에 대해서 기술적으로 서술하고 있었다. 이 외에 대부분의 연구들은 질적 연구였고, 아주 적은 수의 참여자를 대상으로 하고 있었다.

다음으로는 실험 대상에 따라서 중등 학생을 대상으로 한 연구와 초등학생 및 미취학 아동을 대상으로 한 연구로 구별될 수 있는데, 중등 학생을 대상으로 한 연구들은 홍콩(홍콩이나 영국)에서 월등하게 많이 이루어졌고(7편), 홍콩 외에 다른 나라에서 외국어로서의 영어에 대한 연구로 분류할 수 있는 연구가 11편이었으며, 이 외에도 다양한 연구 방법으로 폭넓게 수행되었다. 중등 학생 미만의 낮은 연령/학년 학생을 대상으로 한 연구는 대부분 미국에서 이루어졌고 (18), 제2 언어로서 영어를 배우는 학습자에 대하여 논의하는 연구가 많았으며 (19), 중등 학교를 대상으로 이루어진 연구보다는 그 연구를 수행한 국가의 다양성이나 방법 론적인 유형의 다양성이 적었다.

〈표 23.1〉 보고서에서 선택된 정보

저자	학년/연령 (인원)	라벨/국가(모어)	새로운 언어 능력 수준	방법론
유치원부터 초등학교까지				
Arab-Moghaddam & Sénéchal(2001)	2학년/ 3학년(55)	이중언어/캐나다 (페르시아어)	명시되지 않음. 캐나다의 영서 사용 지역에 4년 거주	상관

저자	학년/연령 (인원)	라벨/국가(모어)	새로운 언어 능력 수준	방법론
Blanton(1998)	5, 6세 (4명과 교사 2명에 초점을 맞춤)	ELL/모로코(프랑스어, 아랍어/프랑스어, 아랍어/영어/프랑스어)	영어 사용 환경에 1~2년 동안 생활	민족 지학
Buckwalter & Lo. (2002)	5세(1)	ELL/미국(대만어)	대만에서 이주해 옴. 그 이전에는 영어를 사용하지 않음.	사례 연구
Davis, Carlisle, & Beeman(1999)	1~3학년(51)	이중언어/미국(스페인어)	"영어와 스페인어에서 발달적인 기대와 비교하면 매우 다양하지만 평균 미만이다 …"(p.242) 선택된 검사 점수는 표에 제시됨.	준실험
Elley(1994)	6~8세 (512~5,000 명에 대해 다양하게 분석)	ELL/싱가폴 (특정한 모어가 없음)	명시되지 않음. 학생들은 학교의 기본 학년에서 학습 영어를 시작함.	실험
Everatt, Smythe, Adams, & Ocampo(2000)	7~8세(30)	이중언어/영어(실헷어)	명시되지 않음.	준실험
Ferroli & Shanahan(1993)	2학년/3학년 (47)	이중언어/미국(스페인어)	명시되지 않음. 최소 1년 동안 스페인어 읽기/쓰기 지도를 받음. 막 영어 수업을 받기 시작함.	서술
Fitzgerald & Noblit(1999)	1학년(2)	ELL/미국(스페인어, 스페인어/타라스캔)	1명은 "영어 말하기 점수가 제한됨". 1명은 영어 사용 경험 없음.	서술, 사례 분석
Franklin & Thompson(1994)	1학년(1)	이중언어/미국(미국 인도 다코탄, 영어)	영어 수준은 특별하지 않음. 1학년은 단순한 이야기를 읽고 씀. 다코타어 구사.	아동 연구
Garrett, Griffiths, James, & Sholfield(1994)	10~11세(56)	이중언어 수업, 학습 영어/영어 (펀자브어, 웰시어)	명시되지 않음.	실험
Huss(1995)	5, 6세(3)	ELL/영국 (파키스탄어, 펀자브어)	명시되지 않음. 언어와 문해 발달 수준의 범위.	민족지학
Jackson, Holm, & Dodd(1998)	3~10세(71)	이중언어/영어와 호주 (광둥어)	명시되지 않음. 그러나 "영어로 유창하게 의사소통"할 수 있는 학생들만 선택됨(p.84).	준실험

저자	학년/연령 (인원)	라벨/국가(모어)	새로운 언어 능력 수준	방법론
Maguire & Graves(2001)	8세(3)	3학년 언어로서 영어/ 캐나다(아랍어/페르시아 어, 인도네시아어, 자바어)	최근에 이주	실험, 서술
Nathenson-Mejia (1989)	1학년(12)	이중언어/멕시코 (스페인어)	명시되지 않음. 형식 영어를 사용하는 1학년 3명, 유치원생은 "비형식" 영어 사용	서술
Neufeld & Fitzgerald(2001)	1학년(3)	ELL/미국(스페인어)	영어 말하기 능력 검사, 2명은 "제한된 영어 발화자"로, 1명은 "비영어"로 분류됨.	사례 분석
Rudden & Nedeff(1998)	유치원생~ 5학년 (8)	ELL/미국 (주어지지 않음)	1~3년 동안 미국에서 생활.	쓰기 실험, 서술
Samway(1993)	2~6학년(9)	ELL/미국 (은연중 터키어와 스페인어 사용)	영어 능력 검사 결과 "낮음". 최근에 이주한 사람은 없음. 영어로 "매우 수월하게 의사소통"(p.234)	관찰, 면담, 서술
Seow(1997)	초등학교 3학년, 중등 5학년(미국 3학년~10학 년)(400)	ELL/싱가폴 (중국어, 인도어, 말레이어)	명시되지 않음. "초등 수준에서, 영어 학습에서 접촉 시간의 수는 … 주당 6½과 7½ 시간 사이에서 다양하고, 중등 수준에서는 5~5½임"(p.151).	쓰기 실험, 서술
Wade-Woolley & Siegel(1997)	2학년 (73)	ELL/캐나다(광동어, 만다린어, 구자라트어, 우르두어, 펀자브어)	명시되지 않음. 이틀은 하루 종일, 이틀은 하루 반나절 동안 학교에서 영어를 사용함.	준실험
Zutell & Allen(1988)	2~4학년 (108)	이중언어/미국(스페인어)	명시되지 않음.	서술
<div align="center">중학교</div>				
Berúdez & Prater(1994)	4학년(37)	ELL/미국(36명은 스페인어 사용, 1명은 가정에서 영어 사용)	명시되지 않음. 18명은 ESL, 19명은 "이미 영어를 사용함"(p.50)	쓰기 실험, 서술
Carlisle(1989)	4, 6학년 (62)	이중언어, ELL/미국(42명은 스페인어, 나머지는 영어 사용)	명시되지 않음.	실험

저자	학년/연령 (인원)	라벨/국가(모어)	새로운 언어 능력 수준	방법론
Elley(1994)	9~11세 (500명 초과)	ELL/피지 (피지어 또는 힌디어)	명시되지 않음.	실험
Fazio(2001)	5학년 (110)	제2 언어로서 프랑스어/캐나다(아랍어, 중국어, 크레올어, 영어, 파시어, 이탈리아어, 크메르어, 힌디어, 링갈라어, 폴란드어, 펀자브어, 포르투갈어, 로마어, 소말리어, 스페인어, 태국어)	명시되지 않음.	실험
Gomez, Parker, Lara-Alecio, & Gomez(1996)	5학년(48)	ELL/미국(스페인어)	명시되지 않음.	실험
James & Klein(1994)	12~13세 (185)	EFL/독일(독일어)	명시되지 않음. "초보에 가까움"(p.39)	서술
Lanauze & Snow(1989)	4,5학년 (38)	이중언어/미국 (스페인어)	명시되지 않음. 교사들은 각자의 언어를 사용하는 학생들을 우수 또는 부진이라고 명명함.	준실험/ 상관
Lumme & Lehto(2002)	12~13세 (66)	EFL/핀란드 (핀란드어)	명시되지 않으나 연구에서 일부 측정치는 정도를 제공함.	상관
Maguire(1994)	중학년(2)	이중언어/캐나다 (프랑스어/영어, 영어)	명시되지 않음.	쓰기 실험, 서술
Patthey-Chavez & Claire(1996)	4학년(5)	이중언어/미국 (스페인어)	명시되지 않음. 각 수업에서 영어의 이질성이 나타남.	기술
Peyton(1993)	6학년(6)	ELL/미국 (버마어, 광둥어, 한국어, 이탈리아어)	명시되지 않음. 지난해에 이주하였으며 ELL로 분류됨.	쓰기 실험, 서술
Peyton, Staton, Richardson, & Wolfram(1993)	6학년 (12)	ELL/미국 (중국어, 스페인어)	(교사의 판단과 검사 결과) 4명은 "중간"으로, 4명은 "매우 우수", 4명은 "낮음"으로 판단됨(p.201). 미국 학교에 1달에서 5년 정도 다님.	쓰기 실험, 서술
Prater & Berúdez(1993)	4학년 (40)	ELL/미국(아시아계 미국인, 히스패닉)	명시되지 않음.	실험

저자	학년/연령 (인원)	라벨/국가(모어)	새로운 언어 능력 수준	방법론
Reynolds(2002)	5~8학년 (735)	ELL/미국 (스페인어, 베트남어, '다른 동아시아')	명시되지 않음.	쓰기 실험, 서술
Samway & Taylor(1993)	6, 8학년 (3)	ELL/미국 (파시어, 힌디어)	명시되지 않음.	면담, 쓰기 실험, 서술
Schleppegrell(1998)	7, 8학년 (128)	ELL/미국(아프리카계 미국인, 중국어, 동인도어, 유럽계 미국인, 몽족, 라오족, 라틴계, 미국인)	명시되지 않음. 약 3분의 2가 가정에서 영어가 아닌 다른 언어를 사용함.	쓰기 실험, 서술
Trenchs(1996)	6학년 (3)	외국어로서 스페인어/미국(영어)	명시되지 않음. "초보" 언어 학습자	사례 연구
<center>고등학교</center>				
Albrechtsen(1997)	9학년(1)	EFL/덴마크(덴마크어)	명시되지 않음. "상당히 우수한" 영어	사고구술
Berman(1994)	17~18세 (126)	EFL/아이슬란드 (아이슬란드어)	명시되지 않음.	실험
Franken & Haslett(1999)	고등학교 (20)	ESL/뉴질랜드(광둥어, 치난텍족, 중국어, 크로아티아어, 하카어, 힌디어, 한국어, 마케토니아어, 말레이어, 세르비아어, 스페인어)	명시되지 않음. 4개월에서 4년간 뉴질랜드 거주	준실험
Hyland & Milton(1997)	중등 (1,670)	EFL/영국과 홍콩 (영국 영어, 광둥어)	A부터 탈락까지 고등학교 영어 시험에서의 등급. E는 EFL 450점 미만이고 A는 600명.	쓰기 실험, 서술
Lai(1993)	9학년(52)	EFL/홍콩	특별히 주어지지 않음. "영어 학습에서 2년 이상"	실험
Lam & Pennington(1995)	9학년(17)	EFL/홍콩(광둥어)	특별히 주어지지 않음.	실험
Mäkinen(1992)	19세(24)	EFL/핀란드(핀란드어)	특별히 주어지지 않음. 9세부터 영어 학습(주당 2~3회)	쓰기 실험, 서술

저자	학년/연령 (인원)	라벨/국가(모어)	새로운 언어 능력 수준	방법론
Nyamasyo(1994)	중등(미제시)	EFL/케냐 (다양한 케냐어)	명시되지 않음.	쓰기 실험, 서술
Olsen(1999)	중등(39)	EFL/노르웨이 (노르웨이어)	명시되지 않음.	쓰기 실험, 서술
Pennington, Brock, & Yue(1996)	7~12학년 (291)	EFL/홍콩(광둥어)	명시되지 않음.	서술
Reichelt(1997)	13학년(10)	EFL/독일(독일어)	명시되지 않음.	사례 연구
Roca de Larios, Marin, & Murphy(2001)	고등학교(7) (대학생 7명과 비교)	EFL/스페인(스페인어)	110점이 "대체로" "초등" 수준으로 간주되는 검사에서 100~108점을 받음	사고구술
Sengupta(1998)	중등(6)	저자들은 ELL/홍콩이라고 함	명시되지 않음.	기술
Sengupta(2000)	중등(118)	저자: 홍콩 영어는 ELL도 EFL도 아님. ELL/홍콩(광둥어)로 추정	명시되지 않음.	실험
Silver & Repa(1993)	중등(66)	ELL/미국(중국어/한국어, 중국어/한국어/영어, 영어, 영어/기타, 프랑스어/영어, 프랑스어/기타, 스페인어, 스페인어/영어)	명시되지 않음.	실험
Sparks, Ganschow, Artzer, & Patton(1997)	고등학교 (15)	외국어로서 스페인어/미국 (은연 중 영어 사용)	명시되지 않음.	실험
Tarone et al.(1993)	8, 10, 12학년(83) (대학생 45명과 비교)	ELL/미국(캄보디언, 라오족, 몽족, 베트남어)	명시되지 않음. ELL "3수준과 4수준"(더 구체적으로 정의되지 않음). 평균 15~16세에 이주했으며, 3수준과 4수준은 미국에서 지낸 지 각각 1.6년과 2.8년임.	서술, 상관

저자	학년/연령 (인원)	라벨/국가(모어)	새로운 언어 능력 수준	방법론
Tsui & Ng(2000)	12, 13학년 (23)	"수업 도구로서 영어" ELL로 추정/홍콩(중국어)	명시되지 않음.	쓰기 실험 설문지/ 면담, 기술
Wong(1993)	중등 (43)	ELL로 추정/싱가폴(모어가 제시되지 않음)	명시되지 않음.	사고구술

*주: 'ELL'은 '영어 학습자', 'EFL'은 '외국어로서의 영어'를 지칭한다.

연구 방법론에 대한 비평

다수에 의해 "충분한"이라고 판단될 수 있을 만큼 방법론적 엄격성을 지닌 논문은 56개 연구 중에서 드물었다. 물론, '엄격성'은 개별적인 연구 패러다임에 따라 약간씩 다르게 정의될 수 있다. 양적 연구에서 엄격성은 다음과 같은 측면들을 포함한다. 이를테면, 측정 방법이나 지시문/화제에 있어서의 균형, 충실한 처치, 처치 집단 간 과제 수행 시간의 통제, 화제가 결과물에 미치는 영향을 통제하기 위한 다양한 텍스트의 활용, 분석 단위의 결정(예, 학급 대 개인), 척도의 신뢰성과 타당성 확보, 그밖에 결과를 대립 가설에 따라 해석하는 것을 방지하기 위한 체계적인 연구 설계 같은 것들이 포함된다.

질적 연구에서 엄격성을 가지기 위해서는 적어도 다음과 같은 내용들을 반영하도록 해야 한다. 상세한 연구 방법(예, 추적 검사법), 다양한 관점이나 기타 다른 측면을 고려하는 것, 연구자의 반성적 사고, 대립 가설에 따른 해석 처리(결과가 장르에 따라 어떻게 달라지는가), 인용, 이야기, 장면 등의 기초적인 데이터 제시, 연구자의 신념에서 비롯된 타당화가 아닌 연구로부터 도출된 근거로부터 이끌어 낼 수 있는 결론 제시, 끝으로 연구 결과가 다른 논의와 어떠한 관련을 맺고 있는지에 대한 논의가 포함되어야 한다(2014년 1월 18일 G. Nobilt와의 개인적인 대화에서).

56개 연구에 관한 어떤 특정 방법론적 쟁점에 대해서 살펴볼 필요가 있다(다른 연구자들도 이와 유사한 이슈를 논의하였는데 주로 성인을 대상으로 한 제2 언어 쓰기와 관련 연구에 관한 것이다(예를 들어, Ferris, 2003; Goldstein, 2001; Krapels, 1990; Polio, 2001; Reichelt,

2001).

첫째, 앞에서 언급했듯이 연구 조건에 포함된 특정 요인들은 결과의 해석에서 중요한 영향을 미칠 수 있다. 그러므로 연구자들은 반드시 신뢰성 있는 데이터를 확보하여 연구 참여자의 연령이나 학년, 모어 화자인지 이민자인지, 참여자들의 구어 및 문어 능숙도, 새로운 언어를 학습한 기간과 같은 사항들을 연구물에서 보고해야만 한다. 특히 참여자들의 능숙도는 연구 결과의 해석과 깊이 연관되어 있으며, 만일 우리가 다중 언어 쓰기에 관한 광범위한 이론적 틀 내에서 연구 결과들을 해석하고자 한다면, 이러한 능숙도 정보는 필수적인 특성이 될 것이다. 그러나 아주 소수의 연구만이 그러한 정보를 제공하고 있다. 그러므로 능숙도 정보를 제공하고 있는 Buckwalter & Lo(2002)의 논의는 매우 주목할 만하다.

둘째, 각 검사의 명칭과 그것에 대한 충분한 언급, 참여자들이 검사에 응한 절차, 각 항목에 대한 설명, 각 항목이 채점된 방식, 변인들이 어떻게 만들어졌는지, 그리고 추정의 신뢰도와 같은 모든 측정에 관한 정보가 구체적으로 보고되어야 한다. 이러한 정보 없이는 연구 결과가 실제로 무엇을 의미하는지를 이해하는 것이 어렵다. 그러나 이러한 정보를 제공하는 연구자는 매우 드물었다. Carlisle(1989)과 Prater & Bermudez(1993)에서만 이들 정보가 자세하게 기술되었다. 측정 방법이 중요하듯이 Wolfe-Quintero, Inagaki, & Kem(1998)에서 제시한 것처럼 제2 언어 쓰기 발달을 평가하기 위해서 사용된 측정 결과에 대한 분석 또한, 비록 성인을 대상으로 한 연구에서 사용된 것이지만, 연구 결과를 해석하는 데에 유용하게 사용될 것이다.

셋째, 연구 절차와 관련하여, 연구자들이 학생이 쓴 글을 선택된 특성으로 코드화하는 과정에서 최소한, 분석자들 간의 신뢰도 수치가 보고되어야 한다. 특정 연구자 한 명이 코딩한 결과를 신뢰하기는 어렵다. 그러나 코딩을 사용한 아주 극소수의 연구만이 신뢰성 있는 정보를 보고하였다. Berman(1994), DeLarious, Marin, & Murphy(2001), 그리고 Hyland & Milton (1997)만이 코딩에 관한 정보를 구체적으로 보고하였다.

넷째, 분석의 방법이 반드시 충분히 기술되어야 하고, 그러한 분석 방법은 반드시 연구자가 사용한 패러다임 내에서 용인되는 엄격성을 지녀야 한다. 만약 분석 방법과 엄격성의 수준이 언급되어 있지 않았다면 연구 결과를 해석하는 것이 불가능하다. 그럼에도 불구하고 많은 연구자들이 분석이 어떻게 이루어졌는지를 밝히지 않는다. DeLarions et al.(2001)의 보고는 아주 극소수의 주목할 만한 예외라고 할 수 있다.

다섯째, 연구자는 최소 두 개의 글을 활용하여 제2 언어 쓰기 능력을 평가해야 한다. 왜냐하면 문식성 관련 연구에서 화제가 능력에 영향을 주는 요인임이 잘 알려져 있기 때문이다.

따라서 제2 언어 쓰기 연구에서는 "유사한" 글들을 통해 동일한 결과를 입증할 수 있어야 한다. 쓰기 과제를 가능한 한 유사한 것으로 만드는 것이 힘든 일이긴 하나 시도는 이루어져야 한다. Carlisle(1989)는 이러한 방식을 제대로 사용한 보기 드문 연구이다.

유치원 및 초등학교 저학년

■ 제2 언어 쓰기 발달의 특징이 어떻게 수집되었는가? 그리고 제2 언어 쓰기 발달이 어떻게 모어 쓰기 발달과 비교될 수 있는가?

아라비아, 프랑스, 파키스탄, 펀자브, 스페인, 타라스칸 인디언, 그리고 타이완의 모어 화자인 5세나 6세 아동을 대상으로 한 5개의 연구들은 각기 학생들의 영어 쓰기 발달 양상을 세부적으로 서술하고 있다(Blanto, 1998; Buckwalter & Lo, 2002; Neufeld & Fitzgerald, 2001; Fitzgerald & Noblit, 1999; Huss, 1995). 이 외에도 Buckwalter & Lo(2002)에서 추가적으로 모어 화자의 쓰기 발달 양상을 기술하고 있다. 각각의 연구에서 서로 다른 쓰기 양상에 주목하고 있었기 때문에, 쓰기 발달의 공통된 측면에 한정하여 이들 연구를 종합하는 것은 불가능했다. 이들 연구자들이 모두 학생들의 영어 쓰기 발달에 대한 자신들의 추론을 모어 화자와 비교한 것이 아님에도 불구하고, 이들의 논의는 선행 연구에서 비슷한 연령대의 모어 영어 화자들을 대상으로 한 논의(예, Fitzgerald & Shanahan, 2000)와 유사하게 나타났다. Buck-walter & Lo(2002), Fitzgerald & Noblit(1999), Neufeld & Fitzgerald(2001)은 특히 유사한 추론을 하였다. 추가적으로, Buckwalter & Lo(2002)는 중국학생들의 쓰기 발달이 선행 연구인 Chan & Louie(1992)에 의하여 제안된 발달 단계를 활용하여 기술될 수 있음을 언급하였다.

그러나 두 연구자들은 저학년에서의 철자 발달에 대하여 서로 모순된 발견을 보고했다. 스페인 모어 화자 학생들의 영어 학습을 대상으로 한 횡단 연구에서 Davis, Carlisle, & Beeman(1999)은 1학년에서 2학년 사이에 영어 쓰기 능력이 크게 향상되는 것을 발견했고, 2학년과 3학년 사이에 스페인어 쓰기 능력도 크게 향상되었다는 것을 발견했다. 반면에, Zutell & Allen(1988)의 횡단 연구에서는 스페인 저학년 모어 화자 간의 영어 철자 산출에 대한 차이가 발견되지 않았다고 보고하였다.

어떤 연구에서는 아라비아, 자바, 인도네시아, 그리고 이란인으로서 영어를 제3 언어로 사용하는 세 명의 8살 모어 화자들의 쓰기에 사회 · 문화적인 환경이 강력한 영향을 주었음을 밝혔다. 이들 참여자들은 서로 다른 사회적 상황과 관련하여 주체, 목소리, 그리고 정체성에 대한 서로 다른 인식의 발달을 보여주었다(Maguire & Graves, 2001). 끝으로 Seow(1997)는 중국, 인도, 그리고 말레이시아 모어 화자들의 제2 언어로서의 영어 쓰기를 연구한 결과, 서로 다른 동사 패턴에서의 발달적 특성에 대하여 거의 제안하지 못했다. 제2 언어 필자들에 대한 결론은 가장 어린 필자까지도, 영어가 모어인 성인 및 전문 필자들과도 유사했다는 것이다.

- 모어 쓰기와 제2 언어 쓰기의 지식/기능 사이에 전이가 가능한가?

영어를 학습하는 5세의 대만 학생들의 경우, 문자의 개념이 한 언어에서 다른 언어로 전이되면 발달하는 것으로 나타났다(Buckwalter & Lo, 2002). 이와 비슷하게, 초등학교 학생들을 대상으로 한 4개의 연구에서, 학생들의 철자 능력은 스페인 모어에서 영어로 전이되었고, 또는 반대로 영어에서 스페인 모어로 전이가 되었다(Davis et al., 1999; Ferroli & Shanahan, 1993; Nathenson-Mejia, 1989; Zutell & Shanahan, 1993; Nathenson-Mejia, 1989; Zutell & Allen, 1988).

- 음성 인식과 철자쓰기 간에 어떠한 관련성이 있는가? 또는 다중 언어에 대한 음성 인식과 철자 쓰기는 1개 언어 사용의 경우와 어떻게 비교할 수 있는가?

페르시아와 실헤티의 모어 화자를 대상으로 하는 2개의 연구에서, 영어를 제2 언어로 할 때, 영어의 음성 처리 과정이 영어 철자 쓰기와 관련이 있었다(Arab-Moghaddam & Senechal, 2001; Everatt, Smythe, Adams, & Ocampo, 2000). 이와 달리 다른 연구에서는 광동, 만다린, 구자라트, 우르드, 펀자브 인들의 영어 음성 처리 과정(소리 흉내와 음성 삭제)이 그들의 영어 화자 동료보다 덜 발달되었으나, 이들 두 집단 모두 철자 쓰기에서는 유사한 능력으로 나타났다(Wade-Woolley & Siegel, 1997). 이러한 모순된 결과의 원인은 명확하게 밝혀지지 않았다. Jackson, Holm, & Dodd(1998)는 그들의 다중 언어적 광동어-영어, 그리고 한 가지 국어로서 영어 사용자 중에서 미취학 아동들을 대상으로 동등하게 이루어진 음성 인식 검사와 철자 쓰기 검사(운율 인식을 제외하고)를 실시한 결과, 다중 언어를 사용하는 아동들의 능력이 좀 더 낮은 것으로 나타났다. 1~5학년에 이르기까지, 1개 언어 사용자들은 친숙하지 않은 단어 철자와 음성적 정보의 복잡한 조작에서 다중 언어 사용자들보다 더 우수했다.

- **특정한 교육적 중재가 효과적인가?**

전반적으로, 영어가 모어가 아닌 학생들을 대상으로 한 연구에서(모어는 밝혀지지 않지만 연구는 싱가폴에서 이루어졌다), 영어로 된 책을 많이 제공한 집단이 구어를 강조한 듣기·말하기 지도를 사용한 대조군보다 영어 쓰기에서 긍정적인 효과를 나타냈다(Elley, 1994). 또 다른 연구(Garrett, Griffiths, James, & Scholfield, 1994)에서는 단어 게임을 어떻게 하는가에 관한 학생들의 쓰기가 이루어지는 사전 쓰기 활동 단계에서, 펀자브어와 웨일스어를 모어로 사용하는 사람들이 영어를 모어로 사용하는 사람들에 비교하여 작은 효과가 나타났다.

- **그 밖의 문제들**

(1) 다코타 인디언 중에서 다중 언어를 사용하는 1학년 여학생들의 쓰기에서 주로 나타나는 주요 주제는 관계, Dakota Oyate에 대한 문화적 신념, 그리고 로맨스에 관한 것이었다(Franklin & Thompson, 1994). 또한 이들 여학생들은 개인적 서사와 사실적인 글, 그리고 로맨틱 소설을 포함한 다양한 장르를 사용하였다. (2) 터키어와 스페인어를 할 줄 아는, 6학년 ELL 학생들은 자신이 쓴 이야기를 평가할 때, 그리고 아이디어의 의미를 글로 강조할 때 매우 높은 수준의 반성적 사고를 할 수 있었다(Samway, 1993). (3) 영어가 모어가 아닌 K-5 ELL 학생들이 만든 여덟 권의 책은 정보 전달적 장르와 서사적 장르 모두에서 전문 필자들이 중요한 것으로 제안한 특성을 보이고 있었다(Rudden & Nedeff, 1998).

초등학교 고학년

- **제2 언어 쓰기 과정이 모어 쓰기 과정과 유사한가, 아니면 다른가?**

Maguire(1994)는 프랑스어가 모어이면서 영어를 학습하는 두 명의 초등학교 고학년 학생이 영어 수업과 불어 수업에서 쓴 글을 분석하였다. 두 언어에서 학생들이 사용하는 쓰기 과정에 작은 차이가 있었다. Maguire는 하나의 언어에 사용되는 과정이 역시 다른 언어에서의 쓰기 과정에서도 사용된다고 언급하면서, "두 언어 간에 과정의 통합"을 제안했다(p.140). 이와 유사하게, 영어를 학습하는 독일 학생들은 독어와 영어 철자쓰기 학습에서 두 경우 모두 시각적 접근과 음성학적 접근 방법을 사용했다(James & Klein, 1994).

■ 제2 언어 쓰기 발달의 특성을 어떻게 구별하고, 제2 언어 쓰기 발달이 모어 쓰기 발달과 비교해서 어떻게 정형화 될 수 있는가?

Reynolds(2002)는 묘사글 쓰기에서 영어를 모어로 하여 영어 수업을 듣는 학생들과 스페인, 베트남, 그리고 기타 동아시아 언어가 모어이면서 영어 수업을 듣는 5~8학년 학생들이 보여주는 인과 관계 표지 사용의 발달을 비교했다. 그 결과 인과 관계 표지의 사용에서 발달적 영향은 없었지만, 전반적으로 ELL 학생들이 인과관계 표지를 더 많이 사용하였다. 또한 ELL 학생들은 영어 모어 학생들이 그렇지 못한 것과 달리, 두 가지 다른 화제에 대하여도 유사하게 인과 관계 표지를 사용하는 것으로 나타났다.

■ 모어 쓰기와 제2 언어 쓰기의 지식/기능 사이에 전이가 있는가?

영어를 외국어로 배우는 12세와 13세의 독일 학생들은, 모어를 배울 때 사용한 철자 지식을 영어 학습에도 전이하는 것으로 나타났다(James & Klein, 1994). Lanauze & Snow(1989)는 연구 결과, 스페인어 모어 능력이 영어로 설명문을 쓰는 것에 전이가 되는 것을 보고했고, 어떤 학생들에게 있어서 전이는 새로운 언어에 대한 잘 발달된 구어 능력에 의해서 좌우된다는 추론을 언급하였다.

■ 특정한 교육적 중재가 효과적인가?

한 연구는 미국 학생들 사이에서 영어로만 공부하는 것(submersion)보다 모어와 영어를 함께 사용하는 교육(Bilingual Education)이, 스페인어를 모어로 사용하는 학생들의 영어 및 스페인어 작문 모두에 도움이 될 수 있다고 보고하였다. Carlisle(1989)는 일반적인 영어 수업을 받는 영어 모어 화자와, 최소 2년 동안 다중 언어 수업을 받은 스페인어 모어 화자, 그리고 완전히 영어만 사용하는 수업 환경에 속한 스페인어 모어 화자 4학년과 6학년을 대상으로 하여, 영어로 설명문, 서사문, 논설문 쓰기를 하도록 했다. 그리고 영어 모어 화자와 스페인어 모어 화자의 글을 비교한 결과, 영어를 모어로 사용하는 학생들이 수사학적 측면, 전반적인 질, 그리고 오류의 빈도에서 다른 학생들보다 우수했다. 그리고 다중 언어 수업을 받는 스페인어 모어 학생들은 구문론적 성숙도와 생산성에서 완전한 영어 수업만 듣는 학생들보다 더 우수한 것으로 나타났다. 또한 다중 언어 수업을 듣는 학생들은 영어보다 스페인어로 쓰는 것에 훨씬 우수한 능력을 나타냈다.

쓰기에서 피드백의 작용을 연구한 두 논문에서는 충분한 처치 효과가 나타나지 않았다.

Fazio(2001)는 16가지 서로 다른 모어를 가진 5학년 학생들의 프랑스어 몰입 수업에서 저널을 쓰게 하는 세 가지 피드백 실험 상황을 설계하였다. 이 프랑스어 몰입 수업은 저널의 형식에 초점을 두는 수업과 내용에 초점을 두는 수업, 또는 이 둘의 조합으로 이루어졌다. 학생들이 쓴 저널에 대한 피드백은 학생들의 학교 교사가 아닌, 프랑스어를 모어로 사용하는 다른 초등학교 교사들에 의해서 제공되었다. 그러나 학생들의 '문법적 철자쓰기에서의 정확성' 측면에서는 피드백이 별다른 영향을 미치지 못했다. Prater & Bermudez(1993)는 필자들에게 피드백을 제공하는 것의 효과를 검증하기 위해서 작은 집단을 대상으로 하여 사전-사후검사를 설계하였다. 학생들은 아시아계 미국인과 스페인인이었다. 개별 글의 질이나 문장의 수에서 처치 집단 간에 차이는 없었다. 그러나 단어의 개수와 아이디어 단위의 수에서는 실험 집단에서의 차이가 검증되었다.

1년에 걸친 Patthey-Chavez & Clare(1996)의 연구는 영어 읽기 수업에서 4학년 스페인 모어 화자 5명의 글에 대한 발달을 추적했다(Goldenberg, 1992.1993). 이 읽기 수업은 특정 원칙과 단계를 가지고 진행되었고, '학생들의 독해력을 향상시키기 위한 논의를 보다 용이하게'하기 위해 이루어졌으며, 교사는 '의미를 찾아내기 위한 협의'를 하는 활동을 시범으로 보여주었다 (Patthey-Chavez & Clare, 1996, p.515). "이들 논의로부터의 다양한 아이디어와 해석이 학생들의 글쓰기에 대한 관심을 보다 증가시켰다"(p.515).

Elley(1994)의 연구에서는 연구에 참여한 8개 학교에서 '조용한 읽기(silent reading)'나 '공유 도서 읽기(shared book reading)'와 같은 읽기 몰입 프로그램을 진행하였다. 이 중에서 4개 비교군 학교에서는 학생들에게 듣기와 말하기 지도를 추가로 수행하였다. 이러한 수업처치는 3년에 걸쳐 일 년에 한 번씩 비교되었고, 매년 "500명이 넘는" 피지어와 힌디어를 사용하는 9~11학년 모어 화자를 대상으로 진행되었다. 실험 집단과 비교 집단은 읽기 점수와 인종 간의 작문, 그리고 기타 자료 등에서 비교되었다. 그 결과 읽기 몰입 프로그램에서 실험 집단과 비교 집단 간에는 단지 3년 중에 1년에서만 학생들이 쓴 문어 의사소통 측면에서 유의한 차이가 나타났다.

끝으로 구조화된 쓰기 지도는, 자유롭게 쓰기 지도와 비교할 때, 분석적인 질 평가와 총체적인 질 평가에서 5학년의 스페인 모어 화자들의 쓰기 점수를 유의하게 향상시키는 것으로 나타났다(Gomez, Parker, Lara-Alecio, & Gomez, 1996).

■ 그 밖의 문제들

(1) ELL 수업에 있는 4학년 라틴계 학생들이 영어로 쓴 논증적인 글을 "이미 일반적인 영어 수업을 듣는 수준의" 학생들과 비교했을 때, Bermudez & Prater(1994, p.50)는 글의 양적 또는 질적 측면에서 두 집단 간에 차이가 없음을 발견하였다. (2) Peyton(1993)은 대화 저널 쓰기에서 ELL 교사들과 버마, 광둥, 한국, 그리고 이탈리아 학생들이 주고받은 질문을 분석하였다. 그 결과, 6학년 학생들이 자신의 의견과 생각에 대한 탐구능력을 신장시키는 데에 교사들의 질문이 효과가 있음을 보고하였다. 또한 교사들의 질문은 학생들로 하여금 적극적인 질문을 하도록 장려하였고, 지속적인 상호작용을 증가시키는 것으로 나타났다. (3) Peyton, Staton, Richardson, & Wolfram(1993)은 한 주간 12명의 6학년 학생들이 쓴 글을 분석한 결과, 중국어와 스페인어를 모어로 쓰는 학생들의 대화적 저널 쓰기가 주어진 쓰기 과제의 요구, 예를 들어 글이 하나의 주제로 통일성 있게 전개되고 있는가와 같은 측면에서 거의 적합한 것으로 나타났다. 대화 저널 쓰기는 다른 글쓰기보다 접속어의 사용이 더 많았는데, 그 이유는 아마도 대화적 저널쓰기를 일반 글쓰기보다 더 빈번하게 수행했기 때문인 것 같다. 또한 대화적 저널쓰기에서의 글의 응집성이 더 개선된 것으로 나타났다. 끝으로 주어진 쓰기 과제가 학생들의 개인적 지식과 관련성이 없을수록 학생들에게 더 어렵게 느껴지는 쓰기 과제임을 알 수 있었다. (4) 페르시아어와 인도어가 모어인 8학년 ELL 학생 6명은 종종 책에서 읽고 습득한 지식을 글을 쓸 때 사용하는 것으로 나타났다(Samway & Taylor, 1993). (5) 몇 명은 영어 모어 화자이고 몇 명은 ELL(8명의 서로 다른 인종으로 구성된) 학생인 7학년과 8학년 학생들이 쓴 묘사적 글쓰기를 분석한 결과를 보고한 Schleppegrell(1998)은 기능적 문법 측면에서 ELL 학생들의 쓰기에서 나타난 몇몇 오류를 기술하였다. 그 오류는 "be" 동사 사용에서 가장 빈번하게 나타났고, 어떤 학생들은 3인칭 단수의 사용에서, 또는 "of"를 사용하는 구에서 오류를 나타냈다. (6) 스페인어를 배우는 6학년 영어 모어 화자 3명이 스페인어로 전자메일을 쓰는 활동을 한 결과, 학생들은 독자를 고려하고 쓰기의 목적을 고려하였으며, 그에 맞추어서 그들의 담화 또한 다양하게 나타났다(Trenchs, 1996). (7) 영어를 배우는 12~13세의 핀란드 학생들의 경우, 핀란드에서 유사단어를 구별하는 능력이 영어로 이야기를 쓰는 능력에도 영향을 미치고 있었다(Lumme & Lehto, 2002).

중등 학년

■ **제2 언어 쓰기 과정이 모어 쓰기 과정과 유사한가, 아니면 다른가?**

네 그룹의 연구자들은 사고구술 쓰기에서, 모어 화자와 제2 언어 화자의 쓰기 간에, 또는 양쪽 언어를 모두 사용하는 참여자들 간에 유사점이 있다는 것을 발견했다. 또한 몇몇 사례에서는 차이가 발견되기도 하였다. 영어를 외국어로 학습하는 ("영어를 높은 수준으로 구사하는") 덴마크어 모어 화자가 양쪽 언어로 글을 쓸 때, 사전 쓰기 과정을 포함하여 전반적인 범주에서 계획하기를 사용하였고, 유사한 견해를 선정하여 조직할 수 있으며, 크게 소리 내어 읽으면서 썼고, 끝으로 축어적 동사화 구문을 사용할 수 있었다고 보고되었다(Albrechtsen, 1997). 연구자는 언어 간의 차이는 쓰기 과제의 화제와 학생들이 글을 쓰는 환경에서 나타나는 주의산만에서 기인했다고 보았다.

유사한 연구로 Roca de Larios, Marin, & Murphy(2001)는 7개 학교의 스페인어 모어 학생들을 대상으로 하여, 스페인어와 영어로 주장하는 글쓰기를 하도록 하고, 이들 두 언어에서 작문 과정의 유사성을 밝혔다. 연구자들은 내용을 생성해서 조직하는 과정과 초고 쓰기 과정에 초점을 두어 분석하였다. 이러한 과정에 초점을 두어 분석하면 문어 자료들이 글로 표현되는 과정과 어휘 단위, 통사 구조 등을 함께 살펴볼 수 있기 때문이다. 학생들은 모어와 영어로 쓰기를 할 때, 내용 생성과 조직에서 비슷한 시간을 할애했다. 그러나 두 언어 간의 쓰기 과정에는 적어도 한 가지 측면에서 질적인 차이가 나타났다. 모어로 글을 쓸 때에는 내용 생성과 조직이 5회 나타났지만 영어로 글을 쓸 때에는 2회 나타났다. 이와 유사하게 싱가폴 필자들은 모어와 영어로 설득적 글을 쓸 때 의미 구성 전략을 모국에서는 더 많이, 영어에서는 더 적게 사용하였다(Wong, 1993).

끝으로 영어로 불명확함이나 예측을 표현하는 능력을 보기 위한 연구에서, 영국에 거주하는 영어 모어 화자와, 영어를 학습하는 광동어 모어 화자 간에 생산된 문어에서도 아주 유사한 패턴이 발견되었다(Hyland & Milton, 1997). 이 두 집단의 학생들 모두 문법적 사용이 매우 협소하였고, 특히 조동사와 부사 사용을 어려워했다. 그러나 ELL 학생들이 이 부분에서 좀 더 어려움을 가지고 있었는데 학생들은 통사적으로 "단순한 구조를 사용했으며, 한정된 방법에 의존했고, 표현하기 위해 애를 썼으며, 정밀한 확실성을 전달하는 면에서 큰 어려움을 드러냈다"(p.201).

- 제2 언어 쓰기 발달의 특성을 어떻게 구별하고, 제2 언어 쓰기 발달이 모어 쓰기 발달과 비교해서 어떻게 정형화 될 수 있는가?

·8, 10, 12학년의 일반적인 학급에서 영어를 학습하는 캄보디아, 라오스, 몽족, 그리고 베트남의 동남아시아 모어 화자들이 모어로 묘사적인 글을 쓴 결과, 정확성, 유창성, 통일성[1] 그리고 조직 측면에서 큰 차이가 없었다(Tarone, Downing, Cohen, Gillette, Murie, & Dailey, 1993). 그러나 이들보다 더 낮은 수준의 ELL 학급에서 수업을 듣는 학생들은 정확성, 유창성, 통일성, 조직의 네 가지 측면 모두에서 유의미하게 낮은 점수를 받았는데, 낮은 수준의 ELL 학급에서 가장 높은 점수를 받은 학생이 높은 수준의 수업을 받는 8학년, 10학년 ELL 학생들보다 정확성과 유창성에서 점수가 낮았고, 10학년 ELL 학생보다는 통일성에서도 낮았다. 전체적으로, 높은 수준의 ELL 수업에 참여하는 학생들이 낮은 수준의 ELL 수업에 참여하는 학생들보다 모어 쓰기에서도 더 우수한 것으로 나타났다.

- 모어 쓰기와 제2 언어 쓰기의 지식/기능 사이에 전이가 있는가?

이후에 설명할 전자의 두 연구에서는 모어와 제2 언어 쓰기 사이에 특정 부분에서의 긍정적인 전이가 이루어지고 있음을 보고했고, 후자의 연구에서는 모어와 제2 언어 쓰기 사이에 오히려 간섭이 일어나고 있음을 보고했다. Olsen(1999)은 노르웨이 학생들이 쓴 영어 에세이에서 철자, 형태 음소적 오류, 구문론적 오류, 그리고 어휘론적 오류에 대하여 분석한 결과, 학생들의 모어 지식이 영어 쓰기에도 영향을 미친다는 결론을 내렸다. Wong(1993)의 연구에서도 싱가폴 학생들이 중국어와 영어로 설득적 글쓰기를 할 때, 한 언어의 의미 구성 전략이 다른 언어로 전이되었음을 발견하였다. 그러나 영어를 학습하는 케냐 학생들의 철자쓰기 연구에서, Nyamasyo(1994)는 케냐와 영어의 음성적 특성의 차이 때문에 오히려 영어 쓰기에서 간섭을 받아서 오류가 나타난다는 것을 발견하였다.

- 제2 언어 필자들의 능력에는 어떤 차이가 나타나는가?

Makinen(1992)은 10년 동안 영어를 외국어로 학습한 19세 핀란드 학생에 의하여 작성된 "반성적" 에세이를 '훌륭한-중간의-못쓴'으로 나누었고, 화제 구조를 분석하였다. 그 결과, 능숙한 필자는 다른 화제의 수준과 동등한 수준으로 화제를 생성하는 것에서 더 우수하였고, 상위 수준의 화제를 다루는 측면에서 훨씬 더 우수하였다. 능숙한 필자들은 글의 마지막

---

1) [역주] '통일성'은 coherence를 번역한 것이다. 독자의 편의를 위해 국어과 교육과정의 용어를 따랐다.

부분에서 다시 상위 수준의 화제로 돌아가는 경향이 있었다. 그러나 화제의 수준과 글의 질에서는 집단 간에는 유의미한 관련성이 없었다.

■ 특정한 교육적 중재가 효과적인가?

다음에서 소개할 열 개의 연구에서 각 연구자들은 일곱 가지의 중재 방법을 활용하였다. 영어 에세이 쓰기에서 영어로 진행되는 수업을 받는 아이슬란드 학생들은 에세이 쓰기(설득적 글쓰기)를 배우지 않은 집단들보다 더 나은 향상을 보여주었다. 그러나 아이슬란드어로 진행되는 수업만 받는 학생들은 에세이 쓰기를 배우지 않은 집단과 차이가 나타나지 않았다 (Berman, 1994). 또한 아이슬란드어로 진행되는 수업을 받는 학생들은 영어로 진행되는 수업을 받는 학생들과 에세이 쓰기를 배우지 않은 집단들보다 아이슬란드어로 에세이를 쓸 때 더 높은 수준을 보여주었다.

영어를 외국어로 학습하는 수업과 과정 쓰기 지도가 혼합된 지도에서, 광동어를 모어로 사용하는 학생들의 학업 성취에서 여학생들로만 구성된 학급에서 가장 긍정적인 효과가 나타 났다. 이와 달리 남녀 혼합반에서는 부정적인 영향을 미친 것으로 나타났으며, 나머지 학급에 서는 긍정과 부정이 혼합된 것으로 나타났다(Pennington, Brock, & Yue, 1996). 또한 교사가 과정 중심 쓰기에 대해서 가지고 있는 성향이 학생들의 성향에도 영향을 미친다는 것을 발견 하였다.

동료와의 상호작용이 없는 중재 지도를 받은 영어 학습자들(11개의 모어를 가진)은 문법적 정확성과 쓰기의 복잡성 측면에서 동료와 상호작용을 한 집단보다 더 나은 능력을 보여주었 다. 또한 쓰기를 지원하는 다양한 자료글이 문법적 정확성과 쓰기의 복잡성, 의사소통의 질, 그리고 아이디어 생성과 조직 측면과 관련이 있었다(Franken & Haslett, 1999).

다음으로 세 가지 연구에서 수정하기와 관련한 이슈에 대하여 논의하였다. Tsui & Ng (2000)는 중국어 모어 화자를 대상으로 하여, 영어로 이루어진 쓰기 지도 과정의 2분기와 4분기에 각 영어 에세이(2분기에는 설득적 과제, 4분기에는 묘사적이거나 설득적)를 쓰게 하고 교사와 동료가 제공하는 피드백의 영향을 살펴보았다. 모든 학생들이 교사의 피드백만 을 받아들인 반면, 몇몇 학생들은 교사와 동료의 피드백을 모두 많은 비중으로 반영하기도 했다. 이와 유사하게, Sengupta(1998)에서는 홍콩 학생들이 영어 작문에서 자기 평가와 동료 평가를 하게 한 다음, 학생들이 수정을 하는 양상을 살펴보았다. 그러나 대부분의 학생들은 동료의 조언을 교사의 조언만큼 가치 있다고 받아들이지는 않았다. 또 다른 연구인 Sengupta

(2000)에서는 수정하기 지도를 받은 학생들(광둥어 모어 화자)을 대상으로 하여 연구한 결과, 비교 집단에 비하여 영어 작문의 질에서 더욱 높은 능력을 보였다.

또 다른 두 연구에서는 작문에서 컴퓨터의 영향에 대하여 살펴보았다. 워드프로세서를 배운 광둥어 모어 화자 집단이 컴퓨터를 사용하여 영어 작문을 썼을 때, 펜을 사용한 집단보다 어휘, 언어 사용, 맞춤법, 그리고 총점에서 더 나은 점수를 받았다. 그러나 글의 내용이나 조직에 있어서는 차이가 나타나지 않았다(Lam & Pennington, 1995). 이와 유사하게, Silver & Repa(1993)에서는 워드프로세서를 배우고 사용할 줄 아는 학생들(5개의 서로 다른 모어를 사용하는)이 영어 에세이를 쓸 때(컴퓨터와 손글씨 쓰기 모두를 사용하여), 손글씨만으로 에세이를 쓴 비교 집단에 비해서 훨씬 좋은 점수를 받았음을 보고하였다. 그러나 이 두 집단 모두 자기 평가에서는 별다른 차이가 없었다.

4주간의 읽기 프로그램에 참여한 홍콩 학생들은 영어 쓰기 속도에서 눈에 띄는 성장을 보여주었는데, 이들은 T-Unit 사용에서의 오류와 문체 측면에서 많은 개선을 보여주었다(Sparks, Ganschow, Artzer, & Patton, 1997). 특히 능력이 높은 집단에서 그 효과가 두드러지게 나타났다.

끝으로 한 연구에서는 스페인어 수업에서 부진한 성적을 보이는 영어 모어 학생들과 평균적인 능력을 보이는 영어 모어 학생들에게 음성적 측면과 철자법적 측면에서의 개선을 목적으로 하여 설계된 지도를 투입하였다(Sparks, Ganschow, Artzer, & Patton, 1997). 그 결과, 양쪽 집단 모두 첫 1년 동안은 음성과 철자법적 측면에서 모두 눈에 띄는 향상을 보여주었는데 두 번째 해는 그렇지 못했다. 또한 두 집단 간에는 의미론적 기억 측정과 동사적 기억 측정에서만 작은 차이가 있었는데, 이에 관해서 연구자들은 모어에서의 능력 차이는 외국어 학습의 음성적, 철자법적, 그리고/또는 구문론적 측면에서의 부진한 학생과 평균인 학생을 구별하기 어렵다고 해석하였다.

- ■ 다른 쟁점들

ELL 학생들 중, 영어로 시험을 칠 것을 선택한 독일 학생들이 영어 수업과 영어 쓰기에 참여한 긍정적인 경험에 대하여 논평을 했다(Reichelt, 1997). 이들 학생들은 또한 "적어도 5학년 때부터 영어 교육을 받아왔음에도 불구하고, 어휘, 독해, 그리고 그 언어에 '익숙해지는 것'은 우리들에게 여전히 중요한 문제이다"(p.282)라고 밝혔다.

일반화할 수 있는 논의와 앞으로의 연구 주제 도출하기

지금까지 살펴본 연구들에서 아주 소수의 연구만이 연구의 일반화를 위하여 환경적 상황 (예를 들어, 특정 지역의 학생들, 동일한 새 언어를 유사한 환경에서 배우는 동일한 모어 배경의 참여자 등)을 통제하는 것을 중요하게 고려했다. 다음 절에서 필자는 비교적 신뢰할 만한 논의를 추출하여 정리할 것이며, 다중 언어 쓰기 연구에서 앞으로 해결해야 할 연구 주제에 대해서 논의하고자 한다.

일반화가능한 주장

지금까지 살펴본 연구를 바탕으로 하여 미취학 아동에서부터 12학년에 이르는 학생들의 다중 언어 쓰기에서 나타난 다양한 논의를 종합할 때 공통적으로 이끌어낼 수 있는 신뢰할 만한 논의는 무엇인가? 이에 관해서 필자는 "거의 없다"라고 말할 수 있다. 단지 세 개의 논의만을 일반화시킬 수 있는데, 이들도 아주 적은 수의 연구와 참여자들에 기초하고 있을 뿐이다. 일반화할 수 있는 세 가지 논의는 다음과 같다.

1. 아주 어린 아동들의 경우, 외국어로서 영어 쓰기의 발달 양상은 아마도 영어 모어 화자들의 초기 쓰기 발달 양상과 유사할 것이다(7개 연구).
2. 초등학교, 그리고 중학교 수준의 학생들에게 지식/기술은 모어와 제2 언어 쓰기 간에 전이가 가능하다(7개 연구).
3. 중학교와 고등학교 수준의 다국적 학생들이나 영어를 외국어로 배우는 학생들의 경우, 특정 작문 과정에서 차이가 있었음에도 불구하고, 모어와 제2 언어 쓰기 간에 아주 유사한 특성을 보일 것이다(5개 연구).

이들 세 가지 주장에 대한 논의

앞서 제시한 세 가지 주장에서 첫 번째 주장은 몇몇 연구자들이 연구한 어린 아동들의 다중 언어 읽기 발달에 대한 연구를 상기시킨다. 예를 들어, 몇몇 연구에서는 아주 어린 아동들이 제2 언어로서의 영어 읽기 전략의 발달에서 높은 수준의 진전을 보이고 있음을 지적하고, 이러한 발달 양상은 영어 모어 화자 아동들이 보이는 전형적인 발달과 비교하여 어떤 점에서 유사성이 있는지를 설명하였다(예, Araujo, 1997; Fitzgerald & Noblit, 1999; Geva & Yaghoub-Zadeh, 2000; Weber & Longhi, 1996). 2003년 가을의 발표에서, 소수 언어 아동들을 위한 국제 문식성 패널의 대표들 또한 이러한 발달 측면에서의 가능성과 유사성을 주장할 수 있는 충분한 근거가 있다고 잠정적으로 결론을 내렸다(August, 2003).

두 번째 주장에서 전이의 의미는 한 언어에 대한 지식이나 기능에서의 발달이 다른 언어에 긍정적으로 사용된다는 것이다. 음성학적 지식과 같이 특정 지식 측면에서의 언어적 전이에 관한 연구 결과는 Cummins(1979)의 연구에서 주장된 언어 간의 상호 의존성을 뒷받침해 주는 근거가 된다. 언어 간의 전이에 관한 한 개 연구에서 언어 간의 전이가 약간의 효과만 있었다고 해도, 언어의 전이에 관해서는 앞으로 계속 연구될 가치가 있다.

세 번째 주장은 성인을 대상으로 이루어진 선행연구들과도 유사한 결론에 해당한다. 예를 들어, Silva(2001)와 Krapels(1990)는 모어 쓰기 과정과 외국어 쓰기 과정 사이에 유사한 과정이 있다는 결론을 내렸지만, 또 다른 연구인 Silva(1997)는 유사함보다는 차이를 발견하였다. 또한 Krapels(1990)는 미숙한 제2 언어 필자들의 쓰기 과정이 미숙한 모어의 필자의 쓰기 과정과 유사함을, 그리고 숙달된 제2 언어 필자들의 과정이 숙달된 모어 필자들의 쓰기 과정과 유사하다고 보고하였다. 그리고 Krapels는 제2 언어 필자들이 쓰기 과정에서 겪는 어려움은 언어적 측면보다는 개별적인 작문 수행 능력과 더 많은 관련이 있다고 결론지었다. Manchon-Ruiz(1997)는 성인들의 제2 언어 쓰기에서 모어 쓰기와 같이 "귀납적이고 문제 해결 과정"이 있다고 보고하였지만(p.197), 제2 언어로 생산된 텍스트를 세밀하게 살펴보았을 때, 모어에서의 전략 사용 측면과 일부 다른 면이 있음을 보고하였다.

학령기 학생들의 모어 작문에 대한 연구와 이론이 축적되어 온 상황과 역사를 볼 때 학교 재학 중인 학생들을 대상으로 한 다중 언어 작문 연구가 거의 없다는 사실은 다소 놀랄 만한 일이다. 이러한 현상은 아마도 이렇게 설명할 수 있을 듯하다. 영어과 교수진과 언어학자들은 학생보다는 성인에 연구의 초점을 맞추는 경향이 있고, 읽기와 쓰기 같은 문해 활동은 구어 활동을 계승한 것으로 간주하는 경향이 있는데, 이러한 다중 언어의 관심이 이와 같은 현상의 원인이 된 것으로 보인다.

후속 연구 주제

다중 언어 쓰기에 관한 연구가 앞으로 얼마나 발전할 수 있을까? 이 분야의 연구가 아직은 초기 수준이므로 앞으로 나아갈 수 있는 무수히 많은 발전 국면들이 있다. 끝으로 이 분야에서 중요하다고 여겨지는 발전 방향을 제안하고자 한다.

첫째, 다중 언어 쓰기 연구는 다중 언어 쓰기 이론을 발전시키는 것에 실제적인 도움을 줄 수 있다(이와 유사한 논의로 Fitzgerald, 2003 참고). 이는 다시 말해서, 다중 언어 쓰기를 연구하는 연구자들은 반드시 자신의 이론이나 이전에 발표된 기존 이론을 검증하는 연구를 해야 함을 함의한다. 아쉽게도 여기에서 살펴봤던 56개의 연구에서는 이처럼 다중 언어 쓰기 이론에 근거해서 이루어진 연구는 아주 극소수였다. 지금까지는 극소수의 연구자들만이 제2 언어 쓰기 이론에 관한 세부적인 측면을 논의하였다. Grabe(2001), Grabe & Kaplan(1996), Matsuda(2001), 그리고 Silva(2001)의 연구는 제2 언어 쓰기와 관련하여 대표적으로 인용되고, 이들의 연구에서는 핵심 변인, 변인의 기능, 변인 간의 관계를 제시하고 있다. 앞으로의 연구가 이들 이론에 근거하여 이루어진다면, 다중 언어 쓰기에 관한 질문과 쟁점이 더욱 초점화될 것이고, 이와 관련한 연구는 더욱 체계화될 것이며, 이를 통해서 현존하는 이론들이 검증될 것이다. 이러한 과정을 통해서 효과적이라고 검증된 이론들이 제공된다면, 교사들은 학생 지도에 더욱 더 자신감을 갖게 될 것이고, 나아가 학생 지도 능력도 향상시킬 수 있을 것이다.

둘째, 앞선 논의에서 필자는 '연구 방법론적 비평'을 강조하였는데, 이와 관련해서는 반드시 모든 연구와 모든 보고서에서 정확하게 제시되고 설명되어야 한다. 학술지 편집자들과 심사자들 또한 엄격한 연구 방법과 이와 관련한 구체적인 보고에 대해서 높은 수준의 평가를 해야 할 것이다.

셋째, 미취학 아동에서부터 각급 학교 재학 학생들을 대상으로 하여 실험 연구를 진행한 대부분의 연구는 그 자체만으로도 충분한 가치가 있다. 내 생각에 이들 연구는 최근의 다중 언어 쓰기 이론에 기반을 두었거나 그와 관련되어 있다. 적어도 미국, 영국, 캐나다와 같은 국가에서는 이러한 다중 언어 쓰기에 대한 연구가 단순히 이론적 연구뿐만 아니라, 사회정치적인 문제이기도 한다. 그러한 문제는 다음과 같다.

1. 제2 언어 쓰기 과정이 무엇인가? 그 과정은 어떻게 기술될 수 있는가?
2. 새로운 언어로 쓰는 것과 관련한 인지적 과정은 모어 쓰기와 관련된 인지적 과정과

유사한가, 아니면 다른가? 만약 같거나 다르다면 어떤 식으로 그러한가? 작문 과정에 관한 하나의 이론만으로도 다중 언어 쓰기를 기술하는데 충분한가, 아니면 여러 개의 이론이 필요한가?

3. 어떤 작문 과정이 모어와 제2 언어 쓰기를 넘어서 전이될 수 있는가?

4. 어떤 사회정치적 상황이 제2 언어 쓰기 과정과 생산에 영향을 줄 수 있을까?

5. 제2 언어 쓰기 발달을 어떻게 기술할 수 있는가? 이러한 발달은 연령이나 학년에 따라 차이가 있는가? 또는 이민자와 유학생, 새로운 언어를 배우는 모어 화자와 같은 사회정책적인 측면에서 어떠한 차이가 있는가? 그리고 모어 작문 능력과 관련이 있는가?

6. 현시적인 지도로 가르칠 수 있는 제2 언어 작문의 특성은 무엇인가?

7. 모어로 쓰기를 먼저 배우는 것은 다른 언어로 쓰는 것을 촉진시킬 수 있는가? 학생들이 모어로 쓰는 것을 배우지 않고 새로운 언어로 잘 쓰는 것을 배울 수 있는가?

8. 모어 발달과 제2 언어 대한 구어 발달이, 제2 언어의 문어 발달과 어떠한 관련이 있는가?

9. 학생들의 모어 쓰기에서는 나타나지 않지만 반드시 학습해야 하는 제2 언어 쓰기 과정의 "특별한" 양상이 있는가?

10. 장르 친숙성과 같은 문화적 배경 측면 중에서 제2 언어 쓰기 과정과 산출에 영향을 주는 측면이 무엇인가?

세계에는 이민 오는 사람과 이민을 가는 사람들이 증가하면서(적어도 북부 아메리카의 경우 이는 명백하다), 국제적인 시민의식에 대한 부담이 더욱 커져가고 있다. 이에 따라 다중 언어 작문을 포함하여 다중 언어화의 중요성은 더 커질 것이다. 이민을 가게 되면 아동들은 더 이상 모어로 수업을 받지 못하고, 제2 언어 쓰기 능력이 학업에서 중요하게 기능하는 환경에 갑자기 처해진다. 이러한 상황에서, 제2 언어를 사용하는 작문은 학생들의 교육적 진보와 미래의 성공을 위하여 매우 중요한 능력이다. 우리 학생들에게 도움을 주기 위해서는 다중 언어 쓰기와 관련한 연구들과, 언어학적, 심리학적, 사회학적, 그리고 교육 영역에서 도출된 다양한 이론들과 종합하여, 다중 언어 쓰기와 관련한 앞으로의 연구 과제를 굳건하게 다질 수 있어야 할 것이다.

참고문헌

Albrechtsen, D. (1997). One writer two languages: A case study of a 15-year-old student's writing process in Danish and English. *International Journal of Applied Linguistics*, 7, 223-250.

Arab-Moghaddam, N., & Sénéchal, M. (2001). Orthographic and phonological processing skills in reading and spelling in Persian/English bilinguals. *International Journal of Behavioral Development*, 25, 140-147.

Araujo, L. (1997, December). *Making the transition to English literacy*. Paper presented at the annual meeting of the national Reading conference, Scottsdale, AZ.

August, D. (Chair). (2003, December). *National Literacy Panel on language Minority children and Youth: Findings from the panel's research synthesis*. Symposium presented at the annual meeting of the National Reading Conference, Scottsdale, AZ.

Berman, R. (1994). Learners' transfer of writing skills between languages. *TESL Canada Journal*, 12, 29-46.

Bermúdez, A., & Prater, d. (1994). Examining the effects of gender and second language proficiency on Hispanic writers' persuasive discourse. *Bilingual Research Journal*, 18, 47-62.

Blanton, L. L. (1998). *Varied voices: On language and literacy learning*. Boston, MA: Heinle & Heinle.

Buckwalter, J. K., & Lo, Y. G. (2002). Emergent biliteracy in Chinese and English. *Journal of Second Language Writing*, 11, 269-293.

Carlisle, R. (1989). The writing of Anglo and Hispanic elementary school students in bilingual submersion and regular programs. *Studies in Second Language Acquisition*, 11, 257-280.

Chan, L. & Louie, L. (1992). Developmental tread of chinese preschool children in drawing and writing. *Journal of Research in childhood Education*, 6, 93-99.

Cumimins, J. (1979). Linguistic interdependence and the educational development of bilingual children. *Review of Educational Research*, 49, 222-251.

Davis, L. H., Carlisle, J. F., Beeman, M. (1999). Hispanic children's writing in english and Spanish when English is the language of instruction. *Year-book of the National Reading Conference*, 48, 238-248.

Dworin, J. E. (1998, April). *Biliteracy development: Perspectives from research in children's reading and writing*. Paper presented at the annual meeting of the American Educational Research Association, San Diego, CA.

Elley, W. B. (1994). Acquiring literacy in a second language: The effect of book-based programs. *In reading and writing* (pp. 331-366). Ann Arbor, MI: Research Club in Language Learning.

Everatt, J., Smythe, I., Adams, E., & Ocampo, D. (2000). Dyslexia screening measures and bilingualism. *Dyslexia*, 6, 42-56.

Fazio, L. L. (2001). The effect of corrections and commentaries on the journal writing accuracy of minority- and majority-language students. *Journal of Second Language Writing*, 10, 235-249.

Ferris, D. R. (2003). *Response to student writing: Implications for second language students*. Mahwah,

NJ: Erlbaum.

Ferroli, L., & Shanahan, T. (1993). Voicing in Spanish to English knowledge transfer. *Yearbook of the National Reading Conference*, 42, 118-122.

Fitzgerald, J., & Noblit, G. w. (1999). About hopes, aspirations, and uncertainty: First-grade English-language learners' emergent reading. *Journal of Literacy Research*, 31, 133-182.

Fitzerald, J. & Noblit, G. W. (2000). Balance in the making: Learning to read in an ethnically diverse first-grade classroom. *Journal of Educational Psychology*, 92, 1-20.

Fitzgerald, J., & Shanahan, T. (2000). Reading and writing relations and their development. *Educational Psychologist*, 35, 39-50.

Franken, M., & Haslett, S. J. (1999). Quantifying the effect of peer interaction on second language students' written argument texts. *New Zealand Journal of Educational Studies*, 34, 281-293.

Franklin, E., & Thompson, J. (1994). Describing students' collected works: Understanding American Indian children. *TESOL Quarterly*, 28, 489-506.

Garrett, P., Griffiths, Y., James, C., & Scholfield, P. (1994). Use of the mother-tongue in second language classrooms: An experimental investigation of the effects on the attitudes and writing performance of bilingual UK school children. *Journal of Multilingual and Multicultural Development*, 15, 371-383.

Geva, E., & Yaghoub-Zadeh, Y. (2000). *Understanding individual differences in word recognition skills of ESL children*. Manuscript submitted for publication.

Glaser, B. (1978). *Theoretical sensitivity: Advances in the methodology of grounded theory.* Mill Valley, CA: Sociology Press.

Gomez, R., Jr. Parker, R., Lara-Alecio, R., & Gomez, L. (1996). Process versus product writing with limited English proficient students. *Bilingual Research Journal*, 20, 209-233.

Goldenberg, C. (1992/1993). Instructional conversations: Promoting comprehension through discussion. *Reading Teacher*, 46, 316-326.

Goldstein, L. (2001). For Kyla: what does he research say about responding to ESL writers? In T. Silva & p. K. Matsuda (Eds.), *On second language writing* (pp. 73-89). Mahwah, NJ: Erlbaum.

Grabe, W. (2001). Notes toward a theory of second language writing. In T. Silva & P. K. Matsuda (Eds.), *On second language writing* (pp.39-57). Mahwah, NJ: Erlbaum.

Grabe, W., & Kaplan, R. (1996). *Theory and practice of writing: An applied linguistics perspective.* New York: Longman.

Huss, R. (1995). Young children becoming literate in English as a second language. *TESOL Quarterly*, 29, 767-774.

Hyland, K., & Milton, J. (1997). Qualification and certainty in L1 and L2 students' writing. *Journal of Second Language Writing*, 6, 183-205.

Jackson, N. E., Holm, A., & Dodd, B. (1998). Phonological awareness and spelling abilities of Cantonese-English bilingual children. *Asia Pacific Journal of Speech, Language, and Hearing*, 3, 79-96.

James, C., & klein, K. (1994). Foreign language learners' spelling and proof-reading strategies. *Parers and Studies in Contrastive Linguistics*, 29, 31-46.

Krapels, A. R. (1990). An overview of second language writing process research. In B. Kroll (Ed.), *Second language writing research : Insights for the classroom* (pp. 37-56). New York: Cambridge University Press.

Lai, F. (1993). The effect of a summer reading course on reading and writing skills, *System*, 21, 87-100.

Lam, Fl., & Pennington, M. (1995). The computer vs. the pen: A comparative study of word processing in a Hong Kong secondary classroom. *Computer Assisted Language Learning*, 8, 75-92.

Lanauze, M., & Snow, C. E. (1989). The relation between first- and second-language writing skills: Evidence from Puerto Rican elementary school children in bilingual programs. *Linguistics and Education*, 1, 323-339.

Lumme, K., & Lehto, J. E. (2002). Sixth grade pupils' phonological processing and school achievement in a second and the native language. *Scandinavian Journal of Educational Research*, 46, 207-217.

Maguire, M. (1994). Cultural stances informing storytelling among bilingual children in Quebec. *Comparative Education Review,* 38, 115-143.

Maguire, M. H., & Graves, B. (2001). Speaking personalities in primary school children's L2 writing. *TESOL Quarterly,* 35, 561-593.

Mäkinen, K. (1992). Topical depth and writing quality in student EFL compositions. *Scandinavian Journal of Educational Research*, 36, 237-247.

Manchón-Ruiz, R. M. (1997). Learners' strategies in L2 composing. *Communication and Cognition,* 30, 91-113.

Matsuda, P. K. (2001). Contrastive rhetoric in context: A dynamic model of L2 writing. In T. Silva & P. K. Mastuda (Eds.), *Landmark essays on ESL writing* (pp. 241-255.). Mahwah, NJ: Erlbaum. Reprinted from Contrastive rhetoric in context: A dynamic model of L2 writing. *Journal of Second Language Writing*, 6, 45-60, by P. K. Matsuda, 1997.

Moss, P. A. (1994). Can there be validity without reliability. *Educational researcher*, 23(2), 5-12.

Nathenson-Mejia, S. (1989). Writing in a second-language: Negotiating meaning through invented spelling. *Language Arts*, 66, 516-526.

Neufeld, P., & Fitzgerald, J. (2001). Early English reading development: Latino English learners in the "low" reading group. *Research in the Teaching of English*, 36, 64-109.

Nyamasyo, E. (1994). An analysis of the spelling errors in the written English of Kenyan pre-university students. *Language, Culture, and curriculum*, 7, 79-92.

Olsen, S. (1999). Errors and compensatory strategies: A study of grammar and vocabulary in texts written by Norwegian learners of English. *System*, 27, 191-205.

Patthey-Chavez, G., & Clare, L. (1996). Task, talk, and text: The influence of instructional conversation on transitional bilingual writers. *Written Communication*, 13, 515-563.

Pennington, N., Brock, M., & Yue, f. (1996). Explaining Hong Kong students' response to process writing: An exploration of causes and outcomes. *Journal of Second Language Writing*, 5, 227-252.

Peyton, J. K. (1993). Teacher questions in written interaction: Promoting student participation in dialogue. In J. K. Peyton & J. Staton (Eds.), *Dialogue journals in the multilingual classroom: Building language fluency and writing skills through written interaction* (pp. 155-172). Norwood, NJ: Ablex.

Peyton, J. K., Staton, J., Richardson, G., & Wolfram, W. (1993). The influence of writing task on ESL students' written production. In J. K. Peyton & J. Staton (Eds.), *Dialogue journals in the multilingual classroom: Building language fluency and writing skills through written interaction* (pp. 196-221). Norwood, NJ: Ablex.

Polio, C. (2001). Research methodology in second language writing research: The case of text-based studies. In T. Silva & P. K. Matsuda (Eds.), *On second language writing* (pp. 91-115). Mahwah, NJ: Erlbaum.

Prater, D., & Bermúdez, A. (1993). Using peer response groups with limited English proficient Writers. *Bilingual Research Journal*, 17, 99-116.

Reichelt, M. (997). Writing instruction at the German Gymnasium: A 13th grade English class Writes the Abitur. *Journal of Second Language Writing*, 6, 265-291.

Reichelt, M. (2001). A critical review of foreign language writing research on pedagogical practices. *Modern Language Journal*, 85, 578-598.

Reynolds, D. W. (2002). Learning to make things happen in different ways: causality in the writing of middle-grade English language learners. *Journal of Second Language Writing*, 11, 311-328.

Roca de Larios, J., Marin, J., & Murphy, L. (2001). A temporal analysis of formulation processes in L1 and L2 writing. *Language Learning*, 51, 497-538.

Rudden, J. F., & Nedeff, A. R. (1998). ESL learners: Process writing and publishing good literature. *Reading Horizons*, 38, 181-202.

Samway, K. (1993). "This is hard, isn't it?": Children evaluating writing. *TESOL Quarterly*, 27, 233-258.

Sa

Schleppegrell, M. J. (1998). Grammar as resource: Writing a description. *Research in the Teaching of English*, 32, 182-211.

Sengupta, S. (1998). Peer evaluation: "I am not the teacher." *ELT Journal*, 52, 19-27.

Sengupta, S. (2000). An investigation into th effects of revision strategy instruction on L2 secondary school learners. *System*, 28, 97-112.

Seow, A. (1997). Relative frequencies of use of English verb patterns in narrative writing. In v. Berry, B. Adamson, & W. Littlewood (Eds.), *Applying linguistics: Insights into language in education* (pp. 151-175). Hong Kong: English Centre at the University of Hong Kong.

Silva, T. (1997). Differences in ESL and native English speaker writing: The research and its implications. In C. Severino, J. C. Guerra, & J. E. Butler (Eds.), *Writing in multicultural settings* (pp. 209-291). New York: Modern Language Association of America.

Silva, T. (2001). Toward an understanding of the distinct nature of L2 writing: The ESL research and its implications. In T. Silva & P. K. Matsuda (Eds.), *Landmark essays* (pp. 191-208). Mahwah, NJ: Erlbaum. (Reprinted from *TESOL Quarterly*, 27, 657-675, by, T. Silva, 1993).

Silver, N., & Repa, J. (1993). The effect of word processing on the quality of writing and self-esteem of secondary school english as s second language students: Writing without censure. *Journal of Educational Computing Research*, 9, 265-283.

Sparks, R. L., Ganschow, L, Artzer, M., & Patton, J. (1997). Foreign language proficiency of at-risk and not-at-risk learners over 2 years of foreign language instruction: A follow-up study. *Journal of Learning Disabilities*, 30, 92-98.

Taronge, E., Dowining, B., Cohen, a., Gillete, S., Murie, R., & Dailey, B. (1993). The writing of Southeast Asian-American students in secondary school and university. *Journal of Second Language Writing*, 2, 149-172.

Trenchs, M. (1996). Writing strategies in a second language: Three case studies of learners using electronic mail. *Canadian Modern Language Review*, 52, 464-497.

Tsui, A. B. M., & Ng, M. (2000). Do secondary L2 writers benefit from peer comments? *Journal of Second Language Writing*, 9, 147-170.

Wade-Woolley, L., & Siegel, L. S. (1997). The spelling performance of ESL and native speakers of English as a function of reading skill. *Reading and Writing: An Interdisciplinary Journal*, 9, 387-406.

Weber, R. M., Longhi, T. (1996, December). *Moving into ESL literacy: Three learning biographies.* Pater presented at the annual meeting of the National Reading Conference, Charleston, SC.

Wolfe-Quintero, K., Inagaki, S., & Kim, H. Y. (1998). *Second language development in writing: Measures of fluency, accuracy and complexity.* Honolulu: University of Hawaii Press.

Wong, R. Y. L. (1993). Strategies for construction of meaning: Chinese students in Singapore writing in English and Chinese. *Language, Culture, and Curriculum*, 6, 291-301.

Zutell. J., & Allen, V. (19880. The English spelling strategies of Spanish-speaking bilingual children. *TESOL Quarterly*, 22, 333-340.

제 V 부

연구 방법과
분석 도구

제24장
쓰기에 대한 질적 연구

Katherine Schultz

따뜻한 9월의 어느 날, 필라델피아의 5학년 교실에서 자신의 책상에 앉아있던 Michael은 캄보디아에서의 기억을 떠올렸다. MIchael이 써야 하는 시의 제목은 "나는 어디에서 왔는가.[1]" 였다. 그리고 그는 교사와 학급 친구들로부터 이 시에 포함되었으면 하는 이미지들의 예를 받았다. 시작하는 것은 어렵지 않았다. 그는 매일 그가 어디에서 왔는지 떠올려 왔었기 때문이다. 이는 그의 정체성과도 관련이 있는 것으로서, 그가 도시의 공립학교에 온 이후로 스스로를 교사나 동료들에게 소개할 때 중심이 되는 것이었다. 그는 제목을 "내가 온 곳은"으로 정하고 과거의 세계와 지금의 세계를 뒤섞기 시작했다.

내가 온 곳은 킬링필드, 동물들이 널려 있고, 자전거를 타고, 사랑을 나누는 곳.
내가 온 곳은 쌀, 계란말이, 국수. 내가 온 곳은 DVD와 노래와 CD와 영화와 모형 자동차.
내가 온 곳은 가난하고 부유한 곳. 내가 온 곳은 질병과 아픔이 있는 곳.
내가 온 곳은 우리들의 따스한 심장과 사랑하는 할머니, 할아버지가 있는 곳.
내가 온 곳은 내가 사랑하는 깃발. 그 깃발은 우리나라의 사랑. 내가 온 곳은 붉고 푸른
  곳. 내가 온 곳은 캄보디아.

그의 학급 친구이면서 최근에 캄보디아에서 미국으로 이민 온 Samay는 Michael가 글을

---

1) [역주] 이 과제는 Linda Christensen(2000)이 쓴 〈Reading, Writing and Rising Up〉에서 따온 것이다. 이 과제는 다양한 국가의 12학년 학생들과 대학교 수업에서 널리 쓰였다.

쓰는 것을 조용히 지켜보고 나서 자신의 쓰기로 다시 돌아왔다. 또 다른 학급동료는 이 글이 시작되는 첫 단어인 "킬링필드"에서 당황했고, 처음에는 그 의미를 이해하지 못했으나, 그녀의 이웃에서 벌어지고 있는 포격과 위협의 꾸준한 흐름으로 대체해서 이해했다.

그 해 말, Michael은 약간 다르지만 여전히 관련 있는 과제를 받았다. Michael은 그의 과거, 현재, 미래에 대해 다양한 매체로 된 이야기를 구성하도록 지도받았다. 그와 그의 학급 동료들은 그들이 어디에서 왔으며, 5학년 때 학교에서 경험한 것은 무엇이며, 미래에 대해 어떠한 꿈을 가지고 있는지에 대해 이미지, 단어, 음악을 사용하여 표현하도록 요구받았다. 이번에도 Michael은 그의 가족들과 고국인 캄보디아에서의 기억을 떠올렸다. 그는 캄보디아에서 최근에 죽은 친척의 집에서 가져온 그림 한 장, 컴퓨터에 있던 이미지와 지도, 몇 장의 사진을 학교에 가지고 왔다. 그 그림은 친척에 대한 그의 존경을 나타내는 것이었고, 그가 태어난 곳의 본질을 잘 보여주는 것이었다. 사진은 그의 삶이 처해있는 상황을 설명하고 있었다. 그는 캄보디어의 음악을 선택했고, 녹음기에 이야기를 낭독해서 녹음했다. 그의 마지막 프로젝트는 2분 분량의 iMovie였는데, 여기에서 그는 그를 일 년 내내 따라다녔던 슬픔의 실체를 구체화하여 자신의 과거, 현재, 미래 순서로, 마치 꿈같은 구성방식을 통해 제시하였다.

1년 동안 지속된 다양한 매체 스토리텔링(Schultz & Vasudevan, 2005)에서 얻어낸 이 짧은 자기소개서(vignette[2]))는 쓰기 연구에서의 질적 연구 방법론의 사용에 대한 몇 가지 가능성을 제시해 준다. 간단한 자기소개 글은 쓰기 연구에 대한 현재와 미래의 방향을 보여준다. 동시에 지난 30년간의 다양한 연구 문제와 연구 방향들을 보여주기도 한다. 이는 새로운 기술과 매체에 의한 약간의 변화가 동반되긴 하나. 그럼에도 불구하고 과거의 연구 문제가 현재의 연구로도 지속될 수 있음을 잘 보여준다.

예를 들어, 1970년대에 시작된 연구에 의존하여, 현재의 연구자들은 아마도 Michael이 단어를 선택할 때나 시를 정교하게 가다듬을 때 그가 내린 각각의 결정에 대해 설명하려 하면서 Michael의 작문 과정에 대해 초점을 둘 것이다. 그렇지 않으면 당대의 다른 연구 흐름을 반영하여, 연구자들은 Michael의 쓰기와 가정 및 공동체 맥락 사이의 관계에 대해 연구할 수도 있을 것이다. 예를 들어 '그가 쓴 글의 결과, 목적, 예상독자의 범주 및 그 요인은 어떠한가?'와 같은 주제를 연구할 수 있다. 또한 쓰기의 사회적 속성에 초점을 맞춘 보다 최근의 연구들에 의존하여, Michael이 작문을 하는 과정 동안 친구들과 맺는 관계 및 대화에 초점을 둘 수도 있는데 이러한 측면에서 연구자들은 '그의 이미지는 어디에서 온 것인가?

---

2) [역주] 특정한 사람·상황 등을 분명히 보여주는 짤막한 글·행동을 의미한다.

그리고 그 이미지는 학급의 의사소통 맥락에 의해 어떻게 형성되었는가?'와 같은 질문을 할 수 있다. 소비에트 문해 이론가인 Mikhael Bakhtin(예를 들어 1981)의 연구에 기대어, 연구자들은 Michael이 어떻게 교실에서 유용한 담화를 채택하고 변환하는지에 대해 조사할 수 있을 것이다. 연구자들은 또한 그의 다양한 정체성들(어린 캄보디아 소년, 5학년 학생, 긴밀하게 맺어진 가족의 구성원 등)이 그가 작문한 내용과 방식에 어떻게 나타났는지에 대한 연구 문제를 제기할 수도 있을 것이다. 마지막으로, 쓰기 연구의 최근의 경향에 따라서 연구자 들은 Michael이 그의 작문 각각에서 아이디어를 표현하기 위해 의존한 다양한 양식들 (modalities)에 초점을 맞출 수도 있을 것이다. 예를 들어 '어떻게 그의 이야기가 이미지와 소리를 통해 전해지는가? 어떻게 그러한 자원들과 도구들에 대한 접근과 지배가 그의 작문 과정과 결과물, 그리고 메시지를 다듬는 능력을 변화시켰는가?'와 같은 질문이 그것이다. 이러한 각각의 질문들과 연구 방향은 지난 30여 년간 쓰기 연구에서 각기 다르게 중시해 온 부분들을 반영한 것이며, 동시에 이들 각각의 제안들은 최근의 쓰기 연구와 교육에 새로운 방향을 제시하고 있다.

1970년대 초반부터, 연구자들은 발전된 일련의 연구 문제들을 중점적으로 다루기 위해서, 다양한 범주의 질적 연구를 수행하였고, 다양한 연구 방법들을 사용해 왔다. 이러한 질적 연구들을 통해서 쓰기, 학교 교육, 다양한 범주의 교육적인 주제들에 대한 우리의 지식은 더욱 풍성하게 되었다. 물론 질적 연구가 쓰기 연구만의 독점적인 연구방법은 아니지만, 질적 연구는 최근 몇 년 동안 쓰기 분야의 연구가 발전하는 데에 많은 기여를 하였다(Hull & Schultz, 2001). Sperling & Freedman(2001)이 언급한 것과 같이, 최근의 쓰기 연구는 실험 연구들을 민족지학적 사례 연구나 교사 연구로 대체하는 경향을 보여주고 있다. 예를 들어, 쓰기 발달의 경우 기존에는 학생들의 쓰기 결과물만을 연구하는 것으로 생각되었으나, 최근에는 필자 개인의 작문 과정(예를 들어 Emig, 1971; Perl, 1979), 혹은 동료들 간이나 동료들과의 사회적 상호작용(예를 들어 Dyson, 1988, 1989; Lensmire, 1994; Schultz, 1997)까지도 탐색해야 하는 것으로 여겨지고 있다. 물론 텍스트 분석 방법이 쓰기 결과물에 나타나는 복잡성을 이해하는 데에 유용하지만, 질적 연구 방법은 연구자들이 학생 개인이나 집단의 쓰기 과정을 보다 넓은 시각에서 기술하고 분석하는 것을 가능하게 해 준다. 아울러 작문에서의 다양한 매체의 사용은, 필자의 정체성을 집중적으로 탐색하게 하면서 나아가 쓰기 발달에 대한 최근의 발견들을 산출할 수 있도록 했다. 쓰기에서의 성장 혹은 발달은 쓰기 과정과 생산물의 정교화 혹은 복잡성(예를 들어, Jewitt & Kress, 2003; Kress, 2001, 2003)에 더하여, 필자들이 작문을 하면서 선택하게 되는 매체와 양식(modality) 또한 일정 반영된 것으로 여겨지기 때문이다.

질적인 연구들로부터 얻어낸 결과들이 쓰기 연구의 발달에 기여했음이 명백함에도 불구하고, 지금까지는 결과 중심의 과학적 연구를 보다 중요하게 여기는 인식이 컸다. 이러한 인식은 결과 중심의 과학적 연구를 교육 연구에 있어서 유일하게 유용한 연구 방법으로 바라보는 견해이다. 예를 들어 교실수업에 전례없는 영향을 미친 2001년의 아동낙오방지법(U.S. Department of Education, 2001)의 경우, 양적 연구 방법에 기초한 결과 중심 연구에 기반하고 있다. 이러한 최근의 연구 흐름에서, 질적인 연구가 과거와 현재의 쓰기에 대한 우리의 지식과 연구 방향에 어떠한 기여를 했는지를 강조하기에 지금이 적기라는 생각이 든다. 특히 고부담 시험을 치르는 교육지역구에 속한 많은 학교에서는 읽기와 수학만이 강조되면서 교사들이 쓰기를 교육과정에 포함시키는 것을 거의 불가능하게 하고 있다. 또한 고부담 쓰기 교육자들과 연구자들을 가장 걱정스럽게 하는 것은, 많은 고부담 쓰기 평가로 인해 학생들이 평가를 효율적으로 준비하도록 하는 교육과정이 편협하고 공식적인 쓰기만을 촉진하고, 쓰기를 가르치는 것은 단지 기능에 지나지 않는다는 인식이 만연하게 되는 것이다.

이처럼 학교 수업에서 진정한 의미에서의 쓰기 교육이 제대로 이루어지지 않는 상황이나, 동시에 SAT 시험의 새로운 쓰기 영역의 평가는 가까운 미래에 쓰기 교육에 대한 요구를 증가시킬 가능성이 높다(National Commission on Writing in America's Schools and Colleges, 2003). 더군다나, 비록 학교에서 쓰기 지도를 하기 어렵다 하더라도, 어린 아이들은 그들의 학교 바깥에서의 생활에서 텍스트를 사용하고 변형하는 새로운 방식을 발견하고 있다(Hull & Zacher, 2004; Moje, 2000; Schultz, 2002; Schultz & Fecho, 2005). 이러한 상황에서 쓰기에서의 질적인 연구방법은 연구자에게 학교나 공동체의 경계를 넘어서는 쓰기를 탐구할 수 있는 도구이자, 교실 수업이나 연구에서 이미 알려진 방식의 텍스트 연구를 뛰어넘을 수 있는 방법이 될 수 있다.

이 장에서는 주요 연구들에 기대어서 쓰기 연구에서 나타난 주요한 개념적 진보 과정을 추적하고자 한다. 이러한 작업은 주요 연구를 통해 무엇을 배우게 되었는지를 설명하고 시작 부분에서 제시한 간단한 자기소개 글에서 제기된 질문들을 상세화하기 위한 것이다. 이 장을 진행하기 위해, 필자는 쓰기 교육을 이해하기 위한 질적 연구 방법들이 어떠한 기여를 했는지에 대해 간략히 논의할 것이다. 그리고 쓰기 교육의 영역을 보다 구체화시키고 이를 확장하는 데에 질적 연구 방법이 어떠한 장점을 가지고 있는지를 설명할 것이다. 그리고 이어서 쓰기에 대한 질적 연구에서의 몇 가지 변화에 대해서 설명할 것이다. 구체적으로는 첫째, 두 편의 이야기를 통해 질적인 연구로의 방법론적인 전환에 대한 역사적인 검토를 제시하고, 둘째, 쓰기 연구에서의 사회적인 변화를 잘 드러내는 쓰기 연구에 대한 최신 사례 네 편을 살펴볼 것이며, 마지막으로, 최근의 쓰기와 쓰기 연구에서의 관점의 변화를 반영한 쓰기 연구의 새로운 방향을 제안하는 연구를 소개할 것이다. 질적인 연구 방법에 초점을 두는 것과 동시에 질접 연구 방법을 통해서 만들어진 쓰기 연구의 연구 문제와 이러한 연구에 따른 함의점을 논의하고자 한다. 이러한 연구 검토는 지금까지 산출된 다양한 쓰기 연구(예를 들어 Dyson & Freedman, 1990; Freedman, 1994b; Freedman, Dyson, Flower, & Chafe, 1987; Freedman & Sperling, 1985)들과 교육에서의 질적 연구(예를 들어 Athanases & Heath, 1995; Bloome, 2003; Green & Bloome, 1997; Green, Dixon, & Zaharlick, 2003)에 대한 새로운 관점을 제시해 줄 것이다.

쓰기 연구에 질적 연구 방법이 기여한 부분

민족지학적 방법을 포함하여 교육에서의 질적 연구 방법들은 대부분 개인이나 사회적 집단들의 문화적이고 일상적인 행위에 대해 이해하기 위해 사용된다. 특히 이러한 행위가 시간과 공간에 따라 다양한 자원에 접근하는 방식에 어떠한 영향을 미쳤는지, 자원을 분배하는 방식에 어떠한 영향을 미쳤는지에 대해 연구하기 위해서 사용되기도 한다(Green et al., 2003; Ortner, 1984; Barton & Hamilton, 1998). 연구자들은 특정 사회문화에 속한 특정 사람들이 어떤 방식으로 대상을 해석하고 어떻게 상호작용을 하는 지를 연구하기 위해서 해석적 방법이라 불리는 질접 연구 방법을 사용한다(Dyson, 1987; Erickson, 1986; Geertz, 1973). 이러한 연구에 대한 검토는 몇 가지 다른 유형의 질적인 연구에 대한 사례들을 포함할 것이며, 여기에는 장기간에 걸쳐 이론적으로 수행된 민족지학적 연구, 사례 연구, 이야기 분석, 관찰 연구, 서술적인 조사 등이 포함될 것이다. Erickson(1986)은 질적 연구 방법을 가리키는 용어로 "민족지학적", "참여 관찰적", "사례 연구", "상징적 상호작용주의", "현상학적", "구성주의적", "해석적 연구" 등을 설명하면서 다음과 같은 점에 대해서 덧붙였다.

이러한 접근들은 모두 약간씩의 차이점을 가지고 있다. 그럼에도 불구하고 각각의 접근들은 다른 것들과 서로 가족이라 할 수 있을 정도로 강력한 유사점들을 가지고 있다. (중략) 이러한 작업들이 해석적 연구 방법이나 질적 연구 방법이 될 수 있도록 하는 것은 데이터 수집 절차에서의 차이가 아닌, 실제적인 초점과 집중의 문제이다. 다시 말해, **연구 기술** (technique)이 **연구 방법**(method)을 결정하는 것은 아니다(119-120쪽; 원문에서 강조).

이 절에서는 각각의 연구 방법들에 대한 설명을 하기보다는, 쓰기에 대한 우리의 이해를 보다 진보된 방향으로 이끌어줄 수 있는 질적 연구의 특성에 관해서 설명하고자 한다. 그리고 여기에서 설명하고자 하는 질적인 연구의 특성은 내부자의 시선에 초점 맞추기, 사회적 맥락에 대한 강조, 가정과 학교와 공동체 맥락을 포함하는 환경을 전반적으로 살필 수 있는 도구, 상황적인 의사소통과 언어에 대한 연구, 뉘앙스와 기술적인 언어의 사용 등이 포함된다. 쓰기에 대한 질적 연구들 중 상당수는 장기간에 걸쳐서 민족지학적으로 수행된 것이었다. 결과적으로, 이러한 특징들 중 몇 가지는 특히 이러한 방법론을 반영한 것이다.

질적인 연구 중 특히 민족지학적 연구 방법은 연구 환경에 참여한 사람의 관점에 기반을 두고 연구를 진행한다. 교육에서의 민족지학적 연구는 주로 특정 집단의 구성원들이 그들이 속한 사회 혹은 공동체 내에서의 일상적인 삶에 참여하기 위해서 무엇을 알아야 하는지, 무엇을 수행해야 하는지, 무엇을 예측해야 하는지, 또한 무엇을 해석해야 하는지에 초점이 맞추어진다. 여기서 말하는 사회 집단 혹은 공동체에는 교실, 학교, 혹은 학교 외부의 교육적인 상황 등이 될 수 있다(Heath, 1982). 이에 더하여, 민족지학적 연구는 비교의 틀, 장기간에 걸친 참여와 관찰에 대한 강조, 복합적인 방법들의 사용, 이론의 산출에 대한 초점 등에 의해 특징지어질 수 있다(Athanases & Heath, 1995). 민족지학적 연구 외에 질적인 연구의 다른 유형들은 더 짧은 기간 동안 수행되는 경향이 있으며, 반드시 하나 이상의 상황에 대한 비교 분석을 강조하는 것은 아니다. 에믹3) 혹은 참여자들의 시각에 대한 강조를 통해서, 민족지학자들을 포함하는 질적인 연구자들은 쓰기 수행에 대한 비판적인 지식들을 얻게 되었다. 예를 들어, 질적인 연구 방법들은 연구자들이 교수의 수행과 교육과정에 대해 정보를 얻도록 도와주었는데, 그 구체적인 방법은 학교 안과 바깥에서 학생들의 생활 속에서의 쓰기가 가지고 있는 의미와 특징에 대해 학생들이 어떻게 이해하고 있는지를 탐구하는 것이었다(예를 들어 Schultz, 2002). 쓰기에서의 질적 연구 방법은 교실 생활에 대해 학생들이 가지고 있는 살아있는 지식에 의존하여, 쓰기 교육에 대한 우리의 이해가 보다 증진되도록 해 주었다

---

3) [역주] 원주민들의 관점. 대립되는 개념으로 에틱(etic)이 있다. 에믹이 특수한 언어나 문화 내에서만 유의미한 수준이라면, 에틱은 검증할 수 있는 과학적 판단을 말한다.

(예를 들어 Fecho & Allen, 2003).

　질적인 연구의 두 번째 기여는 교수와 학습에 있어서의 문화적, 역사적, 사회적, 이데올로기적 맥락에 대한 관심을 증진시켰다는 점이다. 예를 들어, Sheridan, Street, & Bloome(2000)은 영국의 대중 관찰 프로젝트(이 장의 뒷부분에서 기술됨)에 대해 설명한 Writing Ourselves라는 책에서는 다음과 같이 기술하고 있다.

　　쓰기에 대한 우리의 흥미는 사람들의 쓰기가 이루어지는 사회적인 조건이 무엇인지, 쓰기를 하는 사회적인 목적이 무엇인지, 어떻게 쓰기가 사람들의 개인사에 자리를 잡고 있는지 등과 관련된 것이다. 이 모든 것들이 쓰기 그 자체를 정의하기 때문이다. 우리는 또한 어떻게 쓰기가 사람들의 일상적인 생활 속에서 일어나는 권력 관계에 영향을 주는지에 관심이 있는데 우리 사회의 일상적인 사람들과 지배적인 관습 사이에서의 권력 관계와 관련을 맺고 있는지에 대해서도 흥미를 가지고 있다. 우리는 쓰기가 정체성을 드러내고 사회적인 조건과 관계들을 변형시키는 데 어떻게 사용되어 왔는지에 대해서도 흥미를 가지고 있다(p.1).

　질적 연구방법은 쓰기의 발생을 비롯하여 쓰기에 대한 우리의 이해에 대해서 다양한 맥락이 포함될 수 있음을 반영한다. 쓰기는 다양한 맥락들 내에 깊이 자리하고 있다. 교육을 연구 대상으로 삼는 인류학자들은 학교 안과 바깥, 공동체와 문화적 맥락 전반 등에서의 쓰기를 설명하기 위해서, 또는 다른 문해 수행들의 기능과 용도에 대해 설명하기 위해 민족지학적 방법들을 사용해 왔다(예를 들어 Gilmore, 1983; Heath, 1983; Schultz, 2002; Skilton-Sylvester, 2002). 이러한 연구들은 학교 바깥에서의 쓰기(Hull & Schultz, 2001)나 전형적인 유형의 텍스트가 아닌 쓰기에 대한 우리의 이해를 넓혀 주었다. 이러한 방법론은 연구자들에게 그들의 질문이 연구가 설계되고 수행되고 있는 사회적이고 정치적인 분위기를 반영하고 있다는 점을 상기시켜 주었다(Sperling & Freedman, 2001). 예를 들어 Shaughnessy(1976, 1977)의 연구에서는 학습 오류가 갖는 중요성에 대해 밝혀낸 바 있다. 이러한 학습 오류에 대한 연구는 그 시기의 새로운 개방형 입시(open admissions)[4] 정책에 따라 그녀의 수업에 참여하게 된 다양한 민족의 다양한 언어를 가진 학생들의 생각을 관찰할 수 있는 창으로서의 역할을 했다(Schultz & Fecho, 2000).

---

4) [역주] 미국 대학입학제도의 하나로, 고교시절의 성적과 관련 없이 학생들을 입학시키는 제도를 말한다. 대부분의 미국 Community College와 기타 공립교육기관에서 채택하고 있는 제도. 원래는 저소득층 학생들을 유인하기 위한 방법으로 시작되었지만, 반대하는 사람들은 '대학의 수준의 저하시키고, 높은 수준의 교육을 가로막는 방법'이라고 지적한다.

질적 연구 방법에서는 연구자들이 쓰기에 대해서 다양한 맥락에서 연구하도록 한다. 여기에서의 맥락은 가정과 학교 및 공동체의 경계를 포함하는 것이다. 연구자들은 개인 또는 집단의 레퍼토리와 강점에 대한 결핍에 있어서 보다 초점을 두는 것을 대신하여, 글에서 알 수 있는 다양한 개별 자원을 탐구해 왔다. 그러나 질적인 방법들을 사용함으로써, 쓰기 연구자들은 글보다 글을 쓴 개인을 의도된 관점으로 관찰할 수 있게 되었고, 교사와 학생들 간의 상호작용을 설명할 수 있게 되었다. 예를 들어 Dyson(1997b, 1999, 2003)과 같은 연구자들은 쓰기 능력 발달에 대한 복잡한 측면에 대해서 동료, 텍스트, 문맥 사이의 상호작용들을 탐구할 수 있는 방법들을 사용했다.

의사소통의 민족지학이라고 불리는 방법론 내에서 인류학자와 언어학자들로부터 이론적인 관점을 이끌어내면서(예를 들어 Gumperz & Hymes, 1972), 질적 연구들은 쓰기에 대한 연구를 위하여 사회적인 맥락에서의 언어와 의사소통에 대한 강조를 추가하였다. 연구자들은 이렇게 여러 가지 연구방법을 통합하여 구어와 문어 사이의 상호작용을 탐구하고, 언어가 사회적이고 문화적인 맥락들에 매여 있는 방식을 밝히는 데에 사용하였다(예를 들어 Heath, 1983; Philips, 1983; Scribner & Cole, 1981). 보다 최근에, 질적 연구자들은 학생들이 글을 쓰는 데에 의미가 있는 의사소통 양식, 매체, 맥락의 범위와 다양성에 대해 연구하였다(예를 들어 Hull & Zacher, 2004; Moje et al., 2004; Schultz & Vasudevan, 2005).

질적 연구 보고서들은 풍부하고 묘사적인 언어로 기술되어 있다. 쓰기 연구에서 질적 연구 방법들은 연구자들이 "언어", "문해", "문학", "학습", "문화" 등과 같은 용어에 대해 복잡한 정의를 내리도록 이끌었다(Bloome, 2003). 질적인 연구에서의 연구 결과는 내부자의 관점으로부터 나오게 된다. 여기서 내부자의 관점은 귀납적인 연구를 통해 얻어지며, 미묘한 차이나 특별한 의미를 가지고 있는 텍스화된 묘사나 글을 통해 나타난다는 특징을 가지고 있다. 그리고 이러한 묘사나 글은 교사나 행정가를 포함하는 교육자들이 보다 접근하기 쉬운 형태일 것이다. 따라서 이러한 질적 방법론이 쓰기 교육에서 수행에서의 변화를 보다 쉽게 이끌어 낼 수 있을 것이라는 주장이 나타나게 되었다.

가장 분명한 것은 아마도 쓰기에서의 질적인 연구들은 연구자들로 하여금 '읽기, 쓰기, 말하기'라는 용어보다 '문해(literacy)'라는 용어를 보다 자주 사용하게 했고, 그리고 '읽기, 쓰기, 말하기' 행위들이 사회적, 문화적, 경제적, 역사적, 정치적 맥락과 밀접하게 연결된 방식에 관심을 가지게 하였다. 뿐만 아니라, 질적 연구자들은 쓰기 사건(event)과 쓰기 수행(practice)을 분리해서 바라보는 경향이 있다. '문해 수행(literacy practices)'이라는 단어에 대한 주목하는 것은 권력 관계나 구조가 반영된 일시적인 행동이나 습관적인 행동의 방식을 설명하는 인류학적 전통에서 유래한 것이다(Hull & Schultz, 2001). Street(2001)는 수행과 사건을 구별해서, 사건은 사진을 찍을 수 있는 것이지만 수행은 그렇지 않은 것이라고 설명했다. 따라서 Street에 따르면 문해 수행은 민속지학적인 모형이나 신념을 구체화한 것이며, 반면에 사건은 텍스트 사용을 둘러싼 상호작용에서 반복적으로 나타나거나 예로 들게 되는 것이라고 볼 수 있다(Barton & Hamilton, 2000 참고).

질적 연구는 몇 가지 영역에서 쓰기 연구에 대한 새로운 지식을 발굴하는 데에 기여했다. 이 연구 방법은 몇 가지 연구 문제를 새로이 제기했다. 이렇게 제기된 연구 문제들은 이 장의 뒷부분에서 다시 언급하고자 한다. Dyson(1987)은 질적 연구의 방향이 연구자들이 제기할 수 있는 개념적인 질문의 유형에 따른 사례들을 포함할 수 있다고 설명했다. 그 질문들은 다음과 같은 것들이다. 쓰기 혹은 문해란 무엇인가? 그것을 어디에서 살펴볼 수 있는가? 그 경계는 무엇인가? 쓰기와 '종이 위에 단어 적기'는 동의어인가? 예상독자에게 의사를 전달하는 것이 의미인가? 장르는? 특정한 문화적 사건에서의 쓰기가 지니고 있는 특정한 목적들이 어떤 식으로 이데올로기 혹은 사회적 담화와 연결될 수 있는가? 이러한 검토는 쓰기 연구자들의 질문과 지난 몇 십 년간에 걸쳐서 수행된 질적 연구를 통해 얻게 된 지식들에 초점이 맞추어져 있다. 쓰기 연구에서 질적 연구 방법을 사용하기 시작한 것과 그 역사는 얼마 되지 않는다.

질적 연구로의 방법론적인 전환: 역사적 검토

미국에서 이루어진 쓰기에 대한 질적 연구로의 전환과 관련해서 두 가지의 지배적인 설명이 존재한다. 하나는 문해와 작문 연구자들로부터 비롯된 것이고, 다른 하나는 언어와 문해성에 흥미를 가지고 있는 인류학자들이나 사회언어학자들로부터 비롯된 것이다. 문해와 작문 연구자들은 질적인 연구 방법들의 변화를 설명하기 위해 다음과 같은 이야기를 들려주었다. 1971년에 Janet Emig가 펴낸 <The Composing Processes of Twelfth Graders>에서는 쓰기 연구에서 질적 연구 방법을 사용하면 무엇을 배울 수 있게 되는지에 대해 기술했고, 이후 쓰기 연구의 중심이 극적으로 이동했다. Emig가 사례 연구를 사용하고, 사고 구술을 선도적으로 사용한 것은 학생들이 쓰기를 하면서 겪게 되는 경험을 질적인 방법으로 인터뷰하는 사례를 두 배로 늘리는 결과를 가져왔고, 과정으로서의 쓰기를 이해하기 위한 새로운 접근법을 제공하는 것이었다. 이전까지 대부분의 쓰기 연구자들은 '전문가'들이 수행한 쓰기에 대한 텍스트적 분석에 초점을 맞추거나, 특정 교수 기법의 효과를 검증하기 위해 실험처치를 사용할 뿐이었다. 전형적인 연구들은 어떤 것이 더 나은 쓰기 결과물을 생산하게 되는지를 결정하기 위해 다양한 연령의 학생들에게 교실 수업에서의 실험처치를(학생들의 수준에 맞는 처치) 투입하고, 학생들이 생산한 쓰기 결과물에 대한 분석을 포함하였다(예를 들어 Braddock, Lloyd Jones, Shoer, 1963). Emig의 연구는 쓰기 연구자들에게 새로운 관점을 제공해 주었을 뿐 아니라, 쓰기 결과물에 대한 연구를 통해 얻게 된 지식에 과정으로서의 쓰기에 관한 연구 결과를 더해야 한다는 연구 과제를 제시한 것이기도 하다. Emig의 연구에 따라서 작문 연구자들은 다음과 같은 질문을 하기 시작했다. 개별 필자의 인지 과정은 무엇이며, 어떻게 그 과정들이 개별적인 사람과 맥락에 따라 달라지는가? 어떤 요인들이 필자가 작문을 하는 동안 내리는 결정에 영향을 미치는가? 쓰기 과정에 대한 이러한 새로운 관심은 교수 수행에서 구체화되었고, 연구자들과 교사들로 하여금 쓰기의 최종 결과물에만 관심을 갖게 하기보다는, 쓰기의 학습 과정에 관심을 갖도록 만들었다. 연구자들의 시선은 텍스트와 교사로부터 학생에게로 옮겨갔다.

Emig의 연구는 질적인 방법의 사용, 특히 프로토콜 분석에 기초를 둔 사례 연구 방법론의 사용이라는 점뿐만이 아니라, 8명의 '평균적인' 혹은 '평균 이상인' 12명의 학생들에게도 관심을 갖게 되었다는 점에서 주목할 만한 것이다. 이전에는 쓰기 지도의 방향을 안내하기 위해 전문적인 필자들을 대상으로 한 연구에만 의존했었기 때문이다. Emig는 이러한 질적 연구 방법을 통해서 학생들의 작문 과정에 대한 정보를 수집하는 것에 더하여, 학생들에게 그들이 가지고 있는 흥미와 학교 바깥에서의 쓰기에 대해서도 질문했다. 이는 쓰기 연구의 영역을 더 넓히기 위한 것이었다. 그녀는 작문이 선형적이라기보다는 회귀적이라는 점과, 가르쳐지기보다는 학습될 수 있는 것이라는 점을 알게 되었다. 쓰기에 대한 이러한 관점을 통해서 기존에 모범적인 텍스트에만 초점을 맞추어서 쓰기를 가르치고자 했던 것에서 벗어나, 평범한 쓰기에 대한 분석과 설명으로 관심이 옮겨 갈 수 있었다(Nystrand & Duffy, 2003).

쓰기에 대한 인지적인 관점은 1970년대와 1980년대의 주류 작문 연구들을 지배하였다(Sperling & Freedman, 2001). Emig의 기념비적인 연구에 뒤이어, 몇 명의 연구자들이 필자가 실제로 쓰기를 하는 동안의 사고 과정에 대한 연구를 수행했다. 이 시기의 쓰기 연구의 중심에는 Flower & Hayes(1981; Hayes & Flower, 1980; Scardamalia & Bereiter, 1986)가 있다. 이들 인지주의 연구자들은 '쓰기의 과정은 짓기라는 행위를 하는 동안 필자가 조정하고 조직하는 독특한 사고 과정의 집합으로 바라볼 때 가장 잘 이해될 수 있다'고 주장했다(Flower & Hayes, 1981, 366쪽). 이 작업은 쓰기에 수반되는 개인적인 인지 과정들을 눈에 보이게 해주었다. 비록 연구자들이 그들의 모델에서 맥락의 역할에 대해 언급하기는 했지만, 맥락은 초기 연구 에서는 배경으로 머물러 있었다. 시간이 지나면서, 쓰기 모델들은 보다 정교해졌다. 예를 들어, Bakhtin, Nystrand(1986, 1989)의 연구에 기반하고 있는 연구들은 사회적 상호작용 쓰기 모델을 제공해 주었다. 사회적 상호작용 쓰기 모델은 필자의 의도나 텍스트 어느 한 쪽도 의미하지 않는다. 대신, 텍스트는 역동적인 것이며, 그 의미는 독자나 필자에 의해 읽힐 때 판명되는 것이다.

동일한 기간 동안 개방형 입시 정책의 결과로 인해, 도시의 공립 대학에 다니는 대학생들의 인종 및 교육적 배경의 다양성이 급격히 증가했다. 이러한 학생들을 이해하기 위한 필요에 의해서, 그리고 Labov(예를 들어 1972)의 '비표준' 영어와 관련된 초기의 작업을 기초로 하여, Mina Shaughnessy(1976, 1977)는 기초 쓰기 수업에서 이루어지는 학생들의 쓰기에 나타나는 논리, 유형, 역사에 대한 연구를 수행하였다. 그녀가 초점을 맞춘 것은 학생들의 쓰기에 나타 나는 오류였다. 이 학생들이 생산하는 오류는 그들을 인지적으로 불완전하다고만 해석하는 평범한 분석 대신에 학생들의 생각을 들여다 볼 수 있게 해 주는 창구가 되었다. 또한 학문에 서 요구하는 사회적이고 문화적인 규범에 진입하는 데 필요한 규칙들을 학생들에게 어떻게 가르칠 것인가에 대한 논의에 다시 주목할 수 있게 되었다. 이에 대한 연구 방식의 변화는 Emig에서 시작된 연구의 궤도를 따르는 것이다. 이 둘은 모두 텍스트를 쓰는 데에 수반되는 필자의 인지적 과정을 설명하려 한 것들이다(Nystrand & Duffy, 2003).

캘리포니아 대학 버클리와 카네기 멜론 대학 부설인 쓰기 연구 센터가 1985년에 설립되었 을 때, 이 기관의 핵심 목표 중 하나는 쓰기에 대한 사회인지적 이론을 개발하는 것이었다 (Freedman et al., 1987). 이 센터에 소속된 연구자들은 인지 과정에 대한 연구와 사회적 맥락에 대한 연구를 통합하려고 시도했다. 그들은 쓰기가 기능 이상의 것이라고 주장했다. 곧, 쓰기는 어떤 사람이 속한 공동체, 학교, 혹은 직장에서의 사회적 생활의 구성원으로서 수행하는 목적 이 뚜렷한 사회적 행위라는 것이다. 예를 들어, 그들은 필자가 동료나 교사와 맺고 있는 사회적 관계에 따라 그들의 학습 혹은 인지가 어떻게 구체화되는지에 대해 이해하려고 시도 했다(Freedman et al., 1987). Glynda Hull & Mike Rose(예를 들어 1989, 1990)에서는 이러한 쓰기에 대한 사회인지적 연구를 자세히 설명해 놓았다. 질적인 연구 방법들을 통해서, 이러한 연구자들은 문해 텍스트 해석(Hull & Rose, 1989)과 요약하기(Hull & Rose, 1990)의 복잡한 과업을 위해 학습자가 필요로 하는 지식이 무엇인지에 대해 설명했다. 그들의 연구는 그들이 쓰기의 사회인지적 연구라고 이름 붙인 쓰기 연구의 새로운 방향을 예증하는 것이었다. 사회 인지적 연구는 학생의 결정이 역사와 논리를 가지고 있다고 보는 것으로, 특정한 맥락 안에서 학생들의 생각을 면밀하게 분석할 것을 주장한다. 이러한 작업은 사회적인 맥락 안에서 작용 하는 인지적 과정을 밝히고, 이에 대한 이해를 도와주는 사고 구술법에 기반을 두고 있다. 이 연구는 개개인이 작문에 실패한 필자라고 해석하는 것이 아니라, 이들이 인지적인 능력 면에서 차이가 있다는 것을 드러내어주는 새로운 관점에 대해 논의하는 것이다(Flower, 1994; Hull, Rose, Losey, & Castellano, 1991 참조).

Deborah Brandt(1992)는 대학원생들을 대상으로 하여, 사고구술법을 사용하고 그들이 작문 을 수행한 상태에서, 그리고 수행할 예정인 상태에서 어떻게 지속적으로 자신의 행동을 수행 하는지에 대해 살펴보았다. 이 연구의 결과에는 학생들이 가지고 있는 신념이 어떻게 집단에 받아들여지는지에 대한 설명이 포함되어 있다. Brandt는 필자들이 그들 자신의 사회적인 세상 을 지속적이고도 유사한 방식으로 구성하고 정의한다는 결론을 내린다. Sarah Freedman과 동료 연구자들(1994a; Freedman & McLeod, 1988)은 미국과 영국에서 수행된 중등학교 교사 들을 대상으로 한 국가 간 교차 연구를 수행하였다. 이 연구에서는 두 나라의 도시 지역 학생들이 쓰기를 어떻게 배우는가에 대해 조사했다. 그들은 미국과 영국 교사들이 기대하는 점에 있어서 명백한 차이가 있다는 점을 밝혀냈다. 특히 각각의 교실 공동체에 교육과정을 적용하는 방식(혹은 적용에 실패하는 방식)에서 큰 차이를 보였다. 이들의 연구는 쓰기에 대한 사회인지적 연구에 사회문화적 국면을 더해주었고, 가족, 공동체, 언어 변화에 특별한 관심을 기울여야 한다는 점을 지적해 주었다.

이와 동일한 시기에 있었던 쓰기에 대한 질적인 연구로의 전환에 대한 두 번째 측면은 언어와 쓰기에 대한 연구에 흥미를 가지고 있는 인류학자와 사회언어학자들이 주도한 것이다. 이들은 다양한 인종과 민족 집단의 구성원들이 대조적인 언어 사용 경향을 보인다는 점을 자세히 살펴보려고 시도했다. 특히 이들은 가정과 학교 사이에서의 차이에 초점을 맞추었는 데, 이는 언어 사용에서의 실패에 대해 설명을 할 수 있는 도구의 성격을 지니고 있었다(예를 들어 Cazden, John, & Hymes, 1972). 이러한 경향은 1962년에 시작되었고 Dell Hymes는 '의사소통의 민족지학'이라는 개념을 제안하였다. 이 개념은 공동체의 의사소통 유형과 공동체 사이의 유형들에 대한 비교에 초점을 둔 것이다(Gumperz & Hymes, 1964). Hymes는 의사소통의 민족지학에 쓰기와 문해를 포함시키려는 의도를 가지고 있었지만, 초기에는 말하기에 초점이 맞추어져 있어서 많은 이들이 그가 강조하는 것이 구어적 측면이라고 여겼다(Hornberger, 1995). 의사소통의 민족지학으로부터 얻게 된 이론적인 관점에 기반을 두어(예를 들어 Gumperz & Hymes, 1964), 연구자들은 구어와 문어 사이의 상호 관계를 이러한 담화 수행의 사회적 맥락에 초점을 맞추어 바라보기 시작했다(예를 들어 Gilmore & Glatthorn, 1982; Heath, 1983; Philips, 1983; Shuman, 1986, 1993).

언어와 말하기에 대한 초기의 연구들에 이어서, Keith Basso(1974)는 쓰기의 민족지학은 의사소통의 민족지학 중에서 가장 중요한 부분이 되어야 한다는 주장을 내어놓기 시작했다. 그는 쓰기 연구는 교실에만 초점을 맞추기보다는 공동체 전반에 기여를 해야 한다고 주장하면서, 쓰기가 말하기와 마찬가지로 사회적인 활동이라는 점을 강조하기 위해 '쓰기 사건(writing event)'이라는 용어를 소개하였다. 몇 년이 지난 후에, 민속학자인 John Szwed(1981)는 문해의 민족지학을 제안하면서, 문해가 단일한 연속체이거나 단일한 수준을 가지고 있다고 생각하기보다는, 다양한 형태나 복수성을 가지고 있다고 제안하였다. Szwed의 쓰기 민족지학에 대한 강조는 1980년대의 '문맹' 위기에 대한 반작용으로 나타난 것이기도 했다. 그는 '문해'의 위기가 제기되었음에도 불구하고, 우리는 문해 도구가 무엇인지 아직 개념화조차 하지 않았으며, 또한 어떻게 문해 혹은 읽기와 쓰기가 사회적인 생활에서 사용되는지에 대해서도 개념화하지 않았다고 주장했다. 그는 민족지학적 방법들이 '무엇이 문해인지, 무엇이 타당하게 측정될 수 있는지를 밝혀낼 수 있는 유일한 방법이다'라고 주장했다(p.20). Szwed는 개별적인 필자들의 작문 과정에 초점을 맞추기 보다는, 연구자들이 다음과 같은 질문들에 답하기 위해 노력해야 한다고 주장했다. 쓰기 능력이 공동체에 어떻게 나타나는가? 그러한 능력들이 나이, 성(性), 사회·경제적 계층, 인종 등에 따라 어떻게 달라지는가? 사람들은 누구에게 무엇을 쓰는가? 언제 어떤 목적으로 쓰는가? 쓰기가 공동체 안에서의 특정한 목적 및 관계와 어떤 관련을 맺고 있는가? 어떻게 쓰기가 학교 안 혹은 바깥에서 가르쳐질 수 있는가? 사람들은 언제 어떻게, 그리고 어떠한 상황에서 쓰기를 배우는가? 그가 내린 결론은, 연구자들은 완전한 의사소통의 효율성과 사회적이고 문화적인 의미들의 다양한 의미 안에 들어 있는 읽기와 쓰기의 위치에 대해서 연구해야 한다는 것이었다(p.20).

이와 동일한 시기에, Shirley Brice Heath(1982)에서는 쓰기의 사회적인 역사에 대한 설명의 중요성을 주장하면서, '쓰기의 민족지학사(ethno-history of writing)'라는 용어를 만들어냈다.

Szwed(1981)에서와 마찬가지로, Heath는 사회 혹은 가정환경에서의 쓰기와 학교에서 쓰기를 가르치는 방식 사이에 뚜렷한 연관이 있다는 점을 밝혔다. 민족지학의 선구적인 역할을 하게 된 자료를 사용하면서 Heath(1983)는 민족지학적 연구의 시작은 학생들에게 쓰기를 가르치는 것이 불가능하다고 하는 중학교와 고등학교 교사들의 불만에 대한 반응으로 시작되었음을 서술하고 있다. 불만을 제기한 교사들에 따르면, 그들의 교실에는 방직 공장에서 일할 계획을 세우고 있는 학생들로 가득 차 있고, 읽기와 쓰기는 학생들이 일하기로 예정되어 있는 곳에서는 필요로 하지 않는다는 것이다. Heath는 이에 대해, 비록 학교에서 어떻게 가르칠 것인가에 대한 논란이 있기는 하지만, 특정한 집단의 사람들을 위한 쓰기의 기능에 대한 체계적인 설명이 거의 없다는 결론을 내렸다. 그녀의 연구는 잠재적으로 극적인 결과를 야기하게 될 학교 교육을 재조직하는 차원에서 쓰기에 대한 민족지학적 연구가 필요하다는 제안한다. 이러한 초기 작업들은 교사와 학생 연구에 대한 이해에 도움이 되었고, 교사와 학생 모두가 교실에서의 수행에 활기를 불어 넣기 위해 공동체 안에서의 문해 사용과 그 기능에 대한 연구에 참여하도록 촉진했다.

동시에 민족지학 연구자들은 공동체(예를 들어 Heath, 1983; Taylor, 1983; Taylor & Dorsey-Gaines, 1988) 내에서 일어나는 쓰기와 문해 수행, 그리고 학교와 공동체의 교차지점 (예를 들어 Gilmore, 1983; Gilmore & Glatthorn, 1982)에서 일어나는 쓰기와 문해 수행에 대해 자세히 설명했다. 이러한 연구 중 하나인 Susan Florio & Chris Clark(1982; Clark & Florio, 1981)에서는 학교 안에서 일어나는 다양한 쟁점들에 대해 조사했다. 이 연구는 2학년과 6학년 학급에서의 문해 사건에 대한 것이었는데, 연구자들은 학교 내에서의 쓰기의 기능과 용도를 설명하기 위한 분석적인 틀을 개발했다. 그들의 연구는 다음과 같은 질문들을 중점적으로 다룬 것이다. 교실에서 이루어지는 쓰기 활동의 본질은 무엇인가? 쓰기가 2학년 교실에 얼마나 다양한 기능을 제공하는가? 그들이 내린 결론은, 학교 안과 바깥의 아이들의 삶 속에서 쓰기가 하고 있는 역할에 대해서 연구자들이 알고 있는 것은 거의 없다는 것이었다(Florio & Clark, 1982). 그리고 다음과 같이 덧붙였다.

의사소통을 필요로 하는 하나의 사회공동체로서의 교실 내에서 수행된 연구를 통해서, 우리는 이러한 교실공동체 내에서 행해지고 있는 쓰기 교육과정에 대해 파악할 수 있게 되었다. 이를 통해서 우리는 이미 교실에서 일어나고 있는 쓰기 수행을 파악할 수 있는 도구와 관점을 얻을 수 있었고, 아울러 학생들이 쓰기와 쓰기의 힘에 대한 신념 및 표현적 쓰기에 대한 레퍼토리를 확장시킬 수 있도록 돕는 데 필요한 도구와 관점을 얻게 되었다(p.129).

이들 연구자들은 교실에서의 쓰기가 가지고 있는 기능 및 용도와 교실 수행에서의 활용 가능한 방안들에 대해 이해하고자 했다.

필자가 수행한 연구(예를 들어 Schultz, 2002)에서는 이러한 아이디어들을 확장하여, 공간과 시간을 초월한 학생들의 쓰기를 조사하였다. 이 연구에서는 학생들이 쓰기를 사용하는 용도와 필자로서의 정체성이 학과와 가정과 활동 공동체 사이를 옮겨 다니면서 어떻게 변화하는지에 대해 자세히 설명했다. 그리고 학생들이 학교를 떠나서도 쓰기를 계속할 수 있도록 하기 위해 교사들이 학교 바깥에서 일어나는 학생들의 쓰기에 대해서도 관심을 가져야 한다는 점을 분명히 했다. 나는 쓰기를 학교 혹은 공동체에서만 일어나는 것으로 바라보기보다는, 연구자들이 순환하는 수행으로서의 쓰기를 개념화할 필요가 있다는 점을 제안한다. 이는 지리학적인 위치나 일시적인 상황과 관계없이 나타나는 쓰기의 변형에 대해 조사하기 위한 것이다(Hull & Shcultz, 2001; Schultz, 2004 참조).

1960년대 후반에 시작된 쓰기에 대한 질적 연구는 연구자들과 교사들의 관심을 텍스트로부터 학생 및 작문 과정으로 옮겨놓았다. 뿐만 아니라, 이러한 연구는 작문의 인지적인 과정 및 그러한 수행을 둘러싼 사회적인 맥락들을 강조하였다. 연구자들은 부족한 점이나 실수에 대해 지적하기 보다는 기대되는 가능성을 보여주는 표지들에 주목하였다. 이러한 방법론은 연구자들과 교사들이 사람들이 어떻게 쓰는가에 대해 이해하도록 했을 뿐 아니라, 사람들의 쓰기에 들어 있는 장르, 주제, 형식 등에 대해서도 이해하도록 이끌었다. 묘사와 조사, 원인과 그에 따른 영향을 강조하기보다는, 어떤 대상에 대한 설명을 강조하는 질적 연구자들은 다음과 같은 질문들에 대해서 중점적으로 설명하고자 했다. 쓰기의 과정들은 무엇인가? 학교 안과 바깥에서 일어나는 학생들의 쓰기는 어떤 범위를 가지고 있으며 어떤 변인들을 가지고 있는가? 맥락을 넘어서는 쓰기가 가지고 있는 기능과 용도는 무엇인가? 사람들의 삶 속에서 쓰기가 가지고 있는 역할은 무엇인가? 다양한 문화적 환경에서 쓰기의 본질과 기능은 무엇인가? 쓰기 발달의 본질은 무엇인가? 최근의 연구자들은 사람들이 왜, 어디에서 쓰기를 하는지에 대한 일련의 연구들과 사람들이 어떻게 쓰기를 잘 하게 되는지에 대한 연구들을 기반으로 하였다. 쓰기에 대한 이러한 최근의 질적 연구들은 쓰기 연구의 두 가지 전통을 쓰기가 가지고 있는 사회적인 특성을 강조하기 위해 인지적인 면과 사회적인 면 모두에 초점을 맞추는 방식으로 이들을 하나로 통합시켰다. 이에 대한 자세한 내용은 다음 절에서 설명된다.

쓰기 연구에서 서서히 일어나는 변화를 개념화하는 방식 중 하나는 텍스트 분석에 대한 강조와 교수 전략에 대한 분석의 역사적인 발달을 살펴보는 것이다. 여기서 말하는 텍스트 분석의 강조와 교수 전략은 이상적인 텍스트를 완성하고, 사회인지적 관점의 뒤늦은 탐구를 통해 개인들의 작문 과정과 인지 발달에 주목함으로써 복잡한 사회 및 문화적인 체계에 둘러싸인 쓰기에 대해 이해하고, 다양한 매체와 양식을 넘나드는 쓰기에 대한 연구를 위한 것이다. 물론 이러한 연구가 순차적으로 진행된 것이 아니다. 연구의 방향은 서로 겹치고 반복되기도 하는 것이다. 연구자들은 오늘날에도 여전히 수십 년 전에 제기되었던 이러한 질문들에 답하기 위해 노력하고 있다. 이러한 검토에서 눈여겨 볼 것 중 하나는 질적인 연구 방법론이 각각의 연구 영역에서 연구자들이 추구하는 바를 달성할 수 있도록 해주었느냐는 점이다(이러한 역사적인 검토에 대한 요약은 <표 24.1>을 참조하라).

〈표 24.1〉 쓰기 연구의 역사적인 진전

연구 중점	연구 문제의 사례
· 텍스트 분석	· 전문적이거나 유능한 필자에 의해 쓰인 텍스트의 특징은 무엇인가?
· 모범적인 교육적 수행	· 처치 A와 처치 B를 어떻게 비교할 수 있는가? (각 처치는 쓰기 지도를 말함)
· 개인의 작문 과정	· 사람들이 작문을 할 때 내리게 되는 의사 결정은 무엇인가?
· 인지적인 관점	· 개인들은 다양한 작문 단계를 어떻게 옮겨 다니는가?
· 사회인지적인 관점	· 사람들이 자신의 작문 과정에 동원하는 이해력과 지식은 무엇인가?
· 사회문화적 수행과 정체성에 둘러싸인 쓰기	· 개인들의 쓰기 수행과 쓰기 정체성은 어떻게 그들이 속해 있는 사회적, 문화적, 이데올로기적 맥락에 의해 형성되는가? 그리고 그들의 쓰기는 반대로 어떻게 맥락들을 형성하는가?
· 다양한 매체와 양식들을 가로지르는 쓰기	· 어떻게 사람들은 다양한 범위의 양식들을 통해 텍스트를 창작하고 그들의 메시지를 교류하는가? 어떻게 글을 쓰는 사람이 의미를 전달하는데 유용한 도구와 자원들을 받아들이고 변형시키는가?

사회적인 전환: 최근의 쓰기에 대한 질적인 연구

James Gee(2000a)는 지난 몇 십 년 간 몇몇의 학문 분야에서 수행된 문해 연구에 대해서 서술했다. 여기서 수행된 연구들은 연구의 중점이 개인에서 사회적이고 문화적인 상호작용으로 옮겨간 '사회적 전환'의 영향을 받았다는 공통점을 가지고 있다. Gee의 연구(예를 들어 1996, 2000b)는 맥락이 공동으로 구성되어 있는 방식을 강조하기 위해 쓰기 연구의 사회문화적 맥락을 포함하는 수준을 넘어선 것이다(Gee, 2000a; Hull & Schultz, 2002). 그는 쓰기보다 담화에 초점을 맞추면서, 담화는 본질적으로 이데올로기적이며, 사회적인 계급에 둘러싸여 있고, 권력 분포를 반영하고 있는 것이라 주장했다. 1980년대 중반에 수행된 Linda Brodkey(1987)의 연구는 이 시기에 인지적인 연구의 우세에 대응하여, 위와 비슷한 점을 제시하였다. 이 연구에서는 맥락은 항상 존재하는 것이며, 쓰기 연구에서도 이를 항상 고려해야 한다고 주장했다. 그녀는 다음과 같이 기술하였다.

작문 분야에서, 연구자들은 쓰기 능력과 쓰기 기회가 불균형적으로 분포하고 있다는 것이 분명해보이면 무조건 '분석'의 단위를 사회적인 측면으로 설정해야 한다고 생각하는 것보다 더욱 큰 잘못을 범할 수 있다. 사고구술 분석이 어린이, 소수자, 여성들이 쓰기에 대해 생각하는 방식을 반영할 수도 있는 사회적, 역사적, 경제적 조건을 무시한 시기가 있었다. 이 시기에는 필자와 쓰기에 대해서 뿐만 아니라 필자와 쓰기에 대한 **연구**까지도 문맥과 별개로 관찰이 이루어졌고, 실험실이라고 알려진 맥락 내에서 관찰을 시도하였다. … 맥락은 항상 존재하는 것이다. 그리고 쓰기에서의 사회적인 변인들을 보다 잘 이해하기 위해서, 연구자들은 주어진 사회적 맥락 안에서 독자와 필자들이 서로를 어떻게 개념화하고 서로 어떻게 그들의 관계를 설정해 나가는지에 대해서 연구할 필요가 있다(p.35).

쓰기, 읽기, 말하기(그리고 보다 최근에는 그림이나 음악과 같은 시각적이고 청각적인 양식을 포함하여) 사이의 상호 연결만큼이나, 사회적 수행으로서의 쓰기를 둘러싸고 있는 환경을 강조하기 위해, 연구자들은 종종 '쓰기'가 사용될 자리에 '문해'라는 용어를 사용하였다. 그 중에서도 특히 Barton & Hamilton(2000)에서는 읽기와 쓰기를 사회적으로 둘러싸고 있는 환경을 강조하고 사람들이 문해로 무엇을 하는지에 초점을 맞추기 위해 '문해 수행'이라는 용어를 사용했다(Street, 1995, 1996, 2001 참조). 더구나 그들은 구조와 주위의 상호작용을 분명히 한 후, 내부자들의 관점에 초점을 맞추어서 지식적인 수행을 구성하는 것에 대한 내부자의 관점과, 그러한 수행들이 사회적인 구조들을 반영하고 형성하는 방식에 대한 강조를 통해 구조와 주체의 상호작용에 대해 분명하게 밝혀놓았다(Barton, Hamilton, & Ivanic, 2000). 이러한 '문해 수행'이라는 용어의 사용은 권력 환경과 권력 구조를 반영한 행위와 행동의 방식을 설명하는 인류학적 전통에서 가져온 것이다.

질적인 방법들을 사용하는 쓰기 연구의 최근 경향을 설명하기 위해, 이 절에서 필자는 네 개의 연구 과제를 설명하고자 한다. 이 연구 과제들은 작문 연구에 관한 서로 다른 측면에서의 사회적인 변화를 반영한 것이다. 첫째, Anne Dyson(예를 들어 1987, 1997b, 2003)은

20여 년 간에 걸쳐서 다인종 학생들이 다니고 있는 도시에 위치한 공립학교의 어린 학생들을 대상으로 연구를 수행했다. 이 교실 기반 연구에서 밝히고자 한 내용은 문해 수행이 가지고 있는 사회적인 특성에 대한 것이었다. 시간이 지나면서 Dyson의 연구 문제와 각각의 연구 프로젝트가 변하기는 했지만, 변치 않는 연구의 초점이 있었으니, 그것은 개인과 동료들을 중재해 주는 도구로서의 쓰기, 아이들의 동료 문화를 반영하고 재생산하는 도구로서의 쓰기를 탐색한 것이었다. 둘째, '지식의 축적(funds of knowledge)'이라는 용어를 사용한 Luis Moll과 동료들(예를 들어 Moll & Diaz, 1987)의 연구에서는 개인이 자신들의 문해 행위를 어떤 식으로 공동체와의 중재적인 도구로 사용하는지에 대해 탐구했다. 이 연구의 배경이 된 공동체는 노동 계층 멕시코계 미국인 이웃들과 이중 언어를 사용하는 학교였다. Dyson과 마찬가지로, 이러한 연구자들은 어떻게 문해가 개인들과 사회 세계를 중재하는지에 대해 이해하는 데 흥미를 가지고 있었다. 셋째, 1937년에 시작된 대중 관찰 프로젝트 및 기록(Mass Observation Project and Archive, Sheridan, Street, & Bloome, 2000)에서는 영국인의 삶을 '일반인의 인류학'이라고 특징지었다. 수십 년 간 이어진 이 장기간의 연구에서, 문해 수행은 개인과 그 개인이 구성하는 역사적, 문화적, 정치적 순간을 중재해 주는 도구로 받아들여졌다. 넷째, 몇 몇 연구자들은 최근에 문해가 다른 사람과의 관계에서 자신의 위치를 결정짓는 데 사용되는 방식에 대해 탐구했다(예를 들어 Blackburn, 2002/2003; Fecho & Green, 2004; Ivanic, 1994; Moje, 2000; Schultz, 1999). '문해 수행'이라는 용어를 사용하여 문해와 정체성 사이의 관계를 설명한 Mollie Blackburn(2002/2003)에서는 여자 동성애자, 남자 동성애자, 양성애자, 성전환자, 성적 소수자(LGBTQ)인 청소년들을 위한 도움 센터에서의 문해 수행에 대해 조사했다. 네 편의 연구들 각각은 일련의 질문들을 제기했다. 이 질문들은 하나로 합쳐질 수 있는 것이었는데, 쓰기에 대한 질적 연구의 최근 경향 중 일부의 특징을 보여주는 것이다.

Dyson의 초기 연구(1987)는 작문에서 대화의 역할에 초점을 맞춘 것이다. Dyson은 쓰기를 개인적이고 인지적인 과정으로 개념화하지 않고 학생들의 문해 발달에서 동료가 차지하는 역할에 대해 설명했다. 그녀는 교실 문해의 사회적 맥락에 대해 연구했는데, 특히 말하기, 쓰기, 그리기를 통해서 아이들 사이에서 일어나는 상호작용에 초점을 맞추었다. 문해는 학생들이 그들의 학술적이고 사회적인 세상과 협상할 수 있도록 해 주는 중재적인 도구였다. 또한 그들은 문해를 통해서 동료들과의 세상에서 자신을 받아들이고 참여하였고, 자신이 그 안에서 수행해야 할 과업과의 관계를 설정하기도 했다. 그녀는 문해를 이러한 관점으로 연구했는데, Dyson의 근본적인 질문은 특히 쓰기에 초점이 맞추어진 것이었다. 쓰기는 무엇이며, 쓰기가 위치하는 곳은 어디인가?(1997a, p.171) Vygotsky(1962, 1978)의 관점을 빌려와서, Dyson은 사회적인 방식의 사고를 학습하는 도구로서 언어를 사용하는 것과 관련하여 연구 문제를 제기하는데 이 문제는 '어떻게 쓰기가 학생들과 동료들의 사회적인 삶과 상징적인 목록들 안에서 유용한 도구로 기능할 수 있는가?(174쪽)'이다. 그녀는 학생들이 교실내에서 유용하게 활용되는 사회적 구조와의 상호작용으로 인해 형성된 상징적인 자원과 사회적인 의도에 기대어 작문을 수행한다는 것을 밝혔다.

Dyson(예를 들어 1997b, 1999, 2003)이 수행한 보다 최근의 연구들에서는 학교에서의 쓰기를 사용함에 있어서 학교 바깥에서의 텍스트적 수행(예를 들어 노래, 영화, TV 등)을 어떻게 활용하는지를 이해하는 데에 초점을 맞추었다. 이 연구는 Bakhtin(1981)의 연구에서 영향을 받아, 필자가 특정한 상황에서 다른 사람과 상호작용만을 위해 글쓰기를 사용하는 것이 아니고, 어떤 대상을 수용하고, 변형하며, 혹은 저항하는 데에도 이러한 글쓰기를 사용한다는 것을 제안하였다. Dyson의 연구 문제는 '학생들의 교실에서의 삶의 상호작용적이고 이데올로기적인 변화와 쓰기 과정과 결과물의 변화 사이에 존재하는 상호작용의 특징은 무엇인가'라는 것이었다(Dyson, 1997a, p.177). 지난 10년간 Dyson의 쓰기 연구와 관련된 많은 논문에서 중요하게 다룬 것 중 하나는 문해 학습과 교육의 새로운 방향을 이해하는 데에 핵심이 되는 연구 대상을 학생으로 설정하고, 이들 학생 필자들에게 관심을 갖는 것이었다. Dyson은 학생들이 학교로 가지고 오는 다양한 자원들에 관심을 기울여야 한다고 촉구했다. 여기에는 쓰기 발달을 이해하기 위한 대중문화와 상업적인 매체가 포함된다.

필자 공동체에 관한 연구를 시작하면서, Moll과 그의 동료들은 학생들이 교실로 가지고 오는 것을 통해 교사들이 공동체에 대한 지식을 어떻게 얻을 수 있는지를 탐구했다. 이들 연구자들은 공동체의 실제적 맥락 속에서 그물처럼 연결된 전문 지식에 대해서 설명하기 위해서 '지식의 축적'이라는 새로운 용어를 사용했다(Moll & Diaz, 1987; Moll & Greenberg, 1990; Moll, 1992; Vasquez, 1993). 이 연구의 이론적인 틀은 사회역사심리학과 문화심리학으로부터 빌려 온 것이다. 이들은 교수 수행의 변화에 의해서 학습이 어떻게 재정립될 수 있는지에 대하여 설명하였다(Moll & Diza, 1987). 학생들은 개인과 사회적인 세상을 중재하는 방식에 더하여, 자원과 실행을 포함하는 새로운 '도구'를 제공받았다. 몇 가지 일반적인 질문들은 다음과 같다. 첫째, 학생들이 학교에 가지고 오는 자원은 무엇이며, 교사들은 이러한 자원을 어떻게 교육과 교육과정에 반영하는가? 둘째, 학생들이 자신들의 언어를 교실에 가져올 수 있는 기회가 주어졌을 때, 문해와 학습에서는 어떤 일이 발생하는가? 셋째, 이러한 지식들은 어떻게 교실에서의 수행을 변화시키며, 어떻게 학교에서 청소년들이 성공할 수 있도록 더 많은 기회를 제공하는가? Moll과 동료 연구자들은 학생들이 수업에의 참여와 에세이를 쓰는 데 참여하는 방식을 어떻게 변화시키는지에 대해 자세히 설명하고자 했는데, 특히 교사들이 학생들의 가정과 공동체 생활에 대해 이해한 다음에 자신들의 교수 수행을 변화시키자 학생들이 자신의 공동체가 가지고 있는 자원과 지식을 반영하는 측면에서의 변화를 보고자 하였다.

　　1930년대 시작되고 1981년에 다시 수행된 대중 관찰 프로젝트는 20세기 말 영국에서의 쓰기가 가지고 있는 특징을 살펴볼 수 있는 창을 제공해 주었다(Sheridan et al., 2000). 지난 몇 십 년 간, 그 프로젝트의 주최자들은 영국 전역에서 일반 시민들을 모집하여 일상적인 내용을 일기처럼 쓰거나, 혹은 학교나 역사적인 사건에서의 경험을 포함하는 다양한 주제들과 관련된 특정 질문에 답을 하여 쓰도록 했다. 현재 이 프로젝트를 통해서 1981년부터 2,500여 명의 필자들이 쓴 백만 점이 넘는 글 자료가 수집되었고, 문해와 쓰기 경험에 대한 풍부한 정보를 제공해 주고 있다. 이 프로젝트는 보다 최근의 다른 연구들(예를 들어 Barton & Hamilton, 1998; Knobel, 1999; Prinsloo & Breier, 1996)과 함께, 특정 맥락과 역사 속의 특별한 순간에 있었던 개개인의 평범하고 일상적인 문해 수행을 살펴볼 수 있게 해 주었다. 쓰기 결과물에 추가하여, 대중 관찰 프로젝트는 글을 쓴 필자들과의 면담 및 반응을 분석하여, 이들의 쓰기 과정과 쓰기 목적에 대해 알려주었고, 오랜 기간에 걸쳐 학교 맥락의 안과 밖에 있는 시민들의 삶에서 쓰기가 어떤 기능을 갖는지에 대해 설명해 주었다. Heath(2000)에서는 책의 서문을 통해 이 프로젝트에 대해 자세히 기술했는데, 여기서는 '자서전, 사례연구, 회고록, 민족지 등 모든 것이 쓰기의 총체를 구성했다(vii장).'라고 밝히고 있다.

　　이 프로젝트로부터 축적된 쓰기 결과물에 대한 분석인 Sheridan et al.(2000)에서는 다음과 같은 연구 문제를 제기하고 있다.

　　　무엇이 보고되었는가? 누가 보고를 하였는가? 어떤 종류의 보고인가? 보고를 통해서 알게 된 지식의 특징은 무엇인가? 어떤 종류의 지식이 전해졌는가? 지식에 수반되는 맥락은 무엇인가? 어떤 부류의 독자가 상정되었는가? 각기 다른 종류의 보고에서 지식이 축적된 방식은 무엇인가? 전해진 지식에 대한 제한점은 무엇인가?(p.197)

　　이 장기간에 걸친 연구는 개인들이 자신의 삶에서 문해를 어떻게 이해하고 있는지를 살펴볼 수 있는 통찰을 제공해주었다. 또한 그러한 수행들이 시간이 흐름에 따라 그들과 영국 사회 전체를 변화시키는 방식에 대한 통찰을 제공해 주었다. 이 연구는 '일반적인' 사람들이 그들의 수행에 대해서 보고한 연구로부터 무엇을 배울 수 있는가라는 질문과 연구 장소와 쓰기, 교육, 학습에 대한 지식의 근원 등과 같은, 일반적으로 눈에 보이지 않는 수행이 연구에 미치는 중요성에 대한 질문을 제기하였다.

LGBTQ 청소년들을 위한 돌봄 센터에서 문해와 정체성에 대한 연구를 수행한 Mollie Blackburn(2002/2003)은 '문해 실행'이라는 용어를 '단어와 세계가 읽히고 쓰이는 일련의 실행을 나타내는 말'이라고 소개하였다(p.312). Blackburn이 설명한 바와 같이, '어떤 한 수행이 셀 수 없이 많은 다른 것들 사이에서 일어나는 것이고, 그 셀 수 없이 많은 각각들은 서로와 비슷하기도 하고 다르기도 하며, 한편으로 서로를 안정시키기도 하고 혼란케 하기도 하는 것이다(p.312)'. Blackburn은 청소년들이 과제를 하는 동안에, 그리고 가끔은 사회의 변화를 목적으로 하여 과제를 하는 동안에 어떤 식으로 사회적인 정체성을 요구하고 실행하기 위해서 문해 수행을 사용하는지에 대해서 설명했다. 특히 그녀는 '지배적인 이성애 규범을 부수는 방식으로서의 문해 실행과 정체성 사이의 관계(p.312)'를 탐구하기 위해 이 센터에서 연구에 참여하는 학생들을 만난 시간과 장소에 대해 자세하게 설명하였다. Blackburn의 연구는 우리에게 사회적인 변화와 개인적인 쇄신을 향해 노력하는 청소년들에게 새로운 기회를 제공할 수 있는 문해의 힘을 다시 한번 상기시켜 주었다. 그리고 교실과 공동체가 위치한 곳에서 청소년들의 열정에 적극적인 관심을 지원하고, 이들이 머물 공간을 제공해야 하는 것의 중요성 또한 알려주었다.

Blackburn은 몇 가지 연구 문제를 제기하였다. 첫째, 청소년들은 자신들의 정체성을 형성하고 표현하고 변형시키기 위해 어떠한 방식으로 문해를 사용하는가? 둘째, 읽기, 쓰기 말하기를 통해 청소년들이 자신들이 기대하고 중요하다고 생각하는 방식으로 정체성을 실행할 수 있게 해 주는 공간은 어떤 곳인가? 셋째, 교육자들은 그러한 기회를 어떻게 육성해 주어야 하는가? 넷째, 청소년들이 문해 수행과 교실 바깥에서의 실행을 통해 보여준 지식과 자원들에 어떻게 하면 주의를 기울일 수 있는가? 다섯째, 어떻게 하면 교육자들이 이들 청소년들의 대안적인 문해 수행들을 열린 마음으로 바라보고 귀 기울여 들을 수 있도록 할 것인가? 이러한 질문들은 우리에게 학생들이 표현하는 흥미와 열정을 위하여 우리의 시야와 이해를 교실과 텍스트에만 국한시키면 안된다는 것을 알려준다.

쓰기에 대한 연구의 사회적인 전환은 우리의 관심을 텍스트로부터 '문해'로 옮겨가도록 하였고, 문해의 맥락을 보다 넓은 문화적, 사회적, 역사적 맥락으로 옮겨가게 했다. 이 연구는 단일 작문으로는 그 글의 창조성이나 그 글을 둘러싼 상황의 특이성 밖에는 이해할 수 없다고 주장한다. 예를 들어 교실에서 작성된 텍스트는 항상 필자가 고려한 글의 목적과 예상독자와 같은 그 글이 담고 있는 임무나 그 글을 쓰게 된 맥락뿐만 아니라, 글을 쓰는 데에 동원한 역사, 가치, 의도 등을 항상 반영해야 한다는 것이다. 이에 더하여, 특정한 필자의 위치를 가지고 글을 쓰는 것은 그 글을 쓴 사람으로 하여금 새로운 정체성을 획득할 수 있게 해 준다. 질적인 연구는 쓰기 과정의 일부이며 텍스트 그 자체인 맥락의 층들을 밝혀냈고, 필자와 쓰기에 대한 지식에 기여했다. 또한 쓰기를 통해 우리가 무엇을 의미하는지에 대해 이해하는 것을 확장할 수 있었고, 쓰기가 어떻게 가르쳐지고 학습될 수 있으며, 학교, 가정, 공동체의 경계를 넘나들면서, 쓰기가 언제 어떻게 일어나게 되는지에 대해서 파악하는 데에도 도움이 되었다. 쓰기보다는 문해에 초점을 맞추는 것은 사회적, 문화적, 역사적인 쓰기의 맥락이 상호적으로 구성되는 방식(이를테면 쓰기에 대한 연구, 교육, 학습에 대해 새로운 상상을 하도록 돕는 것과 같은)을 이해하도록 돕는다(Gee, 2000a).

시각적인 전환: 쓰기에 대한 질적인 연구의 전망

새로운 기술의 도래로 인해, 쓰기 연구자들은 작문에 대해 이전보다 넓게 생각하게 되었고, 영화를 통해 전달된 시각적인 이미지, 컴퓨터에서 쓰인 디지털 이야기, 청중들이 가득 들어찬 곳에서 열린 시 경연대회 등을 포함하는 새로운 영역들을 탐색하게 되었다(예를 들어 Alvermann, 2002; Gee, 2003; Hull, 2003; Hull & Zacher, 2004). 연구자들은 과거의 필자들은 자원들에 전적으로 의존했으나 오늘날의 필자들은 그대로 의존하기도 하지만 다양한 방식으로 받아들이거나 변화시키기도 한다고 제안하였다(Kress, 2003). Kress에서 설명한 바와 같이, 다양한 양식이 존재하는 이 시대에 '지금은 표현되어야 할 것을 어떻게 표현할 것인지, 즉 어떤 장르로, 어떤 의견에 따라서 양식과 장르의 종합적인 효과를 사용할지를 결정해야 한다(117쪽)'. 필자의 결정에 대한 강조는 새로운 연구 방향과 방법론을 제시해 준다.

아울러 나의 연구는 디지털 기술들이 연구 방법들을 어떻게 형성하는지를 탐구하는 것을 포함하고 있다(Schultz, 2004). 내가 사용한 방법은 최근 프로젝트에서 나의 동료들과 함께 도시 학교의 5학년 학생들의 다중 매체를 사용한 이야기에 대해 살펴보는 것이었다(Schultz

& Vasudevan, 2005; Shcultz, Vasudevan, Bateman, & Coleman, 2004). 이러한 방식은 시각적 연구방법, 이미지 중심 연구 등으로 불리었고, 인류학, 사회학, 문화학 등과 같은 학문을 기반으로 한 것이었다(Grimshaw, 2001 참조). 우리의 최근 연구에서 이루어진 표준적인 질적 방법을 통한 데이터 수집에 더하여, 우리는 비디오 편집 프로그램인 iMovie와 같은 형식의 매체를 혼합하는 것에 있어서 교사 및 학생들과 협력적으로 작업을 수행했다. 이 작업의 목적은 비디오, 학생이나 연구자들이 생산한 사진, 오디오 녹음 등과 같은 데이터를 수집하고 분석하는 것이었다. 이 연구 결과 우리는 다중 양식들을 통해서 학생들의 문해와 학습을 나타내는 것이 어떤 의미를 가지고 있는지에 대해 탐구했다. 여러 가지 연구 문제들 중에서 특히 우리가 중요하게 생각하는 것은 다음과 같은 것들이다. 어떻게 다중 양식들을 통한 이야기하기가 학교, 가정, 공동체의 경계를 넘어서는 청소년들의 수행, 정체성, 관계, 경험, 지식 등을 파악하도록 도울 수 있을까? 뿐만 아니라, 그들의 문해 수행을 설명하기 위한 다중 양식이나 다중 매체 연구 방법들을 어떻게 사용할 수 있을까?

비록 이러한 질문들은 과거의 쓰기 연구에서 제기되었던 것들이지만, 미래 쓰기 연구의 방향을 마련해 줄 수 있을 것이다. 이러한 새로운 연구 경향은 과거에 텍스트에 찍힌 단어에만 주목했던 경향을 벗어나게 해줄 것이다. Hull(2003)에서 밝힌 바와 같이, '우리는 지금 그림으로의 전환을 바라보고 있으며, 이는 언어적인 것을 대신하게 될 것이다. 이미지는 단어를 페이지 너머로 밀어버릴 것이다. 그리고 우리의 삶은 시각적인 대중문화에 의해 더 많이 중재될 것이다(p.230)'. 이러한 제안은 우리의 현재 시기를 잘 보여준다. 시각적인 이미지들은 현저하게 우리의 일상생활 속에 모습을 드러내고 있다. 우리가 쓰기 수행을 연구하고 가르치기 위해 사용하는 어휘들은 급격하게 변화하기 시작할 것이다. 우리는 학생들, 교사들, 연구자들이 다양한 텍스트의 각기 다른 표상적인 요구를 인지하도록 돕는 어휘들이 필요하다 (Bearne, 2003; Bearne & Kress, 2001).

이 어휘들은 '양식, 매체, 행동 유도성(affordance)' 등과 같은 용어를 포함하게 될 듯하다. 이에 더하여, 우리는 학습과 발달을 설명할 수 있는 용어가 필요하며, 텍스트가 생산되는 다양한 영역들의 차이를 나타내는 뉘앙스를 표현할 수 있는 용어 역시 필요하다. 표상적인 형식들은 쓰기, 말하기, 상상하기, 몸짓, 음악 등과 같은 의미 만들기의 다양한 형식들을 포함한다. 최근의 매체 형식들은 책, 잡지, 컴퓨터 화면, 비디오, 필름, 라디오 등을 포함한다. 이러한 의미에서 사용되는 '행동 유도성'이라는 단어는 다양한 양식들과 매체를 통해 무엇이 가능한 것이며 어떤 것이 감추어져 있고 구속되었는지 등을 알려주는 역할을 한다. 쓰기 연구자들이 바라보는 미래에는, 연구 과제의 초점이 표상, 양식, 매체들의 다양한 형식과 관련된 행동 유도성에 맞추어져 있을 것이다. 그리고 학습과 발달의 방식이 구할 수 있는 유용한 자원과 지역적인 맥락과 밀접히 연결될 것이다. 이러한 연구 문제들은 다음과 같은 것들을 포함하여 미래의 연구 의제들을 형성할 것이다. 첫째, 어떤 형식의 매체와 양식들이 다양한 예상 독자들에게 메시지와 의미를 전달하는 데에 특히 적합한가? 둘째, 어떻게 재료, 장르, 기술, 양식 등이 주체를 나타내고 형식을 변화시킬 수 있을까? 이러한 측면에서 질적인 연구 방법은 문해, 기술, 학습이 디지털 시대로 이동하고 있는 현 상황에서 새로운 방향을 포착하는 데에 특히 적합할 것이다. 연구자들은 사람들의 삶에서 문해의 역할을 탐색하기 위해 질적인 방법을 사용했을 뿐만 아니라, 문해 연구에서 다양한 양식들의 등장에 대하여 주목함으로써 새로운 국면의 이해에 도움을 주었다. 학생 및 교사들과 함께 설명하고 분석하기 위해 연구의 다양한 양식들을 연구자들이 고안하고 사용한 것처럼, 우리는 다층적인 이야기의 브리콜라주5)를 통해 새로운 문해 수행을 이해할 수 있는 가능성을 살펴 보았다 (Vasudevan, 2004).

우리는 지금 아이디어를 표현하고 의미를 전달할 수 있는 새로운 기호학의 가능성 시대에 살고 있다. 그러나 학교는 이러한 실험적인 상황이 무수하게 발생하고 있는 학교 바깥의 공동체 공간에 비해 뒤쳐지고 있다(Hull & Schultz, 2001; Hull & Zacher, 2004; Moje et al., 2004; Vasudevan, 2004). 쓰기 연구자들과 교육자들은 청소년들이 무엇을 알고, 무엇을 가치있게 생각하고 이해하고자 하는지를 이해하기 위해서 청소년들을 의무적으로 유심히 관찰해야 한다. 우리가 미래의 쓰기 연구에 대한 전반적인 개관을 한 가운데, 우리는 또한 Allan Luke(2003)가 제안한 아래의 질문에 대해서 중요하게 생각해 보아야 한다.

> 문해 수행은 디지털 기술의 출현뿐만 아니라 급속히 등장한 사회적 정체성, 작업, 시민들과 제도적인 삶의 혼합된 형식과의 관계, 경제직이고 문화직인 세계화를 동반하는 부와 권력의 재분배 등의 상황에서 어떻게 재정의될 것인가? (p.133)

이 장은 한 학생이 5학년의 첫 날에 학교에서 쓴 시로 시작하였다. 그 시는 캄보디아의 킬링필드의 이미지와 미국 라디오의 최신 노래를 결합한, 문화적 세계화의 개념을 담고 있었다. 그 학생이 5학년 때 쓴 작문 중 마지막은 의미를 전달하기 위해 음악, 텍스트 이미지를

---

5) [역주] 손이 닿는 아무 것이나 이용하여 만드는 예술 기법, 혹은 이러한 방식으로 만든 결과물이다.

나란히 제시한 것이었다. Michael은 캄보디아 출신 소년이면서 동시에 미국에서 오늘을 살고 있는 청소년으로서의 정체성을 분명히 드러내었다. iMovie 작문을 통해서, Michael은 그가 말하려고 하는 이야기와 메시지를 전달하기 위해서 어떠한 방식으로 매체를 선택하고 활용하는지에 대해서 설명했다. Michael의 이야기는 이미지로 시작되면서 이미지와 시 사이를 이리 저리 움직이다가, 여러 층위의 이야기를 함께 엮어서 이루어졌다. 연구자로서, 우리는 다년간에 걸쳐서 새로운 시각적 방법론에 의한 몇 가지 서로 다른 양식으로 구성된 Michael의 작업에 대해서 소개했다. 이러한 매체들은 청소년들이 그들의 문해 수행에 대해 제시하는 데 참여하는 방식을 알려주었다. 그리고 그러한 자료 수집, 산출(결과물), 자료의 표현 등에서 연구자들이 담당하고 있는 역할을 분산시켜야 한다는 점 역시 알려주었다. 따라서 무수히 많은 연구자들은 왜 문해 문제가 청소년 수준과 성인 수준 모두에서 문제가 되는지에 대해 연구를 시작해 보아야 할 것이다(Schultz & Vasudevan, 2005; Vasudevan, 2004).

이 작업은 우리들에게 청소년들과 교사, 그리고 그들의 지식과 흥미를 기반으로 하는 교실이 가지고 있는 잠재력을 다시 한 번 확인시켜 주었다. 그리고 우리의 현존하는 지식과 수행에 대해 탐색하고 이를 전환하고자 하는 연구 방법론들이 가지고 있는 잠재력 또한 다시 한 번 확인시켜 주었다. 또한 쓰기 연구가 앞으로 나아갈 방향에 대해 제시해 주었고, 학교 바깥에서의 청소년들의 교육을 위한 이해에 기여하고 기회를 만들어 낼 수 있는 질적인 연구 방법의 가능성 역시 보여 주었다.

참고문헌

Alvermann, D. E. (Ed.). (2002). *Adolescents and literacies in a digital world*. New York: Peter Lang.

Athanases, S. Z., & Heath, S. B. (1995). Ethnography in the study of the teaching and learning of English. *Research in the Teaching of English*, 29(3), 263-287.

Bakhtin, M. (1981). *The dialogic imagination* (C. Emerson & M. Holquist, Trans.). Austin: University of Texas Press.

Barton, D., & Hamilton, M. (1998). *Local literacies: Reading and writing in one community*. London: Routledge.

Barton, D., & Hamilton, M. (2000). Literacy practices. In D. Barton, M. Hamilton, 7 R. Ivanic (Eds.), *Situated literacies: Reading and writing in context* (pp. 180-196). London: Routledge.

Barton, D., Hhmilton, M., & Ivanic, R. (Eds.). (2000). *Situated literacies: Reading and writing in context.* London: Routledge.

Basso, K. (1974). The ethnography of writing. In R. Bauman & J. Sherzer (Eds.), *Explorations in the ethnography of speaking* (pp. 425-342). Cambridge, UK: Cambridge University Press.

Bearne, E. (2003). Rethinking literacy: Communication, representation and text. Reading, *Literacy, and Language*, 37, 98-103.

Bearne, E., & Kress, G. (2001). Editorial. *Reading, literacy and language*, 35(3), 89-93.

Blackburn, M. V. (2002/2003). Disrupting the (hetero) normative: Exploring literacy performances and identity work with queer youth. *Journal of Adolescent and Adult Literacy*, 46(4), 312-324.

Bloome, D. (2003). Anthropology and research on teaching the English language arts. In J. Flood, D. Lapp, J. R. Squire, & J. M. Jensen (Eds.), *Handbook of research on teaching the English language arts* (2nd ed., pp. 53-66). Mahwah, NJ: Erlbaum.

Brodkey, L. (1987). Writing ethnographic narratives. *Written Communication*, 4(1) 25-50.

Braddock, R., Lloyd Jones, R., & Shoer, L. (1963). *Research in written composition.* Urbana, IL: National Council of Teachers of English.

Brandt, D. (1992). The cognitive as the social: An ethnomethodological approach to writing process research. *Written communication*, 9(3), 315-355.

Cazden, C., John, V., 7 Hymes, D. (Eds.). (1972). *Functions of language in the classroom.* New York: Teachers College Press.

Christensen, L. (2000). *Reading, writing, and rising up: Teaching about social justice and the power of the written word.* Milwaukee, WI: Rethinking Schools.

Clark, C. M., & Florio, Sl. (1981). *Diary time: The life history of an occasion for writing.* East Lansing, MI: Institute for Research on Teaching.

Dyson, A. H. (1987). The value of "time-off task": Young children's spontaneous talk and deliberate text. *Harvard Educational Review*, 57, 396-420.

Dyson, A. H. (1988). Negotiating among multiple words: The space/time dimensions of young children's composing. *Research in the Teaching of English*, 22(3), 355-391.

Dyson, A. H. (1989). *Multiple worlds of child writers: Friends learning to write.* New York: Teachers College Press.

Dyson, A. H. (1997a). Children out of bounds: The power of case studies in expanding visions of literacy development. In J. Flood, S. B. Heath, & D. Lapp (Eds.), *Handbook of research on teaching literacy through the communicative and visual arts* (pp. 167-180). New York: Macmillan.

Dyson, A. H. (1997b). *Writing superheroes: Contemporary childhood, popular culture, and classroom literacy.* New York: Teachers College Press.

Dyson, A. H. (1999). Coach Bombay's kids learn to write: children's appropriation of media material for school literacy. *Research in the Teaching of English*, 33(4), 367-402.

Dyson, A. H., (2003). The stolen lipstick of overheard song: Composing voices in child song, verse, and written text. In M. Nystrand & J. Duffy (Eds.), *Towards a rhetoric of everyday life: New directions in research on writing, text and discourse* (pp. 145-186). Madison: University of Wisconsin Press.

Dyson, A. H. & Freedman, S W. (1990). *On teaching Writing: a review of the literature.* (Occasional Parer No. 20). Berkeley: University of California, Center for the Study of Writing.

Emig, J. (1971). *The composing precesses of twelfth graders* (Research Report No. 13). Urbana, IL: National council of Teachers of English.

Erickson, F. (1986). Qualitative methods in research on teaching. In M. C. Whittrock (Ed.), *Handbook of research on teaching* (3rd ed., pp. 119-161). New York: Macmillan.

Fecho, B (with Green, A.), (2004). Learning as Aaron. In B. Fecho (Ed.), *"Is this English?": Race, language, and culture in the classroom* (pp. 91-112). New York: Teachers College Press.

Fecho, B., & Allen, J. (2003). Teacher inquiry into literacy, social justice and power. In D. Lapp & J. Flood (Eds), *Handbook of research on the English language arts* (pp. 232-246). Mahwaj, NJ: Erlbaum.

Florio, S. & Clark, C. (1982). The functions of writing in an elementary classroom. *Research in the Teaching of English*, 16, 115-129.

Flower, L. (1994). *The construction of negotiated meaning: a social cognitive theory of writing.* Carbondale: Southern Illinois University Press.

Flower, L., & Hayes, J. (1981). A cognitive process theory of writing. *College Composition and communication*, 32, 365-387.

Freedman, S. W. (1994a). *Exchanging writing exchanging cultures: Lessons in school reform from the United States and Great Britain.* Urbana, IL: National Council of Teachers of English, and Cambridge, MA: Harvard University Press.

Freedman, S. W. (1994b). *Moving writing into the 21st century* (Occasional Paper No. 36.). Berkeley: University of California, Center for the Study of Writing.

Freedman, S. W., Dyson, A. H., Flower, L., Chafe, W. (1987). *Research in writing: Past, present, and future* (Technical Report No. 1), Berkeley: Center for the Study of Writing.

Freedman, S. W., & McLeod, A. (1988). *National surveys of successful teachers of writing and their students: The United Kingdom and the United States*(Technical Report No. 14). Berkeley: University of California, Center for the Study of Writing.

Freedman, S. W., & Sperling, M. (1985). Teacher student interaction in the writing conference: Response and teaching. In S. W. Freedman (Ed.), *The acquisition of written language: Response and revision* (pp. 106-130). Norwood, NJ: Ablex.

Gee, J. P. (1996). *Social linguistics and literacies: Ideology in discourses* (2nd ed.). London: Falmer Press.

Gee, J. P. (2000a). The new literacy studies: From "socially situated" to the work of the social. In D. Barton, M. Hamilton, & R. Ivanic (Eds.), *Situated literacies: Reading and writing in context* (pp. 180-196). London: Routledge.

Gee, J. P. (2000b). New people in new worlds: Networks, the new capitalism and schools. In B. Cope & M. Kalantzis (Eds.), *Multiliteracies: Literacy learning and the design of social future* (pp. 43 -68). London: Routledge.

Gee, J. P. (2003). *What video games have to teach us about learning and literacy.* New York: Palgrave Macmillan.

Geertz, C. (1973). *The interpretation of cultures.* New York: Basic Books.

Gilmore, P. (1983). Spelling "Mississippi": Recontextualizing a literacy event. *Anthropology and Education Quarterly*, 14(4), 235-256.

Gilmore, P., & Glatthorn, A. A. (Eds.), (1982). *Children in and out of school: Ethnography and education.* Washington, EC: Center for Applied Linguistics.

Green, J. L., & Bloome, D. (1997). Ethnography and ethnographers of and in education: A situated perspective. In J. Flood, S. B. Heath, & K. Lapp (Eds.), *Handbook on teaching literacy through the visual and communicative arts* (pp. 181-202). New York: Macmillan.

Grimshaw, A. (2001). *The ethnographer's eye: Ways of seeing in modern anthropology.* New York: Cambridge University Press.

Gumperz, J. J., & Hymes, D. (1964). *The ethnography of communication.* Washington, DC: American Anthropological Association.

Gumperz, J.J., & Hymes, D. (Eds.). (1972). *Directions in sociolinguistics: The ethnography of communication.* New York: Holt, Rinehart, & Winston.

Hayes, J. & Flower, L. (1980). Identifying the organization of writing processes. In L. W. Gregg & E. R. Steinberg (Eds.), *Cognitive processes in writing* (pp. 31-50). Hillsdale, NJ: Erlbaum.

Heath, S. B. (1982). Ethnography in education: Defining the essentials. In P. Gilmore & A. A. Glatthorn (Eds.), *Children in and out of school: Ethnography and education* (pp. 33-55). Washington, DC: Center for Applies Linguistics.

Heath, S. B. (1983). *Ways with words.* New York: Cambridge University Press.

Heath, S. B. (2000). ForeWord. In D. Sheridan, D. Bloome, & B. Street (Eds.), *Writing ourselves: Mass-observation and literacy practices.* Cresskill, NJ: Hampton Press.

Hornberger, N. H. (1995). Ethnography in linguistic perspective: Understanding school processes. *Language and Education*, 9(4), 233-248.

Hull, G. (2003). Youth culture and digital media: New literacies for new times. *Research in the Teaching of English*, 38(2), 229-233.

Hull, G., & Rose, M. (1989). Rethinking remediation: Toward a socio-cognitive understanding of problematic reading and writing. *Written communication*, 6, 139-154.

Hull, G., & Rose, M. (1990). "This wooden shack place": The logic of an unconventional reading. *College Composition and Communication*, 41, 287-298.

Hull, G., Rose, M., Losey, K., & Castellano, M. (1991). Remediation as social construct: Perspectives from an analysis of classroom discourse. *College Composition and Communication,* 42, 299-329.

Hull, G., & Schultz, K. (2001). Literacy and learning out of school: A review of theory and research. *Review of Educational Research,* 71(4), 4575-611.

Hull, G., & Schultz, K. (Eds.). (2002). *School's out!: Bridging out-of-school literacy with classroom practices.* New York: Teachers College Press.

Hull, G., & Zacher, J. (2004). What is after-school worth? Developing literacies and identities out-of-school, *Voices in Urban Education.* Annenberg Institute for School Reform. Providence, RI: Brown University. Retrieved March 7, 2005, from www.annenberginstitute.org/VUE/Spring04/Hull.html

Ivanic, R. (1994). I is for interpersonal: Discoursal construction of writer identities and the teaching of writing. *Linguistics and Education,* 6, 3-15.

Jewitt, C., & Kress, G. R. (Eds.). (2003). *Multimodal literacy.* New York: Peter Lang.

Knobel, M. (1999). *Everyday literacies: Students, discourse, and social practice.* New York: Peter Lang.

Kress, G. R. (2001). *Multimodal discourse: The modes and media of contemporary communication.* New York: Oxford University Press.

Kress, G. R. (2003). *Literacy in the new media age.* London: Routledge.

Labov, W. (1972). *Language in the inner city: Studies in the black English vernacular.* Philadelphia: University of Pennsylvania Press.

Lensmire, T. (1994). *When children write: Critical re-visions of the writing workshop.* New York: Teachers College Press.

Luke, A. (2003). Literacy and the other: A sociological approach to literacy research and policy in multilingual societies. *Reading Research Quarterly,* 38(1), 132-141.

Moje, E. B. (2000). "To be part of the story": The literacy practices of "gangsta" adolescents. *Teachers College Record,* 102, 652-690.

Moje, E. B., Mcintosh Ciechanowski, K., Kramer, K., Ellis, L., Carrillo, R., & Collaz, T. (2004). Working toward third space in content area literacy: An examination of everyday funds of knowledge and discourse. *Reading Research Quarterly,* 39(1), 38-71.

Moll, L. C. (1992). Bilingual classroom studies and community analysis: Some recent trends. *Educational Quarterly,* 21(3), 20-24.

Moll, L. C., & Diaz, S. (1987). Change as the goal of educational research. *Anthropology and Educational Quarterly,* 18, 300-311.

Moll, L. C., & Greenberg, J. B. (1990). Creating zones of possibilities: Combining social context for instruction. In L. C. Moll (Ed.), *Vygotsky and education: Instructional implications and applications of sociohistorical psychology* (pp. 319-348). Cambridge, UK: Cambridge University Press.

National Commission on Writing in America's Schools and Colleges (2003). *The neglected "R": The need for a writing revolution.* New York: College Board.

Nystrand, M. (Ed.). (1986). *The structure of written communication.* Orlando, FL: Academic Press.

Nystrand, M. (1989). A social-interactive model of writing. *Written Communication*, 6, 66-85.

Nystrand, M., & Duffy, J. (Eds.). (2003). *Towards a rhetoric of everyday life. New directions in research on writing, text and discoursed.* Madison: University of Wisconsin Press.

Ortner, S. (1984). Theory in anthropology since the sixties. *Comparative Studies in Society and History,* 26(1), 126-166.

Perl, S. (1979). The compositing processes of unskilled college writers. *Research tin he Teaching of English,* 13, 317-336.

Philips, S. U. (1983). *The invisible culture: Communication in classroom and community on the Warm Springs Indian Reservation.* New York: Longman.

Prinsloo, M., & Breier, M. (1996). *The social uses of literacy: Theory and practice in contemporary South Africa.* South Africa: Bertsham, SACHED Books.

Scardamalia, M., & Bereiter, C. (1986). Research on written composition. In M. C. Whittrodck (Ed.), *Handbook of research on teaching* (3rd ed., pp. 778-803). New York: Macmillan.

Schultz, K. (1997). "Do you want to be in my story?": Collaborative writing in an urban elementary school classroom. *Journal of Literacy Research*, 29(2),; 253-287.

Schultz, K. (1999). Identity narratives: Stories from the lives of urban adolescent females. *Urban Review*, 31(1), 79-106.

Schultz, K. (2002). Looking across space and time: Reconceptualizing literacy learning in and out of school. *Research in the Teaching of English*, 36(3), 356-390.

Schultz, K. (2004, March). *The visual turn in educational research: Re-envisioning qualitative methods through multimodalities.* Paper delivered to the National Academy of Education, Meeting of Postdoctoral Fellow, Philadelphia, PA.

Schultz, K., & Fecho, B. (2005). Literacies and adolescence: An analysis of policies from the United Stated and Queensland, Australia. In N. Bascia, A. Cumming, A. Datnow, K. Liethwood, & D. Livingstone (Eds.), *International Handbook of Educational Policy* (pp. 677-694). Dordrecht, The Netherlands: Kluwer.

Schultz, K., & Vasudevan, L. (2005, February). *Representing literacies and lives: Multimedia storytelling with urban adolescent youth.* Paper presented at the National Council of Teachers of English Assembly on Research, Columbus, OH.

Schultz, K., Vasudecan, L., Bateman, J., & Coleman, A. (2004). *Storytelling across multiple modalities as method.* Philadelphia: Ethnography in Education Forum.

Scribner, S., & Cole, M. (1981). *The psychology of literacy. Cambridge.* MA: Harvard University Press.

Shaughnessy, M. (1976). Diving in: An introduction to basic writing. *College Composition and Communication*, 27(3), 234-39.

Shaughnessy, M. (1977). *Errors and expectations.* New York: Oxford University Press.

Sheridan, D., Street, B. V., & Bloome, D. (2000). *Writing ourselves: Mass-Observation and Literacy Practices.* Cresskill, NJ: Hampton Press.

Shuman, A. (1986). *Storytelling rights: The uses of oral and written texts among urban adolescents.* Cambridge, UK: Cambridge University Press.

Shuman, A. (1993). Collaborative writing: Appropriating power or reproducing authority? In B. V. Street (Ed.), *Cross-cultural approaches to literacy* (pp. 247-271). Cambridge, Uk: Cambridge University Press.

Skilton-Sylvester, E. (2002), Literate at home but not at school: A Cambodian girl's journey from playwright to struggling writer. In G. Hull & K. Schultz (Eds.), *School's out!: Bridging out-of-school literacies with classroom practice* (pp. 61-90). New York: Teachers College Press.

Sperling, M., & Freeman, S. W. (2001). Teaching and writing. In V. Richardson (Ed.), *Handbook of research on teaching* (4th ed., pp. 370-387). Washington, DC: American Educational Research Association.

Street, B. V. (1995). *Social Literacies: Critical Approaches to literacy in development, ethnography and education.* London: Longman.

Street, B. V. (1996). Preface. In M. Prinsloo & M. Breier (Eds.), *The social uses of literacy: Theory and practice in contemporary South Africa* (pp. 1-9). Bertsham, South Africa: SACHED Books.

Street, B. V. (2001). Literacy "events" and literacy "practices": Theory and practice in the "new literacy studies." In M. Martin-Jones & K. Jones (Eds.), *Multilingual literacies: Comparative perspectives on research and practice* (pp. 17-29). Amsterdam: John Benjamins.

Szwed, J. F. (1981). The ethnography of literacy. In M. F. Whiteman (Ed.), *Writing: The nature, development, and teaching of written communication, part 1* (pp. 13-23). Hillsdale, NJ: Erlbaum.

Taylor, D. (1983). *Family literacy: Young children learning to read and write.* Exeter, NH: Heinemann.

Taylor, D., & Dorsey-Gaines, C. (1988). *Growing up literate: Learning from inner-city families.* Portsmouth, NH: Heinemann.

U.S. Department of Education. (2001). *No Child Left Behind Act of 2001.* Washington, DC: U.S. Government Printing Office.

Vásquez, O.A. (1993). A look at language as resource: Lessons from La Clase M·gica. In B. Arias & U. Casanova (Eds.), *Bilingual education: Politics, research, and practice* (pp. 119-224). Chicago: National Society for the Study of Education.

Vasudevan, L. (2004). *Telling different stories differently: The possibilities of (counter) storytelling with African American adolescent boys.* Unpublished doctoral dissertation, Philadelphia: University of Pennsylvania.

Vygotsky, L. S. (1962). *Thought and language* (Ed. and Trans., E. Hanfmann & G. Bakar). Cambridge, MA: MIT Press.

Vygotsky, L. S. (1978). *Mind in society: The development of higher psychological precesses.* Cambridge, MA: Harvard University Press.

제 25 장

쓰기 연구에서 표본 실험 연구와
종단 자료를 위한 통계적 분석

Rovert D. Abbott, dagmar Amtmann & Jeff Munson

이 장은 쓰기 학습에 관한 무선연구와 실험연구에 초점을 두고, 소규모 혹은 대규모 표본 실험 연구를 실시 할 때 통계적 검증력과 1종 오류의 비율을 위한 통계적 함의에 관해 논의하기로 한다. 횡단 자료를 활용한 실험적, 확인적 분석 방법은 이미 빈번하게 논의되었기 때문에, 이 장에서는 새로운 접근방식인 종단적 접근 방식을 따랐다. 이는 쓰기 과정의 발달을 탐색하기 위한 시도로서, 이 장에서는 반복측정이 이루어졌을 때 성장을 모형화할 수 있는 잠재 변인 혼합 모형과 단계 혹은 집단 별 성장을 모형화 할 수 있는 잠재 전이 분석(LTA)을 다루었다. 수식을 최소화하는 대신 통계 분석에 관한 요점들을 정리하였다. 또한 Abbott, Amtmann, & Munson(2003)의 연구를 보충하여, 횡단 자료 분석을 위한 도표적이고 양적(예, 요인 분석)인 실험적 분석방법, 횡단 자료에서 잠재 변인 구조 방정식 모형을 측정하기 위한 확인적 분석방법, 그리고 확인적 방법을 통하여 새로운 인과관계의 방향 탐색하였으며 이를 치환된 통계량(prmutation-based statistics)과 도표로 정리하였다. 단 연구방법은 간략하게 서술하였다.

지금까지 다양한 질적 연구 방법과 양적 연구 방법을 활용한 쓰기 연구가 진행되어 왔다 (Allal, Chanquoy, & Larhy, 2004; Beach & Bridwell, 1984; Kamil, Langer, & Shanahan, 1985; Rijlaarsdam, van den Bergh, & Couzijn, 1996). 질적 연구와 양적 연구 방법의 상보적 성격은 MacArthur, Graham, & Harris(2004)의 연구에 상세히 기술되어 있다. MacArthur, Graham,

& Harris(2004)는 쓰기 과정에서 수정하기에 대하여 기술적인 인터뷰 연구와 무선 실험 연구를 수행하여 수정하기와 관련한 복합적인 쓰기 과정을 개별적으로 나누어 분석한 연구 프로그램이다.

광대한 인식론적 구조 내에서 상보적이며 양립하는(MacArthur, 2003) 질적 방법과 양적 방법을 쓰기 연구에 적용할 때에 구성 타당도, 내적 타당도, 통계적 결론 타당도(statistical conclusion validity), 그리고 외적 타당도 기준에 의하여 평가하거나(Levin & O'Donnell, Cook, & Campbell, 2002), 과학적 근거에 기반한 연구 기준에 의거하여 평가해야 한다(Eisenhart & Towne, 2003). 더욱이 효과적인 쓰기 지도방법을 탐색하기 위한 연구가 학교 혹은 학급 대상의 실험 연구로 이어짐에 따라, 연구자들은 내적 타당도에 중점을 두고 있다(Feuer, Towne & Shavelson, 2002). 조건에 따른 무선배치는 사전 동등성을 확보하여 선별 편향성(selection bias)을 최소화하며, 다양하고 기계적인 혼재변수들을 통제할 수 있다는 점이 장점이다. 이러한 이유로 몇몇 연구자들은 질적 연구를 거부하고 무선 실험 연구를 선호하며(Levin & O'Donnell, 1999; Mosteller & Boruch, 2002), 이는 곧 연방정부의 적극적인 투자로 이어지고 있다(Eisenhart & Towne, 2003). 그러나 질적 방법과 양적 방법은 상호 배타적인 것이 아니며, 오히려 두 가지 연구방법을 혼용한 연구를 통해 쓰기 과정에 대한 연구자의 이해를 더욱 증진시킬 수 있을 것이다(예, Gere & Abbott, 1985; MacArthur et al., 2004).

쓰기 연구에서의 무선 표집 실험의 설계

무선 실험 연구의 중요성은 통계 관련 문헌에서 이미 수차례 논의되었으며(Maxwell & Delaney, 1990), 이는 쓰기 과정에 관한 연구에서도 오랫동안 논의되어 왔다. 그러나 무선 표집 실험연구의 내적 타당도 뿐만 아니라 외적 타당도(statistical conclusion validity)의 중요성이 함께 부각되면서, 최근의 연구는 소규모 표집을 통한 교실 연구(종종 짧은 기간 동안 이루어진, 통제된 환경에서의 연구)로 범위를 넓혀나가고 있다(Mosteller & Boruch, 2002). Shadish et al.(2002)의 무선 표집 연구에서는 내적 타당도와 외적 타당도를 함께 탐구함으로서 의미있는 결과를 보여주었다. Cook & Payne(2002)는 인식론적, 윤리적, 그리고 정치적 견해를 내세워 무선배치를 통한 표본 실험 연구를 반대하였다. 그러나 필자는 연구의 범위를 넓혀나

가기 위해서는 이를 뒷받침하는 전략과 절차의 단계가 중요하다고 생각하기 때문에, 쓰기 연구에서의 무선 표집 실험 설계와 분석의 적절성에 관하여 논의하고자 한다.

설계 문제와 통계적 결론의 타당성

척도에 따라 측정하는 연구를 수행할 때 고려해야 할 요소가 많지만, 무엇보다도 내적 타당도와 1종 오류 비율 및 통계적 검증력을 함께 고려하는 것이 필요하다(Cook & Payne, 2002). 예를 들어, 우리가 무선 표집 실험을 통해 검증하고자 하는 쓰기 지도 전략이 있다고 가정해 보자. 이 경우 처치 프로그램 시행 후 학생의 성과와 시행하지 않았을 때의 성과를 비교 할 수 있을 것이다.

이 때 주의해야 할 점은 연구자가 실험을 설계하기에 앞서 실험에 포함될 학급 수(학급 표본)와 각 학급에 속한 학생 수(학생 표본)를 결정해야 한다는 것이다. 학급을 조건에 따라 무선 배치하는 무선 표집 연구 설계는, 유출 효과(spillover effects)를 최소화하며, 연구자에게 효율적인 결과를 제공할 수 있다. 하지만 학급을 무선적으로 배치하여도, 학생은 학급에 속해 있기 때문에 무선적으로 배치될 수 없다. 따라서 학생들이 학급에 속해 있다는 군집 효과를 무시한 채 통계 분석을 시행하면, 현대적 관점의 영가설일지라도 1종 오류의 비율이 정확히 측정되지 않을 것이다(Wainer & Robinson, 2003). 연구자들이 흔히 범할 수 있는 잘못된 실험 설계 디자인을 예로 들어보자. 세 학급에 각 30명의 학생이 내제되어 있다고 가정하며, 학급은 세 개의 처치 조건에 무선적으로 배치되었다(Murray, 1998). 이 설계에서 개별 학생이 독립적이라 가정하고(자유도는 87), 일원 분산 분석(ANOVA)을 시행하였을 때, 급내 상관이 .10이었다면, 1종 오류의 비율은 .05가 아닌 .34이다(Scariano & Davenport, 1987). 또 다른 예로, 30명의 학생이 각 10개 학급에 소속되어 있는 다층 구조의 자료 형태(학생은 무선적으로 배치된 학급에 소속되어 있다)를 반영하지 못하는 통계 모형으로 분석을 시행했을 경우, 1종 오류의 비율은 .05가 아닌 .69으로 이에 따라 영가설을 기각하는 경우가 빈번했을 것이다. 따라서 연구자들은 급내 상관의 크기를 반영한 다층 모형(hierarchical modeling)을 사용하여 분석을 시행하고(Murray, 1998; Raudenbush & Bryk, 2002), 급내 상관을 모형에 반영하며, 알파 값을 .05에 가깝게 유지해야 한다.

무선 표본 실험 연구에서 적절한 효과 크기 검증를 위한 통계적 검증력을 고려할 때, 집단에 내재되어 있는 학생 개인 표본의 수를 결정하는 문제도 중요하지만(Murray, 1998; Raudenbush

& Liu, 2000; Varnell, Murray, Janega, & Blitstein, 2004) 이보다 무선적으로 배치 될 집단의 수를 결정하는 것이 더욱 중요한 문제이다(Raudenbush, 1997; Siemer & Joormann, 2003; Wampold & Serlin, 2002), 더불어 통제집단과 처치집단에 몇 개의 집단을 무선 배치 할 것인지 결정하는 것 또한 신중하게 고려되어야 한다(Snijders & Bosker, 1993; Liu, 2003; Murray, Varnell, & Bilitstein, 2004). Raudenbush & Liu(2000)의 옵티마 디자인 소프트웨어 프로그램 (Optimal Design software program)은 급내 상관과 효과 크기를 추정함으로서 다층 연구를 염두한 연구자에게 적합하다.

더욱이 Liu(2003), Snijders & Bosker(1993)은 통제 집단과 처치 집단에 몇 개의 집단을 배치할 것인지가 중요한 문제인만큼, 학급의 수를 늘리거나 학생의 수를 늘리는 것 또한 중요한 연구 문제이며, 이는 비용 측면에서도 함께 고려되어야 한다고 말한다. 즉, 쓰기 교육 과정과 지도법이라는 교육적 처치의 효과성을 입증하기 위한 무선 표집 실험연구를 설계할 때, 연구대상의 규모가 클 경우, 신뢰할 수 있는 측정 결과를 얻기 위한 지속적인 처치의 투입이 매우 어렵다. 따라서 연구대상의 규모가 클 경우 비용적인 측면을 연구자가 함께 고려해야만 하는 것이다(Allison, Allison, Fatith, Paultre, & Pi-Sunyer, 1997).

소규모-n 연구(Small-n Studies)와 쓰기 연구

쓰기에 관한 다수의 양적 연구는 소수의 학생을 연구 대상으로 삼는다. 종종 소규모 표집을 통한 응용 행동 분석 연구와 실험설계 연구를 시행하며(Kazdin, 1982; Richards, 1999), 그룹 기반(group-based) 통계적 방법을 시행하기도 한다. Hoyle(1999)는 다양한 연구 방법을 소개하고 있다. 필자는 뇌 스캐닝 관련 소규모 표집 쓰기 연구에서 χ^2 검증보다 적절한 치환 검증 방법(premutationa-based methods)(Agresti, 1992)을 발견했다. 소규모 표집 연구는 오늘날과 같이 규모가 크고 다양한 유형의 자료에 적합하며, 범주화 되어 있는 자료를 다루는 연구문제에 유용할 것이다(Agresti, Mehta, & Patel, 1990). Monte Carlo 방법(Senchaudhuri, Mehta, & Patel, 1995)을 통해 연구자는 피험자들의 분포 특성을 추정하고, 다양한 자료 유형에 맞게 신뢰구간을 계산함으로서 검사 특성에 더욱 정확하게 접근할 수 있다. 쓰기과정 연구를 진행할 때에 소규모 표집 연구이거나 오차분산이 비정규성을 따르는 연구일 경우, 점근적 추정에 의존하지 않는 통계적 검증이 더욱 적절할 것이며, 연구자료와 이 가정이 부합하지 않을 때 더욱 강력하다. StatXact(2004)와 LogXact(2002)의 두 가지 통계 패키지 프로그램은 이러한 접근을 통해 정확한 p 값과 신뢰 구간을 제공하고 있다.

쓰기 연구에서의 종단적 데이터

쓰기 연구에서 횡단연구가 중요하지만 쓰기 발달 과정에 관한 연구가 불가능하다 것이 단점이다. 반면 종단연구는 쓰기 발달 과정에 따라 처치를 투입함으로서 과정 연구가 가능하며, 횡단연구에서는 불가능한 가설을 모형화 할 수 있다. 더욱이 학생을 반복적으로 측정하는 종단 자료의 특성에 의해 연구자의 가설을 더욱 강력하게 뒷받침할 수 있다(Fan, 2003; Raudenbush, 2001a, 2001b). 종단적인 성장에 관한 연구는 학생의 특성 혹은 처치의 조건에 따라 개인별 발달 과정이 서로 다를 수 있다고 가정한다.

쓰기 과정에서의 모형 변화

행동 변화를 분석하는 것은 매우 복잡하다(Collins, 2001; Singer & Willet, 2003). 행동 변화의 통계적 모형화는 개별 학생들을 여러 시점에 걸쳐 반복적으로 관측함으로서, 개인 외적 혼재변수와 관계없이 시간에 따른 개인 내적 변화를 추정해야 한다(Raudenbush, 2001a). 특히 종단연구 설계는 반복 측정 분산분석(repeated-measures ANOVA)과 같은 전통적 통계 방법이 설명하지 못하는 통계적 쟁점과 특정 측정치를 종종 야기한다. 이분 독립 변수와 제한적인 가정을 갖는 균형 실험 설계일 때 분산분석이 적합하며, 이것은 소규모 표집 실험연구의 전형이라 할 수 있다. 이러한 가정에 따라 단변량 분산 분석(univariate ANOVA)은 데이터가 불균형적이며, 하나 혹은 모든 예측변수가 연속변수일 때 분석이 어렵다. 게다가 다양한 개별 관측값(multiple observations)의 오차분산은 독립이라는 가정에 위배된다(Raudenbush & Bryk, 2002). 만약 이러한 자료가 적절하게 분석되지 않았다면 표준 오차의 편향된 추정치로 인해 검사의 유의성 결과가 정확하지 않게 도출될 것이다(Hanushek & Jackson, 1977; Scariano & Davenport, 1987; Murray, 1998). 쓰기 과정의 발달에 관한 연구는 개인의 성장을 양적으로 고려할 뿐만 아니라(예, 글의 길이) 집단 별 성장(예를 들면, Stein & Glenn's(1989)의 서사 이야기 문법의 단계)을 함께 고려한다. 이 장에서는 두 가지 방법을 모두 논의할 것이다.

모형에 따라 연구를 설계할 때 다양한 설계 조건이 요구된다(Singer & Willett, 2003). 실험을 할 때, 연구자는 처치를 결정하고, 개인을 무선배치한다. 결과는 여러 시점에 걸쳐 다양하게 측정되는데, 여러 시점에 걸쳐 측정 된 결과는 서로 비교가 가능하도록 동등한 타당성을 확보해야 한다. 연구자는 각 측정시점별로 모든 피험자를 동시에 수집할 것인지 혹은 유동적인 스케줄에 따라 개별 피험자를 반복 측정할 것인지 결정해야 한다. 세 가지 혹은 그 이상으로 수집된 자료는 실제 성장 변화로부터의 측정 오차를 분리할 수 있게 하고, 성장 궤도의 모양에 관한 정보를 제공하여 준다. 반복 측정의 간격은 각 시점마다 간격을 동일하게 설정할 수도 있고, 가설화된 성장 궤도의 모양과 같이 이론적 연관성에 따라 설정할 수도 있다. 시간은 학년, 나이, 주간, 수업 시수 등 여러 가지 기준 방법으로 측정된다. 다양한 분석 방법은 모든 시점에서 완벽하게 측정된 개별 피험자 자료를 사용하며, 몇 개의 시점에서 손실된 자료가 있는 피험자일지라도 분석에 포함시킬 수 있다.

양적으로 측정된 발달

학생의 발달 정도 즉, 성장을 측정하고자 할 때, 구조 방정식 모형과 다층 선형 모형을 혼용한 잠재 변인 성장 곡선 모형은 잔차 간 상관을 통해 이를 모형화할 수 있다. 이 방법을 통해 연구자는 검사의 유의성을 검증할 뿐만 아니라 그룹 내 평균 성장률에서 벗어난 학생이 누구인지, 그리고 그들의 성장률은 다른 학생들과 어떠한 차이를 보이는지 파악할 수 있다 (Raudenbush & Bryk, 2002).

다층모형은 각기 다른 수준에서 설명 변수가 결과에 미치는 영향이 어떻게 다른지 세분화할 수 있다는 것이 특징이다. 더욱이 이 모형은 피험자들을 일정한 간격에 따라 반복적으로 측정했을 때, 시간의 흐름에 따라 변하는(time varying) 예측변수와 변하지 않는(time invariant) 변수를 모두 모형에 포함할 수 있다(Raudenbush & Bryk, 2002; Muthen & Muthen, 2004).

피험자 간 분산이 서로 다르기 때문에, 대부분의 연구자들은 피험자들이 같은 모집단에서 추출 되었다고 가정한다. 그러나 혹자들은 같은 그룹에 속해있는 개별 피험자들의 성장률이 유사하지만, 서로 다른 그룹에 속한 피험자들의 성장률은 다를 것이라며 반론을 제기한다.

예를 들어, 쓰기 학습에서 처치에 따른 학생들의 성과를 모형화하고자 할 때 특정 학급에 소속된 피험자는 다른 학급에 속한 피험자들과 달리 그들이 속한 학급 내에서 상호작용이 발생했을 것이라 가정한다(Muthen & Curran, 1997). 이러한 이유로 연구자는 학생들이 어떠한 집단에 속해 있는지에 관해 관심을 보인다.

다집단 표본 혹은 다집단 그룹 분석은 각 그룹의 성장률이 서로 다를 수 있다는 것을 가정한다. 이러한 그룹 기반 혼합 모형 전략은 모집단에서 학생별로 성장률이 얼마나 다양하게 나타날 수 있는지에 관해 설명할 수 있으며, 성장 궤도에 따라 피험자들을 본질적으로 범주화할 수 있는 잠재 집단이 존재하는지 예측이 가능하다. 일반적 쓰기 연구의 경우, 연구 시작에 앞서 학생들의 소속 정보를 미리 알고 있는 경우는 드물다. 이에 연구자들이 그룹 기반 모형을 통해 학생들이 어떤 집단에 속해 있는지 먼저 구분할 수 있다면, 학생들의 개별 특성에 맞게 처치를 투입하여 성장 궤도를 추정할 수 있을 것이라 말한다. 즉 집단 기반 혼합 모형 분석을 활용하여 교수법의 효과를 분석했을 때 성장 속도가 빠른 학생과 느린 학생을 구별하는 것이 가능하다.

학문 영역으로서의 심리학은 그룹을 기반으로 한 발달 이론 연구로서 오랫동안 지속되어 왔다. 집단 기반 이론의 예들은 학습에 관한 Holyoak & Spellman(1993)의 이론, Markman (1989)의 언어와 개념적 발달에 대한 이론, 그리고 비행과 같은 반사회적인 행동에 관한 Moffitt(1993)의 연구를 포함한다. 이 이론들은 특정 집단의 피험자가 다른 집단과 구별되는 성장궤도를 보일 것이라 제안하며, 성장궤도를 통해 특정 집단에 속한 피험자의 특성을 예측할 수 있을 것이라 말한다. 몇몇의 쓰기 연구자들은 학생들이 서로 다른 집단에 속할 것이라 가정한 후, 피험자의 개인 특성을 예측하고자 하였다. 비록 성장 모형이 쓰기 교육에서는 많이 활용되고 있지 않지만 읽기 교육과 수학 교육에서는 광범위하게 쓰이고 있다(예를 들면, Rescorla & Rosenthal, 2004; Williamson, Appelbaum, & Epanchin, 1991).

연구자들은 쓰기 과정에서의 학생의 성장 궤도를 분석하기 위하여 비슷한 성장을 보이는 피험자들을 하나의 그룹으로 묶는 군집 과정을 거친다. 이러한 방법의 종류로는 (1) 개인의 성장률 분석과 군집 과정을 연계한 다층 모형(raudenbush & Bryk, 2002) 분석 방법, (2) 잠재 성장 곡선 혼합 모형(Muthen, 2001), 그리고 (3) 준모수(semiparametric), 집단 기반 모형(Nagin, 1999)이 있다. 위 모든 방법들은 개별 피험자가 그룹에 적절하게 배치되었는지 평가하고 개별 피험자들의 사후 확률 값을 함께 제공한다. 또한 준모수적 집단-기반 방법과 잠재 성장 곡선 혼합 모형은 분석 자료와 가장 적합하다고 판단되는 잠재 집단의 수를 함께 제공한다.

이 장은 두 가지 주요한 이유에서 잠재 성장 곡선 혼합 모형(Muthen, 2001)에 초점을 두고 있다. 첫째, 최신 버전의 소프트웨어는 준모수 집단 모형 접근을 기반으로 한다(Nagin, 1999). 급내 분산은 모두 0이라고 가정하며, 이 프로그램을 통해 이 가정은 검증될 수 없다. 특정 집단의 평균 성장 추정 궤도에서 학생의 성장 궤도가 크게 벗어나지 않는다는 가정이 자료를 통해 검증될 경우, 이 자료는 준모수 혼합 모형 뿐만 아니라 급내 분산을 허용하는 잠재 성장 곡선 혼합 모형에도 적합할 것이다. 그러나 급내 상관이 있을 때, 잠재 성장 혼합 모형을 적용해야 하며, 이 모형을 통한 추정치가 더 정확하다.

둘째, 피험자의 개별 성장률을 분석하기 위한 다층 분석(예를 들면, HLM과 무선계수 활용을 활용한 통계모형)을 통한 통계적 추정 과정은 오랫동안 연구·검증되어 왔다. 이는 종단자료에서 서로 다른 성장을 보이는 피험자들을 쉽게 다룰 수 있는 접근이다. 개별 성장 궤도를 선형 혹은 2차함수(곡선)으로 표현함으로서 변화를 다양하게 예측하고, 다양한 적합도 지수를 제공하며, 모수 추정치 그리고 표준 오차 값을 함께 제공한다. 또한 시간에 따른 변화라는 복합적인 가설을 대비분석을 통해 검증할 수 있고, 이 경우 개인 성장 모수 분산을 0으로 제한한다. 기존의 구조방정식 프로그램 Mplus의 3.0버전(Muthen & Muthen, 2004)이 모형의 분석을 위해 시간 구조를 가지고 있지 않은 자료를 요구하지만, 다층모형은 개인의 성장을 분석하기 위해 더 이상 시간 구조를 가지는 자료를 필요로 하지 않다는 것이 장점이다 (Raudenbush & Bryk, 2002). 더욱이 잠재 성장 혼합 모형은 개인의 성장 차이를 탐색함에 있어 유연한 방식을 취하며, 오차 공분산 구조를 모형화 한다. 두 가지 방법에 의해 모형의 적합도가 높게 판명되었을 경우, 모수 추정치와 표준 오차는 방법에 따라 서로 다른 값을 가지기도 하고, 유사한 값을 추정하기도 한다(Singer & Willett, 2003).

상이한 성장률을 보이는 서로 다른 집단을 규명하고자 할 때, 개별 성장 모형을 HLM으로 분석하면 각 개인의 성장률에 대한 절편과 기울기를 제공한다. 그러나 다른 접근 방식(예를 들면, 군집 분석)을 사용할 경우 하위집단으로 분류할 수 있는지 명확한 타당성을 확보하지 못한다면, 분석에 어려움을 겪을 수 있다(Beauchaine & Beauchaine, 2002). 반대로, 잠재 성장 곡선 혼합 모형과 잠재 변인 모형 추정에 사용된 소프트웨어(Muthen & Muthe, 2004)를 적절하게 사용한다면 양쪽 연구 문제를 모두 처리할 수 있다(Bauer & Curran, 2003).

잠재 성장 곡선 혼합 모형

잠재 변인 성장 혼합 모형은 전통적인 성장 모형을 기반으로 한다. 구조방정식의 구조를 사용하는 성장 모형에서 학생들 간 분산을 나타내는 무선계수를 잠재 변인 혹은 성장 요인(growth factors)이라 한다. 성장 모형의 목적은 성장 요인의 분산을 추정하고, 성장 요인 분산에 영향을 미치는 변수를 탐색하는 것이다. 잠재 성장 모형은 비교적 유연한 형태를 보이는 구조방정식의 하위 영역이다. 다집단 잠재 변인 혼합 모형은 Muthen(2001)에 의해 제기되었으며 질적 성장의 차이를 탐색하기 위해 개발되었다. 이러한 방법을 통해 학생은 자신이 속한 잠재집단에 의거하여 개인의 사후 확률 추정 값을 얻는다. 이 때의 사후 확률 추정 값은 개인으로부터 획득된 값이며, 개인이 어떤 집단에 속할 확률이 가장 클 것인지는 이전에 결정되었다. 이러한 접근은 사전적 진단과 예방적인 처치에 유용하며, 이를 통해 발달에 문제를 겪고 있는 학생을 미리 찾아내어 적합한 처치를 효과적으로 줄 수 있다.

성장 혼합 모형: 한 가지 예

이 장에서 우리는 작문에 어려움을 겪고 있는 학생들이 얼마나 철자를 정확하게 알고 있는지 성장률로서 관찰하고, 이를 통해 잠재 변인 성장 혼합 모형에 관해 설명하기로 한다 (Berninger et al., 1998). 다양한 접근 방법이 철자교육의 어려움을 개선하기 위해 발달되었지만 개선이 쉽지 않았으며, 어떠한 학생들의 성과는 높게 나타났지만 그렇지 않은 학생들도 있었다. 또한 처치를 투입했을 때 어떠한 특성을 지닌 학생의 성과가 높게 나타났는지 불분명하다. 이 연구에서는 24회에 걸쳐서 12주 동안 128명의 쓰기 부진 학생을 대상으로 처치 프로그램이 실행되었다. 24회 동안 정확하게 단어 철자를 기입한 학생은 127명이었다. 이 연구 설계는 7개의 서로 다른 처치 프로그램을 무선으로 할당함으로서 집단 간 비교를 통해 처치 프로그램의 효능을 알아보기로 한다. 구체적인 연구 설계와 7가지 처치 프로그램의 특징, 그리고 통제집단(contact control)에 관한 자세한 설명은 Berninger et al.(1998)를 참고하면 된다.

이 장에서 우리는 세 가지 연구 문제를 탐색하기 위하여 위의 자료를 사용할 것이다. 첫 번째는 '쓰기 부진 학생들에게 24회 동안의 처치 프로그램을 투입했을 때, 상이한 성장률을 보이는 서로 다른 집단으로 분류될 수 있을까?'이고 두 번째는 '몇 개의 집단으로 분류될 수 있을까?'이며, 세 번째는 '같은 집단에 속한 학생도 처치에 따른 성장의 차이가 있을까?'이다.

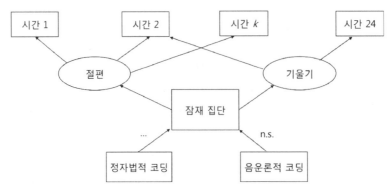

〈그림 25.1〉 정자법적 코딩 예측 변인과 음운적인 코딩 예측 변인을 포함한 성장 혼합 모형

　　<그림 25.1>은 분석 모형이다. 다이어그램에서, '1회'에서 '24회'는 24회의 처치를 통해 측정된 측정값을 나타낸다. 이에 관한 측정 오차는 모형화되었지만 이 다이어그램에서 나타내지 않았다. 잠재 요인의 평균과 분산은 절편과 기울기이고, 기울기와 절편은 그룹과 개인의 분산을 나타낸다. 잠재 집단은 절편과 기울기가 다른 잠재 성장 궤도 집단을 모형화 한 것이다. 정자법적 부호화와 음운론적 부호화는 잠재적 집단 구성 요인 중 예측변수를 나타낸다. 설명오차는 모형화 되었지만 이 다이어그램에서는 표현하지 않았다. 비록 다른 모형을 통해 검증할 수 있을지라도, 이 모형은 예측변수의 효과가 완전매개임을 가정한다.

　　모형 검증은 체계적으로 진행되었다. 첫 번째는 잠재 집단의 수를 늘려가면서 경쟁 모형의 기본 적합도를 검증하고, 두 번째는 측정 시점마다 선형모형과 2차모형 모두 탐색하고, 마지막으로 집단 내 학생의 성장 궤도가 서로 다른지 검증한다. 성장 궤도 집단의 수를 반복적이고, 구체적으로 늘려가면서 모형의 적합도를 탐색하고, 이를 통해 의미 없는 집단을 추려나가며 최종적인 잠재 집단의 수를 결정한다. 또한 초기치(start value)를 통해 모형의 결과 값의 안정성을 검증한다(Muthen & Muthen, 2004).

　　Muthen & Muthen(2000)의 선행연구 절차에 따라 잠재 집단의 수를 결정하였다. 첫 번째 단계로, 통계적 정보 표준(BIC) 정보가 모형 적합도를 평가하는데 사용되었다. BIC는 모형의 우도 값(likelihood value)과 추정된 모수의 수 모두를 반영한다. 낮은 BIC 값이 산출되었다면 모형은 적합하다고 판단할 수 있다. 또한 많은 모수를 사용하지 않아도 자료가 모형에 적합하다라고도 얘기할 수 있다. 두 모형 간의 BIC 차이에 의해서 제공되는 궤적 집단의 수에 관한 증거의 수준을 판단하기 위해서 Kass & Raftery(1995)가 제공하는 안내서를 참조하였다 (Kass & Raftery, 1995). 안내서에 따르면 대립가설(H_1)을 검증하기 위함으로서 0~2 BIC 점수의 차이는 약한 증거, 2~6점 차이는 긍정적 증거, 6~10점 차이는 강한 증거, 10점 이상은 아주 강한 증거로 고려되었다. 또한 Lo, Mendell, & Rubin(2001)의 우도 비율 검증을 통해 결과를 검증하였다.

두 번째 단계에서, 사후 확률 평균이 설명되었다. 개별 학생들은 다른 궤적 집단에 비해서 자신이 속한 궤적 집단에 관한 높은 사후 확률 평균 값을 가져야 한다. 세 번째 단계에서, 잠재 궤적 집단이 실제적인지, 이론적으로 의미 있는 것인지 고려한다. 이 단계에서는 궤적 집단의 모양이 유사한 경향을 보이는지, 집단 내 학생은 몇 명인지, 추정된 모수는 몇 개인지, 예측한 결과와 차이가 있는지에 관해 탐색한다(예, 예방이나 처치 차원에서 궤적 집단 차이 규명의 중요성). 비정규성 가정에서는 그릇된 집단으로 추정 될 수 있기 때문에, 측정 값을 비정규성 가정에서도 검증해보아야 한다(Bauer & Curran, 2003; Muthen, 2003).

분석의 목적은 철자 교육에 관한 교육적 처치에 서로 다른 성장 궤도를 보이는 잠재 집단을 구별하는 것이다. <표 25.1>은 집단 내 분산을 서용하는 선형 모형의 BIC값을 나타낸다.

〈표 25.1〉 쓰기 부진 위험군 학생에 대한 자유 성장 요인의 선형 모형에 대한 BIC값

집단 수	BIC 값
1	19,762
2	19,764
3	19,752
4	19,760
5	19,773
6	19,771
7	19,862

우리는 잠재집단의 수를 3개로 나눈 모형이 완벽하게 가장 낮은 BIC 측정값을 나타냈음에도 불구하고, 4개의 잠재집단 모형을 결정했다. 4집단 모형이 3집단과 유사하게 학생들을 분류하였으며, 4번째 집단은 비교적 초기 성취도가 높은 8명의 학생들만이 속하였기 때문이다. 또한 3집단 모형과 그리고 4집단 모형이 유사한 사후 확률 값을 나타났다. 비록 4번째 집단으로 분류된 학생은 그 수가 적었지만, 높은 사전 성취도와 함께(이에 처치에 영향을

적게 받았음), 고유한 성장 궤도가 나타났으며 이는 이론적으로 흥미로웠다. <표 25.2>는
네 집단의 성장 변화 패턴을 나타낸다.

다음 단계는 모형에서 집단 내 변이를 허용해야하는지 혹은 허용하지 말아야하는지에 관한
탐색이다. H_0(집단 내 분산은 0으로 제한한다)과 H_1(집단 내 분산은 서로 같거나 다를 수
있다), 즉, 네 개 집단 간 차이를 검증하기 위해 로그 우도 값(χ^2)의 차이, -2를 곱한다(Duncan,
Strcker, Li, & Aepert, 1999). 이 경우 추정된 모수의 차이(자유도)는 H_0과 H_1을 위한 정확한
자유도 정보를 제공한다. 카이 검정 값은 통계적으로 유의미하였으며, 집단 내 분산이 0이라
는 가정보다 집단 내 분산의 크기가 서로 다르다고 가정한 모형에서 더 높은 적합도 값이
산출되었다(χ^2(3, n=101)=290, p<.001). Nagin(1999)의 준모수 집단 모형을 통해 분석을 시행
한다면, 궤도 집단 내 분산 허용을 연구자는 모형화할 수 없다. 4개 집단의 질적 논의는
확률 값을 통해 해결할 수 있다. 4개 잠재 집단의 경우, 각 집단의 사후 확률 평균 값은
높게 나타났다.

가장 적합한 선형 네 집단 모형

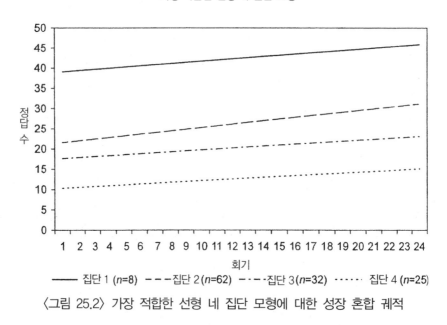

〈그림 25.2〉 가장 적합한 선형 네 집단 모형에 대한 성장 혼합 궤적

다음으로는 같은 집단으로 분류된 집단 내 구성원의 수, 모수 추정값, 그리고 실질적인
잠재 집단의 사용 가능성을 평가하였다. <표 25.2>는 4집단 모형에서의 개별 집단에 대한

기울기와 절편, 그리고 집단 내 구성원의 수를 나타낸다. 이 값들은 집단의 궤도를 추정하기 위한 기본 값들이다. 잠재집단을 4개로 구분하였을 때, 첫 번째 궤도 집단은 사전 성취도가 높았고, 처치 프로그램 시행 후 평균적으로 7개 단어의 철자를 더 맞추었다. 두 번째 궤도 집단은 첫 번째 집단과 비교하여 사전성취도는 낮았으며, 처치 후 평균적으로 10개의 단어를 더 맞추며 빠른 학습 성장 속도를 보였다. 세 번째 궤도 집단은 첫 번째, 두 번째 집단보다 사전성취도가 낮았으며, 처치 후 학습 성장 또한 두드러지지 않았다. 네 번째 궤도 집단은 사전 성취도가 가장 낮았으며, 학습 성장 또한 가장 낮게 나타났다.

〈표 25.2〉 쓰기 부진 위험군 학생에 대한 자유 성장 요인이 있는, 네 집단의 절편과 기울기

	집단			
	1	2	3	4
절편	39.08	21.55	17.64	10.33
기울기	.30	.42	.24	.21
구성원 수	8	62	32	25

이 결과는 무선배치된 처치의 효과에 관한 정보를 함께 제시하고 있다. 전체 단어 인식과 시작-압운에 초점을 맞춘 처치는 1 또는 2집단의 학생들의 69%에서, 가장 낮은 성장 궤도를 보이는 4집단에서는 0% 나타났다. 반대로 통제 집단에 있는 50%의 학생들은 4집단의 궤적에 있었고 이는 가장 낮은 수행 집단이었다.

궤도 집단을 살펴보는 또 다른 방법은 궤도 집단에 속한 학생들을 사전 실험의 예측변수로서 규명하는 것이다. 예를 들어 많은 연구자들이 문식성에서 음운적 코딩의 역할을 언급하며, 낮은 음운적 코딩 수준에 있는 학생들이 가장 낮은 성장을 보일 것이며, 높은 음운적 코딩 수준의 학생들은 가장 높은 향상을 보일 것이라 예측할 것이다. 이것은 흥미로운 가설이지만 수집된 데이터는 이 가설을 지지해 주지 않는데 그 이유는 사전 실험 Rosner 음소 삭제 점수 (phoneme deletion scores)에서 네 가지 집단 간 차이가 통계적으로 유의미하지 않았기 때문이다($F(3,123)=1.79$, $p=.15$). 게다가 네 가지 궤도 집단은 아이들의 언어적 IQ를 위한 웩슬러 지능검사 척도에서도 통계적으로 차이가 나지 않았다($F(3,123)=1.67$, $p=.17$). 빠른 성장을 예측한 것은(집단 1과 2의 구성원) 철자법 코딩, $F(1,123)=5.84$, $p<.001$ 과 알파벳 전사 과제에서의 점수, $F(1,123)=2.89$, $p<.04$였다. 이들 측정에 대한 설명과 개입에 기초한 이론을 위한 그들의 관계에 관한 추가적인 설명은 Berninger et al.(1998)의 연구에 상세히 기술되어 있다.

요약하면, 양적인 측정 결과를 갖는 위의 예시에서, 잠재적 변인 성장 혼합 모형은 24회 측정 시점에 따라 개인의 성장을 모형화하였고, 성장 패턴에 따라 네 가지 잠재 궤도 집단을 규명하였으며, 이러한 네 가지 잠지 집단은 처치와 쓰기 부진에 처한 아이들 사이에 이미 존재하고 있던 차이와 서로 관련이 있다고 말할 수 있다.

잠재적 단계에서의 성장

잠재 변인 성장 혼합 모형에 대한 우리의 논의는 쓰기 학습에 따른 성장 과정은 과정 양적 지표로서 측정할 수 있다고 가정한다. 이 장에서는 예시와 함께 서사적 이야기 문법 발달에서의 학생의 성장을 모형화 하는 것과 같이(Stein & Glenn, 1979), 단계에서 단계로 넘어갈 때 발생하는 학습 과정의 성장을 모형화하기 위해 적합한 종단 방법에 대하여 논의하였다. Stein & Glenn의 모형에서는 서사문 쓰기에 대한 학생들의 반응이, 처음에는 단순히 이야기를 떠오르는 순서대로 나열하는 단계(지식 나열), 순차적인 행동 순서대로 서술하는 단계, 이야기에 대한 내적 반응까지 서술하는 단계, 마지막으로 목표지향적인 개별 에피소드 별로 생성하는 단계로 발달한다고 이론화하였다. 학생들이 쓴 서사문은 이들 단계의 수치에 따라서 분류되었지만, 각 단계의 변화는 통계적으로 모형화되지는 않았다.

이들 단계 간의 변이를 모형화하는 것은 종단적 패널 데이터에서의 적합한 단계-연속적 모형을 위한 잠재 전이 분석(LTA)의 사용을 가능하게 한다(Graham, Collins, Wugalter, Chung, & Hansen, 1991; Collins & Wugalter, 1992; Collins, Fidler, Wugalter, & Long, 1993; Collins, 2001; Muthen & Muthen, 2004). 잠재 등급 모형의 유형으로서, LTA는 다중 분할표의 특성과 잠재 변인 방법의 몇 가지 특성을 결합한고 있다. 예측변수로서의 서사문의 채점 점수는 눈에 띄지 않는 잠재 집단에 대한 척도를 제공한다. 따라서 종단 자료를 활용한 LTA 분석을 시행한다면, 아마도 개별 학생은 시간에 따라 잠재적 등급 구성원으로서 역동적인 발달 변화를 겪을 것이며, 발달 순서나 비율에 따라 서로 다른 집단으로 분류할 수 있다. 또한 다음의 가설을 검증하는 것도 가능하다. 어떠한 처치에 무선 배치된 학생의 성장은 Stein & Glenn(1979)의 이야기 문법 단계를 통해 다른 처치에 배정된 학생보다 빠를 것이다. LTA는 또한 어떤 처치에 있는 성장 궤도를 건너 뛰고, 학습 목표를 향해 바로 나아가는 단일-에피소드 서사문 쓰기 가설에 관한 해석을 가능한다. 즉, LTA에서 성장은 질적으로 서로 다른 단계 간의 성장으로서 모형화될 것이다.

요약

이 장은 쓰기 연구자들이 전통적인 선형 모형 접근에 추가적으로 고려하는 통계 방법을 서술했다. 처치의 규모를 확대할 때의 무선 표집 실험 연구에 관해 논의하였고, 연구자들을 지원하기 위한 자원을 제안했다. 또한 양적이고 범주화된 측정 모두에서의 변화의 분석을 위한 종단적 방법에 대하여 기술했다. 이 장에서 제시한 방법들이 독자들에게 새롭게 다가가기를 원하고 이러한 방법들이 연구 질문을 분명하게 하고 이론적 관점과의 경쟁으로부터 획득된 모형의 데이터의 일관성을 설명하는 데 어떻게 도움이 될 수 있는지에 대해 고려되기를 바란다.

참고문헌

Abbott, R. D., Amtmann, D., & Munson, J. (2003). Exploratory and confirmatory methods in learning disabilities research. In H. L. Swanson, K. R. Harris, & S. Graham (Eds.), *Handbook of learning disabilities* (pp. 471-482). New York: Guilford Press.

Agresti, A. (1992). A survey of exact inference for contingency tables. *Statistical Science, 7* ,131-177.

Agresti, A., Mehta, C. R., & Patel, N. R. (1990). Exact inference for contingency tables with ordered categories. *Journal of the American Statistical Association*, 85, 453-458.

Allal, L., Chanquoy, L., & Largy, P. (Eds.). (2004). *Revision: Cognitive and instructional precesses.* New York: Kluwer.

Allison, D., Allison, R., Faith, M., Paultre, F., & Pi-Sunyer, F. (1997). Power and money: Designing statistically powerful studies while minimizing financial costs. *Psychological Methods, 2*, 20-33.

Bauer, D. J., & Curran, P. J. (2003). Distributional assumptions of growth mixture models : Implications for over-extraction of latent trajectory classes. *Psychological Methods*, 8, 338-363.

Beach, R., & Bridwell, L. S. (1984). *New directions in composition research.* New York: Guilford Press.

Beauchaine, T. P., & Beauchaine, J. B. (2002). A comparison of maximum covariance and K-means cluster analysis in classifying cases into known taxon groups. *Psychological Methods*, 7, 245-261.

Berninger, V. W., Abbott, R. D., Rogan, L., Reed, E., Abbott, S. P., Brooks, A., et al. (1998). Teaching spelling to children with specific learning disabilities: The mind's ear and eye beat the computer or pencil. *Learning Disabilities Quarterly*, 21, 106-122.

Collins, L. M. (2001). Reliability for static and dynamic categorical latent variables: Developing measurement instruments based on a model of the growth process. In L. Collins & A. Sater (Eds.), *New methods for he analysis of change* (pp. 271-288). Washington, DC: American Psychological Association.

Collins, L. M., Fidler, P. L., Wugalter, S. E., & Long, J. D. (1993). Goodness-of-ft testing for latent class models. *Multivariate Behavioral Research*, 28, 375-389.

Collins, L. M., & Wugalter, S. E. (1992). Latent class models for stage-sequential dynamic latent variables. *Multivariate Behavioral Research*, 27, 131-157.

Cook, T. D., & Payne, M. R. (2002). Objecting to the objections to using random assignment in educational research. In F. Mosteller & R. Boruch (Eds.), *Evidence matters: Randomized trials in education research* (pp. 150-178). Washington, DC: Brookings Institute.

Duncan, T, E., Duncan, S. C., Strycker, L. A., Li. F., & Alpert, A. (1999). *An introduction to latent variable growth curve modeling.* Mahwah, NJ: Erlbaum.

Eisenhart, M., & Towne, L. (2003). Contestation and change in national policy on "scientifically based" education research. *Educational Researcher*, 32, 31-38.

Fan, X. (2003). Power of latent growth modeling for detecting group differences in linear growth trajectory parameters. *Structural Equation Modeling*, 10, 380-400.

Feuer, M. J., Towne, L., & Shavelson, R. J. (2002). Scientific culture and educational research. *Educational Researcher*, 31, 4-14.

Gere, A. R., & Abbott, R. D. (1985). Talking about writing: The language of writing groups. *Research in the Teaching of English,* 19, 362-385.

Graham, J. W., Collins, W. B. (1991). Modeling transitions in latent stage-sequential processes: A substance use prevention example. *Journal of Consulting and Clinical Psychology,* 59, 48-57.

Hanushek, E. A., & Jackson, J. E. (1977). *Statistical Methods for social scientists.* New York: Academic Press.

Holyoak, K., & Spellman, B. (1993). *Thinking. Annual Review of Psychology*, 44, 265-315.

Hoyle, R. (Ed.) (1999). *Statistical strategies for small sample research.* Thousand Oaks, CA: Sage.

Kamil, M. L., Langer, J. A., & Shanahan, T. (1985). *Understanding reading and writing research.* Boston: Allyn & Bacon.

Kass, R. E., & Raftery, A. E. (1995). Bayes factor. *Journal of the American Statistical Association,* 90, 773-795.

Kazdin, A. E. (1982). *Single case research designs: Methods for clinical and applied settings.* New York: Oxford University Press.

Levin, J. R., & O'Donnell, A. M. (1999). What to do about educational research's credibility gaps? *Issues in Education*, 5, 177-229.

Liu, X. (2003). Statistical power and optimum sample size allocation ration for treatment and control having unequal costs per unit of randomization. *Journal of Educational and Behavioral Statistics*, 28, 231-248.

Lo, Y., Mendell, N. R., & Rubin, D. B. (2001). Testing the number of components in a normal mixture. *Biometrika*, 88, 767-778.

LogXact 5. (2002). *Software for exact logistic regression.* Cambridge, MA: Cytel Software.

MacArthur, C. (2003). What have we learned about learning disabilities from qualitative research?: A review of studies. In H. L. Swanson, K. R. Harris, & S. Graham (Eds.), *Handbook of learning disabilities* (pp. 523-549). New York: Guilford Press.

MacArthur, C. A., Graham, S., & Harris, K. Rk. (2004). Insight from instructional research on revision with struggling writers. In L. Allal, L. Chanquoy, & P. Largy (Eds.), *Revision: Cognitive and instructional processes* (pp. 125-137). New York: Kluwer.

Markman, E. M. (1989). *Categorization and naming in children: Problems of induction.* Cambridge, MA: MIT Press.

Maxwell, S. E., & Delaney, H. D. (1990). *Designing experiments and analyzing data: A model comparison perspective.* Belmont, CA: Wadsworth.

Moffitt, T. E. (1993). Adolescence-limited and life-course persistent antisocial behavior: A developmental taxonomy. *Psychological Review*, 100, 674-701.

Mosteller, F., & Boruch, R. (Eds.). (2002). *Evidence matters: Randomized trials in education research.* Washington, DC: Brookings Institute.

Murray, D. M., Varnell, S. P., & Blitstein, J. L. (2004). Design and analysis of group-randomized trials: A review of recent methodological developments. *American Journal of Public Health*, 94, 423-432.

Muthen, B. O. (2001). Second-generation structural equation modeling with a combination of categorical and continuous latent variables: New opportunities for latent class/latent growth modeling. In L. M. Collins & A. G. Syer (Eds.), *New methods for the analysis of change* (pp. 289-322). Washington, EC: American Psychological Association.

Muthen, B. O. (2003). Statistical and substantive checking in growth mixture modeling: Comment on Bauer and Curran (2003). *Psychological Methods*, 8, 369-377.

Muthen, B. O., & Curran, P. J. (1997). General longitudinal modeling of individual differences in experimental design: A latent variable framework for analysis and power estimation. *Psychological Methods*, 2, 371-402.

Muthen, B. O., & Muthen, L. K. (2000). Integrating person-centered and variable-centered analyses: Growth mixture modeling with latent trajectory classes. Alcoholism. *Clinical and Experimental Research*, 24, 882-891.

Muthen, L. K., & Muthen, B. O. (2004). *Mplus 3.0 user's guide.* Los Angeles: Author.

Nagin, D. S. (1999). Analyzing developmental trajectories: A semi-parametric, group-based approach. *Psychological Methods*, 4, 139-157.

Raudenbush, S. (1997). Statistical analysis and optimal design for cluster randomized trials. *Psychological Methods*, 2, 173-185.

Raudenbush, S. W. (2001a). Comparing personal trajectories and drawing causal inferences from longitudinal data. *Annual Review of Psychology*, 52, 501-525.

Raudebush, S. W. (2001b). Toward a coherent framework for comparing trajectories of individual change. In L. M. Collins & A. G. Sayer (Eds.), *New methods for the analysis of change* (pp. 33-64). Washington, DC: American Psychological Association.

Raudenbush, S. W., & Bryk. A. S. (2002). *Hierarchical linear models: Applications and data analysis methods* (2nd ed.). Thousand Oaks, CA: Sage.

Raudenbush, S., & Liu, C. (2000). Statistical power and optimal design for multi-site randomized trials. *Psychological Methods*, 5, 199-213.

Rescorla, L., & Rosenthal, A. S. (2004). Growth in standardized ability and achievement test scores from 3rd to 10th grade. *Journal of Educational Psychology,* 96, 85-96.

Richards, S. B., Taylor, R., L, Ramasamy, R., & Richards, R. Y. (1999). *Single subject research: Applications an in educational and clinical settings.* San Diego: Singualr.

Rijlaarsdam, G., van den Bergh, H., & Couzijn, M. (Eds.). (1996). *Theories, models, and methodology in writing research.* Amsterdam: Amsteram University Press.

Scariano, S., & Davenport, J. (1987). The effects of violation of the independence assumption in the one way ANOVA. *American Statistician*, 41, 123-129.

Senchaudhuri, P., Mehta, C. R., & Patel, N. R. (1995). Estimating exact p-values by the method of control variables, or Monte Carlo rescue. *Journal of the American Statistical Association,* 90, 640-648.

Shadish, W., Cook, T. D., & Campbell, D. T. (2002). *Experimental and quasi-experimental designs for generalized causal inference.* New York: Houghton Mifflin.

Siemer, M., & Joormann, J. (2003). Power and measures of effect size in analysis of variance with fixed versus random nested factors. *Psychological Methods*, 8, 497-517.

Singer, J. D., & Willett, J. B. (2003). *Applied longitudinal data analysis: Modeling change and event occurrence.* New York: Oxford University Press.

Snijers, T., & Bosker, R. (1993). Standard errors and sample sizes for two-level research. *Journal of Educational and Behavioral Statistics*, 18, 237-259.

StatXact. (2004). StatXact-6.0 statistical software. Cambridge, MA: Cytel Software.

Stein, N. L., & Clenn, C. G. (1979). An analysis of story comprehension in elementary school children. In R. Freedle (Ed.). *Advances in discourse processing 2: New directions in discourse processing* (pp. 53-120). Norwood, NJ:Ablex.

Stoel, R. D., van den Wittenboer, G., & Hox, J. (2004). Including time-invariant covariates in the latent growth curve model. *Structural Equation Modeling*, 11, 155-167.

Varnell, S. P., Murray, D. M., Janega, J., & Blistein, J. L. (2004). Design and analysis of group-randomized trials: A review of recent practices. *American Journal of Public Health,* 94, 393-432.

Wainer, H., & Robinson, D. H. (2003). Shaping up the practice of null hypothesis significance testing. *Educational Researcher,* 32, 22-30.

Wapmpold, B. E., & Serlin, R. C. (2000). The consequences of ignoring a vested factor on measures of effect size in analysis of variance. *Psychological Methods,* 5, 425-433.

Willianso, G. L., Appelbaun, M., & Epanchin, A. (1991). Longitudinal analysis of academic achievement. *Journal of Educational Measurement,* 28, 61-76.

제 26 장

텍스트 구조 분석을 통한 쓰기의 인지적 과정 탐색
텍스트 분석을 통해 얻어지는 쓰기 결과와
과정에 대한 통찰

Ted J. M. Sanders & Joost Schilperoord

쓰기연구에서의 텍스트 분석

많은 교사들은 학급에서 가장 잘 쓴 글과 못 쓴 글은 조직에서 다르다고 믿고 있다. 잘 쓴 글은 명확하게 구조화되어 있는 반면, 못 쓴 글은 읽어내기조차 힘들다. 이에 대해 작문 연구는 어떤 해답을 제시해줄 수 있을까? 최근까지도 이런 연구가 충분하지 않았던 이유는 쓰기 연구의 맥락에서 텍스트 구조를 다루기가 매우 어렵기 때문이다. 전통적으로, 쓰기 연구 자들은 텍스트 분석의 역할에 대해 거의 주의를 기울이지 않았다. Flower & Hayes(1981)의 인지적 접근을 예로 들면, 양식이나 구조와 같은 텍스트의 특질은 거의 완전히 무시되었다. 그러나 Bereiter & Scardamalia(1983, 1987)는 심리 모형들과 텍스트 언어학 연구 간의 흥미로 운 상호 작용에 대해 소개했는데, 이는 작문 연구에 상당히 중요한 것으로 보인다. Bereiter & Scardamalia는 "덜 숙련된 필자가 실제로 어떻게 쓰는지, 그리고 숙련된 필자가 글을 쓰는 방식과 어떻게 다른지에 대한 연구가 필요하다."고 주장했다. 나아가 쓰기 연구에서 텍스트 분석에 대한 연구가 부족한 것에 대한 해결책을 시사하기도 했다(Bereiter & Scardamalia, 1983, pp.11, 23). 즉, 필자가 생산한 텍스트를 분석하여 그들이 글을 쓸 때 사용한 규칙들을 발견할 수 있다는 것이다.

이 장에서는 텍스트 분석을 통해 어떻게 쓰기 규칙을 확인할 수 있는지를 보여주고자 한다. 쓰기 결과물, 즉 텍스트를 적절하게 분석하는 것은 필자의 인지적 표상에 대한 의미 있는 흔적을 보여준다. 단선적인 텍스트 계획하기에서도 마찬가지이다. 필자의 표상에 대한 통찰을 얻기 위해서, 텍스트의 구조를 분석하고 그 분석에 대한 인지적 해석을 제시할 것이다. 나아가 단선적인 쓰기 과정상의 자료가 텍스트 구조에 대한 인지적 해석을 어떻게 뒷받침하는지를 보여줄 것이다.

왜 텍스트 구조인가

언어 생성과 연관된 심리언어학적 과정에 대한 개관을 통해, Levelt(1989)는 거시적인 계획하기와 같은 개념적 과정과 통사적 표현과 같은 언어적 과정을 구분했다. 이러한 점에 대해 언어학적인 목적으로 수행된 쓰기 연구 사례는 거의 없었고, 대개는 통사론(Hunt, 1970)이나 연결 장치의 존재(자세한 논의는 Lintermann-Rygh, 1985; Van Wijk, 1992 참조) 같이 더 낮은 텍스트 수준에 초점을 맞춘 연구였다. 그러나 만약 쓰기의 인지 즉, 쓰기에 관한 과정과 필자의 표상이라는 두 부분에 대한 통찰을 얻고자 한다면, 개념적인 과정에 초점을 맞출 필요가 있다. 다시 말해, 텍스트 분석을 연구 방법으로 사용한다면, 텍스트의 본질적인 특성과 그것의 근본적인 표상을 반드시 다루어야 한다. 텍스트 구조와 담화의 일관성이 바로 그러한 특질들이다. 그런 것들이 텍스트의 기본 원칙을 이루며 만약 그런 것들이 없다면, 텍스트는 단지 무의미한 발화의 나열에 불과할 것이다(Brown & Yule, 1983; Hobbs, 1990; Mann & Thompson, 1988; Sanders, Spooren, & Noordman, 1992; Van Dijk, 1977 참조). 이러한 이유로, 인지적으로 해석 가능한 텍스트의 분석은 양식이나 통사적 특질보다는 텍스트의 구조에 그 초점을 맞추어야 한다.

텍스트 분석 방법 유형과 그 적용

"텍스트 분석"이란 텍스트라는 통일체를 그것의 구성성분 내에서 펼치는 것이라고 정의할 수 있다. 텍스트 언어학에서는 지난 30여 년간 다수의 텍스트 분석 방법들을 발전시켜왔다. 이제부터 그 대표적인 몇몇 방법들을 소개하고자 한다.

거시구조와 초구조

텍스트 처리의 심리적 모형이라는 맥락에서 Kinstsch & Van Dijk(1978)와 Van Dijk & Kinstsch(1983)는 텍스트 표현을 미시구조, 거시구조, 초구조의 세 가지 측면으로 구분했다. 미시구조와 거시구조는 텍스트의 내용과 관련된 것이다. 이러한 표현들의 기본 요소들은 술부와 그것에 연결된 논항으로 구성된 의미 단위 즉, 명제이다. 예를 들어, 아래 문장 ①의 명제는 ■로, HAVE가 있는 곳이 술부이며 HE와 BEARD가 논항이 된다.

> ① He has a beard
> ■ [HAVE, (HE, BEARD)]

미시구조는 이와 같은 명제들의 관계이며 이는 문장에서 문장으로 나가는 상향식으로 텍스트 정보를 나타낸다. 그러한 미시구조 혹은 텍스트 토대에 근거하여 거시구조가 성립되는데, 이는 텍스트의 요지를 전달하는 전체 의미 구조의 추상적 표현이라고 할 수 있다. 이것은 미시구조의 세부적인 의미 표현에 거시규칙을 적용함으로써 얻어진다. 삭제, 일반화, 구성이 바로 그러한 거시규칙들이며, 이를 통해 텍스트의 주된 발상인 거시명제가 산출된다(특히 Van Dijk, 1980 참고). 이렇게 미시구조의 세부 내용들을 기반으로 해서 거시구조를 산출한다는 아이디어는 매우 매력적이다. 그러나 Van Dijk & Kintsch(1983) 이후로 이런 아이디어에 대한 이론적이고 실증적인 진척은 수년째 이루어지지 않고 있다.

거시구조와 미시구조가 텍스트의 내용을 표현할 때 상부구조는 텍스트 양식의 특질인 포괄적 구조로서 거시구조가 표현되는 틀을 형성한다. 초구조는 "의미론적인 거시구조를 위해 일종의 종합적이고 기능적인 통사론을 제공한다."(Van Dijk & Kintsch, 1983, p.242) 이러한 초구조의 대표적인 예가 뉴스 담화인데, 이러한 유형은 헤드라인, 도입부, 맥락, 사건들로 초구조적인 범주화가 이루어진다.

쓰기 연구에서의 유용성이라는 관점에서 거시구조와 초구조를 간단히 평가해보자. 만약 내용 분석이 필요하다면, 비록 그 산출 방식이 불명확하더라도 거시구조 분석이 유용하다. 쓰기 연구의 맥락에서 내용 분석은 상이한 텍스트 간의 비교가 불가능하다는 어려움도 있다. 내용 분석은 언제나 특정 내용에 제한되며 비교가 불가능한 것으로 귀결되기 때문이다. 반대로, 구조에 초점을 둔 분석은 상이한 텍스트 간의 비교가 가능하다. 초구조는 그것이 특정 장르에 한정된 것이라 하더라도, 이런 측면에서 매우 유용하다고 볼 수 있다.

수사구조이론

1980년대와 1990년에 걸쳐, Mann & Thompson(1988)은 수사구조이론(RST)을 제안했는데, 이는 언어학과 인지 과학의 맥락에서 발달된 텍스트 조직에 관한 기능 이론이다. 수사구조이론의 핵심은 원인, 상술, 근거 등의 의미 관계를 포함하는 이른바 수사적 관계이다. 이러한 관계들은 텍스트의 최상위 수준에 이르기까지 인접한 텍스트 글 분절들, 즉 절(節) 사이에서 발견할 수 있다. 최상위 수준의 수사구조는 텍스트를 전체로 조직하여, 전체 텍스트 구조를 지배하는 관계양상을 보여준다. <그림 26.1>은 ②에 제시된 표현적인 글을 수사구조이론에 따라 최상위 수준 세 가지로 도해한 것이다. ②는 잡지의 편집자에게 보내는 편지로서 절 단위로 분할한 것이다(Sanders, 1997).[1]

> ②
>
> (1) 네덜란드 주부협회의 다른 분들과 마찬가지로, 저는 Albert Heijn의 다양한 상품에 매우 만족합니다. (2) 그러나 한 가지 신경 쓰이는 것은 (3) 특정 상품을 가져오거나 계량할 때 셀프서비스를 해야 한다는 것입니다. (4) 이는 비위생적인 환경이고, 특히 사탕은 더욱 그렇습니다. (5) 예를 들면, 이런 일이 있었습니다. (5a) 고객들이 자신들의 손으로 병 속을 더듬는다거나 (5b) 아이들이 배출구의 단 것을 맛보기도 합니다. (6) 또한 다음과 같은 일에도 신경을 써 주시기를 바랍니다. (6a) 이런 일이 종종 있습니다. (6aa) 어머니들이 작은 아이들을 신발을 신은 채로 쇼핑 카트에 태우곤 합니다. (7) 이것 역시 매우 좋지 않은 일입니다. (출처: Allerhandle [잡지])

수사구조이론은 유용한 분석 도구임이 증명되었다. 수사구조이론의 장점 중 하나는 설명문이나 논설문, 서사문 등 모든 문종에 완벽하게 적용이 가능하다는 것이다. 이 체계는 수많은 실제 세계의 텍스트에 적용되어왔다. 수사구조이론에 따른 분석은 전체 텍스트에 대한 검토 작업으로 시작하며 고정된 방향으로 진행되지는 않는다. 수사구조이론 분석은 절(節)들의

---

1) [역주] 원문은 다음과 같다.

(1) As are the other ladies of the board of the Dutch Society of Housewives, I am very pleased with the products of Albert Heijn and with the graeat variety. (2) One thing, however, keeps bothering us, (3) namely the self-service when taking and weighing certain products. (4) This is an unhygienic situation, especially with the sweets. (5) We have observed, for instance, (5a) that customers use their handes to grope about in the storage bins, (5b) and children eat sweets from the supplies. (6) We also want to bring it to your attention (6a) that it happens (6aa) that mothers let their small children take place in the shopping cart with their shoes on. (7) This is not very nice, either. (source: Allerhande [Magazine])

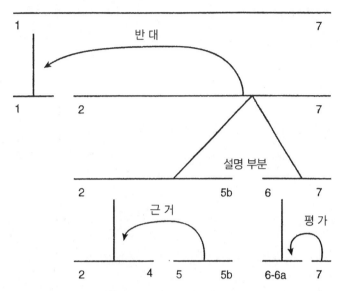

〈그림 26.1〉 표현적인 글 ②에 대한 수사구조이론 분석에서 세 가지 상위 수준

관계에서 텍스트 수준으로의 상향식이나 그 반대인 하향식으로 진행되기도 하고, 혹은 두 가지 방식을 모두 취하기도 한다(Mann, Matthiessen, & Thompson, 1992). 분석은 전체 텍스트를 망라하는 계층적 구조를 형성하는데, 각각의 가지에는 명칭이 부여되어 있다. 서로 다른 명칭의 정확한 수와 의미는 논쟁의 여지가 많으나 대체로 30여 관계의 기본 집합으로 의견이 수렴되고 있다(Hovy, 1990). 이는 분류 체계에 의해 범주화된 것이다(Sanders, 1992; Sanders et al., 1992).

비록 수사구조이론이 수사적 관계를 매우 정확하게 규정하더라도, 명칭을 붙이는 작업은 결국 "타당성"의 발견에 달려있다. 일반적으로 완결성, 연결성, 유일성, 인접성이 제약 조건이다(Mann & Thompson, 1988, pp.249-249). 실제 분석이 이루어지는 방식은 분석자의 직관에 달려있다.

점진적 구조 분석의 절차

수사구조이론에서 영감을 얻은, Sanders & Van Wijk(1996a, 1996b)는 점진적 구조 분석 절차(PISA)를 마련했다. 점진적 구조 분석 절차는 말뭉치 텍스트의 구조적인 규칙성에 관한 직관뿐만 아니라 텍스트 분석적 문헌, 특히 텍스트 구조의 계층적 측면에 대한 문헌을 통찰하는 것에 대한 관점을 함께 통합시킨다. ③a와 ③b는 점진적 구조 분석 절차의 말뭉치에서

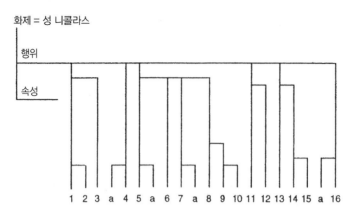

<그림 26.2a> 일련의 행위가 두드러진, 설명하는 글 ③a의 계층 구조

발췌한 것으로, 12세의 소년들이 쓴 것이다. 이 소년들은 성 니콜라스에 대해 아무 것도 모르는 상대에게 설명하는 글을 쓰도록 요구받았다. ③a와 ③b는 네덜란드어를 직역한 것이며 대체로 절에 상응하는 부분으로 분할해 놓았다(Sanders & Van Wijk, 1996a 참조). ③a와 ③b의 계층적 구조는 <그림 26.2a>와 <그림 26.2b>로 도해할 수 있다.

③a[2]

(1) 매년 성 니콜라스가 온다. (2) 그 날은 12월의 넷째주이다. (3) 그때 성 니콜라스는 증기선을 타고 온다. (4a) 네덜란드에 그가 도착하면, (4) 모든 사람들이 그에게 손을 흔든다. (5a) 칠흑같이 어두운 밤이 되면, (7a) "산타클로스(Sinterklaas Kapoentje)" 같은 (7) 노래를 아이들이 부르는 동안에 (5) 성 니콜라스는 Black Peter와 함께 지붕 위로 올라가서 (6) 굴뚝으로 많은 선물을 던진다. (8) 성 니콜라스는 많은 선물을 주지만 (9) 항상 무엇인가를 돌려받는다. (10) 그것은 말에게 줄 당근이나 물이다. (11) 12월의 다섯째주는 그의 진짜 생일인데 (12) 그날에는 선물을 가져오고 (13) 다시 떠난다. (14) 그는 십자가가 있는 빨간 책을 살펴보기도 한다. (15) 그 책에는 우리가 버릇없는지 그렇지 않은지가 적혀있다. (16a) 성

---

2) [역주] 원문은 다음과 같다.

(1) Every year Saint Nicholas comes (2) that is on the 4th of December (3) That day he comes by steamboat (4a) When he arrives in the Netherlands (4) then everyone waves to him (5) At night (5a) when it is pitch-dark (5) Sanit Nicholas rides over the roofs with Black Peter (6) and throws lots of presents through the chimney (7) while the children sing a song (7a) such as: "Sinterklaas Kapoentje"... (8) Saint Nicholas gives lots of presents (9) but he always gets something in return (10) That is either a carrot for the horse or a bit of water, also for the horse (11) On the 5th of December Saint Nicholas really has his birthday (12) on that day he brings the present (13) and then he leaves again. (14) He also looks into the red book with the cross on it. (15) There it says whether you have been naughty or not (16a) When Saint Nicholas leaves again (16) the children sing Bye bye Saint Nicholas.

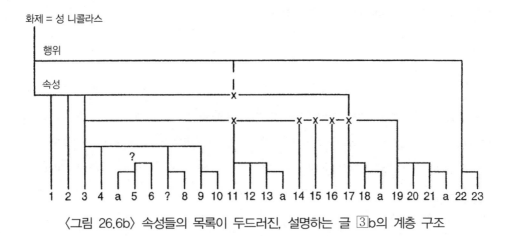

화제 = 성 니콜라스

행위

속성

1 2 3 4 a 5 6 ? 8 9 10 11 12 13 a 14 15 16 17 18 a 19 20 21 a 22 23

〈그림 26.6b〉 속성들의 목록이 두드러진, 설명하는 글 ③b의 계층 구조

니콜라스가 다시 떠날 때 (16) 아이들은 성 니콜라스에게 노래를 불러준다.

③b³⁾

(1) 성 니콜라스는 나이가 많다. (2) 그는 흰 수염이 있다. (3) 그는 작은 흑인 여러 명이 모는 증기선을 갖고 있다. (4) 그들은 Black Peter라 불린다. (5a) 12월 다섯째주가 되면 (5) 그 때가 온다. (6) 성 니콜라스의 날은 큰 축제일이다. (7) 그들(The Peters)은 자작나무를 갖고 있다. (8) 자작나무는 움직이는 나뭇가지 뭉치이다. (9) 그들은 자루도 갖고 있는데, (10) 이것은 일종의 울이다. (11) 모든 마을에 있는 아이들은 생강 쿠키를 받는다. (12) 그리고 생강 쿠키의 네 면에는 설탕이 묻어 있다. (13) 그것은 (13a) 아이들이 좋아하는 (13) 사탕이다. (14) 성 니콜라스는 수염이 희고, 나이가 많은 사람이다. (15) 붉은 예복을 입고 있다. (16) 그리고 셔츠를 입었다. (17) 그에게는 백마도 있다. (18) 백마는 말이다. (18a) (영물) (19) 이제 증기선에 대해 이야기했다. (20) 증기선은 큰 배인데, (21) 증기선에는 큰 굴뚝이 있는데 (21a) 여기서 증기를 내뿜는다. (22) 아이들은 12월의 다섯째 주에 노래를

---

3) [역주] 원문은 다음과 같다.

(1) Saint Nicholas is an old man (2) He has a white-grey beard (3) He has a steamboat with a lot of little black men (4) They are called Black Peter (5a) When it is the 5th of December (5) the time has come. (6) The day of Saint Nicholas is a Big Festival. (7) The Peters have a birch. (8) A birch is a bundle of swishing branches. (9) They also have a sack (10) that is a kind of wool and a shape. (11) The children in all villages and towns got ginger-nuts. (12) And ginger nuts are four sided blocks, with sugar. (13) That is candy (13a) that children like. (14) Well, Saint Nicholas is an old man, with white hair. (15) He wears a red robe. (16) And wears a sort of shirt. (17) He also has a whitish grey. (18) A grey is a horse. (18a) (noble animal) (19) Just now I was talking about a steamboat. (20) A steamboat is a big ship, (21) a steamboat often has got a big funnel (21a) from which the steam comes (22) The children sing songs on the 5th of December, (23) that is because there is a big fest.

부르는데, (23) 큰 축제가 있기 때문이다.

(3)의 텍스트는 설명문에서 정보를 배열하는 두 가지 다른 방식을 보여준다. 첫 번째 글은 처음엔 이것, 다음에는 저것 그리고 다음 등 사건의 시간적 순서를 따른다. 두 번째 글의 필자는 설명 과제를 해결하기 위해 다른 방법을 선택했다. 두 번째 필자는 텍스트의 화제에 초점을 맞추고 있으며 다소 결합적인 방식으로 성 니콜라스의 모든 속성에 대해 언급한다.

분명히 이들 두 텍스트의 전체 구조는 서로 다르다. 첫 번째 글은 행위 체계(action-line) 즉, 시간 순서에 따른 행위의 선형적 연결 관계가 두드러진다. 두 번째 글은 화제에 관한 특성들의 목록인 속성 체계(property-line)가 두드러진다. 텍스트 구조는 필자가 글을 쓰면서 정보를 조직하는 방식을 반영한다고 보는 것이 이 이론의 중심 생각이라고 할 수 있다. 예를 들어, 첫 번째 텍스트는 단편적 기억을 통해 산출된 것으로서 연속적 시간 속에서 벌어진 사건이나 행동을 언급하고 있으며 사건을 통해 마무리되고 있다. 반면 두 번째 텍스트는 아마도 연합적 방법으로 의미 기억을 검색함으로써 산출되었을 것이다. 이는 브레인스토밍과 유사한데, 즉 화제에 관련되어 있고 잠재적으로 그것을 설명하는 데에 적절한 정보를 열거하는 것이다.

이들 두 구조는 점진적 구조 분석 절차의 말뭉치에서 설명적 텍스트를 대표하는 것들이다. 이 연구에서 다음으로 제기된 문제는 다음과 같다. 행위 체계나 속성 체계와 같은 개념의 측면에서 텍스트를 분석하는 것이 가능한가? 그리고 그러한 분석은 객관적이고 신뢰할 수 있을 만한 방법으로 이루어질 수 있는가? 점진적 구조 분석 절차는 이러한 질문들에 답하면서 발전해왔다. 텍스트 분석 방법의 결과물을 인지적으로 해석할 수 있다는 연구들은 지속적으로 발표되었다(Sanders, Jansen, Van der Pool, Schilperoord, & Van Wijk, 1996; Sanders & Van Wijk, 1996a, 1996b; Schilperoord, 1996; Van der Pool, 1995; Van Wijk & Sanders, 1999). 다음 장에서 이에 대해 자세히 살펴볼 것이다.

텍스트 구조를 통해 필자의 인지적 표상에 대한 통찰을 어떻게 얻을 수 있는가?

계층적 구조의 기초

점진적 구조 분석 절차의 가장 중요한 특징은 두 가지이다. 첫째, 점진적 구조 분석 절차는 심리학적 타당성을 목표로 한다. 여기에는 정신적 과정의 두 가지 특성들이 개입된다. 우선, 사람들은 어떤 지침 없이는 언어활동을 수행하지 않는다. 즉, 산출의 측면에서는 계획을 세우고, 인식의 측면에서는 예상을 한다. 산출과 인식은 담화 스키마로 실행되어 왔다. 이들 두 가지 전략은 화제를 설명하는 전체적인 조직을 결정한다(④ 참고).

④ 행위 체계: 무슨 일이 일어났나?, 화제는 어떤 역할을 하나?, 그것은 어떻게 이용되나?
　어떤 영향을 미치나? 등
　속성 체계: 그것의 특징, 부분, 속성 등은 무엇인가?

화제 = ...
　　　| 행위
　　　| 속성

또한 언어 사용자들은 점진적으로, 미리 계획하기를 거의 하지 않은 채 언어를 처리하는 경향이 있다(Levelt, 1989). 이런 생각은 텍스트에 대한 종합적 검토가 선행되지 않은 상태에서 텍스트 분절을 선조적 방식 그대로 처리함으로써 획득된 것이다. 이러한 점진성이야말로 수사구조이론과 구별되는, 점진적 구조 분석 절차의 특징이다.

둘째, 점진적 구조 분석 절차는 명확한 지식들을 토대로 한다. 즉, 언어학적이고 어휘적인 지식에만 의존한다. 점진적 구조 분석 절차는 특정 상황에서 분석자가 취해야 할 정확한 행동을 명시한다는 면에서 절차 중심적이다. 이러한 절차적 특성은 조건-행위 쌍이라는 측면에서 정의된다. 아주 간단한 예로는 "접속어인 '또는'이 참이면, 현재 절과 앞의 절이 어울림"4)과 같은 규칙이 있다.

점진적 구조 분석 절차가 어떻게 이루어지는지 살펴보자. 여기서는 언어 분절들을 차례대로 처리해 나가면서 두 가지를 결정한다. 하나는 계층적 구조 속에서의 위치이다. 어떤 분절에 이 분절이 연결되는지, 어떻게 연결되는지(종속관계, 대등관계)를 결정하는 것이다. 그리고 둘째는 관계적 구조에 이름을 붙이는 것이다. 일관성의 측면에서 접속이란 어떤 의미를 갖는지(원인, 문제-해결, 대조 등)를 결정하는 것이다.

---

4) [역주] 원문은 다음과 같다.
　If CONNECTOR (⟨⟨or⟩⟩) = True, then coordinate currennt segment with preceding segment

일단 계층적 구조만 살펴보자. 기본적으로 언어 분절이 접속되는 데에는 네 가지 방식이 있다.

1. 담화 주제에 대한 행위 체계
2. 담화 주제에 대한 속성 체계
3. 응답 체계
4. 부분적 상술

행위 체계와 속성 체계는 앞서 소개되었으나 나머지는 그렇지 않다. 응답 체계(response-lines)에서는 목표나 문제에 대한 진술로 시작해서, 목표를 성취하거나 문제를 해결하는 방법을 구체적으로 설명하는 부분이 이어진다. 응답 체계는 글의 어떤 부분에서든 나타날 수 있다. 인접 부분에 대한 상술은 인접 부분에 대한 상술은 선행 부분에서 소개된 대상의 구체화, 앞 부분의 내용에 대한 인정이나 조건, 이에 대한 근거 제시 등 많은 기능을 수행할 수 있다.

계층적 구조를 나타내는 언어적 표지들

점진적 구조 분석 절차로 규명할 수 있는 언어적 표지들은 구조를 어떻게 알려줄까?(<그림 26.2>, <그림 26.2b> 참조) 행위 체계부터 살펴보자. 이 체계의 내용들은 글의 주제에 직접적으로 연결된다. 그리고 이 체계는 행위나 사건을 나타내는 언어 분절들로 구성된다. 이를 결정하는 주요 기준은 본동사의 의미이다. 행위와 비행위에 대한 이러한 구분은 Vendler (1967)가 제시한 "상태" 동사와 "사건" 동사라는 개념으로부터 파생된 것이다. 두 번째 기준은 그때, 다음날, 후에, 저녁에와 같이 시간적 연쇄를 나타내는 표지들의 유무이다.

문법적으로 선행하는 종속절이 텍스트 구조적으로 매우 중요한 이유가 여기에 있다. 특히 if-when 절과 목적절들은 주절과의 관계에 따라 그 위치가 결정된다. 중간이나 마지막 부분에서 그 역할은 말 그대로 지엽적이지만 처음 부분에서는 중요한 정보를 부각시키는 역할을 한다. 이들은 바로 다음에 오는 문장들을 어떻게 해석해야 할지 알려주며 그것들을 선행하는 텍스트에 어떤 식으로 연결해야 할지를 보여준다.

예문 (3a)에서 시간적으로 조직된 이야기를 구성하는 결정적 사건들은 후속 부분이다(후속 부분은 s로 표시하였고, 언어적 표지들은 기울임꼴로 나타냈다).

s1,s1a	He comes, *on the 4th of December*
s4a,s4	*When he arrives*, everyone waves
s5	*At night*, he rides over the roofs
s11	*On the 5th of December* Saint Nicholas has his birthday
s13	*and then* he leaves again
s16,a16	*When he leaves again*, the children sing

지금까지 텍스트 구조의 최상위 수준에 대해 논의하였다. 그렇다면 텍스트의 나머지 구조들은 어떻게 이루어지는가? 거기에는 간단한 부분적 상세화가 존재하는데, 이는 선행사건에 연결되면서 문장 2(that is)나 문장 3(That day), 문장 10(That is) 등의 표현으로 표시된다. 또한 선행하는 텍스트에 접속되는 문장들도 발견할 수 있는데, 이는 문장 9(*but he always gets something in return*)와 같은 종속 접속사 때문이다.

다른 몇몇 부분들은 행위를 나타내고 있으나 시간적 중첩을 의미함으로써 선행 문장과 대등한 관계를 이룬다. 문장 6을 예로 보면, 이는 새로운 사건이라기보다는 '지붕 위로 올라가서(riding the roofs)'의 결과에 가깝다. 이는 두 번째 절에서 주어가 생략되었다는 문법 구조를 통해 알 수 있다. 문장 6은 문장 5와 주어를 공유하고 있으며 이는 곧 문장 6과 문장 5가 대등함을 의미하고 행위 체계에 위치하지 않음을 나타낸다.

첫 번째 텍스트(③a)의 전체적인 조직에서 주목할 만한 것은 속성 체계의 결여인데, 두 번째 텍스트(③b)에서 속성 체계가 두드러진다. 속성 체계와 수많은 상술은 유사한 구문 형태들로 구성된다. 이때의 구문은 비행위 동사로 성립되는 단순한 주술 관계이다. 속성 체계와 상술은 주어의 선행사가 무엇인지만 다르다. 속성 체계는 글의 화제로 귀인되는 모든 속성들로 구성된다. 추가적인 상술은 텍스트에 전술된 생각이나 개념을 구체화한다.

텍스트(③b)의 구조 분석에서 나타나는 중요한 특성은 무엇일까? 문장 1-3은 분명히 속성 체계를 구성한다. 즉, 상태 동사를 통해 텍스트 화제에 대한 정보를 제공하고 있다. 문장 4에서 'They'는 문장 3의 마지막에 있는 선행사(little black men)를 다시 가리킨다. 이것은 종속관계로 이어지지만, 예를 들어 문장 7은 문장 4의 'Black Peters'를 다시 가리킨다. 그래서 문장 7은 문장 4와 대등한 관계를 형성한다. 이러한 규칙은 문장 11과 13a의 경우에서도 매우 중요하며, 이들 모두 행위 체계에 속한다. 문장 22와 문장 11은 행위 체계에 대한 연계가 매우 단일하다. 여기서 언어적 지표는 'on the 5th of December'와 같은 시간적 표지나 'sing'이나 'got'과 같은 동사들이다. 물론, 문제가 있는 연결들도 있다. 문장 5는 목적이 불분명하기 때문에 연결될 수 없다. 문장 19는 문장 3에서 언급되었던 '증기선(the steamboat)'과 연결되어야 하기 때문에 단절이 생겨난다. 여기까지가 이 장과 관련된 언어적 특질에 대한 개관이다(더욱 자세한 내용은 Sanders & Van Wijk, 1996a 참고).

구조의 해석: 전략과 평가

텍스트 ③b 구조의 고유한 영역으로 다시 돌아가 보자. 이 텍스트에는 두 가지 구조적 문제가 존재한다. 하나는 부분이 텍스트의 다른 부분에 연결될 수 없다는 점이고, 또 다른 하나는 부분이 단절되는 방식으로만 연결될 수 있다는 점이다. 한 가지 다행스러운 점은 필자가 이러한 단절을 문장 19처럼 표시할 수 있다는 것이다. 그러나 그는 동시에 문장 14처럼 이미 종결된 속성 맥락을 재개하는 등의 곤란을 겪기도 한다. 이런 문장은 텍스트를 시작하는 문장과 거의 똑같고 'Well'(네덜란드어로 된 원문에서는 'Nou')과 같이 불쑥 튀어나오는 표현들과 함께 등장한다(Polanyi, 1988 참고). 이는 텍스트 상에서 계층상의 '비약'을 나타내는데 이러한 단절은 구조적으로 ⑤와 같이 나타낼 수 있다.

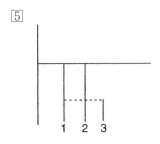

문장 3은 문장 1에 결부되어 있다. 그러나 두 부분은 문장 2가 개입함으로써 서로 분리되어 있다. 구조적 단절은 미숙한 필자의 글에서 흔히 나타나는 "오류"이다(Sanders, 1992; Sanders & Van Wijk, 1996a, 1996b). 그들의 글에서는 종종 이미 언급된 정보를 되풀이하는 경우가 있다.

더 일반적으로, 말뭉치 분석은 쓰기 전략이 텍스트 구조의 측면에서 서술될 수 있음을 보여준다. 어떤 필자들은 속성 체계를 고집하고 다른 필자들은 행위 체계에 매달린다. 물론

이 두 가지 전략을 결합하는 필자들도 여전히 존재한다. 속성 체계가 두드러진 텍스트는 구체적인 정보가 풍부하지만 조직적인 문제도 있다. 이것은 필자가 계획을 명확하게 세우지 못했기 때문일 것이다. 행위 체계가 두드러진 텍스트는 분명하게 조직되지만 구체적인 정보가 풍부하지 않다.

텍스트 구조와 쓰기의 발달: 텍스트 분석 연구 1

이 절과 다음 절에서는 작문 과정과 관련된 인지 연구 분야의 두 가지 분석적 연구를 살펴볼 것이다. 첫 번째는 쓰기 능력 발달의 측면을 밝히고자 한 Van der Pool(1995)의 연구이며 두 번째는 Schilperoord & Sanders(1999)의 연구로 숙련된 쓰기에서의 검색 과정을 탐구하는 것이다. 이들 두 연구는 모두 어떻게 텍스트 (구조) 분석이 작문 이론들의 구축과 실험에 기여하는지를 보여주는 전형적인 예들이다.

대화에서 작문으로

Bereiter & Scardamalia(1987)는 글을 쓰는 방법을 "대화에서 작문으로"의 과정으로서 설명한 것이 특징이다. 의사소통할 상대가 없기 때문에 아동들은 글쓰기에 어려움을 겪는다. 어떤 이야기를 할 때, "그것에 대해 좀 더 이야기해봐", "왜 그렇게 생각하지?"와 같은 상대방의 반응을 통해 아동들의 인출이 나타난다. 그러한 반응이 없다면, 아동들은 온전히 자기 스스로 독자의 요구에 맞게 텍스트의 내용을 조정하면서 문제를 해결해야 한다. 그러나 아동들은 그 텍스트가 작동하는 특수한 의사소통적 상황의 요구에 대해 점차 깨닫게 될 것이다. 이런 발전은 텍스트의 내용과 구성적 수준에서 그 자취를 남기게 되기 때문이다. 문제는 이러한 흔적들이 쓰기의 발달적 측면에 대해 무엇을 알려주는가이다.

Van der Pool(1995)는 이 문제를 연구하기 위해 10세, 12세, 15세 아동들이 작성한 말뭉치를 활용했다. Van der Pool은 아동들에게 각자 닮고 싶은 사람에 대해 쓰라고 한 후, 그 사람의 나이, 성격, 생김새, 직업 등에 대해 말해보라고 하였다. Van der Pool은 생성된 텍스트의 내용과 구조를 모두 점진적 구조 분석 절차의 알고리즘으로 분석하였다. 점진적 구조 분석 절차의 알고리즘은 '10세, 12세, 15세 아동들은 텍스트의 내용과 구조(의 선택)에서 어떤 차이를 보여주는가?'와 같이 발달적 쟁점들을 텍스트 분석적 용어로 바꾸어 표현하도록 했다. 다음 장에서는 이 차이들에 대해 살펴보고 그것이 쓰기의 발달에 대해 의미하는 바를 알아볼 것이다.

아동이 쓴 텍스트의 내용과 구조

글 ⑥⁵⁾은 10살 소년이 작성한 실제 인물에 대한 기술이다.

⑥

1   He is a teacher in Heervarebeek

2   He teaches children to learn

2a   like arithmetic Language History Geography

3   He is round 40 years old

4   He wears a suit and a white skirt, and black shoes

5   and looks healthy

6   On Sundays, Wednesdays and Saterdays cycling

6a   Correcting notebooks

6b   Walking in the woods

7   His name is Uncle Harrie

8   Sometimes he goes to Tilburg to the families

8a   and window-shopping on Sundays as well

일반적 시각으로 볼 때, 이 글은 내용과 구조적 면 모두에서 상당한 결함을 안고 있다. 우선, 필자는 7번째 문장에 이르러서야 이 글이 누구에 대해 쓴 것인지를 밝히고 있다. 그리고 정보들은 임의로 선정된 것처럼 보이는데, 거의 무작위로 인출된 생각들로 텍스트가 조직되었음을 암시한다. 마지막으로, 필자는 Uncle Harrie에 대해 더 이상 쓸 내용이 없었는지 텍스트를 너무 갑작스럽게 끝맺었다.

이러한 점들을 유념하면서 더 숙련된 필자⁶⁾가 인물을 기술한 것을 살펴보자. 이 글은 글

---

5) 철자와 문법적 오류는 제거하였다. 현재 논의와 관련없기 때문이다. 오류들에 대한 영어의 대응어를 포함한 원문을 번역한 것은 Van der Pool(1995, p.3) 참고

6과 여러 면에서 다르다. 첫 번째 차이점은 7에서 찾을 수 있다.

7

1   I would,

1a   if forced to make a choice

2   like to be like Ed Nijpels

10살인 6의 필자와 달리, 이 글의 필자는 주제에 대해 적절하게 소개하면서 글을 시작한다. 필자는 자신이 닮고 싶은 사람인 Ed Nijpels를 소개하였다. 이 뒤에 글의 주요 부분인 인물에 대한 기술이 이어진다. 그러나 필자는 몇 가지의 특징들을 단순히 요약하기보다는 그가 닮고 싶은 특성들을 체계적으로 제시하였다. 예를 들어 Nijpel의 다양한 활동을 서술한 다음에는 다음과 같은 견해를 덧붙였다.

8

1   It is this variation that appeals to me very much

그리고 9와 같이 요점을 다시 언급하면서 자신의 글을 적절히 마무리하였다.

9

1   Summarizing, I must say that in any case it looks as if Ed Nijpels feels comfortable with himself

2   Or

2a   to put it informally

2   "he likes who he is"

3   and that I something worth striving for

이와 같은 속성들은 능숙한 필자의 글과 미숙한 필자의 글이 어떻게 다른지를 알려주는 첫 번째 양상을 보여준다. 이와 같은 양상을 보다 자세히 살펴보기 위해 점진적 구조 분석 절차를 활용하여 보다 다양한 텍스트의 계층적이고 관계적 구조에 대해 고찰해보자. 능숙한

---

6) 전문은 이후에 제시할 것이다. 여기에서는 이전 텍스트에서 없었던 부분들에 주목할 것이다.

필자가 작성한 인물 기술의 전반적인 계층적 구조 혹은 초구조는 크게 세 부분으로 구분된다. 도입(I), 기술(D), 그리고 결론(C)이다. 이 구조는 <그림 26.3>과 같이 나타낼 수 있다.

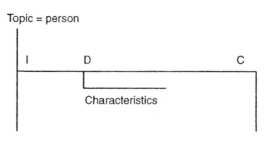

〈그림 26.3〉 개인 서술에 대한 담화 스키마

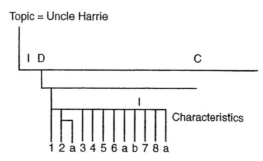

〈그림 26.4〉 10세 아동이 쓴 개인 서술에 대한 계층적 구조

<그림 26.3>은 능숙한 필자가 인물 기술에 활용한 담화 전략적 지식(계층적 구조의 기본들에 대한 부분 참고) 혹은 쓰기 계획을 보여주고 있다.[7] 그러므로 이 담화 전략이 텍스트에 어떻게 관련을 맺고 있는지를 살펴봄으로써 미숙한 필자가 사용한 쓰기 계획에 대한 대략적인 그림을 얻을 수 있을 것이다. 이 계획은 <그림 26.4>와 같이 나타낼 수 있다.

<그림 26.4>를 보면, 이 텍스트의 기술 부분은 글의 화제와 관련된 요소들을 제멋대로 선정한 목록과 다름없음을 알 수 있다. 글의 화제는 문장 7 이전에 소개되지 않았을 뿐만 아니라 결론을 포함하고 있지도 않다.

이 텍스트의 미숙함은 각 부분의 내용과 그 구조적 관계를 찾아내고 이를 능숙한 필자의 글과 비교했을 때 더욱 명백해진다. 미숙한 텍스트의 내용들을 통해 우리는 인물의 직업

---

7) 담화 스키마는 과학적인 글(Van Dijk & Kintsch, 1993), 설명문(Sanders & Van Wijk, 1996a, 1996b), 논설문(Van Wijk, 1999) 등 여러 글 유형에서 확인되었다.

(s1-2a), 인적 사항(s3), 생김새(s4), 다시 그의 직업(s5), 그의 취미(s6-6b), 또 다른 인적 사항 (s7), 또 다른 취미(s8-8a) 등을 알 수 있다. 이런 이유로 목록은 정돈되지 않았는데, 이것은 1, 2a-5, 그리고 6, 6a-8, 8a에서 두 개의 불연속성을 보여주기 때문이다(앞 절 구조에 대한 해석: 전략과 평가 참조).

마지막으로 문장 간의 관계에 대한 명칭(계층적 구조의 기본들에 대한 부분 참고)을 부여해 보면 ⑩과 같은 결과를 얻을 수 있다.

⑩

segment relation

1	SPECIFICATION(unkown topic)
2	CONSEQUENCE(1/teaches)
2a	LIST(specification)
3	LIST specification (unkwon topic)
4	LIST specification (unkwon topic)
5	LIST specification (unkwon topic)
6	LIST specification (unkwon topic)
a	LIST specification (unkwon topic)
b	LIST specification (unkwon topic)
7	LIST specification (topic)
8	LIST specification (topic)
9	LIST specification (topic)

이러한 이유로, 미숙한 필자가 세운 쓰기 계획의 주요 목표는 자신이 쓸 글의 화제와 관련된 세부 내용을 열거하는 것이었다. 텍스트 전체의 일관성은 전적으로 화제의 연결성에 달려 있다. 모든 부분들은 전체 화제에 종속되어 있으며 부분 간의 관련성은 만들어지지 않는다.

그럼 이러한 특징들을 능숙한 필자의 텍스트와 비교해보자. 그 관계 구조는 전체 텍스트와 함께 ⑪에서 볼 수 있다.

⑪

Segment	Relation
1 I would	SPECIFICATION(topic)

1a	if forced to make a choice	CONDITION(1)
1	like to be Ed Nijpels	SPECIFICATION(1)
2	He looks quite nice,	LIST specification(1)
3	is well dressed,	LIST specification(1)
4	and express himself quite well	LIST specification(1)
5	Beside, he has undertaken all kinds of activities alongsidehis varied career.	EVALUATION(5)
6	It is this variation that appeals to me much.	LIST specification(1)
7	His main job at the moment is being mayor of Breda,	CONTRAST(7)
8	but as a compere on TV he holds his own as well	LIST specification(1)
9a	When he relaxes after his busy work,	LIST specification(9a)
9	he can be found on the tennis court	LIST specification(9a)
10	and the evenings he likes to eb with friends or on his own reading a nice book	LIST specification(1)
11	Because of his open character he makes friends easily	LIST specification(1)
12	and makes contacts easily.	LIST specification(1)
13	As a mayor he tries to stand close to people.	LIST specification(1)
14	The age of Ed Nijpels	LIST specification(14)
14a	(round about 40)	EVALUATION(14)
14	is an age which has many advantages:	EVALUATION(14)
15	one has had the chance to make something of one's life	CONCLUSION(1)
16	One doesn't need to be a "he-man" anymore. Summeriz ing, I must say that it looks as if Ed Nijpels feels com fortable,	ALTERNATIVE(17)
17	or to put it informally "he likes who he is"	CONCLUSION(1)
18a	and that is something worth striving for.	EVALUATION(18)
18		
19		

다른 텍스트와 마찬가지로 이 텍스트 역시 개인적 특질들을 열거하고 있다. 다만 기술적인 부분(문장 2-16)의 구조적 관계를 보면 단순한 열거 이상의 것들을 발견할 수 있다. 응집성 관계는 역시 글 부분 사이에 실현되어 있어서(예를 들어 문장 5와 문장 6, 문장 14, 문장 15와 문장 16 등), 관계 구조는 상위 화제에 결부되는 부분에 의존하지 않는다. 이 외에도 문장들의 내용을 보면 필자가 몇 가지 내용만을 나열하는 것이 아니라 실제로 개인적 특성에 대해 언급하고 있다는 점을 알 수 있다. 그는 먼저 인물의 생김새에 대해 기술하고(문장

2, 3) 인적 사항들을(문장 4) 제시했다. 그리고 그는 독자에게 그 인물의 직업(문장 5-8), 취미(문장 9a-10), 성격과 나이(문장 14-16)에 대해 알렸다. 그리고 이러한 기술 부분이 적절히 전개된 다음(문장 1-1a), 끝맺고 있다(s17-19). 이와 같이, 상위 구조의 모든 부분들이 실현되고 있다(<그림 26.3> 참고). 마지막으로 미숙한 텍스트와는 달리 이 텍스트의 중심부는 몇 층위의 기술의 단계를 보여준다(즉, 특성들을 열거하는 중심 맥락과 더불어 몇 가지의 상술 및 평가).

텍스트 구조로부터 텍스트 계획하기로

앞 장에서는 텍스트 구조 분석을 통해 드러난 능숙한 필자와 미숙한 필자의 텍스트 간의 차이점을 알아보았다. 이제 이러한 차이점이 쓰기 기능의 발달에 대해서 의미하는 바가 무엇인지 살펴보자.

인물 묘사하기는 글의 화제 소개하기, 다양한 주제(직업, 개인적 성향, 성격 등)를 열거하거나 상술하여 특징화하기, 결론을 내리며 끝맺기를 포함한다. 능숙한 필자는 이 테마들을 더욱 발전시킬 수도 있는데 예를 들면 그것들을 보다 구체화하거나 평가하거나 또는 전후 사정을 덧붙일 수도 있다. 그러므로 도입, 기술, 평가 기타 등은 능숙한 필자에게 익숙한 검색 전략의 목록이라고 할 수 있다.

반면, 특성에 대한 나열을 제외한 이들 전략들은 어린 아동의 쓰기 과정에서 완전히 결여되어 있다. Van der Pool의 자료(1995)에 따르면, 어린 아동들의 검색 과정은 거의 전적으로 "열거" 전략에 의존하고 있는데, "평가" 전략에 들여야 할 노력이 "열거" 전략에 집중될 때가 많다. 이는 여러 가지 전략들이 적절히 균형을 이루는 15살의 필자에게서 볼 수 있는 검색 과정과 뚜렷한 대조를 이룬다. 예를 들어 15살의 필자는 10살의 필자에 비해 내용과 상술을 세 배 정도 더 추가한다.

Van der Pool(1995)은 텍스트 구조에서 나타나는 연령의 영향력도 보여준다. 구조적 단절이 10살, 12살, 15살의 필자의 글에서는 나타나는데, 더 연령이 높은 필자의 글에서는 거의 완전히 사라진다. 이와 같이 능숙한 필자는 그들의 의사소통적 의도에 비추어 정보들을 조직할 수 있는 반면, 어린 필자들은 정보 인출의 순서(무작위적)에 따라 정보들을 조직하는 것으로 보인다. 그러므로 구조적 계획하기 능력은 연령이 높아지면서 발달하는 것이라고 볼 수 있으며, 그렇기 때문에 쓰기 능력 발달의 중요한 특성이라고 할 수 있다. 텍스트 분석은 이러한 특성을 드러낼 수 있었을 뿐만 아니라 개념적 과정의 발달 측면과도 관련이 있다. 왜냐하면 텍스트 구조의 관계적, 계층적 구조는 모두 텍스트의 필수 원리이기 때문에 텍스트 분석을 통해 실제 쓰기의 인지 과정을 살펴볼 수 있는 것이다.

숙련된 글의 텍스트 구조와 검색 : 텍스트 분석 연구 2

이 장에서는 전문 필자가 쓴 정례적인 글을 분석하여 검색 과정에 대하여 밝혀낼 수 있는 것이 무엇인지를 검토할 것이다. 여기서는 변호사가 작성한 단순한 법률 서신을 분석할 것이다. 글 유형이 한정되기는 하지만, 이런 글은 어떤 쓰기 과제에 대해 지속적으로 노력하고 반복해서 수행한 필자의 쓰기 숙달 상태를 보여준다. 이러한 쓰기는 담화 스키마가 주도하는데, 담화 스키마는 내용 범주와 그것을 배열하는 방식을 명시한다. 숙련된 쓰기에서 한 가지 특히 중요한 특징은 그것이 거의 단선적인 수정하기가 아니라 대부분 선형적 처리하기의 양상이라는 점이다(Schilperoord, 1996, p.56).

쓰기 중에 나타나는 검색과 휴지

정보 검색에서 분명한 특징 하나는 숙련된 쓰기에서도 그것이 단절적으로 나타난다는 점이다. 새로운 요소들은 점증적으로 검색되는 경향이 있다. 이는 특히 쓰기 중 휴지가 나타나는 양상을 통해 명확히 알 수 있다. 실제로 숙련된 필자의 쓰기 과정을 관찰해보면 다음과 같다.

⑫ 전시하기 휴지 전사하기 휴지 ...
　　　　　→ 시간

필기를 하지 않는 시간이나 휴지기와 전사 시간 즉, 실제로 종이에 단어를 적거나 화면을 보며 자판을 치는 시간이 번갈아 나타난다. 최소한 그것은 필자가 그때까지 생성된 텍스트에 나중에 전사되고 추가되는 개념적인 정보를 인출하기 위해서 잠시 멈춘다고 추정하는 것이 타당할 듯하다. 장기 기억(LTM)에서부터 정보를 검색하는 일은 아마도 일정한 정도의 시간이 필요할 것이며, "휴지-전사"/"인출-수행"간의 인과 관계가 추론될 수 있다. 그러니까 X라는 단계에서 수행되는 것들은 X[8] 바로 전 단계에서 인출된 것들인 셈이다.

이러한 인출 과정을 어떻게 더 구체화할 수 있을까? 첫 번째 사례 연구에서 제시된 바와 같이, 구조적인 텍스트 분석은 그러한 목적을 위해 사용될 수 있다. 그러나 두 번째 사례 연구에서는 한 걸음 더 나아갔다. 서로 다른 종류의 인출 과정에서 요구되는 인지적 노력의 양이라는 측면에서 어떻게 인출 과정을 구체화시킬 수 있을지도 살펴볼 것이다. 텍스트 분석을 휴지 시간 자료와 결합시키고자 한다. 즉, 생산된 자료와 과정 자료를 조합할 것이다. 다음 절에서는 우선 휴지 시간의 분포를 살펴볼 것이다. 다음으로 법률 서신의 계층적 구조를 살펴볼 것이다. 마지막으로 이 구조들을 활용하여 법률 서신의 인출 과정을 재현하고 이 구조들을 휴지 시간의 분포와 관련시켜 볼 것이다.

휴지 시간 분포

휴지에 반영된 인지적 과정이 무엇이든지간에 한 가지 확실한 사실은 휴지의 길이가 다르다는 점이다. 심리 언어학에서 그러한 차이는 인지적 과정의 강도와 상관관계를 이룬다는 시각이 폭넓게 받아들여지고 있다. 휴지가 길어질수록 휴지가 반영하는 그 과정에서 더욱 많은 노력이 요구되는 것이다. 이러한 점에 유념하면서 실제 텍스트 결과물을 살펴보도록 하자. <그림 26.5>는 대략 35초간의 (받아쓰는) 텍스트 생성 중에 나타난 "휴지(쉬는 시간)-전사(활동 시간)"의 전환을 보여준다.

<그림 26.5>를 보면, 전체 생성 시간에서 휴지와 전사는 점증적 형태를 취하고 있다. 수평축은 전사 시간을 나타내며(총 11초에 달함), 수직축은 휴지 시간을 나타낸다(약 23초).

---

8) 단어 또는 장기 기억에 있는 개념을 인출하는 것 외에, 휴지는 대안적인 단어 선택 고려하기, 이미 인출된 개념을 적절하게 형성된 문장으로 배열하기, 절별로 정보를 구조화하기, 지금까지 쓴 글의 부분들을 조정하기와 같은 과정을 반영할 수 있다. 그래서 표면적으로는 어떤 휴지가 반영하는 인지적 과정이 무엇인지를 말할 수 없다. 그러나 대개 전문적인 글의 선형적인 특성 때문에, 휴지의 대부분은 인출 활동을 반영한다고 해도 과언이 아니다. 근거에서 주목하지 않을 수 없는 점은 숙련된 글에서는 모든 휴지의 90% 이상이 전사하기 다음에 나타난다는 사실이다(Schilperoord 1996, p.58, Schilperoord, 2002 참고).

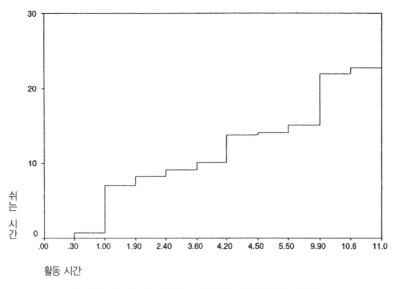

<그림 26.5> 휴지(쉬는 시간)와 전사(활동 시간)

전체 생성 시간 중에 휴지 시간이 균등하게 분포되지 않았다는 점에 유의해야 한다. 휴지가 두드러지는 세 구간이 있는데 첫 번째는 1초 후, 두 번째는 16초 후, 세 번째는 25초 후이다. 이제 이러한 관찰 결과를 실제 텍스트의 모습과 결합하여 살펴보면, 두 번의 긴 휴지 구간(첫 번째와 세 번째)은 단락 사이에 나타난 반면 다소 짧았던 두 번째 휴지는 한 단락 내의 두 문장 사이에서 나타난 것임을 알 수 있다. 이를 통해 볼 때, 텍스트의 특정한 구조적 특징을 통해서 휴지 시간의 분포를 밝혀낼 수 있을 것으로 보인다. 실제로 <그림 26.5>에서 나타난 양상은 매우 안정된 것으로 밝혀졌다. 많은 쓰기 결과에 대한 휴지 시간 분포 분석에 따르면, 평균적으로 필자는 새로운 단락을 시작하기 전에 약 8초를 멈추고 새로운 문장을 시작하기 전에는 약 3초를 멈추는 것으로 밝혀졌다(Schilperoord, 1996, p.89). 이 외에도 단락과 문장의 경계 부분에서 특히 휴지 활동이 활발한 것으로 나타났다. 여기서 필자는 거의 항상 멈추는 반면, 다른 장소에서 휴지가 일어날 확률은 60%정도에 머물었다. 휴지 시간의 변화와 인지적 노력의 상관성을 고려한다면, 텍스트의 구조적 특징을 통해 쓰기의 어느 시점에서 검색 작업이 많이 이루어졌는지를 알 수 있게 되는 셈이다. 이는 꽤 정확한 예측이라고 볼 수 있다.

그러나 여기에는 한 가지 문제점이 있다. 텍스트를 단락과 문장으로 나누어 어떤 계층적 조직을 나타낸다 하더라도 "더 긴 휴지는 단락 앞에 나타나므로 단락을 구상하는 것이 더 힘든 것이다."라고 말할 수는 없다. 이러한 과정들과 인지적 요구의 본질에 대해 좀 더 깊이 따져볼 필요가 있다. 이 지점에서 점진적 구조 분석 절차의 알고리즘이 작동하기 시작한다.

이를 통해 법률 서신의 계층적 구조에 대하여 좀 더 세부적인 내용들을 알 수 있을 것이다.

일상적인 법률 서신의 계층적 구조

계층적 구조를 살펴보기 위해, 점진적 구조 분석 절차 방식을 통해 법률 서신의 일부를 분석했다(Schilperoord & Sanders, 1999). 아래 ⒔은 서신의 일부분이다.⁹⁾

⒔

1	Dear confrere (my learned friend),
2	On behalf of Mr NAME,
2a	living at ADRESS,
2	I hereby strongly object to the summary dismissal given to him by FIRM.
3	First of all, this dismissal cannot be motivated
3a	Considering your client's letter to my client,
3	as you are well aware.
4	And second, there is no motive at all.
5	The fact that my client was in jail for a couple of days in connection with a case dating from long before he started working for you firm, is of no significance in this case.
6	You have also informed me that my client has used abusive language,
6a	that is, that he started to taunt and rave
6b	after he was given his dismissal,
7	He allegedly cursed your client
8	Agian this is no reason for a dismissal,
8a	quite apart from the fact that he was given is dismissal beforehand
9	I hereby summon your client to withdraw the summary dismissal by return post. (...)

이들 서신에 대한 다양한 분석을 통해 드러난 계층적 구조(담화 스키마)는 <그림 26.6>과 같이 나타낼 수 있다. 이 담화 스키마는 세 가지 수준을 포함한다. 첫 번째 수준(Ⅰ)은 법률

---

9) 이 편지는 <그림 26.5>에 묘사된 생산 과정의 결과이다. 문장 3a, 4, 5의 마지막 부분과 문장 6의 처음 부분을 살펴보았다. <그림 26.6>에 제시된 바와 같이 문장 4와 문장 6에 선행하는 휴지는 길지만 문장 5에 선행하는 휴지는 다소 짧다.

서신의 초구조로서 "인사말", "소개", "서명" 등의 부분들이 명시되어 있다. 두 번째 수준(Ⅱ)은 서신의 핵심부로 매우 규칙적인 구조를 보여준다. 변호사들은 두 종류의 발화 행위를 보여주는데, 어떤 판단을 내리고 상대방이 어떤 행동을 취하도록 호소한다. 그러므로 이러한 구조적 양상은 판단과 호소로 구성된다. 판단 부분은 판단 그 자체를 표현하는 부분과 이를 정당화하는 부분으로 구성된다. 주장 부분도 마찬가지이다.

마지막으로, 세 번째 수준(Ⅲ)은 다양한 종류의 부분적 상술로 이루어진다. 이 단계에서는 종종 판단이나 주장을 나타내는 문장들을 덧붙이거나 구체화하게 된다. 이들 문장은 <그림 26.6>의 계층적 구조를 통해서는 알 수 없는 부분들을 형성한다. 이 수준은 대개 변호사가 "그 때 그 때 봐가며" 수신자에게 필요한 추가적인 정보나 설명을 덧붙이며 형성되는 것이다.

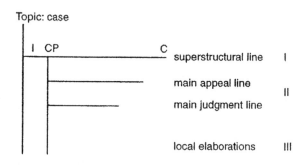

〈그림 26.6〉 법률 서신의 담화 스키마(I 도입, CP 핵심부, C 결론)

이런 모든 수준들은 예시 텍스트 (13)에서 쉽게 발견할 수 있다. 예를 들어 문장 1은 "인사말"로서 초구조에서의 도입부를 구성하고 있다. 편지의 핵심부는 판단을 표현하는 문장 2로 시작되며 문장 3, 문장 4, 문장 6, 문장 8은 변호사의 판단을 정당화하는 문장들로서 이들이 합쳐져서 판단 부분을 형성하고 있다. 문장 9에서는 상대방에게 해고를 철회할 것을 요구하면서 주장 부분이 시작된다. 마지막으로, 문장 2a, 문장 3a, 문장 5a, 문장 6a, 문장 6b, 문장 7은 다양한 종류의 상술 문장들로서 계층적 구조의 세 번째 수준에 해당한다. 다음 장에서는 이들 세 가지의 계층적 수준을 적용하여 서로 다른 종류의 인출 과정들을 재구성해보려 한다.

계층적 구조와 인출 과정

인지적 텍스트 분석은 <그림 26.6>과 같은 트리 구조가 텍스트에 대한 필자의 정신적 표상을 평가한다고 주장한다. 다시 말해서, 트리 구조는 필자가 장기 기억으로부터 정보를 인출하기 위한 계획을 표현하는 것이다. 이것을 이용하면 구조적 측면에서 인출 과정을 재구성할 수 있다. 이것을 행하는 적절한 방법은 산출 규칙에 관한 과정들의 모형을 만드는 것이다. 산출 규칙은 IF-THEN의 짝으로 이루어진다. IF-부분은 목표 처리하기나 사건의 상태를 규정하는 반면에 THEN-부분은 실행되는 행동 처리하기를 규정한다. ⑭는 이러한 규칙의 일부이다.10)

⑭

THEN 검색 information

IF the goal is: → specifying
1. PRODUCE(core part) → JUDGE(topic) & APPEAL(topic)
2. JUDGE(topic)→ judgement & JUSTIFY(judement)
3. JUDGE(topic) is finished → SWITCH(APPEAL(topic))
4. APPEAL(topic) → appeal & JUSTIFY (appeal)
5. JUSTIFY(judgement) → reason & fixme/-denials & ELABORATE(reason/±denials)
6. ELABORATE(reason)→ [context] & [specification] & [tinge] & [.....]

[]은 선택적인 항목이다. 대문자는 처리 과정을, 소문자는 내용 요소를 의미한다.

산출 규칙 1은 만약 핵심 내용을 산출하고자 한다면 화제에 대한 판정으로 시작해서 그것에 대해 호소해 나가야 한다는 것이다. 예시문의 문장 2-9이 편지의 핵심부 전체인데, 규칙 1이 핵심부를 만드는 인출 과정을 결정짓는다. 규칙 1은 반복되는 산출 규칙 2와 산출 규칙 3으로 나뉜다. 규칙 2는 편지글의 문장 2-8a에 해당하는 인출 활동을 유도한다. 특별한 산출 규칙인 규칙 3은 판정에서 호소로 문맥을 바꾸는 역할을 한다. 이는 규칙 4를 활성화시킨다.

규칙으로 인출 과정을 모형화하는 이러한 방법은 계층적으로 구조화되어 있다는 점에 주목해야 한다. 낮은 순위의 규칙은 높은 순위의 규칙에 포함된다. 필자가 텍스트에 세부 정보를 추가하기로 결정했다고 가정해 보자(예를 들어 문장 2a, 문장 3a, 문장 5). 세부 정보를 인출하는 처리 과정(내용, 세부사항 등 추가하기)은 ⑮와 같이 모형화될 수 있다.

---

10) 이렇게 인출 과정을 모형화하는 방식에 대한 자세한 내용은 Van der Pool(1995), Schilperoord(1996), 특히 Van Wijk(1999) 참조

15 (PRODUCE (core part) embeds
  (JUDGE (topic) embeds
  (JUSTIFY (reason) embeds
  (ELABORATE (reason)))))

우리는 이 사례 연구에서는 다양한 유형의 인출 과정에서 요구되는 인지적 노력에 주된 관심이 있기 때문에, 이렇게 인출 과정을 모형화하는 방법은 다양한 가설을 낳을 수 있다. 특정한 규칙이 높은 순위의 규칙(또는 깊이 포함된 것)에 의해 조절될수록, 그 실행에는 인지적 노력이 적게 소모된다는 것이 지침이다. 전문적으로 말하면, 하향식 촉진[11]을 드러내기 위해 인출 과정의 계층적 순서를 가정한다.

만약 이 가설이 근본적으로 옳다면 몇몇 흥미로운 예측이 가능하다. 첫째, 정교화 과정은 비교적 수월한 반면, 주요 내용의 변경을 유도하는 규칙들(예를 들어 판단에서 호소로 전환)은 인출에서 주요한 관점 전환을 의미하기 때문에 상대적으로 힘든 작업이라고 볼 수 있다. 둘째, 산출 규칙은 그것이 산출한 텍스트와 매우 밀접하게 얽혀있다. 예를 들어 판단{화제}이라는 산출 규칙을 적용하는 것은 두 번째 글 분절 바로 앞에서 일어나며, 이는 텍스트에서 판단의 주요 내용을 구성하는 모든 글 분절 앞에서도 마찬가지다. 그러므로 이런 위치에서의 인출은 상대적으로 어려운 것이라고 추측할 수 있다.

앞서 살펴보았듯이, 인지적 노력은 그에 해당하는 텍스트의 여러 구절에서 나타나는 휴지 시간을 통해 파악할 수 있다. 인출을 위한 다양한 산출 규칙이 적용된 <그림 26.5>의 처리 자료들을 결합함으로써, 휴지 시간의 측면에서 가설을 설명할 수 있다. 작업이 쉬울수록 휴지는 짧았다. <표 26.1>은 예상되는 휴지 시간의 감소에 따른 규칙들의 순서를 보여주고 있다(첫째 열). 뿐만 아니라 각 규칙은 해당하는 텍스트의 각 구절들과 상응한다(둘째 열). 마지막으로, <표 26.1>은 각 텍스트 위치에 해당 인출 과정에 걸린 실제 휴지 시간을 보여주고 있다(셋째 열).

---

11) 이 가설에 대한 이론적 설명은 Schilperoord(1996, p.208ff)와 Anderson(1983, p.146) 참조

〈표 26.1〉 인출 과정, 위치 그리고 휴지 시간

인출 과정	위치(문장 번호)	휴지 시간(msec)
산출(핵심 부분)	2	4,085
판단(화제)에서 호소(화제)로 전환	9	9,283
판단(화제)/호소(화제)	3,4,6,8	5,979
상술(판단/호소/근거)	2a, 3a, 5, 6a, 6b, 7	1,876

예상되는 휴지 시간과 실제 관찰된 시간 사이에는 뚜렷한 불일치가 존재한다. 핵심부를 산출하는 인출 활동(PRODUCE{core part})은 가정한 것보다 휴지 시간이 적게 나타난다. 단언컨대, 텍스트의 핵심부를 시작하는 것은 텍스트의 초구조 수준에서의 전환도 나타낸다. 아마도 능숙한 필자는 도입부에서 핵심부로의 전환이 안정적이어서 이 단계의 인출 과정은 우리의 예상보다 훨씬 쉬웠을 것이다. 하지만 자료들은 나머지 예상들이 사실임을 뒷받침하고 있다. 마지막으로 사람들은 (14)에 나타난 인출 과정에서 소요되는 인지적 노력이 실제로 다른 곳의 인지적 노력을 초과하는지 궁금할 수 있다. 이것이 사실인지를 확인하기 위해, 구절 내부의 휴지 시간을 측정했다. 구절 내부의 평균 휴지 시간은 0.7초에 불과한 것으로 나타났다.

결론

이 장의 가장 중요한 기여는 계층적 텍스트 구조와 그 발전적 국면 그리고 그와 연결된 인출 과정 사이의 유사성에 관한 것이다. 이 관계는 인지적 쓰기 활동이 최소한 어느 정도는 산출된 텍스트의 계층적 구조를 반영하고 있음을 암시한다. 이는 텍스트 분석과 쓰기 과정의 실증적 연구의 결합이 가져오는 장점을 강조한다. 검사가능한 심리언어학적 모형과 텍스트 수준에서 언어 산출의 이론을 발전시키기 위해 필요한 도구들을 제공하는 다양한 종류의 자료들을 조합한 것이다. 쓰기의 인지적 연구를 위한 텍스트 분석 방법의 두 가지 장점을 요약하면서 결론을 갈음할까 한다.

1. 텍스트 분석 방식은 인출 과정을 설명하는 데 매우 많은 것을 시사하고 있다. 휴지

시간의 분포를 통해 언급하였듯이, '단락'이나 '문장'과 같은 구조적 단위들은 인출 과정의 본질에 대해 많은 것을 알려주지 못한다. 사실 이런 과정의 재구성 정보들은 매우 제한되어 있다(⑯ 참고).

　　⑯ 인출 (단락)
　　　 인출 (문장)

앞서 소개된 두 연구에서와 같이, ⑯ 규칙의 세부 수준은 점진적 구조 분석 절차로 유도된 텍스트 구조가 인출 활동을 재구성하기 위한 입력으로 사용될 때 얻을 수 있는 세부 수준과 뚜렷하게 대조된다.

2. 텍스트 분석 방식은 텍스트의 전개와 그에 요구되는 인지적 노력과 관련한 과정들의 위치를 가늠할 수 있게 한다. 만약 인출 과정을 재구하기 위해 계층적 텍스트 구조를 활용한다면, 이런 과정들이 성장하는 텍스트 내에서 갖는 위치를 정확히 파악할 수 있을 것이다. 다시 한 번 예시 텍스트 ⑬의 계층적 구조를 살펴보자. 그리고 문장 4와 5에 초점을 맞춰보도록 하자(<그림 26.7>).

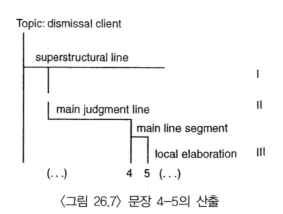

〈그림 26.7〉 문장 4-5의 산출

계층적 틀 속에서 문장 4와 5의 위치 관계는 다음과 같다. Ⅲ수준에서 문장 4와 5는 이유-상세화의 측면에서 관련되어 있다. Ⅱ수준에서 문장 4는 주요 판단에 연관되어 있다. 그리고 Ⅰ수준에서 주요 판단은 텍스트에서 핵심부의 일부가 된다. 각 계층적 수준은 검색 과정을 재구하는 데 활용될 수 있다. 그러므로 문장 4와 5는 ⑰과 같은 규칙으로 설명이 가능하다.

17 상세화하다 → [맥락] & [상세화] &

[이유]　　　[가미하다] & [......]

정당화하다 → 이유 & ± 부인 &

[판단]　　　상세화하다 (이유n/±부인)

더불어 이 텍스트 일부는 18과 같이 설명이 가능하다.

18　1. 생산하다 → 판단하다 (화제) & 호소

　　　[핵심부]　　[화제]

　　2. 판단하다→ 판단 & 정당화

　　　[화제]　　　[판단]

[ ], 선택적; 대문자는 과정을 나타내며 소문자는 내용 요소를 의미한다.

지금까지 논의된 두 가지 종류의 정보들 즉, 텍스트 구조 정보와 과정 정보들을 결합함으로써 인출 과정을 재구성할 수 있게 되었으며, 이를 텍스트의 전개와 연관시킬 수 있었다. 그리고 그에 해당하는 인지적 노력에 대한 가설을 검사할 수 있었다. 이것이 바로 텍스트 구조 분석을 통해 쓰기 인지를 확인하는 방법이라고 할 수 있다.

참고문헌

Bereiter, C., & Scardamalia, M. (1983). Levels of inquiry in writing research. In P. Mosenthal, L. Tamor, & S. Walmsley (Eds.), *Research on writing: Principles and methods* (pp. 3-25). New York: Longman.

Bereiter, C., & Scardamalia, M. (1987). *The psychology of written composition.* Hillsdale, NJ: Erlbaum.

Brown, G., & Yule, G. (1983). *Discourse analysis. Cambridge*, UK: Cambridge University Press.

Flower, L. S., & Hayes, J. R. (1981). A cognitive process theory of writing. *College Composition and Communication, 32*, 229-243.

Hobbs, J. R. (1990). *Literature and cognition. Menlo Park*, CA: Centre for the Study of Language and Information, Stanford University.

Hovy, E. H. (1990). *Parsimonious and profligate approaches to the question of the 5th International*

Workshop on Natural Language generation (pp. 128-136). East Stroudsburg, PA: Association for Computational Linguistics.

Hunt, K. (1970). Syntactic maturity in school children and adults. *Monographs of the Society for Research in Child Development*, 35, 1-67.

Kintsch, W., & van Dijk, T. A. (1978). Toward a model of text comprehension and production. *Psychological Review*, 85, 363-394.

Levelt, W. J. M. (1989). *Speaking: From intention to articulation.* Cambridge, MA: MIT Press.

Lintermann-Rygh, I. (1985). Connector density-an indicator of essay quality? *Text*, 5, 347-357.

Mann, W. C., Matthiessen, C. M. I. M., & Thompson, S. A. (1992). Rhetorical structure theory and text analysis. In W. C. Mann, & S. A. Thompson (Eds.), *Discourse description: Diverse linguistic analyses of a fund-raising text* (pp. 39-78). Amsterdam: Benjamins.

Mann, W. C., & Thompson, S. A. (1988). Rhetorical structure theory: Toward a functional theory of text organization. *Text*, 8, 243-281.

Polanyi, L. (1988). A formal model of the structure of discourse. *Journal of Pragmatics*, 12, 601-638.

Sanders, T., Janssen, D., Van der Pool, E., Schilperoord, J., & Van Wijk, C. (1996). Hierarchical text structure in writing products and writing precesses. In G. Rijlaarsdan. J., van den Bergh & M. Couzijn (Eds.), *Theories, models and mothodology in writing research* (pp. 472-493). Amsterdam: Amsterdam University Press.

Sanders, T., & Van Wijk, C. (1996a). PISA-a procedure for analyzing the structure of explanatory texts. *Text*, 16(1), 91-132.

Sanders, T., & Van Wijk, C. (1996b). Test analysis as a research tool: How hierarchical structure gives insight in the writer's representation. In C. Levy & S. Ransdell (Eds.), *The science of writing* (pp. 251-270). Mahwah, NJ: Erlbaum.

Sanders, T. J. M. (1992). *Discourse structure and coherence: Aspects of a cognitive theory of discourse representation.* Unpublished doctoral dissertation, Tilburg University, The Netherlands.

Sanders, T. J. M. (1997). Semantic and pragmatic sources of coherence: On the categorization of coherence relations in context. *Discourse Processes*, 24, 119-147.

Sanders, T. J. M., Spooren, W. P. M., & Noordma, L. G. M. (1992). Toward a taxonomy of coherence relations. *Discourse Processes*, 15, 1-35.

Schilperoord, J. (1996). *It's about time: Temporal aspects of cognitive processes in text production.* Amsterdam: Rodopi.

Schilperoord, J. (2002). On the cognitive status of pauses in discourse production. In T. Olive & C. M. Levy (Eds.). *Contemporary tools and techniques for studying writing* (pp. 61-90). Dordrecht, The Netherlands: Kluwer.

Schilperoord, J., & Sanders, T. (1999). How hierarchical structure affects retrieval processes: Implications of pause and text analysis. In G. Rijlaarsdam & E. Esperet (series Eds.) and M. Torrance & D. Galbraith (Eds.),

Knowing what to write: conceptual processes in writing (Studies in Writing, Vol. 4, pp. 13-30). Amsterdam: Amsterdam University Press.

Van der Pool, E. (1995). *Writing as a conceptual process: A text analytical study of developmental aspects.* Unpublished doctoral dissertation, Tilburg University, The Netherlands.

Van Dijk, T. A. (1977). *Text and context: Explorations in the semantics and pragmatics of discourse.* New York: Longman.

Van Dijk, T. A. (1980). *Macrostructures*. Hillsdale, NJ: Erlbaum.

Van Dijk, T. A., & Kintsch, W. (1983). *Strategies of discourse comprehension.* Orlanda, FL: Academic Press.

Van Wijk, C. (1992). Information analysis in written discourse. IN J. De Jong & L. Verhoeven (Eds.), *The construct of language proficiency* (pp. 85-99). Amsterdam: Benjamins.

Van Wijk, C. (1999). Conceptual processes in argumentation: A developmental perspective. In G. Rijlaarsdam & E. Esperet (Series Eds.) and M. Torrance & D. Galbraith (Vol. Eds.), *Knowing what to write: conceptual processes in writing* (Studies in Writing, Vol. 4, pp. 31-51). Amsterdam: Amsterdam University Press.

Van Wijk, C., & Sanders, T. (1999). Identifying writing strategies through text analysis. *Written Communication*, 1, 52-76.

Vendler, Z. (1967). Verbs and times. In Z. Vendler (Ed.), *Linguistics in philosophy* (pp. 97-121). Ithaca, NY: Cornell University Press.

제 27 장
컴퓨터를 사용한 쓰기 평가와 분석

Mark D. Shermis, Jill Burstein & Claudia Leacock

Ellis "Bo" Page가 컴퓨터로 글을 채점하는 것이 임박했음을 예언한 지 대략 40년이 지났다. 전직 고등학교 영어 교사였던 Page는 컴퓨터를 활용하여 영어에 대한 채점 부담을 줄이는 방안을 구상하였다. Page는 50년간의 연구를 통해 학생들은 많이 쓸수록 글을 더 잘 쓴다는 결론을 내렸는데, 나중에는 영향력이 큰 교육연구자로서 자신의 연구 결과를 실제로 운용할 수 있는 시스템 구축을 열망했다. <Phi Delta Kappan>에 게재된, 그의 획기적인 논문(Page, 1966)에서는 이러한 시스템이 예상되었지만, 포트란(FORTRAN) 코드와 대형 중앙 컴퓨터를 이용한 작업 모형(Ajay, Tillett, & Page, 1973)을 만들기까지는 7년이 걸렸다. 그 결과가 Project Essay Grade(PEG)였다. 그런데 에세이 채점자(grader)에게 텍스트를 제공하기 위해서는 글을 80개의 열로 이루어진 IBM 천공카드로 옮겨야 한다는 어려움이 있었다. 이는 그 당시의 기술을 넘어서는 매우 고난도의 작업이었다. 이러한 불리한 조건을 극복하며 실시된 컴퓨터 채점 기술은 인간의 채점에 비해 훨씬 더 나은 결과를 보였다(Ajay et al., 1973).

1990년대 초반에 Page는 더 정밀한 구문 해석 알고리즘(parser)[1], 실시간 계산, 웹 기반 인터페이스를 장착하여 PEG를 개조하였다(Shermis, Mzumara, Olson, & Harrington, 2001). 이 장에서는 자동 글 채점(AES)의 작동 방식, 이와 관련된 소프트웨어 프로그램의 종류, 그리고 일부 응용 프로그램의 방법과 관련하여 이 새로운 포맷에 대한 자세한 사항들을 구체

---

1) [역쥐 자연 언어나 인공 언어로 쓰인 프로그램에 대해 문법 규칙에 따라 구문을 해석하고, 그것이 문법에 맞는지 여부를 조사하는 알고리즘을 의미한다.

적으로 다룰 것이다.

자동 글 채점은 컴퓨터를 매개로 하여 문어 텍스트를 평가한다. 초기 연구들은 자동 글 채점을 영어로 작성된 글로 한정하였지만, 최근에는 일본어(Kawate-Mierzejewska, 2003), 히브리어(Vantage Learning, n.d.), 바하사어(Vantage Learning, 2002) 등 다른 언어들까지로 확장되었다. 인터페이스는 주로 인터넷 기반이었지만, CD-ROM을 이용하여 실행된 것도 있다.

대부분의 패키지는 전자 포트폴리오 내의 문서함에 있다. 이러한 패키지들은 설정된 평가 기준에 기초하여 특정 점수를 통해 보충할 수 있는 총체적인 쓰기 평가를 제공한다. 그리고 담화 분석을 통한 질적 비평도 제공할 수 있다. 패키지 가운데 일부가 다른 정보의 자원들과 비교하여 확인을 허용하더라도(예를 들어, 대규모 정보 데이터베이스), 대부분의 패키지는 수행의 정확성 판단의 준거로 사람에 의한 채점을 활용한다.

컴퓨터가 인간과 동일한 방식으로 문어적 메시지를 이해하지 못한다는 점은 분명한데, 인간이 하는 것과 유사한 결과를 성취할 수 있을 때까지 대안적 과학 기술은 권위를 부여받기 어렵다. 요리에 비유해보자면, 음식 외부에 열을 가하여 대류열을 이용해오다가 대류가 아니라 날음식에서 일어나는 분자 운동을 이용하는 전자렌지처럼, 고정관념을 깨뜨리는 사고를 통한 과학 기술을 이용하여 동일한 결과를 얻을 수 있다.

컴퓨터는 인간 채점자가 바람직하거나 바람직하지 않다고 여기는 쓰기 요소들을 고려한 모형에 따라 글을 채점한다. 이러한 요소들의 집합을 "특성(traits)"이라고 하며, 쓰기의 내적 특성을 가리켜 "지표(trins)"라 하고, 구체적인 요소들은 "대용(물)(proxies 혹은 proxes)"이라고 한다(Page & Petersen, 1995).[2]

지표와 대용물의 차이는 사회 과학에서 잠재 변인과 관찰 변인 간의 차이와 유사하다. 그래서 IQ시험 점수는 '지표'(개념화된) 지능의 잠재적인 특성들에 대한 '대용물'(세부 요소)로 생각될 수 있을 것이다.

자동 글 채점 소프트웨어 패키지는 단순한 것에서 복잡한 수백의 대용 변인들을 판별하기 위해 글을 분석하는 컴퓨터 프로그램을 포함한다. 글의 길이는 채점할 때 현혹되기 쉬운 단순한 변인이다. 그러나 평가자가 글의 길이를 중요하게 여기더라도 좋은 글과 글의 길이 간의 관계는 선형적이지 않고 로그적이다. 즉, 채점자들은 어느 정도까지는 글의 분량을 중요

---

2) [역주] 'trins'는 어휘 선택, 유창성, 문법, 그 밖의 불가산적인 특성과 같은 관심사에 대한 고유한 변인이다. PEG에서는 이러한 특성을 직접 측정하지 않고 'proxes'로 평가한다. 즉 인간 채점자는 다양한 'trins'를 평가하지만 컴퓨터는 'proxes'만으로 평가한다는 차이가 있다.

하게 여기지만, 일단 적정 수준을 넘어서면 분량을 넘어서서 글에 담긴 다른 두드러진 면을 찾게 된다. 마찬가지로 "왜냐하면"의 사용 빈도는 중요한 특성이다. 피상적인 특징으로 보일 수 있지만, 이는 종속절 시작에 대한 대용물로 볼 수 있다. 다음으로는 자동 글 채점의 문장 복합성에 관한 반응을 살펴볼 수 있다.

인간 채점자들이 채점 수행을 위한 평가 준거를 구성할 때, 자동 글 채점 엔진은 다음과 같은 절차를 사용하도록 전개된 통계적 모형을 실행한다.

1. 인간 채점자가 채점한(4점~8점) 글 500편을 확보한다.
2. 무선적으로 300편의 글을 선택하고 텍스트에 대한 다양한 컴퓨터 분석으로부터 이용 가능한 변인 조건에 대하여 인간 채점을 회귀 분석한다.
3. 회귀 방정식을 공식화하기 위해 통합된 특징 변인들 또는 특징 변인 조건 아래 요인 구조 혹은 통합된 특징 변인의 하위 세트를 이용한다.
4. 원래의 회귀선이 감소가 이루어지는지 어떤지 판정하기 위해 남아 있는 200편의 글에 대해 회귀 방정식을 교차 검증한다.

자동화 에세이 채점 시스템의 신뢰도와 타당도

대부분의 수행 평가에서 신뢰도와 타당도에 대한 지수[3]는 일반적으로 선다형 평가와 연관된 신뢰도와 타당도보다 더 낮지만, 심리 측정 영역의 용인 가능성 범주 내에 속한다. 그리고 Bennett & Bejar(1998)가 지적했듯이, 수행 평가의 신뢰도를 최대화하기 위한 시도들은 타당도를 약화시킬 수 있다. 예를 들어, 만약 평가자들에게 6개 특성에 주의 집중하도록 요구한다면, 쓰기 수행으로부터 좋은 점과 나쁜 점을 구별해내야 할 필수적인 다른 측면을 간과하도록 할 가능성이 높다. 인간 채점자들의 신뢰도와 타당도 문제는 어디에서나 나타난다(Cizek & Page, 2003; Keith, 2003).

---

3) [역주] 컴퓨터에서 데이터의 배열 중 또는 표(表) 중의 특정 요소를 나타내는 값

신뢰도

객관식 시험에 대한 신뢰도와 관련한 대부분의 논문은 내적 일치도 측정이나 시간이 지남에(검사-재검사) 따라 사전 사후 수행의 변화를 조사하는 것에 초점이 맞추어져 있다. 평가의 이러한 유형들은 자동 채점 맥락에서는 이해되기 어렵다. 예를 들어, 검사-재검사 신뢰도는 기계가 채점하는 조건 내에서는 완벽하다. 즉, 자동화된 채점자들에게 평가를 요구한 시점이 언제이든 간에 피험자는 항상 동일한 점수를 획득한다. 자동 글 채점과 같은 수행평가는 인간 평가자의 채점에서 평가 준거를 도출하였는데, 채점이 신뢰할만하게 이루어졌는가보다는 채점자들의 채점 결과가 다른 채점자들과 일치하는가 여부가 중요하다. 그래서 채점 결과 간 완벽한 공변이 존재할 수 있기만(완벽한 신뢰도), 실제로는 거의 일치하지 않는다.

따라서 일치도에 대해서는 보통 정확한 일치도와 근접 일치도가 제공된다. 정확한 일치도는 평가자들 간의 일치도 수준 또는 평가자와 자동 글 채점 엔진 간 평가 결과의 일치도 수준을 추정한 것이다. 예를 들어, 6점 척도가 이용된 경우, A 평가자가 부여한 3점과 B 평가자가 부여한 3점은 정확한 일치도를 산출하기 위해 "일치"로 간주될 것이다.

근접 일치도는 근접한 범주의 점수는 동등하다고 규정한다. 그래서 6점 척도일 경우에, A 평가자가 부여한 3점과 B 평가자가 부여한 4점은 동등한 것으로 가정한다. 이러한 관습은 인간이 글을 채점하는 방식에서 기인한 것이다. 두 평가자 사이에서 1점 이상의 차이가 있을 때, 세 번째 평가자가 불일치를 해결한다. 그렇지 않으면, 채점은 쓰기의 질에 대한 전반적인 결정을 내리는 데 충분히 근접한 것으로 파악한다.

이러한 증거의 대부분은 자동 글 채점 평가들이 인간 평가자들의 신뢰도 평가와 비교할 때 동등하거나 이보다 더 나은 것을 나타낸다(Elliot, 2003; Landauer, Laham, & Foltz, 2003; Shermis, Koch, Page, Keith, & Harrington, 2002; Shermis et al., 2001). 80년대 중반에는 모든 자동 글 채점 엔진이 인간 평가자들과 정확한 일치도를 얻었고, 90년대 중후반에는 근접한 일치도를 얻었다—평가자 훈련을 받은 인간 채점자들의 일치도 계수보다 약간 높았다. 통계적 모형이 대규모 채점에서 전형적으로 나타나는 한 명 이상의 평가자의 채점 결과에 바탕을 두고 있다는 점 때문에 자동 글 채점이 조금 더 유리하다.

타당도

글을 써 온 누구나 좋은 글에 대해 자신만의 준거를 가지고 있다. 이것이 사실이든 아니든 간에 다양한 특성에 관한 평가 기준인 루브릭들은 쓰기 수행을 평가하기 위한 기준으로서 출현해왔다. 대부분 주요 노력들은 내용, 창의성, 문체, 맞춤법, 조직의 다섯 가지로 합쳐진다 (Page, 2003). 쓰기 평가에서 대중적인 특성 평가 기준 중 하나는 Northwest Regional Education Lavoratory(1999)의 6+1 TraitTM이다. 이들은 아이디어, 조직, 어조, 단어 선택, 문장 유창성, 관습으로 세분화된다.

이러한 노력에도 불구하고, 학문은 좋은 글의 성분 중 "중요한 기준(gold standard)" 또는 다양한 발달 수준에서의 좋은 글조차 명료화하는 것은 불가능하다. 심지어 만약 중요한 기준이 공식화된다 하더라도, 인간 평가자들이 이를 어떠한 변형도 없이 그대로 사용할 것이라는 사실도 명확하지 않다. 예를 들어, 주(州) 단위의 어떤 고부담 책무성 평가의 평가기준에 따르면, 표준에 맞지 않는 영어 방언 표현에 따로 벌점이 부과되지 않는다. 그러나 수년이 지난 뒤, 주 교육부는 인간 채점자가 영어 방언 표현이 있는 글을 과소평가하지 않도록 하는 것이 불가능하다는 결론을 내렸다. 여기에서의 핵심은 인간 평가자들이 어떠한 문어적 표준에 관계없이 때때로 주관적 준거를 적용한다는 것이다.

자동화된 에세이 점수화의 구인 타당도를 평가해 온 방법 가운데 하나는 확인적 요인 분석을 통한 것이다. Shermis, Koch, Page, Keith, & Harrington(2002)은 6명의 평가자로부터 각기 평가된 386편의 에세이에 대한 PEG 연구로부터 수집한 자료를 토대로 실시한 확인적 요인 분석(CFA)을 실시하였다. 그러한 비교에서 기준은 "평가쌍(pairs of judges)"이다. 따라서 다섯 개의 CFA는 PEG 평가와 모든 가능한 인간의 판단 쌍을 비교하기 위해 수행되었다. 원 자료를 사용하여 최대 우도 추정법과 Amos 4.0(Arbuckle, 1999) 컴퓨터 프로그램이 이 분석에서 사용되었다. 5개의 개별적 공분산 분석은 평가쌍의 중복을 피하기 위해 수행되었다. 각 분석을 위해 잠재 변인, 추정된 에세이 진점수, 네 개의 측정 변인(세 개의 평가쌍과 PEG평가)들이 있었다. 구조모형의 확인을 위해 첫 번째 평가쌍을 1로 비표준화 요인 부하를 제한하였다. 그런 다음, 첫 번째 CFA에서 평가쌍 1과 2, 3과 4, 5와 6을 PEG평가와 비교하였다. 두 번째 CFA는 판단쌍 1과 3, 2와 5, 그리고 4와 6을 PEG평가 등과 비교했다. 모든 다섯 개 모형은 관습적 평가 기준을 이용한 자료에 대한 좋은 적합도를 나타냈다(예를 들어, 적합도와 상대적-적합 지수(CFI)가 .95 이상).

다섯 개의 CFA에서 인간 평가쌍의 표준화 부하값들은 .81에서 .89의 범위에 걸쳐있었고, 중앙 부하값은 .86이었다. 비교를 통해 에세이의 잠재적 진정한 점수에 대한 PEG 평가의 부하값은 .88에서 .89였다(중앙값 = .89). 결과적으로, 에세이에 대한 컴퓨터 평가는 인간 평가쌍들로부터 유효한 평가로 나타났다.

Keith(2003)는 일곱 가지 PEG 자료 세트의 수렴 타당도와 판별 타당도를 조사하기 위해 다음과 같은 방법을 사용하였다. 그는 일련의 자료들로부터 통계적 모형을 가져오고 다른 자료들로부터 점수 결과를 예측하기 위해 이 모형을 사용하였으며, 그런 후 점수 결과 간 상관을 분석하였다. 변인들(에세이 내용, 쓰기 집단들, 에세이의 수, 판단의 수)의 수가 다른 교차 자료 세트의 결과는 <표 27.1>에 요약되어 있다. 수렴 타당도 지수는 .69에서 .90의 범위에 걸쳐있었고 이는 이 모형이 모형이 공통 변인을 설명한다는 사실을 증명하는 것이다.

〈표 27.1〉 PEG의 일반화 타당도:
하나의 에세이 세트로부터 전개된 채점 공식은 다른 에세이 세트에 적용되었다.

에세이 점수	Source of training formula							n of judges
	Other	GRE	Praxis	IUPUI	Hi-School	NAEP-90	Write-America	
Other	.88	.82	.81	.78	.77	.81	.79	5
GRE	.79	.86	.81	.76	.76	.80	.75	2
Praxis	.77	.81	.86	.79	.72	.79	.81	6
IUPUI	.70	.71	.72	.78	.68	.70	.72	2
Hi-School	.78	.79	.78	.80	.90	.81	.77	Varied
NAEP-90	.80	.83	.81	.79	.77	.88	.76	8
Write-America							.69	2
n of judges	5	2	6	2	Varied	8	2	

주: Keith(2003) 자료임. 열은 채점 공식의 근거이며, 행은 적용된 글 세트이다. 대각선은 PEG와 인간 채점 간의 조정 상관관계를 나타낸다. 더 자세한 사항은 본문 참조

마지막으로 일부 연구는 자동화된 에세이 쓰기 중재가 글쓰기에 긍정적인 영향을 주었다는 사실을 보여주었다. e-rater®를 이용한 국가 수준의 연구에서, Attali(2004)는 e-rater®의 평가를 실행한 후 후속적으로 수정하기를 하는 과정에서 에세이 길이, 에세이 발달, 평가 점수를 관찰하였다. Shermis, Burstein, & Bliss(2004)의 연구도, 도회지에서만 이루어지기는 했으나

동일한 기술을 이용한 결과, 이후의 글쓰기에서 길이 증가와 오류의 유형 및 수의 감소를 확인하였다. 앞서 말한 연구들은 안면 타당도를 넘어 경험 타당도의 형태로, 자동화된 에세이 점수와 전형적인 쓰기 교수 사이에서 연결을 만드는 데 도움을 준다.

전반적으로 심리측정 문제에서 고부담 검사 및 저부담 검사를 위한 에세이의 평가에서 자동 글 채점는 인간보다 오히려 더 우수한 수행을 보였다. 일반적으로 인간들은 자동 글 채점에서 궁극적인 준거를 형성한 이래로, 인간 오류의 반복은 전반적인 신뢰도와 타당도의 감소를 이끌 수 있다. 비표준화된 영어 평가의 예시를 통해 살펴볼 수 있듯이, 자동 글 채점은 인간이 오도된 평가 경향을 이끌 것이라는 편견을 극복할 수 있도록 도와줄 수 있다.

자동 글 채점을 위한 통계 모형에서 정의된 다수의 변인들은 "지도할 수 있는" 것으로 규정하였지만, 그들의 조합은 최적의 모형에서 최고 높은 점수를 부여받는 것으로 이끌 것이다. 만약 누군가 그러한 변인들을 모두 숙달했다면(또는 그것들 중 훌륭한 부분), 아마도 대부분 "좋은 필자"로 생각될 것이다. 흥미롭게도, 형편없는 에세이에 좋은 점수를 주도록 자동 글 채점 엔진을 "속이기" 위해 "잘못된 신념"의 글을 생성했을 때, 미숙한 필자들이 좋은 점수를 받을 뿐 아니라, 능숙한 필자들이 "잘못된 신념"의 글을 생성해낼 수 있다는 사실을 발견하였다(Shermis et al., 2002).

이후로 가장 대중적인 자동 글 채점 소프트웨어 패키지 4개가 설명될 것이다. 이러한 패키지는 에세이가 보조 서비스로 결합되었거나 보관되어 있고 유지되는 전자 포트폴리오, 표절 점검과 같은, 다른 소프트웨어 구성요소들이 포함된 "번들"일 것이다. 그러나 다음의 설명들은 에세이 채점 소프트웨어에 중점을 둔 것들이다.

자동 글 채점 시스템

PEG(Project Essay Grade)

PEG 소프트웨어는 최초의 자동화 에세이 점수 시스템이다(Page, 1966). 1960년대 메인프레임[4] 컴퓨터에서 운영하는 방식으로 최초 전개된 PEG 소프트웨어는 사용성이 더욱 향상된

---

4) [역주] 다양한 데이터 처리용 대형 컴퓨터

PC 시스템, 객체 지향형의 프로그래밍 방법학, 웹 기반 기술, 진보된 통계 기술의 이점을 반영하기 위해 1990년대 중반에 들어 완벽하게 재설계되었다.

Page의 최초 원칙과 마찬가지로 PEG 소프트웨어는 좋은 글(예를 들어, 어법, 문법, 유창성, 논리, 통일성)이 지닌 내적 특성("trins")을 수학적 근사값("proxes")에 연결시킨다. 30년 간에 걸쳐 연구가 진행되면서, Page는 특정한 에세이를 수학적으로 표상하도록 하는 300개 이상의 측정 가능한 특성(변수와 수학적 표현에 기여하는 측정 가능한 특성(변수와 그들의 파생 변수)들을 판별하였다.

기본적으로 PEG는 이미 전문 평가자들에 의해 채점된 글로 구성된 훈련용 세트에서 드러난 선정 변인들에 대한 점수를 계산한다. 점수 결정에서 주어진 변인들의 역할을 통계적 용어로 기술하기 위해 PEG로부터 수학적 공식이 도출된다. 그 공식은 전문 평가자들의 채점과 예측 점수(PEGScore™로 알려져 있다)을 모의 실험하는 모형으로 결합된 것이다.

예측 모형의 효과성과 질은 모형이 된 인간 평가자 판단의 질에 의해 결정된다. 이 과정에서 중요한 것은 PEG 점수를 조정하는 데 활용되는 에세이 점수를 도출한 경험이 풍부한 전문 평가자들의 결과물을 훈련하고 조정하는 데 초점을 두는 데 있다; 예를 들어, 점수 그 자체가 진점수의 가장 근사치로서 집단적인 독자의 판단을 반영하는 것을 확정하는 타당화 검증이나 잘 정의된 평가 기준의 사용을 통해 "이동"(drift)은 제거된다.

비록 대부분의 자동화된 점수 시스템은 모집단의 점수가 정규 분포를 구성한다고 가정하지만, 경험 상 점수 분포는 항상 잘 형성된 종형 곡선을 이루는 것은 아니다. PEG 모형 공식은 예측된 분산에 더욱 적합한 방식으로 수정되어 왔다. 게다가, 단일한 총체적 평가 점수는 학생들의 쓰기 기술을 향상시키는 데 도움이 되는 단서를 거의 제공하지 않는다는 사실이 알려져 왔다. 이에 PEG는 에세이의 총체적 인상을 형성하는 요소 특징(예, 조직 또는 맞춤법)에 대한 더 큰 통찰을 제공하는 특성 점수를 생성하는 능력을 갖추게 되었다. PEG의 미래와 관련된 새로운 방향을 탐색하기 위한 노력은 설득적 에세이나 서사적 에세이와 같은 담화 모형 간의 개별적인 차이점들을 반영한 모형을 전개한 것과 내용 분석을 향상하는 것을 포함한다.

e-rater 버전 2.0

Educational Testing Service(ETS)에서 전개된 e-rater® 버전 2.0은 학생 에세이에서 쓰기의

다양한 특질들을 판별하기 위해 자연 언어 처리 기술을 이용한 최첨단의 자동 글 채점 시스템이다(Attali & Burstein, 2004; Burstein, Chodorow, & Leacock, 2004[5])). 자연 언어 처리과정은 자동화된 텍스트와 말하기 평가를 다루는 컴퓨터 과학의 하위 분야이다.

이러한 새로운 시스템은 e-rater의 초기 버전을 토대로 한다(Burstein, 2003; Burstein et al. 1998). 이 시스템은 사람이 채점한 글을 바탕으로 하여 총체적으로 채점하도록 학습한다. e-rater는 다음과 같은 두 모형 구성(교정) 접근을 활용한다. 하나는 과제 특정(prompt-specific) 모형이고, 다른 하나는 등급 특정(grade-specific) 모형이다. 과제 특정 모형은 구체적인 시험 문제로 제작된다. 그리고 혁신적인 모형화 방안은 수험자의 등급에 따라 에세이 점수가 할당 될 수 있다고 소개되어 왔는데, 이러한 방법을 일컬어 등급 특정 모형(포괄적)이라 부른다. 등급 특정 모형의 장점은 우선 모형이 일단 수험자 모집단을 위해 구축되면, 이 시스템은 주어진 집단에 대하여 어떤 새로운 화제이든 간에 자료를 채점할 수 있다는 것이다. 실제적으로 이것이 의미하는 바는 새로운 화제가 시험 또는 교수 시스템 내에서 안내될 때, 인간이 채점한 자료를 추가적으로 수집할 필요가 없다는 것이다(Burstein, Chodorow, & Leacock, 2003).

E-RATER 버전 2.0의 특징

시스템의 이전 버전과 e-rater 2.0버전 사이의 중요한 차이점은 업데이트된 시스템의 수많은 특질들이 *Critique* 쓰기 분석 도구들과 직접 연결된다는 점이다. *Critique*는 자동 피드백 시스템이며, 또한 ETS의 온라인 에세이 평가 서비스인 CRITEION[SM] 내에서 E-rater(e-평가자)와 함께 적용된다(Burstein, Chodorow et al., 2003). *Critique* 피드백은 인간 평가자의 채점 지침에서 언급하고 있는 특성과 매우 밀접하게 맞추어 제시한다. 채점 지침과 e-rater의 밀접한 연계는 채점 시스템의 타당도를 증가시키는 데 기여한다.

그 시스템에 의해 사용되는 12특질들은 분석의 6가지 영역인 문법, 용법, 맞춤법에서 오류 (Leacock, Chodorow, 2003), 문체에 대한 비평(Burstein & Wolska, 2003), 주제(thesis) 진술과 같은 조직적 부분의 일치(Burstein, Marcu, & Knight, 2003), 어휘 내용(Attali & Burstein, 2004)과 관련된 다양한 특질들을 포함한다. 어휘 내용 범주를 제외하고, 그 외 5개 범주는 *Criterion*이 제공하는 피드백과 일치한다. 이러한 5개 피드백 범주에 맞추어 조정된 11개의

---

5) [역주] 원문은 '발간 중(in press)'으로 표기되었음.

개별적인 특징들은 에세이 쓰기에서 필요한 본질적인 특성들을 반영하며 인간 채점을 준거로 제시된다. 이렇게 채점 준거를 제시하는 것이 중요한 이유는 글의 질을 측정하는 경우에 그 시스템이 실제로 의도한 바를 수행하였다는 측면에서 채점 시스템의 타당도를 향상시켜 주기 때문이다. 작문 교사들과 대단위의 평가 집단에게 타당도는 중대한 고려사항이다. 구체적으로는 (1) 문법적 오류의 비율, (2) 단어 어법의 오류 비율, (3) 맞춤법 오류 비율, (4) 문체 논평의 비율, (5) 필요한 담화 요소의 수, (6) 담화 요소의 평균 길이, (7) 사용된 어휘가 비슷한 글이 받은 점수, (8) 6점을 받은 글과 어휘 측면에서의 유사성, (9) 단어 토큰 수로 나뉘는 단어 유형 수, (10) 최소 일상 단어들의 로그 빈도수, (11) 단어의 평균 길이, (12) 총 단어 수이다.[6]

처음의 6가지 특질들은 *Critique* 쓰기 분석 도구에서 도출된다. 특질 1-3은 *Critique*가 에세이에서 파악한 문법, 어법, 맞춤법의 오류 수를 바탕으로 한다. 이와 유사하게, 특질 4는 *Critique*의 문제 진단 프로그램으로부터 도출된다. 특질 5와 6은 에세이의 조직과 전개에 대한 *Critique* 분석에 기반을 둔다. 특질 5는 전형적인 단위 8개(하나의 제목, 세 개의 주요 아이디어, 3개의 뒷받침 아이디어, 하나의 결론)와 관련하여 얼마나 많은 담화 요소가 글에 제시되는지를 계산한다. 글에 제목 하나, 주요 아이디어 네 개, 뒷받침 아이디어 세 개라면, 결론은 포함되지 않았기 때문에 7단위의 점수를 얻게 된다. 추가적인 주요 아이디어는 계산에 포함되지 않는데, 이는 이 프로그램이 어떤 범주에서 확인할 수 있는 담화 단위들이 아니라 특정한 전개 구조를 찾고 있기 때문이다. 특질 6은 글에 포함된 총 단어 수의 비율로서 담화 요소들의 평균 길이이다. 이것은 담화 전개의 상대적인 양에 대한 지표를 제공하여 준다.

글의 주제에 관한 내용을 포착하기 위하여, e-rater는 종종 정보 인출에 이용되는 벡터 공간 모형(Salton, Wong & Yang, 1975)에 기반을 둔 내용 벡터 분석을 사용한다. 모형을 훈련하는데 사용된 에세이 세트는 단어 빈도의 벡터로 전환된다. 이러한 벡터들은 단어 가중치로 전환된다. 한 단어의 가중치는 에세이 내 단어의 빈도와 직접 비례하며, 역으로는 그것이 나타난 에세이의 수와 관련된다. 서사문의 화제 분석을 계산하기 위해, e-rater는 에세이 훈련에 기반을 둔 단어 가중치의 벡터로 각 6점을 표현한다. 특질 7을 계산하기 위하여, e-rater는 소설 에세이를 단어 가중치의 벡터로 전환하고 대부분 그것과 유사한 훈련 중인 벡터를 찾기 위해 검색을 실시한다. 유사성은 두 벡터 사이 각의 코사인(cosine)으로 측정된다. 두 번째 화제, 즉 내용에 기반을 둔 특질 8은 글의 어휘와 평가자들이 6점을 부여한 글, 즉 가장

---

6) 모든 비율은 글에 사용된 단어의 수를 바탕으로 하여 측정한다.

높은 점수를 받은 글의 어휘 간의 코사인이다.

남아있는 특질들은 단어를 바탕으로 한다. 특질 9에서, e-rater는 상징하는 단어 유형 수의 비율을 토큰들(tokens)로 계산한다. 단어 '유형'의 수는 에세이에 사용된 어휘의 크기이다(에세이가 포함한 다양한 단어의 수). 단어 토큰들의 수는 단어 발생의 총 개수이다. 예를 들어, 만약 한 단어가 에세이에 3번 나타난다면, 유형은 1개가 증가되고 토큰은 3개가 증가된 것으로 계산한다. 유형-토큰 비율은 반복하는 단어 사용의 수준을 포함하면서, 글이 가진 수많은 중요한 특성을 밝힐 수 있다.

단어 빈도는 단어의 난도와 밀접하게 연관되며(Breland, Jones, & Jenkins 1994; Breland 1996), 단어 빈도 정보는 어휘 능력을 측정하는 평가를 전개하는 데 도움을 준다. 필자가 상대적으로 어려운 단어를 수월하게 사용하는지 여부를 파악하기 위해, e-rater는 특질 10으로 단어 빈도에 기반을 둔 지표를 도출한다. 이러한 빈도들은 약 1400만 단어의 일반적인 코퍼스를 통해 수집되었고 e-rater는 글에서 최소 공통 단어들의 빈도를 로그로 계산한다.

특질 11은 어휘의 정교함에 대한 부가적인 지표로서 글에 있는 모든 문자들의 평균 단어 길이를 계산한다. 마지막으로 특질 12는 글 안에 있는 단어 토큰의 총 개수이다. 단어 수가 글 점수를 예측하는 강력한 변인이기 때문에, 단어 수 특질의 가중치는 통제된다. 단어 수 특질의 표준화된 가중치는 전개 12개 가중치 합계의 일부 비율로 설정된다. 이 합계는 회귀 방정식으로 결정된 다른 11개 특질 가중치를 합산한 이후에만 결정된다. 예를 들어, 12개 특질 가중치의 총합 중 30%가 되는 단어 셈 특질의 가중치를 원한다고 가정해보자. 만약 11개의 최적 가중치(회귀방정식에 기반을 둔)의 합계가 1.4라면, 이것은 우리가 상정한 총합의 70%에 해당할 것이다. 1.4라는 이 합계는 2.0 중 70%, 2.0-1.4 = 0.6 또는 2.0의 30%이다. 그러므로 단어 수의 최종 가중치는 0.6인 것이다.

이 이론에서, 이 가중치는 이 합에 대한 어떤 비율일 수 있다. 따라서 단어 수에 대해 가장 높은 수행 가중치는 훈련 기간 동안의 특정 데이터 세트를 통해 경험적으로 결정되어야 한다.

모형 설계하기, 점수 할당, 그리고 수행

e-rater는 특정 화제를 다룬 글을 고려하여 지시문 특정(prompt-specific) 방법을 위해 인간 독자의 판단을 모형화한다. 반면에 등급 특정(grade-specific) 방법에서, e-rater는 수많은 화제를 다룬 여러 편의 글들 중에서 하나의 특정한 등급 수준에 속하는 글을 검토한다. 그런

다음에 e-rater는 척도 점수 범위에서 채점된 글의 표본을 읽는다. 모형 설계를 위한 표본 크기는 200편부터 더 큰 범위에 이르기까지 다양하다. 그러나 표본의 크기는 자료 유용성 (availability)과 과제가 지시문 특정(prompt-specific)인지 등급 특정(grade-specific)인지에 따라 결정된다. 이 시스템은 총체적 채점 안내에서 나열된 글의 특질에 기반을 두고 언어적으로 확인하기 위해 수많은 컴퓨터 프로그램을 활용한다. 다음으로 표본 중 각 글들은 특질의 목록(벡터)으로 전환되는데, 각 목록은 하나의 글을 표상한다. 모형 설계 표본에 대한 특질을 나타내는 벡터들은 다중 회귀의 대상이 된다. 회귀 분석을 통해 각 e-rater 특질에 대한 가중치가 할당된다. 일단 e-rater 모형이 특정 시험 질문이나 등급 수준에 대해 설계되면, e-rater는 새로운 에세이를 채점하기 위해 이 모형을 이용한다. 시스템에 대한 세부 사항은 Attali & Burstein(2004)을 참고하라.

시스템 수행은 e-rater가 부여한 점수와 인간 평가자 점수 간의 일치도와 인간 평가자들 점수 간의 일치도에 의해 평가된다. 글의 독립 자료 세트(대략 200편)는 에세이의 e-rater 모형을 교차 타당화 하기 위해 사용되었다. 이러한 자료 세트를 통틀어 e-rater와 인간 평가자 간의 일치도는 인간 평가자 간 일치도와 비교된다.

IntelliMetric

다른 자동 글 채점시스템과 유사하게 IntelliMetric™은 인간 평가자가 보여준 과정을 모방한다. 그것은 인지과정, 인공 지능, 자연 언어 이해하기, 텍스트 평가 과정에서의 컴퓨터 언어학의 전통에서 도출되었다. e-rater와 마찬가지로 평가 초점은 궁극적 준거인 인간 평가자의 처리 과정과 함께 내용을 등급화하는 것이다.

IntelliMetric은 자연 언어 처리과정(NLP) 오류분석기(parser)와 에세이가 쓰인 언어의 문법적 구조와 구문을 이해하기 위한 대략 400개의 의미적, 통사적 특질과 담화 수준 특질을 판별하는 특질 추출자를 통합한다. 각 문장은 발화(speech), 어휘, 문장구조, 개념 표현의 부분들과 관련하여 확인된다. 형태소 분석, 철자 인지, 연어 문법, 단어 경계 발견 등을 포함한 기술들은 텍스트를 이해하기 위해 적용된다. 50만개의 유일한(unique) 어휘와 16백만 개의 단어로 이루어진 "개념망"(concept map)은 텍스트를 이해하는 데 참고가 된다.

수집된 정보는 일련의 독립된 수학적 판단에 의해 사용되거나 혹은 인간 전문가 점수를 "예측하기" 위한 수학적 모형에 의해 사용되고 최종 예측한 점수를 산출하는 데 최적화된다.

IntelliMetric는 "판단"에만 의존하기 보다는 그것이 사용되는 다양한 조건에 따른 다수의 수학적 판단("실제적 판단")을 이용한다. 그럼에도 불구하고 IntelliMetric은 공통된 일부를 모두 공유한다. 즉, 가장 높은 수준에서, 텍스트로부터 추출된 특질들은 점수가 알려지지 않은 글에 대한 점수 판정을 정확하게 하기 위해 훈련 세트에서 부여된 점수와 관련된다. 글을 채점할 때 구체적인 정보에 대해 다르게 판단되고, 더 중요하게는, 결정할 때 근본적인 수학적 모형에 대해 다르게 판단한다. 평가를 내리는 데에는 몇 가지 통계적 방법, 인공지능 (AI), 기계-학습 방법들이 사용되었다. 새로운 지시문(prompt)이나 화제에 대한 전개 단계에서, 이 단계는 실제적으로 수학적 모형 또는 활용될 수 있는 "판단"을 내린다. 모형이 만들어진 이후, 이 단계는 서사문 반응에 수학적 이해를 적용할 것이다.

대략 400개의 특질을 얻기 위하여 이용된 주요 정보는 훈련된 엔진과 관련된 샘플 글들이다. 게다가 단어 '개념망'에 의존하는 것은 주제적 또는 기능적으로 단어를 연결하도록 하는 것이다. 예를 들어 훈련용 글에 'car'라는 단어만 사용되었더라도 'car'와 'automobile'이 유사하다고 인식하는 것이다.

Intellimetric 채점 모형은 하나의 평가 루브릭에 대해 글이 다양한 등급 점수로 표상될 때 최적화된다. 다수의 평가자들은 신뢰도를 높이기 위해 각 글을 평가한다. 에세이들이 평가 기준 상의 각 척도 점수를 대표하는 것은 매우 중요하다. 각 척도 점수별로 25편의 글에서 가장 최적의 결과가 산출된다. 그러나 강력한 모형은 척도의 끝 점수를 대표하는 3편 정도의 글을 통해 계산을 해 왔다. 본질적으로 글 점수의 확장은 에세이의 변화가능성을 최대화하고 더 효율적으로 가중치 처리를 수행한다. 일부 다른 자동 글 채점모형 설계 전략과 달리, Intellimetric은 일련의 판단을 위해 선형적 그리고 비선형적 모형, 기계-학습 알고리즘, 유전학적으로 최적화된 알고리즘을 포함한 몇 가지 수학적 모형에 의존한다. 만약 채점을 위한 알고리즘이 교차 검증하지 잘 이루어지지 않으면, 알고리즘이 조정되고 수용 가능한 변수 (parameters) 내에서 모형이 모사할 수 있을 때까지 새롭고 독립적인 글쓰기 표본들이 도출된다.

이전에 언급했듯이, 경험적 모형은 다양한 방법으로 조정될 수 있다. 예를 들어, Intellimetric 오류 분석기에 "그릇된 신념"을 보여주는 글(예, 상스런 언어의 부적절한 사용)을 표시하거나 표절을 점검하고 필자가 필자 자신 또는 다른 사람들을 해치는 의도를 지녔는지 확인할 수 있도록 설정할 수 있다.

이전 모형으로부터의 정보는 현재 모형의 정보를 조정하거나 보충하도록 하기 위해 사용될 수 있다. 이는 특히 쓰기 모형이 변수들의 현재 조건(existing set)에 일부 일치하거나 표본이 작은 경우에 채점 모형을 생산하고자 할 때 도움을 줄 수 있다.

IEA(Intelligent Essay Assessor)

IEA는 개방형의 설명적 글쓰기와 논증적 글쓰기의 질을 채점하고 지식과 표현의 적합성에 대한 진단적 교수 피드백을 제공해주기 위한 자동 글 채점 시스템이다. IEA는 총체적 점수를 산출하기 위해 몇 가지 측정의 통계적인 결합을 사용한다. IEA는 인간 평가자로부터의 실험적 자료에만 의존하지 않고 전통적인 인공지능(AI)이나 언어 이론에 의해 동기화된 측정보다 말뭉치-통계적 측정을 통합할 수 있다는 점에서 Intellimetric, e-rater와는 구별된다. IEA의 가장 큰 차이점은 잠재적 의미 분석(Latent Semantic Analysis, LSA; Landauer & Dumais, 1997)이라 불리는 텍스트의 인간 이해에 대한 기계-학습 모형을 사용하는 데 있다. 잠재적 의미 분석은 이상적인 에세이의 지식 영역과 언어에서의 단어와 절의 의미를 수학적으로 표상한다. 이 모형은 두 편의 글에 사용된 단어가 완전히 다를 때에도 두 텍스트의 의미적 유사성 정도를 정확하게 모방한다(Landauer, Laham, & Foltz, 1998).

내용 변인은 전문 인간 평가자가 글에 부여했을 점수를 직접적으로 예측한 것에 근거한다 -점수의 독립 변인은 학생 글에 대한 본질적 인간의 판단과 그것에 관한 부분들 또는 양상들 이다-. 직접 예측 점수는 이론적이거나 경험적 지수 변인도 아니며, 표본 글을 계산해서 얻은 수백 개의 지수 변인으로부터 인간 채점 결과를 예측하는 대용물(proxies)도 아니다. 이와 대조적으로, 의미의 총체적 유사성에 대한 LSA 기반 측정을 통해, 직접 예측은 다른 인간 평가자의 점수를 예측하기 위해 인간 평가자의 점수를 사용한다. 예를 들어 하나의 평가 범주 혹은 범주 전체에서 에세이의 설득적 특질을 판단할 때와 같이, 전체적인 질보다 수많은 속성을 평가하기 위해서는 공통된 기호나 척도에 따라 구체적인 속성을 독자가 판단하는 방식으로 그러한 점수들이 사용된다.

단계화에서 표준 절차는 다음과 같다.

1. 검사에 사용된 언어, 지식의 영역, 지시문에 대한 답으로 예상되는 개념을 포함하는 광범위한 배경 텍스트에 언어 모형을 적용한다. 일반적으로, 사전 훈련 코퍼스는 학생 읽기의 자원 표상에서 수십만 개의 단락, 그리고 설명문에 대해 에세이 지시문 영역에서

1개 이상의 교과서 내용을 포함한다.

2. 총체적 질, 바람직한 분석적 특징, 조직적 요소, 지식의 양상에 대해 인간 평가자들이 채점한 대표적인 글을 확보한다. 바람직한 점수 정확성을 확보하기 위해 필요한 사전 채점 연습용 글의 수는 설명적인 글인지 창의적인 글인지 등 그 유형에 따라 다소 차이가 있을 수 있지만 일반적으로는 50편에서 250편 사이가 적당하다. IEA의 한 버전은 인간이 채점 훈련을 한 글을 전혀 사용하지 않고 총체적 점수를 제공할 수 있지만 이와 동일한 채점 정확성을 확보하기 위해 채점되지 않은 글의 약 2배 정도의 양을 필요로 하게 된다.

3. 모든 연습과 채점된 글을 수량적 벡터로 설명한다. 그래서 그 시스템이 배경 언어 모델링을 위한 평가 대상자의 언어와 코퍼스에 중립적으로 만든다.

4. 채점된 각각의 글과 다른 모든 글 사이의 유사성을 계산한다. 전문가들이 제공한 점수에 따라 인간 채점자가 채점된 글에 점수를 부여하는 방식과 같은 방식으로 점수를 계산할 수 있도록 이 정보를 활용한다. 또는 사전에 채점된 글이 전혀 없는 경우 연속적인 질의 선상에서 모든 글에 대해 어떤 점수를 부여하고자 할 때에도 이러한 정보를 활용한다. 직관적으로 이러한 과정은 매우 유사한 경험들이 많은 것들 중에서 비교에 근거하여 대리적인 인간 판단으로서 여겨진다. 전문적 인간 채점자들에 의해 사용된 유사성 처리 과정은 인간 채점자들이 수많은 글을 읽고 비교함으로써, 주어진 루브릭에 어느 정도 충족해야 달성했다고 볼 수 있는지 혹은 어떤 점수 수준을 충족했다고 볼 수 있는지에 대한 일치에 도달함을 의미한다. 이러한 시스템은 다른 방식과 달리, 훈련에서 볼 수 있는 것보다 더 잘 쓴 글이나 그렇지 않은 글에 대해 정확한 점수를 부여하기 위해서 4점 척도 혹은 6점 척도에 각각 속하는 글의 최소 편수를 요구하지 않는다는 장점이 있다.

5. 의사소통에 사용된 어떤 일부의 변형(코딩과 발화) 그리고 다른 패턴 인지 시스템, IEA에서 새로운 일부 등의 통계적이고 동시에 정보-이론 측정을 추가한다. 이러한 측정들은 단어 선택, 어법, 흐름(문장과 문장 그리고 문장과 전체 통일성, 전체적으로 관련성이 없는 문장이나 중복되는 문장, 내용과 표현에서 문장과 문단의 다양성, 문장의 통사적 복잡성이나 명제적 복잡성, 그리고 철자, 구두점, 문법, 그 밖의 글의 질)의 적절한 정교함의 수준과 정규성을 평가한다. IEA는 "내기(gaming)" 시스템의 가능성을 최소화하기 위해 단어의 총 수 또는 특정한 자극 용어, 구절과 같은 것을 측정하려 하지 않는다.

이 시스템은 내용의 완전성과 각 글의 내용의 각 측면들을 다른 글과 비교할 수 있기 때문에 사람의 주의를 끌기 위해 일반적인 양상과 달리 추가된 특정한 자료와 같은 표절을 위한 아주 영악한 시도들까지도 탐지할 수 있다. 예를 들어 글에 포함된 주제에서 벗어난 내용이나 시험 관리자에게 보낸 메시지를 표시할 수 있는 것이다. 이와 같은 능력들은 학생들이 개별적인 문단에 하위 주제들을 다루고 있든 혹은 문단 내 혼합하여 하위 주제들을 다루고 있든 상관없이 한 편의 에세이에 포함된 여러 가지 하위 주제들에 관련된 개념 짓기의 질이나 양을 각각 측정할 수 있도록 하는 데 활용될 수 있다.

이 시스템은 요약문 쓰기, 실질적인 글쓰기나 독해 평가를 제공하기, 내재된 평가, 개별 지도(tutoring), 온라인 협동 학습 환경에서 자동적 멘토링하기 등을 포함하며 적용 범위를 광범위하게 확장해왔다. 또한 이 시스템은 4학년부터 전문학교, 인가 학교 학생들을 위한 실제 시험 환경이나 고부담이나 저부담 검사에 이르기까지, 군사 훈련에 대한 적용에 이르기까지 폭넓게 적용되어 왔다. 후속적인 시스템의 변형은 학습 성취기준에 따른 학습 자료와 검사 문항을 할당하거나 직업이나 사람, 그리고 교육을 연계하도록 하는 데 사용된다. IEA의 기본 능력에 대한 다른 응용에 관한 사항을 알고 싶다면, 참고 목록을 보라.

자동화된 글 점수 탐색하기

자동 글 채점 프로그램의 포맷은 표본 형식에 대한 시범적 사용에 관한 것일 수 있다. 이들 중 일부는 비교적 뚜렷한 등록 과정을 요구한다. 자동 글 채점의 비상업적 적용을 위한 BETSY(Bayesian Essay Test Scoring sYstem, <그림 27.1> 참고) 역시 사용할만하다. BETSY의 홈페이지(edres.org/betsy)는 시스템에 대해 자세한 설명을 포함하여, 소프트웨어 다운로드와 파일과 시범 자료 등을 제공한다.

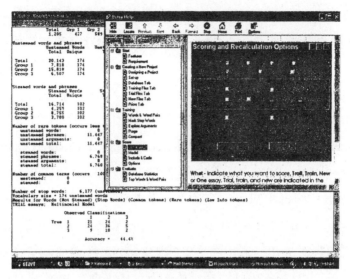

〈그림 27.1〉 BETSY를 적용한 결과 화면

미래의 방향

자동 글 채점 기술은 1980년대 후반에 나타난 5MB 용량의 기술과 다소 유사하게 보일 수 있다. 잠재적이었던 그 기술은 작동하였지만 조잡하고 또 잠재적인 요소들이 완전히 실현되지는 못하였다. 두 가지 전개 사례들은 최근 Burstein & Leacock의 작업에 반영되어 논의되었고, 글과 더 짧은 자유 텍스트 반응에 대한 자동화된 평가의 수용 가능성과 유용성에까지 확장될 수 있도록 돕는 정교화된 논의를 이끌 것이다.

조직의 통일성에 대한 자동화된 피드백

문법, 용법, 맞춤법의 오류를 판별하고 문체에 대한 조언을 포함하면서, *Criterion* 시스템의 다른 능력들 가운데, 그 시스템은 글의 문장들에 대해 주제 진술, 중심 아이디어, 뒷받침 아이디어, 결론이라는 조직 요소의 명칭을 자동적으로 붙인다(Burstein, Marcu, et al., 2003). 각 문장은 시스템에 의해 주석이 달린다. 교사들은 이러한 주석이 학생들이 쓴 글에 대한 조직적 구조에 관한 정보를 제공하는 유용한 피드백으로 작용한다는 것에 주목하였다. 앞서 지적한 바와 같이, 교사들은 학생들이 쓴 글의 구조는 훌륭하나 조직 요소의 질은 미약하다고 보았다. 이러한 새 원형 시스템은 글에서 조직적 요소들의 질(통일성)에 대해 언급하는 추가 피드백 제공에 대한 하나의 시도이다(시스템과 평가에 대한 세부사항은 Higgins, Burstein, Marcu & Gentile, 2004 참고).

Foltz, Kintsch, & Landauer(1998) 그리고 Wiemer-Hastings & Graesser(2000)의 초기 작업은 인접 텍스트 절 사이에서 어휘적 관련성을 측정하여 학생 글쓰기의 통일성을 평가하기 위한 시스템을 전개하였다. 이러한 방법들은 학생 글쓰기에 나타난 논리적 통일성만을 언급할 수 있다. 그러나 조직적 요소들을 관련지어 살피고 인접 텍스트와 비인접 텍스트를 고려함으로써, *Criterion* 시스템은 조직 구조의 총체적 양상에 근거하여 글에 나타난 통일성의 손상을 확인할 수 있다. 이 시스템은 또 다른 의미론적인 유사성 측정 방법을 사용하는데, 이것을 Random Indexing이라고 한다(Kanerva, Kristoferson, & Holst, 2000; Sahlgren, 2001).

Random Indexing 사용 능력은 전체적인 통일성(비인접 텍스트 사이의 관계)과 부분적인 통일성(인접 문장 사이의 관계)과 관련된 조직 요소들에서 문장의 표현의 질을 포착하는 것이다. 전체적인 통일성은 (1) 쓰기 과제에 제시된 화제 질문과의 관련성, (2) 조직적인 요소 사이의 관련성이 특징이다. 부분적인 통일성과 관련된 것은 (3) 문장 내 특성, (4) 조직적인 부분 내에서 문장 관련성이다.

이 원형 시스템은 앞서 기술한 4가지 통일성을 3가지로 분류하기 위해 두 가지 접근 방법을 사용한다. 벡터 기계(Christianini & Shawe-Taylor, 2000; Vapnick, 1995)를 지원하는 것으로 알려진, 기계 학습 알고리즘은 전체적인 통일성 요소(지시문에 대한 관련성과 주제에 대한 관련성) 두 가지에 대해 Random Indexing에서 도출된 특징을 모형화하는 데 사용된다. 세 번째 요소는 부분적인 통일성 차원에서 문장의 기술적인 질을 평가하는데, 규칙에 기반을 둔 발견적 교수법으로부터 도출된다.

본질적으로 이 시스템의 목표는 특정한 통일성 차원과 관련하여 조직 요소에서 문장의 표현적 질이 높은지 낮은지를 예측할 수 있도록 하는 데 있다. 예를 들어 학생의 주제 진술 문장이 글의 화제와 밀접한 관련이 있으나 이후 계속하여 이어가기 어려운 심각한 문법적 오류를 가졌다고 가정해보자. 이 학생에게는 글의 주제는 적절하지만 동일한 텍스트의 절에 나타난 문법적 오류는 수정하라는 피드백을 제시하는 것이 적절할 것이다.

이 시스템은 글의 조직적 요소 사이에 통일성을 확인하기 위하여 문장에서 내용에 기반을 둔 정보를 살피며 각 요소(문장)가 글의 화제와 어떻게 관련이 있는지, 글에서 다른 조직 요소들인 텍스트와 각 요소(문장)이 관련을 맺고 있는지를 살핀다. 이 분석을 토대로 학생들은 글 속의 조직 요소 내 내용들에 적합하도록 하기 위한 통일성에 관한 피드백을 제공받는다. 이 시스템으로부터 학생들에게 제공된 피드백은 기존의 자동화된 글 기반의 담화 분석 능력을 증진시킨다. 동시에 학생들의 쓰기 능력 증진에 도움을 줄 것이라고 교사들이 믿고 있는 피드백의 중요한 측면을 다루고 있다.

c-rater: 내용 자료를 위한 자유 텍스트 평가하기

자유-반응 질문은 읽기 이해, 과학이나 역사를 막론하고 특정한 내용 자료에 대한 학생들이 이해를 측정하기 위해 설계된다. 이때 내용 자료에 쓰기 기능에 대한 고려가 있더라도 거의 드러나지 않는다. 내용 자료에 대한 학생들의 이해는 총체적으로 채점된 글보다는 "단답형"의 맥락에서 평가되지만 동일한 기술이 이후에도 적용될 수 있다.

ETS의 개발에서 c-rater 채점 엔진은 학생 반응에서 특정한 내용을 확인할 수 있도록 설계되었다. 인식된 개념에 따라 c-rater는 만점(full credit) 또는 부분 점수를 부여하거나 아예 부여하지 않을 수도 있다. 자동화된 자연 언어 처리 기술들은 학생들의 응답 자료에 그간 학습해온 개념에 대한 근거로 요구되는 특정한 정보가 포함되어 있는지의 여부를 결정한다. 이 분야에 대한 다른 연구로는 Perez, Alfonseca, & Rodriguez(2004), Sukkarieh, Pulman, & Raikes(2004)가 있다.

c-rater는 학습해온 개념이라는 근거로 요구되는 특정한 정보가 학생들의 응답 자료에 포함되었는지의 여부를 결정하기 위해 NLP 기술들을 이용한다. c-rater 채점 모형을 만들기 위해, 시험 개발자나 교사와 같은 내용 전문가는 정답을 구성하는 개념 각각에 몇 점을 부여할지를 제시한 채점 안내서를 개발해야 한다. 예를 들어, 다음과 같은 전형적인 중학교 과학 질문을 살펴보자.

식물 성장에서 빛의 중요성을 조사하기 위한 실험 설계 방안을 기술하라. 필요한 유기체, 검증된 통제 변인, 결과 측정의 방법을 포함하라.

만점을 받으려면, 두 식물 혹은 유기체의 필요성, 빛의 통제, 어둠이라는 변인, 식물의 성장이나 상태를 측정하는 방법과 같은 필수적인 요건을 포함해야 한다.

"제3차 포에니 전쟁의 결과는 무엇이었는가?"라는 역사 퀴즈를 가정해보자. 정답은 "로마가 카르타고를 파괴했다."일 것이다. 그러나 다음 1-4의 경우는 점수를 부여하는 방법이 많겠지만, 5는 전혀 점수를 받지 못할 것이다.[7]

1. 카르타고 전쟁의 후반부에 카르타고는 로마에 의해 전멸되었다.
2. 카르타고를 로마에서 파괴했다.
3. 로마에 의해 카르타고가 파괴되었다.
4. 카르타고는 로마에게 침략당했고 이후 파괴되었다.
5. 카르타고는 로마를 파괴했다.

바꿔 쓰기 인식자(recognizer)로 설계된 c-rater는 반응이 정답과 일치하였을 때를 인식하기 위해 노력한다. c-rater는 구문(1은 수동 그리고 2-3은 명사상당구), 단어의 형태 변화(동사 destroy와 명사 destruction), 대명사 사용(4에서 it이 지시하는 것), 동의어 또는 유의어 사용(1에서 destroyed 대신에 annihilated 사용)에 의한 것인지와 같은 바꾸어 표현하기의 방식들과 연계하여 제시된 변이형들이 정답인지 아닌지를 판별한다. 이에 더하여, c-rater는 철자 오류를 교정하기 위해 노력한다. 통사 구조 인지, 형태 변이, 대명사 지시물, 철자 교정에 대한 인식은 완전히 자동적으로 처리된다. 동의어나 유의어의 경우에, 가능한 제안 목록들이 모형 설계자로부터 생성되고 제안된다. c-rater의 메커니즘에 대한 세부 사항은 Leacock & Chodorow(2003)에서 확인할 수 있다.

인디애나주 고등교육위원회(State of Indiana Commission for Higher Education)와 인디애나 교육청(Indiana Department of Education)의 예비 실험에서, 4개의 대수학과 19개의 독해 질문에 대해 c-rater가 완벽하게 수행되었다. 이 예비 실험에 대한 설명은 Leacock(2004)에서 확인할 수 있다.

평균적으로 c-rater는 그 시기에 약 85% 정도가 교차 검증에 의한 반응 상 평가자 채점과

---

7) [역주] 1~5의 원문은 다음과 같다.

1. At the end of the Punic Wars, Carthage was annihilated by Rome.
2. It resulted in Rome's destruction of Carthage.
3. Carthage's destruction by the Romans was the result.
4. Carthage was invaded by the Romans, and it was destroyed.
5. Carthage destroyed Rome.

일치하는 반면, 인간 평가자들은 약 92% 정도가 채점이 일치하는 것으로 나타났다. Kappa값은 우연히 기대된 일치 수준에 대한 정확도를 측정한 것으로 계산되었다. 평가자간 Kappa 값은 c-rater와 인간 평가자 사이의 일치도가 .76이었고 인간 평가자간 일치는 .88이었다. c-rater 수행이 다소 낮은 이유가 몇 가지 존재한다. c-rater의 "오류" 검사에서 점수가 잘못된 것인지 아닌지를 판정하기 어려운 경계 선상의 반응들이 있었다. 또 다른 이유는 인간이 c-rater보다 철자가 잘못된 단어를 인지하는 능력이 더욱 높다는 것이다. 예를 들어, 문학적 장치로서 'repetition'을 판별하도록 요구할 때, 인간 독자들은 'repation'을 'repetition'으로 받아들인 반면, c-rater의 철자 교정자는 그렇게 받아들이지 않는다.

단어 목록(bag-of-words) 접근이 이 자료 유형에 얼마나 효과적인지 결정하기 위해, 내용 벡터 분류자(CVA)는 인디아나 주의 예비 평가에서 유사한 읽기 이해 질문을 채점하는 데 이용되었다. CVA를 사용할 때, 수행은 30%까지 떨어졌다. 우리는 논증 구조와 유사 단어의 예측을 위한 c-rater의 사용이 이전의 결과에 책임이 있다는 결론을 내렸다.

일반적으로 c-rater가 실수하면, 점수를 아주 낮게 부여하기보다는 아주 높은 점수를 부여한다. 반응이 모형에서 요구되는 개념과 다른 의미라 하더라도 적절한 언어를 포함할 수 있기 때문에 이러한 현상이 종종 나타난다. c-rater가 확인하려는 개념이 "그것은 오래된 집이다."라고 가정해보자. 한 학생이 "저자는 당신에게 그 집이 얼마나 오래된 집인지를 설명하고 있다."고 썼다면, 인간 평가자는 이 문장에 대해 점수를 전혀 부여하지 않을 것이다. 정답인 것처럼 문장 요소들을 수용하기 위해 조정된 모형들은 더 큰 문제가 된다. 이러한 조정에서, c-rater는 그 모형의 요소에 속하지 않더라도 요소들이 허용될 수 있도록 하는 상대적으로 낮은 요구 조건을 부여하기 때문이다. 인간 평가자들은 심지어 매우 비문법적인 요소일지라도 문장 요소들을 일관되게 수용하므로 이 문제는 피할 수 없어 보인다.

c-rater에 관한 현재의 연구는 모형 설계에 사용될 더욱 강력하고 유연한 도식적 사용자 인터페이스 전개에 집중하고 있다.

결론

우리는 자동화된 글 채점에 대해 어떤 결론을 내릴 수 있을까? 수많은 방법 중에서, 그것은 유사한 기술인 컴퓨터 적용 시험(CAT)과 같다. 기능 평가를 더욱 쉽게 하기 위해 1960년대에 설계된 이 두 기술은 유사한 점수를 도출하기 위해 관습적인 평가 방법보다 더 다양한 접근들을 사용하였고, 이를 달성하기 위해 컴퓨터를 응용하였다.

그러나 두 기술 사이에는 차이점이 있다. 12년 동안 이루어진 자동 글 채점 연구 과정을 비교하여 볼 때, CAT가 연구된 지 30년이 지났다하더라도 자동 글 채점은 평가와 교수 방법론을 통합하는 데 더욱 큰 잠재력을 보여준다. 미국 내에서의 수용 여부는 작동 방법에 대한 기본적인 이해를 가진 교사들이 얼마나 공공 학교 영역의 주요 쓰기 교육과정 내에서 이를 잘 투입하여 사용하는지에 달려있다. CAT는 고부담 검사와 같이 처음 한 번에 시행되는 것으로 전개되었기 때문에, 궁극적인 소비자들의 이해 여부에 따라 사용되기에는 다소 고급스럽다.

부분적으로 자동 글 채점의 미래는 미국 학령기 아동 대상 시험에 대한 강조가 증가됨에 따라 더욱 보장받고 있다. 아동낙오방지법(No Child Left Behind)과 같은 연방 법령은 쓰기의 결과를 인간이 평가하기에는 어려운 정도의 평가량을 요구하고 있다. 자동 글 채점은 쓰기 지도와 통합될 수 있기 때문에, 봄에 한번 시행되는 고부담 시험에 의존하지 않고 해마다 이루어지는 쓰기 향상도를 평가하는 것이 가능하다. 더구나 기술은 전체 학령기를 통틀어 연속적으로 실시된 평가의 기록들을 정확하게 남길 수 있도록 지원한다. 만약 쓰기 평가가 국가 기준에 근거하여 전개되었다면, 이러한 기록들은 쓰기 교육이 시행된 당해 연도 동안 학생들이 얼마나 향상되었는지에 대한 비공식적인 자료로 다루어질 수 있을 것이다.

참고문헌

Ajay, H. B., Tillett, P. I., & Page, E. B. (1973). *Analysis of essays by computer* (AEC-Ⅱ) (No. 8-0102). Washington, DC: U.S. Department of Health, Education, and Welfare, Office of Education, National Center for Educational Research and Development.

Arbuckle, J. (1999). *Amos user's guide 4.0.* Chicago: SmallWaters.

Attali, Y. (2004, April). *Exploring the feedback and revision features of Criterion.* Pater presented at the National Council on Measurement in Education, San Diego, CA.

Attali, Y., & Burstein, J. (2004, June). *Automated essay scoring with e-rater V.2.0.* Pater Presented at the Annual Meeting of the International Association for Educational Assessment, Philadelphia, PA.

Bennett, R. E., & Bejar, I. I. (1998). Validity and automated scoring: It's not only the scoring. *Educational Measurement: Issues and Practice,* 17(4), 9-17.

Breland, H. M. (1996). Word frequency and word difficulty: A comparison of counts in four corpora. *Psychological Science,* 7(2), 96-99.

Breland, H. M., Jones, R. J., & Jenkins, L. (1994). *The College Board Vocabulary study* (ETS Research Report No. 94-26). Princeton, NJ: Educational Testing Service.

Burstein, J. (2003). The e-rater scoring engine: Automated essay scoring with natural language processing. In M. D. Shermis & J. Burstein (Eds.), *Automated essay scoring: A cross-disciplinary perspective* (pp. 113-122). Mahwah, NJ: Erlbaum.

Burstein, J., Chodorow, M., & Leacock, C. (2003). *Criterion: Online essay evaluation: An application for automated evaluation of test-taker essays.* Paper presented at the 15th Annual Conference on Innovative Applications of Artificial Intelligence, Acapulco, Mexico.

Burstein, J., Chodorow, M., & Leacock, C. (2004). Automated essay evaluation: The Criterion online writing service. *AI Magazine,* 25(3), 27-36.

Burstein, J., Kukich, K., Wolff, S., Lu, C., Chodorow, M., Braden-Harder, L., et al. (1998, August). *Automated scoring using a hybrid feature identification technique.* Paper presented at the Annual Meeting of the Association of Computational Linguistics, Montreal, Canada.

Burstein, J., Marcu, D., & Knight, K. (2003). Finding the WRITE stuff: Automatic identification of discourse structure in test-taker essay. *Special Issues on Advances in Natural Language Processing, IEEE Intelligent Systems,* 18(1), 32-39.

Burstein, J., & Wolska, M. (2003, April). *Toward evaluation of writing style: finding overly repetitive word use in student essays.* Paper presented at the 11th Conference of the European Chapter of the Association for Computational Linguistics, Budapest, Hungary.

Christianini, N., & Shawe-Tayler, J. (2000). *Support vector machines and other kernel-based learning methods.* Cambridge, UK: Cambridge University Press.

Cizek, G. J., & Page, B. A. (2003). The concept of reliability in the context of automated essay scoring. *A cross-disciplinary perspective* (pp. 125-145). Mahwah, NJ: Erlbaum.

Elliot, S. (2003). Intellimetric: From here to validity. In M. D. Shermis & J. Burstein (Eds.), *Automated essay scoring: A cross-disciplinary perspective* (pp. 71-86). Mahwak, NJ: Erlbaum.

Foltz, P. W., Kintsch, W., & Landauer, T. K. (1998). The measurement of textual coherence with Latent Semantic Analysis. *Organizational Process,* 25(203), 285-307.

Higgins, K., Burstein, J., Marcu, D., & Gentile, C. (2004, May). *Evaluating multiple aspects of coherence in study essays.* Paper presented at the Annual Meeting of HLT/NAACL, Boston.

Kanerva, P., Kristoferson, J., & Holst, A. (2000). Random indexing of text samples for Latent Semantic Analysis. In L. R. Gleitman & A. K. Josh (Eds.), *Proceedings of the 22nd annual conference of the Cognitive Science Society.* Mahwah, NJ: Erlbaum.

Kawate-Miezejewska, M. (2003, March). *e-rater software*. Paper presented at the Japanese Association for Language Teaching, Tokyo, Japan.

Keith, T. Z. (2003). Validity and automated essay scoring systems. In M. D. Shermis & J. Burstein (Eds.), *Automated essay scoring: A cross-disciplinary perspective* (pp. 147-168). Mahwah, NJ: Erlbaum.

Landauer, T. K., & Dumais, S. T. (1997). A solution to Plato's problem: The Latent Semantic Analysis theory of acquisition, induction, and representation of knowledge. *Psychological Review*, 104, 211-240.

Landauer, T. K., Laham, D., & Foltz, P. W. (1998). Learning human-like knowledge by singular value decomposition: A progress report. In M. I. Jordan, M. J. Kearns, & S. A. Solla (Eds.), *Advances in neural information processing systems* (Vol. 10, pp. 45-51). Cambridge, MA: MIT Press.

Landauer, T. K., Laham, D., & Foltz, P. W. (2003). Automated scoring and annotation of essays with the Intelligent Essay Assessor. In M. D. Shermis & J. Burstein (Eds.), *Automated essay scoring: A cross-disciplinary perspective* (pp. 87-112). Mahwah, NJ: Erlbaum.

Leacock, C. (2004). Scoring free-responses automatically: A case study of a large-scale assessment. Retrieved www.ets.org/research/erater.html

Leacock, C., & Chodorow, M. (2003). C-rater: Scoring of short-answer questions. *Computers and the Humanities*, 37(4), 389-405.

Northwest Educational Research Laboratories. (1991). 6+1 traits of writing rubric. Retrieved December 1999 from www.nwrel.org/eval/pdfs/6plus1traits.pdf

Page, E. B. (1966). The imminence of grading essays by computer. *Phi Delta Kappan*, 48, 238-243.

Page, E. B. (2003). Project Essay Grade: PEG. In. M. D. Shermis & J. Birstein (Eds.), *Automated essay scoring: A cross-disciplinary perspective* (pp.43-54). Mahwah, NJ: Erlbaum.

Page, E. B., & Petersen, N. S. (1995). The computer moves into essay grading: Updating the ancient test. *Phi Delta Kappan*, 76(7), 561-565.

Penstein-Rose, C., & Hall, B. S. (2004). *A little goes a long way: Quick authoring of semantic knowledge sources for interpretation.* Pater presented at the 2nd International Workshop on Scalable Natural Language Understanding (ScaNaLu) at HLTNAACL, Boston.

Perez, D., Alfonseca, E., & Rodriguez, P. (2004, June). *Upper bounds of the Bleu algorithm applied to assessing student essays.* Paper presented at the 30th annual conference of the International Association for Educational Assessment (IAEA), Philadelphia.

Rudner, L. M., & Liang, T. (2002), Automated essay scoring using Bayes's theorem. Journal of Technology, *Learning and Assessment*, 1(2), Available from www.jltla.org

Sahlgren, M. (2001, August). *Vector based semantic analysis: Representing word meanings based on random labels.* Paper presented at the ESSLLI Workshop on Semantic Knowledge Acquisition and Categorisation, Helsinki, Finland.

Salton, G., Wong, A., & Yang, C. S. (1975). A vector space model for automatic indexing. *Communications of the ACM*, 18(11); 613-620.

Shermis, M. D., Birstein, J., & Bliss, L. (2004, April). *The impact of automated essay scoring on high stakes writing assessments.* Paper presented at the annual meetings of the National Council on Measurement in Education, San Diego, CA.

Shermis, M. D., Koch, C. M., Page, E. B., Kieith, T., & Harringon, S. (2002). Trait ratings for automated essay grading. *Educational and Psychological Measurement,* 62(1), 5-18.

Shermis, M. D., Mzumara, H. R., Olson, J., & Harrington, S. (2001). On-line grading of student essay: PEG goes on the web at IUPUI. *Assessment and Evaluation in Higher Education,* 26(3), 247-259.

Sukkarieh, J. Z., Pulman, S. G., & Raikes, N. (2004, June). *Auto-marking 2: An update on the computational linguistics to score short, free text responses.* Paper presented at the 30th annual conference of the International Association for Educational Assessment (IAEA), Philadelphia.

Vantage Learning. (2002). *A study of IntelliMetric^{TM} scoring for responses written in scoring Hebrew assessments.* Newtown, PA: Author.

Vantage Learning. (n.d.). *A Preliminary study of the efficacy of IntelliMetric^{TM} for use in scoring Hebrew assessments.* Newtown, PA: Author.

Vapnick, V. (1995). *The nature of statistical learning theory.* New York: Springer-Verlag.

Wiemer-Hastings, P., & Graesser, A. (2000). Select-a-Kibitzer: A computer tool that gives meaningful feedback on student compositions. *Interactive Learning Environments,* 8(2), 149-169.

제 28 장
쓰기 평가
기술의 역사

Brian Huot & Michael Neal

기술적인 시각으로 쓰기 평가의 역사적인 특징을 살펴보면, 우리의 탐색과 선택의 이념적인 본질을 인식하게 된다. 기술적인 시각을 선택함으로써 필연적으로 다른 쟁점보다 일부 쟁점들을 다루게 된다. 그래서 이 장에서는 쓰기 평가에 대한 설명이 제한될 것이다. 반면 평가의 역사를 기술적으로 살피는 것은 현재의 중요한 쟁점을 설명하고, 평가의 역사를 형성하는 힘이 현재의 수행, 접근 방법, 태도에 여전히 영향을 미치는 방법들을 밝히는 데 도움이 될 것이다. Barton & Barton(1993)은 지도를 글로 설명한 사례를 통해, 독자들과 소통하는 것과 그렇지 않은 것에서 필수적으로 정치적인 성향을 보인다는 점을 환기시켰다. 물론 쓰기 평가의 역사에 대한 설명에서도 이와 같은 정치적 성향이 드러난다. 역사를 서술하는 사람들은 다른 인식에 대한 부분을 할애하여 특정한 사건이나 배경, 인물, 문화에만 집중하여 설명한다. 마찬가지로 이 장에서 논의하는 쓰기 평가의 역사는 다양한 관점을 강조하는 여러 가지 설명 중 하나라고 할 수 있다.

예를 들어, CCCC(Journal of the Conference on College Composition and Communication)의 50회 기념 기획 주제에서 Yancey(1999)는 구체적인 시기나 특정한 조직과 관련하여 쓰기 평가가 CCCC와 CCCC의 역사에 얼마나 중요한 역할을 해왔는지를 상세히 설명하였다. 반면, Williamson(1993)은 이론적이고 학문적인 진화에 초점을 맞추어 쓰기 평가의 역사에 대해 서술하였다. White(1993)는 총체적 채점의 보급, 승리하거나 패배한 논쟁들, 그리고 현대의 직접 평가를 만드는 데 기여한 다양한 집단과 개인에 대한 역사적 논의에 초점을 두어 서술하였다. 우리는 기술과 쓰기 평가의 역사에 대하여 쓰기 평가에 대한 기술적인 접근 방법의 기여뿐만 아니라 그것의 계속적인 영향을 인식해야 한다는 점도 강조한다. 우리는 쓰기 평가에 대한 기술적 접근 방법의 한계를 지적하고, 쓰기 평가의 모든 활용 상의 측면에서 시스템 상의 탐색을 규정하는 타당성의 이론들을 옹호하면서 쓰기 평가의 기술적 변화가 촉발한 위대한 발자취를 살펴볼 것이다.

우선 다양한 목적에 따른 쓰기 평가의 개발과 관리, 적용 등에 영향을 미친 일부 중요한 기술적 발전에 대해 자세히 살펴볼 것이다. 예를 들면 간접 평가에서 직접 평가로의 주요한 전환은 총체적 평가, 워드프로세서, 컴퓨터 활용 채점과 같은 기술적 발전 때문에 어느 정도 가능하게 된 것이다. 최근에는 SAT(Standard Achievement Test)와 GRE(Graduate Record Examination)와 같은 국가 수준 평가에서도 쓰기를 포함하는 등 직접 평가가 확대되었다. 쓰기 평가에 대한 기술적 발전과 지속적으로 영향을 미치는 기술의 영향력을 잘 이해하기 위해서, 미국 문화 내에서 기술 발달에 관해 어떠한 관점들이 지배적인지를 살펴보고 이러한 관점들이 성장하게 된 바탕을 이루는 근원적 가설들을 탐색할 것이다. 궁극적으로는 기술에 대한 문화적 가치를 살펴보고, 이러한 문화적 가치들이 쓰기 평가의 기술의 역사를 어떻게 이끌어 갔는지에 대해 간략히 언급할 것이다.

기술의 역사적 변화를 살피는 관점에서 쓰기 평가의 역사를 살펴보는 가운데, 기술과 관련한 아이디어들이 어떻게 전반적인 평가에 관한 이론과 실제에 또는 구체적인 쓰기 평가와 관련한 이론과 실제에 영향을 주었는지를 이해할 수 있을 것이다. 역사적으로 다원적 관점에서 쓰기 평가에 대한 다른 관점들을 자세히 살피기보다는 쓰기 평가에 대한 다른 역사적 관점과 병립시켜서 간략히 살펴보고자 한다(Camp, 1993; Huot, 2002; White, 1993; Williamson, 1993; Yancey, 1999). 왜냐하면 쓰기 평가에 대한 기술 차원의 역사적 사실을 탐색하는 것도 매우 중요하지만, 이러한 관점은 쓰기 평가의 현재에 대한 일부분을 간과할 수 있으므로, 쓰기 평가의 역사와 다양한 쓰기 평가의 실천에 관한 현재와 미래의 사용 전반을 바라보는 다양한 방식들로 쓰기 평가의 기술에 대한 설명과 이에 상반되는 설명들을 함께 살펴볼 것이다.

쓰기 평가는 학생, 교사, 또는 교육 단체(이를테면 프로그램, 학교, 또는 학교군)에 대한 의사결정을 위해 교육 관계자들이 정보를 수집하는 기술로 이해될 수 있다. George Madaus (1993)는 우리가 항상 그렇게 생각하지는 않을 수 있지만 평가는 일종의 기술이라고 언급한 바 있다.

일반적으로 검사(testing)는 컴퓨터, 비행기, 텔레비전, 전화기와 같은 주요 인공물을 연상시키는 단어인 '기술'로 여겨지지 않는다(Pacey, 1989). (이는 매체가 그 개념을 사용하는 방법이다, Ellul, 1990) 그러나 현재의 많은 기술은 불가사의한 지식, 숨겨진 알고리즘, 그리고 기술적인 기능과 같은 것을 전문적으로 만든다. 즉, 기술은 사회·경제·행정·교육 제도 내에서 예견된 결과에 이르도록 하기 위한 표준화된 수단의 복합적인 측면인 것이다(Ellul, 1990; Lowrance, 1986). 검사에 대한 심리측정학적 토대와 함께 우리의 교육적 체제 내에 깊이 자리잡고 있는 '검사'는, 긴급하거나 즉각적인 요구에 부응하기 위한 목적이거나 혹은 문제 해결을 위한 목적을 위해 가장 간단히 어떠한 것을 수집하는 행위라는 기술에 대한 이와 같은 정의에 가장 부합한다(pp.12-13).

COMPASS(Computer Adapted placement Assessment and Support Services)와 같이, 대학 입학을 위한 평가에서 문법 및 어법, 또는 고쳐쓰기에 대한 질문을 포함하고 있는 선다형 쓰기 평가를 생각하든 그렇지 않든 간에, 총체적 채점 절차, 쓰기를 자동 채점하는 소프트웨어, 쓰기 평가에 관한 모든 주요 형식들은 Madaus의 기술에 대한 정의에 맞아 떨어진다.

Donald MacKenzie & Judy Wajcman(1999)은 기술의 사회적 형성에 관한 연구를 소개하면서, 다른 기술을 형성할 때 기술들은 인간의 요구보다 훨씬 더 많은 영향을 미친다고 주장하였다. Donald MacKenzie & Judy Wajcman는 고립된 상황에서 작업했던 천재적인 발명가들에 관하여 다룬 서양의 영웅적 서사에 맞서면서, 어떤 새로운 기술은 단순히 말해서 필연적인 것이라고 주장했다. "일단 '어떤 문화적 요소를 필수적으로 구성하는' 것이 존재하게 되면, 그리고 그것이 구성을 위한 기술들을 대부분 포함하고 있다면, 어떤 의미에서는 새로운 발명품이 필연적으로 등장하게 되는 것이다."(p.8, 원문에서 강조) 개인은 그들이 처한 상황에 적용하기 위해 새로운 방식으로 기존의 기술들을 통합하고 활용한다. 그러므로 학생 글을 컴퓨터로 채점하는 것과 같은 기술 발달은 창의적이고 천재성을 지닌 개인에 의해 나타났다기보다[1] 직접 평가, 워드프로세서, 그리고 기타 컴퓨터 기술의 등장과 관련하여 생겨날 수밖에 없는 필연적인 발전의 형태라 볼 수 있다. 예컨대 1912년으로 거슬러 올라가서 Starch & Elliot은 동일한 글에 대해 개별 평가자[2]들은 동일한 점수로 일치한 결과를 나타낼 수

---

[1] 발명에 대한 포스트모던 이론이 체계상의 영향들이 어떻게 현존하는 문화 체계를 복제하며 영속시키는지 그리고 내재된 불균등한 힘의 관계를 유지하는지를 설명하더라도, Ellis Page가 40년 가까이 학생들의 글에 대한 기계 채점을 지지하였다는 점에 주목해야 한다.

없다는 쓰기 평가의 문제점을 언급하였다. 그로부터 50년이 지난 이후인 1966년까지 Starch & Elliot의 초기 연구 보고들은 특정한 총체적 평가나 일반적인 직접 쓰기 평가(실제로 학생들이 쓴 글을 읽는 것을 포함하는 형태의 평가)에 대한 타당성을 확립하였다. 그러나 Godshalk & Swineford, Coffman는 지금까지의 쓰기 평가 연구들을 재검토하면서 직접 평가의 주요 문제는 평가의 타당도보다 '신뢰도'의 문제라고 주장하였다. 결론적으로 그들은 특정한 채점 기준표를 토대로 평가 훈련을 받은 다수의 평가자들의 활용을 개발하고 검증하며, 평가자들의 신뢰도를 적절한 수준으로까지 높일 수 있음을 발견하였다. 쓰기 평가의 역사에 대한 설명 전반에 걸쳐, 문법적 사용과 맞춤법에 대한 간접 평가, 채점 기준표의 사용과 평가자 훈련, 혹은 기계를 이용한 학생 글 채점과 같은 기술의 언급과 상관없이, 기본적으로 채점의 일관성을 위한 문제를 해결하기 위한 기술적인 방법에 대해 다룰 것이다.

쓰기 평가에 대한 역사적인 흐름을 검토하기 위해, 교육자들이 쓰기 평가의 다양한 유형들에 접근하는 방식에 영향을 준 기술에 관하여 서구에서 폭넓게 수용되고 있는 가설들을 간략하게 살펴보고자 한다. 그 가설들은 (1) 진보의 측면에서의 쓰기 평가, (2) 이념 중립적 측면에서의 쓰기 평가, (3) 효율성, 객관성, 그리고 신뢰성을 지향하는 쓰기 평가이다. 이들 설명과 가설들은 지난 수 십년 동안 쓰기 평가에 대한 대부분의 문헌과 실천들 중에서 강한 지지를 받고 있는 것들이다.

진보로서의 쓰기 평가

특히 서구 문화 내에서 새로운 기술은 진보에 대한 현대적 대서사의 관점에서 불가분한 발전으로 간주되는 경향이 있다. Ellen Barton(1994)은 사회 내에서 기술에 대한 두 가지의 주된 관점을 다음과 같이 정의하였다.

> 하나는 지배적인 담론으로, 미국 문화에서 기술의 진보에 대한 긍정적인 해석과 기술, 문해력, 교육 간의 관계에 대한 전통적인 관점으로 특징지어진다. 또 하나는 비지배적인 담론으로, 현대의 문화와 교육에서 기술의 통합을 회의적으로 해석하는 것이 특징이다(p.56).

---

2) [역주] 원문은 'reader'이나 실제로는 평가자를 의미하므로 '평가자'로 옮겼다. 이 글은 평가자를 '독자(reader)'와 '평가자(rater)'로 구분하였으나 내용을 이해하는 데 혼란을 줄 수 있어 '평가자'로 통일하였다(각주 4 참조).

Barton은 기술에 대한 지배적인 담론을 고등학교 역사 교과서와 같이, 각각의 기술적 '진보'가 개인과 사회 전체에 이롭다고 설명하는 어조로 서술하였다. 그러나 Barton의 가장 흥미로운 주장은 기술에 대한 지배적인 담론 공동체에 관한 것이 아니라 비지배적인 담론일 것이다. Barton은 "바람직하지 않은 결과를 지적"(p.60)하여 진보주의적 입장을 비판하는 비지배적인 담론이라도 근본적으로는 지배적인 담론에 포함된다고 주장했다. 이에 관해서 Barton은 "비지배적인 담론을 지배적 담론에 포함시키는 것은 교육에 정면으로 향하는 급진적 민주화의 영역으로 전환하는 것인데, 또다시 기술은 교육에 유익할 것으로 상정되는 생산물과 기술로 묘사된다."(p.72)고 하였다. 기술이 최종적으로는 인류와 국가에 해로운 영향을 미칠 것이라는 잠재적인 부작용을 지적하면서 기술에 대한 비판적인 입장을 견지하는 공동체라할지라도 결국은 기술이 대부분은 이롭거나 적어도 단점보다는 이점이 많다는 지배적인 담론의 가정에 동의하게 된다. 비지배적인 담론은 기술에 대하여 잠재적인 부작용들을 밝히지만, 대부분 단순한 경고에 불과한 결론을 내리게 된다.

여기서 서술하는 쓰기 평가 기술의 역사는 Barton(1994)이 제시한 지배적인 담론과 비지배적 담론을 모두 반영한 것이다. 쓰기 평가에 대한 지배적인 담론은 새로운 기술이 낡은 기술보다는 더 낫다는 것, 그리고 기술의 발전은 전반적으로 사회에 이득이 된다는 것이다. 1960년에 ETS(Educational Testing Service)의 Orville Palmer는 "영어 평가의 60년(Sixty Years of English Testing)"에서 효과적인 쓰기 평가를 개발하기까지 오랜 시간이 걸린 이유를 설명하면서, 쓰기 능력을 평가하기 위해 학생들의 글을 실제로 읽어야 한다고 한 영어 교사나 그 외 사람들을 비판하였다. Palmer는 "ETS 위원회는 에세이 쓰기와 다른 자유 반응형 검사가 학생들의 쓰기 능력과 학생 자신의 언어 사용을 이해하기 위한 증거를 획득하기 위한 유일하고 직접적인 방법이라고 굳게 믿고 있는 많은 영어 교사 전문가들의 보수적인 권위에 유감을 표했다."(p.11)라고 서술했다. Palmer의 설명에 따르면, 쓰기 평가에 관한 문헌들은 비지배적인 담론에서 평가 기술에 대한 비판을 초반에 서서히 취하는 듯 하나, 기술의 사회적, 교육적 부작용에도 불구하고 대개 그러한 기술을 수용하는 방식을 취한다. 이로부터 20년이 지나, 쓰기 평가에서 총체적 채점이 실용적이고 널리 알려진 방법이 된 이후에(White, 1993; Yancey, 1999; 그 외 다수), Peter Cooper(1984)는 ETS에서 발행한 GRE 협회 연구 보고서에서 쓰기 평가에 대한 문헌을 재검토하면서, "심리측정학의 관점에서 볼 때, 간접평가(문법과 맞춤법만 보는 선다형 검사)가 순위 산출과 선발의 목적으로는 더할 나위 없는 방법이다."라고 강력하게 주장하였다(p.27).

적절한 한 예로, 쓰기 교사와 교육 관리자에게 20여년 이상 주목을 받은 학생 쓰기 포트폴리오가 있다. 쓰기 포트폴리오에 관한 초기의 논의에서는 쓰기 지도에서의 과정적 접근과 같은 작문 연구의 최근 경향과 포트폴리오 사이의 연계성을 지지하면서, 새로운 기술을 열광적으로 수용하였다. 예컨대 Sommers(1982)는 "쓰기라는 것이 잠깐 앉아서 한 번에 끝낼 수 있는 것이 아니라 시간을 들여 완성하는 것처럼, 포트폴리오를 활용한 쓰기 그 자체도 한 번에 끝낼 수 없고 이 역시 시간이 흐르면서 점차 만들어지는 것이기 때문에 포트폴리오를 통해 학생들이 자신의 글을 수정하도록 장려할 수 있다."(p.154)고 하였다. 초기에 쓰기 포트폴리오를 지지한 다른 연구자들도 이 방법이 교사 중심의 채점 시스템을 벗어나서 교사와 학생이 협력하고, 교실이나 학과 내에서 학생들이 함께 모이도록 하여 교실의 교육을 더욱 일관되게 향상시킬 수 있는 방법이라고 주장하였다(Belanoff, 1994; Elbow & Belanoff, 1986; Murphy, 1997; Yancey, 1992). 논쟁이 되었던 것은 아니지만, 이들 주장은 새로운 쓰기 평가 기술과 관련한 초기의 지배적인 담론을 잘 보여주는 것이다.

쓰기 포트폴리오에 대한 초기의 많은 교육자들에 의한 지지가 그리 특별한 것은 아니었다. 예를 들어, Charles Cooper(1977)는 총체적 채점과 관련하여, 총체적 채점 체제 덕분에 각 학교에 다니고 있는 모든 학생들의 순위를 매기는 것이 가능하게 되었다고 주장하였다. 그러나 이처럼 새로운 평가 기술에 대한 Cooper의 지배적인 담론은 평가 기술 그 자체의 효용성에 기반을 둔 것이었다. Cooper는 학생들을 서열화해야 할 교육적 이유를 찾을 수 없다는 점과 이러한 서열화 정보가 학생 개인이나 학교 그 자체에 어떻게 도움이 되는지에 대한 근거도 찾을 수 없다는 점을 분명하게 설명했다. 쓰기 평가에 대한 지배적인 담론의 유사한 형태는 다른 유용한 쓰기 평가 혁신의 역사에서도 찾아볼 수 있다. 1970년대와 1980년대의 총체적 평가(Cooper, 1977; Greenberg, Wiener, & Donovan, 1986; Myer, 1980; White, 1993), 1980년대와 1990년대 초반의 포트폴리오(Belanoff & Dickson, 1991; Calfee & Perfumo, 1996; Yancey, 1992), 1990년대 후반의 직접적 자기-평가(Royer & Gilles, 1998), 그리고 더욱 최근의 경향인 컴퓨터 기반 쓰기 평가에 대한 재출현(Page, 1994; Shermis & Burstein, 2003)이 그것이다.

쓰기 기술에 대한 폭넓은 수용 이후에 이에 반대하는 비지배적인 담론이 뒤따랐다. 예를 들어, 1990년대의 쓰기 포트폴리오에 대한 연구들에서는 포트폴리오의 잠재적 한계와 평가 기술의 이점 양쪽 측면 모두에 대한 염려가 제기되었다(Belanoff, 1994; Callahan, 1997; Huot & Williamson, 1997; Murphy & Grant, 1996). 이러한 기술과 쓰기 평가 방식이 대부분의 초기의 긍정적인 분위기와 후기의 비판적인 분위기에 따라서 연대기적으로 나누어질 수 있다는 것에 주목할 필요가 있다. 일단 새로운 기술이 무비판적으로 폭넓게 수용되면, 그러한 평가 방식의 사용에 대한 적절한 근거들이 더욱 안정화된다. 포트폴리오를 지지하는 학자들 (그러나 이들은 특정 목적과 특정 상황에서 포트폴리오의 유용성을 지지한 것임에도 불구하고, 무비판적으로 포트폴리오를 사용하는 교육자들에 의하여 이러한 사실은 자주 간과되곤 한다)은 포트폴리오를 절대적으로 옹호하는 사람들에 의해서 지배적인 위치를 점하게 되는 것이다. "사실 포트폴리오가 모든 쓰기 문제를 해결해주는 것도 아니며 포트폴리오 방법이 모든 학생들의 쓰기 실력을 마법처럼 향상시켜주는 것도 아니다"(Belanoff, 1994). 그러나 Barton(1994)이 예측한 것과 같이 현행 기술을 비판하는 입장인 비지배적인 담론들도 결국은 그 기술의 다양한 유형들을 지지하는 경향이 있다. 예를 들어 적절한 사람들에 의해 적절한 맥락에서 포트폴리오와 같은 기술 유형들이 사용된다면 초기의 예상된 이점들을 이루어낼 수 있다고 보는 입장이 이에 속한다.

쓰기 평가에서 이러한 경향을 보여주는 또다른 예는 총체적 평가에 대해 초기부터 현재까지 이어져오는 반응들이다. 총체적 평가는 초기에 표준화 검사를 통한 간접 평가 점수에 오랫동안 의존해왔던 쓰기 수업에서 학생의 수준별 배치를 포함하는, 다양한 목적의 대단위 쓰기 평가를 가능하게 했다(Cooper, 1977; Greenberg & Witte, 1988; Odell, 1981). 총체적 평가는 일반적으로 제한된 시간에 학생들이 쓴 글을 평가자들이 읽고 채점하는 기회를 제공하여 주면서, 평가 협회에 대한 지엽적 지출을 조정하는 데 충분한 신뢰도와 효과성을 제공하여 주었다. 초기의 기술에 대한 찬사가 지나간 이후에는 필자들이 별다른 자료도 없이 제한된 시간 내에 글을 쓰는 비실제적이고 물리적인 학생 글쓰기에 대한 상황 조건 만큼이나 평가자를 조정하는 기술적 본질에 대한 비판이 제기되었다(Williamson & Huot, 1993). 그러나 극히 일부에서는 근본적으로는 총체적 평가로 완전히 전환되어서는 안 된다는 주장도 제기되었다. 쓰기의 간접 평가로의 회귀는 분명히 총체적 평가보다 더 나은 선택은 아니므로(White, 1995), 비록 총체적 평가 기술에 대해 더 비판적인 시각을 가진 문헌과 연구들이 여전히 존재하더라도 총체적 평가가 포트폴리오 평가보다도 쓰기 평가 유형에서 가장 널리 사용되는 형태인 것이다(Huot, 2002; White, 2005). 여기서는 새로운 쓰기 평가 기술에 대한 초기의 수용적 경향과 그 이후의 비판적 관점에 이르기까지 최근의 쓰기 평가에 대한 모든 것과 더불어, 학생들의 글에 대한 최초의 표준화된 검사의 존재로부터 현재 컴퓨터 기반 채점에 대한 논의까지를 다룰 것이다.

이념 중립적인 쓰기 평가

서구 사회에서 기술의 역할에 대한 또 다른 주요한 가정은 기술이 특정한 방법으로 사용되기까지는 기술이 대개 중립적 혹은 이데올리적이지 않은 것으로 인식된다는 점이다(Heide-gger, 1977; MacKenzie & Wajcman, 1999; Selfe, 1999; Winner, 1985). 초기에 논의했던 바와 같이 사회에 반드시 유익한 것으로 인식되는 최신의 기술을 제외하고는 새로운 기술들을 대개 사람들에게 중립적으로 인식되는 경향이 있다. 예를 들어 지난 10년간 컴퓨터 자동 채점(COMPASS) 방식이 아닌 총체적 채점 방식을 이용해 온 영어과의 입장에서는 1학년 학생들을 쓰기 수업에 적절하게 배치하기 위해 총체적 채점 방식을 적용하는 것은 정치적으로 이데올로기적이지 않은 것이라고 간주된다. 왜냐하면 총체적 채점 방식은 "영어과에서 항상 고수해온 방식"이기 때문이다. 반면에 컴퓨터에서 임의의 단락을 고쳐쓰는 학생들의 능력을 토대로 하여 학생들을 쓰기 수업에 배치하는 검사 방식의 적용은 순전히 실제적인 근거를 토대로 한 것이기 때문에 정당한 것으로 보인다. 사실, ACT(American College Testing)의 COMPASS 판매 부서의 대표는 우리들 중 한 명에게 학생 선발이나 배치를 위해 에세이나 포트폴리오를 읽는 것보다 더 중요한 것을 수행하는 능력을 가지고 싶지 않은지를 물었다. 비록 어떠한 평가 방법을 적용하는 것이 이데올로기적이고, 이론적이며 인식론적인 함의를 포함하고 있을지라도, 이러한 평가가 사용될 때나 사용 가능한 다양한 기능들과의 관계나 지역적 문화가 주어질 때 다소 가시적일 수 있게 된다.

Langdon Winner(1985)는 그의 저서인 <인공물은 정치적일 수 있는가(Do Artifacts Have Politics)?>에서 인공물들이 정치적일 수 있는 방법들을 제시하여 제목이 던지는 질문에 다음과 같이 답했다.

> 기술과 사회에 대한 논쟁 중에서 기술적인 것들이 정치적인 자질을 내포하고 있다는 관점보다 더 자극적인 것은 존재하지 않는다. 이는 현대 물질 문화의 시스템과 구조, 그리고 기계는 그것들이 지닌 생산성과 효율성에 대한 기여도, 긍정적이거나 혹은 부정적인 환경 측면에서의 영향뿐 아니라 권위나 힘의 특정한 형태를 포함할 수 있는 방식들에 의해 정확히 판단될 수 있다는 주장에 대한 것이다(p.28).

Winner는 기술들이 다양한 방식으로 정치적일 수 있다고 주장했다. 어떤 기술들은 특정한 공동체 내에서 설계되고 만들어지고 사용되는 방식에 따라 정치적일 수 있으며, 또 다른 기술들은 특정한 방식으로 영구불변하게 이데올로기적일 수 있다. 이와 비슷하게, 어떤 쓰기 평가는 정치적인 특성을 내포하고 있는데 이는 쓰기 평가가 만들어지고 작동하는 체제가 복잡한 교육적·사회적 체제이기 때문이다. 즉, 쓰기 평가의 이데올로기는 그 사용과 적용에 따라서 쉽게 영향을 받는다. 그러나 또 다른 평가 기술들은 설계, 사용, 맥락에 상관없이 특정한 방식으로 본래적인 정치적 특성을 지니고 있다.

쓰기 평가는 계획, 설계, 개발에서 이데올로기적일 수 있다. F. Allen Hanson(1993)은 최초의 쓰기 검사로 알려진, 기원전 1122년과 256년 사이의 중국의 관리 선발 시험의 정치적인 동기에 주목했다. 이 시험은 부(富)와 가족, 정치적인 영향력에 근거한 지배 계층이나 왕족에 분배되는 직업이 아닌 정치적 직위에 지원하는 것에 대한 점수를 평가하기 위해 사용되었다. 게다가 이 직위는 평생 지속 되지 않았다. 대신, 공무원으로서 명예로운 직위를 유지하기 위해 매 3년마다 재시험을 치러야했다. Hanson이 수험자들이 이 시험 체계를 전복시키기 위한 방법을 설명하면서, 이 시험이 실시되기 전의 설계나 동기가 얼마나 정치적인 것인가를 설명하였다. 그러나 이 시험은 실시된 이후로 더욱 더 많은 동기, 사람, 방식, 그리고 도구가 평가 체계에 더해지면서 다양한 방식으로 정치적으로 변하였다. 그리고 최초의 이 시험 체제에 대한 초기의 의도가 대부분의 자격 있는 사람들에게 기회를 평등하게 분배하고자 하였던 것이었으나 점차 속임수를 쓰는 많은 사람들에 의해 그 의도는 훼손되었다.

이와 비슷하게 미국에서의 시험 또한 처음에는 권력을 가진 사람들과 관계가 있는 사람들에게 특권과 기회를 부여하는 것을 방지하고자 하는 노력이 있었다. Huot(2002)는 진보적인 사회적 행위로 평가를 바라보는 관점은 평가가 권력의 기존 체제를 전복시키는 방식이며, 이는 중층결정적 체계 내에서 권력 순환 방식이라고 말한 Michel Foucault(1977)의 생각과 일치한다고 주장하였다. Huot(2002)은 불행히도 "미국 사회에서 현재의 권력 관계를 고착하도록 하기 위해 투자된 매우 폭넓은 헤게모니적 실천으로 검사나 시험 등을 바라보는 여러 훌륭한 근거들이 존재한다."(p.175)고 주장하였다. Elana Shohamy(2001)는 <시험의 힘: 시험 시행에 관한 비판적 접근(The Power of Test: A Critical Perspective on the Uses of Test)>이라는 책을 통해, "시험은 학생들의 점수를 최대화하려는 요구에 따라 그들의 행위를 변화시키기 위해 시험 응시자(그리고 시험을 준비하는 사람)들을 유도하면서 권력자들에 의한 징계의 도구로 사용된다."(p.xvi)고 주장하였다.

설계와 동기에 의해 이념적으로 변한 일부 기술들이 있고 사용되면서 정치적으로 변한 기술들도 있다. 그리고 이러한 사용은 상황에 따라 다양하기 때문에, 어떤 쓰기 평가의 기술이 가진 이데올로기는 다르게 사용되면서 변화될 수도 있다. Winner(1985)가 "사람들은 문제적인 평가 기술의 '사용'보다도 그 기술의 배치, 즉 어떤 기술을 사용할 것인가를 결정하는 것이 더 중요하다는 것을 알고 있다. 왜냐하면 평가 기술은 타인에 대한 권력, 권위, 특권을 강화하는 방법으로 쓰일 수 있기 때문이다."(p.32, 작은따옴표로 강조한 것은 원문대로임.)라고 지적한 같이, 이데올로기의 변화 가능성은 기술의 중요한 특징이다.

쓰기 평가 기술의 사용은 명확하게 이데올로기에 영향을 준다. 학생들의 쓰기 포트폴리오를 예로 들면, 1994년에 루이빌(Louisville) 대학의 글쓰기 프로그램에서는 학생들이 고등학교에서 쓴 쓰기 포트폴리오를 바탕으로 대학교 1학년의 쓰기 수업에 학생들을 배치하였다. 이 경우에 동일한 포트폴리오를 활용하여 의사결정하고자 하는 목적이 고등학교 학생들, 교사, 그리고 학교 체제를 평가하는 데서 1학년 쓰기 수업을 위한 학생 배치를 결정하는 것으로 변화하였기 때문에, 이 평가에 대한 이데올로기 역시 바뀌었다고 볼 수 있다. 타당성은 평가의 결과에 근거한 결정에 대해 언급한 것이기 때문에, 새로운 타당성 논쟁은 수업 배치를 위한 이러한 포트폴리오 사용이 이론적으로 정당한지, 경험적으로 정확한지, 이 결정에 따른 사회적·교육적 결과에 대한 반응에 대해 충분히 공정성을 내재하고 있는지를 판단할 수 있는지에 대해 다루어야 한다(Messick, 1994). 비록 일부 시기에서는 타당성 이론이 개별적인 검사마다 타당성을 조사해야 한다고 규정하고 있지만, 평가에 대한 역사 기술적 접근의 궤를 살펴보면 각 평가의 사용보다는 측정에 대해 주의를 기울여왔다.

평가에 기초한 다양한 결정과 더불어 포트폴리오 평가의 정책 역시 변화했다. 대학교에서 학생 배치를 위하여 고등학교의 쓰기 포트폴리오를 사용하는 것은 학생들에게 직접적인 영향력을 행사하는데, 이는 고등학교에서 포트폴리오를 사용하던 때에는 결코 존재하지 않는 것이다. 켄터키 주의 평가 체제에서 고등학교 포트폴리오 점수는 학생들에게 스스로를 필자라고 인식하는 것 외에는 실제적 영향력을 미치지 못한다. 더욱이 고등학교 포트폴리오 점수와 대학교 수업 배치 간의 관계(또는 분리 관계)는 학생들에게 분명해졌다. 예를 들어 켄터키 주의 평가 시스템 내에서 포트폴리오 점수가 높은 학생들이 대학의 평가에서 학생들이 기대했던 것만큼이나 높은 수준에 배치되지 못할 수 있고 그 반대의 경우도 발생할 수 있다. 대학 수준에서의 포트폴리오 사용과 그 목적은 주 단위에서 실시되는 것과는 다르다. 직접 평가의 도구로서 루이빌 대학에서 사용된 고등학교 쓰기 포트폴리오는 사전 준비 없이 정해진 시간 내 이루어진 쓰기 검사(배치를 위한 방법으로 존재하는 ACT 언어 점수와 별도의 준비없이 시행된 에세이와 함께) 맥락 이외에서 수집된 자료이다. 대학교 내 배치를 위한 경우에 평가에 대한 이데올로기는 평가의 사용에 근거한 주 차원의 교육적 개혁 시스템의 경우와는 상당한 차이를 보인다. Shohamy(2001)는 학술적인 관점에서 시험을 타당도와 신뢰도 측면에서 기술적으로 바람직할 필요가 있는 대상으로 바라보고 있지만 시험의 진정한 힘은 교육적인 과정을 조절하기 위해 활용되는 데 있다고 볼 수 있다.

효율성, 객관성, 그리고 신뢰성 있는 쓰기 평가

모든 기술들이 항상 향상될 거라고 하지 않는 것과 같이 자본주의 문화에서 기술의 이점에 대한 논의의 중심에는 효율성이 있고, 교육적 맥락과 작문 평가에 대한 논의에서도 이는 예외가 아니다(Williamson, 1994). 학문적 영역에서의 효율성은 미국 기업의 가치를 반영한 것이며, 쓰기 평가의 역사는 효율성에 대한 저항과 믿음, 효율성의 동반 가치에 대한 흥미로운 긴장을 내포한다. 다양한 요인들 때문에, 지난 수 십년간 쓰기 평가는 효율성 모형과 신뢰성 모형으로의 이동과 수십 년전의 표준화 검사로부터 현대의 컴퓨터 채점 평가로의 이동 속에서 존재하였다.

비록 학생 글을 읽고 반응하는 것과 같은 고된 과업이 작문 지도에 필수적인 것으로 보이거나 혹은 해로운 영향을 미치는 것처럼 보일지라도(Bereton, 1995; Connors, 1997; Crowley, 1998; Miller, 1994; 그 외 다수), 미국 교육 기관 내 학생 수가 증가함에 따라 효율적이고 객관적인 쓰기 평가에 대한 필요가 발생하게 된다. Stanley Aronowitz(2000)은 "1997년에 성인 집단 중 대학생의 비율은 13% 수준으로 증가하였고, 이는 1941년에 비해 약 4배 더 많은 수에 해당한다. 1억 천 사백만의 노동 인구 가운데, 천 오백만명의 생산 연령이 고등 교육 기관에 등록하였다"(p.2). 컴퓨터 기반 에세이 채점에 관한 문헌에서 연구자들은 공통적으로 대단위 평가의 시간 소모적 특성에 대해 언급하였고, 이는 학생 글쓰기에 대한 교실 평가에 대한 것만큼이나 기술에 대한 합당한 근거를 제시하여 주는 것이었다. "지난 200년간의 평가 기술에 대한 변화들은 시험 치는 사람들이 증가함에 따라 효율성을 증대하는 방향을 지향하였고, 보다 다루기 쉽고, 표준화되며, 관리가 편리하며, 객관적이고, 비교 가능하며 비용이 저렴한 평가 시스템 개발을 지향하였다"(Madaus, 1993, p.20). 일단 효율성이 타당성의 이론적 개념과 분리되면 그것은 신뢰롭고 경제적인 결과를 갖게 된다. 평가 일치성과 비용의 문제가 쓰기 평가에서 중요하지 않다는 사실을 말하는 것이 아니다. 그러나 타당성을 고려하지 않는다면, 학교 안팎에서 학생들의 글쓰기 평가를 위해 실현 가능한 최선의 실천들을 고수하지 않을 것이다.

학생 에세이에 대한 기계로 채점을 하는 방식은 동일한 글에 대한 동일 점수를 일관적으로 반복하여 부여할 수 있기 때문에 본질적으로 효율적이고, 기계로 이루어지는 쓰기 평가들은 우수한 객관도와 신뢰도를 내재하였다고 평가받는다. 그러나 쓰기 평가의 문제인 신뢰도에 대한 역사·기술적인 적용 차원에서 볼 때, 반복 채점하여 동일한 점수를 부여하는 능력이 있다하더라도 기계로 채점하는 그것 자체가 학생들이 작성한 글을 교육적으로 적합하게 읽어 내는지를 보장할 수는 없다. 기술에 관한 두려움과 비관론에 대한 근거는 부분적으로 기계 기술이 인간보다 더 빠르고 더 오래 작업할 수 있는 능력을 갖추고 있다는 데 있다. 게다가 인간이 감정과 주관성에 휩쓸리는 약점이 있는 데 반해, 기계 장치는 객관적으로 작업을 할 수 있는 능력이 있다는 점에서 더 긍정적인 평가를 받는다. 수많은 컴퓨터 기술들이 학생이 쓴 글을 더 객관적이고 일관성 있게 그리고 더 빠르게 평가하는 능력을 가진 사실이 입증되어도 미래의 어느 날 갑자기 기계 장치가 작문 교사를 대체할 수는 없다. 인간 노동자의 대체가 위협의 주된 사항은 아니지만, 학문에 관한 노동 시장에서 기술들은 유사한 목적을 제공한다. 대신에 교육적 기술들은 학문적 노동 시장을 위협하는데, 이는 교육적 기술들이 지식 능력에 대한 지출에서 상대적으로 싼 비용의 전문가들을 고용하도록 할 뿐 아니라 힘을 중앙으로 집중시키기 때문이다(Rhoades & Slaughter, 1998). 효율성을 추구하는 평가는 쓰기가 하나의 분야를 이루도록 도움을 준 현대의 관리 실제와 원칙을 적용하는 과정에 나타난 일부이다(Strickland, 2001). 문해 교육과 연구의 권위를 보장하고 자원들을 관리할 필요성 때문에, 대학은 문해 지도에 필요한 경쟁력 있는 자격을 지니지 못한 사람들에게 힘겨운 자리를 만들어주면서, 대학 수준의 쓰기 지도와 평가를 관리하도록 문해 연구 교수직에 권한을 부여하였다.

본래 쓰기 교사의 지위가 낮기 때문에, 일반적으로 교수 집단, 특히 시간 강사와 대학원생들은 종종 교육적인 의사 결정에서 신뢰받지 못한다. 왜냐하면, 그들은 "특정한 인간"이고 의사 결정 과정에서 주관적인 경향을 나타내기 때문이다. 현대의 시험에 대한 기술은 심리 측정 평가 집단이나 교육 평가 집단의 장점을 더해가면서 극적으로 의사 결정 과정에서의 주관성보다는 객관성에 가치를 두는 방향으로 이동하였다. "우리의 시험은 … 객관성에 대한 가치, 사실적인 지식의 중요성 그리고 옳은 정답들과 빠르고 가시적인 수행을 증진시키는 경향이 있다. 그러나 그렇게 함으로써 이런 시험들은 주관성, 감정, 반성, 성찰, 안목 등을 낮게 평가하였다"(Madaus, 1994, p.80). Anne Herrington & Charles Moran(2001)은 컴퓨터가 교사들보다 학생 글을 더 잘 평가한다는 주장에 대해 재검토하였다. Accuplacer[3]를 지지하는 학회에서, Herrington & Moran은 컴퓨터로 글의 등급을 매기는 것에 대해 흥분하면서 다음과 같이 설명했다.

> Vantage 대변인 회의에서, WPP(WritePlacer Plus)의 효율성을 설명할 때 "빠르고 정확한 점수"를 강조하였고, 다음과 같은 결론을 내렸다. "그리고 WritePlacer는 한 잔의 커피도 필요하지 않죠." 어느 청중이 덧붙였다. "그리고 두통도 앓을 필요가 없어요." 그리고 또 다른 누군가는 "그리고 지치지도 않아요."라고 했다. 또 어떤 이는 수업을 채우기 위해 학생들에게 낮은 점수를 주는 교사들이 하는 것과 같은 편견도 없다고 하였다(p.486).

그러나 이들 공헌에 대한 낙관론들에도 불구하고, 컴퓨터로 등급을 매기는 것에 대해 작문 교사들은 매우 강하게 반발하였다.

> 우리의 관점은 학생 글을 읽는 독자로서의 교사를 대체하는 것은 우리의 직업을 위협한다는 것이 아니라 학교나 대학에서 그것이 쓰기에 의미하는 바에 대한 학생들의 의식을 바꿀 것 같다는 점이다. 보다 근본적으로는 글쓰기를 형식적 전시 행위로 규정하고 있으며, 이는 필자와 독자 간의 수사학적 상호작용으로 보지 않고 있다(p.481).

첫 번째 우려는 다소 설득력이 없는 논의인 직업 안정성에 대한 것이다. 만약 우리의 직업에 대한 보호를 떠나 글을 평가하는 주체가 인간 평가자이어야 한다는 것에 더 이상의 정당성이 없다면, 아마도 우리의 역할을 컴퓨터에게 이양해야만 할 것이다. 그러나 컴퓨터로 평가하는 것이 의사소통의 한 행위로서의 글쓰기에 대한 수사학적인 본질을 바꾸어 버릴 수 있다는 Herrington & Moran의 두 번째 주장은 더욱 본질적이다. 왜냐하면 이 주장은 우리로 하여금 기술과 쓰기 평가에 내재된 이데올로기적, 이론적, 인식론적인 관점들 내에서 그것들을 고려하도록 요구하기 때문이다.

---

3) [역주] ACCUPLACER는 학생들의 수학, 읽기, 쓰기 능력 등을 검사하는 시험으로, 상호작용이 가능한 온라인 학습 도구를 이용한다. 선다형 문항 형식이지만, 쓰기는 WritePlacer라는 프로그램을 이용하여 학생들이 쓴 글을 평가한다.

기술 중심적인 쓰기 평가를 넘어서

이전에 제시하였던 기술적 가정에 다소 적합하지 않은 쓰기 평가 양식에 대한 논의를 전개하기 전에, 결과적으로 학생 글쓰기에 대한 기계적인 채점이 가능하도록 한 일련의 기술들을 개발한 사람들의 엄청난 성취를 인정해야 한다. 동일한 글에 일치된 점수를 부여하지 못한 무능한 개별 평가자들 때문에 에세이 점수와 관련된 선다형 검사들에 대한 논의가 시작되었고, 결국에는 비록 완벽하지는 않지만 통계적으로 채점 일관성을 확보한 총체적 채점이 실시되었고, 학생 글쓰기에 대해 신뢰할만한 기계 채점이 실시되기에 이르렀다. 학생 글 평가를 위해 개발된 이러한 일련의 기술들은 기술 혁신과 기술 발전의 사회적이고 필연적 과정을 다룬 Mackernzie & Wajcman(1999)의 저서에서 논의되었던 필연성을 반영한 것이다. 사람의 채점에 대한 일관성을 계산할 수 있는 컴퓨터 프로그램(실제로 유의해야 할 점은 소프트웨어는 총체적인 채점 작업 기간 동안 두 명의 대표적인 채점자의 인간적인 가능성을 계산해 내기보다는, 대규모의 채점자들이 학생 글에 부여한 점수를 계산한다는 것이다)은 궁극적으로 쓰기 평가와 신뢰도의 문제를 해결해 줄 것이다. 이러한 수행은 놀랄만한 것이다. 학생들의 글을 최소한의 인간적인 노력과 경비를 가지고 일관되게 평가할 수 있을 때, 대규모 쓰기 평가를 할 수 있는 기회는 급격하게 증가한다.

우리가 누구이며, 어떠한 가치를 지향하고, 평가를 위해 무엇을 사용하기를 원하는지에 따라서, 학생 글에 대한 신뢰할 수 있는 기계적인 채점을 완성할 수 있는 쓰기 평가의 기술사는 곤란한 기술적 문제에 대해 완벽한 해결 방안을 제시할 수 있을 것처럼 보인다. 물론, 우리가 선택한 특정 기술적 관점을 통해 쓰기 평가를 바라보는 입장은, 쓰기 평가가 기술에 대한 서양의 가정을 불공평하게 더 혹은 덜 받아들였다는 우리의 이해에 기반하고 있다. 모든 쓰기 평가는 기술이기는 하지만, 모두가 일관되게 진보, 효율성 등과 같은 것에 대해 동일한 이데올로기적 입장을 갖고 있지는 않다. 쓰기 평가에 대한 최근의 "해결책"은 단지 기술적인 것만은 아니다. 많은 해결책들이 타당도과 관련된 더 넓고 보다 중요한 쟁점을 완전히 무시하고 직접적으로 오직 신뢰도의 문제에만 접근하려 하는 경우도 있다. <표 28.1>은 쓰기 평가에 대한 기술적인 접근에서 드러나는 서로 다른 가정 및 평가 과정을 통해 내려지는 결정들에 보다 초점을 맞추어 설명하고 있다.

<표 28.1> 쓰기 평가와 관련된 서로 다른 가정들

기술 중심적인 신뢰도를 중시하는 모형	의사 결정에 기반을 둔 타당도를 중시하는 모형
평가 결과의 일치는 대단위 쓰기 평가에서 가장 다루기 힘든 쟁점이면서 동시에 무엇보다도 중요하다.	대단위 쓰기 평가 타당도에서 평가 결과의 일치보다 더 중요한 것은 의사 결정의 적합성이나 정확성과 같은 쟁점들이다.
학생들의 글쓰기는 수량적으로 의미 있게 범주가 구별되어야 한다.	학생들의 글은 숫자를 부여하기 위한 의사 결정으로 인해 비인격적으로 다루어지기보다는, 교육적인 의사 결정을 염두에 두고 평가되어야 한다.
비전문적 평가자들은 글이 받아야 할 점수의 일치를 위해 훈련을 받거나 서로의 능력을 조정할 수 있다.	쓰기 평가에서 교육적 의사 결정을 내릴 수 있는 가장 적합한 사람들은 특정 주제와 주어진 맥락 두 가지 모두에 전문적인 평가자들이다.
신뢰할 수 있는 채점 기간은 결과적으로 타당한 쓰기 평가를 가져온다.	신뢰도는 평가의 의사 결정을 위한 타당도에 대한 다양한 논의에서 다루어야 할 여러 가지 중요한 요인 중 하나이다.
기계적인 채점은 믿을 수 있는 쓰기 평가를 위한 궁극적인 해결책이다.	기계적인 채점은 신뢰도 측면에서 인상적인 결과를 가져올 수 있지만, 타당도를 강화시킬 수 있는 다른 필수적인 특성들은 결여된다.

<표 28.1>에 나타나 있는 신념과 가정은 간단해보이지만, 기술 중심적 접근이 기반하고 있는 것은 쓰기 평가와 그것의 도전, 가능성, 해결책 등에 대한 특정 관점이라는 것을 이해해야 한다. 다시 말해서, 쓰기 평가는 쓰기 평가의 목적과 문제에 대한 특정 이해에 의해 형성되었기 때문에 그 영향력 안에서 전개되어 왔다는 것이다. 예를 들어 Donald Schon(1983)는 <The Reflective Practitioner: How Prefessionals Think in Action>에서 쓰기 평가의 발달과 같은 문제의 틀이 어떻게 형성되고 지식이 어떻게 학문의 이후 계획을 만들어 가는지에 대한 중요성을 개관했다.

실제 세계의 수행에서, 문제는 그 자체로 수행자에게 주어지지 않는다. 문제들은 당혹스럽고 성가시며 불확실한 문제적인 상황의 요소로 구성되는 것이 틀림없다. …… 하지만 문제 해결에 대해 이러한 강조를 할 때, 우리는 문제가 주어진 상황을 무시한다. …… 문제 상황은 상호작용적으로 우리가 참여할 것에 **명칭을 부여하고**, 상호작용적으로 맥락을 **형성하게** 되는 과정이다(40쪽. 원문에서 강조).

물론 명명된 문제는 신뢰할 수 없는 채점이며, 이 신뢰할 수 없는 채점은 기술 중심적 맥락에서 형성된 것이다. 이러한 형성의 결과는 채점 일관성의 문제를 해결하는 것을 목적으로 하는, 더욱 더 향상된 기술의 발달에 과도한 관심을 갖고 있는 쓰기 평가에 대한 발달적인 연구이다. 이 문제는 신뢰도에 초점을 맞추고 있으며, 타당도에 대한 궁극적인 융합은 새로운 것이 아니다. 예를 들어 읽기 효능감과 학생 글 채점 방식을 확립한 ETS Research Bulletin의 경우, Godshalk et al.(1966)에서는 절차 그 자체의 타당도에 대한 채점자 내적 신뢰도를 얻기 위한 시도 과정에 대해 자세히 설명하고 있다. "마치 읽기 신뢰도를 향상시키려는 노력이 잘못된 방향으로 가는 것처럼 보인다. 아마도 이에 대한 해결책은 개별적인 모든 평가자들의 판단에 각각의 글들을 종속시키는 것이 될 것이다. 합의는 쓰기 능력의 타당한 측정을 만들어 낼 것이다. 평가자들이 그에 상응하는 능력이 있다는 점을 전제로 하면 말이다"(p.4). 마지막 문장에서 총체적 채점을 처음 만든 사람은 우선적으로 채점자간 신뢰도에 흥미를 보인다는 점이 분명하게 드러난다. 그리고 채점의 질 혹은 채점에 대한 판단에 대한 관심은 부차적이라는 점도 확인할 수 있다.

그럼에도 불구하고 일단 기술적으로 쓰기 평가의 문제를 동일한 글에 동일한 점수를 주지 못하는 평가자들의 무능으로 형성했기 때문에, 우리는 그러한 것과 같은 문제를 해결하기 위한 기술을 연구하기 시작한 것이다. 앞서 설명해 온 기술들은, 각각의 기술적인 발견이 계속되는 기술적 접근을 촉진하게 되기 때문에 필연적인 것이다. 이러한 연속적인 기술들의 필연성은 비록 타당도의 우세한 이론적 탁월함을 포함하기는 했지만, 신뢰도에 대한 기술적인 문제를 해결하기 위해 사용되었다. 이와는 반대로 만일 쓰기 평가의 기술 중심적 역사가 한 가지 접근 방법만을 가지고 있다고 이해한다면, 쓰기 평가의 다른 문제들이 어떻게 형성되어야 하는지에 대한 질문을 하게 될 것이다.

학술지 <Assessing Writing>에서 Huot(1994)가 처음 소개한 바와 같이, 쓰기 평가에 대한 초기 연구들은 거의 전적으로 긍정적이었고, 장려하는 것이었으며, 궁극적으로는 학생의 글에 대한 직접 평가의 실행 가능성에 대해 증명하는 것이었다. 1990년대 초반이 되자 쓰기 평가에 대한 연구는 더 비판적으로 이루어졌다. 이러한 학문적인 분위기에서 William L. Smith(1992, 1993; O'Neill, 2003)는 1980년대 말에 피츠버그 대학에 있었던 쓰기 배치 프로그램에 대한 연구를 시작했다. Smith의 연구는 우리가 개관했던 쓰기 평가 연구와는 다른 것이었다. 채점 신뢰도를 우선적으로 고려하는 대신에, Smith는 총체적인 채점을 통해 "타당도의 필요조건이 아니라 충분조건"인 신뢰도에 초점을 맞추지 않고(Cherry & Meyer, 1993, p.110), "추론의 적절함과 적합성, 시험 점수와 평가 양식에 기반을 둔 행동 등을 지원하기 위한 평가적인 판단의 통합"으로서의 타당도에 주의를 기울인 것이다(Messick, 1989, p.5).

　피츠버그 대학의 배치 프로그램에 대한 Smith의 연구 초점이 타당도에 맞추어져 있었다는 것은, 그가 학생들이 가능한 한 가장 적합한 배치를 받고 있는지 여부를 확인하려는 의도를 가지고 있었다는 점을 의미한다. Smith는 지시문의 종류, 시험에 응시하는 시간과 환경, 시험에 응시하는 학생 등 다양한 변인들에 대해 조사하였다. 그리고 이러한 변인들 그 어느 것도 또는 전체 변인들 모두도 정확한 배치 결정에 영향을 미치지 않는다는 것을 발견했다(O'Neill, 2003, pp.56-57). 반면, Smith가 학생들의 글을 읽고 그 글에 점수를 부여하는 평가자들에 대한 연구로 방향을 전환했을 때, 그는 총체적 평가를 통해 피츠버그 대학에서 실행되는 배치와 관련된 의사 결정에 대한 매우 유용하고 중요한 정보들을 모으기 시작했다. Smith가 찾아낸 것 중 한 가지는 신뢰할 수 없는 점수들이 부여되는 상황에서 나타나는 평가자 사이의 불일치가 신뢰할 수 있다는 것이었다. 곧, 평가자들이 보이는 불일치가 규칙적이며 안정되어 있다는 것이다. 물론 신뢰도가 떨어지는 채점에 대한 기술적인 접근이 평가자들 사이의 불일치가 어떻게, 왜 일어나는지를 밝혀주는 것은 아니다. 그것은 단지 채점할 때 보다 높은 정도의 일관성을 제공해 주는 절차를 만들어 낼 뿐이다.

　평가자들 사이의 불일치가 일정한 일관성을 가지고 있다는 것을 알게 되자, Smtih는 교사들 사이의 불일치가 어떻게, 왜 나타나게 되는지에 대해 찾아내기 위해 채점자들 사이의 차이에 대한 연구를 시작했다. Smith가 찾아낸 불일치의 일관성은 연구에 참여한 채점자들이 어느 정도 일관되고 규칙에 의해 지배를 받기는 하지만, 배치에 대한 서로 다른 채점 기준을 가지고 있기 때문에 각기 다른 점수를 부여한다는 점을 암시하는 것으로 보였다. 그리고 마침내 Smith는 채점자들 사이의 불일치는 개인들이 개별적으로 가르쳤던 내용에 가장 크게 영향을 받는다는 것을 알게 되었다. Smith는 채점자들을 한 명의 개인으로 보지 않았고, 채점자를 둘러 싼 환경과 묶어 하나로 인식했다. 그렇게 되자 평가자들이 서로 매우 높은 비율로 일치를 보인다는 것을 찾아낼 수 있었다. 다른 평가자들과 높은 비율로 일치를 보이거나 다른 채점자들과 일관되게 일치하지 않는 채점자들은 모두 배치에 대한 의사 결정을 내리기 위한 교육과정에서 특정 과정을 가르친 경험을 공유하고 있었다. 궁극적으로 Smith는 특정 교육과정을 일정하게 가르친 교사들이 그 교육과정에서의 배치에 대한 의사 결정을 더 잘 내릴 수 있다는 결론에 도달했다. 마침내 Smith는 배치의 정확성을 확인할 수 있는 개별적인 점검 기준을 사용하게 되었다. 그 점검 기준은 (1) 학기가 시작할 때 이동한 학생의 수, (2) 과목 성적, (3) 과목 적합성에 대한 학생 조사 결과, (4) 배치 만족도에 대한 교사 조사 결과, (5) 기말 시험 혹은 사후검사이다. 이러한 점검 기준을 사용하여 Smith는 자신이 개발한 전문적인 평가자 시스템이 그가 속한 기관에서 학생들을 배치하기 위해 사용하는 총체적인 채점 방법보다 더 정확하고 적합한 방법이라고 하였다.

Smith의 방법은 교사들이 가르친 과목과 관련된 배치 절차를 구조화하는 것이었다. 학생 글을 처음 읽는 평가자는 "이 학생이 내 수업을 듣는 학생인가?"라는 질문을 던진다. 평가자가 "그렇다"라고 생각한다면, 그 글은 특정 과목을 가르치는 다른 교사에게 전달된다. 평가자가 "아니다"라고 생각한다면, 평가자가 보았을 때 의사 결정을 내리는 데 가장 적합하다고 생각되는 전문가에게 그 글을 넘기게 된다. 이러한 방식으로 두 명의 평가자가 자신이 속해 있는 과목의 관점에서 바라본 결과에 따라 한 명의 학생이 배치되는 것이다. 평가자의 선정은 특정 과목을 얼마나 넓게, 그리고 최근에 가르쳤는지에 대한 경험을 토대로 하여 이루어진다. Smith가 새로운 배치 절차를 개발한 뒤에, 그는 자신이 개발한 시스템을 통해 얻어낸 결과 및 자료와 총체적 채점을 사용해서 얻어낸 결과 및 자료를 비교했다. 그리하여 그의 "전문적 평가자" 절차가 보다 정확하고 믿을 수 있는 점수를 더 짧은 시간에 더 적은 비용으로 산출해 냈다는 것을 발견했다. 그는 평가자들이 더욱 빠르게 의사 결정을 내릴 수 있다는 것을 발견했을 뿐 아니라, 교육 과정 안에서 별도의 배치고사를 위한 커트라인을 설정할 필요가 없으며, 채점자들의 점수를 합계 내는 과정이나 평균을 내기 위한 기간을 마련할 필요도 없다는 것도 밝혔다. 왜냐하면 그의 평가자(reader)[4]들은 배치와 관련된 의사 결정을 곧바로 내릴 수 있었기 때문이다.

평가자들 사이의 채점 결과 불일치에 일관성이 있다는 Smith의 발견은 쓰기 평가의 문제를 전혀 새로운 방식으로 구조화하는 것이었다. 평가자들 사이의 일치를 구하려고 애쓰는 것 대신에, Smith는 평가자들 사이의 일관성이 어떻게 해서 일어나며, 그러한 불일치가 일관성을 가지고 있는 이유는 무엇인지를 밝히려고 시도했다. 그가 발견한 것은, 모든 평가자들이 배치 의사 결정을 내리는 데 동일한 능력을 갖고 있지는 않다는 것이었다.

20세기 전반에 걸쳐서, 읽기에 대한 지식은 1930년대에 처음 제시된 Louise Rosenblatt (1978)의 논쟁을 지지하는 논의들이 빠른 성장을 보였다. Rosenblatt의 주장은 읽기를 하는 동안에 그들의 이해에 영향을 미치는 텍스트 표상은 평가자들이 만들어내는 것이라는 점이었다. 사람들이 각기 다른 텍스트를 다른 방식으로 읽는다는 것은 더 이상 새롭지 않았다.

---

4) 이 글에서 교사가 점수를 내는 쓰기 평가와 관련될 때는 "평가자(rater)"라는 단어를, 교사가 직접 결정할 때는 "독자(reader)"라는 단어를 사용하였다.

텍스트를 각기 다른 방식으로 읽는 능력은 종종 중요한 지적 작업으로 간주되었으며, 특히 문해와 관련된 연구에서는 더욱 그러했다(Elbow & Yancey, 1994). 하지만 쓰기 평가에 대한 역사에서 확인할 수 있듯이, 다양한 읽기를 수행할 수 있는 교사들의 능력은 학생의 글을 평가하기 위한 활용 가능한 방안을 제시하는 데에서 중요한 문제점을 노출했다. 그리고 이 (읽기 과정의 일부인) 다양한 읽기가 가지고 있는 "문제점"은 컴퓨터 프로그램을 사용하여 최종적으로 학생 글을 완벽한 일관성을 가지고 읽어낼 수 있는 능력과 관련된 일련의 기술들을 통해 해결된다.

　매우 다양한 방식으로 학생들의 글에 점수를 부여하는 것에 대해 평가자들이 동의하지 않는 현상의 구조에는 이러한 가정이 바탕이 되어있다는 점이 분명하기는 하지만, 배치를 위해 전문적인 평가자들이 수행하는 절차(쓰기 평가에서 이러한 부분에 대해 연구한 좋은 예는 O'Neill, 2003 참고)들에 내재되어 있는 모든 가정들에 대해 탐구하는 것은 이 장의 범위를 넘어선다. 총체적인 채점에는 채점 기준표를 제공하거나 사람들이 보다 잘 동의할 수 있도록 훈련시켜서 궁극적으로 일관성 있는 점수를 산출할 수 있는 프로그램을 만드는 것 등이 포함된다. 하지만 이러한 총체적인 채점과 같은 절차의 개발을 통해 불일치 문제를 조정하는 것 보다는, 서로 다른 평가자들이 텍스트를 서로 다른 방식으로 읽는다는 사실을 인정하고 활용할 수 있는 방안을 찾을 필요가 있다. 이러한 절차들은 또한 신뢰할 수 있는 점수를 얻어내기 위한 것이라기 보다는, 교사들이 가장 적절한 교육적 의사 결정(여기서는 배치)을 내릴 수 있는 방법을 제공하는 것을 목적으로 하고 있기도 하다. 비록 척도가 글이 가지고 있는 다양한 특성들에 대한 자세한 묘사를 포함하고 있더라도, 누군가에게 한 편의 글을 주고 그 글이 4점 척도에서 2점 혹은 3점을 받을만한지 아닌지를 물을 경우, 그에 대한 답변은 매우 다양하게 나타난다. 여기서 나타나는 다양함은, 교사가 일정한 전문적인 견해를 토대로 하여 한 학생을 어떤 학급에 소속시키는 것이 그에게 가장 큰 유익함을 주는지에 대해서 교사에게 물어보았을 때 나타날 수 있는 다양함보다 훨씬 심한 것이다.

　Smith의 연구는 교사들이 학생들의 글을 읽고 그 글에 대하여 정확한 평가를 내릴 수 있다는 전제에서 적절한 환경의 설정으로서의 쓰기 평가 문제에 대한 틀을 잡았다. 그가 설계한 구조는 특정 맥락을 둘러싼 읽기에 초점을 맞추고 있으며, 어떤 평가자는 다른 평가자에 비해 특정 평가 결정을 더 잘 내릴 수 있다는 사실을 존중한다. 그가 설정한 절차들은 우리가 현재 이론적이고 경험적으로 읽기와 쓰기에 대하여 알고 있는 것들을 통하여 쉽게 지지되고 설명된다.

Smith(1993)는 채점자들의 일치에 대해서는 전혀 초점을 맞추지 않은 상태에서, 자신의 전문 과목에 직접적인 의사 결정을 내리는 평가자들이, 총체적인 채점 방식에서 일치를 보이기 위해 훈련된 동일한 평가자들에 비해 더 높은 일치도를 보인다는 점을 보고하고 있다(pp.192-196). 다시 말해서, 20세기 전반에 걸쳐서 수행된 다양한 연구들에서 발견되는 일치의 변화는(Godshalk et al., 1966, pp.1-5 참고), 교사들이 쓰기 질에 본질적으로 동의하지 않아서도 아니고, 쓰기 지도에서 특정 시기에 학생들이 무엇을 수행할 필요가 있는지에 대한 일정한 의견 일치에 도달하지 못했기 때문도 아닌 것이다. Smith(1992, 1993)가 그의 연구에서 자세히 설명한대로, 총체적인 채점과 (혹은) 직접 쓰기 평가에 대한 발달적인 연구에서 나타나는 가장 큰 문제점은 바로 맥락이 전혀 중요한 요인이 아니었다는 점이다.

예를 들어, 신뢰도에 대한 가장 유명한 연구인 Diederich, French, & Carlton(1961)에서는 55명의 평가자가 300편의 에세이를 읽도록 실험을 설계한 바 있다. 여기에 에세이 중 90%가 9점 척도에서 7점이나 혹은 그 이상을 받았다. 하지만 이 연구에서 직업군이 다양한 연구 참여자들은 평가를 할 때 내리는 의사 결정에 대해 아무런 맥락도 제공받지 못했다. 여러 가지 점에서 이 연구는 쓰기 평가에서의 신뢰도에 대한 읽기와 의미 생성의 맥락이 가지고 있는 중요성을 보여주는 좋은 사례가 된다. 맥락이 제공되지 않을 경우, 평가자들은 각각의 개별적인 글들이 가지고 있는 상대적인 장점에 대해 일치에 도달할 수 없으며, 이보다 중요한 것은 그 의사 결정이 그 글을 대신하여 내려진다는 것이다. 이렇게 되면 Smith가 개발한 절차들이 이론적으로 의존하고 있는 것은 읽기에 대해 이해하고, 의미를 구성하며, 의사 결정을 내리기 위한 맥락의 중요성이라고 말할 수 있다. 비록 전통적인 직접 쓰기 평가 절차가 각각의 글들에 가장 믿을 수 있는 점수를 부여할 수 있는지를 제시해 주는 채점 이론에 기반하고 있다고 하더라도 말이다.

이러한 맥락에서 읽기에서의 모든 변화가 나쁘다고는 할 수 없다. 곧, 쓰기 평가에 대한 기술적인 설명들을 돌이켜 보면, 그러한 절차들은 서로 다른 상황에서 서로 다른 목적을 가지고 서로 다른 평가자들이 서로 다른 방식으로 서로 다른 텍스트를 읽었다는 사실에 기반을 둔 것이었다. Smith는 읽기에서의 변화를 정확하고 일관성 있는, 하지만 여전히 변할 수 있는 절차를 구성하는 데에 사용했다. 이 모형에서 중요한 부분은 (특정 학급을 담당하고 있는 교사인) 평가자가 의사 결정을 내릴 수 있는 친숙하고 확신에 찬 상황을 조성하는 것이다. 여기서 말하는 의사 결정은 평가자의 전문 분야이거나, 특정 학생이 글을 생산한 맥락이 제공된 상태에서 평가자가 글을 읽을 수 있는 상황이어야 한다. Smith(1992, 1993)와 O'Neill

(2003) 모두에서는 평가자가 학생에 대해서는 고려하고 글에 대해서는 고려하지 않는 상황에서 내린 의사 결정의 유형과 특성이 갖고 있는 차이점에 대해서 설명하고 있다. 평가자에 의해 생성된 맥락은, 평가자가 특정 텍스트에 대해 분명한 주관을 가지거나 혹은 갖지 못한 것과는 상관없이 이미 주어진 채점 기준표에 따라 그 텍스트를 바라보도록 하기보다는, 필자로서의 전체적인 학생의 발달을 고려한 풍부한 의사 결정을 내릴 수 있도록 한다.

결론

쓰기 평가의 기술 중심적 역사에 대한 논의를 진행하면서 우리가 분명하게 바랐던 것은, 문법, 용법, 맞춤법에 대한 간접적인 검사의 개발, 총체적 채점, 분석적 채점, 주요 특성 채점 등과 같은 쓰기 직접 검사의 개발, 학생의 글에 대한 기계적인 채점의 개발 등이었다. 이러한 바람은 쓰기 평가가 가지고 있는 두 가지 구체화된 문제점에 기반하고 있다. 하나는 동일한 글에 대해 점수를 일치시킬 수 있는 능력이 없는 채점자의 무능력이다. 다른 하나는 채점자들이 이러한 문제를 해결하기 위한 기술적인 접근 방법의 활용에서도 무능력을 보인다는 것이다.

또한 우리는 쓰기 평가 문제의 틀을 다른 방식으로도 해명할 수 있기를 바란다. 그리고 학생을 위해 적절한 교육적 결정을 내리는 것의 어려움과 중요성에 대한 이해를 가능하게 하는 다른 방식들이, 편협한 이해 및 전문가(편협한 지식을 넘어서기 위하여 기술의 적용을 필요로 하지 않는)에 바탕을 두는 것에 대하여도 해명할 필요가 있을 것이다. 대신에 이러한 "제한적인" 절차들은 신뢰할 수 있을 정도로 정확해야 하고, 윤리적이고 교육적인 의사 결정을 내릴 수 있는 것이다. 전문 평가자 모형과 같은 쓰기 평가 절차는 기술적인 속성을 가지고 있다. 특정 평가자들은 특정 글을 읽는다. 그리고 모든 평가자들은 그들이 배치와 관련된 의사 결정을 내리는 과목을 가르쳐야만 한다. 그것 말고는, 교사가 글을 읽고 특정 학생이 어떤 학급에 가장 알맞을 것인지에 대해 단일한 의사 결정을 내리는 것을 제외하고는 기술은 존재하지 않는다. Smith의 절차는 사람들이 어떻게 읽는지에 대한 이론과, 배치와 관련된 의사 결정의 정확성과 일관성을 설명해 주는 경험적인 증거에 의해 지지받는다. 이러한 것들은 Messick(1989)에서 정해 놓은 기초적인 원칙과 타당도를 위한 다른 원칙들을 만족시킨다.

여기서 문제와 쓰기 평가에 대한 일반적인 구조를 이론적으로 구체화하는 Smith의 작업에 대해서 언급하는 것 또한 중요하다. Smith의 이 구체화 작업은 다양한 환경과 맥락에서 사용되어 왔다. Susanmarie Harrington(1998)에서는 온라인상에서 쓰기를 하기 위한 학생들의 능력을 포함하는 절차들에 대해 설명했다. 그리고 전자 환경에 처해 있는 학생에게 평가자가 접근하고 의사 결정을 내릴 수 있게 하는 절차에 대해서도 설명했다. 이 연구자들과 이들과 비슷한 연구자들은 쓰기 평가가 일치의 문제에 대한 기계적인 접근보다는 문해력과 쓰기 이론에 대한 가장 최근의, 최고의 이해를 중심으로 돌아가고 있다는 점을 이해하고 있었다. 사실상, 우리는 쓰기 간접 평가, 총체적 채점, 기계적으로 채점된 에세이 등과 같은 기술적인 접근들이 쓰기 평가와 관련된 문제를 구체화하고 명명하는 한 가지 방식일 뿐이라고 생각한다. 과거의 지식과 전문적 견해에 의존하고 있는 Smith나 다른 연구자들의 접근은 서로 다른 방식으로 문제를 구체화하고 있으며, 매우 다양한 해결책을 제공해 준다. <그림 28.1>은 쓰기 평가의 문제에 대한 두 가지 서로 다른 접근의 개별적인 궤적에 대해 보여주고 있으며, 이들이 매우 다양한 해결책을 가지고 있을 수 있다는 점을 보여준다.

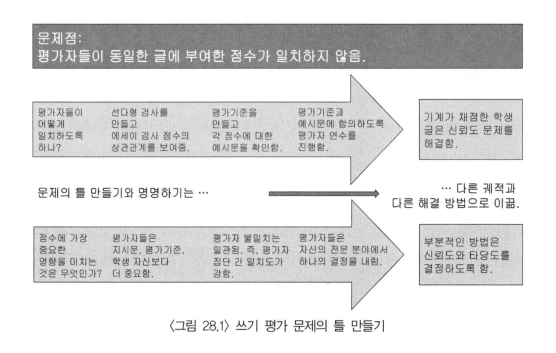

〈그림 28.1〉 쓰기 평가 문제의 틀 만들기

　이상적인 상황이라면, 우리는 이러한 두 가지 매우 다른 접근법들이 학생들의 쓰기 능력에 기반을 두어 그들에 대한 의사 결정을 내릴 필요가 있는 사람들에게 실질적으로 중요하고 가치가 있다는 결론에 만족하게 될 것이다. 불행하게도, 대부분의 기술적인 작업들은 이러한 방식으로 일어나지 않는다. 학생의 글을 기계로 채점하는 것과 같은 기술적인 혁신은 Ellis Page와 같은 소수의 연구자들이 도달한 결론일 뿐만 아니라, 이윤을 내기 위해 대규모로 개발되고 판매되는 경제적인 생산물이기도 하다. 최근에는 ACT와 SAT가 쓰기 검사를 거래하고 있다. 이 검사는 학생들이 25분 동안 쓰기를 수행한 뒤, 그 결과 점수를 대학 고유의 배치와 관련된 의사 결정을 위해 컴퓨터 프로그램에 의해 채점토록 하는 것이다. 학생들은 이러한 새로운 검사를 위한 교육적이고 재정적인 비용을 정면에서 받아들여야 한다. 이러한 새로운 스키마에서 쓰기 평가의 문제를 표현하는 다른 방식과 학생들을 가르침으로써 의사 결정을 내리도록 위임받은 사람들의 문화 손실을 표현하는 다른 방식의 가치를 완전히 잃어 버렸다(White, 출판 중[5]). 덧붙여 국가적인 검사 경제를 늘리기 때문에, 우리는 쓰기 지도 및 평가에 대한 지역적 책무에 의해 개발되고, 지지되며, 유지되어 온 지역 경제를 손상시킨다. 이러한 지역 경제의 파괴는 계속되는 쓰기 평가에 대한 기술적인 관심의 지속에 중요한 파급력을 미치게 된다. 우리는 단지 완벽하게 일치된 점수를 얻어낼 수 있는 능력에 기반을 두고 있는 과거의 지식 및 전문적 견해를 평가 절하하는 것일 뿐 아니라, 전문적인 발달 기회를 가지고 있었던(통상적으로 대학원생이거나 시간 강사인) 과거의 평가자들이 전문성을 발달시킬 수 있는 기회를 빼앗는 것이기도 하다(Elbow & Belanoff, 1986; Edgington & McCarren, 준비 중; White, 1993; 그 외 다수). 경제에 대해 이야기하는 것과 동시에 Smith와 다른 연구자들이 개발한 절차들에 대해 언급하는 것이 매우 중요하다. 이 예로는 Richard Haswell(2001)을 들 수 있는데, 이는 상업적 거래로는 실행이 불가능한 것이다. 예를 들어, 루이빌 대학에서 연구한 배치와 관련된 전문적 평가자 모형에서, 우리는 1인당 비용이 5달러 이하로 드는 효과적인 배치와 관련된 의사 결정을 내릴 수 있었다.

마지막으로, 쓰기 평가가 기계적인 채점 방식을 발달시켰다는 점이 명백하기를 바란다. 하지만 그 방식이 유일한 것이어서 발달된 것도 아니고, 가장 좋은 방식이어서 발달된 것도 아니다. 발달된 이유는 문제가 기술적으로 구체화되었기 때문이다. 신뢰도과 관련된 기술적인 문제를 해결하기 위한 접근 방식은 완벽하게 기술적이었던 것이다. 하지만, 비록 우리가 신뢰도과 관련된 문제에 접근하기는 했지만, 우리는 의사 결정을 위한 채점, 제한적인 지식에 대한 일관성 등을 평가할 수 있는 시스템을 개발했다. 그리고 교수진의 노동력에 대한 경제적

---

5) [역주] 이후 출판되었으며 서지 사항은 다음과 같다. White, E. (2005). The Misuse of Writing Assessment for Po litical Purposes. Journal of Writing Assessment, 2(1), 21-35.

인 보상으로 변환되는 경제와, 컴퓨터 프로그램을 사용하는 국가 기업의 전문성 등도 창조해 냈다. 우리는 이러한 평가에 기반을 두고 있는 학생 글 평가 및 교육적 의사 결정이 우리가 쓰기를 가르칠 때 수행하는 작업의 특성에 매우 중요할 뿐만 아니라 우리가 평가하는 것에 대한 매우 강력한 진술을 할 수 있게 해 준다고 믿는다(Broad, 2003). 하지만 그렇다고 해서 우리가 쓰기 평가를 기술적인 문제로 구체화하고, 학생들의 글을 컴퓨터 프로그램으로 채점 할 수 있는 기술을 창조해낸 사람들의 성취를 가치 없는 것이라고 말하는 것은 아니다. 우리는 그들의 노력에 박수를 보내며, 대규모 집단의 학생들을 채점할 수 있게 해 주는 것이 엄청난 가치를 가지고 있다는 점을 분명히 알고 있다. 학생의 글을 기계로 채점하는 것이 가지고 있는 가장 큰 잠재성은 방대한 양의 학생 에세이를 살펴볼 수 있게 해 주는 연구 도구로서의 역할을 할 뿐 아니라 프로그램이 복제할 수 있도록 되어 있어서 읽는 방식에 따라 다양한 종류의 점수를 제공해 줄 수 있다는 점이다. 예를 들어, 우리는 서로 다른 상황과 맥락에 적합한 몇 가지 서로 다른 읽기 방식들에 대해 조사할 수 있었다. 그리고 가치 있는 쓰기 방식에 대한 질문에 답을 할 수 있었다. 교육기관에서 이루어지는 배치와 관련된 의사 결정이 어떻게 비교되는지를 아는 것은 흥미로워 보인다. 물론 그들의 목적은 이 프로그램의 개발에 들어간 값을 치러야 하는 산업에 따라 다르다. 그리고 이미 회사의 수입을 얻기 위한 새로운 시장과 방법을 발견한 상태이다.

이와는 반대로, 우리는 쓰기를 가르치는 교사, 쓰기 프로그램을 관리하는 행정가들, 쓰기 평가 의사 결정에 영향을 미치는 사람 등에게 다음과 같이 요구한다. 그들은 기술적인 접근 이상의 것을 바라보아야 하고, 쓰기 평가와 관련된 문제를 학생과 교사를 위한 가장 적절한 의사 결정(타당도)을 내리기 위한 방식으로 구체화해야 한다. 교사의 전문적 능력에 기반을 둔 과거 방식의 수용과 컴퓨터 프로그램에 기반을 둔 방식의 수용 모두를 통해서, 채점의 일관성과 관련된 문제(신뢰도)를 해결할 수 있는 것이다. 무엇보다도 중요한 것은 신뢰도를 추구하는 쓰기 평가와 학생을 위한 가장 적절한 의사 결정을 내리는 것(타당도)을 추구하는 절차 두 가지 사이의 차이점을 이해하는 것이다. 쓰기 평가 및 기술의 영향에 대해 역사적으로 이해하는 것은 우리가 쓰기 평가에 대한 가능한 가장 적절한 의사 결정을 내리게 할 수 있는 방법이다. 그리고 이 방법은 기술적인 수준과 제한적인 수준에서 수행된 쓰기 평가에 대한 결과물들에 기반을 두면서 동시에 이들을 보호하는 것이다.

참고문헌

Aronowitz, S. (2000). *The knowledge factory: Dismantling the corporate university and creating true higher education.* Boston: Beacon Press.

Barton, B. F., Barton, M. S. (1993). Idelogy and the map: Toward a postmodern visual design practice. In N. R. Blyler & C. Thralls (Eds.), *Professional communication: The social perspective* (pp. 49-78). Newbury Park, CA: Sage.

Barton, E. (1994). Interpreting the discourses of technology. In C. Selfe & S. Hilligoss (Eds.), *Literacy and technology: The complications of teaching and learning with technology* (pp. 56-75). New York: Modern Language Association Press.

Belanoff, P. (1994). Portfolios and literacy: Why. In L. Black, D. Daiker, J. Sommers, & G. Stygall (Eds.), *New directions in portfolio assesment* (pp. 13-24). Portsmouth, NH: Boynton/Cook.

Belanoff, P., & Dickson, M. (Eds.). (1991). *Portfolios: Process and product.* Prtsmouth, NH: Boynton/Cook.

Brereton, J. (1995). *The origins of composition studies in the American college, 1857-1925: A documentary history.* Pittsburgh: University of Pittsburgh Press.

Broad, B. (2003). *What we really value: Beyond rubrics in teaching and assessing writing.* Logan: Utah State University Press.

Calfee, R., & Perfumo, P. (Eds.). (1996). *Writing portfolios in the classroom: Policy and practice, promise and peril.* Mahwah, NJ: Erlbaum.

Callahan, S. (1997). Tests worth taking?: Using portfolios for accountability in Kentucky. *Research in the Teaching of English, 31,* 295-336.

Camp, R. (1993). Changing the model for the direct assessment of writing. In M. M. Willianmson & B. Huot, (Eds.), *Validating holistic scoring for writing assessment: Theoretical and empirical foundations* (pp. 45-78). Cresskill, NJ: Hampton Press.

Cherry, R., & Meyer, P. (1993). Reliability issues in holistic assessment. In M. M. Williamson & B. Hout, (Eds.), *Validating holistic scoring for writing assessment: Theoretical and empirical foundations* (pp. 109-141). Cresskill, NJ: Hampton Press.

Connors, R. (1997). *Composition-rhetoric: Back-ground, theory and pedagogy.* Pittsburgh: University of Pittsburgh Press.

Cooper, C. R. (1977). Holistic evaluation of writing. In C. R. Cooper, & L. Odell (Eds.), *Evaluating writing: Describing, measuring, and judging* (pp. 3-32.) Urbana, IL: National Council of Teachers of English.

Crowley, S. (1998). *Composition in the university: Historical and polemical essays.* Pittsburgh: University of Pittsburgh Press.

Diederich, P., French, J., & Carlton, S. (1961). *Factors in judgment of writing quality* (Research Bulletin No. 61-15). Princeton, NJ: Educational Testing Service.

Edgington, A., & Mcarren, J. (in preparation). Rater talk: Examining decision-making discourse in writing assessment. In M. M. Williamson & B. Huot (Eds.) *Revising Holistic Scoring: Second Edition*. Cresskill, NJ: Hampton.

Elbow, P. & Belanoff, P. (1986). Portfolios as a substitute for proficiency examinations. *College Composition and Communication*, 37, 336-339.

Elbow, P. & Yancey, K. (1994). On the nature of holistic scoring: An inquiry composed on email. *Assessing Writing*, 1, 91-108.

Hout (Eds.), *Revising holistic scoring: A second edition*. Cresskill, NJ: Hampton.

Foucault, M. (1977). *Discipline and punish: The birth of the prison* (A. Sheridan, Trans.). New York: Pantheon.

Godshalk, F. I., Swineford, F., & Coffman, W. E. (1966). *The measurement of writing ability* (CEEB RM No. 6). Princeton, NJ: Educational Testing Service.

Greenberg, K. L., Wiener, H. S., & Donovan, R. A. (Eds.). (1986). *Writing assessment: Issues and strategies*. New York: Longman.

Greenberg, K., & Witte, S. (1988). Validity issues in direct writing assessment. *Notes from the National Testing Network in Writing*, 8, 13-14.

Hanson, F. A. (1993). The forest of pencils, In F. A. Hanson (Ed.), *Testing testing: Social consequences of the examined life* (pp. 185-221). Berkeley: University of California Press.

Harrington, S. (1998). New visions of authority in placement test rating. *WPA: Writing Program Administration*, 22, 53-84.

Haswell, R. H., & Wyche, S. (2001). Authoring an exam: Adventuring in large-scale writing assessment. In R. H. Haswell (Ed.), *Beyond outcomes: Assessment and instruction within a university writing program* (pp. 13-24). Westport, CT: Ablex.

Heidegger, M. (1977). *The question concerning technology* (W. Lovitt, Trans.) Now York: Harper & Row.

Huot, B. (1996). Toward a new theory of assessment. *College Composition and Communication*, 47, 549-566.

Huot, B. (2002). *(Re)articulating writing assessment for teaching and learning*. Logan: Utah State University Press.

Huot, B., & Williamson, M. M. (1997). Rethinking portfolios for evaluating writing: Issues of assessment and power. In K. V. Yancey & I. Weiser (Eds.), *Situating Portfolios: Four perspectives*. Logan: Utah State University Press.

MacKenzie, D., & Wajcman, J. (Eds.). (1999). *The social shaping of technology* (2nd ed.). Buckingham UK: Open University Press.

Madaus, G. (1993). A national testing system: Manna from above?: An historical/technological perspective. *Educational Measurement*, 11, 9-26.

Madaus, G. (1994). A technological and historical consideration of equity issues associated with proposals to change the nation's testing policy. *Harvard Educational Review*, 64(1), 76-95.

Messick, S. (1989). Meaning and values in test validation: The science and ethics of assessment. *Educational Researcher,* 18(2), 5-12.

Miller, R. (1994). Composing English studies: Toward a social history of the discipline. *College Composition and Communication,* 45, 164-179.

Murphy, S. (1997). Teachers and students: Reclaiming assessment via portfolios. In. K. B. Yancey & I. Weiser (Eds.), *Situating portfolios: Four perspectives* (pp. 72-88). Logan: Utah State University Press.

Murphy, S., & Grant, B. (1996). Portfolio approaches to assessment: Breakthrough or more of the same. In E. M. White, W. D. Lutz, & s. Kamusikiri (Eds.), *Assessment of writing: Politics, policies, practices* (pp. 284-300). New York: Modern Language Association.

Myers, M. (1980). *A procedure for writing assessment and holistic scoring.* Urbana, IL: National Council of Teachers of English.

Odell, L. (1981). Defining and assessing competence in writing. In C. Cooper (Ed.) *The nature and measurement of competency in English* (pp. 95-138). Urbana, IL: National Council of Teachers O English.

O'Neill, P. (2003). Moving beyond holistic scoring through validity inquiry. *Journal of Writing Assessment,* 1, 47-65.

Page, E. (1994). Computer grading of student prose: Using modern concepts and software. *Journal of Experimental Education,* 62, 127-142.

Palmer, O. (1960). Sixty years of English testing. *College Board,* 42, 8-14.

Rhoades, G., & Slaughter, S. (1998). Academic capitalism, managed professionals, and supply-side higher education. In R. Martin (Ed.), *Chalk lines: The politics of work in the managed university* (pp. 33-68). Durham, NC: Duke University Press.

Rosenblatt, L. (1978). *The reader, the text, the poem: The transactional theory of the literary work.* Carbondale: Southern Illinois Press.

Royer, D. J., & Gilles, R. (1998). Putting assessment in its place with directed self-placement. *College Composition and Communication,* 50, 54-70.

Schon, D. (1984). *The reflective practitioner: How professionals think in action.* New York: Basic Books.

Selfe, C. L. (1999). *Technology and literacy in the twenty-first century: The importance of paying attention.* Carbondale: Southern Illinois University Press.

Shermis, M., & Burstein, J. (Eds.). (2003). *Automated essay scoring: A cross-disciplinary perspective.* Mahwah, NJ: Erlbaum.

Shohamy, E. (2001). *The power of tests: A critical perspective of the uses of language tests.* London: Longman.

Smith, W. L. (1992). The importance of teacher knowledge in college composition placement testing. In J. R. Hayes, R. E. Young, M. L. Matchett, M. Mc Caffrey, Cochran, & T. Hajduk (Eds.), *Reading empirical research studies: The rhetoric of research* (pp. 289-316). Hillsdale, NJ: Erlbaum.

Smith, W. L. (1993). Assessing the reliability and adequacy of using holistic scoring of essays as a college composition placement program technique. In M. M. Williamson & B. Huot (Eds.), *Validating holistic scoring for writing assessment: Theoretical and empirical foundations* (pp. 142-205). Cresskill, NJ: Hampton Press.

Sommers, N. (1982). Responding to student writing. *College composition and Communication*, 33 148-156.

Starch, D., & Elliott, E. C. (1912). Reliability of the grading of high school work in English. *School Review*, 20, 442-457.

Strickland, D. (2001). Taking dictation: The emergence of writing and the cultural contradictions of composition teaching. *College English,* 63, 457-479.

White, E. M. (1993). Holistic scoring: Past triumphs and future challenges. In M. M. Williamson & B. Hout. (Esd.), *Validating holistic scoring for writing assessment: Theoretical and empirical foundations* (pp. 79-108). Cresskill, NJ: Hanmpton Press.

White, E. M. (1995). An apologia for the timed imprompru essay test. *College Composition and Communication*, 46, 30-45.

White, E. M. (2005). The science of writing portfolios: Phase 2. *College Composition and Communication,* 56, 581-600.

White, E. M. (in press). The misuse of writing assessment for political purposes. *Journal of Writing Assessment*, 2.

Williamson, M. M. (1993). An introduction to holistic scoring: The social, historical, and theoretical context for writing assessment. In M. M. Williamson & B. Huot (Eds.), *Validating holistic scoring for writing assessment: Theoretical and empirical foundations* (pp. 1-44). Cresskill, NJ: Hampton Press.

Williamson, M. M. (1994). The worship of efficiency: Untangling theoretical and practical considerations in writing assessment. *Assessing Writing,* 1, 147-74.

Williamson, M. M., & Huot, B. (Eds.). (1993). *Validating holistic scoring for writing assessment: Theoretical and empirical foundations.* Cresskill, NJ: Hampton Press.

Winner, L. (1985). Do artifacts have politics? In D. MacKenzie & J. Wajcman (Eds.), *The social shaping of technology* (2nd ed. pp. 28-40). Buckingham, UK: Open University Press.

Yancey, K. B. (1992). *Portfolios in the writing classroom: An introduction.* Urbana, IL: National Council of Teachers of English.

Yancey, K. B. (1999). Looking back as we look forward: Historicizing writing assessment. *College Composition and Communication*, 50, 483-503.

제 29 장

읽기는 쓰기에 대해 무엇을 말해주는가?
쓰기와 쓰기 장애의 신경 생물학적 기반 실험에 관한 주요 질문 및 방법적 변화

Kenneth R. Pugh, Stephen J. Frost, Rebecca Sandak, Margie Gillis,
Dina Moore, Annette R. Jenner & Einar Mencl

뇌 영상 기술(neuroimaging techniques)은 최근 언어, 독해, 기억, 수학적 증명, 집중, 집행 기능과 같은 인지적인 영역의 특징적인 발달을 설명하는 데에 빈번하게 사용되고 있다(Papanicolaos, Pugh, Simos, & Mencl, 2004). 복잡한 인지 기능에 내재되어 있는 신경 시스템을 밝혀내는 것을 목표로 하는 연구는 양전자 방출 단층 촬영(PET, positron emission tomograghy), 기능적 자기 공명 영상 기술(fMRI, functional magnetic resonance imaging), 전자식 뇌 촬영도(MEG, magnetoencephalography) 등 뇌 영상 기술의 급격한 발전으로부터 큰 도움을 받았다.

기능적 뇌 영상 기술은 참가자가 특정한 인지적 과제를 수행할 때 활성화되는 뇌의 영역들을 확인할 수 있게 해 준다(구체적인 방법론적 논의와 서로 다른 기술을 더 자세하게 살펴보기 위해서는 Papanicolaou et al., 2004 참고). 물론 어떤 인지 기능들은 여러 두뇌 영역에 널리 퍼져 있을 수도 있겠지만, 어떤 인지 기능들은 특정 두뇌 영역에만 한정되어 있을 수도 있다. 그리고 현재까지 밝혀진 연구 결과는 이러한 가설이 옳은 것임을 증명하고 있다. 예를 들면, 주로 언어 처리 작업 중에 활성화되는 뇌의 영역은 시각적 지각, 수학적 논증, 기억 작업에 관련되는 영역과는 겹치지 않는다(Frackowiack, Friston, Fruth, Dolan, & Mazziotta, 1997).

이 장에서 우리는 기능적 뇌 영상 기술이 쓰기나 쓰기 장애와 관련된 연구에 효과적으로 활용될 수 있다는 점을 전제로 하고, 이러한 유형의 연구를 수행하기 위해 요구되는 방법론적인 문제들과 연구 설계상의 어려움을 해결할 수 있는 방안에 대해 모색하고자 한다. 지금까지 뇌 영상 기술 연구는 비교적 복잡한 언어 생산 영역에서는 거의 수행되지 않았다. 하지만, 쓰기는 다른 다양한 신경 생물학 체제와 언어 기능을 공유할 것이라고 처음부터 가정하는 것이 합리적이다. 그러므로 우리는 구어와 문어의 지각 및 생산과 관련된 기능적 두뇌 조직에 대한 선행 연구 결과를 살펴보는 것에서부터 논의를 시작하려고 한다. Berninger, Abbot, Abbott, Graham & Richards(2002)는 쓰기의 어려움이 귀(발화 지각), 입(발화 생산), 눈(읽기), 손(쓰기)에 의한 언어적 일반적 능력과 어떤 식으로 관련되어 있는가를 밝혀야 하는 필요를 강조하면서, 이와 같은 언어 영역들 모두의 상호 연관성에 관한 대규모의 행동학적 연구를 수행했다. 이러한 각각의 언어 영역은 복잡하고 계층적으로 조직되어 있으므로(Indefry & Levelt, 2004) 우리는 앞서 개별 영역의 하위 과정을 분리하고 검사할 방법과 실험 설계를 개발할 필요성을 언급했다(Pugh et al., 1997, 2000). 예를 들어, 우리는 어떠한 양상이 나타나더라도, 계층적으로 조직된 하위 어휘, 어휘, 통사, 이해 등과 관련된 하위 과정이 어떠한 의미 있는 차이를 보이는지를 밝힐 수 있는 것이다. 다양한 수준에서, 이러한 각각의 구성요소는 구어적·문어적 언어의 영역 사이에서 공유되는 경향이 있다.

행동학적 연구는 독해와 작문의 장애가 매우 중복되고, 따라서 공통적 인과관계에 기반을 두고 있다는 것을 지적한 바 있다(Berninger et al., 2002). 현재 읽기 장애에 대한 성공적인 처치와 관련하여 신경 생물학적 징후뿐만 아니라, 절차적 조직의 측면에서 읽기의 발달과 장애에 관한 신경 생물학적 관점이 보다 널리 알려져 있다. 그러므로 이 장에서는 우리가 작문의 어려움과 그 개선을 조사하는 것을 시작할 때에 예상할 수 있는 것에 대한 예비 가설을 제공한다는 점에 대해 검토할 것이다. 우리는 일반적으로 구어 대 문어의 신경 생물학적 기질에 대해 알려진 것을 고려함으로써 시작할 것이다.

문어와 구어의 관계

인류의 역사 전개와 아동 발달 모두에서 먼저 등장하는 것은 구어 능력이다. 그리고 이러한 구어 능력을 바탕으로 하여 읽기와 쓰기 능력이 나타나게 된다. 구어 지각과 생산에 사용되는 외피와 대뇌피질 조직이 생물학적 분화의 결과로 다수 관찰되기는 하지만, 읽기와 쓰기의 경우에는 이 부분이 명확하지 않다(Liberman, 1992). 구어 의사소통 기능과 달리 읽기와 쓰기는 학습해야만 습득할 수 있고, 구어 의사소통 기능이 적절하게 발달한 어린이의 상당한 수가 집중적인 훈련에도 불구하고 나이에 맞는 읽기와 쓰기 능력을 획득하는 데에 실패한다. 신경해부학적인(neurobiological) 관점에서 보았을 때, 쓰기 기능의 습득은 시각, 운동 신경, 언어, 연합 피질 영역 등의 통합을 통해서 일어난다. 이 통합을 통해서, 결국에는 단어의 조형적 특성과 이미 습득하고 있는 구어 표상 사이의 양방향적인 활용이 가능해지는 것이다(Price, Winterburn, Giraud, Moore, & Noppeney, 2003; Pugh et al., 2000).

구어와 문어 간의 단어 인식을 직접적으로 비교하는 뇌 영상 기술 연구를 통해 이들 두 가지 방식의 인식 과정에서 좌뇌 피질(left-hemisphere cortex)에서 크게 겹치는 신경네트워크를 발견할 수 있었다(Carpentier et al., 2001; Chee, O'Craven, Bergida, Rosen, & Savoy, 1999; Constable et al., 2004; Howard et al., 1992; Shaywitz et al., 2001; Simos, Popanicolaou, & Brier, 1999). 우리 모임의 최근 연구에서도 이 점에 대해 설명하고 있다(Constable et al., 2004). 청각과 시각 상황에서의 문장 만들기를 통해서 이와 관련되어 있는 피질 영역은, 기능적 자기 공명 영상 기술(fMRI)을 이용하여 지도화할 수도 있다. <그림 29.1A>는 입력 양식의 영향을 보여준다. 청각 표상으로 입력되는 경우, 상대적으로 상측두회(STG, superior temporal gyrus) 안의 하위 영역에서 활성화가 높게 일어나는 반면에, 종이에 인쇄된 문장은 하전두회(IFG, inferior frontal gyrus)의 뒤쪽 영역에서 대부분의 활성화가 일어난다. 특히 각진 뇌회를 포함하여 좌뇌의 후두엽과 방추 모양의 뇌회에서, 하전두회의 특정 위치에 따라 대부분 뒤쪽의 보다 넓은 곳에서 고조된 활성화가 일어난다. 또한 이러한 언어의 산출 양식에 따른 지도의 교차점(<그림29.1B>)은 하전두회(IFG)와 상측두회(STG)를 포함하여(<그림 29.2> 주요 읽기와 언어 영역의 측면 보기) 좌뇌 영역에서 활성화가 가장 많이 겹쳐서 나타났다.

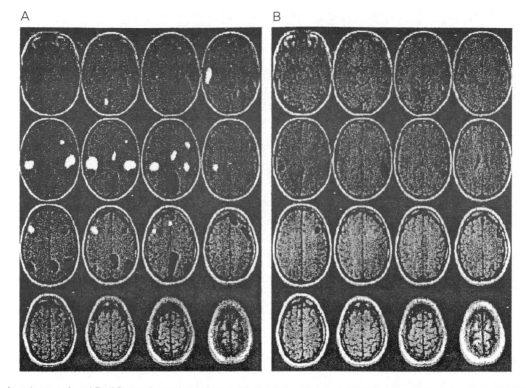

〈그림 29.1A〉 검은색은 구어 문장 인식보다 문어 문장 인식에서 활성화되는 영역이다. 반면 흰색은
　　　　　　　문어 문장보다 구어 문장에서 높게 활성화되는 영역이다. 좌뇌는 영상에서 오른쪽에 표
　　　　　　　시된다.

〈그림 29.1B〉 검은색은 문어 문장 인식과 구어 문장 인식이 중첩되는 영역이다. 좌뇌는 영상에서 오른
　　　　　　　쪽에 표시된다.

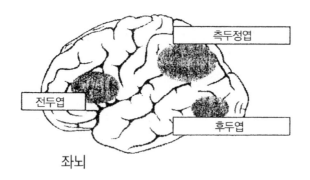

좌뇌

〈그림 29.2〉 핵심 읽기 영역과 언어 영역

읽기가 발화 과정보다 다소 넓게 분배된 후두면의 회로와 연관된 반면에, 두 언어 양식(문어와 구어)은 또한, 전통적으로 정의된 하전두회(IFG)안의 브로카(Broca) 영역, 상측두회(STG)안의 베르니케(Wernicke) 영역, 측두정엽 영역(<그림 29.2>)을 포함하여 좌뇌의 모든 주요한 영역에서 광범위하게 활성화가 겹쳐서 나타나고 있다. 문어와 구어의 인식 과정이 서로 다른 감각을 활용한 인식 과정(즉, 시각과 청각)을 이용하는 반면에, 우리의 초점은 인식 이후에 뇌에서 일어나는 언어 처리 과정에 있다. 따라서 우리는 이 비언어적 차이들을 제어할 수 있는 감산 설계(subtraction design)를 이용했다. 감산 설계의 기본적인 논리는 특정 과제와 함께 2차 조작을 공유하는 통제 혹은 기준 과제를 사용하는 것이다(그러므로 구어 문장의 경우에는 통제 과제로 청각 어조를 판단하는 과제를 사용했다. 문어 문장의 경우에 우리는 언어와 관련된 활성화 유형을 분리시키기 위한 시각적 경계 판단 통제 과제를 사용했다). 이론적으로 보자면, 이러한 설계는 감각 과정이 영향을 주는 뇌의 활성화 부분을 '제외시켜서', 언어 처리와 관련한 두뇌 활성화만을 남겨두는 것이다. <그림 29.1B>에서 볼 수 있듯이, 종전의 언어 관련 영역이 서로 겹치게 나타나는 것은 이러한 문어와 구어 간의 비교에서 가장 특징적인 모습을 보여주는 것이다. 이는 분명히 다음과 같은 추측을 불러일으킨다. 즉, 생물학적 처리 과정에서 비롯된 차이로 인해 말하기에서보다는 쓰기에서 보다 광범위한 활성화가 일어나던 것과 달리, 유사하게 설계된 실험을 통해 문어 생산과 구어 생산을 대조했을 때(산출 방식의 차이를 통제 변인으로 두었을 때), 이러한 활성화 영역이 일반적인 언어 관련 영역에 중첩해서 나타날 것이라는 점이다.

언어 산출에서의 신경 메커니즘: 발화와 작문

읽기 부진 및 쓰기 부진 간의 상호 관련성에 대해 조사하려는 목적으로 눈동자, 귀, 입, 손 등을 통해서 언어와 관련된 두뇌 회로를 밝히기는 했지만(Berninger et al., 2002), 하나의 실험만으로는 동일한 피험자들로부터 이러한 모든 과정을 밝혀내는 데에는 한계가 있었다. 이러한 연구의 부재 속에서 이 복잡한 상관성의 탐색을 위해, Indefrey & Levelt(2004)는 생산과 인식 간의 관련성 연구에 덧붙여서, 다양한 언어 과제를 하는 동안 단어 산출을 위한 신경 순환(neurocircuitry)을 확인하기 위해 82편의 뇌 영상 기술 실험에 대한 대규모 메타 분석을 수행하였다. 쓰기의 다양한 하위 과정에서 소수의 신경 생물학적 증거와 발화와 관련된 신경 생물학적 문헌에 대한 탐색을 통해서 이에 대한 초기의 통찰을 얻을 수 있었다.

각각의 언어 처리가 일어나는 위치와 시간 두 가지를 모두 고려했을 때, 이러한 메타 분석 방법은 복잡한 분류 체계를 나타내었지만, 몇 가지 일반적인 유형도 보여주었다. 첫째, 전통적으로 언어 영역으로 정의되는 넓은 부분은 구어를 지각하고 생산하는 과제 모두에서 활성화된다. 이 부분에는 앞 절에서 문어 문장 처리와 비교해서 논의했었던 양측의 상측두회(STG), 좌뇌의 중측두회(MTG), 그리고 좌뇌의 하측두회 영역이 포함된다. 아마도, 언어 지각과 생산을 담당하는 신경망이 상당한 정도로 겹쳐진다는 이러한 증거는, 발화 지각은 최소한 어느 정도는 발화 생산의 메커니즘에 기반을 두고 있다는 행동적인 증거의 실체를 고려해 본다면, 그다지 새로운 것만은 아니다(Liberman & Mattingly, 1985).

둘째, 비록 신경 생물학적 분석 수준에서 광범위하게 지각과 생산이 서로 결합되어 있다는 점이 밝혀지기는 했지만, 메타 분석 결과는 구어 생산에서 계층적으로 조직된 하위 과정 처리가 부분적으로는 광범위한 좌뇌 언어 신경망 내에서는 구별되지 않는다는 점을 보여주기도 한다. 이러한 계층적인 처리 과정을 설명할 수 있는 방법 중 하나는 다음과 같다. 문어에서와 마찬가지로, 피험자에게 지시 대상을 나타내는 그림을 보여주고 그 이름을 크게 말하도록 요구하면서 동시에 일련의 사건들을 떠올려보도록 하는 것이다. 이 단순한 과제는, 처음에 의미-개념 과정에 열중하고, 어휘의 부분에 의해 움직이며(어휘 사전에서 단어를 찾기), 다음으로는 음운론적 과정에 의해 움직이고, 마지막으로는 음성과 조음의 계획에 의해 움직인다. 이러한 작용에 따라서, 몇몇 감각 기관에 따라 계층적으로 조직되는 것이다. 그러나 이러한 하위 과정이 엄격한 연속 절차로 움직이는 것은 아니지만, 논리적으로 순차적으로 움직인다고 보아야 한다. 예를 들어, 어휘 선택은 필수적으로 음성적이거나 조음의 계획을 선행하는 것이다(Levelt, Roelefs, & Meyer, 1999).

이 메타 분석은 다양한 이미지의 양상(modality)을 사용한 연구를 포함한다. 그 중 PET, fMRI 등은 활성화 영역에 대한 정보를 제공해 주고 뇌파(뇌전도, electroencephalography[EEG]), 전자식 뇌촬영도(MEG)는 활성화가 이루어지는 시각에 대한 정보를 제공해 준다. 이러한 분석 결과는 후측두 영역(posterior temporal regions) (측두회와 상측두)이 이름 대기 과제에서 상대적으로 먼저 활성화된다는 것을 보여주며, 이는 어휘적 회상 및 음운적 회상과 관련시킬 수 있을 것으로 보인다. 반면에 하전두이랑(IFG)의 추가되는 자동 영역(suplementary motor area)과 뒤쪽의 구성 요소, 뇌의 섬(insula) 영역은 이름대기 과제가 일어나는 동안에 상대적으로 느리게 활성화되는데, 이는 결과물 생산과 관련되어 있는 음성 및 유성음 계획하기와 관련시킬 수 있을 것으로 보인다. 매우 많은 연구들은 발화된 언어 생산의 기능적 해부(분석)에 대해 정확하면서도 의도한 바에 따른 결과물을 얻고자 한다. 그리고 정확한 활성화 시각과 활성화 영역이 무엇인가에 대해서는 여전히 연구를 진행하고 논쟁하고 있다. 이러한 앞쪽에서 뒤쪽으로의 계층적으로 구조화된 분류법은, 문어와 구어의 산출에서 대조되는 플랫폼(사용의 기반이 되는 시스템, 소프트 웨어)을 제공할 수 있다. 지각의 경우에 우리는 인쇄된 단어들이, 개념적, 어휘적, 그리고 음성학적 절차와 연관되는 두뇌 영역에서의 발화 상황과 중첩되어 활성화 될 것을 기대하였고 말하기보다 쓰기에서 더 광범위한 패턴이 나타날 것을 상상할 것이다. 그러나 매우 추상적인 절차의 수준에서 문어와 구어 간에 중첩이 당연하게 나타날 것이다. 의심할 여지없이, 우리가 후자의 단계를 통제하여 연구를 진행한다면 구어와 문어 간의 차이점들이 보다 분명하게 드러날 것이다.

현재에도 우리는 쓰기에서 일어나는 다양한 고차원적인 처리 과정에서의 뇌 영상 기술 데이터를 거의 가지고 있지 못하다(예를 들어, 의미-개념적 절차, 통사론, 어휘 선택, 그리고 음성적 코딩). 그러나 앞 절에서 언급한 증거를 통해서, 매우 추상적인 개념적 분석, 그리고 언어적 분석의 수준에서 쓰기와 말하기를 위한 피질의 네트워크가 매우 많이 중첩됨을 예상할 수 있다. 그리고 이런 이유로, Indefrey & Levelt(2004)에 의해 시작된 말하기의 신경 생물학적 모델은, 쓰기의 신경회로 연구를 위한 틀을 제공하였다. 다시 지각 측면으로 돌아와서, 구어와 문어 간에는 전어휘적(prelexical) 입력 절차 단계를 위한 몇몇 양식 측면에서 특수적인 영역과 함께, 대개의 신경적 네트워크가 겹친다(constable et al., 2004; <그림 29.1>을 보라).

산출의 영역에서 병변 연구, 즉 문어나 구어 철자쓰기에서 선택적 결손을 보이는 환자들을 대상으로 한 정신적 장애 연구들은, 넓게 겹쳐있는 지각 체계와 어휘 체계가 (일정한 자극에만 반응하는 신경 산출 체계와 함께) 쓰기와 말하기가 기계적으로 분리되는 지점에서 발견될 수 있다는 것을 보여준다(Croisile et al., 1996; Del Grosso Destreri et al., 2000; Friedman, 1989; Hodges & Marshall, 1992; Miozzo & De Bastiani, 2002). 두정소엽(superior parietal lobule) 및 상측두회(middle frontal regions)와 관련하여 실서증(agraphia)에 관한 이론적인 연구가 드물기는 하지만, 이 연구는 이들 영역에서 쓰기 행동의 통제를 조절하는 것이 가능하다는 것을 보여준다.

몇몇 뇌 영상 기술 연구에서 손글씨 쓰기의 신경 계통 상관관계에 대해 시기별 검사(date examining)를 수행하였다. 이 연구는 음운론에서 문자론(phonological-to-graphemic)으로의 신경순환의 관련성, 그리고 쓰는 동안의 문자론적-작동(motor) 계획 단계를 위한 신경순환적 관련성을 드러내기 위한 단초가 되었다. 하나의 연구(Katanoda, Yoshikawa, & Sugishita, 2001)로, 일본인 참가자들은 그림으로 제시된 대상의 이름을 쓰도록 지시받았다. 그리고 두 번째 연구(Menon & Desmond, 2001)에서, 영국인 말하기 참여자들은 구술되는 문장을 받아 적었다. 두 연구 모두 병변(lesion) 연구와 관련이 있는데 좌뇌의 상두정소엽(superior pariental lobule)과 좌뇌의 두정회에서 하전두회(middle to inferior frontal gyri), 전두엽(frontal), 상두정소엽(superior pariental lobule)이 쓰기에서 매우 특별하게 활성화된다는 것을 포함하여 (Katanoda et al., 2001), 발화 생산(Indefrey & Levelt, 2004)과 연관되는 영역과 부분적으로 겹친다는 것을 연구 배경으로 삼을 수 있었다. 첫 번째 연구가 진행되는 동안에는, 개념적 또는 문법적 절차와 같은 쓰기 행위의 고차원적 절차 측면에서의 중요한 요구가 없었지만, 연구자들은 단어를 생산하는 절차에 결정적인 영향을 미치는 신경적 하위 시스템을 제안하였다. 하나는, 만약 손글씨 쓰기가 몇몇 임상 집단에서 일반적인 음운론적이고 언어적인 절차보다 심하게 손상되어 있다면, 이 영역에서 이례적인 활성화 패턴을 찾을 수 있을 것으로 추측된다는 것이다. 아무튼 이 연구에서 조사한 손글씨 쓰기는 지금 더욱 정교화된 연구를 위한 단계로 설정하였다. 어떤 점에서는 우리는 쓰기의 매우 계층적으로 조직화된 신경 회로를 구상하기 위해 쓰기 행위에 대한 고차원적인 개별 과정을 만들어가는 측면에 대해서 탐색하고자 하였다. 읽기 및 듣기와 말하기 과정에서 서로 공유된 신경 생물학적 구성 요소의 가능성과 같이, 광범위한 언어 텍스트 안에서의 쓰기를 조사 연구하는 것은 매우 중요하다.

눈, 귀, 손, 그리고 입에 의한 언어의 기능적 두뇌 지도(functional brain mapping)가 계속해서 많이 연구되어야 할 것이다(특히 계층적으로 배열되어 있는 작문 구성의 절차). 그럼에도 불구하고, 현재 우리가 알고 있는 것에 기반을 두어, 우리는 비록 이 '말단 기관'과 관련 있는 입력과 출력 메커니즘에서 차이가 있을지라도 음운론적, 의미론적, 통사론적 그리고 화용론적 작동은 서로 상호 관련성을 가지면서 많이 중첩될 것이라고 조심스럽게 제안하는 것이다.

쓰기 결손과 관련하여 이 장에서 다루어질 선행 연구들은, 만약 개인이 서로 중첩된 영역의 어느 부분에서 핵심적인 손실을 가지고 있다면, 이는 지각과 생산(그리고 말하기와 쓰기를 위한 생산 안에서)에서 비슷하게 드러난다는 것을 제안하기 위해 논의될 것이다. 더욱이 기능적이고 해부학상으로 통합된 네트워크에서, 우리는 또한 계층적으로 배열된 절차상의 기능을 통한 복잡한 상호 작용을 기대할 것이다. 하나의 절차에서의 손실은 절차상의 병목 현상의 결과를 불러올 것이다. 그리고 이 절차(그리고 그것이 위치해 있는 네트워크)에 의존하는 모든 언어-기반 작동 또한 영향을 받을 것이다. 예를 들어, 읽기 영역에서 '병목 가설'(Perfetti, 1985)은 몇몇 제안을 보여주었다. 첫째, 단어 인식이 느리게 일어나면 이에 따라 문장 처리와 문장 이해 과정에도 심각한 영향을 준다. 우리는 이러한 현상을 토대로 하여 쓰기에서 이러한 현상이 더욱 극명하게 일어날 것이라고 예측한다(Berninger et al., 2002). 둘째, 만약 어휘의, 음운론의, 철자의 또는 손글씨 쓰기와 관련 있는 네트워크가 손상된다면, 텍스트 작성에서 아이디어를 표현하는 것은 방해를 받을 것이다.

어떻게 복합적인 언어 시스템이 조직되는지에 대해서 이러한 포괄적인 신경 생물학적 연구가 지속적으로 발달됨에 따라, 우리는 언어에 있어서 몇몇 결손이 어떤 이유로 함께 나타나는지(네트워크의 공유 때문에), 반면에 또 어떤 부분들은 함께 나타나지 않고 서로 분리되는지(겹치지 않는 네트워크 때문에)에 대해서 보다 더 많은 이해를 할 수 있기를 기대한다. 이에 대한 다양한 정보는 또한 우리가 인지적 프로파일 내에서 여러 집단의 차이를 이해하는 데에 도움을 줄 수 있다. 아이들에게 나타나는 다양한 하위 집단이 특정 두뇌 체계에 관한 이례적인 발달을 보여준다는 것을 아는 것은 아마도 우리로 하여금 언어 발달 과정에서의 강점과 약점을 예측할 수 있도록 할 것이고 이에 따라서 어떠한 언어 기능이 훈련을 통해서 강화될 수 있는지를 알려줄 것이다. 다음 장에서, 우리는 이 문제가 읽기와 읽기 장애에 관한 보다 다양한 선행연구에서 어떠한 방식으로 연구되었는지를 보다 자세하게 논의할 것이다. 그리고 각각의 절에서 쓰기 연구에서의 활용 방안을 모색해 볼 것이다.

읽기 장애와 쓰기 장애에서 나타나는 행동적 특성

읽기 장애는 정상적인 지능과 적절한 읽기 교육의 기회를 가졌음에도 불구하고, 읽기 기능이 발달되어야 하는 결정적 시기에서의 발달에 실패한다는 특성을 가지고 있다. 인지 기능 및 언어 기능은 어린이의 읽기 발달에 알맞게 제공되어야 한다는 점이 널리 알려지면서, 이 분야에서 중요한 진전이 있었다(Brady & Shankweiler, 1991; Brunk, 1992; Fletcher, & Carter, 1974; Rieben & Perfetti, 1991; Shankweiler et al., 1995; Stanovich & Siegel, 1994). 읽기에서의 어려움이 어디에서 비롯되는 것인지와 관련해서는, 처리 속도(Wolf, Bowers, &

Grieg, 1999), 빠른 청각 처리(Tallal, 1980), 일반적인 언어 결손(Scarborough & Dobrich, 1990), 또는 시각 결손(Cornelissen & Hansen, 1998) 등이 원인이 되어 읽기에서 어려움을 겪게 된다고 보는 논의가 존재하기도 한다. 하지만 많은 연구자들이 동의하는 부분은, 읽기에서의 핵심적인 어려움은 명백히 언어 체계 내부의 결손으로 인한 것이며, 특히 음운론적 분석 수준에서의 결손으로 인한 것이라는 점이다(예를 들어, Fletcher et al., 1994; Shankweiler et al., 1995; Stanovich & Siegel, 1994).

행동주의 관점에서 보았을 때, 결손은 단일 단어 읽기 혹은 유사 비단어(pseudoword)[1] 읽기 수준에서 가장 명확하게 드러난다. 읽기 장애가 있는 독자의 수행은, 장애가 없는 독자에 비해 느리고 정확하지 않다. 읽기 장애에서 나타나는 단어와 유사 비단어 읽기의 어려움에 대한 많은 증거들의 수렴은, 글자의 연결에 의해 표상되는 음운론적 코드를 빠르게 모으는 측면과 같은 매우 기본적인 측면에서 분명한 결손이 있다는 것을 보여준다(Bradley & Bryant, 1983; Liberman, Shankweiler, & Liberman, 1989). 다음으로, 문식성 훈련의 초기 단계에서, 단어와 유사 비단어 읽기의 효율적인 음성적 조합 기능에 대한 발달의 실패는, 음운론적 지식의 발달에서의 결손에서부터 어려움이 나타난다.

'음운론적 인식(phonological awareness)'은 발화된 단어들을 알파벳 글자의 형태의 보다 작은 단위로 분해할 수 있는 메타언어적 측면에 대한 이해로써 정의된다(Brady & Shankweiler, 1991; Bruck, 1992; Fletcher et al., 1994; Liberman et al., 1974; Rieben & Perfetti, 1991; Shankweiler et al., 1995; Stanovich & Siegel, 1994). 이와 관련하여 음운론적 인식에서의 결손은 읽기 학습과도 직접적으로 연결이 있다는 증거들이 있다. 음운론적 인식은 이후의 읽기 성취를 예측한다(Bradley & Bryant, 1983; Stanovich, Cunningham, & Cramer, 1984; Torgesen, Morgan, & Dabis, 1992). 그리고 음운론적 인식에서의 결손을 통해서 읽기 장애 학생과 장애가 없는 학생들을 구별할 수도 있다(Fletcher et al., 1994; Stanovich & Siegel, 1994). 또한 음운론적 결손은 성인기까지 지속되며(Bruck, 1992; Felton, Navlor, & Wood, 1990; Shaywitz et al., 1999) 음운론적 인식에 대한 지도는 읽기 기능의 성취를 신장시킨다(Ball & Blachman, 1991; Bradley & Bryant, 1983; Foorman, Francis, Fletcher, Schatschneider, & Mehta, 1998; Togresen et al., 1992; Wise & Olsen, 1995). 적절한 음운론적 인식 능력을 갖춘 아이들에게

---

1) [역주] 유사 비단어란 어떤 특정 언어에서 사용되는 음운규칙에 따르고 그 언어에서 실제로 존재하는 단어처럼 보이지만 실제로는 존재하지 않는 단어를 의미한다. 예를 들어 한국어에서 '곮'은 한국어 음운규칙상 존재할 수 없는 단어로서 비단어이나 '정극학'은 한국어에 존재하는 단어처럼 보이지만 실제로는 존재하지 않는 단어이다.

단어와 유사 비단어 읽기에서 음운론적 인식의 과정은, 매우 자동적이고 효율적으로 이루어진다. 그리고 이러한 음운론적 해독(decoding) 능력은 학생이 능숙한 독자로서 발달하는 과정에서 요구되는 빠른 단어 확인 측면에서 중요한 요소가 된다(Frost, 1998; Lukatela & Turvey, 1994; Van Orden, Pennington, & Stone, 1990)

읽기와 쓰기에서의 결핍이 높은 수준으로 발견되고 입출력이 두뇌 시스템에서 서로 중첩되는 부분에 의존한다는 점을 고려하면 우리는 많은 미숙한 필자의 경우, 음운론적 차원의 문제가 작문 기능의 발달에도 영향을 미칠 것이라고 예상할 수 있다. 이와 관련 있는 예측을 뒷받침하는, 많은 어린이들로부터 얻은 증거들이 있다(보다 구체적인 논의를 위하여 Berninger et al., 2002 참조). 만약 몇몇 아이들의 쓰기 문제가 계획하기와 메시지 구성의 매우 추상적인 영역에 존재하고, 음운론적 해독에서 문제가 없다면, 우리는 일반적인 읽기 문제가 없이도 나타나는 특정 쓰기 문제까지를 고려해야만 한다. 이러한 부분과 관련하여 신경 생물학적 분석에 대한 논의는 뒤에서 다시 논의하고자 한다. 다음 절에서, 우리는 읽기 장애 학생들의 신경 생물학적 특징을 파악하고, 이러한 특징이 어떻게 쓰기에서도 유사하게 예측될 수 있는지(최소한 영역간 결핍을 가지고 있는 아이들을 대상으로 하여)에 대해 논의하고자 한다.

피질적(cortical) 읽기 시스템과 능숙한 읽기에서의 이의 역할

최근에, 기능적 뇌 영상 기술은 읽기 발달, 읽기 장애뿐만 아니라, 교육적 중재의 영역까지 활용되고 있다(Pugh et al., 2000; Sarkari et al., 2002 참고). 많은 연구들은 단어의 절차에만 초점을 두고 있었다. 왜냐하면 읽기 장애에 있어서 이는 특히 심각한 결핍이기 때문이다. 상당한 증거들이 능숙한 단어 인지가 시각정서법(visualorthographic), 음운론적, 단어의 어휘적-의미론적 특징을 통합하는, 고차원적인 피질 시스템의 발달을 필요로 하고 있음을 보여준다. <그림 29.2>의 설명에서 볼 수 있듯이 이러한 피질 시스템은 좌뇌에서 두 개 후두의 하부시스템을 포함하고 있는데, 복측(ventral)와 후측(dorsal) 시스템이 그것이고 또한 세 번째 영역은 하전두회에 위치한 영역이다.

이 중 먼저 복측(ventral) 시스템을 살펴보면, 이는 좌측 하위의 후두엽-방추 영역(left inferior occipitotemporal-fusiform area)과 중간측두회 및 하측두회(middle and inferior temporal gyri)에서 확장된 앞부분을 포함한다. 중요한 것은 이 영역과 관련된 특정 기능이 늦게 발달하며, 이 기능은 읽기 기능 획득과 결정적인 관련이 있다(Booth et al., 2001; Shaywitzet et al., 2002). 비록 몇몇 연구들이, 전의미론적 시각적 언어형태 영역(presemantic visual word form area, VWFA)으로서의 후두엽(occipitotemporal)의 기능을 제안하더라도(Cohen et al., 2002; 보다 구체적인 논의는 Price et al., 2003을 보라), 우리는 복측(ventral)의 '기능 영역(skill zone)'을 언어 형태 영역(VWFA)이라고 보고자 한다. 복측의 시스템을 포함하는 결정적인 하위 영역을 정확하게 밝혀내는 것에 대하여 서로 다른 주장을 하는 몇몇 선행 연구에 주목할 필요가 있다(Price et al., 2003). 그럼에도 불구하고, 최근 연구는 시간과 자극 유형의 효과가 이 복측 시스템을 통해서 앞쪽으로 이동한다고 제안하고, 하위 영역이 언어적 상황에서 단어 또는 단어와 유사한 자극에 어떻게 반응하는지를 탐색한다(Tagamets et al., 2000; Tarkiainen, Cornelissen, & Salmelin, 2003).

상대적으로 후측에 위치한 측두 시스템(dorsal temporoparietal system)은, 하측두엽(inferior parietal lobule)과 상측두회(superior temporal gyrus, 베르니케 영역(Werinicke's area))의 앞부분에 각진 뇌회(gyrus)와 변연상회(supramarginal gyrus)를 넓게 포함하고 있다. 이들의 여러 기능(예를 들어, 주의 깊게 통제하는 과정) 중에서도, 이 시스템 내부의 영역은 인쇄된 글자를 음운론적 구조나 의미론적 구조로 연결하는 것과 관련이 있는 것으로 보인다(Black & Behrmann, 1994). 이러한 연결 능력을 가진 능숙한 독자들은, 좌뇌 측두의 시스템(특히 변연상회)이 친숙한 단어보다 유사 비단어화된 단어들에서 더욱 활성화된다(Price, Wise, & Frac-kowiak, 1996; Simos et al., 2002; Xu et al., 2001). 그리고 음운론적 기폭제에 더욱 민감한 반응을 보여준다(Mencl et al., 출판 중) 이러한 발견은, 우리의 발전적인 연구와 함께, 뒤에서 논의될 것이고(Shaywitz et al., 2002), 그 측두(temporoparietal) 시스템이 새로운 자원을 학습하는 것과 관련된 음운론적 시스템의 유형에 중요한 역할을 한다는 것을 제안한다.

하측두회(IFG)에서 중심이 되는 앞쪽의 시스템은 읽는 동안에 일어나는 음운론적 해독과 관련을 맺으면서 활성화된다. 음운론적 기억, 통사적 절차와 같은 다른 기능들 사이에서 하측두회의 가장 앞쪽 측면이 의미론적 회상에서 더 큰 역할을 담당한다(Poldrack et al., 1999). 음운론적 측면과 관련된 이러한 하위 영역은 묵독과 대상의 이름 붙이기 과제에서 이미 활성화되는 것으로 확인된 바 있다(Fiezz & Peterson, 1998; Pugh et al., 1997). 이 하측두회 시스템의 앞쪽 부분은, 매우 빈번하게 사용되는 단어들보다 유사 비단어 및 사용 빈도가 낮은 단어에서 특히 더 활성화된다(Fiebach et al., 2002; Fiez & Petersen, 1998). 우리는 이러한 시스템이 정상적인 읽기 발달이 이루어지는 동안 새로운 단어를 해독하기 위해 어떻게 측두 시스템과 밀접한 연결을 맺으며 작동하는지를 구체적으로 탐색하고자 했다(Pugh et al., 2000).

이들 세 가지 넓은 좌뇌 시스템의 이론적인 분류법과 이들의 처리 과정은 매우 조악하고 구체적이지 않은 분류법이다(후측에서 복측, 그리고 전측의 분류). 각각의 하위 시스템이 정서법, 음운론, 의미론적 통합과 관련이 있는 각기 다른 절차의 유형에 관여하며, 대부분 뚜렷한 하부 영역으로 구성된다는 것은 거의 확실하다. 이론적인 워크프레임을 보다 개선하기 위해서 우리는 좌뇌 전반에서 읽기와 관련된 영역에서 일어나는 정보 처리적 특성에 대한 보다 상세한 이해를 얻고자 했고, 이를 위해서 최근 몇 가지 일련의 실험을 수행했다. 이들 실험은 단어 인식 실험인데, 음운론적 기폭제(Mencl et al, 출판 중[2]), 음운론-의미론적 균형 (Frost et al., 2005), 그리고 반복적인 효과와 연관되는 결정적 요인과 읽기에 대한 반복 학습 (Katz et al., 출판 중[3]); Sandak et al., 2004a)에 대해 조사하였다. 이 연구는 우리가 초기 분류법을 개선하기를 요구한 몇몇 연구결과를 포함하였다(Sandak et al., 2004b).

이러한 연구들 전반에 걸쳐 변연상회(supramarginal gyrus, 변연계의 윗부분)에서의 동일한 위치, 하전두회(IFG)의 후두 측면(posterior aspects of IFG), 그리고 후두엽(OT)의 '기능 영역 (skill zone)'의 시스템 안에서 다음과 같은 결과가 도출되었다. 첫째, 단어에 비해 유사 비단어 에서 활성화가 증가했다. 둘째, 강력한 음운론적 점화 효과가 일어났다. 셋째, 반복과 관련된 감소가 나타났고, 이러한 감소는 반복 학습이 일어나는 동안의 음운론적 분석 훈련 조건에서 가장 강력하게 나타났다. 대조적으로 각진 두회(angular gyrus)와 두정회 및 후두회(middle/ inferior temporal gyri)에서 매우 추상적인 어휘의미론적(lexicosemantic) 기능을 담당하고 있음을 최근의 연구를 통해서 밝힐 수 있었다(비슷한 주장으로서 Price, More, Humphreys, & Wise, 1997 참고). 그러므로 우리는 주요 결핍에 대한 개인적인 차이가 일반적인 읽기 회로에 관련된 하위 구성요소에서 나타나는 기능 장애와 관련이 있음을 예측할 수 있다. 더욱이 만약 결핍이 읽기에서 중요한 정서법적 측면과 음운론적 측면과 관련된 하부시스템(특히, 측두정과 하전두 학습 시스템(inferior frontal learning subsystems))에서 구체적으로 나타난다 면, 우리는 이러한 영역에서 나타나는 결핍이 읽기와 쓰기 행위에서도 비슷하게 구체적으로

---

2) [역주] 이후 출판되었으며 서지 사항은 다음과 같다. Mencl, W. E., Frost, S. J., Sandak, R., Lee, J. R., Jenner, A. R., & Mason, S. (2004). Effects of orthographic and phonological priming in printed word identification: An fMRI study. Manuscript submitted for publication.

3) [역주] 이후 출판되었으며 서지 사항은 다음과 같다. Katz, L., Lee, C. H., Tabor, W., Frost, S. J., Mencl, W. E., Sandak, R., ... & Pugh, K. R. (2005). Behavioral and neurobiological effects of printed word repetition in lexical decision and naming. Neuropsychologia, 43(14), 2068-2083.

드러날 것이라고 예측할 수 있다.

이러한 세 가지 광범위한 시스템에서 일어나는 읽기 발달의 전기 발달 과정에서, 정상적인 발달 수준을 보이는 학생의 뒷쪽 및 앞쪽 시스템이 주로 활성화되는 것으로 나타난다. 반면에 복측 시스템, 특히 '기능 영역' 뒷부분에서의 활성화는 학생들의 단어 재인 유창성이 발달할수록 더욱 활성화되는 것으로 나타났다. 우리는 10.5세 이하의, 뒷부분과(dorsal) 앞쪽(anterior)의 시스템에서 특히 강한 활성화를 보이는 정상적인 발달 수준을 가진 아동들을 관찰할 수 있었다. 그러나 이들이 읽기 과제를 수행하는 동안 복측(ventral) 시스템은 제한적으로만 관여하는 것으로 나타났다(Shaywitz et al., 2002). 대조적으로, 10.5세보다 나이가 많은 아동들은 복측 시스템이 더 많이 관여하는 것으로 나타났다. 그러므로 이것은 결국 읽기 기능의 향상과 관련이 있다. 실제로, 우리가 나이와 읽기 기능(표준화된 읽기 테스트에서의 수행을 측정함)의 관계, 그리고 복측 시스템에서의 활성화 수준을 조사하기 위해 다양한 회귀 분석을 사용했을 때, 예측 변수는 읽기 기능이었다. 좌뇌의 복측 피질 영역(나이와 기술이 관련된 감소를 보여주는 몇몇 다른 영역)이 강력하게 관여하는 것으로 나타났다. 우리는 정상적인 발달 과정에 있는 읽기 초보자는 출력 과정에서 광범위하게 연관된 피질 시스템, 측두정(temporo-parietal), 전두(frontal), 우뇌 뒤쪽 영역이 활성화된다는 것을 제안한 바 있다(Pugh et al., 2000). 읽기 기능의 향상에 따라 이 영역의 활성화가 감소되는 반면, 좌뇌 복측은 더욱 활성화되며, 그리고 인쇄된 단어에 대한 빠른 인지 측면에서 더욱 활성화 될 것이다(Booth et al., 2001; McCandliss, Cohen, & Dehaene, 2003; Tarkiainen et al., 2003; Turkeltaub, Gareau, Flowers, Zeffiro, & Eden, 2003 참고).

철자 쓰기와 작문과 같은 쓰기 행위를 위한 신경 생물학의 곡선에서 유사점이나 차이점을 조사하는, 발달상의 연구를 수행하는 것은 매우 중요하다. 그러나 읽기와 쓰기를 위한 정서법-음운론적 연결 학습에서, 우리는 철자 쓰기와 작문 기능으로 발달로써 나타나는 전형적인 발달이 우뇌 영역에서의 활성화 감소와 관련이 있다는 것에 대해서는 확신을 최소화하고자 한다. 복측 피질에서 읽기 기능 영역에서의 현상이 쓰기에서도 동일하게 나타난다는 것은 불확실하다. 그러나 좌뇌 영역 내의 특정 부분에서 활성화가 나타나는 특정 부분은 학생들이 글을 쓸 때 신경 회로로 작용하는 가장 효율적인 장소가 될 수도 있다.

읽기 장애에서의 변화하는 회로

장애가 없는 독자와 읽기 장애 독자 사이에는, 읽기 과제를 하는 동안 뒤쪽과 복측, 그리고 앞쪽의 장소에서 활성화가 일어나는 부분에서 분명한 차이가 있다. 읽기 장애 독자의 수많은 기능적 이미지 연구는 음운론적 절차 과제에서, 뒤쪽과 복측 영역에서 좌뇌의 뒷부분의 기능적 장애를 보여준다(Brunswick, McCrory, Price, Frith, & Frith, 1999; Paulesu, et al., 2001; Puch et al., 2000; Salmelin, Service, Riesila, Uutela, & Salonen, 1996; Shaywitz et al., 1998, 2002; Temple et al., 2001). 이러한 장애는 특정한 절차적인 언어 자극(단어 또는 유사 비단어), 또는 해석 과제가 진행될 때 이 영역이 낮게 활성화되는 것과 관련하여 나타난다. 뒤쪽 좌뇌 영역에서 나타나는 이러한 사례는 아동들(Shaywitz et al., 2002)과 어른들(Salmelin et al., 1996; Shaywitz et al., 1998)에게 있어서 지속적으로 관찰된다. 측두정(temporoparietal) 영역과 뒤쪽 후두엽(ventral occipitotemporal) 내에 위치한 각진 두회(angular gyrus)를 포함하는, 뒤쪽과 복측 영역에서 일어나는 활성화 감소는, 유아에서 유치원이 끝나는 시기 동안에 탐지될 수 있다(Simos et al., 2002). 더욱이 이 복측에서 나타나는 어려움은 몇몇 언어들을 통해 읽기 장애의 징후로 보인다(Paulesu et al., 2001; Salmelin et al., 1996). 정서법, 음운론, 의미론을 통합하는 것을 학습함에 있어서, 측두정 영역(temporoparietal)의 결정적인 역할이 드러남에 따라서 쓰기 행위에서 나타날 비슷한 혼란을 예측할 수 있다.

많은 뇌 영상 기술 연구는 읽기 장애와 장애가 없는 독자 사이의 활성화 차이가 나타나는 특별한 두뇌 영역을 확인하고자 한다(예를 들어 Rumsey et al., 2001; Shaywitz et al., 1998; Simos et al., 2002; Temple et al., 2001). 난독증(독서 장애)에 대한 신경 생물학적 측면에서의 심도 있는 이해를 얻기 위해서, 읽는 동안에 나타나는 절차적인 정보에 이해가 요구되고, 또한 회로 또는 네트워크로서 협력적으로 기능하는 두뇌 영역 간의 관계에 대해서 깊이 탐색할 필요가 있다. 이는 구체적으로는 기능적 연결의 문제로 볼 수 있는데(Friston, 1994), 읽기 장애 독자에게서 나타나는 후측 읽기 시스템 내에서의 기능적 연결성 문제와 관련해서는 Horwitz, Rumsey, & Donohue(1998)에 의해서 보고되었다. Rumsey et al.,(1997)의 양전자방출 단층촬영(positron emission tomograghy(PET)) 연구로부터 얻은 데이터를 사용한 Horwitz et al.(1998)은 소리내어 읽기 과제(단어와 유사 비단어 읽기를 제외하고)를 하는 동안 좌뇌의 각진 두회(angular gyrus)와 다른 두뇌 장소서 나타나는 활성화 수준 간의 관계를 조사하였다. 그 결과, 장애가 없는 독자의 경우, 좌뇌의 각진 두회(angular gyrus)와 후두(occipital) 및 두정엽(temporal lobe)에서 강력한 정적 상관관계가 나타났다. 각진 두회에서 활성화가 증가될 때, 후두와 두정엽에서의 활성화 또한 향상되었다. 반대로, 읽기 장애 독자의 경우, 이 영역 간에 약한 상관관계가 나타났다. 이러한 상관관계를 통해서 후측의 읽기 시스템의 주요 영역에서 기능적 연결성에 문제가 나타나고 있음을 알 수 있다.

우리는 또한 각진 두회와 다른 좌뇌 뒤쪽 영역이, 성인 읽기 장애 독자와 일반 독자의 대부분에서도 기능적으로 연결되어 있음을 알 수 있었다(Pugh et al., 2000). 우리는 음운론적 통합이 요구되는 과제에서, 각진 두회와 후두 및 두정엽 간의 긴밀한 연결성을 살펴볼 수 있다. 좌뇌의 연결성은 복잡한 음운론적 과제(단어 유형 판단과 단어 운(rhyming) 측면의 유사 비단어)를 하는 동안에 읽기 장애 독자들에게는 약하게 나타났다(Horwitz et al., 1998 참고). 그러나 독자가 음운론적 판단(단일 문자 리듬 과제, a single-letter rhyme task) 또는 복잡한 시각-정서법적 코팅(단일 케이스 판단 과제)을 수행했을 때 기능 장애는 일어나지 않았음을 보여주었다. 이 결과는 특별한 음운론적 결핍 가설과 함께 매우 일관성 있게 나타나는 것이다. 우리의 데이터는 이 영역 안에서의 연결이 오직 정서법적-음운론적에서 통합이 요구되었을 때에만 문제가 되었다고 보고하였다. 따라서 이러한 시스템 내에서 일어나는 기능적 연결성은 인지적인 행동주의자에 의해 무너지고 말았다. 더욱이 단어와 유사 비단어 읽기 과제에 있어서 우뇌의 반대자 또는 상동 기관이, 읽기 장애 독자에 비해 상보적인 측면으로 기능한다는 사실을 알아내었다. 우뇌에 있어서 이러한 영역들 간의 상관관계는, 읽기 장애 독자들에게서 더 강력한 유의성을 보였고, 모든 읽기 집단에서 강하고 안정적으로 나타났다. 기능적 연결 분석(Functional connectivity analyses)은 치료적 목적을 가진 대중들에게는 이례적인 '시스템-수준(system-level)'으로 접근하는 것을 도와주었다. 이는 우리가 뇌 영상 기술을 적용하여 쓰기 행위를 연구하려고 할 때 중요하다. 쓰기 및 철자 쓰기 과제를 하는 동안에, 좌뇌 뒤쪽 영역의 연결이 파괴된 모습을 보이는 것은 이미 예견된 일이었고, 특히 일반적인 언어 처리 측면에서 문제가 있는 쓰기 능력에 어려움을 가지고 있는 사람들의 경우에도 더욱 그러하다.

읽기 장애에 나타나는 잠재적인 상보적 절차

행동주의 연구자들은 많은 읽기 장애의 표지들을 확인해 왔다. 미숙한 독자들은, 각각의 단어를 읽을 때 맥락적 단서에 과도하게 의존함으로써 글자와 소리의 대응에서 보이는 부적절한 음성적 인식과 지식을 보상하려고 하는 경향이 있다. 단어 읽기 오류는 시각적 또는 음운론 측면보다는 의미론적인 특징을 가지는 경향이 있다(Perfetti, 1985, 참고). 이러한 읽기 장애에 관련한 행동주의적 표지들은 전두엽과 우뇌 영역 내의 보상적인 활성화를 근거로 예를 들어 설명할 수 있다. 이전에 언급했듯이, 우리 집단에 의한 선행 연구의 결과, 유사 비단어 읽기와 단어를 읽어내는 과제에서 읽기 장애 독자들은 일반 독자들보다도 하전두 영역(inferior frontal region)과 전두 배외측(prefronal dorsolateral) 부분을 불균형적으로 사용하는 것을 발견한 바 있다(Shaywitz et al., 1988, 2002; 비슷한 조사로, Brunswich et al., 1999 참고; Salmelin et al., 1996). 이러한 하전두 영역(inferior frontal region)이 통사론적 과정을 포함하는 영역과 중첩된다는 점이 특히 주목할 만하다(이전에 논의된, Caplan, Alpert, Waters, & Olivieri, 2000; Constable et al., 2004). 미숙한 독자들이 단어 확인에서 보여주는, 이 영역에 대한 과도한 의존은, 곧 문장 처리와 텍스트 이해에서 빈번하게 보고되는 병목 현상이 나타나는 신경해부학적 위치를 보여주는 것이다(Perfetti, 1985; Shankweiler et al., 1995).

두 번째로 나타나는 잠재적인 상보적 현상의 사례는 후두의 우뇌 부분에서의 몇 가지 징후로부터 나타난다. 즉, 전자식 뇌촬영도(MEG)를 사용하는 것에 대해서는(Sarkari et al, 2002), 우뇌 측두정 부분(temporoparietal reigon)의 명백한 활성화가 일어났음을 발견하였다. 좀 더 세부적인 연구는 뒤쪽의 측두정 부분의 활성화(특히, 두정회과 각진 두회(the middle temporal and the angular gyri)에 있어 반구 비대칭이, 읽기 장애에게 있어서 매우 중요하게, 명확하게 발생한다는 것을 발견하였다(Shaywitz et al., 1988). 읽기 장애 독자들에게 있어서는 좌뇌 활성화보다 우뇌 활성화가 더욱 크게 일어났다. 그러나 장애가 없는 일반 독자들에게 있어서는 반대로 우뇌보다 좌뇌의 활성화가 더욱 크게 일어났다. Rumsey et al.(1999)은 성인 읽기 장애 독자와 일반 독자 간에 나타나는 우뇌 측두정 부분의 활성화와 읽기수행 능력 사이의 관계를 연구했다. 그러한 그가 알아낸 것은 우뇌 측두정 부분의 활성화가 읽기 장애 독자들에게서만 보이는 것으로, 읽기 수행능력과 상관 관계가 있다는 사실이다(Shaywitz et al., 2002도 참고)

이를 통해서 우리는 다음과 같이 가정할 수 있다. 읽기 장애 독자들이 하전두 부분(inferior frontal cites)에 의존하는 이유는 그들의 문자화된 단어를 음운론적으로 분석하는 데에 어려움을 겪으면서, 발음(인위적인 재신호화, articulatory recoding)에 대한 강한 의존을 하기 때문인 것으로 볼 수 있다. 더욱이 그들이 보여준 후두 우뇌 부분은 감소된 좌뇌 상동 기관의 활성화와 함께 다음과 같은 사실을 알려준다. 읽기 장애 독자들의 경우 단어 인식의 과정에서 음운론적으로 잘 구조화된 단어인지 전략을 활용하기 보다는, 우뇌 영역에 위치한 공간의미적인 표상(또는 몇몇 다른 보상적인 절차) 부분에서 문자와 문자를 개별적으로 처리하는 것에 의존하고 있는 것이다. 이러한 서로 다른 패턴들은, 특히 전두엽에서 보여주는 향상된 활성화는 아마도 읽기 과정 동안에 보여주는 실패라기보다는 오히려 향상된 노력의 결과일지도 모른다. 지각과 생산뿐만 아니라, 말하기와 읽기와 관련된 신경 생물학적 중첩을 살펴보면, 비슷한 우뇌 전이 현상을 쓰기 장애가 가진 신경 생물학적 표지들로 이론화할 수 있음을 가정할 수 있다. 특히 음운론적으로나 어휘론적으로 처리하는 것이 입력이나 출력 면 모두에서 부족한 면을 보일 때 더욱 그러할 것이다.

성공적인 읽기 치료(교정)에 대한 신경 생물학적 효과

몇 가지 최근 연구로부터 자료들을 수렴한 결과, 집중적인 읽기 중재를 통해서 얻을 수 있는 측면은 두뇌에서 일어나는 표준화된 읽기 처리 과정과 연관이 깊다는 사실을 알 수 있었다. 최근의 MEG 연구에 따르면, 읽기에 심각한 어려움을 가지고 있는 8명의 아동들에게 정음법에 기반을 둔(phonics-based) 치료 프로그램을 투입한 결과(Simos et al., 2002) 대부분의 두드러진 변화들이 우뇌 측두정 영역(temporoparietal)의 활성화 감소와 좌뇌 측두정 영역의 활성화 증가로 나타났다. 비슷하게도 Temple et al.(2003)은 fMRI을 사용한 연구에서, 읽기에 문제를 가진 8~9살의 어린이들에게서 나타나는 대뇌피질 회로의 중재 효과를 연구해 보고자 하였다. 읽기 중재 후에는 좌뇌 측두정과 후두 영역의 활성화가 증가한 것으로 관찰되었다. 더욱이 좌뇌 뒤쪽(posterior)의 활성화 증가 현상은 읽기 점수의 향상과 관련이 있는 것으로 보인다. 최근에 Berninger는 동료 연구자들과 함께 음운론적, 형태론적 훈련을 받은 후 나타나는 비슷한 양상의 좌뇌 뒤쪽의 변화를 보고한 바가 있다(Aylward et al., 2003).

최근 Syracuse University의 Benita Blachman의 공동 연구에서는 평균 6.5세의 아동으로 구성된 세 집단을 대상으로 하여, fMRI와 행동적 지표를 사용하여 종단 연구를 수행하였다 (Shaywitz et al., 2004). 이들 세 집단은 읽기 장애 집단의 처치를 받았는데, 이러한 처치는 아홉 달간 집중적으로 음성적 측면의 통제를 받은 것이었다(Blachman, Rangel, Ball, Black, & McGraw, 1999). 반면 두 개의 통제 집단은 전형적인 발달 집단과 읽기 장애 통제 집단이었다. 읽기 장애 통제 집단과 달리 읽기 장애 실험 집단의 참여자는 읽기 기준에서, 특히 유창성과 관련된 분야에 있어서(예를 들어 Gray의 구두 읽기 테스트 점수) 신뢰할 만한 점수를 획득하였다. 회기 2(사후처치)에서 읽기 장애 집단을 비교한 결과, 우뇌에서의 읽기와 관련된 부분의 활성화가 더 크게 나타난 것은 실험 처치 집단이었다. 게다가 처치 이전과 이후는 각각의 그룹에서 완전히 반대되는 모습을 보였다. 읽기 장애 치료와 전형적인 발달 통제 집단 모두는 좌뇌의 읽기와 관련된 부분에 있어 활성화가 증가된 경향을 보이는 반면에, 읽기 장애 통제 집단은 그렇지 않은 경향을 보였다. 명확한 차이점은 좌뇌의 하전두회(inferior frontal gyrus, IFG)와 좌뇌의 복측 기능 영역에서 나타났다. 이러한 변화는 일반적인 학습자 통제 집단에서 관찰했던 변화와 유사하다. 다시 말하면 음운론적으로 분석적인 읽기 중재가 일반적인 발달을 보이는 독자들에서 나타나는 활성화의 패턴들을 이끌었다고 볼 수 있는 것이다. 읽기 통제에 대한 연구가 진행되고 1년이 지난 후 치료 집단은, 우뇌 활성화는 더욱 축소된 반면, 좌뇌 활성화는 더욱 증가한 양상을 보여주었다.

따라서 성공적 읽기 치료에 대한 신경 생물학적 연구는 한 마디로 수렴될 수 있다. 즉 좌뇌 뒤쪽의 활성화 증가와 우뇌 처리 과정에 있어서의 활성화 감소이다. 이러한 신경 생물학적 특징들은 매우 유용한 표지를 제공해준다. 우리가 읽기 행동에 있어서 치료법과 뇌 구조를 어떻게 연결해 나갈 것인가를 지속적으로 탐구하기 위해서는 많은 중요한 문제들이 남아있다. 먼저 현재까지의 연구들은 모두 하나의 중재 방법을 가지고서 실험 집단과 통제 집단을 비교하였다. 그러나 항상 주어진 중재에 반응하지 못하는 아이들이 존재한다. 그렇다면 최소한 이러한 아이들이 중재에 잘 반응하는 다수의 아이들과 비교했을 때, 몇몇은 결핍의 또 다른 패턴들을 보여주게 될 것이다. 그러므로 단일 연구 내에서도 중재 방법에 대해서 복합적인 접근을 시도해보는 것이 바람직하다. 이러한 연구는 우리가 서로 다른 통제의 유형이 서로 다른 신경 생물학적이고 행동주의적인 특징들을 가지고 있는 아이들에게 어떻게 작용하는지 알 수 있게 해준다.

사실 읽기 중재와 관련한 현재의 연구들은 모두 음운론적 훈련에 초점을 두고 있다. 읽기에 어려움을 가지고 있는 아이들의 대다수가 음성학적 수준과 어휘적 수준에서 힘들어하는 반면, 또 다른 영역에서 또 다른 결핍의 양상을 가진 있는 집단이 있을지 모른다. 뇌 영상 기술은 읽기 장애의 다양한 하위 집단의 특성을 파악하는 데에 도움을 줄 수 있고, 어느 형태의 접근법이 특정한 하위 집단들에게 가장 효과적으로 작용하는 지를 결정하는 데에 도움을 줄 수 있으며, 특히 고도로 섬세한 측정 결과를 제공해 줄 수도 있다. 읽기와 글쓰기 중재들을 유사하게 그리고 대조적으로 실시함으로써, 우리는 쓰기에 대한 특정한 교육의 효과들로부터 언어-일반(language-general)의 효과를 분리할 수 있다. 현재는 적어도 어려움을 겪는 독자들의 대뇌 피질의 회로가, 목표로 설정된 치료와 의도적인 치료에 의해 직접적으로 영향을 받는다는 것이 우리를 고무시켜 준다.

쓰기 장애와 통제에 대한 교육적 함의

지금까지의 신경 촬영법 연구들이 규명해 온 것은 두 가지였다. 하나는 읽기 장애(RD)를 가지고 있는 피험자를 대상으로 하여 대안적인 신경회로를 밝히는 것이었고, 다른 하나는 성공적인 교육적 중재가 가지고 있는 결정적인 신경 생물학적 특징은 무엇인가 하는 점이었다(적어도 더 어린 아이들에게서, 그리고 그들의 대부분은 음운적인 그리고 어휘 수준의 처리과정에 결손을 가지고 있다). 이러한 징후는 좌뇌의 읽기 능력에 관련한 회로의 활성화가 증가하는 것과 우뇌의 상동 기관에 대한 감소된 보상적인 의존인 것으로 보인다. 앞에서 언급한 바와 같이, 이는 쓰기 행위, 쓰기 결손, 특수한 지점에 초점을 맞춘 교육적 중재들을 다루고 있는 새로운 연구들에 대한 가능성을 기대하게 한다.

신경 생물학적 수준의 분석을 수행할 때, 핵심적인 언어 기능(인식과 산출의 특정한 방식을 떠나서)이 높은 수준으로 중복되어 있는 회로들은 좋은 증거가 된다. 그리고 행동주의적 수준의 분석을 수행할 때에는, 읽기 장애와 쓰기 장애가 동반 발생할 비율이 높다는 것 또한 좋은 증거가 된다.

신경 생물학적인 분석에서, 핵심적인 언어 기능들(인식과 산출에 대한 특정한 양식을 뛰어넘어)의 경우 크게 중첩되는 회로에 대한 충분한 증거가 존재한다. 그리고 행동주의적 분석에서 읽기 능력과 쓰기 능력의 장애가 동시에 발생할 확률이 높다는 것에 대한 충분한 증거 또한 확인할 수 있었다. 읽기와 쓰기에서의 결손을 둘 다 가진 아이들이, 읽기를 위해서 활용되는 좌뇌 전기회로망을 충분히 발전시키지 못한다는 것은, 우리로 하여금 이러한 현상이 쓰기 면에서도 아주 유사하게 발생할 것이라는 예상을 할 수 있게 한다. 예를 들어 유창한 어휘적인 접근과 철자를 발전시키지 못하는 증상이 포함된 장애는, 읽기와 쓰기 모두에서 음운적인 처리 도움을 위해 우뇌에의 의존이 증가되는 것과 관련이 있을 수 있다. 쓰기 통제와 관련하여, 이러한 어휘적인 그리고 음운적인 기능에 초점을 맞추는 교육은, 더 추상적인 개념의 조직들로 만들어진 생각들의 표현에 있어서 우뇌에의 의존도를 낮추고 좌뇌에의 의존도를 높임으로써 가능케 할 것으로 기대된다.

중요한 것은, 핵심적인 결손이 발생하는 위치가 개인이나 하위 집단별로 차이를 보인다는 점인데, 이는 우리가 쓰기 행위를 연구할 때 동일한 가정을 하는 것에서 어려움을 겪게 만든다. 예를 들어, 몇몇 아이들에게는 음운적인 그리고 일반적인 언어 처리 능력이 손상되지 않았고 유창하다면, 그리고 대신에 그 문제점들이 더 추상적인 계획하기와 작문의 메시지 생성 요소들에 있다면, 예측이 더욱 어려워진다. 우리는 언어를 처리하는 우뇌의 활성화 변화를 관찰하지 못할 수도 있다. 그리고 대신에 더 추상적인 개념 처리 범위들과 사전에 연관 있는 전두 영역의 변화를 예상하게 될지도 모른다(Shaywitz et al., 2001). 물론 우리는 그러한 개인들에게는 구어든 문어든지 간에, 어려움이 어떠한 산출과 관련한 과제에서 나타날 수 있다는 것을 예상해야 한다. 만일 이러한 개인들이 음운적인 영역에서 문제가 있다는 것을 입증할 수 없다면, 지금까지의 읽기 교정 연구들이 제시한 지도법은 부적합한 것일 수도 있다. 그러므로 신경 생물학적인 측면에서의 성공적인 치료 교육의 징후는, 이러한 가설적 상황 속에서는 예상하기가 어렵다. 사실 우리는 음운론적 측면에서는 정상이나 메타인지적 기능 측면에서 문제가 있는 아이들을 위해서 사전중재 차이에 대한 사전 데이터를 획득하고 처리할 필요가 있을 것이다. 이처럼 쓰기 문제에 있어서도 서로 다른 측면의 문제(예를 들어 음성학적 문제와 메타인지 문제)를 모두 고려한다면, 쓰기와 읽기 간의 관계를 보여주는 규범적인 데이터를 산출할 수 있어야 한다. 그러나 쉽게 이용할 수 있는 이러한 데이터가 있더라도, 신경 생물학적 뇌 영상은 왜 어떤 접근법들이 주어진 일련의 결핍들에 대해 다른 것들보다 더 잘 작용하는지를 이해하는 데에 보다 유용한 도구로서 작용할 수 있을 것이다.

쓰기 행위에 대한 기능적 뇌 영상을 찍을 때의 과제 설계

신경 생물학적인 장애에 대한 표지에 관하여, 읽기와 쓰기 사이에 많은 유사점을 고려하는 것이 이치에 맞지만(그리고 아마, 훈련을 통한 향상과 관련한 변화들의 경우에), 이러한 기대는 아직 실험으로 구현되지 않았다. 그러나 현재 표준화된 이미지 기술과 패러다임이, 손글씨 쓰기와 같이 쓰기와 관련한 행동과 관련된 하부조직들의 경계를 정할 수 있고(Katanoda et al., 2001; Menon & Desmond, 2001), 공용의 언어-처리 시스템들로부터 이러한 특정 쓰기 시스템들을 구별할 수 있다는 증거가 있다. 그러므로 많은 기본적인 분류학적 조사들은, 임상의 쟁점들은 뇌 영상을 수단으로 하여 평가해야만 한다. 읽기와 쓰기 사이의 유사점을 시험하기 위하여, 우선 능숙한 독자들과 필자들에 대한 연구가 이루어질 필요가 있다. 구체적으로 살피면 다음과 같다. 첫째, 읽기와 쓰기 둘 다를 위한 활성화 패턴들을 비교하는(말하기 그리고 듣기뿐만 아니라) 연구가 필요하다. 둘째, 시스템 내에서 일어나는 하위 요소와 관련된 과정들(예를 들어 읽기와 쓰기를 위한 어휘수준 아래의, 어휘의, 통사적인, 화용론적인 과제들)에 대한 요구를 다르게 하는, 포괄적인 뇌 영상 실험들을 수행하는 것이 필수적이다. 앞에서 언급한 바와 같이, 대근육 운동이나 감각 기관의 차이를 제외한 영역에서의 활성화 감소나 조절을 살펴보고자 할 때에는 보다 추상적인 언어 처리 영역에서 신경 생물학적 설계를 활용하여 교차 양상 비교가 가능하다(Constable et al., 2004). 이러한 설계들이 잘 진행된다면(선행 연구들은 이미 서로 다른 영역에 적용되는 상황에서 하위 요소의 처리 과정들을 설명하는 충분한 예를 보여 준다), 읽기 또는 쓰기 어느 하나에도 결손이 없는 그룹, 둘 다에 결손이 있는 그룹, 그리고 어느 하나(그러나 둘 다는 아닌)에만 결손이 있는 집단을 대조시키는 것이 중요하다. 그 후에, 우리는 (비교될 만한 모든 하위 집단을 가지고) 서로 다른 뇌 영역에서의 문제를 나타내는 하위 집단을 구별함으로써, 읽기와 쓰기, 읽기 또는 쓰기 분야에서의 행동적 특성에 대한 하위 집단 간의 비교로 나아가야 한다. 그러한 연구들은 포괄적인 토대를 제공할 것이다. 그리고 큰 규모의 훈련과 통제 연구들이 시작됨에 따라, 예상되는 신경 생물학적인 변화들에 대한 일관성 있는 기대들을 제공하는 것을 목표로 하는 연구가 지속될 것이다. 또한 읽기로부터 연구된 측면들은 뇌 영상 기술들이 행동 향상에 기저를 두는 신경 생물학적 변화를 감지하는 데에 매우 유용하다는 것을 시사한다. 우리가 글을 쓰는 영역에서 이 기술을 적용한다고 해도 이 점은 크게 달라지지 않을 것이다.

뇌 영상은 공용의 신경 네트워크를 통하여, 우리가 연구 중인 처리 과정의 연결 요소들을 예상하지 못한 다른 요소들과 비교할 수 있도록 도와줄 수 있으므로 우리에게 매우 유용할 것이다. 본질적으로 다양한 형태들의 어려움 사이에 존재하는 연결은 이러한 신경 생물학적 연결이 드러남에 따라 모습을 드러낼지도 모른다. 오늘날 인지 신경과학 접근법은 아동에게서 나타나는 장애에 대해서 보다 광범위하고 깊은 이론을 밝힐 수 있다는 희망을 보다 부각시켜 주고 있다.

참고문헌

Aylward, E. H., Richards, T. L., Berninger, V. W., Nagy, W. E., Field, K. M., Grimme, A. C., et al. (2003). Instructional treatment associated with changes in brain activation in children with dyslexia. *Neurology*, 61, 212-219.

Ball, E. W., & Blachman, B. A. (1991). Does phoneme awareness training in kindergarten make a difference in early word recognition and developmental spelling? *Reading Research Quarterly*, 26, 49-66.

Berniger, V. W., Abbott, R. D., Abbott, S. P., Graham, S., & Richard, T. (2002). Writing and reading: Connections between language by hand and language by eye. *Journal of Learning Disabilities*, 35, 39-56.

Blachman, B. A., Tangel, D. M., Ball, E. W., Black, R., & McGraw, C. K. (1999). Developing phonological awareness and word recognition skills: A two-year intervention with low-income, inner-city children. *Reading and writing*, 11, 239-273.

Black, S. E., & Behrmann, M. (1994). Localization in alexia. In A. Kertesz (Ed.). *Localization and neuroimaging in neuropsychology* (pp. 331-376). New York: Academic Press.

Booth, J. R., Burman, D. D., Van Santen, F. W., Harosaki, Y., Gitelman, D. R., Parish, T. B., et al. (2001). The development of specialized brian systems in reading and oral-language. *Child Neuropsychology*, 7, 119-141.

Bradley, L., & Bryant, P. E. (1983). Categorising sounds and learning to read - a causal connection. *Nature*, 301, 419-512.

Brady, S., & Shankweiler, D. (Eds.). (1991). *Phonological processes in literacy: A tribute to Isabelle Y. Liberman*. Hillsdale, NJ: Erlbaum.

Bruck, M. (1992). Persistence of dyslexics' phonological deficits. *Developmental Psychology*, 28, 874-886.

Brunswick, N., McCrory, E., Price C., Frith, C. D., & Frith, U. (1999). Explicit and implicit processing of word and pseudowords by adult developmental dyslexics: A search for Wernicke's Wortschatz. *Brain*, 122, 1901-1917.

Caplan, E, Alpert, N., Waters, G., & Olivieri, A. (2000). Activation of Broca's area by syntactic processing under conditional of concurrent articulation. *Human Brain Mapping*, 9, 65-71.

Carpentier, A. C., Pugh, K. R., Westerveld, M., Studholme, C., Skrnjar, O., Thompson, J. L., et al. (2001). Functional MRI of language processing: Dependence on input modality and temporal lobe epilepsy. *Epilepsia*, 42, 1241-1254.

Chee, M. W. L., O'Craven, K. M., Bergida, R., Rosen, B. R., & Savoy, R. L. (1999). Auditory and visual word processing studied with fMRI. *Human Brain Mapping*, 7, 15-28.

Cohen, L., Lehericy, S., Chocho, F., Lemer, C., Rivaud, S., & Dehaene, S. (2002). Language specific tuning of visual cortex: Functional properties of the visual word form area. *Brain*, 125, 1054-1069.

Constable, R. T., Pugh, K. R., Berroya, E., Mencl, W. E., Westerveld, M., Ni, W., et al. (2004). Sentence complexity and input modality effects in sentence comprehension: An fMRI Study. *NeuroImage*, 22. 11-22.

Cornelissen, P. L., & Hansen, P. C. (1998). Motion detection, letter position encoding, and single word reading. *Annals of Dyslexia*, 48, 155-188.

Croisile, B., Brabant, M. J., Carmoi, T., Lepage, Y., Aimard, G., & Trillet, M. (1996). Comparison between oral and written spelling in Alzheimer's disease. *Brain and Language*, 54, 361-387.

Del Grosso Destreri, N., Farina, E., Alberoni, M., Pomati, S., Nichelli, P., & Mariani, C. (2000). Selective uppercase dysgraphia with loss of visual imagery of letter forms: A window on the organization of graphomotor patterns. *Brain and Language*, 71, 353-372.

Felton, R. H., Naylor, C. E., & Wood, F. B. (1990). Neuropsychological profile of adult dyslexics. *Brain and Language*, 39, 485-497.

Fiebach, C. J., Friederici, A. D., Mueller, K. & von Cramon, D. Y. (2002). fMRI evidence for dual routes to the mental lexicon in visual word recognition. *Journal of Cognitive Neuroscience*, 14, 11-23.

Fiez, J. A., & Petersen, S. E. (1998). Neuroimaging studies of word reading. *Proceeding of the National Academy of Sciences*, 95, 914-921.

Fletcher, J. M., Shaywitz, S. E., Shankweiler, D. P., Katz, L., Liberman, I. Y., Stuebing, K. K., et al. (1994). Cognitive profiles of reading disability: Comparisons of discrepancy and low achievement definitions. *Journal of Educational Psychology*, 86, 6-23.

Foorman, B. R., Francis, D., Fletcher, J. K., Schatschneider, C., & Mehta, P. (1998). The role of instruction in learning to reading: Preventing reading failure in at-risk children. *Journal of Educational Psychology*, 90, 37-55.

Frackowialk R. J., Friston K. K., Frith C. D., Dolan, R. J., & Mazziotta, J. C. (1997) *Human brain function*. New York: Academic Press.

Friedman, R. (1989). Written spelling agraphia. Braining and Language, 36, 503-517.

Friston, K. (1994). Functional and effective connectivity: A synthesis. *Human Brain Mapping*, 2, 56-78.

Frost, R. (1998). Toward a strong phonological theory of visual word recognition: True issues and false trails. *Psychological Bulletin*, 123, 71-99.

Frost, S. J, Mencl, W. E., Sandak, R., Moore, D. L., Rueckl, J. G., Katz, L., et al. (2005). An fMRI study of the trade-off between semantics and phonology in reading aloud. *NeuroReport*, 16, 621-624.

Hodges, J., & Marshall, J. (1992). Discrepant oral and written spelling after left hemisphere tumour. *Cortex*, 28, 643-656.

Horwitz, B., Rumsey, J. M., & Donohue, B. C. (1998). Functional connectivity of the angular gurus in normal reading and dyslexia. *Proceedings of the National Academy of Sciences*, 95, 8939-8944.

Howard, D., Patterson, K., Wise, R. J., Browun, W. D., Friston, K., Weiller, C., et al. (1992). The cortical localization of the lexicons: Positron emission tomography evidence. *Brain,* 115, 1769-1782.

Indefrey, P., & Levelt, W. J. M. (2004). The spatial and temporal signatures of word production components. *Cognition*, 92, 101-144.

Katanoda, K., Yoshikawa, K., & Sugishita, M. (2001). A functional MRI study on the neural substrates for writing. *Human Brain mapping*, 13, 34-42.

Katz, L., Lee, C. H., Tabor, W., Frost, S. J., Mencl. W. E., Sandak. R., et al. (in press). Behavioral and neurobiological effects of printed word repetition in lexical decision and naming. *Neuropsychologia.*

Klingberg, T., Hedehus, M., Temple, E., Salz, T., Gabrieli, J. D., Moseley, M. E., et al. (2000). Microstructure of temporo-parietal white matter as a basis for reading ability: Evidence from diffusion tensor magnetic resonance imaging. *Neuron*, 25, 493-500.

Levelt, W. J. M., Roelefs, A., & Meyer, A. S. (1999). A theory of lexical access in speech production. *Behavioral and Brain Sciences*, 22, 1-38.

Liberman, A. M. (1992). The relation of speech to reading and writing. In R. Frost & L. Katz (Eds.), *Orthography, phonology, morphology, and meaning* (pp. 167-178). Amsterdam: Elsvier.

Liberman, A. M., & Mattingly, I G. (1985). The motor theory of speech perception revised. *Cognition*, 21, 1-36.

Liberman, I. Y., Shankweiler, D., Fischer, F. W., & Carter, B. (1974). Explicit syllable and phoneme segmentation in the young child. *Journal of Experimental Child Psychology*, 18, 201-212.

Liberman, I. Y, Shankweiler, D., & Liberman, A. M. (1989). The alphabetic principle and learning to read. In D. Shankweiler & I. Y. Liberman (Eds.), *Phonology and reading disability: Solving the reading puzzle* (International Academy for Research in Learning Disabilities Monograph Series, No. 6 (pp. 1-33). Ann Arbor: University of Michigan Press.

Lukatela, G., & Turvey, M. T. (1994). Visual lexical access is initially phonological: 1. Evidence from associative priming by words, homophones, and pseudohomophones. *Journal of Experimental Psychology: General*, 123, 107-128.

McCandliss, B. D., Cohen, L., & Dehaene, S. (2003). The visual word form area: Expertise for reading in the fusiform gyrus. *Trends in Cognitive sciences*, 7, 293-299.

Mencl, W. E., Frost, S. J., Sandak, R., Lee, J. R., Jenner, A. R., Mason, S., et al. (manuscript submitted for publication). *Effects of orthographic and phonological priming in printed word identification: An fMRI study.*

Menon, V., & Desmond, J. E. (2001). Left superior parietal cortex involvement in writing: Integrating fMRI with lesion evidence. *Cognitive Brian Research*, 12, 337-252.

Micheal, E. B., Keller, T. A., Carpenter, P. A., & Just, M. A. (2002). fMRI investigation of sentence comprehension by eye and ear: Modality fingerprints on cognitive processes. *Human Brain Mapping*, 12, 239-252.

Miozzo, M., & De Bastiani, P. (2002) The organization of letter-form representations in written spelling: Evidence from acquire dysgraphia. *Brain and Language,* 80, 366-392.

Papanicolaou, A. C., Pugh, K. R., Simos, P. G., & Mencl, W. E. (2004). functional brain imaging: An introduction to concepts and applications. In P. McCardle & B. Chhabra (Eds.), *The voice of evidence in reading research* (pp. 385-416). Baltimore: Brookes.

Paulesu, E., Demonet, J. -F., Fazio, F., McCrory. E., Chanoine, V., Brunswick, N., et al. (2001). Dyslexia: Cultural diversity and biological unity. *Science*, 291, 2165-2167.

Perfetti, C. A. (1985). *Reading ability*. New York: Oxford University Press.

Poldrack, R. A., Wagner, A. D., Prull, M. W., Desmond, J. E., Glover, G. H., & Gabrieli, J. D. (1999). Functional specialization for semantic and phonological processing in the left inferior prefrontal cortex. *NeuroImage*, 10, 15-35.

Price, C. J., More, C. J., Humphreys, G. W., & Wise, R. J. S. (1997). Segregating semantic from phonological processes during reading. *Journal of Cognitive Neuroscience,* 9, 727-733.

Price, C. J., Winterburn, D., Giraud, A., L., Moore, C. J., & Noppeney, U. (2003). Cortical localization of the visual and auditory word form areas: A reconsideration of the evidence. *Braining and Language*, 86, 272-286.

Price, C. J., Wise, R. J. S., & Frackowiak, R. S. J. (1996). Demonstrating the implicit processing of visually presented word and pseudowords. *Cerebral Cortex*, 6, 62-70.

Pugh, K. R., Mencl, W., E., Jenner, A., R., Katz, L., Frost, S. J., Lee, J. R., et al. (2000). Functional neuroimaging studies of reading and reading disability (developmental dyslexia). *Mental Retardation and Developmental Disabilities Research Reviews*, 6, 207-213.

Pugh, K. R., Shaywitz, B. A., Shaywitz, S. A., Shankweiler, D. P., Katz, L., Fletcher, J. M., et al. (1997). Predicting reading performance from neuroimaging profiles: The cerebral basis of phonological effects in printed word identification. *Journal of Experimental Psychology: Human Perception and Performance*, 2, 1-20.

Rieben, L., Perfetti, C. A. (1991). Learning to read: Basic research and its implications. Hillsdale, NJ: Erlbaun.

Rumsey, J. M., Horwitz, B., Donohue, B., C., Nace, K. L., Maisog, J. M., & Andreason, P. A. (1999). Functional lesion in developmental dyslexia: Left angular gyral blood flow predicts severity. *Brain and Language*, 70, 187-204.

Rumey, J. M., Nace, K., Donohue, B., Wise, D., Maisog, J. M., & Andreason, P. (1997). A positron emission tomographic study of impaired word recognition and phonological processing in dyslexic men. *Archives of Neurology,* 54, 562-573.

Salmelin, R., Service, E., Kiesila, P., Uutela, K., & Salonen, O. (1996). Impaired visual word processing in dyslexia revealed with magnetoencephalography. *Annals of Neurology,* 40, 157-162.

Sandak, R., Mencl, W. E., Frost, S. J., mason, S. A., Reuckl, J. G., Datz, L., et al. (2004a). The neurobiology of adaptive learning in reading: A contrast of different training conditions. *Cognitive, Affective, and Behavioral Neuroscience*, 4, 67-88.

Sandak, R., Mencl, W. E., Frost, S., J., Mason, S. A., & Pugh, K. R. (2004b). The neurobiological basis of skilled and impaired reading: Recent findings and new directions. In R. Sandak & R. A., Poldrack (Eds.), *Scientific Studies of Reading: Special Issues on the Cognitive Neuroceience of Reading*, 8, 273-292.

Sarkari, S., Simos, P. G., Fletcher, J. M., Castillo, E. M., Breier, J. I., & Papanicolaou, A. C., (2002). The emergence and treatment of developmental reading disability: Contributions of functional brain imaging. *Seminars in Pediatric Neurology*, 9, 227-236.

Scarborough, H., Dobrich, W. (1990). Development of children with early language delay. *Journal of Speech and Hearing Research*, 33, 70-83.

Shankweiler, D., Crain, S., Katz, L., Fowlers, A. E., Liberman, A. M., Brady, S. A., et al., (1995). Cognitive profiles of reading-disabled children: Comparison of language skills in phonology, morphology and syntax. *Psychological Science*, 6, 149-156.

Shaywitz, B. A., Shaywitz, S. E., Pugh, K. R., Fulbright, R. K., Skudlarski, P., Mencl, W. E., et al. (2001). The functional neural architecture of components of attention in language processing task. *NeuroImage*, 13, 601-612.

Shaywitz, B. A., Shaywitz, S. E., Blachman, B., Pugh, K R., Fulbright, R. L, Skudlarski, P., et al. (2004). Development of left occipito-temporal systems for skilled reading following a phonologically-based intervention in children. *Biological Psychiarty*, 55(9), 926-933.

Shaywitz, B. A., Shaywitz, S. E., Pugh, K R., Mencl, W. E., Fulbright, R. K., Skudlarski, P., et al. (2002). Disruption of posterior brain systems for reading in children with developmental dyslexia. *Biological Psychiatry*, 52, 101-110.

Shaywitz, S. E., Fletcher, J. M., Holahan, J. M., Shneider, A. E., Marchione, K. E. Stuebing, K. K., et al. (1999). Persistence of dyslexia: The Connecticut Longitudinal Study at adolescence. *Pediatrics*, 104, 1351-1359.

Shaywizt, S. E., Shaywitz, B. A., Pugh, K. R., Fulbright, R. K., Constable, R. T., Mencl, W. E., et al. (1998). Functional disruption in the organization of the brain for reading in dyslexia. *Proceedings of the National Academy of Sciences*, 95, 2636-2641.

Simos, P. G., Fletcher, J. M., Bergman, E., Breirer, J. I., Foorman, B. R., Castillo, E. M., et al. (2002). Dyslexia-specific brain activation profile becomes normal following successful remedial training. *Neurology*, 58, 1203-1213.

Simos, P. G., Papanicolaou, A. C., & Breier, J. I. (1999). Localization of language-specific cortex using MEG and intraoperative stimulation mapping. *Journal of Neurosurgery*, 91, 787-796.

Stanovich, K. E., Cunningham, A. E., & Cramer, B. B. (1984). Assessing phonological awareness in kindergarten children: Issues of task comparability. *Journal of Experimental Child Psychology*, 38, 175-190.

Stanovich, K. E., & Siegel, L. S. (1994). Phenotypic performance profile of children with reading disabilities: A regression-based test of the phonological-core variable-difference model. *Journal of Educational Psychology*, 86, 24-53.

Tagamets, M. A., Novick, J. M., Chalmers, M. L., & Friedman, R. B. (2000). A parametric approach of orthographic processing in the brain: An fMRI study. *Journal of Cognitive Neuroscience*, 1, 281-297.

Tallal, P. (1980). Auditory temporal perception, phonics, and reading disabilities in children. *Brain and Language*, 9, 182-198.

Tarkiainen, A., Cornelissen, P. L., & Salmelin, R. (2003). Dynamics of visual feature analysis and object-level processing in face versus letter-string perception. *Brain*, 125, 1125-1136.

Temple, E., Deutsch, G. K., Poldrack, R. A., Miller, S. L., Tallal, P., Merzenich, M. M., et al. (2003). Neural deficits in children with dyslexia ameliorated by behavioral remediation: Evidence from functional MRI. *Proceedings of the National Academy of Sciences*, 10, 2860-2865.

Temple, E., Poldrack, R. A., Salidis, J., Deutsch, G., K., Tallal, P., Merzenich, M. M, et al. (2001). Disrupted neural responses to phonological and orthographic processing in dyslexic children: an fMRI study. *Neuroreport*, 12, 299-307.

Torgesen, J. K., Morgan, S. T., & Davis, C. (1992). Effects of two types of phonological awareness training on word learning in kindergarten children. *Journal of Educational Psychology,* 84, 364-370.

Turkeltaub, P. E., Gareau, L., Flowers, D. L., Zeffiro, T. A., & Eden, G. F., (2003). Development of neural mechanisms for reading. *Nature Neuroecience*, 6, 767-773.

Van Orden, G. C., Pennington, B. F., & Stone, G. O. (1990). Word identification in reading and the promise of subsymbolic psycholinguistics. *Psychological Review,* 97, 488-522.

Wise, B. W., & Olson, R. K. (1995). Computer-based phonological awareness and reading instruction. *Annals of Dyslexia*, 45, 99-122.

Wolf, M., & Bowers, P. G. (1999). The double-deficit hypothesis for the developmental dyslexias. *Journal of Educational Psychology*, 91, 415-438.

Xu, B., Grafman, J., Gaillard, W. D., Ishii, K., Vega-Bermudez, F., Pietrini, P., et al. (2001). Conjoint and extended neural networks for the computation of speech codes: The neural basis of selective impairment in reading words and pseudowords. *Cerebral Cortex*, 11, 267-277.